国家出版基金项目
NATIONAL PUBLICATION FOUNDATION

马克思主义法学原理读书笔记

第2卷
法制度原理

MA KE SI ZHU YI FA XUE YUAN LI DU SHU BI JI

刘瑞复◎著

中国政法大学出版社

2018·北京

图书在版编目（ＣＩＰ）数据

马克思主义法学原理读书笔记. 第2卷，法制度原理/刘瑞复著. —北京：中国政法大学出版社，2018. 10
（2020.10重印）

ISBN 978-7-5620-8217-0

Ⅰ.①马… Ⅱ.①刘… Ⅲ.①马克思主义－法学－研究 Ⅳ.①D90

中国版本图书馆CIP数据核字(2018)第107215号

出 版 者	中国政法大学出版社
地　　址	北京市海淀区西土城路 25 号
邮寄地址	北京 100088 信箱 8034 分箱　邮编 100088
网　　址	http://www.cuplpress.com (网络实名：中国政法大学出版社)
电　　话	010-58908285(总编室)　58908334(邮购部)
承　　印	北京九州迅驰传媒文化有限公司
开　　本	787mm×1092mm　1/16
印　　张	53
字　　数	1224 千字
版　　次	2018 年 10 月第 1 版
印　　次	2020 年 10 月第 3 次印刷
定　　价	143.00 元

说　明

　　一、为完整、准确地掌握和理解马克思主义法学原理，本书选录了《马克思恩格斯全集》和《列宁全集》里的法学论述，未同法连在一起的其他论述，一般没有选录。按原文摘录，未作改动。《马克思恩格斯全集》的选录，采用中文第 1 版。凡选录于《列宁全集》第 1 版的，夹注"第 1 版"字样，未夹注的，均选录于第 2 版。

　　二、本书具体内容的体例，分经典作家论述和读书笔记两个方面。凡论述内容中涉及需要说明、解释、考据和体会等方面的，均放在读书笔记里。为保证内容和提法的准确性，本书使用了《全集》中前言和注释的相关文字。笔记的段落之间和每一段落中的文字，可独立成文，不必囿于逻辑联系。

　　三、整个法的体系，按法意识、法制度、法关系三个方面编排。这三个方面是不可分割、不可或缺的有机整体。经典作家"三位一体"的论述，客观地反映了法的全貌，能够改变把法等同于法律法规、法的体系等同于法律法规体系的因袭理解。

　　四、书中的大小提示性标题，根据所摘录的内容概括。经典作家集中论述的原话适合做标题的，尽量使用原话。

　　五、选录的顺序，按法学原理的逻辑编排，未按经典作家及其写作时间的顺序排列。

　　六、对于综合性论述的摘引，以其论述的重点，置于具体分类的主题项下，未做重复摘引。个别场合除外。

　　七、在版面设计上，对经典作家的论述与个人的读书笔记作了不同的处理。为了表示区别，凡是马克思恩格斯和列宁的论述，都用华文仿宋体标出，并用宽行距隔开。

　　八、马克思主义法学原理，应当包括全部马克思主义经典作家的论述。待毛泽东著作全部公开出版和中央领导人的著作系统出版后，其法的论述另行编排出版。

目　录

导　言
法学理论的伟大创新

在法的领域，人们所认识的马克思，是作为革命家的马克思。这很容易理解。因为法学界没能提供作为法学家的马克思更多的法学思想材料。马克思博大精深的体系化的法学思想被忽略了。

应当说，法学家的马克思和革命家的马克思集于一身。离开了革命家的马克思的法学思想和离开了法学家的马克思的革命精神，同样是不可思议的。石破天惊的革命精神和深邃无比的法学思想，这就是马克思伟大的法学品格。革命性，是对旧法学根本性改造的前提；学术理论性，是对旧法学整体性超越的条件。而只有通过对旧法学的根本性改造和整体性超越，才能实现法学理论的创新。

马克思主义法学理论，是真正科学的法学理论，是人类法学理论的伟大创新。我们学习研究马克思主义法学理论，坚持马克思主义法学理论的中国化、时代化、大众化，正是马克思主义法学理论创新的继续，正是法学理论在当代的创新。这种创新，一定能够开辟法学理论研究的新境界，一定能够把反映时代特征和要求的、具有中国特点的、社会主义的法学理论建立起来。

一、对旧法学的根本性改造和整体性超越

在 1843 年 5 月的《摘自〈德法年鉴〉的书信》中，马克思提出："就是要对现存的一切进行无情的批判"，"什么也阻碍不了我们把我们的批判和政治的批判结合起来，和这些人的明确的政治立场结合起来，因而也就是把我们的批判和实际斗争结合起来，并把批判和实际斗争看作同一件事情。"在 1843 年末至 1844 年 1 月的《〈黑格尔法哲学批判〉导言》中，马克思指出："应该向德国制度开火！一定要开火！这种制度虽然低于历史水平，低于任何批判，但依然是批判的对象，正像一个低于做人的水平的罪犯，依然是刽子手的对象一样。在同这种制度进行斗争当中，批判并不是理性的激情，而是激情的理性。它不是解剖刀，而是武器。它的对象就是它的敌人，它不是要驳倒这个敌人，而是要消灭这个敌人，因为这种制度的精神已经被驳倒。"同时，马克思清醒地认识到，"批判的武器当然不能代替武器的批判，物质力量只能用物质力量来摧毁；但是理论一经群众掌握，也会变成物质力量。理论只要说服人，就能掌握群众；而理论只要彻底，就能说服人。所谓彻底，就是抓住事物的根本。"

对林木盗窃法的研究，推动了马克思从批判资本主义走向共产主义。

在《第六届莱茵省议会的辩论》的第三篇论文《关于林木盗窃法的辩论》中，马克思第一次直接研究了贫苦劳动群众的物质生活条件，探讨了物质利益同国家和法的关系，公开捍卫贫苦群众的利益，抨击了普鲁士的国家和法律制度。针对一项把在森林中捡拾枯枝的行为以盗窃论罪的法案，马克思从法学角度为一无所有的贫苦群众辩护。

马克思把矛头直指莱茵省议会立法，认为林木盗窃法是"撒谎的法律""法定谎言"。马克思的批判，开始是指向执法，现在开始指向法律了。思想风暴、认识革命，使马克思法的观念发生了激变。林木盗窃法的辩论，预示了马克思向共产主义的转变。

正是这种转变，使马克思实现了对旧法学的根本性改造和整体性超越。

对旧法学的"根本性改造"，是对法的理念、法的原理和基本理论的改造。

在法的理念上，历来的法学理论都把法说成"圣物"，其目的在于，使整个社会充分实现对法律的迷信和崇拜。社会的对立和分裂，抹去了法的神圣光环，剩下的只是一张张铅印的白纸。马克思明确指出，法律是阶级统治的工具。随着社会的发展和进步，一些法律淘汰了，一些新的法律出现了，对法的迷信和崇拜化为泡影。法的废改立，社会革命中旧法律的摧毁、新法律的产生，昭示着法律不会像迷信和崇拜的上帝和圣经那样永恒。从"圣物"到"工具"的转变，是法的理念的根本变革。

在法的原理上，马克思提出，法是统治阶级的意志，不是被统治阶级的意志。法的统治意志性原理，而不是"神的意志""公共意志""全民意志"的原理，揭示了法的本质属性。

法不是"神的意志"。法律不是"圣物"，法的权威性、强制性，只产生遵守和服从的效果，不产生神圣化和迷信的效果。这是"意志"的规定性所决定的。法律是人制定的，不是神制定的，君主是人，不是神，这在统治者那里非常清楚。将法律神圣化、将君主神化的目的，无非是要人们像崇拜神那样崇拜君主、崇拜法律，从而维护自己的统治。

资产阶级鼓吹法是"公共意志"。他们要建立"生意人"共和国，不需要请出神来出面遮掩。说法是"公共意志"，就把自己的统治意志掩藏起来了。

"全民意志"术语出现于 18 世纪。马克思 1849 年 1 月在《柏林〈国民报〉致初选人》中，针对德国资产阶级自由派报纸《国民报》提到的"全民意志"指出，所谓人民的意志，多数人的意志，并不是个别等级和阶级的意志，而是唯一的一个阶级和在社会关系即在工业和商业关系方面都从属于这个唯一的统治阶级的其他阶级以及阶级的某些部分的意志。所谓全民意志就是统治阶级的意志。

在法的基本理论上，马克思深入论证了属于法学自己的特殊属性，明确地从其特殊性出发把握理论基本点和理论环节。这是马克思之前的法学家没能做到的。在法的发生学中，明确指出了社会发展不同阶段质的规定性，分析了法现象产生的历史动因及形成完备形态的条件；在法的地位论中，通过法与国家的关系、法与社会的关系的分析，指出法没有自己独立的历史，研究了法的历史性变迁和法的结构变动，在界定传统法律特性和功能的基础上分析新法的特殊本质和功能；在法的对象论中，从社会化大生产所造成的社会经济联成一体及其形成的总体运行出发，而不再像别的法学家那样，把一个一个的社会关系对象化，分别划定对象；在法的调整论中，研究了法的总的联系和具体联系，特别注意到它们彼此联系的有机性。

特别是在法的阶级性、社会性问题上，马克思并不认为它们是法的本质属性，而是坚持阶级性是法的本质特征，社会性是法的表现形式和实现方式的观点，并将两者结合起来加以考虑。马克思从社会运行的历史和现状出发，研究法律调整的规律性；从法与阶级和社会的关联性出发，研究社会关系、法律关系的统一性及具体表现形式、实现方式；从社会矛盾和阶级矛盾的观点出发，研究法律本身的矛盾和社会与法的矛盾的解决途径、手段和方式；从法的历史性、社会性、阶级性出发，研究人与人之间的利害关系、阶级利害关系、不同阶级对法的不同要求；从社会发展规律出发，研究法的发展变化的规律；从社会实践的规定性出发，研究法的实践意义。

"根本性改造"，是马克思对传统理论和现实理论的理念、原理和基本理论的根本性否定。任何理论形态的核心和实质，都是属于该理论根本性的东西。不触动根本性的东西，便不存在根本性改造问题。当然，根本性改造实际上是批判地继承，就是在批判的基础上继承，在继承的条件下批判。因此，根本性改造不是否定一切、排斥一切，而是有所保留、有所抛弃。

对传统理论和现实理论进行了"根本性改造"，那么在学术上，新理论与传统理论和现实理论相比，是前进了还是倒退了呢？这就涉及是否做到"整体性超越"问题。"整体性超越"，是指高于传统理论和现实理论的系统性升华。整体性超越，既表现为理论的水平和层次问题，也表现为理论的优化和高级化问题。

法学的传统理论和现实理论，是剥削阶级法学理论，是旧法学理论。马克思主义法学就是在对这种旧法学的根本性改造和整体性超越中，创建了全新的法学理论。我们知道，任何学术理论建树都是有破有立，破字当头，立在其中的。马克思主义法学理论，是革命的批判的法学理论，同时，又是具有高度科学性、真理性的法学理论。

既然旧法学已经被驳倒，新法学的科学性、真理性已经照亮了法的天空，那么为什么旧法学仍然大行其道呢？为什么新法学不能摆脱被默杀、被打杀的命运呢？魔鬼隐藏在旧意识形态里。旧法学已经输了理，它的落后性、低劣性（马克思说只是"小学生作业"水平）早已成为历史定论。然而，它却依靠旧意识形态支撑着，离开了旧意识形态，一天都不能维持。

马克思主义法学理论创始人所处的那个时代，是自由资本主义时代。法学被资本主义意识形态笼罩着。现在不同了。历史开始了资本主义不断走向终结，社会主义不断走向胜利的新时代。这个新时代，使根本改造旧法学成为天经地义的事情，并为马克思主义新法学开辟了无限广阔的发展道路。

二、科学的法学理论的创立

在对旧法学的根本性改造和整体性超越中形成了新法学，而马克思主义法律观，是科学的法学理论创立的思想条件。

马克思主义法律观是唯一科学的法律观，是人类法学思想的最大成果。经典作家把辩证唯物主义应用于法律观，使它成为完备的科学的法学思想。马克思主义法学是马克思主义的重要组成部分。

按照列宁的思想，可以认为，首先，马克思主义法律观第一次使人们有可能科学地对待法律问题和社会问题。在此以前，法学家们不善于往下探究像作为法律关系的生产关系的这样简单和这样原始的关系，而径直研究法律形式，一碰到这些形式是由当时人类某种思想产生的事实就停置下来，结果似乎是社会关系是由人们自觉蠹立起来的。

其次，马克思主义法律观第一次把法学提到了科学的水平。在此以前，法学家总是难于分清错综复杂的社会现象中的法律现象，不能找到这种划分的客观标准。辩证唯物主义提供了一个完全客观的标准，它把"生产关系"划为社会结构，使我们有可能把主观唯心主义认为不能应用到法学上来的一般科学的规律应用到这些关系上来。以往的法学家，始终不能发现各国法律现象中存在重复性和常规性的原因，他们的研究至多不过是记载这些现象，收集素材，进行注释。他们不去分析物质的社会关系。

最后，马克思主义法律观之所以第一次使科学的法学理论的出现成为可能，是由于只有把社会关系、法律关系归结于生产关系，把生产关系归结于生产力的高度，才能有可靠的根据把社会形态和法律形态的发展看作自然史过程。不言而喻，没有这种法律观，也就不会有法律科学。以往一切法学理论，至多是考察了人们活动的思想动机，没有研究产生这些动机的动因，没有发现社会关系和法律关系发展的客观规律，没有寻找社会关系和法律关系发展的物质生活条件根源。只有辩证唯物主义法律观才第一次使我们能以自然历史的精确性去考察社会条件以及这些条件的变更。

马克思主义法律观就是用辩证唯物主义原理说明法和法现象，把辩证唯物主义原理应用于法律生活，应用于法学研究，应用于研究法和法学发展的历史。

辩证唯物主义法律观，改变了人们过去对于法律所持的极其混乱和武断的见解，成为一种极其完整严密的科学的法的观念。用辩证唯物主义从根本上改造全部法学，是法学战线的根本任务。

古今中外的法学理论林林总总，但只有马克思主义法学理论具有先进性、科学性、真理性特点。这是因为：

第一，马克思主义法学理论不是旧法学的翻版。它是在人类法制文明成果的基础上，去粗取精，去伪存真，由此及彼，由表及里，实现了法学理论的深化、细化和专门化。它研究的不是个别问题，得出个别结论，而是研究全局性问题，得出规律性认识，从而创立了法学理论的体系。这个体系，否定了公法私法划分的旧体系。马克思主义法学理论实现了对旧法学理论的超越，表现了无与伦比的优越性。

第二，经典作家在法学研究中，还广泛研究了哲学、经济学等其他社会科学，研究了数学、农业化学和许多有关技术史、文化史的著作。经典作家对任何科学领域中的每一步发展都非常注意，而且利用批判地掌握的人类思想的一切新的成就，使法学根植于肥沃的科学土壤。

第三，马克思主义法学实现了思维方式的变革。辩证法是马克思主义认识论。法学一般理论，认识论包括其中。没有认识论，法学理论便失去科学意义；没有本体论，便脱离了法的实在性实质。正是认识论，把法与客观规律联系起来，与方法论联系起来。认识包括从具体到抽象、从抽象上升到具体。揭示法的本质，并没有完成法的一般理论构成，需要从理论上把握依附于社会现实层面的具体法现象，使其再现出来。

第四，在法的领域，马克思主义法学成功地使经验向理论转变、理论向实践转变。马克思主义是工人阶级和人民大众的"圣经"。马克思主义法学理论是先进的工人阶级和人民大众摧毁旧法制，建立新法制伟大实践的锐利武器。

第五，马克思主义法学理论是社会的时代的。在实践中，它是不断丰富、不断发展的。它一定为新经验、新论证、新结论所补充。这是马克思主义法学理论本身的继续。

马克思主义法学理论的上述特点表明，这种法学理论是伟大创新的法学理论。

所谓"理论创新"，有原始创新、综合创新和实验创新。原始创新是原创性创新。这种创新理论，在基本范畴、基本原理方面都是完全新型的，是此前没有出现的，表现为对旧理论的否定。综合创新，是在传统理论和现有理论基础上，经过综合分析而产生的新思想、新观点、新论述。这种新思想、新观点、新论述是体系化的，是对现成理论补充、修正、完善而形成的。同中求异、异中求同，是综合创新的特征。实验创新，是通过科学实验的成果而得出新结论。这种科学实验的新结论，经过科学的系统化而形成理论成果，亦属于理论创新。只有经过理论创新，新理论较之传统理论和现有理论才具有真正的进步性。

马克思主义法学理论，是体系化的法学理论。

经典作家建立了新法学的范畴和范畴体系、论证和论证体系、逻辑和逻辑体系。这三个体系，是法学之所以为理论的标志，也是新法学之所以为创新理论的标志。

第一，马克思主义法学理论建立了新的范畴体系。

任何具体科学都有自己的基本概念和范畴，是否形成由概念和范畴所构成的理论体系，是这门科学能否独立的重要标志。在建立新法学的范畴体系中，经典作家成熟地解决了以严格可靠的概念、范畴为依据；形成或引进新概念、新范畴；明确范畴体系的逻辑起点；确定范畴序列和联系链条的问题等。这是新法学范畴体系的标志和根本要求。

第二，马克思主义法学理论建立了完整的论证体系。

旧法学的一个显著特征，就是没有建立起论证体系。注释法学是对法律进行解释的法学，把法律描述、复制为讲义性的东西，理论就完成了。我们知道，没有论证就没有理论本身。只有论证，才能把握理论的目的性，才能有说服力。经典作家在处理与其他学科的关系中，确定了属于不同学科的科学材料在法学体系中的性质、地位和功能。从体系的整体上处理这些材料，使之具有本学科所要求的本质规定性和表现形式，从而根据整体综合的结果去把握体系的总目的，并调节各结构分支的具体目的。而这一切，都是通过论证完成的。

论证需要全面地联系社会实际和立法实际。在经典作家关于法的论述中，对完整的社会规律体系的综合作用、社会过程不可分割的联系、立法的趋势、法律体系的统一性等的认识程度，达到了炉火纯青的地步。经典作家深知抽象本身并不是目的，因而他们建立的体系，是符合实际需要的体系。

第三，马克思主义法学理论，建立了无懈可击的逻辑体系。

逻辑体系一定是结构严谨、体现法学与逻辑统一的理论链条。旧法学的体系是"板块结构"，新法学的体系是逻辑结构，有逻辑起点、逻辑主线，其理论内容的联系，是逻辑联系。把这些联系作为法学中相关内容的基础，并作逻辑的安排，则论证结构是一种逻辑结构。在逻辑链条中，有作为"网上纽结"的范畴，这是对法的本质联系认识的一个个小阶段；有理论环节和理论细节，这是作为理论支撑的关键。

什么是理论，什么是理论创新，看看经典作家新的法学再造就一目了然了。

然而，目前在我国，在阻碍法学理论创新问题上有两个突出的表现，就是轻易地提出学说学派和对新词语的过分偏好。

学说是学术上系统化的独立观点。"系统化"的核心问题，是形成了范畴体系、论证体系和逻辑体系。没有范畴和范畴体系，没有论证和论证体系，没有逻辑和逻辑体系，是不可能形成学说的。而且，学说是自己的"独立观点"。与其他观点混同的观点，或者旧观点的混合，都不能称为学说。

有人说我国法学理论有几十个学说，其实仔细推敲起来，哪一个都不能构成"说"。应当认为，在没有学说的地方提出和划分学说，是不符合法学理论创新要求的。如说墙是水做的，就说成"水墙说"，说太阳是方的，就说成"日方说"，实在是不得了的事情。大家都说墙是砖砌的、太阳是圆的，说墙是水做的、太阳是方的，这是完全可以的，但起码要有论证和论证体系。如果学说的产生如此简单，那便句句是"学说"，句句是"理论"，句句是"创新"了。还有一种情况，就是以为"A说、B说、C说、我说"是理论创新。对于同一个概念、定义、提法或论题，孜孜以求于"我说"，而这类"我说"，只是迷恋于"打概念仗"，在概念里的"词句"相异上兜圈子。理论创新是法学学术品格的集中表现。随意提出新说法、换一个说法，或者对现有理论的个别环节修修补补、画蛇添足等，都是谈不上理论创新的，因为它们丧失了法学应有的学术品格。知识的体系是观点，观点的体系是学说，学说的体系是理论，理论的体系是思想，思想的体系是主义。看来，只有学说是不够的，务必要使学说形成系统而上升为理论体系形态。法学理论一定是法学学说的总和。学派是学说之派。学派是基于相同或相似学术观点而形成的学术派别。无学说，无以形成学派。学派是学术流派，不是"学术宗派"。"学术宗派"是学界一种脱离于学术研究的小团体、小圈子，既具有排外性，也具有排内性，不仅严重影响理论工作者队伍的团结，而且也扼杀了学术理论可能的进步。

至于以为制造新词语就是理论创新，更是一种学术轻佻和浮躁的表现。把电灯泡说成"火茄子"，是这种"理论创新"的典型表现。

我国目前法学研究的另一个突出问题，是对新词语的过分偏好。有些著述追求新词语，以为大量采用新词语便是理论创新。使用新词语有三种情况：①日文汉字；②英文汉译；③自造词语。

汉语语文中存在使用日文汉字的情况，但都是词义确定、约定俗成的。当前，法学著述中"以降""晚近""规制"等新词语已经很常见了。

我国辞书中没有"以降""晚近"词汇，其词义不得而知。在日文中，"以降"大致是"以来"的意思，"晚近"大致是"最近"的意思。汉文已有相应词汇，换一个说法实无必要。"规制"是古汉语，在日本法学中，日文汉字"规制"是在"一定政策意义上的国家限制"含义上使用的。"规制"一词出口转内销后，人们当作动词用，以为"规制"就是"规一下制一下"，就一路传开了。如果"规制"当动词用，有"国家限制"的意味，殊不知"调整"与"一定政策意义上的国家限制"，在内含和外延方面均不相同，而且，我国现有辞书中"规制"连语义学上的词义都没有，何以引为法学范畴使用。

来自英语译文的"信息偏在""法的边界""路径依赖""制度变迁"等新词语也需要研究。

"信息偏在"译得很蹩脚。在社会生活中，人与人之间的信息不可能不"偏在"，因为法律关系中相对人的信息不是同一的。在买卖关系中，卖方财产类标的的信息是名称、型号、规格、品种、等级、花色、安全标准等，买方的信息是货币的真伪、数量，双方的信息是"偏在"的。在法律上，问题的关键不在于信息是不是"偏在"，而在于是否有"信息披露"的规定。将"信息偏在"改为"信息不对称"似适当些。语义学将"边界"解释为"两个地区交界的地方"，是一个区域性地理名词，而作为法上的用语，通常采用"界限"一词。权力、义务的界限，指的是权力、义务的范围，其法律后果是"越权""法外义务"等问题，如说成权力、义务的"边界"，人们便不知是什么和什么交界了。很显然，采用"界限"比"边界"准确，更具范畴意义。"路径依赖""制度变迁"是连在一起的。熊彼特、道格拉斯·诺恩（D. C. North）等研究制度变迁中的依赖性，认为变迁选择方式存在路径依赖。结论是"制度变迁一旦走上某一变革的道路，那么无论该道路的好与坏，变革都有沿着这一路径继续下去的'惯性'。这些话语属于很费解的政治意识形态，已超出法学研究领域。其实，法律制度变动受制于社会形态变动，资本主义法律制度只能变动为社会主义法律制度而不是相反，这是法律制度发展合乎规律的表现。

至于我们自造的"法律接轨""法律转型""法市场"等新词语，因为不是严格可靠的法学术语，其自身无法定义，也不能作定义性说明，故不可采用。

"接轨"语义学上指"轨道接合"，对于何为"法律的轨道接合"，无法理解，也无法定义和说明。语义学上的"型"是指"铸造器物的模子"或"样子、类型"，把"法律转型"理解为转换法律的"模子""样子"，是无法理解和操作的。波斯纳等人讲过"法律与市场相连"之类的话，是经不住推敲的。如果"法市场"是指"法律交换的场所"，那么"法律"在什么"场所""交换"、如何进行"交换"，便不幸地成为一个世纪性难题。

理论创新需要有新范畴，但新范畴同新词语不是一回事。法学新范畴是艰苦的思维抽象的结果，是对客观事实和法律事实进行科学的概括和总结的结果。如果指望采用语义学上的新词语就能够解决法学的理论创新问题，那就把理论创新理解得过于惬意了。

在学术理论上，还是马克思主义法学理论靠谱，其他的法学理论都是不靠谱的。这就是结论。

马克思主义法学理论是由剥削阶级法学理论经过革命性改造而来的。马克思主义法学理论是关于法的发展规律的科学，是关于剥削阶级法发生、发展和灭亡的规律的科学，是关于社会主义法制建设规律的科学。马克思主义法学理论是伟大的理论创新，具有巨大的理论优越性和历史进步性。

三、马克思主义法学的中国化、时代化、大众化

应对反马克思主义、假马克思主义、非马克思主义思潮严峻挑战的经验和教训表明，巩固和加强马克思主义在意识形态领域的指导地位，必须坚持马克思主义中国化、时代化、大众化。这是唯一正确的选择。法学领域也不能例外。

马克思主义中国化，就是将马克思主义的基本原理和中国革命和社会主义建设的实际情况相结合，从而找到适合中国国情的发展道路。马克思主义法学理论中国化，就是学习马克思主义法学理论，运用马克思主义的立场、观点和方法研究和解决中国法学的实际问题，总结中国的立法经验，揭示中国立法和法学发展的规律，以中国的文化形式和表达方式来阐述马克思主义法学理论，使之成为具有中国风格、中国气派、中国话语的马克思主义法学理论。

为此，法律制度和法学理论必须符合中国国情，从实际出发，正确反映客观现实。若立法和法学理论研究符合实际，必须做艰苦细致的调查工作，研究中国国情和实际情况，而不能闭门造车。那些马克思讥讽过的"坐在天堂里喝啤酒的"的人，那些"像玄学家一样随心所欲地兜圈子"的人，是不能寻找到法学真知的。

我国立法和法学理论，应当正确处理社会发展方向与当前阶段的关系；外国立法的借鉴吸收与"法律西化"的关系；新中国立法传统与立法创新的关系。做到以上三点，最为关键的，是不能以西方法和法学理论为圭臬。

实现法学理论的"中国化"，应当处理好两个关系，一是中国法学同西方法学的关系，二是中国当代法学同中华法律传统的关系。

其一，对于"西方的法学"，我们应当将作为西方法学文明成果的法学同"西方法学"亦即西方资产阶级法学加以区别，分别采取不同的态度。

在中国，"西方法学"术语，指的是西方的资产阶级法学。这个术语是从"资产阶级法学"术语演化而来的。50年代、60年代和70年代，称"资产阶级法学"；80年代、90年代改称"西方法学"，后来就统称"现代法学"了。无论术语怎样变换，"资产阶级法学"的内涵始终没有变。"西方的法学"是西方国家的法制和法学理论。在长期的历史发展中，"西方的法学"积淀了法制文明成果，这是人类法制文明的组成部分。我们不能拒绝，应当取借鉴态度。但对于"西方法学"亦即西方的资产阶级法学糟粕，必须排斥和批判。舍此，社会主义法学便成为一句空话。

当前，对西方法学的不正确态度，表现于照抄照搬。一是，以抄搬大陆法系为主，英美法系为辅，重点是德、日和台湾地区的法学。二是，抄搬的全面性、持续性特征，包括西方国家的法学理念、基础理论、体系和结构、名词术语。三是，西方当代法学理论即垄断和国家垄断时期的法学理论不抄或很少抄，专门去抄自由资本主义时期法学理论。这样下来，只好言必称西方，死不谈中国了。

应当指出，任何社会占主流地位的法学理论都是为统治阶级服务的，不同的统治阶级

需要不同的法学理论，是不可以抄来抄去的。照抄法学理论与照抄立法是同步的。而立法，即使同一法系的各国立法，又一定为一国的政治、经济的性质、状况和发展阶段所规定，为地理的、民族的和历史传统等因素所制约，不可以抄来抄去。全国人大提出"绝对不能照抄照搬西方国家立法"，特别加上"绝对"两个字，可见立法机关的指导思想是十分明确的。提出这个要求很重要，但关键是落实。

耶林说，如果要寻找罗马法的起源，那就必须研究巴比伦法。《汉穆拉比法典》是古巴比伦王国第六代国王汉穆拉比（公元前 1894～1595 年）颁布的法律，而这一时期，欧洲人刚刚学会从埃及传来的青铜冶炼技术。怎样去寻找罗马法的起源呢？

罗马法包括从传说公元前 753 年罗马建城到公元 476 年西罗马帝国灭亡时期的全部法律制度。按照美国历史学家斯塔夫里阿诺斯（L. S. Stavrianos）著《全球通史》说的法，公元前 753 年，罗马城是"一片沼泽地，周围有七个山丘"，而我国当年正是周平王十八年，已进入春秋时期，早已经立法遍地了。

有些人任意拔高罗马法，主要着眼于市场经济。公元 529 年，罗马公布《查士丁尼法典》，公元 533 年公布《学说汇纂》，而我国早在公元前四世纪的《秦律》，在行政、经济、民事、刑事、诉讼等方面的规定已经相当完备。在秦简秦律即《睡虎地秦墓竹简》中，有关经济的法规占相当大的比重，如《田律》《厩苑律》《仓律》《牛羊律》《工律》《工人程》《均工》《效律》《金布律》《关市》《司空律》等。这充分表明，秦利用法律对市场经济的调整已达到相当高的水平，是举世无双的。

市场经济是交易经济，这是从原始社会末期已经开始的人类社会的一种经济形式、显然，资本主义市场经济同市场经济本身并不是一回事。任意拔高罗马法的法学家所言"市场经济"，实际上是指资本主义市场经济，只是他们把其中的"资本主义"字样隐去了。

其二，中华法制源远流长，博大精深，是大陆法系和英美法系不可相比的，其民主性精华、法文化积淀和人类法制文明优秀成果，不仅具有重大继承意义，而且也是尚待完成的历史任务。我们应当在前人研究的基础上，致力于中华法系的深入研究，使之与中华民族的伟大复兴同步前进。

对待中华法系的态度，一概排斥是不正确的，应当取其精华，去其糟粕。中华法系的精华是很鲜明的。

一是，法理念文明。

"法治主义"是西方近现代法理念的总纲，而这在我国古代便存在了。

"以法治国"，是战国时期《管子》提出的，"威不两错，政不二门，以法治国，则举措而已"（《管子·明法》）。西方法治主义的重心在于标榜反对"人治"，但先秦思想家就有防止君主随心擅治的主张，如商鞅"法之不行，自上犯之"（《史记·商君列传》），要求君主"慎法制""令顺民心"（《管子·牧民》）。明黄宗羲提出"吾以谓有法治而后有治人"（《明夷待访录·原法》）。这种思想，由先秦而至明清从未中断。以法治国，使君主服从法律的思想之早、之全面、之历史连贯性，西方学者都是承认的。

法治主义的重要表现，是"罪刑法定主义"。罪刑法定主义排斥有罪推定、私刑、擅断入狱等，是进步的法理念。早在公元前 536 年，郑子产铸刑书，公元前 513 年，晋铸刑鼎。我国第一次公布成文法，改变了"临事议制，不预设法"的状况，定罪、量刑"皆有法式"，从而使我国法制文明进入一个新的阶段。这项法制原则，比西方提出的"罪刑法定主义"整整早 2000 多年。

"德法结合，德主刑辅"，是中华法系的独有特征。这也是文明进步的法理念。

二是，法制度文明。

中华法系的法制度门类齐全，规范全面，体系完善，结构严谨，充满了立法成熟性、先进性，为世界所仅见。中华法系的法制度文明，带来了人类法文明的新曙光。

在经济立法上，包括农业管理法、农田水利法、土地租赁法、手工业管理法、漕运法、市场贸易法（市场管理法、专卖法、外贸法）、金融法（钱法、纸币法、禁止高利贷法）、财政法、赋税法，等等。先有生产尔后有交易，自古无西方国家的以"交易立国"之理。中华法系对生产从来都是高度重视的。我国对手工业生产、经营和管理的法律是相当完备、发达的。其中的《工律》《均工律》，有关于计划生产的规定、关于手工业者的规定、关于器物制造规定、关于"评比"、"竞赛"的规定，等等。

在民事立法上，包括主体资格、权利能力和行为能力、物权（佃权、质权、典权、抵押权）和所有权（占有权、使用权、收益权、处分权）、债权（侵权行为之债、不当得利之债、合同之债）。我国西周时期就有了书面合同，合同形式有书、契、券、据等。券由竹木制成，一劈为二，双方当事人各执一半，债务人执右券，债权人执左券。唐《永徽律》把契约作为法律制度固定下来。在西方，书面合同形式，只是在公元 472 年希腊国王利奥的谕令中得到认可。

在行政立法上，中央行政管理体制、中央监察机关、官职制度（任免制度、考绩制度、俸禄制度、科举选官制度、退休制度、休假退休制度、职官考课制度）等，早已成型。我国文官制度历代相习相改，缜密、发达、完善，为西方各国所不及。孙中山说英国的文官制度是从中国传去的，有案可查。可是，我们却把英国的这种文官制度当作新发现搬过来，让英国人前来传经送宝。

在刑事立法上，治乱世用重典、重法地（是对盗贼罪从重判刑的地区。《宋史·刑法志》载开封府几地、京西滑州、京东应天府、淮南宿州、河北澶州等。公元 1078 年后，河北、京东、淮南、福建皆用重法地）、法律时效、犯罪的主观要件和客观要件、类推、数罪并罚、犯罪后果和情节、故意和过失、偶犯和惯犯、公罪和私罪、共犯之首犯和从犯、刑罚减免（特定犯罪减免、老幼病残犯罪减免、自首减免）、疑罪惟轻、正当防卫、援法适用，等等。上列所述，如不指明出自中华法系，人们还以为是外国现代刑法哩。

公元 6 世纪始，拜占庭帝国刑法规定的"断肢刑"，有砍手、割舌、割鼻、挖眼、去势、鞭打 6 种。汉景帝时，将不应弃市的罪犯，改用苔刑替代黥、劓和斩左趾，同时规定了苔刑刑具的规模和受刑部位，而汉景帝时期始于公元前 156 年，两者相差七八百年。很显然，当时欧洲的刑罚是落后的、野蛮的，其刑事立法的指导思想乃是报复主义，未向惩戒教育主义转变。

三是，法体制文明。

法体制，是法制度的表现形式和实现方式。法制度表现形式的多样性、法制度实现方式的特定性，能够体现法系文明的程度和发展水平。西方国家后世的立法，是我国已存既久的事实，充分说明了中华法系的影响力。

中华法系法体制的创新，可以列举以下几例：①判例法。比，是一种判例。通过比附、类推方式裁判，是比照同类案例判决。汉凡"律无条，取比类以决之"（《汉书·刑法志》）。唐继承汉比形式，有所发展。宋起始也是一案一例，从庆历起改为编例，至南宋各朝，共编七例。判例是律法的重要补充，具有法律效力，是中华法系的创造。因为地域广大，判例复杂，判例法容易破坏法律的统一，因而我国没能形成像英美法系以判例法主导的立法局面。②法典化。法典是体系化的法律文件，它要求该体系内的规范系统而详尽。秦简秦律、汉律、唐律、宋编敕、大明律、大清律，都是当朝的法典形式。法律、法规的法典化，必须具备法律规范大体系条件、立法技术条件。一部部诸法合体的综合性法典，确是先人的立法壮举。③法规汇编。起初，是将各种法律形式汇编，以便于学法和法律适用。这种汇编形式，"其书散漫，用法之际，官不暇遍阅，吏因得以容奸"（《宋史·刑法志》）。以"法规"汇编而进化到以"事"汇编，始于南宋编"条法事类"。这是把相关的敕、令、格、式等，按事分门别类，汇编成书。这是法典编纂体例的新成就。

马克思主义时代化，就是在马克思主义原理指导下，适应时代要求，通过新总结、新概括，不断从时代发展中丰富和发展自己，使之进一步升华。中华民族伟大复兴，是时代潮流。在这一时代潮流中，马克思主义必将获得新的生命力和无限创造力。马克思主义法学理论时代化，就是坚持马克思主义法学理论的指导地位和在当代条件下的新发展。

马克思在《对民主主义者莱茵区域委员会的审判》里说："现在我手里拿着的这本Code Napoléon〔拿破仑法典〕并没有创立现代的资产阶级社会。相反地，产生于十八世纪并在十九世纪继续发展的资产阶级社会，只是在这本法典中找到了它的法律的表现。这一法典一旦不再适应社会关系，它就会变成一叠不值钱的废纸。你们不能使旧法律成为新社会发展的基础，正像这些旧法律不能创立旧社会关系一样。"

这里，马克思明确指出了法律与时代的关系。任何法律和法思想，都是时代的产物。有什么样的时代条件，就有什么样的法律和法思想。经典作家说，历史从哪里开始，思想进程也应当从哪里开始。同样地，历史从哪里开始，法律和法思想的进程也应当从哪里开始。

马克思主义法学理论产生于资本主义时代。资本主义进程有两次大的时代关节点，就是自由资本主义、垄断资本主义。马克思主义法学理论是紧紧跟随时代前进的。

资产阶级夺取政权后，成立"生意人"共和国，开始了自由资本主义时代。在法的领域，实行自由放任主义立法。企业自治、物权绝对、契约自由成为法的基本原则。在"夜警国家论"、"小政府论"指导下，法在自由市场经济下起消极作用，即对社会经济生活不予干预。在这样的社会条件下，立法和法思想的中心概念，是"个人本位"。个人本位的核心是个人权利本位。权利本位论主张把权利的地位放在实在法（制定法）之上，也放在国家最高权力之上；权利是法学的中心概念；弘扬权利是法文化的核心和基本任务；权利是现实的人（"经济人"）进行社会活动的工具和出发点。利益、自由、平等三要素是权利本位论的立论基础。

然而，失去自律性的自由资本主义，引爆了 1848 年的欧洲大革命，自由资本主义被打得落花流水。经过"十年时代"的调整之后，竞争的主体、手段和后果都发生了变化。19 世纪下半叶起，转变为垄断资本主义，从而开启了资本主义新的时代。

自由放任、权利本位的弊害，在于在个人与社会的关系上采取了"个人中心主义"的立场，这已不适合时代要求。时代新思潮认为，社会利益就是个人的真正利益，个人的生存、发展依赖社会的生存、发展。因此，在个人与社会的关系上，应以社会为本位。

在垄断资本主义条件下，资产阶级法律和法思想的中心是"社会本位"。社会本位的要点是：把社会权概括为权利的首要含义；应对私人所有权作出明确的限制；对"对压制的抵抗权"要从它所具有的全部权利的本质属性方面进行考察；以人民主权原理为指导。主张人民是主权者，政府是人民的作品，政府工作人员是人民的仆人；必须对自然权利论做出批判。由上述可见，社会本位法思想，是以社会权为核心的权利思想，是以社会权为基础构建社会政治、经济和法律制度的法思想。社会本位法思想不是一般地排斥权利，而是权利不再处于本位地位。这种新的权利论，不再以社会契约论和自然权利论为前提。以自由权为中心的权利本位法思想向以社会权为中心的社会本位法思想的演变，反映了资本主义发展的一般进程，这是巨大的历史性进步。这种以"个人"为载体的传统法思想向以"社会"为载体的新的法思想的转变，是新时代法律和法思想变化的基本背景。

由权利法向社会调节法的演变表明，权利法再也不能像先前那样占统治地位了，一种新的法律在摆脱传统法的束缚，为新的社会关系的发展开辟道路。这便是变化了的法律和法思想的现实基础。

马克思主义法学理论，是在批判资本主义社会制度和法律制度的过程中产生并发展的。

我们现在所处的时代，是十月革命所开辟的社会主义新时代。这个时代，是社会主义立法从无到有，不断完善的新时代，也是社会主义法学走向胜利和繁荣的新时代。在我国，中国特点的社会主义也走入了新时代。在这个时代，马克思主义法学理论并没有过时。作为马克思主义法学思想直接继承者的习近平法律思想，亦是世界法律变革的先导、法学改造理论的动力。时代需要马克思主义法学理论。马克思主义法学理论的时代化，就是贴近时代的精神，贴近人民心灵的呼声。

马克思主义大众化，就是把马克思主义原理同人民群众的实践活动相结合，使科学理论进入社会实践，成为人民群众强大的思想武器和行动指南。推进马克思主义大众化，首先要让马克思主义从书斋里解放出来，回答和解决人民群众实践中的实际问题。这不是把马克思主义"庸俗化"。

马克思主义法学理论大众化，就是坚持走人民法学、实践法学道路，把法学还给人民，让马克思主义法学理论在实践中落地生根。

马克思主义法学是人民的实践的法学。这样的法学应当表现以下几个特点：

第一，马克思主义法学是在摧毁旧法制、否定旧法学基础上产生的完全新型的法学。旧法学是为剥削阶级服务的，其目的是为统治者和有产者的统治提供和寻找法律根据。人民法学一定是替人民说话的法学。人民法学从根本上解决了法学理论"为什么人"的问题。

第二，马克思主义法学是保障人民通过各种途径和方式，管理国家事务，管理经济和文化事业，管理社会事务的法学。人民的统一意志、社会主义道路、人民民主政权，这是法学的核心和实质。

第三，马克思主义法学是坚持人民群众是法的活动的主体，是立法、执法和司法的实践都是人民群众参与的法学。人民群众是决定国家和法律命运的根本力量。法学理论不是法学家和贵人、贤人、智者、杰出人物从统治阶级那里获取法的隐蔽动机之后创造出来的，人民群众法律实践生活的基础，准备了法学理论和法律文化的丰富源泉。

第四，马克思主义法学还应当是人民群众喜闻乐见的法学。用晦涩难懂的词句特别是西方话语的词句开路，再涂抹些"理论"色彩，内容是在注释上抄来抄去，绕来绕去，这根本不属于理论范畴，更不是什么学术创造。如若把我们的法学搞成这个样子，那就糟糕透了。

人民性、实践性是"大众化"的鲜明表现。建立大众化的法学话语体系，关系到马克思主义法学理论的普及。马克思的法学理论是人类法学思想的最高成就，但从来都是用平实的语言表达深刻的思想的。

话语与语言不同。语言本身是作为生物体的人的发音机能，同骨骼活动、血液流动一样，属于人的本能，没有阶级性。话语则不同，它是利用语言表达思想，是意识形态的组成部分和表现形式。话语是人类文明的结晶。基本话语是全社会的、共同的、统一的话语，是历史的产物，不是时代的产物。特定话语是具有特定含义的话语。恩格斯在《英国工人阶级状况》一书中说，工厂主有一套方言，工人们有另一套方言，有另一套思想和观念，讲的就是特定话语。新话语是时代的产物。话语是不断变化的。随着社会的发展，新话语不断产生，人们将用新话语充实话语体系。

综合上述可以认为，马克思主义法学中国化、时代化、大众化，是中国社会的内在要求，是法学发展的合乎规律的结果。法学的西化、十八世纪化、精英化，是逆历史潮流而动的、落后于时代的，是违背人民意愿的。它的鼓噪和虚假繁荣，只不过是旧法学的复燃和回光，充满了历史暂时性。

作为导言，以上三部分的标题和内容，是依据经典作家和我们党的论述做出的。马克思主义法学理论是人类认识史上的伟大创新，在马克思主义法学理论指导下的法学创新，一定是这个伟大创新的继续。

第一部分

法制度的一般形式——法制度普遍的外在形式

法制度的表现形式，包括内在形式和外在形式。其内在形式，是结构形式；外在形式，是外部表现形式。法是形式和内容的统一体，法的内容通过形式表现出来，只是有时以不完全的、扭曲的、反面的形式表现。

法制度的一般形式，是法普遍具有的共同性的表现形式。宪法、法律、法规、法令、条例等形式，是法制度的一般形式。

法制度的形式同具体法制度并非同一。按照部门法对法制度进行分类，如民法制度、刑法制度和诉讼法制度等等，是根据不同的制度标准和角度，对法制度作出的分类。这里所言的"法制度形式"，是从内容和形式相互关系的角度，对法制度的外在表现形式所做的概括。如果只对法制度研究做制度层面上的分类，而放弃对法制度的表现形式的分析，则法制度概括将失去理论性基础。

马克思主义经典作家关于法制度的一般形式的论述，是准确而深入的。他们对宪法、法律、法规、法令、条例等形式，作出了十分清晰的界面区分。这从同一语境中同时出现上列不同形式的术语的情况，可以看得出来。

我国有的学者认为，"法律制度"的概念并不代替"法"的概念，它是包括法（这是其核心）与法相应的法律意识；以及体现法与法律意识的实际运行的法律实践三部分构成的，并得出"法律制度"的概念比法本身的概念范围广泛得多的结论。这个说法，其实是苏联法学家 C.C. 阿列克谢耶夫的见解。他在《法的一般理论》（见法律出版社 1988 年版中译本）里说，"一国的法律制度至少由三个因素组成：法律意识形态、法本身和法律实践三者又有其动态的运动表现，即表现为法律关系、个别性命令和法律制裁"。这是说，法律制度包括三个方面。但又说，"所有这些又有其外在的文件的表现形式，即表现为规范性文件、解释性文件、个别性文件"。我没有看到阿列克谢耶夫的原书，不知确切所云，但从译文分析，阿列克谢耶夫最后还是把法律制度，归结为"文件的表现形式"，就是规范性文件等文件形式。

法学的制度理论，由法国法学家欧琉提倡，后卢那尔作了较为展开的论述。欧琉认为，社会制度是超越社会成员思想的存在，是正义及秩序的理念的现象形式。法学的制度保障理论认为，制度的保障，是各国宪法上的基本人权通过一定的制度规定，在内容上予以保障。往往有与基本权利并列规定制度保障的情形。德国法学家施密特，分析过魏玛宪法下的人权与制度保障问题。

应当说，法律制度，首先是"规定"，是由实体法和程序法的规定形成的。而且，具有规定的规模性特征。就是说，个别的规定还不能称为制度。最后，法律制度一定是系统化的体系。规定性、规模性、系统性，是法律制度的基本特征。

由此可以看出，无论是阿列克谢耶夫还是西方法学家，都是把法制度同法意识、法关系混为一谈，或把法制度概念理解为比法本身的概念范围广泛得多的看法。这是不足取的。

一、宪法制度

宪法是国家的根本法，宪法所确定的制度，是根本的、全局性的制度，是国家的所有法制度之源。

世界最早的宪法，是 1787 年美利坚合众国宪法和 1791 年的法兰西宪法。英国没有专门统一的宪法，它是由带有宪法性质的、含有宪法内容的各种宪章、议会制定法、法院判例及宪法惯例而构成的。英国宪法主要包括：1215 年自由大宪章，1679 年人身保护法，1701 年王位继承法，1884 年选举改革法，1928 年平等选举法，1929 年、1958 年、1972 年地方政府组织法，1911 年、1949 年议会法等法律，以及大量的具有宪法意义的判例和习惯法等。

现代意义上的宪法制度，是在资产阶级革命时期开始出现，后不断充实其内容而逐渐成型。各国的国情不同，宪法制度的内容也不尽相同，但从总的方面看，都对国家根本政治制度和经济制度、公民基本权利义务制度、国家机构制度作出规定。

北美反英独立战争胜利后，于 1776 年 7 月 4 日在第二届大陆会议上通过了《独立宣言》。提出了"天赋人权""主权在民""人民拥有革命变革的权利"等。

1787 年，美国制定了世界第一部宪法，确认了"三权分立"原则，即立法权属于国会，行政权属于总统，司法权属于最高法院。最初，宪法并未列入《独立宣言》所规定的公民的基本权利。公民的民主权利和自由，是 1789 年的"权利法案"确认的。

1789 年 8 月 26 日，法国国民议宪会议通过《人权宣言》。《宣言》确认了"天赋人权""私有财产不可侵犯""主权在民""法律面前人人平等"等资产阶级民主的基本原则。1791 年 9 月，国民议会制定了宪法。宪法将《人权宣言》作为宪法的序言，确立一院制的君主政体，即立法权由民选议员组成的国民议会行使，行政权委托国王行使，司法权委托民选的法官行使。宪法肯定了"私有财产不可侵犯"的原则，规定了一些公民权利的保障制度等等。1875 年制定的法国第三共和国宪法，由"参议院组织法""国家政权机关组织法""国家政权机关相互关系法"等三个法律文件构成。

1871 年制定的德意志帝国宪法，规定帝国最高行政首脑对皇帝负责，而不对立法机构负责，规定立法机构（由帝国议会和联邦议会组成）无权监督行政机关。1919 年制定的德国魏玛宪法，较详尽地规定了公民的"基本权利及基本义务"。这部宪法确定了立法机关的权力，扩大了总统职权，确立资产阶级共和政体。

上述宪法制度，是资本主义制度。宪法的两种历史类型，说明了社会主义类型的宪法制度，是完全新型的宪法制度。在国家根本政治制度和经济制度、公民基本权利义务制度和国家机构制度方面，两种宪法制度的性质是根本不同的。

资本主义根本政治制度是代议制，根本经济制度是私有制，而社会主义根本政治制度是人民代表大会制，根本经济制度是公有制。在公民基本权利义务制度方面，资本主义宪法下公民的自由权、社会权和参政权等基本权利，是形式上的、虚假的、残缺不全的、没有物质保障的，而社会主义宪法上的公民基本权利，是真正的人民权利，是人民当家作主的权利。

国家机构是国家构成的重要成分，在任何国家大同小异。其社会主义国家的国家机构与资本主义国家的国家机构的区别，是性质上的区别和国家机构相互关系机制和机能的区别。

17 至 18 世纪流行的以洛克和孟德斯鸠为主要代表的"三权分立"学说，主张国家权力分为立法权、行政权和司法权，分别由议会，政府和法院行使。这种思想被资产阶级所采纳。到 19 世纪，欧洲国家普遍确定了"三权分立"的制度。

西方资本主义国家实行"三权分立"原则的国家机构，主要包括立法机关、行政机关和司法机关。在我国宪法中，国家机构一章包括全国人民代表大会、中华人民共和国主席、国务院、中央军事委员会、地方各级人民代表大会和地方各级人民政府、民族自治地方的自治机关、人民法院和人民检察院。

（一）国家根本制度

1. 根本政治制度

代议制，是资本主义国家的根本政治制度。

代议制（英）representative government、（法）regime representative，是具有议会议决的政治制度。也称议会制。随着资本主义社会的成长而确立的近代代议制，是由国民的代表者组成的立法机关，由其决定国民的意志。代议制是作为满足资产阶级自由主义和民主主义要求的制度产物。到 19 世纪后半期，成为欧美资本主义国家的根本政治制度。现在，世界上的主要国家，都实行这种政治制度。代议制以代表制和多数决原则为基础，议会的议决以多数代表的意见为准。

议会议决的过程，是由议员"提议"或者委员会提出法律草案，经过议会通过而成为法律的过程。议会具有唯一的立法机关的地位。最初，议员一人即可提议，后来发展为议员提议需要一定数量的赞同者共同提议。

议会的议决，以议员多数的意见作出决定。这就是"多数决原理"。多数决原理（英）Principle of majoriy（德）Majoritatsprinzip，是与国民代表制同时产生的资本主义民主政治的基本原则。其理念是"多数决定更合理"。认为"多数决"能够在立法和国务事项的决定上，排斥独断和专制主义。"多数决"的一般方式，是通过过半数决定的简单多数决（英）Jqualifted majority。对于重大事项，如宪法修改、关于联合国大会的决议等等，可规定绝对多数决。

作为资本主义根本政治制度的代议制，其核心是权力分立和政党政治。所谓"权力分立"，就是国家的立法权、行政权、司法权分别存立，相互制衡，各自独立。所谓"政党政治"，就是通过选举，各个政党轮流执政。

社会主义的根本政治制度不是代议制，而是人民代表大会制。这种政治制度，是巴黎公社开创的、苏维埃发展的、我国逐步成型的人民民主制度。人民代表大会制实行"人民主权原理"，而不是"多数决原理"。人民，首先是工人阶级、农民阶级为主体的广大劳动人民。人民代表大会的议决，是人民代表反映人民的意志和要求，而不是单纯反映代表的意志和要求。在人民代表大会制这里，"多数决定"不是原理，而是程序原则。

在我国，人民民主专政的国家性质，首先是通过人民代表大会制度来实现的。人民代表大会制度，是当代中国的政权组织形式和根本政治制度。全国人民代表大会作为最高国家权力机关，拥有最高的立法权、决定权、任免权和监督权。这是其他任何国家机关都不可替代的。

人民代表大会制度，是按照民主集中制原则，定期选举产生各级人民代表大会，作为人民行使国家权力的机关，并由人民代表大会产生全部国家机构，以实现国家任务的一种制度。人民是国家和社会的主人，有权共同决定和管理国家与社会事务。这就要求政权的组织形式，必须采取全体人民平等享有政治权利的民主共和制，而不能采用个人集权或少数人享有政治权力的君主制、贵族制和代议制。在人民代表大会制度下，人民根据民主集中制原则，采取直接选举和间接选举相结合的方式，定期将各地区、各阶级、各阶层、各民族、各政党、各行业的优秀人物选为自己的代表，由他们组成的各级人民代表大会，具有广泛的代表性。

人民代表应当对人民负责，人民群众应当随时监督自己的代表。人民是国家的主人，不仅体现在人民有权选择自己的代表，随时向代表反映自己的要求和愿望，而且还体现在，人民对于自己的代表有权进行监督，有权依法撤换或罢免那些不称职的代表。

立法权、行政权和司法权，是不可分割的国家权力整体的一部分。立法机关、行政机关、司法机关是"分工不分离"。从国家权力体系和国家机构系统来看，它们有不同的分工，不同的权力范围，不同的职能，但它们是国家统一系统的组成部分，是统一的国家政治制度构成的重要方面。因此，我国的国家权力政治制度，同西方国家的权力分立制度，是根本不同的。

而且，我国不实行轮流坐庄的"政党政治"。中国共产党领导的多党合作制度，是我国政党制度的基本内容，它根本不同于西方资本主义国家的多党制或两党制。我国实行共产党领导的多党合作制。这是以承认共产党的领导为前提的。接受共产党的领导，是各民主党派在长期革命斗争中作出的历史选择。这种领导，主要通过民主协商来实现。共产党领导的多党合作制，以服务于社会主义事业为目标。在社会主义共同的奋斗目标下，实行"长期共存，互相监督，肝胆相照，荣辱与共"的基本方针。共产党同民主党派的关系，是领导党同参政党的关系，不是执政党同在野党的关系。"执政党"与"在野党"是对应范畴，没有在野党也就没有执政党。因此，说"共产党是执政党"是不确切的，应确定为"共产党是领导党"。这种范畴的改变，是有重要政治意义、理论意义和实践意义。

共产党领导的多党合作制，以人民政协为主要政治形式和组织形式。

政治协商制度，是我国各党派、人民团体和其他无党派人士，就国家的大政方针，各族人民生活中的重大问题，以及统一战线内部关系等问题进行政治协商、民主监督的制度。政治协商制度，是我国创立的具有中国特点的政治制度。

（1）代议制

代议制、出版自由、公开审判、法官终身制和陪审制——这就是资产阶级所提出的要求。

恩格斯：《普鲁士宪法》，

《马克思恩格斯全集》第 4 卷第 35 页。

宪制的实质是什么呢？是不是实行宪制比不实行宪制要"自由一些"，"劳动人民"的生活要好一些呢？不是的，只有庸俗的民主派才会这样想。宪制的实质在于：国家的一切基本法律和关于选举代表机关的选举权以及代表机关的权限等等的法律，都体现了阶级斗争中各种力量的实际对比关系。当法律同现实脱节的时候，宪制是虚假的；当它们是一致的时候，宪制就不是虚假的。俄国第三届杜马时期的宪制，比起俄国第一届和第二届杜马时期的来，虚假要少一些。"社会革命党人"先生们，如果这个结论使你们恼怒，那是因为你们既不懂得宪制的实质，也不懂得宪制的虚假性同宪制的阶级性之间的区别。宪制可能是黑帮的、地主的和反动的宪制，但是比起某些"自由派的"宪制来，虚假却要少一些。

社会革命党人的不幸就在于他们既不懂得马克思的历史唯物主义，也不懂得马克思的辩证法，完全当了庸俗的资产阶级民主派思想的俘虏。在他们看来，宪制不是阶级斗争的新场所、新形式，而是一种象自由派教授们所说的"法制"、"法律秩序"、"公共福利"之类的抽象的福利。实际上，专制制度也好，立宪君主制也好，共和制也好，都不过是阶级斗争的不同形式，而且历史的辩证法就是这样：一方面，这些形式中的每一种都要经过它的阶级内容发展的不同阶段，而另一方面，从一种形式过渡到另一种形式（本身）丝毫也不消灭从前的剥削阶级的统治，只是换了一件外衣。

列宁：《社会革命党人怎样总结革命，革命又怎样给社会革命党人作了总结》，

《列宁全集》第 17 卷第 320～321 页。

大家也知道，所有现代的宪法在很大程度上都是建立在被曲解了的英国宪法上的，而且当作本质的东西接受过来的，恰恰是那些表明英国宪法在衰落、只是现在在形式上勉强还在英国存在着的东西，例如所谓的责任内阁。被曲解了的形式正好是普遍的形式，并且在社会的一定发展阶段上是适于普遍应用的形式。

《马克思致斐·拉萨尔》，

《马克思恩格斯全集》第 30 卷下册第 608 页。

屈韦特尔先生和国家法的其他大哲学家们以极其虔敬的心情把这种分权看做神圣不可侵犯的原则，事实上这种分权只不过是为了简化和监督国家机构而实行的日常事务上的分工罢了。也象其他一切永久性的、神圣不可侵犯的原则一样，这个原则只是在它符合于现存的种种关系的时候才被采用。例如，在君主立宪政体中，立法权和行政权都交错在国王身上；其次，在议院里，立法权是和对行政权的监督交错在一起的等等。关于在一个国家

里分工方面的这些必要的限制，在我们的"办事大臣"这样的政治人物的口中得到了如下的说明：

"既然立法权是由人民代议制行使的，那末它就有自己的机构；行政权也象审判权一样，也有自己的机构。因此（！），假如没有专门法律的授权，一种权力直接利用另一种权力的机构是不可容忍的。"

"假如"没有"专门法律"的指示，抛弃分权原则是不可容忍的！反之，"假如"没有"专门法律"的指示，使用分权原则同样是不可容忍的！多么周密的考虑！多么了不起的发现！

至于在革命时期不经任何"专门法律"就停止分权的问题，屈韦特尔先生却只字未提。

接着，屈韦特尔先生又不厌其烦地说，如果赋予委员会以在见证人发誓下讯问见证人的权利，如果委员会有权要求官员们提供情报以及其他等等，一句话，如果赋予委员会以亲眼看到一切的权利，那就是破坏分权原则，因而必须由专门的法律来决定。他举出比利时的宪法做例子，该宪法第 40 条特别赋予议院以 droitd' enquête〔调查权〕。

但是，屈韦特尔先生，根据法律规定，难道普鲁士真的存在着您所理解的那种意义上的、也就是宪法意义上的分权吗？现存的分权难道不是有限的、残缺不全的、适应绝对的官僚君主政体的分权吗？所以，当这种分权还没有用宪法的精神加以改造的时候，怎么能够把宪法的概念运用到这种分权上去呢？当宪法本身都还不存在的时候，普鲁士怎么能有这种宪法的第 40 条呢？

我们来总结一下。照屈韦特尔先生的说法，任命一个全权委员会就是破坏宪法的分权。然而，在普鲁士还根本没有宪法的分机，所以也就谈不上什么破坏。

但是，这种分权也必须在我们所处的这个暂时的革命秩序里实行，因而照屈韦特尔先生的看法，它应当算是已经存在的。如果屈韦特尔先生是对的，那末宪法上的例外也应该被认为是存在的了。而立法机关进行调查的权利恰恰也属于这种宪法上的例外！

但是屈韦特尔先生完全错了。恰恰相反，暂时的革命秩序正是在于，分权暂时被废除了，立法机关暂时攫取了行政权或者行政机关攫取了立法权。革命的专政（不管它是通过怎样软弱的形式体现出来的，它仍然是专政）是掌握在国王的手里，还是掌握在议会的手里，或是掌握在这两者的手里，——这都无关紧要。如果屈韦特尔先生对这三种实例都感兴趣的话，那末这样的例子在 1789 年以来的法国历史上是很多的。

屈韦特尔先生所求助的那个暂时的秩序，恰巧证明是反对他的。这个秩序承认议会除了有调查权以外，还有其他性质完全不同的权力。它甚至授权议会在必要的时候变为审判庭，不经任何法律就可以做出判决！

> 恩格斯：《7 月 4 日的妥协会议》，
> 《马克思恩格斯全集》第 5 卷第 224～226 页。

资产阶级无国王，资产阶级统治的真正形式是共和国。

制宪国民议会所应该进行的"伟大的根本性工作"就是要拟定出这个形式，要拟定出共和宪法。正如把基督教历改名为共和历，把圣巴托罗缪节改名为圣罗伯斯比尔节决不会使天气有什么改变一样，制定这个宪法也没有并且也不能使资产阶级社会有什么改变。凡是问题超出了改换服装的范围的地方，这个宪法就把已经存在着的事实记录下来。于是，它郑重其事地登录了共和国成立的事实，施行普选权的事实，由单一全权国民议会代替两个权力有限的立宪议院存在的事实。于是，它就登录了并且法定了卡芬雅克独裁的事实，把永恒的、无责任的、世袭的王权改成了暂时的、有责任的、由选举产生的王权，即改成了任期 4 年的总统制。……

宪法里其余的东西都是术语问题。从旧君主国的机器上撕掉保皇主义的标签而贴上了共和主义的标签。

> 马克思：《1848 年至 1850 年的法兰西阶级斗争》，
> 《马克思恩格斯全集》第 7 卷第 45~46 页。

从前，通常是在社会变革的过程中已经达到了均势，在新的阶级关系已趋于稳定，统治阶级内部的各个斗争党派彼此已经达到妥协，因而有可能继续相互进行斗争并把疲惫的人民群众排除于斗争范围外的时候，才制定和通过宪法的。这次的宪法却根本不是批准了什么社会革命，而是批准了旧社会对于革命的暂时胜利。

> 马克思：《1848 年至 1850 年的法兰西阶级斗争》，
> 《马克思恩格斯全集》第 7 卷第 46 页。

三色旗宪法既已拒绝对小资产阶级作任何妥协，既没能吸引任何新的社会成分来归附新的国家形式，同时又匆忙恢复了最顽强和最狂热拥护旧制度的那个集团历来享受的不可侵犯权。它把临时政府险些侵犯到的法官终身制提高成为根本法了。于是，它所推翻了的一个国王，就化身为这种终身制的法制刑讯官而成千倍地复活起来了。

法国报刊全面地揭示了马拉斯特先生宪法中所包含的矛盾，如两个主权者——国民议会和总统——同时并存等等。

但是，这个宪法的主要矛盾是在于下面这点：它所要使其社会奴役地位永恒化的那些阶级——无产阶级、农民阶级和小资产阶级，竟由它经过普选权给予了政治权力，而它所批准其旧有社会权利的那个阶级——资产阶级，却又被它剥夺了维持这种权力的政治保证。资产阶级的政治统治被宪法强塞在民主主义的框子里，而这个框子时时刻刻都在帮助资产阶级的敌人取得胜利，并使资产阶级社会的基础本身成为问题。它向一方面要求不要从政治的解放前进到社会的解放，而向另一方面则要求不要从社会的复辟后退到政治的复辟。

> 马克思：《1848 年至 1850 年的法兰西阶级斗争》，
> 《马克思恩格斯全集》第 7 卷第 48 页。

资产阶级的共和党人是不大理会这些矛盾的。既然他们已经不是必要的人物，——他们只有作为旧社会反对革命无产阶级斗争中的先锋队才是必要的人物，——所以，他们在胜利后几个星期就不再是一个政党，而降为一个派系了。宪法在他们手中是一个大阴谋。宪法首先应该确定他们那个派系的统治。总统应该仍由卡芬雅克充任。立法议会应该是制宪议会的继续。他们打算把人民群众的政治权力弄成一种虚构。

马克思：《1848 年至 1850 年的法兰西阶级斗争》，

《马克思恩格斯全集》第 7 卷第 48～49 页。

这就是"法兰西共和国宪法"，这就是运用宪法的方法。读者马上就会看出，这个文件从头到尾是一大套掩饰极其奸诈的意图的漂亮话。宪法的措词本身使破坏宪法成为不可能的事情，因为每个条款都包含着相反的一面，而完全取消条款本身。例如："投票是直接的和普遍的"——"除法律将来规定的情况外"。

因此，不能说 1850 年 5 月 31 日的法律（它剥夺了 2/3 的居民的选举权）完全违反宪法。

宪法一再重复着一个原则：对人民的权利和自由（例如，结社权、选举权、出版自由、教学自由等等）的调整和限制将由以后的组织法加以规定，——而这些"组织法"用取消自由的办法来"规定"被允诺的自由。奥地利和普鲁士资产阶级从法国原版中抄袭来的这种花招就在于，赋予完全的自由，宣布冠冕堂皇的原则，把有关如何运用这些原则的问题即细节留待以后的法律来加以解决；在 1830 年的法兰西宪法和在它以前通过的一些宪法里就用过这种花招。……

在整个宪法里，唯一无保留条件的肯定的条款，是关于总统选举的条款（第 45 条）和关于修改宪法的条款（第 111 条）。这是唯一可能破坏的条款，因为只有这些条款不包含任何矛盾。

这两项条款是 1848 年的制宪议会用来直接对付波拿巴的，因为波拿巴用阴谋手段取得了总统的宝座，使议员们感到恐惧。

这个虚伪的宪法中常常出现的矛盾十分明显地证明，资产阶级口头上标榜是民主阶级，而实际上并不想成为民主阶级，它承认原则的正确性，但是从来不在实践中实现这种原则，法国真正的"宪法"不应当在我们所叙述的文件中寻找，而应当在根据这个文件通过的我们已经向读者简要地介绍过的组织法中寻找。这个宪法里包含了原则，——细节留待将来再说，而在这些细节里重新恢复了无耻的暴政！

在法国，专制统治是多猖狂，下面一些为了对付工人而采取的限制可以证明。

马克思：《1848 年 11 月 4 日通过的法兰西共和国宪法》，

《马克思恩格斯全集》第 7 卷第 588～589 页。

1847 年最大的事件和变化是发生在普鲁士、意大利和瑞士。

在普鲁士弗里德里希 – 威廉四世终于不得不颁布宪法。桑苏西宫中绝后的唐·吉诃德经过长期搏斗和痛苦以后生产了宪法，按他的意思，这一宪法应该保证封建的、宗法的、专制的、官僚的、僧侣的反动势力永远胜利。但是他的如意算盘打错了。资产阶级已经十分坚强，能够把这个宪法也变成反对他和社会上一切反动阶级的武器。

恩格斯：《1847 年的运动》，

《马克思恩格斯全集》第 4 卷第 506～507 页。

于是鲍姆施塔克先生开始用孟德斯鸠的古老的、破旧不堪的、布满裂痕的号角大吹共和国的美德，使得毗邻的评论家惊喜若狂而随声附和，使整个欧洲感到惊奇的是，他卓越地证明"共和国的美德也恰好导致……宪政"！但是，鲍姆施塔克先生马上就改变了音调，说明没有共和国的美德也会导致宪政。在这次二重唱中，两个声调经过一系列极伤心的不谐和之后，终于在宪政这样一个调和的和弦上融合起来了；这次二重唱的辉煌效果读者自己是可以想象得到的。

经过十分冗长的议论以后，鲍姆施塔克先生终于得出结论说，在实质上各部大臣并没有提出"任何实在的保留条件"，而只是拟定了"关于未来的无关紧要的保留条件"，最后鲍姆施塔克自己也谈到最广泛的基础，他声明说，挽救德国的唯一方法就是采取民主立宪制度。这时"关于未来德国的思想占据了他"，以致他高呼"人民立宪的世袭的德国王权万岁，万万岁！"

恩格斯：《关于雅科比提案的辩论（续完）》，

《马克思恩格斯全集》第 5 卷第 305~306 页。

对于撒丁的代表说来，以为立宪制度——而他们这时可以亲眼看到这种制度在大不列颠受尽煎熬，并且 1848—1849 年的革命已经暴露出它在欧洲大陆陷于破产的状况，证明了它既不能对付国王的刺刀，也不能对付人民的街头堡垒，——以为这种立宪制度现在不仅要庆祝它在皮蒙特舞台上的 restitutio in integrum〔完全恢复〕，而且甚至还要成为一支所向无敌的力量，这是极其荒唐的想法。

马克思：《撒丁》，

《马克思恩格斯全集》第 12 卷第 18 页。

宪法中的所谓君主和贵族的成分之所以能够存在下来，无非因为资产阶级乐于留着它们摆摆样子；这两种成分在今天本来也只是摆摆样子罢了。

恩格斯：《英国工人阶级状况》，

《马克思恩格斯全集》第 2 卷第 517 页。

如果相信"泰晤士报""地球报"和一些法国德国报纸的说法，普鲁士总算已加入立宪国家的行列了。但是，"北极星报"已经充分令人信服地证明，这个所谓宪法不过是给普鲁士人民设下的一个陷井而已，其目的是要剥夺已故的国王在需要人民的支持时所许给人民的那些权利。事情正是这样，弗里德里希-威廉企图利用这个所谓宪法来搜刮金钱，同时又不必向社会舆论作什么让步，这是勿庸置疑的。

恩格斯：《普鲁士宪法》，

《马克思恩格斯全集》第 4 卷第 33 页。

尽管普鲁士宪法本身是不足道的，但是，它给普鲁士以及整个德国开辟了新的时代。它标志着专制制度与贵族的垮台和资产阶级获得政权；它给运动打下了基础，这个运动很快就会导致资产阶级代议制的建立，出版自由的实现，法官独立审判制和陪审制的实行，甚至很难预料这个运动将如何结束。

恩格斯：《普鲁士宪法》，

《马克思恩格斯全集》第 4 卷第 40 页。

　　这个不列颠宪法是什么呢？它的实质是否就是代议机关或者限制行政权呢？这些特征并没有使它无论同北美合众国的宪法或是同无数"熟悉本行业务"的英国股份公司的章程有什么区别。不列颠宪法其实只是非正式执政的、但实际上统治着资产阶级社会一切决定性领域的资产阶级和正式执政的土地贵族之间的由来已久的、过时的、陈腐的妥协。在 1688 年"光荣"革命以后最先参加妥协的只有一个资产阶级派别——金融贵族。1831 年的改革法案使另一派，即英国人称为《millocracy》的工业资产阶级巨头也参加了妥协。1831 年以来的立法史就是一部向工业资产阶级让步（从新济贫法到废除谷物法，从废除谷物法到实行地产遗产税的历史）。

马克思：《不列颠宪法》，

《马克思恩格斯全集》第 11 卷第 108 页。

　　"社会辩论报"可以随心所欲地称颂北美和瑞士，美化它们。

　　我们要问"社会辩论报"，北美的政治制度能不能够有一天不经过巨大的社会变革而在欧洲得到实现呢？我们认为，例如（请"辩论报"原谅我们的放肆）要使英国的宪章不是由某些梦想普选权的人来提出，而是由一个全国性的大党来提出，那就需要一个长期的过程把英国工人联合成一个阶级；那时，这个宪章的目的就会完全成为另一个样子，它所引起的社会结果也会和美国以及瑞士的宪法所争取和导致的完全两样。在我们看来，空想主义者正是把政治形式和它们的社会基础分隔开来并把它们当做一般的抽象的教条的那些人。

马克思：《2 月 6 日的"社会辩论报"论民主协会》，

《马克思恩格斯全集》第 4 卷第 526 页。

　　说实在的，我们关于资产阶级即将获得胜利的预言应验得比我们所能预期的还要快。在不到两个星期的时间内，三个君主专制国家（丹麦、那不勒斯和撒丁）都变成了立宪国家。

恩格斯：《三个新宪法》，

《马克思恩格斯全集》第 4 卷第 528 页。

　　1793 年俄罗斯奥地利、普鲁士瓜分波兰的时候，这三个强国就以 1791 年的宪法为借口，据说这个宪法具有雅各宾党的原则因而遭到一致的反对。1791 年的波兰宪法到底宣布了什么呢？充其量也不过是君主立宪罢了，例如宣布立法权归人民代表掌握，宣布出版自由、信仰自由、公开审判、废除农奴制等等。

马克思恩格斯：《论波兰问题》，

《马克思恩格斯全集》第 4 卷第 534 页。

德国的统一以及德国的宪法只能通过这样一种运动来实现，这种运动的决定因素将是国内的冲突或对东方的战争。国家制度的最终确立不能依靠颁布命令的办法，而要在我们即将进行的运动中实现。

恩格斯：《法兰克福激进民主党和法兰克福左派的纲领》，

《马克思恩格斯全集》第5卷第47页。

宪法中的话竟变成了普鲁士的现实，这真是一种奇观！既然普鲁士国家制度适应于立宪制度，那末，为什么立宪制度就不能适应于普鲁士国家制度呢？可怜的立宪制度呵！

马克思：《市民自卫团法案》，

《马克思恩格斯全集》第5卷第276页。

普鲁士的立法者以其特有的嗅觉发现：每一项新的宪法规定都为新的刑法、新的章程、新的惩罚措施、新的监视、新的挑剔和新的官僚制度提供绝妙的借口。

……

瑟西把希腊人变成了假面兽，而普鲁士国家制度及其办事内阁则使宪法规定具有一种幻想的面貌，但是，从假面兽来辨认希腊人比从幻想的面貌来辨认宪法规定要容易得多。

马克思：《市民自卫团法案》，

《马克思恩格斯全集》第5卷第277页。

帝国宪法的不明确、自相矛盾和不成熟，正是反映了这些民主派先生们的政治思想的不成熟、混乱和自相矛盾。如果说他们自己所说的话和所写的文章——既然他们一般都有能力写作——还不能充分证明这一点，那末他们的行为就是充分的证据。因为对头脑正常的人说来，判断一个人当然不是看他的声明，而是看他的行为；不是看他自称如何如何，而是看他做些什么和实际是怎样一个人。而这些德国民主英雄们的行动，是足以充分说明他们自己的，这我们以后就可以看到。不管怎样，帝国宪法及其一切附属物和装饰品是完全被通过了，3月28日，普鲁士国王在二百四十八票弃权和二百位议员缺席的情况下以二百九十票当选为德国（奥地利除外）皇帝。这真是历史的一个绝大的讽刺。

恩格斯：《德国的革命和反革命》，

《马克思恩格斯全集》第8卷第94~95页。

资产阶级就对法兰克福议会施加压力，要它尽快制订宪法；于是大小资产阶级都决心接受并赞助这个宪法（不管它是怎样一种东西），以便立即造成一个稳定的局面。总之，要求制定帝国宪法的运动一开始就是从一种反动的情感中产生的，并且是从那些早已厌倦革命的阶级中产生的。

恩格斯：《德国的革命和反革命》，

《马克思恩格斯全集》第8卷第97页。

关于建立一个所谓的"民族政党"的企图，厄内斯特·琼斯发建立新反对党的尝试表了以下的公正的见解：

"人民宪章是政治改革方面所能采取的措施中的一种最全面的措施，宪章派是大不列颠的唯一的真正的民族政党，只有它极力主张政治的和社会的改革。"

马克思：《建立新反对党的尝试》，

《马克思恩格斯全集》第 8 卷第 441 ~ 442 页。

1831 年以来的立法史就是一部向工业资产阶级让步（从新济贫法到废除谷物法，从废除谷物法到实行地产遗产税）的历史。如果资产阶级——其实只是资产阶级的上层——一般也被认为是政治方面的统治阶级，那只有在各方面的一切实际管理，甚至行使立法权的职能，即在议会两院实际立法的权利，都掌握在土地贵族手中的情况下才谈得上。在十九世纪三十年代，资产阶级宁愿再同土地贵族妥协而不愿同英国人民群众妥协。而贵族虽然屈从资产阶级所提出的某些原则，但是却无限制地统治着内阁、议会、国家管理机关、陆军和海军；这个在某种程度上构成不列颠宪法最重要部分的贵族阶级，现在不得不在自己的死刑判决书上签字了，并且在全世界面前承认自己没有能力继续治理英国。

马克思：《不列颠宪法》，

《马克思恩格斯全集》第 11 卷第 108 ~ 109 页。

宪法受到了审判，并且被认为是有罪的。这个不列颠宪法无非就是过时的妥协，由于这种妥协，国家政权完全转入资产阶级的某些阶层手里，然而其条件是：一切实际管理、全部行政权、甚至行使立法权的职能，即在议会两院实际立法的权利，都依旧掌握在土地贵族手里。而贵族虽然屈从资产阶级所提出的一般原则，但是却无限制地统治着内阁、议会、国家管理机关、陆军和海军；这个构成不列颠宪法最重要部分的贵族阶级，现在不得不在自己的死刑判决书上签字了。它不得不承认自己没有能力继续治理英国了。

马克思：《英国的危机》，

《马克思恩格斯全集》第 11 卷第 114 ~ 115 页。

不列颠宪法的末日同路易 - 菲力浦君主政体的末日一样，充满了一幅幅腐朽透顶的社会制度的图景，这个事实也是值得重视的。

马克思：《英国的危机》，

《马克思恩格斯全集》第 11 卷第 117 页。

1831 年的黑森宪法，抛开它所规定的选举办法，即由各旧有等级（贵族、城市居民、农民）选举代表的方法不谈，可以认为是欧洲曾经宣布过的一部最自由主义的根本法。没有哪一部宪法对执行机关的权限作过这样严格的限制，在更大程度上使政府从属于立法机关，并且给司法机关以如此广泛的监督权。

马克思：《德国的动荡局势》，

《马克思恩格斯全集》第 13 卷第 597 页。

根据宪法第一条的规定，凡是拒绝对宪法宣誓的黑森亲王都要被剥夺王位继承权。关于各部大臣的责任的法令绝不是空话，它使人民代表能够依靠国家法庭来解除任何一个只要被认为是犯有哪怕是曲解立法议会的某项决定之罪的大臣的职务。君主被剥夺了赦免权。他既无权让政府的成员退休养老，也无权违反政府成员的意志将他们革职，如果发生这种情况，他们随时可以向高等法院起诉。高等法院有权对有关任免制度的一切问题作出最后决定。众议院从议员中选出一个常任委员会，组成类似雅典最高法院的机构，对政府的活动实行监督，并把违反宪法的官员送交法院审判，即使是下级执行上级的命令时违反宪法，也不得例外。于是，官员便摆脱了王权的控制。另一方面，高等法院由于握有对行政机关的一切行动作出最后决定的全权，便成为全能的了。由人民选举的市议会议员，不仅应关怀地方当局的各种决定的执行，而且应当关怀国家的一般法律的实施。

马克思：《德国的动荡局势》，

《马克思恩格斯全集》第 13 卷第 597 页。

军官们在就职之前必须宣誓效忠宪法，他们在对王权的关系上享有同文职人员一样的权利。代议机关只由一院组成，它在同执行机关不论发生什么冲突时，有权停止征收一切赋税。

1831 年的黑森—加塞尔宪法就是如此。当今执政君主的父亲威廉二世选帝侯"在各个等级的完全同意下"宣布了这部宪法。

马克思：《德国的动荡局势》，

《马克思恩格斯全集》第 13 卷第 597～598 页。

英国宪法里的矛盾还要更多，它到处自相矛盾，可是它毕竟存在着，因此就是真实的！

恩格斯：《关于英国的经济和政治发展的若干特点》，

《马克思恩格斯全集》第 22 卷第 384 页。

不久前还存在一条半官方的原则：帝国宪法不是君主和人民之间的条约，它仅仅是君主和自由市之间的条约，自由市随时可以用其他条约来代替帝国宪法。因此，那些鼓吹这一原则的政府机关报要求给政府以废除帝国宪法的权利。

恩格斯：《致奥·倍倍尔》，

《马克思恩格斯全集》第 36 卷第 239 页。

芬兰是在 1809 年俄瑞战争期间并入俄国的。为了把瑞典国王的过去的臣民芬兰人拉到自己方面来，亚历山大一世决定承认芬兰人民的抗议 319 和批准芬兰的旧宪法。按照这个宪法，未经议会，即各等级的代表会议的同意，不得颁布、修改、解释或废除任何根本法。亚历山大一世在几次颁布的诏书中都"庄严地"承认"关于要绝对保护边疆特别宪法的诺言"。

后来俄国的各代皇帝，包括尼古拉二世在内，都确认了这个誓言。尼古拉二世在 1894 年 10 月 25 日（11 月 6 日）的诏书中说："……我保证保护它们〈根本法〉，使它们具有不可违反的和确定不变的力量和效用。"

可是，还不到五年，俄国沙皇就背信弃义了。

> 列宁：《芬兰人民的抗议》，
> 《列宁全集》第 5 卷第 319～320 页。

恩格斯在《1847 年的运动》里说，"在普鲁士弗里德里希－威廉四世终于不得不颁布宪法"，指弗里德里希－威廉四世 1847 年 4 月 11 日在普鲁士联合省议会开幕时发表的御前演说。国王在这篇演说中宣布，他永世也不会让"君主和人民之间的自然关系'变成'有条件的、宪法上的"关系，"写满了字的纸"来代替"亘古以来神圣的忠诚"。

马克思在《2 月 6 日的"社会辩论报"论民主协会》里的"社会辩论报"（《LeDébat Social》），是比利时的一家日报，它是资产阶级激进派和民主派的机关报。1844 年至 1849 年在布鲁塞尔出版。

恩格斯在《德国的革命和反革命》里的"帝国宪法"，是 1849 年 3 月 28 日法兰克福议会通过的。它反映了当时议会中民主党和自由资产阶级中间派之间的妥协，它里面矛盾百出。它规定了民主自由，同时又把行政权授予以皇帝为首的帝国政府。与土地有联系的封建劳役和租税并未废除，而必须要赎买。这部宪法是统一德国的一个步骤。正如恩格斯指出的，只是一纸空文，没有实行其各项条文的任何力量。几乎所有德意志大邦（普鲁士、萨克森、巴伐利亚、汉诺威，等等）的政府都拒绝承认这部宪法。只有在小资产阶级民主主义者的领导下在莱茵省、德勒斯顿巴登和普法尔茨发动武装斗争的人民群众是它的唯一保护者。

马克思在《建立新反对党的尝试》里提到的"人民宪章"，是指包括了宪章派的各项要求的人民宪章，1838 年 5 月 8 日作为准备提交议会的一项法案公布。宪章包括 6 点：普选权（年满 21 岁的男子），议会每年改选一次；秘密投票，各选区一律平等，取消议会议员候选人的财产资格限制，发给议员薪金。1839 年、1842 年和 1849 年宪章派要求通过人民宪章的三个请愿书，都被议会否决了。

宪章派原定于 1848 年 4 月 10 日在伦敦组织大规模的游行示威，示威者要前往议会大厦，递交要求通过人民宪章的请愿书。政府当局禁止这次游行示威，为了阻挠游行示威的进行，在伦敦集结了大批军警。宪章派的领导人（其中有许多人表现了动摇）决定放弃游行示威，并且劝说游行的群众解散。反动势力利用游行示威的失败向工人进攻和迫害宪章派。

"民族政党"，是指除了休谟的尝试之外，还有一个创立新政党的尝试。这就是所谓的"民族政党"。这个党不要人民宪章，而想以普选权作为自己唯一的口号，于是，它就恰好丢掉了那些能够把争取普选权的运动变为全民运动，并使这个运动得到人民支持的条件。

马克思在《不列颠宪法》里提到的"济贫法",是 1834 年通过的法律。它只允许用一种方式来帮助贫民,就是将他们安置在习艺所中,习艺所的制度同从事苦役的牢狱中的制度不相上下,人民称之为"穷人的巴士底狱"。济贫法所追求的目的,是强迫贫民同意在艰苦的劳动条件下到工厂里去做工,从而为工业资产阶级增加廉价劳动力的数量。

马克思在《德国的动荡局势》里提到了"1831 年的黑森宪法"。这部宪法的背景是:英国曾经在德国买了成千上万的奴隶,经过大西洋送到自己的起义的殖民地去,奴隶主要靠黑森—加塞尔提供。因为黑森—加塞尔的宗法制的选帝侯,通常是靠农民去换不列颠黄金的方法来取得收入的。直到 1830 年法国七月革命,发出黑森—加塞尔革命的信号,革命为 1831 年 1 月 5 日的黑森宪法扫清了道路。

关键是这部宪法,是奥地利和普鲁士之间斗争中的主要战斗口号。1850 年,这部宪法使它们在布隆采耳进行了一场不流血的战斗。1831 年的黑森宪法的命运,同争霸的奥地利和普鲁士的争夺野心联系在一起。

1831 年的黑森革命,实际上是反对专制君主的革命。拒绝对宪法宣誓的黑森亲王,都要被剥夺王位继承权。众议院对政府的活动实行监督,官员便摆脱了王权的控制。这部宪法的草案,当时是由黑森政府提交联邦议会的,而联邦议会虽然没有批准,可是显然把它作为 faitaccompli(既成事实)接受下来了。

1848 ~ 1849 年革命,使 1831 年宪法具有了更加民主的精神:等级选举制废除了,最高法院成员的任命权转交给了立法机关,从君主手中收回了对军队的最高指挥权。

1831 年和 1852 年的两部黑森宪法,只是国际斗争的口实。奥地利主张根据 1831 年宪法的条文,修改 1852 年宪法,而普鲁士则坚持 1831 年宪法要根据联邦议会君主制的原则加以修订。而人民和黑森—加塞尔的议会,依靠普鲁士的支持,要求恢复过去的宪法。

(2)人民代表大会制度

斗争也只能在资产阶级和工人阶级这两个阶级之间来进行了。敌对双方各有自己的由本身的利益和地位所决定的战斗口号。资产阶级的战斗口号是:"用一切办法扩展贸易并由郎卡郡的棉纺织业巨头组织内阁来实行这种措施";工人阶级的战斗口号是:"根据人民宪章对宪法实行民主修改",如果这一点实现了,工人阶级就会成为英国的统治阶级。

马克思恩格斯:《给菲格斯·奥康瑙尔先生的信》,
《马克思恩格斯全集》第 4 卷第 27 ~ 28 页。

大会所通过的纲领是拥护地域原则的,即主张不建立任何"与民族成员的居住地域无关"的民族集团。

已通过的纲领的第 3 条写道:"同一个民族所居住的各自治区域共同组成统一的民族联盟,完全按自治原则来处理本民族的事务。"(参看 1913 年《启蒙》杂志第 4 期第 28 页 82)显然,这个折中的纲领也是不正确的。我们举个例子来说明。萨拉托夫省的德意志移民村社、里加或罗兹城郊的德意志工人区和彼得堡附近的德意志人的居住区等等合起来组成俄国境内的德意志人"统一民族联盟"。显然,社会民主党人不能要求干这种事,不能巩固这种联盟，虽然他们当然丝毫不否认在这个国家成立任何联盟的自由，包括成立任何民族的任何村社联盟的自由。但是，按国家法律把俄国各地的和各阶级中的德意志人等单独组成统一的德意志民族联盟，这种事只有神父、资产者、市侩等等人才会干，社会民主党人是决不干的。

列宁：《关于民族问题的批评意见》，
《列宁全集》第 24 卷 141～142 页。

问：（27）什么颜色的旗帜符合各个政党的本性和实质？

答：一、（比立宪民主党更右的）。黑色，因为这是真正的黑帮。

二、（立宪民主党）。黄色，因为这是一些真心实意为资本效劳的工人的国际旗帜。

三、（社会民主党和社会革命党）。粉红色，因为他们的整个政策都是玫瑰露的政策。

四、（"布尔什维克"）。红色，因为这是全世界无产阶级革命的旗帜。

列宁：《俄国的政党和无产阶级的任务》，
《列宁全集》第 29 卷第 203～204 页。

党要求在宪法中列入一条根本性的法律，宣布任何一个民族的任何特权以及对于少数民族权利的任何侵犯都是没有法律效力的。

列宁：《俄国社会民主工党（布）第七次全国代表会议文献》，
《列宁全集》第 29 卷第 432 页。

应该更确切地指出我们在理解"民主原则"方面的彻底性和坚定性（同资产阶级民主相比较），例如，用某种方法描述"民主宪法"的概念和内容，或者说明我们要建立民主共和国的"原则性"要求。

列宁：《给"俄国社会民主工党北方协会"的信》，
《列宁全集》第 6 卷第 352～353 页。

警察和官史要求的是什么？——专制君主制。

极端自由派资产者（解放派或立宪民主党）要求的是什么？——立宪君主制。觉悟的工人（社会民主党人）要求的是什么？——民主共和制。

列宁：《三种宪法或三种国家制度》，
《列宁全集》第 10 卷第 311 页。

俄国社会民主工党的最近的政治任务是推翻沙皇专制制度，代之以建立在民主宪法基础上的共和国，民主宪法应保证：

（1）建立人民专制，即国家的最高权力全部集中在立法会议手里，立法会议由人民代表组成；

（2）无论选举立法会议还是选举各级地方自治机关，凡年满 21 岁的公民都有普遍、平等和直接的选举权；一切选举都采取无记名投票；每个选民都有权被选入各级代表会议；人民代表领取薪金；

（3）公民的人身和住宅不受侵犯；

（4）信仰、言论、出版、集会、罢工和结社的自由不受限制；

（5）有迁徙和从业的自由；

（6）废除等级制，全体公民不分性别、宗教信仰和种族一律平等；

（7）承认国内各民族都有自决权；

（8）每个公民都有权向法院控告任何官吏，不必向上级申诉；

（9）用普遍的人民武装代替常备军；

（10）教会同国家分离，学校同教会分离；

（11）对未满 16 岁的儿童一律实行免费的义务教育；由国家供给贫苦儿童膳食、服装、教材和教具。

> 列宁：《俄国社会民主工党纲领草案》，
> 《列宁全集》第 6 卷第 194～195 页。

什么是宪法？宪法就是一张写着人民权利的纸。真正承认这些权利的保证在哪里呢？在于人民中那些意识到并且善于争取这些权利的各阶级的力量。

> 列宁：《两次会战之间》，
> 《列宁全集》第 12 卷第 50 页。

革命教导着人们。它给俄国各阶级人民和各民族上了一堂最好的关于宪法实质的实物课。"给了我们一切，但是我们一无所有。"因为"给予"我们的只是诺言，因为我们没有真正的权力。斗争接近总解决的时刻了，接近解决是否让实权仍然留在沙皇政府手中这个问题的时候了。至于说到承认革命，那么现在所有的人都承认它了。司徒卢威先生和解放派很早以前就已经承认了，现在维特先生也承认了，尼古拉·罗曼诺夫也承认了。沙皇说，你们要求什么，我都答应你们，不过请你们保留我的权力，让我自己来履行我的诺言吧。沙皇的宣言归根到底就是这个意思，因而这个宣言显然不能不导致你死我活的斗争。沙皇说：除了政权，一切我都给予。革命的人民回答说：除了政权，一切都是幻影。我们需要的不是答应给人民代表以立法权的一纸空文。我们需要的是真正的人民专制。我们愈是接近人民专制，就愈加感到不实行人民专制是不行的。

> 列宁：《总解决的时刻临近了》，
> 《列宁全集》第 12 卷第 69 页。

1914 年 3 月 21 日（俄历 3 月 8 日）将成为一个具有世界历史意义的转变的日子，在这一天高贵的英国贵族地主彻底粉碎了英国的宪法和法制，给人们上了一堂极好的阶级斗争课。

这堂课说明了，自由党人的不彻底的、虚伪的、假改良的政策不可能缓和英国无产阶级同资产阶级之间的尖锐矛盾。这堂课对整个英国工人运动不会是毫无作用的；现在工人阶级很快将不会对那张叫作英国的法制和宪法的废纸，那张已经被英国贵族公然在全体人民面前撕毁了的废纸再抱庸俗的信仰了。

为了赞美英国的法制和社会和平，有人写过多少本书啊，特别是德国的和俄国的自由派分子！大家知道，德国和俄国自由派的历史使命就是奴颜婢膝地崇拜英法阶级斗争的收获，宣称这个斗争的结果是"超阶级"的"科学真理"。而实际上，英国的"法制和社会和平"不过是大约从 19 世纪 50 年代到 20 世纪初英国无产阶级消沉时期的暂时结果。

列宁:《英国的宪法危机》，
《列宁全集》第 25 卷第 77 页。

苏维埃宪法和苏维埃一样，是在革命斗争时期产生的，它是第一部宣布国家政权是劳动者的政权、剥夺剥削者——新生活建设者的敌人——的权利的宪法。这就是它和其他国家宪法的主要区别，同时也是战胜资本的保证。

……目前世界各国劳动者都会看到，苏维埃宪法（俄罗斯社会主义联邦共和国根本法）反映了全世界无产阶级的理想。

列宁:《在哈莫夫尼基区群众大会上的讲话》，
《列宁全集》第 34 卷第 503 页。

迄今为止的所有宪法都是维护统治阶级利益的。只有苏维埃宪法现在和将来都始终不渝地有利于劳动者，是为实现社会主义而斗争的强有力的工具。列宁同志一针见血地指出了资产阶级宪法与苏维埃宪法在"出版和集会自由"的要求上的区别。在那里，出版和集会自由为资产阶级独自垄断；在那里，资产阶级在自己的沙龙里集会，发行用银行的资金出版的大型报纸，以散布谎言和诽谤，毒化人民群众的意识；在那里，扼杀工人报刊，不准工人报刊对掠夺性战争发表自己的言论和意见，迫害反对战争的人，禁止他们集会。而在这里，在苏维埃俄国，出版工人报刊，它们为劳动者服务。在俄国，我们剥夺资产阶级豪华的宅第馆所，交给工人使用，作为他们的俱乐部，这才是真正的集会自由。

列宁:《在普列斯尼亚区群众大会上的讲话》，
《列宁全集》第 34 卷第 504 页。

新宪法集中体现了生活中已经实现的东西，并将通过实际执行得到修正和补充。宪法的主要之点是苏维埃政权同资产阶级彻底划清了界限，不许资产阶级参加国家建设。

列宁:《在省苏维埃主席会议上的讲话》，
《列宁全集》第 35 卷第 18 页。

我们的宪法，我们的苏维埃（它在欧洲看来是个新事物，但我们早从 1905 年革命的经验中就知道了），是揭露资产阶级民主制虚伪骗人的本质的最好的宣传鼓动材料。我们公开宣告由被剥削的劳动者实行统治，这就是我们的力量所在，这就是我们不可战胜的原因。

列宁：《在全俄教育工作第一次代表大会上的讲话》，

《列宁全集》第 35 卷第 77 页。

我们知道，7 月间批准的这部苏维埃宪法，不是哪个委员会的臆造，不是法学家们的杜撰，也不是对别的宪法的抄袭。世界上还从来没有过我们这样的宪法。这部宪法记载了无产阶级群众反对国内和国际剥削者的斗争经验和组织经验。

列宁：《在全俄苏维埃第六次（非常）代表大会上的两次讲话》，

《列宁全集》第 35 卷第 144～145 页。

苏维埃宪法不是按照什么"计划"写出的，不是在书斋里制定的，也不是资产阶级的法学家强加给劳动群众的东西。不，这个宪法是在阶级斗争发展进程中随着阶级矛盾的成熟而成长起来的。

列宁：《无产阶级革命和叛徒考茨基》，

《列宁全集》第 35 卷第 302 页。

如果你们把我国的宪法仔细地读一遍，你们就会看到，我们并没有许下空洞的诺言，而是说必须实行专政，因为整个资产阶级世界都在反对我们。

列宁：《在莫斯科五金工人扩大代表会议上的讲话》，

《列宁全集》第 40 卷第 314 页。

列宁在《俄国社会民主工党（布）第七次全国代表会议文献》里说，"党要求在宪法中列入一条根本性的法律"中的宪法，指提交苏维埃第五次代表大会批准的俄罗斯社会主义联邦苏维埃共和国宪法（根本法）草案。

制定俄罗斯联邦宪法草案的决定，是 1918 年 1 月全俄苏维埃第三次代表大会通过的。1918 年 4 月 1 日，全俄中央执行委员会成立了由雅·米·斯维尔德洛夫任主席的宪法委员会，负责进行起草工作。以列宁为首的俄共（布）中央特设委员会负责宪法草案的最后定稿工作。7 月 3 日，这个委员会在列宁主持下，审查了宪法委员会起草的草案和司法人民委员部起草的另一个草案，决定以前者为基础，而以后者的某些论点加以补充。另外，根据列宁的建议，将《被剥削劳动人民权利宣言》作为引言列入宪法，补充了在苏维埃共和国内各民族和种族一律平等的条款，拟定了关于在苏俄领土上以劳动为生的外国人的政治权利和关于给予因政治和宗教信仰受迫害的外国人以避难权的条款。草案经代表大会成立的委员会修改和补充，最后于 7 月 10 日为代表大会通过。7 月 19 日，宪法在《全俄中央执行委员会消息报》上公布，自公布之日起生效。

列宁在《给"俄国社会民主工党北方协会"的信》里，谈到在"民主原则"上"同资产阶级民主相比较"问题。对此，列宁曾引用马克思的思想加以说明。马克思特别着重指出了资产阶级民主的局限性和自相矛盾的性质，指出它是虚有其表的。第二共和国的宪法就是一个明显的例子，马克思说得好，这个宪法的每一节"本身都包含有自己的对立面，包含有自己的上院和下院：在一般词句中标榜自由，在附带条件中废除自由"。

列宁的《三种宪法或三种国家制度》，写于 1895 年 6 月 24 日。这一传单，曾由《无产者报》以及俄国社会民主工党中央委员会和阿斯特拉罕、维亚特卡、莫斯科、下诺夫哥罗德、喀山、鄂木斯克等地方委员会用俄文出版，由梯弗利斯委员会用格鲁吉亚文出版，由俄国社会民主工党高加索联合会用亚美尼亚文出版，由拉脱维亚社会民主工党用拉脱维亚文出版。

2. 根本经济制度

经济制度是生产关系的总和。资本主义的生产关系的总和构成资本主义经济制度；社会主义的生产关系的总和构成社会主义经济制度。在整个经济制度中，最根本的制度，是财产所有制度。这一根本制度，是社会的基础，并决定整个政治制度和意识形态。

资本主义根本经济制度，是资本主义私有制；社会主义根本经济制度，是社会主义公有制。这两种根本不同的经济制度，具有完全不同的性质和作用机制。

（1）资本主义私有制

以前所有一切宪法，以至最民主的共和宪法的精神和基本内容都归结在所有制这一点上。我们的宪法之所以有权在历史上存在，所以争取到了这个权利，就是因为废除这一所有制不是仅仅在纸上写写而已。获得胜利的无产阶级废除并彻底破坏了这一所有制，阶级统治也就表现在这里。首先就表现在所有制问题上。我们实际解决了所有制问题，这样也就保证了阶级统治。

列宁：《俄共（布）第九次代表大会文献》，

《列宁全集》第 38 卷第 281 页。

"西欧"和美洲资产阶级"民主"国家的宪法巩固土地和资本的私有制，即巩固少数"文明的"资本家对本国劳动者和亚洲非洲等地殖民地几亿人民的压迫。

列宁：《答美国记者问》，

《列宁全集》第 37 卷第 108 页。

整个立法首先就是为了保护有产者反对无产者，这是显而易见的。只是因为有了无产者，所以才必须有法律。这一点虽然只是在少数法律条文里直接表现出来，——例如取缔流浪汉和露宿者的法律便宣布无产阶级不受法律的保护，——但是敌视无产阶级却是法律的不可动摇的基础，因此法官，特别是本身就是资产者并且和无产阶级接触最多的治安法官，不用思考就会看出法律本身所包含的这种意图。

恩格斯：《英国工人阶级状况》，

《马克思恩格斯全集》第 2 卷第 570 页。

对资产者来说，只有一种关系——剥削关系——才具有独立自在的意义；对资产者来说，其他一切关系都只有在他能够把这些关系归结到这种唯一的关系中去时才有意义，甚至在他发现了有不能直接从属于剥削关系的关系时，他最少也要在自己的想象中使这些关系从属于剥削关系。

马克思恩格斯：《德意志意识形态》，

《马克思恩格斯全集》第3卷第480页。

马克思在《资本论》中再清楚不过地证明——杜林先生小心翼翼地对此甚至一字不提，——商品生产达到一定的发展程度，就转变为资本主义的生产；在这个阶段上"以商品生产和商品流通为基础的占有规律或私有权规律，通过它本身的、内在的、不可避免的辩证法转变为自己的对立物：表现为最初行为的等价交换，已经变得仅仅在外表上是交换，因为，第一，用来交换劳动力的那部分资本本身，只是不付而占有的别人劳动产品的一部分；第二，这部分资本不仅必须由它的生产者即工人来补偿，而且在补偿时还加上新的剩余额〈余额〉……最初，在我们看来，所有权似乎是以自己的劳动为基础的……现在〈据马克思分析的结果〉，所有权对于资本家来说，表现为占有别人无酬劳动的权利，对于工人来说，则表现为不能占有自己的产品。所有权和劳动的分离，成了似乎是一个以它们的同一为出发点的规律的必然结果"。换句话说，即使我们排除任何掠夺、任何暴力和任何欺骗的可能性，即使假定一切私有财产起初都基于占有者自己的劳动，而且在往后的全部进程中，都只是相等的价值和相等的价值进行交换，那末，在生产和交换的进一步发展中也必然要产生现代资本主义的生产方式，出现生产资料和生活资料被一个人数很少的阶级所垄断，而另一个构成人口绝大多数的阶级被降低到无产者的地位，出现狂热生产和商业危机的周期交替，出现整个现在的生产无政府状态。全部过程都为纯经济原因所说明，而毫不需要任何掠夺、暴力、国家或其他的政治干预。

恩格斯：《反杜林论》，

《马克思恩格斯全集》第20卷第177~178页。

如果说把哪一种财产称为盗窃更确切的话，那末不列颠贵族的财产就是名副其实的盗窃。掠夺教会的财产，掠夺公社的土地，通过欺诈和消灭兼施的办法把封建的宗法的财产变为私人财产，——这就是不列颠贵族占有领地的法律根据。在这不久以前发生的过程中，奴颜婢膝的法学家阶级为贵族卖了多大力气，这从上世纪一位英国法学家达尔林普尔那儿就可以看到，他在自己的著作"封建所有制"中以极其坦率的态度证明：在为所有权进行的诉讼中，在资产阶级大发横财时期的英国，法学家对于有关财产的每一条法律和每一份文件就作有利于资产阶级的解释；在贵族阶级发财致富的苏格兰，则作有利于贵族阶级的解释，而在两种场合下，都充满着敌视人民的精神。

马克思：《选举。——财政困难。——萨特伦德公爵夫人和奴隶制》，

《马克思恩格斯全集》第8卷第575页。

靠自己劳动挣得的私有制，即以各个独立劳动者与其劳动条件相结合为基础的私有制，被资本主义私有制，即以剥削他人的但形式上是自由的劳动为基础的私有制所排挤。

马克思：《资本论第一卷》，

《马克思恩格斯全集》第 23 卷第 830～831 页。

私有制并非一向就有；在中世纪末期，产生了一种手工工场那样的新的生产方式，这种新的生产方式已经超越了当时封建和行会所有制的范围，于是这种已经超越旧的所有制关系的手工工场便为自己创造了新的所有制形式——私有制。对于手工工场和大工业发展的最初阶段来说，除了私有制，不可能有其他任何所有制形式，除了以私有制为基础的社会制度，不可能有其他任何社会制度。

恩格斯：《共产主义原理》，

《马克思恩格斯全集》第 4 卷第 365 页。

私有制不是一种简单的关系，也绝不是什么抽象概念或原理，而是资产阶级生产关系的总和（不是指从属的、已趋没落的，而正是指现存的资产阶级私有制）。

马克思：《道德化的批判和批判化的道德》，

《马克思恩格斯全集》第 4 卷第 352 页。

资本家……只有同时预付实现这种劳动的条件，即劳动资料和劳动对象，机器和原料，也就是说，他只有把他所占有的一个价值额转化为生产条件的形式，才能对这种劳动进行剥削；他所以是一个资本家，能完成对劳动的剥剥削过程，也只是因为他作为劳动条件的所有者同只是作为劳动力的占有者的工人相对立。……正是非劳动者对这种生产资料的占有，使劳动者变成雇佣工人，使非劳动者变成资本家。

马克思：《资本论第三卷》，

《马克思恩格斯全集》第 25 卷第 49 页。

私有财产是生产力发展一定阶段上必然的交往形式，这种交往形式在私有财产成为新出现的生产力的桎梏以前是不会消灭的，并且是直接的物质生活的生产所必不可少的条件。

马克思恩格斯：《德意志意识形态》，

《马克思恩格斯全集》第 3 卷第 410～411 页。

自由竞争是私有制最后的、最高的、最发达的存在形式。因此一切以保存私有制为前提同时又反对自由竞争的措施，都是反动的，都有恢复私有制的低级发展阶段的趋势。

恩格斯：《共产主义者和卡尔·海因岑》，

《马克思恩格斯全集》第 4 卷第 302 页。

资本主义生产关系下，最重要的和大部分的生产资料和流通资料归一个人数不多的阶级所有，绝大多数的居民是无产者和半无产者，他们由于自己的经济地位不得不经常地或定期地出卖自己的劳动力，即受雇于资本家，并以自己的劳动为社会的上层阶级创造收入。

列宁：《修改党纲的材料》，

《列宁全集》（第1版）第24卷第433页。

这种民主共和国已经不再正式讲什么财产差别了。在这种国家中，财富是间接地但也是更可靠地运用它的权力的：其形式一方面是直接收买官吏（美国是这方面典型例子），另一方面是政府和交易所结成联盟，而公债愈增长，股份公司愈是不仅把运输业而且把生产本身集中在自己手中，愈是把交易所变成自己的中心，这一联盟就愈容易实现。

恩格斯：《家庭、私有制和国家的起源》，

《马克思恩格斯全集》第21卷第197页。

我们将发现，他的利己主义的财产、非通常理解的财产，不外是被他的神化一切的幻想变了形的普通的或资产阶级的财产而已。

马克思恩格斯：《德意志意识形态》，

《马克思恩格斯全集》第3卷第425～426页。

"光荣革命"把地主、资本家这些谋利者同奥伦治的威廉三世（200）一起推上了统治地位。他们开辟了一个新时代，使以前只是有节度地进行的对国有土地的盗窃达到了巨大的规模。这些土地被赠送出去了，被非常便宜地卖掉了，或者被用直接掠夺的办法合并到私人地产中去了。（201）所有这一切都是在丝毫不遵守法律成规的情况下完成的。用这种欺骗的方法攫取的国有土地和从教会夺来的土地，既然在共和革命中没有再度失去，就构成现今英国寡头政治的贵族领地的基础。（202）市民资本家鼓励这种做法，为的是把土地变成纯粹的商品，扩大农业大规模生产的范围，增加来自农村的不受法律保护的无产者的供给等等。并且，新土地贵族又是新银行巨头这一刚刚孵化出来的金融显贵和当时靠保护关税支持的大手工工场主的自然盟友。

马克思：《资本论第一卷》，

《马克思恩格斯全集》第23卷第791～792页。

资本发展成了对劳动的指挥权，它进行监督，要工人守规矩地紧张地工作。其次，它强制工人超过维持自己生活的需要而从事更多的劳动。在榨取剩余价值上，它超过了过去任何以直接强制劳动为基础的生产制度。

恩格斯：《卡·马克思"资本论"第一卷提纲》，

《马克思恩格斯全集》第16卷第305页。

生产资料成了吸取他人劳动的手段。于是不再是工人使用生产资料，而是生产资料使用工人。不是工人把生产资料……消费，而是生产资料把工人当作它们自身生活过程的酵母来消费；而资本的生活过程只是资本作为自行增殖的价值的运动……单是货币转化为生产资料，就使生产资料转化为取得他人劳动和剩余劳动的合法权和强制权。

恩格斯：《卡·马克思"资本论"第一卷提纲》，

《马克思恩格斯全集》第 16 卷第 305 页。

土地所有权——一切财富的原始源泉，现在成了一个大问题，工人阶级的未来将取决于这个问题如何解决。

我不想在这里给自己提出一个任务，即讨论土地私有制的拥护者们——法学家、哲学家、政治经济学家——所提出的全部论据，我仅仅指出，第一，他们都花了不少精力用"天然权利"来掩盖掠夺这一原始事实。既然掠夺给少数人造成了天然权利，那末多数人就只得积聚足够的力量，来取得夺回他们被夺去的一切的天然权利。

在历史进程中，掠夺者都认为需要通过他们自己硬性规定的法律，来赋予他们凭暴力得到的原始权利以某种社会稳定性。于是出现了一些哲学家，他们宣称，这些法律是得到人类公认的。如果土地私有制确实是以这种公认为基础的，那末，当社会的大多数人不愿意再保存这种私有制的时候，显然它就应当被取消。

马克思：《论土地国有化》，

《马克思恩格斯全集》第 18 卷第 64 页。

创造资本关系的过程，只能是劳动者和他的劳动条件的所有权分离的过程，这个过程一方面使社会的生活资料和生产资料转化为资本，另一方面使直接生产者转化为雇佣工人。因此，所谓原始积累只不过是生产者和生产资料分离的历史过程。这个过程所以表现为"原始的"，因为它形成资本及与之相适应的生产方式的前史。

马克思：《资本论第 1 卷》，

《马克思恩格斯全集》第 23 卷第 782～783 页。

在这以前，生产力还没有发展到能以足够的产品来满足所有人的需要，同时私有制也还没有成为这些生产力发展的桎梏和障碍。但是现在由于大工业的发展：第一，有了资本和规模空前的生产力，并且具备了能在短时期内无限提高生产力的手段；第二，生产力集中在少数资产者手里，而广大的人民群众却愈来愈多地变成了无产者，并且资产者的财富愈是增加，无产者的境遇就愈加悲惨和难以忍受；第三，这种强大的容易增长的生产力的发展，已经大大超出了私有制和资产阶级的范围，以致经常引起社会制度极其剧烈的震动。因此，现在废除私有不仅可能，而且完全必要。

恩格斯：《共产主义原理》，

《马克思恩格斯全集》第 4 卷第 366 页。

的确，私有制在自己的经济运动中自己把自己推向灭亡，但是它只有通过不以它为转移的、不自觉的、同它的意志相违背的、为客观事物的本性所制约的发展，只有通过无产阶级作为无产阶级——这种意识到自己在精神上和肉体上贫困的贫困、这种意识到自己的非人性从而把自己消灭的非人性——的产生，才能做到这点。无产阶级执行着雇佣劳动因替别人生产财富、替自己生产贫困而给自己做出的判决，同样地，它也执行着私有制因产生无产阶级而给自己做出的判决。无产阶级在获得胜利之后，无论怎不会成为社会的绝对方面，因为它只有消灭自己本身和自己的对立面才能获得胜利。随着无产阶级的胜利，无产阶级本身以及制约着它的对立面——私有制都趋于消灭。

马克思恩格斯:《神圣家族》，

《马克思恩格斯全集》第2卷第44页。

(2) 社会主义公有制

资本主义生产方式日益把大多数居民变为无产者，同时就造成一种在死亡的威胁下不得不去完成这个变革的力量。这种生产方式迫使人们日益把巨大的社会化的生产资料变为国家财产，同时它本身就指明完成这个变革的道路。无产阶级将取得国家政权，并且首先把生产资料变为国家财产。

恩格斯:《反杜林论》，

《马克思恩格斯全集》第20卷第305页。

工人阶级夺取政权之后，像任何阶级一样，要通过改变所有制和实行新宪法来掌握和保持政权，巩固政权。

列宁:《俄共（布）第九次代表大会》，

《列宁全集》第1版第30卷第433页。

我们是说俄国共产主义的"最初步骤"（1919年3月所通过的我党党纲也是这样说的），因为这些条件在我国还只实现了一部分，换句话说，这些条件的实现还处在开始的阶段。我们用革命的打击手段立刻办到了一般可以立即办到的事情。例如，在无产阶级专政的第一天，即1917年10月26日（1917年11月8日），就废除了土地私有制，无偿地剥夺了大土地所有者。在几个月内，又无偿地剥夺了几乎所有的大资本家即工厂、股份公司、银行、铁路等等的私有主。

列宁:《无产阶级专政时代的经济和政治》，

《列宁全集》第1版第30卷第89页。

颁布废除私有制的法令是容易的，但是要实行这个法令就必须由而且只能由工人自己动手，即使会犯错误，那也是新阶级在创造新生活过程中的错误。

　　　　　　　　　　　列宁：《在彼得格勒工兵代表苏维埃工人部的会议上的报告》，
　　　　　　　　　　　《列宁全集》第 33 卷第 144 页。

由于存在这种客观情况，当前的迫切任务就是从各方面直接准备无产阶级去夺取政权，以实现包含社会主义革命内容的经济措施和政治措施。

　　　　　　　　　　　　　　　　　　　　　　列宁：《修改党纲的材料》，
　　　　　　　　　　　《列宁全集》第 1 版第 24 卷第 427 页。

工人阶级要获得真正的解放，必须进行资本主义全部发展所准备起来的社会革命，即消灭生产资料私有制，把它们变为公有财产，组织由整个社会承担的社会主义的产品生产代替资本主义商品生产，以充分保证社会全体成员的福利和使他们获得自由的全面发展。

　　　　　　　　　　　　　　　　列宁：《俄国社会民主工党纲领草案》，
　　　　　　　　　　　《列宁全集》第 1 版第 6 卷第 11 页。

现在由于大工业的发展：第一，有了资本和规模空前的生产力，并且具备了能在短时期内无限提高生产力的手段；第二，生产力集中在少数资产者手里，而广大的人民群众却愈来愈多地变成了无产者，并且资产者的财富愈是增加，无产者的境遇就愈加悲惨和难以忍受；第三、这种强大的容易增长的生产力的发展，

已经大大超出了私有制和资产阶级的范围，以致经常引起社会制度极其剧烈的震动。因此，现在废除私有制不仅可能，而且完全必要。

　　　　　　　　　　　　　　　　　　　　　恩格斯：《共产主义原理》，
　　　　　　　　　　　《马克思恩格斯全集》第 4 卷第 366 页。

通过把一切劳动资料转交给生产者的办法消灭现存的压迫条件，从而迫使每一个体力适合于工作的人为保证自己的生存而工作，这样，我们就会消灭阶级统治和阶级压迫的唯一的基础。但是，必须先实行无产阶级专政，才可能实现这种变革，而无产阶级专政的首要条件就是无产阶级的军队。工人阶级必须在战场上争得自身解放的权利。

　　　　　　　　　　　　　　　　　　　马克思：《纪念国际成立七周年》，
　　　　　　　　　　　《马克思恩格斯全集》第 17 卷第 468 页。

如果土地所有权归人民所有，资本主义生产的整个基础，使劳动条件变成一种独立于工人之外并同工人相对立的力量的基础，就不再存在了。

　　　　　　　　　　　　　　　　　　　　　马克思：《剩余价值理论》，
　　　　　　　　　　　《马克思恩格斯全集》第 26 卷第 2 册第 108 页。

所谓"社会主义社会"不是一种一成不变的东西，……它同现存制度的具有决定意义的差别当然在于，在实行全部生产资料公有制（先是单个国家实行）的基础上组织生产。

《恩格斯致奥托·伯尼克》，

《马克思恩格斯全集》第 37 卷第 443 页。

当社会成为全部生产资料的主人，可以按照社会计划来利用这些生产资料的时候，社会就消灭了人直到现在受他们自己的生产资料奴役的状况。自然，要不是每一个人都得到解放，社会本身也不能得到解放。因此，旧的生产方式必须彻底变革，特别是旧的分工必须消灭。代之而起的应该是这样的生产组织：在这个组织中，一方面，任何个人都不能把自己在生产劳动这个人类生存的自然条件中所应参加的部分推到别人身上；另一方面，生产劳动给每一个人提供全面发展和表现自己全部的即体力的和脑力的能力的机会，这样，生产劳动就不再是奴役人的手段，而成了解放人的手段，因此，生产劳动就从一种负担变成一种快乐。

恩格斯：《反杜林论》，

《马克思恩格斯全集》第 20 卷第 318 页。

人类从资本主义只能直接过渡到社会主义，即过渡到生产资料公有和按劳分配。

列宁：《无产阶级在我国革命中的任务》，

《列宁全集》第 1 版第 24 卷第 63 页。

大多数共产党员（布尔什维克）通过了并十分忠实地执行着土地社会化法令；把粮价提高了两倍（1918 年 8 月……的法令）。关于农业机器问题的法令等等，其用意也在此。各级工人、农民和红军代表苏维埃务必严格遵守上述政策。

列宁：《关于工农联盟问题给各级工人、农民和红军代表苏维埃的电报的草稿》，

《列宁全集》第 35 卷第 44 页。

任何重大变革提到人民面前的任务显然不仅是利用现有法规，而且要制定新的相应的法规。

列宁：《在全俄中央执行委员会会议上关于罢免权的报告》，

《列宁全集》第 33 卷第 106 页。

社会主义革命所必需的不是资产阶级议会制的所谓"全民"机关，而是被剥削劳动群众的阶级机关。

列宁：《〈解散立宪会议的法令草案〉的提纲》，

《列宁全集》第 33 卷第 455 页。

没有一个社会主义者会不承认这样一个明显的真理：在社会主义和资本主义之间，隔

着一个长久的、比较困难的无产阶级专政的过渡时期；这个时期的形式，在很多方面将取决于占统治地位的是大私有制还是小私有制，是大农业还是小农业。不言而喻，在爱斯兰这样一个人人识字和全国都是大农业的小国家里，向社会主义过渡的情形，和俄国这样一个小资产阶级占优势的国家向社会主义过渡的情形，不可能是相同的。我们应该估计到这一点。

列宁：《全俄工农兵代表苏维埃第三次代表大会》，

《列宁全集》第 1 版第 26 卷第 428～429 页。

那末过渡这个词到底是什么意思呢？它在经济上是不是说，在这制度内既有资本主义的也有社会主义的成分、部分和因素呢？谁都承认是这样的。但并不是所有承认这点的人都考虑到：俄国有各种社会经济结构的成分究竟是怎样的。问题的全部关键就在这里。

列宁：《论"左派"幼稚性和小资产阶级性》，

《列宁全集》第 1 版第 27 卷第 310 页。

从资本主义生产方式产生的资本主义占有方式，从而资本主义的私有制，是对个人的、以自己劳动为基础的私有制的第一个否定。但资本主义生产由于自然过程的必然性，造成了对自身的否定。这是否定的否定。这种否定不是重新建立私有制，而是在资本主义时代的成就的基础上，也就是说，在协作和对土地及靠劳动本身生产的生产资料的共同占有的基础上，重新建立个人所有制。

马克思：《资本论第一卷》，

《马克思恩格斯全集》第 23 卷第 832 页。

马克思是说："这是否定的否定。这种否定重新建立个人所有制，但这是以资本主义时代的成就，即以自由劳动者的协作以及他们对土地和靠劳动本身生产的生产资料的共同占有为基础的。以自己劳动为基础的分散的个人私有制转变为资本主义私有制，同事实上已经以社会化生产为基础的资本主义私有制转变为公有制比较起来，自然是一个长久得多、艰苦得多、困难得多的过程。"这就是一切。可见，靠剥夺剥夺者而建立起来的状态，被称为以土地和靠劳动本身生产的生产资料的公有制为基础的个人所有制的恢复。对任何一个懂德语的人来说，这就是，公有制包括土地和其他生产资料，个人所有制包括产品即消费品。为了使甚至六岁的儿童也能明白这一点，马克思在第 56 页设想了一个"自由人联合体，他们用公有的生产资料进行劳动，并且自觉地把他们的许多的个人劳动力当做一个社会劳动力来使用"，也就是设想了一个按社会主义原则组织起来的联合体，并且说："这个联合体的总产品是社会的产品"。

恩格斯：《反杜林论》，

《马克思恩格斯全集》第 20 卷第 143～144 页。

"这些产品的一部分重新用作生产资料。这一部分依旧是社会的。而另一部分则作为生活资料由联合体成员消费。因此，这一部分要在他们之间进行分配。"这些话甚至对杜林先生的黑格尔化的头脑来说，也是足够清楚的了。

恩格斯：《反杜林论》，

《马克思恩格斯全集》第 20 卷第 144 页。

马克思在《资本论第一卷》里提出"重新建立个人所有制"，是对于社会主义社会条件下关于所有制问题的科学设想和主张。社会主义革命废除了资本主义私有制，实行社会主义公有制，已经不存在资本主义的私有制问题。然而，我国经济学界、法学界一些人把"重新建立个人所有制"，说成"重新建立私有制"，试图为社会主义公有制的全面私有化提供根据。

其实，马克思是讲得明白无误的。他说，从资本主义生产方式产生的资本主义占有方式，从而资本主义的私有制，是对个人的、以自己劳动为基础的私有制的第一个否定。这是说，资本主义的私有制，否定了业已存在的作为小生产的个人的私有制，将其纳入资本主义轨道。那么，社会主义否定了资本主义私有制，是否是重新建立资本主义私有制呢，不是的。他认为，在劳动本身生产的生产资料的共同占有的基础上，要重新建立个人所有制。很显然，这里的个人所有制，绝不是资本主义私有制，而是在资本主义时代所成就的物质技术基础上，在共同占有生产资料的前提下，实行个人生活资料的占有制度。特别是在共产主义第一阶段，即社会主义阶段，仍然存在的个人占有劳动资料的小生产，即"小私有制"。"小私有制"，是劳动者占有劳动资料，通过个人或家庭进行生产和经营活动的一种私有制形式。"小私有制"不存在剥削问题，不存在生产资料同劳动者的分离问题。

恩格斯在解释马克思所说的个人所有制时，明确指出，马克思的"重新建立"，是"靠剥夺剥夺者而建立起来的状态，被称为以土地和靠劳动本身生产的生产资料的公有制为基础的个人所有制的恢复"。对于对马克思论断的歪曲，恩格斯不无讽刺地说，"对任何一个懂德语的人来说，这就是，公有制包括土地和其他生产资料，个人所有制包括产品即消费品。""个人所有制"是对作为消费品的产品的个人占有。这就是结论。"自由人联合体"（有人歪曲为资本主义自由主义的人的联合体），是"按社会主义原则组织起来的联合体"，"这个联合体的总产品是社会的产品"。

事情非常清楚，"这些产品的一部分重新用作生产资料。这一部分依旧是社会的。而另一部分则作为生活资料由联合体成员消费。因此，这一部分要在他们之间进行分配"。

这种社会主义社会的"个人所有制"，在马克思主义那里，明明是生活资料同生产资料分开的，明明是社会的生产资料同资本家的生产资料分开的，明明是作为消费的产品同作为资本的产品分开的，明明是劳动者同资产者分开的。总之，明明是社会主义同资本主义分开的。然而，他们却混合在一起，如同把鞋刷子同猪鬃混合在一起，向人们推销。这样做，一些权威报纸、权威杂志还说成是马克思主义哩。这里应当明确，"重新建立个人所有制"同"多种经济成分"是两回事。在我国，"多种经济成分"是写在宪法上的，是受宪法保障的。保护"多种经济成分"，是"马克思主义最新成果"，不是"重建私有制"，无需拉马克思背书。

（二）公民基本权利和义务

1. 公民的基本权利

公民的基本权利，由宪法规定。其基本权利的专门立法如结社法、罢工法等，以及基本权利的具体化，由法律或其他法的形式规定。

宪法规定的公民的基本权利，有自由权、社会活动权和参政权。

自由权，包括个人自由、社会活动自由和宗教信仰自由等权利。个人自由，有人格尊严、通讯秘密等自由；社会活动自由，有言论、出版、结社、集会、罢工等自由；宗教信仰自由，有信仰宗教的自由和不信仰宗教的自由、信仰这一宗教和信仰那一宗教的自由。

社会活动权，包括劳动权、休息权、获得物资帮助权、受教育权等权利。

参政权，包括选举权与被选举权等权利。

马克思在"法兰西宪法"中，对资产阶级的自由和民主作了深刻的批判。马克思指出了资产阶级立宪主义的一个特点，就是宪法规定的"自由"和在绝大多数情况下的实际做法是互相脱节的。马克思以法兰西宪法为例指出，在资产阶级宪法中大肆吹嘘的自由和民主权利，总是附带规定许多使这种权利化为乌有的例外和限制。

在资本主义条件下，公民的基本权利实际上是资产阶级的权利，劳动人民是很难实现的，但宪法却写上公民的基本权利。

经典作家关于这些基本权利的具体论述，安排在本书第 3 卷。

人身、出版、言论、结社、集会、教育和信教等等的自由（1848 年各种自由权的必然总汇），都穿上宪法制服而成为不可侵犯的了。这些自由中的每一种都被宣布为法国公民的绝对权利，然而总是加上一个附带条件，说明它只有在不受"他人的同等权利和公共安全"或"法律"限制时才是无限制的，而这些法律正是要使各种个人自由彼此之间以及同公共安全协调起来。例如："公民有权成立团体，有权和平地、非武装地集会，有权进行请愿并且通过报刊或用其他任何方法发表意见。对于这些权利的享受，除受他人的同等权利和公共安全限制外，不受其他限制。"（法国宪法第 Ⅱ 章第 8 条）"教育是自由的。教育的自由应在法律规定的范围内并在国家的最高监督下享用之。"（同上，第 9 条）"每一公民的住所是不可侵犯的。这种不可侵犯性只有在遵守法定手续的条件下才能被破坏。"（同上，第 3 条）如此等等。

马克思：《路易·波拿巴的雾月十八日》，

《马克思恩格斯全集》第 8 卷第 134 ~ 135 页。

宪法的每一节本身都包含有自己的对立面，包含有自己的上院和下院：在一般词句中标榜自由，在附带条件中废除自由。所以，当自由这个名字还备受尊重，而只是对它的真正实现设下了——当然是根据合法的理由——种种障碍时，不管这种自由在日常的现实中的存在怎样被彻底消灭，它在宪法上的存在仍然是完整无损、不可侵犯的。

马克思：《路易·波拿巴的雾月十八日》，
《马克思恩格斯全集》第 8 卷第 135 页。

宪法要经常援引未来的构成法；这些构成法应当详细地解释这些附带条件并且调整这些无限制的自由权利的享用，使它们既不致互相抵触，也不致同公共安全相抵触。后来，这种构成法由秩序之友制定出来，所有这些自由都加以调整，结果，资产阶级可以不受其他阶级的同等权利的任何妨碍而享受这些自由。至于资产阶级完全禁止"他人"享受这些自由，或是允许"他人"在一定条件下（每一个条件都是警察的陷阱）享受这些自由，那末这都是仅仅为了保证"公共安全"，也就是为了保证资产阶级的安全，宪法就是这样写的。所以，后来两方面都有充分权利援引宪法：一方面是废除了所有这些自由的秩序之友，另一方面是要求恢复所有这些自由的民主党人。

马克思：《路易·波拿巴的雾月十八日》，
《马克思恩格斯全集》第 8 卷第 135 页。

礼节感迫使立法者把宪法中的下面这一句话列入第 1 条：
"市民自卫团的使命是保卫宪法规定的自由和法定秩序。"
为了完全符合"这种使命的意义"，市民自卫团对于公共事务既不应当考虑和谈论，也不应当讨论或做出决定（第 1 条）；既不应当举行会议，也不应当拿起武器（第 6 条），总之，未经最高当局批准，不得有任何生存的标志。不是市民自卫团"保护"宪法不受当局的侵害，而是当局保护宪法不受市民自卫团的侵害。根据第 4 条规定，市民自卫团应当盲目地"遵守当局的命令"，对"村镇、行政和司法当局的活动"不得进行任何干涉，并且不得进行任何议论。在"拒绝"消极服从的场合下，区督察员有权"解除"市民自卫团的"职务"。

因此（根据第 2 条），"在王国的每一个村镇中，都应当组织市民自卫团"，只要区督察员或国王认为没有必要以别的方式来管理每一个村镇的话。如果国家事务不归市民自卫团"管辖"，那末，相反地，市民自卫团就要"归内政大臣管辖"，即归警务大臣管辖，因为他是它的天然上司，同时"按其使命的意义"来说，他又是"宪法规定的自由"的忠实的埃卡尔特（第 5 条）。当市民自卫团没有被区督察员或其他官员召来"保卫宪法规定的自由"，就是说"执行各位上司的命令"即执行职务的时候，它的当前任务就是执行由国王的某一个上校所起草的军事条令。军事条令是市民自卫团的 magna charta〔大宪章〕，据说市民自卫团就是为了保卫和实现这一宪章而建立起来的。军事条令万岁！最后，参加市民自卫团使"从 24 岁到 50 岁"的每一个普鲁士人都得作如下的宣誓：
"我宣誓效忠国王、宪法和王国的各种法律。"
可怜的宪法！它卑躬屈膝地处于国王和各种法律之间，……仿佛除了根据宪法产生的法律以外，还有由国王的独裁产生的其他法律。可敬的市民原来彻头彻尾是归"内政部管辖"的。

马克思：《市民自卫团法案》，

《马克思恩格斯全集》第 5 卷第 274～275 页。

诚然，宪法是根本禁止侵犯他国人民自由的，但是，据内阁所说，法军在罗马所进犯的不是"自由"，而是"无政府势力的专横"。难道山岳党有自己在制宪议会中的全部经验而仍然不懂得，宪法的解释权不是属于宪法制定人，而只是属于宪法接受者吗？仍然不懂得，对于宪法条文是应该就其切合实际的意义去解释，而资产阶级的意义就是其唯一切合实际的意义吗？

马克思：《1848 年至 1850 年的法兰西阶级斗争》，

《马克思恩格斯全集》第 7 卷第 75 页。

法国资产阶级在革命风暴一开始，就胆敢再把工人刚刚争得的结社权剥夺掉。它在 1791 年 6 月 14 日颁布法令，宣布工人的一切结社都是"对自由和人权宣言的侵犯"，要课以 500 利弗尔的罚金并剥夺公民权一年。（225）这个法律用国家警察手段把资本和劳动之间的斗争限制在对资本有利的范围内，它经历了几次革命和几次改朝换代。甚至恐怖政府也没有触动它。直到最近它才被从刑法典中取消。

马克思：《资本论第一卷》，

《马克思恩格斯全集》第 23 卷第 810 页。

这里 5 月 4 日的示威真是规模宏大，甚至所有资产阶级报纸也不得不承认这一点。我是在第四号讲坛（一辆大货车）上面，环顾四周只能看到整个人群的五分之一或八分之一，但是在目力所及范围内，只见万头攒动，人山人海。有二十五万至三十万人，其中四分之三以上是参加示威的工人。艾威林、拉法格和斯捷普尼亚克都在我的那个讲坛上发表了演说，而我纯粹是一个观众。拉法格以他那种虽然带有很重的法国口音但说得很好的英语和南方人的炽烈风格博得了真正暴风雨般的欢呼声。斯捷普尼亚克也是这样。爱德在杜西那个讲坛上讲话，也非常成功。七个讲坛彼此相隔一百五十公尺，最边上的距离公园的边沿是一百五十公尺，这么一来，我们的集会（在国际范围内争取在法律上规定八小时工作日）占了长一千二百余公尺、宽约四、五百公尺的一块地方，而且全都挤满了人。另一面是工联理事会的六个讲坛和社会民主联盟的两个讲坛，但那里的听众不到我们的一半。总而言之，这是这里从未举行过的规模最大的一次集会。

恩格斯：《致奥古斯特·倍倍尔》，

《马克思恩格斯全集》第 37 卷第 399 页。

在英国，出版自由直到现在仍然是资本的无上特权。少数代表工人阶级利益的周刊（当然谈不上出版日报），依靠为了总的目的而作出与大陆工人完全不同的牺牲的英国工人的每周捐款，勉强维持着自己的生存。英国出版界的庞然大物——"泰晤士报"——悲喜交集地大声疾呼 proarisetfocis〔为保卫社稷和家园，为自己的切身事业〕而奋斗，也就是为报纸的垄断而奋斗。

马克思：《拿破仑和巴尔贝斯。——报纸印花税》，

《马克思恩格斯全集》第 11 卷第 179～180 页。

在六月事变以前制定的最初宪法草案中，还提到了《droitautravail》——劳动权，还提到了这个初次概括无产阶级各种革命要求的笨拙公式。现在这个公式却已转化为 droitàl'assistance——享受社会慈善救济权，——但试问有哪一个现代国家不是这样或那样饲养着自己的乞丐呢？劳动权在资产阶级的意义上说乃是一种胡说、乃是一种可怜的善良愿望，其实劳动权是表示控制资本，而控制资本又表示占有生产资料，使其受联合的工人阶级支配，从而消灭雇佣劳动、资本及其相互间的关系。"劳动权"是以六月起义为后盾的。制宪议会既然已在事实上把革命无产阶级置于 horslaloi——法律之外，也就不免要在原则上把它的公式从宪法——法律的法律——中删去，把"劳动权"当作邪说来加以诅咒。

马克思：《1848 年至 1850 年的法兰西阶级斗争》，

《马克思恩格斯全集》第 7 卷第 47 页。

资本发展成了对劳动的指挥权，它进行监督，要工人守规矩地紧张地工作。其次，它强制工人超过维持自己生活的需要而从事更多的劳动。在榨取剩余价值上，它超过了过去任何以直接强制劳动为基础的生产制度。资本是在一定的技术条件下支配劳动的，最初它并未改变这些条件。

恩格斯：《卡·马克思"资本论"第一卷提纲》，

《马克思恩格斯全集》第 16 卷第 305 页。

1850 年 3 月 15 日的法律将整个教学系统置于教会的控制之下。这个部门的主管机关是 4 名法国大主教所领导的最高人民教育委员会。这项法律规定，所有地方学校的教员，即使他们是市镇委员会或老教区委员会推荐的，都必须服从 recteurs，即督学的意志。教员必须接受与军队中的服从和纪律相类似的条件，服从督学、市长和牧师；可见，根据上述法律，教学自由归结起来，就是没有民政当局和教会当局的允许，谁也无权教学。

马克思：《1848 年 11 月 4 日通过的法兰西共和国宪法》，

《马克思恩格斯全集》第 7 卷第 582 页。

说什么阶级的学校大纲势必分成富人的大纲和穷人的大纲，阶级大纲在西欧没有取得成就，阶级学校以阶级限制为前提，等等。所有这些都极其清楚地说明，尽管题目很大，尽管词句漂亮，尤沙柯夫先生却根本不了解阶级学校的实质是什么。最可敬的民粹主义者先生，这个实质就是：教育的组织和受教育的机会，对一切有产者来说，都是相同的。阶

级学校不同于等级学校的实质就在于有产者这三个字上面。因此上面引证的尤沙柯夫先生的一段话，说在考虑到学校的阶级利益的情况下，似乎"根本谈不上统一类型的国立中学"，就完全是胡说。恰恰相反，阶级学校如果办得彻底，就是说，如果它没有任何等级制度的残余，那它必然以统一类型的学校为前提。阶级社会的实质（因而也是阶级教育的实质），就是法律上完全平等，所有的公民享有完全平等的权利，有产者享有完全平等的受教育的权利和机会。等级学校要求学生必须属于一定的等级。阶级学校没有等级，只有公民。它对所有的学生只有一个要求：缴纳学费。阶级学校根本用不着把大纲分成富人的大纲和穷人的大纲，因为缴不起学费、教材费和整个学习时期膳宿费的人，阶级学校根本不让他们受中等教育。阶级学校决不以阶级限制为前提，因为阶级和等级相反，阶级总是使个人保持从一个阶级转入另一个阶级的完全自由。阶级学校不排斥任何有钱读书的人。说"这些对各居民阶层进行半教育并从德育和智育上造成阶级隔阂的危险大纲"，在西欧"没有取得成就"（第9页），这完全是歪曲事实，因为谁都知道，不论在西欧或在俄国，中等学校实质上都是阶级学校，它只为很少一部分人的利益服务。由于尤沙柯夫先生暴露了他的概念异常混乱，我们认为对他作下面的补充说明并不是多余的：在现代社会中，即使是不收任何学费的中等学校，也仍然是阶级学校，因为学生在7—8年内的膳宿费要比学费多得多，而能够缴得起这笔费用的只有极少数人。

列宁：《民粹主义空想计划的典型》，

《列宁全集》第2卷第453~454页。

有关选举权和选举机构方面的安排，不仅把人民的大多数排除在外，而且还使其余享有特权的一部分遭到官僚集团最肆无忌惮的摆布。选举分两级。首先选举复选人，然后由复选人选举议员。在初选当中，不仅不缴纳直接税者都被排除在外，而且全部初选人还要分成三类：最高、中等、量低税额缴纳者。三类中的每一类都像塞尔维乌斯·土利乌斯王的特里布斯一样，选举同等数目的议员。然而就是这个复杂的层层过滤的过程看来还是认为不够，因为官僚集团此外还得到了把选区任意划分、拼凑、改变、分开、合并的权力。譬如说，如果疑心某一个城市倾向于自由派，那就可以把它淹没在乡村选民的大量反动选票中；内阁大臣只凭一纸命令就能把这个倾向于自由派的城市和反动的农村地区合并成一个选区。

马克思：《普鲁士状况》，

《马克思恩格斯全集》第12卷第660页。

鉴于对英国选举制度作了这些令人愤慨的揭露，布鲁姆勋爵认为有必要在布莱得弗德发表长篇演说，公开承认同贿选有关的罪行正在迅速增加，这些罪行在1832年以前比较少，但从1832年议会改革以来，却大大增加了。

马克思：《英国的贿选活动》，

《马克思恩格斯全集》第13卷第591页。

全部关键在于选举法！地主制定的这个有利于地主的、经地主沙皇批准的法律，不是把选举农民杜马代表的权利交给农民复选人，而是交给地主。地主喜欢哪个农民复选人，就把哪个选入杜马作农民代表！

列宁：《农民和第四届杜马的选举》，
《列宁全集》第21卷第219页。

恩格斯在《致奥古斯特·倍倍尔》里说的"公园"，是指海德公园。

马克思在《普鲁士状况》里说，"像塞尔维乌斯·土利乌斯王的特里布斯一样，选举同等数目的议员"，是喻指塞尔维乌斯·土利乌斯（公元前六世纪），据说是古罗马社会制度的改革者。这次改革结束了氏族制度，完成了向奴隶占有制国家的过渡。根据这次改革，能携带武器、过去分为贵族和平民的罗马居民，按财产多寡划分为五个基本等级。每一个等级有一定数量的军事单位——百人团。百人团同时也是政治单位。百人团会议具有特殊意义。每个等级有多少个百人团，在会议上就分得多少票。

这个制度，使最富有的等级在决定最重大的政治问题时占优势地位。以前罗马人分成部落特里布斯（每一特里布斯包括一百个氏族），这时改为按地区分的特里布斯了。

2. 公民的基本义务

宪法上的公民的基本义务，大致有三个，就是守法义务、依法纳税义务和服兵役义务。

公民基本义务的首要义务，是守法义务。

任何法律的制定都是为了实施，因而守法便是理所当然的要求。问题在于，如何理解守法，或者说，如何理解不同社会制度条件下的守法。由于不同的阶级意志产生性质不同的法律，因而势必存在不同的守法观，并由此形成不同的守法状态。

对于资本主义条件下的守法问题，经典作家的论述可归纳为两类：一是总体上抵制、否定态度；二是在合法范围内活动态度。开始，马克思在围绕维护《莱茵报》出版权利的斗争中，抨击书报检查制度和恶劣的"检查"行政行为，暂时回避了对于出版法本身的批判。他的《评普鲁士最近的书报检查令》，可以说明这一点。后来，随着事态的升级，特别是普鲁士当局对于属于"意见"范畴的言论，采用刑法手段，马克思遂把矛头指向了法律。从总体上说，资产阶级法是压迫和剥削劳动人民的法，推翻资本的统治，必然要否定资产阶级法律。在长期的残酷斗争中，尤其是1848年欧洲大革命被镇压下去之后，革命政党逐渐认识到，不但要敢于斗争，还要善于斗争，因而在某些情况下，可以通过合法斗争的形式来达到一些具体目的。这时，在合法范围内进行斗争是必要的。但是，这绝不是"议会道路"，真正的共产主义者并不是"议会迷"。这一点，恩格斯做过明确的论述。

在社会主义条件下，劳动人民是国家的主人，法律是反映他们意志的法律。因此，人人守法是自然而然的事情。

守法，是国家机关、社会公共组织和其他社会组织及公民个人依法进行社会活动。在我国境内的外国组织、外国人和无国籍人，也必须遵守我国的法律。守法是法秩序的基础和中心环节。离开了守法，再好的再完备的法律也是一纸空文。守法不仅指遵守义务，还包括实现权利，而且也包括国家权力的行使和制约。

守法的标志，是合法地进行活动，施行合法行为。合法行为，是从内容到形式都符合法律规定，能发生行为人所欲获得的法律效果的行为。凡违反法律规定的行为，都是违法行为。关于具体行为的合法性，一般法律规范和其他法律文件都规定得相当充分、明确。

守法行为表现为对法律的遵守。这种遵守，实际上是"自己对自己适用法律"。法制建设是一项艰巨的系统工程，不可能一蹴而就，况且许多应当制定的法律、法规尚未制定出来。因此，有些行为类型和形式并未被法律、法规直接规定。这里，承认未经法律具体规定的行为合法性的依据是：①该行为不违反我国社会的各项原则；②根据诸法律制度判断具体行为的目的；③主体实现自身利益的手段可以被许可。

在社会关系领域，国家机关等社会公共组织的行为的合法性与社会组织、公民的行为的合法性并不完全相同。对于社会组织、公民来说，未被法律禁止、限制的行为均为合法行为，同时，也不能把未经法律规范直接指明的行为视为违法行为。国家机关等社会公共组织享有专门的即受法律限定的主体权力，而且可以按照法律规定的目的和权利范围进行某种经济活动。它们的某种行为虽未经具体法规范的禁止，然而其不符合我国立法原则和部门规范性文件精神的行为，将被视为违法行为。那种认为"法无禁止即可为"的认识，是错误的，不适合于国家机关。坚持国家机关和地方党政机关守法的上述特征，是维持法秩序的要求决定的。

保障社会秩序稳定的重要因素，是守法意识。它要求不折不扣地遵守法律，坚定不移地执行法律。服从于体现国家意志的普遍法律规范，是守法意识的固有属性。各个法律关系参加者的守法意识，是法的实现的条件之一。在法律意识领域，作为守法意识对立面的意识，是逆法意识、违法意识和犯罪意识。这里特别需要提出"逆法意识"术语。这种逆法意识，根源于主体对自身特殊经济利益的追求。"钻法律的空子""打擦边球""上有法律、下有对策"等等，是逆法意识的一般表现。社会组织的逆法意识，是社会组织及其成员在执行职能活动中，基于特殊利益，以该组织的名义，欲实施危害社会公共利益和国家利益的一种特殊心理状态。这里，逆法意识的主体是社会组织及其成员。其逆法意识的载体是组织本身。这种逆法意识是经过谋划的，"企业决定的""领导班子集体讨论的"等等，都表明了这种逆法意识的组织性特征。

我国各类社会组织数以千万计，这些组织人财物实力雄厚，活动范围广，与国外组织联系密切。它们的逆法意识、逆法行为的危险性、危害性比一般公民个人要大得多。可以说，在几乎所有的社会关系领域，都程度不等地存在逆法意识和逆法行为。同违法意识和违法行为、犯罪意识和犯罪行为一样，逆法意识和逆法行为也是维护法秩序的严重障碍。

第二个公民的基本义务，是依法纳税义务。

税，是国家强制实现的货币所有权的转移。"有国家就有税收"，税收是国家存在的重要特征。纳税人纳税，是现代国家宪法规定的义务。为了满足社会的公共需要，国家通过立法，保障税收。

国家通过具体立法，规定具体的纳税义务。在法律规定面前，不管纳税人愿意或不愿意，都必须完成纳税义务。西方国家民谚说，人生的大事，一件是死亡，一件是纳税，足见履行纳税义务的重要性。

税法（英）tax law（德）Steuerrecht，就是关于征税和纳税的法。一般将有关税的通用事项或一般事项，作出法律规定。有国税通则法、国税征收法、国税违章取缔法，等等。上述税法中，各国都有各自的所得税法、法人税法、继承税法等法律。这些不同形式的法律，将每项税的课税主要事项规定下来。

美国原则上将所有有关国内税规定，统一于单一法律（国内年度收入法），法国把包括地方税在内的所有有关税的规定，都置于一部税法法典里。在日本，关于地方税由地方税法这种单一法律加以规定。日本把租税法分为"租税实体法"（以课税主要事项为中心）和"租税手续法"（缴纳征收手续、租税罚则等领域）。

此外，还存在对于税收规定特别措施的法律。这种法律，是基于一定社会政策、经济政策及其他应因目标而减免税收、课税标准的计算、征收特例规定等的法律。特别措施法，包括对所得税、法人税、继承税、财产税、登记课税、酒税、物品税、汽油税、地方公路税、砂糖消费税、通行税以及印花税等等作为特例的规定。包括利息所得和红利所得分开课税、折旧的特例，新出现的重要物产的免税，居住用财产交换场合的特例等规定。

各国实行税收法定主义，就是税的缴纳、征收必须依照法律的规定。从国民的财产权和稳定法律秩序出发，现代国家普遍承认税收法定主义。税收法定主义的基本含义，一是课税要件法定主义。就是纳税义务人、课税物件、课税标准、税率等各种课税要件，由法律加以规定，税的缴纳、征收的程序和手续通过法律来规定。二是，课税要件在法律上必须明确规定，排除一般性规定。在有些国家，基于宪法的规定，地方国家机关的课税权由国家赋予，地方税的一般标准由地方税法规定，其具体内容可根据地方权限规定；关税在由协商税率规定的场合，可依政令在一定范围内进行减税、免税。

税收是一种权力关系，就是命令与服从关系。国家税收权力的制度化、法律化，使国家权力获得了稳定的运作方式，社会成员在法律范围内行使自己的纳税义务，对于违反法律规定的行为方式，将给予国家权力的强制。

税收关系是国家与社会组织和公民个人等的税负与征收关系。这种关系，通常认为是一种权力关系。其主要理由是：课税是国家的重大经济事务，它不以自身财产为根据而以国家权力为根据，强制地向纳税人征税，义务纳税人必须依法服从。因此，税收关系要素为权力要素；税收具有无偿性特征，国家凭借权力不付任何报酬地征收税款，从而实现义务纳税人的货币财产所有权的无偿转移。

但在这种权力关系中，还存在一种权利关系。其权力关系和权利关系，是复合关系。

其实，税收关系的一元权力论者未能揭示其中的权利关系。税收权利关系适用公平负担原则和诚实信用原则。其主要表现是：①纳税人应忠诚老实，恪守信用，同时，对错误的征税曾表示过服从的纳税人的权益，法律将予以保护；②在税收中按受益负担和按能力负担，实际上体现了当事人之间的公平；③滞纳金制度是一种债权抵押制度，作为第三人的义务扣缴人，对义务纳税人享有反对债权，可以行使相抵权。这样，在国家的抵押债权和社会组织及公民个人的抵押债权上，确立了第三债务人的法律地位。我国流行的"税收债权债务"说法，是从我提出的这个二元关系论直接引申出来的。

在国外"税收债权债务"论说中，有两个问题应当深入讨论。

一是租税优先权问题。对于租税的强制征收，如何确定与其他债权的优先关系，属于立法政策问题。租税以满足财政需要为目的，占财政收入的大部分。鉴于租税的高度公益性，租税就纳税人的总财产而言，原则上优先于一切债权，因而征收的宗旨，采用租税权的一般优先原则。在这一点上，应当将调整租税债权与民法债权的各种规定进行比较，并尊重民法债权的规定。如对于与通过以质权、抵押权作为担保的债权的关系中，是质权、抵押权在缴纳租税的一定期限以前设定的场合，才优先于税债权问题，还是只要质权、抵押权在缴纳租税前设定，则优先于租税债权问题。

二是避税问题。避税，又称租税回避行为（英）Tax avoidance（德）Steuerhinterziehung，是指为实现一定经济目的，通过利用民法上形成权的可能性，摆脱征税的充足要件而进行的避税行为。纳税义务，是由各种民商法上的交易行为发生的。在私人自治原则、契约自由原则支配下，对于实现某种经济效果，有选择使用何种法律形式的余地。通过利用这种选择的可能性，虽然在结果上是实现了逃税的经济效果，但摆脱了征税要件，使自己的纳税义务实际上减少的行为，这就是避税行为。德国租税调整法第 6 条规定："纳税义务，不能通过滥用民法的形式进行回避或减轻，在存在着滥用的场合，租税必须适应经济上的行为、事实及其他各种关系的法的形式，而在必须征收的数额内征收之"。在同样是大陆法系国家的日本，没有此种一般性规定。

对于避税问题，西方法学界有两种主张。一种认为，某一事实关系，为民法所许可，利用税法上的漏洞，而使纳税义务减少或免除，以达到规避税收目的，是合法行为；另一种认为，基于公平税负原则，不能把一部分人的税负，转移到其他人身上，因而有必要禁止税收规避行为，以防止特定人不当免除税收负担。在税收实务上，税务机关一般否定所谓"合法避税"，认为在税收法定主义下，不应当让税收规避存在。

对于纳税人的违法行为，行政法有关于加以处罚的规定。对于其犯罪行为，刑法加以规定。我国的规定是比较全面的。

偷税罪，是纳税人或扣缴义务人违反税收法律法规，逃避履行纳（缴）税义务，采取欺骗、隐瞒等手段，不缴或者少缴应纳税款，情节严重的行为。偷税和漏税是两个性质不同的行为。后者在主观上没有不缴或少缴税款的目的，客观上不存在弄虚作假逃税款的行为。

抗税罪，是以暴力、威胁方法拒不缴纳税款的行为。抗税，既侵犯税收征收管理制度，又侵犯税务人员的人身权利。所以，在处理抗税案件时，应当注意把采用暴力、威胁的方法同一般性的拦阻等行为，加以区别。

逃避追缴欠税罪，是纳税人采取转移或者隐匿财产的手段，欠缴应纳税款，数额较大，致使税务机关无法追缴应纳税款的行为。

第三个公民的基本义务，是服兵役义务。

武装力量是国家构成的重要因素，是整个国家的支柱。因此，各国宪法均把服兵役规定为公民的基本义务。

由于国家的性质不同，其兵役制度的目的、任务和作用是很不相同的。什么人参军，什么人享有习惯性特权而不参军？为什么参军，为什么打仗？经典作家科学地回答了这些问题。

在非法的制度下不可能有合法的行动。

> 马克思：《德利加尔斯基——立法者、公民和共产主义者》，
> 《马克思恩格斯全集》第6卷第68页。

马克思从来不把现行法律放在眼里，他总是公开表示自己的意见。

> 恩格斯：《致彼得·拉甫罗维奇·拉甫罗夫》，
> 《马克思恩格斯全集》第36卷第109页。

如果你们坚持这样的观点就更好些：守法的义务是法律上的，而不是道义上的，象鲍古斯拉夫斯基（这里有一个长 s）给你们庄严指出的那样；如果掌权者违犯法律，上述义务就完全解除。而你们（起码是你们之中的某些人）却表现软弱，敌人提出守法的义务是道义上的、是适用于一切场合的，你们对这一要求未能给予应有的抵制，当时本应声明：你们掌权，你们制定法律，我们如有违犯，你们可以根据这些法律处置我们，我们只得忍受；如此而已，此外，我们再没有任何义务，你们也再没有任何权利。

> 恩格斯：《致理查·费舍》，
> 《马克思恩格斯全集》第39卷上册第402页。

决不能够靠呼吁遵守法制来抑制旧政权，因为它自己随时都能够制定法律，它在采取最后的手段，采取最残暴、最野蛮、最疯狂的手段来维护自己的存在。

> 列宁：《反动派开始了武装斗争》，
> 《列宁全集》第13卷第198页。

法制应当加强（或得到最严格的遵守），因为俄罗斯联邦法律的基本原则已经确定。

> 列宁：《关于切实遵守法律的决定提纲草稿》，
> 《列宁全集》第35卷第130页。

大多数共产党员（布尔什维克）通过了并十分忠实地执行着土地社会化法令；把粮价提高了两倍（1918年8月……的法令）。关于农业机器问题的法令等等，其用意也在此。各级工人、农民和红军代表苏维埃务必严格遵守上述政策。

> 列宁：《关于工农联盟问题给各级工人、农民和红军代表苏维埃的电报的草稿》，
> 《列宁全集》第35卷第44页。

为了改变到现在为止一切分担得不公平的赋税，在现在提出的改革计划中就应该建议采取普遍的资本累进税，其税率随资本额的增大而递增。这样，每一个人就按照自己的能力来负担社会的管理费用，这些费用的重担就不会像一切国家中以往的情形那样，主要落

在那些最没有力量负担的人们的肩上。

> 恩格斯：《在爱北斐特的演说》，
>
> 《马克思恩格斯全集》第 2 卷第 615 页。

关税起源于封建主对其领地上的过往客商所征收的捐税，客商缴了这种税款就可免遭抢劫。后来各城市也征收了这种捐税，在现代国家出现之后，这种捐税便是国库进款的最方便的手段。

> 马克思恩格斯：《德意志意识形态》，
>
> 《马克思恩格斯全集》第 3 卷第 65 页。

现代国家是与这种现代私有制相适应的。现代国家由于捐税逐渐被私有者所操纵，并由于借国债而完全为他们所控制；这种国家的命运既受到交易所中国家债券行市涨落的调节，所以它完全取决于私有者即资产者提供给它的商业信贷。

> 马克思恩格斯：《德意志意识形态》，
>
> 《马克思恩格斯全集》第 3 卷第 70 页。

在估计捐税负担时，应该考虑的主要不是它的名义上的数额，而是捐税的征收方法和使用方法。印度的征税方法极为可恶，譬如就土地税来说，在现行的方法下，大概糟蹋的产品要比收获的为多。至于说到征收来的捐税的使用情况，那末只要指出以下两点就够了：它没有拿出一丝一毫来以公益设施的形式还用于人民（这种公益设施对亚洲国家比对任何地方都更加必不可少），再就是如布莱特先生所公正地指出的那样，统治阶级在任何地方也不像在印度那样大发其财。

> 马克思：《印度的捐税》，
>
> 《马克思恩格斯全集》第 12 卷第 551 ~ 552 页。

关于这位饿着肚子在曲折的道路上散步的天才有什么可说的呢？这种散步除了用捐税使资产者们毁灭以外没有别的目的，而实际上捐税正是资产阶级保持统治阶级地位的手段。

> 马克思：《哲学的贫困》，
>
> 《马克思恩格斯全集》第 4 卷第 179 页。

最重要的是有关关税的决议案。建议取消 123 种次要商品的关税，这些关税每年的收入约达 55000 英镑；这里包括各种（有 4 种除外）用来制造家具的木料以及梁柱、门窗和砖瓦。拟降低关税的项目有：第一，茶叶，1854 年 4 月 5 日以前从 2 先令 2 + (1/4)，辨士降低到 1 先令 10 辨士。第二，12 种食品。现行的杏仁税拟降低到每公担 2 先令 2 辨士；干酪——从每公担 5 先令降低到 2 先令 6 辨士；可可——从每磅 2 辨士降低到 1 辨士；核桃——从每普式耳 2 先令降低到 1 先令；蛋类——从每百枚 10 辨士降低到 4 辨士；桔子和柠檬

——每普式耳降低到 8 辨士；黄油——从每公担 10 先令降低到 5 先令；葡萄干——从每公担 15 先令 9 辨士降低到 10 先令；苹果——从每普式耳 2 先令降低到 3 辨士。所有这些商品的税收目前共计 262000 英镑。第三，预定还要降低 133 种食品的关税，这些食品的税收共计 7 万英镑。此外，简化了许多商品的课税方法，抽税将有一定的数量，而不是 advalorem〔抽从价税〕。

在消费税方面，正如我已经指出的，要取消肥皂税，提高啤酒场主、茶商、咖啡商、烟草商和肥皂场主的特许税税率。

在印花税方面，除了降低律师执照税和广告税以外，还要降低人寿保险税、单据印花税、学徒合同税和出租马车税。

在直接税方面，要降低男仆税、私人马车税、马税、波尼马税和犬税，田赋赎金减付 17.5%。

根据邮政主管机关的意见，拟降低寄往各殖民地的邮件的印花税，办法是施行 6 辨士的单一税率。

> 马克思：《君士坦丁堡的乱子。——德国的招魂术。——预算》，
> 《马克思恩格斯全集》第 9 卷第 78～79 页。

为了俄国国家财政民主化，俄国社会民主工党要求取消一切间接税，征收累进所得税。

为了肃清旧农奴制残余，俄国社会民主工党将力求：
（1）取消赎金、代役租以及目前农民这个纳税等级所承担的一切义务。

> 列宁：《俄国社会民主工党纲领草案》，
> 《列宁全集》第 6 卷第 197 页。

间接税是最不公道的税。间接税就是向穷人抽的税。农民和工人合起来占全国人口的 9/10，他们交纳了全部间接税的 9/10 或 8/10。而在全部收入中农民和工人得到的大概至多也只是 4/10！所以，社会民主党人要求取消间接税，征收累进所得税和累进遗产税。

> 列宁：《告贫苦农民》，
> 《列宁全集》第 7 卷第 149 页。

这时期大多数兵士都是雇佣兵。富有的公民自己不服兵役，乐于花钱雇人代替。原来方阵主要是军队中只允许自由公民加入的民族部分，现在却混入了无公民权的雇佣兵，因而质量就降低了。在马其顿时代的前夜，希腊和它的殖民地，如同十八和十九世纪的瑞士一样，是兵痞和雇佣兵的市场。

> 恩格斯：《军队》，
> 《马克思恩格斯全集》第 14 卷上册第 14 页。

一切原有的军法都原封未动。士兵犯罪不受民间法庭审判。下面的条款可以说明这个

宪法的精神。

"**第 102 条**　每个法国人，除法律规定的情况外，都必须服兵役和在国民自卫军中服务。"

每个有钱的公民都可以免除服兵役的义务。

马克思：《1848 年 11 月 4 日通过的法兰西共和国宪法》，

《马克思恩格斯全集》第 7 卷第 587 页。

军队以抽签的方法在年满 20 岁的青年中征集兵员。按理每年应征集约 14 万人，然而实际上平时服兵役的仅有 6—8 万人。其余的人可在中签后 8 年内随时征集入伍。此外，平时大部分兵士归休，所以就连已征人员的实际服役时间也不超过 4—5 年。这种制度虽然能够保证现役部队受到良好的训练，但却不能保证培养出受过一些训练的预备部队以应付紧急情况。

恩格斯：《欧洲军队》，

《马克思恩格斯全集》第 11 卷第 473 页。

凡兵役制带有义务性质而服役期限长的国家，欧洲社会认为必须给有产阶级规定以某种形式出钱免除本人服役的特权。例如在法国，代役制是法律所规定的，因此约有 8 万代役兵经常在法国军队中服务。

恩格斯：《欧洲军队》，

《马克思恩格斯全集》第 11 卷第 474 页。

常备军的服役期限为五年。凡是年龄在 20—25 岁的男子都有服兵役的义务，但是兵士服满三年现役就够了，以后可以归休，在其余的两年被编为所谓预备兵。在这一期间，他们仍然列入原步兵营或原骑兵连的预备兵名册，随时都可能应召归队。

预备兵两年期满后，转入第一类后各军（erstes Aufgebot des Landwehrs），直到 32 岁为止。在这段时间内，每两年应召参加一次后备军的操练，这种操练通常规模极大，而且是和常备军共同进行的。

恩格斯：《欧洲军队》，

《马克思恩格斯全集》第 11 卷第 493 ~ 494 页。

难以忍受的兵役重担，对于战争、而且是全欧洲规模的、将会有四五百万德国人被征入伍的战争所始终抱有的和不断加深的恐惧，——所有这一切都发生了作用，使得农民、小商人、工人（实际上是整个民族，只有从政府所建立的垄断组织中获得利润的那一小部分人除外）愈来愈离开政府了。

恩格斯：《德国 1890 年的选举》，

《马克思恩格斯全集》第 22 卷第 5 ~ 6 页。

恩格斯在《致理查·费舍》里说，"守法的义务是法律上的，而不是道义上的，象鲍古斯拉夫斯基（这里有一个长 s）给你们庄严指出的那样"，是鲍古斯拉夫斯基于 1895 年在柏林出版了《实实在在的斗争——不是虚有其表的斗争。评国内政治形势》（《Vollkapf—nicht Scheinkampf. EinWortzurpolitischen Lageim Innern》）中讲的。但他在书中宣扬进行上层政变来对付国内反对派。

（三）国家机构

1. 立法机关

国家立法机关是议会，议会是由经过选举产生的议员构成的。议员在议会上的发言，具有不被追究责任的绝对特权。议会对行政机关具有制衡功能，并对行政作用进行决定性干预。有些国家又称国会。在日本，作为国家的机关称为国会，作为地方公共团体的机关称为议会。世界主要西方国家的议会，有两院制和一院制的分别。近代意义上的议会，首先在英国产生。在宪法上，主要西方国家都是依据英国议会的模式而设立的。下面是西方学者的概括。

英国现在的议会（Parliament），始于诺曼王朝王室会议（curia regis）的大会议。从其小会议产生各中央法院等，后来成为上院——贵族院（House of Lords），13 世纪产生了下院——众议院（House of Commons）。这个两院制的议会，主要是属于司法和行政方面。这样的立法，被认为王室会议的制定法的效力优于普通法。作为最高法院的王室会议，对于下级普通法法院具有优越地位。

到十四世纪，正式分为两院。上院由贵族作为世袭权利而参加，下院本应代表其他社会阶层。从此，国王立法时必须通过议会进行。后来，形式上虽然是国王在两院帮助下制定法律，但实际上是议会掌握了立法的主导权。议会逐步扩大了自己的势力。自斯图亚特王朝以后，完成了 1688 年的"光荣革命"，确立了议会的优势。这时，形成了"议会万能"和"议会主权"，使议会成为最高国家权力机关。上院的议长（speaker）是大法官（Lord chancellor），下院的议长也叫 speaker（议长），是下院的代表，由下院选举产生。

英国议会的立法过程，先由政党，内阁、部、国王委员会、临时委员会、研究团体等提出立法案，然后同有关部门进行协商。由各部提出的法案，要有内阁的同意，被承认后的议案即开始起草。经过修改和再起草，完成法案，并附以立法目的备忘录。

向议会提出的法案，要经过"三读"。第一读会，进行法案的审议。如果不提出妨害法案的修正案，或提出后被否决，则议长宣布再读，就是第二读会，专讨论法案的内容。法案经上院同意后，法案正式成立。上院如有修改，下院同意这种修改，法案就等于议会通过了。如果下院反对，则把这种反对的文件送交上院。根据 1911 年和 1949 年两个议会法（Parliament Acts）的规定，下院经过一年之后，不经上院同意，可以直接请求国王批准（Royal Assent）。两院通过的法案，经国王（现在是女王）批准后就成为法律。

美国联邦国会的二院制，不是按照等级划分为两院，而是在按人口比例分配议员。参议院最初由 13 个州的 26 名议员组成。只有参议院对条约和总统的任命行为有同意权，而且掌握对地方联邦官吏的任命权。世界上只有美国的参议院具有"第一院"的地位，而众议院则处于第二院的地位。

参议院届期为六年，众议院为二年。参议院议员是民选议员。参议院议长（President）由副总统担任，他不是参议院议员，因此有时也属于少数党。

德国的议会实行两院制。联邦议院（Bundestag），是德意志联邦共和国的国民代表机关。议员通过普遍、直接和秘密选举选出。联邦议院的法定职权是：制定法律，对法律的执行进行监督；参与选举联邦总统；选举或撤换联邦总理；参与选举联邦宪法法院和联邦高级法院法官；批准同外国签订的国际条约；对联邦总统因违法而进行弹劾。该院联邦参议院（Bundesrat），由各州政府作为代表任命的州政府成员组成。各州通过联邦参议院，参与联邦的立法和行政。

法国议会由国民议会及参议院组成。国民议会是法国议会第一院，议员由直接选举产生，任期五年。国民议会有立法权、财政预算审查权、对政府的弹劾权和质询权。总统任命总理对国民议会负责，国民议会有权对政府实行弹劾。参议院由间接选举产生，任期九年，每三年改选三分之一。在两院意见不一致的情况下，有特别程序中的最终决定权。执行对政府信任或不信任的程序。有召开临时会议的权限。有预算法案审议的优先权。总统具有对国民议会的解散权。

参议院由地区代表组成，具有法定的立法权限。参议院设有文教事务委员会、经济事务和计划委员会、外交国防和武装部队委员会、社会事务委员会、财政决算监督和国民经济统计委员会、宪法规章和行政管理委员会。

所谓"议会民主"的表现，就是政党政治，不同的政党轮流坐庄。因为政党具有代表不同社会阶层的利益的倾向，故议会往往扮演着对社会多元利益进行协调和整合的功能。各政党在夺取政权的争夺中，争取议会多数席位，争取直接组阁并把持政府，是政党竞争的焦点。

英国1688年开始实行"两权分立"，即把行政权和司法权分离。这是改造封建国家机器的重大步骤。后来资产阶级的"三权分立"体制，形成并固化了国家机构的职能分工体系。立法机关通过立法集中反映统治意志，行政机关和司法机关分别执行统治意志。任何国家国体的阶级性质确定后，总是要确定以什么样的政权组织形式方式表达问题。三权分立的意义在于，以国家机关相互独立、相互制衡的方式来表达资产阶级的意志。

三权分立从国家体制上解决了否定封建制度和国家以皇帝为中心的皇权主义。亚当·斯密在《国富论》里说，即使在最好的国王的统治下，也谈不到什么公平，平等，而在最坏的国王的统治下，那就是一塌糊涂了。然而，资产阶级夺取政权后，社会的主要矛盾，已经转化为资产阶级同工人阶级和广大劳动人民的矛盾。处于这一矛盾中的三权分立，只能是维护资产阶级统治的工具。在这种社会条件下，说三权分立拉开了法治国家的序幕，建立了民主平等的社会，只能是欺人之谈。

随着垄断和国家垄断的发展，在三权分立中三权的相互关系，发生了变化，特别是议会与行政机关的关系。其主要表现是行政作用的"肥大化"。行政机关地位不断提升，机构和人员过度膨胀，权力逐步扩大。尤其是利用委任立法权，扩展行政自身的决策强度和势力范围。通过内阁制使总统凌驾于议会之上的新体制，使议会的实际地位不断下降。在这种态势下，①议会立法的内容越来越受政府的影响。②议会对政府监督或控制逐渐弱化。③议会对政府的弹劾案或不信任案很难通过。

这个议会将使带有封建外表的古老英国变成按资产阶级方式组织起来的较现代化的国家，它将使英国宪法接近法国式的或比利时式的宪法。这个议会将使英国工业资产阶级获得最后的胜利。

恩格斯：《1847年的运动》，
《马克思恩格斯全集》第4卷第512页。

普鲁士有一条于1820年1月17日颁布的法律，那就是国王未得三级会议（大家都知道，在普鲁士迄今尚无这种会议）批准，不得借任何国债。这一法律就是担保普鲁士人总有一天会获得1815年就答应给他们的宪法的唯一保证。由于并不是普鲁士国外所有的人都知道有这一法律，所以1823年政府很顺利地在英国借到了300万英镑，这是第一次破坏宪法。1830年法国革命以后，普鲁士政府既要被迫地加紧准备当时看来即将爆发的战争，可是又没有钱，于是勒令官办企业"海外贸易协会"借款1200万塔勒（合170万英镑）；这笔款当然是由政府担保，供政府使用的，这是第二次破坏宪法。小的破坏，象通过该企业借款几十万镑，就不必提了，如今是普鲁士国王第三次严重地破坏宪法。

恩格斯：《普鲁士宪法的破坏》，
《马克思恩格斯全集》第4卷第21页。

科伦的施图普先生对于议员不可侵犯的法律提出了修正，这种修正虽然没有在妥协会上讨论过，但是对他的科伦的同伙来说，也许并不是没有兴趣的。我们并不打算剥夺他们充分欣赏这种立法艺术作品的乐趣。

马克思恩格斯：《施图普的修正案》，
《马克思恩格斯全集》第5卷第106页。

特别推动秩序党使用暴力去缩短制宪议会生命的一个原因，就是那些补充宪法的所谓构成法——教育法、信教法等等。联合的保皇党人认为极其重要的，是他们自己制定这些法律，而不是让那些疑虑重重的共和党人去制定。可是，在这些所谓构成法中，还有一个关于共和国总统的责任的法律。1851年立法议会正从事于制定这个法律，波拿巴就以12月2日的coup〔打击〕防止了这一coup。联合的保皇党人在1851年冬季议会运动时期，是多么希望有一个现成的总统责任法，并且是由疑虑重重的、敌对的共和派议会制成的总统责任法啊！

马克思：《路易·波拿巴的雾月十八日》，
《马克思恩格斯全集》第8卷第143页。

上院是不可能反对议会干涉地主和租佃者之间的关系的，因为从爱德华四世时起到现在，上院从未中止把处理这些关系的立法法令大量载入法律汇编，而且上院本身的存在也是以有关地产的法律为基础的，继承法就是一例。

马克思：《战争问题。——英国的人口和商业报告书。——议会动态》，

《马克思恩格斯全集》第 9 卷第 285 页。

议会废除了一切有关租佃契约的封建法律，也包括这样一条法律：有长子继承权的继承者可以不承认前辈所订立的租佃契约，因为契约在承诺者死去后就被认为失效了。

马克思：《革命西班牙》，

《马克思恩格斯全集》第 10 卷第 493～494 页。

昨天在下院二读通过的包法利法案，对英国的商业法具有重要的意义。在英国，到目前为止，凡是获得贸易公司一份利润的人，都算作股东，因此，他以他的全部财产对公司的商业债务负责。按照包法利代表内阁提出的法案，这种法律规定就应当废除。更为重要的是包法利关于股份公司的法案。到现时为止，这种公司的每个成员不仅对他的股票总值负责，而且也以他的全部财产对公司的全部债务负责。

马克思：《消息数则》，

《马克思恩格斯全集》第 11 卷第 383 页。

在 1856 年会议期间，以不正当手段在议会中通过了一项工厂法，"激进的"工厂主利用它首先修改了现行法律中关于在机械传动和机器上装置防护设备的规定，其次是在雇主和工人的纠纷中采取了仲裁原则。一项法律的目的似乎是要更好地保护工厂工人的生命和安全；另一项法律的目的却是使这种保护从属于廉价的正义法院。其实，后一项法律是要把工厂工人置于法律之外，而前一项法律是要使工人丧失安全。

马克思：《工厂工人状况》，

《马克思恩格斯全集》第 12 卷第 197 页。

南部通过与北部民主党人的联盟逐渐篡夺统治联邦的权力，他们的这种权力在布坎南任总统时期达到了最高峰。1787 年的末届大陆会议和 1789—1790 年根据宪法召开的第一届国会，曾经通过法律，禁止在俄亥俄河西北的全部共和国领地上实行奴隶制度。（大家知道，领地一词是美国版图内居民尚未达到根据宪法成立自治州的必要人数的垦殖区的名称。）

马克思：《北美内战》，

《马克思恩格斯全集》第 15 卷第 349 页。

甚至那些真正的蓄奴州，虽然目前外部的战争、内部的军事独裁和奴隶制度使它们到处具有一种和谐的外貌，但仍然不是没有对抗的成分。显著的例子是得克萨斯。该州有居

民 601039 人，其中奴隶 180388 人。根据 1845 年的法律——得克萨斯作为蓄奴州加入合众国即系根据此项法律——得克萨所有权在其领域内成立整整 5 个州，而不是一个州。这样一来，南部就会在美国参议院中取得 10 个新席位，而不是两席，而当时南部政策的主要目的就是要增加它在参议院中的席位。

马克思：《北美内战》，

《马克思恩格斯全集》第 15 卷第 362 页。

与多数人的意见相反，会议决定，联邦首都不是由两院联席会议通过无记名投票来确定，而是由两院分别通过的一项法律来确定。正如我过去的推测，果真这样做，就会发生一场冲突；国民院将选择伯尔尼，联邦院将选择苏黎世。

恩格斯：《联邦委员会和联邦院的会议》，

《马克思恩格斯全集》第 43 卷第 58 页。

"工人领袖们"为了进入议会，首先要求助于资产阶级的选票和金钱，其次才求助于工人自己的选票。这样一来，他们就不再是工人的候选人，而变成了资产阶级的候选人了。他们不是依靠那个应该重新建立的工人政党，而是依靠资产阶级的"伟大的自由党"。他们组织了在选举中互相保护的协会——工人代表同盟。这个同盟的少得可怜的经费主要是从资产阶级那里取得的。但是还不限于此。激进资产者十分机灵，他们了解到工人被选入议会是越来越不可避免了；因此，他们为了自己的利益，就把可能当选的工人候选人置于自己的控制之下，从而尽可能地推迟他们真正当选的时刻。

恩格斯：《英国的选举》，

《马克思恩格斯全集》第 18 卷第 544～545 页。

在关于议会答词的辩论中，最引人注意的题目是第三次对华战争、对法商约和意大利纠纷。应当看到，中国问题不仅是一个国际问题，而且牵涉到一个极端重要的宪法问题。按照帕麦斯顿勋爵的独断命令而进行的第二次对华战争，曾经先招来议会对他的内阁投不信任票，接着就是他解散下院；新下院虽然是由他一手包办选举出来的，但是也从来没有人要求撤销它的前任所通过的判决。一直到现在，帕麦斯顿勋爵的第二次对华战争，还受着一个议会裁决案的谴责。

马克思：《英国的政治》，

《马克思恩格斯全集》第 15 卷第 9 页。

他的一次对华战争曾经遭到议会的谴责，他不顾议会又进行了另一次对华战争。而在两院中，却只有一个人鼓起足够的勇气反对内阁的这种僭越行为。

马克思：《英国的政治》，

《马克思恩格斯全集》第 15 卷 10 页。

在对中国的关系上，帕麦斯顿违背了有关交战的所有国际法准则；正是这个事实，却又被他用作理由，为自己在对英国议会的关系上不遵守宪法准则的行为辩护，而他在上院的代表格兰维耳伯爵则轻蔑地宣称："至于中国问题"，"政府征求议会的意见"，是"一个纯粹形式上的问题"。

马克思：《英国的政治》，

《马克思恩格斯全集》第 15 卷第 13 页。

立宪国家中的一切事情就是完全按照议会的决定去处理的。立宪幻想是对宪法的一种虚幻的信仰。立宪幻想在宪法貌似存在而实际上并不存在的时候，换句话说，也就是在一切事情并不按照议会的决定去处理的时候，才会占据首要地位。当实际政治生活同议会斗争中所反映的政治生活不一致的时候，这时，只有这时，反对立宪幻想才是先进的革命阶级即无产阶级的当前任务。自由派资产者害怕议会外面的斗争，在议会还软弱无力的时候就散布立宪幻想。无政府主义者根本反对在任何情况下参加议会。社会民主党人则主张利用议会斗争，主张参加议会斗争，但是他们又无情地揭露"议会迷"，即把议会斗争奉为唯一的或者说在任何条件下都是主要的政治斗争形式。

列宁：《关于俄国社会民主工党统一代表大会的报告》，

《列宁全集》第 13 卷第 34 页。

为了讨论（如此而已！）和拟定一切法律草案，现成立两个机构：（1）国务会议和（2）国民议会。任何一个国务会议成员和不少于 20 名的国民议会成员均有权提出法律草案。法律草案由国民议会讨论通过，然后提交国务会议，最后上报沙皇批准。沙皇决定草案应该以何种形式成为法律，或者完全予以拒绝。

列宁：《宪法交易》，

《列宁全集》第 10 卷第 67 页。

《信使报》以一种理直气壮的轻蔑口吻谈到如下的前景："搞一大堆法律"（我们可以插一句：一部分是罚苦役的法律，一部分是不果断、不坚决的法律），"只是为了向全体人民证明自己的无能和为了退位"。

我们非常高兴，因为《信使报》的同志们承认：如果杜马将只是"搞一大堆法律"，"表明自己无能"，那么杜马所起的作用就是可笑的和可鄙的。

列宁：《关于解散国家杜马的传闻和谣言》，

《列宁全集》第 13 卷第 137～138 页。

杜马应当用于革命目的，主要是用于广泛传播党的政治观点和社会主义观点，而不是用于进行立法"改革"，因为这种"改革"在任何情况下都只能是对反革命的支持和对民主派的肆意削弱。

杜马问题的"关键"就是要阐明下述三点：（1）杜马的阶级成分怎样；（2）杜马的

中派对革命和民主派应当采取、将会采取什么态度；（3）在俄国革命发展进程中杜马活动的意义如何。

列宁：《俄国社会民主工党第四次代表会议文献》，
《列宁全集》第 16 卷第 157~158 页。

杜马中的无产阶级代表应当向人民讲清楚：第三届杜马是不可能为人民的利益服务，不可能实现人民的要求的只有通过普遍、直接、平等和无记名投票选举出来的全权立宪会议才能做到这一点。

政府将提出一些新法令。十月党人、立宪民主党人和黑帮分子也会这样做。所有这些法令都将厚颜无耻地欺骗人民，都将粗暴地侵犯人民的权利和利益，嘲弄人民的要求，诬蔑人民在争取自由的斗争中所作的牺牲。所有这些法令都将维护地主和资本家的利益。这些法令中的每一项都将是暴力者和寄生虫准备用来奴役工人、农民和城市贫民的锁链中新的一环。这并不是人人都能一眼看穿的。

列宁：《第三届国家杜马和社会民主党》，
《列宁全集》第 16 卷第 174 页。

议会斗争形式和非议会斗争形式的更替，抵制议会活动的策略和参加议会活动的策略的更替，合法的斗争形式和不合法的斗争形式的更替，以及这些斗争形式的相互关系和联系——这一切都具有异常丰富的内容。

列宁：《共产主义运动中的"左派"幼稚病》，
《列宁全集》第 39 卷第 7 页。

一切法律都只应由人民自己选举的这个国家杜马（议会）来讨论和颁布，一切赋税都只应由它来决定。政治自由就是人民自己有权选举一切官吏，有权召集各种会议来讨论一切国家的事务，有权不经任何许可就可以随意印书报。

列宁：《告贫苦农民》，
《列宁全集》第 7 卷第 115 页。

马克思在《北美内战》里说，"领地一词是美国版图内居民尚未达到根据宪法成立自治州的必要人数的垦殖区的名称"。1787 年颁布的大陆会议法令规定，俄亥俄河西北的各个领地在居民人数达到 6 万时，就可以以州的资格参加联邦，与旧有各州享受同等的权利。

恩格斯在《英国的选举》里提到的"工人代表同盟"（Labour Representation League），创立于 1869 年。工联领袖们也加入了同盟，他们力图保证把"工人"选入下院，竟不惜和自由党勾结在一起。同盟的活动在 1880 年以后就停止了。

马克思在《英国的政治》里的"第三次对华战争"，指 1860 年英法联军侵略中国的战争。这年 7 月，英法联军攻陷大沽炮台，进占天津、北京；10 月，清政府被迫与英法分别签订"北京条约"，英法都取得了一系列新的特权。

"第二次对华战争"，指 1856 ~ 1858 年英法联军侵略中国的战争。这次战争的结果是清政府被迫于 1858 年 6 月在天津与英、法、俄、美四国分别签订了丧权辱国的不平等条约；11 月，又在上海签订了中英、中法、中美通商章程。

列宁在《第三届国家杜马和社会民主党》里提到的"杜马"，是俄国的议会。

第一届国家杜马（维特杜马），是根据沙皇政府大臣会议主席谢·尤·维特制定的条例，于 1906 年 4 月 27 日（5 月 10 日）召开的。在 1905 年十月全俄政治罢工的冲击下，沙皇尼古拉二世被迫发表了 10 月 17 日宣言，宣布召开具有立法职能的国家杜马以代替被革命风暴扫除掉的布里根咨议性杜马，指望以此分化和削弱革命运动，把国家引上和平的君主立宪的发展道路。1905 年 12 月 11 日，沙皇政府公布了《关于修改国家杜马选举条例的命令》，这一命令原封不动地保留了为选举布里根杜马而制定的以财产资格和阶级不平等为基础的选举制度，只是在原来的三个选民团——土地占有者（地主）选民团、城市（资产阶级）选民团、农民选民团之外，新增了工人选民团。选举不是平等的、普遍的和直接的，并且事实上也不是秘密的。

十二月起义失败后，沙皇政府一再限制曾经宣布过的杜马的权力。1906 年 2 月 20 日的诏书，给了国务会议以批准或否决国家杜马所通过的法案的权力。1906 年 4 月 23 日（5 月 6 日），又颁布了经尼古拉二世批准的《国家根本法》，将国家政策的最重要问题置于杜马管辖之外。第一届国家杜马选举于 1906 年 2 ~ 3 月举行。布尔什维克宣布抵制，但是没有能达到搞垮这次选举的目的。当杜马终究召集起来时，列宁要求利用杜马来进行革命的宣传鼓动并揭露杜马的本质指出它是人民代表机关的拙劣伪造品。

被选入第一届国家杜马共 478 人，其中立宪民主党 179 人，自治派 63 人（包括波兰、乌克兰、爱沙尼亚、拉脱维亚、立陶宛等民族的资产阶级集团的成员），十月党 16 人，无党派人士 105 人，劳动派 97 人，社会民主党 18 人。主席是立宪民主党人谢·安·穆罗姆采夫。

第一届国家杜马讨论过人身不可侵犯、废除死刑、信仰和集会自由、公民权利平等等问题，但是在这届国家杜马中占中心地位的问题是土地问题。在杜马会议上提出的土地纲领主要有两个：一个是立宪民主党人于 5 月 8 日提出的由 42 名代表签署的法案，它力图保持地主土地占有制，只允许通过"按公平价格"赎买的办法，来强制地主转让主要用农民的耕畜和农具耕种的或已出租的土地；另一个是劳动派于 5 月 23 日提出的《104 人法案》，它要求建立全民土地资产，把超过劳动土地份额的地主土地及其他私有土地收归国有，按劳动份额平均使用土地。

第一届国家杜马尽管很软弱，它的决议尽管很不彻底，但仍不符合政府的愿望。1906 年 7 月 9 日（22 日），沙皇政府解散了第一届国家杜马。

2. 行政机关

英国的行政机关，由国王、枢密院、内阁及内阁首相组成。

国王是统一国家的象征，至今，国王的权限仍然是"主权者"的权限，但由于受宪法的限制，因而它只是名义上的权限。由此，英国被称为"戴王冠的民主国家"。

枢密院（Privy Council），是国王的咨询机关，是代表王权的中央政府机关。是 15 世纪从王室会议（curia regis）分离出来的一个中央机关。枢密院具有司法权和立法权，但主要是行使行政权。在法律上，枢密院是英国的最高政府机构，但行政权移交给了内阁及其所属各个机关。内阁的各种重要决定，都以"枢密院令"的形式公布。

由枢密院分出内阁（Cabinet），始于 18 世纪。英国实行议会内阁制，即下院的多数党领袖由国王任命为首相（Prime Minister），根据首相的提议，由国王任命大臣，但首相可以罢免大臣或者令其辞职。

美国由总统和州长组成行政系统。

美国总统的行政地位，介于英国国王和首相之间。总统是国家元首，也是行政首脑，在法律上，联邦政府的行政机构都对总统负责，而不像内阁制那样，行政机构和官员对议会负责。美国总统由大选产生，实行间接选举。先选出各州的选举人，由这些选举人选举总统。这是在宪法制定会议上确定的国民直接选举和国会选举的方案。由于选举人选举是连记投票制，在一个州取胜，等于获得该州的所有选举人的选票，因此，可能会出现虽然在国民投票总数中获得多数，但在选举人中占少数而落选的情况。

各个政党在全国大会（National Convention）上决定总统候选人。

组成内阁的成员都隶属于总统。阁员是各部部长。除国会授权任命的和法院任命的以外，各部部长均由总统任命和罢免，不需参议院的同意。此外，总统有外交权。宣战权属于国会，但统帅权（进行战争）属于总统。总统有根据国会的委托，发布行政命令的权力。

各州享有行政权。州长是"小总统"，与总统的权限相似。州长也有"小内阁"。州长通过选举产生，但是直接选举。

德国的行政权属于联邦和州。国家行政权力的行使及国家任务的执行，在基本法无特别规定或禁止的情况下，均属于州。联邦固有行政是外交、联邦财政、联邦铁道、联邦邮政，联邦水路，船舶航行，航空、国防、国境警备等事项，对此，联邦通过自己的机构进行行政管理。

联邦总统（Bundespräsident），是国家元首。其权限是，在一定条件下解散议院，向联邦议院提议联邦总理的人选，任命联邦法官和联邦官吏，在出现立法非常事态和防卫事态时的一定权限。联邦总统没有国政大权。联邦总统由联邦会议（Bundesversammlung）选举产生。联邦会议由联邦议院全体议员和与此同数的各州议会议员组成。

法国总统实行投票直接选举制。总统的职权有：总理任命权，由总统提名和任命总理，根据总理提名任免内阁部长；出席并主持内阁会议；制定法令权，签署内阁会议通过的法令；实际官员任命权；军队统帅权，主持最高国防会议及国防委员会工作；国际条约批准权；国民议会解散权。

总统不是政府的成员，不出席内阁会议。政府由总理和部长组成。总理由总统任命。总理的权限有：向总统提议任免部长；出席并主持阁议；向议会提出政府法案；制定行政法令；主管各部长的行政事务；具体指挥军事。

第五章　行政权　第43～44条

行政权由总统行使。总统必须是年逾30岁，从未丧失过法国国籍，在法国出生的法国人。

法兰西共和国第一任大总统路·拿·波拿巴不仅丧失过法国国籍，不仅当年当过英国特种警察，而且甚至还入过瑞士国籍。

> 马克思：《1848年11月4日通过的法兰西共和国宪法》，
> 《马克思恩格斯全集》第7卷第584～585页。

内阁同它的铁路法案一起遭到实际的失败，因为这个法案只包括为了这个目的而召开的议会委员会所建议的条款一小部分。因为铁路线老板们的行动十分一致，英勇的卡德威尔先生在代表内阁发言时宁肯把原来的法案撤回，用另一个由铁路经理们本人制定的法案来代替它，而这个法案既没有经理增加任何义务，也没有规定比现行规章更严格的规章。当这个法案在议院里讨论时，除了身为议员的铁路公司的经理外，会场中没有任何人。

一家周刊写道："看来，大臣和议会既不能保护股票持有人的财产和旅客们的口袋，也不能保证公众不受铁路公司的侵犯，因为铁路公司硬说它们有权擅自任意处理这些财产。"

> 马克思：《不列颠的财政》，
> 《马克思恩格斯全集》第10卷第243页。

对于罗素来说，司法改革也是一种骗人的幌子。当1841年议会对辉格党内阁投了不信任票，而且即将采取的解散议院的手段看来也无济于事的时候，罗素就企图使下院仓卒通过 Chancery Bill〔关于大法官法庭的法案〕，以便"通过设置两个新的 judge sofequity〔正义法官〕〈这种法官应该遵循的不是法规，而是正义〉的职位来医治我们制度中的一个最令人苦恼的毛病——courts of equity〔正义法庭〕的拖拉现象"。

罗素把他的这个法案叫做"在司法改革方面的一次重大的兑现"。他的真正的目的是，要在托利党人组阁看来即将成为事实以前偷偷地把他的两个辉格党朋友安置在新设的职位上。

> 马克思：《约翰·罗素勋爵》，
> 《马克思恩格斯全集》第11卷第454～455页。

关于在一个国家里分工方面的这些必要的限制，在我们的"办事大臣"这样的政治人物的口中得到了如下的说明：

"既然立法权是由人民代议制行使的，那末它就有自己的机构；行政权也象审判权一样，也有自己的机构。因此（！），假如没有专门法律的授权，一种权力直接利用另一种权力的机构是不可容忍的。"

"假如"没有"专门法律"的指示，抛弃分权原则是不可容忍的！反之，"假如"没有"专门法律"的指示，使用分权原则同样是不可容忍的！多么周密的考虑！多么了不起的发现！

恩格斯：《7 月 4 日的妥协会议》，

《马克思恩格斯全集》第 5 卷第 225 页。

普鲁士有一条于 1820 年 1 月 17 日颁布的法律，那就是国王未得三级会议（大家都知道，在普鲁士迄今尚无这种会议）批准，不得借任何国债。这一法律就是担保普鲁士人总有一天会获得 1815 年就答应给他们的宪法的唯一保证。由于并不是普鲁士国外所有的人都知道有这一法律，所以 1823 年政府很顺利地在英国借到了 300 万英镑，这是第一次破坏宪法。

恩格斯：《普鲁士宪法的破坏》，

《马克思恩格斯全集》第 4 卷第 21 页。

王朝反对派起草的法律中有一项关于市政委员会的法律，这项法律是直接反对巴黎市长马拉斯特，反对他的独裁和权威的。马拉斯特定会垮台。

马克思恩格斯：《马拉斯特和梯也尔》，

《马克思恩格斯全集》第 5 卷第 180 页。

看来，"办事内阁"抱着特殊的东方的神秘观点，实行特殊的摩洛赫崇拜。为了保卫区督察员、市长、警察厅长和警察总监、警察署长、检察机关官员、高等审判厅厅长或审判长、检察官、治安法官、村长、部长、僧侣、现役军人、国境官员、海关官员和税吏、森林管理局和邮政局的官员、所有监狱的看守和狱吏、巡官，以及所有未满 25 岁和已满 50 岁的人（根据第 9、10 和 11 条规定，这些人并不包括在市民自卫团之列）等等的"宪法规定的自由"，为了保卫这些民族精华的"宪法规定的自由"，民族中的其余的人就应当流血牺牲，不仅要把自己的宪法规定的自由，而且要把自己的个人自由统统献给祖国。

马克思：《市民自卫团法案》，

《马克思恩格斯全集》第 5 卷第 284 页。

这里（伦敦）关于狗有非常荒谬的法律规定，我如果带猎狗去汉普斯泰特，警察会把我当作偷猎者加以拦阻。因此，在这里养班特尔狗、狐狗、塞特狗等等猎狗只是真正为打猎用的，从来不象我们大陆上那样养着玩。生活在贵族统治的国家里就是这样的。

恩格斯：《致劳·拉法格》，

《马克思恩格斯全集》第 37 卷第 385 页。

我们不是那种心怀不满的人，不会在普鲁士新的书报检查法令公布之前就声明说：即使丹纳士人带来礼物，我还是怕他们。相反，因为新的检查令允许对已经颁布的法律进行讨论，哪怕这种讨论和政府的观点不一致，所以，我们现在就从这一检查令本身谈起。书报检查就是官方的批评。书报检查的标准就是批评的标准，因此，就很难把这种标准同批评分割开来，因为它们是建立在同一个基础上的。

当然，对于检查令序言中所表述的一般倾向，每个人都只能表示赞同：

"为了使新闻出版现在就能摆脱那些未经许可的、违背陛下旨意的限制，国王陛下曾于本月 10 日下诏王室内阁，明确反对使写作活动受到各种无理的约束。国王陛下承认公正的、合乎礼貌的公众言论是重要的而且必需的，并授权我们再度责成书报检查官切实遵守 1819 年 10 月 18 日书报检查法令第 2 条的规定。"

当然！既然书报检查是必要的，那么公正的、自由的书报检查就更加必要了。

马克思：《评普鲁士最近的书报检查令》，

《马克思恩格斯全集》第 1 卷上册第 107 页。

不过，旧的法令按照自己的本性宣布了某种实际上确定的东西并对它加以限制，而检查令则赋予纯粹的偶然性以空想的精神，并以普遍性的激情宣布了某种纯粹个人的东西。

但是，如果说浪漫主义的检查令在编辑问题上使最外在的确定性具有最亲切的不确定性的语调，那么，它在书报检查官问题上就使最暧昧的不确定性具有法律上的确定性的语调。

马克思：《评普鲁士最近的书报检查令》，

《马克思恩格斯全集》第 1 卷上册第 131 页。

这一根本缺陷贯穿在我们的一切制度之中。譬如在刑事诉讼中，法官、原告和辩护人都集中在一个人身上。这种集中是同心理学的全部规律相矛盾的。可是，官员是超乎心理学规律之上的，而公众则是处于这种规律之下的。不过，有缺陷的国家原则还是情有可原的，但当它不够正直因而表现得不彻底时，那就是不可原谅的了。官员的责任想必比公众的责任大得无可比拟，正如官员的地位比公众高得无可比拟一样。正是在唯有彻底性才能证明原则的正确并使它在自己的范围内具有法的原则的地方，原则被抛弃了，也正是在这里，采用评普鲁士最近的书报检查令截然相反的原则。

书报检查官也就是原告、辩护人和法官三位一体的人。书报检查官被委任去管理精神，然而他是不负责任的。

假如书报检查受普通法庭的支配（诚然，这在还没有客观的书报检查法以前是不可能的），那么它就只可能有暂时忠诚的性质。可是，最恶劣的手段却莫过于把书报检查又交给书报检查机关去评判，例如，把它又交给某一个总督或最高书报检查委员会去评判。

马克思：《评普鲁士最近的书报检查令》，

《马克思恩格斯全集》第 1 卷上册第 133～134 页。

书报检查制度不是控告我违反了现行法律。它宣布我的意见有罪，因为这个意见不是书报检查官和他上司的意见。我的公开行动愿意听从世界、国家及其法律的评判，但是它却被提交给隐蔽的纯否定的势力审判，这种势力不能被确立为法律，它怕见阳光，而且不受任何普遍原则的约束。

书报检查法是不能成立的，因为它要惩罚的不是违法行为，而是意见；因为它无非是一个以条文形式出现的书报检查官而已；因为任何国家都不敢把它利用书报检查官这一工具实际上所能干出的事情在一般的法律规定中表述出来。因此，书报检查制度的执行不是交给在一般的法律规定中表述出来。因此，书报检查制度的执行不是交给法庭，而是交给警察机关。

即使书报检查制度在事实上和司法是一个东西，那么，首先，这只是一个事实，而并不是必然性。其次，自由不仅包括我靠什么生活，而且也包括我怎样生活，不仅包括我做自由的事，而且也包括我自由地做这些事。

马克思：《第六届莱茵省议会的辩论（第一篇论文）》，
《马克思恩格斯全集》第1卷第181页。

在这里我们全文引录一篇新的群众的呈文，在这篇呈文中，芬兰人民对政府违背亚历山大一世至尼古拉二世各代沙皇的庄重誓言，一贯践踏芬兰宪法的政策表示强烈的抗议。

这篇呈文是在1901年9月17日（30日）递交芬兰参政院转呈沙皇的。在呈文上签名的有芬兰各社会阶层的男女居民473363人，就是说，有近50万公民签了名。芬兰的全部人口为250万人，这个新的呈文真可以说是全民的呼声了。

呈文的全文如下：

……

近几年来，我们边疆遭受了许多不堪忍受的痛苦。人们一次又一次地感到，边疆根本法的各项规定屡遭忽视，这一方面表现在各种立法措施上，一方面表现在俄罗斯人接替了许多重要职务上。边疆行政当局的任务好象就是要扰乱安宁和秩序，阻挠共同有益的愿望的实现，挑起俄罗斯人和芬兰人之间的不和。

……

这篇呈文成了人民对破坏根本法的一帮俄国官僚的真正审判，我们对此呈文要补充的不多了。

列宁：《芬兰人民的抗议》，
《列宁全集》第5卷第317～319页。

财政部现在的这份草案同过去的建议有本质的区别，而且即使新草案的建议也同以往一切建议一样被束之高阁，这种区别也仍然是一个极其重要的划时代的标志。本质的区别就在于：新草案的“基础”无比广泛，你们从中不仅可以感觉到少数资产阶级的先进理论家和思想家的呼声，而且可以感觉到整个工业家－实践家阶层的呼声。这已经不单单是一些“人道的”官吏和教授的自由主义，这是莫斯科工商业者的土生土长的、本乡本土的自由主义。说实在的，这一事实使我的内心满怀高度的爱国主义自豪感：商人值3戈比的自由主义要比官吏值 15 戈比的自由主义的意义大得多。

列宁：《新罢工法草案》，

《列宁全集》第 6 卷第 394~395 页。

行政机关不是向"人民代表机关"负责，而是向立法机关负责的。请记住这一点。现在我们再往下向你们说明。俄国的立法权现在属于谁呢？属于（1）最高当局；（2）国务会议；（3）国家杜马。

列宁：《立宪民主党的应声虫》，

《列宁全集》第 13 卷第 258 页。

议会制共和国的经验告诫我们，纸上的声明不可信。如果你们想实行监督，那就应该实行起来。只要一天时间就足以颁布一项关于这种监督的法律。每个银行的职员委员会、每个工厂的工人委员会、每个政党都有监督的权利。有人会对我们说，这样不行，这是商业秘密，这是神圣的私有财产！好，两条道路随你们选择一条吧。假使你们要保护托拉斯的这一切账簿和账单，要保护托拉斯的一切业务，那就用不着空谈什么监督，用不着说什么国家就要灭亡。

列宁：《战争与革命》，

《列宁全集》第 30 卷第 94 页。

我们和我们的反对者之间的基本矛盾在于对制度和法律的理解。人们一直认为制度和法律是给地主和官吏提供方便的东西，而我们则认定制度和法律是给大多数农民提供方便的东西。只要全俄苏维埃会议没有建立，只要立宪会议没有召开，一切地方政权（县委员会，省委员会）就是最高的制度和法律！

列宁：《全俄农民第一次代表大会文献》，

《列宁全集》第 30 卷第 143 页。

在农村中对地方当局进行正常的监督是难一些，有时共产党员队伍中混进了一些坏分子和心术不正的人。对于这种无视苏维埃政权法律而乱整农民的人，必须进行无情的斗争，立即解除他们的职务，给予最严厉的法律制裁。

列宁：《对一个农民的询问的答复》，

《列宁全集》第 35 卷第 471 页。

尽可能彻底地取消各种"委员会的讨论"，把最高经济委员会变成纯粹编纂和汇集政府经济法规的机关。最高经济委员会应当加快而不是延缓工作的总进程。

列宁：《关于新经济政策的指示草案》，

《列宁全集》第 42 卷第 379 页。

可恶的官僚主义积习使我们陷入滥发文件、讨论法令、乱下指示的境地，生动活泼的工作就淹没在这浩如烟海的公文之中了。

聪明的怠工分子故意把我们拖入这个公文的泥潭。大多数人民委员和其他大员却不自觉地"往绞索套里钻"。

> 列宁：《关于改革人民委员会等机构的工作问题》，
> 《列宁全集》第 42 卷第 387 页。

在我看来，主要的是把工作重心从草拟法令和命令（在这方面我们愚蠢到了麻木不仁的程度）转到选拔人才和检查执行情况上。问题的关键就在这里。

......

我们所有的人都陷在"各部门"的官僚主义臭泥潭里。要想经常不断地同这种现象作斗争，就需要有很高的威信、智慧和魄力。各部门是一堆粪土，法令是一堆粪土。发现人才，检查工作——这才是一切。

> 列宁：《关于改革人民委员会等机构的工作问题》，
> 《列宁全集》第 42 卷第 393 页

我在最近一次会议记录中看到，政治局否决了国家计划委员会关于发给拉姆津教授出国费用的申请。我认为绝对有必要建议改变这个决定，批准国家计划委员会的申请。拉姆津是俄国优秀的燃料专家。第一，拉姆津是热工学这门专业最出色的学者，在基尔什之后，我国还没有这方面的人才，而热工学对整个国民经济有巨大意义；第二，他是一位绝对真诚地为苏维埃政权效力的人。他的病很重，依我看，舍不得花钱迅速彻底地为他治疗，不仅是错误，而且是犯罪。

> 列宁：《关于批准拉姆津教授出国治疗的建议》，
> 《列宁全集》第 42 卷第 432 页。

我觉察到，我们某些能够对国家事务的方针起决定性影响的同志夸大了行政这一方面。当然，在一定的地点和一定的时间，行政这一方面是必需的，但是不应该把它同科学修养方面、同掌握广泛的实际情况、同吸收人才的能力等等混为一谈。

> 列宁：《关于赋予国家计划委员会以立法职能》，
> 《列宁全集》第 43 卷第 346 页。

我们的房屋肮脏不堪。法令根本不管用。应该极其明确地、一个不漏地指出应负责任的人（并非一人，而是多人，依次列出），并毫不留情地把他们关进牢房。

> 列宁：《致小人民委员会》，
> 《列宁全集》第 51 卷第 188 页。

《评普鲁士最近的书报检查令》，是马克思写的第一篇政论文章，从此他作为革命民主主义者开始了政治活动。马克思在这篇文章中评论的是普鲁士政府于 1841 年 12 月 24 日颁布的新书报检查令。

普鲁士政府在 1819 年曾经颁布过"关于实行书报检查的法令"。1830 年七月革命后又增加了一些新的书报检查措施。1840 年以后，普鲁士自由主义反对派对新闻出版自由的要求日益强烈，为了适应政治形势的变化，普鲁士政府颁布了"新的书报检查令"。这项新法令使自由主义者产生了不切实际的幻想，以为新闻出版自由的新时代即将到来。然而新的书报检查令只是表面上不限制作家的写作活动，实际上它不仅保存而且还加强了反动的普鲁士书报检查制度。马克思写这篇文章的目的，就在于从政治上分析新闻出版自由的必要性和普鲁士书报检查立法的性质，从而揭露新的书报检查令的虚伪性。

"新的书报检查法令"，是 1841 年 12 月 10 日由普鲁士国王弗里德里希 - 威廉四世下令起草、12 月 24 日颁布的，由负责书报检查的内务与警务大臣，宗教事务、教育与卫生大臣以及外交大臣三人联名签署，于 1841 年 12 月 27 日首次在政府通报上公布。1842 年 1 月上半月，普鲁士各家报纸相继登载了这一法令。

1819 年 10 月 18 日书报检查法令，即《关于应如何根据德意志联邦今年 9 月 20 日决议实行印刷品的书报检查的决定》。

马克思在《第六届莱茵省议会的辩论（第一篇论文)》里说，"它宣布我的意见有罪"，确实如此。1940 年 5 月，莱茵省零散的起义失败后，普鲁士当局借口马克思没有普鲁士国籍而下令把他驱逐出普鲁士。警察当局对马克思及该报其他编辑的迫害，使"新莱茵报"在 1849 年 5 月 19 日停刊。

3. 司法机关

英国的司法机关设置比较复杂，到 1876 年，经过法院体系改革，才初步建立起一个统一的法院体系。1971 年英国议会制定《法院法》（The Court Act）后，形成了现在的法院组织体系。

英国的基本情况是：

英国的上院（House of Lords），乃至议会有司法职能，下院也有司法职能。上院有民事和刑事的上诉管辖权。英国没有一般的上诉权，上诉时需要上诉审法院或上院本身的许可。在刑事诉讼中，只限于由上诉审法院证明了的包括一般的重要法律问题的案件。由于上院形式上是议会，因此法官发表意见的方式是演说，用投票决定诉讼的胜负。上院的组成人员有大法官、法律贵族、高级司法官员。

枢密院司法委员会（Judicial Committee of the Privy Council），1833 年设立。是海外领土的民、刑事上诉法院。同时，受理教会法院和海事法院的上诉。司法委员会进行公开审理、公布审判记录。其中，验证、离婚、海事（不包括捕获）的上诉，移交于上院管辖。司法委员会实行委员会制，上诉采取向国王请愿的形式，判决采取向国王报告建议的形式。国王只是按照建议，履行程序手续。

司法委员会的组成人员有：枢密院议长、大法官、常任上诉贵族、自治领土的高级司法官吏、由国王任命其他枢密顾问。

此外，英国的法院系统，是郡法院、治安法院、刑事法院、高等法院、上诉法院。

郡法院，是民事下级法院（Inferior Courts）。主要审理民事案件的法院。主要由巡回法官审理，一般不召集陪审团。审理 750 磅金额以下的普通法的诉讼，5 千英磅以下的衡平法的诉讼以及法律上规定的其它案件。对郡法院的判决不服，可上诉至上诉法院民事上诉庭。

治安法院，即刑事下级法院，是基层法院。主要受理刑事案件，也采取简易程序处理民事案件。治安法院审理案件不实行陪审制，审理公开，但未成年人案件和涉及国家机密的案件除外。判决以治安法官的多数票通过。

刑事上级法院，是全国性的法院，对全国各地的刑事案件有统一管辖权。

刑事上级法院是上院和最高司法法院。最高司法法院中有上诉法院（刑事庭）、高等法院的女王座庭和刑事法院。其中，上诉法院（刑事庭）处理对刑事法院第一审有罪判决的上诉；女王座庭审理来自治安法院（直接或者通过刑事法院）的上诉案件；这刑事法院管辖正式起诉的犯罪案件，处理治安法院的上诉案件。

高等法院，由原来的王座法院、衡平法院等多种法院合并而成。高等法院的职能，主要是行使上诉审和审判监督，受理范围限于法律问题和程序问题，不涉及事实问题，即所谓"法律审"（非"事实审"）。不服高等法院的判决，可以上诉到上诉法院。上诉法院下设民事庭和刑事庭，分别审理民事、刑事上诉案件。

像通常所做的那样：如果罪犯是资产阶级就释放，而贫穷的无产者如果偷了 5 英镑以上的钱而被拿获，那就非判处苦役不可。

马克思：《政治动态。——欧洲缺粮》，

《马克思恩格斯全集》第 9 卷第 344 页。

"爱尔兰大法官法庭审理了一起遗产案，在这个案件中，英国贵族克兰里卡德侯爵——墨尔本内阁时期的驻彼得堡大使和罗素执政时期的邮政主管部门的首长扮演了完全和巴尔扎克描写谋杀、通奸、欺骗和非法占有遗产的小说中所塑造的人物一模一样的主角。"……

执政集团内部的犯罪行为，它的狂妄无能和软弱，英国精锐部队的复没，旧政党的瓦解，下院中没有紧密团结的多数，在早已过时的传统基础上建立的联合内阁，在极端严重的工商业危机存在的情况下进行欧洲战争的开支——所有这一切都是充分说明大不列颠面临着政治变革和社会变革的征兆。

马克思：《托利党人同激进派的联合》，

《马克思恩格斯全集》第 11 卷第 85～86 页。

法官已失去其表面的独立性，这种独立性只是他们用来掩盖自己向历届政府卑鄙谄媚的假面具，而他们对于这些政府是依次宣誓尽忠，然后又依次背叛的。也如社会其他一切公务人员一样，他们今后应该由选举产生，对选民负责，并且可以撤换。

马克思：《法兰西内战》，

《马克思恩格斯全集》第 17 卷第 359 页。

应当承认，不承认私人在他的私事方面有起诉权的法律，也就破坏了市民社会的最起码的根本法。起诉权由独立的私人的理所当然的权利变成了国家通过它的司法官员所赋予的特权。在每次法律争论中，国家就站在私人和把它当作自己私产的法庭的门之间，并随心所欲地把门打开或关上。法官首先作为官吏来作出决定，以便然后作为法官来判决。

马克思：《福格特先生》，

《马克思恩格斯全集》第 14 卷上册第 686～687 页。

几乎煤矿区里所有的治安法官本身不是矿主，就是矿主的亲戚朋友。他们在这些贫穷的落后地区，在这些报纸很少，——而报纸也是为统治阶级服务的，——政治宣传工作很不开展的地区，享有几乎无限的权力。甚至很难想象，这些为自己的利益执掌着司法大权的治安法官会怎样剥削和折磨不幸的煤矿工人。

恩格斯：《英国工人阶级状况》，

《马克思恩格斯全集》第 2 卷第 541 页。

但是这里有无数的被告不能出席陪审法庭受审而受国王的审判官的判决和被关在监狱里；在莱茵省这里可能用旧普鲁士的棍子来实行可耻的体罚（在莱茵省我们早在 40 年前就已免除了棍子）；这里有丑恶的对违反道德的罪行的诉讼，这种罪行在 Code〔法典〕上并没有规定，而是由普鲁士法的骑士的那种病态的和脱离现实的幻想所重新引起的；这里存在着不可避免的司法概念的混乱；最后，这里有无数的由于这个鄙劣的文件中的那些专横而恶毒的规定所引起的政治诉讼案，总而言之，整个莱茵省都普鲁士化了。

马克思：《汉泽曼内阁和旧普鲁士刑法草案》，

《马克思恩格斯全集》第 5 卷第 351 页。

诸位陪审员先生，你们的职责恰恰就是要在过时的律令和社会的迫切要求的斗争中讲出自己有分量的话。那时你们的任务就是要超过法律，直到它认识到必须满足社会的要求为止。这是陪审法庭的最高尚的特权。

马克思：《"新莱茵报"审判案》，

《马克思恩格斯全集》第 6 卷第 274 页。

大约在九年前，（此文写于 1842 年底或 1843 年 1 月）一个后来被判处六年强迫劳动的法警 M 采用行贿手段，使莱文的葡萄种植者黑勒斯屡次遭到不利的判决；黑勒斯因落入一个犹太人之手而家业衰败，由于他无力偿付债款，那位法警便下令强行拍卖他的地产。在指定的拍卖日期即将到来之际，黑勒斯向政府递交了一份申请书，请求政府授权乡村贫民院管理处，让人把在报纸上宣布拍卖所得的、所得的、用作抵押担保的款项 1000 塔勒交给他本人。因为有些人对这个不幸者表示关心，所以政府立即责成上述管理处提出审核意见。这一意见是由会计师兼监察员 E 拟定的，政府根据这一意见，对申请者作出了否定的答复。这一切都是在强行拍卖的那一天发生的；而几乎就在送出审核意见的同一时刻，E 坐上了自己的车子前往施韦希的拍卖现场。在抵达那里以后，他佯称要为维护黑勒斯一家的利益而进行拍卖，这样一来，当时就没有一个人敢于报价了，于是全部地产便以估算价格，即相当于原价值 1/3 的金额，卖给了他。次日，黑勒斯去找 E，打算就自己的事情同他进行商谈，并对他所提供的帮助表示感谢。然而，使黑勒斯感到十分震惊的是，E 竟然以轻蔑的言辞对他表示拒绝，并且声明，那份地产是他在拍卖中为自己买下的，他绝不愿放弃自己已经到手的利益。政府方面在接到对这种做法提出的控告以后，只是对原告训斥一番了事。

> 马克思：《摩泽尔记者的辩护》，
> 《马克思恩格斯全集》第 1 卷第 392～393 页。

陪审法庭的特权是：陪审员可以不依赖传统的审判实验解释法律，而按他们的健全理智和良心的启示去解释法律。

当旧的法律和新的社会政治情况之间存在着这种矛盾的时候，正是在这种情况下，陪审员应该挺身而出，对旧的法律作新的解释，使它适合于新的情况。

> 恩格斯：《"新莱茵报"审判案》，
> 《马克思恩格斯全集》第 6 卷第 280～281 页。

诉讼法法庭的判决和正式的文件真有奇异的力量！只有法庭确定的事实，只有正式用文件证明了的事实才算真正实在的事实。过去曾经有过如此粗暴地诬蔑一般人的理智的法典吗？官僚机构曾经在自己和公众之间建立过一座象中国的万里长城那样的长城吗？在这一条文的保护下，官员们和代表们也和立宪君主一样不可侵犯了。

> 马克思：《法庭对"新莱茵报"的审讯》，
> 《马克思恩格斯全集》第 5 卷第 231 页。

第八章 司法权

老实说，此章只不过是拿破仑皇帝的法律的再版。但是，下列几点补充是值得注意的：

"第 81 条 诉讼是代表法兰西人民进行的，因而一律免费。"

这是多么不切合实际，谁也不肯免费去砍掉脑袋！

> 马克思：《1848 年 11 月 4 日通过的法兰西共和国宪法》，
> 《马克思恩格斯全集》第 7 卷第 586～587 页。

第 91～100 条是关于最高法庭的。它具有审判总统的特殊权力，提交它审判的有部长和所有国民议会认为应当由它审判的政治犯。

组成这个"最高法庭"的成员是 5 名由上诉法院（法国的高等法院）从它的成员中选出的法官和 36 名从各省委员会的成员中挑选出来的陪审员。这是极端贵族化的机关。这个法庭直到目前为止审判过的唯一的一批人是，1848 年 5 月 15 日的案件的被告（在我们面前出现的是巴尔贝斯、布朗基等人的名字）和参预 1849 年 6 月 13 日事变的议员们。

1848 年 8 月 7 日的法律规定，凡是没有阅读和写作能力的人一律从陪审员的名单中去掉，也就是说，占 2/3 的成年居民从这个名单中去掉！

马克思：《1848 年 11 月 4 日通过的法兰西共和国宪法》，

《马克思恩格斯全集》第 7 卷第 587 页。

所有这一切，以及警察当局以最无耻的形式取代检察机关的全部职能，把泽特推到无足轻重的地位，把未经证实的纸条、不折不扣的谎言、密告和传说当作真正经过法律手续证实的事实，当作证据。所有这一切简直令人毛发悚然。必须从这里提供揭穿这种伪造的全部证据。

《燕·马克思致阿·克路斯》，

《马克思恩格斯全集》第 28 卷下册 649 页。

警察偷窃，伪造，揭开写字台，发假誓，作伪证，除此之外，还妄图享有对待那些与世隔绝的共产党人的特权！所有这一切、以及警察当局以最无耻的手法取代检察机关的全部职能，把泽特推到无足轻重的地位，把没有任何人作证的文件、未经证实的传闻、告密、小道新闻当成真正的法律证据，当成罪证。

《马克思致恩格斯》，

《马克思恩格斯全集》第 28 卷上册第 166 页。

英国的法官堕落到如何地步，这可从布莱克本昨天的问话得到证明，他问一个证人贝克（此人最初为威廉·马丁宣誓作证，后来又说，这是约翰·马丁）：你已经为威廉宣誓了，你的意思是说为约翰宣誓吗？我认为，对每一批新被告人来说，起诉将会越来越糟糕；为了得到二百英镑的报酬而作伪誓，真是闻所未闻。

《恩格斯致马克思》，

《马克思恩格斯全集》第 31 卷上册第 383 页。

审判资本主义的浪漫主义法官不同于其他法官的地方，"仅仅"在于"观点"不同，"仅仅"在于一些人是从后面进行审判，另一些人是从前面进行审判；一些人是从资本主义正在破坏的那个制度的观点进行审判，另一些人是从资本主义正在创立的那个制度的观点进行审判。

列宁：《评经济浪漫主义》，

《列宁全集》第 2 卷第 134 页。

法院中的官僚主义容易铲除。在其他方面，这就困难得多了。我们把旧官僚赶走了，但是他们又来了，他们自称是"控产党人"，因为不敢说是共产党人，他们戴上红领章，想捞到一个肥缺。怎么办呢？要反复地同这种坏家伙作斗争，如果这种坏家伙钻了进来，就要清除他们，赶走他们，通过工人党员和经过长期了解的农民来进行监督。

列宁：《在彼得格勒苏维埃会议上关于人民委员会对外对内政策的报告》，
《列宁全集》第36卷第14~15页。

在苏维埃的"法律辩护员"当中会重新遇到（我们在俄国废除了资产阶级的律师制，这是做得很对的，可是它在"苏维埃的""法律辩护员"的名义下，又在我国复活起来）。

列宁：《共产主义运动中的"左派"幼稚病》，
《列宁全集》第39卷第93页。

《恩格斯致马克思》里说，"为了得到二百英镑的报酬而作伪誓，真是闻所未闻"，其具体情况是：

9月18日，为了解救在芬尼亚社社员组织的1867年3月起义失败以后被捕的两名芬尼亚社领导人凯利和迪集，在曼彻斯特进行了对囚车的武装袭击。凯利和迪集逃跑成功，但是有5人当场被捕，他们被控在冲突中杀害了一名警察。从11月1日到23日，在曼彻斯特对被捕的芬尼亚社社员进行了审判。在审判时，为了证明芬尼亚社社员有罪，竟采用了假证明和一些无耻的手腕。尽管辩护人之一厄·琼斯（马克思和恩格斯的朋友和战友）花了许多力量，法庭还是判处被告死刑。其中一人（马瓜伊尔）后来被赦免，另外一人（康当）由死刑改判为终身监禁，其余3人（拉尔金、阿林和奥勃莱恩）于1867年11月23日在曼彻斯特被杀害。在审讯芬尼亚社社员和对他们判决时，英国工人阶级在国内展开了由国际总委员会根据马克思倡议所组织的支援爱尔兰民族解放运动的大规模运动。

列宁在《在彼得格勒苏维埃会议上关于人民委员会对外对内政策的报告》里说，"他们自称是'控产党人'，因为不敢说是共产党人"。这里的"控产党人"和"共产党人"在原文只是发音稍有不同，意思上没有什么区别。列宁这里是嘲讽旧官僚不能理直气壮称自己为共产党人。

列宁在《共产主义运动中的"左派"幼稚病》里说，"它在'苏维埃的''法律辩护员'的名义下又在我国复活起来"。说的是1918年2月设立的隶属于工人、士兵、农民和哥萨克代表苏维埃的法律辩护员公会。资产阶级旧律师在许多法律辩护员公会中影响很大，他们歪曲苏维埃诉讼程序的原则，营私舞弊。因此，早在1920年春就提出了取消法律辩护员公会的问题。1920年10月，法律辩护员公会被撤销。

二、法律制度

"法律"术语的使用有两种情况。一是在社会规范的意义上，在同其他社会规范相互区别的场合。如法律与道德中的"法律"，指的是社会规范的一种形式。二是在法的形式的意义上，在同其他法的形式相互区别的场合。如法律与法规、法律与法令中的"法律"，指的是法的一种形式。

在法的形式中，经典作家准确区分了法律、法规、法令、条例等形式。对于作为法的形式的法律，经典作家论述了国家主权事项、国家基本制度、公民政治权利和人身自由、犯罪和刑罚等涉及国家重大的基本的方面的规范。

在我国，法律一级法的形式，是宪法之下的二级法，位阶高于其他法的形式。在法的效力上，其他法的形式如行政法规、地方性法规等规定，都必须服从于法律的规定，不得与之相冲突、抵触。如有违反，不发生法律效力。

我国的立法机关是全国人大。全国人大及其常务委员会制定的都是法律形式，而且是基本法律。一般地说，全国人大制定的法律，具有综合性特征，人大常委会制定的法律，是就某一方面作出规定。根据现有惯例，在全国人大闭会期间，人大常委会可以对全国人大制定的法律，进行修改。这里需要解决的问题是，修改的依据和全国人大的追认问题。如果把"不得同该法律的基本原则相抵触"作为依据，那么落实到具体修改，其所涉及的基本原则是什么，又是模糊的问题。对于任何修改，都应当经过全国人大的追认。宪法规定，全国人大是最高权力机关，人大常委会对全国人大负责并报告工作。根据这一组织原则，修改必须经过确认程序，是为合法。

（一）国家主权事项

1. 对内统治权

国家主权，简称主权（英）Sovereignty（德）Souveranitat（法）lsouveraincte。是国家的最高意志，是最终决定国家事务的最高权力。国家主权的权力主体是国家。总体或作为单一的、原始的、不可抵抗的，不可分割的权力，不服从其他任何国家的权力，是国家主权的根本特征。这一特征表明，国家主权既是对内的最高统治权，又是对外的独立权。

对内统治权，就是内政权。对于宪法规定的国内事务，如政体和国体；国家元首、政府、议会、行政组织、司法制度；基本制度等，拥有最高权力。

以下是关于"国家主权事项"方面的部分摘引。

1905 年和 1917 年的俄国革命开始建立的正是这种国家类型。由全俄人民代表立宪会议或由苏维埃会议统一起来的工兵农等等代表苏维埃共和国，现在在我国已经出现了。它的出现是由于千百万人民的主动，是由于人民按照自己的方式自动地创立民主制度，既不等待立宪民主党人的教授先生们拟定资产阶级议会制共和国的法律草案，也不等待小资产阶级"社会民主党"中的老学究和老顽固（如普列汉诺夫先生或考茨基）放弃他们对马克思主义国家学说的歪曲。

列宁：《无产阶级在我国革命中的任务》，

《列宁全集》第 29 卷第 161～162 页。

如果我们要懂得民族自决的意义，不是去玩弄法律上的定义，"杜撰"抽象的定义，而是去研究民族运动的历史－经济条件，那就必然得出如下结论：所谓民族自决，就是民族脱离异族集合体的国家分离，就是成立独立的民族国家。

至于为什么只能把自决权理解为作为单独的国家生存的权利，而作别的理解是不正确的，这还有其他一些理由。

列宁：《论民族自决权》，

《列宁全集》第 25 卷第 225 页。

关于期票及民事债务的法令草案我不能看了。我认为绝对必须用这个法律充分保障我们国家不仅有彻底检查和监督的权利，而且有根据真正国家的理由予以废止的权利。

列宁：《致德·伊·库尔斯基》，

《列宁全集》第 52 卷第 281 页。

在以人剥削人、巧取豪夺、勾心斗角为基础的资本主义社会里，实现民族和平的条件只能是：建立彻底的民主共和国国家制度，保证一切民族和语言完全平等，取消强制性国语；保证为居民设立用本地语言授课的学校，宪法中还要加一条基本法律条款，宣布任何一个民族不得享有特权，不得侵犯少数民族的权利。与此同时，尤其必须实行广泛的区域自治和完全民主的地方自治，并且根据当地居民自己对经济条件和生活条件、居民民族成分等等的估计，确定地方自治地区和区域自治地区的区划。

列宁：《关于民族问题的决议》，

《列宁全集》第 24 卷第 60～61 页。

瑞士通行三种国语，然而法律草案在付诸全民投票时，是用五种文字刊印的，也就是除了用三种国语外，还用了两种"罗马语族的"方言。根据 1900 年的调查，在瑞士的3315443 个居民中有 38651 人操这两种方言，即占 1％ 强。军队中军官和士官"享有用母语同士兵讲话的最大自由"。

列宁：《关于民族问题的批评意见》，

《列宁全集》第 24 卷第 144 页。

列宁在《论民族自决权》指出，我们要懂得民族自决的意义，不是去玩弄法律上的定义，"杜撰"抽象的定义，而是去研究民族运动的历史－经济条件，这是完全正确的。当时，俄国取消派分子谢姆柯夫斯基、崩得分子李普曼和乌克兰民族社会党人尤尔凯维奇，对俄国马克思主义者纲领中关于民族自决权的第9条，进行了攻击。这些攻击，源自罗莎·卢森堡在1908～1909年间用波兰文写的一篇长文《民族问题和自治》。

列宁与其争论的核心问题，是应当怎样理解自决？是从权利的各种"一般概念"得出的法律定义中去寻找答案呢，还是从对民族运动所作的历史－经济的研究中去寻找答案？马克思主义者的纲领中所谈的"民族自决"，除政治自决，即国家独立、建立民族国家以外，不可能有什么别的意义。列宁主张，建立独立自主的民族国家，不维护任何民族特权，要把这个国家的各民族工人联合起来，在保证民族发展的道路上，实现我们的阶级目标。要同一切民族主义进行斗争，捍卫各民族的平等。

2. 对外独立权

对外独立权，是国家独立自主地处理国内外事务而不受他国的控制和干涉的权力。对外独立权，集中表现为政治、经济、文化等方面的独立自主。在国际法上，"完全属于国家管辖的问题"，如关税、移民、国籍等，亦是独立权的重要表现。1945年《联合国宪章》规定的"本组织基于各会员国主权平等之原则"，是反对干涉他国内政和外交的重要原则。

切尔克西亚对土耳其政府始终是独立的，所以还在阿纳帕驻有土耳其帕沙的时候，俄国就曾经同切尔克西亚的首领数次签订沿海贸易的协定，因为当时正式规定土耳其的贸易只限于阿纳帕港口。既然切尔克西亚是个独立国家，那末俄国人认为自己有权要它实施的地方管理法、卫生条例和关税法令等等，它是否应当遵守，就像坦比哥是否应当遵守俄国的法律一样了。

马克思：《帕麦斯顿勋爵》，

《马克思恩格斯全集》第9卷第453页。

由于降低英国商品税——不管真降低或假降低——要延搁到将来，所以英国政府实质上起一个保险公司的作用，保证在这个时期内维持住路易－拿破仑的权力。这个商约的真正秘密正是在于，"这完全不是商约"，而纯粹是一个骗局，是要迷惑约翰牛的商业头脑和掩盖不可告人的政治计划。这个秘密在关于答词的辩论时被迪斯累里先生巧妙地揭发出来了，他的揭发的要点如下：

"……结果，皇帝同意了这个建议，并在一些公开文件上表明了他实行这个制度的决定。这项法律生效的日期预定在1861年7月。因此，法国根据所签订的条约答应在1861年7月实行的一切，是已经在法国用立法手续规定下来的。"

马克思：《法英之间的新条约》，

《马克思恩格斯全集》第15卷第18～19页。

凡是奥斯曼帝国境内我们看到有正教的莱雅聚居的地方，根据法律，大主教和主教都是市政委员会的委员，并在总主教的领导下管理向正教徒分派赋税的事宜。总主教对自己的教徒的行为向土耳其政府负责。总主教由于有权审判本教的莱雅，他可以把这个权利转托给大主教和主教在他们管辖的教区内行使，而他们的判决，必须由土耳其官吏和法官等等执行。他们有权判处罚款、徒刑、笞刑和流放。此外，他们的教会还赋予他们开除教籍的权利。除了罚款以外，他们还对民事和商业案件课收各种税款。

马克思：《宣战。——关于东方问题产生的历史》，
《马克思恩格斯全集》第 10 卷第 181 页。

这种贸易，无论就那些构成它随之旋转的所谓轴心的悲惨冲突，或者就它对东西方之间一切关系所发生的影响而言，是人类历史上一个独特的现象。

在 1767 年以前，由印度输出的鸦片数量不超过 200 箱，每箱约重 133 磅。中国法律许可输入鸦片供医疗使用，每箱鸦片纳税 3 美元左右；当时从土耳其贩运鸦片的葡萄牙人几乎是唯一向中国输入鸦片的出口商。

马克思：《鸦片贸易史》，
《马克思恩格斯全集》第 12 卷第 586 页。

这个英美条约是美国内战的结果，它是对买卖黑人的致命打击。参议员萨姆纳最近提出的法案将更增强这个条约的效力，该法案要求取消 1808 年法律中有关在美国沿海地区买卖黑人的条款，在美国各港口之间运送奴隶也将以犯罪论处。这个法案通过以后，各个繁殖黑人的州（border slave states）〔边界蓄奴州〕同消费黑人的州（真正的 slave states）〔蓄奴州〕之间的买卖大部分就将陷于瘫痪了。

马克思：《制止奴隶买卖的条约》，
《马克思恩格斯全集》第 15 卷第 532 页。

查理五世和菲力浦二世建立的"皇家印度事务委员会"负责采取措施在西印度群岛和美洲大陆各地区实施各项法律，并负责监督执行有关保护土人的法律和惩处违反这些法律的人（第 58、59 页）。这些法律本是为了对付殖民者而颁布的，而殖民者却成了对付自身的这些法律的执行人。

马克思：《马·柯瓦列夫斯基〈公社土地占有制〉一书摘要》，
《马克思恩格斯全集》第 45 卷第 221 页。

1873 年 6 月 30 日会议在讨论新法案的时候，议员安贝尔说："提交你们讨论的法案，只不过是一座大厦的最后工程，这座大厦的基础已由一系列命令、法令、法律和参议院决议所奠定，它们就整体和每个细节来说都是要达到同一个目的——在阿拉伯人中确立土地私有制"（同上页）。

马克思：《马·柯瓦列夫斯基〈公社土地占有制〉一书摘要》，
《马克思恩格斯全集》第 45 卷第 316 页。

人们都认为，英国人向全体印度人颁布法律并在可能范围内治理印度人，都应该按照印度人自己的法律进行。同时，英国政府也颁布了几项法律，让印度农民也可以向民事法庭控告柴明达尔，并保护农民抵制增收地租。但是在当时国内的情况下，这些法律都没有用，始终是死的条文；因为农民如此绝对依附于地主，以致很少敢为自己说话。

马克思：《马·柯瓦列夫斯基〈公社土地占有制〉一书摘要》，
《马克思恩格斯全集》第 45 卷第 287 页。

对瑞典滚珠轴承公司我非常怀疑。法律方面的问题是否充分讲清楚了，也就是说，我们的利益是否得到了维护。

这种利益要求我们丝毫不得削弱我们是一切国有化企业和仓库的产权人这条原则。只有正式向我们购买，这些企业和仓库才能转归过去的产权人。我们有时也可作出让步，低价转让这些企业和仓库，但是，我们在任何时候都不能放弃自己的产权。

列宁：《致莉·亚·福季耶娃》，
《列宁全集》第 51 卷第 198 页。

马克思在《鸦片贸易史》里说，鸦片贸易"是人类历史上一个独特的现象"，是指第二次鸦片战争后，清政府签订丧权辱国的卖国条约。1858 年 6 月，英、法、俄、美在天津与中国签订的不平等条约，这些条约结束了 1856～1858 年同中国进行的第二次鸦片战争。条约为外国在长江、满洲、古湾和海南岛上开放了新的通商口岸，还开放了天津港口；准许在北京派设常驻的外国外交代表，外国人有权在中国自由行动和在内河航行；保障传教士的安全。显然，鸦片贸易事关中国的国家主权。

马克思在文章的最后悲愤地写到：半野蛮人维护道德原则，而文明人却以发财的原则来对抗。一个人口几乎占人类三分之一的幅员广大的帝国，不顾时势，仍然安于现状，由于被强力排斥于世界联系的体系之外而孤立无依，因此竭力以天朝尽善尽美的幻想来欺骗自己，这样一个帝国终于要在这样一场殊死的决斗中死去，在这场决斗中，陈腐世界的代表是激于道义原则，而最现代的社会的代表却是为了获得贱买贵卖的特权——这的确是一种悲剧，甚至诗人的幻想也永远不敢创造出这种离奇的悲剧题材。

（二）国家基本制度

1. 经济制度

社会制度，是社会的经济、政治、法律、文化等制度。法律一级所规范的社会制度，是基本制度。就是说，不属于"基本制度"的制度，一般由法规、法令和条例等法的形式调整。

社会制度的基础是社会经济制度，即社会发展一定历史阶段的社会生产关系的总和，它构成该社会的经济基础。一定社会的制度都是由该社会的经济基础决定的，并为经济基础服务的。不同类型的社会有不同的经济基础，也就有不同的上层建筑，从而构成不同的社会制度。

社会生产力是不断发展的，发展到一定阶段便同原有的生产关系发生冲突，这时就要求变革旧的社会制度，首先是变革旧的生产关系，以适应生产力发展的需要。经典作家对旧制度的批判，就是号召代表新的生产关系的阶级，团结那些在旧制度下被压迫的劳动人民，战胜腐朽的社会阶级力量，摧毁旧的社会制度，创立新的社会制度。只有进入社会主义社会后，人们才能自觉创造新的社会制度。

经济制度，是人类社会发展到一定阶段的生产关系的总和。如资本主义生产关系的总和构成资本主义的经济制度；社会主义生产关系的总和构成社会主义的经济制度。而一定社会的经济制度则构成该社会的经济基础，并规定其政治制度和人们的社会认识。经典作家认为，经济制度是政治上层建筑借以树立起来的基础，所以他们特别注意研究经济制度。

经济制度除了基本制度以外，也有一定社会各经济部门或一个方面的具体制度，但法律一级的立法，一般不规范具体制度。

（1）所有制制度

"拿破仑的"所有制形式，在十九世纪初期原是保证法国农村居民解放和富裕的条件，在这个世纪却已变成使他们受奴役和贫穷化的法律了。而这个法律正是第二个波拿巴必须维护的《idées napoléoniennes》〔"拿破仑观念"〕中的第一个观念。如果他和农民一样，还有一个错觉，以为农民破产的原因不应在这种小块土地的所有制中去探求，而应在这种土地所有制以外，在一些次要情况的影响中去探求，那末，他的实验一碰上生产关系，就会像肥皂泡一样地破灭。

马克思：《路易·波拿巴的雾月十八日》，
《马克思恩格斯全集》第 8 卷第 220 页。

1863 年参议院决议第六条最先承认了自由出让权，不论是私人的地产即所谓莫尔克，还是整个氏族分支对于分给它们的地区，都有这种权利；这样一来，公社土地就可以出卖和抵押了，高利贷者和土地投机者也就马上利用了这一点。1873 年"乡绅会议"的法律更加扩大了他们的"创业活动"的范围，这项法律最终确立了土地私有制；现在每个阿拉伯人都可以把分给他的地段作为私有财产自由支配了；结果将是土著居民的土地被欧洲殖民者和投机者剥夺。而这正是 1873 年"法律"的自觉的目的（第 226、227 页）。

马克思：《马·柯瓦列夫斯基〈公社土地占有制〉一书摘要》，
《马克思恩格斯全集》第 45 卷第 325 页。

甚至现在，在摩尔达维亚和瓦拉几亚，实物租还同徭役劳动并存。在这里我们以 1831 年生效的"组织规程"为例。下面一点同我们研究的目的没有关系，因而只是附带说一下：土地、牲畜等等事实上属于瓦拉几亚农民，由于侵占才产生对地主的徭役，俄国"规程"则把这种侵占在法律上固定下来。

马克思:《经济学手稿》,

《马克思恩格斯全集》第 47 卷第 234 页。

在爱德华六世时期,为了穷人的利益曾提出一项关于恢复被毁的租地农民房屋、鼓励耕种土地和禁止大规模圈地的法律草案。1638 年,查理一世任命了一个专门委员会,监督伊丽莎白执政第 30 年所颁布的一项法律的强制实施,根据该项法律,在任何乡村地区,均不得修建未附有至少 4 英亩土地的小屋,以便确保穷人的生活资料,防止穷人人数增长;为了使人们居住得更加分散,以保证全部土地都得到耕种,小屋中居住的人数又受到限制。(〔普莱斯,前引著作〕第 157、158 页)根据克伦威尔时代的法律,伦敦周围 10 英里的地区内禁止修建未附有 4 英亩耕地的房屋。(同上)

马克思:《经济学手稿》,

《马克思恩格斯全集》第 48 卷第 110 页。

我们应当要求全部土地国有化,就是说,把全国一切土地收归国家中央政权所有。这个政权应该规定移民用地的数量等等,定出保护森林、改良土壤等等的法律,严禁土地所有者(国家)和租地者(农户)之间有任何中介行为(严禁土地转租)。但是支配土地的权力以及规定地方上占用土地的条件,都应完全由各区域和各地方的农民代表苏维埃掌握,而绝不应操在官僚、官吏的手里。

列宁:《无产阶级在我国革命中的任务》,

《列宁全集》第 29 卷第 164~165 页。

在房屋及其他对所有者说来是固定资本并作为固定资本出租的物品的租约中,法律都承认正常损耗和临时性修理的区别。前者是由时间、自然影响和正常使用本身引起的,通常由所有者负担;后者是在房屋正常寿命和正常使用期间为了保持房屋完好而不时需要的,通常由承租人负担。

马克思:《资本论第二卷》,

《马克思恩格斯全集》第 24 卷第 197~198 页。

(2) 财税制度

最近时期,贬值的纸币流通量不断增大,其次,政府不久以前采取了一项紧急措施,以法律规定它发行的纸币贬值 15%,从这些事实中可以推断奥地利国库的情况。这种使本国货币贬值的措施,也许是在征税方面的登峰造极的发明,因为这种作法就是税上加税。

马克思:《东方战争》,

《马克思恩格斯全集》第 10 卷第 21 页。

格莱斯顿谈到了上次会议通过的增加税收的法律的结果。所得税的征收在爱尔兰受到了种种情况的阻挠，但是仍比原来估计大约多收 2 万英镑。由于扩大收入税的征收范围（由 150 英镑改为 100 英镑），看来在大不列颠要比预定的概算多收 10 万英镑，即收入 25 万英镑。在苏格兰每一加仑酒精征收 1 先令的附加税，这项收入仅仅增加了 209000 英镑的收入，而根据概算，这项收入要增加 278000 英镑。

马克思：《工人议会开幕。——英国的军事预算》，

《马克思恩格斯全集》第 10 卷第 129 页。

虽然法国的法律除了以救济为目的的彩票外是禁止发行任何其他彩票的。彩票发行了七百万张，每张一法郎，而所得纯利据说是用来遣送巴黎的游民到加利福尼亚去。一方面是为了用黄金梦来排除巴黎无产阶级的社会主义梦想，用可望中头彩的诱人幻景来驱除空论式的劳动权。

马克思：《路易·波拿巴的雾月十八日》，

《马克思恩格斯全集》第 8 卷第 182 页。

至于谈到银行券后备以及它在伦敦金融市场上所起的重要作用，必须简短地提一提罗伯特·皮尔爵士于 1844 年实行的英格兰银行法，这项法律不仅对英国，而且对美国以及整个世界市场都有影响。得到银行家劳埃德（即如今的奥维尔斯顿勋爵）以及其他许多重要人物撑腰的罗伯特·皮尔爵士，打算通过他的银行法来实现一个纸币流通的自动起作用的原则。

马克思：《一八四四年的英格兰银行法和英国的金融危机》，

《马克思恩格斯全集》第 12 卷第 339 页。

如果纸币的名称是从金或银得来的，那末，银行券可以兑现、即可以兑换为金或银，总是一条经济规律，不论法律如何规定。例如，普鲁士的纸塔勒，法律上虽然规定不兑现，但是，当它在日常流通中低于银塔勒，因而实际上不能兑现时，就立刻贬值。因此，英国那些坚决维护不兑现纸币的人，就把观念的货币尺度作为藏身之所。

马克思：《政治经济学批判》，

《马克思恩格斯全集》第 13 卷第 73 页。

按照英国的法律，1 个索维林失去的重量超过 0747 克冷，它就不再是合法的索维林。英格兰银行从 1844 年到 1848 年间称过 4800 万个金索维林，用的是柯顿氏金秤这种机器，它不仅辨别得出两个索维林之间 1/100 克冷的差别，而且像一个有理智的生物那样，把分量不足的索维林立刻推上一块滑板，使它滑进另一架机器。

马克思：《政治经济学批判》，

《马克思恩格斯全集》第 13 卷第 101 页。

在意大利，发行纸币的有六家银行：两家托斯卡纳的，一家那不勒斯的，一家西西里的和两家罗马的，即罗马银行和国民银行。这六家享有特权的银行的银行券根据一项法律作为足值的支付手段进行流通，而这项法律的有效期在几年以前就满了，但是后来一年又一年地延长，一直延到 1892 年 12 月 31 日，最后，又延长了三个月——到 1893 年 3 月 31 日。

> 恩格斯：《关于意大利的巴拿马》，
>
> 《马克思恩格斯全集》第 22 卷第 418 页。

这些历史过程使金属重量的货币名称同它的通常重量名称的分离成为民族的习惯。货币标准一方面纯粹是约定俗成的，另一方面必须是普遍通用的。因此，最后就由法律来规定了。一定重量的贵金属，如一盎斯金，由官方分成若干等分，取得法定的教名，如镑、塔勒等等。这种等分成为真正的货币计量单位后，又分为新的等分，并具有法定的教名，如先令、便士等等。一定的金属重量仍旧是金属货币的标准。改变的只是分法和名称。

> 马克思：《资本论第一卷》，
>
> 《马克思恩格斯全集》第 23 卷第 118 页。

（3）贸易制度

为了提高粮价，议会在 1815 年通过了谷物法，在小麦价格每夸特低于 80 先令时，禁止粮食输入。后来，这个自然是无济于事的法律经过了多次的改变，但是这并没有减轻农业区的贫困。唯一的结果就是，这个在外国的自由竞争存在时已经危在旦夕的急病现在变成了慢性病，它均衡地但更严重地危害着农业工人。

> 恩格斯：《英国工人阶级状况》，
>
> 《马克思恩格斯全集》第 2 卷第 549～550 页。

1773 年的法律（英格兰的法律；关于这个问题参看麦克库洛赫的书目）在 1777 年（好象）应该在苏格兰施行（见英国博物馆）。

安德森说："1773 年的法律是由一种公开宣布的意图引起的，这种意图就是要为我国的工业家降低谷物价格，以便通过进口奖励，保证本国人民得到更便宜的食物。"（《关于导致不列颠目前粮荒的情况的冷静考察》1801 年伦敦版第 50 页）

由此可见，安德森的著作是一部维护包括地主在内的农业主利益（保护关税政策）、反对工业家利益的论战性著作。

> 马克思：《资本论第四卷》，
>
> 《马克思恩格斯全集》第 26 卷第 2 册第 129 页。

我们认为，隐瞒这种特殊业务所得的利润量，攫取高于实际参加生产的人所必需的生活费的利润，就是盗窃国库的行为。为了在共同事业即在这一斗争中表示最大的让步，为了表示最大限度的温和，我们谨向苏维埃代表大会提出如下的决议草案：作出一项决定，取消与国家订货或整个国防订货有关的各项业务的商业（包括银行）秘密，这不仅是任何调节的第一步，甚至也是单纯对生产和分配实行监督的第一步〈加一个不写进决议本文的附注：甚至彼舍霍诺夫部长也答应竭力做到"平均分配我们所有的一切"〉，是同经济破坏和国家面临的灾难认真进行各种斗争的第一步。

根据综合委托书，农民的土地要求首先在于无偿地废除一切形式的土地私有制，直到农民的土地私有制；把经营水平高的农场交给国家或村社；被没收的土地上的全部耕畜和农具也一起没收（土地少的农民除外），交给国家或村社；禁止使用雇佣劳动；劳动者平分土地，并定期重分，等等。在立宪会议召开以前，农民要求立即颁布禁止土地买卖的法律，废止关于退出村社、关于独立田庄土地等等的法律，颁布关于保护森林、渔业和其他副业，以及关于取消长期租约和修改短期租约等等的法律，作为过渡时期的措施。

列宁：《政论家札记》，

《列宁全集》第32卷第105～106页。

按革命民主方式行事，就应该立刻颁布另一种法律：取消商业秘密，要求大企业和富人有最完备的报表，让任何一个公民团体（在民主的意义上说已达到相当人数的团体，譬如1000或10000选民）有权审查任何一个大企业的一切文据。这样的办法只要有一项法令就完全可以很容易地实现；只有这个办法才能通过职员联合会，通过工人联合会，通过各政党来调动人民对监督的主动性；只有这个办法才能使监督成为认真的和民主的监督。

列宁：《大难临头，出路何在？》，

《列宁全集》第32卷第200页。

在国外购买商品，获得国外的产品，在法律规定的范围内从事商品交换业务，所有上述活动都直接进行而不受任何政府机构的积极干涉。

斯莫尔亚尼诺夫同志：请抓紧办理此事。注意要让申请人得到迅速而明确的答复，不要绝对否定。

列宁：《在南俄外国移民协会申请书上作的标记》，

《列宁全集》第51卷第133页。

（4）企业制度

这些市政当局即使本身不是工商业主，像郎卡郡和约克郡两地通常的情况那样，它们至少也都同实业界有密切联系，并且奉命唯谨。它们让工厂主规避执行十小时工作日的法律，规避禁止以实物作劳动报酬的法律，让工厂主不受惩罚地违反其他一切为制止工厂主的"露骨的"贪欲而专门颁布的法律；而对结社法它们总是作最偏颇和最不利于工人的解释。

马克思：《英国的繁荣。——罢工。——土耳其问题。——印度》，

《马克思恩格斯全集》第9卷第152页。

其实经验证明，只要占有40%的股票就能操纵一个股份公司的业务，因为总有一部分分散的小股东实际上根本没有可能参加股东大会等等。虽然资产阶级的诡辩家和机会主义的"也是社会民主党人"都期望（或者要别人相信他们期望）股票占有的"民主化"会造成"资本的民主化"，会加强小生产的作用和意义等等，可是实际上它不过是加强金融寡头实力的一种手段而已。因此，在比较先进的或比较老、比较"有经验的"资本主义国家里，法律准许发行票额较小的股票。德国法律不准许发行1000马克以下的股票，所以德国金融巨头看见英国法律准许发行一英镑（等于20马克，约合10卢布）的股票，就很羡慕。1900年6月7日，德国最大的工业家和"金融大王"之一西门子，在帝国国会中声称："一英镑的股票是不列颠帝国主义的基础。"这个商人对于什么是帝国主义这一问题的理解，同那位被认为是俄国马克思主义创始人的不光彩的作家比起来，显然要深刻得多，"马克思主义"得多，那位作家竟把帝国主义看成是某个民族的劣根性。

> 列宁：《帝国主义是资本主义的最高阶级》，
> 《列宁全集》第27卷第363～364页。

"参与制"不仅使垄断者的权力大大增加，而且还使他们可以不受惩罚地、为所欲为地干一些见不得人的龌龊勾当，可以盘剥公众，因为母亲公司的领导人在形式上，在法律上对女儿公司是不担负责任的，女儿公司算是"独立的"，但是一切事情都可以通过女儿公司去"实施"。

> 列宁：《帝国主义是资本主义的最高阶级》，
> 《列宁全集》第27卷第364页。

下面是我们从1914年德国《银行》杂志5月号抄下来的一个例子：

"卡塞尔的弹簧钢股份公司在几年以前算是德国最赚钱的企业之一。后来因为管理得很糟糕，股息从15%跌到0%。原来，董事会没有通知股东就出借了600万马克给自己的一个女儿公司哈西亚，而哈西亚的名义资本只有几十万马克。这笔几乎比母亲公司的股份资本大两倍的借款，根本没有记入母亲公司的资产负债表；在法律上，这样的隐瞒是完全合法的，而且可以隐瞒整整两年，因为这样做并不违反任何一条商业法。以负责人的资格在这种虚假的资产负债表上签字的监事长，至今仍旧是卡塞尔商会的会长。这笔借款被发现是个错误〈错误这两个字，作者应当加上引号〉，知道底细的人开始把'弹簧钢'的股票脱手而使股票价格几乎下跌了100%，在这以后很久，股东们才知道有借款给哈西亚公司这回事"。

> 列宁：《帝国主义是资本主义的最高阶级》，
> 《列宁全集》第27卷第364页。

新法案希望实现"使劳动和小资本跟大资本处于同等地位（在商业法中）"的原则。用什么方法来实现呢？用这种方法：少于2万英镑的股本不再享受法律规定的优惠，而继续受到过去的限制。大资本不愿满足于它用来打败小资本家竞争的经济手段中的优势，在英国大资本也采取了各种法律上的特权和各种特别法，这些事实，从英国的有关股份公司和一般贸易公司的法律上得到了最雄辩的证明。例如几年以前，还规定银行不得拥有 6 个以上的股东。过了很长时间，股份公司才取得了起诉和代表董事会在法庭上答辩的权利。但是为了利用这项特权，它们应当进行登记，也就是进行合并，可是按照 1837 年的法律，合并是要由王权根据 Board of Trade〔贸易部〕的呈报来实现的；因此，某一公司能否合并实际上是听凭于 Board of Trade 是否大发慈悲。

马克思：《消息数则》，
《马克思恩格斯全集》第 11 卷第 383 页。

在法国，根据法律规定，匿名公司的建立及其活动只有政府才能批准和加以监督，而 Crédit Mobilier 根据自己的章程是无权建立这种公司的，当 1856 年 3 月 9 日"通报"上的评论直接反对所谓匿名公司的时候，法国的投机活动找到了 sociétés en commandite〔两合公司〕这种更加广阔的活动场所，这种公司不必经过政府批准并且几乎是完全不受监督的。因此，投机活动只不过改变了自己的途径；在匿名公司的发展上所受的阻碍完完全全由 sociétés en commandite 的丰收所补偿了。

马克思：《CR DIT MOBILIER》，
《马克思恩格斯全集》第 12 卷第 221 页。

德国的法律责成当地或全国的制革工厂主组成一个联合组织，由国家派代表参加这个联合组织的董事会，进行监督。这种法律丝毫没有直接（指法律本身）触动财产关系，没有剥夺任何一个产权人的一个戈比，也没有预先决定，这种监督是用反动官僚的方式、方针和精神来实施，还是用革命民主的方式、方针和精神来实施。这种法律可以而且应当在我国立即颁布，哪怕一个星期的宝贵时间也不要失掉，让社会环境本身去规定实施法律的更具体的方式、速度以及监督法律实施的办法等等。为了颁布这样的法律，国家并不需要设立专门的机构、进行专门的考察以及事先的调查，只要有决心同那些"不习惯"这种干预、不愿意丧失超额利润（按老规矩经营又不受监督而得来的）的资本家的某些私人利益断绝关系就行。

列宁：《大难临头，出路何在？》，
《列宁全集》第 32 卷第 203 页。

（5）劳动制度

农奴和地主的关系由大家都遵守的符合习俗的法律来调整，同时也由习俗本身来调整；自由工人和老板的关系也由法律来调整，但是这种法律没有被遵守，因为它既不符合习俗，也不符合老板的利益。

恩格斯：《英国工人阶级状况》，
《马克思恩格斯全集》第 2 卷第 471 页。

以菲茨罗伊先生为代表的内阁，制定了一个对付马车夫的残酷法律，这项法律规定了他们对公众应尽的义务，同时把他们的车费、他们的"马车"、他们的马和他们的道德都置于议会的立法控制之下。看来这是要强迫把马车夫变成不列颠高尚品德的标本。

马克思：《政府在财政问题上的失败。——马车夫。——俄国问题》，

《马克思恩格斯全集》第 9 卷第 254～255 页。

机器作为使产品便宜的手段，它所费的劳动必须少于它所代替的劳动。但是对于资本来说，它的价值必须少于它所代替的劳动力的价值。因此，在英国无利可图的机器，也许在美国有利可图（如碎石机）。而由于某些法律限制的结果，那些原来对资本无利的机器，也会突然被起用。（第 380～381 页）

恩格斯：《卡·马克思"资本论"第一卷提纲》，

《马克思恩格斯全集》第 16 卷第 317 页。

机器和蒸汽首先在使用它们的工业部门中引起过度劳动，因此，法律上的限制首先在这些部门中施行；但后来，我们看到，这种过度劳动制度蔓延到几乎一切生产部门，甚至包括根本不使用机器或仍然保持最原始的生产方式的部门（见童工调查委员会的报告）。

恩格斯：《卡·马克思"资本论"第一卷书评——为"双周评论"作》，

《马克思恩格斯全集》第 16 卷第 345 页。

根据上面（第 299 页）规定的原则，应当从工厂工人即工厂法所涉及的工人开始。这个法律规定了利用水力或蒸气力来纺织羊毛、蚕丝、棉花成亚麻的一切工厂的工作时间；因而，它的效力及于英国工业各个最主要的部门。

恩格斯：《英国工人阶级状况》，

《马克思恩格斯全集》第 2 卷第 420 页。

早在 1855 年 10 月，莱昂纳德·霍纳就抱怨说，尽管横轴的危险已经不断为事故，而且往往是为死亡事故所证明，而安全设备既不用花许多钱，又丝毫不妨碍生产，但许多工厂主仍反对关于横轴应有安全设备的法律规定。（《工厂视察员报告。1855 年 10 月》第 6 页）工厂主在反对这种法律规定和其他法律规定时，得到了那些不拿报酬的治安法官的竭力支持。

马克思：《资本论第三卷》，

《马克思恩格斯全集》第 25 卷上册第 105 页。

就在霍纳先生的视察区，自从工业状况在不久以前得到了改善以来，愈来愈经常地发生蓄意和自觉违反限制工作时间的各项规定的事件和违反关于工人年龄和从 8～13 岁的童工（法律规定，他们的工作时间应该减半）上学的各项规定的事件。

马克思：《不列颠工厂工业的状况》，

《马克思恩格斯全集》第 13 卷第 224 页。

在招收童工或未成年工到印花工厂或其他工厂做长期工之前，雇主必须得到分教区医师的证明书。根据维多利亚女王在位的第七年颁布的法律第十五章附则 A 的规定，凡申请检查身体的人"如果不具有最起码的力气和一般 8 岁儿童的外貌，而青少年如果不具有至少 13 岁的外貌，或者因疾病和体力孱弱以致这些年轻人不能在法律允许的时间内每天在工厂工作"，分教区医师应该拒绝发给证明书。

马克思：《不列颠工厂工业的状况》，

《马克思恩格斯全集》第 13 卷第 240 页。

第一个劳工法（爱德华三世二十三年即 1349 年）的颁布，其直接借口（是借口，而不是原因，因为这种法律在这个借口不再存在的情况下继续存在了几百年）是鼠疫猖獗，死了很多人，用一个托利党著作家的话来说，当时"要用合理的价格〈即能保证雇主得到合理的剩余劳动量的价格〉雇用工人，已经困难到了实在难以忍受的地步"（117）。因此，在法律上强制地规定了"合理"工资和工作日界限。

马克思：《资本论第 1 卷》，

《马克思恩格斯全集》第 23 卷第 301～302 页。

1831 年公布了 Truck Act〔实物工资法〕，根据这个法律，对大多数工人采用的以商品支付工资的办法被宣布为无效的、非法的，谁要这样做就处以罚款。但是这个法律也像大多数的英国法律一样，只是在个别地方具有实际效力。

恩格斯：《英国工人阶级状况》，

《马克思恩格斯全集》第 2 卷第 468 页。

当"童工调查委员会报告"在议会中提出时，艾释黎勋爵急忙提出了一个法律草案，绝对禁止妇女在矿井里工作并严格限制雇用儿童。这个法案通过了，但在大多数地区都成为一纸空文，因为连视察法律执行情况的矿山视察员都没有任命。何况在矿场所在地的乡间，规避这个法律本来就是很容易的。

恩格斯：《英国工人阶级状况》，

《马克思恩格斯全集》第 2 卷第 539～540 页。

前一种立法就工作日作出规定，旨在依靠不受经济规律制约的强制手段迫使工人每天完成一定量劳动；这是对付工人阶级的所谓"怠惰和偷懒"的法律。相反地，后一种立法，即禁止过度劳动的法律，是对经济规律的"自然作用"的侵犯。前一种法律同后一种法律的相反的性质，表明了资本主义生产借以实行强制劳动的方法的特征：一种法律实行强制劳动，另一种法律则强制限制工作日。

马克思：《经济学手稿》，

《马克思恩格斯全集》第 48 卷第 112 页。

甚至《莫斯科新闻》（该报总是袒护厂主，把一切过错都推在工人身上）也了解到要保留旧制度是不可能的了，并且不得不承认任意罚款是"激起极其可恶的违法乱纪行为的祸根"，承认"厂主开设的店铺简直是进行抢劫"，因此必须制定关于罚款的法律和条例。

列宁：《对工厂工人罚款法的解释》，
《列宁全集》第 2 卷第 31 页。

课处罚款的第二个理由是旷工。在法律中把什么叫作旷工呢？法律中说："旷工不同于迟到或擅自离开工作，缺勤时间在半个工作日以上才算旷工。"

列宁：《对工厂工人罚款法的解释》，
《列宁全集》第 2 卷第 36 页。

课处罚款的第三个理由是"违反制度"。法律认为下列八种情况是违反制度：（1）"迟到或擅自离开工作"（刚才我们已经讲过这一条和旷工不同的地方）；（2）"不遵守厂内防火规则，但工厂经理认为无须废除（根据第 105 条附注 1）与工人签订之雇佣合同者"，这就是说，在工人违反防火规则时，法律赋予厂主以选择自由，或是对工人罚款，或是开除（即法律所说的"废除雇佣合同"）；（3）"不注意厂内的整齐清洁"；（4）"工作时喧闹、叫喊、口角、争吵或殴打而妨碍安静"；（5）"不服从"。

列宁：《对工厂工人罚款法的解释》，
《列宁全集》第 2 卷第 39 页。

根据法律，罚款是由工厂经理"以私人权力"课处的。关于对经理的处置提出申诉的问题，法律规定："对工厂经理课处工人罚款之处置，不得提出申诉。但在工厂视察机关官员巡视工厂时，若从工人申述中发现课处工人的罚款有不符合法律要求的情形，应追究经理的责任。"显然，这种规定是非常含糊和自相矛盾的。

列宁：《对工厂工人罚款法的解释》，
《列宁全集》第 2 卷第 44 页。

我们可以举出《致工厂视察机关官员之训令》（这个训令是财政大臣批准的，其中说明了工厂视察员的权限和职责）中的如下一条："凡工厂视察员就违反法律及为发展法律而颁布法令事宜向厂主或工厂经理作说明时，均不得有工人在场。"

列宁：《对工厂工人罚款法的解释》，
《列宁全集》第 2 卷第 47 页。

这个法律是所谓《关于劳资关系特别条例》的一部分。"特别条例"只推行于"工厂工业特别发达的地区"。

列宁：《对工厂工人罚款法的解释》，
《列宁全集》第 2 卷第 59 页。

瑞士已经有了规定什么是工人夜班的法律，但是瑞士人哪能想出俄国警官的种种诡计，这些可怕的瑞士人给工人规定的"夜"和其他人的夜是一样的，都是从晚上8点起至早晨5点（或6点）止。在新法令中对"夜班"的唯一限制是：工人只要做了一部分夜班，一昼夜的工作就不得超过10小时。

列宁：《新工厂法》，

《列宁全集》第2卷第343页。

马克思在《英国的繁荣。——罢工。——土耳其问题。——印度》里提到的"禁止以实物作劳动报酬的法律"，是1831年通过的。但在实际上许多工厂主都不遵守这些法律。只适用于童工和女工的十小时工作日法律，是1847年6月8日英国议会通过的。

"结社法"，指1825年英国议会通过的结社法或工人联合法。这项法律重申废除议会在1824年禁止工人团体（工联）的决定，但严格限制工人的活动。例如，仅仅宣传工人结社和参加罢工就被看做"强制"和"暴力"，给以刑事惩罚。

列宁在《帝国主义是资本主义的高最阶级》里说，"那位被认为是俄国马克思主义创始人的不光彩的作家"，指格·瓦·普列汉诺夫。普列汉诺夫关于帝国主义问题的看法见他的《论战争》文集，该文集于大战期间在彼得格勒出版。

恩格斯在《英国工人阶级状况》里提到的，"绝对禁止妇女在矿井里工作并严格限制雇用儿童"的法案，中禁止在地下劳动中雇用妇女和十岁以下儿童的法案。1842年8月10日在议会通过。

2. 政治制度

政治制度，广义上主要是国体和政体制度，也就是国家的阶级内容和政权构成形式方面的制度。在狭义上，主要是指国家的政治体制，也就是处在统治地位的阶级用什么方式来实行统治方面的制度。这方面的制度，包括国家各级机关的组织结构和形式，主要是职责、权限的划分和运作。一般地说，政治制度，是国家体制和政党、选举、行政、监察、军事、司法等制度。

经典作家下面的论述，是涉及法律一级立法的基本政治制度的论述。

（1）选举制度

按宪法规定，共和国总统的当选至少要有二百万票才算有效。如果总统候选人中没有一个人获得这个最低限度的票数，国民议会就有权从得票最多的三个候选人中选出一个来当总统。当制宪议会制定这个法律的时候，选民册中共有一千万选民。所以，按照这个法律，只要取得占选民总数五分之一的票数，总统当选就算有效了。5月31日的法律至少从选民册中勾销了三百万个选民，这样就把选民人数减低到七百万人，但是当选总统需要获得二百万选票的法定最低限额却依然保留着。这样一来，法定的最低限额就从总选票的五分之一几乎提高到三分之一。换句话说，这个法律用尽一切办法把总统选举从人民手里暗中转到国民议会手里。

马克思:《路易·波拿巴的雾月十八日》,

《马克思恩格斯全集》第 8 卷第 171 页。

即使新的立法者也像僧侣对待三十九信条那样自由地——只相信其中几条,却在全部信条上签名——对待这个法律,在这种条件下,这个法律中也仍然有足够的条款使新的议会成为曾经代表三个王国发表演说并为它们制定法律的历届议会中最清白的一届。但是,我们只要把这个法律和在这个法律通过之后紧接着进行的大选对比一下,就会看出,这个法律使托利党获得了无可争辩的光荣:在他们执政期间,理论上宣布了最纯洁的选举,而在实践中却发生了最大规模的选举舞弊。

马克思:《选举中的舞弊》,

《马克思恩格斯全集》第 8 卷第 398~399 页。

1837 年的选举法规定只有拥有或承租房产或地产、缴纳 mayores cuotas（国家征收的船舶税）和年满 25 岁的公民才有选举权。此外,享有选举权的还有西班牙历史和自由艺术科学院的成员,神学、法学和医学科系的博士、硕士,神甫会会员,教区主教和他所辖的教士,有两年资历的法官和律师,服满一定期限的现役或预备役的军官,有两年服务期限的内外科医生和药剂师,身为某一科学院成员的建筑师、画家和雕刻家,官办学校的教授和教员。这个法律还规定剥夺不缴纳国家或地方税者、破产者、由于道德方面的缺陷或不够公民资格而被褫夺权利者和所有正受法庭审理的人的选举权。

马克思:《西班牙的革命。——博马尔松德》,

《马克思恩格斯全集》第 10 卷第 436 页。

在杜巴索夫和杜尔诺沃的操纵下按照 12 月 11 日的法律选举杜马代表,纯粹是一种议会游戏。无产阶级参加这种游戏是不体面的。

列宁:《国家杜马和社会民主党的策略》,

《列宁全集》第 12 卷第 151~152 页。

（2）监护地制度

瓜分制度,换言之,即将印第安人变为奴隶,现在则代之以监护地制度。印第安人不仅被宣布为"自由人",而且承认他们的土地财产是不可侵犯的,允许他们在自己内部事务中有颇大的自治。(1551 年 3 月 21 日、1560 年 2 月 19 日、1565 年 9 月 13 日、1568 年 11 月 10 日的法律以及 1573 年的法律,即所谓的《Ordenanza de poblaciones》;根据这项法律,散居的印第安人应该按村落定居下来。村落周围的土地交给他们无限制地使用。按照 1560 年 2 月 19 日法律,"印第安人保留自古以来属于他们的土地和财产等等"。该法律这样说:"希望印第安人自愿地迅速地回到那些过去他们曾经占有土地和播种地而后又被夺走的村落里去。兹命令：在这些地方不实行任何变动，印第安人仍象以前那样占有这样地方，耕种并使用这些地方。"第55页脚注3。)

马克思：《马·柯瓦列夫斯〈公社土地占有制〉一书摘要》，

《马克思恩格斯全集》第45卷第218～219页。

（3）监督管理制度

鉴于纪律审判会条例中有的条款规定不明确，前后不够一致，再加上整个条例与一般法律的规定不一致，人民委员会应通过一个修订纪律审判会条例的决定（组织局的一个专门委员会也得出这样的结论）。

列宁：《在彼·阿·克拉西科夫来信上写的批语》，

《列宁全集》第51卷第432页。

关于工农检查院的法令草案，要修改、仔细斟酌、更确切地表达并予以扩充，使之成为现行法律的解释和综合。

列宁：《致列·波·加米涅夫和约·维·斯大林》，

《列宁全集》第52卷第296页。

扎克斯和哥尔布诺夫的来文从表面上看也是草率的，因为他们既没有查对法律条文，没有简单阐述泥炭水力开采管理局的申请，也没有注明行文和我批注的日期。今后如再这样草率从事，我就要撤扎克斯和哥尔布诺夫的职。

列宁：《致亚·德·瞿鲁巴》，

《列宁全集》第52卷第311页。

（4）司法制度

法律是普遍的。应当根据法律来确定的案件是个别的。要把个别的现象归结为普遍的现象，就需要判断。判断是件棘手的事情。要执行法律就需要法官。如果法律可以自行运用，那么法院也就是多余的了。

马克思：《第六届莱茵省议会的辩论（第一篇论文）》

《马克思恩格斯全集》第1卷上册第180页。

但要在一天之内（6月3日至4日）把全部遗产手续办完，这是我或随便哪一个人都不敢应承的。好象我甚至写信告诉过你，事情可能还要拖相当长的时间，因为这牵涉到法律所规定的一系列手续（公告鲁普斯的不知名的债权人，交纳遗产税等等），而这要花不少时间。从我这方面来说，当然会竭尽全力使这件事尽可能快地了结。

《恩格斯致马克思》，

《马克思恩格斯全集》第 30 卷上册第 411 页。

根据这里的法律，每份遗嘱都要上交处理遗产的法院，每个要了解遗嘱内容的人，交一先令即一马克，都可以到那里去看。但遗嘱要先经处理遗产的法院确认，要算出并上交遗产税。

《恩格斯致劳·拉法格》，

《马克思恩格斯全集》第 38 卷第 410 页。

马克思在《选举中的舞弊》提到的"三十九信条"，是 1571 年由英国议会通过的英国国教会的信条。

马克思《马·柯瓦列夫斯〈公社土地占有制〉一书摘要》里的《Ordenanza de poblaciones》，是《居住法》。

3. 军事制度

军队是国家政权的主要部分，在国家机器中占重要地位。为保障国家的军事职能，需要建立健全各级各类军事制度。主要包括兵役制度和军事编制、军事训练和军事指挥制度、军事后勤管理制度、军法刑罚等军事制度。

经典作家下面的论述，是涉及法律一级立法的基本军事制度的论述。

凡兵役制带有义务性质而服役期限长的国家，欧洲社会认为必须给有产阶级规定以某种形式出钱免除本人服役的特权。例如在法国，代役制是法律所规定的，因此约有 8 万代役兵经常在法国军队中服务。

恩格斯：《欧洲军队》，

《马克思恩格斯全集》第 11 卷第 474 页。

在哥特兰岛有一支经常保持战斗准备的特种民兵部队，它分为 21 个连，计 7850 人和 16 门火炮。这样，瑞典军队的总数约为 14 万人和 150 门野炮。

第一种部队内，志愿兵的服役期通常为 14 年，但法律也准许召募时以 3 年为期。In-delta〔地方部队〕是一种特殊形式的民兵，兵士在受训以后，可以同自己家庭一同住在分配给他们的农场里，每年只操练一次，为期一个月。农场收入就是他们的薪饷，但在集训期间可以领到特别奖励金。

恩格斯：《欧洲军队》，

《马克思恩格斯全集》第 11 卷第 531 页。

现代各国军队的一般组织都是极相似的。除英国和美国以外，军队都是由强迫征召的兵士来补充的，这里有两种制度：一种是征兵制，即人员在军队中服满一定的期限后，就永不再服役；另一种是预备兵制度，即现役期限短，但退为预备役后，将来还要在一定期限内再次应征入伍。法国是第一种制度的最明显的例子，普鲁士是第二种制度的最明显的例子。甚至在无论正规军或民军通常都是由志愿兵来补充的英国，法律规定，如志愿兵不足，民军可采取征兵制（即抽签制）来补充。瑞士根本没有常备军，整个武装部队由只经过短期训练的民兵组成。外籍雇佣兵的召募至今在某些国家中仍然是常例。

恩格斯：《军队》，

《马克思恩格斯全集》第14卷上册第43页。

在英国"九尾皮鞭"——类似鞭笞盛行时期的俄国皮鞭的一种刑具——仍旧继续采用。奇怪的是，每当议会里提出改革军队条例的问题时，军纪方面的老顽固总是极力维护"皮鞭"，而老头子威灵顿本人特别显得热心。在他们眼里，没有受过鞭笞的兵士是某种不可想像的怪物。

恩格斯：《欧洲军队》，

《马克思恩格斯全集》第11卷第482页。

恩格斯《欧洲军队》里的"九尾皮鞭"，是对士兵惩罚的一种用皮革制成的皮鞭。对违纪的士兵实行鞭刑，造成的直接后果有两个：一是出现大批逃兵。当时，在塞瓦斯托波尔城郊战壕内担任警戒的士兵，不能连续在两个至两个半昼夜内不睡觉，就要受到鞭笞。二是严重影响雇佣兵的招收。雇佣外籍军团参战，雇佣兵能够获得高额奖赏和优厚薪饷。但由于存在鞭刑，外国人不愿加入外籍军团。恩格斯所讲的这次战争，到6月底，外籍军团招募的人数还不到1000人，而需要的是15000人，这只会迫使当局让步或立即解散外籍军团。

4. 社会福祉制度

社会福祉，是国家为提高社会成员生活质量的物质和文化环境而提供的各种公共基础设施、社会性津贴和社会服务。主要包括市政建设、文化教育、公共卫生、家庭补充津贴、教育津贴、住宅津贴等。社会福祉还包括社会保障和社会救助。这是向困难群体、弱势群体如向老人、儿童、残疾人所提供的物质帮助和服务。

资产阶级慑于社会两极分化的灾难性后果，不得不采取一些社会保障和社会救助措施。特别是1848年欧洲革命后的"十年时代"，实行"让步政策"，社会福利制度随之展开起。这些制度是通过立法建立起来的。第二次世界大战后，主要资本主义国家基本建立了社会福利制度，社会福利立法也迅速发展，英国制定了《家庭津贴法》《国民保健事业法》，瑞典建立了《医药保险法》《健康保险法》等等。

为了收容各种各样的和不同程度的疯人和痴呆者，在英格兰和威尔士设有37个公立收容所，其中33个分设在各郡，4个设在城市；还有15个医院、116个官准私立疯人病院，其中37个设在首都，79个分设在外地；最后还有习艺所。公立疯人收容所或一般所称的疯人病院，按照法律规定，是为收容居民中贫苦阶层的疯病患者而专门设立的，应当是能够进行适当的医疗工作的诊所，而不仅仅是隔离疯子的地方。

马克思：《英国疯人数目的增加》，

《马克思恩格斯全集》第 12 卷第 569 页。

他们就提出了新的济贫法，1834 年议会通过了这个法律，它一直到今天还有效。一切金钱的或实物的救济都取消了；只承认一种救济方式——把穷人收容到已经在各处迅速建立起来的习艺所里去。这些习艺所（workhouses），或者如人民所称呼的"穷人的巴士底狱"（poor-law-bastilles）的规则，足以吓退每一个还有一点希望可以不靠这种社会慈善事业过活的人。

恩格斯：《英国工人阶级状况》，

《马克思恩格斯全集》第 2 卷第 576 页。

除了财政方面的法律之外，国会通过了北部人民大众久盼而未得的宅地法；这项法律规定，把一部分国有土地免费给予垦殖者耕种，不论是美国出生的或迁入的。国会废除了哥伦比亚地区和联邦首都的奴隶制度，对以前的奴隶主付给金钱补偿。宣布奴隶制度在美国全部领地内是"永远不可能的"。

马克思：《评美国局势》，

《马克思恩格斯全集》第 15 卷第 558 页。

马克思《评美国局势》里的"宅地法"，是 1862 年 5 月 20 日通过的宅地法（Homestead Act）。是林肯政府以民主主义精神解决土地问题的最重要措施。根据这一法律，凡美国公民或声明愿成为美国公民的人，在缴纳不多的 10 美元赋税之后可以从国有土地中无偿地领取 160 英亩（65 公顷）土地。在耕种 5 年之后，或在 5 年内每英亩缴纳 125 美元的条件下，这块土地便转归农民完全所有。在人民群众压力下颁布的宅地法，是使战争进程发生有利于北部的转折的革命措施之一。

"国会废除了哥伦比亚地区和联邦首都的奴隶制度，对以前的奴隶主付给金钱补偿"，指联邦直辖区哥伦比亚，该区包括作为独立行政单位的美国首都华盛顿及其郊区。在美国首都废除奴隶制的要求，是 1775～1783 年独立战争以来反奴隶制力量的基本要求之一。1862 年 4 月 16 日的法律在补偿法规定的条件下，解放了 3000 黑人。根据补偿法，政府必须向占有者交付偿金，解放一名奴隶偿给 300 美元。

（三）公民政治权利和人身自由

1. 公民政治权利

政治权利是重要的公民权利。包括言论、出版、结社、游行示威等方面的自由权利，还包括选举和被选举、担任国家公职、对国家机关和工作人员的批评建议以及申诉、控告、检举权利等等。

政治权利的设置、取消或增加，是涉及国家政治生活的重要事项。因此，只能由法律一级的立法加以规定。一般法规、法令、条例等法的形式，级别较低，发布的主体又受到权限的限制，因而不能对政治权利事项加以规定。

马克思和恩格斯生活在资产阶级虚假的自由平等时代，因而对所谓法律上的政治权利进行严厉地批判，是自然而然的事情。批判虚假的政治权利，就是为了争得工人阶级和劳动人民真正享有的政治权利，而这只有实现社会主义才能做到。

在社会主义条件下，人民享有广泛的真实的政治权利。这时候，列宁认为，苏维埃报刊、政治读物应该大力宣传新事物、研究和总结人民群众建设新生活的经验和成就。列宁写的《论我们报纸的性质》，要求"少谈些政治"，批评老一套的政治鼓动在报纸上占的篇幅太多；要求"多谈些经济"，希望报纸搜集、审核和研究新生活建设中的各种事实。列宁认为，革命报刊必须抨击坏人坏事、号召学习好人好事，不能对这些默不作声或者做官样文章、走过场。列宁呼吁："少来一些政治空谈。少发一些书生的议论。多深入生活。多注意工农群众怎样在日常工作中实际地创造新事物。多检查检查，看这些新事物中有多少共产主义成分。"列宁写《一幅说明大问题的小图画》，是为了推荐一本优秀的政治读物——亚·托多尔斯基的《持枪扶犁的一年》。列宁认为这本书好就好在它用实际例子生动地介绍了一年来苏维埃政权建设的工作经验。

"新莱茵报"编辑部的声明

"新莱茵报"原定于 7 月 1 日出版。和通讯员们商定的也正是这个日期。

但是，鉴于反动派实行新的无耻发动，可以预料德国的九月法令很快就要颁布，因此，我们决定利用自由环境中的每一天，从 6 月 1 日起就开始出报。

马克思恩格斯：《"新莱茵报"编辑部的声明》，

《马克思恩格斯全集》第 5 卷第 13 页。

在这一条文的保护下，官员们和代表们也和立宪君主一样不可侵犯了。这些先生可以随心所欲地干那些"引起公民对他们轻视和憎恨"的事情，但是你要想不被剥夺公民权、不被监禁和罚款，就决不能谈论、记述和发表这些事情。受第 367、368 和 370 条束缚的出版自由和言论自由万岁！别人把你非法地监禁在狱中。

马克思：《法庭对"新莱茵报"的审讯》，

《马克思恩格斯全集》第 5 卷第 231~232 页。

几天以前，我们报道了这个出版法案中的一些主要条文。我们刚刚利用关于诽谤的诉讼案的机会证明了：Code pénal〔刑法典〕的第 367 和 368 条同出版自由的矛盾是非常惊人的，而汉泽曼先生就已经准备不仅把它们推广到王国的每个角落去，而且至少还把它们加重两倍。

马克思：《普鲁士出版法案》，

《马克思恩格斯全集》第 5 卷第 270 页。

在那里，我们可以看到禁止（违者处以 3 个月到 3 年的监禁）用应受法律制裁成"引起公众蔑视"的事实来控告某人的条文。在那里，我们也可以看到只准许用"经过详尽证明的文件"来确定事实的可靠性的规定，——总之，在那里我们可以看到拿破仑专制时代对付出版物的一切典范手段。

出版法案第 10 条是上述一切条文的顶点，它规定：凡是在国家官员执行自己职务方面诽谤国家官员的人，罪加一等。

根据刑法典第 222 条规定，如果官员在执行职务时或由于（àl'occasion）执行职务而遭到言语上的侮辱（outrage par parole），侮辱他们的人应判处一个月到两年的徒刑。不管检察机关怎样煞费苦心，但由于一些很显然的理由，直到现在这一条还未能用来对付报纸。为了纠正这种过错，汉泽曼先生已把这一条改成上述的第 10 条。首先，用更方便的"在执行自己职务方面"的说法代替了"因"这个用语；第二，用 par écrit〔在书面上〕代替了 par parole〔在言语上〕这种受限制的用语；第三，惩罚加重了两倍。

马克思：《普鲁士出版法案》，

《马克思恩格斯全集》第 5 卷第 271 页。

在宪法草案和"德国人民的基本权利"中有一条规定："书报检查永远不能恢复"，但是在上述情况下，这种庄严重要的规定听起来简直是一种恶意的嘲笑！

马克思：《普鲁士出版法案》，

《马克思恩格斯全集》第 5 卷第 273 页。

在英国，出版自由直到现在仍然是资本的无上特权。少数代表工人阶级利益的周刊（当然谈不上出版日报），依靠为了总的目的而作出与大陆工人完全不同的牺牲的英国工人的每周捐款，勉强维持着自己的生存。英国出版界的庞然大物——"泰晤士报"——悲喜交集地大声疾呼 pro aris etfocis〔为保卫社稷和家园，为自己的切身事业〕而奋斗，也就是为报纸的垄断而奋斗。

马克思：《拿破仑和巴尔贝斯。——报纸印花税》，

《马克思恩格斯全集》第 11 卷第 179～180 页。

半官方的《法医学文库》在彼得堡（用俄文）出版了。给这家杂志撰稿的一位医生在上季度的一期上发表了一篇文章《论西欧无产阶级的卫生状况》；作者在文章中主要引用了我的书，并注明了出处。结果引起一场不幸：书报检查官受到内务大臣的严厉申斥，主编被撤职，那一期杂志，凡是他们能弄到手的，全部付之一炬。

马克思：《马克思致齐·迈耶尔》，

《马克思恩格斯全集》第 33 卷第 177 页。

禁止报刊进行诽谤的法律在俄国事实上已经不起作用了。诽谤者先生们特别是在资产

阶级报刊上享有充分的自由：任意在报刊上匿名发表议论，造谣诽谤，用一些没有任何官方人士署名的但似乎又是官方的消息来掩盖自己的行为，等等，——不管怎样做，都可以逍遥法外！以米留可夫先生之流为首的卑鄙的诽谤者正在享受这种豁免的特权。

列宁：《论诽谤者》，

《列宁全集》第 32 卷第 113 页。

我们以后将看到，在英国，由于有了结社的自由，无产阶级对资产阶级的反抗就成为合法的了。

恩格斯：《英国工人阶级状况》，

《马克思恩格斯全集》第 2 卷第 402 页。

在这里，一般说来结社权并没有怎样公开被否认，这里只是有人根据联邦议会的旧的早已被废除的特别法否认大学生的结社权。大学生都受到这些已失效的法律所规定的各种惩罚的威胁。

恩格斯：《斯图加特和海得尔堡俱乐部被封》，

《马克思恩格斯全集》第 5 卷第 268 页。

残酷的禁止结社法于 1825 年在无产阶级的威胁性行动面前取消了。虽然如此，但取消的只是其中一部分。旧法令某些美丽的残片直到 1859 年才消失。最后，1871 年 6 月 29 日的议会法令，在法律上承认工联时就认为消除了这项阶级立法的最后痕迹。但是，同一天颁布的一项议会法令，即关于惩治暴行、胁迫和侵害行为的刑法修正法令，实际上是以新的形式恢复了旧的状态。

马克思：《资本论第一卷》，

《马克思恩格斯全集》第 23 卷第 809 页。

法国资产阶级在革命风暴一开始，就胆敢再把工人刚刚争得的结社权剥夺掉。它在 1791 年 6 月 14 日颁布法令，宣布工人的一切结社都是"对自由和人权宣言的侵犯"，要课以 500 利弗尔的罚金并剥夺公民权一年。(225) 这个法律用国家警察手段把资本和劳动之间的斗争限制在对资本有利的范围内。

马克思：《资本论第一卷》，

《马克思恩格斯全集》第 23 卷第 810 页。

约克郡也发生了罢工，因为工人要求自己有权管理自己的疾病互助基金并抗议企业主不许工人结社。结社权从 1824 年起在英国就作为法律条文固定下来了，因此企业主的行为实际上是直接违反国家法律的，尽管如此，政府还是按照企业主的要求派兵供他们使用。

《燕·马克思（女儿）致路·库格曼》，

《马克思恩格斯全集》第 32 卷第 698 页。

英国法律规定得很明确：你愿意发表多少议论都可以，只要不随之发生什么事情就行；但是一旦随之发生骚乱性的"明显行为"，你就得对此负责。

恩格斯：《恩格斯致劳·拉法格》，
《马克思恩格斯全集》第 36 卷第 433 页。

这里 5 月 4 日的示威真是规模宏大，甚至所有资产阶级报纸也不得不承认这一点。我是在第四号讲坛（一辆大货车）上面，环顾四周只能看到整个人群的五分之一或八分之一，但是在目力所及范围内，只见万头钻动，人山人海。有二十五万至三十万人，其中四分之三以上是参加示威的工人。艾威林、拉法格和斯捷普尼亚克都在我的那个讲坛上发表了演说，而我纯粹是一个观众。拉法格以他那种虽然带有很重的法国口音但说得很好的英语和南方人的炽烈风格博得了真正暴风雨般的欢呼声。斯捷普尼亚克也是这样。爱德在杜西那个讲坛上讲话，也非常成功。七个讲坛彼此相隔一百五十公尺，最边上的距离公园的边沿是一百五十公尺。这么一来，我们的集会（在国际范围内争取在法律上规定八小时工作日）占了长一千二百余公尺、宽约四、五百公尺的一块地方，而且全都挤满了人。另一面是工联理事会的六个讲坛和社会民主联盟的两个讲坛，但那里的听众不到我们的一半。总而言之，这是这里从未举行过的规模最大的一次集会。

恩格斯：《致奥·倍倍尔》，
《马克思恩格斯全集》第 37 卷第 399 页。

他们进一步提出一种论据，认为反对派的活动内容，即维护 1833 年的国家基本法，根本不是自由的内容。就算是这样！1833 年的国家基本法如果同自由思想相比较，的确不是自由的体现。但是，如果拿它去同 1819 年的国家基本法相比较，它却确实是自由的体现。总之，这里涉及的首先不是这部法律的特定的内容，这里涉及的是拥护合法的内容而反对非法的篡改。

马克思：《〈莱茵报〉编辑部为评〈汉诺威自由主义反对派的失误〉一文》，
《马克思恩格斯全集》第 1 卷上册第 305～306 页。

普鲁士的情况与此完全不同。在普鲁士，只要士兵声明他是奉自己的直接上司的命令开枪的，那就可以使他免受任何惩罚。在普鲁士以及在法国，官员违犯了法律，只要能证明他这是按照规定的官阶制中相应的上司的命令做出的，就可以完全免受任何法律处分。

马克思恩格斯：《英国士兵的誓言》，
《马克思恩格斯全集》第 6 卷第 392 页。

这里关于狗有非常荒谬的法律规定，我如果带猎狗去汉普斯泰特，警察会把我当作偷猎者加以拦阻。因此，在这里养班特尔狗、狐狗、塞特狗等等猎狗只是真正为打猎用的，从来不象我们大陆上那样养着玩。生活在贵族统治的国家里就是这样的。

《恩格斯致劳·拉法格》，

《马克思恩格斯全集》第 37 卷第 385 页。

立即废除与人身、言论、出版、结社和集会自由的原则相抵触的法律、制度、规定和命令，并宣布政治大赦。

列宁：《资产阶级背版的头几步》，

《列宁全集》第 10 卷第 279 页。

教会农奴般地依赖于国家，而俄国公民又农奴般地依赖于国家教会；中世纪的宗教裁判所的法律（这种法律至今还列在我国的刑法和刑事法规中）仍然存在，并且仍然有效，这种法律追究人是否有信仰，摧残人的良心，把官位和俸禄同布施某种国家教会劣质酒联系起来。

列宁：《社会主义和宗教》，

《列宁全集》第 12 卷第 132 页。

对现代民主说来是重要的和不可轻视的东西在法案中却没有。对群众来说，有集会场所是很重要的。需要有这样一项法律：按照相当的不大一部分公民的要求，一切公共建筑物、学校等等，在晚上以及在一般业余时间，都应排除一切障碍免费地供人民集会使用。

列宁：《立宪民主党的集会法案》，

《列宁全集》第 23 卷第 38 页。

马克思恩格斯在《"新莱茵报"编辑部的声明》里提到的"德国的九月法令"，是法国政府 1835 年 9 月颁布的反动法令。这项法令限制了陪审人员的裁判活动，对出版采取了严峻的措施。在出版方面，规定增加定期刊物的现金税，禁止反对私有制和现存国家制度的言论，对发表这种言论的人实行监禁和课以大量罚款。这里是指德国很快就要颁布类似的法令。

《马克思致齐·迈耶尔》里"主要引用了我的书"，指《资本论》第 1 卷。

"结果引起一场不幸：书报检查官受到内务大臣的严厉申斥，主编被撤职，那一期杂志，凡是他们能弄到手的，全部付之一炬"，情况是这样：

巴·伊·雅科比和瓦·亚·扎依采夫发表在 1870 年《法医学和公共卫生文库》杂志第 3 册第 160～216 页上的文章《从公共卫生观点看西欧工人的状况》（署名"巴·雅·"）。这篇文章主要是根据马克思《资本论》第 1 卷的材料写成的。载有这篇文章的《法医学文库》，头几份顺利地出版并销售出去了。但是，后来立即遭到书报检查机关的干涉，禁止发表这篇文章。在没有出售的几份杂志中，根据书报检查机关的要求，这篇文章被取消了，甚至连剩下几页的页码都没有改。杂志主编"由于坚决推行极端社会主义的思想"而被解职。马克思是从洛帕廷那里得到这个消息的。

恩格斯在《致奥·倍倍尔》里说的"最边上的距离公园的边沿是一百五十公尺"的公园，指海德公园。

"工联理事会"，是工联伦敦理事会。于1860年5月在伦敦各工联代表会议上成立的。它的成员是代表工人贵族的最大的工联的领袖们。在60年代前半期它曾经领导英国工人反对干涉美国、维护波兰和意大利的历次行动，稍后又领导了他们争取工联合法化的运动。从工联代表大会成立时起（1868年），由改良主义领袖领导的伦敦理事会，已不再起全国中心的作用，虽然它在工联运动中继续占据有影响的地位，向工人阶级传播自由资产阶级影响。

"民主联盟"，是社会民主联盟——英国社会主义组织，成立于1884年8月。这个组织联合了各种各样的社会主义者，主要是知识分子中的社会主义者。以执行机会主义和宗派主义政策的海德门为首的改良主义分子长期把持了联盟的领导。加入联盟的一小批革命马克思主义者（爱·马克思 – 艾威林、爱德华·艾威林、汤·曼等人），与海德门的路线相反，为建立同群众性的工人运动的密切联系而斗争。1884年秋天联盟发生分裂，左翼组成了独立的组织——社会主义同盟。此后，机会主义者在联盟里的影响加强了。但是，在群众的革命情绪影响之下，联盟内部仍在继续产生不满机会主义领导的革命分子。

2. 人身自由

人身自由就是身体的自由（德）persönliche Freiheit，是身体不受拘束的自由。这是在法律范围内按照自己的意愿决定自己身体行动的自由。人身自由是资产阶级权利宣言所保障的传统的自由之一。资产阶级立法所保障的人身自由，是做不到的，连西方学者都认为实际上是对人民人权的欺骗行为、蹂躏行为。美国的"占领华尔街"运动的镇压，便是鲜明的例证。因此，西方学者对现行宪法的规定，不断提出质疑，呼吁对此制定特别详细的规定。

对人身自由的侵害，有下列几种情况：

一是非法剥夺人身自由。这是指未经司法机关的批准或决定，擅自采取关押、捆绑、审讯、私设公堂等手段，非法剥夺他人人身自由的行为。我国《宪法》规定，"中华人民共和国公民的人身自由不受侵犯。任何公民，非经人民检察院批准或者决定或者人民法院决定，并由公安机关执行，不受逮捕。禁止非法拘禁和以其他方法非法剥夺或限制公民的人身自由。"

二是非法拘押、禁闭他人或者以其他方法剥夺他人人身自由。这是指没有法律根据，不依法定程序的非法拘留、逮捕和监禁。按照我国法律规定，有权行使逮捕批准和决定权的只有人民检察院和人民法院，有拘留（包括刑事拘留、行政拘留和民事拘留）权的只有公安机关、国家安全机关、人民检察院和人民法院。其他任何机关、团体或者个人拘禁他人或者变相剥夺他人人身自由权利，或者有权机关不依法定程序和手续而逮捕或者拘留他人，都是非法的。这里的"其他方法"，主要是指非法剥夺或者变相剥夺他人行动自由的行为。如封闭式的"隔离审查""监护审查"等等。

三是绑架他人，使他人失去人身自由。这是指违背被害人或其法定监护人的意志，以勒索财物为目的，或者以被绑架人为人质而使用暴力、胁迫或者麻醉方法将被害人劫持或秘密隐藏的行为。

四是强迫劳动，限制劳动者的人身自由。这是指采取欺骗、看管、体罚等手段，强迫以工资收入为生活来源的劳动者劳动的行为。我国刑法明确规定了"强迫劳动罪"，但私营企业、个体经济和外商投资企存在侵害人身自由强迫劳动的犯罪行为。"黑煤窑""血汗工厂"，以欺骗、引诱方式招工，强迫他人劳动，手段恶劣，造成人员伤亡、残疾的情景触目惊心。"吃的猪狗食，干的牛马活"，是这些劳动者的生存状况的真实写照。

把出卖了的床从家里抬出来，搬上小车——您知道，又出了什么事？当时天色已晚，太阳已经落了，按英国的法律在这个时候是禁止搬运东西的，于是房东领着警察来了，说里面可能有他的东西，说我们想逃到外国去。不到五分钟，我们门前就聚集了不下二三百个看热闹的人，切尔西的流氓全来了。床又搬了回来，只好等第二天早晨太阳出来以后再交给买主。

《燕妮·马克思致约瑟夫·魏德迈》，
《马克思恩格斯全集》第 27 卷第 631~632 页。

难道法定的农奴身分不正是否定关于人体并非使用和占有的对象这一合乎理性的怪想的实际证明吗？难道自发进行的刑讯拷打不是驳倒了关于依靠屠杀不能弄清真相，刑讯台上抻拉脊骨不能使人丧失刚强，抽搐并不是认罪等等空洞的理论吗？

马克思：《第六届莱茵省议会的辩论》，
《马克思恩格斯全集》第 1 卷第 147 页。

书报检查法却把自由看成一种滥用而加以惩罚。它把自由当作罪犯；对任何一个领域来说，难道处于警察监视之下不是一种有损名誉的惩罚吗？书报检查法只具有法律的形式。新闻出版法才是真正的法律。

马克思：《第六届莱茵省议会的辩论》，
《马克思恩格斯全集》第 1 卷第 175 页。

被判刑的罪犯并不是乡镇长所管辖的人，而是狱吏所管辖的人。如果乡镇长由乡镇的领导变成了个别乡镇成员的法律执行人，如果他由乡镇长变成典狱长，难道他不会失去他作为乡镇长的手段和尊严吗？如果把乡镇其他自由成员为公共利益而进行的诚实劳动贬低为替个别人卖力的劳役，难道这不是对这些乡镇成员的一种侮辱吗？

马克思：《第六届莱茵省议会的辩论》，
《马克思恩格斯全集》第 1 卷第 268 页。

科伦的被监禁者正处于极困难的境地。因为根本拿不出他们的任何罪证，所以检察院决定既不释放他们，也不交付陪审法庭，而把案件又交给原来的侦查员去重新侦查！换句话说，他们将继续受审前羁押，不能看书，不能通信，无权彼此来往和同外界来往，直到新的高级法庭开审。

《恩格斯致约瑟夫·魏德迈》，

《马克思恩格斯全集》第 28 卷下册第 487 页。

《恩格斯致约·魏德迈》里的"科伦的被监禁者"，指无故被捕并在科伦受审的共产主义者同盟盟员。在资本主义国家，政治的对立，司法的黑暗，致使非法监禁普遍存在。

在我国，非法拘禁行为达到相当严重程度时，构成犯罪。对具有下列情形之一的，应作为犯罪处理：国家机关工作人员滥用职权，非法拘禁无辜群众，造成恶劣影响的；非法拘禁他人，并实施捆绑、殴打、侮辱等行为的；多次非法拘禁他人，或非法拘禁多人，或非法拘禁时间较长的；非法拘禁，致人重伤、死亡、精神失常或自杀的；非法拘禁，造成其他严重后果的。

在我国，合法拘捕而发生错误的行为，不是非法拘禁行为。司法机关依照法定程序拘捕了重大犯罪嫌疑分子，但后经查证无罪，予以释放的，是错误拘捕而不能认定为非法拘禁。对于未及时办理、出示拘留证、逮捕证的，也不认定为非法拘禁。

（四）犯罪和刑罚

1. 犯罪

在阶级社会里，犯罪是不可避免的，是不以人们意志为转移的客观存在的事实。西方法学界关于犯罪原因的研究，十分庞杂。有的认为社会变迁、社会分化、社会反常状态、社会解体、社会震荡等，是犯罪产生的原因；有的认为文化冲突、文化失范、亚文化群等，是犯罪产生的原因。如此等等。这些分析，有一定合理的成分，但没能揭示出犯罪原因的本质。

马克思主义认为，犯罪根源是剥削制度和压迫制度，是剥削阶级私有制，基本原因是社会对立、阶级矛盾。在关于犯罪是否是阶级斗争的表现和反映的认识上，国内存在分歧。应当说，政治犯罪是阶级斗争的表现和反映，对另外部分的犯罪，要做具体分析。有的直接具有阶级斗争性质，有的则间接具有。20 世纪 60～70 年代，苏联法学界提出，犯罪与阶级斗争没有关系，诘问说财产犯罪是哪个阶级和哪个阶级的斗争。其实，在财产犯罪中，抢劫罪、盗窃罪、诈骗罪、抢夺罪、聚众哄抢罪、侵占他人财物罪、敲诈勒索罪、故意毁坏财物罪、破坏生产经营罪，等等，是"穷人犯罪"，不是富人犯罪。英国资产阶级法律曾规定，盗窃 5 英镑以上财物的，定为盗窃罪。有一个富人去盗窃 5 英镑的钱财么？在雨果笔下，冉阿让为了姐姐快要饿死的 7 个孩子，拿了面包店的一个面包，被逮捕，判处 5 年苦役。狱中 3 次越狱，累计加刑，总共 19 年，后被警察追捕一生。雨果写到：本书作者在研究刑法和依法判罪的问题时，这是第二次遇见因偷一个面包而毁了一生的惨案。一项英国统计表明，在伦敦 5 件盗窃案中，有 4 件是由饥饿直接引起的。伟大的叛逆者雨果离世了，巴黎万人空巷，人民挥泪送别，千万人高呼雨果万岁……雨果万岁、打倒资本主义。这是不是阶级斗争呢，是不是法律与阶级斗争没有关系呢？

马克思在《第六届莱茵省议会的辩论（第三篇论文）》中，用大量篇幅论述了犯罪、犯罪构成和刑罚问题。在《死刑。——科布顿先生的小册子。——英格兰银行的措施》中，揭露了资本主义制度的弊病，指出了犯罪增长现象的社会原因，揭露了资产阶级惩罚制度的野蛮，并批判了为这种制度辩护的资产阶级法学理论。马克思证明说，消灭犯罪行为的根本手段，就是消灭必然产生犯罪行为的资产阶级社会本身。马克思无情地揭露普鲁士司法当局的偏颇不公，资产阶级的"公正裁判"的阶级性。作为被告站在资产阶级法庭上的革命无产阶级手无寸铁，因此被告是事先就被定了罪的。科伦案件以及其他案件都清楚地说明，"陪审法庭是特权阶级的等级法庭，建立这种法庭的目的是为了用资产阶级良心的宽广来填补法律的空白"。马克思批评了当时英国的工厂立法，这种立法使工厂主可以任意破坏它。他揭穿了资产阶级的思想方面的奴仆——资产阶级经济学家、法学家作为资本主义制度辩护士的真面目，他们诚心用自己的理论去替统治阶级的任何犯罪行为辩护。

罪名和犯罪构成，关系到国家的治乱兴衰，必须由作为法律一级立法的刑法加以规定，不能由法规、法令、条例等规定。

罪名不能过多过滥。简法省刑，是我国封建时代立法追求的目标，尽管是它们永远做不到的。

实际上，罪名当增则增，当减则减。我国修订后的刑法，由原 192 条，增加为 452 条，增加了 260 余条款，罪名极大地增加了。这在总体上，是由市场经济的要求决定的，反映了中国特色社会主义刑事政策的需要。

修订后的《刑法》，将嫖宿幼女的行为，规定为嫖宿幼女罪，列为独立罪名。在本罪的主观方面的解释中，加进了"明知"要件，而在处罚上，也由 10 年以上有期徒刑、无期徒刑和死刑，修改为处 5 年以上有期徒刑，并处罚金。对于"明知"这个关键术语，上述解释采用"确实不知"字样；最高人民检察院、公安部《关于公安机关管辖的刑事案件立案追诉标准的规定》"行为人知道被害人是或者可能是不满 14 周岁的幼女而嫖宿的，应予立案追诉"中，采用"知道是或者可能是"字样。这里的问题是，涉及认定"不满 14 周岁的幼女"的场合，是在适用司法解释和刑法规定的场合，这只能在案件的诉讼阶段。因此，立法上规定"明知"是没有实际意义的。

先弄清楚我国刑法上的强奸罪、奸淫幼女罪和嫖宿幼女罪的关系。这三罪侵害的对象均为不满 14 周岁的幼女，均为发生性关系，如何区分有罪或无罪呢？我国《刑法》规定，"奸淫不满 14 周岁幼女的，以强奸论，从重处罚"；全国人大常委会《关于严禁卖淫嫖娼的决定》中规定，"嫖宿不满 14 周岁幼女的，依照刑法关于强奸罪的规定处罚"。但修订后的《刑法》，与之作了冲突的规定。

2003 年 1 月 23 日，最高人民法院发布《关于行为人明知是不满 14 周岁的幼女，双方自愿发生性关系是否构成强奸罪问题的批复》，规定"行为人确实不知对方是不满 14 周岁的幼女，双方自愿发生性关系，未造成严重后果，情节显著轻微的，不认为是犯罪"。最高人民法院研究室负责人解释说，"新的司法解释体现了刑罚适用主客观相一致的原则，同时还体现了区别对待的刑事政策"。所谓"主客观相一致的原则"，是指主观方面以"明知"为要件。该负责人进一步解释说，"明知既包括确知，也包括明知可能的情况"。其实，"明知"，有被害人自己明示和他人明示两种情况，致使行为人"明知"。该犯罪大都发生在公共娱乐休闲场所和酒店等住宿场所，在这样场所行为人"明知"的，只能是"已满14周岁"的告诉。这是唯一的告诉。在实践中，"明知"的根本依据是"身份证年龄记载"。在"自愿发生""强奸""奸淫""嫖宿"等场合，被害人或他人能够明示其"身份证年龄记载"的情形，是极其罕见的。

该司法解释发布、施行后，引起了社会强烈反响。嫖宿幼女罪罪名是不能成立的，这个司法解释是不正确的，产生了消极社会后果。以上内容和意见，我在有关著作中作过阐释。

在我国，对"不满14周岁的幼女"的性犯罪情况是触目惊心的。所谓幼女"卖淫"，几乎都是从被拐骗开始，通过欺骗、威胁、殴打等手段，被安排进行性交易。对"不满14周岁的幼女"的性犯罪，主要是党政干部、企业高管，总之是社会上有权有势的人。他们不仅给贫穷的受害者造成了严重的人身和心理伤害，而且给家庭和社会带来无法挽回的损失，标志着社会堕落化过程的加速。这个罪名在人民群众的极大愤怒中取消了，但目前奸淫幼女的罪行仍在社会蔓延，具有普遍化趋势的情况，并没有消失。

犯罪——孤立的个人反对统治关系的斗争，和法一样，也不是随心所欲地产生的。相反地，犯罪和现行的统治都产生于相同的条件。同样也就是那些把法和法律看作是某种独立自在的一般意志的统治的幻想家才会把犯罪看成单纯是对法和法律的破坏。

马克思恩格斯：《德意志意识形态》，

《马克思恩格斯全集》第3卷第379页。

同一类罪行具有极不相同的各种形式，如果你们否认这些形式之间的差别，那么你们也就把罪行本身当作一种和法不同的东西加以否认，你们也就是消灭了法本身，因为任何罪行都有某种与法本身共同的方面。

马克思：《第六届莱茵省议会的辩论》，

《马克思恩格斯全集》第1卷第245页。

国家对于被告享有某种权利，因为国家对于这个人是以国家的身分出现的。因此，就直接产生了国家的义务，即以国家的身分并按照国家的方式来对待罪犯。

马克思：《第六届莱茵省议会的辩论》，

《马克思恩格斯全集》第1卷第261页。

国家不能轻率地取消自己某一成员的所有职能，因为每当国家把一个公民变成罪犯时，它都是截断自身的活的肢体。有道德的立法者首先应当认定，把过去不算犯罪的行为列入犯罪行为的领域，是最严重、最有害而又最危险的事情。

马克思：《第六届莱茵省议会的辩论》，

《马克思恩格斯全集》第1卷第255页。

既然人不是由于有逃避某种事物的消极力量，而是由于有表现本身的真正个性的积极力量才得到自由，那就不应当惩罚个别人的犯罪行为，而应当消灭犯罪行为的反社会的根源，并使每个人都有必要的社会活动场所来显露他的重要的生命力。

马克思恩格斯：《神圣家族》，
《马克思恩格斯全集》第2卷第167页。

现代社会促使个人敌视其他一切人，这样就引起了一个一切人反对一切人的社会战争，这个战争在某些人那里，尤其是在文化水平低的人那里不可避免地会采取粗暴的野蛮的暴力形式，即犯罪的形式。为了使自己不受犯罪行为即公开的暴力行为的侵害，社会就需要有庞大而复杂的、耗费无数人力的行政机关和司法机关。

恩格斯：《在爱北斐特的演说》，
《马克思恩格斯全集》第2卷第608页。

在每一个人的身体上和精神上的需求都得到满足的地方，在没有什么社会隔阂和社会差别的地方，侵犯财产的犯罪行为自然而然地就不会再发生了。刑法会自行消失，民法（它几乎只是专门处理财产关系或者至多是专门处理那些以社会的战争状态为前提的关系）也会不再存在。

恩格斯：《在爱北斐特的演说》，
《马克思恩格斯全集》第2卷第608页。

即将到来的社会革命不会不触动匮乏和穷困、愚昧和罪恶的真正根源，因而它一定会实现真正的社会改革。而这就只有靠宣布共产主义的原则才能实现。

恩格斯：《在爱北斐特的演说》，
《马克思恩格斯全集》第2卷第625页。

如果社会剥夺了成千人的必需的生活条件，把他们置于不能生存的境地，如果社会利用法律的铁腕强制他们处在这种条件之下，直到不可避免的结局——死亡来临为止，如果社会知道，而且知道得很清楚，这成千的人一定会成为这些条件的牺牲品，而它仍然不消除这些条件，那末，这也是一种谋杀，和个人所进行的谋杀是一样的，只不过是一种隐蔽的阴险的谋杀，没有人能够防御它，它看起来不像是谋杀，因为谁也看不到谋杀者，因为谋杀者是所有的人，同时又谁也不是，因为看起来被杀的人似乎是自然地死去的，因为这与其说是犯罪，不如说是渎职。

恩格斯：《英国工人阶级状况》，
《马克思恩格斯全集》第2卷第380页。

过去，检察机关的代表把国民议会描绘成非法的，现在却又认为它已经合法了——这一切都只是为了把我们描绘成罪犯。可是，如果征税被宣布为非法的，难道我不应当用暴力来反抗用暴力实行的非法行为吗？因此，甚至从这种观点出发，我们也完全有权利以暴力还击暴力。

> 马克思：《对民主主义者莱茵区域委员会的审判》，
> 《马克思恩格斯全集》第 6 卷第 305 页。

林木盗窃法也和狩猎、森林、牧场违禁法一样，不仅因为省议会的关系值得研究，而且其本身也值得研究。但是我们手头没有这个法案。我们的材料只是简略地提到省议会及其委员会对法律所作的一些补充，而且其中也只是列举了法律有关条款的号码。有关省等级会议辩论情况的报道也非常空洞、零乱和虚假，读起来简直叫人困惑不解。

> 马克思：《第六届莱茵省议会的辩论（第三篇论文）》，
> 《马克思恩格斯全集》第 1 卷上册第 240 页。

贫困居民情绪低落、精神沮丧，这本来就挫伤了他们公开而坦率地发表意见所必需的精神力量；而形形色色的告密行为又必然促使法院以"在官吏执行公务时或因其执行公务而侮辱官吏"的罪名对许多人判刑，这种情况就更加使他们情绪低落、精神沮丧。

> 马克思：《摩泽尔记者的辩护》，
> 《马克思恩格斯全集》第 1 卷第 385～386 页。

英国工人不仅在物品的质的方面受骗，而且在量的方面也受骗。小商人的尺和秤大部分是不合规定的。在警察局的报告里，因犯了这类罪而被处以罚款的事情，每天都多得难以置信。

> 恩格斯：《英国工人阶级状况》，
> 《马克思恩格斯全集》第 2 卷第 354 页。

英国社会每日每时都在犯这种英国工人报刊有充分理由称之为社会谋杀的罪行；英国社会把工人置于这样一种境地：他们既不能保持健康，也不能活得长久；它就这样不停地一点一点地毁坏着工人的身体，过早地把他们送进坟墓。我还要证明：社会知道这种状况对工人的健康和生命是怎样有害，可是一点也不设法来改善。

> 恩格斯：《英国工人阶级状况》，
> 《马克思恩格斯全集》第 2 卷第 380 页。

蔑视社会秩序的最明显最极端的表现就是犯罪。只要那些使工人道德堕落的原因起了比平常更强烈更集中的影响，工人就必然会成为罪犯，正像水在列氏 80° 时由液态变为气态一样。在资产阶级的粗暴野蛮、摧残人性的待遇的影响之下，工人逐渐变成了像水一样缺乏自己意志的东西，而且也同样必然地受自然规律的支配——到了某一点他的一切行动就会不由自主。

> 恩格斯：《英国工人阶级状况》，
> 《马克思恩格斯全集》第 2 卷第 416 页。

据一个委员说，学校里经常吵吵闹闹，乱成一团。因此，儿童的道德水平是非常不能令人满意的；所有的罪犯有一半是十五岁以下的；仅仅在一年内就有 90 个十岁的罪犯被判了刑，其中有 44 人是刑事犯。

恩格斯：《英国工人阶级状况》，
《马克思恩格斯全集》第 2 卷第 488 页。

工人们多半都能领到现钱，但是，厂主们还是有足够的办法强迫工人到工厂商店里而不到旁的地方去买东西。这样就很难揭穿这类厂主；现在，只要他们的确把钱交到工人手里，他们就可以在法律的保护下干自己的罪恶勾当了。

恩格斯：《英国工人阶级状况》，
《马克思恩格斯全集》第 2 卷第 468 页。

反抗心情的最早、最原始和最没有效果的形式就是犯罪。工人过着贫穷困苦的生活，同时看到别人的生活比他好。他想不通，为什么偏偏是他这个比有钱的懒虫们为社会付出更多劳动的人该受这些苦难。而且穷困战胜了他生来对私有财产的尊重，于是他偷窃了。我们已经看到，随着工业的发展，犯罪事件也在增加，每年被捕的人数和加工的棉花的包数经常成正比。

恩格斯：《英国工人阶级状况》，
《马克思恩格斯全集》第 2 卷第 501～502 页。

对这种神职人员的侮辱，即使不是在他执行职务的时候，不是当着他的面，而是当他已经回到私生活中的时候，这仍然是对宗教的玷污，是一种亵渎行为。官职越高，对宗教的玷污罪行就越重。因此，侮辱国王，侮辱陛下是对国家神职人员的最大侮辱，根据 code pénal，从刑法观点看来，这是决不许可的事情。

马克思：《"新莱茵报"审判案》，
《马克思恩格斯全集》第 6 卷第 269 页。

国王实行了革命，他推翻了现存的法律制度，他不能诉诸被他自己可耻地蹂躏了的法律。当顺利进行革命的时候，可以绞死自己的敌人，但不能对他们作出法庭判决。可以把他们作为战败了的敌人清除掉，但不能把他们当作罪犯来审判。在实行了革命或反革命以后，不能用已被推翻了的法律去反对这种法律本身的维护者。

马克思：《对民主主义者莱茵区域委员会的审判》，
《马克思恩格斯全集》第 6 卷第 288 页。

尽管曼托伊费尔—海特用刺刀驱散了协商议会和两院等"政治团体"，可是他们却为了"维护这些议会"而把一些新罪名塞进莱茵省居民的"有缺陷"的 code pénal〔刑法典〕出于上帝和国王的恩典，曼托伊费尔—海特内阁钦定给全国一部国产宪法，以便给莱茵省法律钦定一种前所未闻的新罪名——"侮辱议院"。

> 马克思：《霍亨索伦王朝的出版法案》，
> 《马克思恩格斯全集》第 6 卷第 440 页。

根据迄今存在的违警法庭的诉讼程序，向来都规定，把含有侮辱内容的文件送给被侮辱者本人或把它公开传播才能构成罪行。现在，尼科洛维乌斯先生做出一件发明，如果有人向第三者写信时用侮辱性的言词写到官吏的话，那也是对官吏的侮罪！

> 恩格斯：《拉萨尔》，
> 《马克思恩格斯全集》第 6 卷第 532 页。

对于无产阶级的工人的政党说来，德国科伦被判罪者的遭遇就是如此。他们所以被判罪并不是因为犯了强加于他们头上的罪名——令人可笑地制造革命，而是因为他们致力于组织工人的政党。审判他们的是属于金融贵族和封建贵族的法官，仅仅由于这一点，就足以肯定这些人的判决是不会公平的。

> 《关于救济科伦被判罪的无产阶级代表及其家属的呼吁书》，
> 《马克思恩格斯全集》第 8 卷第 644 页。

单是一个掩盖秘密的念头就使他们每一个人都成为罪人。对议会隐瞒阴谋使每一个人都成了阴谋的参加者。法律认为窝主与盗匪同罪。因此无论进行什么审判，不仅联合内阁，而且还有它的对手，不仅现任的大臣们，而且还有他们所代表的议会党派，不仅这些党派，而且还有英国的统治阶级都会陷于毁灭。

> 马克思：《议会的战争辩论》，
> 《马克思恩格斯全集》第 10 卷第 192～193 页。

在温和派和进步派之间爆发了一场大争吵：前者的罪状是委任了所有的将军，后者的罪状是委任了所有的政治领袖。为了平息"平民"的激愤，斗牛士普切塔从屠宰场总管提升为警察局长。就连十分温和的"人民呼声报"也不掩盖自己的失望情绪。

> 马克思：《东方问题。——西班牙的革命》，
> 《马克思恩格斯全集》第 10 卷第 433 页。

根据沙皇的命令，所有参加修建博马尔松德堡垒的工程师都被逮捕了。他们将交付法庭审判。他们被控的罪名之一是，工事本应全部用花岗石修建，然而，在堡垒塌陷以后发现，围墙中间填的完全是沙子和碎石。

> 马克思：《联军舰队的活动。——多瑙河各公国的局势》，
> 《马克思恩格斯全集》第 10 卷第 526 页。

这位高尚的情报员终于不得不在实际上停止审理这个案件，因为所能加于黑耳先生的

唯一罪名就是他的炸药工厂离伦敦市郊太近，违反了法律规定。这个好像是以炸毁整个欧洲为目的的大阴谋原来不过是违背了警察条例，处以罚金就行了！

马克思恩格斯：《上一届英国政府》，

《马克思恩格斯全集》第 11 卷第 27 页。

英方为推卸广州屠杀的罪责而硬加在中国政府身上的罪名是什么呢？那就是：违背了 1843 年的善后补充条约第九款。该款规定，凡逃抵香港殖民地或潜藏于英国军舰或商船上的中国罪犯，中国当局不得自行逮捕，而应通过英国领事提取，由英国领事将罪犯引渡给地方当局。

马克思：《议会关于对华军事行动的辩论》，

《马克思恩格斯全集》第 12 卷第 149 页。

1854 年以后犯罪率的这种表面上的减少，其实应该完全看作是由于不列颠诉讼程序的某些技术性的改变所造成的，首先是少年犯处治法，其次是 1855 年的刑事裁判法，这个法律规定治安法官在被捕人同意接受他的审判时，有权判处短期拘禁。违法行为通常是由不以立法者意志为转移的经济因素造成的；但是，正如实施少年犯处治法所证明的，判定某些违犯由官方制定的法律的行为是犯罪还是过失，在一定程度上则取决于官方。这种名词上的区别远不是无关紧要的，因为它决定着成千上万人的命运，也决定着社会的道德面貌。法律本身不仅能够惩治罪行，而且也能捏造罪行，尤其是在职业律师的手中，法律更加具有这方面的作用。

马克思：《政治评论》，

《马克思恩格斯全集》第 13 卷第 552 页。

在进行了一年半的审前侦查之后，陪审员们需要能够证明犯罪的客观材料，以期在舆论面前洗刷自己。

在演了五个星期的警察喜剧之后，陪审员们又需要"纯粹的倾向"以期洗清实际材料的污秽。因此，泽特并不满足于迫使检察院作出"缺乏客观的犯罪构成"这样一个判决的材料。他还更进了一步。他还企图证明，反对密谋的法律根本不要求什么犯罪构成，而纯粹是倾向性的法律，可见，密谋的概念只不过是用合法手续烧死政治异教徒的一种借口而已。

马克思：《福格特先生》，

《马克思恩格斯全集》第 14 卷上册第 450 页。

市法院和上诉法院对犯罪构成本身的看法不仅是不同的，甚至是直接对立的。——一个发现有侮辱我的话，另一个却说没有。法官在对犯罪构成的看法上的这种矛盾，确凿证明了在这里 prima facie 起诉对象是有的。

马克思：《福格特先生》，

《马克思恩格斯全集》第 14 卷上册第 713 页。

法典具有空前的伸缩性，因此，甚至在胆怯地表达工人阶级的要求和利益的情况下，政府也可以设法给人定罪。

恩格斯：《一八七七年的欧洲工人》，
《马克思恩格斯全集》第 19 卷第 148～149 页。

如果说，以前在光天化日之下肆无忌惮地干出来的封建罪恶虽然没有消灭，但终究已经暂时被迫收敛了，那末，以前只是暗中偷着干的资产阶级罪恶却更加猖獗了。商业日益变成欺诈。革命的箴言"博爱"在竞争的诡计和嫉妒中获得了实现。贿赂代替了暴力压迫，金钱代替了刀剑，成为社会权力的第一杠杆。

恩格斯：《社会主义从空想到科学的发展》，
《马克思恩格斯全集》第 19 卷第 209 页。

神学中关于原罪的传说告诉我们，人怎样被注定必须汗流满面才得糊口；而经济学中关于原罪的历史则向我们揭示，怎么会有人根本不需要这样做。但是，这无关紧要。于是出现了这样的局面：第一种人积累财富，而第二种人最后除了自己的皮以外没有可出卖的东西。大多数人的贫穷和少数人的富有就是从这种原罪开始的；前者无论怎样劳动，除了自己本身以外仍然没有可出卖的东西，而后者虽然早就不再劳动，但他们的财富却不断增加。

马克思：《资本论第一卷》，
《马克思恩格斯全集》第 23 卷第 781～782 页。

讲到奸淫的事，这些犹太人所指的不仅是婚姻以外的性关系，而且指犹太法律所禁止的、某亲等以内的人的通婚，也指犹太人与异教徒之间的通婚；这个词在使徒行传第十五章第二十和二十九节里一般都作此解释。

恩格斯：《论早期基督教的历史》，
《马克思恩格斯全集》第 22 卷第 539 页。

马克思在《第六届莱茵省议会的辩论（第三篇论文）》里提到"林木盗窃法也和狩猎、森林、牧场违禁法一样"，是说第六届莱茵省议会于 1841 年 6 月 24 日、25 日及 7 月 6、7、8 日讨论了《普鲁士各邦森林和狩猎治安总条例草案》，7 月 9 日讨论了《关于狩猎违禁的规定》，7 月 22 日讨论了《关于待审的森林、牧场和狩猎违禁案的民事申诉法案》。

马克思在《议会关于对华军事行动的辩论》里说，"英方为推卸广州屠杀的罪责而硬加在中国政府身上的罪名"，是马克思把英国人于 1856 年 10 月对广州的轰击，称为广州屠杀。英国人是在 1856 年 10 月挑起了同广州的中国当局的冲突。英国领事巴夏礼制造冲突的借口是：中国地方当局逮捕了中国走私船"亚罗号"的船员，而这艘船悬挂的是英国国旗。这次冲突发生后，英国驻华全权公使约翰·包令野蛮地下令炮轰广州，而事先并未警告。这就揭开了 1856～1860 年第二次对华鸦片战争的序幕。

马克思在《政治评论》里的"少年犯处治法",是指 1854 年英国建立的所谓感化学校,12～16 岁的少年犯不处短期徒刑,就送入这些学校。

2. 刑罚

刑罚(英)punishment(德)Strafe(法)pénalité,指对于犯罪行为给予行为者法律上的制裁。在对刑罚本质的看法上,有报复刑论与目的刑论互相对立的两种学说。目的刑论,主要是一般预防说和特别预防说。目的刑论主张,刑罚的目的在于惩罚犯罪,保障社会秩序。在这一点上,也叫作社会防卫说。从社会防卫说又演进到教育刑论。实际上,刑罚既不是单纯对犯罪的报复,也不仅仅是对一般轻微犯罪的威吓,或者是教育改造的手段,而是国家为了维持法律秩序而行使的国家权力。

西方法学界把刑罚的种类,归纳为生命刑、身体刑、名誉刑、自由刑和财产刑。日本刑法不使用"刑罚"术语,而称为"刑",故刑法为刑罚法。刑罚原则上需按照法律的规定执行,没有法律的特别委任,原则上不得在命令、条例上规定罚则。

法律上刑罚的规定,是有严格限制的。违反法定刑罚的典型表现,是私刑。

私刑,是法律规定的具有刑罚执行权以外的人对他人施行的刑罚,多指由加害人及其团体所施加的非法刑罚。在法理上,依照刑法的规定,符合犯罪构成要件的行为,才能受到刑罚。私刑显然是违法的,但现在各国依然存在着私刑。对此,西方学者认为,这是"历史惯例"。其言外之意是,私刑是改变不了的。

私刑有复杂的历史和现实背景。

> 黑格尔认为刑罚是罪犯自己给自己宣布的判决。甘斯更详细地发挥了这种理论。黑格尔的这种理论是对古代 jus tulionis〔报复刑〕的思辨的掩饰,康德曾把这种刑罚发展为法律上唯一的刑罚理论。
>
> 马克思恩格斯:《神圣家族》,
《马克思恩格斯全集》第 2 卷第 228 页。

> 黑格尔所谓的罪犯自我定罪只不过是一种"理念",只不过是对通行的经验刑罚的一种思辨解释。因此,他还是听凭国家在每一个发展阶段上选择刑罚的形式,也就是说,他听凭刑罚保持它的现状。……抽象的法律会被纯主观的武断所代替,因为在每一个案件中如何使刑罚符合罪犯的个性,都得由那批"道貌岸然的"官方人士来决定。
>
> 马克思恩格斯:《神圣家族》,
《马克思恩格斯全集》第 2 卷第 228～229 页。

> 鲁道夫捉住了这个罪犯。他想批判地改造他,想用他给法律界创造一个范例。他同法律界的争端不是"刑罚"本身,而是刑罚的种类和方式。用黑人医生大卫的特殊的话来说,鲁道夫发明了这种刑罚理论,他就有资格成为一个"最伟大的德国刑法学家",并且

从此以后这种理论甚至有幸获得一个具有德国式的严肃和德国式的彻底的德国刑法学家的拥护。

马克思恩格斯:《神圣家族》，

《马克思恩格斯全集》第 2 卷第 226 页。

抽象的法律会被纯主观的武断所代替，因为在每一个案件中如何使刑罚符合罪犯的个性，都得由那批"道貌岸然的"官方人士来决定。柏拉图已经懂得法律一定是片面的，一定是不考虑个性的。

马克思恩格斯:《神圣家族》，

《马克思恩格斯全集》第 2 卷第 229 页。

罪行变成了彩票，林木所有者如果走运的话，甚至可能中彩。这里可能产生额外价值，因为即使他所得的只是单纯价值，但是由于四倍、六倍以至八倍的罚款，他仍然能赚一笔钱。

马克思:《第六届莱茵省议会的辩论》，

《马克思恩格斯全集》第 1 卷第 274 页。

如果罪行这个概念要求惩罚，那么罪行的现实就要求有一个惩罚的尺度。实际的罪行是有界限的。因此，为了使惩罚成为实际的，惩罚就应该是有界限的，为了使惩罚成为公正的，惩罚就应该受到法的原则的限制。

马克思:《第六届莱茵省议会的辩论》，

《马克思恩格斯全集》第 1 卷第 247 页。

十五世纪末和整个十六世纪，整个西欧都颁布了惩治流浪者的血腥法律。现在的工人阶级的祖先，当初曾因被迫变成了流浪者和贫民而受到惩罚。法律把他们看作"自愿的"罪犯，其依据是：只要他们愿意，是可以继续在已经不存在的旧的条件下劳动的。

马克思:《资本论第一卷》，

《马克思恩格斯全集》第 23 卷第 803 页。

亨利八世二十七年，又重申了以前的法令，但由于加上了新的条款而更严厉了。如果在流浪时第二次被捕，就要再受鞭打并被割去半只耳朵；如果第三次被捕，就要被当作重罪犯和社会的敌人处死。

马克思:《资本论第一卷》，

《马克思恩格斯全集》第 23 卷第 803 页。

在路易·波拿巴及其宝贝继承者国防政府的统治下，很多人并没有任何罪状，纯粹出于政治嫌疑而被禁锢在牢狱之中。因此，公社责成它的一位委员——普罗托进行调查。他开释了 150 名已被囚禁六个月而始终没有受过一次审讯的人；其中很多人还是在波拿巴统治时被捕的，他们已被囚禁一年，但没有任何罪名，也没有经过审讯（4 月 9 日）。

马克思：《初稿。——公社》，

《马克思恩格斯全集》第 17 卷第 576 页。

（皮克事件）就是这个伪证制造犯，刚一握权，就立即出于同情释放了两位同行兄弟皮克和泰费尔。这两个人甚至在第二帝国时代就已经因为犯盗窃和伪造文件罪而被判处苦役，其中的一个泰费尔竟敢在公社成立以后回到巴黎，不过立刻就被送回到适合于他的地点。

马克思：《"法兰西内战"二稿》，

《马克思恩格斯全集》第 17 卷第 624 页。

流放苦役移民区法案也在全院委员会通过。除为数不多的已被判服苦役的罪犯仍将流放西澳大利亚之外，流放到苦役移民区的刑罚被这一法案取消。罪犯先服一定时期的监禁，然后可获得假释（但可能取消）和在大不列颠的居住权；他们将被用于公共工程并得到政府规定的工资。

马克思：《战争问题。——英国的人口和商业报告书。——议会动态》，

《马克思恩格斯全集》第 9 卷第 287 页。

他做了这样一番说教以后，就释放了被告，像通常所做的那样：如果罪犯是资产阶级就释放，而贫穷的无产者如果偷了 5 英镑以上的钱而被拿获，那就非判处苦役不可。

马克思：《政治动态。——欧洲缺粮》，

《马克思恩格斯全集》第 9 卷第 344 页。

他们不仅像贵族和诸侯一样肆无忌惮地榨取自己属下的人民，而且在办法上还更加无耻得多。除了使用残酷的暴力而外，一切宗教上的诡计也都施用了，除了刑具的威吓外，一切驱逐出教和拒绝赦罪的威吓也实行了，此外还滥用忏悔牧师进行一切诡计图谋，总之是要从所属人民身上敲出最后一文钱，以增添教会的产业。

恩格斯：《德国农民战争》，

《马克思恩格斯全集》第 7 卷第 391 页。

基督教的手段：眼睛作恶就挖掉眼睛，手作恶就砍掉手，总之，肉体作恶就杀害肉体，因为眼睛、手、肉体对于人本来都只是多余的、罪恶的附属品。要治愈人性的疾病，就必须消灭人性。

马克思恩格斯：《神圣家族》，

《马克思恩格斯全集》第 2 卷第 227 页。

每当真正的群众的立法严肃地提出了感化罪犯的任务的时候，它所采取的行动比这个

德国的赫仑·挨·力斯怯得的行为要合理和人道得多。

马克思恩格斯：《神圣家族》，

《马克思恩格斯全集》第 2 卷第 229 页。

大约十年前，特里尔的一位县长由于被指控"怀有谋取私利的意图，唆使下级官员进行非法的、使各乡镇财产遭到损失的活动，最后竟策划一个真正的阴谋，以图撤销那些抵制这种意图的官员的职务"，经一审判决，被判处六个月的监禁。可是，经上诉法院裁定，他却被宣告无罪，因为上述指控被认为已超过法定时效期。

马克思：《摩泽尔记者的辩护》，

《马克思恩格斯全集》第 1 卷第 391 页。

对于林木所有者来说，不仅他的林木，而且他用林木进行的牟利活动也应该受到保障，而他却以不给任何报酬的方式来表示他对自己的经纪人即国家的极易尽到的忠诚。把对罪行的惩罚由法对侵犯法的行为的胜利变成私利对侵犯私利的行为的胜利，这真是一种绝妙的想法。

马克思：《第六届莱茵省议会的辩论》，

《马克思恩格斯全集》第 1 卷第 275 页。

省议会忽而反对法国法律的规定，主张不用 8 天监禁而用 14 天监禁来抵偿 5 塔勒，忽而又崇拜法国法律，拒绝把 3 天监禁改为 24 小时监禁。

马克思：《第六届莱茵省议会的辩论（第三篇论文)》

《马克思恩格斯全集》第 1 卷上册第 283～284 页。

这个机构不受新济贫法的约束，而受较早的专门的法律（吉伯特法律）的约束。管理人在这个习艺所里私人开设了一个啤酒厂。1844 年 7 月 31 日，在斯托克波尔特有一个七十二岁的老头被人从习艺所拖到治安法官那里去，原因是他拒绝砸石子，说自己年纪太大，膝也弯不过来，实在干不了这种工作。他请求给他一种比较适合于他的体力的工作，但是白费，他被判处在监狱里做两个星期的苦工。

恩格斯：《英国工人阶级状况》，

《马克思恩格斯全集》第 2 卷第 580 页。

1855 年的刑事裁判法，这个法律规定治安法官在被捕人同意接受他的审判时，有权判处短期拘禁。违法行为通常是由不以立法者意志为转移的经济因素造成的；但是，正如实施少年犯处治法所证明的，判定某些违犯由官方制定的法律的行为是犯罪还是过失，在一定程度上则取决于官方。

马克思：《政治评论》，

《马克思恩格斯全集》第 13 卷第 552 页。

到 1828 年为止，无论谁（无论是英国人或外国人），都不会因为在联合王国以外犯了杀人罪而在这里受到追究。英国决斗者就利用了这一点。根据乔治四世九年颁布的法律第七节规定："陛下之臣民中，如有被指控为在联合王国境外某地犯有杀人或参与杀人之罪行者，均应在联合王国受审"。这项法律是为英国决斗者制定的，所以仅仅适用于"陛下之臣民"。

《马克思致恩格斯》，

《马克思恩格斯全集》第 32 卷第 481~482 页。

决定作出后，再立即制定一项法律，规定凡对享有全权的个人或团体直接或间接隐瞒有关商业秘密的文件或事实者，须给予刑事处分。

列宁：《实施社会主义，还是揭露盗窃国库的行为？》，

《列宁全集》第 30 卷第 287 页。

在大经济中，它的业务反正有几百人以至更多的人知道。保护商业秘密的法律在这里并不是为生产或交换的需要服务的，而是为投机买卖和用极不正当的手段牟取暴利，以及真正的诈骗行为服务的。大家知道，在股份企业中这种诈骗行为特别流行，而且用伪造得足以欺骗公众的报表和资产负债表非常巧妙地掩盖起来。

列宁：《大路临头，出路何在？》，

《列宁全集》第 32 卷第 199 页。

石油总委员会收到的报告谈到油井淹水以及由此可能造成的灾难，如果可能的话，请你们在今天把你们手头现有的介绍国外惩办不封闭油井、不采取堵水措施、堵水不当等等的石油工业家的国家法律或地方法规的材料（书籍、杂志、报告等等）给我送来。

列宁：《致伊·米·古布金等》，

《列宁全集》第 50 卷第 137 页。

马克思在《第六届莱茵省议会的辩论》里说，"罪行变成了彩票，林木所有者如果走运的话，甚至可能中彩"。这是真实而辛辣地讽刺。事情很清楚，如果林木所有者所获得的不只是单纯价值，同时还有损失的特别补偿，那么这种四倍、六倍以至八倍的罚款无论如何完全是白赚了。

在议会辩论中，一位骑士等级的代表极力主张高额罚款，认为林木所有者即使（除了单纯价值赔偿以外）还能得到罚款，这也仍不够补偿他的损失，因为这笔罚款往往是收不到手的。有人反对罚款的规定。一位城市代表指出：这一条（第 15 条）的规定会产生极其危险的后果。这样一来，林木所有者便得到三重补偿：价值，然后是四倍、六倍以至八倍的罚款，最后是损失的特别补偿；这种特别补偿往往是任意确定的，与其说是合乎实际的不如说是凭空虚构的结果。这位代表认为，无论如何必须规定，应把这种很成问题的特

别补偿立刻提交林务法庭，由该法庭作出判决。必须提出证明损失的特别证据，不能仅仅以笔录作为凭据，这是理所当然的事情。然而，反对意见是没有用的。这一条被通过了。

马克思在《政治动态。——欧洲缺粮》里一针见血地指出，"如果罪犯是资产阶级就释放，而贫穷的无产者如果偷了 5 英镑以上的钱而被拿获，那就非判处苦役不可"。案情大致是这样：

北明翰－希鲁兹布里铁路管理局在星期六以欺骗股东罪在副大法官法庭受审。西方大铁路和西北铁路都想并吞上述的北明翰－希鲁兹布里铁路。这条铁路的大多数股东主张同西北铁路合并，而管理局的委员们则主张加入西方大铁路，于是他们就决定利用委托给他们结算的一部分股票来取得虚假的票数。

为了这个目的，他们把股票分发到许多名义上的股票持有者的名下，有些人并不知道这件事，他们的名字是被拿来顶替的；有一个竟然是 9 岁的小孩。这些股票持有者既然不偿付股票价值，于是以后就把股票还给管理局委员们，同时以名义股东的资格给这些委员们一定数量的票来保证他们取得多数，好与西方大铁路合并。博学的法官已经看出，"很难设想有比这更可恨更无耻的欺骗，而达到预定目标的方法尤为可耻"。

三、法规制度

法规（德 Rechtssatz），是法的形式之一。是属于宪法和法律下位的法律规范形式。西方法学认为，法规在广义上是指法律规范，与法、法律同义，一般指成文法的命令；狭义指具有特殊性质的法律规范。

经典作家在法的论述中，广泛使用了法规术语。主要有三种情况：一是在法的形式意义上使用；二是在法律规范意义上使用；三是在规则意义上使用。因此，对于法规术语的具体涵义，必须注意它的使用条件。

在法规术语的各种使用中，应当将下列加以区别。首先，将作为具有抽象意义的法律规范的法规，与具有具体意义的行政决定和审判判决相区别。行政行为和审判行为，本身不是法规，必须依据法规而不能替代法规。其次，将作为与公民权利义务有关的法律规范的法规，与权力关系中作为命令的法律规范的法规相区别。这样的法规概念，是近代立宪主义、法治主义的产物。为了保障公民权利和防止权力的滥用，法规要求由议会以法的形式制定。各国宪法上的立法权，大多意味着制定这个意义上的法规。最高行政机关的法规的制定，需经过议会的委任。

在西方国家，命令性是法规的明显特征。应当明确，构成法规内容的命令与行政命令是不同的。而且，发布独立于法律的法规命令，需经法律的委任，否则，不予承认。特别是在法规命令中"设立义务或限制权利"规定的场合。

在我国，作为法的形式的法规，有行政法规、地方性法规、自治法规和军事法规等。

行政法规，是由国务院制定关于行政管理的规范性文件。国务院是行政机关，不是立法机关。根据宪法规定，行政法规具有法的效力，但同宪法、法律相抵触的无效。行政法规由国务院径自报送全国人大常委会备案。

地方性法规，是由地方国家机关依法制定的，在本行政区域范围内发生效力。不得同宪法、法律和行政法规相抵触。地方性法规，由省级人大常委会径自报送全国人大常委会和国务院备案；属于较大市的人大及其常委会制定的地方性法规，由省级人大常委会报送全国人大常委会和国务院备案。

自治法规，是由民族区域自治地方的权力机关制定的规范性文件。一般是自治条例和单行条例。在本自治区域内有效。自治区人大制定的自治条例和单行条例须经全国人大常委会批准，无须报送全国人大常委会和国务院备案。自治州和自治县人大制定的自治条例和单行条例，则由所在地的省级人大常委会报送全国人大常委会和国务院备案。

军事法规，是由中央军事委员会依据宪法和法律制定的军事规范性文件，在武装力量内部实施。

（一）法规术语使用的几种情况

1. 法规在法的形式意义上使用

在法的形式的意义上，经典作家明确地把法规与法律、法令、条例等法的形式区别开来了。在同其他法的形式相互区别的场合，法规指的是法的一种形式。

法规的制定机关、效力范围，各国不尽相同，但属于法律位阶之下的法，则大体是一致的。在有的国家，也存在法令、条例等于或高于法规的情况。

在我国，法规一级法的形式，是宪法和法律之下的三级法，位阶高于条例。

文章作者一开始就对自己的问题作了自我评价。他认为，如果从更高的角度来考察，这个问题就不存在。但是，他同时又告诉我们，从这个高的角度来看，所有法律、成文法规、中央国家权力，以至国家本身都消失了。作者有理由赞扬用这种观点观察问题"非常容易"，但是，他认为这种解决问题的办法"从理论上说是完全正确的，甚至是唯一正确的"，那就不对了，

> 马克思：《集权问题》，
> 《马克思恩格斯全集》第 1 卷上册第 204 页。

它的教义和教规分割开来，就等于说法的一般精神在国家中应该占统治地位，而不考虑特定的法律和现行法规。

> 马克思：《〈科隆日报〉第 179 号的社论》，
> 《马克思恩格斯全集》第 1 卷上册第 225 页。

他们作为士兵参加阅兵式和作为公民参加讨论。在团队花名册上现在有十五万多志愿兵。有许多天主教徒参加。他们决定不再服从——而且不允许人们服从——在此以前在英国颁布的任何法规和法律并且不惜生命和财产反抗这些法律的实施。

> 马克思：《从美国革命到 1801 年合并的爱尔兰》，
> 《马克思恩格斯全集》第 45 卷第 34 页。

法官不受正式规定的过分约束，而有一定的伸缩余地，——这当然是一种很合理的原则，所以我国刑法学教授们才不止一次地称颂俄国的法律制度，强调它的自由主义。只是他们忘记了一件小事情：要运用合理的法规，就需要有其地位不同于一般官吏的法官，就需要社会代表参加审判和舆论界参加案件的讨论。

> 列宁：《时评》，
> 《列宁全集》第 4 卷第 358 页。

当俄国政府的正式声明中，除了单纯的指令以外，还有那么一点解释这些指令的意图

的时候，它里面几乎总包含着（这是一种法规，这种法规比我国的大多数法律还要稳定得多）两个基本论调或者两类基本论调。

列宁：《内政评论》，
《列宁全集》第 5 卷第 272 页。

重申（或更确切地表述）关于不向国家（或合作社）登记多余的粮食和其他各种食物的人应受没收财产处分的法规和法令。

列宁：《关于粮食问题的提纲》，
《列宁全集》第 35 卷第 28 页。

马克思在《集权问题》里谈到"法律、成文法规"时，主要围绕关于论述"国家权力"问题提出的。

《就集权问题论德国和法国》的署名文章说："国家权力应当从一个点出发呢，还是每个省、每个乡镇应当自己管理自己，而中央政府只是在要对外代表国家时才应当作为一个整体的权力管辖国家的各部分呢，——对这个问题的看法，还存在着严重分歧。"对此，马克思阐释了集权问题。他说：一个时代的迫切问题，有着和任何在内容上有根据的因而也是合理的问题共同的命运。主要的困难不是答案，而是问题。世界史本身，除了用新问题来回答和解决老问题之外，没有别的方法。

马克思的结论是，每个时代的谜语是容易找到的。这些谜语都是该时代的迫切问题，如果说在答案中个人的意图和见识起着很大作用，因此，需要用老练的眼光才能区别什么属于个人，什么属于时代，那么相反，问题却是公开的、无所顾忌的、支配一切个人的时代之声。问题是时代的格言，是表现时代自己内心状态的最实际的呼声。

马克思在《〈科隆日报〉第 179 号的社论》里提到的"法律和现行法规"，是基于"把宗教与教义和教规分开"的观点。

马克思认为，基督徒生活在制度各不相同的国家里，有的在共和政体的国家，有的在君主专制的国家，有的在君主立宪的国家。基督教并不能判定制度的好坏，因为它不懂得制度之间的差别，它像宗教应该教导人们那样教导说：你们要服从执掌权柄者，因为任何权柄都出于神。因此，你们就不应该根据基督教，而应该根据国家的本性、国家本身的实质，也就是说，不是根据基督教社会的本质，而是根据人类社会的本质来判定各种国家制度的合理性。

拜占庭国家是一个真正的宗教国家，因为在那里教义就是国家问题，然而，拜占庭国家却是最坏的国家。旧制度的国家是最标准的基督教国家，但是尽管如此，它们仍然是"宫廷意志"的国家。

2. 法规在法律规范意义上使用

有些场合，经典作家使用了法规术语，但不是指法的形式的法规。这是在法规与法律相互区别基础上，在法律规范意义上使用的。

下述段落反映伊壁鸠鲁对精神的本质、对国家的看法。他把契约，συννηχη，看作基础；从而只把有益的原则，συμφδρου，看作目的。

……［152］"在公认为正义的东西中，那种在人们交往的相互关系上被证明是有益的东西，要是它对人们一视同仁的话，就具有法的性质。如果有人颁布一条［对大家］都一视同仁的法律，可是这法律在人们交往的相互关系中并不带来好处，那么这条［法规］就没有法的性质。"（第99页）

马克思：《关于伊壁鸠哲学的笔记》，

《马克思恩格斯全集》第40卷第34页。

行业自由只是行业自由，而不是其他什么自由，因为在这种自由中，行业的本性是按其生命的内在原则不受阻挠地形成起来的。如果法院遵循它自己固有的法规而不遵循其他领域（如宗教）的规律的话，审判自由就是审判自由。自由的每一特定领域就是特定领域的自由，同样，每一特定的生活方式就是特定自然的生活方式。

马克思：《第六届莱茵省议会的辩论（第一篇论文）》，

《马克思恩格斯全集》第1卷上册第190页。

这些立法必然是片面的，因为贫民的任何习惯法都基于某些财产的不确定性。由于这种不确定性，即不能明确肯定这些财产是私有财产，也不能明确肯定它们是公共财产，它们是我们在中世纪一切法规中所看到的那种私法和公法的混合物。

马克思：《第六届莱茵省议会的辩论（第三篇论文）》，

《马克思恩格斯全集》第1卷上册第251页。

实体法却具有本身特有的必要的诉讼形式，正如中国法里面一定有笞杖，拷问作为诉讼形式一定是同严厉的刑罚法规的内容连在一起的一样，本质上公开的、受自由支配而不受私人利益支配的内容，一定是属于公开的自由的诉讼的。

马克思：《第六届莱茵省议会的辩论（第三篇论文）》，

《马克思恩格斯全集》第1卷上册第287页。

格律恩先生只要翻阅一下资产阶级的一切法规，到处都可以找到共产主义的碎块，因此，把所有这些总合起来就是完美的共产主义。他可以把拿破仑法典命名为 Code de la communauté〔共有性的法典〕。

马克思恩格斯：《德意志意识形态》，

《马克思恩格斯全集》第3卷第623页。

吉尔克大臣当然又起来维护旧普鲁士的制度和在这个制度的基础上产生的法规。

恩格斯：《关于现行赎买法案的辩论》，

《马克思恩格斯全集》第5卷第364~365页。

我们只要求普鲁士的基本法规得到连续不断的、全面的发展；我们要求人们不致突然抛弃现实的、有机的国家生活而陷入不现实的、机械的、从属的、非国家的生活领域中去。

马克思：《论普鲁士等级委员会》，

《马克思恩格斯全集》第40卷第334页。

亨利七世的总检察长爱德华·波伊宁兹爵士起草的亨利七世法规，剥夺了爱尔兰议会——无论是上院还是下院——独自通过任何法律的可能性。任何法规在最终审议之前，都要提交爱尔兰副王及其枢密院审查，他们可以随意否决它，或者转送英国。英国的总检察长和枢密院有权或者干脆将它撤销，或者按自己的意图加以更改，然后才发回爱尔兰，准许爱尔兰议会将它作为法律通过。

马克思：《从美国革命到1801年合并的爱尔兰》，

《马克思恩格斯全集》第45卷第10~11页。

乔治一世法规旨在使爱尔兰的立法完全失效，并确立英国上院的上诉裁判权。这样，爱尔兰高等法院做出的任何决定和判决，如触动或者侵犯了英国冒险家和在外地主对爱尔兰庄园或爱尔兰财产的有争议的其实也就是假的产权，都可以被大不列颠的苏格兰和英格兰贵族手中掌握的票把它们撤销或加以阉割。

马克思：《从美国革命到1801年合并的爱尔兰》，

《马克思恩格斯全集》第45卷第11页。

公元前451年，颁布了十二铜表法。遗产由氏族成员继承的古老法规已被取消；遗产传给 sui heredes（子女），若无子女，则传给其男性直系后裔。

马克思：《路易斯·亨·摩尔根〈古代社会〉一书摘要》，

《马克思恩格斯全集》第45卷第532页。

这是世界上独一无二的立法——独一无二的法规（至少奴隶主不搞这类立法丑剧也行），它的公开目的无非是使那种只考虑私人利益，只考虑榨取金钱的立法者靠牺牲他的臣民来最大限度地"发财致富"。

马克思：《经济学手稿》，

《马克思恩格斯全集》第47卷第528页。

德国人在波兰却妨碍了波兰城市的建立和波兰资产阶级的形成！他们以自己独特的语言，以自己和波兰居民的疏远，以自己成千上万种特权和城市法规，妨碍了中央集权这个使一切国家迅速发展的最有力的政治手段的实现。

恩格斯：《法兰克福关于波兰问题的辩论》，

《马克思恩格斯全集》第5卷第374页。

东方问题简单化了，它将在列强的协助下，在保障奥斯曼帝国不受侵犯的基础上得到解决。所有原则都被遵守了。欧洲的国际法规会推广到土耳其政府。

马克思：《缅甸战争。——俄国问题。——外交管的有趣信件》，

《马克思恩格斯全集》第 9 卷第 232 页。

在上星期六"先驱"上有一篇通讯，作者以无所顾忌的方式对阿伯丁和帕麦斯顿两位勋爵之间的"对抗性"发表了以下的言论"……阿伯丁勋爵由于和统治阶级极为亲近，所以知道如何谋取席位，如何买到选票，因此他才不把英国宪制看做人类的种种法规中最完善的法规。"

马克思：《政治动态。——欧洲缺粮》，

《马克思恩格斯全集》第 9 卷第 341 页。

西班牙人那里的情况，同你们那里一样，相当糟糕，但是他们不让自己搞得晕头转向。其实，不伦瑞克的判决并不是法规。这一类卑鄙的勾当，况且又是以联邦议会的法律为依据，只有在堕落的小邦中才可能干出来。

《恩格斯致威·李卜克内西》，

《马克思恩格斯全集》第 33 卷第 371 页。

使恩格尔哈特与没有任何民粹派色彩的遗产代表接近的另一个特点，就是他相信农民贫困的主要和根本原因是农奴制度的残余以及它所特有的法规。只要扫除了这些残余和这种法规，事情就好办了。恩格尔哈特对法规持坚决否定的态度，他无情地嘲笑想凭借上面的法规来造福于农夫的任何企图。

列宁：《我们拒绝什么遗产？》，

《列宁全集》第 2 卷第 400 页。

民粹主义的这个观点也是与 60 年代的"遗产"和传统没有丝毫联系的，相反，而是与这些传统正相抵触的。从这个观点自然便产生出民粹派分子对于改革前的俄国生活法规的许多残余所持的态度，而这种态度是"遗产"代表者所绝对不能同意的。

列宁：《我们拒绝什么遗产？》，

《列宁全集》第 2 卷第 412 页。

维·伊万诺夫先生就此指出：

"……他们〈民粹派分子〉不仅没有把不堪忍受的专制'法规'当作自己论敌的'梦想'来谈论，而且只要他们依然是民粹派分子，就不能而且也不会这样谈论。他们在这方面与'经济唯物主义者'的争论的实质就在于：我们这里所保存下来的旧法规残余，据民粹派分子看来，可以作为法规进一步发展的基础。民粹派分子所以看不见这种旧法规是不

堪忍受的，一方面是因为他们以为'农民的灵魂（统一而不可分的灵魂）'正在向法规方面'进化'，另一方面是因为他们确信'知识界'、'社会'或'领导阶级'已经具备或定将具备完美的道德"。

列宁：《我们拒绝什么遗产？》，
《列宁全集》第2卷第413页。

民粹派分子这种对"旧法规残余"的态度，可说是民粹派对"遗产"传统的最明显的背离。正如我们所看见的，这种遗产的代表的特点是对旧法规的所有一切残余进行坚决无情的谴责。因此，从这一方面看来，"学生们"同60年代的"传统"和"遗产"要比民粹派分子接近得多。

列宁：《我们拒绝什么遗产？》，
《列宁全集》第2卷第413页。

任何重大变革提到人民面前的任务显然不仅是利用现有法规，而且要制定新的相应的法规。

列宁：《在全俄中央执行委员会会议上关于罢免权的报告》，
《列宁全集》第33卷第106页。

每个工厂、每个乡村都是一个生产消费公社，都有权并且应该按照自己的方式实行共同的苏维埃法规（所谓"按照自己的方式"，并不是说违反法规，而是说用各种不同的形式实行这些法规），按照自己的方式解决产品的生产和分配的计算问题。在资本主义制度下，这是个别资本家、地主和富农的"私事"。在苏维埃政权下，这不是私事，而是国家大事。

列宁：《苏维埃政权的当前任务》，
《列宁全集》第34卷第172页。

马克思在《从美国革命到1801年合并的爱尔兰》里说的"英国冒险家和在外地主"，是指一些在爱尔兰占有大地产但经常住在英国的人。在外地主的庄园由残暴压榨农民的土地代理人经管，或者出租给投机的中间人，再由中间人以小块转租给佃农。

"冒险家"，在16至17世纪时，指积极参与殖民活动并从事金融投机的商人和银行家。这些人主要是伦敦西蒂区的。在17世纪中叶，英国资产阶级革命时期，冒险家们向议会提供了大量的贷款；议会则为偿还这些贷款而向冒险家们提供了在爱尔兰没收的土地。

《恩格斯致威·李卜克内西》里的"联邦议会"，是德意志联邦的中央机关，它由德意志各邦的代表组成，会址设在美因河畔法兰克福，由奥地利代表担任主席。这一机关并不是履行中央政府职能的，而是起反革命的作用的，它干预德意志各邦内部事务的目的，完全是为了镇压各邦发生的革命运动。在1866年普奥战争时期，联邦议会和德意志联邦一起不再存在了。

3. 法规在规则意义上使用

从经典作家的下列论述可以看出，有的是习俗，有的是习惯法规，有的是学说规则。有的是规则决定性所产生的规则，有的是规章制度，等等。

每一个文化时期都比前一时期有着显著的进步，这不仅表现在发明的数量上，而且也表现在由这些发明造成的财产的种类和总额上。财产形式增加，关于占有和继承的某些法规也必然随之发展。关于占有和继承财产的这些法规所依据的是习俗，由社会组织的发展状况和水平决定的。

> 马克思：《路易斯·亨·摩尔根〈古代社会〉一书摘要》，
> 《马克思恩格斯全集》第 45 卷第 378 页。

假使这种氏族成员把自己的儿子当作某一庄严义务的担保物，而这个儿子却成了父亲违约的牺牲品，那末这只是父亲本人的事情。但是假如成为牺牲品的是姊妹的儿子，那末这就违反了最神圣的氏族法规；孩子或青年的最近的同氏族亲属，即首先负有保护他的义务的人，便对他的死负有责任；这个同氏族亲属或者是不应当把他作为人质，或者是必须履行契约。即使我们没有发现德意志人氏族制度的其他任何痕迹，那末仅仅这一个地方也就够了。

> 恩格斯：《家庭、私有制和国家的起源》，
> 《马克思恩格斯全集》第 21 卷第 156～157 页。

我们已经提及的皮特里的研究证明，现有的最古的、从六世纪和七世纪开始的文字记载，积年表的内容完全符合，而奥顿诺凡的意见是，年表记载真正的历史事实从公元二世纪和三世纪就开始了。年表中可靠的记录是在早几个世纪或晚几个世纪开始，对我们来说并没有多大区别，因为，很可惜，就这个时期来说，这些年表对我们的目的几乎是毫无帮助的。其中只是简短而枯燥地记录某人的死亡或即位，记录战争、战役、地震、瘟疫、斯堪的那维亚人的掠夺，而很少涉及人民的社会生活。如果出版了所有爱尔兰的古代成文法规，这些年表就会获得完全不同的意义；有了法律汇编中的一些解释，许多枯燥的记录就会不同了。

> 恩格斯：《爱尔兰史》，
> 《马克思恩格斯全集》第 16 卷第 552 页。

"古制全书"直到现在还是我们研究古代爱尔兰的主要资料。这是一部古代法规的汇编。据以后写成的序言说，这个汇编是适应正在爱尔兰迅速传播的基督教的需要，根据圣帕特里克的建议并在他的参加之下编成的。

> 恩格斯：《爱尔兰史》，
> 《马克思恩格斯全集》第 16 卷第 554 页。

　　罗马人在这二百年间（从罗慕洛到塞尔维乌斯·土利乌斯）根据经验认识到必须用他们自己颁布的成文法代替习惯法规；除此之外，他们还建立了城市管理机关和完备的军事制度，包括骑士团在内。

马克思：《路易斯·亨·摩尔根〈古代社会〉一书摘要》，

《马克思恩格斯全集》第 45 卷第 549 页。

　　按照印第安人的制度（凡是存在着氏族组织的地方都是一样），每一个酋长代表一个选民团体，而所有的酋长合起来代表部落。有时从酋长中选举一部分人组成总会，但是这样做始终应当根据一个基本法规，这个法规确定会议成员的人数，并规定永远维持这些位置。

马克思：《路易斯·亨·摩尔根〈古代社会〉一书摘要》，

《马克思恩格斯全集》第 45 卷第 488 页。

　　在北美的印第安人中间，如果有一个人被杀害了，"只有死者的家庭才有权实行报复，家庭成员在一起开会商议并做出决定。城镇或部落的统治者是不予插手或过问的"（《美洲考古学会学报》）。实际上似乎可以这样看：法规最初的目的与其说是惩罚犯罪者，不如说是限制和减弱受害一方所实行的报复（第 317 页）。

马克思：《约·拉伯克〈文明的起源和人的原始状态〉一书摘要》，

《马克思恩格斯全集》第 45 卷第 680 页。

　　尼布尔说：所有古代的立法者，首先是摩西，他们支持善行、公正和美德的法规所以取得成就，都是建立在让尽可能多的公民取得土地所有权的基础上，或者，至少要保证尽可能多的公民有世袭的土地占有权。（尼布尔《罗马史》1827 年第 2 版第 1 卷第 245 页）

马克思：《政治经济学批判》，

《马克思恩格斯全集》第 46 卷上册第 477 页。

　　看来他把说俏皮话，开玩笑，凑热闹也算作 faux frais de production［生产的非生产性费用］了，而他所属的那个经济学派的第一条法规就是要避免"非生产性费用"。

马克思：《议会关于战争的辩论》，

《马克思恩格斯全集》第 11 卷第 305 页。

　　蒲鲁东先生的全部逻辑总括起来就是：竞争是一种社会关系，现在我们正在这种关系下面发展我们的生产力。对于这个真理，他并没有在逻辑上加以发展，而往往只是进行过多的表述：竞争是工业竞赛，是自由的最时髦的方式，是劳动中的义务，是价值的构成，是平等到来的条件，是社会经济的原理，是命运的法规，是人类灵魂的必然要求，是永恒公平的启示，是划分中的自由，是自由中的划分，是一个经济范畴。

马克思：《哲学的贫困》，

《马克思恩格斯全集》第 4 卷第 175 页。

我们的目的是要吸收全体贫民实际参加管理，而实现这个任务的一切步骤——愈多样化愈好——应该详细地记载下来，加以研究，使之系统化，用更广泛的经验来检验它，并且定为法规。

列宁：《苏维埃政权的当前任务》，

《列宁全集》第 34 卷第 184 页。

作为行会师傅，他继承、赚得、积蓄这种消费储备，而作为徒弟，他不过是一个学徒，还完全不是真正的、独立的劳动者，而是按照家长制寄食于师傅。作为（真正的）帮工，他在一定程度上分享师傅所有的消费储备。这种储备即使不是帮工的财产，按照行会的法规和习惯等等，至少是他的共同占有物等等。

马克思：《政治经济学批判》，

《马克思恩格斯全集》第 46 卷上册第 499 页。

在社会分工本身表现为固定的法律、外在的法规并受规章支配的社会形式中，作为工场手工业的基础的分工并不存在，或者只是偶然见到并处于初期阶段。例如，行会规章规定了一个师傅可以雇用的徒弟的非常低的最高限额。正是这种情况，妨碍着师傅发展成为资本家。因此，分工自然就从工场内部被排除了。

马克思：《经济学手稿》，

《马克思恩格斯全集》第 47 卷第 357 页。

这样一来，除了由不屑于国际而要想领导国际的那些团体所建立的世界联邦主义委员会以外，又出现了由未加入国际而要想给国际制订法规的那些团体所召开的权威主义代表大会。

《恩格斯致·格·德·维耳布罗尔》，

《马克思恩格斯全集》第 33 卷第 515 页。

既然已经迁移了，所以我由此间接得出结论，购置专门厂房的计划已被放弃或者成为多余的了。这当然很好，因为对于我们这样一个穷党来说，只有在极端必要的情况下才允许把钱投入不动产。第一，把钱作为举办事业的资金可以使用得更好一些；第二，在德国，当有关政治事件的法规极不稳定时，根本无法预料，一旦出现剧烈的反动局面，不动产将会遇到什么情况。

《恩格斯致奥·倍倍尔》，

《马克思恩格斯全集》第 34 卷第 153 页。

普列汉诺夫试图采用形式主义的观点，顽强地（顽强应当用在好事上）重复说，代表大会应由总委员会召开，因此，凡不是由总委员会召开的代表大会都是不合法的。这种说法十分片面、十分幼稚而自私，使人真想"分给兔子一块熊耳朵"，真想发给普列汉诺夫一枚严格遵守党章和党的法规的奖章！

列宁：《无休的托词》，

《列宁全集》第 9 卷第 291 页。

同破坏党的一切法规的中央委员会国外局决裂（以及接着发生的从 1910 年 2 月起就根本没有参加过中央机关报工作的马尔托夫和唐恩退出中央机关报编辑部），就意味着纠正全会（1910 年 1 月）的错误，由于这个错误，参加中央机关的不是护党派孟什维克，而是呼声派，即取消派。

列宁：《党内状况》，

《列宁全集》第 20 卷第 302 页。

马克思在《议会关于战争的辩论》里说，"他所属的那个经济学派的第一条法规就是要避免'非生产性费用'"。

这里的"他"，指曼彻斯特郊区的男爵米尔约·基卜生。"那个经济学派"。指曼彻斯特学派。马克思认为米尔约·基卜生的讲话单调无味，使人昏昏欲睡，内容枯燥，听了使人厌倦。讽刺他在离他很近的英国工业首府学会了用最少的生产费用生产尽可能多的东西。

在帕麦斯顿向主持的议会辩论中，没有可讨论的对象。议会所能作的最好的事情，就是向国王送呈有关战争问题的奏本，换句话说，就是对内阁表示信任。关于修正案的长篇发言和辩论，暴露了皮尔分子和曼彻斯特学派之间的 entente cordiale〔诚意协商〕。皮尔分子公开希望在和约签订以后治理英国，成为工业资产阶级的首领。

列宁在《苏维埃政权的当前任务》里指出，"要吸收全体贫民实际参加管理。"列宁之所以提出这个问题，就是为了坚持不懈地发展苏维埃组织和苏维埃政权组织。当时，在无产阶级夺取政权的情况下，有一种使苏维埃成员变为"议会议员"或变为官僚的小资产阶级趋势。为此，列宁认为，必须吸引全体苏维埃成员实际参加管理来防止这种趋势。在许多地方，苏维埃的各部正在变成一种逐渐同各人民委员部合并的机关。

苏维埃民主制，即目前具体实施的无产阶级民主制的社会主义性质在于建立了劳动者先锋队即大工业无产阶级的最优良的群众组织，这种组织使劳动者先锋队能够领导最广大的被剥削群众，吸收他们参加独立的政治生活，根据他们亲身的体验对他们进行政治教育，从而第一次着手使真正全体人民都学习管理，并且开始管理。

苏维埃实行的民主制的主要特征在于，这种民主制是更高类型的民主制，是与资产阶级所歪曲的民主制截然不同的民主制，是向社会主义民主制和向使国家职能开始消亡过渡的民主制。

列宁在《无休的托词》里说的"分给兔子一块熊耳朵"，意为给自我吹嘘者以奖赏。出典于俄国作家伊·安·克雷洛夫的寓言《兔子打猎》。寓言说，一群野兽正在分它们猎获的一只熊，没有参加猎熊的一只兔子却伸出前足来撕熊的耳朵，并且说是它把熊从树林里赶到空地上，野兽们才得以把熊逮住杀死的。野兽们感到兔子的话虽系吹牛，却十分有趣，于是分给它一块熊耳朵。

（二）中央级法规

1. 国际方面的法规

国际方面的法规，既包括国际关系中双边或多边条约的法规，也包括本国制定的关于国际关系方面的法规。

俄国为了破坏这次联合行动，似乎需要哥本哈根内阁作出一个俄国现在假装表示反对的中立声明；如果法英承认了丹麦的中立，那就不仅破坏了他们原定的计划，而且中立国船只运输的货物也就不受军事法规的限制，从而保证俄国的商品可以通过波罗的海出口。

马克思恩格斯：《君士坦丁堡的设防。——英国议会的成分》，

《马克思恩格斯全集》第 10 卷第 49 页。

奥地利皇帝只要认为可能，就有充分的自由来恢复现存秩序；甚至在这种情况下，他也可以完全仿效俄国将军布德贝尔格那样，恢复地方政权不过为了使它们服从奥地利军事法规。

马克思：《马德里的起义。——奥地利—土耳其条约》，

《马克思恩格斯全集》第 10 卷第 327 页。

与其对奥地利现行政策可能产生的作用作这类假设，倒不如来看一看真正存在的 6 月 14 日的奥土条约。这个条约已经正式全文公布了。

这里需要注意到两个因素：奥土之间的关系以及莫尔达维亚和瓦拉几亚人民对土、奥或其他外国的态度；实在令人奇怪，完全受外交家们左右的欧洲舆论完全忽略了后一个因素。

条约的第一条内称："奥地利皇帝必须采取一切手段——外交的以及其他的手段，争取外国占领军撤出多瑙河各公国，必要时，甚至派出必要数量的军队来达到这个目的。"……第二条规定，"军队行动的指挥权仅属于帝国总司令。而后者则要注意将他所要采取的行动及时通知奥斯曼军队的总司令"。……第三条规定："奥地利皇帝必须根据与奥斯曼政府相互之间的协议，尽可能恢复多瑙河各公国的法定秩序——根据土耳其政府在该地区的内部管理方面所赋予的特权而产生的法定秩序。但是，以此种方式恢复起来的地方政权不得把自己的职权扩大到对帝国军队作某种监督。"……第四条规定："奥地利宫廷必须不同俄国宫廷缔结任何触犯苏丹主权和苏丹帝国的完整的协定。"第五条又规定："一旦土耳其政府和俄国宫廷的和约签订而使本协定的目的达到，奥地利皇帝应尽可能立即采取措施，撤出他的军事力量。有关奥地利撤军的详细条件将与土耳其政府专门协商。"……第六条规定奥地利人有权甚至不需有形的偿付，而将俄国人撤走后留在多瑙河各公国的一切生活用

品据为己有。

马克思:《马德里的起义。——奥地利—土耳其条约》,

《马克思恩格斯全集》第 10 卷第 326～328 页。

土耳其政府要求对莫尔达维亚和瓦拉几亚的宗主权是根据 1393 年、1460 年和 1511 年的三个条约。1393 年瓦拉几亚和土耳其之间的条约有以下几条:

"第一条 我们,即巴耶济德等本着对隶属于我们不可战胜的帝国的瓦拉几亚的宽厚精神,和它的执政国君共同决定,这个国家将继续根据本国的法律进行统治,瓦拉几亚国君将有充分的自由自行选择方式和时机同邻邦宣战和媾和。

第三条 国君(基督徒)由大主教和贵族选举产生。

第四条 瓦拉几亚国君有义务每年给帝国国库纳贡 500 披亚斯特。"

1460 年瓦拉几亚国君符拉德五世和穆罕默德二世签订的条约规定:

"第一条 苏丹同意并且保证由他本人和他的继承人保护瓦拉几亚和防御任何敌人的进犯,为此仅要求瓦拉几亚承认苏丹对作为主权公国的瓦拉几亚具有宗主权,地方长官为此必须每年向土耳其政府纳贡 1 万披亚斯特。

第二条 土耳其政府不以任何方式干涉该公国的地方行政,任何一个土耳其人无重大原由,均无权进入瓦拉几亚境内。

第三条 地方长官照旧由大主教、主教和贵族选举产生,土耳其政府承认这种选举是合法的。

第四条 瓦拉几亚人民仍享有按本国法律进行管理的自由,它的地方长官享有对其臣民生杀予夺的权力以及宣战和媾和的权力,他们自己的行为不对苏丹负任何责任。"

第三个条约就是 1511 年的条约。莫尔达维亚在条约中承认土耳其政府的宗主权并为自己争取到比瓦拉几亚所取得的更为有利的条件。

马克思:《马德里的起义。——奥地利—土耳其条约》,

《马克思恩格斯全集》第 10 卷第 328～329 页。

在这些外交界的启示录中,有两件事情最为突出:第一,西班牙被愚弄了,第二,罗素脑子里连想都没有想,他对墨西哥是不能不宣而战的,他只有根据一切有关方面都必须遵守的一定的条约才能同外国结成同盟来进行这次战争。两个月以来使人腻烦地、伪善地说什么严格的国际法规神圣不可侵犯和自己尊重这些法规的人们就是这个样子!

马克思:《墨西哥的混乱》,

《马克思恩格斯全集》第 15 卷第 504 页。

马克思在《马德里的起义。——奥地利—土耳其条约》里的"奥土条约",实质上是把多瑙河各公国转让给奥地利并使土耳其不再对它们行使宗主权。同时,土耳其人像以前俄国人一样,对莫尔达维亚和瓦拉几亚人民的权利进行了令人发指的破坏。土耳其人就像有权把多瑙河各公国宣布为俄国行省一样,有权把它们让给奥地利占领。

"土耳其政府要求对莫尔达维亚和瓦拉几亚的宗主权是根据 1393 年、1460 年和 1511 年的三个条约"，涉及俄土之间签订的条约。

俄土之间签订的条约，不能使莫尔达维亚人和瓦拉几亚同土耳其政府签订的条约失效，因为这两个民族从来没有跟俄国人进行过谈判，也没有给土耳其政府代他们达成协议的权利。而且，俄国在阿德里安堡条约中，已经承认上述特惠条例。这个条约的第 5 条规定："鉴于瓦拉几亚和莫尔达维亚两公国根据特惠条例服从土耳其政府的宗主权，而俄国保障它们的繁荣（！）因此，显而易见，它们继续享有它们的特惠条例所赐予的一切特权和豁免权。"

特惠条例现在依然有效，因为后来的任何条约并没有废除它们。根据这些特惠条例可以看出，多瑙河两公国是两个受土耳其政府庇护的主权国家，它们是在土耳其政府保卫它们不受任何外敌侵犯，同时决不干涉其内部管理的条件下向土耳其政府纳贡的。土耳其人不仅无权将瓦拉几亚交给外国占领，而且他们自己没有重大理由也不得进入瓦拉几亚的领土。不仅如此，由于土耳其人这样违反了同瓦拉几亚人签订的特惠条例而丧失了宗主权，俄国人只要有瓦拉几亚人向他们提出请求，甚至可以援引被土耳其违反的条约，来论证自己有权将奥地利人赶出两公国。

2. 国内方面的法规

国内方面的法规是关于国内事务的法规。国内事务方方面面，法规所调整的，一般是基础性的、社会常态下的事务。

刑罚法规只把偷拿砍下的树木和盗伐林木算作盗窃林木。其中（我们的省议会不会相信这一点）说道：

"凡白天采食果实并由于偷拿而造成轻微损失的人，一律根据个人情况和事实情节给以民事〈可见不得刑事〉处分。"

16 世纪的刑罚法规要求我们为它辩护，不让 19 世纪的莱茵省议会责备它过分仁慈。

马克思：《第六届莱茵省议会的辩论（第三篇论文）》，

《马克思恩格斯全集》第 1 卷上册第 243 页。

国王想把由于"1848 年 4 月 15 日的指令'废除了'有关侮辱陛下的刑事法规"而"在莱茵省大部分地区"（请听！）造成的"缺陷弥补起来"！

这就是说，新的刑事法规要剥夺在我们莱茵省居民这里所剩下来的所谓 1848 年革命的唯一成果——我们自己的立法行动不受任何限制。

马克思：《三个新法案》，

《马克思恩格斯全集》第 6 卷第 405～406 页。

宪章派打算组织一次从黑袍僧桥到海德公园的武装的（不是用刀枪武装，而是用工具和木棍武装）游行，要打着旗帜，喊着《No Mayne law》（"废除梅恩法"）的口号（宪章派有意赋予这个口号以双重意思。大家知道，Maine law 是美国清教派关于禁止饮用酒类的法规名称，而 Mayne 是伦敦警察局长的姓）。

马克思恩格斯：《人民同警察的冲突。——论克里木事件》，
《马克思恩格斯全集》第 11 卷第 390 页。

"除了遗产税这个问题以外，我还在思考德国的两个法规：'土地合并'和'抵押保险'。我想把这两个法规介绍给法国人，他们对于这些法规简直一无所知，除少数人以外，他们只看到莱茵河对岸的浓雾和酸白菜。"

马克思：《福格特先生》，
《马克思恩格斯全集》第 14 卷上册第 424 页。

关于英国由法律规定工作日的历史，本书包含着极其详尽的材料。下一届"北德意志联邦国会"也将讨论工厂管理法的问题，因而也将讨论到工厂劳动管理法的问题。我们希望德国工人所选举出来的议员，在讨论这种法规之前，没有一个不熟悉马克思的著作。在那里将获得很多东西。

恩格斯：《卡·马克思"资本论"第一卷书评》，
《马克思恩格斯全集》第 16 卷第 269 页。

法国法学家所依据的是大革命，这一革命在彻底消灭了封建主义和专制的警察专横以后，把刚刚诞生的现代社会的经济生活条件，在拿破仑颁布的它的经典法典中译成了司法法规的语言。

恩格斯：《暴力在历史中的作用》，
《马克思恩格斯全集》第 21 卷第 523 页。

厂主老爷成了在自己企业范围内拥有惩罚权的立法者，他们往往为了自己发财致富而任意罚款。封建贵族在对待农奴方面还要受到传统的约束并服从于一定的法规，厂主老爷却不受任何监督。

马克思：《卡·马克思关于在资本主义制度下使用机器的后果的发言记录》，
《马克思恩格斯全集》第 16 卷第 641 页。

资本经历了几个世纪，才使工作日延长到正常的最大极限，然后越过这个极限，延长到 12 小时自然日的界限。此后，自十八世纪最后三十多年大工业出现以来，就开始了一个像雪崩一样猛烈的、突破一切界限的冲击。道德和自然、年龄和性别、昼和夜的界限，统统被摧毁了。甚至在旧法规中说得十分简单明了的关于昼夜的概念，也变得如此模糊不清，以致 1860 年一位英国法官为了对昼和夜做出"有判决力的"解释，竟不得不使出真正学究式的聪明。

马克思：《资本论第一卷》，
《马克思恩格斯全集》第 23 卷第 307～308 页。

英国卫生局这个主管人员得出的结论是：当工人事实上没有能力自己争得这个健康权利的时候，不管立法者设想的意图是什么，他们也不能指望从那些实施卫生警察法的官员那里得到任何有效的援助。（第29页）——"毫无疑问，要划一条准确的界限，确定雇主在这个界限内应该服从的法规，会有一些小小的技术上的困难。但是……在原则上，保护健康的要求是带有普遍性的。"

马克思：《资本论第三卷》，

《马克思恩格斯全集》第 25 卷上册第 112～113 页。

顺便说说，正逃往美国的小赫普纳曾经到过这里，他囊空如洗，精神空虚。这是一个在各方面都微不足道的人，他写了一本用心善良的小册子论述法庭判决词的强制执行、票据法、犹太人问题以及邮政改革——所有这一切都是枯燥而又枯燥的东西；他十年以前原有的犹太人的机智都见鬼了去；我几乎要劝他去受洗礼呢！不过，由于他的缘故，我便有机会了解新的帝国司法法规。这是一些极端乌七八糟的东西。

《恩格斯致爱·伯恩施坦》，

《马克思恩格斯全集》第 35 卷第 257 页。

使徒彼得的教会是现在的天主教会，它那仪式隆重的礼拜，正如它那劝善的教义一样，是与犹太教的法规相适应的。

恩格斯：《谢林——基督哲学家》，

《马克思恩格斯全集》第 41 卷第 285 页。

爱尔兰军队的地位是由英国法规规定的，而王室的世袭收入使得英国政府能够根据无限期的惩治叛乱法案，任何时候都在爱尔兰掌握有常备军，无需爱尔兰议会的同意，也不受它的控制。

马克思：《从美国革命到 1801 年合并的爱尔兰》，

《马克思恩格斯全集》第 45 卷第 23 页。

根据不列颠立法机关的决定，爱尔兰获准按照梅修因条约的条款向葡萄牙输出自己的亚麻织品和羊毛织品——这是以前由专门法规明文规定禁止它享有的特权。

马克思：《从美国革命到 1801 年合并的爱尔兰》，

《马克思恩格斯全集》第 45 卷第 24 页。

建立这样庞大的机构到底为了什么？因为这是一项新工作吗？绝不是。在 9 月 15 日的暂行条例公布以前，"根据现行法规"，兴办公共工程要简单得多，而同一个 8 月 17 日通令虽然谈到由各地方自治机关、各平民习艺所管理局及各省当局兴办的公共工程，但也并未预见到需要成立什么特别机构。

列宁：《内政评论》，

《列宁全集》第 5 卷第 283 页。

但新的《暂行条例》的主要部分是关于受雇的"农村平民"的法规。如果施工是在"他们定居的地区以外"进行,那么,首先,工人就要"在地方官的监督下"编成专门的劳动组合,由地方官指定一名工长维持秩序;其次,加入这种劳动组合的工人都列入专门的名册,这种名册"对于在册(法律用语:"入该册")的工人来说,在调动和参加施工期间,便代替法律规定的居民证,在到达目的地以前,由押送工人的官吏保存,如官吏不在,则由工长保存,然后,交由施工主管人保存"。

列宁:《内政评论》,

《列宁全集》第5卷第284页。

只是由普通警察,工厂警察和秘密警察监视全俄国工人,这是不够的,这里还制定了特别监督的法规。可以想见,政府在这一批批被严加防范地打发、遣送并移交的挨饿农民面前,已经吓得惊慌失措了。

列宁:《内政评论》,

《列宁全集》第5卷第285页。

这篇呈文是在1901年9月17日(30日)递交芬兰参政院转呈沙皇的。在呈文上签名的有芬兰各社会阶层的男女居民473363人,就是说,有近50万公民签了名。芬兰的全部人口为250万人,这个新的呈文真可以说是全民的呼声了。呈文的全文如下:

"……按根本法规定,关于公民保卫边疆的义务的法规,只有经地方议会议员同意才能颁布。1878年的义务兵役法就是通过这个程序由亚历山大二世皇帝和地方议会议员一致决定而颁布的。"

列宁:《芬兰人民的抗议》,

《列宁全集》第5卷第317页。

教会农奴般地依赖于国家,而俄国公民又农奴般地依赖于国家教会;中世纪的宗教裁判所的法律(这种法律至今还列在我国的刑法和刑事法规中)仍然存在,并且仍然有效,这种法律追究人是否有信仰,摧残人的良心,把官位和俸禄同布施某种国家教会劣质酒联系起来。

列宁:《社会主义和宗教》,

《列宁全集》第12卷第132页。

既然各国资产阶级,从君主制德国到共和制法国和民主制瑞士,在和平时期尚且这样残酷地镇压反军国主义的活动,到战争时期,到实行战时法规、军事管制和战地法庭等等的时候,对任何罢战的尝试也一定会进行疯狂的镇压。

列宁:《好战的军国主义和社会民主党反军国主义的策略》,

《列宁全集》第17卷第171页。

这里我们看到了司徒卢威先生的主要思想(更确切些说,是主要的思想恐惧病)和这位作者所玩弄的典型手法。为了诋毁科学的价值规律，司徒卢威先生竭力把这个规律同宗教法规学者的"伦理学"规律相提并论。司徒卢威先生这样做当然没有提供任何的论据。

列宁：《又一次消灭社会主义》，

《列宁全集》第 25 卷第 37 页。

既然价格是交换关系，那就必然会理解在个别的交换关系同经常的交换关系之间，在偶然的交换关系同大量的交换关系之间，在一时的交换关系同长时间的交换关系之间所存在的区别。既然如此（无疑是如此），那我们同样必然会从偶然的和个别的交换关系上升到稳定的和大量的交换关系，从价格上升到价值。司徒卢威先生试图把价值说成是"应有的东西"，把价值同伦理学或宗教法规学者的学说等等相提并论，这种尝试也象纸牌搭成的房子那样垮台了。

列宁：《又一次消灭社会主义》，

《列宁全集》第 25 卷第 49 页。

这项决议明确指出了社会党人同导致战争的各种倾向进行斗争的方法，以及他们对于已经爆发的战争的义务。这些义务是根据俄国革命和巴黎公社的先例确定的。由于考虑到各种各样的刑事法规，斯图加特决议写得很谨慎，但是决议中指出的任务是很明确的。

列宁：《关于无产阶级和战争的报告》，

《列宁全集》第 26 卷第 38 页。

10. 颁布卫生法规，在一切使用雇佣劳动的企业中改善劳动修改党纲的材料卫生条件，保护工人的生命和健康，并把卫生工作交由工人组织选出的卫生监督机构管理。

11. 颁布住宅法规，并设立由工人组织选出的住宅检查机构（检查住宅卫生状况）。但只有废除土地私有制和建筑既经济又卫生的住宅才能解决住房问题。

列宁：《关于修改党纲的草案》，

《列宁全集》第 29 卷第 490～491 页。

当时革命的法国人民不但在国内第一次发挥了几百年内没有见过的最大的革命劲头，而且在 18 世纪末的战争中也表现出了同样的巨大革命创造精神，他们改造了整个战略体系，冲破了一切旧的战争法规和惯例，建立了新的、革命的、人民的军队以代替旧军队，创立了新的作战方法。

列宁：《战争与革命》，

《列宁全集》第 30 卷第 79 页。

如有便人来，让玛尼亚莎托他把我的这两本书带来：（1）博罗维科夫斯基的《民法》（第 10 卷第 1 册）；（2）《民事诉讼法规》（袖珍本）。

列宁：《致安·伊·乌里扬诺娃－叶利扎罗娃》，

《列宁全集》第 53 卷第 112 页。

今天我接到维贝尔的信。从他的信中可以看出以下情况。起初他选择了刑事追究的途径。本月 18 日，他收到了如下的答复：

"原件由法律顾问维贝尔先生退回卡尔·马克思博士先生，并通知：此案不具备使我有理由进行干涉的公众利益（1851 年 4 月 14 日刑法典施行法规第十六条）。4 月 18 日于柏林……利佩"

对这个决定维贝尔向检察长提起控诉。

《马克思致斐·拉萨尔》，

《马克思恩格斯全集》第 30 卷下册第 530 页。

马克思在《第六届莱茵省议会的辩论（第三篇论文）》里的"刑罚法规"，指查理五世刑罚法规，即 1532 年德意志帝国国会在雷根斯堡通过的《查理五世和神圣罗马帝国的刑罚法规》，又称《加洛林纳法典》。这是德国第一部刑法。直到 18 世纪中叶为止，这部刑法始终是德国占有主导地位的刑法，它对各种违法行为采取的惩治措施极端残酷，如火刑、肢解、溺毙等。

马克思在《福格特先生》里谈"德国的两个法规"情况，是席利写给马克思的信中提到的。席利说，从你上月 31 日的来信中，我得到了有关你的直接消息，感到很愉快；我本来就打算 pro prio motu〔主动地〕把你所关心的有关日内瓦事件的必要情况写信告诉你的，现在我就更加乐于这样做了。

马克思在《资本论第一卷》里说，"无论哪一阶级的人，如果每天必须劳作 12 小时，那确实是十分令人遗憾的。然后越过这个极限，延长到 12 小时自然日的界限"，是依据莱昂纳德·霍纳《工厂视察员报告。1841 年 12 月 31 日》。该报告指出："如果把吃饭和往返工厂的时间都计算在内，实际上这就在一天 24 小时中占去 14 小时……我想，即使不谈健康问题，单从道德观点来着，谁也不会否认，从 13 岁这么小的年龄开始（而在"自由的"工业部门甚至是从更小的年龄开始），就不断地把劳动阶级的时间全部侵吞，这是非常有害的，是一种可怕的弊端……为了公共道德，为了培育出健壮的居民，为了使广大人民能有合理的生活享受，应当坚决要求在一切营业部门中把每个工作日的一部分留出来作为休息和余暇时间。"

马克思在《从美国革命到 1801 年合并的爱尔兰》里提到"惩治叛乱法案"。惩治叛乱法案（Mutiny Act）是 1689 年英国议会在政变和奥伦治的威廉王朝建立之后所通过的法律。它加强了议会对常备军的规模和军费的控制，同时，授权王室在爱尔兰和海外殖民地保持庞大的作战部队。这项法律还规定成立审理有关"叛乱行为"案件的军事法庭。

马克思在《从美国革命到 1801 年合并的爱尔兰》里提到的"梅修因条约"，是 1703 年英国和葡萄牙签订的。因签订此条约的英国外交官约翰·梅修因的名字而得名。根据条约，英国有权向葡萄牙输出自己的纺织品。葡萄牙政府曾在 1677 年禁止包括英国在内的一切国家将这类产品输入葡萄牙。

（三）地方法规

1. 邦的法规

在大陆法系国家的德国，邦和省的名称、设置和存在，经历了十分复杂的历史过程。

在近代，德意志帝国是由 25 个邦，即 22 个君主制国家和 3 个同业者联盟城市（汉堡、不来梅、卢卑克）组成的联邦国家，其主权具有"联合政府"性质。联合政府的联邦参议院（Bundesrat）和帝国议会（Reichsrat），以及作为联邦首领的皇帝，是宪法上的重要机关。根据帝国宪法（Verfassung des Deutschen Reiches），帝位由普鲁士国王世袭。帝国在立法权限范围内，制定交通、邮政、铸币、度量衡，民事诉讼法、破产法、票据法、商法等法律。普鲁士由于除国王占有联邦首领的地位之外，还拥有联邦参议院总表决权数 58 票中的 17 票，可见优越于其他各邦。事实上，在很多情况下，帝国首相就是普鲁士的首相或外长。

在邦和省之下，实行市镇村体制。除市镇村制之外，在大国普鲁士，郡和县是作为市镇村的上级地方行政组织。郡和县之下也有行政自治组织。

同样是大陆法系国家的法国，其政区划分，有市镇村、区、专区、省，大区。其中基本地方自治体为市镇村和省。巴黎市是相当于省的特别地方自治体。

在马克思和恩格斯的论述中，没有查到市镇村立法权及其具体立法的规定。因此，这里地方法规只限于邦和省。

社会主义国家存在地方法规问题。列宁在《致伊·米·古布金等》信中曾谈到："石油总委员会收到的报告谈到油井淹水以及由此可能造成的灾难，如果可能的话，请你们在今天把你们手头现有的介绍国外惩办不封闭油井、不采取堵水措施、堵水不当等等的石油工业家的国家法律或地方法规的材料（书籍、杂志、报告等等）给我送来"（见《列宁全集》第 50 卷第 137 页），就使用了"地方法规"术语。

消除各小邦形式上的和实质性的各种各样法规，本身就是资产阶级向前发展所迫切需要的，而新法律的主要功绩也就在于消除上述法规，——它们的内容的功绩倒是小得多。

　　　　　　　　　　　　恩格斯：《暴力在历史中的作用》，

　　　　　　　　　　　　《马克思恩格斯全集》第 21 卷第 523 页。

德国的所有官方机构营私舞弊成风，而在小邦里还盛行着一种特殊形式的营私舞弊。那里的官吏全部或者有一半是世袭的，他们人数很少，而且死抱住自己的等级特权不放，所以到处（在法院、警察局、管理机构和军队里）都是兄弟和亲戚，他们互相包庇，狼狈为奸；这样，大邦中通行的一切法规都看不见了，最难于置信的事情也都可能发生。

　　　　　　　　　　　　《恩格斯致奥·倍倍尔》，

　　　　　　　　　　　　《马克思恩格斯全集》第 36 卷第 498 页。

在《恩格斯致奥·倍倍尔》的信中，我们看到小邦不执行大邦的法规的情况。在如此混乱的法制下，司法审判也是一片混乱。恩格斯向倍倍尔说：关于夫赖堡判决，德国的法官，尤其是萨克森的法官，看来还不满足于他们自己的卑鄙勾当。他们的情况同国际时期埃卡留斯的情况一样。关于埃卡留斯，普芬德有一次说过，你们还不了解埃卡留斯，他希望自己变成一个比现在还要坏得多的人。萨克森人并不例外。

在这种政治和法制生态下，如何做一个真正的马克思主义者，实践将考验每一个人。恩格斯说，巴克斯很有才能，也懂得一些东西，但是他仿照哲学家的样子自己造出了一种独特的社会主义，把它当作真正的马克思的理论，从而招来了不少倒霉的事情。不过，这是他的一种幼稚病，将来会消失的。

2. 省的法规

除了邦有权制定法规外，省也有权制定法规。

封建领主的特权、地方的特权、城市和行会的专利以及各省的法规等这一切中世纪的垃圾阻碍了它的发展。十八世纪法国革命的大扫帚，把所有这些过去时代的垃圾都扫除干净，从而从社会基地上清除了那些妨碍建立现代国家大厦这个上层建筑的最后障碍。

马克思：《法兰西内战》，

《马克思恩格斯全集》第 17 卷第 355 页。

"根据省的法规，毫无疑义，必须有 2/3 的多数，才有权做出决定。当然，17 票还不到 26 票的 2/3，但是不够的部分是很小很小的，在决定如此重要的问题时是不必加以重视的!!"

这样一来，少数既然成了多数的 2/3，"根据省的法规"，它就是多数了！旧普鲁士国家制度，无疑会因凯尔斯特先生的这种发明而给他加冕。实际上，问题是这样的：必须有 2/3 的票数，才能提出建议。加入德意志联邦也就是这样的建议。因此，这个建议只有得到议会的 2/3，即 43 票的 23 的票数的赞成，才是合法的。可是，几乎有 2/3 的票数表示反对。这说明了什么呢？原来，17 是"43 的 2/3 弱"！

恩格斯：《法兰克福关于波兰问题的辩论》，

《马克思恩格斯全集》第 5 卷第 412～413 页。

恩格斯在《法兰克福关于波兰问题的辩论》里说，"这样一来，少数既然成了多数的 2/3，'根据省的法规'，它就是多数了"，是揭露波兹南来的凯尔斯特校长先生的计算方法的无耻。

凯尔斯特引用了关于居民成分的统计资料，这些资料是靠"涅茨同胞"所使用的有名的计算方法获得的。根据这些资料，只有完全不懂德语的人，才算是波兰人，多少能就几句德语的人则一律算作德国人。他使用了一个极端巧妙的计算方法，由此得出结论说，波兹南省议会表决时，赞成合并到德国去的 17 票对 26 票的少数，其实是多数。

对此，恩格斯指出，如果说波兰人不像"理智的国家"的公民那样，他们不是"有教养的民族"，那末，这是理所当然的，因为理智的国家给他们派去当教师的是这样的算术专家。

其实，普鲁士政府这样做的目的，不是要使波兹南德国化，而是要使它普鲁士化。瓜分波兰，"现在叫做耻辱"，在以前却是"极普遍的现象"。

四、法令制度

法令，是含有命令内容的法的形式。法令除了议会法令和行政法令之外，有的场合，也包括地方公共团体的条例、规则和最高法院规则等形式。

因为法令具有事项特定性、临时性特点，因而国家设置法令审查权（英 judicial review），亦称"违宪令审查权"。主要有对法令内容违反上位法律的审查权；对法院审判适用法令的效力的审查权，这是法院拒绝适用有瑕疵法令的权限的审查权。一般法院都具有对于法令的瑕疵审查权。在判例解释中，司法法院和行政法院对于命令都有实质的审查权。在审查中，对于"直接关系到国家统治基本的具有高度政治性的国家行为"，不予审查。

我国从 1949 年至 1954 年，法令是地方政府所采取的法律形式。1954 年《宪法》取消了地方的法令条例的制定权。目前不存在法令条例这种法的形式。

按发布法令的主体分类，这里分为议会法令和行政法令，对于苏维埃法令未作区分。马克思在《法国立法团的丑事。——德鲁安·德·路易斯的影响》和《资本论第三卷》里，提出了"议会法令"术语；马克思在《西方强国和土耳其》里，提出了"行政法令"术语。其中，《马克思致劳·马克思》里使用了"政府的法令"，马克思在《哲学的贫困》里使用了"王室法令"，还有国王、皇帝发布的法令。这样，行政单位发布的法令，就都包括在"行政法令"之中了。

（一）议会法令

1. 一般法令

一般法令，是基于国家基础性的、常态的社会关系而发布的。具有相对稳定性。经典作家所论述的正是这样的法令。

在这一点上，表现了莱茵法学的根本缺陷——它的二重性的世界观。这种世界观由于用肤浅的方式把信仰同法的意识分开，不是解决最麻烦的冲突，而是把它劈成两半；它把法的世界同精神的世界，从而把法同精神割裂开来，这样也就把法学同哲学割裂开来了。而在反对这里所讨论的法律时，旧普鲁士法学的完全站不住脚则以最明白无误的方式更加突出地表现出来了。如果说任何立法都不能颁布法令让人们去做合乎伦理的事情是正确的，那么说任何立法都不能承认不合伦理的事情是合法的就更是正确的了。

马克思：《〈莱茵报〉编辑部为〈论新婚姻法草案〉一文所加的按语》，《马克思恩格斯全集》第 1 卷上册第 316 页。

在改革法案把资产阶级和无产阶级间的对立用法律固定下来并使资产阶级成为统治阶级之后，这个法律就永远不会被下院通过了。这个法律是在 1824 年通过的，它废除了以前禁止工人为保护自己的利益而联合起来的一切法令。

恩格斯：《英国工人阶级状况》，

《马克思恩格斯全集》第 2 卷第 502 页。

法兰西第二帝国的专横的旧法律全部被小心翼翼地保留下来并强力推行，而且有时候甚至还利用博学的官员们挖掘出来的旧制度的陈旧法令加以完善，这些官员们发现，革命忘记特意宣布这些东西已被废除！

恩格斯：《致劳·拉法格》，

《马克思恩格斯全集》第 39 卷上册第 112～113 页。

议会在编制这一幅西班牙国家的新蓝图时，自然了解到，这部最现代的政治宪法同旧的社会制度是完全不相容的，因此，议会公布了一整套从根本上改造市民社会的法令。例如，议会废除了宗教裁判所，取消了封建主司法权利一切与之有关的独占、禁止和剥夺的封建特权，例如：狩猎权、捕鱼权、森林和磨房的使用权等等，只有当初通过购买而取得的以及可以赎回的权利例外。议会废除了全国的什一税，停止任命一切与执行神职无关的教会职务，采取了步骤来取消寺院和没收寺院土地。

马克思：《革命的西班牙》，

《马克思恩格斯全集》第 10 卷第 493 页。

假如你不想等到议会的半打法令由皇家法官郑重其事地制定出来并且经过讨论、修改、表决而列入法典，然后再将指挥管理军队的一切事务集中到一个名副其实的陆军大臣手里，再等这位新陆军大臣——假如他称职的话——重新组织自己的机构并发布新的指令

恩格斯：《英军在克里木的灾难》，

《马克思恩格斯全集》第 10 卷第 635 页。

在英国，组织同盟是议会的法令所认可的，而且正是经济体系迫使议会批准了这种法律。1825 年，在哈斯基森大臣任内，议会必须修改法律才能更加适应自由竞争所造成的环境，在这个时候，议会不得不废除一切禁止工人组织同盟的法律。

马克思：《哲学的贫困》，

《马克思恩格斯全集》第 4 卷第 194 页。

谷物法的废除（部分地是由于爱尔兰的饥荒，至少是这次饥荒起了促进作用）剥夺了爱尔兰在平常年景供给英国谷物的垄断权。羊毛和肉变成了口号，这就是要把耕地变为牧场。因此，从那时起就系统地合并农场。积债地产法令使一批过去的发了财的中间人变成

了地主, 加速了这一过程。

《马克思致恩格斯》,

《马克思恩格斯全集》第31卷下册第405页。

地产一旦卷入竞争, 它就要像其他任何受竞争支配的商品一样遵循竞争的规律。它同样会动荡不定, 时而缩减, 时而增加, 从一个人手中转入另一个人手中, 任何法令都无法使它再保持在少数特定的人手中。

马克思:《1844年经济学哲学手稿》,

《马克思恩格斯全集》第42卷第87页。

关于房租和商业期票的法令, 真是绝妙的措施; 如果不颁布这些法令, 四分之三的商人和手工业者就要破产。

《卡·马克思1871年4月25日的发言记录》,

《马克思恩格斯全集》第44卷第682页。

那种以所谓国家银行为中心, 并且有大贷款人和高利贷者围绕在国家银行周围的信用制度, 就是一个巨大的集中, 并且它给与这个寄生者阶级一种神话般的、不仅周期地消灭一部分产业资本家, 而且用一种非常危险的方法来干涉现实生产的权力——而这伙匪帮既不懂生产, 又同生产没有关系。1844年和1845年的法令, 就是这伙包括金融业者和证券投机家的匪帮的权力日益增加的证据。

马克思:《资本论第三卷》,

《马克思恩格斯全集》第25卷下册第618页。

1802, 即乔治三世在位的第四十二年通过的一系列工厂法令中的第一个法令(第七十三章), 就得名为"棉纺棉织等工厂企业的学徒和其他雇工的健康和道德保护法令"; 这个法律的目的只不过是减轻学徒制的罪恶。

马克思:《不列颠工厂工业的状况》,

《马克思恩格斯全集》第15卷第89页。

你们都知道, 1848年实行了十小时工作日法令, 或者说得更正确点, 十小时半工作日法令。这是我们亲眼见过的极大的经济改革之一。实行这一法令, 意味着并不是在某些地方性的企业中, 而是在英国赖以统治世界市场的主要工业部门中突然和强制地提高工资。这是在特别不利的情况下提高工资。

马克思:《工资、价格和利润》,

《马克思恩格斯全集》第16卷第121页。

"12 岁以下的儿童在工厂中每天不得劳动 10 小时以上。"(《马萨诸塞州普通法》第 60 章第 3 节。这些法令是 1836—1858 年颁布的。)"在所有棉纺织厂、毛织厂、丝织厂、造纸厂、玻璃厂、亚麻厂或铁工厂和其他金属加工厂实行的每天 10 小时劳动，应视为法定的日劳动量。又规定，对于不论在任何工厂做工的未成年人，今后皆不得鼓励或强迫他们每天劳动 10 小时以上，或每周劳动 60 小时以上；其次，本州任何工厂今后皆不得雇用 10 岁以下的未成年人当工人。"(《新泽西州。限制工作日的长度的法令》第 1、2 节。1851 年 3 月 18 日法令)"12 岁至 15 岁的未成年人，不论在任何工厂，每天不得劳动 11 小时以上，并且不得在早晨 5 点以前和晚上 7 点半以后做工。"(《罗得岛州修订条例》第 139 章第 23 节。1857 年 7 月 1 日)

马克思：《资本论第一卷》，
《马克思恩格斯全集》第 23 卷第 301 页。

我们在这里唯一关心的一点，在 1496 年（亨利七世时期）的法令中又提到了。依照法令（虽然始终没有实现），所有手艺人和农业工人的工作日，从三月到九月，应该是从早晨 5 点到晚上 7—8 点，其中吃饭时间是早饭 1 小时，午饭 1 + (1/2) 小时，午后小餐 1/2 小时，正好比现行工厂法规定的吃饭时间多一倍。冬季，是从早晨 5 点劳动到天黑，中间的休息时间不变。1562 年的伊丽莎白法令，没有触动"按日领工资或按周领工资"的所有工人的工作日长度，不过它设法把夏季的休息时间限制为 2 + (1/2) 小时，冬季限制为 2 小时。午饭时间只有 1 小时，"1/2 小时午睡制"只准在五月中至八月中这段时间内实行。旷工 1 小时扣工资 1 便士。但实际上，工人所受的待遇要比法令规定的好得多。

马克思：《资本论第一卷》，
《马克思恩格斯全集》第 23 卷第 302 页。

法律规定了城市和农村、计件劳动和日劳动的工资率。农村工人受雇期限应为一年，城市工人则应在"自由市场"上受雇。支付高于法定工资的人要被监禁，但接受高工资的人要比支付高工资的人受到更严厉的处罚。例如，伊丽莎白的学徒法第 18 条和第 19 条规定，支付高工资的人，监禁十天，而接受的人，则监禁二十一天。1360 年的法令加重了处罚，甚至授权雇主按法定的工资率通过体罚去榨取劳动。……1349 年的劳工法和以后的一切类似法令的精神清楚地表现在这一事实上：国家虽然规定了工资的最高限度，但从来没有规定工资的最低限度。

马克思：《资本论第一卷》，
《马克思恩格斯全集》第 23 卷第 807 页。

在预定给工厂工人的全部二十三万英镑中，落到他们手中的只有一万二千一百英镑（即只是预定给"非熟练工人"的那一部分）。这样一来，救济贫困的工厂工人的法令就变成了救济不贫困的资产阶级的法令，何况资产阶级还省下了市政税。

《马克思致恩格斯》，

《马克思恩格斯全集》第 31 卷上册第 21 页。

按照皇家法院的解释，1844 年的法律并未规定离地七呎以上的横轴要有安全设备。他们终于在 1856 年依靠伪君子威尔逊－派顿——一个用宗教装璜门面而随时准备为讨好钱袋骑士去干肮脏勾当的虔诚者——通过了一项在当时情况下使他们感到满意的议会法令。这个法令事实上剥夺了工人的一切特殊保护，它让工人在受到机器的伤害时向普通法院提出赔偿损失的诉讼（在英国诉讼费用很高，这纯粹是一种嘲弄），而另一方面又对专家鉴定作了一种非常巧妙的规定，使工厂主几乎不可能败诉。结果是事故急剧增加。

马克思：《资本论第三卷》，

《马克思恩格斯全集》第 25 卷上册第 107 页。

最后一个法令叫：《工厂和工场法。1878 年——维多利亚女王四十一年，第 16 章》。这个法令在韦斯明斯特区国王街加拿大大厦普·斯·金氏父子公司里可以买到。下面那本书里印有这个法令并作了注解：皇家工厂视察员亚历山大·雷德格雷夫著《工厂和工场法，1878 年》伦敦第 2 版，肖氏父子公司，费特巷和仙鹤街，法令印刷厂和法令出版社，1879 年。全书 238 页，8 开本，定价 5 先令。法令本身最多值 1 先令。

恩格斯：《致卡·考茨基》，

《马克思恩格斯全集》第 36 卷第 363 页。

1855 年颁布的第一个法令（Nuisances Removal Act〔消灭传染病法〕），扎克斯先生自己也承认，始终是"一纸空文"，1858 年颁布的第二个法令（Local Government Act〔地方自治法〕）也是如此（第 197 页）。然而，扎克斯先生认为，只推行于住有一万人口以上的城市的第三个法令（Aritisans' Dwellings Act〔手工业者住宅法〕），"无疑是英国议会深刻理解社会事务的良好证明"（第 199 页）；但是，这个说法又只是扎克斯先生完全不了解英国"事务"的"良好证明"。

恩格斯：《论住宅问题》，

《马克思恩格斯全集》第 18 卷第 286 页。

伊丽莎白执政时期的 1572 年的法令规定，没有得到行乞许可的 14 岁以上的乞丐，如果没有人愿意使用他两年，就要受猛烈的鞭打，并在左耳打上烙印；如果有人再度行乞而且年过 18，又没有人愿意使用两年，就要被处死；第三次重犯，就要毫不容情地当作叛国犯处死。类似的法令还有伊丽莎白十八年所颁布的第 13 号法令和 1597 年的法令。

马克思：《资本论第一卷》，

《马克思恩格斯全集》第 23 卷第 804 页。

地方特权、级差关税以及各种各样的特别法令，不仅在贸易方面打击外国人和殖民地居民，而且还时常打击本国的各类国民。

恩格斯：《反杜林论》，

《马克思恩格斯全集》第 20 卷第 115 页。

这个专区法是以往颁布过的最可怜的法令之一。它的内容可以用两句话来说明。它废除单个容克地主由于封建特权而享有的权力，以便在实行专区自治的幌子下把这个权力归还给容克地主阶级。

恩格斯：《普鲁士"危机"》，

《马克思恩格斯全集》第 18 卷第 328 页。

国民议会在它复会的当天就接到了波拿巴的咨文，在咨文中他要求恢复普选权和废除 1850 年 5 月 31 日的法律。当天他的部长们就提出了这种内容的法令。国民议会立即否决了部长们关于必须立即颁布这个法令的建议，而法律本身在 11 月 13 日以三百五十五票对三百四十八票被否决了。这样，议会就再度撕毁了自己的委任状，又一次证实它已从自由选出的人民代议机关变成了一个阶级的篡权议会，再度承认它自己割断了连结议会头部和国民身体的肌肉。

马克思：《路易·波拿巴的雾月十八日》，

《马克思恩格斯全集》第 8 卷第 207 页。

同一天颁布的法令规定在 1854 年 9 月 1 日召开议会，而在另一个法令中公布了国王任命的议员，被任命的都是宫廷的达官显贵和丹麦国旗骑士团的骑士。

马克思：《西班牙事件。——宪章派》，

《马克思恩格斯全集》第 10 卷第 416 页。

马德里"日报"公布了 11 月 8 日召开议会的法令；在法令的前头有一段致女王的 exposé〔说明〕。选举将按略加修改的 1837 年选举法进行。议会应当是唯一的制宪议会，因为参议院的立法职能已经废除了。

马克思：《西班牙的革命。——博马尔松德》，

《马克思恩格斯全集》第 10 卷第 435 页。

根据 1852 年（得比勋爵执政时期）议会法令所建立起来的民军，按照法律规定，平时服役期一年应不超过 28 天。但是，在外敌侵入或出现任何其他紧急情况时，民军也可以应征长期服役。相反地，由于 1854 年的议会法令，所有在 1854 年 5 月 12 日以后被征的人都必须服役到战争结束。这样就产生了一个问题：如何规定那些根据 1852 年法令征召

入伍的人的义务。

马克思：《法国立法团的丑事。——德鲁安·德·路易斯的影响》，

《马克思恩格斯全集》第 11 卷第 201 页。

最新的一个鳄鱼蛋，就是根据莱茵等级会议的建议，虚假地废除了有关叛国罪等等以及有关官吏犯罪的法国法律所受到的非法限制。

《马克思致阿·卢格（德勒斯顿）》，

《马克思恩格斯全集》第 27 卷第 422～423 页。

我已经给了李卜克内西回信，但是今天应该再给他写封信，因为今天才得到关于"工联事务调查委员会"的两个法令。你的建议已经包括在我的信中了。

《恩格斯致马克思》，

《马克思恩格斯全集》第 31 卷上册第 370 页。

限制结社和集会权利，关于旅行证书的全部法令，最后还有刑法典第一○○条；煽动国民的仇恨和藐视（这也是拿破仑的遗物），也都在非常法之内。

《恩格斯致马克思》，

《马克思恩格斯全集》第 31 卷上册第 58 页。

《马克思致恩格斯》里说，"积债地产法令使一批过去的发了财的中间人变成了地主，加速了这一过程"，是指 1849 年英国成立的一个皇家专门委员会，来加速和简化按优惠价格出售积债地产的过程。实施这个办法的起因是，40 年代中期，爱尔兰到处都发生了歉收，结果使许多爱尔兰土地所有者都破产了，他们债台高筑，已不可能进行有利的经营了。1849 年的法律，最初是作为一种临时措施而通过的，后来延长了有效期，并得到 1852、1853、1854 年和 1858 年这几年颁布的法律的补充。这个法律，有助于使土地从贵族土地占有者那里转移到资产阶级高利贷分子、大土地经营主手中，促进了爱尔兰农业资本主义的发展。

马克思在《不列颠工厂工业的状况》里，提到的"棉纺棉织等工厂企业的学徒和其他雇工的健康和道德保护法令"，是该法令的原称。在我国一些著述中，所列名称是不准确的。

《马克思致阿·卢格（德勒斯顿）》里说，"最新的一个鳄鱼蛋，就是根据莱茵等级会议的建议，虚假地废除了有关叛国罪等等以及有关官吏犯罪的法国法律所受到的非法限制"，指 1842 年 2 月 18 日关于修改普鲁士政府以前某些法令（1821 年 3 月 6 日和 1834 年 8 月 2 日的内阁法令）的内阁法令。以前的这些法令，在审理一定范围的诉讼案件方面，用普鲁士法和秘密诉讼程序代替当时在莱茵省实行的法国刑法典和陪审法庭。普鲁士政府是在莱茵省资产阶级的影响下修改这些法令的。但是，在 1842 年 2 月 18 日内阁法令中，有一系列但书，实际上保存了普鲁士法在叛国罪、官吏渎职案等等方面的效力。

"鳄鱼蛋"，是马克思的一个辛辣的讽喻。马克思说，当我还在幼年天真的时候，我就知道在柏林下的蛋不是勒达的蛋，而是鹅蛋，不久以后我才明白是鳄鱼蛋。在谈到把"动物神化"时，马克思说，把动物神化，也许是宗教最彻底的形式，或许不久就应当不谈宗教的人类学，而谈宗教的动物学了。

《恩格斯致马克思》里"'工联事务调查委员会'的两个法令"，指的是以下的文件：1867 年 4 月 5 日英国议会通过的《关于在一定情况下保障调查工联及雇主或工人的其他组织的委员会委员进行工作的法令》（《An Act for facilitating in centain Cases the Prceedings of the Commissioners appinted to make Inquiry respecting Trades Unions and other Associations of Employers or Workmen》），1867 年 8 月 12 日英国议会通过的《关于推行〈1867 年关于工联事务调查委员会的法令〉的法令》（《An Act to extend the《Trades Union Commission Act，1867》）。

《恩格斯致马克思》里的"关于旅行证书的全部法令"，是普鲁士立法机关 1831 年实行的命令。旅行证书，是根据发给工人的证明文件，内中载明该工人到过的所有地方和对他的可靠程度的评价。

2. 因应性法令

因应性法令，是为应对临时出现的事项、事态、社会问题等而发布的法令。这种法令，涉及政治、经济和对外关系等诸多领域。

关于紧迫时期银行券的贮藏，应当指出，社会最原始状态下不安定时期出现过的贮藏贵金属的现象，在这里重新出现了。1844 年法令的效果之所以令人注意，是因为它想把国内一切现有的贵金属转化为流通手段。它企图把金的流出和流通手段的收缩，金的流入和流通手段的膨胀等同起来。但这个法令实行的经验证明，情况正好相反。

马克思：《资本论第三卷》，

《马克思恩格斯全集》第 25 卷下册第 640 页。

这一时期还有这样一些特征：禁止金银外运的法令废除了，货币贸易、银行、国债和纸币产生了，股票投机、有价证券投机和各方面的投机倒把等现象出现了。这个时期的一般特点是货币制度的发达。资本又有很大一部分丧失了它原来还带有的那种原始的自然的性质。

马克思恩格斯：《德意志意识形态》，

《马克思恩格斯全集》第 3 卷第 67 页。

法国是实行调节制来调整谷物进出口税的，而且这个调节制在全国按照粮食贸易划分的 8 个不同地区里都有所不同。8 月 23 日在"通报"上公布的一条法令，暂时全部废除了这个调节制。法令规定，从陆路或者由法国船或外国船从水路进口的谷物和面粉，不管从哪里运来，一直到 1861 年 9 月 30 日一律只征收 1832 年 4 月 15 日的法律所规定的最低限额的关税；它还规定，装载谷物和面粉的船只，免纳船舶税；最后，在上述日期即 1861 年 9 月 30 日以前从任何一个外国港口出发的装有这种货物的船只，只缴纳上述最低限额的关税，并且免纳船舶税。

马克思：《粮食价格。——欧洲的金融状况和备战。——东方问题》，
《马克思恩格斯全集》第 15 卷第 157 页。

国民议会活动的第一个表现应该是由 8 个字组成的法令："永远解散联邦议会"。

马克思恩格斯：《法兰克福激进民主党和法兰克福左派的纲领》，
《马克思恩格斯全集》第 5 卷第 45 页。

现已休会的国会在第一次会议期间已制定了一系列重要的法令。让我们在这里扼要地叙述一下。

除了财政方面的法律之外，国会通过了北部人民大众久盼而未得的宅地法；这项法律规定，把一部分国有土地免费给予垦殖者耕种，不论是美国出生的或迁入的。国会废除了哥伦比亚地区和联邦首都的奴隶制度，对以前的奴隶主付给金钱补偿。宣布奴隶制度在美国全部领地内是"永远不可能的"。在接受西弗吉尼亚作为新州加入联邦的法案中，规定了逐步废除奴隶制度，并宣布所有 1863 年 7 月 4 日以后出生的黑人儿童是自由人。这种逐步解放奴隶的条例，大体上是以 70 年前宾夕法尼亚州为着同样的目的所颁布的法律为蓝本的。第四个法案宣布，叛军方面的所有奴隶一到共和党的军队手里就是自由人。另一个还是现在才第一次实施的法案规定，可以把这些获得解放的黑人组成军队，开赴战场对南军作战。利比里亚、海地等黑人共和国的独立获得了承认，最后，和英国签订了禁止奴隶买卖的条约。

马克思：《评美国局势》，
《马克思恩格斯全集》第 15 卷第 558~559 页。

起初还是颁布了 1848 年 10 月 9 日法令，它规定停止办理一切至今尚未结束的赎免案件和与此有关的诉讼事务，以及领主和农民之间的一系列其它诉讼事务。因此，1807 年以来的全部有名的土地立法都遭到了这个法令的谴责。

恩格斯：《关于普鲁士农民的历史》，
《马克思恩格斯全集》第 21 卷第 286 页。

1871 年 6 月 29 日的议会法令，在法律上承认工联时就认为消除了这项阶级立法的最后痕迹。但是，同一天颁布的一项议会法令，即关于惩治暴行、胁迫和侵害行为的刑法修正法令，实际上是以新的形式恢复了旧的状态。

马克思：《资本论第一卷》，
《马克思恩格斯全集》第 23 卷第 809 页。

工人骚动早在拜占庭皇帝吉农的统治时代就招来了特别法（Zeno, de novis operibus constitutio〔吉农的新劳动条例〕）；工人骚动在 14 世纪爆发为扎克雷起义和瓦特·泰勒起

义，1518 年"爆发为"伦敦的 evil May-day〔五月黑道日〕，1549 年"爆发为"制革匠凯特的大起义；后来工人骚动招来了在爱德华六世统治的第二年和第三年所颁布的第十五号法令以及一系列类似的议会法令。

马克思恩格斯：《德意志意识形态》，
《马克思恩格斯全集》第 3 卷第 222 页。

大家知道，七月革命后不久，胜利的资产阶级在九月法令中规定（大概也是为了"人性"）"唆使各阶级的居民互相反对"为最大的政治罪行，违者囚禁，课以罚金等等。

马克思：《道德化的批评和批评化的道德》，
《马克思恩格斯全集》第 4 卷第 345 页。

1813 年 8 月 18 日，在通过了惩办一切谋叛宪法的人的法令后，又通过一项法令，宣布任何旨在迫使西班牙民族放弃罗马天主教的阴谋活动将被看做叛国行为而处死刑。在 voto de Santiago〔圣地亚哥的祷礼〕被取消后，又通过了一项宣布圣泰莉莎 - 德 - 赫苏为西班牙的庇护女神的决议作为弥补。此外，自由派只是在宪法颁布以后，才注意到提出和通过关于废除宗教裁判所、什一税、寺院等的法令。

马克思：《革命的西班牙》，
《马克思恩格斯全集》第 10 卷第 500 页。

茹尔·法夫尔是 1848 年 6 月 27 日臭名昭著的法令的起草人，根据这个法令，六月起义时被俘的成千上万的巴黎工人未经任何审讯（即使是形式上的审讯也没有），就被流放到阿尔及尔等地去服苦役。以后，他始终拒不同意共和党有时向制宪议会提出的关于大赦的提案。

茹尔·法夫尔是卡芬雅克将军在六月起义以后对法国工人阶级实行恐怖统治的最为声名狼藉的工具之一。他支持当时所有旨在取消集会、结社和出版自由的权利的最卑鄙的法令。

马克思：《马克思致海·荣克》，
《马克思恩格斯全集》第 33 卷第 175 页。

1793 年 3 月 11 日通过取缔军事社团、军事训练和志愿兵的一切组织机构的非常法，还通过了外国人法令、民兵法令、国外通信法令、火药法令和集会法令——实质上恰恰是曾经通过改善天主教徒处境法案的那同一个议会通过的一整套惩治法典。

马克思：《从美国革命到 1801 年合并的爱尔兰》，
《马克思恩格斯全集》第 45 卷第 18 页。

现在是用半革命或彻底革命的方法来废除反社会党人法的时候了。至于废除的只是"小戒严"还是整个法令，一般刑法会不会加强，所有这些争论，在我看来，就像争论马利亚在分娩时和分娩后算不算处女一样。有决定意义的是国内和国外的一般政治条件，这些条件是在变化的，而不是一成不变的。

恩格斯:《致爱·伯恩施坦》,

《马克思恩格斯全集》第 36 卷第 38 页。

昨天晚上，在下院两分钟之内一段一段地强行通过了对爱尔兰的治安法。完全和反社会党人法是一路货色。不折不扣的警察暴政。在英格兰属于基本权利的东西，在爱尔兰则被禁止并被认为是犯罪。这是现在的托利党和自由党人合并派的墓碑，我原以为前者不会这么愚蠢，后者不会这么卑鄙。此外，该法令不是在一定时期内有效，而是永远有效。

恩格斯:《致帕·马尔提涅蒂》,

《马克思恩格斯全集》第 36 卷第 656~657 页。

对出版物来说意义最重大的倒是另外一条，即关于非法议论国家法律的那一条。法律就这个问题所下的定义是（刑法第一五一条）:

"凡蛮横、无礼地指责或嘲弄国家法律和政府命令而激起不满情绪者，应处以六个月以上二年以下的徒刑或要塞监禁。"

1819 年 10 月 18 日的法令也提到这一点，该法令的第十六条第二款说:

"犯有蛮横、无礼地指责和嘲弄国家法律和政府命令的罪行而给予上述惩处时，不但要看这些行为是否激起不满和愤怒，而且要看这类应受惩处的言论本身。"

但是一眼就能看出，这些立法规定是多么含糊和多么不能令人满意。

恩格斯:《普鲁士出版法批判》,

《马克思恩格斯全集》第 41 卷第 324~325 页。

弗吉尼亚。人民选出了联邦代表大会（根据多数票）。但是其中一部分人被收买了。在南部气焰最高时，即在萨姆特尔陷落时，以八十八票对五十五票秘密通过了脱离法令。这个法令还保密的时候，为夺取联邦的诺福克海军造船厂和哈帕尔斯渡口军械库的其他一切步骤也是秘密采取的。但是这些步骤在实施以前，被泄露给了联邦当局。秘密地同杰弗逊·戴维斯的政府缔结了联盟，于是南部同盟的大批军队突然开入该州。关于脱离问题的投票，就是在这些军队的掩护下进行的（纯粹是波拿巴式的）。尽管不断采取恐怖手段，但还是有五万票拥护联邦。正如你知道的那样，弗吉尼亚的西北部现在公开同脱离派分手了。

马克思:《马克思致恩格斯》,

《马克思恩格斯全集》第 30 卷上册第 187 页。

亚拉巴马，人民既没有就脱离问题举行投票，也没有就新宪法等问题举行投票。这里选出的代表大会以六十一票对三十九票通过脱离法令。但是几乎完全由白人居住的北部各郡投的这三十九票比那六十一票代表了更多的自由人；因为根据美国宪法，每个奴隶主同时还可以替他五分之三的奴隶投票。

《马克思致恩格斯》，

《马克思恩格斯全集》第 30 卷上册第 188 页。

　　霍韦利亚诺斯是"人民之友"，他希望通过对经济法令的缜密的改变和对崇高学说的文字宣传来使人民得到解放。

马克思：《革命的西班牙》，

《马克思恩格斯全集》第 10 卷第 474 页。

　　根据新格拉纳达议会的法令，玻利瓦尔的遗体于 1842 年运送到加拉加斯，在那里为他树立了一个纪念碑。

马克思：《玻利瓦尔 - 伊 - 庞特》，

《马克思恩格斯全集》第 14 卷上册第 241 页。

　　马克思恩格斯在《法兰克福激进民主党和法兰克福左派的纲领》里的"联邦议会"，是根据 1815 年维也纳会议的决议成立的德意志联邦的中央机关，它由德国许多邦的代表所组成。会址设在美因河畔的法兰克福。联邦议会没有实际的权力，它只是各邦政府反动政策的一种工具。1848 年三月革命以后，反动势力企图加紧联邦议会的活动，以达到反对人民主权的原则和反对德国民主联合的目的。

　　马克思在《评美国局势》里的"宅地法"，是 1862 年 5 月 20 日通过的宅地法（Homestead Act）。是林肯政府以民主主义的宅地法。根据这一法律，凡美国公民或声明愿成为美国公民的人，在缴纳 10 美元赋税之后，可以从国有土地中无偿地领取 160 英亩（65 公顷）土地。在耕种 5 年之后，或在 5 年内每英亩缴纳 1.25 美元的条件下，这块土地便转归农民完全所有。在人民群众压力下颁布的宅地法，是使战争进程发生有利于北部的转折的革命措施之一。

　　"对以前的奴隶主付给金钱补偿"，指联邦直辖区哥伦比亚，该区包括作为独立行政单位的美国首都华盛顿及其郊区。在美国首都废除奴隶制的要求，是 1775～1783 年独立战争以来反奴隶制力量的基本要求之一。1862 年 4 月 16 日的法律在补偿法规定的条件下，解放了 3000 黑人。根据补偿法，政府必须向占有者交付偿金，解放一名奴隶偿给 300 美元。

　　"利比里亚、海地等黑人共和国的独立获得了承认"，其利比里亚，是西非洲的共和国，成立于 1847 年，它是美国殖民促进社为了从美国迁出自由黑人而建立的移民地点。海地，是海地岛西部形式上独立的国家，从 1859 年起成为共和国。1862 年 6 月，美国与两个黑人共和国利比里亚和海地建立外交关系（在此之前，它们已得到其他大国的承认），这是废奴派的一个胜利。同时，在外交上承认利比里亚和海地也有自己的目的，那就是鼓励黑人从美国向这些国家迁移。在美国疆界之外建立被解放的黑人的移民区，是林肯纲领中的一条，这一条曾遭到废奴派中革命一翼的激烈反对。

马克思恩格斯在《德意志意识形态》里的"五月黑道日",是历史上有名的 1518 年 5 月 1 日伦敦市民起义的名称。这次起义旨在反对外商的猖獗;城市的下层都参加了这次起义。

马克思在《道德化的批评和批评化的道德》里的"九月法令",指 1835 年 9 月法国政府颁布的反动法令。该法令限制陪审法庭的活动,并采取了严厉措施对付出版物。在出版方面规定增加期刊的押金,如果发表反对私有制和现行国家制度的言论,则处以囚禁和课以巨额罚金。马克思恩格斯在《德意志意识形态》中,也谈到过九月法令。

《马克思致海·荣克》里说,"当时所有旨在取消集会、结社和出版自由的权利的最卑鄙的法令",指法兰西共和国制宪议会,在镇压 1848 年六月起义以后通过的一系列反动法令。8 月 9 日和 11 日颁布的出版法对反对政府、反对现行制度和私有制的言行规定了严厉的惩治办法。1849 年 3 月 21 日的法令禁止成立俱乐部,等等。

恩格斯在《致爱·伯恩施坦》里的"小戒严",是反社会党人非常法第 28 条规定实行的措施。这些措施,是德意志各邦政府(在联邦会议同意之下)可以在个别的专区和村镇实行为期一年的戒严;在戒严期间只有得到警察局的允许才能举行集会,禁止在公共场所散发印刷品;把被认为政治上不可靠的人驱逐出该地;禁止或限制拥有、携带、运进和出售武器。

恩格斯在《致帕·马尔提涅蒂》里的"爱尔兰治安法案",是 1887 年 4 月,英国下院讨论的爱尔兰治安法案(Crimes Bill)的草案。法案规定,在爱尔兰实行简化诉讼程序,以对付声势日益增大的农民运动。行政机关有权宣布各种团体非法,对被控以密谋、非法集会、对抗当局等罪名者的判决,可以在没有陪审员参加的情况下由法官作出。1887 年 4 月 11 日,在海德公园召开了好几个群众集会抗议这一草案,集会的参加者达 10 万至 15 万人。

(二)行政法令

1. 肯定性行政法令

具有行政管理内容的法令形式,是行政法令。在行政法令和议会法令的相互关系上,一般不存在两者法律效力的高低和强弱问题。

这是因为,为保障行政权的地位,不受司法权的制约,宪法承认行政权的自律制度。就是说,为了排除司法权对行政权的干涉,承认行政权的自力执行权,承认在行政作用上不同于私法上的特殊效力。这一制度,是以从前确立绝对王权和行政权优越的传统为背景的。在行政与法之间存在对抗的情况下,首先在法国建立了行政权的自律制度,后扩展到德国、奥地利等大陆法系国家。英美法系各国不承认这一制度。

这里的"肯定性"和"否定性",指的是法令的内容即对所规定的对象的肯定或否定,而不是对法令本身的肯定或否定。

需要指出,具有命令性内容的法令,是要求主体作出或不作出一定的行为的行政法令。根据命令的内容,可分为执行令和禁令两种,前者是要求主体进行一定作为的命令,后者是要求主体不作为的命令。按行政命令的表现形式，命令分为授权令、禁止令、执行令、任命令和公告令等。命令属于某种行政法令的性质，具有命令形式的法令，本身不存在直接的"肯定性"和"否定性"内容，因而不做"肯定性"和"否定性"归类，也不属于单独一类。命令性法令，具有普遍约束力，主体违反命令可引起行政制裁。

凡具有批准、确认、认可、许可等方面内容的法令，都属于肯定性的行政法令。批准法令，是准许主体进行某种行为的行政法令。确认法令，对主体涉及的客观事实、权利义务关系等内容进行的确定、认可的行政法令。确认不涉及权利赋予和禁止解除。认可法令，是承认主体已经作出的行为的行政法令，即对主体已有权利给予法律上的承认。认可不一定以普遍禁止为前提，主体未经认可的行为不一定违法。许可法令，是事先同意主体尚未作出的行为的行政法令。许可是对普遍禁止行为在一定条件下的解禁。主体未经许可而作出的行为是违法行为。

关于管理科布伦茨和特里尔这两个行政区内的乡镇和机关所有的林区的训令（标有"科布伦茨1839年8月31日"字样），是根据1816年12月24日的法令和1835年8月18日的王室内阁指令颁布的。该训令载于《王国科布伦茨行政区政府公报》第62号的附页上。

马克思：《摩泽尔记者的辩护》，

《马克思恩格斯全集》第1卷上册第361页。

拿破仑的一些法令将彻底清除所有中世纪的废物、徭役、什一税、优惠和特权、封建经济和宗法关系，在我们祖国的各个偏僻角落里这些东西现在还压在我们头上。德国其他地方也许早就达到莱茵河左岸在法国第一次大革命后所达到的地步了

马克思恩格斯：《俄国的照会》，

《马克思恩格斯全集》第5卷第344页。

1848年六月事变时，资产阶级和小资产阶级以国民自卫军为代表同军队联合起来反对无产阶级；1849年6月13日，资产阶级在军队的帮助下驱散了小资产阶级的国民自卫军；1851年12月2日，资产阶级的国民自卫军也已经不存在了，当波拿巴后来签署解散国民自卫军的法令时，他只是确认了既成的事实。

马克思：《路易·波拿巴的雾月十八日》，

《马克思恩格斯全集》第8卷第159页。

美国有个总统，享有王权素有的特权。那里还有个参议院，能监督行政权并预先了解行政法令。

马克思：《西方强国和土耳其》，

《马克思恩格斯全集》第10卷第13页。

如果比利牛斯半岛的纯粹的军事叛乱发展成普遍的起义，那丝毫也不奇怪，因为政府最近的财政法令十分成功地把税吏变成了革命的宣传员。

马克思：《马德里起义的细节。——奥地利和普鲁士的要求》，

《马克思恩格斯全集》第 10 卷第 344 页。

一位显赫的贵族兰斯科伊被任命为内务大臣，他向贵族们发布了一项公告，宣布亚历山大皇帝已用特别法令保证贵族的一切权利和特权，这就说明，农奴主中间的这些不满情绪的征兆已经使官廷感到多么惊慌。

恩格斯：《俄国军队》，

《马克思恩格斯全集》第 11 卷第 637 页。

"通报"公布了关于 sociétés en commandite〔两合公司〕的新法令，这项法令似乎是为了抑制投机狂而让这些公司听任 Crédit Mobilier 支配，使它们根据政府或 Crédit Mobilier 的意志来建立。而英国报刊甚至不知道 sociétés en commandite 和 sociétés anonymes〔匿名公司〕之间存在着区别，不知道前者就是后者的牺牲品，竟对这种波拿巴式贤明的伟大的"理智行为"备加赞扬，并设想法国的投机家不久也会具有英国的萨德勒、斯佩德尔和帕麦尔那样的稳健。

马克思：《法国的 CRé DIT MOBILIER》，

《马克思恩格斯全集》第 12 卷第 32 页。

1781 年，孟加拉省政府派了一艘满载鸦片的武装商船驶往中国，而在 1794 年，东印度公司就派了一艘运载鸦片的大船停在黄埔——广州港的停泊处。看来，黄埔比澳门更适合于做堆栈，因为黄埔被选定做堆栈以后两年，中国政府才认为有必要颁布法令，用鞭笞和枷号示众的刑罚来威吓中国的鸦片走私商。大约在 1798 年，东印度公司不再是鸦片的直接出口商，可是它却成了鸦片的生产者。

马克思：《鸦片贸易史》，

《马克思恩格斯全集》第 12 卷第 586 页。

他们的公开代表人物内务大臣冯·威斯特华伦先生，拒绝在国王将王权让给自己兄弟的法令上签字；他提出辞职，而由冯·弗洛特韦尔先生继任。另一方面，国王的让位并不是无条件的，而是像法令中所说的，"只是暂时的，到我本人重新有能力履行国王职责时为止"，而且保留"亲自处理与我本人有关的王室事务的权力"

马克思：《普鲁士的摄政》，

《马克思恩格斯全集》第 12 卷第 648 页。

11 月 18 日的"通报"公布了如下的法令

"第一条：在面包业受各项法令和命令约束的城市中，面包房老板的粮食储备根据各

面包房在三个月期间每天烤面包所需要的谷物或面粉量来规定。"

马克思:《法国调整粮食价格的方案》,

《马克思恩格斯全集》第 12 卷第 686～687 页。

内阁打算把东印度公司特许状(1854 年 4 月到期)延长二十年。结果不得不放弃此事,而同意其法案只暂时有效,这要看议会的意向而定。除了决定所有民事职务和需有专业知识的军事职务通过公开竞争来更换外,这一法令仅仅局限于以下几点:查理·伍德爵士(督察委员会主席)的薪俸从原来的一千二百英镑改为五千英镑;董事人数由二十四名缩减为十八名。以前董事全部由股东会选出,现在只选十二名,而六名由内阁任命。董事的薪俸从三百英镑增加到五百英镑,董事长和副董事长的薪俸则增加到一千英镑。印度总督的职位同孟加拉省省长的职位分开。

马克思:《马克思致恩格斯》,

《马克思恩格斯全集》第 28 卷上册第 425～426 页。

最近两年来,波拿巴在法国各政党中已日益失去威信,他的外交活动也同样是一连串的失败。因此,必须做点什么事来挽回他的声望。甚至在农村里,也由于粮价惨跌而怨声载道,波拿巴先生企图通过他的关于粮食库存的法令来人为地提高小麦价格,但是徒劳无功。

马克思:《马克思致斐·拉萨尔》,

《马克思恩格斯全集》第 29 卷第 557 页。

只要稍许离开海边到附近的农业区去走走,就可以到处碰到上面有《牛瘟》字样的大木板牌,这些大木板牌会使你不愉快地联想到"文明"。木板牌上都贴有一张政府的法令,这项法令是上下两院畜牧业巨头议员们在议会开会时向政府猛烈进攻的结果。

马克思:《马克思致劳·马克思》,

《马克思恩格斯全集》第 31 卷下册第 509 页。

这里的内务大臣克罗斯提出了一个法案,把名目繁多的、有些是互相矛盾的关于限制劳动日的各种法律都归结为一个法令,只是在这样做了以后,这些法律才第一次有可能实施。

恩格斯:《恩格斯致布·林德海默》,

《马克思恩格斯全集》第 34 卷第 251～252 页。

降低赎金法令就这样颁布了。在巨量的欠缴税款中小小的几成能有多大意义呢!但没有收到的每一百万对于俄国国库却都是有意义的。

恩格斯:《恩格斯致马克思》,

《马克思恩格斯全集》第 35 卷第 35 页。

威廉对资产阶级比对所有的社会民主党人更为愤恨，这是由于资产阶级对他的僧侣主义的国民学校的法令持反对态度。他宁可不打扰我们，也不愿向他们作任何让步。因为他在国会的最大的反对派正是那些资产阶级政党。

恩格斯：《致弗·阿·左尔格》，

《马克思恩格斯全集》第 38 卷第 291 ~ 292 页。

爱尔兰终于懂得了似乎是为了广施恩泽于爱尔兰（?!）而采取的那一套办法的虚伪性。原来这套办法的目的就是要确立大不列颠的最高权力并把让步法令变为确立它自己统治地位的法令。爱尔兰十四个郡立即庄严发誓不惜生命和财产以争取爱尔兰立法会议的独立。现在，"自由贸易"的口号同"自由议会"的口号并提。

马克思：《从美国革命到 1801 年合并的爱尔兰》，

《马克思恩格斯全集》第 45 卷第 22 页。

同书中指出，从亨利七世开始（就从那时候起，开始采取变耕地为牧场的办法来清除土地上的过剩人口，这一直延续了一百五十多年，至少从起诉和立法干涉来说是如此；因此，为工业提供的人手增加了），已经不再规定工业中的工资，只在农业中规定工资。亨利七世第十一年发布的法令。[同上，第 73—75 页]

（雇佣劳动并没有随着自由劳动而完全确立下来。工人仍旧有封建关系作后盾，提供的工人还太少，因此资本还不能以资本的身份把他们的工资压低到最低限度。因此要用法律规定工资。只要工资还是用法律规定的，就不能说资本已经作为资本使生产从属于自己，也不能说雇佣劳动已经获得了适合自己的存在方式。）

在伊登引用的法令中也提到了麻布织工、建筑工和造船工。同一法令也规定了［Ⅶ—13］劳动时间。

马克思：《政治经济学批判》，

《马克思恩格斯全集》第 46 卷下册第 254 页。

爱德华六世第一年颁布的第 3 号法令规定：

"凡能劳动而拒绝劳动并且 3 天无所事事者，应以烧红的烙铁在其胸前打上 V 字样的烙印，并将其判给告发这种游惰者等等的人作奴隶 2 年。""如果他逃离自己的主人达 14 天，就应成为主人的终身奴隶，并在额头或脸颊打上 S 字样的烙印，如果他第二次逃亡而且有两个可靠的证人作证，就应被宣告为罪大恶极而处以死刑。"[同上，第 101 页]

马克思：《政治经济学批判》，

《马克思恩格斯全集》第 46 卷下册第 255 页。

在前几个世纪，在资本主义生产以前的时代，我们同样遇到政府对工作日持续时间的强制的即法律的规定，其目的在于强迫工人劳动一定的时间，而现在的所有法令则相反，是要迫使资本家让工人只劳动一定的时间。对于发达的资本来说，劳动时间只有通过政府的强制才会受到限制。

马克思：《经济学手稿》，

《马克思恩格斯全集》第 47 卷第 248 页。

在亨利八世时期，这一法令规定，凡将耕地变为牧场者，其一半耕地应予没收。（［普莱斯］前引著作，第 156、157 页）

［XXⅢ—1407］在亨利八世二十五年颁布的法令中谈到：

"很多租地和大畜群，特别是大羊群，集中在少数人手中，因此地租飞涨，耕地荒芜；教堂和房屋被毁，粮价猛涨，无力养家糊口的人多得惊人，为此法律规定，任何人都无权拥有 2000 只以上的羊并承租两块以上的租地。"

马克思：《经济学手稿》，

《马克思恩格斯全集》第 48 卷第 110 页。

马克思在《马德里起义的细节。——奥地利和普鲁士的要求》里说的"政府最近的财政法令"，指西班牙政府关于提前 6 个月缴纳土地税和工业税的法（1854 年 5 月）。

《马克思致斐迪南·拉萨尔》里的"粮食库存的法令"，指路易·拿破仑规定调整粮食价格和为此目的建立公共仓库保管粮食的法令。为此，制定了在全帝国调整粮食价格的方案。

路易·拿破仑在 1854 年由于对俄国宣战而向立法团所做的一次演说中，明确地谈到过：

"如果这个制度像我所希望的那样在全法国推行，那末，今后就能防止谷物价格的急剧波动。这种波动在产品丰富时，使得农业由于小麦价格低廉而停滞不前，在荒年则由于小麦价格高昂使贫苦阶级遭受沉重的苦难。这个制度就是在所有的大居民点建立叫面包业银行（Caisse de la boulangerie）的信用机关。在产品缺乏的年代，这些银行就能供应居民比官方市场价格低得多的粮食，而在产品丰富的年代，粮食价格则稍高于市场价格。因为丰收年成一般总是比歉收年成多，所以很明白，补偿降低的价格是并不困难的。此外，由于有了信用组织还会有极大的好处，这些组织不是力图靠提高粮食的价格来得利，而是和所有的人一样关心粮食价格低廉，因为情况一反前此，这些组织将在丰收的年代获得收益，而在价格高昂的年代遭受亏损。"

路易·拿破仑如此美妙的收买人心的方案，并没有成功。历史的真实情况是：

1853 年 12 月，根据皇帝的诏书建立起巴黎的面包业银行的时候，一个 4 磅重的面包的最高价格规定为 40 生丁。面包房老板有权要求银行补偿自己的损失，银行也发行了由巴黎市政厅担保的债券，来建立这种必要的基金，而巴黎市政厅这方面，则靠新公债和提高巴黎各关卡征收的消费税的办法，也建立了保证金。此外，还有一部分款子是直接由政府从国库资金中拨付的。

到 1854 年年底，巴黎市政厅的这些债务，以及由政府拨付的款项总数已达 8000 万法郎。于是政府不得不食言，把一个面包的最高价格先提高到 45 生丁，后来又提高到了 60

生丁。这样，巴黎居民通过提高了的消费税，必须部分地付出他们在面包价格上节约下来的钱。而法国其他地方，就必须在政府直接资助巴黎市政厅的形式下，缴纳接济首都的普遍的慈善捐款。

但是，这个方案却完全失败了。在 1855～1857 年的歉收年代，巴黎的面包价格高于官方的最高价格，而在 1857 年和 1858 年的丰收时期，却又低于官方的最高价格。

《恩格斯致布·林德海默》里"关于限制劳动日的各种法律都归结为一个法令"，是 1877 年英国内务大臣理·艾·克罗斯提出一项规定调整劳动时间（其中包括家庭工业和手工工场）的法案。法案限定少年的劳动日为十个半小时，并对 1874 年关于限制雇用童工的法律做了补充。克罗斯法案于 1878 年被通过作为法律。

《恩格斯致马克思》里"降低赎金法令"，是沙皇政府 1881 年 12 月 28 日颁布了一项法令。根据这个法令，对俄罗斯农民，每一份地降低一个卢布赎金，对乌克兰农民，则赎金原有额降低 16%。由于农民极端贫困的处境，引起 60 至 70 年代农民运动的高涨，沙皇政府不得不同意稍微降低赎金。

恩格斯在《致弗·阿·左尔格》里说的"僧侣主义的国民学校的法令"，是 1892 年 1 月底，普鲁士政府向邦议会提出了关于小学的新法令草案。这一法令草案规定，所有普通小学改为宗教学校，新建的学校只能作为宗教学校来办，对整个小学教育的监督由僧侣负责。为了中央党的利益而提出的这一法令草案，受到自由党的激烈批评，从而使普鲁士内阁于 1892 年 3 月倒台。新的普鲁士政府收回了这一法令草案。

马克思在《政治经济学批判》里的"同书"，指的是弗雷德里克·康尔顿·伊登爵士《贫民的状况，或英国劳动者阶级从征服时期到现在的历史》（三卷集，1797 年伦敦版）。

2. 否定性行政法令

凡具撤销、禁止、强制等内容的行政法令，都属于否定性行政法令。

撤销法令，是因主体行为违法或不当，作出取消决定的行政法令。经法令被撤销后，主体的违法或不当行为归于消灭。禁止法令，是不允许主体的某种行为或不允许持有、流通的某种物质客体等的法令。强制法令，是为预防或制止正在危害或即将危害社会的人或物而采取强制措施的行政法令。

强制措施，是行政机关所采用的强制性手段，如查封、扣押、冻结财产，强制检查、强制转让、强制征收等。

强制转让，是法令规定以强制方式令主体转让一定的权利和物。如日本对于农地，在农地改革之后到制定农地法之前，依照"适用有关创立自耕农特别措施法及农地调整法的土地举让的政令"，对于超过保有限度的耕地，以强制方式直接使地主交给佃户。

强制征收，是按照拖欠处分的程序，由国家或公共团体强制征收债权。强制征收涉及到国税及地方税债权时，除租税债权外，对公法上的金钱债权，实行强制征收。

政府实行书报检查，集会和结社没有自由，政府颁布专制法令，设置秘密法庭，雇佣法官惩办一切胆敢用任何方式促使群众思考问题的人。

　　　　　　　　　　　　　　恩格斯：《共产主义在德国的迅速进展》，
　　　　　　　　　　　　　　《马克思恩格斯全集》第 2 卷第 588 页。

　　我们不是那种心怀不满的人，不会在普鲁士新的书报检查法令公布之前就声明说：即使丹纳士人带来礼物，我还是怕他们。相反，因为新的检查令允许对已经颁布的法律进行讨论，哪怕这种讨论和政府的观点不一致。

　　　　　　　　　　　　　　马克思：《评普鲁士最近的书报检查令》，
　　　　　　　　　　　　　　《马克思恩格斯全集》第 1 卷上册第 107 页。

　　1819 年的法令也是一项过渡性措施，不过，当时规定了一定的期限——五年，可以期望颁布永久性法律，而新的检查令却没有规定任何期限；其次，当时期望颁布的是关于新闻出版自由的法律，而现在期望颁布的则是关于书报检查的法律。

　　　　　　　　　　　　　　马克思：《评普鲁士最近的书报检查令》，
　　　　　　　　　　　　　　《马克思恩格斯全集》上册第 1 卷第 109 页。

　　我们认为，书报检查令是可能要颁布的书报检查法的精神的预示。在这一点上，我们是严格遵循 1819 年书报检查法令的精神的，根据这一法令，邦的法律和命令对新闻出版具有同样的作用。

　　　　　　　　　　　　　　马克思：《评普鲁士最近的书报检查令》，
　　　　　　　　　　　　　　《马克思恩格斯全集》上册第 1 卷第 109～110 页。

　　如果不承认被联邦议会所承认的临时政府本身，那至少也要承认临时政府以前的活动。临时政府的法令必须继续有效。而普鲁士的作法怎样呢？反革命的普鲁士借口丹麦也放弃幻想的法令（这些法令是在哥本哈根为各公国颁布的，在阿尔森乌以外从来没有丝毫法律效力），同意废除临时政府的一切法令。

　　　　　　　　　　　　　　恩格斯：《和丹麦的休战》，
　　　　　　　　　　　　　　《马克思恩格斯全集》第 5 卷第 456 页。

　　本来应该懂得，想用一道法令来阻止克利盖所期望的宗法制度发展为工业制度，或者使东海岸工商业务州倒退到宗法的野蛮状态上去，这是立法者办不到的。可是，为了迎接上述幸福时刻的到来，克利盖已在准备做如下一种乡下牧师式的宣教："那时我们就能教导人们和睦相处，彼此减轻一切生活上的负担和困难，并且在大地上建设起第一批充满天国的爱的村镇"。

　　　　　　　　　　　　　　马克思恩格斯：《反克利盖的通告》，
　　　　　　　　　　　　　　《马克思恩格斯全集》第 4 卷第 6 页。

为了把土地留做"不可让渡的公共财产",而且是全人类的财产,就应该立刻先分配这些土地。克利盖以为他能用一项法令来禁止这种分配所发生的必然后果,即土地集中、工业进步等等。他把每 160 英亩土地都看成一样的,似乎这份土地的价值并不因质量而有所不同。"农民"自己将和其他人进行交换,不是交换土地,便是交换土地的产品。

> 马克思恩格斯:《反克利盖的通告》,
> 《马克思恩格斯全集》第 4 卷第 10 页。

如果我们以为只须颁布几道法令就可以摆脱竞争,那末我们就永远摆脱不了竞争。如果我们更进一步建议废除竞争而保留工资,那就等于建议用王室法令来做一些毫无意义的事。但是各民族并不是按照王室法令来发展的。各民族在求助于这些法令之前,至少必须彻底改变他们在工业上和政治上的一切生存条件,也就是要彻底改变他们的整个生活方式。

> 马克思:《哲学的贫困》,
> 《马克思恩格斯全集》第 4 卷第 174 页。

1844 年 3 月 30 日,普鲁士政府颁布了臭名远扬的法官纪律法。根据这条法律,只要内阁的一纸法令就可以撤换法官或免除法官的职务。最后一届"联合议会"废除了这条法律,并重新确定了以下的原则:只有根据法庭的判决,才能撤换法官或免除法官的职务。钦定宪法确认了这个原则。

> 马克思恩格斯:《普鲁士反革命和普鲁士法官》,
> 《马克思恩格斯全集》第 6 卷第 166 页。

过了两年,一切节余都在朝廷宴会,国王巡狩,以及对贫困、破落而贪婪的贵族的赐赠资助等等上面用光了,正常的税收已不够宫廷和政府的开支了。于是,国王陛下很快就遭到了严重的财政赤字和 1820 年法令的夹攻;1820 年的法令规定,如不得"将来的人民代议机关"的许可,任何新的公债或增税都是非法的。而这时还没有这种人民代议机关。

> 恩格斯:《德国的革命和反革命》,
> 《马克思恩格斯全集》第 8 卷第 19 页。

波拿巴首先觉得自己是十二月十日会的头目,是流氓无产阶级的代表,因为他本人、他的亲信、他的政府和他的军队都属于这个阶级,而这个阶级首先关心的是自己能生活得舒服,是从国库中汲取加利福尼亚的彩票利益。于是他就以颁布法令、撇开法令和违反法令来证实他真不愧为十二月十日会的头目。

> 马克思:《路易·波拿巴的雾月十八日》,
> 《马克思恩格斯全集》第 8 卷第 224 页。

威廉三世在位的第十一年和第十二年颁布的法令中,第十节就规定禁止用印度、波斯和中国运来的丝织品和印花布做衣服穿，并且规定谁要是收藏或买卖这些物品，就课以 200 英镑罚金。

马克思：《东印度公司，它的历史与结果》，
《马克思恩格斯全集》第 9 卷第 173 页。

伦敦街头又出现了马车夫。在上星期六，马车夫放弃了他们的消极反抗方式。同时，议会正在继续设法废除本届会议的伟大法令，逐步取消马车夫和下院之间的一切 casus belli〔宣战的理由〕。

马克思：《在下院中。——报刊论东方问题。——沙皇宣言。——丹麦》，
《马克思恩格斯全集》第 9 卷第 264 页。

废除广告税的法令昨晚获国王批准，今日生效。许多晨报已公布降低了的各类广告价目。

马克思：《广告税。——俄国的行动。——丹麦。——合众国在欧洲》，
《马克思恩格斯全集》第 9 卷第 271 页。

实行皮尔法令的一个后果，就是英格兰银行在 1847 年危机期间改变了 13 次贴现率，而在 1825 年危机时期却只改变了两次；其次，就是这个法令在危机最深的时候引起了一系列的财政混乱（在 1847 年 4 月和 10 月）；最后就是：如果不是使法令本身停止生效，银行部就得被迫停业。因此，皮尔法令将加深日益逼近的危机的恶变性和尖锐性，是没有什么疑问的。

马克思：《维也纳照会。——苏姆拉来信。——皮尔的银行法令》，
《马克思恩格斯全集》第 9 卷第 339～340 页。

引起更大不满的是禁止约瑟夫·波拿巴时代铸造的一切西班牙硬币流通和持有者必须兑换国币的不合理法令；同时禁止法国货币流通，并公布了法国货币兑换国币的汇率。由于这一汇率同 1808 年法国人规定的法国货币和西班牙货币的汇率相差太大，许多人蒙受了很大的物质损失。这项不合理的措施也刺激已经高涨的生活必需品价格更加上涨。

马克思：《革命的西班牙》，
《马克思恩格斯全集》第 10 卷第 503 页。

唯一被通过的、并且完全可以认为是属于这届内阁的法案，就是关于马车夫的伟大法令，但是，就连这个法令也不得不在它通过以后的第二天加以修改，因为它激起了马车夫的公愤。

马克思恩格斯：《上一届英国政府》，
《马克思恩格斯全集》第 11 卷第 29 页。

由贝克莱主持的第二个委员会专门研究禁止"星期日出卖酒类"的法令的影响，它揭露了想用调整星期日休息时间来改善社会的那种伪善的庸俗的企图。因酗酒而造成的破坏社会秩序的事件并没有减少，反而增多了。

马克思：《帕麦斯顿。——大不列颠统治阶级的生理现象》，

《马克思恩格斯全集》第 11 卷第 426 页。

法国的一个取消禁止谷物和面粉输出的法令，立即使伦敦的磨坊主不得不把每 280 磅的价格降低 3 先令，以阻止法国面粉流入。

马克思：《欧洲的金融危机》，

《马克思恩格斯全集》第 12 卷第 369 页。

1784 年的皮特法案实际上已以督察委员会的名义使公司的政策服从于内阁的权力。1813 年的法令取消了公司的贸易垄断权（对中国的贸易垄断权例外）。1834 年的法令使公司彻底失去了一个商业机构的性质，而 1854 年的法令则消灭了它的权力的最后残余，但是它仍保留着对印度的行政管理。

马克思：《关于印度的法案》，

《马克思恩格斯全集》第 12 卷第 559 页。

统治者由于依靠自己的军队在巨大的革命冲突中取得了胜利，就有可能独断专行，随心所欲地颁布和取消法令，遵守或者破坏法令。各地的代议机关都变成了空架子，几乎任何地方的议会反对派都不能存在下去，报刊堵上了嘴。

恩格斯：《一八五八年的欧洲》，

《马克思恩格斯全集》第 12 卷第 695 页。

皇帝的真正社会主义即将来临。第一个社会主义措施将是没收路易－菲力浦的财产，因为他不按旧习惯把自己的财产交给国家，却于 1830 年 8 月 6 日把他的财产交给了自己的子女，而他干这些所依据的法令是无效的。

《恩格斯致约·魏德迈》，

《马克思恩格斯全集》第 28 卷下册第 480 页。

在布斯特拉巴时代，比在路易－菲力浦时代更有发展，因为布斯特拉巴用 1852 年法令强迫法兰西银行以铁路有价证券、国家有价证券和土地信用公司的证券作抵押发放贷款，将全国贴现局已经贴现过的投机期票再行贴现，这就等于以这个贴现局自己发放贷款时作抵押的那些有价证券作为抵押，向它发放贷款。因此，例如尽管法国铁路的收入在英国危机开始后比英国铁路的收入减少得更加厉害，法国铁路的股票和债券的行市却提高了。

《马克思致恩格斯》，

《马克思恩格斯全集》第 29 卷第 231 页。

马克思在《评普鲁士最近的书报检查令》里说，"即使丹纳士人带来礼物，我还是怕他们"，是维吉尔《亚尼雅士之歌》第 2 部第 49 行中的话。丹纳士人在这里指希腊人。

"普鲁士新的书报检查法令"，是 1841 年 12 月 10 日由普鲁士国王弗里德里希－威廉四世下令起草、12 月 24 日颁布的。由负责书报检查的内务与警务大臣，宗教事务、教育与卫生大臣以及外交大臣三人联名签署，于 1841 年 12 月 27 日首次在政府通报上公布。

普鲁士政府在 1819 年曾经颁布过关于实行书报检查的法令。1830 年七月革命后又增加了一些新的书报检查措施。1840 年以后，普鲁士自由主义反对派对新闻出版自由的要求日益强烈，为了适应政治形势的变化，普鲁士政府颁布了新的书报检查令。这项新法令使自由主义者产生了不切实际的幻想，以为新闻出版自由的新时代即将到来。然而新的书报检查令只是表面上不限制作家的写作活动，实际上它不仅保存而且还加强了反动的普鲁士书报检查制度。

《马克思致恩格斯》在"法令强迫法兰西银行以铁路有价证券、国家有价证券和土地信用公司的证券作抵押发放贷款，将全国贴现局已经贴现过的投机期票再行贴现"这句话里，"土地信用公司"（Crédit Foncier）是法国的一家股份银行。它是 1852 年在前巴黎土地银行的基础上建立的。土地信用公司发放以不动产作抵押，并支付一定利息的短期和长期贷款，期限为 50 年；它得到政府的大量津贴。

"巴黎全国贴现局"（Comptoir Nationl d'Escompte de Paris）成立于 1848 年。起初它贴现有两个背书的期票，并发放以存放在公共仓库中的商品作抵押的贷款。在拿破仑第三时代成了股份公司（从 1853 年起），并取得发放以法国无期证券、工业股份公司或信用股份公司的股票或债券作抵押的贷款的特权。

（三）苏维埃法令

1. 废除旧法令

苏维埃法，是人类历史上第一个人民自己制定的法，是消灭压迫制度和剥削制度的法。同其他法的形式一样，法令也具有这种性质。

关于人民政权废除旧法制，列宁科学地回答了以下三个问题：为什么要废除旧法制，怎样废除旧法制，什么样的法制是人民新法制。这里不再展开阐释。列宁下面的一段话，只是从炮制技术的角度就说明了旧法令是什么样的法令："只要省长们提出几个报告，法令就失去一切作用了！这一点最清楚地表明，那些在彼得堡的司级机关里像烤面饼一样赶制出来的法令究竟有什么意义，那些法令没有经过真正内行的、能够发表独立见解的人士的认真讨论，没有真正想建立更符合于自己目的的制度的意愿，而只是由于某个诡计多端的大臣好大喜功想要突出自己，想要尽快表明自己的忠诚而赶制出来的。"

任何社会主义的人民政权，都必须废除旧法制。我国也不例外。

1949 年 2 月，《中共中央关于废除国民党的六法全书与确定解放区的司法原则的指示》中说："在人民民主专政的政权下，国民党的六法全书应该废除，人民的司法工作不能再以国民党的六法全书为依据，而应该以人民的新的法律作依据。……同时司法机关应该经常以蔑视和批判六法全书及国民党其他一切反动的法律、法令的精神，以蔑视和批判欧美日本资本主义国家一切反人民的法律、法令的精神，以学习掌握马列主义——毛泽东思想的国家观、法律观及新民主主义政策来教育、改造司法干部。"

这一《指示》，反映了中国社会法制发展的必然规律，揭示了历史的真理，表现了摧毁旧法制的正义性。

颁布废除私有制的法令是容易的，但是要实行这个法令就必须由而且只能由工人自己动手，即使会犯错误，那也是新阶级在创造新生活过程中的错误。

> 列宁：《在彼得格勒工兵代表苏维埃工人部的会议上的报告》，
> 《列宁全集》第33卷第144页。

1. 废除土地私有制。宣布全部土地连同一切建筑物、农具和其他农业生产用具均为全体劳动人民的财产。

2. 批准苏维埃关于工人监督和关于最高国民经济委员会的法令，以保证劳动人民对剥削者的统治，并作为使工厂、矿山、铁路及其他生产资料和运输工具完全为工农国家所有的第一个步骤。

3. 批准将一切银行收归工农国家所有，这是使劳动群众摆脱资本压迫的条件之一。

> 列宁：《被剥削劳动人民权利宣言》，
> 《列宁全集》第33卷第224~227页。

在苏维埃政权的许多法律、法令和决定中，都有涉及立宪会议及其立法性质的内容。

所有这些内容，在中央执行委员会解散立宪会议和全俄苏维埃第三次代表大会批准这一步骤以后，就自行失效和废除。

因此，全俄苏维埃第三次代表大会决定：在苏维埃政权的法令和法律的所有新版本中，涉及原定召开的立宪会议的任何内容一概取消。

> 列宁：《关于取消苏维埃法律中所有涉及立宪会议的内容的法令草案》，
> 《列宁全集》第33卷第285页。

由于俄国（所有的欧洲国家中也只有俄国）直到现在还保存着专制政府的无限权力，也就是保存着这样一种国家机构，沙皇一个人能够任意发布全国人民必须遵守的法令，而且只有沙皇任命的官吏才能执行这些法令。公民被剥夺了参与发布法令、讨论法令、提议制定新法令和要求废除旧法令的一切可能。

> 列宁：《社会民主党纲领草案及其说明》，
> 《列宁全集》第2卷第83页。

"欧化"这个字眼原来是那么笼统，因此可以用来混淆事实，模糊重大的政治问题。

自由派希望俄国欧化。但是贵族联合会也力图用自己1906年11月9日（1910年6月

14 日）的法令使俄国欧化。

> 列宁：《日益扩大的矛盾》，
> 《列宁全集》第 22 卷第 393 页。

自由派报纸在谈到这件颇有教益的事情时得出结论说：俄国的"法治"情况很糟糕。这倒是实话。但这不全是实话。

地主们一边颁布法令，一边实际上又在执行或废除法令，在这种情况下谈论"法"是可笑的。这就是说，现在有这样一个阶级，它自己制定"法"，又自己把它废除。这就是说，自由派关于"法"和"改革"的言论，全是空话。

地主们也赞成"法"，但只是赞成地主的法，赞成自己的法，赞成本阶级的法。

> 列宁：《一件值得注意的事情》，
> 《列宁全集》第 23 卷第 393 页。

大臣们（即财政大臣或者交通大臣等和内务大臣取得协议后）"受权"颁发新法令执行细则。涉及新法令中有关各个领域的一切条款的一大批问题，都留待大臣们全权处理。大臣们的权力非常之大，他们实质上是新法令的全权执行者；他们想怎么干就怎么干，可以颁布一些条例使法令真正实行起来，也可以使法令几乎根本不能实行。

> 列宁：《新工厂法》，
> 《列宁全集》第 2 卷第 349 页。

应该把这些条例和法令本身严格地区别开来，因为颁布条例只是为了发展法令，颁布条例的大臣可以补充和修改条例，或颁布新条例。

> 列宁：《新工厂法》，
> 《列宁全集》第 2 卷第 367 页。

工人在反对资本家阶级的这个斗争中，同庇护资本家及其利益的一般国家法令发生了冲突。

但是，既然工人联合起来能够强迫资本家实行让步，能够反击他们，那么工人联合起来同样也能够影响国家法令，争取修改这些法令。其他各国的工人正是这样做的，但是俄国工人却不能直接影响国家。

> 列宁：《社会民主党纲领草案及其说明》，
> 《列宁全集》第 2 卷第 82 ~ 83 页。

关于国家杜马的新法令的内容本身给我们提供了极其丰富的材料，便于我们进行鼓动，阐明专制制度的实质，揭露它的阶级基础，揭示它的利益同人民利益的根本不可调和，广泛传播我们的革命民主主义的要求，这是毫无疑问的。

> 列宁：《"沙皇与人民和人民与沙皇的一致"》，
> 《列宁全集》第 11 卷第 173 页。

我国革命的三个主要阶段已经很清楚地显示出来了。第一个阶段是"信任"时期，是纷纷呈交各种请求书、请愿书和申请书，诉说立宪的必要性的时期。第二个阶段是公布立宪宣言、法令和法律的时期。第三个阶段是开始实现立宪主义的时期，即国家杜马时期。

列宁:《暴风雨之前》,

《列宁全集》第 13 卷第 329 页。

政府将提出一些新法令。十月党人、立宪民主党人和黑帮分子也会这样做。所有这些法令都将厚颜无耻地欺骗人民，都将粗暴地侵犯人民的权利和利益，嘲弄人民的要求，诬蔑人民在争取自由的斗争中所作的牺牲。所有这些法令都将维护地主和资本家的利益。

列宁:《第三届国家杜马和社会民主党》,

《列宁全集》第 16 卷第 174 页。

他或者是满足于小市民的治标办法（同富农作斗争——见前面所说的信贷社、信贷，鼓励戒酒、勤劳和上学的法令；扩大农民占有的土地——见前面所说的发放农贷和购买土地；减轻赋税——见前面所说的所得税），或者是满足于"组织人民工业"这种稚气十足的美妙幻想。

列宁:《民粹主义的经济内容及其在司徒卢威先生的书中受到的批评》,

《列宁全集》第 1 卷第 355 页。

《致工厂视察机关官员之训令》（这个训令是财政大臣批准的，其中说明了工厂视察员的权限和职责）中的如下一条:"凡工厂视察员就违反法律及为发展法律而颁布法令事宜向厂主或工厂经理作说明时，均不得有工人在场。"原来如此。厂主违反了法律，视察员可不敢当着工人的面跟他讲，因为有大臣的禁令!

列宁:《对工厂工人罚款法的解释》,

《列宁全集》第 2 卷第 47 页。

于是订立了一般条例，制定了所有的人都必须遵守的关于工人对厂主的关系的法令。在这个法令中，对雇主利益的庇护已被国家政权固定了下来。个别官吏的不公道已被法令本身的不公道代替。

列宁:《社会民主党纲领草案及其说明》,

《列宁全集》第 2 卷第 79 页。

1897 年 6 月 2 日的法令，限定日班每昼夜的工作时间为 11 个半小时，星期六和节日前夕每昼夜为 10 小时。可见新法令对工作日的缩短是微不足道的。对于一些工人，这个法令一点也没有缩短工作时间，相反地甚至有延长工作时间的危险。

列宁:《新工厂法》,

《列宁全集》第 2 卷第 340 页。

用商品支付工资的现象也普遍起来了（第43、54、59页及其他各页），因此令人感到遗憾的是，"资本主义"工厂中禁止以商品支付工资的法令没有推行到我国的"人民"小生产中去。

列宁：《俄国资本主义的发展》，
《列宁全集》第 3 卷第 248 页。

从1900年12月29日到1901年1月12日——正好是在两个世纪的交接点上，这期间总共颁布了91条法令和命令。……91条法令中有34条，即三分之一以上，涉及的是同样一个问题，即延长各种工商业股份公司偿还或缴纳股金的期限问题。读一读这些法令可以使报纸的读者把我国工业生产部门的名称和各种商店的字号记得清楚一些。

列宁：《时评》，
《列宁全集》第 4 卷第 375 页。

这样的改革总是革命的预兆和前奏。沙皇政府最近的那些一部分已经实施、一部分才刚刚提出的措施，无疑都属于这一类改革，例如：关于工人互助会的法令草案（这个草案政府还没有公布，只有自由派资产阶级的《解放》报道过），关于给残废工人发放抚恤金的法令，关于工长的法令。

列宁：《改革的时代》，
《列宁全集》第 7 卷第 297 页。

科兹米内赫－拉宁工程师的资料表明，就连极陈旧的、允许实行11个半小时（!!!）工作制的俄国1897年法令，厂主都没有遵守。这个法令规定，在两班制的情况下，每个工人的工作时间，按两周计算，每昼夜不得超过9小时。

列宁：《莫斯科省工厂的工作日》，
《列宁全集》第 22 卷第 31 页。

全俄苏维埃第二次代表大会已经废除地主土地所有制。现在的工农临时政府已经颁布了土地法令。根据这个法令，地主的全部土地完全交给农民代表苏维埃支配。

列宁：《答复农民的问题》，
《列宁全集》第 33 卷第 64 页。

民粹主义的理论家们，例如著名的瓦·沃·先生或尼古拉·—逊先生认为，1861年农民改革的原则，是一种在根本上不同于资本主义并在根本上同资本主义相敌对的东西。他们说，2月19日的法令使"生产资料分配给生产者"合法化，批准了不同于资本主义生产的"人民生产"。2月19日的法令被看作是俄国非资本主义演进的保证。

马克思主义者当时就针对这种理论提出了原则上相对立的另一种观点。2 月 19 日的法令是资产阶级的（资本主义的）生产方式代替农奴制的（或封建制的）生产方式过程中的一个插曲。从这个观点来看，法令中没有任何别的历史经济因素。"生产资料分配给生产者"只是一句动听的空话，它掩盖了一个简单的事实，即农民作为农业中的小生产者，他们已从以自然经济为主的生产者转变为商品生产者了。

列宁：《关于纪念日》，
《列宁全集》第 20 卷第 163 页。

1861 年 2 月 19 日的改革是农奴制的改革，我国的自由派所以能够美化这个改革并把它描绘成"和平的"改革，只是因为当时的俄国革命运动薄弱到了微不足道的程度，而在被压迫的群众中还根本没有革命的阶级。1906 年 11 月 9 日的法令和 1910 年 6 月 14 日的法律也同 1861 年的改革一样，都是同样的资产阶级内容的农奴制改革。

列宁：《"农民改革"和无产阶级 – 农民革命》，
《列宁全集》第 20 卷第 173 页。

按根本法第 87 条颁布的著名的杜马外的法令——1906 年 11 月 9 日的法令及此后的法令——开始了沙皇政府的这项新土地政策的时期。在第二届杜马中，斯托雷平确认了这项政策，右翼的和十月党的代表赞成这项政策，立宪民主党人（他们被奸党的前厅中传出的关于解散杜马的流言吓坏了）拒绝公开谴责这项政策。

列宁：《新土地政策》，
《列宁全集》第 16 卷第 406 页。

右派和十月党人大谈其 1906 年 11 月 9 日的法令同农民总条例第 12 条（该条规定，农民交纳赎金后，有权要求分得一块土地作为私有财产）以及赎买条例第 165 条等等的相互关系，竭力用法律上的诡辩和档案库的废纸来掩盖自己土地政策的实质。

列宁：《第三届杜马关于土地问题的讨论》，
《列宁全集》第 17 卷第 283 页。

1890 年 6 月 4 日的法令规定农业酿酒的特征如下：（1）从 9 月 1 日至 6 月 1 日这段没有田间工作的时间为酿酒生产时间；（2）酒精酿造量与田庄内耕地的俄亩数相适应。凡部分从事农业酿酒、部分从事工业酿酒的工厂叫作混合酿酒厂（参看《财政与工商业通报》1896 年第 25 期和 1898 年第 10 期）。

列宁：《俄国资本主义的发展》，
《列宁全集》第 3 卷第 255 页。

资产阶级在农村中的政策（11 月 9 日的法令）和促进资本主义发展的各种措施，还是在普利什凯维奇之流掌握之下，因此结果非常可悲。普利什凯维奇主义虽然用新的土地政策和新的一套代表机构来改头换面、装饰一新，但它仍继续压制着一切，阻碍着发展。

列宁：《选举结果》，

《列宁全集》第 22 卷第 345 页。

地方自治条例第 87 条，特别是它的第 2 款，使得地方自治机关的一切活动都要由省长裁夺。省长对地方自治局的检查愈来愈频繁，政府通过省地方自治事务会议常任委员对地方自治机关无礼地进行公开监视。政府通过颁布地方自治税限额的法令，对地方自治机关的基本权利——自动捐献的权利公然表示极不信任。由于警察司的干涉，经选举产生的以及雇用的优秀的地方自治机关工作人员被迫停止了地方自治机关的活动。

列宁：《一封给地方自治人士的信》，

《列宁全集》第 6 卷第 340 页。

德国政府正在竭尽全力"迫使"国会通过关于扩充陆军（在和平时期从 544000 人增至 659000 人，即几乎增加 20％！！）的新法令。制造军用装具和军需品的工厂的厂主们所以能"在人民中"（应该读作：在资产阶级中和在那些谁出钱多就投靠谁的资产阶级报纸上）煽起"爱国主义"情绪，是由于——请相信！——出现了"斯拉夫人的"威胁。

列宁：《扩充军备与德意志帝国国会》，

《列宁全集》第 23 卷第 240 页。

本法律另附应予废除的旨在限制犹太人权利的法令、命令、暂行规定等等的清单。

列宁：《关于民族平等的法律草案》，

《列宁全集》第 25 卷第 21 页。

列宁在《俄国资本主义的发展》里说，"'资本主义'工厂中禁止以商品支付工资的法令没有推行到我国的'人民'小生产中去"之后，引了一段评论，足见列宁的论断，是完全正确的。

下面是老乳脂制造者先生的一段很有特色的评论：谁要是看到过并了解现代的农村，再回想一下 40～50 年前的农村，谁就会因二者的不同而感到惊异。

在过去的农村里，所有农户的房子，不论外表或内部装饰都是一个式样的；而现在，农村里有茅草屋也有彩画粉饰的大房子，有穷人也有富人，有被侮辱和被损害的人，也有花天酒地、寻欢作乐的人。从前我们常看到的村庄连一个单身无靠的农民也没有，而现在这样的农民在每个村庄中至少有 5 个以至 10 个。老实说，把农村变成这个样子，乳脂制造业是要负很大责任的。30 年来，乳脂制造业使许多人发财致富，修饰房屋；有许多农民，即牛奶供应者，在乳脂制造业发达时期改善了自己的经济状况，添了更多的牲畜，合伙或单独购买了大量土地，但是更多的人变穷了，乡村里出现了单身无靠的农民和乞丐。"（1899 年《生活》第 8 期，转引自 1899 年《北方边疆区报》77 第 223 号）。

列宁在《关于纪念日》里的"2 月 19 日的法令"，指沙皇亚历山大二世于 1861 年 2

月 19 日 (3 月 3 日) 签署的《关于脱离农奴制依附关系的农民条例》，与法令同时签署的是废除农奴制的宣言。

列宁在《选举结果》里说的体现资产阶级在农村中的政策的"11 月 9 日的法令"，指《关于农民土地占有和土地使用现行法令的几项补充决定》。

这是沙皇政府大臣会议主席彼·阿·斯托雷平实行的土地改革的法令。1906 年 11 月 9 日 (22 日)，沙皇政府颁布了《关于农民土地占有和土地使用现行法令的几项补充决定》，这个法令由国家杜马和国务会议通过，后称为 1910 年 6 月 14 日法令。1906 年 11 月 15 日 (28 日)，又颁布了《关于农民土地银行以份地作抵押发放贷款的法令》。根据这两个法令，农民可以退出村社，把自己的份地变成私产，也可以卖掉份地。村社必须为退社农民在一个地方划出建立独立田庄或独立农庄的土地。独立田庄主和独立农庄主可以从农民土地银行取得优惠贷款来购买土地。

斯托雷平土地法令的目的是，在保留地主土地私有制和强制破坏村社的条件下，建立富农这一沙皇专制制度在农村的支柱。斯托雷平的土地政策通过最痛苦的普鲁士式的发展道路，在保留农奴主 - 地主的政权、财产和特权的条件下，加速了农业的资本主义演进，加剧了对农民基本群众的强行剥夺，加速了农村资产阶级的发展。列宁称，1906 年斯托雷平土地法令是继 1861 年改革以后俄国从农奴主专制制度变为资产阶级君主制的第二步。

尽管政府鼓励农民退出村社，但在欧俄部分，9 年中 (1907~1915 年) 总共只有 250 万农户退出村社。首先使用退出村社的权利的是农村资产阶级，因为这能使他们加强自己的经济。也有一部分贫苦农民退出了村社，其目的是为了出卖份地，彻底割断同农村的联系。穷苦的小农户仍旧象以前一样贫穷和落后。斯托雷平的土地政策，并没有消除全体农民和地主之间的矛盾，只是导致了农民群众的进一步破产，加剧了富农和贫苦农民之间的阶级矛盾。

2. 创设人民的法令

摧毁旧法制之后，是创设社会主义新法制，还是所谓"改革"旧法制，或者"新瓶装旧酒"？这是新生苏维埃政权面临的重大问题。列宁以大无畏的革命胆略和对社会主义事业的无限忠诚，以对旧法制的谙熟和法学理论的精确理解，提出必须建立新法制，新法制是完全新型的法制。

在列宁和斯大林领导下，经过二三十年的努力，社会主义法的体系终于建立起来了。社会主义法保障了人民政权的巩固，推动了社会主义经济建设和文化、教育建设，使整个社会发生了翻天覆地的变化。

然而，历史是曲折的，不像涅瓦大街那样平坦。自 20 世纪 50 年代，苏联共产党提出"全民国家""全民党"之后，国家和法开始变质，从此走向资本主义法的道路。90 年代苏联解体后，就完全欧化、西化了。新中国成立后第一批立法时列宁最担心的法的"欧化"问题，现在却一语成谶了。

工人阶级并没有期望公社做出奇迹。他们并没有想 par décret du peuple〔靠人民的法令〕来实现现成的乌托邦。他们知道，为了谋得自己的解放，同时达到现代社会由于本身经济发展而不可遏制地趋向着的更高形式，他们必须经过长期的斗争，必须经过一系列将把环境和人都完全改变的历史过程。工人阶级不是要实现什么理想，而只是要解放那些在旧的正在崩溃的资产阶级社会里孕育着的新社会因素。

> 马克思：《法兰西内战》，
> 《马克思恩格斯全集》第 17 卷第 362～363 页。

4 月 1 日规定，公社公务人员（因而也包括公社委员本身）的薪金，不得超过 6000 法郎（4800 马克）。次日颁布了一项法令，宣布教会与国家分离，取消国家用于宗教事务的一切开支，并把一切教会财产转为国家财产；4 月 8 日又据此命令把一切宗教象征、神像，教义、祷告，总之，把"有关个人良心的一切"，从学校中革除出去，这道命令随即逐步实行起来。

> 恩格斯：《"法兰西内战"一书导言》，
> 《马克思恩格斯全集》第 22 卷第 222 页。

虽然公社是由布朗基主义者和蒲鲁东主义者组成的，但它的措施却往往是正确的。很明显，对于公社在经济方面的各种法令，无论是这些法令的优点或缺点，首先应当由蒲鲁东主义者负责；而对于公社在政治方面的行动和失策，则应当由布朗基主义者负责。正如政权落到空谈家手中时常有的情形那样，无论是蒲鲁东主义者或布朗基主义者，都按照历史的讽刺，做出了恰恰与他们学派的信条相反的事情。

> 恩格斯：《"法兰西内战"一书导言》，
> 《马克思恩格斯全集》第 22 卷第 225 页。

我们不能用法令来制造革命，但是我们能够促进革命。

> 列宁：《关于一部分人民委员声明退出人民委员会问题的讲话和决议案》，
> 《列宁全集》第 33 卷第 57 页。

俄国绝大多数的劳动人民——工人、农民和士兵，要求立宪会议承认伟大的十月革命的成果，承认苏维埃的土地法令、和平法令、工人监督法令，并且首先要承认工兵农代表苏维埃政权。

> 列宁：《俄国社会民主工党（布尔什维克）立宪会议党团声明》，
> 《列宁全集》第 33 卷第 234 页。

因为新的政权形式已经准备好了，我们只须颁布一些法令把苏维埃政权从它在革命最初几月间所处的胚胎状态变成在俄罗斯国家内奠定下来的法定形式，即变成俄罗斯苏维埃共和国。

> 列宁：《俄共（布）第七次（紧急）代表大会文献》，
> 《列宁全集》第 34 卷第 4 页。

拿西欧革命的规模来比较，我们现在大约处于 1793 年和 1871 年达到的水平。我们完全有理由引以自豪的是：我们达到了这种水平，并且在一个方面无疑还超过了一些，这就是用法令确认并在全国各地建立了最高的国家类型——苏维埃政权。

列宁：《苏维埃政权的当前任务》，

《列宁全集》第 34 卷第 157～158 页。

我们可以看到，如果这个政府不是为了开玩笑才叫作革命民主政府，那它只要在成立的头一星期中，颁布法令（作出决定、发布命令）来实施最主要的监督办法，规定认真的而不是儿戏的惩罚办法，来处分那些用欺骗手段逃避监督的资本家，并号召居民自己来监视资本家，监视他们是否诚实执行有关监督的各项命令，只要这样，监督早就在俄国实现了。

列宁：《银行国有化》，

《列宁全集》第 32 卷第 188～189 页。

银行国有化只需颁布一项法令，银行经理和职员自己就会付诸实施。不需要国家设立任何特别机构和采取任何特别的准备步骤，这项措施只要下一道命令，就可以"一举"实现。因为资本主义既然发展到了通用期票、股票、债券等等的程度，那它也就恰好在经济上造成了实行这种措施的可能性。

列宁：《银行国有化》，

《列宁全集》第 32 卷第 191 页。

只要颁布一项法令，用没收财产和监禁的办法来惩治那些对事情稍有拖延和企图隐瞒文据报表的银行经理、董事和大股东；只要——比如说——把那些穷职员单独组织起来，并给他们中揭发富人的欺骗和拖延行为的人发奖金，银行国有化就可以极顺利极迅速地实行。

列宁：《大祸临头，出路何在?》，

《列宁全集》第 32 卷第 191～192 页。

1917 年 12 月 29 日法令中规定的禁止股票转让，在实行股票准许转让办法的法令颁布以前继续有效。股票持有者只有及时按规定登记股票，才有权在企业收归国有时按国有化法令所规定的数额和条件取得补偿。同样，只有这样的股票持有者，在 1917 年 12 月 29 日法令规定暂停支付的股息被准许支付之后，才有权获得股息。

列宁：《对登记股票、债券和其他有价证券的法令草案的补充》，

《列宁全集》第 34 卷第 208 页。

在国内，农民中很大一部分人都说：我们不再跟资本家打交道了，我们要同工人一道

干。我们只要颁布一项废除地主所有制的法令，就可以赢得农民的信任。农民会懂得，只有同工人结成联盟，他们才能得救。我们要对生产实行真正的工人监督。

列宁：《彼得格勒工兵代表苏维埃会议文献》，
《列宁全集》第 33 卷第 3 页。

你们批评土地法令。然而这个法令是符合人民要求的。你们责备我们的法令写得过于简略。那你们的草案、修正案和决议案在哪里呢？你们的立法创造的成果在哪里呢？你们有过立法的自由。但是我们没有看到任何成果。

列宁：《就左派社会革命党人的质问而作的发言》，
《列宁全集》第 33 卷第 54 页。

利用城市工人与贫苦农民的联盟逐步地但是坚定不移地向共耕制和社会主义大农业过渡，由于这个联盟，土地私有制已被废除，关于从小农经济转到社会主义的过渡形式的法令已经颁布，站在无产者方面的农民思想家们把这种形式称之为土地社会化。

列宁：《俄共（布）第七次（紧急）代表大会文献》，
《列宁全集》第 34 卷第 66 页。

这些货币以前提供了获得购买生产资料如土地、工厂等等的权利，就这方面来说，这些货币的作用当然是下降了，甚至是完全没有了。因为在土地社会化法令颁布以后，购买土地在俄国已经不可能了，购买工厂以及类似的大生产资料和运输工具，也由于所有这类大企业的国有化和没收过程进展很快而几乎不可能了。

列宁：《〈苏维埃政权的当前任务〉一文初稿》，
《列宁全集》第 34 卷第 126 页。

每一个在土地社会化法令实施以后向新的农业过渡的村庄，现在都是按苏维埃政权的民主原则拥有其内部劳动组织的独立公社。在每个公社内，劳动者加强自觉纪律，他们善于同做指导工作的专家们（哪怕是资产阶级知识分子出身的）合作，他们在提高劳动生产率、节省人力、防止目前我们深受其害的骇人听闻的盗窃产品的行为方面取得实际成绩。

列宁：《〈苏维埃政权的当前任务〉一文初稿》，
《列宁全集》第 34 卷第 136 页。

苏维埃政权的每一个法令（法律）、每一个决定都把农民区别为三大类。

列宁：《对一个农民的询问的答复》，
《列宁全集》第 35 卷第 469 页。

有人问到是否可以让过去的地主加入公社？这要看是什么样的地主。并没有哪项法令规定不许地主加入公社。当然地主是不能信任的，因为他们世世代代压迫农民，农民仇恨他们，但是有些地主，如果农民知道他们是规规矩矩的人，不仅可以而且应该让他们加入。我们应该利用这样的专家，他们有管理大农场的经验，他们能使农民和农业工人学到很多东西。

你们都清楚地懂得，这项任务很困难，用法令、法律或命令来改造农村一切生活条件是行不通的。

列宁：《在彼得格勒省农业工人第一次代表大会上关于组织农业工会的讲话》，
《列宁全集》第 36 卷第 22 页。

他们一直都在对贫苦农民说：我们同你们一起构成苏维埃政权的真正支柱。为此成立了贫苦农民委员会，成立了商品交换机构，并把合作社都吸收来做联合全体居民的工作。农业方面颁布的一切法令都贯串着这个基本思想。

列宁：《苏维埃政权的成就和困难》，
《列宁全集》第 36 卷第 57 页。

任何法令都不能使小生产转变为大生产，这里需要通过事变进程逐渐做到使人相信社会主义的必然性。

列宁：《关于无产阶级对小资产阶级民主派的态度的报告》，
《列宁全集》第 35 卷第 213 页。

假使我们指望写上 100 个法令就可以改变农村的全部生活，那我们就是十足的傻瓜。但假使我们拒绝用法令指明道路，那我们就会是社会主义的叛徒。

列宁：《俄共（布）第八次代表大会文献》，
《列宁全集》第 36 卷第 188 页。

必须建立另一种组织，使所有已经颁布的法令不致仅仅停留在字面上，要使这些法令能够贯彻实施，而不要成为一纸空文。

列宁：《在全俄中央执行委员会会议上关于财政问题的讲话》，
《列宁全集》第 34 卷第 211 页。

为了计算生产率和维护劳动纪律，必须建立工业法庭，建立不是由企业内部而是由不同行业的检查员组成的小组，并吸收工程师、会计和农民参加。法令必须明确规定要实行泰罗制，换句话说，要采用这一制度所提供的一切科学的工作方法。

列宁：《在最高国民经济委员会主席团会议上的讲话》，
《列宁全集》第 34 卷第 195 页。

在宗教政策方面，无产阶级专政（俄共）的任务是不满足于已经颁布了教会同国家分离、学校同教会分离的法令，即不满足于资产阶级民主制许诺过、但由于资本同宗教宣传有多种多样的实际联系而在世界任何地方也没有彻底实行过的那些措施。无产阶级专政应当把剥削阶级（地主和资本家）和助长群众愚昧的宗教宣传的组织之间的联系彻底摧毁。无产阶级专政应当坚持不懈地使劳动群众真正从宗教偏见中解放出来，为此就要进行宣传和提高群众的觉悟，同时注意避免对信教者的感情有丝毫伤害，避免加剧宗教狂。

列宁：《俄共（布）纲领草案》，

《列宁全集》第 36 卷第 86 ~ 87 页。

　　废除了已被推翻的政府的法律以后，党向苏维埃选民选出的法官提出以下的口号：实现无产阶级的意志，运用无产阶级的法令，在没有相应的法令或法令不完备时，要摒弃已被推翻的政府的法律，而遵循社会主义的法律意识。

列宁：《俄共（布）纲领草案》，

《列宁全集》第 36 卷第 105 页。

　　如果我们简单地按照死板格式来为俄国各地抄录法令，如果乌克兰和顿河区的布尔什维克共产党员、苏维埃工作人员不加分析地就把这些法令照搬到其他地区去，那就错了。我们一定会遇到不少的特殊情况，我们无论如何也不能用千篇一律的死板格式来束缚自己，无论如何也不能一成不变地认为我们的经验，俄国中部的经验，可以完全照搬到一切边区。

列宁：《俄共（布）第八次代表大会文献》，

《列宁全集》第 36 卷第 130 页。

　　现在您已知道粮食税和其他法令。这就是政策。

列宁：《致格·马·克尔日扎诺夫斯基》，

《列宁全集》第 50 卷第 242 页。

　　看了你们的食盐法令草案。条款之多，使我惊讶，而且据我看，都是现行法令中已有的，是不必要的重复，而且不属于劳动国防委员会的职权范围。

列宁：《致莫·伊·弗鲁姆金等》，

《列宁全集》第 51 卷第 214 页。

　　法令条文的起草工作必须比较谨慎、细致和周到。没完没了的修改是不能容忍的。

列宁：《致小人民委员会》

《列宁全集》第 51 卷第 242 页。

　　我们的法令太多了，而且像马雅可夫斯基所描写的那样，都是匆匆忙忙赶出来的，但对于法令的实际执行情况却没有加以检查。

列宁：《论苏维埃共和国所处的国际和国内形势》，

《列宁全集》第 43 卷第 14 页。

使我们的法令由废纸（不管法令本身是好还是坏，反正都一样）变成生动的实践，——这就是问题的关键。

列宁：《致格·雅·索柯里尼柯夫》

《列宁全集》第 52 卷第 300～301 页。

恩格斯在《法兰西内战》一书导言里说，"据此命令把一切宗教象征、神像，教义、祷告，总之，把'有关个人良心的一切'，从学校中革除出去"，大概是巴黎公社教育代表爱·瓦扬 1871 年 5 月 11 日命令的内容。这项命令发表在《法兰西共和国公报》1871 年 5 月 12 日第 132 号上。

列宁在《对登记股票、债券和其他有价证券的法令草案的补充》里说，"在 1917 年 12 月 29 日法令规定暂停支付的股息被准许支付之后，才有权获得股息"，其关于股票的法令草案，是苏俄财政人民委员部部务委员 A. E. 阿克雪里罗得起草的，列宁曾把它分送给副财政人民委员德·彼·博哥列波夫和伊·埃·古科夫斯基，请他们讨论并征求专家意见。

1918 年 4 月 17 日，人民委员会又责成外交人民委员部和司法人民委员部会同专家审查这个草案，并在下次会议上提出结论。草案由列宁审订、补充和加了标题后，经人民委员会 4 月 18 会议讨论批准。该法令发表于 4 月 20 日《全俄中央执行委员会消息报》第 78 号（见《苏维埃政权法令汇编》1959 年俄文版第 2 卷第 130～138 页）。

五、条例制度

条例是法的一种形式。由于条例的制定者不是某一特定的立法机关，而是若干立法机关，因而不存在与其他法的形式，特别是法律、法规等的位阶问题。基于此，国外有学者认为，条例是一种立法体裁。这是有一定道理的。

条例有两种情况：一是"法律"的具体化的形式。就是对于某一部法律加以细化，通过条例形式作进一步地具体的规定；二是独立于已经制定、实施的法律。它不是某部法律的进一步规定，而是在现有法律、法规之外的另外的规定。

在我国，国务院可以制定条例，条例在行政法规中占有相当部分，行政立法可以制定条例的名称；民族自治地方可以制定自治条例和单行条例。

现行法律，对地方性法规可否使用条例的形式未作规定。国务院颁布的《行政法规制定程序暂行条例》规定，"国务院各部门和地方人民政府制定的规章不得称'条例'"。

西方国家对条例是否属于法的形式，未作规定。但对于条例的制定机关，则作出规定，如日本。日本规定的条例是，地方公共团体根据其自治权对地方自治法第 2 条第 2 款的事务，以地方公共团体议会的决议而制定的自主法的形式。

条例与地方公共团体的首长对其事务规定的规则不同。条例规定的范围，是不违反法令的，属于地方自治法第 2 条第 2 款的事务，即固有事务、委任事务和行政事务。其中关于行政事务，除法令有特别规定的以外，必须以条例规定。条例有都道府县条例和市町村条例。条例的制定、修改、废除，按照地方公共团体议会的决议进行。条例是议会议决的，但住民也能请求其制定、修改或废除（有关地方税的赋课征收以及分担金使用费和手续费的征收除外）。

（一）独立于法律法规的法的形式

1. 综合性条例

综合性条例，是具有多方面立法内容的条例。对于某一部分社会关系或某一部分事项，立法所采用的条例形式，是综合性条例形式。

从这个意义上说，综合性条例与单项条例是对应的。

我在那两封信里谈到了 1792 年至 1813 年德国的陈腐的制度怎样被法国军队所摧毁，拿破仑怎样被欧洲的封建主（即贵族）和资产者（即工商业中等阶级）的同盟所打倒，德意志各邦诸侯怎样在后来的和平谈判中被自己的盟邦所欺骗，甚至被战败的法国所欺骗，德国怎样拟定了联邦条例，它现在的政治制度是怎样确立的，以及普鲁士和奥地利怎样用促使各小邦立宪的办法使自己成了德国的至高无上的主宰。

恩格斯：《德国状况》，

《马克思恩格斯全集》第 2 卷第 646 页。

1814 年和 1815 年，俄国采取了一切手段来使德意志联邦条例以现在这种形式固定下来，从而使德国永远孤立无援。自 1815 年到 1848 年，德国处于俄国的直接控制之下。

恩格斯：《萨瓦、尼斯与莱茵》，

《马克思恩格斯全集》第 13 卷第 678 页。

我们在这里首先要指出，这个给予"政治权利"的"注册法案"是市政的或公会的法案，或者用桑乔更易了解的语言来说，是"城市条例"；它给予的不是"政治权利"，而是市政权利，即选举地方官吏的选举权。

马克思恩格斯：《德意志意识形态》，

《马克思恩格斯全集》第 3 卷第 423 页。

旧的政权机构——天赋国王、监护一切的官僚和独立的军队——感到：一旦侵犯了旧社会的基础，即享有特权的贵族土地占有制、贵族本身、乡村对城市的统治、乡村居民的依附地位以及和这一切生活条件相适应的法律，如市政条例，刑事立法等等，它自己的物质基础就会从它的脚下消失。

马克思：《对民主主义者莱茵区域委员会的审判》，

《马克思恩格斯全集》第 6 卷第 301 页。

很多条文都是以关于村镇和区的新条例、以王国新的行政划分等等为前提的，也就是以那些暂时还在办事内阁的秘密怀抱中过着隐蔽生活的措施为前提的。

马克思恩格斯：《市民自卫团法案》，

《马克思恩格斯全集》第 5 卷第 278 页。

由于取消谷物法和航海法而在对内政策方面受到严重打击的贵族，在它的对外政策方面，即在它同欧洲的关系方面，也将被摧毁。这与皮特的政策完全相反。反对俄国、奥地利、普鲁士，一句话，支持意大利和匈牙利。科布顿认真地以发动抵制来威胁那些要给俄国贷款的银行家，从而对俄国的财政展开了真正的征讨。

《马克思致恩格斯》，

《马克思恩格斯全集》第 27 卷第 158 页。

我力求向他讲明，应该如何在国会中严厉批判新的工商业条例（里面还包括工厂立法）。这是推广此书的极好机会，我深信这将产生强烈影响，因为连官方经济学家也将不得不从此书中找材料。

《马克思致恩格斯》，

《马克思恩格斯全集》第 32 卷第 42 页。

控告别人损坏你的葡萄藤，而你把它们叫做藤，肯定会败诉；你应当称它们为树，因为十二铜表法中只谈到树。条顿法令集——《法庭注疏》——中也有同样性质的条例。如果你为了牛而起诉，把牛叫做牛，会败诉；你必须用它古时法律上的名称"畜群之首"。你必须把食指叫做"箭指"，把山羊称为"啃韭葱者"。

马克思：《亨利·萨姆纳·梅恩〈古代法制史讲演录〉一书摘要》，

《马克思恩格斯全集》第 45 卷第 623 页。

省议会抹杀了捡拾枯树、违反林木管理条例的行为和盗窃林木这三者之间的差别，在问题涉及违反林木管理条例者的利益时，它抹杀这些行为之间的差别，认为这些差别并不决定行为的性质。但是，一旦问题涉及林木所有者的利益时，省议会就承认这些差别了。

马克思：《第六届莱茵省议会的辩论（第三篇论文）》，

《马克思恩格斯全集》第 1 卷上册第 245～246 页。

虽然手工业法废除了一切手工业税，可是按照 1845 年的手工业条例和根据赔偿法，在发生争执时，所有磨粉税不被看作手工业税，而被看作土地税。由于这种混乱状况和这些违法行为而发生了许多诉讼案件，各级法庭的判决互相矛盾，甚至最高法院也作出了一些极其矛盾的判决。

恩格斯：《关于现行赎买法案的辩论》，

《马克思恩格斯全集》第 5 卷第 366 页。

区乡条例草案已经提交中央委员会的莱茵代表，这个草案不承认城市和农村平等。

马克思：《区乡制度改革和〈科隆日报〉》，

《马克思恩格斯全集》第 1 卷上册第 313 页。

总而言之，只是为了把破烂不堪的、腐朽了的霍亨索伦君主国重新缝补一下，只是为了这个目的，才实行了一些残缺不全的所谓城市条例、赎买条例、军事制度等等。所有这些改革只有一个特点，这就是比法国 1789 年的革命，甚至比英国 1640 年的革命落后了整整一个世纪。

马克思：《柏林"国民报"致初选人》，

《马克思恩格斯全集》第 6 卷第 237 页。

在鲁美利亚军团中，指挥官了解每天在他管辖下有多少兵士，是什么样的兵士；在这个军团里有军事条例和战地法庭可以制止个人的冒险欲望和掠夺习气。

马克思:《东方战争》,

《马克思恩格斯全集》第 10 卷第 24 页。

好心的——即怀有维护和粉饰资本主义的好心的——教授和官员们用来吸引公众注意的种种有关监督、公布资产负债表、规定一定的资产负债表格式、设立监察机构等等的条例,在这里根本不能起什么作用。因为私有财产是神圣的,谁也不能禁止股票的买卖、交换和典押等等。

列宁:《帝国主义是资本主义的最高阶段》,

《列宁全集》第 27 卷第 366 页。

工人应该唾弃中央的官吏们的空话、诺言、宣言和空洞计划。这些人总喜欢草拟一些漂亮的计划、章程、规则和条例。打倒这一切撒谎的行为!打倒这种官僚主义和资产阶级的已经到处碰壁的空洞计划的闹剧!打倒这种压下不办的作风!工人应该要求立刻实行真正的监督,而且必须由工人自己来进行监督。

列宁:《必将到来的灾难和不讲分寸的诺言》,

《列宁全集》第 30 卷第 107 页。

在社会主义社会里,由工人代表组成的"某种类似议会的东西"当然会"制定条例和监督""机构的""管理工作",可是这个机构却不会是"官僚的"机构。工人在夺得政权之后,就会把旧的官僚机构打碎,把它彻底摧毁,彻底粉碎,而用仍然由这些工人和职员组成的新机构来代替它。

列宁:《国家与革命》,

《列宁全集》第 31 卷第 105 页。

新政权颁布了符合广大人民群众的要求和希望的法律,从而在新的生活方式的发展道路上立下了里程碑。各地苏维埃可以因地、因时制宜,修改和扩充政府所制定的基本条例。

列宁:《答左派社会革命党人的质问》,

《列宁全集》第 33 卷第 52 页。

收到一封控告信,说您占用 9 节客车车厢,其中有 1 节餐车、1 节炊事车、2 节软座了望车。人们认为这样做太过分,太奢侈了,工人们感到气愤,铁路工作遇到困难。按照全俄中央执行委员会的条例,您应占用几节车厢?

列宁:《给米·康·弗拉基米罗夫的电报》,

《列宁全集》第 48 卷第 443 页。

恩格斯在《萨瓦、尼斯与莱茵》里提到的"德意志联邦条例"，是1815年6月8日在维也纳会议上通过的。根据这个条例，为数众多的德国邦形式上联合成为所谓的"德意志联邦"。这是德国各邦的联盟，最初包括34个邦和4个自由市。在联邦的两个最大的邦奥地利和普鲁士之间曾不断地进行争夺领导权的斗争。

《马克思致恩格斯》里的"航海法"，指克伦威尔于1651年颁布、后来经过多次修改或补充的航海条例。它主要是为了对付荷兰的转运贸易和巩固英国的殖民统治。条例规定，从欧洲运入的重要货物以及从俄国和土耳其运入的一切货物，只能用英国船只或原货物出产国的船只。英国沿海的航行只限于英国船只。这些条例于19世纪20年代已大大受到限制，于1849年剩下极少部分，于1854年全部取消。

《马克思致恩格斯》里的"工商业条例"，是指1869年5月29日国会通过的工商业条例法令。在讨论草案时，受到工人代表的严厉批判。遵照恩格斯的指示，倍倍尔在其有力的发言中，要求制定工厂劳动管理法，实行10小时工作日，取消星期日劳动，建立工厂视察制度，各行业组织联合自由，等等。在许多修正案中，只通过了倍倍尔关于取消工人手册的提案。

马克思在《区乡制度改革和〈科隆日报〉》里的"区乡条例草案"，是在联合等级委员会于柏林召开会议期间，莱茵省级委员会的代表于1842年10月24日向国王提出一项请求，要求召开莱茵省代表特别会议讨论区乡改革问题。弗里德里希－威廉四世同意了这一请求，并于10月26日召见了莱茵省代表，他促使把城区条例和乡镇条例的新草案提交讨论。莱茵省的代表们于11月11日表示反对把区和乡分开的条例，并要求赋予第四届莱茵省议会所拟定的草案以法律效力。

列宁在《给米·康·弗拉基米罗夫的电报》里提到的"全俄中央执行委员会的条例"，大概指《使用客车车厢、公务车厢和指派紧急列车的规定》。该规定经全俄中央执行委员会批准，并在1918年9月10日《全俄中央执行委员会消息报》公布的。

2. 单项条例

与综合性条例相对，单项条例，是就某一部分社会关系或某一部分事项中的某一方面内容，作单独规定的条例形式。

在整个条例中，单项条例所占的比例较大。

因为所有旧的行政机关都只是暂时性的，所以在依据有关法律最后确定各种官员的委任条例以前，它们只能暂时填空补缺。尽管如此，但是市长和其他官员仍然被最后确定了。

恩格斯：《妥协辩论》，

《马克思恩格斯全集》第5卷第195页。

首先由义务认购者自报，并把这一点通知官吏。现在由官吏进行公议，并把这一点通知义务认购者。"自报"的结果怎样呢？这个基础结果被彻底破坏了。自报只不过是对义务认购者进行切实的"审查"提供了理由。别人的公议则直接造成了强制征收。第 16 条中规定："区（或市）委员会的决定应交给区行政机关。区行政机关根据这些决定立即编制公债数额一览表，并把它们交给相应的征收处，按照现行税务条例进行征收，必要时可以采用强制手段。"

马克思恩格斯：《强制公债法案及其说明》，
《马克思恩格斯全集》第 5 卷第 316 页。

资产阶级每次政治上的失败，总是伴随着一次贸易立法上的胜利。当然，1818 年普鲁士的保护关税条例以及关税同盟的建立给德国工商业者的好处要比在某一小公国的议会中对内阁阁员们表示不信任的那种不大可靠的权利大得多。

恩格斯：《德国的革命和反革命》，
《马克思恩格斯全集》第 8 卷第 9 页。

蓝皮书一开始就是关于法国在圣地问题上提出的要求的报告，这些要求还没有完全被过去的特惠条例承认，而且这些要求的提出显然是企图使罗马天主教会比正教教会占优势。

马克思：《俄国的外交。——关于东方问题的蓝皮书。——门的内哥罗》，
《马克思恩格斯全集》第 10 卷第 71 页。

因为可兰经把一切外国人都宣布为敌人，所以谁也不敢没有预防措施而到伊斯兰教国家去。因此，第一批冒险去同这样的民族做生意的欧洲商人一开始就力图保证个人享有特殊条件和特权，后来，这种特殊条件和特权扩大到他们的整个国家。这就是特惠条例产生的根源。特惠条例——这是土耳其政府发给欧洲各国的帝国文书，即特权证件，它允许这些国家的臣民通行无阻地进入伊斯兰教土地，在那里从事自己的营业并按照本国的仪式进行祈祷。

它和条约最大的不同之处在于，它不是建立在相互基础上的协定，不是经过有关双方的共同讨论磋商，也不是在互利互让的基础上经双方批准的。相反地，特惠条例是由一个政府单方面赋予的优待，因此也可以由它自行决定废除。而事实上，土耳其政府已经不止一次地使它赋予某个国家的特权化为乌有，其办法就是把这些特权也赋予其他国家，或者完全废除这些特权，再不就是拒绝继续加以遵守。特惠条例的这种不稳定的性质使它永远成为各国大使争执和埋怨的根源，并且造成了永无休止地交换矛盾的照会和敕令（每当新王即位就被重新颁布）的情况。

马克思：《宣战。——关于东方问题产生的历史》，
《马克思恩格斯全集》第 1 卷第 182 页。

这只中国船是怎样变成英国商船的呢？是靠在香港买到了英国船籍登记证或航行执照。这种登记证的法律根据是 1855 年 3 月香港地方立法机关所颁布的命令。但是，这个命令不仅违背了中英之间的现有条约，并且还取消了英国自己的法律。因此，它是无效的。这个命令

只有依据商船条例才能在英国人眼中取得一点合法的外貌，但商船条例是在香港的命令颁布了两个月后才通过的。况且这个命令与商船条例的条款根本就不一致。因此，划艇"亚罗号"所借以取得船籍登记证的那个命令，不过是一张废纸。然而即使依照这张不值一文的废纸，"亚罗号"也得不到它的保护，因为这只船已违背它所规定的条件，船的执照已经满期。

马克思：《议会关于对华军事行动的辩论》，
《马克思恩格斯全集》第 12 卷第 149 页。

在 1821 年 6 月 7 日，又颁布了新的赎免条例，重新规定对赎免权利加以限制，只把这种权利授予比较大的农户，即所谓的自给户，而对于小农户——无地农、茅屋工、打谷工，一句话，一切定居下来的短工——都明确地规定要永远担负徭役和其他各种封建赋役。从此以后，这便成了一种通例。

恩格斯：《关于普鲁士农民的历史》，
《马克思恩格斯全集》第 21 卷第 284～285 页。

1723 年马里兰条例规定烟草是法定的货币，但是烟草的价值要折合为英国金币，即每磅烟草折合 1 辨士。这件事使人想起 leges barbarorum，这种法律相反地规定一定货币额等于若干头公牛、母牛等等。在这种情况下，计算货币的真正材料既不是金也不是银，而是公牛和母牛。

马克思：《政治经济学批判》，
《马克思恩格斯全集》第 13 卷第 64 页。

俄国在 1836 年 2 月 7 日根据阿德里安堡条约下令在多瑙河口的一个沙洲上设立了一个检疫所。它借口在这里实行检疫条例，说它有权对溯多瑙河而上的船只登船检查，强迫它们纳税，并且有权扣留那些敢于违抗的船只，把它们解往敖德萨。

马克思：《帕麦斯顿勋爵》，
《马克思恩格斯全集》第 9 卷第 445 页。

既然切尔克西亚是个独立国家，那末俄国人认为自己有权要它实施的地方管理法、卫生条例和关税法令等等，它是否应当遵守，就像坦比哥是否应当遵守俄国的法律一样了。

马克思：《帕麦斯顿勋爵》，
《马克思恩格斯全集》第 9 卷第 453 页。

在最近一次议会会议上，政府使议会通过了一项法律，授权政府制定在伦敦各公园举行公众集会的条例。政府利用这一权利，下令张贴了一张条例，规定凡是想举行这种公众集会的人，必须在举行集会前两天以书面形式将此事通知警察局，并注明演讲人的姓名。

恩格斯：《伦敦来信》，
《马克思恩格斯全集》第 18 卷第 211 页。

应当在司法方面实施协同一致的立法。德国各中等邦为反对把帝国权限也扩展到实质性的民法方面去所进行的反抗，已被克服了；但民法典仍然处在草拟的过程中，而刑法典、刑事诉讼程序和民事诉讼程序、商业法、破产条例以及审判制度已经统一地制订出来。消除各小邦形式上的和实质性的各种各样法规，本身就是资产阶级向前发展所迫切需要的，而新法律的主要功绩也就在于消除上述法规，——它们的内容的功绩倒是小得多。

恩格斯：《暴力在历史中的作用》，

《马克思恩格斯全集》第 21 卷第 523 页。

关于资本是一种会自行再生产、会在再生产中自行增殖的价值，它由于天生的属性，——也就是经院哲学家所说的隐藏的质，——是一种永远保持、永远增长的价值，这种观念，曾经使普莱斯博士生出许多荒诞无稽的幻想。它们已经远远超过炼金术士的幻想。对于这些幻想，皮特深信不疑，并且，他在制订还债基金的条例时，把这些幻想当作他的财政政策的基础。

马克思：《资本论第三卷》，

《马克思恩格斯全集》第 25 卷上册第 444 页。

9 月 15 日，圣上批准了《关于受灾区居民参加由交通部、农业部、国家产业部安排施工的工程的暂行条例》，并且立即予以公布。俄国农民一了解到这些条例（当然不是根据报纸上所公布的材料，而是凭他们的亲身体验），他们便会看到，他们受地主和官吏多年奴役而得出的一条真理又一次得到了证实，这条真理就是：只要当局郑重其事地宣称，农民"可以参加"大小事务，如赎买地主土地，或在饥荒时参加修建各种公共工程，那就可以预料，一场新的大灾难就要临头了。

的确，9 月 15 日的暂行条例，就其整个内容来说，给人的印象是，这是一种新的惩治法，是对刑法典的补充条例。

列宁：《苦役条例和苦役判决》，

《列宁全集》第 5 卷第 262 页。

在第 2 章中，将分析地方自治局关于农民分化的统计资料。

列宁：《俄国资本主义的发展》，

《列宁全集》第 3 卷第 6 页。

立宪民主党人主张由农民赎买土地，即由农民通过国家赎买地主的土地，从而把农民上层分子变成"秩序党"。事实上，不管怎样安排赎买，不管规定怎样的"合理"价格，赎买对于殷实农民是轻松的，对于贫苦农民则是沉重的负担。不管纸上写着什么关于村社赎买等等的条例，实际上土地必然落到那些赎买得起的人的手中。正因为如此，赎买土地的结果是加强富裕农民的力量而牺牲贫苦农民的利益，是分裂农民，并以此来削弱他们争取充分自由和全部土地的斗争。赎买的结果是较殷实的农民从自由事业方面被引诱到旧政权方面去。

列宁：《土地问题和争取自由的斗争》，

《列宁全集》第 13 卷第 122～123 页。

国有化就是消灭绝对地租，把土地所有权转交给国家，禁止土地的一切转让，就是说，取消土地经营者和土地所有者（国家）之间的一切中介人。在这个范围以内，各个地区和民族完全可以在支配土地、规定移民条件和分配条例等方面实行自治，这种自治同国有化丝毫不矛盾，而且是我们政治纲领所包括的要求。

列宁：《对彼·马斯洛夫的〈答复〉的几点意见》，

《列宁全集》第 17 卷第 240 页。

从 4 月 13 日起，在塔夫利达宫举行各农民组织和农民代表苏维埃的代表大会，大会的目的是制定召开全俄农民代表苏维埃的条例和建立地方农民代表苏维埃。

列宁：《农民代表大会》，

《列宁全集》第 27 卷第 268 页。

工人监督细则，由各地方工人代表苏维埃和工厂委员会代表会议以及职员委员会代表会议的代表联席会议制定。

列宁：《工人监督条例草案》，

《列宁全集》第 33 卷第 25 页。

任何重大变革提到人民面前的任务显然不仅是利用现有法规，而且要制定新的相应的法规。因此，在召开立宪会议的前夕，必须重新审订新的选举条例。

列宁：《在全俄中央执行委员会会议上关于罢免权的报告》，

《列宁全集》第 33 卷第 106～107 页。

人民委员会委托报告人立即制定出详细的切实具体的条例草案，目的是：（1）加强燃料的开采，（2）节约使用燃料，（3）合理分配生产燃料的地区或区域的技术力量，（4）对节约燃料的重要性进行通俗的鼓动和宣传。

列宁：《人民委员会关于燃料的决定草案》，

《列宁全集》第 34 卷第 347 页。

如果国营农场全体人员不能用事实证明他们执行了《社会主义土地规划条例》第 59 条（帮助当地农民），应立即向法院对他们起诉。

列宁：《对农业人民委员部修改工作细则的指示》，

《列宁全集》第 37 卷第 138 页。

星期六义务劳动的工作量应不低于规定的定额，但是参加者应力争超过这些定额。

> 列宁：《对星期六义务劳动条例草案的补充》，
> 《列宁全集》第 38 卷第 317 页。

提出委员会的人员组成和工作条例草案，以确定各机关的编制并研究苏维埃职员的劳动定额、人数、劳动成效等等。

> 列宁：《人民委员会关于苏维埃职员的劳动口粮和粮食定量问题的决定草案》，
> 《列宁全集》第 39 卷第 390 页。

我们党现在有 30—40 万党员，这个数目已过大，因为所有材料都表明现在的一些党员的修养水平很差。所以我极力主张必须延长预备期，同时责成组织局拟定一些条例并严格执行，这些条例应能真正使预备期成为极其严肃认真的考验，而不致流于形式。

> 列宁：《关于接收新党员的条件》，
> 《列宁全集》第 43 卷第 17～18 页。

鉴于纪律审判会条例中有的条款规定不明确，前后不够一致，再加上整个条例与一般法律的规定不一致，人民委员会应通过一个修订纪律审判会条例的决定（组织局的一个专门委员会也得出这样的结论）。

> 列宁：《在彼·阿·克拉西科夫来信上写的批语》，
> 《列宁全集》第 51 卷第 432 页。

据悉，白海北部地区森林工业特别管理局在安排工作以实现自己的业务方针时遭到了一些公职人员和党内人员的某种抵制，而这些方针是劳动国防委员会 8 月 17 日通过的条例规定的。我要求省执行委员会由其主席亲自负责下达一项坚决的命令，命令一切机关和个人在同白海北部地区森林工业特别管理局的关系上严格遵守全俄中央执行委员会和劳动国防委员会发布的各项指示。

> 列宁：《给阿尔汉格尔斯克省执行委员会的电报》，
> 《列宁全集》第 51 卷第 469 页。

恩格斯在《德国的革命和反革命》里提到"保护关税条例以及关税同盟"，1818 年的保护关税条例，废除了普鲁士境内的国内税，并且为建立关税同盟创造了条件。确定了共同税界的德意志各邦的关税同盟，是在 1834 年由普鲁士主持成立的。后来，这个同盟包括了除奥地利和一些小邦以外的德意志所有各邦。由于必须建立全德意志市场而成立的关税同盟，后来也促进了德意志政治上的统一。

马克思在《俄国的外交。——关于东方问题的蓝皮书。——门的内哥罗》里的"特惠条例"（来源于拉丁字 capitulare），是规定给予东方国家（其中包括土耳其）中的欧洲各国臣民，以商业上的优惠和特权的文件。

恩格斯在《关于普鲁士农民的历史》里的"自给户"（Ackernahrung），是普鲁士人们对一种农户的称呼。这种农户拥有的土地和生产工具，可以使家庭成员不用雇佣别人的劳力，也不用从事其他副业，而只依靠自己的劳动来维持生活。

马克思在《政治经济学批判》里的"leges barbarorum"，是野蛮人的法典。是 5 世纪至 9 世纪期间，编纂的日耳曼各部落的习惯法的纪录。

恩格斯在《伦敦来信》里说，"授权政府制定在伦敦各公园举行公众集会的条例"，对伦敦的报刊进行严密封锁的条例。这个条例，一笔勾销了伦敦劳动人民最珍贵的权利之一，即随便在什么时候和随便以什么方式，在公园举行公众集会的权利。服从这个条例就是牺牲人民的权利。

马克思在《资本论》第三卷里提到，"他在制订还债基金的条例时，把这些幻想当作他的财政政策的基础"，是说迪斯累里的预算中的还债基金。这是康瓦尔·路易斯爵士由于对俄作战时拉借了债款，而重新采取的财政手段。

1771 年，理查·普莱斯博士在他的关于继承支付的评论中，第一次揭开了复利息和还债基金的内幕。他写道："生复利息的钱，起初增长得很慢，以后就不断加快，过了一段时期之后，其速度就超出任何想像。一个辨士，在耶稣降生那一年以 5% 的利息放出，到现在会增长成一个比 15000 万个纯金地球还要人的数目。可是，如果以单利息放出，在同样长的时间里，它至多只能变成 7 先令 412 辨士。他指出，直到现在，政府宁可用后一种方法而不用前一种方法来理财。一个国家只要有一小笔积蓄，就能在它的利益所要求的短期限内，清偿大笔的债务。利息愈高，则国家可以更快地用这种基金来偿还基本债款。"

因此普莱斯建议，"每年储备一笔钱，把它和它所产生的利息专门用来偿还国债，换句话说，就是建立还债基金。"他于 1786 年建立了自己的还债基金，规定每年必须"一文不少地"拨出 500 万英镑作这项用途。一直到 1825 年，下院通过了只能用国家 bona fide〔真正的〕多余收入来偿付国债的决议，这个制度才被废止。

这种奇怪的还债基金，把国家的整个信贷制度弄得混乱不堪。在迫于需要而借的款，普莱斯博士的观点就是：国家应当以单利息借款，以复利息放债。其实联合王国已经借了 10 亿英镑，在账面上它收到了大约 6 亿，可是其中的 39000 万不是用来还债，而是用来维持还债基金。

其实，帕麦斯顿的还债基金，对于人民来说，是一个财政骗局。

列宁在《俄国资本主义的发展》里的"地方自治局"，是依据地方自治条例设立的。地方自治局，是沙皇俄国地方自治机关中地方自治会议的执行机关。地方自治机关是沙皇政府为使专制制度适应资本主义发展的需要，于 1864 年颁布条例逐步设立的。

按照这个条例，县地方自治会议议员由县地主、城市选民、村社代表三个选民团分别选举，以保证地主在地方自治机关中占优势。省地方自治会议的议员由县地方自治会议选举。地方自治会议的主席由贵族代表担任。地方自治局由地方自治会议选举产生，每届任期三年。地方自治机关在内务大臣和省长监督之下进行活动，他们有权停止它的任何一项决议的执行。沙皇政府只授权地方自治局管理当地经济事务。地方自治局的经费来源于对土地、房屋及工商企业等征收的不动产税。

从 19 世纪 90 年代起，由于供职的知识分子（其中有自由派、民粹派以至社会民主党人）影响的增大，地方自治局的活动趋于活跃。地方自治局在发展教育和卫生事业方面作出了一些成绩。地方自治局的经济措施——举办农业展览、设立农事试验站、发展农业信贷等，有利于地主和富农经济的巩固，对贫苦农民并没有什么实际意义。

地方自治局所组织的统计工作对研究改革后的俄国经济具有重要意义。到 19 世纪 70 年代，设立了地方自治机关的行政单位有欧俄 34 省和顿河军屯州。到第一次世界大战前，则有欧俄 43 省。1917 年二月革命后，资产阶级临时政府扩大了地方自治机关的权限，并在乡一级设立了地方自治机关，使之成为资产阶级在地方上的支柱。十月革命后，地方自治机关被撤销。

列宁在《工人监督条例草案》里的"工人监督细则"，于 1917 年 10 月 26 日或 27 日（11 月 8 日或 9 日），在有列宁参加的彼得格勒工厂委员会中央理事会会议上进行了讨论，并基本上通过，随后于 10 月 27 日提交人民委员会审查。人民委员会委托弗·巴·米柳亭和尤·拉林在两天之内，制定出工人监督条例的详细草案。但他们制定出来的草案，违背了列宁提出的革命工人监督的任务，例如草案没有写进企业主必须服从工人监督机构的决定这一最重要的条款。列宁的草案是后来制定工人监督法案的基础，这一草案经过补充之后于 11 月 1 日（14 日）发表在《工农临时政府报》第 3 号上，标题为《工人监督法草案（提交劳动委员会审查稿）》。

在进一步讨论草案的过程中，有人提议，由国家机关代替正在各地成立的工人监督机构和只在最大的工厂、铁路等企业建立工人监督机构。列宁坚决主张普遍实施工人监督，充分发挥工人的主动精神。草案的定稿工作委托给了在 11 月 8 日（21 日）全俄中央执行委员会会议上成立的专门委员会。11 月 14 日（27 日），全俄中央执行委员会审议了专门委员会提出的草案，并通过了《工人监督条例》这一法令。列宁草案的基本原则都体现在这个条例中。这个法令发表于 11 月 16 日（29 日）《中央执行委员会消息报》第 227 号。实行工人监督生产对准备工业国有化起了重大作用。

列宁的《对星期六义务劳动条例草案的补充》，是列宁对俄共（布）中央委员会机关工作人员 A. H. 索柯洛夫拟订的《星期六义务劳动条例》草案，提出的补充意见。

列宁在 1919 年 12 月 20～21 日举行的俄共（布）莫斯科市代表会议上，就星期六义务劳动的意义问题作了的报告。星期六义务劳动，是这次代表会议讨论的主要问题之一。会议通过的决议强调指出，星期六义务劳动是走向实现共产主义的最初步骤，同时也指出，它在提高劳动生产率和缓解运输、燃料、粮食等危机方面有巨大作用，要求全体党员必须参加星期六义务劳动。代表会议还听取了有关星期六义务劳动的组织工作的报告，并批准了有关的工作细则。随后，俄共（布）莫斯科委员会制定并批准了《星期六义务劳动条例》（载于 1919 年 12 月 27 日《真理报》），并成立了负责组织星期六义务劳动的专门机构。

（二）法律法规细化的法的形式

1. 例一：工厂法细化的条例形式

工厂法，是调整工业生产劳动关系的法律。是近现代社会的基本立法之一。工厂法从一个只在机器生产的最初产物即纺纱业和织布业中实行的法律，发展成为一切社会生产中普遍实行的法律。

英国是工厂法的诞生地。当时比较成熟的立法，有 1819 年工厂法、1825 年工厂法和 1831 年工厂法。

开始，受工厂法约束的工业部门如下：花边工场手工业，织袜业，草辫业，各种服饰工场手工业，制花业，制鞋业，制帽业，手套业，裁缝业，一切金属工厂（从炼铁厂到制针厂），造纸厂，玻璃工场手工业，烟草工场手工业，橡胶厂，制箱（纺织用）业，手织地毯业，雨伞阳伞工场手工业，纱锭及筒管业，印刷业，装订业，文具用品业（这里还包括纸盒、卡片、颜色纸等的生产），制绳业，玛瑙装饰品工场手工业，砖厂，手工丝织业，丝带业，盐厂，制烛厂，水泥厂，砂糖精制业，饼干业，各种木器业及其他种种杂品制造业。

工厂法通过条例、法令等形式不断细化。这种细化，是不计其数的。工厂法扩充条例，于 1867 年 8 月 12 日通过。它约束的，是所有金属铸造业、金属锻冶业及金属加工工场手工业（包括机器制造厂），其次是玻璃工场手工业，造纸工场手工业，古塔波树胶工场手工业和橡胶工场手工业，烟草工场手工业，印刷业，装订业，以及一切雇有 50 人以上的工场。——1867 年 8 月 17 日通过的规定劳动时间的法律，约束较小的工场以及所谓家庭劳动。

资本主义进入垄断和国家垄断之后，工厂法演变为企业法，特别是公司法的出现，其内容和形式发生很大变化。

英国立法机关的检查只是在 1845 年才从纺织工厂扩展到花布印染工厂。花布印染工厂条例丝毫不差地重复了工厂法关于视察员的权利，关于他们对违法者的处理方式以及关于在执行时可能发生的工厂法中所提到的各种困难的规定。正如在织布工厂一样，这个条例在这里也规定必须登记雇佣人员、在接纳未成年者从事长期工作之前要对他们进行身体检查、严格遵守每天开工和收工的规定时间。这个条例也采用工厂法为划分工人类别而汇编造册的办法，但是在确定哪些人应该属于哪一类，因而在确定哪些人应该受到限制劳动的保护方面，与工厂法大有悬殊。

马克思：《几份重要的英国文件》，

《马克思恩格斯全集》第 12 卷第 492～493 页。

花布印染工厂的劳动时间，尽管有法定的限制，实际上可以说是没有限制的。对劳动的唯一限制，包括在花布印染工厂条例（在维多利亚女王统治第八年和第九年时通过，第二十九章）第二十二款中，它规定不应当使用 8 岁至 13 岁的童工和妇女做夜工，并且夜工时间是指从晚上 10 时到翌晨 6 时。因此，8 岁的儿童完全合法地可以而且实际上也常常被雇用来从事在许多方面都与纺织工厂的劳动类似的、主要是在高温室内进行的劳动，从上午 6 时一直到晚上 10 时，没有休息或吃饭的间歇时间；而年满 13 岁的孩子完全合法地可以而且常常被雇用来在白天黑夜进行任何时数的劳动，根本没有限制。

马克思：《几份重要的英国文件》，

《马克思恩格斯全集》第 12 卷第 493 页。

企业里作工人数与不幸事故数的比例是 34：1。假如我们把已呈报工厂视察员的 1845 年 10 月 31 日以前和 1846 年 4 月 30 日以前两个半年的不幸事故总数，同 1858 年和 1859 年的 10 月和 4 月以前两个半年的不幸事故数比较一下，同样也可以明显地看到从工厂法保护条例及其比较广泛的强制实行中所产生的巨大利益。

马克思：《不列颠工厂工业的状况》，

《马克思恩格斯全集》第 15 卷第 96 页。

下维尔施尼茨公司的工资条例，它都可以向我们表明厄尔士山区煤矿工人的一般状况。成年矿工的每周工资，从 2 塔勒到 3 塔勒 12 银格罗申 6 分尼；少年矿工则从 1 塔勒 10 银格罗申到 1 塔勒 20 银格罗申。矿工平均每周工资约为 2 塔勒 20 银格罗申。遇有必要，工人必须从事计件劳动。而在制定工资条例时已注意到使计件工资不能显著地超过通常的日工资。每一个工人要放弃契约所规定的工作，必须在前一个月，并且要在每月 1 日预先报告。因此，他如果拒绝按照规定的条件从事计件劳动，他仍要被迫继续工作至少 4 星期至 8 星期。

恩格斯：《关于萨克森煤矿工人行业协会的报告》，

《马克思恩格斯全集》第 16 卷第 385 页。

圣亚田、里夫－德－纪埃和菲尔米尼的矿工镇静而坚决地要求矿业公司的经理修改工资条例，缩短长达 12 小时的井下繁重劳动的工作日。由于和平解决纠纷的意图没有收到成效，他们才在 6 月 11 日举行了罢工。

马克思：《总委员会向国际工人协会第四次年度代表大会的报告》，

《马克思恩格斯全集》第 16 卷第 425 页。

设置视察员，就是为了监督各工厂遵守种种有关工人和厂主之间关系的法律。视察员有责任接受一切对违法现象的申述。按照条例（见财政大臣批准的《致工厂视察机关官员之训令》），视察员每周至少要有一天接待需要面谈的人，而且每一工厂都应公布接待日期。

列宁：《对工厂工人罚款法的解释》，

《列宁全集》第 2 卷第 44 页。

法律中讲到的那个罚款积金使用条例是在 1890 年（12 月 4 日）即罚款法颁布后整整 3 年半才颁布的。条例规定，罚款主要用在工人的下列需要上："（一）发给永远失去劳动能力或因病暂时无法劳动的工人以补助金。"现在，因工残废的工人往往无以为生。他们同厂主打官司，通常要由受理他们案件的律师负担生活费用，这些律师从判给工人的赔偿费中拿走一大部分，作为他们给予工人一点恩惠的补偿。

列宁：《对工厂工人罚款法的解释》，
《列宁全集》第 2 卷第 48 页。

财政部同内务部协商后于 1897 年 9 月 20 日批准的新工厂法（即 1897 年 6 月 2 日的法令）实施条例是在 10 月初颁布的，这时论述这一法律的小册子已经写好了。这些条例对于整个法令会有多么巨大的意义，我们以前已经谈过了。这一次财政部在新法令实行以前就急急忙忙地颁布这些条例，是因为条例（我们马上就要谈到）指出了在什么情况下准许违反新法令的要求，即准许厂主在法令规定的时间之外"开工"。

列宁：《新工厂法》，
《列宁全集》第 2 卷第 366 页。

由警察局规定等级，就是要根据警察局制定的详细条例来选举工长候选人，而且选多少候选人，要听警察局的吩咐。批准哪一个候选人为工长，由工厂管理处自行决定，而省长随时有权解除法令中所谓"不称职的"工长的职务。

列宁：《改革的时代》，
《列宁全集》第 7 卷第 298 页。

马克思在《总委员会向国际工人协会第四次年度代表大会的报告》里说，因矿工"要求矿业公司的经理修改工资条例"未果而举行了罢工。具体情况是：

各矿业公司的经理向卢瓦尔省省长要求派遣军队，并且得到了满足。6 月 12 日，罢工者发现矿井上加强了武装戒备。矿业公司为了保证政府派来的士兵对它们尽心竭力，每天付给每个士兵 1 法郎的报酬。士兵为了表达他们对公司的感谢，拘捕了将近 60 个企图偷偷溜到矿井上的同伴那儿去的矿工。被拘捕的矿工在当天下午就被第四基干团的 150 名士兵押送去圣亚田。在队伍后面紧跟着一群矿工和他们的妻儿。他们在里卡马里附近的蒙塞耳高地的一条峡谷，把队伍包围起来，要求释放被捕者。士兵拒绝他们的要求，于是石块向士兵投来。这时，士兵预先没有警告就突然向人群的最稠密处乱放起枪来，打死了 15 人，其中有两个妇女和一个吃奶的婴儿，许多人受了重伤。受伤者忍受了极大的痛苦。

列宁在《对工厂工人罚款法的解释》里的"致工厂视察机关官员之训令"，是沙皇政府为工厂视察员规定的各项职责的细则。这项训令由财政大臣谢·尤·维特批准，于 1894 年 6 月公布。

2. 例二：军事法细化的条例形式

军事法是调整国家军事关系的基本法律。其范围包括国防、军事管理和战争状态等法律文件的总称。

恩格斯与那些不能把武装力量的发展看作规律性的过程的资产阶级唯心主义历史学家不同，他指出，这种发展和其他社会现象一样，归根到底是由构成社会经济基础的物质生产方式的变化决定的。马克思读了恩格斯的"军队"一文后，于1857年9月25日写信给恩格斯说："军队的历史比任何东西都更加清楚地表明，我们对生产力和社会关系之间的联系的理解是正确的。"

战术对军事技术的从属性，战斗的战术形式随着新式的大规模武器的出现而必然产生的变化，是反映着社会经济发展、社会生产力发展对军事的作用的规律之一。但是，恩格斯并不把武装斗争的规律仅仅归结为军事技术对战斗方法的影响。他强调指出，某一军队的状况和它的战斗力，首先取决于社会制度和政治制度，取决于军队产生和活动的社会条件。某一军队的战斗素质，同装备一样，取决于军队的组成，军队招募的社会成分，战斗训练的程度，战士的觉悟水平和精神面貌，而后者在许多方面是由战争的性质决定的。

1859年1月，在意大利战争爆发前不久，在"立宪主义者报"上曾公布了法国军队正式条例，根据这个条例，战时编制为568000人，平时编制为433000人。试问，在两年当中，在平时编制实际缩减的情况下，把战时编制增加了20万人，这是怎样才办到的呢？

马克思：《法国的武装力量》，

《马克思恩格斯全集》第15卷第258页。

不仅所有身体适于服役的男子必须入伍服役，然后再转入后备军服役到40岁，而且17—20岁的青年和40—60岁的男子必须编入民军，即 levée en masse〔民众武装〕。民军应当在敌人的后方和翼侧举行暴动，扰乱他们的运动，截获敌人的补给品和传令兵，利用一切可以得到的武器，不加选择地使用一切手段——"这些手段愈有效愈好"——来惊扰入侵敌人，而最主要的是，"不着任何制服，以便民军随时都可以重新以普通公民的身分出现而不被敌人识破"。

整个这一"民军条例"（即1813年所颁布的关于这个问题的法令的名称，其制订人不是别人，正是普鲁士军队的组织者夏恩霍斯特）是本着不妥协的民众抵抗精神制定的。民众为了进行抵抗，一切手段都可以使用，而且愈有效愈好。但是一切普鲁士人曾经打算用来对付法军的，如果法国人现在也有这些方法对付普军，那末这就完全是另外一回事了。在一种情形下被认为是爱国的行为，而在另外一种情形下却是强盗行为和可耻的凶杀行为。

恩格斯：《法国境内的战斗》，

《马克思恩格斯全集》第17卷第179～180页。

直到今天，所有想使俄国能够大规模地采取攻势的试图都遭到了失败；很可能，最近一次即目前所作的实行普遍义务兵役制的尝试，也会遭到完全的失败。可以说，在这里障碍几乎与需要组织的群众的数字的平方成正比地增长，更不用谈在少得可怜的城市居民中找不到现在所需的大量军官了。

恩格斯：《俄国沙皇政府的对外政策》，

《马克思恩格斯全集》第 22 卷第 19 页。

除了根据法律应受惩罚的行为以外，根据新的惩罚条例（见第 82 条和以下各条），在军事条令，即在这个由国王的上校在少校的协助下起草并经虚构的"区代议机关"批准的市民自卫团大宪章中所规定的各种情况，也要受到惩罚。

马克思恩格斯：《市民自卫团法案》，

《马克思恩格斯全集》第 5 卷第 285 页。

由协商议会批准的市民自卫团法被用来反对资产阶级本身，并且必然为解除资产阶级的武装提供法律根据。诚然，资产阶级以为这个法律只有在市政条例公布和宪法颁布以后，即在它的统治巩固以后才会生效。

马克思恩格斯：《资产阶级和反革命》，

《马克思恩格斯全集》第 6 卷第 140 页。

在当前普遍采用的野外警戒勤务训练条例之下，在有各种各样执行保安勤务的警察的城市中，卫兵勤务已经失去了任何意义。废除卫兵勤务，就至少可以赢得百分之二十的服役期来作军事训练，并且可以保证居民在城市大街上的安全。

恩格斯：《欧洲能否裁军？》，

《马克思恩格斯全集》第 22 卷第 442 页。

这里必须考虑到，按照普鲁士后备军条例，很少有哪一个普鲁士流亡者会不受"军事法庭"的管辖；"请求恩赦"是无条件规定的，而对这种屈辱却没有许诺任何肯定的补偿；最后，威廉比起任何一个流亡者来更需要"大赦"，因为从严格的法制观点看来，他根本不该钻到巴登等地去的。

马克思：《马克思致恩格斯》，

《马克思恩格斯全集》第 30 卷上册第 145 页。

恩格斯在《俄国沙皇政府的对外政策》里提到的"普遍义务兵役制"，指俄国 1874 年废除征兵制，实行普遍义务兵役制一事。

根据自 1874 年 1 月 1 日起实行的义务兵役制条例，俄国所有从 21 岁起至 43 岁止的男性居民，除中亚细亚、哈萨克斯坦以及西伯利亚、伏尔加河沿岸和极北地区若干民族地区的人以外，都必须在正规军、后备部队或民团中服兵役。征召服役采用抽签的办法进行。这种制度旨在把俄国的军队变为一支资产阶级类型的居民普遍服役的军队。但是在沙皇俄国的专制贵族制度的条件下，等级特权、仅仅给予有产阶级的许多优待、各居民阶层的服役条件不平等以及其他等等，都妨碍了普遍义务兵役制原则的实现。

《马克思致恩格斯》里"普鲁士后备军条例"规定，凡是破坏军纪的人员应受军事法庭审判。这个条例同样适用于返回普鲁士的流亡者——过去的后备军战士。

后备军是武装力量的一部分，包括年龄较大的常备军和预备队中服役期满的应征人员。按照普鲁士法律，只有战时才能征集后备军。1849年5月初，普鲁士政府颁布的关于征集莱茵省后备军员额的命令，是普鲁士莱茵地区人民起义的信号。在许多城市（爱北斐特、伊塞隆、佐林根等），后备军参加维护帝国宪法的运动。起义者失败后，运动的大部分参加者不得不流亡国外。

3. 例三：其他法细化的条例形式

因为基本法是全面的、概括性的规定，因而通过立法形式对其进行进一步规定是必要的。除了上述工厂法和军事法之外，有些基本法也进行了细化，如选举法、税法、刑法、预算法、教育法等等。

书报检查法令的第2条就是该法令的精神的集中体现，而它的其余各条则是这种精神的更具体的划分和更详尽的规定。我们认为，对上述精神的以下几种表述最能说明这种精神的特征：

第10款："本临时决议自即日起生效，有效期五年，期满之前，联邦议会应切实研究通过何种办法才能够实施联邦条例第18条中提出的有关新闻出版自由的各项统一规定。随后就应该对德国境内新闻出版自由的合法界限作出最后决定。"

马克思：《评普鲁士最近的书报检查令》，

《马克思恩格斯全集》第1卷上册第114页。

议院断言，在运载业领域中存在着垄断，而不是自由竞争。奇怪的逻辑！起先向私人行业课以所谓的特许税，并为它制定特别的警察条例，然后又声明，这一行业正是由于税重，所以失去了自由的性质，变成了国家垄断。

马克思：《战争问题。——英国的人口和商业报告书。——议会动态》，

《马克思恩格斯全集》第9卷第287页。

广告税法案也只是在议院两次推翻了财政大臣的提案以后才被财政大臣设法通过的。许可证制度的新条例经过各种各样的修改以后最后被束之高阁。

马克思：《大陆和英国的情况》，

《马克思恩格斯全集》第9卷第317页。

去年就提高了印花税（新的印花税条例），把官卖烧酒的价格从每桶7卢布提高到7卢布60戈比，关税提高后一直没有降下来（关税是1900年提高的），当时似乎是"暂时

的",是为了对华战争,如此等等。

列宁:《评国家预算》,

《列宁全集》第 6 卷第 241 页。

警官或税吏(这是一个人,因为税款是由警察征收的)在被控诈取钱财时,先由收税官助手审判;以后被告可以向收税官提出上诉,最后可向税务局提出上诉。税务局可以把被告送到政府法院或民事法院。

"在这种审判情况下,没有一个贫穷的莱特能斗得过任何一个富裕的税吏,同时我们也不知道有农民根据这两个条例(1822 年和 1828 年的条例)提出过控诉的任何事实。"

此外,只有在警官侵吞公款或强迫莱特缴纳额外税款以饱私囊时,这种诈取钱财的控告才能成立。由此可见,在征收国家税款时使用暴力,法律对此并未规定任何惩罚。

马克思:《印度刑罚的调查》,

《马克思恩格斯全集》第 12 卷第 292 页。

在法国南部,均分的习惯由于实行同一个罗马法的规定而更加牢固,在那里长子的特权只因采用罗马法特别条例(它在立遗嘱或调整遗产时给 milites(服役军人)以优待)和规定每个骑士和每个地位较高的贵族都是罗马法中的 miles 才得到了保证(第 122 页)。

马克思:《亨利·萨姆纳·梅恩〈古代法制史讲演录〉一书摘要》,

《马克思恩格斯全集》第 45 卷第 583 页。

是的,沙皇政府一直在研究这个问题,甚至可能已经研究好了。它过去采用通过参议院的说明的办法来修改选举法。现在它在限制鼓动自由(如果说俄国的自由还可以再加限制的话)和伪造选举等方面则采取了新步骤。最近颁发了条例,禁止发选票给未合法化的政党。

列宁:《政府伪造杜马和社会民主党的任务》,

《列宁全集》第 14 卷第 194 页。

立宪民主党的教授充当反对派:他从现代法学的观点论证讨伐队条例必须得到宪法的确认并谴责警察的过分热心。立宪民主党的律师充当反对派:他论证根据法律应当鞭打 60 下而不是 200 下,论证应当拨款给政府购买笞杖,条件是应当恪守法律。立宪民主党的医生准备数一数受笞刑者的脉搏,并写出一份关于必须把鞭打数目的最高限额减少一半的调查书。

列宁:《政论家札记》,

《列宁全集》第 16 卷第 59 页。

辩论结果是一致(1 月 18 日《首都邮报》用语)通过了十月党人的提案:把扩大国家杜马预算权的法案提交专门委员会,但是"不涉及这种修改的范围",就是说,不涉及对3月8日发布的使国家杜马预算权大受限制的条例进行修改的范围。

列宁:《关于扩大杜马预算权的辩论》,

《列宁全集》第16卷第427页。

按照惯例,1910年一年之内,普查大纲在许多官吏办公室里和会议上讨论了多次,被逐一糟蹋一番。于是,例如关于学生的母语问题,只有"俄罗斯"语笼统的一栏:公然禁止再分为白俄罗斯语、小俄罗斯语(乌克兰语)和大俄罗斯语。于是,许多学校,例如按1872年条例建立的市立学校以及一二等私立学校等,均未列入帝国学校的普查。禁止收集完整的材料。禁止了解学生在家里使用何种语言的真实情况。禁止将公立学校和私立学校进行对比。

列宁:《国民教师的贫困》,

《列宁全集》第24卷第204页。

马克思在《印度刑罚的调查》里的"莱特",即印度农民。在18世纪末19世纪初,英国殖民者实行新的土地,税收法以前,在英国殖民者没有破坏印度村社以前,是享有充分权利的村社农民。在从1793年起,实行所谓柴明达尔制的地区(最初在孟加拉、比哈尔、奥里萨实行,后来以稍有改变的形式在联合省和中央省以及马德拉斯省部分地区实行),莱特成了柴明达尔(地主)的佃农。

在19世纪初,孟买和马德拉斯两管区实行"莱特瓦尔"土地税收制后,莱特成为国有土地的持有者,而按印度的英国政府随意规定的数额缴纳地租税。根据"莱特瓦尔"制,莱特同时被宣布为他们所租佃的土地的所有者。由于实行这一在法律上自相矛盾的土地税收制,为农民规定了高得无力缴纳的地税。由于欠税日增,农民的土地逐渐转到包买商和高利贷者手里。

列宁在《评国家预算》里说,关税提高后一直没降下来,是为了"对华战争",指1900年(光绪二十六年)英、美、德、法、俄、日、意、奥八国联军侵略中国的帝国主义战争。这次战争的目的是镇压义和团反帝运动和瓜分中国。

列宁在《政府伪造杜马和社会民主党的任务》里的"修改选举法",指俄国执政参议院在第二届杜马选举前,颁布的对1905年12月11日(24日)国家杜马选举法的解释。通过这些解释,参议院在这个选举法的规定之外,又剥夺了数万名工人农民的选举权。列宁称这种解释是"斯托雷平对'宪法实质'的绝妙的说明"。

"最近颁发了条例",指沙皇政府内务部1906年12月12日(25日)颁布的条例。根据这个条例,市政管理委员会和地方自治局只应把选票发给"那些注过册的"即政府承认是合法的"追求政治目的的社团及其分支机构的主持人或理事会"。

因此,根据新条例,只有黑帮政党能领到选票。在杜马选举头一阶段即复选人的选举中,一张选票上要写许多人的姓名,为了避免书写错误而造成废票,当时俄国采取了不限数量地发选票给参加竞选的各政党,由它们填上自己的候选人名单,然后分发给选民去投票的做法。实行上述条例后,没有注册的政党就得通过其他办法弄到选票。

第二部分

法制度的特殊形式——特定法制度的内在形式

法制度除了一般形式，还有特殊形式。

把法制度划分为各种具体制度，实际上是从法制度的内容出发的。"法制度内容"范畴所体现的，是它内部的规定要素，其涵义、意义也包含其中。这里对于法制度一般形式和特殊形式的划分，是从"法制度形式"范畴出发的。

所言"法制度特殊形式"，同一般形式相对应，是有别于普通法制度外在表现形式的内在形式。

规范公民个人和社会组织特殊形式的法制度，有"五种情况五类法"。这里，把自然法、习惯法、判例法、法典法、法律汇编法，概括为法制度的特殊形式。

那么，这些法的特殊性表现在哪里呢？

自然法，是没有法律规定的法。自然法被认为是不受时间、地点、制度的制约，是高于实在法的规范形式；而且，自然法作为基本法则而存在，为实定法提供立法根据和标准。古今中外无论怎样解说，自然法无非是自然界本身所形成的行为准则。马克思是反对自然法思想的。

立法者不能把自然法则写在法律上。譬如，一定时期内商品流通中所需要的货币量，等于要用货币购买的商品价格总额除以单位货币平均周转次数。这是货币流通规律。这一规律是普遍适用的。反映在立法上，不能规定"第 1 条按货币流通规律办事"，因为在理解和实施上，会是"公说公有理，婆说婆有理"。但法律可以根据这个规律，规定具体货币制度，规定货币发行权、货币管理等制度。

很显然，自然法不是一个"实在的定在"，就是说，不存在作为实在法的自然法。

习惯法，是习惯到了社会具有法的意识的时候发展而成的。马克思提出了"不成文习惯法"、"成文习惯法"范畴，并严格区分了习惯、不成文习惯法、成文习惯法的界限。成文习惯法，是通行的准则性的法的形式，是经过国家认可而确立的。对于习惯，"国家认可"有两种形式，一种是成文习惯法，一种是成文法中含有某些习惯的规定。成文法出现后，习惯法与成文法并行存在。习惯法对成文法有补充的效力，有时甚至有对成文法修改或废除的效力。

成文法对习惯法的规定，是限制性规定。就是说，成文法上的"适用习惯"是有条件的。在日本，让渡担保、事实婚姻的保护、附空白委任状的股份转让等，都是作为习惯法存在的。我国民法总则也几处规定"从习惯"。

总之，当代还存在习惯法，但对习惯性规则必须做严格限制。

判例法，是被反复利用的法院判决。在判决的反复利用中，逐渐产生了抽象的法则。这些法则，是通过裁判或判决得到的明确的规范，规范要求得到遵守。严格地说，即使是只有一次的判决，只要有其合理性，有判案的示范价值，也称为判例法。

判例法是由法院适用不成文法解决纠纷所做判决而形成的。判决既不是适用制定法，也不是在适用习惯法。

判例法是法院立法、法官造法。法院立法是自己立法、自己审判；法官造法是用判例替代国家制定法。这不仅有碍于国家立法的统一，而且也有碍于司法的客观公正性。在判例法国家，早已存在不断完备制定法的趋势。

法典法，在法的形式上，属于法律级的基本法律。这是法典与一般法律的不同之处。法典是法律制度，其本身并没有神秘和崇高的涵义在里面。

在与一般法律形式相比较的意义上，法典之所以为法典，是因为它具有自己的特征。法典是在国家整个法的体系的性质业已确定和稳固的前提下制定的；是同类法律制度经系统化整理而实现统一性的成果；法典具有整合性特征。法典把单独的、分散的法律法规等法的形式，在法典形式上有机集合，从而实现对一定类型化的社会关系的法律调整。正是这三个特点，把同样是法律形式的法，称为法典。

把法典比作"机器体系"，那么相关法律法规便是"机器体系"中的"单组机器"，在诸多"单组机器"中，又有诸多"零部件"。这些"单组机器""零部件"，具有各自具体的目的、功能和作用方向。如何使之在整体上相互适合地动作而使这架机器运转起来呢？这就是整合性要求。所谓法典的整合性，是指在一定类型化的法律制度内部法律法规的整体性和相互适合性。

法律汇编法，是有权机关或学术团体等，按一定标准编辑的现行法汇集。对于法律汇编的主体，不同国家、一国不同历史时期有不同的规定。

法律汇编一般有两种形式。一种是综合性法律汇编，一种是同类性法律汇编。前者是既包括法律、法规、法令等不同法的形式和不同类的法的汇编，也包括地方性法律的汇编。后者是同一法的门类或同一类别的法的汇编。

经典作家的论述，涵盖了上述五种特殊形式的法制度。

一、自然法制度

　　自然法被认为是以自然或理性为基础而存在的法。承认并主张自然法存在的思想，是自然法思想或自然法学。在自然法理论阵营里，其观点并不一致。但近代以来，西方普遍认为自然法是符合人类自然本性的法。其主要主张是：①自然法不受时间、地点、制度的制约，是高于实在法的规范形式；②自然法作为基本法则而存在，为实定法提供立法根据和标维。

　　在自然法和实在法的相互关系上，西方法学有的主张两者在原则上是一致的，有的主张两者在原则上恰恰相反；有的主张两者的部分是一致的，有的主张其部分相反。但他们判断法的价值的根据，则是自然法超越实在法，并从自然法中寻求这种超越。在这一点上，各种自然法理论都是共同的。否定自然法存在的，是法实证主义。

　　自然法理论与实在法理论相对，肯定自然法的存在。总体上说，以希腊、罗马的自然法思想为开端，经过中世纪的基督教神学直到近代启蒙法学的自然法思想，以及当今的新自然法理论，都属于自然法学范畴。人们对于自然法学关注的焦点，是作为自然法学派意义的近代自然法学。这种自然法学，强调自然权和自然状态，把矛头指向由实在法所形成的国家状态，主张通过国家契约或社会契约，实现自然法。近代自然法学，以资产阶级的兴起为背景，推动了资本主义自由主义法律思想的确立。其代表人物为格老秀斯、霍布斯、斯宾诺沙、洛克、托马斯、卢梭等等。马克思提到的德国法学家普芬多夫，赛米尔（Pufendorf，Samuel）也是资产阶级的"自然法"理论的代表人物之一。后来，由于历史法学派和法律实证主义学派的行时，自然法学沉寂了，但垄断资本主义现实又使自然法思想复活，表现为新自然法理论的抬头。

　　自然法理论的中心线索，这里概括为：自然状态——自然人——自然权利——自然正义。这里摘引的关于经典作家对自然法理论的论述，也是按这一中心线索展开的。

　　马克思在波恩大学学习过自然法，任课教师是普盖教授。当时，大学普遍设置自然法课程。马克思对于自然法理论是精通的，但马克思是反对自然法理论的。近年来，有人在权威报纸上说马克思有"自然法倾向"，说"马克思解释社会的理论是自然法学说"。这是不了解什么是自然法和对马克思否定自然法态度的无知。

　　在《马克思恩格斯全集》中，马克思涉及自然法的论述约有16处。

　　其一，有10处是引文中出现的，马克思未加任何评注。

　　第一处，是马克思在《关于伊壁鸠鲁哲学的笔记》的引文里出现的。马克思引自《比埃尔·伽桑狄评第欧根尼·拉尔修，第10卷论述伊壁鸠鲁的生平、习惯和见解》（1649年在里昂出版）。

第二处、第三处，是马克思在《经济学手稿》里，引用托·霍吉斯金的话。引自托·霍吉斯金：《通俗政治经济学》（1827年伦敦版）。

第四处，是马克思在《资本论第四卷》里，引用托·霍吉斯金的话。

第五处，是马克思、恩格斯在《德意志意识形态》里，引用莫斯地方的主教博胥埃的话。引自博胥埃：《从圣经引伸出的政治学》。

第六处，是马克思在《附录》里，引用配第的话。

第七处、第八处、第九处，是马克思在《附录》里，引用洛克的话。

第十处，是马克思在《附录》里，引用路德的话。引自路德：《给牧师们的谕示：讲道时要反对高利贷》。

其二，有6处是马克思直接表明否定态度的。

第十一处，在《马克思致阿·卢格》中指出，"我为《德国年鉴》写的另一篇文章是在内部的国家制度问题上对黑格尔自然法的批判。"

第十二处，马克思在《历史法学派的哲学宣言》中指出，"返回到胡果的自然法去，这个学派肯定会认为是合情合理的。"

第十三处，马克思在《历史法学派的哲学宣言》中指出，"他的自然法教科书就是历史学派的旧约全书。"

第十四处，马克思在《历史法学派的哲学宣言》中指出，胡果"自称是康德的学生，并把自己的自然法称作康德哲学的支脉。"

第十五处，马克思在《历史法学派的哲学宣言》中指出，"应当把胡果的自然法看成是法国旧制度的德国理论。"

第十六处，马克思在《历史法学派的哲学宣言》中指出，"应当把哈勒、施塔尔、莱奥及其同伙的法律理论和历史理论看作只不过是胡果的自然法的旧版翻新，在经过几番考证辨析之后，在这里又可以看出旧的原文了。"

上述论述说明了马克思是反对资产阶级的自然法主张的。我们的法学家不知道这些论述，却说"马克思解释社会的理论是自然法学说"，乃至谬说流传，不能说是郑重的学术态度。

自然法思想伴随人类走过了千百年。自然法不是一个"实在的定在"，就是说，不存在作为实在法的自然法。根据坚持自然法的法学家们的诸多理论，可以把自然法则概括为自然法，即自然界本身所规定的行为准则。自然法被纳入资产阶级理论轨道后，物竞天择、适者生存的"自然状态"，变成"丛林法则"下的自由竞争，超阶级、超历史的生物体的"自然人"，变成功利主义的"经济人"，权利和义务合而为一的"自然权利"，变成有产者的"天赋人权"，随之，"自然正义"便被归结为统治阶级的正义了。

恩格斯明确指出，比较都是以具有某种共同点为前提的，"这种共同点表现在法学家把这些法学体系中一切多少相同的东西统称为自然法权。而衡量什么算自然法权和什么又不算自然法权的标准，则是法权本身最抽象的表现，即公平。于是，从此以后，在法学家和盲目相信他们的人们眼中，法权的发展只在于力求使获得法律表现的人类生活条件愈益接近于公平理想，即接近于永恒公平。"这就是经典作家对于自然法和自然法理论的立场和态度。至于资产阶级自然法理论所鼓吹的"天赋人权""自然正义""平等法权""永恒公平"等等，早已被马克思和恩格斯斥之为"高超的胡说"。

（一）自然状态

1. 生存竞争

自然法学派把"自然"解释为"神的理性""人类的理性""普遍的观念"，等等。其实，自然界就是无机界和有机界，是包括人类社会在内的整个客观物质世界。

自然法学派说"人类的自然本性"，是动物性。他们没有认识到人与动物的差别。动物只能消极地适应自然，而人类则积极地适应自然。人类通过自己的劳动影响自然，征服和改造自然。人类的历史是从制造工具开始的。正是工具，标志着人类与动物不同的活动。可见，"人类的自然本性"，不是动物性，而是劳动性。

自然法学派把动物界的"物竞天择、适者生存"的丛林法则，完全应用于人类社会，使弱肉强食、优胜劣汰的自然法则成为人类社会的自然状态。在这样的丛林法则的自然状态下，生物内部的相互竞争便复制到人类社会了。

西方经济学家指出，竞争是主体为扩大或争夺市场势力而进行的具有进攻性、对抗性的经济活动。

竞争是一个多样化的、动态的概念。应当认为，法学上的经济竞争，是指两个以上的主体，各自为获得更多的市场势力而对一定的商品或劳务自由地进行生产、销售、购入活动，以及其准备和补充活动的全部活动。这里的准备和补充活动，一般包括市场调查、投资、广告及宣传、售后服务等活动。由此可见，经济竞争是主体相互之间的竞争，是在市场机制作用下的竞争。离开了市场机制，便不存在经济竞争问题，这是竞争概念与竞赛概念的根本区别。

形成竞争关系有四个要素：①对象要素。在市场上能够形成竞争关系的标的，只能是同种或类似的商品、劳务。由于诸多企业的商品在质量、产地、装潢、广告作用等方面存在差异，使企业竞争力的强弱很不相同。②阶段要素。在不同的流通阶段，会形成不同的竞争关系，如生产业者之间、批发业者之间、零售业者之间形成竞争关系。位于不同流通阶段的业者之间，不会形成竞争关系。③形式要素。不同的交易形式，形成不同的竞争关系，如一次性交易与期次性交易、大宗交易与小宗交易、独家交易与联厂交易等等。④地区要素。交易地区不同，由此形成的竞争关系也不同。一地区内的交易，在这一地区内形成竞争关系，全国范围内的交易，在全国形成竞争关系，国家及地区间的交易，在国家及地区间形成竞争关系。经济竞争需要法律来调整，经济竞争法正是调整这样的竞争关系的法律。

竞争法是新的法律，是人类社会没有出现过的。

第一，经济竞争法是超越民法界限的法。

经济竞争经历了自由资本主义和垄断资本主义两个阶段。在垄断和国家垄断条件下，垄断并没有消除竞争，而是凌驾于自由竞争之上并与之并存。这是因为，垄断并没有改变市场经济性质，利润最大化仍是企业生产的目的，因而竞争必然存在；而且，垄断只是占统治地位，不存在社会经济生活的全部垄断和绝对垄断。就是说，非垄断的经济组织、中小企业相互之间以及它们与垄断组织之间，还存在着竞争，况且全国不可能形成一个统一的垄断组织。在这种情况下，垄断组织与垄断组织之间、一国垄断组织与国际垄断组织之间，必然展开激烈的竞争。

应当认为，自由放任市场经济条件下的竞争关系与垄断市场经济条件下的竞争关系的性质是不同的。对于前者，是根据私人自治原则进行的，要求市民社会的市民法的调整，以期在竞争关系中形成市民法秩序；而对于后者的法律调整，必然超过市民法的界限。

经济竞争法既是促进、维持公平竞争的法，又是限制不正当竞争和限制垄断的法。经济竞争法的立法宗旨是以经济民主主义为目的，而经济上的机会均等和经济平等是经济民主主义的两大思想支柱。为维护公平竞争，必须反对私人垄断。在私人垄断统治下，垄断组织竞争的目的已经不是平均利润而是获取高额垄断利润；竞争的范围从生产、销售到金融信贷、运输、科技、高素质劳动力乃至国家经济权力；竞争的形式和手段已从价值竞争、价格竞争到非价格竞争及对经济过程的控制权的竞争；竞争的结果已经不是资本在本部门转移而是在各经济部门和跨国转移。在这种情况下，必然产生私人垄断，产生不正当的限制交易及采用不公正的交易方法，产生通过合谋或协定等方法对生产、销售、技术和价格等不正当的限制，以及对一切事业活动进行不正当的限制或约束。为保护社会公共利益，维护竞争经济秩序，必须有作为反对私人垄断内容的法与之相适应，这样的法是经济竞争法。私人自治和企业自由是自由放任市场经济的准则，而利润最大化是企业追求的首要目标。为追求超额利润、对付市场经济的内在矛盾引起的危机，企业必然把垄断化作为自己的企业政策加以推行，而垄断化又必然限制了自由竞争。实行自由竞争是市民法的目的，但垄断却是市民法调整的产物。这里的问题是，既要反对私人垄断，又要维护正当竞争，这就不能不要求有别于市民法的法律，从而形成不同于市民法秩序的法秩序。

第二，既反对私人垄断又维护正当竞争是经济竞争法的根本特征。

首先，根本立法目的是恢复有效竞争。无论是私人垄断，还是不正当竞争，都是"在一定交易领域里对竞争进行实质性限制"。这种实质性限制，使市场结构中出现了非有效竞争状态。经济竞争法的根本目的，是恢复有效竞争。这里的有效竞争，不是市民法秩序下的竞争，而是在垄断、国家垄断条件下，排除对竞争进行实质性限制的竞争。市民法上的竞争，以所谓平等、公平、诚实信用等为原则，强调平等主体及其相互间的利害关系，以竞争手段追求自身利益，强调自然主义优胜劣汰，因而把竞争法律制度归结为公平竞争制度、经营者和消费者保护制度、侵权行为救济制度。很显然，这是把现代竞争法理解为市民法意义上的竞争法了。应当明确，作为经济竞争法，不再以市民法的原则为原则，也不再以属于市民法的竞争法律制度为制度。其立法核心问题，是对付控制市场行为，整治支配力过度集中的市场结构，也包括排除不正当的竞争方法和交易方法以恢复有效竞争。

其次，法的调整的客体不仅仅是行为。经济竞争法所调整的，包括行为，还包括状态、结构。这与传统法学以人、物、行为来构成其理论结构是不同的。18世纪以来的法学，都是把行为作为法所调整的唯一客体，即所谓"与权利和义务相关的行为""无行为即无犯罪亦无刑罚"，等等。在社会化大生产条件下，仅仅用人、物、行为"三要素"来解释国民经济运行问题是远远不够的，这"三要素"不能客观地揭示国民经济运行的法律调整问题。在经济竞争领域，立法上存在违禁行为要件，如私人垄断、不正当地限制交易、不公正交易、不正当地限制交易和不公正交易的国际协定及契约等行为要件；也存在违禁状态、结构要件，如市场占有率要件、重新进入市场困难要件。如日本《禁止垄断法》规定，一个事业者的市场占有率超过1/2和两个事业者在各个市场占有率合计超过3/4的；其他事业者对属于该事业领域的事业，重新经营（重新进入）有显著困难的，则构成垄断状态，为法律所禁止。垄断状态，是一种市场结构，而不是主体的行为。由此可见，在经济竞争法那里，不再是仅仅调整行为，还要调整状态、结构。那种只把行为限定为法的调整客体的市民法理论，是脱离当代国民经济运行实际和立法实际的。

第三，保护法益的公益性。

经济竞争法的保护法益是公益，即社会公共利益和国家利益。这种公益，这里集中表现为国民经济总体利益。经济竞争法保护公平竞争，旨在保护社会经济秩序，而不正当竞争行为和垄断竞争行为所侵害的客体，恰恰是社会经济秩序。保护社会经济秩序不受侵犯，就有效地保护了国民经济总体利益。市民法的保护法益是私益。其保护法益的对象是特定的自然人、法人，法以保护这些特定人的具体利益为目的，而对其保护措施是直接保护。经济竞争法超越了市民法保护法益的界限，通过立法可以看出，它所保护法益的对象不是特定主体的具体利益，而是众多主体的一般利益、普遍利益。下面以经济竞争法涉及到的价格、欺骗性交易为例，证明在保护法益上两种立法的区别：如"企业供给的一定商品或劳务，在相当时间内，对照需求及供给费用的变动，价格明显上升或很少下降"，则产生市场弊害。对此，经济竞争法的任务，就是保障合理的价格形成机制，排除垄断状态，以恢复有效竞争，保护广大消费者的利益和社会经济秩序。而一定商品或劳务上的价格欺诈、哄抬物价等，因直接侵害了具体购买者的利益，则适用民法的规定。再如假冒、仿冒等虚假标志行为属于不正当竞争，这种竞争行为影响了真品商品的销售，使真品商品的市场份额减少，从而阻碍了公平竞争，因而成为经济竞争法的限制对象，而其对真品企业的侵害，则可由被侵害具体当事人适用民事损害赔偿之诉。

社会发展规律不以立法为转移。资本主义的竞争法律，不能挽救资本主义自身。马克思证明了竞争在历史上的暂时性质，论述了资本主义竞争给人类社会带来的深重灾难。当然，社会主义条件下的竞争同资本主义竞争有本质上的不同。

在一切早期的立法中，两只同时发现一块骨头的狗的行为就已被承认是法了；罗马法全书讲道：vim vi repel-lere licere〔可以以牙还牙〕；而 idque jus natura comparatur〔这个法是大自然所定的〕，这意思是说，这是 jus quod natura omnia animalia docuit〔大自然教给一切动物的法〕（包括人和狗）；但是后来有组织的以牙还牙"恰恰"成为法。

马克思：《德意志意识形态》，

《马克思恩格斯全集》第 3 卷第 421 页。

这种活动、这种连续不断的感性劳动和创造、这种生产，是整个现存感性世界的非常深刻的基础，只要它哪怕只停顿一年，费尔巴哈就会看到，不仅在自然界将发生巨大的变化，而且整个人类世界以及他（费尔巴哈）的直观能力，甚至他本身的存在也就没有了。当然，在这种情况下外部自然界的优先地位仍然保存着，而这一切当然不适用于原始的、通过 generatio aequivoca〔自然发生〕的途径产生的人们。但是，这种区别只有在人被看作是某种与自然界不同的东西时才有意义。

> 马克思恩格斯：《德意志意识形态》，
> 《马克思恩格斯全集》第3卷第50页。

大工业和世界市场的形成使这个斗争成为普遍的，同时使它具有了空前的剧烈性。在资本家和资本家之间，在产业和产业之间以及国家和国家之间，生存问题都决定于天然的或人为的生产条件的优劣。失败者被无情地清除掉。这是从自然界加倍疯狂地搬到社会中的达尔文的生存斗争。动物的自然状态竟表现为人类发展的顶点。社会化生产和资本主义占有之间的矛盾表现为个别工厂中的生产的组织性和整个社会的生产的无政府状态之间的对立。

> 恩格斯：《社会主义从空想到科学的发展》，
> 《马克思恩格斯全集》第19卷第234~235页。

理性的国家、卢梭的社会契约在实践中表现为而且也只能表现为资产阶级的民主共和国。

> 恩格斯：《社会主义从空想到科学的发展》，
> 《马克思恩格斯全集》第19卷第206页。

自然界本身仿佛提供了一个贫富对立的实例：一方面是脱离了有机生命而被折断了的干枯的树枝树杈，另一方面是根深叶茂的树和树干，后者有机地同化空气、阳光、水分和泥土，使它们变成自己的形式和生命。这是贫富的自然表现。

> 马克思：《第六届莱茵省议会的辩论（第三篇论文）》，
> 《马克思恩格斯全集》第1卷上册第252页。

Fuit Troja!〔特洛伊城已不存在!〕人们一再迫切希望实现的这种供求之间的正确比例早就不存在了。它已经过时了；它只有在生产资料有限、交换是在极狭隘的范围内进行的时候，才可能存在。随着大工业的产生，这种正确比例必然消失；由于自然规律的必然性，生产一定要经过繁荣、衰退、危机、停滞、新的繁荣等等周而复始的更替。

> 马克思：《哲学的贫困》，
> 《马克思恩格斯全集》第4卷第109页。

自然界不会造成一方面是货币或商品的所有者，另一方面是只有劳动力的人。这种关系既不是自然史的关系，也不是一切历史时代所共有的社会关系。它显然是以往历史发展的结果，是许多次经济变革的产物，是社会生产的一系列陈旧形态灭亡的产物。

恩格斯：《卡·马克思"资本论"第一卷书评——为"双周评论"作》，

《马克思恩格斯全集》第 16 卷第 335 页。

　　为了弄清实现的学说，我们应当从亚当·斯密谈起，因为这个问题的错误理论是他创立的，而在马克思以前的政治经济学中，这种错误理论完全占据统治地位。亚当·斯密把商品价格只分成两部分：可变资本（照他的术语是工资）和额外价值（他没有把"利润"和"地租"并在一起，所以实际上他把商品价格总共算成三部分）。同样，他把全部商品，即社会的全部年产品也分成这样两部分，并把它们直接当作社会两个阶级——工人与资本家（斯密称作企业主和土地所有者）的"收入"。

　　他究竟根据什么把价值的第三个组成部分即不变资本抛掉呢？亚当·斯密不可能不看到这一部分，但是他认为这一部分也该归在工资和额外价值中。下面就是他对这个问题的论断："例如，在谷物的价格中，就有一部分支付土地所有者的地租，另一部分支付在谷物生产上使用的工人和役畜的工资或给养，第三部分支付租地农场主的利润。这三部分看来直接地或最终地构成谷物的全部价格。也许有人以为必须有第四个部分，用来补偿租地农场主的资本，或者说，补偿他的役畜和其他农具的损耗。但是必须考虑到，任何一种农具的价格，例如一匹役马的价格，本身又是由上述三个部分构成（即地租、利润和工资）"。"因此，谷物的价格虽然要补偿马的价格和给养费用，但全部价格仍然直接地或最终地分解为这三个部分：地租、工资和利润。"马克思称斯密这个理论是"令人惊异的"。"他的证明不过是重复同一个论断而已"。（第 2 卷第 366 页）斯密是在"把我们从本丢推给彼拉多"（第 2 版第 1 卷第 612 页）。斯密在谈到农具的价格本身分为这三个部分时，忘记加上一句：还有制造这些农具时所使用的那些生产资料的价格。亚·斯密（继他之后的经济学家们也一样）错误地把资本的不变部分从产品价格中排除掉，是同错误地理解资本主义经济中的积累，也就是同错误地理解扩大生产即额外价值之转化为资本有关的。亚·斯密在这里也抛掉了不变资本，认为所积累的即转化为资本的那部分额外价值完全为生产工人所消费，就是说完全用作工资，而事实上，积累的那部分额外价值是用作不变资本（生产工具、原料和辅助材料）加上工资的。马克思在《资本论》第 1 卷（第 7 篇《积累过程》第 22 章《剩余价值转化为资本》第 2 节《政治经济学关于规模扩大的再生产的错误见解》）中批判了斯密（以及李嘉图、穆勒等）的这个观点，并在那里指出：在第 2 卷中"将表明，亚·斯密的这个为他的一切后继者所继承的教条，甚至妨碍了政治经济学去了解社会再生产过程的最基本的结构"（第 1 卷第 612 页）。亚当·斯密所以犯这个错误，是因为他把产品的价值和新创造的价值混同起来了：新创造的价值确实分为可变资本和额外价值，而产品的价值，则除此以外还包括不变资本。马克思在分析价值时就揭露了这个错误，他确定了创造新价值的抽象劳动和把早先存在的价值在新形态的有用产品中再生产出来的有用的具体劳动之间的区别。

列宁：《俄国资本主义的发展》，

《列宁全集》第 3 卷第 29 ~ 31 页。

魁奈在他的《经济表的分析》中没有再谈到获得地租的七分之二的国家和获得地租的七分之一的教会，因为二者的社会作用是大家都知道的。关于真正的土地所有者，他却说，他们的费用，其中也包括他们的全部仆从人员的费用，至少极大部分是不生产的费用，只有用来"维持和改善他们的地产并提高他们的耕作技术"的很小的一部分，才是例外。可是按照"自然法"说来，他们的真正职能正是在于"关心良好的管理和关心维持他们世袭财产所必需的费用"，或者象后来所解释的，在于 avances foncières，即用来准备土地并供给农场以一切必需东西的费用，这些费用，使租地农场主可以把其全部资本只用在真正的耕种事业上。

恩格斯：《反杜林论》，

《马克思恩格斯全集》第20卷第273～274页。

关于市场商品充斥和必要劳动的界限有多大关系的问题："工人［对工作的］需求的增加不过是表明他们甘愿自己拿走产品中更小的份额，而把其中更大的份额留给他们的雇主；要是有人说，这会由于消费减少而加剧市场商品充斥，那我只能回答说：市场商品充斥是高额利润的同义语。"（《论马尔萨斯先生近来提倡的关于需求的性质和消费的必要性的原理》1821年伦敦版第59页）

在这些话里，［资本主义生产固有的］矛盾的一个方面完全表达出来了。

"［资本］使劳动停在除工人生活费用之外还能为资本家生产利润的那个点上的实践，是同调节生产的自然法相违背的"（霍吉斯金，同上，第238页）。

马克思：《经济学手稿》，

《马克思恩格斯全集》第46卷上册第401～402页。

如果一个工人虽然生产了可以出卖的商品，但是，他生产的数额仅仅相当于他自己的劳动能力的价值，因而没有为资本生产出剩余价值，那么，从资本主义生产的观点看来，这种工人不是生产的，这一点，在李嘉图那里已经可以看出，他的书中表明，这种人的存在本身就是一个累赘。这就是资本的理论和实践。

马克思：《经济学手稿》，

《马克思恩格斯全集》第48卷第473页。

1662年配第已在《赋税论》中把利息，即我们叫做高利贷的货币租金（rent of money which we call usury）同土地的和房屋的租金（rent of land and houses）相对比，并且向那些想用法律来压低货币租金（自然不是地租）的地主解释，违反自然法而颁布成文民法是徒劳无益的（the vanity and fruitlessness of making civil positive law against the law of nature）。

恩格斯：《反杜林论》，

《马克思恩格斯全集》第20卷第258页。

可是按照"自然法"说来，他们的真正职能正是在于"关心良好的管理和关心维持他们世袭财产所必需的费用"，或者象后来所解释的，在于 avances foncières，即用来准备土地并供给农场以一切必需东西的费用，这些费用，使租地农场主可以把其全部资本只用在真正的耕种事业上。

> 恩格斯：《反杜林论》，
>
> 《马克思恩格斯全集》第 20 卷第 274 页。

关于利率，配第说："我在别处已经说到，制定违反自然法（就是由资产阶级生产本性产生的法律）的成文民法是徒劳无益的。"（第 29 页）

> 马克思：《资本论第四卷》，
>
> 《马克思恩格斯全集》第 26 卷第 1 册第 386 页。

如果我们把洛克关于劳动的一般观点同他关于利息和地租的起源的观点（因为在洛克那里，剩余价值只表现为利息和地租这两种特定形式）对照一下，那末，剩余价值无非是土地和资本这些劳动条件使它们的所有者能够去占有的别人劳动，剩余劳动。在洛克看来，如果劳动条件的数量大于一个人用自己的劳动所能利用的数量，那末，对这些劳动条件的所有权，就是一种同私有制的自然法基础相矛盾的政治发明。

> 马克思：《资本论第四卷》，
>
> 《马克思恩格斯全集》第 26 卷第 1 册第 390 页。

下面是洛克著作中与此有关的几段话：

……"以这种方式给予我们所有权的这一自然法，同时也限制了这个所有权的范围……一个人在对他的生活有某种用处的东西损坏之前能够使用它多少，他用自己的劳动可以使它变为自己所有的也就多少；超出这个限度的，就是超过他的份额而属于别人的东西。"

> 马克思：《资本论第四卷》，
>
> 《马克思恩格斯全集》第 26 卷第 1 册第 390～391 页。

应该把这段话同洛克关于利息的著作中的下面一段话加以对比，不要忘记，照他看来，自然法使个人劳动成为所有权的界限。

> 马克思：《资本论第四卷》，
>
> 《马克思恩格斯全集》第 26 卷第 1 册第 392 页。

"关于资本的理论，以及使劳动停在除工人生活费用之外还能为资本家生产利润的那个点上的实践，看来，都是同调节生产的自然法相违背的。"（托·霍吉斯金《通俗政治经济学》1827 年伦敦版第 238 页）

> 马克思：《资本论第四卷》，
>
> 《马克思恩格斯全集》第 26 卷第 1 册第 438 页。

因此，就是从理性和自然法来看，你赔偿我的一切，即本金和我所受的损失，也是公平的……这种损失在法律书上，拉丁文叫 interesse……

马克思：《资本论第四卷》，

《马克思恩格斯全集》第 26 卷第 3 册第 594 页。

恩格斯在《社会主义从空想到科学的发展》里，提到"卢梭的社会契约在实践中表现为而且也只能表现为资产阶级的民主共和国"。卢梭的社会契约论认为，人们最初生活在自然状态的条件下，在这种条件下人人都是平等的。私有制的产生和财产不平等的发展决定了人们从自然状态向市民状态的过渡，并导致以社会契约为基础的国家的形成。但是，后来由于政治不平等的发展，社会契约遭到破坏，产生了新的自然状态。消灭这种自然状态，是以新的社会契约为基础的理性国家的使命。这个理论在卢梭的 1755 年阿姆斯特丹出版的《论人间不平等的起源和原因》（《Discours sur l'origine et les fondemens de l'inégalité parmi les hommes》. Amsterdam，1755）和 1762 年阿姆斯特丹出版的《社会契约论，或政治权利的原则》（《Du contract social；ou，Principes du droit politique》. Amsterdam，1762）这两部著作中得到了发挥。

列宁在《俄国资本主义的发展》里说，"斯密是在'把我们从本丢推给彼拉多'"，意思是推来推去，不解决问题。本丢·彼拉多是罗马帝国驻犹太行省的总督。据《新约全书·路加福音》说，犹太教的当权者判处耶稣死刑，要求彼拉多批准。彼拉多在审问中得知耶稣是加利利人，就命令把他送往加利利的统治者希律那里。希律经过审讯，也无法对耶稣定罪，又把他送回到彼拉多那里。据说"从本丢推给彼拉多"是由"本丢推给希律，希律又推给彼拉多"这句话演化而成的。

马克思在《资本论第 4 卷》里，评论洛克关于所有权、利息、地租、生产利润等说法的论述，是在《从资产阶级自然法理论观点来解释地租和利息》一节中展开的。看来，资产阶级自然法理论已经渗透到经济理论的细节。

2. 自然物

自然物是自然生成的物品。

原始社会的物，主要是作为劳动工具的石器和弓箭，在原始社会末期出现了金属工具，出现了原始的畜牧业和农业。到罗马法时代，物没有出现本质的不同。

在法国民法典时代，将物分为动产和不动产，不动产包括地产、建筑物、未收割的果实、未采伐的树木、与土地构成整体的牲畜、农具、种子、鸽子、兔子、蜂群、鱼类、压轧机械、锅炉、蒸馏器、酿酒桶、工厂设备、肥料、与房屋不可分的镜子、画、雕塑等；动产包括公司股份和利息、定期金、船舶及其用品、建筑材料、动产家具等，但不包括现款、珠宝、应收债款、书籍、衣物、马匹、车辆等。

直到自由资本主义时期，"物"，都是自然生成的，或以自然物为原料，经人工初步加工而成的。在"用什么方式进行生产"上，法国民法典上的"物"与当代的"物"有根本区别。近现代以来的"物"，占主体地位的是人工合成物。

进一步说，对于作为法律关系客体的物，必须放到法律关系中去考察。

现在，法律关系客体超越了物的内涵和外延，不再是传统的民事关系上的物。传统民法没有"产品资料"概念，没有"自然资源"概念，也没有"网络信息"概念。这些概念，都属于当代法律关系客体概念范畴。而对于这种资源，民法也不是从资源配置的意义上去理解的。随着社会生产力的高度发展和社会关系的新变化，物质资料的范围种类不断扩大和增多，其中的绝大部分种类是新出现的，它们未曾被传统法规范过；而且，这些物质资料与民法上的物有不同的性质。

法的客体是法所规范的对象，法律关系的客体是法律关系主体相互权利和义务所指向的对象。因此，法的客体与法律关系的客体是不同的。法律关系的客体，是法的客体中属于依法建立的社会关系中的客体。通常认为，法律关系客体包括物、行为和精神产品。这种概括，并不完全适合于当代社会关系事实。这不仅仅因为客体的范围和种类不断扩大和增多，更重要的是客体的性质和法律调整的性质都发生了变化。对于作为法律关系的客体，应当将其置于法律关系之中考察，揭示它的基本法律状态，而如果只是因袭地罗列那些传统客体的名称，则无实际意义。

其一，当代法律关系客体是社会化客体。社会化客体的基本含义，一是它是置于国民经济中的客体。与自由放任阶段及以前诸历史阶段不同，法律对生产、交换、分配、消费各经济过程中的客体，采取鼓励、限制、禁止等措施。这种对客体的规范性，实际上体现了法律与客体的客观条件的关系，而不再只是先前那种法律与客体本身的关系。

其二，当代法律关系客体具有私人性与公共性的二重属性。先前那种私人对物的无限制地占有、使用、收益和处分的绝对权利不复存在。法律关系是基于社会化客体建立起来的。社会化客体一定是具有私人性与公共性的二重属性的客体，这就决定了当代法律关系客体必然与传统法律关系客体具有不同的属性和特征。

其三，当代法律关系客体的新特点。一是自然领域尽可能地扩大了，如大气、外层空间、水和海洋、声音等成为法律关系客体；二是改变了物的个人持有性和可支配性特征，这种新的客体形式是主体不能持有、不可支配之"物"，如大气是不可能被主体持有的，只能被利用，如制造商提存的"氧气"是民法上的物，但由此污染的"大气"，却是经济法客体；三是从总体上看，以现代科学技术为基础的产品资料取代了以自然资源为基础的自然物。这是法律关系客体划时代的变革。通过科技合成生产出来的产品资料，是社会化大生产的产物，其本身具有复杂的法律因素，这与简单商品关系下自然物和人工打制的初步加工物迥然有别。

其四，法律关系客体不仅仅是实物形态，还存在非实物形态或"非形态"。如电子网络无实物形态，它是通过计算机通讯网络传递一定信息。网络的法律关系是以交换电子数据的方法形成、储存或传递法律关系内容。这种法律关系的内容，是透过屏幕的显示而被感知，而且，在网络空间，不存在统一的维持网络秩序的主体。

这种客体，是传统法学理论无法理解的，传统法也无法调整这样的客体。法律关系客体的上述特征表明：法律关系客体是一种新型客体，它是传统民事法律关系客体无法比拟的。如果把民事法律关系客体简单地复述为当代法律关系客体，不但不符合当代社会事实和法律事实的实际，而且会丧失社会良性运行的基础，阻碍社会关系的全面进步。

自然资源，是自然界中一切有利用价值的物质资源。自然资源的可利用性，是由人类认识能力的状况决定的。随着人类认识能力的不断提高，可利用的自然资源的范围逐渐扩大。截至目前，可利用的自然资源包括土地、草原、森林、水资源、阳光、地热、大气、外层空间以及动物、植物和矿物等。自然资源，是法在调整自然资源的开发、利用和保护过程中所形成的法律关系的客体。

信息资源，是智力创造的以一定载体表现的知识成果资源。如专利、专有技术、技术改进方案、合理化建议、商标、生产经营标记、著作以及电子商务、电子邮件、虚拟现实等。在当代，信息资源已成为与物质资源同等重要的资源。网络信息高速、广泛传输的特点，使世界形成了没有边界的信息空间。信息资源不是有形体，也不是人的思维活动本身，而是思维成果的一定物化形式。将信息资源由潜在的经济价值转化为现实经济价值，由一般物化客体转化为具体经济关系客体时，它将成为法律关系客体。

产品资料，是为了满足社会需要，在社会生产过程中用于生产产品的资料。社会生产过程，就是将劳动同物质相结合，生产物质资料的过程。产品资料，有的构成生产资料，成为进行生产必须具备的物质条件；有的构成生活资料，成为人们生存所必需的衣、食、住、行等方面物质条件。产品资料是普遍的、极为重要的法律关系客体。

初级产品资料可分为五大类，包括食品及活动物、饮料及烟类、非食用原料（燃料除外）、矿物燃料和润滑油及有关原料以及动植物油、脂及蜡。这些产品，总体上是社会化大生产的产物，是采用先进技术制成的产品。其法律状态，与法国民法典时代完全不同。而"初级产品资料"是大机器工业的先进技术和工具生产的。工业制品资料可分为五大类，包括化学成品及有关产品、按原料分类的制成品、机械及运输设备、杂项制品和未分类的商品。上述工业制品资料，大都是 20 世纪以来不断发明创造出来的。据国际货币基金组织统计，由于科技进步和信息投入的增多，目前一个单位工业品所需原料仅为 1900 年的 2/5 左右，而且，这些工业制品资料，存在于垄断及国家垄断经济关系之中，其法律状态、法律性质是罗马法时代和法国民法典时代无法想象的。若产品资料是有机产品资料，而有机合成物是 20 世纪初叶开始形成的工业部门的产物。现在办公室里的办公用品，没有有机合成物的几乎不存在。例如，用品表面的涂料是有机合成物。有涂料的桌子，不再是自然物或初步加工物了。这在法律上，需要对有机涂料污染作出规定，而有这个规定的，不是民法。在 18 世纪，一张桌子可以流通、买卖，如有瑕疵，承担民事责任。现在是这张桌子"有毒"，非法排放物超标，不可以流通和买卖。这张桌子就与这样的法律关系联系起来了。基于不同的法律规定，上述初级产品资料和工业制品资料将处于不同的法律状态之中。在生产领域，法律状态基本上有三类：①禁止生产状态；②限制生产状态；③鼓励生产状态。在流通领域，主要是禁止流通的状态和限制流通的状态。

时代的变迁，使 18 世纪的法退出了历史舞台。如果坚持法所调整的物都是"自然物"的自然法理念，那么作为当代法的调整客体的物就很难找到了。

在太古人的洞穴中，我们发现了石制工具和石制武器。在人类历史的初期，除了经过加工的石块、木头、骨头和贝壳外，被驯服的，也就是被劳动改变的，被饲养的动物，也曾作为劳动资料起着主要的作用。

马克思：《资本论第一卷》，

《马克思恩格斯全集》第 23 卷第 204 页。

我们所发现的最古老的工具是些什么东西呢？根据所发现的史前时期的人的遗物来判断，根据最早历史时期的火和现在最不开化的野蛮人的生活方式来判断，最古老的工具是些什么东西呢？是打猎的工具和捕鱼的工具，而前者同时又是武器。

恩格斯：《自然辩证法》，

《马克思恩格斯全集》第 20 卷第 515 页。

第二冰期以后，气候逐渐温暖，人类开始出现于整个欧洲、非、前亚细亚以至印度。和人类一同出现的，有已经绝种的巨大的厚皮动物（毛象、有直牙的象、毛犀）、肉食动物（穴狮、洞熊）以及现在还生存着的动物（驯鹿、马，鬣狗、狮子、野牛，原牛）。这一时代的工具，表明了文化发展的极低阶段：极其粗糙的石刀、无柄的梨形石锄或石斧、刮兽皮用的削刀、钻，所有这些都是用燧石做成的，这大致相当于现今澳洲土人的发展阶段。到现在为止，所发现的骨骼残骸，还不允许我们对这些人的身体结构作出结论，但就其分布地域之广和到处都有同样的文化这些事实来看，可以断定这个时期延续得很久。

恩格斯：《论日耳曼人的古代历史》，

《马克思恩格斯全集》第 19 卷第 478 页。

中级阶段。从采用鱼类（虾类、贝壳类及其他水栖动物都包括在内）作为食物和使用火开始。这两者是互相联系着的，因为鱼类食物，只有用火才能做成完全可吃的东西。而自从有了这种新的食物以后，人们便不受气候和地域的限制了；他们沿着河流和海岸，甚至在蒙昧状态中也可以散布在大部分地面上了。石器时代早期的粗制的、未加磨制的石器，即所谓旧石器时代的石器（这些石器完全属于或大部分都属于这一阶段）遍布于一切大陆上，就是这一移居的证据。新移居的地带，以及不断的活跃的探索欲，加上掌握了摩擦取火的本领，就提供了新的食物：在热灰和烧穴（地灶）中煨烤的淀粉质的根茎和块根，以及随着最初武器即棍棒和标枪的发明而间或取得的附加食物——猎物。像书籍中所描写的纯粹的打猎民族，即专靠打猎为生的民族，是从未有过的；靠猎物来维持生活，是极其靠不住的。由于食物来源经常没有保证，在这个阶段上大概发生了食人之风，这种风气，后来保持颇久。即在今日，澳大利亚人和许多波利尼西亚人还是处在蒙昧时代的这个中级阶段上。

高级阶段。从弓箭的发明开始。由于有了弓箭，猎物便成了日常的食物，而打猎也成了普通的劳动部门之一。弓、弦、箭已经是很复杂的工具，发明这些工具需要有长期积累的经验和较发达的智力，因而也要同时熟悉其他许多发明。如果把已经知道弓箭，但还不知道制陶术（摩尔根认为向野蛮时代过渡就是从制陶术开始）的各民族，彼此对照一下，我们的确就可以看到，已经有定居而成村落的某些萌芽，以及对生活资料生产的某种程度的掌握，如：木制的容器和用具，用木质纤维做成的手工织物（没有织机），用树皮或芦苇编成的篮子，以及磨制的（新石器时代的）石器。火和石斧通常已经使人能够制造独木舟，有的地方已经使人能够用木材和木板来建筑房屋了。例如在美洲西北部的印第安人中间，我们就可以看到这一切进步，这些印第安人虽然已经使用弓和箭，但还不知道制陶术。弓箭对于蒙昧时代，正如铁剑对于野蛮时代和火器对于文明时代一样，乃是决定性的武器。

恩格斯：《家庭、私有制和国家的起源》，

《马克思恩格斯全集》第 21 卷第 33～34 页。

现在我们可以把摩尔根的分期法概括如下：蒙昧时代是以采集现成的天然产物为主的时期；人类的制造品主要是用作这种采集的辅助工具。野蛮时代是学会经营畜牧企和农业的时期，是学会靠人类的活动来增加天然产物生产的方法的时期。

恩格斯：《家庭、私有制和国家的起源》，

《马克思克思恩格斯全集》第 21 卷第 38 页。

全盛时期的氏族制度，如我们在美洲所见的，其前提是生产极不发达，因此广大地区内人口极度稀少；因此，人类差不多完全受着陌生的、对立的、不可理解的外部大自然的支配，这也就反映在幼稚的宗教观念中。

恩格斯：《家庭、私有制和国家的起源》，

《马克思恩格斯全集》第 21 卷第 112 页。

在亚洲，他们发现了可以驯服和在驯服后可以繁殖的动物。野生的雌水牛，需要去猎取；但已经驯服的牛，每年可生一头小牛，此外还可以挤奶。有些最先进的部落——雅利安人、闪米特人，也许还有图兰人，——其主要的劳动部门起初就是驯养牲畜，只是到后来才是繁殖和看管牲畜。游牧部落从其余的野蛮人群中分离出来——这是第一次社会大分工。游牧部落生产的生活资料，不仅比其余的野蛮人多，而且也不相同。同其余的野蛮人比较，他们不仅有数量多得多的牛乳、乳制品和肉类，而且有兽皮、绵羊毛、山羊毛和随着原料增多而日益增加的纺织物。这就第一次使经常的交换成为可能。

恩格斯：《家庭、私有制和国家的起源》，

《马克思恩格斯全集》第 21 卷第 183 页。

园圃种植业大概是野蛮低级阶段的亚洲人所不知道的，但它在那里作为农田耕作的先驱而出现不迟于中级阶段。在图兰平原的气候条件下，没有供漫长而严寒的冬季用的饲料储备，游牧生活是不可能的；因此，牧草栽培和谷物种植，在这里就成了必要条件。黑海以北的草原，也是如此。但谷物一旦作为家畜饲料而种植，它很快也成了人类的食物。耕地仍然是部落的财产，最初是交给氏族使用，后来由氏族交给家庭公社使用，最后便交给个人使用；他们对耕地或许有一定的占有权，但是更多的权利是没有的。

在这一阶段工业的成就中，特别重要的有两种。第一是织布机；第二是矿石冶炼和金属加工。铜、锡以及二者的合金——青铜是顶顶重要的金属；青铜可以制造有用的工具和武器，但是并不能排挤掉石器；这一点只有铁才能做到，而当时还不知道冶铁。金和银已开始用于手饰和装饰，其价值肯定已比铜和青铜高。

恩格斯：《家庭、私有制和国家的起源》，

《马克思恩格斯全集》第 21 卷第 184 页。

马克思在《资本论第一卷》里指出，"在太古人的洞穴中，我们发现了石制工具和石制武器。在人类历史的初期，除了经过加工的石块、木头、骨头和贝壳外，被驯服的，也就是被劳动改变的，被饲养的动物，也曾作为劳动资料起着主要的作用。"这一论断，我国考古挖掘的成果完全可以证实。

我国历史学家写到：在北京猿人生活的地方，发现了不少的石器。这些石器由砾石打碎而成，有砍砸器、尖状器、刮削器、雕刻器和石锥等等，其总数共有 10 万多件。但这里的石器多未经第二步加工即使用，可知北京猿人已经会制造旧石器初期的粗糙石器。此外，还有把大的兽骨打成碎片，制造许多大小不等的刮削和尖形用具。同时，根据北京猿人居住的石灰岩山洞中遗存的灰堆和烧焦的动物骨骼，可知他们已有使用火并能保存火种的智慧了。火对他们来说，如工具一样具有关系到生存竞争的极为重要的意义。洞穴中还遗存着大量动植物化石，其中，动物化石有 118 种，而 94 种为哺乳动物（其中有 30 种已经灭绝）。如鬣狗、肿角鹿、羱羊、水牛、虎、熊、猪及剑齿虎和犀牛，许多兽骨是断碎和烧过的，可知他们是经常在与这些野兽斗争，并取之以为自己食物的。而肉食是猿转变为人的必要前提，从这些遗存说明了他们具备着转变为人的必要条件。

3. 自然经济

自然经济是自给自足的经济，是为了直接满足生产者的个人或经济单位的需要，而不是为了交换的经济形式。自然经济排斥社会分工，每个生产者或经济单位利用自身的经济条件，几乎生产自己所需要的一切产品。

自然经济是与生产力水平低下和社会分工不发达相适应的。从原始社会末期到奴隶社会和封建社会，虽然社会分工和商品经济有了某些发展，但总的说来，自然经济占有统治地位，商品经济只具有从属地位，起着补充的作用。到封建社会末期，随着生产力水平的提高，商品经济迅速发展，自然经济逐渐趋于瓦解，并最终为资本主义商品经济所代替。生产力水平低，生产规模小，各个经济单位分散、孤立、互不往来，这就决定了自然经济必然具有闭关自守的特征。

在自然经济中成长起来的商品经济，以社会分工为基础。它是把每一种产品的生产，甚至把一种产品的每一部分的某些生产都变成专门的部门。

自然法是反映自然经济的法。我们知道，资产阶级是自然经济的异化者，是商品经济的自然主人，那么为什么资产阶级理论家要利用自然法理论为"生意人"共和国开路呢？

因为资产阶级理论家从自然法那里，找到了商品和商品价值，找到了永恒的自然范畴。

马克思认为，商品和商品价值不是永恒的，他证明了商品和商品价值在历史上的暂时性质。马克思通过对商品的研究后指出，产品只是在一定的社会关系下才具有商品的形式，商品生产是在一定的历史阶段上出现的，它在从简单商品生产发展到高级商品生产的过程中经历了不同的阶段，而资本主义商品生产不过是某一历史阶段的产物。这样，自然法和资本主义法只能具有暂时性质。

商品经济，是直接以交换为目的的经济形式，包括商品生产和商品交换。商品经济是一个历史范畴。商品经济出现后，迄今已在奴隶社会、封建社会、资本主义社会和社会主义社会存在过。资本主义商品经济根本不同于简单商品经济，这种商品经济，是资本家占有生产资料，支配被迫出卖劳动力的雇佣劳动者为其生产，生产和出卖商品不是为了取得其他商品满足自己的需要，而是为了取得剩余价值，使资本增殖。马克思揭示资本主义发生、发展和灭亡的规律，就是从分析商品开始的。

在社会主义社会，随着生产力的高速发展，社会分工和劳动专业化的进一步发展，商品经济亦高度发展。因此，我国根本不存在什么"自然经济""产品经济"问题。一些人以预设的"自然经济""产品经济"为前提，然后批判社会主义经济，其目的就是恢复资本主义商品经济。

在我国，不但劳动力失去了商品的性质，而且矿藏、水流、国有森林、荒地和其他海陆资源，都属于全民所有而不能直接成为商品。社会主义社会存在着生产资料公有制的两种形式，即社会主义全民所有制和劳动群众的集体所有制，在改革开放时期还存在多种经济成分。城乡之间，工业和农业之间，各种经济体之间，存在着商品经济这个进行经济联系的形式。而且，在全民所有制和劳动群众集体所有制经济内部，各企业之间和各经济体之间，产品也是采取商品形式。当然，建立在生产资料公有制为主体基础上的社会主义商品生产和商品交换，它的性质和内容已经根本不同于资本主义商品经济和简单商品经济。与资本主义商品经济的恶性竞争不同，在性质上它体现部门间、企业间和地区间的互助合作关系，它的目的是进行社会主义现代化建设和满足日益增长的人民生活的需要。

调整社会主义商品经济的法，不是自然法，不是传统民法，更不是资本主义法，而是社会主义经济的法。

由于对这种形式来说农业经济和家庭工业的结合是必不可少的，由于农民家庭不依赖于市场和它以外那部分社会的生产运动和历史运动，而形成几乎完全自给自足的生活，总之，由于一般自然经济的性质，所以，这种形式完全适合于为静止的社会状态提供基础，如象我们在亚洲看到的那样。

> 马克思：《资本论第三卷》
> 《马克思恩格斯全集》第25卷下册第897页。

要证明小经济必然为大经济所排挤，只确定大经济获利较多（产品成本低得多）是不够的，还必须确定货币经济（确切些说，就是商品经济）压倒自然经济，因为在自然经济的条件下，产品是供生产者自己消费而不进入市场，低廉的产品不会在市场上同昂贵的产品相遇，因此也就不可能排挤它。

列宁：《农民生活中新的经济变动》，
《列宁全集》第 1 卷第 22 页。

从整个经济中划分出它的市场面积，这是很重要的。对于国内市场有意义的决不是生产者的全部收入（它决定该生产者的富裕程度），而只是他的货币收入。是否拥有货币绝不是由生产者的富裕程度决定的：从自己那块土地上得到足够自己消费的产品而从事自然经济的农民，是享受到富裕生活的，但是他没有货币；从土地上只得到他所需要的一小部分粮食而靠偶然的"外水"得到另一部分粮食（虽然数量少，质量差）的半破产农民，是享受不到富裕生活的，但是他有货币。由此可见，任何关于农民经济及其收入对于市场的意义的论断，如果不是以计算货币收入部分作依据，那是不会有丝毫价值的。

列宁：《农民生活中新的经济变动》，
《列宁全集》第 1 卷第 24 页。

须知资本主义的发展是需要广大的国内市场的，而农民的破产却在破坏这个市场，大有使市场完全停闭、资本主义制度无法建立之势。固然有人说，资本主义把我国直接生产者的自然经济变成商品经济，也就会给自己建立市场，但能否设想，靠着半赤贫农民的自然经济的可怜残余，就能在我国发展起象我们在西欧看到的那种强大的资本主义生产呢？

列宁：《论所谓市场问题》，
《列宁全集》第 1 卷第 56 页。

已经指望市场（这一点特别重要）的经济制度在改变，但不是一下子就改变的。除旧的特点和"原则"外，还加上新的特点和"原则"。这些新的特点就是：成为赚钱的基础的已经不是向农民供应生产资料，而相反的是农民"失去"生产资料，是他们需要货币；成为基础的已经不是自然经济，不是实物形态的"劳务"交换（地主给农民土地，而农民给地主剩余劳动产品，即粮食、麻布等等），而是商品的、货币的"自由"契约。正是这种兼有新旧特点的经济形式在改革后开始在俄国占统治地位。

列宁：《民粹主义的经济内容及其在司徒卢威先生的书中受到的批评》，
《列宁全集》第 1 卷第 450～451 页。

其实资本主义的发展就是商品经济即社会分工的发展，社会分工使原料加工业一个个脱离农业，而原料的采掘、加工和消费最初是结合在一个自然经济之内的。因此，资本主义随时随地都意味着：工商业的发展比农业迅速，工商业人口增加较快，工商业在整个社会经济制度中的比重和作用较大。不可能不是这样。

列宁：《评经济浪漫主义》，
《列宁全集》第 2 卷第 178 页。

经济唯物主义者的确断言：在自然经济基础上生长起来的旧法规残余，在一个已经转入货币经济的国家里，变得日益'不堪忍受'，因为货币经济无论在全国各个居民阶层的实际状况方面，还是在它们的智力和道德方面，都引起了无数的变化。因此他们深信：产生国家经济生活中有益的新'法规'所必需的条件，不可能从适合于自然经济和农奴制度的法规残余中发展起来，而只能在西欧和美洲先进国家那样广泛和普遍地没有这种旧法规的环境中发展起来。

列宁：《我们拒绝什么遗产?》，
《列宁全集》第 2 卷第 413 页。

资料加工整理要把保存得最完好的自然经济类型划分出来，要把自然经济被商业性的和资本主义的农业所代替的各种不同程度（商业性农业在不同的地方具有不同的形式，并先后吸引各农业部门为市场生产）划分出来，只有这样才算是合理的。应当把农户由完全的自然农业向出卖劳动力（靠出卖劳动力的所谓"手工业"）和购买劳动力过渡的各种不同的类型特别详细地划分出来。应当按富裕程度（按资本积累的程度以及资本形成和积累的可能），按整个农业生产的规模，还要按那些在当时当地最容易转变为商业性农业或商业性畜牧业等等的农业生产部门的规模，把不同类型的农业特别详细地划分出来。

列宁：《谈谈地方自治局的统计任务问题》，
《列宁全集》第 24 卷第 329 页。

在自然经济下，社会是由许许多多同类的经济单位（父权制的农民家庭、原始村社、封建领地）组成的，每个这样的单位从事各种经济工作，从采掘各种原料开始，直到最后把这些原料制作得可供消费。在商品经济下，各种不同类的经济单位在建立起来，单独的经济部门的数量日益增多，执行同一经济职能的经济单位的数量日益减少。这种日益发展的社会分工就是资本主义国内市场建立过程中的关键。

列宁：《俄国资本主义的发展》，
《列宁全集》第 3 卷第 17~18 页。

农民的分化过程同时也是商品经济代替自然经济的过程，因而市场的建立，可以不靠消费的增加，而靠实物消费（即使是较多的）转变为货币消费或支付消费（即使是较少的）。我们刚才看到，就个人消费品来说，无马的农民比中等农民消费得少些，但他们却购买得多些。他们愈来愈穷，但同时他们收入和支出的货币却愈来愈多，而过程的这两个方面正是资本主义所必需的。

列宁：《俄国资本主义的发展》，
《列宁全集》第 3 卷第 140 页。

早在自然经济占统治地位的情况下，依附农民的独立性刚开始扩大，他们分化的萌芽就出现了。但是这种萌芽，只有在下一种地租形式即货币地租下才能得到发展，而货币地租是实物地租形式的简单变化。直接生产者向地主缴纳的不是产品，而是这些产品的价格。

列宁：《俄国资本主义的发展》，
《列宁全集》第 3 卷第 148 页。

农户（农民家庭）把它取得的原料进行加工，我们把这叫作家庭手工业。家庭手工业是自然经济的必然附属物，而自然经济的残余在有小农的地方差不多总是保留着的。

列宁：《俄国资本主义的发展》，
《列宁全集》第 3 卷第 297 页。

马克思在这个地方（第 2 卷第 93 页）反对经济学家们把自然经济、货币经济和信用经济作为社会生产运动的三种典型的经济形式对立起来；马克思说，这是不对的，因为货币经济和信用经济只表现了资本主义生产不同发展阶段所固有的流通方式，马克思并在最后批评了这些经济学家的"资产阶级眼界"。

列宁：《非批判的批判》，
《列宁全集》第 3 卷第 568 页。

在什么情况下农民房屋的价值才能不包括在产品价值内呢？只有当农民"不计算"他自己耗费在建造和修葺房屋上面的木料或劳动的价值时，才可能是这样的。由于农民还是从事自然经济，他当然可以"不计算"自己的劳动。考茨基在他的书的第 165—167 页（第 8 章《农民无产阶级化》）十分清楚和确切地指出了这一点，布尔加柯夫先生忘记把这告诉读者是没有道理的。但是现在讲的是资本主义的"社会经济条件"，而不是自然经济或简单商品经济的"社会经济条件"。在资本主义社会中，"不计算"自己的劳动就是把自己的劳动白白地送人（给商人或其他资本家），就是在劳动力得不到充分报酬的条件下干活，就是把消费水平降低到标准以下。

列宁：《农业中的资本主义》，
《列宁全集》第 4 卷第 101 页。

列宁在《评经济浪漫主义》里，关于"工商业在整个社会经济制度中的比重和作用较大。不可能不是这样"的结论，列宁在注释中解释道："在资本主义发展中，农业随时随地落后于商业和工业，始终从属于它们并受它们剥削，始终只是在较晚的时候才被它们引上资本主义生产的途径。"

关于小农经济的组织性问题，列宁反对西斯蒙第的说法。列宁认为，西斯蒙第（正如我国民粹派一样）一下子就把独立的农民经济变为"社会组织"。这是明显的偷换。是什么把各地的农民联结在一起呢？正是代替了封建联系的社会分工和商品经济。这一下子表明，他把商品经济制度中的一个要素变为空想，而对其他要素则不了解。而农民占有生产工具，无论在历史上或在逻辑上正是资本主义生产的出发点。

列宁在《俄国资本主义的发展》里，谈到"直接生产者向地主缴纳的不是产品，而是这些产品的价格"时，他进一步分析了货币地租和资本主义地租的区别。

他认为，资本主义地租是以农业中的资本家和雇佣工人为前提的，而货币地租是以依附农民为前提的。资本主义地租是扣除了企业主利润后余下的一部分额外价值，而货币地租是农民交给地主的全部剩余产品的价格。俄国货币地租的例子，就是农民交给地主的代役租。毫无疑问，在我国农民的现代赋税中，有一定部分的货币地租。有时候农民租种土地同货币地租很相似，因为付完高额土地租费后留下给农民的，也不过是一点很有限的工资。

列宁在《非批判的批判》里说，"马克思在这个地方（第2卷第93页）反对经济学家们把自然经济、货币经济和信用经济作为社会生产运动的三种典型的经济形式对立起来"，是指《资本论》第2卷"资本的流通过程"的第四章"循环过程的三个公式"中，关于自然经济、货币经济和信用经济三者之间的关系时分析的。

马克思指出：产业资本循环过程从而资本主义生产的最明显的特征之一就是：一方面，生产资本的形成要素必须来自商品市场，并且不断从这个市场得到更新，作为商品买进来；另一方面，劳动过程的产品则作为商品从劳动过程产生出来，并且必须不断作为商品重新卖出去。

据此，人们把自然经济、货币经济和信用经济作为社会生产的三个具有特征的经济运动形式而互相对立起来。马克思认为，第一，这三个形式并不代表对等的发展阶段。所谓信用经济本身只是货币经济的一种形式，因为这两个名词都表示生产者自身间的交易职能或交易方式。第二，因为人们在货币经济和信用经济这两个范畴上强调的并且作为特征提出的，不是经济，即生产过程本身，而是不同生产当事人或生产者之间的同经济相适应的交易方式。第三，货币经济是一切商品生产所共有的，产品在各种各样的社会生产机体中表现为商品。这样，标志资本主义生产的特征的，似乎只是产品以怎样的规模作为交易品，作为商品来生产，从而，产品本身的形成要素以怎样的规模必须作为交易品，作为商品再进入产生它的经济中去。

实际上，资本主义生产是作为生产的普遍形式的商品生产，但是，它之所以如此，在它的发展中之所以越来越如此，只是因为在这里，劳动本身表现为商品，因为工人出卖劳动，即他的劳动力的职能，并且如我们所假定的，是按照由它的再生产费用决定的它的价值出卖的。在资本家和雇佣工人的关系上，货币关系，买者和卖者的关系，成了生产本身所固有的关系。但是，这种关系的基础是生产的社会性质，而不是交易方式的社会性质。参见《马克思恩格斯全集》第24卷第132~133页。

4. 自然法则

在自然状态下，人类无法理解自然界，他们把自然现象归之于"神力"。在这个背景中，自然法理论把这种人类无法摆脱的自然力，理解为自然法则。随之，把资本主义的社会规律、经济规律都说成自然法则。

其实，自然法则，就是自然现象及其相互作用、相互影响的必然性，集中表现为自然规律。

自然法则是不以人们意志为转移的客观过程。这个过程的总体，表现为一种自发的客观联系。自然现象的相互作用是不以人的意志为转移的过程，而且，其所引起的后果也是不以人的意志为转移的。

自然法则，是必然的、不可避免的规律。在自然界中，完全是不自觉的、盲目的动力，这些动力彼此发生作用，而一般规律就表现在这些动力的相互作用中。对于自然界所发生的任何现象中，无论在外表上看得出的无数表面的偶然性中，或者在可以证实这些偶然性内部的规律性的最终结果中，都没有任何现象是作为预期的自觉的目的发生的。

当我们认识到自然力量的规律以后，就可以认识、利用它以利于社会，把某些规律的破坏作用引导到另一方向，限制它们发生作用的范围。

问题不在于自然法则是否是自然法的核心范畴，关键在于，资产阶级为了维护资本主义的"天然合理"性，把自然法则引入经济学和法学，以论证资本主义制度是符合自然法则的制度。

马克思揭示了资本主义经济的规律，驳斥了资产阶级经济学家、政论家和法学家的谎言，这些人把资本主义描绘成建立在和谐基础上的、能使所有阶级繁荣昌盛并且符合自然规律的制度。

马克思分析了欧洲各国的经济状况，在《战争问题。——英国的人口和商业报告书。——议会动态》《政治动态。——"欧洲缺粮、西方列强和土耳其"。——经济危机的征兆》《战争。——罢工。——生活费用上涨》以及其他许多文章中，说明了工业生产（首先是英国的工业生产）、农业、国内和国际贸易、市场价格、外汇行市等等方面的情况。马克思指出，资产阶级的政治经济学和法学的全部秘密，"不过就在于把一个特定的历史时代独有的、适应当时物质生产水平的暂时的社会关系，变为永恒的、普遍的、不可动摇的规律，经济学家们称之为自然规律"。

《土地问题和"马克思的批评家"》是列宁捍卫马克思主义土地理论的一部专著。俄国的谢·尼·布尔加柯夫、维·米·切尔诺夫和德国的弗·奥·赫茨、爱·大卫等资产阶级和小资产阶级理论家"批评"马克思的土地理论，否认资本主义经济规律适用于农业，力图用所谓永恒的自然规律来取代马克思所揭示的经济规律。列宁在这部著作中透彻地批驳了他们的论据，指出他们的理论基石——"土地肥力递减规律"无论在理论上或事实上都是站不住脚的，它完全不适用于技术正在进步和生产方式正在变革的情况，根本不是什么"普遍规律"。布尔加柯夫等人把劳动者的贫困归咎于自然界，认为"土地肥力递减规律"是造成食物不足和农产品价格上涨的原因，企图用虚构的"永恒规律"来回避土地问题的实质，掩盖农奴制残余、土地私有制和资本主义生产关系导致农民贫困的现实。列宁一针见血地指出："资产阶级的辩护士自然要设法回避农业落后的社会原因和历史原因，而把这种落后归咎于'自然力的保守性'和'土地肥力递减规律'"。

法律在人的生活即自由的生活面前是退让的，而且只是当人的实际行为表明人不再服从自由的自然规律时，自然规律作为国家法律才强迫人成为自由的人；同样，只是在我的生命已不再是符合生理规律的生命，即患病的时候，这些规律才作为异己的东西同我相对立。

马克思：《第六届莱茵省议会的辩论（第一篇论文）》，

《马克思恩格斯全集》第 1 卷上册第 176～177 页。

法律只是作为命令才起预防作用。法律只是在受到践踏时才成为实际有效的法律，因为法律只是在自由的无意识的自然规律变成有意识的国家法律时，才成为真正的法律。哪里法律成为实际的法律，即成为自由的存在，哪里法律就成为人的实际的自由存在。

马克思：《第六届莱茵省议会的辩论（第一篇论文）》，

《马克思恩格斯全集》第 1 卷上册第 176 页。

从前者产生了发达分工和广泛贸易的前提，从后者产生了地方局限性。在前一种情况下，各个个人必须聚集在一起，在后一种情况下，他们已作为生产工具而与现有的生产工具并列在一起。因而这里出现了自然产生的生产工具和由文明创造的生产工具之间的差异。耕地（水等等）可以看作是自然产生的生产工具。在前一种情况下，即在自然产生的生产工具的情况下，各个个人受自然界的支配，在后一种情况下，他们则受劳动产品的支配。因此在前一种情况下，财产（地产）也表现为直接的、自然产生的统治，而在后一种情况下，则表现为劳动的统治，特别是积累起来的劳动即资本的统治。

马克思恩格斯：《德意志意识形态》，

《马克思恩格斯全集》第 3 卷第 73 页。

我们从抽象，从"一般的果实"这一超自然的理智的本质回复到现实的天然的果实，却反而使这些天然的果实具有了一种超自然的意义，把它们变成了纯粹的抽象。所以，现在我们应该注意的主要正是证明"一般果实"在它的一切生活表现中——在苹果、梨、扁桃等等中的统一性，也就是证明这些果实的神秘的相互联系，证明"一般果实"怎样在这些果实的每一种中渐次地实现自身，并怎样必然地从自己的一种存在形式转到另一种形式，例如，从葡萄转到扁桃。因此，通常的果实的意义现在已经不在于它们的天然属性，而在于使它们在"绝对果实"的生命过程中取得一定地位的思辨属性。

马克思：《神圣家族》，

《马克思恩格斯全集》第 2 卷第 74 页。

瑞典和挪威的军队，虽然联合在一个国王的旗帜下，但同他们的国家一样具有独立性。这两个山国和瑞士不同，它们都有常备军。但就其严寒的自然条件以及居民稀少的情况来看，斯堪的那维亚半岛与瑞士极其近似，甚至在两国的军事组织方面也具有同样的制度——民兵制。

恩格斯：《欧洲军队。——斯堪的那维亚各国的军队》，

《马克思恩格斯全集》第 11 卷第 530 页。

如果认为促使法国明显地从谷物出口国变成谷物进口国的原因仅仅是水灾、恶劣的气候和其他自然现象，那将是错误的。从未达到高度发展的法国农业，在现存政权下确实是衰退了。

马克思：《法国的经济危机》，

《马克思恩格斯全集》第 12 卷第 84 页。

经济学家在这个总论部分所真正要谈的并不是这一切。相反，照他们的意见，生产不同于分配等等（参看穆勒的著作），应当被描写成局限在脱离历史而独立的永恒自然规律之内的事情，于是资产阶级关系就被乘机当做社会 in abstracto〔一般〕的颠扑不破的自然规律偷偷地塞了进来。这是整套手法的多少有意识的目的。

马克思：《导言》，

《马克思恩格斯全集》第 12 卷第 737 页。

在不同的使用价值中，劳动和自然物质之间的比例是大不相同的，但是使用价值总得有一个自然的基础。劳动作为以某种形式占有自然物的有目的的活动，是人类生存的自然条件，是同一切社会形式无关的、人和自然之间的物质变换的条件。

马克思：《政治经济学批判》，

《马克思恩格斯全集》第 13 卷第 25 页。

资产者把这个不过是由工人和资本的关系产生出来的、甚至使对工人最有利的状况——生产资本不断增加——变为不利的状况的规律，由社会规律变成了自然规律，硬说根据自然规律，人口比就业手段即生活资料增长得快。

马克思：《工资》，

《马克思恩格斯全集》第 4 卷第 654 页。

邦法是建立在理智的抽象上的，这种理智的抽象本身是无内容的，把自然的、法的和合乎伦理的内容当作外在的、没有内在规律的质料加以吸收，它试图按照外部的目的来改造、安排、调节这种没有精神、没有规律的质料。邦法不是按照对象世界所固有的规律来对待对象世界，而是按照任意的主观臆想和与事物本身无关的意图来对待对象世界。旧普鲁士法学家表现出他们对邦法的这种本性了解很差。他们所批判的不是邦法的本质，而是它个别的外部表现。

马克思：《〈莱茵报〉编辑部为〈论新婚姻法草案〉一文所加的按语》，

《马克思恩格斯全集》第 1 卷上册第 316～317 页。

如果我们回想一下马尔萨斯，那末现代政治经济学的全部秘密就暴露在我们面前了。这个秘密不过就在于把一个特定的历史时代独有的、适应当时物质生产水平的暂时的社会关系，变为永恒的、普遍的、不可动摇的规律，经济学家们称之为自然规律。社会关系的根本改造取决于物质生产过程中的革命和进化，而这种改造却被经济学家们认为是纯粹的空想。他们的眼光超不出当前时代的经济界限，因而不懂得这些界限本身具有局限性，它们是历史发展造成的，同样它们必然要在历史发展的进程中消失。

马克思：《战争问题。——英国的人口和商业报告书。——议会动态》，

《马克思恩格斯全集》第9卷第280页。

禁止金银外运的法令废除了，货币贸易、银行、国债和纸币产生了，股票投机、有价证券投机和各方面的投机倒把等现象出现了。这个时期的一般特点是货币制度的发达。资本又有很大一部分丧失了它原来还带有的那种原始的自然的性质。

马克思恩格斯：《德意志意识形态》，

《马克思恩格斯全集》第3卷第67页。

物不足和农产品价格上涨的原因，企图用虚构的"永恒规律"来回避土地问题的实质，掩盖农奴制残余、土地私有制和资本主义生产关系导致农民贫困的现实。列宁一针见血地指出："资产阶级的辩护士自然要设法回避农业落后的社会原因和历史原因，而把这种落后归咎于'自然力的保守性'和'土地肥力递减规律'。"

列宁：《马克思主义的三个来源和三个组成部分》，

《列宁全集》第23卷第45页。

马克思在《〈莱茵报〉编辑部为〈论新婚姻法草案〉一文所加的按语》里指出："邦法是建立在理智的抽象上的，这种理智的抽象本身是无内容的，把自然的、法的和合乎伦理的内容当作外在的、没有内在规律的质料加以吸收，它试图按照外部的目的来改造、安排、调节这种没有精神、没有规律的质料。"这里的"邦法"，指普鲁士邦法，即《普鲁士国家通用邦法》，包括私法、国家法、教会法和刑法，自1794年6月1日起开始生效。由于法国资产阶级革命及其对德国的影响，邦法明显地反映出资产阶级改良的萌芽，然而就其实质来说，它仍然是一部封建性的法律。

马克思在《战争问题。——英国的人口和商业报告书。——议会动态》里指出："如果我们回想一下马尔萨斯，那末现代政治经济学的全部秘密就暴露在我们面前了。这个秘密不过就在于把一个特定的历史时代独有的、适应当时物质生产水平的暂时的社会关系，变为永恒的、普遍的、不可动摇的规律，经济学家们称之为自然规律。"马尔萨斯的人口论的秘密，正是用所谓自然规律掩盖资本主义的社会规律。

人口规律是一个社会规律，不是自然规律。各个社会人口关系和人口发展的必然趋势，反映一定生产方式下人口发展的根本特征、人口与国民经济的本质联系和人口数量和质量的发展状况。人生活在各个不同的，历史地更替的社会机体中的，"每一种特殊的、历史的生产方式都有其特殊的、历史地起作用的人口规律。抽象的人口规律只存在于历史上还没有受过人干涉的动植物界。"（见《马克思恩格斯全集》第23卷第692页）

历史中的决定性因素，归根结底是直接生活的生产和再生产。生产一方面是物质资料的生产，另一方面是人类自身的生产。两者存在着内在的、必然的联系。在物质资料生产中，人们不仅与自然发生关系，而且相互之间也发生一定的关系，人们总是在一定的社会关系下从事物质资料的生产的。人们在物质资料生产中的关系，制约和支配社会其他关系，包括婚姻家庭关系，制约和支配人类自身的生产，即人口的生产和再生产。列宁指出："马克思把人和动植物加以对比是根据前者生活在各种不同的、历史地更替的、由社会生产制度因而由分配制度决定的社会机体中。人类的增殖条件直接决定于各种不同的社会机体的结构，因此应当分别研究每个社会机体的人口规律，不应当不管历史上有各种不同的社会结构形式而去'抽象地'研究人口规律。"（见《列宁全集》第 1 卷第 430 页）

资本主义生产方式特有的人口规律，是相对人口过剩规律。相对人口过剩是资本积累的必然结果，又是资本主义生产方式存在和发展的必要条件。因为资本主义积累不断地并且同它的能力和规模成比例地生产出相对的，即超过资本增殖的平均需要的，因而是过剩的或追加的工人人口。这个规律，反映了资本主义人口发展的根本特征，说明了资本积累对无产阶级人口状况的影响，揭示了失业是资本主义不可避免的伴侣，调节人口再生产的客观力量是资本的需要。资产阶级经济学家和法学家为了掩盖资本与人口的关系，维护资本主义制度，说人口规律是永恒的自然规律。英国牧师马尔萨斯的人口论，就是这种理论的主要代表。他认为，食物为人类生存所必需，两性间的情欲是必然的。人口在无限制时，按几何级数增加，而人类生活资料则按算术级数增加，人口的增加总是超过生活资料的增加，这是个永恒规律。其实，这个所谓"永恒规律"，是马尔萨斯任心编造的。资本主义社会劳动者的过剩人口即失业人口和贫困化，不能不是资本权力运作的结果。马尔萨斯的人口论，是反科学的谬论。

（二）自然人

1. "自然人"是一个法律虚构

"自然人"是自然法上的术语。自然人（英）natural person，（德）Natürliche person，（法）personne physique，是大陆法系指个人时所用的词。

既然自然人是指个人，那么西方法学上自然人自然是"公民"，称为"处于能动地位的国民"。世界各国在立法上，凡具有本国国籍的人都是公民。我国宪法第 33 条规定，凡具有我国国籍的人都是我国公民。宪法第二章规定的基本权利和义务的主体，为公民。无论在宪法上，还是在行政法、经济法、民法、刑法上，个人享有规定的权利和义务的，均为公民。显然，在权利义务领域，个人用"公民"术语表述。公民制度起源于古雅典而至今日。1922 年的《苏俄民法典》总则，明确使用了"公民"术语，赋予全体公民以民法上的权利能力。

怎样理解个别资本主义法上自然人的法定术语地位呢？

第一，"自然人"是法律虚构的人。

什么是自然人？自然人是"身披羽毛"的人，他的名字叫巴巴盖诺。

在我国，自然人是旧石器时代原始群团的人。《吕氏春秋·恃君览》写到："昔太古尝无君矣，其民聚生群处。知母不知父，无亲戚兄弟夫妻男女之别，无上下长幼之道，无进退揖让之礼，无衣服履带宫室畜积之便，无器械舟车城郭险阻之备。"又说："爪牙不足以自守卫，肌肤不足以捍寒暑，筋骨不足以从利辟害，勇敢不足以却猛禁悍，然且犹裁万物，制禽兽，服狡虫，寒暑燥湿弗能害，不唯先有其备而以群聚邪？群之可聚也，相与利之也。"这里的人，就是原始自然人。

"身披羽毛"的人，只有在远古化石中才能找到。自由资本主义现实的人，是"经济人"，在经典作家笔下是"生意人"。

第二，作为生物体的人没有法律意义。

自然人被认为是作为生物体的人，人是自然的产物，生物体的人是属于自然的人。马克思针对资产阶级抽象的人性观点，从世界历史的广阔角度深刻地概括了人的历史发展和人性的具体社会内容。马克思明确指出，"人的本质并不是单个人所固有的抽象物。在其现实性上，它是一切社会关系的总和。"法律调整的，是社会关系中的人，而不是生物体的人。

其实，作为法律主体的人，绝不是生物体的人。世界上没有任何国家的法律调整生物体的人。生老病死是生物体的自然法则，但人的生老病死是社会关系中的现象。法律调整，一定是作为社会关系中的生、老、病、死而调整的。法律调整的是社会人，不是自然人。

第三，法律不可能调整抽象的、超社会的人。

马克思解剖了18世纪的"自然人"。他在《导言》里深刻指出，十八世纪的个人，是封建社会形式解体的产物，也是十六世纪以来新兴生产力的产物，这种个人是历史发展的结果，而不是历史的起点；这种合乎自然的个人是从历史中产生的，而不是由自然造成的。很显然，资产阶级把资产者和穷人都说成自然人，而且是平等的自然人，是为了掩盖人们在经济上、政治上和社会上的差别。

任何社会形态的人，都是具体的、时代的、社会的。18世纪的自然人，只能是资本主义的"生意人"。把雇佣工人、农民等穷人也说成自然人，不过是"生意人"劣行的道德的陪音。

法国民法典用的是"人"，没有用"自然人"；日本民法典用的是"人"，没有用"自然人"；德国民法典第一章章名为"人"，第二章章名为"自然人"，但其条文为"人"；台湾地区民法典第二章章名为"人"，第一节为"自然人"，但其条文为"人"。大陆法系民法典只有一个国家、一个地区用"自然人"，而且条文均为"人"。这里法律规定的自然人，是经济人。

上面讲到的是资本主义立法情况。在我国，1986年《民法通则》开始使用"公民（自然人）"术语。1999年的《合同法》和2017年的《民法总则》采用了"自然人"术语。关于我国民事立法使用自然人术语的情况，以及我们同西方个别国家使用自然人术语的区别，在本卷另外的场合讨论。

18 世纪流行过的一种虚构，认为自然状态是人类本性的真实状态。当时有人想用肉眼去看人的思想，因此就创造出自然人——巴巴盖诺，他们纯朴得居然身披羽毛。在 18 世纪最后几十年间，有人曾经设想，那些原始民族具有非凡的才智，那时到处都听到捕鸟者模仿易洛魁人和印第安人等的鸟鸣术，以为用这种办法就能诱鸟入彀。所有这些离奇的言行都是以这样一种正确的想法为根据的，即原始状态是一幅幅描绘人类真实状态的纯朴的尼德兰图画。

胡果就是还没有接触到浪漫主义文化的历史学派的自然人，他的自然法教科书就是历史学派的旧约全书。

> 马克思：《历史法学派的哲学宣言》，
> 《马克思恩格斯全集》第 1 卷上册第 229 页。

梅恩忽略了深得多的东西：国家的看来是至高无上的独立的存在本身，不过是表面的，所有各种形式的国家都是社会身上的赘瘤；正如它只是在社会发展的一定阶段上才出现一样，一当社会达到迄今尚未达到的阶段，它也会消失。先是个性摆脱最初并不是专制的桎梏（如傻瓜梅恩所理解的），而是群体即原始共同体的给人带来满足和乐趣的纽带——从而是个性的片面发展。但是只要我们分析这种个性的内容即它的利益，它的真正性质就会显露出来。那时我们就会发现，这些利益又是一定的社会集团共同特有的利益，即阶级利益等等，所以这种个性本身就是阶级的个性等等，而它们最终全都以经济条件为基础。

> 马克思：《亨利·萨姆纳·梅恩〈古代法制史讲演录〉一书摘要》，
> 《马克思恩格斯全集》第 45 卷第 646～647 页。

只有精神才是人的真正的本质，而精神的真正的形式则是能思维的精神，逻辑的、思辨的精神。自然界的人性和历史所创造的自然界——人的产品——的人性，就表现在它们是抽象精神的产物，所以，在这个限度内是精神的环节即思想本质。

> 马克思：《1844 年经济学哲学手稿》，
> 《马克思恩格斯全集》第 42 卷第 162 页。

自然界没有在现成的元素上停步不前，而是还在自己生命的低级阶段就已证明，这种差别不过是一种无精神真实性的感性现象，同样，国家这一自然的精神王国，不应也不能在感性现象的事实中去寻找和发现自己的真实本质。

> 马克思：《评奥格斯堡〈总汇报〉论普鲁士等级委员会的文章》，
> 《马克思恩格斯全集》第 1 卷上册第 333 页。

那些由于自己的本质而时时刻刻正在统一的整体中消失的差别是普鲁士国家精神的自由创造物，而不是盲目的自然必然性和旧时代的瓦解过程强加给现代的原料！

> 马克思：《评奥格斯堡〈总汇报〉论普鲁士等级委员会的文章》，
> 《马克思恩格斯全集》第 1 卷上册第 334 页。

正如原子不外是抽象的、个别的自我意识的自然形式一样，感性的自然也只是对象化了的、经验的、个别的自我意识，而这就是感性的自我意识。所以，感官是具体自然中的唯一标准，正如抽象的理性是原子世界中的唯一标准一样。

马克思：《德谟克利特的自然哲学和伊壁鸠鲁的自然哲学的差别》，

《马克思恩格斯全集》第1卷上册第54页。

只有通过发达的工业，也就是以私有财产为中介，人的激情的本体论本质才能在总体上、合乎人性地实现；因此，关于人的科学本身是人在实践上的自我实现的产物。

马克思：《1844年经济学哲学手稿》，

《马克思恩格斯全集》第42卷第150页。

那些能成为人的享受的感觉，即确证自己是人的本质力量的感觉，才一部分发展起来，一部分产生出来。因为，不仅五官感觉，而且所谓精神感觉、实践感觉（意志、爱等等），一句话，人的感觉、感觉的人性，都只是由于它的对象的存在，由于人化的自然界，才产生出来的。五官感觉的形成是以往全部世界历史的产物。

马克思：《1844年经济学哲学手稿》，

《马克思恩格斯全集》第42卷第126页。

任何人类历史的第一个前提无疑是有生命的个人的存在。因此第一个需要确定的具体事实就是这些个人的肉体组织，以及受肉体组织制约的他们与自然界的关系。当然，我们在这里既不能深入研究人们自身的生理特性，也不能深入研究各种自然条件——地质条件、地理条件、气候条件以及人们所遇到的其他条件。任何历史记载都应当从这些自然基础以及它们在历史进程中由于人们的活动而发生的变更出发。

马克思：《德意志意识形态》，

《马克思恩格斯全集》第3卷第23~24页。

这样，生活的生产——无论是自己生活的生产（通过劳动）或他人生活的生产（通过生育）——立即表现为双重关系：一方面是自然关系，另一方面是社会关系；社会关系的含义是指许多个人的合作，至于这种合作是在什么条件下、用什么方式和为了什么目的进行的，则是无关紧要的。

马克思：《德意志意识形态》，

《马克思恩格斯全集》第3卷第33页。

关于"自然"的思想，哲学、神学和法学等诸多方面。如斯多葛主义主要宣扬泛神论思想，其中既有唯物主义倾向，又有唯心主义思想。早期斯多葛派认为，认识来源于对外界事物的感觉，但又承认关于神、善恶、正义等的先天观念。他们把赫拉克利特的火和逻各斯看成一个东西，认为宇宙实体既是物质性的，同时又是创造一切并统治万物的世界理性，也是神、天命和命运，或称自然。人是自然的一部分，也受天命支配，人应该顺应自然的规律而生活，即遵照理性和道德而生活。斯多葛派是公元前 4—3 世纪产生于古希腊的一个哲学派别，因其创始人芝诺通常在雅典集市的画廊讲学，又称画廊学派。

马克思恩格斯在《德意志意识形态》里，提出"任何人类历史的第一个前提无疑是有生命的个人的存在"，意思是说，这些个人使自己和动物区别开来的第一个历史行动并不是在于他们有思想，而是在于他们开始生产自己所必需的生活资料。这句话在手稿中删去了。

所提"各种自然条件——地质条件、地理条件、气候条件以及人们所遇到的其他条件"，马克思恩格斯做了进一步说明，说这些条件不仅制约着人们最初的、自然产生的肉体组织，特别是他们之间的种族差别，而且直到如今还制约着肉体组织的整个进一步发达或不发达。后来，这段话在手稿中删去了。

2. 18 世纪法律上的"自然人"

既然"自然人"是一个虚构的人，那么 18 世纪何以把"自然人"搬到法律上？这是因为向封建贵族夺权的"生意人"，必须宣扬"合乎自然的个人并不是从历史中产生的，而是由自然造成的"。这样，他们就可以打着"自然"的幌子，名正言顺地发展资本主义。

在亚当·斯密看来，"经济人"术语比"生意人"术语更能够掩盖资产阶级的面目和本质。同时，又可以拉拢自己的新敌人无产者共同发展经济。

这种十八世纪的个人，一方面是封建社会形式解体的产物，另一方面是十六世纪以来新兴生产力的产物，而在十八世纪的预言家看来（斯密和李嘉图还完全以这些预言家为依据），这种个人是在过去就已存在的理想；在他们看来，这种个人不是历史的结果，而是历史的起点。因为按照他们关于人性的观念，这种合乎自然的个人并不是从历史中产生的，而是由自然造成的。这样的错觉是到现在为止的每个新时代所具有的。

马克思：《导言》，

《马克思恩格斯全集》第 46 卷上册第 18～21 页。

正是自然的必然性、人的特性（不管它们表现为怎样的异化形式）、利益把市民社会的成员彼此连接起来。他们之间的现实的联系不是政治生活，而是市民生活。

马克思恩格斯：《神圣家族》，

《马克思恩格斯全集》第 2 卷第 154 页。

在"德法年鉴"中已经向鲍威尔先生证明：这种"自由的人性"和对它的"承认"不过是承认利己的市民个人，承认构成这种个人的生活内容，即构成现代市民生活内容的那些精神因素和物质因素的不可抑制的运动。

马克思恩格斯：《神圣家族》，

《马克思恩格斯全集》第 2 卷第 145 页。

市民社会的奴隶制恰恰在表面上看来是最大的自由，因为它似乎是个人独立的完备形式；这种个人往往把像财产、工业、宗教等这些孤立的生活要素所表现的那种既不再受一般的结合也不再受人所约束的不可遏止的运动，当作自己的自由，但是，这样的运动反而成了个人的完备的奴隶制和人性的直接对立物。这里，代替了特权的是法。

马克思恩格斯：《神圣家族》，

《马克思恩格斯全集》第 2 卷第 149 页。

国民经济学家对我们说，一切东西都可用劳动来购买，而资本无非是积累的劳动；但是同时他又对我们说，工人不但远不能购买一切东西，而且不得不出卖自己和自己的人性。

马克思：《1844 年经济学哲学手稿》，

《马克思恩格斯全集》第 42 卷第 54 页。

国民经济学家把从你那里夺去的那一部分生命和人性，全用货币和财富补偿给你，你自己不能办到的一切，你的货币都能办到：它能吃，能喝，能赴舞会，能去剧场，能获得艺术、学识、历史珍品和政治权力，能旅行，它能为你占有这一切；它能购买这一切；它是真正的能力。

马克思：《1844 年经济学哲学手稿》，

《马克思恩格斯全集》第 42 卷第 135 页。

关于分工的本质——劳动一旦被承认为私有财产的本质，分工就自然不得不被理解为财富生产的一个主要动力——也就是关于作为类活动的人的活动这种异化的和外化的形式，国民经济学家们是讲得极不明确和自相矛盾的。

亚当·斯密：……在向他人求助的时候，我们不是求助于他们的人性，而是求助于他们的利己主义。我们对他们决不说我们有需要，而总是说对他们有利。——这样一来，因为我们相互需要的服务大部分是通过交换、交易、买卖获得的，所以最初产生分工的也正是这种交换倾向。

马克思：《1844 年经济学哲学手稿》，

《马克思恩格斯全集》第 42 卷第 144~145 页。

货币的本质，首先不在于财产通过它转让，而在于人的产品赖以互相补充的中介活动或中介运动，人的、社会的行动异化了并成为在人之外的物质东西的属性，成为货币的属性。既然人使这种中介活动本身外化，他在这里只能作为丧失了自身的人、失去人性的人而活动；物的相互关系本身、人用物进行的活动变成某种在人之外的、在人之上的本质所进行的活动。

马克思：《詹姆斯·穆勒〈政治经济学原理〉一书摘要》，

《马克思恩格斯全集》第 42 卷第 18~19 页。

我们也听听一位现代经济学家是怎样说的："应当运用于生产的重要规律就是比例规律（the law of proportion），只有它才能保持价值经常不变……等价物必须得到保证……一切国家在各个时代都企图用许多商业上的规定和限制至少在一定程度上来实现这个比例规律。但是人性固有的利己心把这整个调节制度推翻了。比例生产（proportionate production）就是真正的社会经济科学的实现。"（威·阿特金森"政治经济学原理"1840 年伦敦版第 170—195 页）

Fuit Troja!〔特洛伊城已不存在！〕人们一再迫切希望实现的这种供求之间的正确比例早就不存在了。它已经过时了；它只有在生产资料有限、交换是在极狭隘的范围内进行的时候，才可能存在。随着大工业的产生，这种正确比例必然消失；由于自然规律的必然性，生产一定要经过繁荣、衰退、危机、停滞、新的繁荣等等周而复始的更替。

马克思：《哲学的贫困》，

《马克思恩格斯全集》第 4 卷第 108～109 页。

这种节约的范围包括：使工人挤在一个狭窄的有害健康的场所，用资本家的话来说，这叫作节约建筑物；把危险的机器塞进同一些场所而不安装安全设备；对于那些按其性质来说有害健康的生产过程，或对于象采矿业中那样有危险的生产过程，不采取任何预防措施，等等。更不用说缺乏一切对工人来说能使生产过程合乎人性、舒适或至少可以忍受的设备了。从资本主义的观点来看，这会是一种完全没有目的和没有意义的浪费。

马克思：《资本论第三卷》，

《马克思恩格斯全集》第 25 卷上册第 102 页。

"维护林木所有者利益的法理感和公平感"是一项公认的原则，而这种法理感和公平感同维护另外一些人的利益的法理感和公平感正相对立；这些人的财产只是生命、自由、人性以及除自身以外一无所有的公民的称号。瞧，我们扯得太远了。——林木所有者拿一块木头换得了曾是人的那种东西。

马克思：《第六届莱茵省议会的辩论（第一篇论文）》，

《马克思恩格斯全集》第 1 卷上册第 281 页。

奴隶贩子的美妙论据是，鞭打可以唤起黑奴的人性；立法者的高明准则是，为了使真理更加英勇地追求自己的目的，必须颁布压制真理的法律。

马克思：《第六届莱茵省议会的辩论（第一篇论文）》，

《马克思恩格斯全集》第 1 卷上册第 174 页。

西斯蒙第对于人口过剩的理论分析根本没有提出任何东西。但是，他究竟怎样看待人口过剩呢？他的观点是小资产阶级的同情心和马尔萨斯主义的奇特的结合。西斯蒙第说："现代社会组织的一大缺陷，就是穷人永远不可能知道他能指望什么样的劳动需求"（第 2 卷第 261 页），因此西斯蒙第对"农村鞋匠"和小农能够准确知道自己收入的那种时代感叹不已。"穷人愈是丧失各种财产，就愈会弄不准自己的收入，愈会增加下面这些人的数目 contribuer à accrol tre une population 这些人与劳动的需求不相适应，因而找不到生活资料。"（第 2 卷第 263—264 页）请看，这位小资产阶级思想家不仅想阻止整个社会的发展，以便维护半野蛮人的宗法关系，他还要不择手段地摧残人性，以便能保全小资产阶级。

列宁：《评经济浪漫主义》，

《列宁全集》第 2 卷第 151 页。

马克思在《导言》里所说"这种十八世纪的个人一方面是封建社会形式解体的产物，另一方面是十六世纪以来新兴生产力的产物"，揭示了 18 世纪的人的历史性、社会性。马克思首先是从"物质生产入手"分析的。

马克思明确指出了"属于十八世纪的缺乏想象力的虚构"。在社会中进行生产的个人，这些个人的一定社会性质的生产，当然是出发点。被斯密和李嘉图当作出发点的单个的孤立的猎人和渔夫，属于十八世纪的缺乏想象力的虚构，这是鲁滨逊一类的故事，这类故事决不像文化史家想象的那样，不过表示对极度文明的反动和要回到被误解了的自然生活中去。这同卢梭的通过契约来建立天生独立的主体之间的相互关系和联系的社会契约论一样，也不是以这种自然主义为基础的。这是假象，只是大大小小的鲁滨逊一类故事所造成的美学上的假象。实际上，这是对于十六世纪以来就作了准备、而在十八世纪大踏步走向成熟的"市民社会"的预感。在这个自由竞争的社会里，单个的人表现为摆脱了自然联系等等，而在过去的历史时代，自然联系等等使他成为一定的狭隘人群的附属物。

3. 法律不是人性的产物

在法学界，人性被炒得很厉害，可惜都炒烂了。一些人说，法与人性有着天然的联系，法是人的创造物，法与人性之间有必然地联系，法是人性发展的产物。他们引用亚里士多德说人类本来是社会的动物，法律实在是完成这种性质的东西；引用西塞罗说法律是基于人的本性的一种现象；引用格劳秀斯说有人性然后有自然法，自然法之母就是人性，来说明自己关于法的人性论主张的根据。因此，他们说宪法、行政法、经济法、民法，等等，都是基于人性产生的。

从这些零散的言论和引文看得出，他们对于法的人性论的实质和西方论说的来龙去脉，还没有一个清晰的认识轮廓。

其实，西方思想家对人性的不同看法，形成了两大基本对立的思想派别。一派是从古希腊的普罗塔戈拉到费尔巴哈，以人的感性主义为中心，法学界依此说明法的来源、内容和标准，强调外部或物质利益对于法的作用。另一派是从古希腊的柏拉图到黑格尔，以人的理性主义为中心，认为人性来源于人的主观精神或客观精神或神等，人性在于人的理性或神，法学界依此说明法的来源、内容和标准，强调人的精神力量对于法的作用。这两大派别的世界观不完全相同，各有唯物主义和唯心主义成分，在不同的历史时期，分别适应革命潮流，或保守、反动潮流，起着不同的社会作用。我们单纯地、孤立地拿来其中的只言片语是不行的，必须把它们各自的法学思想放在一定的社会历史条件中考察，通过其对社会发展的作用，分析它们所反映的阶级利益和要求。

毛泽东同志说："没有人性这种东西？当然有的。但是只有具体的人性，没有抽象的人性。在阶级社会里就是只有带着阶级性的人性，而没有什么超阶级的人性。我们主张无产阶级的人性，人民大众的人性，而地主阶级资产阶级则主张地主阶级资产阶级的人性，不过他们口头上不这样说，却说成为唯一的人性。有些小资产阶级知识分子所鼓吹的人性，也是脱离人民大众或者反对人民大众的，他们的所谓人性实质上不过是资产阶级的个人主义，因此在他们眼中，无产阶级的人性就不合于人性。"毛泽东同志的上述论述，完全适合于法学理论。

在我国法学界，从西方的"人性自治"出发，引出"人治"和"法治"，认为"性恶"导致专制的人治，"性善"导致法治即法律的统治。从"人性的善恶"出发，引出"良法"与"恶法"，把是否符合人性，作为判断良法和恶法的标准，认为一切违反人性的法律都是恶法。反对"人治"、"恶法"是几十年来我国法学论说的潮流。如果把这样的潮流放到西方法学占主流地位的大背景下考察，那么，"人治""恶法"的非学术指向，则是一目了然的。

有人说马克思是主张自然法的根据，是马克思的这句话是："人不仅仅是自然存在物，而且是人的自然存在物，也就是说，是为了自身而存在着的存在物，因而是类存在物，他必须既在自己的存在中，也在自己的知识中确证并表现自己。"这句话是在《1844年经济学哲学手稿》里说的。这是论述思维与存在的关系时说的。

马克思认为，一个存在物如果不是另一个存在物的对象，那么就要以不存在任何一个对象性的存在物为前提。只要我有一个对象，这个对象就以我作为它的对象。但是非对象性的存在物，是一种非现实的、非感性的、只是思想上的即只是虚构出来的存在物，是抽象的东西。说一个东西是感性的即现实的，这是说，它是感觉的对象，是感性的对象，从而在自己之外有感性的对象，有自己的感性的对象。说一个东西是感性的，就是指它是受动的。因此，人作为对象性的、感性的存在物，是一个受动的存在物。因为它感到自己是受动的，所以是一个有激情的存在物。激情、热情是人强烈追求自己的对象的本质力量。

正像人的对象不是直接呈现出来的自然对象一样，直接地客观地存在着的人的感觉，也不是人的感性、人的对象性。自然界，无论是客观的还是主观的，都不是直接地同人的存在物相适应的。正像一切自然物必须产生一样，人也有自己的产生活动即历史，但历史是在人的意识中反映出来的，因而它作为产生活动是一种有意识地扬弃自身的产生活动。历史是人的真正的自然史。

由于物性的这种设定本身不过是一种外观，一种与纯粹活动的本质相矛盾的行动，所以这种设定必然重新被扬弃，而物性必然遭到否定。因为有自我意识的人认为精神世界——或人的世界在精神上的普遍存在——是自我外化并加以扬弃，所以他又重新通过这个外化的形态确证精神世界，把这个世界冒充为自己的真实的存在，恢复这个世界，硬说他在自己的异在本身中也就是在自己身边。

应当说，只引用马克思的那句话而不知道这些论述是不行的。这只能被理解为是对马克思原意的曲解或故意散布一种唯心主义的自然史观。

通过上述可以明确，人是自然产生的，但人的历史是有意识的活动的历史。马克思正是在这个意义上所言"历史是人的真正的自然史"。自然人同神一样，不过是社会人的一种外化形式，是一种虚构。马克思的论述，不但不能引出自然法的人性论思想，而且只能是表明对自然法人性论的批判。

列宁在《评经济浪漫主义》里说过："判断历史的功绩，不是根据历史活动家没有提供现代所要求的东西，而是根据他们比他们的前辈提供了新的东西。"马克思对自然法及其理论的批判，不仅比前辈提供了新的东西，而且也提供了现代所要求的东西。

"在野兽和人混合在一个人身上的地方，人们可以以第二个完全人性的人的名义提出问题：他的行为方式，是否应当像所谓只是人性的人相互间所表现的那样呢……所以我们关于两个在道德上不平等的人——其中一个在某种意义上带有特有的兽性——的假定，就是按照这种区别而能够在人的集团之中和各个集团之间……遇到的一切关系的典型基本形式"。请读者自己去看看紧跟在这些窘态百出的遁词之后的那些可怜的咒骂吧，在那些咒骂里，杜林先生像一个耶稣会教士一样地兜圈子，以便用决疑法确定人性的人可以多么严厉地对付兽性的人，多么严厉地运用不信任、军事诡诈、严酷的甚至恐怖的欺骗手段来对付后者，而且这样做还丝毫不违背不变的道德。

因此，如果两个人"在道德上不平等"，那末平等也就完结了。但是这样一来就根本不值得费力去召唤两个完全平等的人，因为两个在道德上完全平等的人是根本没有的。——但是，不平等应当在于一个是人性的人，而另一个则带有一些兽性。可是，人来源于动物界这一事实已经决定人永远不能完全摆脱兽性，所以问题永远只能在于摆脱得多些或少些，在于兽性或人性的程度上的差异。把人类分成截然不同的两类，分成人性的人和兽性的人，分成善人和恶人，绵羊和山羊，这样的分类，除现实哲学外，只有在基督教里才可以找到，基督教一贯地也有自己的世界审判者来实行这种分类。

恩格斯：《反杜林论》，

《马克思恩格斯全集》第20卷第110页。

在论述有机界的时候，现实哲学先是把达尔文的生存斗争和自然选择看作"一种与人性对抗的兽性"而加以否定，后来又把这两者作为在自然界中起作用的因素——虽然是次要的因素——从后门放了进来。

恩格斯：《反杜林论》，

《马克思恩格斯全集》第20卷第157页。

当杜林先生以极端轻蔑的态度谈论他的先驱者的时候，当只有被他本人破格封为大人物的少数人才在他的根本性面前得到恩赦的时候，我们就不应该感到惊奇了。……自然科学家也没有得到更好的待遇，但是他只举出了达尔文的名字，所以我们只能以他为限："达尔文主义的半诗和变态术连同它们的观点的肉欲狭隘性和辨别力的迟钝……据我们的意见，独特的达尔文主义——从它中间自然要把拉马克的学说除外——只是一种与人性对抗的兽性。"

恩格斯：《反杜林论》，

《马克思恩格斯全集》第 20 卷第 33～34 页。

首先受到责备的是达尔文，说他把马尔萨斯的人口论从经济学搬进自然科学，说他拘泥于牲畜饲养者的观念，说他用生存斗争来从事于不科学的半诗，说全部达尔文主义除了从拉马克那里抄来的东西以外，只是一种与人性对抗的兽性。

恩格斯：《反杜林论》，

《马克思恩格斯全集》第 20 卷第 74 页。

凡尔赛对俘虏的残暴虐待从未停止片刻，而且一当凡尔赛确信公社因过分仁慈而不至执行其报复法令时，他们就立即恢复灭绝人性的残杀！

马克思：《初稿。——国防政府》，

《马克思恩格斯全集》第 17 卷第 565 页。

大家知道，七月革命后不久，胜利的资产阶级在九月法令中规定（大概也是为了"人性"）"唆使各阶级的居民互相反对"为最大的政治罪行，违者囚禁，课以罚金等等。

马克思：《道德化的批评和批评化的道德》，

《马克思恩格斯全集》第 4 卷第 345 页。

柏拉图已经懂得法律一定是片面的，一定是不考虑个性的。相反地，在合乎人性的关系中，刑罚将真正只是犯了过失的人自己给自己宣布的判决。谁也想不到要去说服他，使他相信别人加在他身上的外部强力就是他他自己加在自己身上的强力。相反地，他将看到别人是使他免受自己加在自己身上的刑罚的自然的救星，就是说，关系将恰好颠倒过来。

马克思恩格斯：《神圣家族》，

《马克思恩格斯全集》第 2 卷第 229 页。

经济学家们有时候，特别是在他们攻击某种特殊的损人利己的犯罪行为的时候，例外地维护经济关系上的合乎人性的外观，但在大多数场合下，他们恰恰是从这些关系同人性显然有区别的方面，从严格的经济意义上来把握这些关系的。他们总是不自觉地在这个矛盾中徘徊不已。

马克思恩格斯：《神圣家族》，

《马克思恩格斯全集》第 2 卷第 40 页。

并不需要多大的聪明就可以看出，关于人性本善和人们智力平等，关于经验、习惯、教育的万能，关于外部环境对人的影响，关于工业的重大意义，关于享乐的合理性等等的唯物主义学说，同共产主义和社会主义之间有着必然的联系。既然人是从感性世界和感性世界中的经验中汲取自己的一切知识、感觉等等，那就必须这样安排周围的世界，使人在其中能认识和领会真正合乎人性的东西，使他能认识到自己是人。

马克思恩格斯：《神圣家族》，

《马克思恩格斯全集》第2卷第166～167页。

既然人的性格是由环境造成的，那就必须使环境成为合乎人性的环境。既然人天生就是社会的生物，那他就只有在社会中才能发展自己的真正的天性，而对于他的天性的力量的判断，也不应当以单个个人的力量为准绳，而应当以整个社会的力量为准绳。

马克思恩格斯：《神圣家族》，

《马克思恩格斯全集》第2卷第167页。

在第105页上，我们这位敬神的人竟然厚颜无耻地责难费尔巴哈，他说："费尔巴哈从个人、从基督教的失去人性的人中，所造成的不是人，不是真正的〈！〉现实的〈！！〉有人称的〈！！！〉人〈这些宾词的产生应归功于"神圣家族"和施蒂纳〉，而是不成人的人，是奴隶"，因而，他也就能够武断地说出他圣布鲁诺能用头脑制造出人这种荒唐的言论。

马克思恩格斯：《德意志意识形态》，

《马克思恩格斯全集》第3卷第96页。

费尔巴哈的全部哲学归结为（1）自然哲学——消极地崇拜自然，如醉如痴地膜拜自然的壮丽和万能……"人对于胃的道德的和理性的态度，在于不把胃当作一种兽性的东西看待，而是当作人性的东西看待。"——"人……作为道德存在物"以及在《基督教的本质》中对道德问题大发议论。

恩格斯：《费尔巴哈》，

《马克思恩格斯全集》第42卷第360页。

已经证明，克服犹太本质的任务实际上就是消灭市民社会中犹太精神的任务，消灭现代生活实践中的非人性的任务，这种非人性的最高表现就是货币制度。

马克思恩格斯：《神圣家族》，

《马克思恩格斯全集》第2卷第141页。

"自由的人性"的所有这些表现在法国人权宣言中得到了极其肯定的承认。犹太人就更有权利要求承认自己的"自由的人性"，因为"自由的市民社会"具有纯粹商业的犹太人的性质，而犹太人老早就已经是它的必然成员了。

马克思恩格斯：《神圣家族》，

《马克思恩格斯全集》第2卷第145页。

批判的批判什么都没有创造，工人才创造一切，甚至就以他们的精神创造来说，也会使得整个批判感到羞愧。英国和法国的工人就很好地证明了这一点。工人甚至创造了人，批判家却永远是不通人性的人〔Unmensch〕，然而，他的确对于自己是一个批判的批判家这一点感到一种内心的满足。

马克思恩格斯：《神圣家族》，
《马克思恩格斯全集》第 2 卷第 22 页。

把私有制关系当作合乎人性的和合理的关系的政治经济学，不断地和自己的基本前提——私有制——发生矛盾，这种矛盾正像神学家所碰到的矛盾一样：神学家经常按人的方式来解释宗教观念，因而不断地违背自己的基本前提——宗教的超人性。例如在政治经济学中，工资最初看来是同消耗在产品上的劳动相称的份额。工资和资本的利润彼此处在最友好的、互惠的、好像是最合乎人性的关系中。后来却发现，这二者是处在最敌对的、相反的关系中的。

马克思恩格斯：《神圣家族》，
《马克思恩格斯全集》第 2 卷第 39 页。

蒲鲁东永远结束了这种不自觉的状态。他认真地对待经济关系的合乎人性的外观，并把它和经济关系的违反人性的现实尖锐地对立起来。他迫使这些关系真正符合于它们自己对自己的看法；或者更确切些说，他迫使这些关系抛弃关于自身的这种看法而承认自己是真正违反人性的。

马克思恩格斯：《神圣家族》，
《马克思恩格斯全集》第 2 卷第 40 页。

私有制在自己的经济运动中自己把自己推向灭亡，但是它只有通过不以它为转移的、不自觉的、同它的意志相违背的、为客观事物的本性所制约的发展，只有通过无产阶级作为无产阶级——这种意识到自己在精神上和肉体上贫困的贫困、这种意识到自己的非人性从而把自己消灭的非人性——的产生，才能做到这点。

马克思恩格斯：《神圣家族》，
《马克思恩格斯全集》第 2 卷第 44 页。

由于在已经形成的无产阶级身上实际上已完全丧失了一切合乎人性的东西，甚至完全丧失了合乎人性的外观，由于在无产阶级的生活条件中现代社会的一切生活条件达到了违反人性的顶点，由于在无产阶级身上人失去了自己，同时他不仅在理论上意识到了这种损失，而且还直接由于不可避免的、无法掩饰的、绝对不可抗拒的贫困——必然性的这种实际表现——的逼迫，不得不愤怒地反对这种违反人性的现象，由于这一切，所以无产阶级能够而且必须自己解放自己。但是，如果它不消灭它本身的生活条件，它就不能解放自己。如果它不消灭集中表现在它本身处境中的现代社会的一切违反人性的生活条件，它就不能消灭它本身的生活条件。

马克思恩格斯：《神圣家族》，
《马克思恩格斯全集》第 2 卷第 45 页。

海因岑先生对"政治情况同社会情况之间的联系"和"阶级关系"同国家权力之间的联系进行了如此深刻的说明之后，得意扬扬地大声叫道：

"的确，我在自己的革命宣传中没有犯'共产主义者的局限性'的毛病——不面向人们，只面向'阶级'，唆使不同'行业'的人们互相反对。这是因为我承认'人性'不总是以'阶级'或'钱包的大小'为转移的'可能性'"。

"粗俗的人的理智把阶级差别变成了'钱包大小的差别'，把阶级矛盾变成了'各行业之间的争吵'"。

马克思：《道德化的批评和批评化的道德》，
《马克思恩格斯全集》第 4 卷第 343 页。

单独的个人并不"总是"以他所从属的阶级为转移，这是很"可能的"；但是这个事实不足以影响阶级斗争，正如少数贵族转到 tiers état〔第三等级〕方面去不足以影响法国革命一样。而且就在这时，这些贵族至少也加入了一定的阶级，即革命阶级——资产阶级。然而海因岑先生却硬要一切阶级在"人性"这个炽热的思想面前消失。

如果海因岑先生认为，以不依自己意志为转移的经济条件作为存在的基础并因这些条件而彼此处于极尖锐的对抗中的各阶级，可以靠一切人们所固有的属性"人性"而越出本身存在的现实条件，那末，某一个君主要靠自己的"人性"而使自己超出自己的"君主的权力"，超出自己的"君主的行业"该是多么容易呵！

马克思：《道德化的批评和批评化的道德》，
《马克思恩格斯全集》第 4 卷第 344 页。

法国的社会主义和共产主义的文献就这样被完全阉割了。既然这种文献在德国人手里就不再表现一个阶级反对另一个阶级的斗争，于是德国人就满以为自己克服了"法国人的片面性"，就满以为自己不是坚持真实的要求，而是坚持对于真理的要求，不是代表无产阶级的利益，而是代表人性的利益，即一般人的利益，这种人是不属于任何阶级，并且根本不存在于现实界，而只存在于哲学冥想的渺茫太空。

马克思恩格斯：《共产党宣言》，
《马克思恩格斯全集》第 4 卷第 496 页。

对于那些才开始这样做和刚刚加入组织而还没有抛弃喜欢讲空话、瞎吹牛的恶习的人去说，对于那些玩弄名誉、个人人格和权利，并且总是以想象中的人性的可怜特征（在我们俄国社会中，在这些特征后面显露出来的是所有的人个个都最彻底地向最龌龊、最卑鄙的现实的条件屈服）来安慰自己的人来说，这就尤其困难。

马克思恩格斯：《社会主义民主同盟和国际工人协会》，

《马克思恩格斯全集》第 18 卷第 478 页。

像现在这样的情况，已经不能继续下去了。在这些人中间，已出现某种淡漠情绪，因为他们自己也感到无聊了。他们用以对抗裁缝共产主义的东西，实质上只不过是格律恩关于“人性”的空谈和格律恩化的蒲鲁东学说，这些东西一部分是由格律恩先生自己，一部分是由他的一个奴仆、傲慢的老木工艾泽曼老爷子，而一部分也是由我们的朋友艾韦贝克费了九牛二虎之力灌给他们的。

《恩格斯致布鲁塞尔共产主义通讯委员会》，

《马克思恩格斯全集》第 27 卷第 45～46 页。

这里的施特劳宾人对我掀起了可怕的叫嚣。特别是三四个“受过教育的”曾经被艾韦贝克和格律恩传授了“真正人性”的奥秘的工人。但是我还是取得了胜利：由于耐心对待，再加上一点威胁，大多数人都跟我走了。

《恩格斯致马克思》，

《马克思恩格斯全集》第 27 卷第 68 页。

如果存在着一个启示的宗教，这个教的上帝就一定更伟大，比理性所理解的上帝更伟大，而不是有所不同。否则，整个哲学不仅空洞无物，而且有罪；没有哲学就没有教育，没有教育就没有人性，没有人性也就没有宗教。就连宗教狂热者莱奥都不敢如此蔑视哲学。

恩格斯：《致弗里德里希·格雷培》，

《马克思恩格斯全集》第 41 卷第 511 页。

德国的“绝对的社会主义”内容贫乏透顶。稍微谈谈近来大家称为“人性”的东西，稍微谈谈这种人性或者不如说是兽性的“实现”，按照蒲鲁东那样——而这是来自第三手或第四手材料——稍微谈谈财产，稍微为无产阶级悲叹几声，稍微谈谈劳动组织，多少组织几个改善下层阶级人民状况的可怜团体，而实际上对于政治经济学和现实的社会却茫然无知，这就是这种“社会主义”的全部内容。

恩格斯：《傅立叶论商业的片断》，

《马克思恩格斯全集》第 42 卷第 357 页。

马克思在《初稿。——国防政府》里“凡尔赛对俘虏的残暴虐待从未停止片刻，而且一当凡尔赛确信公社因过分仁慈而不至执行其报复法令时，他们就立即恢复灭绝人性的残杀！”说的“凡尔赛”，是指凡尔赛派，即法国 1871 年巴黎公社起义胜利后在凡尔赛成立的以阿·梯也尔为首的反革命资产阶级政府的拥护者。凡尔赛派对公社战士实行极为残酷的镇压，是巴黎公社最凶狠的敌人。1871 年后，凡尔赛派一词成了灭绝人性的反革命派的同义语。

马克思在《道德化的批评和批评化的道德》里提到的"九月法令"，指 1835 年 9 月法国政府颁布的法令。该法令限制陪审法庭的活动，并采取了严厉措施对付出版物。在出版方面规定增加期刊的押金，如果发表反对私有制和现行国家制度的言论则处以囚禁和课以巨额罚金。

《恩格斯致布鲁塞尔共产主义通讯委员会》里，恩格斯谈的"他们用以对抗裁缝共产主义的东西，实质上只不过是格律恩关于'人性'的空谈"中的"裁缝共产主义"，是指魏特林主义。当时正义者同盟的巴黎各支部，是由海·艾韦贝克领导的。参加这些支部的是当时旅居巴黎的德国手工业工人，主要是裁缝（单独一个支部），以及制革工人和木工。马克思恩格斯把魏特林主义喻为"裁缝共产主义"。

魏特林主义是十九世纪三十年代末和四十年代初由威廉·魏特林创立的一种空想的工人共产主义。他的学说在一些时候曾是正义者同盟的政治和思想的纲领，在科学共产主义产生以前，在工人运动中基本上起了积极的作用。然而，魏特林的观点的空想内容旨在建立一种粗糙的平均共产主义，使他的学说很快就成了不断发展的工人运动的障碍，因为工人运动要求有科学根据的思想体系和政策。从四十年代中起，魏特林使自己的学说的落后面变得日益突出，并使自己日益脱离工人运动。1846 年 5 月，在关于"真正的"社会主义者海尔·曼克利盖的一场争论中，马克思、恩格斯及其拥护者同魏特林发生了彻底的决裂。

卡·格律恩 1846—1847 年在巴黎在德国工人中鼓吹"真正的社会主义"的市侩温情观点，同时也大力宣扬蒲鲁东的小资产阶级改良主义思想。"真正的社会主义"从 1844 年起在德国传播，它反映了德国小资产阶级的反动的思想体系。"真正的社会主义者"拒绝进行政治活动和争取民主的斗争，崇拜爱和抽象的"人性"，他们的假社会主义思想，同沙文主义、庸人习气和政治上的懦怯结合在一起，在 19 世纪 40 年代的德国造成特别的危害，因为当时的主要任务是团结民主力量进行反对专制制度和封建秩序的斗争，同时在革命的阶级斗争的基础上形成独立的无产阶级运动。马克思和恩格斯在 1846—1847 年对"真正的社会主义"进行了坚决的批判。

"真正的社会主义"，亦称"德国的社会主义"，是 19 世纪 40 年代在德国出现的小资产阶级社会主义流派。代表人物有莫·赫斯、卡·格律恩、奥·吕宁、赫·克利盖等。"真正的社会主义者"的理论基础是费尔巴哈的人本主义。从小市民的利益出发反对资本主义的发展，反对在德国争取资产阶级的民主自由，而用超阶级的"博爱"和"人性"等道德说教来代替革命的阶级斗争。

（三）自然权利

1. 所谓"天赋人权"

自然权利，又称自然权（英 natural rights、德 Naturrecht、法 Droits naturel），被认为是

人与生俱来的、不可剥夺的权利，是人类的自然本性和和谐的宇宙真理。斯宾诺莎在《神学政治论》里说，游泳是鱼的自然权利，吃小鱼是大鱼的自然权利，讲的就是"自然权利"。在日本明治时代，自然权利被译成"天赋人权"（日文汉字），后引入我国。

西方法学主张，自然权利是基于自然法每个人所自然具备的权利，因为是在国家出现之前就自然存在的，所以国家也不得侵害。自然权利是近代自然法思想的产物。其内容包括从自我存在权、自我防卫权到自由平等权、财产所有权等。1789 年法国的《人权宣言》规定的自由、财产、安全及对压制的抵抗，是不受时效限制的自然权利，就是这种思想的典型表现。胡果·格劳秀斯（Hugo Grotius）（荷兰文写为 Huso de Groot，即"许霍·德赫罗特人"）、托马斯·霍布斯（Thomas Hobbes）、孟德斯鸠（Montesquieu）。胡果·格劳修斯（Hugo Grotius）是早期资产阶级天赋人权理论的奠基人、创始人和代表。自然权利思想对于反对封建专制具有一定历史意义，但如边沁所指出的，在理论上包含着不易解决的困难。

在自由放任条件下，个人主义、自由主义是社会思想观念的主流，其在法思想上的表现，是个人本位。个人意义上的自然权利，又被称为人权。

个人本位的核心是个人权利本位，简称权利本位。权利本位论的基本主张和特征是：①把权利的地位放在实在法（制定法）之上，也放在国家最高权力之上。主张"自然权利"，亦即"天赋人权"，认为人性是自然法之父，自然法是实在法之父，认为私有财产权是从自然状态带进国家组织中去的自然权利，因而私有财产神圣不可侵犯，国家不能设置任何障碍，认为自由是人性的结果，人的自由、平等是不可剥夺的权利，国家权力应为保障自由、私有财产和交易安全服务。②权利是法律的中心概念。主张"法是客观的权利，权利是主观的法律"，"客观法"、"主观法"由此而分。③弘扬权利是法文化的核心和基本任务。认为权利不仅表现于法文化的各种程式化理论形态方面，还表现于人们的心理状态、思维特征和价值取向等非理论形态方面。"法学是权利之学"，充分表达了权利在法文化中的地位。④权利是现实的人进行社会活动的工具和出发点。认为现实的人在利益驱动下依据权利参加社会分工和商品交换活动，认为如果人们不依据权利去参加商品交换活动，在交换中不去实现权利，则商品就不成其为商品，交换亦不成其为交换。这里"现实的人"，是自由主义市场经济的参加人即所谓"经济人"。

权利本位法思想是历史的超越，是对国家义务本位论的否定。权利本位法思想的历史特定性在于：一是，其对权利的考察，不以封建等级特权为中心，而以平等权为中心；二是，不以自然经济为支柱，而以商品经济为支柱；三是，利益、自由、平等三要素是权利本位论的立论基础。

然而，18 世纪的人权，是个人权利，特别是政治权利。在社会本位条件下，人权已经扩展到生存权、发展权，而且是经济、社会、文化权利等广泛权利。在这种态势下，西方国家标榜自己是"人权国家"，宣扬"天然自由的、不受任何外来干涉的"的作为自然权利的人权，就是干涉别的国家内政的代名词，对内则是压制和扼杀人权的遮羞布。美国的"占领华尔街运动"，十分清楚地说明了这一点。

资产阶级把自然权利说成"天赋人权"，以资产阶级（市民阶级）的兴起为背景，站在近代启蒙主义的自然法立场上，倡导一种与生俱来的、人人平等的、建立自由生活的取得财产和追求幸福的权利。这种"天赋"的人权，只有在"天上"才能找到。在西方，随着自由放任主义的衰落，历史主义、实证主义、浪漫主义对"天赋人权"进行了彻底的批判，"天赋人权"术语就不得不沉寂下去了。

比较都是以具有某种共同点为前提的：这种共同点表现在法学家把这些法学体系中一切多少相同的东西统称为自然法权。而衡量什么算自然法权和什么又不算自然法权的标准，则是法权本身最抽象的表现，即公平。于是，从此以后，在法学家和盲目相信他们的人们眼中，法权的发展只在于力求使获得法律表现的人类生活条件愈益接近于公平理想，即接近于永恒公平。

恩格斯：《论住宅问题》，

《马克思恩格斯全集》第 18 卷第 310 页。

黑格尔曾经说过，"人权"不是天赋的，而是历史地产生的。

马克思恩格斯：《神圣家族》，

《马克思恩格斯全集》第 2 卷第 146 页。

"自由的人性"的所有这些表现在法国人权宣言中得到了极其肯定的承认。犹太人就更有权利要求承认自己的"自由的人性"，因为"自由的市民社会"具有纯粹商业的犹太人的性质，而犹太人老早就已经是它的必然成员了。其次，在"德法年鉴"中曾经指出，为什么市民社会的成员叫做 par excellence〔道地的〕"人"，为什么人权称为"天赋的权利"。

马克思恩格斯：《神圣家族》，

《马克思恩格斯全集》第 2 卷第 145～146 页。

关于法国革命黑格尔这样写道："正义思想、正义概念立刻得到了公认，非正义的旧支柱不能对它作任何抵抗。因此，正义思想现在就成了宪法的基础，今后一切都必须以它为根据。自从太阳照耀在天空而行星围绕着太阳旋转的时候起，还从来没有看到人用头立地，即用思想立地并按照思想去构造现实。阿那克萨哥拉第一个说，Nus 即理性支配着世界；可是直到现在人们才认识到思想应当支配精神的现实。这是一次壮丽的日出。一切能思维的生物都欢庆这个时代的来临。这时笼罩着一种高尚的热情，全世界都浸透了一种精神的热忱，仿佛第一次达到了神意和人世的和谐。"（黑格尔《历史哲学》1840 年版第535 页）

恩格斯：《自然辩证法》，

《马克思恩格斯全集》第 20 卷第 696～697 页。

我们已经知道，别人的、神圣的权利就是别人给予我的东西。但是，因为人的权利也称为自然的天赋的权利，而对于圣桑乔说来，名称就是事物本身，所以人权也就是自然给予我的，也就是生来就有的权利。

马克思恩格斯：《德意志意识形态》，

《马克思恩格斯全集》第 3 卷第 373 页。

个人的主权主要是在于"单独的个人被迫绝对地服从国家"，但是这种强迫，只有在它"真正地为自然的正义服务"时才是正当的。为此目的，将有"立法和司法"，但是它们"必须在整个集体的掌握之中"；其次还要有防卫的联合，它表现于"军队里面或者保证内部安全的执行机关里面的共同行动"，……"个人按自己的情况从自由社会方面遇到的公平或不公平，绝不会比自然状态所带来的更坏些！"……

我们需要什么，在这里是无关紧要的。问题在于，杜林先生需要什么。杜林先生不同于弗里德里希二世的地方是，在杜林先生的未来国家中，决不是人人都能够按照自己的方式升入天堂的。

恩格斯：《反杜林论》，

《马克思恩格斯全集》第 20 卷第 340～341 页。

这就是格律恩先生忘记了，在他的比较早期的著作里（例如，请参看"莱茵年鉴"第一卷中所载的论"社会运动"的文章及其他等等），他不仅广泛地阐述了"德法年鉴"中关于人权的著名论断，使它"通俗化"，而且甚至以道地的剽窃者的热心加以夸张，把它变成了荒谬的东西。他忘记了，他在那里咒骂过人权，说它是小商人、小市民等等的权利，而现在却突然把它们变成了"人的权利"，变成了"人"所固有的权利。

恩格斯：《诗歌和散文中的德国社会主义》，

《马克思恩格斯全集》第 4 卷第 251 页。

在第 251 和 252 页上格律恩先生也犯了同样的毛病，他把从"浮士德"中抄袭来的"可惜谁也不肯照管的我们的天赋人权"变成了"你的自然权，你的人权，从内心决定自己的行动和享受自己的成果的权利"，虽然歌德把这个权利直接同"像恶病样遗传的法律和制度"对立起来，即同 ancien régime〔旧制度〕的传统的权利对立起来，而同后者相对立的只是"天赋的、不以时效为转移的、不可让渡的人权"，即革命所宣布的人权，而绝不是"人"所固有的权利。这一次格律恩先生当然应当把过去所写的东西忘掉，以便使歌德不失去人的观点。

恩格斯：《诗歌和散文中的德国社会主义》，

《马克思恩格斯全集》第 4 卷第 250～251 页。

至于说到"人权"，那我们已经向布鲁诺先生证明过（"德法年鉴"上的"论犹太人问题"）：不是群众的辩护人，而是"他自己"不了解这些"权利"的实质，并且以教条主义的态度对待它们。同布鲁诺关于人权不是"天赋的"这种发现相比较（这种发现近四十多年来在英国有过无数次），傅立叶关于捕鱼、打猎等等是天赋人权的论断，就应该说是天才的论断了。

马克思恩格斯：《神圣家族》，

《马克思恩格斯全集》第 2 卷第 111 页。

承认自由的人性？犹太人不只是想力求承认，而且真的是在力求承认"自由的人性"，这种"自由的人性"就是在所谓普遍人权中得到典型的承认的那种最"自由的人性"。鲍威尔先生自己则以为，犹太人力图承认自己的自由的人性，正是说明他们力图获得普遍人权。

马克思恩格斯：《神圣家族》，

《马克思恩格斯全集》第 2 卷第 145 页。

在"德法年鉴"中已经向鲍威尔先生证明：这种"自由的人性"和对它的"承认"不过是承认利己的市民个人，承认构成这种个人的生活内容，即构成现代市民生活内容的那些精神因素和物质因素的不可抑制的运动；因此，人权并没有使人摆脱宗教，而只是使人有信仰宗教的自由；人权并没有使人摆脱财产，而是使人有占有财产的自由；人权并没有使人放弃追求财富的龌龊行为，而只是使人有经营的自由。

马克思恩格斯：《神圣家族》，

《马克思恩格斯全集》第 2 卷第 145 页。

为了安慰除马基雅弗利主义之外就一无所得的可怜的法国人，在第 73 页上格律恩先生给他们吃了一粒宽心丸："18 世纪的法国人民是各族人民中的普罗米修斯，他用人权来对抗神权。"

这样说来，"'人'这个概念"就应该是被"研究"过的了，而人权也不是同神权，而是同国王、贵族和僧侣的权利"相对立"，关于这些我们不打算多加考虑，这些都是小事情，不必管它，我们感到十分沉痛的是，在这里格律恩先生本人犯了"人的"毛病。

恩格斯：《诗歌和散文中的德国社会主义》，

《马克思恩格斯全集》第 4 卷第 250～251 页。

"山岳党"同样毫不停息地忙于抵抗这种攻击，忙于保护"永恒的人权"，好像近一百五十年以来每个所谓的人民政党所多多少少做过的那样。

马克思：《路易·波拿巴的雾月十八日》，

《马克思恩格斯全集》第 8 卷第 148 页。

他们认为，一个人有责任不仅为自己本人，而且为每一个履行自己义务的人要求人权和公民权。没有无义务的权利，也没有无权利的义务。

马克思：《协会临时章程》，

《马克思恩格斯全集》第 16 卷第 16 页。

马克思的《协会临时章程》，是由马克思在起草"成立宣言"的同时写的。在草拟《章程》时，马克思彻底改写了在 1864 年 10 月 18 日临时委员会会议上被提出的那份文件的引言部分，把章程的条目由 40 条缩减为 10 条，改变了根本的组织原则，只把个别形式性质的条款保留下来（如组织名称、关于 1865 年在布鲁塞尔召开代表大会的决定、对于从一地转至另一地的组织成员给以帮助，等等）。马克思所写的"临时章程"在 10 月 27 日得到起草委员会的赞同，并在 1864 年 11 月 1 日由临时委员会一致批准。

恩格斯在《"社会主义从空想到科学的发展"英文版导言》里说，"这个由英国保皇党孕育出来的学说，竟给了法国共和党人和恐怖主义者一面理论旗帜，并且为'人权宣言'提供了底本"，指的是 1789 年制宪议会通过的"人权和公民权宣言"，其中阐明了新的资产阶级制度的政治原则。1791 年的法国宪法中包括了这篇宣言；根据它起草的 1793 年雅各宾派的"人权和公民权宣言"被置于 1793 年国民公会通过的法国的第一个共和宪法的前面。

2. 自然权利转化为资本主义人权

自然权利是一种法学幻想。资产阶级把这种美妙幻想，变成了实实在在的资本主义人权。他们把从封建贵族手里夺取来的权利，变成自己的权利。当他们成为新的统治者的时候，平等地剥削劳动力，是资本的首要的人权，而雇佣工人和广大劳动人民所得到的权利，不过是一种似是而非的满足。

在法律上的权利之外，存在所谓"自然权利"和"道德权利"等"社会真实权利"之说，是忽略了权利与权利现象的区别。因为不具备强制力这一约束条件，"权利现象"只能在"内心感悟"和"自然"层面实现，这对于主体没有法律意义。权利，是社会主体依据法律规定或合同约定所获得的实现自身目的和满足物质利益需要的权益。权利具有法律规定性质。权利是被法律所规范并在一定法律关系中实现的，法律是权利的可能行为的尺度。这是权利的根本特征。

具体地说，首先，经济权利是被法律设定的，法定性是权利的根本属性。这里的"被法律设定"，是指：①权利是法律规定出来的；②主体的权利主张依据于法律；③权利可能性的界限为法律所制约。从这个意义上说，任何权利都是法定权利。

其次，主体自主实现自身法益，是权利的首要含义。法益即合法利益，它是权利的核心概念。只有当某种利益被确定为法益时，才能受到法律的保护。因此，法益的自主实现，是权利的显著特征。"自主实现法益"的含义是：①意思决定的自主性；②行为方式的选择自由；③享有取得利益的资格。因为这种自主性是法律承认的自主性，所以法律主体能得以能动地去追求并实现自身法益。

最后，权利只是主体活动的法律界限，法律界限限定了权利的基本内容。法律主体把意思力、社会活动表现为权利，取决于法律上的可能性。就是说，只有符合法律规定范围内的活动方式，主体才能实现自身权益。这种法律上的可能性，包括：①一定行为的可实现性；②履行相应义务要求的可实现性；③借助于国家强制力实现自身权益的可实现性。

权利是一种法律资格。其意义是：①法律主体凭借这种资格，可调节或进行一定的社会活动，参加具体的法律关系；②凭借这种法律资格，可要求义务主体为一定行为或不为一定行为，以实现自己的权益和要求；③凭借这种法律资格，在义务主体不履行义务时，有权要求仲裁机构、司法机关强制执行，以保护自身权益。

法律上的权利，是抽象的权利。全部问题在于，权利的主体性和具体化。就是说，在实践上，是谁的权利、是什么权利。有资产者剥削的权利，就没有雇佣劳动者不被剥削的权利，有股东的决策权利，就没有工人的不执行权利。自然权向资本主义人权的转化，正是权利主体和具体权利的资本主义化。

资产阶级社会的真正的代表是资产阶级。于是资产阶级开始了自己的统治。人权已经不再仅仅是一种理论了。

马克思恩格斯：《神圣家族》，
《马克思恩格斯全集》第 2 卷第 157 页。

以往的一切社会形式和国家形式、一切传统观念，都被当作不合理的东西扔到垃圾堆里去了；到现在为止，世界所遵循的只是一些成见；过去的一切只值得怜悯和鄙视。只是现在阳光才照射出来，理性的王国才开始出现。从今以后，迷信、偏私、特权和压迫，必将为永恒的真理，为永恒的正义，为基于自然的平等和不可剥夺的人权所排挤。现在我们知道，这个理性的王国不过是资产阶级的理想化的王国；永恒的正义在资产阶级的司法中得到实现；平等归结为法律面前的资产阶级的平等；被宣布为最主要的人权之一的是资产阶级的所有权；而理性的国家、卢梭的社会契约在实践中表现为而且也只能表现为资产阶级的民主共和国。

恩格斯：《社会主义从空想到科学的发展》，
《马克思恩格斯全集》第 19 卷第 206 页。

由于人们不再生活在像罗马帝国那样的世界帝国中，而是生活在那些相互平等地交往并且处在差不多相同的资产阶级发展阶段的独立国家所组成的体系中，所以这种要求就很自然地获得了普遍的、超出个别国家范围的性质，而自由和平等也很自然地被宣布为人权。可以表明这种人权的特殊资产阶级性质的是美国宪法，它最先承认了人权，同时确认了存在于美国的有色人种奴隶制：阶级特权被置于法律保护之外，种族特权被神圣化了。

恩格斯：《反杜林论》，
《马克思恩格斯全集》第 20 卷第 116 页。

现代国家承认人权同古代国家承认奴隶制是一个意思。就是说，正如古代国家的自然基础是奴隶制一样，现代国家的自然基础是市民社会以及市民社会中的人，即仅仅通过私人利益和无意识的自然的必要性这一纽带同别人发生关系的独立的人，即自己营业的奴隶，自己以及别人的私欲的奴隶。现代国家就是通过普遍人权承认了自己的这种自然基础。而它并没有创立这个基础。现代国家既然是由于自身的发展而不得不挣脱旧的政治框槌的市民社会的产物，所以，它就用宣布人权的办法从自己的方面来承认自己的出生地和自己的基础。

马克思恩格斯：《神圣家族》，

《马克思恩格斯全集》第 2 卷第 145 页。

在麦克斯看来，并非 bourgeois〔资产者〕是 citoyen〔公民〕的真理，相反地，citoyen 是 bourgeois 的真理。这种既是神圣的又是德国的见解竟得出了这样的结论：在第 130 页上"市民地位"（应读作：资产阶级的统治）变为"思想，仅仅是思想"，而"国家"却作为"一个真正的人"出现，他在"人权"中赋予每一个资产者以"人"的权利，使他们真正名正言顺。这一切都是在关于国家和人权的幻想在"德法年鉴"中被充分揭露（这一事实圣麦克斯终于在其 1845 年的"辩护性的评注"中已经注意到了）之后完成的。

马克思恩格斯：《德意志意识形态》，

《马克思恩格斯全集》第 3 卷第 216 页。

它是神学世界观的世俗化。代替教条和神权的是人权，代替教会的是国家。以前，经济关系和社会关系是由教会批准的，因此曾被认为是教会和教条所创造的，而现在这些关系则被认为是以权利为根据并由国家创造的。

恩格斯：《附录》，

《马克思恩格斯全集》第 21 卷第 546 页。

如果粗略地读一读 1850 年一月宪法的第二篇，即论述"普鲁士人的权利"、论述这些普鲁士的所谓 droitsdel'homme〔人权〕的那部分，那末乍看起来它那里的条文是相当动听的：

"一切普鲁士人在法律面前一律平等。保障个人自由。私人住宅不容侵犯。任何人应受的合法审判都不得予以剥夺。处刑除由司法官员按合法执行职务的程序进行外，不得用作威胁的手段。财产不容侵犯。褫夺公权和没收财产被排除于现行法律之外。除非涉及兵役问题，国家对迁徙自由不得侵犯。宗教信仰的自由、组织宗教社团和无论在私宅或教堂共同做礼拜的自由，均予以保障。公民权利和政治权利的享有不依赖于宗教信仰。准许只按照民法履行结婚手续。科学和科学学说享有自由。开办国民学校以使青年教育有充分的保证。任何人都有教学和办学校的权利。国民学校的财务由各地基层单位负责管理。初等国民学校实行免费教育。每一个普鲁士人都有权利以口述、书写和印刷的方式自由表达自己的意见。与行使此项权利有关的犯罪案件由普通法庭审理。一切普鲁士人都有权利举行集会，但只限于室内并且不得携带武器。他们有权利组织宗旨不与法律相抵触的社团和俱乐部。一切普鲁士人都有请愿的权利。通信秘密不受侵犯。一切普鲁士人都必须服兵役。武装力量只能用于法律规定的特殊场合。限嗣继承制由法律加以禁止，现存的封建财产制应改变为私有财产制。地产允许自由划分。"

可是，如果你从这些写在纸上的"普鲁士人的权利"转过来看看它们体现在现实中的可怜样子，那末你就会充分认识到——如果你过去从未有过丝毫认识的话——理想和现实之间、理论和实践之间存在着何等惊人的矛盾。

马克思:《普鲁士状况》，

《马克思恩格斯全集》第 12 卷第 654~655 页。

"自然法是一种求得互不伤害和都不受害的［对双方］有利的契约。"（第 97 页）"对于那些不能互相约定互不伤害和都不受害的人，是不存在正义和非正义的东西的。那些不能够，或不愿意订立不伤害和不受害的契约的民族的情况也是如此。"（第 98 页）

马克思:《关于伊壁鸠鲁哲学的笔记》，

《马克思恩格斯全集》第 40 卷第 34 页。

资产阶级社会的片面性造成这样的结果：与这个社会相对立，个人权利有时以封建的形式被巩固下来。

《马克思致斐迪南·拉萨尔》，

《马克思恩格斯全集》第 29 卷第 542 页。

另外还有一件事情也助长了资产阶级的宗教倾向。这就是唯物主义在英国的兴起。这个新的学说，不仅震动了中等阶级的宗教情感，而且还宣布自己是仅仅适合于世界上的学者和有教养的人们的哲学，而跟适合于包括资产阶级在内的没有受过教育的群众的宗教大大不同。它同霍布斯一起，作为至高无上的王权的保卫者登上了舞台，并且号召君主专制制度镇压这个 puer robustus sed malitiosus〔强壮而心怀恶意的小伙子〕，即人民。同样地，在霍布斯的后继者博林布罗克、舍夫茨别利等人那里，唯物主义的新的自然神论形式，仍然是一种贵族的、秘传的学说，可见，唯物主义之所以被中等阶级仇视，既由于它是宗教的异端，也由于它具有反资产阶级的政治联系。于是，同贵族的唯物主义和自然神论相反，过去曾经为反对斯图亚特王朝的斗争提供旗帜和战士的新教教派，继续提供了进步的中等阶级的主要战斗力量，并且直到今天还是"伟大的自由党"的主要骨干。

这时候，唯物主义从英国传到了法国，它在那里遇到了另一个唯物主义哲学学派，即笛卡儿学派的一个支脉，并且和这个学派汇合了。在法国，唯物主义最初也完全是贵族的学说。但是不久，它的革命性就呈现出来了。法国的唯物主义者没有把他们的批评局限于宗教信仰问题；他们把批评扩大到他们所遇到的每一个科学传统或政治设施；而为了证明他们的学说可以普遍应用，他们选择了最简便的道路：在他们因以得名的巨著"百科全书"中，他们大胆地把这一学说应用于所有的知识对象。这样，唯物主义就以其两种形式中的这种或那种形式——公开的唯物主义或自然神论，成了法国一切有教养的青年的信条。它的影响是如此巨大，以致在大革命爆发时，这个由英国保皇党孕育出来的学说，竟给了法国共和党人和恐怖主义者一面理论旗帜，并且为"人权宣言"提供了底本。

恩格斯:《"社会主义从空想到科学的发展"英文版导言》，

《马克思恩格斯全集》第 22 卷第 351~352 页。

　　车尔尼雪夫斯基也把俄国农民公社看作从现代社会形态过渡到新的发展阶段的手段，这个新阶段一方面高出于俄国的公社，另一方面也高出于具有阶级对立的西欧资本主义社会。俄国拥有这种手段，而西方却没有这种手段，车尔尼雪夫斯基认为这是俄国优越的地方。"在西欧，由于个人权利的无限扩张，实行一种良好的制度异常困难……人们习惯上享有的东西，哪怕是放弃一点点也不容易，而在西方，个人已经习惯于个人权利的无限性。"

　　　　　　　　　　　　　　　　　　恩格斯：《"论俄国的社会问题"跋》，

　　　　　　　　　　　　　　　　　　《马克思恩格斯全集》第22卷第498页。

　　让我们再回顾一下更早的时期。在1789年，人权这一政治问题本身就包含着自由竞争这一社会问题。

　　　　　　　　　　　　　　　　　　马克思恩格斯：《论波兰问题》，

　　　　　　　　　　　　　　　　　　《马克思恩格斯全集》第4卷第536页。

　　平等地剥削劳动力，是资本的首要的人权。

　　在这种情况下，工厂主和工人之间取得了某种妥协，这种妥协被议会在1850年8月5日新的补充工厂法中固定下来。

　　　　　　　　　　　　　　　　　　马克思：《资本论第一卷》，

　　　　　　　　　　　　　　　　　　《马克思恩格斯全集》第23卷第324页。

　　贝魁尔《社会经济和政治经济的新理论》（第411—412页），随心所欲地自由交换自己的物品。（同上，第413页）"竞争不过是任意交换的表现，而任意交换又是使用和滥用任何生产工具的个人权利的直接和合乎逻辑的结果。实质上构成一个统一整体的这三个经济因素——使用和滥用的权利，交换的自由和无限制的竞争——引起如下的后果：每个人都可以按照他乐意的方式，在他乐意的时间和地点，生产他乐意生产的东西；他可以生产得好或坏、过多或过少、过迟或过早、过贵或过贱；没有人知道，他能否卖出去、卖给谁、如何卖、何时卖、在何处卖。买进的情况也是如此。"

　　　　　　　　　　　　　　　　　　马克思：《1844年经济学哲学手稿》，

　　　　　　　　　　　　　　　　　　《马克思恩格斯全集》第42卷第71页。

　　在国民经济学家看来，社会是资产阶级社会，在这里任何个人都是各种需要的整体，［XXXV］并且就人人互为手段而言，个人为别人而存在，别人也为他而存在。正像政治家议论人权时那样，国民经济学家也把一切都归结为人即归结为被他抹煞了一切特性，从而只看成资本家或工人的个人。

　　　　　　　　　　　　　　　　　　马克思：《1844年经济学哲学手稿》，

　　　　　　　　　　　　　　　　　　《马克思恩格斯全集》第42卷第144页。

自从有人唯心地和抽象地看待"工业自由",把它看成是基本的和自然的（参看《概述》中用黑体标出的话）"人权"以来,已经有一百多年了。从那时起,"工业自由"的要求及其实现已经历了若干国家,并且,无论在哪里,这个要求都是发展着的资本主义同独占和规章的残余相抵触的反映,无论在哪里它都成了先进资产阶级的口号,无论在哪里它总是使资本主义得到完全胜利。

> 列宁：《彼尔姆省手工业调查》,
> 《列宁全集》第 2 卷第 327 ~ 328 页。

劳动力的买和卖是在流通领域或商品交换领域的界限以内进行的,这个领域确实是天赋人权的真正乐园。那里占统治地位的只是自由、平等、所有权和边沁。

> 马克思：《资本论第一卷》,
> 《马克思恩格斯全集》第 23 卷第 199 页。

每当工厂法把以前不受约束的工业部门的儿童劳动限制为 6 小时的时候,工厂主总是一再抱怨说：有些父母会把儿童从受限制的工业部门中领出来,把他们卖给"劳动自由"还盛行的部门,即卖给那些不满 13 岁的儿童被迫像成年人一样地劳动,因而出价较高的工业部门。但由于资本是天生的平等派,就是说,它要求在一切生产领域内剥削劳动的条件都是平等的,把这当作自己的天赋人权,因此,儿童劳动在一个工业部门受到法律限制,就成为儿童劳动在另一个工业部门受到限制的原因。

> 马克思：《资本论第一卷》,
> 《马克思恩格斯全集》第 23 卷第 436 页。

现在让我们用历史的和经济的观点来考察一下,权力原理由工厂和机器带入社会是否真是在分工之后；当工人还从属于他人权势之下的时候,他的权利是否已恢复；最后,机器是不是被分割的劳动的复合,是不是这种劳动的合题——它同劳动的分析相对立。

> 马克思：《哲学的贫困》,
> 《马克思恩格斯全集》第 4 卷第 165 页。

林木具有一种奇怪的特性：只要它被偷窃,它的占有者马上就会获得他以前并不具有的国家特性。其实,林木所有者只能收回被别人拿去的东西。如果把国家交还给他——既然他除了私人权利外,还获得处置违法者的国家权利,那就确实把国家交还给他了,——那么,国家也必定是他的失窃物了,因此,国家就必定是他的私有财产了。可见,盗窃林木者是,第二个克里斯托弗尔,他不仅背走了偷来的木柴,而且也背走了国家。

> 马克思：《第六届莱茵省议会的辩论（第三篇论文）》,
> 《马克思恩格斯全集》第 1 卷上册第 276 ~ 277 页。

林木所有者既不能从国家获得实行公众惩罚的私人权利,他本身也没有任何实行惩罚的权利。

马克思：《第六届莱茵省议会的辩论（第三篇论文）》，

《马克思恩格斯全集》第 1 卷上册第 277 页。

在这里，资本主义积累的对抗性质，从而整个资本主义财产关系的对抗性质，表现得如此明显，就连英国官方关于这个问题的报告也都充满了对"财产和财产权"的异端攻击。随着工业的发展、资本的积累、城市的扩展和"美化"，灾祸越来越严重。

马克思：《资本论第一卷》，

《马克思恩格斯全集》第 23 卷第 722 页。

法国资产阶级在革命风暴一开始，就胆敢再把工人刚刚争得的结社权剥夺掉。它在 1791 年 6 月 14 日颁布法令，宣布工人的一切结社都是"对自由和人权宣言的侵犯"，要课以 500 利弗尔的罚金并剥夺公民权一年。这个法律用国家警察手段把资本和劳动之间的斗争限制在对资本有利的范围内，它经历了几次革命和几次改朝换代。

马克思：《资本论第一卷》，

《马克思恩格斯全集》第 23 卷第 810 页。

普鲁士的反联合法和大陆上的所有这类法律一样，都是起源于 1791 年 6 月 14 日的制宪议会的法令，在这里法国资产者非常严厉地惩罚——例如剥夺公民权一年——所有这类组织，即各种各样工人联合会，借口是：这是恢复行会，而且同宪法规定的自由和"人权"相抵触。在以 1789 年的议会精神而言是"符合宪法"的一切东西都被看作应当送上断头台的罪行的时候，这个议会的一切反对工人的法律却依然有效，这是很能说明罗伯斯庇尔的特点的。

《马克思致恩格斯》，

《马克思恩格斯全集》第 31 卷上册第 50～51 页。

罗伯斯比尔、圣茹斯特和他们的党之所以灭亡，是因为他们混淆了以真正的奴隶制为基础的古代实在论民主共和国和以被解放了的奴隶制即资产阶级社会为基础的现代唯灵论民主代议制国家。一方面，不得不以人权的形式承认和批准现代资产阶级社会，即工业的、笼罩着普遍竞争的、以自由追求私人利益为目的的、无政府的、塞满了自我异化的自然的和精神的个性的社会，另一方面又想在事后通过单个的人来取缔这个社会的各种生命表现，同时还想仿照古代的形式来建立这个社会的政治首脑，这是多么巨大的错误！

这种错误是悲剧性的，圣茹斯特在临刑之日指着悬挂在康瑟尔热丽大厅里的那块写着"人权宣言"的大牌子，以自傲的口吻说道："但创造这个的毕竟是我。"就在这块牌子上宣布了人的权利，而这种人不会是古代共和国的人，正像他的经济状况和工业状况不是古代的一样。

马克思恩格斯：《神圣家族》，

《马克思恩格斯全集》第 2 卷第 156 页。

如果说，俄国贵族认为他们的"8 月 4 日"（1789 年）还没有来到，因而他们还没有必要将自己的特权献上祖国的祭坛，那末俄国政府的步伐就要快得多：它已经达到了"人权宣言"。的确，请设想一下，亚历山大二世竟宣布了"农民天赋的、根本不应该予以剥夺的权利"！这真是不平凡的时代啊！1846 年，罗马教皇发起了自由主义运动；1858 年，俄国的专制君主，道地的 samoderjetz vserossiiski，又宣布了人权！我们还会看到，沙皇的这个宣言将像罗马教皇的自由主义一样得到全世界同样广泛的反应，并且归根到底将比教皇的自由主义产生远为更大的影响。

马克思：《关于俄国的农民解放》，
《马克思恩格斯全集》第 12 卷第 719 页。

在勃罗姆堡，政府对犹太人恢复了限制迁徙自由的旧规章，从而剥夺了犹太人享受1789 年宣布的最基本的人权之一——从一个地方自由迁往另一个地方的权利。

马克思：《良心的忏悔》，
《马克思恩格斯全集》第 6 卷第 30 页。

德·马丁雅克先生在 1832 年，即死前不久发表的"西班牙及其革命"一书中说道："自从斐迪南七世恢复专制政权以来已经两年了，而由于人类渣滓所构成的权奸的作怪，剥夺人权的现象还继续存在。整个国家机器完全颠倒过来……"这就是在破坏这个新制度上出过大力的主要人物之一的死前供状。

马克思：《革命的西班牙》，
《马克思恩格斯全集》第 10 卷第 511 页。

我要是打算借这个机会说一些耸人听闻的话，吹嘘一下自由、平等、人权、欧洲君主的同盟以及皮特和布朗施威克公爵的所作所为，那是很容易的。我可以在这个问题上发表长篇大论，也许还会受到人们的赞扬，认为我的演说带有浓厚的自由思想的色彩，然而这样却丝毫没有接触到真正的问题。法国革命所面临的真正的大问题是消灭不平等，建立能够保障法国人民过幸福生活的制度，人民大众是从来没有过这种幸福生活的。

恩格斯：《在伦敦举行的各族人民庆祝大会》，
《马克思恩格斯全集》第 2 卷第 669 页。

这场极端不义的战争就是根据上面简单叙述的理由而进行的——现在向英国人民提出的官方报告完全证实了这种叙述。广州城的无辜居民和安居乐业的商人惨遭屠杀，他们的住宅被炮火夷为平地，人权横遭侵犯，这一切都是在"中国人的挑衅行为危及英国人的生命和财产"这种荒唐的借口下发生的！英国政府和英国人民——至少那些愿意弄清这个问题的人们——都知道这些非难是多么虚伪和空洞。

> 马克思：《英人在华的残暴行动》，
> 《马克思恩格斯全集》第 12 卷第 177 页。

正是贪得无厌的资产阶级的利益，正是为了追逐利润而准备出卖和毁灭自己祖国的资本的利益，引起了这场给劳动人民带来无穷灾难的罪恶战争。正是践踏一切人权和奴役本国人民的专制政府的政策，导致了用俄国公民的鲜血和财产进行的这场赌博。

> 列宁：《告俄国无产阶级书》，
> 《列宁全集》第 8 卷第 170 页。

一方面，帕麦斯顿勋爵的喉舌宣称，所谓"困难的问题"是现在正在进行的谈判的内容，另一方面又说要解决这个问题，应当相信有关强国的"自然的正义感"。

> 马克思：《二月二十二日的议会辩论。——西方强国的政策》，
> 《马克思恩格斯全集》第 10 卷第 102～103 页。

奥地利的波兰人倾向于俄属波兰，把它看做自己的自然中心，卢西人倾向于另一些同俄国合并的小俄罗斯地区，而塞尔维亚人则倾向于土耳其的塞尔维亚。所有这些同本民族分离的零星部分，每个都倾向于他们的自然中心，这是完全可以理解的，随着他们中间文明的传播，并因此对民族历史活动的需要的日益增长，这种现象也就愈来愈明显了。

> 恩格斯：《德国和泛期拉夫主义》，
> 《马克思恩格斯全集》第 11 卷第 220 页。

马克思在《资本论》第 1 卷里说，"它在 1791 年 6 月 14 日颁布法令，宣布工人的一切结社都是'对自由和人权宣言的侵犯'，要课以 500 利弗尔的罚金并剥夺公民权一年。"马克思在注解里解释道：这个法律的第一条说："取缔同一等级或同一职业的市民的各种联合组织，是法国宪法的根本基础之一，因此禁止以任何借口或任何形式恢复这种联合组织。"第四条说："同一职业、手艺或手工业的市民，如果为了一致拒绝从事手艺或劳动或为了按一定报酬才从事手艺或劳动而彼此协商或协议，那末这种协商和协议……应视为违反宪法，侵犯自由和人权……"从而，和旧劳工法中的规定完全一样，应视为国事罪。

马克思在《资本论》第 1 卷里指出，"资本主义积累的对抗性质，从而整个资本主义财产关系的对抗性质，表现得如此明显"。马克思在注解里解释道："任何情况都不像工人阶级的居住条件这样露骨这样无耻地使人权成为产权的牺牲品。每个大城市都是使人成为牺牲品的场所，都是一个祭坛，每年要屠杀成千上万的人来祭祀贪婪的摩洛赫。"（赛·兰格《国家的贫困》1844 年版第 150 页）

马克思在《关于俄国的农民解放》里提到，"如果说，俄国贵族认为他们的'8 月 4 日'（1789 年）还没有来到，因而他们还没有必要将自己的特权献上祖国的祭坛，那末俄国政府的步伐就要快得多：它已经达到了'人权宣言'"，是指 18 世纪末法国资产阶级革

命的事件。1789 年 8 月 3 日夜间，法国立宪会议在汹涌澎湃的农民运动的压力下，庄严地宣布废除一系列当时实际上已被起义农民取消了的封建义务。但是随后颁布的法律只无偿地废除了个人徭役。

《人权和公民权宣言》是法国立宪会议于 1789 年 8 月 20 日通过的。宣言的主要一点就是宣布自由、财产等等是人的天赋的、不可剥夺的权利。

其"道地的 samoderjetz vserossiiski"，译为"全俄罗斯独裁者"。这个词是马克思按照俄语发音用拉丁字母拼写的。

马克思的《英人在华的残暴行动》，写于 1857 年 3 月。其"人权横遭侵犯"，指的是"亚罗号"划艇事件。

事件的经过大致如下："亚罗号"划艇是一只中国船，船员都是中国人，但是船为几个英国人所雇用。这只船曾经一时获得悬挂英国国旗航行的执照，可是在现在用作借口的"侮辱事件"发生以前，这张执照已经满期了。当这只船不挂任何旗帜下帆停泊在广州时，水师听说这些罪犯藏匿船中，便逮捕了他们。可是因为这次逮捕妨碍了货主的商务，船长就向英国领事控告。这位领事急忙返回领事馆，用命令式的口吻向两广总督提出书面要求：放回被捕者并道歉，同时致书香港的约翰·包令爵士和海军上将西马糜各厘，编造说他和英国国旗遭到了不可容忍的侮辱。使领事巴夏礼先生要求正式道歉，并以隆重礼节送回被捕者，否则叶总督应对一切后果负责。接着海军上将西马糜各厘率领英国舰队抵达，旋即要求在广州城内当面会商。叶总督说，这违反先例。英军便屠杀广州城的无辜居民和商人，住宅被炮火夷为平地，人权横遭侵犯。

列宁在《告俄国无产阶级书》里说的"这场给劳动人民带来无穷灾难的罪恶战争"，是指在中国土地上发生的 1904 年日俄战争。

战争开始后，日本人已经使俄国军队遭受了一连串的失败，沙皇政府正在竭尽全力要为这些失败复仇。列宁深刻地指出："究竟因为什么俄国的工人和农民现在要同日本人进行殊死的斗争呢？是因为满洲和朝鲜，是因为俄国政府侵占的这片新的土地，是因为'黄俄罗斯'。俄国政府曾向其他大国保证不侵犯中国，答应不迟于 1903 年 10 月 8 日将满洲归还中国，但它并没有履行这一诺言。在'黄俄罗斯'建筑了要塞和港口，铺设了铁路，集结了数以万计的军队。攫取这些新的土地付出了那么多的鲜血和生命，并且还要继续付出更高得多的代价，但是，这些土地究竟给俄国人民带来什么好处呢？对俄国工人和农民来说，战争预示着新的灾难、无数人的死亡、大批家庭的破产和新的苛捐重税。在俄国军事长官和沙皇政府看来，战争可以带来军事荣誉。在俄国商人和拥有百万财富的企业主看来，战争之所以必要，是为了保住新的商品销售市场，保住新的自由的不冻港以发展俄国贸易。"

所谓"三国干涉还辽"一事的情况是：由于中国在 1894—1895 年的中日甲午战争中战败，日本迫使清朝政府在 1895 年 4 月 17 日签订了马关条约。根据条约，中国承认朝鲜完全"自主"；割让辽东半岛、整个台湾岛及所属各岛、澎湖列岛给日本；"赔偿"日本军费白银 2 亿两；开放沙市、重庆、苏州、杭州为商埠。沙皇俄国认为割让辽东半岛给日本对它极为不利，于是联合了德国和法国，在 1895 年 4 月 23 日向日本政府提出抗议，要求日本放弃占有辽东半岛。日本因军事上无力与俄、德、法三国进行对抗，只好接受了他们的要求。中国为此再向日本付出了 3000 万两白银的巨额"赎金"。

3. 社会主义的公民权利

我们从人权是特权、人权同竞争、人权同私有制连在一起等系列论述可以看出，经典作家对自然权利和资本主义人权均取否定态度。这种否定论述，是原理性的。

经典作家没有提出"社会主义人权""马克思主义人权"概念。他们认为公民权利的前提，是公民享有平等的政治地位和社会地位。没有这个前提，一切权利都是虚伪的、实际上不能实现的。只有社会主义才能做到公民的政治地位和社会地位一律平等。

在此基础上，经典作家论述了社会主义条件下的公民权利问题，而且巴黎公社和苏联通过立法做了充分保障。我国宪法明确规定了公民的基本权利。包括选举权和被选举权、自由权（言论、出版、集会、结社、游行、示威的自由和宗教信仰自由、人身自由、通信自由和文化活动自由）、人格权、居住权、劳动权、休息权、获得物质帮助权、受教育权，以及批评、建议权和监督权等等。

社会主义公民权利同西方法学上的人权，具有不同的名称、性质和类别。

譬如，参政权，西方法学解释为"人民参与国家权力运行的权利"。参政权被标榜为政治民主。其具体权利，西方学界分为四种：一是选举权。人民选举官员和议员，或自身被选为官员和议员的权利。二是复决权。是人民对于立法机关所提出的某种法律案，予以同意，或某种已通过的特定法律案，予以批准的权利。三是创制权。人民就某种事项，请求立法机关制定某种法律的权利。四是罢免权。人民对于选举的官员和议员，或政府任命的官员，享有罢免的权利。

以上四种情形，混淆了权力与权利的区别。选举权是公民个人的权利，而复决权、创制权和罢免权是国家权力的表现，是通过有权机关依据权限和一定程序实现的，不是公民个人权利所为。复决权、创制权和罢免权古已有之，非资本主义的创造。而且，这些权力属于行政事务，就是说，凡有行政者必有之，不存在民主与不民主问题。

在社会主义条件下，国家的一切权力属于人民。这里的人民，是工人阶级和农民阶级为主的广大劳动人民。人民依照法律规定，通过各种途径和形式，管理国家事务，管理经济和文化事业，管理社会事务。人民的主人翁地位，决定了他们是国家权力的承担者。同时，作为公民个人，享有法律规定的权利。

人民的权力主体地位，说明了他们是"执政"，而不是"参政"。

我国的人民政协，是民主党派和民主人士政治协商的组织，不是国家机构，不属于国家权力的组成部分。这里的"参政"，是政协委员依据公民权利商议国是，充分发挥政协组织的参政、议政功能。

在社会主义国有企业，职工代表大会是企业职工的民主管理权力机关。其权力来源于职工的主人翁地位。立法保障职工代表在审议企业重大决策、监督行政领导、维护职工合法权益等方面的权力和作用。

在西方的企业立法中，往往有"职工参与制"的规定。在股份制企业，股东会是企业权力机关。其权力来源于出资者对企业的出资。只有股东才能进入股东会。职工没有管理企业的权力。所谓"职工参与制"，并不是职工参与企业决策和管理。德国的"职工参与制"是比较典型的。职工参与的方式，有工厂委员会、共同决策制、工会等等。工厂委员会由职工选举代表组成。委员会每月举行一次与雇主的联席会议，雇主的义务是提供信息、征求意见。委员会可以对企业的战略性决定表达观点，但不参与决策。共同决策制，名为共同决策，实际上是劳资双方沟通，促进合作，减少冲突。至于工会，主要是组织工会代表与雇主进行集体谈判，并不参与企业管理。这样的"职工参与制"，不能改变企业的性质，不能改变职工的雇佣劳动者地位。

至于监事会，按照法律规定，监事一般由股东会选任，从股东中产生，其报酬一般由股东会决定。监事会中的职工代表，不可能独立对企业行政和生产经营业务进行有效监督。况且，监事会中的职工代表，一般只有一人。

总之，西方法学用公民个人的权利替代人民权力，以掩盖资产者独占国家权力的实质，而这个公民权利，又是虚伪的、残缺不全的和说在嘴上写在纸上的权利。因此，资产阶级的公民权利、人权，同社会主义的公民权利、人权，不是一回事。

每一个单个的人都是他在其中诞生、发展并继续受其影响的自然环境和社会环境的不以意志为转移的产物。人的全部不道德行为的三个重要原因就是：政治的、经济的和社会的不平等，作为不平等的自然结果的愚昧无知，以及这两者的必然后果——奴役。可以承认社会在其目前过渡状态中所具有的唯一权利，就是为了自卫而杀死它自己制造出来的罪犯的自然权利，而不是审判和惩治这些罪犯的权利。这种权利甚至也不是按这个词的确切含义来说的；不如说这是令人悲痛的但是必不可免的自然事实，是现社会的无力和愚钝的标志和结果；社会愈少地使用这种权利，它就愈接近于它本身的真正解放。

马克思恩格斯：《社会主义民主同盟和国际工人协会》，
《马克思恩格斯全集》第 18 卷第 508 页。

一切人，作为人来说，都有某些共同点，在这些共同点所及的范围内，他们是平等的，这样的观念自然是非常古老的。但是现代的平等要求是与此完全不同的；这种平等要求更应当是，从人的这种共同特性中，从人就他们是人而言的这种平等中，引伸出这样的要求：一切人，或至少是一个国家的一切公民，或一个社会的一切成员，都应当有平等的政治地位和社会地位。

恩格斯：《反杜林论》，
《马克思恩格斯全集》第 20 卷第 113 页。

正义本身，按照这个词的最合乎人性、最广泛的意义来说，无非是所谓否定的和过渡性的思想；它提出各种社会问题，但是并不去周密地考虑它们，而只是指出一条解放人的唯一可行的途径，就是通过自由和平等使社会人道化；只有在日益合理的社会组织中才可

能提供积极的解决办法。这是非常合乎期望的解决办法，是我们的共同理想

马克思恩格斯：《社会主义民主同盟和国际工人协会》，
《马克思恩格斯全集》第 18 卷第 508 页。

平等的要求也好，十足劳动收入的要求也好，当需要从法学上来具体表述它们的时候，都会陷入无法解决的矛盾，而且问题的实质，即生产方式的改造，则多少没有被触及。伟大的空想主义者放弃了政治斗争同时就是放弃了阶级斗争，也就是放弃了他们捍卫其利益的那个阶级的唯一可能的活动方式。两种观点都脱离了它们赖以存在的历史背景；双方都诉诸感情；一方诉诸正义感，另一方诉诸人性感。双方都给自己的要求披上虔诚愿望的外衣，至于这些要求为什么恰恰应当在现在而不是在一千年以前或一千年以后实现，那是无法说的。

恩格斯：《法学家的社会主义》，
《马克思恩格斯全集》第 21 卷第 547 页。

在"德法年鉴"中，按照所阐述的问题的性质，只对法国革命所宣布的人权作了揭露。然而这种把竞争看作"人权"的观点还可在一世纪前的资产阶级代表（约翰·汉普敦、配第、布阿吉尔贝尔、柴尔德等）那里发现。

至于谈到权利，我们和其他许多人都曾强调指出了共产主义对政治权利、私人权利以及权利的最一般的形式即人权所采取的反对立场。请看一下"德法年鉴"，那里指出特权、优先权符合于与等级相联系的私有制，而权利符合于竞争、自由私有制的状态（第 206 页及其他各页）；指出人权本身就是特权，而私有制就是垄断。

马克思恩格斯：《德意志意识形态》，
《马克思恩格斯全集》第 3 卷第 228～229 页。

这样，工人从生产过程中出来时，已和他进入时完全不同了。劳动契约对他来说并非生产的自由当事人的契约。他自由出卖劳动力的时间，乃是他被迫出卖劳动力的时间。工人只有进行群众性的反抗，才能争取到国家的法律，以保障自己不再因和资本订立自愿契约，而把自己和自己的后代出卖，沦于死亡和奴隶的境地。工厂法的朴素 Magna Charta〔大宪章〕，代替了关于不可出卖的人权的华丽条目。

恩格斯：《卡·马克思"资本论"第一卷提纲》，
《马克思恩格斯全集》第 16 卷第 303～304 页。

任何君主制的复辟必然会带来暴力的统治、对各种社会自由和个人权利的压制，而这正是工人阶级应当力求避免的。

恩格斯：《一八七七年的欧洲工人》，
《马克思恩格斯全集》第 19 卷第 152 页。

工人一定要对每次错误的罚款提出自己的申诉，一定要向视察员要求退回罚款，如果

视察员拒绝，就向法院要求。即使工人从视察员和法院那里一无所获，那他们的努力也不会是白费的，因为这会擦亮工人的眼睛，使他们明白我们的法律是怎样对待工人权利的。

列宁：《对工厂工人罚款法的解释》，
《列宁全集》第2卷第45页。

对"人道的"文明生活的要求、对联合的要求、对保护自己的尊严以及人权和公民权的要求，笼罩了一切，联合了一切阶级，大大地超过了任何党性，激励着还远远不能提到党性高度的人们。

列宁：《社会主义政党和非党的革命性》，
《列宁全集》第12卷第125页。

对俄国的任何一个公民，不分性别和宗教信仰，都不得因为他的任何民族出身或族籍而在政治权利和任何其他权利上加以限制。

凡在社会生活和国家生活的任何方面对犹太人加以限制的一切法律、暂行规定、法律附则等等，一律废除。第9卷第767条称："在没有对犹太人作专门规定的一切场合，一般法律均适用于犹太人。"这一条文应予取消。在居住权和迁徙权、受教育权、担任国家职务和社会职务权、选举权、服兵役、在城市和乡村购置和租用不动产权等方面对犹太人的所有一切限制应予废除；在从事自由职业等方面对犹太人的一切限制应予废除。

列宁：《关于民族平等的法律草案》，
《列宁全集》第25卷第20页。

在《真理之路报》第48号（3月28日）上，俄国社会民主党工人党团公布了关于民族平等的法律草案，该法律草案的正式名称是《关于废除对犹太人权利的一切限制及与任何民族出身或族籍有关的一切限制的法律草案》。

列宁：《民族平等》，
《列宁全集》第25卷第90页。

为了使你们更清楚地了解这个事件的历史意义，我不妨把工人的请愿书念几段给你们听听。请愿书的开头是这样的："我们，住在彼得堡的工人，特来求见陛下。我们是些不幸的、受到侮辱的奴隶，我们备受专横暴政的欺压。当我们忍无可忍的时候，我们停止了工作请求我们的厂主哪怕是给我们生活中必不可少的东西。但是这个要求被拒绝了，因为厂主认为这一切都是不合法的。我们这里成千上万的工人也像全俄国的人民一样，没有一点人权。由于陛下的官吏之故，我们已变成了奴隶。"请愿书列举了下面的要求：实行大赦，实现舆论自由，发给正常的工资，逐步把土地转交给人民，根据普遍的、平等的选举召开立宪会议。

列宁：《关于1905年革命的报告》，
《列宁全集》第28卷第313～314页。

恩格斯在《反杜林论》里，"都应当有平等的政治地位和社会地位"的结论，是针对杜林关于平等的胡说提出的。恩格斯对"异己的意志正是在通过暴力实行的平等化中被认为是有平等权利的"这句话，指出是对黑格尔学说的一种歪曲。按照黑格尔学说，受罚是犯罪者的权利："受罚被认为包含着犯罪者本人的权利，在这里罪犯是被当作有理性者来尊重的。"（《法哲学》第 100 节注释）

恩格斯进一步指出，两个意志的完全平等，只是在这两个意志什么愿望也没有的时候才存在；一当它们不再是抽象的人的意志而转为现实的个人的意志，转为两个现实的人的意志的时候，平等就完结了。

列宁在《民族平等》里说的"关于民族平等的法律草案"，它的正式名称是《关于废除对犹太人权利的一切限制及与任何民族出身和族籍有关的一切限制的法律草案》。是列宁为第四届国家杜马俄国社会民主党工人党团起草的，准备在杜马讨论内务部预算时提出。

法律草案以俄国社会民主党工人党团的名义公布在《真理之路报》上。列宁认为，用成千上万个无产者的签名和声明来支持该草案是俄国工人的光荣的事情。他指出："这将最有效地巩固俄国不分民族的全体工人的充分团结，使他们更加打成一片。"

（四）自然观

1. 法与唯物主义的辩证法的自然观

自然观，就是对于自然的总观念，包括世界观和方法论两个方面。在关于自然世界的思想史上，存在着各种各样的自然观。但归根结底，自然观归结为两个，一个是唯物主义的辩证的自然观，一个是唯心主义的形而上学的自然观。

恩格斯提出的"唯物主义的自然观"和"辩证自然观"术语，准确地概括了科学的自然观。恩格斯的《自然辩证法》，是科学的自然观的集中表现。

自然观反映在法律和法学思想上，是通过社会关系实现的。自然观不是超社会、超时代的，它一定在社会关系中反映出来，因而必然在立法和法学思想上表现出来。

马克思和恩格斯是唯物主义者。他们用唯物主义观点观察世界和人类，看出一切自然现象都有物质原因作基础，同样，人类社会的发展也是受物质力量即生产力的发展所制约的。生产力的发展决定人们在生产人类必需的产品时彼此所发生的关系。用这种关系才能解释社会生活中的一切现象，人的意向、观念和法律。

列宁：《弗里德里希·恩格斯》，
《列宁全集》第 2 卷第 6 页。

辩证法在考察事物及其在头脑中的反映时，本质上是从它们的联系、它们的连结、它们的运动、它们的产生和消失方面去考察。自然界是检验辩证法的试金石，而且我们必须说，现代自然科学为这种检验提供了极其丰富的、与日俱增的材料，并从而证明了，自然界的一切归根到底是辩证地而不是形而上学地发生；自然界不是循着一个永远一样的不断重复的圆圈运动，而是经历着实在的历史。

恩格斯：《社会主义从空想到科学的发展》，

《马克思恩格斯全集》第19卷第222页。

新的自然观的基本点是完备了：一切僵硬的东西溶化了，一切固定的东西消散了，一切被当作永久存在的特殊东西变成了转瞬即逝的东西，整个自然界被证明是在永恒的流动和循环中运动着。

恩格斯：《自然辩证法》，

《马克思恩格斯全集》第20卷第370页。

马克思和我，可以说是从德国唯心主义哲学中拯救了自觉的辩证法并且把它转为唯物主义的自然观和历史观的唯一的人。可是要确立辩证的同时又是唯物主义的自然观，需要具备数学和自然科学的知识。

恩格斯：《反杜林论》，

《马克思恩格斯全集》第20卷第13页。

物质最初是当前现实的东西，但只是自在的、隐蔽的；只有当它"积极地展示自己并实现自己的多样性"的时候（"当前现实的东西""实现自己"!!），它才成为自然。最初存在着物质这个概念、这个抽象、这个观念，而这个观念则在现实的自然中实现自己。

马克思恩格斯：《德意志意识形态》，

《马克思恩格斯全集》第3卷第101页。

意识一开始就是社会的产物，而且只要人们还存在着，它就仍然是这种产物。当然，意识起初只是对周围的可感知的环境的一种意识，是对处于开始意识到自身的个人以外的其他人和其他物的狭隘联系的一种意识。同时，它也是对自然界的一种意识，自然界起初是作为一种完全异己的、有无限威力的和不可制服的力量与人们对立的，人们同它的关系完全像动物同它的关系一样，人们就像牲畜一样服从它的权力，因而，这是对自然界的一种纯粹动物式的意识（自然宗教）。

马克思恩格斯：《德意志意识形态》，

《马克思恩格斯全集》第3卷第34~35页。

我把十八世纪的唯物主义者也算入这个时期，因为除了上面所述说的，再没有其他的自然科学材料可以供他们支配。康德的划时代的著作对于他们依然是一个秘密，而拉普拉斯在他们以后很久才出现。我们不要忘记：这个陈腐的自然观，虽然由于科学的进步而被弄得百孔千疮，但是它仍然统治了十九世纪的整个上半叶，并且一直到现在，一切学校里主要还在讲授它。

恩格斯:《自然辩证法》,

《马克思恩格斯全集》第 20 卷第 365 ~ 366 页。

当然,唯物主义的自然观不过是对自然界本来面目的朴素的了解,不附加以任何外来的成分,所以它在希腊哲学家中间从一开始就是不言而喻的东西。但是,在古希腊人和我们之间存在着两千多年的本质上是唯心主义的世界观,而在这种情况下,即使要返回到不言而喻的东西上去,也并不是象初看起来那样容易。因为问题决不在于简单地抛弃这两千多年的全部思想内容,而是要批判它,要从这个暂时的形式中,剥取那在错误的、但为时代和发展过程本身所不可避免的唯心主义形式中获得的成果。

恩格斯:《自然辩证法》,

《马克思恩格斯全集》第 20 卷第 539 页。

那时,自然界根本不被看作某种历史地发展着的、在时间上具有自己的历史的东西;注意考察的仅仅是它在空间的广延性;各种不同的形态不是前后相继地而只是并排地被组合在一起;自然史对一切时代都是适用的。

恩格斯:《自然辩证法》,

《马克思恩格斯全集》第 20 卷第 534 页。

这里首先就应当指出达尔文,他极其有力地打击了形而上学的自然观,因为他证明了今天的整个有机界,植物和动物,因而也包括人类在内,都是延续了几百万年的发展过程的产物。

恩格斯:《自然辩证法》,

《马克思恩格斯全集》第 20 卷第 700 页。

事情不在于把辩证法的规律从外部注入自然界,而在于从自然界中找出这些规律并从自然界里加以阐发。

恩格斯:《反杜林论》,

《马克思恩格斯全集》第 20 卷第 15 页。

正是那些过去被认为是不可调和的和不能解决的两极对立,正是那些强制规定的分界线和类的区别,使现代的理论自然科学带上狭隘的形而上学的性质。这些对立和区别,虽然存在于自然界中,可是只具有相对意义,相反地,它们那些被设想的固定性和绝对意义,则只不过被我们人的反思带进自然界的——这样的一种认识,构成辩证自然观的核心。

恩格斯:《反杜林论》,

《马克思恩格斯全集》第 20 卷第 16 页。

无论在十八世纪的法国人那里，还是在黑格尔那里，占统治地位的自然观都是：自然界是一个在狭小的循环中运动的、永远不变的整体，其中有牛顿所说的永恒的天体和林耐所说的不变的有机物种。和这个自然观相反，现代唯物主义概括了自然科学的最新成就，从这些成就看来，自然界也有自己的时间上的历史，天体和在适宜条件下存在于天体上的有机物种一样是有生有灭的；至于循环，即使它能够存在，也具有无限加大的规模。在这两种情况下，现代唯物主义都是本质上辩证的，而且不再需要任何凌驾于其他科学之上的哲学了。

恩格斯：《反杜林论》，

《马克思恩格斯全集》第20卷第28页。

这种近代德国哲学在黑格尔的体系中达到了顶峰，在这个体系中，黑格尔第一次——这是他的巨大功绩——把整个自然的、历史的和精神的世界描写为一个过程，即把它描写为处在不断的运动、变化、转变和发展中，并企图揭示这种运动和发展的内在联系。从这个观点看来，人类的历史已经不再是乱七八糟的一堆统统应当被这时已经成熟了的哲学理性的法庭所唾弃并最好尽快被人遗忘的毫无意义的暴力行为，而是人类本身的发展过程，而思维的任务现在就在于通过一切迂回曲折的道路去探索这一过程的依次发展的阶段，并且透过一切表面的偶然性揭示这一过程的内在规律性。

恩格斯：《反杜林论》，

《马克思恩格斯全集》第20卷第26~27页。

这种自然宗教或对自然界的特定关系，是受社会形态制约的，反过来也是一样。这里和任何其他地方一样，自然界和人的同一性也表现在：人们对自然界的狭隘的关系制约着他们之间的狭隘的关系，而他们之间的狭隘的关系又制约着他们对自然界的狭隘的关系，这正是因为自然界几乎还没有被历史的进程所改变；但是，另一方面，意识到必须和周围的人们来往，也就是开始意识到人一般地是生活在社会中的。

马克思恩格斯：《德意志意识形态》，

《马克思恩格斯全集》第3卷第35页。

恩格斯在《自然辩证法》里，说"它仍然统治了十九世纪的整个上半叶"，在页边上写着："旧的自然观的凝固不变的性质，提供了把全部自然科学作为一个整体加以概括的基础。法国的百科全书派还是纯粹机械地把一种自然科学和另一种并列，后来这样做的同时有圣西门和由黑格尔完成的德国自然哲学。"

恩格斯说"一直到现在，一切学校里主要还在讲授它"，是指1861年出版的梅特勒《宇宙的奇妙结构，或通俗天文学》。"我们的太阳系的所有安排，就我们所能洞察的而言，是以保持现存的东西及其持续不变为目的的。正如从最古时期以来地球上的任何动物、任何植物都没有变得更完善而且绝没有变成另外的东西，正如在一切有机体中所看到的只是一个阶段邻近另一个阶段，而不是一个阶段跟着另一个阶段，正如我们自己的种族在肉体方面始终是同样的，——甚至同时并存的天体的最大的多样性，也并没有给我们一种理由来假定这些形式仅仅是不同的发展阶段，倒宁可说一切创造出来的东西就其本身来说都是同样完善的。"

根据康德的星云假说，太阳系是从原始星云（拉丁文 nebula——雾）发展而来的，他在 1755 年科尼斯堡和莱比锡出版的著作《自然通史和天体论，或根据牛顿原理试论宇宙的结构和机械起源》中阐述了这一假说。这本书是匿名出版的。

拉普拉斯关于太阳系的构成的假说最初是在他于 1796 年在巴黎出版的《宇宙体系解说》中得到了阐述。在作者拉普拉斯生前编好而在死后即 1835 年出版的该书的最后一版即第六版中，这个假说是在该书的最后一个，即第七个注中加以阐述的。宇宙空间存在着类似康德—拉普拉斯星云假说所设想的原始星云的炽热的云雾体，英国天文学家威·哈金斯于 1864 年用光谱学方法证明了这一点，他在天文学中广泛地运用了古·基尔霍夫和罗·本生在 1859 年创造的光谱分析法。

恩格斯在《反杜林论》里指出，黑格尔把整个自然的、历史的和精神的世界描写为一个过程，并"企图揭示这种运动和发展的内在联系"。在《反杜林论》的《引论》的草稿中，是这样描述黑格尔哲学的："就哲学是凌驾于其他一切科学之上的特殊科学来说，黑格尔体系是哲学的最后的最完善的形式。全部哲学都随着这个体系没落了。但是留下了辩证的思维方式以及关于自然的、历史的和精神的世界在产生和消失的不断过程中无止境地运动着和转变着的观念。不仅哲学，而且一切科学，现在都必须在自己的特殊领域内揭示这个不断的转变过程的运动规律。而这就是黑格尔哲学留给它的继承者的遗产。"

2. 法与唯心主义的形而上学的自然观

自然法理论的自然观，是虚无缥缈的彼岸世界的自然观，是唯心主义的形而上学的自然观，这必然导致唯心主义的形而上学的法律观。

这种自然观在法上的表现，主要是：

第一，法的神化。按照经典作家的说法，"法披上神话的外衣""自然界按照神的意志做这件事或那件事""自然法教科书就是历史学派的旧约全书"，用"绝对精神来代替人和自然界之间的现实的联系一样。她必须把一切自然的、人类的关系化为对上帝的彼岸关系"。

第二，用人格化的法来同化自然力。"人对自然界的自觉活动看成是纯粹抽象观念的表现""自然界是'纯粹思维'的产物，在自然界和社会中都不存在客观规律性""把某些思想强加于自然界"并"想在人类社会中看到这些思想的实现"。这样，法就成为不受物质生活条件决定的东西了。

第三，制造自然界和法律之间的对立。"企图用自然历史的原因来解释"法律现象，认为"只是自然界作用于人，只是自然条件到处在决定人的历史发展""自然界的单个的生物的本能和力量变成了'自然界'的本能和力量"。这样，脱离历史的法对自然界的关系，变成了"假象的地平线"的法学。

至于说天只有一个，这是显然的。认为天体即是众神，而神性的东西包围着整个自然界的看法，是从祖先和古代人那里流传下来并以神话的形式在后人中间保存下来的。其余的东西则是为了引起群众的信仰，当作有利于法律和生活的东西而被披上神话的外衣添加进去的。

马克思：《德谟克利特的自然哲学和伊壁鸠鲁的自然哲学的差别》，
《马克思恩格斯全集》第1卷上册第56页。

先从事实得出一个抽象概念，然后宣称这个事实是以这个抽象概念为基础的。这是给自己装上一副德国人的深思的和思辨的姿态的一种最便宜的方法。例如：事实：猫吞噬老鼠。反思：猫是自然界，老鼠是自然界，猫吞噬老鼠＝自然界吞噬自然界＝自然界自己吞噬自己。这个事实的哲学描写是：猫吞噬老鼠是以自然界自己吞噬自己为基础的。

人和自然界的斗争被作者用这种方法神秘化了以后，人对自然界的自觉的活动也被他神秘化了，他把这种活动看成是这一现实斗争的纯粹抽象观念的表现。

马克思恩格斯：《德意志意识形态》，
《马克思恩格斯全集》第3卷第569页。

自然科学和哲学一样，直到今天还完全忽视了人的活动对他的思维的影响；它们一个只知道自然界，另一个又只知道思想。但是，人的思维的最本质和最切近的基础，正是人所引起的自然界的变化，而不单独是自然界本身；人的智力是按照人如何学会改变自然界而发展的。因此，自然主义的历史观（例如，德莱柏和其他一些自然科学家都或多或少有这种见解）是片面的，它认为只是自然界作用于人，只是自然条件到处在决定人的历史发展，它忘记了人也反作用于自然界，改变自然界，为自己创造新的生存条件。

恩格斯：《自然辩证法》，
《马克思恩格斯全集》第20卷第573～574页。

单是正确地反映自然界就已经极端困难，这是长期的经验历史的产物。在原始人看来，自然力是某种异己的、神秘的、超越一切的东西。在所有文明民族所经历的一定阶段上，他们用人格化的方法来同化自然力。正是这种人格化的欲望，到处创造了许多神；而被用来证明上帝存在的万民一致意见恰恰只证明了这种作为必然过渡阶段的人格化欲望的普遍性，因而也证明了宗教的普遍性。只有对自然力的真正认识，才把各种神或上帝相继地从各个地方撵走（赛奇及其太阳系）。现在，这个过程已进展到这样的程度，以致可以认为它在理论方面已经结束了。

恩格斯：《〈反杜林论〉材料》，
《马克思恩格斯全集》第20卷第672页。

过去是以人只是自然界的物体这一说法为根据来证明"人"应当在自己的范围内消灭那种似乎在自然界中不存在的二重性，而现在又根据人只是自然界借以认识自己的一面消极的镜子的说法来证明这一点。我们还是进一步来看看这个集中表现了这一荒谬说法的论断吧。

人具有自我意识，这就是上面所指出来的第一件事实。自然界的单个的生物的本能和力量变成了"自然界"的本能和力量，这种本能和力量当然是零散地在这些单个的生物中"表现出来"的。这种神秘化之所以必要，是为了以后杜撰"自然界"的本能和力量在人的自我意识中的结合。不言而喻，这样一来，人的自我意识就变成了蕴涵在人身上的自然界的自我意识。后来，这种神秘化似乎由于人向自然界实行报复而又被消灭；自然界在人当中找到自己的自我意识，现在人为了进行报仇就在自然界当中去找寻自己的自我意识；在这个程序之下，人当然只能在自然界中找到自己用上述神秘化的方法注入自然界的东西。

这样他就顺利地回到自己的出发点，而这种用自己脚后跟旋转的玩艺儿，现在在德国被称为……发展。

马克思恩格斯：《德意志意识形态》，

《马克思恩格斯全集》第 3 卷第 558～559 页。

只有假定存在着一个唯一能帮助这种状态进入运动的、超越现实世界的、人格化的上帝，才是可以想象的。在论述有机界的时候，现实哲学先是把达尔文的生存斗争和自然选择看作"一种与人性对抗的兽性"而加以否定，后来又把这两者作为在自然界中起作用的因素——虽然是次要的因素——从后门放了进来。

……

在法学方面也是如此，虽然尽了一切努力要人们相信相反的东西，还是表现了甚至在最平庸的旧普鲁士法学家中也很少见的无知。"不承认任何仅仅是假象的地平线"的哲学，在法律上却满足于和普鲁士邦法的实施范围相吻合的真实的地平线。

恩格斯：《反杜林论》，

《马克思恩格斯全集》第 20 卷第 157～158 页。

你们的偏颇观念，驱使你们把自己的生产关系和所有制关系从生产发展过程中暂时的历史性的关系夸大成为永久的自然规律和理性规律，而你们的这种偏颇观念原是过去一切灭亡了的统治阶级所共有的。

马克思恩格斯：《共产党宣言》，

《马克思恩格斯全集》第 4 卷第 485 页。

过去的一切历史观不是完全忽视了历史的这一现实基础，就是把它仅仅看成与历史过程没有任何联系的附带因素。根据这种观点，历史总是遵照在它之外的某种尺度来编写的；现实的生活生产被描述成某种史前的东西，而历史的东西则被说成某种脱离日常生活的东西，某种处于世界之外和超乎世界之上的东西。这样就把人对自然界的关系从历史中排除出去了，因而造成了自然界和历史之间的对立。

马克思恩格斯：《德意志意识形态》，

《马克思恩格斯全集》第 3 卷第 44 页。

这个人对别人是如此严格，而他本人却十分确切地知道自然界按照谁的意志做这件事或那件事，谈论自然界的纤巧性，甚至还谈到自然界的意志！真是降神术的紊乱，然而是在哪里？在海克尔那里呢，还是在杜林先生那里？

恩格斯：《反杜林论》，

《马克思恩格斯全集》第20卷第77页。

历史学派已把研究起源变成了自己的口号，它把自己对起源的爱好发展到了极端，以致要求船夫不在江河的干流上航行，而在江河的源头上航行。因此，要是我们返回到历史学派的起源去，返回到胡果的自然法去，这个学派肯定会认为是合情合理的。

马克思：《历史法学派的哲学宣言》，

《马克思恩格斯全集》第1卷第229页。

胡果就是还没有接触到浪漫主义文化的历史学派的自然人，他的自然法教科书就是历史学派的旧约全书。

马克思：《历史法学派的哲学宣言》，

《马克思恩格斯全集》第1卷第229页。

当我们认为胡果先生是18世纪的产儿的时候，我们甚至是按照胡果先生的意图行事的，这位先生本人也证实了这一点，他自称是康德的学生，并把自己的自然法称作康德哲学的支脉。

马克思：《历史法学派的哲学宣言》，

《马克思恩格斯全集》第1卷上册第230页。

如果说有理由把康德的哲学看成是法国革命的德国理论，那么，就应当把胡果的自然法看成是法国旧制度的德国理论。

马克思：《历史法学派的哲学宣言》，

《马克思恩格斯全集》第1卷第233页。

"真正的社会主义者"把某些思想强加于自然界，他想在人类社会中看到这些思想的实现。以前单个人被宣布为自然界的镜子，而现在则是整个社会被宣布为自然界的镜子。现在可以根据强加于自然界的各个观念作出关于人类社会的进一步的结论了。由于作者满足于这种空洞的类比，没有深入去考察社会历史的发展，所以不清楚为什么在任何时代社会都不是自然界的正确的反映。因此，认为社会是同个人对立的限制性力量的说法等等就可以运用于一切社会形态。

马克思恩格斯：《德意志意识形态》，

《马克思恩格斯全集》第3卷第561~562页。

应当把哈勒、施塔尔、莱奥及其同伙的法律理论和历史理论看作只不过是胡果的自然法的旧版翻新，在经过几番考证辨析之后，在这里又可以看出旧的原文了，以后如有机会，我们将更为详细地来说明这一点。

马克思：《历史法学派的哲学宣言》，

《马克思恩格斯全集》第 1 卷第 238～239 页。

我为《德国年鉴》写的另一篇文章是在内部的国家制度问题上对黑格尔自然法的批判。这篇文章的主要内容是同君主立宪制作斗争，同这个彻头彻尾自相矛盾和自我毁灭的混合物作斗争。

《马克思致阿·卢格》，

《马克思恩格斯全集》第 27 卷第 421 页。

从上世纪末叶开始的资本主义机器工业的发展造成了过剩人口，于是在政治经济学面前便提出了解释这个现象的任务。大家知道，马尔萨斯企图用自然历史的原因来解释这个现象，根本否认它来源于历史上一定的社会经济制度的事实，完全闭眼不看这个事实所揭示出来的矛盾。

列宁：《评经济浪漫主义》，

《列宁全集》第 2 卷第 147 页。

批判的批判指责“浪漫主义艺术”的“统一教条”，可是它现在却力求获得“真正统一的整体”、“现实的统一体”，并且抱着这个目的，用虚幻的联系、神秘的主客体来代替世界秩序和世界事件之间的自然的合乎人性的联系，这就像黑格尔用那一身兼为整个自然界和全体人类的绝对的主客体——绝对精神来代替人和自然界之间的现实的联系一样。

马克思恩格斯：《神圣家族》，

《马克思恩格斯全集》第 2 卷第 213 页。

教士必须使她感到自惭形秽，必须把她的自然的和精神的力量以及各种自然的赋与都化为灰烬，以便使她能够接受他所许给的超自然的赋与，即接受洗礼。

马克思恩格斯：《神圣家族》，

《马克思恩格斯全集》第 2 卷第 220 页。

玛丽不应当把她所受到的宽恕看作同一种人类造物对她这同一人类造物的自然的、理所当然的关系，而应当把这看作一种无限的、超自然的、超人类的仁慈和宽恕，应当把人的宽恕看作上帝的仁慈。她必须把一切自然的、人类的关系化为对上帝的彼岸关系。玛丽花对牧师关于上帝仁慈的空谈所做的回答，表明宗教教义已经把她腐蚀到什么样的程度了。

马克思恩格斯：《神圣家族》，

《马克思恩格斯全集》第 2 卷第 220～221 页。

伊壁鸠鲁承认，他的解释方法的目的在于求得自我意识的心灵的宁静，而不在于对自然的认识本身。

马克思：《德谟克利特的自然哲学和伊壁鸠鲁的自然哲学的差别》，
《马克思恩格斯全集》第 1 卷上册第 28 页。

格律恩先生："莫斯地方的主教博胥埃在自己的著作'从圣经引伸出的政治学'中就已经写道：'如果没有政府〈没有政治——格律恩先生的可笑的补充〉，土地和一切财富就会像空气和阳光一样成为一切人的公共财产；根据固有的自然法，任何人都没有占有任何东西的特权'"。

……

卡贝："请听德国的自然法的教授，斯德哥尔摩和柏林的国务参事德·普芬多夫男爵怎样讲；他在关于自然法和国际法的著作中驳斥霍布斯和格劳修斯关于君主专制政体的学说，宣布自然平等、博爱、财产共有，并且承认私有制是人的制度，它产生于友好的分割，分割的目的是保证每个人特别是工作者有固定的财产，不管是共同的或分开的，因此，他也承认现在的财产不平等是一种非正义性，这种非正义性只是由于富人的无耻和穷人的怯懦而正在引起其他的不平等。〈格律恩先生把这句话翻译得毫无意义〉……"格律恩先生的"离开"法国主题的地方就在于，卡贝引证一个德国人的话，而格律恩甚至按照法国人的错误的缀字法拼写德国人的名字。他的那些修改就已使人感到惊讶，更不必说他译错和遗漏的那些地方了。

马克思恩格斯：《德意志意识形态》，
《马克思恩格斯全集》第 3 卷第 619～620 页。

历史学派已把研究的起源变成了自己的口号，它把自己对起源的爱好发展到了极端，以致要求船夫不在江河的干流上航行，而在江河的源头上航行。因此，要是我们返回到历史学派的起源去，返回到胡果的自然法去，这个学派肯定会认为是合情合理的。历史学派的哲学产生于历史学派的发展之前，所以，要在该学派的发展本身中去寻找哲学是徒劳无益的。

马克思：《历史法学派的哲学宣言》，
《马克思恩格斯全集》第 1 卷上册第 229 页。

应当把哈勒、施塔尔、莱奥及其同伙的法律理论和历史理论看作只不过是胡果的自然法的旧版翻新，在经过几番考证辨析之后，在这里又可以看出旧的原文了，以后如有机会，我们将更为详细地来说明这一点。

马克思：《历史法学派的哲学宣言》，
《马克思恩格斯全集》第 1 卷上册第 238～239 页。

恩格斯在《自然辩证法》里说，"只有对自然力的真正认识，才把各种神或上帝相继地从各个地方撵走（赛奇及其太阳系）"，是说直到最后，自然界无限的领域都被科学所征服，而且没有给造物主留下一点立足之地。恩格斯说，"牛顿还让上帝来作'第一次推动'，但是禁止他进一步干涉自己的太阳系。神甫赛奇虽然以合乎教规的一切荣誉来恭维他，但是绝对无条件地把他完全逐出了太阳系，只允许他在关系列原始星云的时候还有一次创造行为。在一切领域中，情形都是如此。"

这里摘引了马克思在《历史法学派的哲学宣言》里提到的历史法学派。

历史法学派是 18 世纪末产生于德国的一个以反对古典自然法学派、强调法律体现民族精神和历史传统为特征的法学流派。它反对 1789 年法国革命中的资产阶级民主主义思想，重视习惯法，反对制定普遍适用的法典。代表人物有古·胡果、弗·卡·萨维尼等人。这一学派在德国开始兴起时代表封建贵族的利益，以后逐步演变成 19 世纪资产阶级法学中的一个重要流派。马克思的《历史法学派的哲学宣言》和《〈黑格尔法哲学批判〉导言》，集中对这一流派进行了批判。

1842 年 2 月 28 日，普鲁士国王任命该派的代表人物弗·卡·冯·萨维尼为普鲁士法律修订大臣，负责修改普鲁士邦法的某些规定，修改省的有关法律，以便巩固封建的法律关系。于是历史法学派就为修订法律提供了理论和方法上的依据。1842 年 6 月底到 7 月初，报刊上刊登了一些新修订的法律，并展开讨论。马克思参与了这次讨论并为《莱茵报》撰写了《历史法学派的哲学宣言》。文章剖析了历史法学派创始人胡果的哲学观点、思想方法和立论根据，指出历史法学派关于自由、婚姻、教育、私法和国家法等方面的观点都来自胡果的思想。

在《历史法学派的哲学宣言》中，马克思谴责了历史法学派和反动的浪漫主义的代表借口维护历史传统来为封建专制制度辩护的企图，指出人们有理由把康德的哲学看成是法国革命的德国理论，而自称是康德学生的历史法学派创始人胡果的自然法却是法国旧制度的德国理论。这样，马克思就清楚地表明，历史法学派的代表想通过修订普鲁士法律来恢复历史上已过时的制度。

胡果·格劳修斯（Hugo Grotius，1583—1645）是荷兰法学家，资产阶级自然法理论的创始人之一。胡果 1819 年柏林版的《作为实在法、特别是私法的哲学的自然法教科书》，充分表现了胡果的自然法思想。

马克思恩格斯在《德意志意识形态》里说的"德·普芬多夫男爵"，是赛谬尔·冯·普芬多夫（Samuel von pufendorf，1632—1694），德国法学家和历史学家，资产阶级的"自然法"理论的代表人物之一。

二、习惯法制度

习惯法来源于原始社会的习惯，但习惯法与原始社会的习惯有了本质区别。习惯法在奴隶制社会和封建制社会是法的渊源，到资本主义社会，习惯法的地位日益减弱，成文法逐渐取得主导地位。社会主义法通常不以习惯法为法的渊源。

习惯到了社会具有法的意识支撑的时候，则发展成为习惯法。在国家权力确立以前，习惯法是通行的准则性的法的形式。成文法出现后，习惯法与成文法并行存在，对成文法有补充的效力，有时甚至有对成文法修改或废除的效力。

关于习惯法的效力，西方法学界有两种不同的见解：一是有的认为习惯法是得到国家的立法、司法承认的法；二是有的认为是在国家立法之外独立的固有法源。日本法规定，除法律特别认可者外，在法律没有规定的场合，承认习惯法的效力。但其效力低于成文法。民法承认"事实上的习惯"，有些方面，承认习惯法的适用优于民法，承认商业习惯法优于民法的效力。在行政法方面，大部分学者认为，因基于法治国家原理而采用成文法，因而习惯法没有存在的余地；但有的学者认为，习惯法和成文法都是法律规范，应当承认习惯法的存在价值。在日本，习惯法作为判例法存在，如让渡担保、事实婚姻的保护、附空白委任状的股分转让等。

我们通过司法，可以看到习惯法与成文法的演变关系。

习惯法法院（Court of Customary law），是某些非洲国家和伊斯兰国家依据习惯法审判案件的法院。长期以来，非洲土著居民之间的诉讼，由习惯法法院审理，因为当时没有成文法。司法权由家族或部落长者或族长掌握。其审判具有仲裁性质。判决的执行依靠仲裁者的威望。在国家机构比较健全的国家，判决要经过审查。允许当事人上诉，如由小酋长法院上诉到大酋长法院，有的国家可以上诉到最高法院。

在伊斯兰国家，习惯法法院为"伊斯兰法庭"或"沙里亚法庭"。法庭依据伊斯兰法进行审判，主要是"古兰经"。西方殖民主义进入非洲后，采纳了西方国家的成文法和法院组织机构。法院依据成文法审理案件。这样，习惯法法院的地位发生变化，成为正式法院的补充。这时的习惯法法院，只审理涉及人身关系的案件，主要是婚姻、家庭、收养案件，也审理轻微刑事案件。习惯法法院受正式法院的司法审查。有的国家撤销习惯法法院，有的国家对习惯法法院进行日常监督，有的国家的习惯法法院只审理违反伊斯兰法的案件，如通奸、伪证、酗酒、轻微盗窃等等。

关于习惯和习惯法的相互关系，应当明确三个问题。

一是不能按法律思维对待习惯。这种法律思维，主要是认为习惯也存在权利、义务，有的称为"习惯权利""习惯义务"。其实，习惯本身不存在权利、义务问题。

在原始社会，除了舆论以外，没有任何强制手段，但由于习惯反映了全体氏族成员的意志和利益，因而人们都能自觉遵守，违反者是极个别的。氏族组织是一个不知有国家和法的社会组织。恩格斯在《家庭、私有制和国家的起源》里说："这种十分单纯质朴的氏族制度是一种多么美妙的制度呵！没有军队、宪兵和警察，没有贵族、国王、总督、地方官和法官，没有监狱，没有诉讼，而一切都是有条有理的。一切争端和纠纷，都由当事人的全体即氏族或部落来解决，或者由各个氏族相互解决；血族复仇仅仅当做一种极端的，很少应用的手段……丝毫没有今日这样臃肿复杂的管理机关。一切问题，都由当事人自己解决，在大多数情况下，历来的习俗就把一切调整好了。"没有国家和法律，是没有权利义务区别的重要前提。"历来的习俗"包括习惯规则。在氏族成员看来，遵守这些规则是天经地义的，因为他们并不感到与个人的利益相矛盾，并不感到是一种约束，因而也就无所谓权利与义务之别。正如恩格斯所指出的："氏族制度的伟大，但同时也是它的局限性，就在于这里没有统治和奴役存在的余地。在氏族制度内部，权利和义务之间还没有任何差别，参加公共事务，实行血族复仇或为此接受赎罪，究竟是权利还是义务这种问题，对印第安人来说是不存在的；在印第安人看来，这种问题正如吃饭、睡觉、打猎究竟是权利还是义务的问题一样荒谬。"

二是不能对习惯和习惯法不加区别。习惯法是习惯进一步发展的结果，而习惯发展的直接结果，首先是不成文习惯法。不成文习惯法，有一定法的性质，存在单纯的权利义务问题，但主要还是依靠"道德的内心感悟"。

在经典著作中，习惯法有时指习惯，这是在习惯意义上使用的。

三是不能认为经国家认可了某些习惯的法就是成文习惯法。法律是以制定法形式存在的。对于习惯，"国家认可"有两种形式，一种是成文习惯法，一种是成文法中含有某些习惯。这里提出的"成文习惯法"，是由习惯和不成文习惯法构成的、经国家认可而制定的法。至于含有某些习惯的成文法，并不是成文习惯法。

"不成文习惯法""成文习惯法"术语，是经典作家提出的。在经典作家那里，习惯同习惯法、不成文习惯法同成文习惯法是相互区别的。看来，在习惯法领域，学习经典作家严谨的治学态度，将习惯、不成文习惯法、成文习惯法三者加以区分是必要的。

（一）习　惯

1. 习惯的共同性、传承性

习惯，是相沿成习的社会约束性规则。又称"事实上的习惯"。

习惯与习惯法是不同的，若习惯取得法的价值，为习惯法。习惯法又称"法律上的习惯"。习惯是在长期社会活动中形成的，并得到惯常遵守。

习惯存在于各个社会形态。原始社会、奴隶制社会、封建制社会、资本主义社会和共产主义社会，都存在习惯，但原始社会和共产主义社会的习惯同阶级社会的习惯，是根本不同的。

习惯是纯粹道德性质和社会性质的，不是法律性质的。习惯具有广泛的社会性，几乎存在于社会各个领域，但民事、商事领域比较普遍。

在婚姻领域，印度的习惯较为突出。如种姓内婚、顺婚、童婚、一夫多妻、妇女殉葬、寡妇自焚、嫁妆等风俗习惯，虽经立法禁止，仍然存在。在结婚年龄方面，摩奴法典规定，30 岁男子，娶 12 岁女子，24 岁男子，娶 8 岁女子。在拉贾斯坦邦首府斋普尔的市立学校，30% 男生已经结婚。童婚是一种习俗习惯。

在国际经济关系中，习惯或称惯例比较普遍，但在当代，大都取得成文规范形式或法律形式。如跟单信用证交易中，由国际商会制定了《跟单信用证统一惯例》。该《惯例》是成文惯例，不是国际经济法，但对通知行、保兑行、交单人等均有约束力。《惯例》被国际社会广泛认可。在《惯例》的适用上，如与国内其他强行法相冲突，仍适用《惯例》。

我国《民法通则》规定，我国法律及我国参加的国际条约没有规定的，可适用国际惯例。在最高法院的指导性判例中，适用了《跟单信用证统一惯例》等国际惯例。

在我国，处理民事关系时，法律法规没有规定的是否可以适用习惯，存在争议。这里认为，当代立法不宜规定"适用习惯"，因为以下情况应当考虑：

第一，不同的国家、地域、民族、聚居区、阶层、行业等有不同的习惯。这就存在依据"哪里的习惯"和"哪些人群的习惯"问题。

2016 年 4 月，媒体刊登缅甸前总统吴登盛剃度出家之事。在缅甸，出家可以化解诉讼。出家"跳出三界外，不在五行中"，除重大刑事犯罪指控外，出家人不受民事法律管辖。这是习惯。中国没有这样的习惯。这是不同国家的不同习惯。

汉族人在伊斯兰聚居区开设生猪屠宰厂，是不可以的。处理这种开设与不开设的民事纠纷，依据习惯还是依据法律呢？如果依据习惯，是依据汉族人的习惯还是依据回族人的习惯？只能依据法律。这个法律规定是，"国家保障各少数民族的合法的权利和利益，维护和发展各民族的平等、团结、互助关系"。可见，不同民族、不同地域有不同的习惯。

商业领域也是这样。商品的包装是否计入重量，不同的行业有不同的习惯。过去，卖肉的往往垫上多张包装纸计重，买者高兴。其实，买者付费的重量，是肉加包装纸的重量。由于购买包装纸的货款支付和卖肉的收入价款，在会计账目上是分别记账的，这就为售货员的贪污提供了条件。在国营商店，这是贪污行为；在私营商店，这是抬价行为。因为肉和包装纸的价格是不同的。

中国这么大，人口这么多，因袭西方和台湾地区规定的"适用习惯"，不适合中国国情。况且"适用习惯"的案件在当代中国不具有普遍性。

第二，生产社会化、国民经济体系化和经济国际化，已经把一国和一国与世界经济紧密联系在一起，各个经济主体"谁也离不开谁"。依据习惯处理民事关系的时代过去了。"商业习惯"（《usages which have grown with the growth of trade》），不再是处理民事关系的"自然界限"，法律被提到首位。

第三，人们对习惯法不像对制定的法律那样服从。

这是马克思的话。马克思指出，穷人有穷人要求的习惯法，贵族有贵族要求的习惯法，而贵族要求的习惯法，是"习惯的不法行为"，立法就是把贵族的特权习惯变成了法。对于这种固化贵族的特权习惯的法，穷人是不会服从的。

19 世纪 40 年代在普鲁士，小农、短工及城市居民由于贫困和破产而不断去采集和砍伐林木，按传统这是他们的"习惯"，但林木所有者的习惯是把他们定为盗窃罪。对于这样的习惯法，穷人是不会服从的。

同样的条件、同样的对立、同样的利益，一般说来也就应当在一切地方产生同样的风俗习惯。

马克思恩格斯：《德意志意识形态》，

《马克思恩格斯全集》第 3 卷第 60 页。

曾经有过一个时候，国家并不存在，公共联系、社会本身、纪律以及劳动规则全靠习惯和传统的力量来维持，全靠族长或妇女享有的威信或尊敬（当时妇女往往不仅同男子处于平等地位，而且有时还占有更高的地位）来维持，没有专门从事管理的人构成的特殊等级。

列宁：《论国家》，

《列宁全集》第 37 卷第 63 页。

一旦人类终于定居下来，这种原始共同体就将依种种外界（气候的、地理的、物理的等等）条件，以及他们的特殊的自然习性（他们的部落性质）等等，而或多或少地发生变化。自然形成的部落共同体（血缘、语言、习惯等等的共同性），或者也可以说群体，是人类占有他们生活的客观条件和占有再生产这种生活自身并使之物化的活动（牧人、猎人、农人等的活动）的客观条件的第一个前提。

马克思：《政治经济学批判》，

《马克思恩格斯全集》第 46 卷上册第 472 页。

"每一个这样的集团都以一种兽、鸟、草、木、星或四元素之一为名。拉古纳村是一个约有一千居民的村落，其中有 17 个这样的部落；或名为'鹿'，或名为'响尾蛇'、'玉蜀黍'、'狼'、'水'，等等。子女属于母方的部落。根据自古相传的习惯，同一部落的人禁止通婚，最近这种习惯已不像过去那样严格遵守了。他们的土地是共同占有的，但是当一个人耕种出一块土地之后，他对这块土地就有个人的权利，他可以把它卖给本公社的任何一个人；或者，在他死后，这块土地就属于他的寡妻或女儿；如果他是一个单身汉，这块土地就保留在他父亲的家庭里。"由寡妻或女儿继承丈夫或父亲的财产这一点是令人怀疑的。

马克思：《路易斯·亨·摩尔根〈古代社会〉一书摘要》，

《马克思恩格斯全集》第 45 卷第 474～475 页。

希罗多德（公元前 440 年）在谈到吕西亚人（当他叙述他们来自克里特岛，并在萨尔佩登率领下来到吕西亚以后）时说："他们的风俗习惯一部分是克里特人的，一部分是卡里亚人的"。"他们有一种奇怪的不同于世界任何其他民族的风俗。当你问一个吕西亚人他是谁的时候，他会向你回答他自己的本名，他母亲的名字和按女系上溯的其他人的名字。"

马克思：《路易斯·亨·摩尔根〈古代社会〉一书摘要》，

《马克思恩格斯全集》第 45 卷第 559 页。

传说时期的希腊人的情况：萨尔摩纽斯和克雷修斯是嫡亲兄弟，都是伊奥拉斯之子。前者把他的女儿蒂罗嫁给了她的叔父。若世系按男系计算，克雷修斯和蒂罗属于同一氏族，因此不能结婚；若世系按女系计算，蒂罗属于她母亲的氏族，而不是她父亲的氏族。萨尔摩纽斯和克雷修斯也属于不同的氏族；因此，结婚是合乎氏族习惯的。上面所说的人物虽然是神话中的人物，但这一点并不重要，因为传说是正确反映氏族习惯的；从而表明，在远古（希腊人中）世系是按女系计算的。

马克思：《路易斯·亨·摩尔根〈古代社会〉一书摘要》，

《马克思恩格斯全集》第 45 卷第 563 页。

斯拉夫人是一个完全和平的、农业的部族，他们各自在自己的公社中过着单独的和独立的生活，这些公社按照宗法制的习惯，是由"长者"根据"选举的原则"和土地公社所有制进行管理（也有统治的意思）的，没有贵族，没有特殊的祭司等级，大家一律平等。

马克思：《巴枯宁"国家制度和无政府状态"一书摘要》，

《马克思恩格斯全集》第 18 卷第 668 页。

阿兹特克联盟并没有企图将所征服的各部落并入联盟之内；在氏族制度下，语言的障碍使他们不可能做到这一点；这些部落仍由他们自己的酋长管理，并遵循自己原来的习惯。

马克思：《路易斯·亨·摩尔根〈古代社会〉一书摘要》，

《马克思恩格斯全集》第 45 卷第 482 页。

每一块休耕地，在休耕期间又成为公共财产，供整个公社当牧场使用。而其他两块土地，在收获以后直到下次播种以前，同样又成为公共财产，被当作公共牧场使用。草地在秋天割草以后，也是如此。在所有用作放牧的田地上，占有者必须把篱笆拆去。这种所谓强制放牧办法，当然要求播种和收获的时间不由个人决定，而要求它成为大家共同的时间并由公社或习惯作出规定。

恩格斯：《马尔克》，

《马克思恩格斯全集》第 19 卷第 358~359 页。

公共马尔克的主要用途，是放牧牲畜和采摘橡实来喂猪。此外，森林提供木料和燃料、厩舍的垫草、浆果和蘑菇；如果有沼地，它就提供泥炭。关于牧场、木材的利用等等的规定，构成了从各个不同时代留传下来的许多马尔克章程的主要内容。这些章程都是在那古老的不成文的习惯法开始成为争论对象的时候写下来的。

恩格斯：《马尔克》，

《马克思恩格斯全集》第 19 卷第 359 页。

吉里亚克人如无特别的需要，绝不舍弃自己的同族人和自己氏族的坟墓。氏族生活习惯，给吉里亚克人的全部精神，给他们的性格、习俗和制度，都打上了显著的烙印。

恩格斯：《新发现的一个群婚实例》，

《马克思恩格斯全集》第 22 卷第 412 页。

让武士有权终身享用一定土地上的收入，即享有土地占有者所缴纳的实物税和货币税，这种习惯由阿拉伯人传给了逐渐抛弃多神教的蒙古人和土耳其人。因此，我们只在印度和阿尔及利亚发现这种习惯仍在起着充分的作用（第 128 页）。

马克思：《马·柯瓦列夫斯基〈公社土地占有制，其解体的原因、进程和结果〉一书摘要》，

《马克思恩格斯全集》第 45 卷第 269 页。

他们当中也有许多小佃农，可是这不是现代所谓的佃农，而是这样一些人，他们由于契约上的可以继承的租佃关系或者由于古老的习惯，从父亲和祖父手里继承了小块的土地，一直稳稳当当地坐在上面，就好像这些土地是他们的财产一样。

恩格斯：《英国工人阶级状况》，

《马克思恩格斯全集》第 2 卷第 285 页。

虽然机器从技术上推翻了旧的分工制度，但是最初这种旧制度由于习惯，仍然作为工场手工业的传统在工厂里延续着，后来被资本当作剥削劳动力的手段，在更令人厌恶的形式上得到了系统的恢复和巩固。

马克思：《资本论第 1 卷》，

《马克思恩格斯全集》第 23 卷第 462 页。

我也看见过不少同样高的小宅子（其中有些在我看到时还正在建造），它们的外墙只有半块砖那么厚，因为砖不是横排而是直排的，就是说，不是长边靠在一起，而是短边靠在一起。这样做，一半是为了节省材料，一半是由于盖房子的业主向来不是地基的所有者，按照英国的习惯他们把地基租上二十年、三十年、四十年、五十年或九十九年；期限一满，地基和它上面的一切建筑物都要毫无代价地归还原主。

恩格斯：《英国工人阶级状况》，

《马克思恩格斯全集》第 2 卷第 339～340 页。

马克思在《政治经济学批判》里说，"自然形成的部落共同体（血缘、语言、习惯等

等的共同性），或者也可以说群体，是人类占有他们生活的客观条件和占有再生产这种生活自身并使之物化的活动（牧人、猎人、农人等的活动）的客观条件的第一个前提"，指出了部落共同体与客观生活条件的关系。在客观生活条件中，马克思首先提到土地。他认为，土地是一个大实验场，是一个武库，既提供劳动资料，又提供劳动材料，还提供共同体居住的地方，即共同体的基础。人类素朴天真地把土地看作共同体的财产，而且是在活劳动中生产并再生产自身的共同体的财产。每一个单个的人，只有作为这个共同体的一个肢体，作为这个共同体的成员，才能把自己看成所有者或占有者。

恩格斯在《马尔克》里，提到"从各个不同时代留传下来的许多马尔克章程"，主要指"不成文的习惯法"。譬如，古老的、没有被分割的马尔克的公有森林。存在于德国西部和南部，在人们意识中有一种根深蒂固的观念，认为森林是公有的财产，在森林里，每一个人都可以采集花卉、浆果、蘑菇、山毛榉果实等等。只要不做有害的事，他便可以在里面随意行动。在我国《物权法》草案争论中，一次同日本的一位物权法学家谈到物权的排他性时，我问他日本村落相邻的小山林里的林木、山野果实的物权归属问题，他说，属于村落公共所有，不是私人所有。

2. 习惯与法和社会的进步

一国各地或国与国之间的习惯不会相同。问题是，习惯的发展规律是怎样的，习惯与社会进步是否是同步的。

在经典作家的下列论述中，提到了几种情况：按照习惯官职变为世袭的；按照习惯通过选举或批准继承，而不是由长子或诸子中的一个继承；消除地方的习惯，形成民族文明的共同习惯；在国家统一过程中消除相互矛盾的城邦的习惯，等等。在习惯的形成、演变过程中，在从野蛮向文明的过渡中，反映社会发展要求的习惯，总是与社会主流倡导的习惯相互适应，与法的进步相一致。

日耳曼人习惯于根据祖传的风习，在公开的民众法庭上面，在几小时以内就可以自己作出判决，所以罗马审判程序上的隆重仪式、抗辩和无休止的延期。

恩格斯：《论日耳曼人的古代历史》，

《马克思恩格斯全集》第 19 卷第 500 页。

这些所谓"商业习惯"（《usages which have grown with the growth of trade》），同技术上的障碍一样，过去和现在都被有利害关系的资本家硬说成是生产上的"自然界限"，这也是棉纺织业巨头们在最初受到工厂法威胁时最喜欢叫喊的口号。

马克思：《资本论第一卷》，

《马克思恩格斯全集》第 23 卷第 525 页。

对付农业无产阶级的一种特别残酷的办法是狩猎法，这种法律在任何地方也不像在英国这样严厉，虽然英国的飞禽走兽要多少有多少。按照英国农民由来已久的习惯和传统，盗猎是勇敢无畏的一种十分自然而高尚的表现，加之农民一贫如洗，而贵族们则恣意在林园里养了很多兔子和野禽供自己娱乐，这两方面的对比更加推动农民踏上这条道路。农民布下套索，有时候也用枪打死只把飞禽走兽，这对贵族根本不会有什么损失，因为飞禽走兽很多，但农民却给他的挨饿的一家人弄到了一顿烤肉吃。他要是被抓住，就得坐牢，如果再犯，就至少要被流放七年。

恩格斯：《英国工人阶级状况》，

《马克思恩格斯全集》第 2 卷第 553～554 页。

　　两个穆斯塔法构成一个市镇（穆斯塔法），镇长（这个人用了一个不是阿拉伯的，也不是法国的，而是德国的名字）随时用官方海报向居民作各式各样的通知，——可见，制度是很软弱无力的。上穆斯塔法的街上正在不断地修建新的房屋，拆除旧的房屋等等，虽然从事这种工作的工人都是健壮的人，而且是本地居民，但是他们在做完头三天工作以后就害热病。因此，他们工资的一部分是企业主提供给他们每天服用的奎宁。这种习惯在南美的许多地方都可以看到。

《马克思致保尔·拉法格》，

《马克思恩格斯全集》第 35 卷第 285～286 页。

　　罗马国王是神话人物还是实有其人，都无关紧要；被归之于他们之中的某人的立法活动是实有其事还是出自虚构，同样也无关紧要。标志着人类进步的事件，不以特殊的人物为转移而体现在有形的记录之中，凝结在制度和风俗习惯中，保存在各种发明和发现中。

马克思：《路易斯·亨·摩尔根〈古代社会〉一书摘要》，

《马克思恩格斯全集》第 45 卷第 541 页。

　　随着受采邑者权力的扩大和王权的衰落，采邑逐渐变为世袭，伯爵官职不久也按照习惯变为世袭的了。如果说，在大量的王室的受采邑者之中，我们看到了后来的豪族的萌芽，那末，在这里，我们就看到了从区的伯爵中产生出来的邦君的领土主权的胚胎。

恩格斯：《法兰克时代》，

《马克思恩格斯全集》第 19 卷第 560 页。

　　由继承和窃得的小块土地拼成的七零八落的奥地利君主国，这个由十种语言和民族构成的混乱局面，这堆由绝然矛盾的习惯和法律乱七八糟凑成的东西，终于开始土崩瓦解了。

恩格斯：《奥地利末日的开端》，

《马克思恩格斯全集》第 4 卷第 516 页。

　　单凭职位事实上由长子或由诸子中的一个（如果有几个的话）来继承这一点，还不能证明"继承权"的存在；因为，在选民团体举行自由选举时，根据习惯，他正属于可能被选中的继承人之列。因此，在希腊人中，按照他们的氏族制度来推想，应该或者是自由选举，或者是由人民通过他们所公认的组织来批准任职，象罗马的勒克斯那样。

在这种情况下，所谓的继承者如不通过选举或批准，是不能就职的，而（人民方面）进行选举或批准的权力中也含有罢免的权利。

马克思：《路易斯·亨·摩尔根〈古代社会〉一书摘要》，

《马克思恩格斯全集》第 45 卷第 510～511 页。

奥地利王室一开始就是欧洲的野蛮、保守和反动的代表。因山区交通阻塞而更加巩固的宗法关系产生愚昧，野蛮又造成冥顽鄙野，而奥地利王室的权力正是以此为基础的。风俗习惯、性格、制度绝然不同的一打民族由于对文明有着共同的反感而团结起来了。

恩格斯：《奥地利末日的开端》，

《马克思恩格斯全集》第 4 卷第 517～518 页。

瑞士人现在所想、所说、所做的一切，最近就有可能拿来作为我们效法的典范。因此，我们不妨预先稍微熟悉一下，瑞士联邦的二十二个州在自己联邦共和国内究竟倡导了些什么样的风俗习惯，培育了些什么样的人物。

恩格斯：《国民院》，

《马克思恩格斯全集》第 6 卷第 98 页。

就是资产阶级也由于他们的工商业和政治制度力图使只顾自身利益的小地区能脱离闭关自守的隔绝状态，互相联合起来，使利益融合为一，打开狭隘的眼界，消除地方的习惯、装束和见解，并使许多至今彼此独立的各个地方形成一个具有共同的利益、习俗和见解的大国。资产阶级已经有了相当的中央集权。

恩格斯：《瑞士的内战》，

《马克思恩格斯全集》第 4 卷第 391 页。

马克思的《路易斯·亨·摩尔根〈古代社会〉一书摘要》里说，"单凭职位事实上由长子或由诸子中的一个（如果有几个的话）来继承这一点，还不能证明'继承权'的存在；因为，在选民团体举行自由选举时，根据习惯，他正属于可能被选中的继承人之列"。这个结论的根据，是通过对"巴赛勒斯一职是否根据继承法而父子相传"的分析。

在野蛮时代低级阶段，酋长的职位是在氏族内继承的，也就是说，每有空缺，即由该氏族的成员来补充。在世系按女系计算的地方，如在易洛魁人那里，通常选出已故酋长的一位亲兄弟来继承其职位；在世系按男系计算的地方，如在奥季布瓦人和奥马哈人那里，则选举他的长子继承。只要人们对这个人没有反对意见，这种做法就成为通例，但是选举的原则仍然保持着。

这里的"巴赛勒斯"，是指酋长一职。

恩格斯在《瑞士的内战》里谈到，"消除地方的习惯、装束和见解，并使许多至今彼此独立的各个地方形成一个具有共同的利益、习俗和见解的大国。资产阶级已经有了相当的中央集权"，是说旧瑞士从地方分割走向中央集权的统一。

恩格斯认为，资产阶级的中央集权，无产阶级根本不认为自己因此而受到了损害。恰恰相反，正是这种中央集权才使无产阶级有可能联合起来，感到自己是一个阶级，发现民主是适当的政治世界观并且最后战胜资产阶级。

实际上，民主主义的无产阶级不仅需要资产阶级最初实现的那种中央集权，而且还应当使这种中央集权在更大的范围内得到实行。在法国革命的短时期内，当山岳派执政的时候，无产阶级掌握了国家政权，它用榴霰弹和断头台等一切手段实行了中央集权。民主主义的无产阶级如果要重新确立自己的统治，就应当不仅使各个国家也都中央集权化，而且应当尽快地使所有文明国家统一起来。

（二）不成文习惯法

1. "习惯规章"

习惯是不成文的，不成文习惯法也是不成文的。两者的区别在于，不成文习惯法是"习惯规章"，存在习惯权利和习惯义务问题，在当事人与他人的相互关系中，还注入了责任要素。

交换是社会分工的产物。在交换习惯中，起初是不存权利和义务问题的。

最初的交换是物物交换。在部落外有掠夺交换、无言交换；部落内部有赠答交换。掠夺交换，是狩猎部落在农作物收获期夜间闯入农田，掠夺农作物，并把带去的剩肉放在田地里。无言交换，是狩猎部落夜间将猎获物放置在一定场所，并画出所需的猎获物，第二天对方部落将其所要的猎获物交给他们。赠答交换是本部落内部成员相互赠与物件的交换。这同后来产生的赠与有无返赠义务是不同的。这里，"掠夺农作物""索要猎获物"不是权利，"放置猎获物""带去剩肉"也不是义务。这些相互关系中的行为，都是一种互通有无的交换行为。

货币出现以后，开始了币物交换，使买卖关系逐渐从交换关系中分化出来。在买卖关系的进一步发展中，注入了责任要素，合同便产生了。合同习惯，是权利、义务关系的习惯和责任关系的习惯。这种习惯，是依靠习惯规章维系的。

原始生产活动的情形也是这样。"要这样制作，不要那样制作""那样做不能制作出好坯子"，久而久之，依靠惯行的事实，某一行为反复为之，经长久时间而无违反，便逐步形成了规则。另外，习惯规则的形成还依赖于规律的力量。

在分工的进一步发展中，生产、交换活动变成了一种有秩序的活动，而且规则变成了命令，义务和责任出现了。

习惯规章是约束性规则。这种约束性规则是经验规则和操作规则。这些规则，有描述性、宗教性和习惯性的特征。这种规则所形成的约束力，不仅仅是舆论、道德方面的约束力，更重要的是义务和责任方面的约束力。这种性质的约束力，能够保证人们遵守和执行。习惯规章，是对不遵守规则行为的否定。

随着社会生产力水平和人们思维能力的提高，已经不仅仅局限在对违反约束性规则行为的否定了。对于遵守错误的规则所造成的不利后果，使人们的认识上升到针对规则的否定上来。这样，不成文习惯法就逐渐演进成为成文习惯法，又逐渐演进成为成文法。

马克思在《第六届莱茵省议会的辩论》的第三篇论文《关于林木盗窃法的辩论》中提到的习惯法，是不成文习惯法。

在这些法律文献中没有一部有关于公社所有制形式的直接记述，因为公社所有者的关系不是由法律调节，而是由当地习俗调节的。例如，皮塔玛哈就直截了当地要求，在乡民、牧民等等之间发生纷争时，应根据当地习俗加以解决，而这些习俗的约束力也是所有最新近的注疏都承认的。公社法庭都采用这些习俗。

> 马克思：《马·柯瓦列夫斯基〈公社土地占有制〉一书摘要》，
> 《马克思恩格斯全集》第 45 卷第 257 页。

在卡比尔人中，在阿拉伯人影响下发展起来的土地占有制度不同于阿拉伯人土地占有制度的地方是，卡比尔人的土地占有制距离原始形式的氏族所有制较远。不过，在他们中间也实行缴纳实物税和服役的连环保；公牛、山羊和绵羊往往由集体出资购买，然后把肉在各个家庭之间分配；他们也实行氏族在司法上和行政上的自治。他们在发生财产诉讼的时候，由氏族会议充当仲裁法官；只有氏族当局才能允许某某人在卡比尔人中定居。不经氏族当局许可，任何一个外族人都不许取得财产；这些氏族首领把荒地分配给那些使这些荒地适合于耕种并连种三年的人所有（第 200 页）。其次，牧场和森林在卡比尔人中是共同使用的；在可耕地方面，还存在着氏族成员优先购买权、氏族和公社的赎回权以及整个氏族公社对它的某一成员的遗产的继承权；最后这项权利，是按各部落的"习惯规章"（kanoun）以不同方式加以处理的。

> 马克思：《马·柯瓦列夫斯基〈公社土地占有制〉一书摘要》，
> 《马克思恩格斯全集》第 45 卷第 309 页。

家庭之父在临终时，通常都告诫自己的儿女要依旧住在一起，不要分家（第 203 页）。但实际上往往是有分出和分家的；根据民间俗话，这种过错主要在妇女；卡比尔人有句谚语："床头说私话，早晚要分家"。在分家庭财产的时候，通常都遵循同分遗产一样的规则。除考虑亲等以外，也往往要考虑各人对家庭财产所添加的财物的多寡。只有在分配一年的储存、谷物、橄榄油等等的时候，才遵守各个部分一律均等的原则（同上页）。分出比分家更常见，按照习惯法，每个家庭成员都可以要求分出。在这种情况下，分给他的那一部分家庭财产，是按照合法的继承制度应该属于他的那一部分，此外还有他交给家庭使用的全部个人财物；在实行分出以后，家庭公社依旧过着不分居的生活（第 203、204 页）。

> 马克思：《马·柯瓦列夫斯基〈公社土地占有制〉一书摘要》，
> 《马克思恩格斯全集》第 45 卷第 311 页。

威士涅威茨基夫人从来没有放弃自己的姓——凯利，如果现在她不再用威士涅威茨基这个姓，她可以这样做，因为美国以英国的习惯法为基础，按这种习惯法，正如赛姆·穆尔说的，一个人通常使用的姓，就被认为是他的姓，他可以按自己的意愿改姓。

> 恩格斯：《恩格斯致卡·考茨基》，
>
> 《马克思恩格斯全集》第 38 卷第 375 页。

贵族的日益扩展的货币统治，为了保护债权人以对付债务人，为了使货币所有者对小农的剥削神圣化，也造成了一种新的习惯法。在阿提卡的田地上到处都竖立着抵押柱，上面写着这块地已经以多少钱抵押给某某人了。没有竖这种柱子的田地，大半都因未按期付还押款或利息而出售，归贵族高利贷者所有了；农民只要被允许作佃户租种原地，能得自己劳动生产品的六分之一以维持生活，把其余六分之五以地租的形式交给新主人，那他就谢天谢地了。

> 恩格斯：《家庭、私有制和国家的起源》，
>
> 《马克思恩格斯全集》第 21 卷第 127～128 页。

只是在同被征服的波兰普鲁士或立陶宛普鲁士的村庄毗邻的地方，贵族的企图才比较经常地表现出来，他们企图使根据德国封建习惯法迁来的移民屈服于农奴依附状态，同他们的普鲁士和波兰的臣民一样。在波美拉尼亚，以及在普鲁士的骑士团领地中，就有这种情况；在西里西亚，这种情况比较少些。

> 恩格斯：《关于普鲁士农民的历史》，
>
> 《马克思恩格斯全集》第 21 卷第 278 页。

杜林先生又一次不懂得，按照英国的普通法，即从远古以来至少是从十四世纪以来就通行的不成文的习惯法，陪审员的一致，不仅在刑事判罪上，而且在民事诉讼的判决上都是绝对必要的。

> 恩格斯：《反杜林论》，
>
> 《马克思恩格斯全集》第 20 卷第 121 页。

恩格斯在《家庭、私有制和国家的起源》里，提到"贵族的日益扩展的货币统治，为了保护债权人以对付债务人，为了使货币所有者对小农的剥削神圣化，也造成了一种新的习惯法"，是论述雅典国家的产生过程时指出的。

到公元前 600 年左右时，贵族的统治日益加强，货币和高利贷已成为压制人民自由的主要手段。贵族们的主要居住地是雅典及其近郊，在那里，海上贸易以及海上掠夺，使贵族们发财致富，并使货币财富集中在他们手中。由此而日益发达的货币经济，渗入了农村公社的以自然经济为基础的传统的生活方式。氏族制度同货币经济绝对不能相容。阿提卡小农的破产，表明了他们与保护他们的旧的氏族的联系已经涣散。债务契约和土地抵押（雅典人发明了抵押办法）既不理会氏族，也不理会胞族。

如果出卖土地所得的钱不够还债，或者债务没有抵押保证，那么债务人便不得不把自己的子女出卖到国外去做奴隶，以偿还债务。他可以把债务人本身卖为奴隶。父亲出卖子女、债务人出卖自己——这就是雅典人的文明时代的欢乐的曙光。

恩格斯在《关于普鲁士农民的历史》里说，贵族"企图使根据德国封建习惯法迁来的移民屈服于农奴依附状态，同他们的普鲁士和波兰的臣民一样。在波美拉尼亚，以及在普鲁士的骑士团领地中，就有这种情况。"

条顿骑士团，是 1190 年十字军远征时建立的德意志僧侣骑士团。骑士团在德国和其他国家夺取了许多领地。13 世纪时，用征服和消灭波罗的海沿岸的普鲁士部落和一部分立陶宛部落的办法而夺取的维斯拉河和尼门河河口之间的大片领土，都由骑士团统治。这个地方就成了骑士团对波兰、立陶宛和俄罗斯各公国进行侵略的堡垒。在 1242 年楚德湖之战（冰上激战）和 1410 年格吕沃尔德之战失败以后，骑士团就一蹶不振，后来只保全了不大的一份领地。

2. 穷人的习惯法与特权等级的习惯法

马克思在《第六届莱茵省议会的辩论》的第三篇论文《关于林木盗窃法的辩论》中，提出了"穷人的习惯法""特权等级的习惯法"概念。

在这篇论文中，马克思第一次直接研究了贫苦劳动群众的物质生活条件，探讨了物质利益同国家和法的关系，公开捍卫贫苦群众的利益，抨击了普鲁士的国家和法律制度。针对普鲁士政府提交省议会通过的一项把未经林木占有者许可在森林中捡拾枯枝的行为以盗窃论罪的法案，从法学角度为政治上和社会上一无所有的贫苦群众辩护。

马克思申明："我们为穷人要求习惯法，而且要求的不是地方性的习惯法，而是一切国家的穷人的习惯法。我们还要进一步说明，这种习惯法按其本质来说只能是这些最底层的一无所有的基本群众的法。"马克思揭露了贵族的习惯法按其内容来说是同普遍法律的形式相对立的，实际上是"习惯的不法行为"，指出封建专制社会的立法就是把贵族的特权变成法。在分析习惯和特权的历史发展时，马克思已经觉察到了社会的贫富对立和阶级对立，认识到物质利益的差别使社会划分为不同的等级，对私人利益的考虑支配着人们的思想和行动，也支配着国家官员和立法机关代表的决策行为。他认为，正是维护私人利益、私有财产的自私逻辑，使国家权威变成林木所有者的奴仆，使整个国家制度沦为林木所有者的工具。

19 世纪 40 年代在普鲁士，小农短工及城市居民由于贫困和破产而不断去采集和砍伐林木，按传统这是他们的"习惯权利"。普鲁士政府便想制定新的法律，采取严厉措施，以惩治这种被林木所有者看作是"盗窃"的行为。莱茵省议会在 1841 年 6 月 15 日至 17 日曾就林木盗窃法草案展开了辩论。各阶层代表在辩论中发表的修改意见，均倾向于加重处罚。

在人类社会进入阶级社会后，一直存在"穷人的习惯法""特权等级的习惯法"。这是两种性质完全不同的习惯法。社会主义法的一个重要特征，是吸收有利于劳动人民的习惯法，废除特权等级的习惯法。

　　我们为穷人要求习惯法，而且要求的不是地方性的习惯法，而是一切国家的穷人的习惯法。我们还要进一步说明，这种习惯法按其本质来说只能是这些最底层的、一无所有的基本群众的法。

马克思：《第六届莱茵省议会的辩论（第三篇论文)》，
《马克思恩格斯全集》第 1 卷上册第 248 页。

　　所谓特权者的习惯是和法相抵触的习惯。这些习惯产生的时期，人类史还是自然史的一部分，根据埃及的传说，当时所有的神灵都以动物的形象出现。人类分成为若干特定的动物种属，决定他们之间的联系的不是平等，而是不平等，法律所确定的不平等。不自由的世界要求不自由的法，因为这种动物的法是不自由的体现，而人类的法是自由的体现。封建制度就其最广泛的意义来说是精神的动物王国，是被分裂的人类世界，它和有区别的人类世界相反，因为后者的不平等现象不过是平等的色彩折射而已。在实行单纯的封建制度的国家即实行等级制度的国家里，人类简直是按抽屉来分类的，那里伟大圣者（即神圣的人类）的高贵的、彼此自由联系的肢体被割裂、隔绝和强行拆散，因此，在这样的国家里我们也发现动物崇拜，即原始形式的动物宗教，因为人总是把构成其真正本质的东西当作最高的本质。动物实际生活中表现出来的唯一的平等，是特定种的动物和同种的其他动物之间的平等；这是特定的种本身的平等，但不是类的平等。动物的类本身只在不同种动物的敌对关系中表现出来，这些不同种的动物在相互的斗争中显露出各自特殊的不同特性。自然界在猛兽的胃里为不同种的动物准备了一个结合的场所、彻底融合的熔炉和互相联系的器官。在封建制度下也是这样，一种人靠另一种人为生，而最终是靠那种像水螅一样附在地上的人为生，后一种人只有许多只手，专为上等人攀摘大地的果实而自身却靠尘土为生；因为在自然的动物王国，是工蜂杀死不劳而食的雄蜂，而在精神的动物王国恰恰相反，是不劳而食的雄蜂杀死工蜂——用劳动把它们折磨死。当特权者不满足于制定法而诉诸自己的习惯法时，他们所要求的并不是法的人类内容，而是法的动物形式，这种形式现在已丧失其现实性，变成了纯粹的动物假面具。

马克思：《第六届莱茵省议会的辩论（第三篇论文)》，
《马克思恩格斯全集》第 1 卷上册第 248～249 页。

　　贵族的习惯法按其内容来说是同普通法律的形式相对立的。它们不能具有法律的形式，因为它们是无视法律的形态。这些习惯法按其内容来说是同法律的形式即通用性和必然性的形式相矛盾的，这也就证明，它们是习惯的不法行为，因此，决不能违反法律而要求这些习惯法，相反，应该把它们当作同法律对立的东西加以废除，甚至对利用这些习惯法的行为还应根据情况给以惩罚。要知道，一个人的行为方式并不因为已成为他的习惯就不再是不法行为，正如强盗儿子的抢劫行为并不能因为他的特殊家风而被宽恕一样。如果一个人故意犯法，那么就应惩罚他这种明知故犯；如果他犯法是由于习惯，那就应惩罚他这种不良习惯。在实施普通法律的时候，合理的习惯法不过是制定法所认可的习惯，因为法并不因为已被确认为法律而不再是习惯，但是它不再仅仅是习惯。对于一个守法者来说，法已成为他自己的习惯；而违法者则被迫守法，纵然法并不是他的习惯。法不再取决于偶然性，即不再取决于习惯是否合理；恰恰相反，习惯所以成为合理的，是因为法已变成法律，习惯已成为国家的习惯。

马克思：《第六届莱茵省议会的辩论（第三篇论文）》，

《马克思恩格斯全集》第1卷上册第249～250页。

因此，习惯法作为与制定法同时存在的一个特殊领域，只有在法和法律并存，而习惯是制定法的预先实现的场合才是合理的。因此，根本谈不上特权等级的习惯法。法律不但承认他们的合理权利，甚至经常承认他们的不合理的非分要求。特权等级没有权利预示法律，因为法律已经预示了他们的权利可能产生的一切结果。因此，他们坚持要求习惯法，只不过是要求提供能够得到小小乐趣的领地，目的是要使那个在法律中被规定出合理界限的内容，在习惯中为超出合理界限的怪癖和非分要求找到活动场所。

马克思：《第六届莱茵省议会的辩论（第三篇论文）》，

《马克思恩格斯全集》第1卷上册第250页。

然而，贵族的这些习惯法是同合理的法的概念相抵触的习惯，而贫民的习惯法则是同实在法的习惯相抵触的法。贫民的习惯法的内容并不反对法律形式，它反对的倒是自己本身的不定形状态。法律形式并不同这一内容相抵触，只是这一内容还没有具备这种形式。只要稍加思考，就能看出开明的立法是如何片面地对待并且不得不这样对待贫民的习惯法，各种不同的日耳曼法可以看作是这些习惯法的最丰富的源泉。

马克思：《第六届莱茵省议会的辩论（第三篇论文）》，

《马克思恩格斯全集》第1卷上册第250页。

各种最自由的立法在私法方面，只限于把已有的法表述出来并把它们提升为普遍的东西。而在没有这些法的地方，它们也不去加以制定。它们取消了各种地方性的习惯法，但是忘记了各等级的不法行为是以任意的非分要求的形式出现的，而那些等级以外的人的法是以偶然让步的形式出现的。这些立法对于那些既有法而又有习惯的人是处理得当的，但是对于那些没有法而只有习惯的人却处理不当。这些立法只要认为任意的非分要求具有合理的法理内容，它们就把这些要求变成合法的要求；同样，它们也应该把偶然的让步变成必然的让步。我们可以举一个例子，即修道院的例子来说明这一点。修道院被废除了，它们的财产被收归俗用了，这样做是正确的。但是另一方面，贫民过去从修道院那里得到的偶然救济并没有被任何其他具体的收入来源所代替。当修道院的财产变成私有财产时，修道院得到了一定的赔偿；但是那些靠修道院救济过活的贫民并没有得到任何赔偿。不仅如此，还为贫民设置了新的限制，切断了他们同旧有的法的联系。在所有把特权变成法的过程中都曾有过这种现象。这种对法的滥用行为的肯定方面，就它把某一方面的法变成偶然而言，也是一种对法的滥用行为；现在人们把这种肯定方面取消了，但取消的办法不是把偶然变成必然，而是把偶然弃置不顾。

> 马克思：《第六届莱茵省议会的辩论（第三篇论文）》，
> 《马克思恩格斯全集》第 1 卷上册第 250～251 页。

贫民的任何习惯法都基于某些财产的不确定性。由于这种不确定性，即不能明确肯定这些财产是私有财产，也不能明确肯定它们是公共财产，它们是我们在中世纪一切法规中所看到的那种私法和公法的混合物。

> 马克思：《第六届莱茵省议会的辩论（第三篇论文）》，
> 《马克思恩格斯全集》第 1 卷上册第 251 页。

在贫苦阶级的这些习惯中存在着合乎本能的法的意识，这些习惯的根源是实际的和合法的，而习惯法的形式在这里更是合乎自然的，因为贫苦阶级的存在本身至今仍然只不过是市民社会的一种习惯，而这种习惯在有意识的国家制度范围内还没有找到应有的地位。

> 马克思：《第六届莱茵省议会的辩论（第三篇论文）》，
> 《马克思恩格斯全集》第 1 卷上册第 253 页。

的确，有一个地方已经把穷人的习惯法变成了富人的独占权。这就充分证明，公共财产是可以独占的；从这里自然就得出结论说，公共财产是应该被独占的。事物的本质要求独占，因为私有财产的利益想出了这个主意。某些财迷心窍的生意人想出的时髦主意，只要能使枯枝给原始条顿式的土地占有者带来利益，就不会引起任何异议。

> 马克思：《第六届莱茵省议会的辩论（第三篇论文）》，
> 《马克思恩格斯全集》第 1 卷上册第 254 页。

在民间的习惯法受压制的地方，遵循这些习惯法的做法，只能作为单纯违反警章规定的行为来对待，无论如何不能当作犯罪来惩罚。违警处罚是用来对付那种根据情节可称为外部混乱而不破坏永久法律秩序的行为的一种手段。

> 马克思：《第六届莱茵省议会的辩论（第三篇论文）》，
> 《马克思恩格斯全集》第 1 卷上册第 254 页。

马克思在《第六届莱茵省议会的辩论（第三篇论文）》里说，"在实行单纯的封建制度的国家即实行等级制度的国家里，人类简直是按抽屉来分类的"。"抽屉"，德文是"Kasten"。这个词既有"等级""阶层"的意思，又有"抽屉"的意思。马克思说"按抽屉来分类"，兼有这两个含义，是对等级制度形象而辛辣地讽刺。

马克思在《第六届莱茵省议会的辩论（第三篇论文）》里说，"各种不同的日耳曼法可以看作是这些习惯法的最丰富的源泉"，其"日耳曼法"，指蛮族法典（leges barbarornm）。这是对 5—9 世纪形成的，一些日耳曼部落的法规最初的文字记录的统称，其中主要记录了这些部落的习惯法，但也采用了符合当时需要的新的法律规范。这些部落

5—7 世纪在原西罗马帝国及其邻近地区的领土上建立了王国和公国。蛮族是古希腊人和罗马人对其邻族的轻蔑称呼。

（三）成文习惯法

1. 古典成文习惯法

成文习惯法是由不成文习惯法演变而来的。

成文习惯法已经具备法的要素，是法的类别。成文法的要素是"国家制定""行为规范""强制力"，这三要素，成文习惯法都已具备。同其他法律不同的是，成文习惯法的内容源于习惯。

在经典作家关于成文习惯法的论述中，未提及中国的习惯法。这可能是苦于没有中文翻译材料的缘故。经典作家并非对亚洲国家立法不关注。马克思在《马·柯瓦列夫斯基〈公社土地占有制〉一书摘要》中，提到了古印度的习惯法——《摩奴法典》。这可能与英国殖民化印度，印度的立法资料传入欧洲有关。习惯法是欧洲常用的词语，在法学著作中每每提及。

其实，中国是习惯法的先驱，而且内容十分丰富，法的要素比较完备。

这里认为，中国的"礼"，是成文习惯法。

如周代"六礼"，是关于婚姻关系的习惯法。《仪礼·士昏礼》记载"婚有六礼，纳采、问名、纳吉、纳征、请期、亲迎。""纳采"，就是"提亲""说媒"，由媒人把具有象征意义的礼品（"采"）送到女家；"问名"，就是女家同意后将女子的名字、生辰八字等告知媒人；"纳吉"，即"过文定"，就是占卜吉凶后订婚；"纳征"，即"过大礼"，就是男家亲戚和媒人给女家送去聘金、礼金等彩礼；"请期"，即"择吉日"，就是确定结婚的日期；"亲迎"，即"迎亲"，就是男家迎娶新娘。"六礼"，就是把长期形成的固定化的婚姻习惯，用文字整理成为习惯法。在结婚仪式上，习惯也是固化的。如婚车从男家到女家，就有一套仪式，就是其中新娘下轿到门里，又有"迈火盆""跨马鞍""拜天地"等仪式。

离婚也有一整套习惯法。《仪礼·丧服》载"出妻之子为母。"贾公彦疏为"七出者：无子，一也；淫佚，二也；不事舅姑，三也；口舌，四也；盗窃，五也；妒忌，六也；恶疾，七也。"。

中国习惯法的类别和内容，是十分丰富的，涵盖了军事、行政、民商、经济、刑事和诉讼等几乎所有社会活动领域。

《尚书·虞夏书》中的《甘誓》，启说："左不攻于左，汝不恭命；右不攻于右，汝不恭命；御非其马之正，汝不恭命。用命，赏于祖；弗用命，戮于社，予则孥戮汝。"凡参战的将士，什么情况是不恭奉命令；对服从命令者，怎么予以奖赏；不服从命令者将怎样受罚，正是把军事经验习惯上升为习惯法。"誓"，是军事习惯法的一种形式。《甘誓》是中国历史上最早的军事习惯法。

禹刑，是夏朝法律的总称。《尚书·吕刑》更具有成文习惯法的特征。吕刑记述了周穆王与吕侯制定赎刑的过程，也记述了西周的刑罚制度、刑事原则。《苗刑》记述了黄帝时代的蚩尤和苗民创制的"五刑"，是为刑的起源。古代的法字，表现出法与蚩尤部落图腾的联系，从而揭示了法的起源的途径线索。

《周礼》记载了周代的行政制度。《周礼·小司寇》记载了辞听、色听、气听、耳听、目听的"五声听讼"。

礼，是中国古代调整社会关系的习惯规范，是古代法律的渊源之一。西周的"礼治"，实际上就是习惯法的法治。

据《秦简秦律》（睡虎地秦墓竹简记载的秦律），在生产方面，《秦律》概括了秦从中央到地方都设置管理手工业专门机构的立法，和少府、铁官、盐官、工室、工官等官吏职务立法，其中，规定了兵器制造的中央和地方两大系统的三级监造程序。《仓律》具体规定了在官营工场做工的雇工的口粮和衣服供给标准。《工律》《工人程》《均工律》等都是关于管理手工业及手工业者的立法，其中内容涉及计划生产制度、手工业者的资格、培养、报酬、器物制造的标准及规格，工业者之间的评比和竞赛制度。《金布律》规定："布袤八尺，幅广二尺五寸。恶，其广袤不如式者，不行。"其中"物勒工名"制度是保证产品质量的重要措施。

这些立法，是在生产、工艺方面的习惯基础上的习惯法。

在社会发展某个很早的阶段，产生了这样的一种需要：把每天重复着的生产、分配和交换产品的行为用一个共同规则概括起来，设法使个人服从生产和交换的一般条件。这个规则首先表现为习惯，后来便成了法律。

恩格斯：《论住宅问题》，

《马克思恩格斯全集》第 18 卷第 309 页。

在爱尔兰接受牲畜并非始终自愿；至少在爱尔兰习惯法的某个阶段，部落成员有义务接受自己"国王"……即最广义的自己部落首领的牲畜。愿作租佃者的人所属的部落，在某些情况下，对他接受新的地位有否决权……为了使部落在有合法权利这样做的时候有进行干预的机会，接受牲畜必须公开进行，而且法律对暗地接受牲畜的后果作了仔细的说明。因此有一条规定："任何人的土地上如原无租金，都不得在身后留有租金"（第 163、164 页）。

马克思：《亨利·萨姆纳·梅恩〈古代法制史讲演录〉一书摘要》，

《马克思恩格斯全集》第 45 卷第 595 页。

"埃里克"，也就是罚金，或者说对严重罪行的物质赔偿（第 170 页）。这一习惯法规定罪犯所属的塞普特或家庭必须（以牲畜，后来以货币）支付这种罚金（第 171 页）。

马克思：《亨利·萨姆纳·梅恩〈古代法制史讲演录〉一书摘要》，

《马克思恩格斯全集》第 45 卷第 597 页。

利未法把婚姻关系建立在新的基础上，离氏族法而独立；该法律禁止在某些等级的血亲以内通婚，并宣布在这些等级以外的婚姻是自由的；它根绝了希伯来人中在婚姻方面的氏族习惯；它以后成了信奉基督教各民族的法律。

马克思：《路易斯·亨·摩尔根〈古代社会〉一书摘要》，
《马克思恩格斯全集》第45卷第395页。

宣布爱尔兰本地的土地占有权为非法，宣布英国的习惯法在爱尔兰有效，从此，长子作为合法继承人，既继承属于领地的土地，也继承按爱尔兰特有的加维尔肯德习俗加以分割的地产。梅恩著作（第185页）。

马克思：《亨利·萨姆纳·梅恩〈古代法制史讲演录〉一书摘要》，
《马克思恩格斯全集》第45卷第603页。

我们提醒我们的读者要特别注意第14条的规定，在这里我们必须放弃把蛮族法典看作是野蛮人的法律的习惯看法。惩罚本身作为法的恢复，本来应该不同于价值的赔偿和损失的补偿，不同于私有财产的恢复；但是，现在惩罚却由公众的惩罚变成对私人的赔偿了；罚款并未归入国库，而是落入林木所有者的私囊。

马克思：《第六届莱茵省议会的辩论（第三篇论文）》，
《马克思恩格斯全集》第1卷上册第275页。

同一个种族的一些分支距他们最初的根源越近，他们相互之间就越接近，共同之处就越多。雅科布·格林在研究德意志民族性格、德意志风俗习惯和法律关系时，一向把从记载基姆布利人进军的罗马史学家到不来梅的亚当和萨克森·格腊马提克所提供的一切证据，从"贝奥伍耳夫"和"希尔德布兰德之歌"到"艾达"和古史诗的一切古代文学作品，从 Leges barbarorum 到古丹麦和古瑞典法律以及日耳曼习惯法记录的一切法律汇编，都看作同样珍贵的史料，是完全有理由的。这一种或那一种特点，可能只有地方性的意义，但它所反映的那种特征却是整个种族所共同具有的，而史料的年代越是久远，这种地方性的差别就越是少见。

恩格斯：《爱尔兰史——古代的爱尔兰》，
《马克思恩格斯全集》第16卷第571页。

"古制全书"的内容是：（1）典质法［Pfändungsrecht］，即大致上包括全部诉讼程序；（2）有关各个不同地区的居民内讧时关于人质的法律；（3）有关 Saerrath 和 Daerrath（见下面）的法律；（4）家法。从这一汇编中我们获得许多有关当时社会生活的珍贵资料，但是在大量名词没有得到解释，其他手稿尚未公布之前，许多东西还是很不清楚的。

恩格斯：《爱尔兰史——古代的爱尔兰》，
《马克思恩格斯全集》第16卷第555页。

《古制全书》一半以上的篇幅讲财产扣押法。《古制全书》号称是基督教传入爱尔兰后在圣帕特里克影响下制定的爱尔兰法典（第 279 页）。它与条顿族的法律以及英国的习惯法很相似。在它里面也有"赶入圈中"。其特点是："如果被告或债务人是首领一级的人物，不仅必须事先通知，而且必须对他斋戒坐索。所谓对他斋戒坐索，就是到他住的地方，在那里不进饮食等他一个时候。在这段时间内原告如果得不到对他的要求的满意答复或者保证，他可立即在法律代表、证人和其他人的陪同下扣押其财物"（第 280—281 页，参看《古制全书》第 1 卷编者注）。债务人如果不允许让人将他的牲畜赶入圈中，而是向债权人提供"可靠的担保物，例如他的儿子或者某种有价值的东西，以表示他将在一定时期内出庭依法解决，债权人就必须接受这种担保物。如果他不照他所允诺的那样出庭，那么就用担保物抵债"。[第 282 页。在奥德省直到今天还是身为地主的债权人在扣押财产时除攫取牲畜（这是首要的）外，也攫取人作为奴隶。见厄温《印度的花园》。]

马克思：《亨利·萨姆纳·梅恩〈古代法制史讲演录〉一书摘要》，
《马克思恩格斯全集》第 45 卷第 630～631 页。

马尔克制度放弃重新分配耕地的办法以后所采取的形态，我们不仅在五到八世纪的古代"民族法"里，而且在英国和斯堪的那维亚中世纪的法律书籍里，在十三到十七世纪的许多日耳曼的马尔克章程（即所谓判例）里和法兰西北部的习惯法（coutumes）里都可以碰到。

恩格斯：《马尔克》，
《马克思恩格斯全集》第 19 卷第 358 页。

住所的不可侵犯性——一切个人自由的基础，开始于游牧民族的篷车，经过定居农民的木屋，然后逐渐变为一种对于家宅和园地的完全所有权。这在塔西佗时代早已发生。自由的日耳曼人的住处，大概在那时就已经从马尔克中分离出来，因而成了马尔克公职人员不能进去的地方，成了逃亡者的安全避难所，我们看到，这在后世的马尔克章程里，部分在五到八世纪制定的"民族法"里，就已有了记载。因为，住所的神圣不可侵犯，不是它转变为私有财产的结果，而是它的原因。

恩格斯：《马尔克》，
《马克思恩格斯全集》第 19 卷第 356 页。

当法兰克人五世纪在这里住下的时候，耕地公社所有制大概还保留在他们中间，否则我们今天在那里就无从找到农户公社和抽签分地制了。不过在这里，私有制也很快就不可抵挡地渗进来了，因为我们看到，六世纪"里普利安法"在谈论耕地的时候，只提到这种私有制。在日耳曼尼亚内地，我已经说过，耕地不久也变成了私产。

恩格斯：《马尔克》，
《马克思恩格斯全集》第 19 卷第 357 页。

根据我们所知道的最古的罗马成文法即十二铜表法，首先是子女作为直接继承人继承财产；要是没有子女，则由阿格纳蒂（男系亲属）继承；倘若连阿格纳蒂也没有，则由同氏族人继承。无论在哪种情况下，财产都是留在氏族以内的。在这里我们看到，由财富的增加和一夫一妻制所产生的新的法律规范已逐渐渗入氏族的习俗：同氏族人的原先是平等的继承权，起初——如前面所说的在很早的时期——在实践上限于阿格纳蒂，最后只限于亲生子女及其男系后裔；不言而喻，这和十二铜表法上的顺序是相反的。

恩格斯：《家庭、私有制和国家的起源》，

《马克思恩格斯全集》第 21 卷第 138 页。

从"阿勒曼尼法典"中可以得到证实，在多瑙河以南的被征服的土地上人们是按血族（genealogiae）分开居住的。这里使用的 genealogia 一词，与后来的马尔克公社或农村公社的意义完全相同。不久以前，柯瓦列夫斯基提出了一种见解，说这些 genealogiae 都是大家庭公社，土地在它们之间进行分配，农村公社只是后来才从它们当中发展起来的。关于fara 的情况也是如此。在勃艮第人和伦巴德人那里，——从而，在哥特部落和赫米奥南部落或高地德意志部落那里，——fara 一词的含义和"阿勒曼尼法典"上的 genealogia 一词的含义虽不完全相同，却也相差无几。这里在我们面前的究竟是氏族还是家庭公社，还需要作进一步研究。

恩格斯：《家庭、私有制和国家的起源》，

《马克思恩格斯全集》第 21 卷第 154 页。

立法文献离我们的时代越近，其中承认公社土地所有制是印度土地关系的主要形式的证据就越多。这里的原因是：起初差不多完全被排除于法典以外的习惯法（地方法），逐渐越来越多地被吸收到婆罗门的成文法中。在《摩奴法典》中，就承认国王有权"赋予属于再生族的学者善人的行为所肯定者以法律效力，凡由此（这种行为）引伸出的准则，若符合各省、各区、各种姓和各家族的法律习惯，均有法律效力"。印度晚期的法典编纂者，即印度法律文献中以《法经》著称的大批汇编的编者，就是从这些习惯中汲取解释《摩奴法典》的资料。习惯法提供了主要资料来补充远古法典中那些纯法律的、特别是纯伦理的贫乏的规定，这些规定起初都是由各村、城市和省的内政当局调整的（第 89 页）。

马克思：《马·柯瓦列夫斯基〈公社土地占有制〉一书摘要》，

《马克思恩格斯全集》第 45 卷第 243～244 页。

关于上面提到的村社，我还要指出，它们在摩奴法典中就已经出现，而在这部法典中它们的整个组织是这样的：一个高级税吏管辖十个村社，以后是一百个，再后是一千个。

马克思：《马克思致恩格斯》，

《马克思恩格斯全集》第 28 卷上册第 272～273 页。

从耶遮尼雅瓦勒基雅法典和那罗陀法典开始到印度被穆斯林征服为止的时期，即从公元前九至五世纪到公元五至六世纪，直到莫卧儿帝国时期（1526—1761）。（a）公社氏族团体和农村团体被用之于行政和司法的目的。在《耶遮尼雅瓦勒基雅》和《那罗陀》这两部法典中，农村公社社员是用公社团体或亲属会议的名称来体现的；中央行政机关将警察职权和司法职权，即治安的责任，委托给他们。这就意味着，这些氏族和公社已经由与执行这些职能无关的独立的机关变为国家的最下级的警察和保安机构了。

马克思：《马·柯瓦列夫斯基〈公社土地占有制〉一书摘要》，

《马克思恩格斯全集》第 45 卷第 248 页。

我感到最有意思的是《士瓦本宝鉴》和希腊的"七贤"——差一点说成《七个士瓦本人》了。

马克思：《马克思致斐·拉萨尔》，

《马克思恩格斯全集》第 30 卷下册第 622 页。

在中世纪依附关系和农奴制度的等级举不胜举，以致《萨克森之镜》甚至根本不谈农奴的权利。

恩格斯：《恩格斯致马克思》，

《马克思恩格斯全集》第 35 卷第 125 页。

第 354 页，Terra salica。盖拉尔认为这个词来源于 sala（房子），这就大错特错了。那就是说，撒利法兰克人是住在房子里的法兰克人？他们叫做 saliens，saliques〔撒利〕是因为荷兰境内的一个小地区叫做撒兰德，在这里组成了征服比利时以及阿登和卢瓦尔之间的法兰西的集团。这个名称今天也还存在着。在撒利法典颁布的时候（约 400 年），sala 是（您自己也指出了这一点）日耳曼人的动产。

恩格斯：《恩格斯致保·拉法格》，

《马克思恩格斯全集》第 39 卷第 435~436 页。

只是在大约十年以前，才证明了在俄国也还继续存在着这种大家庭公社；现在大家都承认，这种家庭公社，像农村公社一样在俄国的民间习俗中深深地扎下了根子。在俄罗斯最古的法典——即雅罗斯拉夫的"真理"中，曾经提到它们，其名称（vervj）和达尔马戚亚法典中所用的相同；在波兰和捷克的史料中，也可以找到它们。

恩格斯：《家庭、私有制和国家的起源》，

《马克思恩格斯全集》第 21 卷第 71 页。

马克思在《路易斯·亨·摩尔根〈古代社会〉一书摘要》里提到的"利未法"，是把古代犹太人的习惯法加以系统化的法律，对古代犹太人的婚姻关系作了规定。利未人是在古代犹太人社会生活中起着重要作用的宗教祭司。摩尔根提到利未人的地方，是根据《旧约》的材料（见圣经《利未记》第 18 章）。

马克思在《第六届莱茵省议会的辩论（第三篇论文）》里指出，"在这里我们必须放弃把蛮族法典看作是野蛮人的法律的习惯看法"中的"蛮族法典"（leges barbarornm），是对 5 至 9 世纪形成的，一些日耳曼部落的法规的最初的文字记录的统称，其中主要记录了这些部落的习惯法，但也有符合当时需要的新的法律规范。这些部落 5—7 世纪在原西罗马帝国及其邻近地区的领土上建立了王国和公国。蛮族是古希腊人和罗马人对其邻族的轻蔑称呼。

恩格斯在《爱尔兰史》里，提到的"有关 Saerrath 和 Daerrath（见下面）的法律"，其"Saerrath 和 Daerrath"，是指古代爱尔兰的两种经营制度。经营者通常是普通的公社社员，他们主要使用氏族或部落首领以及其他氏族贵族的牲畜，后来也使用土地。这些经营制度使经营者丧失部分人身自由（在 Daerrath 的形式下较为严重，在 Saerrath 的形式下较轻一些）并为所有者服繁重的徭役。这种从属形式是在古爱尔兰社会中氏族关系瓦解并开始形成封建社会时期的特征；那时土地总的来说还保持公有，牲畜和农具则已成为私有财产，而且出现了土地私有的萌芽。在爱尔兰，这种关系由布雷亨（古习惯法的保管者和解释者）法规加以调整，并在古爱尔兰法律汇编"古制全书"中有所反映。

恩格斯所说的"见下面"，是指本章中的一节，这一节后来没有写成。

"古制全书"，是"古代爱尔兰的法律和规章——古制全书"的简称，其两卷集于 1865 年和 1869 年在都柏林出版，受女王陛下出版局之托刊印，由亚历山大·汤姆出版（伦敦郎曼书店）。

英国政府于 1852 年指定一个委员会来出版古代爱尔兰的法律和规章。委员会的成员中有三个勋爵（每逢事关国家开支，就必须有勋爵参加），三个最高级法官，三个新教的牧师，以及皮特里博士和一个军官、爱尔兰地形测绘的领导人。在所有这些先生们中间，只有皮特里博士和两位宗教界人士格雷夫斯博士（现为里美黎克新教主教）和托德博士能够称得上比较内行；但其中两人，皮特里和托德在委员会成立以后就去世了。委员会受命采取步骤，来临摹、翻译并出版古代爱尔兰的法律方面的手稿，同时物色适宜的人选。委员会吸收了两个最难能可贵的人参加工作，那就是奥顿诺凡博士和奥克里教授。他们临摹了许多手稿，也已经初步翻译出来，但是还没有来得及准备好付印，就都去世了。他们的后继者汉考克博士和奥马洪尼教授接着继续进行这一工作。终于出版了两卷本的"古制全书"。

1873 年，该书出版了第 3 卷（包含"古制全书"结尾部分）。恩格斯最先对这一部古代爱尔兰法律文献作出了正确的评价，他认为这部文献可以作为研究古代爱尔兰人的社会制度的史料。

恩格斯在《马尔克》里提到的"民族法"，即所谓野蛮人法，拉丁文为 Leges barbarorum，德文为 Germanische Volksrechte，是日耳曼各部落的习惯法的记录，这些部落于五至七世纪在过去西罗马帝国及其邻近地区的领土上建立了王国和公国。这部民族法是五至九世纪之间制定的。

恩格斯在《马尔克》里提到的"六世纪'里普利安法'"，是一个古代日耳曼部落——里普利安的法兰克人的习惯法的记录。这些法兰克人于四至五世纪居住在莱茵河和麦士河之间。"里普利安法"，是研究里普利安的法兰克人社会制度的主要材料。"里普利安法"

第八十二节（表 A）和第八十四节（表 B），谈到了耕地的私人占有制。

最完备的版本之一，是"里普利安和法兰克—哈玛维法"，1883 年汉诺威版（《Lex Ribuaria et lex Francorum Chamavorum》. Hannoverae，1883）。

恩格斯在《家庭、私有制和国家的起源》里提到的"最古的罗马成文法即十二铜表法"，是最古的罗马法文献，在公元前五世纪中叶编成，是平民反对贵族的斗争的成果，它代替了原先在罗马有效的习惯法；十二铜表法反映了罗马社会财产分化的过程，奴隶制的发展和奴隶主国家的形成的过程；法律条文写在十二块牌子（铜表）上。十二铜表法是第一部罗马法，成于公元前 451～450 年。该法律的文字只有片断流传了下来，散见于后世法学家的引文中。

恩格斯在《家庭、私有制和国家的起源》里提到的"阿勒曼尼法典"，是六世纪至八世纪日耳曼阿勒曼尼人部落的习惯法汇编的阿勒曼尼法典的一部分，即第八十一（八十四）条。

"阿勒曼尼法典"，是从五世纪起占有现在的亚尔萨斯、瑞士东部和德国西南部这一地区的阿勒曼尼（阿拉曼尼）德意志部落联盟的习惯法汇编。这一法典产生于六世纪末至七世纪初和八世纪。

氏族公社在法国借以长期保存下来的土地共同继承形式，本身已经是以塞尔维亚和保加利亚的扎德鲁加的形式存在到今天的古代大家庭公社的一个分支。这种形式在俄国和德国等国家都先于农民公社；斯拉夫的扎德鲁加、德国的家庭公社解体以后就过渡到了由单个的家庭组成的公社，最早很常见而现在在俄国还有的土地共同继承，田地分散耕种，但必须定期重新分配。

马克思在《马·柯瓦列夫斯基〈公社土地占有制〉一书摘要》里说，"印度法律文献中以《法经》著称的大批汇编的编者，就是从这些习惯中汲取解释《摩奴法典》的资料"；在《马克思致恩格斯》里，也提到《摩奴法典》。

其"摩奴法典"，是一部宗教教规汇编，据传这部法典是出自神话中的人类始祖摩拏（梵文中的"人"）之手。每个虔诚的印度教徒都必须遵守这些教规。在摩奴法典中，反映了古印度的习惯法的规则。流传下来的"摩奴法典"文本，其成书年代是公元二世纪。

"摩奴法典"是古印度的一部戒律集成，是按照印度奴隶占有制国家的需要和婆罗门教的教义编纂习惯法法典的早期尝试之一。这部法典的材料是在许多世纪中逐渐积累起来的，在将近新纪元开始时初具规模。"摩奴法典"反映了保存有原始公社制许多残余的印度奴隶占有制社会发展的特点。

其"再生族"，是三个高级瓦尔那或最古老种姓即婆罗门（祭司）、刹帝利（军事贵族）和吠舍（其他自由民）的成员。按照古代宗教法规，他们到一定年龄都要举行特定的仪式，这种仪式被解释为人的再生。

《法经》是古代文献的名称，它被印度教信徒视为吠陀圣书的一部分。《法经》与最早的四种《吠陀经》（《梨俱吠陀》《沙摩吠陀》《耶柔吠陀》和《阿闼婆吠陀》）不同，这四种《吠陀经》被推崇为古代圣哲从诸神处"所闻"（"天启"），而《法经》（意为"所记"）则仅仅被认为依据天启的吠陀而写下的。属于《法经》文献范围的有许多经书或规章总集，在这些经书中，除了有关宗教仪式的规章之外，还包括一些习惯法的准则。

马克思在《马柯瓦列夫斯基〈公社土地占有制〉一书摘要》里提到的"《耶遮尼雅瓦勒基雅》和《那罗陀》这两部法典"，是《述祀法经》和《那罗陀法经》。根据现代学术界的材料，这两种经书的前一种成书于公元四至六世纪，后一种成书于一至四世纪。在《述祀法经》中，特别详细地解释了诉讼规则和习惯法的准则。

《密陀娑罗》，是十二世纪初维哲尼亚涅什瓦拉为《述祀法经》所写的注疏。这个注疏后来被译为英文，成为殖民当局在印度习惯法方面的参考书。

在《马克思致斐·拉萨尔》里，马克思提到的"《士瓦本宝鉴》"，十三世纪在士瓦本编制的一部封建习惯法汇编。反映了封建割据时期德国的社会制度和政治制度。施米特在其著作中把这本汇编错误地看作士瓦本诗歌作品。

所谓古希腊的"七贤"，都生活在公元前七至六世纪，施米特毫无根据地把德谟克利特、毕达哥拉斯、赫拉克利特以及更晚一些时期以统一的始源来解释一切自然现象的其他古希腊哲学家，都算了进去。

"七个士瓦本人"，是德国民间滑稽故事。

在《恩格斯致马克思》里，恩格斯指出"《萨克森之镜》甚至根本不谈农奴的权利"。《萨克森之镜》（《Sachsenspiegel》），是中世纪的一部德国法典，阐述了萨克森地方的习惯法。

在《恩格斯致保·拉法格》里说，"在撒利法典颁布的时候（约 400 年），sala 是（您自己也指出了这一点）日耳曼人的动产"。撒利法典，是六世纪初日耳曼撒利法兰克人部落的习惯法汇编，它的产生说明了氏族制度已经瓦解，土地私有制和阶级已经出现。

恩格斯在《家庭、私有制和国家的起源》里说，"在俄罗斯最古的法典——即雅罗斯拉夫的'真理'中，曾经提到它们，其名称（vervj）和达尔马戚亚法典中所用的相同"。雅罗斯拉夫的"真理"，是古俄罗斯的法典"俄罗斯真理"古本第一部分的名称，"俄罗斯真理"是十一世纪至十二世纪在当时的习惯法的基础上产生的，它反映了当时社会的经济和社会关系。

达尔马戚亚法典，是十五世纪至十七世纪在波利察（达尔马戚亚的一部分）通行的法律汇编，以波利察法规著称。

2. 近现代成文习惯法

成文习惯法，属于国家认可的法。在欧洲中世纪，虽然存在习惯法，但宗教法占据优势地位。到了近现代，成文习惯法仍然存在着，但国家制定法，占据优势地位。从认可法到制定法演变，反映了法发展的一般进程。

在认可法与制定法的相互关系上，我国立法倾向于追求制定法。

十七世纪初英裔爱尔兰法官宣布英国习惯法适用于爱尔兰全境。

马克思：《亨利·萨姆纳·梅恩〈古代法制史讲演录〉一书摘要》，

《马克思恩格斯全集》第 45 卷第 578 页。

总督认为最好是把法典交给第三个英国法学家——并且是对印度人的风俗习惯一无所知的法学家去裁夺，这样他就为自己保留了等这位完全不称职的官员拼凑好一部法典后再来否定的权利。

马克思：《俄国的欺骗。——格莱斯顿的失败。——查理·伍德的东度改革》，
《马克思恩格斯全集》第 9 卷第 140 页。

除了官方的和半官方的政党，以及除了宪章派外，我们在英国还看到"贤人"集团，这些人对政府和统治阶级以及对宪章派都是同样的不满。他们高喊道：宪章派想干什么呢？想加强和扩大议会的无上权力，把它变成人民的政权。他们并不要废除议会制，他们是要把议会制提到更高的高度。而真正的目的在于摧毁代议制！领导这个集团的是一位东方贤人——戴维·乌尔卡尔特。他想恢复英国的 Common law（习惯法）。他想缩小 Statute law（成文法）的界限。他希望用地方化来代替集中。他想重新挖掘"盎格鲁撒克逊时代的古老的和真正的法律源泉"。让这些泉水自然而然地流出来灌溉和肥沃周围的土地。

马克思：《行政改革协会。——人民宪章》，
《马克思恩格斯全集》第 11 卷第 301～302 页。

1831 年华沙陷落以后，俄国皇帝没收了那时属于许多波兰贵族的"土地所有权"，这件事在英国报界和议会中引起了一致的愤怒。诺瓦拉战役以后，奥地利政府并没有没收而只是查封了积极参加独立战争的伦巴第贵族的地产，这在英国又引起了一致的愤怒。最后，当路易 - 拿破仑在 1851 年 12 月 2 日以后没收了奥尔良家族的地产——按照法国的习惯法，这些地产早在路易 - 菲力浦登极时就该收归国有，但是由于一个法律上的花招而逃避了这种命运……

马克思：《奥德的兼并》，
《马克思恩格斯全集》第 12 卷第 502 页。

爱北斐特市市长真的跑到旅馆老板那里去，威胁他说，如果他再允许在他的旅馆里举行这类集会，就要撤销他的营业执照。共产主义者立刻就此事询问市长，可是就在应该举行下次会议的前一天得到了通知，通知是给赫斯先生、恩格斯先生和克特根先生的；地方当局在通知书里引证了一大堆习惯法和成文法，宣布这类集会是违法的，并且威胁说，如果不停止，他们就要用武力来解散它。

恩格斯：《共产主义在德国的迅速进展》，
《马克思恩格斯全集》第 2 卷第 598 页。

在英国，最重要的政治自由一般都是由习惯法确认的，而不是由成文法批准的；例如，出版自由就是如此。

马克思：《对民主主义者莱茵区域委员会的审判》，
《马克思恩格斯全集》第 6 卷第 295 页。

马克思在《俄国的欺骗。——格莱斯顿的失败。——查理·伍德的东度改革》里说，"总督认为最好是把法典交给第三个英国法学家——并且是对印度人的风俗习惯一无所知的法学家去裁夺"的具体情况是：早在 1833 年成立了专门的法律委员会。根据查理·伍德爵士本人的证词，这个委员会的第一个同时也是唯一的一个工作成果就是：在马考莱先生的主持下制定了一部刑法典。这部刑法典曾分发给印度各地方当局，各地方当局又送回加尔各答；从加尔各答又寄往英国，然后，又从英国重返印度。在印度，比顿先生代替马考莱先生任法律顾问之后，把法典作了彻底修改。那时总督并不认为"拖延就是弱点和危机的源泉"，他以修改为借口，再一次把它送到英国，再从英国寄回，并且授权总督用他本人认为是最好的方式来批准法典。

（四）习惯法与制定法的关系

1. 制定法认可习惯和不成文习惯法

制定法，（拉）lex positiva（英）statute law（德）Gesetzesrecht（法）loi écrite；成文法，（拉）iusscriptum（英）written law（德）geschriebenes Recbt（法）droit écrit。同成文法一样，制定法也是国家制定的，两者都是在与自然法、习惯法、判例法相区别的意义上使用的。基于此，制定法和成文法可以混合使用。他们的差别，只在于成文法术语强调法的"文字形式"，而制定法术语强调法的"国家制定"。

在成文法与习惯和习惯法的相互关系上，因为涉及问题的实质方面，故这里从法的作用角度而不是形式的角度，使用制定法术语。

雅典人比美洲任何土著民族都前进了一步：相邻的各部落的单纯的联盟已经由这些部落合并为统一的民族〔Volk〕所代替了。于是就产生了凌驾于各个部落和氏族的法权习惯之上的一般的雅典民族法；只要是雅典的公民，即使在非自己部落的地区，也取得了确定的权利和新的法律保护。但这样一来就跨出了摧毁氏族制度的第一步，因为这是后来容许不属于全阿提卡任何部落并且始终都完全处于雅典氏族制度以外的人也成为公民的第一步。

恩格斯：《家庭、私有制和国家的起源》，
《马克思恩格斯全集》第 21 卷第 126 页。

提修斯所制定的第二个制度，就是把全体人民，不问氏族、胞族或部落，一概分为 Eupatriden（贵族）、Geomoren（农民）和 Demiurgen（手工业者）三个阶级，并赋予贵族以担任公职的独占权。不过这一划分，除了由贵族担任公职以外，并没有起什么作用，因为除此以外，它并未规定各个阶级之间的任何法权上的差别。但它有着重大的意义，因为它向我们揭示了新的、暗中发展起来的社会要素。它表明，由一定家庭的成员担任氏族公职的习惯，已经变为这些家庭担任公职的无可争辩的权利；这些因拥有财富而本来就有势力的家庭，已经开始在自己的氏族之外联合成一种独特的特权阶级；而刚刚萌芽的国家，也就使这种霸占行为神圣化。

恩格斯：《家庭、私有制和国家的起源》，

《马克思恩格斯全集》第 21 卷第 126 ~ 127 页。

很清楚，在这里，并且到处都一样，社会上占统治地位的那部分人的利益，总是要把现状作为法律加以神圣化，并且要把习惯和传统对现状造成的各种限制，用法律固定下来。

马克思：《资本论第三卷》，

《马克思恩格斯全集》第 25 卷下册第 893 页。

恩格斯在《家庭、私有制和国家的起源》里谈到雅典国家的产生时，指出"提修斯所制定的第二个制度，就是把全体人民，不问氏族、胞族或部落，一概分为 Eupatriden（贵族）、Geomoren（农民）和 Demiurgen（手工业者）三个阶级，并赋予贵族以担任公职的独占权"，并指明了"它向我们揭示了新的、暗中发展起来的社会要素"。这一论断的必然结论是：

第一，由一定家庭的成员担任氏族公职的习惯，已经变为这些家庭担任公职的无可争辩的权利。这些因拥有财富而本来就有势力的家庭，已经开始在自己的氏族之外联合成一种独特的特权阶级；而刚刚萌芽的国家，也就使这种霸占行为神圣化。

第二，农民和手工业者之间的分工已经如此牢固，以致使以前氏族和部落的划分在社会意义方面已不是最重要的。

第三，氏族社会和国家之间存在不可调和的矛盾。建立国家的最初企图，就在于破坏氏族的联系，其办法就是把每一氏族的成员分为特权者和非特权者，把非特权者又按照他们的职业分为两个阶级，从而使之互相对立起来。

2. 制定法和习惯、不成文习惯法并存

习惯和不成文习惯法不是一朝一夕产生的，也不可能因为制定法的出现而消失。它们的并存是长期的历史过程。

经典作家深入考察了历史上制定法和习惯、不成文习惯法并存的实际情况。这些情况是：①制定法以习惯、不成文习惯法为基础；②司法中成文法和习惯法同时适用；③制定法同习惯、不成文习惯法杂乱混合；④制定法接受某些习惯法，有些习惯法仍存在；⑤旧秩序旧制度的习惯法同新秩序新制度的制定法并存。

"对奥斯丁体系的目的来说，统治权除力量之外没有其他属性，因此，对'法律'、'义务'和'权利'的看法乃是由于把它们仅仅视为强制力量的产物的结果。于是，'制裁'（惩罚）就成为概念系列中的首要的和最重要的环节，并且使其他环节显得可信"（第363页）。梅恩说，任何人都不难承认（"allowing"）"法律都带有奥斯丁所赋予的那种性质，因为法律都来自正式的立法机关"（同上页）。但是有些人对此持异议，例如，

关于未将法律编入法典的各国所实行的习惯法，尤其是英国的习惯法（同上页）。霍布斯和他（奥斯丁，伟大的庞培！）把许多惯例，如英国习惯法，纳入他们体系中的方式，是坚持一条对他们的体系说来十分重要的原则："统治者允许做什么，就是命令做什么"（第 363 页）。在习惯未由法庭正式规定以前，它们只不过是社会舆论所规定的"实质道德"，但是，一俟法庭把它们正式规定下来，它们就成了统治者的由法官传达的命令，法官不过是统治者的代表或帮手（第 364 页）。

[在这里，奥斯丁虽然不知道这一点，但他作为一个彻头彻尾的英国法学家，却是从纯粹英国的事实出发的：英国的诺曼国王通过他的诺曼法庭强制地做到了他如果以立法方式就不能强制做到的事情（即法律关系中的变革）]梅恩先生对此进一步解释说：

他们（统治者）之所以能允许做什么就是命令做什么，是因为根据假定，他们既然拥有不受控制的力量，他们就能在任何时候不受限制地创立新办法。习惯法之所以由他们的命令构成，是因为他们能随意废除、修改或重新肯定它们（第 364 页）。法律被（奥斯丁）视为可被调节的力量（第 365 页）。

一切如意的梅恩以为：

如果假定，统治者本来能够（！）修改但并不修改，就是命令去做——这种假定本身在理论上无庸置疑（！），随着历史的发展明显地接近实际真理——，那么，这派法学家的不为律师所接受的学说就会丧失其悖论的外观了（第 366 页）。

马克思：《亨利·萨姆纳·梅恩〈古代法制史讲演录〉一书摘要》，
《马克思恩格斯全集》第 45 卷第 650~651 页。

实际上，对于……地方和家庭的习俗唯一具有决定意义的不是统治者的命令，而是虚构的神的命令。在印度，婆罗门的混合法律与宗教的各种注疏，在破坏该地古老的习惯法方面影响一直是很大的，而在某些方面……这种影响在英国统治下变得更大了（第 382、383 页）。

马克思：《亨利·萨姆纳·梅恩〈古代法制史讲演录〉一书摘要》，
《马克思恩格斯全集》第 45 卷第 655 页。

希腊人、罗马人、希伯来人的最初的法律——在文明时代开始以后——主要只是把他们前代体现在习惯和习俗中的经验的成果变为法律条文。

马克思：《路易斯·亨·摩尔根〈古代社会〉一书摘要》，
《马克思恩格斯全集》第 45 卷第 389~390 页。

后世的立法，没有一个像古雅典和古罗马的立法那样残酷无情地、无可挽救地把债务者投在高利贷债权者的脚下，——这两种立法，都是纯粹由于经济强制，作为习惯法而自发地产生的。

恩格斯：《家庭、私有制和国家的起源》，
《马克思恩格斯全集》第 21 卷第 190 页。

同欧洲人的接触，文明化的尝试，只能使土耳其人解体和衰弱。纯粹的土耳其宪法，是所有现有的宪法中最出类拔萃的，而且几乎超过了英国。土耳其人有以数千年的风俗习惯和可兰经为基础的自治。

《恩格斯致马克思》，

《马克思恩格斯全集》第 28 卷上册第 222 页。

美国是一个独特的国家，它是沿着纯粹资产阶级的道路发展起来的，没有任何封建的旧东西，但在发展过程中却从英国不加选择地接受了大量封建时代遗留下来的意识形态残余，诸如英国的习惯法、宗教、宗派主义；在这个国家里，对实际活动和资本集中的需要导致了对任何理论的普遍轻视。

《恩格斯致弗·阿·左尔格》，

《马克思恩格斯全集》第 36 卷第 522 页。

美国人由于各种显而易见的历史原因在所有理论问题上都远远落后，他们虽然没有从欧洲接受中世纪的制度，但是接受了大量中世纪的传统、宗教、英国的习惯（封建）法、迷信、降神术。

《恩格斯致弗·阿·左尔格》，

《马克思恩格斯全集》第 36 卷第 567 页。

如果要给一切世界和一切时代编写法哲学，那末总应当也稍微详细地知道些像法国人、英国人和美国人这样一些民族的法律关系，这些民族在历史上所起的作用完全不同于盛行普鲁士邦法的德国的一个角落。让我们再往下看。

"地方法、省法和邦法的杂乱混合（这些法以非常随意的方式按最不同的方向交叉起来，时而作为习惯法，时而作为成文法，经常的是使最重要的事务带上纯粹的规章形式），这种无秩序和矛盾的样本——其中个别使一般成为不充分的，而有时一般又使特殊成为不充分的，的确不适于在任何人那里造成清楚的法学意识。"

但是，这种混乱状态存在于什么地方呢？又是在通行普鲁士邦法的地域内，那里，在这种邦法的旁边、上面或者下面，还有省法、地方法令，有些地方还有普通法以及其他乱七八糟的东西，它们都具有各种各样的不同程度的效力，并且在一切实践的法学家中引起杜林先生在这里满怀同情地一再重复的呼救求援。

恩格斯：《反杜林论》，

《马克思恩格斯全集》第 20 卷第 122 页。

因此应宣布并决定……前述爱尔兰人民所要求享有的在无例外的一切方面只服从国王陛下和爱尔兰议会制定之法律的权利、在爱尔兰王室法院根据成文法或习惯法最终地无上诉地判决一切能在爱尔兰王国审理之诉讼案件的权利——现被宣布为既定之权利，永远有效，并且将来任何时候也不容对此项权利提出问题或怀疑。

马克思:《从美国革命到 1801 年合并的爱尔兰》，

《马克思恩格斯全集》第 45 卷第 35~36 页。

在被征服国家的全部土地中，卡西姆只夺取了被推翻的罗阇的领地另加荒地；以这两种土地为基础，把土地赐予僧侣和慈善机关首先是寺院作为不可侵犯的私有财产。曾在信德实行的一切民法都完全保留。"涉及财产、契约、债务等等的一切诉讼，仍像以前一样，由村长会议（或所谓"班查亚特"）根据成文法，更多地是根据习惯法，通过仲裁审理（道森教授）。"（第 130—132 页）

马克思:《马·柯瓦列夫斯基〈公社土地占有制〉一书摘要》，

《马克思恩格斯全集》第 45 卷第 271 页。

英属印度的官员们，以及以他们为依据的国际法学家亨·梅恩爵士之流，都把旁遮普公社所有制的衰落仅仅说成是经济进步的结果（尽管英国人钟爱古老的形式），实际上英国人自己却是造成这种衰落的主要的（主动的）罪人，——这种衰落又使他们自己受到威胁（第 184 页）。

由于确定了个人的公社份地可以出让，"笨蛋们"〔注：柯瓦列夫斯基原文作："原文政府"。——译者注〕就输入了与印度习惯法格格不入并与之敌对的因素，只不过用承认公社社员的优先购买权的办法稍微缓和一下（第 184、185 页）。

马克思:《马·柯瓦列夫斯基〈公社土地占有制〉一书摘要》，

《马克思恩格斯全集》第 45 卷第 300 页。

这个制度的仍保留在英国习惯法中的部分（或许正因为这样它才得以保留下来），最初多半是领主用以强迫佃农纳贡服役的手段。英国法律比蛮族法律更古老的东西是：在英国，扣押财物事先通知这一点对承认扣押的合法性来说从来是不重要的，尽管成文法规定要使出卖扣押财物合法必须有这种事先的通知；在最古老的习惯法中也是这样，虽然扣押财物有时是跟在领主法庭审理之后，但这不一定是先决条件或者要求如此（第 270—271页）。法兰克的司法程序完全为原告效劳。它是一种调节法庭以外补偿的程序。如果原告遵守正当的手续，那末法庭在允许扣押方面的作用是纯粹被动的……如果被告认输或者反驳对方失败，他不仅要偿付原来的债务，而且还要交付由于不执行先前的偿付通知而追加的各种罚款。这建立在假定原告始终正确和被告始终错误的基础上，而现代的原则则要求原告必须提供确凿的证据 {to establish a prima facia case}。早先人们认为，冒各种风险努力去索取赔偿的人，向人民大会申诉或坐在门口恳求国王公断的人很可能是有理的。在国王成为原告的情况下，原告有理的推论就长期保留在英国法律中，（英国）法学家之所以顽固地不喜欢准许囚犯请律师辩护就是由此而来的（第 271—273 页）。

马克思:《亨利·萨姆纳·梅恩〈古代法制史讲演录〉一书摘要》，

《马克思恩格斯全集》第 45 卷第 628~629 页。

人们对习惯法不像对制定的法律那样服从。当它在小的地区和小的天然集团里运用时，它所依赖的惩罚性制裁部分是舆论，部分是迷信，而在更大程度上是象使我们身体产生某种动作的那种盲目的和不自觉的本能。为保证遵守习俗所必需的实际强制则少到难以想象的程度。但是，当必须服从的规则开始由小的天然集团之外的、不是它的一个组成部分的权威发出的时候，这些规则就带有与习惯法完全不同的性质了。

马克思：《亨利·萨姆纳·梅恩〈古代法制史讲演录〉一书摘要》，

《马克思恩格斯全集》第 45 卷第 657 页。

西斯蒙第则相反，他不但强调生产会遇到限制，而且强调这个限制是由资本本身产生的，于是资本陷入矛盾之中，他由此看出，这些矛盾必然导致资本的毁灭。因此，他想通过习惯、法律等等从外部给生产设置限制，但是，正因为这些限制只是外部的和人为的，所以必然会被资本推翻。

马克思：《政治经济学批判》，

《马克思恩格斯全集》第 46 卷上册第 394 页。

我们假定为地主进行的徭役劳动原来是每周两天。这每周两天的徭役劳动因此会固定下来，成为一个不变量，而由习惯法或成文法在法律上规定下来。但是直接生产者自己支配的每周其余几天的生产效率，却是一个可变量。

马克思：《资本论第三卷》，

《马克思恩格斯全集》第 25 卷下册第 894 页。

琼斯把资本作为特殊的生产关系来描述，认为这种生产关系的主要特征是：积累的财富表现为预付的工资，“劳动基金”本身则表现为“由收入中积蓄起来并用来获取利润的财富”，然后，他就从生产力的发展中考察这一生产方式所特有的变化。琼斯很好地论述了，怎样随着物质生产力的变化，经济关系以及与此相连的国民的社会状况、道德状况和政治状况，也都在发生变化：

“随着社会改变自己的生产力，它们也必然改变自己的习俗。社会上所有各个不同的阶段在其发展进程中都会发觉，新的关系已把它们同其他阶级联系起来，它们处在新的地位，并被新的道德和社会的危险所包围，被社会进步和政治进步的新条件所包围。”

在考察琼斯怎样说明资本主义生产形式对生产力发展的影响之前，还要引几段同我们上面所引的有联系的话。

“随着社会的经济组织以及生产任务借以完成的因素和手段（丰富的或贫乏的）的变化，会发生大的政治的、社会的、道德的和精神的变化。这些变化发生在居民当中，必然对居民的各种政治要素和社会要素产生决定性的影响；这种影响将涉及国民的精神面貌、习惯、风俗、道德和幸福。”（第 45 页）

马克思：《资本论第四卷》，

《马克思恩格斯全集》第 26 卷第 3 册第 474～475 页。

在中等利息率不仅作为平均数，而且作为现实的量存在时，习惯和法律传统等等都和竞争本身一样，对它的决定发生作用。在许多法律诉讼中，当需要计算利息时，就必须把中等利息率作为合法的利息率。如果有人进一步问，为什么中等利息率的界限不能从一般规律得出来，那末答复很简单：由于利息的性质。利息不过是平均利润的一部分。同一资本在这里有双重规定：在贷出者手中，它是作为借贷资本；在执行职能的资本家手中，它是作为产业或商业资本。但它只执行一次职能，也只生产一次利润。在生产过程本身中，资本作为借贷资本的性质不起任何作用。

马克思：《资本论第三卷》，

《马克思恩格斯全集》第 25 卷上册第 408 页。

如果这种交换是借助货币实现的，那么价格规定对双方都是重要的，但对 A 之所以重要，只是因为 A 不愿意为劳动创造的使用价值支付过多，而不是因为他关心劳动创造的价值。这种最初多半是习惯造成的和世代沿袭的价格，逐渐由经济来决定，先是由供求之间的比例，最后则由能够创造出这类活服务的出卖者本身所需要的生产费用来决定。

马克思：《政治经济学批判》，

《马克思恩格斯全集》第 46 卷上册第 466 页。

作为（真正的）帮工，他在一定程度上分享师傅所有的消费储备。这种储备即使不是帮工的财产，按照行会的法规和习惯等等，至少是他的共同占有物等等。

马克思：《政治经济学批判》，

《马克思恩格斯全集》第 46 卷上册第 499 页。

一旦工作日由于习惯被强制延长，那就会像在英国一样，要经历几代人的时间，才能使工人重新把工作日恢复到正常界限。因此，把工作日延长到超过它的自然界限——夜工，是工厂制度的结果。

马克思：《经济学手稿》，

《马克思恩格斯全集》第 47 卷第 374 页。

司徒卢威先生说"我们把社会集团和个人分开，我们把前者看作在社会生活基础上产生的并体现在习惯和法律、风俗和道德以及宗教观念上面的人与人间的形形色色的相互关系。"（第 32 页）换句话说，唯物主义的社会学者把人与人间一定的社会关系当作自己研究的对象，从而也就是研究真实的个人，因为这些关系是由个人的活动组成的。

列宁：《民粹主义的经济内容及其在司徒卢威先生的书中受到的批评》，

《列宁全集》第 1 卷第 367~368 页。

凡是居民生活习惯特点或民族成分不同的国内的各个区域，都应当享有广泛的自我管理和自治，其机构应在普遍、平等、无记名的投票的基础上建立起来。

列宁：《民族问题提纲》，

《列宁全集》第 23 卷第 332 页。

只要不同的民族住在一国之内，它们在经济上、法律上和生活习惯上就有千丝万缕的联系。怎么能把学校教育与这种联系割断呢？是否可以按照崩得的经典性（就其特别强调毫无意义的空话而言）提法所说的那样，使教育事业"不受"国家"管理"呢？既然经济生活使居住在一国之内的各民族结合在一起，那么，企图在"文化"问题特别是在学校教育问题方面把这些民族一劳永逸地分开的做法就是荒谬和反动的。

列宁：《论"民族文化"自治》，

《列宁全集》第 24 卷第 180～181 页。

我们并不期待一个不遵守少数服从多数的原则的社会制度。但是，我们在向往社会主义的同时深信：社会主义将发展为共产主义，而对人们使用暴力，使一个人服从另一个人、使一部分居民服从另一部分居民的任何必要也将随之消失，因为人们将习惯于遵守公共生活的起码规则，而不需要暴力和服从。

列宁：《国家与革命》，

《列宁全集》第 31 卷第 78～79 页。

工人、农民和士兵所完成的十月革命，毫无疑问，是社会主义革命。资产阶级和高级职员的一切力量都起来反对这个革命，他们习惯于旧秩序，不能了解这个革命将会改造整个旧制度。

列宁：《在全俄铁路工人非常代表大会上的讲话》，

《列宁全集》第 33 卷第 168 页。

资产阶级尤其是小资产阶级的一切习惯和传统，也是反对国家监督而主张"神圣的私有财产"和"神圣的"私有企业不可侵犯。现在我们看得特别明显：马克思主义关于无政府主义和无政府工团主义是资产阶级思潮的论点是多么正确，这些思潮同社会主义、无产阶级专政和共产主义的矛盾是多么不可调和。

列宁：《苏维埃政权的当前任务》，

《列宁全集》第 34 卷第 166 页。

马克思在《马·柯瓦列夫斯基〈公社土地占有制〉一书摘要》里说，"曾在信德实行的一切民法都完全保留。'涉及财产、契约、债务等等的一切诉讼，仍像以前一样，由村长会议（或所谓'班查亚特'）根据成文法，更多地是根据习惯法，通过仲裁审理（道森教授）。'"这是马克思通过摘引分析穆斯林统治时期，印度土地所有制的封建化过程。

信德于 711 年被穆罕默德·卡西姆征服。信德是阿拉伯人在印度的第一个占领区。卡西姆"遵照先知的遗训",对被征服的居民首先课以人头税(柯瓦列夫斯基说是被课以户籍税)。此外,土著还应缴纳和以前一样的地亩税和新颁的教会什一税,即使是穆斯林,也无一人可以豁免什一税。接受了穆罕默德教的土著既免征地亩税,也免征人头税。对所有人不分信仰,仍保留其动产和不动产。被征服的居民的土地和财物并没有被剥夺。卡西姆把收税权授予信德的世袭包税人——"婆罗门"。有些村和区是例外,这些地方的税收由卡西姆赐给他的战将作为军功食邑。穆罕默德的军队,不包括妇女和儿童;因此阿拉伯人不管愿意与否,都不得不与被征服各国的土著妇女实行混杂通婚。阿拉伯兵士由于与信德的土著妇女结婚,所以他们就逐渐形成特殊的军事移民区,这些移民区后来发展成为城市。这就引出了马克思所说的根据成文法,更多地是根据习惯法,进行仲裁审理问题。

马克思在《政治经济学批判》里说,"他想通过习惯、法律等等从外部给生产设置限制,但是,正因为这些限制只是外部的和人为的,所以必然会被资本推翻。"这个论述的背景是,在对资本的认识上,李嘉图比较理解资本的普遍的趋势,西斯蒙第比较理解资本的特有的局限性。从资本的角度来看生产过剩是不是可能的和必然的,这个问题的整个争论焦点在于:资本在生产中的价值增殖过程是否直接决定资本在流通中的价值实现;资本在生产过程中实现的价值增殖是否就是资本的现实的价值增殖。李嘉图也曾意识到,交换价值没有交换就不是价值,只有通过交换,才能证明它是价值。但是,他认为生产由此而遇到的限制是偶然的,是可以克服的。因此,他认为资本的本质就包含着克服这些限制的可能性。对此,马克思认为他的阐述是荒谬的。

3. 制定法取代习惯和不成文习惯法

经典作家论述了制定法取代习惯和不成文习惯法的背景和过程,并指明了符合社会发展规律的制定法取代落后的、违逆时代潮流的习惯和习惯法的途径和方式。

这种取代是极其复杂和漫长的。各国的国情不同,取代的情形并不是整齐划一的。

法国的情况是比较典型的。中世纪法国各地的卡秋姆即流行的地方习惯法,大体在南部各地是罗马法系,北部各地是日尔曼法系,后来,南部继受罗马法,取代地方习交惯法作为一般的共同法而加以施行,与此相对的,在北部,罗马法只在部分地方习惯法上受其影响。因此,中世纪法国南北是两个法区,即划分为实行罗马法系的法地区(称成文法地区)和日尔曼法系的地区(称习惯法地区)。直到法国民法典颁布、实施后,两地区法的分离和对立始得到统一。

这个过渡时期,被修昔的底斯(第1卷第2-13章)和其他作者描写为连年大乱的时期,大乱的造成,是由于权力的冲突,由于滥用尚未十分明确限定的权力,也由于旧的管理制度已经无能为力;这也就需要用成文法代替习惯法。这个过渡时期持续了数世纪之久。

马克思:《路易斯·亨·摩尔根〈古代社会〉一书摘要》,
《马克思恩格斯全集》第45卷第514~515页。

公元前624年,德拉古给雅典人制定了一部法典,这证明以成文法代替成规和习惯的时期已经到来。雅典人正处在出现立法家的阶段上，这时的立法是采取纲要或粗线条的形式，都和某人的名字联系着。

马克思：《路易斯·亨·摩尔根〈古代社会〉一书摘要》，
《马克思恩格斯全集》第 45 卷第 518 页。

罗马人在这二百年间（从罗慕洛到塞尔维乌斯·土利乌斯）根据经验认识到必须用他们自己颁布的成文法代替习惯法规；除此之外，他们还建立了城市管理机关和完备的军事制度，包括骑士团在内。

马克思：《路易斯·亨·摩尔根〈古代社会〉一书摘要》，
《马克思恩格斯全集》第 45 卷第 549 页。

按阿瑟·杨格的说法（《1787 年、1788 年和 1789 年旅行记》第 407 页），"小地产，即属于耕种者的小农场"占法国全土三分之一以上（阿·杨格说）。据托克维尔说（《旧制度》），"它们所占的比例还在增加，因为宫廷生活养成了贵族的挥霍浪费，使他们不得不把自己的领地一块一块地卖给农民"（第 121、122 页）。死后均分或大致均分的法律是法国通行的法律；长子继承权大多只限于骑士占有田的土地。在法国南部，均分的习惯由于实行同一个罗马法的规定而更加牢固，在那里长子的特权只因采用罗马法特别条例（它在立遗嘱或调整遗产时给 milites（服役军人）以优待）和规定每个骑士和每个地位较高的贵族都是罗马法中的 miles 才得到了保证（第 122 页）。

马克思：《亨利·萨姆纳·梅恩〈古代法制史讲演录〉一书摘要》，
《马克思恩格斯全集》第 45 卷第 583 页。

俄国农民原有的那些旧的共产主义的习惯和制度，一部分在 1861 年后被经济发展的进程破坏了，一部分被政府亲自系统地铲除了。旧的共产主义公社解体了，或者至少正在解体，但是，正当个体农民要立定脚跟的时候，却有人把他脚下的土地挖掉。

恩格斯：《德国的社会主义》，
《马克思恩格斯全集》第 22 卷第 302 页。

在实行货币地租时，占有并耕种一部分土地的隶属农民和土地所有者之间的传统的合乎习惯法的关系，必然会转化为一种由契约规定的，即按成文法的固定规则确定的纯粹的货币关系。

马克思：《资本论第三卷》，
《马克思恩格斯全集》第 25 卷下册第 899 页。

5 月 11 日柏林第一审级对艾希霍夫—施梯伯案件的最后审讯。事情是这样的：艾希霍夫以"诽谤"施梯伯的罪名被判处了一年半徒刑。这一诽谤的要点是揭露（在伦敦报纸《海尔曼》上）施梯伯在科伦共产党人案件（1852 年）中发假誓、盗窃等等。以下几点足以说明普鲁士法院的行径。

……

2. 施梯伯在策划1852年共产党人案件中的主要同谋者和助手警务顾问戈德海姆和警监格莱夫，每次都被免除了反讯问，因为施梯伯在策划1852年共产党人案件中的主要同谋者和助手警务顾问戈德海姆和警监格莱夫，法院不愿使这些先生处于这样的抉择（法庭庭长公开谈过此事）："要么发假誓，要么证明自己有罪"。另一方面，他们的供词则被用来作为说明施梯伯无罪的证据。

3. 施梯伯和格莱夫在1851年迫使普鲁士警探罗伊特钻进奥斯渥特屋里偷去了文件，施梯伯在科伦案中曾利用这些文件作为证据（虽然它们实际上同案件毫无关系）。这次盗窃就是艾希霍夫揭露施梯伯的几件事情之一。但是现在请注意！王室国家检察官德朗克曼提出了以下新得出奇的盗窃理论，他声称：

"这些文件是否盗窃来的，这个问题可以暂且撇开不谈；从对被告判罪的观点来看，这没有意义。即使文件确实是偷来的，那末对于用这种办法弄到文件的警务官员，从法律观点来说也不能指控为偷窃，至多只能说行为不道德，法律上的盗窃，需具备恶意欺骗性质，但这不适用于被迫让人去进行这种偷窃的警务官员，因为他们不是为了个人的好处，而是为了国家利益。"

因此，一个警务官员若是在伦敦闯进一所房子进行"偷窃"，那从法律观点来说丝毫没有犯罪，"至多"是行为不道德。这看来像是普鲁士国家对英国人的一种恩赐：习惯法暂停生效。

《马克思致卡·济贝耳》，
《马克思恩格斯全集》第30卷下册第534～535页。

大部分法国的买地人（私人）根本无意耕种土地，他们只进行零售的转卖土地的投机；用异常低廉的价格买进，用相当高的价格转卖——这看来就是"把他们的资本作了有利的投放"。这些家伙不顾氏族占有地不可出让，争先恐后同各个家庭签订一系列买契。土著们利用法国狮子狗中间突然兴起的投机热，并且预期法国政府在国内寿命不会很长，都很乐于出卖根本不存在的，或者氏族共同占有的某个地段，而且往往在同一时间内出卖给两三个买主。因此，当法庭开始审查产权时就发现，卖出的全部土地中有四分之三以上同时属于不同的人（参看小册子《殖民化总方案建议》1863年阿尔及尔版的摘录。第214页上的脚注2）。法国政府又做了些什么呢？无耻的事情！它首先是承认一切非法的出卖都属有效，从而使破坏习惯法的行为合法化！

马克思：《马·柯瓦列夫斯基〈公社土地占有制〉一书摘要》，
《马克思恩格斯全集》第45卷第317～318页。

委员会的另一项任务，即在氏族分支的地界内建立私有制，执行起来情况就完全不同了（第220页）。根据章程第5条第26款的规定，执行这一任务应当考虑到历史上形成的各种习惯法，因而也只有在事先确认这些习惯法以后才能执行。这件事毫无结果；整个这一条在巴登格时期便完全放弃了（参看第 221、222 页）。

马克思：《马·柯瓦列夫斯基〈公社土地占有制〉一书摘要》，

《马克思恩格斯全集》第 45 卷第 321 页。

　　梭伦的继承法，实质上和摩西的立法一样。这就证明：希腊人和希伯来人以前在财产方面的习惯、风俗和制度是相同的。

马克思：《路易斯·亨·摩尔根〈古代社会〉一书摘要》，

《马克思恩格斯全集》第 45 卷第 395 页。

　　这种法律承认一个人生前对于他的财产拥有绝对所有权，现在又加上一种在没有子女的情况下立遗嘱处理财产的权利；但是，只要在氏族内有可以代表他的子女，氏族对于财产的权利仍是有效的。无论如何，这种习惯（即立遗嘱处理财产的习惯）应当说以前就已存在，因为梭伦只是把习惯法变为了实在法而已。

马克思：《路易斯·亨·摩尔根〈古代社会〉一书摘要》，

《马克思恩格斯全集》第 45 卷第 396 页。

　　乐观主义者梅恩发现，另一方面，习惯占有地［和官册占有地］蜕化为自由保有的地产……这一变化在官册占有地和圈地专员指导下进行了大约四十年。

　　我们这位自满的老兄正是把这种情况看作是有同等意义的英国的法国革命。请不要笑！（见这位老兄的著作第 125 页。）这位可笑的老兄把罗马的绝对的地产形式变成了"英国的土地所有权形式"

马克思：《亨利·萨姆纳·梅恩〈古代法制史讲演录〉一书摘要》，

《马克思恩格斯全集》第 45 卷第 584 页。

　　英国的城市法 {Borough English}。根据该法，父亲的城市租地 {burgage-tenements} 由最小的儿子继承，而不是由最大的儿子继承（第 222 页）。布莱克斯顿为说明这一点，援引杜阿尔德的话说，由幼子继承的习惯在鞑靼人中很盛行；年纪较大的儿子一到能过放牧的生活，他们就离开父亲，"带着分给的一部分牲畜"另找新的住地。年纪最小，留下和父亲一起呆得最久的儿子，是他的房屋的当然继承人，因为其他的儿子都已经分了东西（第 222 页）。根据《威尔士法律》，所有威尔士的农民都有这一习俗："在弟兄们分遗产时，年纪最小的应分 tygdyn，即父亲的房屋和属于他的 8 亩地"（《威尔士法律》第 2 卷第 780 页），此外，还有些什物；其余的儿子分余下的东西（第 223 页）。仍然处于父权 {patria potestas} 之下的年纪最小的儿子比其他的儿子受优待（同上页）。长子继承权……来……自首领（克兰的）。相反，"英国的城市法"与"格尔芬"一样……却来自古代关于与父权相联系的家庭的观念（同上页）。

马克思：《亨利·萨姆纳·梅恩〈古代法制史讲演录〉一书摘要》，

《马克思恩格斯全集》第 45 卷第 618～619 页。

现在只存在于东方的、还保留着几乎原封未动的地方原始集团的那些大国的统治者，也没有实行过使人可以理解的立法权。我们所说的立法以及地方生活的解体，看来普遍都是同时发生的（第389页）。罗马帝国是直接地或最终地导致高度集中、积极立法的国家的形成的那些影响的源泉。它是第一个不仅收税，而且立法的大国。这一过程绵延了许多世纪……我把它的开始和完成……大致定在发布第一个行省法令｛Edictum Provinciale｝和把罗马的公民权扩大到帝国的全体臣民的时候……结果，大量的各种各样的习惯法被废除，为新的法制所取代……它（罗马帝国）吞没、粉碎和踩碎了残迹（第390、391页）。后来罗马帝国及其法律又影响了由蛮族所建立的新的王国（第391页）。

马克思：《亨利·萨姆纳·梅恩〈古代法制史讲演录〉一书摘要》，

《马克思恩格斯全集》第45卷第656~657页。

因为几乎所有的工厂每逢星期六一向要比平日收工早些。有一个做调查工作的人收集了有关这个问题的许多资料，他很熟悉工厂生活，他断言：按平均数计算，可以肯定，每逢星期六比规定的时间早下工两小时。这就是说，法令在这里也是那样，一面把习惯上的休息变成了法定的休息，一面又不放过机会侵占工人的时间来补偿这个让步，哪怕侵占半小时也好。

列宁：《新工厂法》，

《列宁全集》第2卷第357~358页。

政府拖延了15年，终于颁布了这样一个法令，规定星期日及节日必须放假，但是政府不放过再压制一下工人的机会，以补偿对工人的这个让步，它把习惯上必须放假的节日取消了四分之一。所以说，政府的行动正像一个道地的高利贷者：它作了一个让步，就费尽心机用另外一种压榨来补偿这个让步。在颁布了这个法令之后，很可能会发生这样的事情：某些厂主试图减少工人的假日，试图迫使工人在一向放假但这个法令并没有规定必须放假的那些节日中工作。

列宁：《新工厂法》，

《列宁全集》第2卷第357页。

斯卡尔金是反对村社的。他从个人财产、个人进取心等等角度出发反对村社与重分制（第142页及以下各页）。斯卡尔金反驳拥护村社的人说，"古来的习惯法"已经过时了："在一切国家里，随着农村居民与文明环境的接近，习惯法便丧失其原始的纯洁性，遭到毁损和歪曲。我们这里也可以看到同样的现象，村社的权力渐渐变成豪绅和乡村文书的权力，结果这个权力不但不去保护农民，反而成了束缚他们的沉重的羁绊。"（第143页）——这个意见是非常正确的，它已为30年来的无数事实所证实。

列宁：《我们拒绝什么遗产？》，

《列宁全集》第2卷第391~392页。

　　所有这些占有土地的官员们要是找不到不得不为他们干活的"庄稼人"，那纵然有
3000 俄亩的土地，又有什么用处呢？不管西伯利亚人民的贫困增长得怎样快，当地农民比
起"俄罗斯"农民来，还是要独立得多，他们很不习惯在棍棒下工作。新法令竭力要他们
养成这样的习惯。法令第 4 条说："预定拨给私人经营的土地应尽可能同分配给农民的土
地交错在一起。"沙皇政府是在关心贫苦农民的"谋生"问题。

列宁：《农奴主在活动》，

《列宁全集》第 5 卷第 78 页。

　　《马克思致卡·济贝耳》里说，"这一诽谤的要点是揭露（在伦敦报纸《海尔曼》上）
施梯伯在科伦共产党人案件（1852 年）中发假誓、盗窃等等"，是指 1859 年底德国社会
党人艾希霍夫，由于在《海尔曼》周报刊登了反对普鲁士警察制度的文章，被普鲁士当局
交法庭审讯。这些文章揭露了普鲁士政治警察局局长施梯伯，在普鲁士政府于 1852 年策
划反对共产主义者同盟盟员的挑衅性科伦案件当中所起的作用，施梯伯在策划这个案件时
利用了普鲁士警探希尔施所伪造的共产主义者同盟中央委员会的假"记录本"。1860 年 5
月艾希霍夫被柏林法院判处十四个月的徒刑。
　　"施梯伯在科伦案件中曾利用这些文件作为证据（虽然它们实际上同案件毫无关系）"
中的"这些文件"，是罗伊特在奥·迪茨那里偷走的文件，这文件是维利希—沙佩尔冒险
主义宗派集团的文件。1850 年秋，共产主义者同盟分裂以后，奥·迪茨成为该集团的成
员。这些文件与当时其成员正在受审的共产主义者同盟没有任何关系。
　　马克思的《亨利·萨姆纳·梅恩〈古代法制史讲演录〉一书摘要》里的"威尔士法
律"，相传由国王贤者豪厄耳（约殁于 950 年）制定。这里是指载于《威尔士的教会和市
俗的法律》一书中的该法律的文本，该书由 W. 克拉克编辑 1730 年在伦敦出版。
　　"杜阿尔德"，是法国耶稣会士。文中杜阿尔德说的话，出于 1765—1769 年牛津版的
威·布莱克斯顿《英国法律释义》四卷本。内中援引了杜阿尔德的著作（让·巴·杜阿
尔德《关于中国和中华鞑靼国的地理、历史、年表等的记述》四卷本，1735 年巴黎版）。

4. 制定法与习惯和不成文习惯法无关

　　我们讲制定法与习惯和不成文习惯法的关系，并不是说每一制定法都与习惯和不成文
习惯法有关。资本主义的市场经济的法，在以往的习惯法中是找不到的。它建立起来的，
是资本主义社会逐渐形成的新的习惯和习惯法。
　　社会主义法是在摧毁剥削阶级旧法律的基础上建立起来的，它要抛弃同剥削阶级旧法
律相关的习惯和不成文习惯法。列宁指出，"群众是在这个旧制度下教养出来的，他们从
吃母亲奶的时候起就接受了这个制度的原则、习惯、传统和信仰，他们看不出也不可能看
出'开始形成'的新制度是什么样子，是哪些社会力量在'形成'这种新制度以及怎样
'形成'这种新制度，哪些社会力量能够消除'变革'时代所特有的无数特别深重的
灾难。"

由于历史发展和法律文化的特殊性等原因，致使我国的习惯和习惯法没有取得过主流地位，也没有像欧洲那样使习惯法成为突出的重要的法的形式。就是法产生之始的甘誓、苗刑等，尽管实际上属于习惯法范畴，但我国学界并没有以习惯法相称，而是直接按法（制定法）阐释。

习惯和习惯法的产生和存在，是社会发展和法律发展的合乎规律的结果，我国当然不会例外。但在如何对待习惯和习惯法的问题上，我国同欧洲国家差别最大。这是因为：

第一，理论思维是我国文化的传统，讲求概念的致密性，内涵的准确和外延的完善化，因而制定法被提到首位。

第二，集体主义是我国社会的突出特征，个人主义、自由主义始终没有形成社会主流，集体主义成分是习惯中的主要成分。马克思在分析亚细亚生产方式时专门指出过这个特征。制定法排除个人主义、自由主义为中心的人群习惯。

第三，大一统国家是形成全国统一立法的保障，地方习惯、分散主义阻碍统一法的制定和实施，因而处于被排斥的地位。

罗马法是简单商品生产即资本主义前的商品生产的完善的法，但是它也包含着资本主义时期的大多数法权关系。因此，这正是我们的市民在他们兴起时期所需要，而在当地的习惯法中找不到的。

《恩格斯致卡·考茨基》，
《马克思恩格斯全集》第 36 卷第 169 页。

在共产主义社会中，民主将演变成习惯，消亡下去，但永远也不会是"纯粹的"民主。

列宁：《无产阶级革命和叛徒考茨基》，
《列宁全集》第 35 卷第 243 页。

在土地占有关系中，任何传统的东西都不会留下。究竟是什么力量决定新的土地占有关系呢？是平均制的"原则"吧？受了民粹派思想影响的先进农民喜欢这样想。民粹派也这样想。然而这是幻想。在村社中，法律所承认的并被习惯奉为神圣的平均制"原则"，实际上使土地占有制适应于财产上的差别。无论是俄国的材料，或者是西欧的材料，都千百次地证实了这个经济方面的事实。根据这个事实，我们肯定地说，对平均制的希望将像幻想那样成为泡影，而土地占有制的更替将成为唯一可靠的结果。

列宁：《19 世纪末俄国的土地问题》，
《列宁全集》第 17 卷第 116 页。

拉林没有在孟什维主义的官场习气真正扎根的地方去寻找它。官场习气的根源，就是阿克雪里罗得和普列汉诺夫借口欧洲方式而灌输给孟什维克的那种机会主义。在瑞士小市民所表现出来的思想体系和习惯中没有一点欧洲方式的痕迹。小市民的瑞士是现时欧洲，即富有革命传统和充满广大群众尖锐阶级斗争的欧洲的奴仆。

列宁:《孟什维主义的危机》,

《列宁全集》第 14 卷第 167 页。

共产主义劳动,从比较狭窄和比较严格的意义上说,是一种为社会进行的无报酬的劳动,这种劳动不是为了履行一定的义务、不是为了享有取得某些产品的权利、不是按照事先规定的法定定额进行的劳动,而是自愿的劳动,是无定额的劳动,是不指望报酬、不讲报酬条件的劳动,是按照为公共利益劳动的习惯、按照必须为公共利益劳动的自觉要求(这已成为习惯)来进行的劳动,这种劳动是健康的身体的需要。

列宁:《从破坏历来的旧制度到创造新制度》,

《列宁全集》第 38 卷第 343 页。

悲观主义、不抵抗主义、向"精神"呼吁,是这样一个时代必然要出现的思想体系,在这个时代,整个旧制度已经"颠倒过来",而群众是在这个旧制度下教养出来的,他们从吃母亲奶的时候起就接受了这个制度的原则、习惯、传统和信仰,他们看不出也不可能看出"开始形成"的新制度是什么样子,是哪些社会力量在"形成"这种新制度以及怎样"形成"这种新制度,哪些社会力量能够消除"变革"时代所特有的无数特别深重的灾难。

列宁:《列·尼·托尔斯泰和他的时代》,

《列宁全集》第 20 卷第 102 页。

列宁在《孟什维主义的危机》里指出,"官场习气的根源,就是阿克雪里罗得和普列汉诺夫借口欧洲方式而灌输给孟什维克的那种机会主义"。这是列宁提出的,要历史地来考察斗争形式的问题。因为在经济演进的各个不同时期,由于政治、民族文化、风俗习惯等等条件各不相同,会有各种不同的斗争形式成为主要的斗争形式。孟什维克把游击战争说成无政府主义、布朗基主义、旧时的恐怖手段、脱离群众的个人行动,认为这会瓦解运动、危害革命。列宁驳斥了这种观点,说不把游击战争同武装起义的环境联系起来的分析方法,是完全不正确的。

三、判例法制度

判例法（英 case law, judge-made law 、德 Judikaturrecht），指以判例的形式存在的法律。判例法承认判例是法源，在英美法系，判例是最重要的法源，因而英美法系国家称为判例法国家。

判例，是指被反复利用的法院判决。在判决的反复利用中，逐渐产生了抽象的法则。这些法则，是通过裁判或判决得到的明确的规范，规范要求得到遵守。严格地说，即使是只有一次的判决，只要有其合理性，有判案的示范价值，也称为判例。

英美法系奉行判例主义。从判例主义出发，必然产生先例约束性原则（doctrine of precedent）。这一原则源于英格兰法，它有助于法官保持对类似案件审判的统一性，提高其判决的可预见性。

先例约束性原则要求，凡与先例相同的案件，必须做出同样的判决。先例约束性原则是判例法成立的要件。判例法所遵循的，是与先例相同的案件应做同样判决的法理。判例法的效力与案件既判力（既判事项 res judicata）是不同的。既判力，是该案件一经被判定，对当事人便产生拘束力，而判例法的效力，则是该案件的判决对于后来的案件具有约束力。

在英美法系国家，13 世纪已经有了引用先例进行审判的案例，到 15 至 16 世纪，承认了同类案件的先例约束力，在 18 世纪，甚至承认了一个先例的约束力。进入 19 世纪，确立了先例约束力的原则。在衡平法上，这个原则也逐渐成形。

判例详细记录了具体案件的案由、案件事实和对案件判决做出的判断，所以它能够成为详实的案件构成要件的规范。这种判例规范能否约束另外的案件，决定于两个案件的具体事实是否相同。在对案件构成的各个要素进行可靠的分析、比较、审查的基础上，才能决定是否采用相同的审理方法和判决结果。

大陆法系各国不承认先例约束力的法理。大陆法系尊重最高法院的判决，乃至最高法院的判决在其他案件的审理中起指导作用，但最高法院的判决，对于各级法院的审判不具有法律原则的效果。

在英美法系国家，由于判例法是主要法源，因而判例法具有历史连续性。就是说，判例法不因独立、革命和战争而改变。而且，判例法的先例约束性原则，具有长期法律效力。这一点，与大陆法系是不同的。

先例约束性原则，造成了"法官造法"的事实。实际上，判例法的制定者是法官和法院。判例法的概念由此而来。大陆法系国家是"议会立法"，而承认"司法立法"的事实，是英美法系国家和学者的共识。

"法官造法"，使司法处于优越地位，并得以司法独立。在美国，高于制定法效力的宪法解释权归于宪法法院，这充分体现了司法优越地位的传统。

判例法是由法院适用不成文法解决纠纷所做的判决而形成的。判决既不是适用制定法，也不是在适用制定法前提下适用习惯法。在判例法国家，在产生国会及制定出制定法之前，法院就已存在。在国会出现之前，由国王颁布制定法的情况，是立法权和司法权合二为一的产物。当然，英美法中也有大量的制定法，也有作为制定法解释的判例，但它们都不是判例法的基础。

我国是最早出现并形成判例形式的国家。秦的"廷行事"，汉的"决事比"，"指挥"，是尚书省和其他中央官署所作的指示和决定，"断例"，是具有法律效力的案例汇编，明代汇编的成例，称为"条例"，等都可称为判例。

"例"，是一种法律形式。《宋史·刑法志》说，"法所不载，然后用条例"。可见例的法律作用。

我国古代的判例，与英美法系的"判例法"不是一回事。我国一开始就以制定法为重，逐步建立了以基本法为主体的制定法的法律体系。这是中华法系的重要特点。应当明确，我国的社会主义法，既不是英美法系的判例法，也不是大陆法系的制定法，当然也不是我国古代的判例。

需要说明的是，对于这里摘引的经典作家论述的有些案件，一时无法考证是依据判例法还是依据制定法判决的。在大陆法系国家的法国、德国、意大利、西班牙、葡萄牙、荷兰、奥地利、瑞士、日本等，是依据制定法判决的。因为在判例法国家也有制定法，其依据制定法判决的案件，具有法律效力，在依据判例法审理案件时，一般都得到遵循或尊重。因此，对于未能区分的判例，这里采取了混合处理的方法，即对于摘引的案件，均按判例法的判例并列和加以分析。

（一）判例法的适用

1. 最高法院的判决

英国的法院设置比较复杂，在历史上英国的高级法院超过 10 种，初级法院则为数更多。1971 年英国议制定的《法院法》（The Court Act）后，开始形成现今的法院组织体系。

民事法院，是审理民事案件的法院。对郡法院的判决不服，可上诉至上诉法院民事上诉庭。刑事法院，是全国性的法院，对英格兰和威尔士各地发生的刑事案件有统一的管辖权，它受理不服治安法院判决的上诉案件，还受理业经治安法院定罪但未判刑而移送刑事法院判处刑罚的案件。

民事法院系统由上至下的顺序是；上议院 – 上诉法院 – 高等法院 – 郡法院 – 治安法院。

治安法院（magistrates-court），是基层刑事管辖法院。是简易罪案审决的案件，对未成年人犯罪的案件也进行审理。治安法院也是处理民事（特别是家事）案件的简易法院（Courts of Summary jurisdiction）。

郡法院（County Courts），有 400 所以上。有 200 多名巡回法官（circuit judges）64 个巡回区（Circuit）里的几个法院巡回。

高等法院，职能主要是行使上诉审和审判监督的职能，即受理有关治安法院和刑事法院以原审法院报核提出的上诉，不服高等法院的判决，可上诉到上议院。

上诉法院，是贵族院，即上院（House of Lords）。上院还是苏格兰的上诉法院。上院形式上是议会，因此法官以演说的形式发表意见，用投票决定诉讼的胜负。作为法院的上院，在议会闭会期间和解散后也可以开庭。作为法院的上院的组成人员是：大法官、法律贵族、高级司法官员的贵族。法定人数为 3 人。上诉法院下设民事庭和刑事庭，分别受理民事、刑事上诉案件。不服上诉法院刑事庭判决的，可以上诉到上议院，不过对此限制较严。上诉法院是英国的最高审级。只限于受理具有普遍意义的重大法律问题的上诉案件。

刑事法院系统由上至下的顺序是：上议院 – 上诉法院 – 刑事法院 – 治安法院 – 检尸官法院。

1849 年，有人向高等控诉院提出控诉，法官的判决是：实行童工两班轮流工作而成年工人在机器转动的全部时间内不停地工作的轮班制〔《relay or shift system》〕是完全合法的。问题又提到议会里；于是，在 1850 年，轮班制被宣布为非法，可是在这同时，十小时法案却变成了十小时半工作日法案。目前工人阶级要求 inintegrum〔不折不扣地〕恢复原来的十小时法案，而为了使这一法律更加有效，工人们又加上了一条要求：限制机器转动时间。

> 马克思：《议会辩论。——僧侣和争取十小时工作日的斗争。——饿死》，
> 《马克思恩格斯全集》第 8 卷第 612 页。

负责审理这一案件的 Lord Chief Baron〔高等控诉院院长〕在他的结论中是站在辩护人一方。他用以下的话结束了他的发言："陪审员在很多方面仰仗报刊自由，但陪审员并不是因为报刊自由才享有独立性，相反，是因为陪审员享有独立性报刊才有自由。大家应该衡量一下，被指控的那篇文章是否越出正当批评的界限。斯塔布斯是有社会职务的人，因此应当受到批评。如果大家认为'劳埃德氏周刊'越出了正当批评的界限，那大家就应该判给原告适度的赔偿！"陪审员们离庭到自己的议事室。经过 15 分钟的讨论以后，他们又出现在法庭上，并做出判决：原告斯塔布斯有理，他名誉受到侮辱，应判给他 1 法寻的赔偿费。

> 马克思：《一件诽谤案》，
> 《马克思恩格斯全集》第 15 卷第 450 页。

我们从同一来源即从弗吉尼亚、乔治亚和亚拉巴马等州的报纸上获悉里士满中央政府和各个蓄奴州的当局之间发生冲突的趣闻。这次冲突是由最近的一项征兵法引起的，因为国会通过的这个征兵法大大扩大了通常的兵役年龄限度。在乔治亚，根据这项法律一个叫列文古德的人被征，但他不肯去，因此被同盟的一个代表 J. P. 普鲁斯抓起来了。列文古

德向艾伯特郡（乔治亚）的最高法院上诉，后者便发出了一道立刻释放被捕者的命令。在法院判决书的一大篇理由中有一段说道：

"同盟的宪法序言里明明白白地规定，每一个州都是自主的和独立的。如果可以强迫每个民兵脱离他的总司令的监督，那末乔治亚的自主和独立还有什么可谈呢？如果里士满国会可以颁布一项有例外的征兵法，那末有什么东西妨碍它颁布一项无例外的征兵法，即把州长、立法会议委员和司法人员都动员起来从而撤销整个州的行政机构呢？……有鉴于此，并根据别的理由，法院作出本判决，并且通令认为国会通过的征兵法是无效的和没有任何法律效力的……"

这样，乔治亚州就在自己的辖区以内禁止了征兵，而同盟政府也不敢取消这项禁令。

马克思：《南部同盟势穷力竭的迹象》，

《马克思恩格斯全集》第 15 卷第 596～597 页。

如果说，1820 年的密苏里妥协案扩展了奴隶制度在各领地的地理界限，1854 年的堪萨斯—内布拉斯加法案又取消了任何地理界限，换上一个政治的障壁，即垦殖者多数的意志，那末，美国最高法院则是通过 1857 年的判决，把这个政治障壁也拆掉了，从而把共和国现在和将来的一切领地从培植自由州的地方变成了培植奴隶制度的地方。

马克思：《北美内战》，

《马克思恩格斯全集》第 15 卷第 351 页。

英国四个高等法院之一，高等控诉院，于 1850 年 2 月 8 日判决一件案子时宣布，虽然工厂主违反了 1844 年法令的精神，但是这个法令本身的某些词句已经使法令变得毫无意义。"这种判决废除了十小时工作日法令。"很多以前不敢对少年和女工实行换班制度的工厂主，现在都双手抓住换班制度不放了。

马克思：《资本论第一卷》，

《马克思恩格斯全集》第 23 卷第 323～324 页。

马克思在《议会辩论。——僧侣和争取十小时工作日的斗争。——饿死》里提到的"高等控诉院（Court of Exchequer），是英国最老的法庭之一，起初主要担负财政职能，在 19 世纪实际上是英国最高司法机关之一。"

马克思在《一件诽谤案》里说，"他们又出现在法庭上，并做出判决：原告斯塔布斯有理，他名誉受到侮辱，应判给他 1 法寻的赔偿费"，指的是"劳埃德氏新闻周刊"与斯塔布斯公司的诽谤案。

案件的原告是斯塔布斯公司，被告是"劳埃德氏新闻周刊"。事情是这样的：斯塔布斯公司出版一个名叫"斯塔布斯氏报"的周报，是斯塔布斯主持的"商业保护协会"的机关报。这个报纸是秘密分别送到订户手里的，订户每年缴 3 个基尼；它不在 stationers〔书商〕的书摊上、街头和铁路上等等地方零售，这是与其他报纸不同的地方。实际上它是一份宣告哪些债务人业已破产（不管他们属于哪个阶层）的罪犯名单。斯塔布斯所主持的"商业保护协会"侦察出已无支付能力的人，然后"斯塔布斯氏报"就白纸黑字把他们的姓名登记下来。报纸的订户已达两万户。"劳埃德氏周刊"发表了一篇文章，其中有一段说："每个正直的人都有责任除掉这个可耻的密探机关"。于是斯塔布斯就要求法院对这种诽谤予以惩处。

"法寻"是英国最小的货币单位，相当于法国的生丁和德国的分尼。

马克思在《北美内战》里提到的"1820年的密苏里妥协案"的诉讼，是指德雷德·司各脱案件，即黑奴德·司各脱的审判案。司各脱曾经跟他的主人住在伊利诺斯州，后来住在威斯康星州，根据密苏里妥协案，这两州禁止奴隶制，所以在1848年他提出诉讼，要求解放本人。案子拖到1857年，美国最高法院拒绝了这个黑人的诉讼。这个判决使奴隶制在全国合法化。在1861～1865年内战前夕，被美国废奴派用作鼓动材料。

2. 各级法院判决的约束力

上级法院的判例先例约束力，是同上级法院、下级法院的级别相联系的。就是说，上级法院的判例同时约束下级法院。凡英美法系的法院均大致如此。

这里有几种情况：一是，中间法院的判例有被上级法院推翻（to be overruled）的可能性，因而中间法院的判例只具有相对约束性。二是，终审法院的判例，没有被推翻的可能性，只是可因制定法的有关规定而变更。是具有绝对的约束性的先例。三是，同一系统的上下级法院，例如英国的枢密院司法委员会和上院是同等的终审法院，但不是上诉法院和高等法院上诉的上级法院，因此其判例对这些法院没有约束力，它只是指导性的先例。四是，对于不属于本系统法院关系，也存在发生约束力的问题。如美国从马萨诸塞州分离出去的缅因州，从弗吉尼亚州分离出去的西弗吉尼亚州，马里兰州割让出的联邦哥伦比亚特区，各个分离以前州的最高法院判例对其都有约束力。州际私法的问题，也有同样适用其他州及其他法域的法的情况。五是，联邦法院审理不同州的公民间的诉讼时，适用所在州的普通法，这时所在州最高法院的判例有约束力（除应由全国统一规定的有关联邦事项之外）。六是，下级法院的判例对于上级法院没有约束力。

法院受自己判例的约束，终审法院也是如此。英国上院的判例，不管是否正确，只有国会才能改动。由于美国的刚性宪法不易修改，因此只好由最高法院本身更正自己的宪法判例。美国最高法院常常明确地表示废弃过去的判例。

英国上诉法院也按原则受自己判例的约束。现在同级法院的判例，相互间只有指导作用。

这些治安法官本人大多数都是工厂主或是工厂主的朋友，而这类案件要由他们来判决。这些先生们是怎样判决的呢？首席法官坎伯尔在谈到一件向他上诉的这类判决案时说："这不是解释议会法令，简直是废除议会法令。"

马克思：《资本论第三卷》，
《马克思恩格斯全集》第25卷上册第105页。

工厂主在促使皇家法院作出判决以前一直不肯罢休。按照皇家法院的解释，1844年的法律并未规定离地七呎以上的横轴要有安全设备。

> 马克思：《资本论第三卷》，
> 《马克思恩格斯全集》第25卷上册第106~107页。

这种新机器本身已经装了安全设备，由于它不要工厂主支付额外费用，他们当然乐于采用。此外，有几个工人因失去手臂经法院判决获得大笔赔偿费，并且这个判决还得到最高一级法院的批准。（《工厂视察员报告。1861年4月30日》第31页和《工厂视察员报告。1862年4月》第17页）

> 马克思：《资本论第三卷》，
> 《马克思恩格斯全集》第25卷上册第107页。

乔治三世十三年颁布的第68号法令还授权治安法官规定丝织工人的工资；在1796年，治安法官关于工资的命令是否也适用于非农业工人，还需要经过高等法院的两次判决来确定；在1799年，一项议会法令还规定，苏格兰矿工的工资要根据伊丽莎白的一项法令和1661年及1671年的两项苏格兰法令来规定。

> 马克思：《资本论第一卷》，
> 《马克思恩格斯全集》第23卷第808页。

处决在曼彻斯特被判处死刑的爱尔兰犯人，将会给英国在欧洲大陆的道义影响造成很大损失。根据虚假的证词和错误的判决（赦免马瓜伊尔这一事实正式证实了这一点）处决四名犯人，将是一种政治报复，而不是司法行为。

> 马克思：《在曼彻斯特被囚禁的芬尼亚社社员和国际工人协会》，
> 《马克思恩格斯全集》第16卷第246页。

我这里有一封法国人的来信，这个人由于职务关系有可能熟悉其中的情况，因此他关于审判莫名其妙地延期的原因所作的记述或许有一定的价值。下面是这封信的几段摘录：

……梯也尔先生坚决想自己包办一切。他的这种狂热达到如此地步，以致他不仅不顾法庭保持公正态度的固有规则，在自己的办公室里召集所有的 juges d'instructions〔法院侦查员〕开会，而且甚至竭力挑选认为可以出庭的听众。他通过圣伊雷尔先生亲自分发入场券……

同时在萨托里，被捕者像苍蝇般地死去，——铁石心肠的死神比这位渺小的国家要人的法庭判决干得更麻利些。在凡尔赛的单身牢房里关着一个不会说一句法语的身材魁梧的小伙子。据说他是爱尔兰人。究竟他是怎么落到这般境地的，现在还不得而知。

> 恩格斯：《致"泰晤士报"编辑》，
> 《马克思恩格斯全集》第17卷第422~423页。

到处都由罗马法官根据罗马法进行判决，从而使地方上的社会秩序都被宣布无效，因为它们和罗马法制不相符合。

恩格斯：《布鲁诺·鲍威尔和早期基督教》，

《马克思恩格斯全集》第 19 卷第 331 页。

甚至在旧法规中说得十分简单明了的关于昼夜的概念，也变得如此模糊不清，以致 1860 年一位英国法官为了对昼和夜做出"有判决力的"解释，竟不得不使出真正学究式的聪明。资本则狂欢痛饮来庆祝胜利。见《1860 年 1 月庭期安特里姆州拜尔法斯特法庭庭长约·亨·奥特韦先生的判决》）。

马克思：《资本论第一卷》，

《马克思恩格斯全集》第 23 卷第 308 页。

马克思《资本论第三卷》里的"皇家法院"，是英国的最高法院之一。皇家法院审理刑事和民事案件，并有权重新审理下级法院判决的案件。

恩格斯在《布鲁诺·鲍威尔和早期基督教》里说，"由罗马法官根据罗马法进行判决"，是指在被罗马征服的国家，实行罗马法律进行审判。之所以如此，是因为在罗马的占领下，直接破坏了被征服国家过去的政治秩序，也间接破坏了它们旧有的社会生活条件。占领者以罗马公民与非公民（或国家臣民）之间的简单区别，代替了从前的等级划分（奴隶制度除外）；以罗马国家的名义进行压榨，课收的日益加重和日益烦苛的赋税。

3. 法院的判决书

适用判例法的法院的判决书，包括判决理由（ratio decidendi）和附带意见（obiter dicta）两部分，即法律原则和法官意见。其"判决附带意见"，是法官所发表的对判决的意见，并非判例规范的必要内容，其作用仅是说服性的。

判决书的形式如下：

（1）标题（title）

一般以 versus（简化为 V.，也读作 against）原告和被告两个姓名表示。对于非诉讼案件，如破产、遗产管理等案件中，只写当事人一方。

（2）摘要（syllabus or headnote）

记载法律问题的要点。每一个问题占一节。有些情况下，还要加记诉讼代理人的议论和陈述事实的要点。

摘要，原则上不是判例的一部分，因而在与正文矛盾的场合，应当服从正文。根据制定法和法院规则，也有的州法院认定其具有特别效力。

（3）事实陈述（statement of facts）

事实陈述是紧接摘要的内容。也有的写在法官的意见和诉讼代理人的陈述之中的。

（4）诉讼代理人上诉目的书的要点（abstract of briefs of counsel）

原来要求必须写出双方代理人的上诉目的和议论要点，现今也有判例汇集仿效这种先例写法的，但也有不是法院意见的一部分就不写的情况。

（5）法院的意见（opinion of the court）

按该用语的含义，法院的意见（opinion）有：①判决的理由；②结论。是否必须加上判决的理由，各法院执行不一，但在制定法判决中，有的州把判决的理由规定为义务。写意见的法官不需要签名。在符合规格的判决中，无记名的判决称作法庭意见（percuriam opinion）。

（6）判决（decision）

判决（Decision）的形式是多重的：①只有结论；②判决加理由；③全部判例，即与案件（case）同义；④反对意见（dissenting opinion）。如有反对意见，也应写明。赞成结论，但对理由有异议的，法官要写上赞成意见（concurring opinion），列在法院意见之后。

判决下达后，尤其是上级法院的判决，要记录在《判例汇集》（law reports）中。第一审判决需要报告的，除联邦的地方法院外，还有几个州的地方法院的判决也要求报告。

《判例汇集》的内容包括：案件名称、争议事实、法院审理经过、法院意见以及裁决。近代，《判例汇集》通常在每个判决之前加一个提要，对判决结果进行分析。英国最早的《判例汇集》，是13世纪末至16世纪出版的年鉴，均以法庭记录官个人的名义汇编出版。19世纪后半叶，形成了《判例汇集》的官方化，从而促进了判例的体系化、系统化和正规化。20世纪实现了规范化，如《全英法律汇编》。

从美国建国以来，北美就采用了英国的海上法，保留了它的全部严格性。这个海上法的一个基本原则，就是一切中立国的商船都应受交战国搜查。斯托威耳勋爵在一次已经著名的判决中说：“这项权利是使中立国船只不载运任何禁运品的唯一保证。”

> 马克思：《“特伦特号”事件》，
> 《马克思恩格斯全集》第15卷第409页。

1870年7月26日，奥地利无产阶级政党的最卓越的代表们被认为犯了叛国罪，判处每月禁食一天的多年苦役。判决书的原文如下：“犯人们自己供认，他们接受了在爱森纳赫举行的德国工人代表大会（1869年）的纲领，并根据这个纲领进行了活动。这个纲领包括了国际的纲领。国际的建立是为了把工人阶级从有产阶级的统治和政治上的依附状态下解放出来。这种解放同奥地利国家的现存制度是不相容的。因此，凡是接受和传播国际纲领的基本原理的人，就是进行预谋颠覆奥地利政府的活动，从而犯了叛国罪。”

1871年11月27日，对不伦瑞克委员会的委员们作出了判决。他们被判处了期限不同的监禁。法院非常明确地把维也纳作出的判决书的根据当作先例加以援引。

> 马克思：《总委员会向在海牙举行的国际工人协会第五次年度大会的报告》，
> 《马克思恩格斯全集》第18卷第148～149页。

村里的居民就被一个消息震动：一个姑娘已经饿死了。这个可怕的消息得到了证实。

饿死的姑娘的尸体直僵僵地躺在一张破板床上，周围是一片可怕贫困的象征，她的虚弱无力的老父在自己床上痛哭；那个还活着的姑娘几乎没有力气讲述他们的苦难。我们根据经验知道，这个在现代决不是绝无仅有的可怕事件将怎样结束。将进行一次验尸。Coroner（验尸官）将大谈英国济贫法的慈善精神，将再次称述执行机关的完美，举出 primafacie〔初步〕证据说明法律对这个悲惨事件决不能负责。济贫所监督也能找出理由为自己辩护；就算法庭不对他说一堆恭维话，至少他也将很欣慰地听到人说他没有丝毫罪过。最后，陪审官们将用这样一句庄严的判决词来结束这出法庭喜剧：《Died by the visitation of God》（遵上帝旨意而死）。

马克思：《英国工人的贫困》，

《马克思恩格斯全集》第15卷第580页。

马克思在《英国工人的贫困》里披露，"陪审官们将用这样一句庄严的判决词来结束这出法庭喜剧：《Died by the visitation of God》（遵上帝旨意而死）"，指的是法庭对于饿死人案件的判决结果。

在离帕德蒙登（约克郡西区）不远的地方，住着一位老大爷和两个女儿。老大爷已经年迈，而且身体很弱，女儿靠在哈利韦耳先生的棉纺织厂做工谋生。在最好的时候，他们也只能挣到"仅得不死"的工资，但是在最近的15个星期里，唯一的工资来源也没有了。工厂关闭了；全家生活费用完全断绝。老大爷病了已经一个月，不能起床。两个姑娘中身体比较好些的一个在极端绝望中最后决定去找济贫所监督，济贫所的人说他在下星期三以前有事，不能办理。忍受5天后，官方机关应该给挨饿的一家人救济一下了，可是，一个姑娘已经饿死了。

（二）判例法的弊端

1. 判例法和制定法并用形成司法二元化

英美法系的法源是不成文习惯法、判例法，判例法构成合同、不法行为，不动产、动产和刑法、程序法等各个法的门类主干。但英美法也同时存在制定法，而且近现代以来有增加的趋势。在法的作用上，制定法只是补充性的、完善性的。

在大陆法系国家，主要法源是制定法，但也存在判例法，判例只是作为解释制定法的案例。对于制定法说来，判例法是补充性的。

以上情况表明，无论英美法系国家，还是大陆法系国家，都是制定法和判例法并存的。

判例法的适用，以法官为中心，以法官的自由裁量权为主导。因为没有制定法的约束，审理案件出现阶级偏私和错误是很自然的。因而所谓司法公正、程序正义使人们得到的，不过是一种似是而非的满足。

英美法系的法源是判例法，所以程序关系复杂，程序用语繁多，使一般人难于接近，诉讼当事人也不易掌握。

判例法和制定法并用，混淆了立法和"准立法"的区别，使立法和判决具有两重性；

而且，由于审判执行不同的标准，即依据判例法，执行法官的自由心证，依据制定法，执行法律的规定，从而造成同类案件判决结果不一。在依据制定法审判的情况下，由于法官歪曲、规避和违反法律，尚能造成大量的冤假错案，那么在依据判例法，由法官造法的情况下，冤假错案该是怎样普遍和严重的情景呢？

我国古代的例实际上具有政策性质。例与律处于同等法律地位。特别是附于律后的例，为定例或条例，其法律效力高于成文法条文。《清例》规定，"即有定例，则用例不用律。"可见在法的适用上，例优于律。

例的弊端是十分明显的。例无一定的体系，过于繁杂，前后不一，破坏了法的统一性；朝令夕改，缺乏必要的稳定性；司法和行政"一切以例从事"，而恶吏任心操法，出入人罪，制造了大量冤假错案，激化社会矛盾。

尽管普鲁士宪法本身是不足道的，但是，它给普鲁士以及整个德国开辟了新的时代。它标志着专制制度与贵族的垮台和资产阶级获得政权；它给运动打下了基础，这个运动很快就会导致资产阶级代议制的建立，出版自由的实现，法官独立审判制和陪审制的实行，

恩格斯：《普鲁士宪法》，
《马克思恩格斯全集》第 4 卷第 40 页。

为了在这里顺便提一下一个几乎已经声名狼藉的题目，即关于神的存在的证明，必须指出，黑格尔曾经把这一神学的证明完全弄颠倒了，也就是说，他推翻了这一证明，以便替它作辩护。假如有这样一些诉讼委托人，辩护律师除非亲自把他们杀死，否则便无法使他们免于被判刑，那么这究竟应当算什么样的诉讼委托人呢？

马克思：《德谟克利特的自然哲学和伊壁鸠鲁的自然哲学的差别》，
《马克思恩格斯全集》第 1 卷上册第 100 页。

除了审理这些重要的控告外，还对两位圣者控诉莫泽斯·赫斯的案件，以及圣布鲁诺控诉"神圣家族"的作者的案件，作出判决。但是，由于这些被告当时忙于"尘世的事务"，因此他们没有出席 santa casa〔圣官〕受审，结果他们就被缺席判决：他们在整个尘世生活期间永远被驱逐出精神的王国。

马克思恩格斯：《德意志意识形态》，
《马克思恩格斯全集》第 3 卷第 90 页。

虽然手工业法废除了一切手工业税，可是按照 1845 年的手工业条例和根据赔偿法，在发生争执时，所有磨粉税不被看作手工业税，而被看作土地税。由于这种混乱状况和这些违法行为而发生了许多诉讼案件，各级法庭的判决互相矛盾，甚至最高法院也作出了一些极其矛盾的判决。

恩格斯：《关于现行赎买法案的辩论》，
《马克思恩格斯全集》第 5 卷第 366 页。

一位城市代表指出："这一条（第 15 条）的规定会产生极其危险的后果。这样一来，林木所有者便得到三重补偿：价值，然后是四倍、六倍以至八倍的罚款，最后是损失的特别补偿；这种特别补偿往往是任意确定的，与其说是合乎实际的不如说是凭空虚构的结果。这位代表认为，无论如何必须规定，应把这种很成问题的特别补偿立刻提交林务法庭，由该法庭作出判决。必须提出证明损失的特别证据，不能仅仅以笔录作为凭据，这是理所当然的事情。"针对这个反对意见，报告人和另一位省议会议员解释了这里所提到的额外价值是怎样在他们所指的各种情况下取得的。这一条被通过了。

马克思：《第六届莱茵省议会的辩论（第三篇论文）》，
《马克思恩格斯全集》第 1 卷上册第 274 页。

就在他们被拘禁的期间，颁布了一个"纪律法"，这个法律使政府有权通过非常简便的手续解除任何一个不称政府心意的审判官员的职务。

恩格斯：《给"泰晤士报"编辑的信》，
《马克思恩格斯全集》第 8 卷第 241～242 页。

屈韦特尔先生所求助的那个暂时的秩序，恰巧证明是反对他的。这个秩序承认议会除了有调查权以外，还有其他性质完全不同的权力。它甚至授权议会在必要的时候变为审判庭，不经任何法律就可以做出判决！

恩格斯：《7 月 4 日的妥协会议》，
《马克思恩格斯全集》第 5 卷第 226 页。

根据一般人的理智，说一个人遭到诬蔑，就是指他受到别人莫须有的指责；但是根据刑法典的特殊的理智，说一个人遭到诬蔑，是指别人指出了他确实犯过的而且能够加以证明的错误，不过在证明时用的不是唯一被承认的方法，即法庭的判决或正式的文件。法庭的判决和正式的文件真有奇异的力量！只有法庭确定的事实，只有正式用文件证明了的事实才算真正实在的事实。过去曾经有过如此粗暴地诬蔑一般人的理智的法典吗？

马克思：《法庭对"新莱茵报"的审讯》，
《马克思恩格斯全集》第 5 卷第 231 页。

马克思恩格斯在《德意志意识形态》里说"他们没有出席 santa casa〔圣宫〕受审，结果他们就被缺席判决"的"圣宫"，是人们称呼马德里宗教裁判所的建筑。

这段摘录，出自马克思恩格斯在"莱比锡宗教会议"一节。莱比锡宗教会议，是天主教为了审判异教徒和斥责异端邪说而召开的高级僧侣会议。

马克思恩格斯用"莱比锡宗教会议"这个词来讽喻 1845 年在莱比锡出版的青年黑格尔派的杂志"维干德季刊"第 3 卷。在这一卷上发表了布鲁诺·鲍威尔和麦克斯·施蒂纳反驳费尔巴哈、赫斯、马克思和恩格斯的文章，马克思和恩格斯把他们的反驳，比喻为高级僧侣在宗教会议上对异教徒的审判。

尽管是马克思恩格斯这里的一种借喻，但反映了宗教裁判所裁判的真实情况。

2. 判例法的司法偏私，造成了消极社会后果

司法的偏私，源于立法的偏私。维护统治阶级的利益，是司法的根本目的。因此，司法不公正是立法的要求和必然结果，法官只能一丝不苟地表达法律的自私自利，这在判例法适用中表现得十分鲜明。而所谓司法公正，只是个别的、偶然的现象。从这个意义上说，法是社会矛盾的焦点。

我们的全部叙述表明，省议会怎样把行政权、行政当局、被告的存在、国家观念、罪行本身和惩罚降低为私人利益的物质手段。因此，人们把法庭的判决只看作是一种手段，而把判决的法律效力看作是一种多余的累赘，这是合乎逻辑的。

马克思：《第六届莱茵省议会的辩论（第三篇论文）》，
《马克思恩格斯全集》第 1 卷上册第 285 页。

莱茵省的贵族和莱茵省的资产阶级成立了本等级的法庭作为陪审法庭，并且判决对他们的特权采取反对立场的劳动者是"有罪的"。

凡是奥斯曼帝国境内我们看到有正教的莱雅聚居的地方，根据法律，大主教和主教都是市政委员会的委员，并在总主教的领导下管理向正教徒分派赋税的事宜。总主教对自己的教徒的行为向土耳其政府负责。总主教由于有权审判本教的莱雅，他可以把这个权利转托给大主教和主教在他们管辖的教区内行使，而他们的判决，必须由土耳其官吏和法官等等执行。他们有权判处罚款、徒刑、笞刑和流放。此外，他们的教会还赋予他们开除教籍的权利。除了罚款以外，他们还对民事和商业案件课收各种税款。

马克思：《宣战。——关于东方问题产生的历史》，
《马克思恩格斯全集》第 10 卷第 181 页。

亲自惩罚过人的林木所有者做得十分彻底，现在他竟亲自进行审判了，因为当他把不具有法律效力的判决宣布为具有法律效力时，他显然是在进行审判，如果认为在立法者偏私的情况下可以有公正的法官，那简直是愚蠢而不切实际的幻想！既然法律是自私自利的，那么大公无私的判决还有什么用处呢？法官只能一丝不苟地表达法律的自私自利，只能无所顾忌地运用它。在这种情况下，公正是判决的形式，但不是判决的内容。内容已被法律预先规定了。

马克思：《第六届莱茵省议会的辩论（第三篇论文）》，
《马克思恩格斯全集》第 1 卷上册第 287 页。

盗窃林木者是擅自对财产作出了判决。而捡拾枯树的人则只是执行财产本性本身所作

出的判决，因为林木所有者所占有的只是树木本身，而树木已经不再占有从它身上落下的树枝了。

马克思：《第六届莱茵省议会的辩论（第三篇论文）》，
《马克思恩格斯全集》第1卷上册第244页。

帕托夫先生希望农民为废除所有一切封建义务（甚至包括租金在内）而缴纳赎金！只有那些由世袭的农奴依存地位、旧的捐税制度和领主裁判权产生的义务，或者那些不给封建主提供任何价值的义务（多么仁慈呵！），换句话说，只有在所有封建重负中占微不足道的一部分的那些义务，在废除时才不需要缴纳赎金。

反之，一切已由契约或判决调整过的封建义务的赎金仍然有效。这就是说，农民将得不到任何补偿。可是农民在从1816年，特别是从1840年颁布的有利于贵族的反动法律生效期间，曾经赎买过自己的义务；当时为了封建主的利益，曾经用欺骗的手段，即最初利用法律，后来利用受贿的官吏剥夺了农民的财产。

马克思：《帕托夫赎买法案建议书》，
《马克思恩格斯全集》第5卷第124页。

判决仅仅是为了确定再犯而存在的。对于私人利益的贪婪的焦虑来说，审判形式是迂腐的法律仪式所设置的累赘而多余的障碍。诉讼只不过是一支负责把敌人押解到牢狱里去的可靠的护送队，它只是执刑的准备。如果诉讼想超出这一点，它就会被人封住嘴巴。

马克思：《第六届莱茵省议会的辩论（第三篇论文）》，
《马克思恩格斯全集》第1卷上册第286页

无产阶级在议会和报刊方面的一些比较杰出的领袖，相继被捕判罪，代替他们的是些愈益模棱两可的人物。

马克思：《路易·波拿巴的雾月十八日》，
《马克思恩格斯全集》第8卷第129页。

被告们所体现的手无寸铁的革命无产阶级站在由陪审法庭所代表的统治阶级面前；因此，这些被告的罪是老早判定了的，因为他们是站在这样一种陪审法庭面前。

马克思：《揭露科伦共产党人案件》，
《马克思恩格斯全集》第8卷第535页。

有33个工人因罢工期间采取暴力行为和袭击卫兵（一部分工人在罢工期间被捕后被关在一幢房子里，但是他们破门逃走了）而被交付法庭审判。审判于1886年5月在弗拉基米尔城进行。陪审员们宣告所有被告无罪，因为在法庭上，证人的证词——其中也包括厂主季·萨·莫罗佐夫、经理迪阿诺夫和很多织工的证词——说明工人遭受了种种非人的虐待。这次法院的判决不仅是直接对莫罗佐夫及其管理人员的谴责，也是直接对一切旧工

厂制度的谴责。厂主的保护者大吃一惊，并且非常恼怒。

列宁：《对工厂工人罚款法的解释》，

《列宁全集》第 2 卷第 31～32 页。

马克思的《揭露科伦共产党人案件》，指的是科伦共产党人案件（1852 年 10 月 4 日～11 月 12 日）。这是一起普鲁士政府策划的陷害案件。国际共产主义组织共产主义者同盟（1847～1852 年）的 11 名成员因被控告"密谋叛国"而被审判。罪证是普鲁士警探编造的中央委员会会议的"原本记录"和其他伪造文件，以及警察当局从被共产主义者同盟开除的维利希—沙佩尔冒险主义集团那里偷来的文件。警察局根据伪造的文件和假证据判处 7 名被告 3 年至 6 年徒刑。马克思和恩格斯在该文中，彻底揭露了审判案策划者的陷害和普鲁士警察国家对国际工人运动所采用的卑鄙手段。

3. 扭曲的不合理的审判制度

不合理的审判制度，主要原因有以下方面：

第一，法官的优越地位和特殊身份制度。

判例法的法官是立法者，司法处于优越地位是理所当然的。司法的独立，要求保障法官的特殊身份。西方法学认为，"法官是法律帝国的王侯"、"法官不服从任何权威"，法官的职权高于一切，"拒绝政治、道德渗入"。为保障法官的特殊身份，就要维护其职位特殊性：①实行职位终身制或任职年限不受公务员那样的限制；②享有特殊待遇，实行高薪制；③要求法官非政治化、非政党化，对政治取中立立场；④法官具有"造法"职能；⑤有职务豁免权，非经本人同意，不得解职、审级等调动，无法定事由和弹劾程序，不被逮捕或起诉。这样的特殊身份和职业特权，使法官优位于政府官员，凌驾于人民大众之上。在资本主义条件下，阶级的对立和利害的分化，造就了资本的良心就是法官的良心。"司法独立"本身意味着法官不可能按良心办案。

第二，以诉讼法为中心的审判制度。

西方审判制度，大陆法以实体法为中心，而英美法以诉讼法为中心。以诉讼法为中心，判例法下又是法官造法，这样前提下的审判，只能是法官任心审判了。而且，法官是从救济方法的有无出发来看待实体法的权利，而不是从实体法的权利出发再到救济方法。这样，对于违法审判和非法判决的救济，则是无从谈起。

第三，陪审制度。

陪审被宣传为审判民主制度，认为判断法律问题的专职法官和判断事实问题的非专职法官的陪审人员共同参与审判，就是司法中的民主主义。陪审制度是产生于英国的英美法系的特有制度。普通法系的案件中，审理民事和刑事案件都实行这一制度。

在英美法系的刑事审判中，采用对审主义（adversary system），对被告实行无罪推定，发挥陪审员的作用。但实际上，陪审制度更多的是形式上的民主。

陪审团的职责，是参与案件审理，对被告人是否违法或犯罪作出判断。在庭审过程中，陪审团听取并评议双方当事人的陈述和辩论。在一般情况下，由于陪审团成员不懂法律，只好在评议前，听从法官就本案涉及的法律问题的培训和指导；而且，法官认为陪审团对案情错误理解并错误适用法律的，陪审团就得接受法官的指令，重新评议、裁断。

因此，陪审团对案件的认定，难以改变检察官或警察已经作出的结论，其审查的作用难以发挥，只是起陪衬作用。

美国诉讼法中有对候选陪审员的预先审查程序。对候选陪审员进行审查的目的，是为了确定是否具备参加案件审理的陪审员资格。负责审查的是法官或者律师。审查人预先对候选陪审员的背景、是否有需要回避等等，进行审查。如果认为不适合做陪审员，则不予录用。这种预先审查，保证了陪审员能够同法官紧密合作，服从法官的决定。

第四，法官和律师的一元化制度。

在英美法系国家，律师和法官、检察官构成了一个职业团体。最典型的表现，是英国的法律学院（Inns of Court）。这种由司法官员和律师共同组成的团体，一直存在至今。这种团体，产生于中世纪，是作为行会而存在的组织，律师和法官都隶属于它。这个行会具有完全的自治权，并有教育、考试，授予资格、惩戒等职能。除了教育职能外，其他职能仍保留至今。美国和其他英美法系国家的司法官员和律师团体，都程度不同的立足于这个英国的传统。

法官和律师的一元化制度下，所谓"律师是法官的敌人"，"律师同法官对着干"，是很难办得到的。

下面来说一下赎买的实际情形，它更证实了上述情况。迪尔施克先生说：地方专员（Oekonomiekommissarien）即办理赎买的官吏"……一人身兼三职——调查官、见证人和审判员是极不合理的。"

> 恩格斯：《关于现行赎买法案的辩论》，
> 《马克思恩格斯全集》第 5 卷第 364 页。

陪审员们又需要"纯粹的倾向"，以期洗清实际材料的污秽。因此，泽特并不满足于迫使检察院作出"缺乏客观的犯罪构成"这样一个判决的材料。他还更进了一步。他还企图证明，反对密谋的法律根本不要求什么犯罪构成，而纯粹是倾向性的法律，可见，密谋的概念只不过是用合法手续烧死政治异教徒的一种借口而已。

> 马克思：《揭露科伦共产党人案件》，
> 《马克思恩格斯全集》第 8 卷第 532~533 页。

我们在这里看到的是领主裁判权的制定。维护领主利益的奴仆在某种程度上同时又是宣判人。价值的决定构成了判决的一部分。因此，判决的一部分已经预先在告发记录中被决定了。前来告发的护林官员坐在审判席上，他是鉴定人，他的意见法庭必须听取，他执行的是一种排除其他法官参加的职能。既然甚至还有领主的宪兵和告发者同时进行审判，那么反对异端裁判所式的审判程序就是荒诞无稽了。

> 马克思：《第六届莱茵省议会的辩论（第三篇论文）》，
> 《马克思恩格斯全集》第 1 卷上册第 257 页。

法院判决的离婚只能是婚姻内部瓦解的记录。立法者的观点是必然性的观点。因此，如果立法者认为婚姻是牢固的，足以承受种种冲突而不致受到损害，那他就是尊重婚姻，承认它的深刻的合乎伦理的本质。

马克思：《论离婚法草案》，
《马克思恩格斯全集》第 1 卷上册第 349 页。

如果令人信服的证据一件也拿不出来，而硬要宣判有罪，那末，能够这样做（即使这一类陪审员也是不能够这样做的）只是由于把新刑法典当做似乎具有追究既往的力量的法律来应用；在这样应用法律时，就连"泰晤士报"与和平协会也随时有可能被扣上叛国的可怕罪名而被告发。

马克思恩格斯：《关于最近的科伦案件的最后声明》，
《马克思恩格斯全集》第 8 卷第 447～448 页。

只要资产阶级的新闻记者稍微抨击一下波拿巴篡夺权力的欲望，只要报刊企图保护资产阶级的政治权利不受行政权力侵害，资产阶级法庭就判处数额异常巨大的罚款和不光彩的监禁，这种情况不仅使法国，而且使整个欧洲都感到惊愕。

马克思：《路易·波拿巴的雾月十八日》，
《马克思恩格斯全集》第 8 卷第 201 页。

只是在六月胜利的结果已经完全显露出来，不受戒严限制的各省报纸进行了几个月尖锐的批评，以及梯也尔派公然复活以后，"改革报"才领会到所发生的事情的意义。当极左派提出大赦草案的时候，该报在 10 月 18 日写道：现在，他们的孩子和弟兄却在坐监牢，被流放，在军事法庭受审。人民已经饿得忍无可忍，3 个月来望眼欲穿地等待共和国的救济，最后又落了一场空；他们看到自己选出来的人是一群争名夺利的野心家，这些人飞扬拔扈，出入宫廷而无视人民的疾苦。只是在这个时候，他们不忍看着让自己挨饿的孩子和衰老的父亲死去，才不顾一切地投入了战斗。他们为此付出了昂贵的代价。他们的儿子在枪林弹雨中牺牲了，留下来的人被分成两部分：一部分交给军事法庭惩办，另一部分不经过审讯、不给予辩护的权利、不经过判决就被流放了！其他任何国家，甚至连卡拜尔族的国家也没有采用过这种手段。

马克思：《"改革报"论六月起义》，
《马克思恩格斯全集》第 5 卷第 513～514 页。

过去艾希曼曾经在普富尔政府里代表勃兰登堡——曼托伊费尔派。现在他又以莱茵省首脑的身分代表他们。艾希曼——这是执政派反革命势力在莱茵省的化身。因此，艾希曼先生的命令与勃兰登堡先生的命令具有同等的价值。艾希曼先生这条好汉在青年时代就毫不倦怠地热心于把"国事犯"关进要塞，他迟早总会由于叛国罪被交付法庭审判，从而罪有应得地结束他的官场生涯。

马克思：《艾希曼的命令》，

《马克思恩格斯全集》第 6 卷第 37～38 页。

前天通过的决议断送了法兰克福议会。这个决议把法兰克福议会抛入了国事犯勃兰登堡的怀抱。法兰克福议会犯了叛国罪，应当交付法庭审判。全体人民一致起来抗议国王的专横暴虐行为，这种抗议是用绝对合法的方法，即用拒绝纳税的方法实现的。而教授议会竟无理地宣布这种拒绝纳税、这种全民反抗为非法，既然如此，这个议会就把自己置于法律保护之外，就犯了叛国罪。

马克思：《法兰克福议会》，

《马克思恩格斯全集》第 6 卷第 49～50 页。

第二个事实：大约在九年前，一个后来被判处六年强迫劳动的法警 M 采用行贿手段，使莱文的葡萄种植者黑勒斯屡次遭到不利的判决；黑勒斯因落入一个犹太人之手而家业衰败，由于他无力偿付债款，那位法警便下令强行拍卖他的地产。

马克思：《摩泽尔记者的辩护》，

《马克思恩格斯全集》第 1 卷上册第 392 页。

国王的任命是那样的神圣不可侵犯，以致在"市民自卫团法庭"一节中根本没有提到怎样的法庭可以审判"上校"，而只是确切地指出了审判少校以下的其他各级官员的法庭。难道国王任命的上校还会犯罪吗？

可是，对于在自卫团中供职的市民来说，只要他们之中的任何一个首长，即上至十全十美的国王任命的上校下至被大尉任命为司务长或被排长提升为班长的随便哪个小伙子的一句话，就可以剥夺自卫团员的人身自由并把他们监禁 24 小时，这简直是对市民这个概念的亵渎。

马克思：《市民自卫团法案》，

《马克思恩格斯全集》第 5 卷第 283 页。

正是在波兰，在这个可以肆无忌惮地采取体罚和进行秘密审判的地方，他们究竟是如何进行统治的，我们不说也可以想象得到了。

模范的立宪国家比利时又一次出色地证明了它的制度的优越性。由于里斯康土的滑稽可笑的事件，竟有 17 个人被判处死刑！一些冒失的莽汉企图撩起道德高尚的比利时民族的立宪外衣的衣角，这对她是一种莫大的侮辱，为了洗雪这种侮辱，17 个人被判处死刑！17 个人被判处死刑，这是多么野蛮！

恩格斯：《在安特卫普的死刑判决》，

《马克思恩格斯全集》第 5 卷第 447 页。

1月23日，莫斯科高等法院组成的有等级代表参加的特别法庭在下诺夫哥罗德审理了农民季莫费·瓦西里耶维奇·沃兹杜霍夫被殴致死的案件。沃兹杜霍夫是被送到区警察局去"醒酒"的，但是在那里遭到舍列梅季耶夫、舒利平、希巴耶夫和奥尔霍文等4个警察和派出所代理巡官帕诺夫的一顿毒打，第二天就死在医院里了。

列宁：《时评》，

《列宁全集》第4卷第352页。

塔夫河谷铁路公司管理处因罢工给铁路公司造成损失而控告铁路工会。资产阶级法官不顾工人的激烈反对，作出了赔偿资本家损失的判决！判决工会赔偿资本家老爷们因罢工所受到的损失，实际上等于取消罢工的自由。对资产阶级奴颜婢膝的法官，在事情涉及劳资斗争的时候，甚至能把宪法保证的自由变为一纸空文。

列宁：《〈不列颠工人运动和工联代表大会〉一文的两条注释》，

《列宁全集》第12卷第25页。

法院判处舍列梅季耶夫、舒利平和希巴耶夫4年苦役，而奥尔霍文和帕诺夫只判了1个月的拘留，认为他们犯的只是"欺压"罪。

……

我们就从这个判决开始把事情分析一下。苦役是按刑法典第346条和第1490条第2款判处的。第346条写道：官员在执行职务时造成伤残事故者，应"按所犯之罪"予以最重的刑罚。第1490条第2款规定：将人严刑拷打致死者，应判处8年到10年苦役。等级代表和皇室法官组成的法庭没有予以最重的刑罚，而是把它降低了两等（第6等：8～10年苦役；第7等：4～6年苦役），也就是说，法庭作出的是在情节可以从轻处理的情况下法律所允许的最低刑罚，而且还是最低一等中的最低的年限。总而言之，法庭竭力为被告减刑，甚至超过了它力所能及的范围，因为它规避了关于"最重的刑罚"的法律。

列宁：《时评》，

《列宁全集》第4卷第355～356页。

马克思在《第六届莱茵省议会的辩论（第三篇论文)》里提到的"领主裁判权"，是德国地主在其领地范围内审判和惩罚农民的封建权利。地主拥有对财产、遗产、地产的裁判权。领主裁判权从1848年起开始受到限制，1877年被废除。

恩格斯在《在安特卫普的死刑判决》里提到的"里斯康土的滑稽可笑的事件"，是指1848年8月9日至30日在安特卫普进行的所谓里斯康土审判案。这起案件，是比利时国王列奥波特政府为了镇压民主主义者而制造出来的。审判的借口是由法国回国的比利时共和军团于1848年3月29日同守卫在距法国国境不远的里斯康土村附近的部队发生冲突。

列宁在《时评》里提到，"莫斯科高等法院组成的有等级代表参加的特别法庭在下诺夫哥罗德审理了农民季莫费·瓦西里耶维奇·沃兹杜霍夫被殴致死的案件"。其"高等法院"，是沙皇政府在1864年司法改革以后建立的司法机关，负责审理渎职案件、不服地方法院判决的上诉案件以及特别重大的民事和刑事案件。高等法院的法官由沙皇根据司法大臣的推荐任命。在俄国的几个省内设有高等法院。

在本案中，农民沃兹杜霍夫被警察殴打致死。刑法规定，官员在执行职务时造成伤残事故者，应"按所犯之罪"予以最重的刑罚。但法院对肇事的警察，却以"欺压"罪，判处舍列梅季耶夫、舒利平和希巴耶夫 4 年苦役，而奥尔霍文和帕诺夫只判了 1 个月的拘留。

四、法典法制度

在法的形式上，法典属于法律级的基本法律。这是法典与一般法律的不同之处。一些人对法典很迷信，望典而惮，以为法典是不得了的经典。汉语里的"典"，只是准则的意思，古汉语里的"典章"，只是法令制度的意思。其实，法典就是法律制度，其本身并没有神秘和崇高的涵义在里面。

在与一般法律相比较的意义上，法典之所以为法典，是因为它具有自己的特征。

第一，国家整个法的体系的性质业已确定和稳固，是制定法典的根本前提。

资产阶级的法典化，来源于伏尔泰、卢梭、孔多塞、米拉波、孟德斯鸠这一思想学派，来源于资产阶级革命。这些法典，在社会关系领域固定了资产阶级革命成果和资本主义进一步发展的要求。

从根本上说，资本主义法典的基础，是工业和商业进一步发展了的私有制。法典是在资产阶级强大起来，使私法在一切国家里（法国是在 16 世纪）开始真正地发展起来的情况下产生的。

因此，法典的必然性取决于成熟了的客观条件，取决于统治阶级的意志和要求。在法典看来，社会关系一般是纯粹偶然的现象，是可以随意建立或不建立的关系，它们的内容完全取决于当事人双方的个人意愿。这是完全不正确的。

整个法的性质的确定性，是法典的首要特征。

第二，法典是同类法律制度经系统化整理而实现统一性的成果。

同类法律制度是多种多样的，但其诸法律法规是因时因地而制定的单一制度。为了克服彼此存在的矛盾、不协调，或"立法空白"，或因过时而废止等等情况，要求进行系统化整理。法典是这种整理的表现和产物。采用法典方式，能够保障同类法律制度的统一。

当然，综合统一不是混合。那种像恩格斯所嘲讽的"把鞋刷子和猪鬃放在一起"的思想方法，与统一性要求是格格不入的。综合统一，要求法的完善而不是完备。"完备"意味着多，而"完善"意味着好。"完备"，追求法典的完整和立法的体系化，而"完善"讲求法典的质量和恰当性。"完善"要求法典注重相互联系和立法技术，中心是解决法的机能和法的联系机制问题。法典是永远不会完备的。正如黑格尔在《法哲学原理》里所言，"完整性只是永久不断地对完整性的接近而已。"

第三，法典具有整合性特征。法典把单独的、分散的法律法规，在法典形式上有机集合，从而实现对一定类型化的社会关系的法律调整。

把法典比作"机器体系"，那么相关法律法规便是"机器体系"中的"单组机器"，在诸多"单组机器"中，又有诸多"零部件"。这些"单组机器""零部件"，具有各自具体的目的、功能和作用方向。如何使之在整体上相互适合地动作而使这架机器运转起来呢？这就是整合性要求。所谓法典的整合性，是指在一定类型化的法律制度内部法律法规的整体性和相互适合性。其基本特征是：①法典的结构内部是互相调节的、有序的集合；②逻辑地表现为一个统一整体；③具有自身调整方向和功能的法律制度，按照同质的实体法发生作用；④整体综合的结果，是立法目的、调整方法和客体的一致性。整合性概念，可以通过法律制度在特定领域中发生作用的表现和过程，揭示出某一法典的基本特征。

（一）刑法典

1. 犯罪和刑罚的总规定

刑法典，是关于犯罪和刑罚的总规定。

法国刑法典（Code pénal）是 1810 年制定的。

1789 年人权宣言规定，法律只就必不可少的刑罚作严格而明确的规定，除非依据在该人犯法前业已制定和公布的且对其适用的法律，否则对任何人不得加以处罚，从而提出了罪刑法定主义的原则。1791 年 9 月刑法典，统一了所有的刑罚并固定下来。1795 年 10 月，以刑诉程序为重点，制定了《犯罪与刑罚法典》，共 646 条。

1810 年刑法典，是在整理 1795 年法典的基础上制定的。

刑法典在刑罚上设立了量定范围，明确区别违警罪、轻罪、重罪，促进刑罚的体系化；对重罪规定了重罚（附有同时没收财产、剥夺公民权，民事死亡（mort civile）等制裁）；维持或恢复了酷刑及处刑方法（绞刑、杀直系亲属者切断右手、上脚镣、缢首、带锁链、用烙铁烙等）。1810 年刑法典的重要缺陷是，总则的规定非常薄弱。这与处于资产阶级革命时期无暇深入研究而仓促立法有关。

后来经过多次修改。首先是废止了酷刑及执行方法（斩刑除外）；政治性刑罚的流刑、驱逐出国等目前不再适用；有关重罪的刑罚也有改革的倾向。最近的修改动向是：增设公民为预防犯罪而对犯罪者或危险分子进行说服或报警义务，及对违反该义务进行刑事制裁；对少年犯罪的刑罚；增强对经济犯罪的制裁；扩大教唆卖淫行为的范围；取缔对未成年人人身买卖（以金钱为目的劝人遗弃或约定遗弃子女，收养或结成养子关系）；扩大新闻犯罪的范围；补充交通犯罪的规定等。

现行刑法典包括总则和四编，共 516 条。第一编"重罪案件与轻罪案件的刑罚及效力"，第二编"重罪或轻罪的应处罚者、应宽恕者或有责任者"，第三编"重罪、轻罪及其处罚"，第四编"违警罪及刑罚"。

现行的德意志刑法典是 1871 年制定的。

1868 年北德意志联邦建立后，普鲁士司法部长莱昂哈特（Dr. Leonhardt）负责起草刑法典草案。草案通过后，于 1871 年 1 月 1 日起在北联邦生效。1871 年德意志帝国建立，德国实现了统一。为适应统一后的德国社会，帝国政府下令对北德意志联邦刑法典作修改，作为德意志帝国刑法典，于 1871 年 5 月颁布施行。

20 世纪初以来，人们一直提出修改的意见。德意志联邦共和国（西德）刑法修改工作从 1954 年开始的，于 1962 年完成了修改草案。由于该草案的刑事政策观点落后于时代，因而受到了严厉批判。这个草案的基础，是受到康德和黑格尔影响的古典刑罚理论。根据这一理论，刑罚的主要目的是报应。在资本主义社会，私有财产所有者的独立性和自由，被置于合法性和道德性的双重规范之下，因而犯罪常常受到道德的谴责。这种道德主义，在德国是根深蒂固的。

在西德，自 1952 年起，开始对帝国刑法典进行修改。

在这种道德主义基础上，具有现代意义的批评意见占了上风，主要基于社会民主党的提案，产生了 1969 年 6 月的第一次刑法修正案。这个修正案，是全面修改和完善。先后公布了总则分则，后合并为《德意志联邦共和国刑法典》，于 1975 年生效。随后又进行了多次修改。

新现行刑法典分总则和分则两部分。总则 5 章 79 条，分则 30 章 358 条。

英国通行的是普通法（判例法）。边沁提倡法典主义，他的主张在他死后的立法改革中实现。英国议会陆续对一些零散的法规进行整合，制定了一些单行刑事法令。1827 年制定了《盗窃罪法》。从 19 世纪 60 年代开始，议会加强了作为制定法的刑事立法，1861 年颁布《侵犯人身犯罪法》（fences Against the Person Act）、1886 年颁布《骚乱罪（损伤）法》（Riot〈Damages〉Act）。在其他普通法领域，进行了法典化立法。

第二次世界大战后，英国对一些刑事法令进行修改，推动了刑法向法典化方面发展。但由于判例法占主流地位，英国至今没有一部称得上法典的刑法典。

美国刑法继承英国刑法，以普通法为核心。美国独立后，一些州倾向于法国的成文法制度，存在制定综合的刑法典意图。19 世纪末，以美国法的统一为目标，开展了统一州法运动。其目的，是消除像法国每隔一个驿站就有一个法那样，美国五十个州州法并存的局面。为此，美国联邦国会制定了许多刑事法规。"统一州法委员会全国会议"要求在赌博、伪证、犯罪调查委员会等立法领域发布模范法案（model acts），以推动立法机关法进行典化立法。

在 1877 年，联邦国会整理和修订了联邦系统的所有刑法法规。1881 年，纽约州议会通过了菲尔德刑法典。此后，多数州都制定了综合性刑法典。自 1953 年起，美国法学会经过近 10 年的酝酿，于 1962 年提出了《模范刑法典》（Model Penal Code），许多州纷纷以它作为蓝本制定和修改刑法典。1966 年，根据国会决议成立的改革联邦刑事法律全国委员会，起草了《新联邦刑法典建议稿》，1974 年参议院以提案形式，确定为联邦刑法典草案。美国同英国一样，至今没有一部联邦刑法典。

上述大陆法系和英美法系的刑事法典的立法情况，并不反映刑事法典的立法先河。

我国是世界最早进行刑事法典立法的国家。

在刚刚产生国家和法的奴隶制社会，我国的刑事立法，渐成规模。上古夏商周三代，法律体系初步形成。罪名的确定，使罪名规范化、系统化。西周的罪名，见于文献的有几十种之多。这些罪名，依照现代刑法的分类，有国事罪、破坏经济秩序罪、侵犯人身安全罪、侵犯财产罪、妨害社会管理秩序罪、渎职罪、军事犯罪等等。西周的罪名，基本包括了奴隶社会的主要犯罪，而且确定罪名的法律条文也臻于完善。主要刑罚的种类，有五刑、徒刑、拘役刑、赎刑、流刑等等。

刑法的基本原则已经提出。有以法律为标准原则、刑事责任年龄原则、区分故意与过失原则、区分惯犯与偶犯原则、疑罪从轻从赦原则、刑罚世轻世重原则、正当防卫原则等等。

《法经》是战国时期魏国相李悝编纂的一部刑法典，约编成于公元前 407 年。后人了解《法经》，主通过《晋书·刑法志》和《七国考》。

《法经》共 6 篇，包括《盗法》《贼法》《囚法》《捕法》《杂法》《具法》。盗法是侵犯私有财产行为的处罚规定，贼法是破坏统治秩序行为的处罚规定，囚法是关押罪犯的规定，捕法是逮捕罪犯的规定，杂法是对"正律"以外的其他犯罪的规定，具法，量刑原则的规定。

《法经》确立了封建刑律的编纂体例。《法经》将不同犯罪类别分篇编纂，自成体系。同时，将处罚犯罪所涉及的追捕、审判、行刑等独立成篇，列入法典。其定罪量刑的原则，总汇成篇，相当于现在的刑法总则。既有总则，又有分则，体系相当完备。乃至秦国的法制改革，仍以《法经》为蓝本。

1975 年 12 月，湖北省云梦县睡虎地发掘出土秦简，总计 1155 支（另有残简 80 片），其中大部分是秦律条文和法律文书。出土的《秦律》称为"秦简秦律"，是迄今发现的最为系统的秦律。

秦律有"六律"，即《盗律》《贼律》《囚律》《捕律》《杂律》《具律》。这是秦基本的刑事法律。律、命、令、制、诏等，是秦律的法的形式。"法律答问"，是以问答的形式对秦律所做的官方解释，其中有关于犯罪、刑罚、刑罚适用原则和诉讼制度的规定和说明。

秦律的刑法原则，有刑事责任年龄原则、区分故意与过失原则、共同犯罪重罚原则、教唆从重处罚原则、诬告反坐原则、连坐原则、自首减刑原则等等。

主要罪名，约 200 余种。大致可分为国事罪、妨害社会管理秩序罪、危害公共安全罪、破坏经济秩序罪、侵犯人身罪、侵犯财产罪、破坏婚姻家庭关系罪、渎职罪、军事罪等等。

刑罚种类，有死刑、肉刑、徒刑、迁刑、笞刑、髡耐刑、赀刑、赎刑、谇刑、收刑、剥夺政治权利的刑罚等等。

封建律典的创制者，是秦律。封建律典的定型化，是隋律。封建律典的集大成者，是唐律。

刑法典是统治阶级的意志，统治意志性是刑法典的核心和实质。马克思指出，"法国刑法典这个用碑铭体写成的政治奴隶制法典"。德国刑法典也是政治奴隶制法典。总之，一切剥削阶级的刑法典，都是政治奴隶制法典。

社会主义刑法典同剥削阶级的刑法典，没有天然继承性。因为社会主义刑法典，是人民翻身解放的刑法典，是人民民主专政的锐利武器。

我们提醒我们的读者要特别注意第 14 条的规定，在这里我们必须放弃把蛮族法典看作是野蛮人的法律的习惯看法。惩罚本身作为法的恢复，本来应该不同于价值的赔偿和损失的补偿，不同于私有财产的恢复。

马克思《第六届莱茵省议会的辩论（第三篇论文）》，
《马克思恩格斯全集》第 1 卷上册第 275 页。

刑罚法规只把偷拿砍下的树木和盗伐林木算作盗窃林木。其中（我们的省议会不会相信这一点）说道："凡白天采食果实并由于偷拿而造成轻微损失的人，一律根据个人情况和事实情节给以民事〈可见不得刑事〉处分。"16 世纪的刑罚法规要求我们为它辩护，不让 19 世纪的莱茵省议会责备它过分仁慈。

马克思《第六届莱茵省议会的辩论（第三篇论文）》，
《马克思恩格斯全集》第 1 卷上册第 243 页。

欧仁·苏消除"国家中的无法纪"的方法是：修改法国刑法典中关于"滥用信任"的那一节，其次，特别是任命一批领取固定薪俸的律师为穷人办事。可见，欧仁·苏先生认为，在已经设有为穷人办事的律师的皮蒙特、荷兰及其他国家中是消除了无法纪状态的。按照他的意见，法国的立法只有一个缺点，即没有给那些为穷人服务的律师规定固定的薪俸，没有责成他们专为穷人服务，并且过于缩小了法定的贫穷范围。似乎无法纪并不是正好在审判程序中开始的，似乎在法国并不是大家都早就知道：法纪本身不提供任何东西，而只是认可现存的关系。

马克思恩格斯：《神圣家族》，
《马克思恩格斯全集》第 2 卷第 243 页。

谈到犯罪，正如我们已经看到过的，它只是自我一致的利己主义者这个普遍范畴的名称，是圣物的否定、罪孽的名称。在所引的对偶式和等式中所看到的圣物的实例（国家、法、法律），很可以把我对这些圣物的否定态度——或系词——也称为犯罪。……
"刑法典只是由于圣物才存在的。"

马克思恩格斯：《德意志意识形态》，
《马克思恩格斯全集》第 3 卷第 388～389 页。

其实圣桑乔想要说的是这样：刑法典一取消，刑罚就会自行消灭，也就是说，刑罚只是由于刑法典才存在。"但是"，只是由于刑罚才存在的刑法典"不是胡说吗"？只是由于刑法典才存在的刑罚"不同样也是胡说吗？"（桑乔［反对］赫斯，"维干德"第186 页）桑乔在这里把刑法典错认为神学道德的教科书了。

马克思恩格斯：《德意志意识形态》，
《马克思恩格斯全集》第 3 卷第 391 页。

蒲鲁东先生想把法国刑法典的条文说成是资产阶级生产关系的必然的和普遍的结果。在英国，组织同盟是议会的法令所认可的，而且正是经济体系迫使议会批准了这种法律。1825 年，在哈斯基森大臣任内，议会必须修改法律才能更加适应自由竞争所造成的环境，在这个时候，议会不得不废除一切禁止工人组织同盟的法律。现代工业和竞争愈发展，产生同盟和促进其活动的因素也就愈多，而同盟一经成为经济事实并日益稳定，它们也必然很快地成为合法的事实。因此，法国刑法典的有关条文至多只能证明，在制宪会议和帝制时期，现代工业和竞争还没有得到充分发展。

马克思：《哲学的贫困》，

《马克思恩格斯全集》第 4 卷第 194 页。

Cod epénal〔刑法典〕第 102 条所提到的公开演说，是指那些直接号召谋叛皇帝和皇族的言论，或旨在号召用内战，即非法使用武力、公开进行杀戮或掠夺来破坏国家安宁的言论。普鲁士的术语"煽动不满"未见于该法典。由于无法运用普鲁士的法律，所以在司法上完全不容许运用第 102 条的场合，也都要暂时采用第 102 条了。

马克思：《逮捕》，

《马克思恩格斯全集》第 5 卷第 191 页。

我们再引证一下第 368 条："据此，原告要求给予机会提出证据为自己辩护的请求将不予考虑；原告也不得借口文件或事实都是众所周知的，借口引起控告的指责并不是第一次提出，或者是他从外国报纸和其他刊物上抄来的等等为自己开脱"。帝国时代及其整个精细的专制制度都在这些条文中反映出来了。根据一般人的理智，说一个人遭到诬蔑，就是指他受到别人莫须有的指责；但是根据刑法典的特殊的理智，说一个人遭到诬蔑，是指别人指出了他确实犯过的而且能够加以证明的错误，不过在证明时用的不是唯一被承认的方法，即法庭的判决或正式的文件。

马克思：《法庭对"新莱茵报"的审讯》，

《马克思恩格斯全集》第 5 卷第 231 页。

法国刑法典这个用碑铭体写成的政治奴隶制法典。

马克思：《法庭对"新莱茵报"的审讯》，

《马克思恩格斯全集》第 5 卷第 233 页。

我们城市的卡托们，这些对柏林奴颜婢膝的伟人们，在他们的这个刑法典中为疯狂的资产者的胡作非为打开了多么方便的大门啊！

马克思：《资产阶级的文件》，

《马克思恩格斯全集》第 6 卷第 180 页。

如果令人信服的证据一件也拿不出来，而硬要宣判有罪，那末，能够这样做（即使这一类陪审员也是不能够这样做的）只是由于把新刑法典当做似乎具有追究既往的力量的法律来应用；在这样应用法律时，就连"泰晤士报"与和平协会也随时有可能被扣上叛国的可怕罪名而被告发。

马克思恩格斯：《关于最近的科伦案件的最后声明》，

《马克思恩格斯全集》第 8 卷第 447~448 页。

普鲁士的新刑法典由于应用被告们被捕以后颁布的新的普鲁士刑法典去对付他们，他的企图获得了巨大的成就。这个法典似乎包括有减轻惩罚的条款，奴颜婢膝的法庭就以此为借口，允许把它当作似乎具有追究既往的力量的法律来加以应用。

马克思：《揭露科伦共产党人案件》，

《马克思恩格斯全集》第 8 卷第 533 页。

玩弄自由主义字眼的"每日新闻"的撰稿人带着神圣的恐惧谈到了 treasonfelony〔叛国〕，却忘了说，英国刑法典中的这一新范畴，就是专门为了把爱尔兰爱国者算做最低一等的罪犯而发明的。

《燕妮·马克思关于爱尔兰问题的文章》，

《马克思恩格斯全集》第 16 卷第 670 页。

普鲁士刑法典里确实有一个古怪的条款，根据这一条，任何一个外国人在他本国或在其他任何国家有了"侮辱普鲁士国王"或"背叛普鲁士"的行为或言论，都要受到起诉！

马克思：《关于德国的出版自由和言论自由》，

《马克思恩格斯全集》第 17 卷第 301 页。

警察发明了刑法典中所没有的新罪名，而滥用刑法典已经到了无以复加的地步。警察经常可以找到受贿的或狂妄透顶的长官和审判官来帮助他们、支持他们。

恩格斯：《俾斯麦和德国工人党》，

《马克思恩格斯全集》第 17 卷第 310 页。

法兰西法根本没有像普鲁士邦法中所说的"策动"犯罪这种肤浅的范畴，更不用说什么策动犯罪企图了。法兰西法只有教唆犯罪，而这只有"通过送礼、许愿、威胁、滥用威信或权力、狡猾的挑拨或犯罪的勾当"（刑法典 68 第六十条）来进行时才可以判罪。

恩格斯：《反杜林论》，

《马克思恩格斯全集》第 20 卷第 120 页。

为了证明在印度要保证司法权的行使是多么困难，查理爵士告诉我们，早在 1833 年那里就成立了专门的法律委员会。但是，根据查理·伍德爵士本人的证词，这个委员会做了些什么呢？它的第一个同时也是唯一的一个工作成果就是：在马考莱先生的主持下制定了一部刑法典。这部刑法典曾分发给印度各地方当局，各地方当局又送回加尔各答；从加尔各答又寄往英国，然后，又从英国重返印度。在印度，比顿先生代替马考莱先生任法律顾问之后，把法典作了彻底修改。那时总督并不认为"拖延就是弱点和危机的源泉"，他以修改为借口，再一次把它送到英国，再从英国寄回，并且授权总督用他本人认为是最好的方式来批准法典。但是比顿先生死了，总督认为最好是把法典交给第三个英国法学家——并且是对印度人的风俗习惯一无所知的法学家去裁夺，这样他就为自己保留了等这位完全不称职的官员拼凑好一部法典后再来否定的权利。这部至今尚未问世的法典的坎坷历史就是如此。

> 马克思：《俄国的欺骗。——格莱斯顿的失败。——查理·伍德的东印度改革》，《马克思恩格斯全集》第9卷第139~140页。

马克思在《第六届莱茵省议会的辩论（第三篇论文）》里提出，"我们必须放弃把蛮族法典看作是野蛮人的法律的习惯看法"。其蛮族法典（leges barbarornm），是对5~9世纪形成的，一些日耳曼部落的法规的最初的文字记录的统称。其中主要记录了这些部落的习惯法，但也采用了符合当时需要的新的法律规范。这些部落5~7世纪在原西罗马帝国及其邻近地区的领土上建立了王国和公国。蛮族是古希腊人和罗马人对其邻族的轻蔑称呼。

马克思在《第六届莱茵省议会的辩论（第三篇论文）》里说的"16世纪的刑罚法规"，是指查理五世的刑罚法规。它是1532年德意志帝国国会在雷根斯堡通过的《查理五世和神圣罗马帝国的刑罚法规》，又称《加洛林纳法典》。

这是德国第一部刑法典。直到18世纪中叶为止，这部法典始终是德国占有主导地位的刑法典，它对各种违法行为采取的惩治措施极端残酷（如火刑、肢解、溺毙等）。

马克思在《哲学的贫困》里说，"1825年，在哈斯基森大臣任内，议会必须修改法律才能更加适应自由竞争所造成的环境，在这个时候，议会不得不废除一切禁止工人组织同盟的法律"。当时在法国实行的法律，如1791年资产阶级革命时期中制宪会议通过的所谓列沙白里哀法案和拿破仑帝制时期制订的刑法典，禁止工人建立工人联合会和组织罢工，违者受到严厉的惩处。在法国，对职工会的禁令到1884年才撤消。

马克思在《资产阶级的文件》里说的"我们城市的卡托们"，卡托（M. Porcius M. Porcius Cato）是古罗马的执政官、监察官，他拥护旧习，捍卫贵族特权，以严酷著称。

马克思恩格斯在《关于最近的科伦案件的最后声明》里的"Code pénal〔刑法典〕"，是1811年在法国以及被法国人占领的德国西部和西南部地区实施的刑法典。在1815年莱茵省归并普鲁士以后，它在该省和民法典同时有效。普鲁士政府曾经力图采用一系列措施在莱茵省推行普鲁士的法律。这些措施遭到莱茵省的坚决反对。三月革命后，根据1848年4月15日的命令，取消了这些措施。

马克思在《俄国的欺骗。——格莱斯顿的失败。——查理·伍德的东印度改革》里说，"在马考莱先生的主持下制定了一部刑法典"，是印度刑法典，该刑法典于1860年被批准为法律。马考莱·托马斯（Macaulay，Thomas，1800～1859）——英国资产阶级历史学家和政治活动家，辉格党人，议会议员。在任印度总督所辖的参事会参事期间（1833～1838），曾编这部印度刑法典。

2. 没有思想法典和思想法庭

思想，是客观存在通过思维活动，反映在人的意识中认识结果。思想是看不见、摸不到的，它只能通过语言或活动表现出来。对于没有犯罪的语言或活动，不能认定为犯罪。言论犯罪、行为犯罪，是主观方面故意犯罪，就是具有犯罪的目的。主观方面故意犯罪引起的言论犯罪、行为犯罪，一般表现为政治犯罪。

政治犯罪（political crime），是针对国家的政治制度和国家安全，直接侵犯国家利益的犯罪行为。这类犯罪，行为人在主观方面一般具有某种政治动机和目的，表现为对国家的政治制度和国家安全侵害的故意。在客观方面，表现为危害国家主权与安全及其他重大国家利益的行为。各国刑法中都规定政治犯罪，但罪名不尽相同。政治犯罪具有极强的阶级性和鲜明的政治性。

由于政权性质和社会制度不同，各国对于某种政治行为是否为犯罪，具有不同的认定标准；由于政治的内涵不同，一国的不同历史时期和不同党派执政时期不同，对于某种政治行为是否为犯罪，亦有不同的认定标准。在某个国家认为是政治犯罪的，在另外国家可能被认为不是犯罪；这一时期、这一政党认为是政治犯罪的，在另一时期、另一政党可能被认为不是犯罪。

我国刑法规定了政治犯罪。1979 年《刑法》的罪名是"反革命罪"，1997 年修订后的《刑法》，称为"危害国家安全罪"。该类政治犯罪，有背叛国家罪、分裂国家罪、煽动分裂国家罪、武装叛乱罪、暴乱罪、颠覆国家政权罪、煽动颠覆国家政权罪、资助危害国家安全罪、投敌叛变罪、叛逃罪、间谍罪、窃取刺探收买非法提供国家秘密情报罪、资敌罪，共 12 种罪。

我国刑法规定的政治犯罪主体，是中国公民，包括窃据党政军较高职位，握有实权和在社会上有一定政治影响的人物。本罪的主观方面是故意犯罪，具有危害国家安全的目的。本罪侵害的客体是国家安全。其本罪的客观方面表现为危害国家安全的行为。

有政治犯罪，就必然有政治嫌疑罪。

政治嫌疑罪（crime of political suspicion），又称政治迫害罪，是以不法手段使他人因政治原因而受追诉、迫害或蒙受嫌疑的犯罪行为。

进行政治迫害的人，是加害人。加害人有主观故意，加害人须有使他人因政治原因受追诉、迫害或蒙受嫌疑的目的。本罪中的控告行为，包括诬告方式在内。这种诬告，一定是与政治有关的；而且，犯罪的目的是使他人因政治原因而受追诉、迫害或蒙受嫌疑。政治性被害人（political victims），是因政治性因素而受到侵害的人。如何确定政治性被害人与政治性加害人，在不同国家、不同时期、不同政治下，有不同的认定标准。

思想犯罪，我国封建时代叫"腹非"，亦称"腹诽"。"腹诽"是汉武帝（公元前 140～前 87）时规定的罪名。"腹诽"，顾名思义，是指内心对朝廷律令和举措有反对看法。《汉书·食货志》载，御史大夫张汤与大农令颜异有矛盾，异与客语，客语初令（指武帝造白鹿皮币事）下有不便者，异不应，微反唇。汤以"九卿见令不便，不入言而腹非，论死。""异不应，微反唇"，就是颜异没有应答，只是嘴唇微微动了动，就被认为是腹非。此后，腹非成为历代统治者欲加之罪何患无辞的出入人罪的法律手段。

马克思和恩格斯在革命的一生中，深受普鲁士反动当局和各国反动当局的政治迫害。有中国式的"腹诽"罪的迫害，也有言论罪的迫害。对于所谓"言论罪"，特别是莱茵报上的言论，他们认为只是发表"不同意见"，就是按照当时的法律，也根本扯不上犯罪。

合法的地位不应该由于个人的道德品质或者甚至由于他们的政治观点和宗教观点而有所变更。相反，人们一旦使报刊的存在取决于它的思想，报刊就无疑会处于非法地位了。因为直到目前为止，还没有一部思想法典和一所思想法庭。

马克思：《答一家"中庸"报纸的攻击》，

《马克思恩格斯全集》第 1 卷上册第 401 页。

对于思想来说，既没有法庭，也没有法典。可见，我们是把恶劣思想的存在和恶劣行为的存在对立起来的；对于恶劣思想来说，并没有法庭，至于那些恶劣行为，如果它们是违法的，那就会有审理它们的法庭和惩治它们的法律。

马克思：《〈科隆日报〉的告密和〈莱茵—摩泽尔日报〉的论争》，

《马克思恩格斯全集》第 1 卷上册第 418 页。

几天以前，我们报道了这个出版法案中的一些主要条文。我们刚刚利用关于诽谤的诉讼案的机会证明了：Gode pénal〔刑法典〕的第 367 和 368 条同出版自由的矛盾是非常惊人的，而汉泽曼先生就已经准备不仅把它们推广到王国的每个角落去，而且至少还把它们加重两倍。

马克思：《普鲁士出版法案》，

《马克思恩格斯全集》第 5 卷第 270 页。

马克思在《〈科隆日报〉的告密和〈莱茵—摩泽尔日报〉的论争》中，提出了"对于思想来说，既没有法庭，也没有法典"的著名论断。

事情缘于《莱茵—摩泽尔日报》和《莱比锡总汇报》的争论。《莱茵—摩泽尔日报》一一列举了《莱比锡总汇报》"过去的罪过"。对此，马克思为这些罪过开了一张清单，接着写道："如果所有的旧式德国报纸都互相指责彼此过去的罪过，那么，诉讼就只会围绕着表面问题兜圈子：这些报纸是由于自己的行动而犯下罪过呢，还是由于自己没有行动而犯下罪过？《莱茵—摩泽尔日报》只能以它的罪过在于没有行动这种并不光彩的长处自夸，也就是说，它只能用自己由于没有行动而犯下的罪过来同《莱比锡总汇报》由于采取行动而犯下的罪过相对抗。人们一旦使报刊的存在取决于它的思想，报刊就无疑会处于非法地位了。因为直到目前为止，还没有一部思想法典和一所思想法庭。"

马克思的结论是："不能由于一个人的道德品质，由于他的政治观点和宗教观点，而把这个人监禁起来，或者剥夺他的财产或其他任何一项法律权利。看来，这里有关宗教观点的说法特别使我们这位信奉宗教的朋友感到恼怒。我们希望一种恶劣存在的合法地位不受侵犯，并不是因为它恶劣，而是因为它的恶劣性包藏于思想之中"。马克思认为，道德品质、政治观点和宗教观点，都属于思想范畴，因而不存在思想法庭、思想审判和思想犯罪问题的。

在社会主义条件下，人民享有广泛的民主和思想自由，不存在思想法典和思想法庭，不存在因为道德品质低下和政治观点、宗教观点不同而被治罪问题。至于利用言论自由和出版自由，进行煽动颠覆和行动颠覆人民民主政权，那就已经超越了言论自由和出版自由的界限，属于违法犯罪问题了。

（二）民法典

1. 法国民法典

在法国资产阶级革命初期，立宪国民议会（Assemble nationale constitunte）提出了编纂统一民法典的方针。1792 年 10 月，国民公会（Convention nationale）设立了"民事刑事立法及封建制委员会"，第二年 6 月末开始起草工作。8 月向议会提出第一草案，1794 年 9 月提出第二草案，1796 年 6 月提出第三草案和 1799 年 12 月草案。这些草案由立法委员会分别向当时的议会提出，但未获得通过。1800 年 8 月 12 日，重新开始起草工作。任命四人为民法典起草委员。四个月后，该起草委员会提出草案。这一草案在征得最高法院和全国上诉法院的意见之后，经行政法院审议而成为政府法案，并呈报到护民院（Tribunat）。

这项法案，护民院否决了前 3 章。因为护民院认为该法案：①没有坚持立法的革命精神；②缺乏革命后的法兰西基本法典的独立性；③其个别规定的内容和文体，因袭了革命前的习惯法及罗马法。因此，拿破仑不得不撤回该法案。同时，拿破仑利用手中的权力，对护民院的成员做了调整，以排除阻力，并力促行政院、护民院、立法院（Corps legislative）之间有效合作。在此基础上，从 1803 年 3 月起，把该法案修改、扩充 36 章，并归纳成为一部法典。这就是 1804 年 3 月 21 日法律。该法律定名为《法兰西人的民法典》（Code civil des Francais）。1807 年 9 月改称《拿破仑法典》（Code Napoleon），依照 1816 年 7 月 17 日王令，又恢复原名。之后，拿破仑三世以 1852 年 3 月 27 日的法令再次改称《拿破仑法典》，但第三共和国成立后，按原例只称《民法典》（Code civil）。

法国民法典制定后，至今大部分规定被保持下来。完整地保留民法典当初规定的，是债权法方面，而在家族法和家族关系财产法（夫妻财产制、继承等）方面，则进行了 10 多次修改。该民法典的全面修改，始于 20 世纪初。第二次世界大战结束后，成立民法典修改委员会（Comité de révision du code civil），形成了起草草案（projet de code civil），此后又进行修改。

法国民法典是一部典型的自由资本主义的民法典。以个人主义、自由主义为中心，实行意思自治、私有财产权绝对、契约自由和过错责任四大民法原则。

深受法国民法典影响的是德国民法典，尽管它是垄断资本主义条件的产物。

在 19 世纪前半叶，整个德意志编纂统一法典的要求提上日程。

早在 1814 年，有学者就阐述过制定统一民法典必要性，但萨维尼以经济自由优先于政治自由的德意志市民阶级的态度为背景，反对法典的编纂。他认为，为了发展资本主义，不要冒与维也纳体制为敌的风险来要求编纂统一法典，而只要以学说形成私法体系就可以了。这个争论，暂且以萨维尼的胜利而告结束。但三十年后，提倡编纂统一法典的德意志学派和罗马法学派之间，重新开展了论战。1846 年以后，德意志法学派从政治自由主义的角度提出了编纂统一法典的要求。由于三月革命受挫，编纂又一次延期了。但此后，罗马法学派不再反对，而且逐步成了法典编纂运动的主力。这个变化，是同 19 世纪后半叶自由主义的保守化，以及市民阶级同旧势力之间结成联盟的统治结构的变化相适应的。统一民法典无以克服罗马法的矛盾和不完整性，无以克服德意志国内立法的分割。但统一民法典的编纂计划，逐渐克服各邦的地方主义而继续实施。德国统一后，联邦国会尚无制定适用于全联邦的法典的权限。1873 年 12 月，颁布了帝国国会关于修改宪法第 4 条第 13 款的法律。根据这项法律，帝国国会获得了全联邦的立法权，从而使统一民法典的编纂成为可能。1874 年，联邦参议院为制定民法设立了筹备委员会。根据筹备委员会的意见，于 1874 年民法典起草第一委员会开始工作。草案坚持了民法典应再现现行法的基本方针，草案的内容反映了当时的"学说汇纂"的成果。第一草案及其说明，于 1888 年在联邦参议院通过后公布。

对草案的批评是广泛的。但许多批评者仍然认为，从政治角度考虑，像德意志这样的大国不能没有统一的民法典。1890 年，组成第二委员会，主要是对第一次草案的用语和具体制度的构成加以修改。在 1896 年联邦参议院和帝国议会上，社会民主党以法案"使剥削的非法行为法典化"而全盘否决，但国民自由党和中央党支持通过。最后，草案经修改后，获得通过。定名为《德意志民法典》（Burgerliches Gesetzbuch，BGB），1900 年 1 月 1 日起施行。

德意志民法典确认了自由主义私法原则，即确认了所有权特别是土地所有权的自由、契约自由、遗嘱自由等等。这表明民法典是以自由主义为原则的，特别是在财产法和亲属法领域。但是，民法典规定了权利的行使不得以损害他人为目的，否定暴利行为的主观定义，没有采用情势变迁的原则，对金钱债务重新规定，肯定了资产阶级的各项婚姻家庭原则等等。这些规定表明，民法典拒绝了实质性的私法伦理。

民法典没有使作为劳动者阶级的产业工人、农民和手工业者得到正当法律地位，而且，规定工会是"无权利能力社团"，不承认工会的权利能力。

英美法系没有作为制定法的民法典。

在英国，边沁（Jeremy Bentham）提倡法典主义，但其生前没能实现，在死后才产生了商法法典化的几部制定法。在其立法改革中，把传统的普通法变为制定法的立法，即法典化立法，在 19 世纪也是颇为活跃。如 1882 年的汇票法（Bill of Exchange Act）、1893 年的动产买卖法（Sale of Goods Act）。此外，大规模的改革立法是民事和刑事诉讼程序立法。以最高法院规则的形式，制定了民事和刑事两个诉讼法典。

在美国，联邦采用了同英国相同的最高法院规则的形式，各州则用立法或者规则形式制定了民事和刑事诉讼程序两个立法。至今，英国也没有成为法典国家。

美国继承英国法，其法源包括制定法，但判例法仍占主导地位。在立法机关处于优越地位的思想和欧洲各国法典编纂运动的刺激下，美国也开始了法典编纂运动。19世纪末，以美国法的统一为目标而兴起了统一州法运动（umform state laws），但至今只制定了统一的商法典（Uniform Corn mercial Code）。所谓"商法典"，并不是大陆法系的商法，而是商业法。

现在我手里拿着的这本 Code Napoléon〔拿破仑法典〕并没有创立现代的资产阶级社会。相反地，产生于十八世纪并在十九世纪继续发展的资产阶级社会，只是在这本法典中找到了它的法律的表现。这一法典一旦不再适应社会关系，它就会变成一叠不值钱的废纸。你们不能使旧法律成为新社会发展的基础，正像这些旧法律不能创立旧社会关系一样。

马克思：《对民主主义者莱茵区域委员会的审判》，
《马克思恩格斯全集》第6卷第292页。

拿破仑摧毁了神圣罗马帝国，并以并小邦为大邦的办法减少了德国的小邦的数目。他把他的法典带到被他征服的国家里，这个法典比历来的法典都优越得多；它在原则上承认平等。拿破仑强迫一向只为私人利益而生活的德国人去努力实现伟大的理想，为更崇高的公共利益服务。但是，正是这一点弄得德国人都起来反对他。

恩格斯：《德国状况》，
《马克思恩格斯全集》第2卷第636页。

绝对批判的主要任务之一，首先就是给当代的一切问题以正确的提法。它恰好没有回答现实的问题，却提出一些毫不相干的问题。既然它可以制造一切，那末它必然也会预先制造出"当代的问题"，就是说，它必然会把这些问题制造成自己的、批判的批判的问题。如果谈到拿破仑法典，那它就会证明：这实际上是谈"摩西五经"。它对"当代的问题"的提法就是对这些问题的批判的曲解和歪曲。

马克思恩格斯：《神圣家族》，
《马克思恩格斯全集》第2卷第114页。

历史传统在法国农民中间造成了一种迷信，以为一个名叫拿破仑的人将会把一切失去的福利送还他们。于是就出现了一个冒充这个人的人，而他冒充为这个人，只是因为他——根据 Code Napoléon〔拿破仑法典〕中的一条：《La recherche de la paternité etinterdte》〔"不许寻究父方"〕——取名为拿破仑。经过了二十年的流浪生活和许多荒唐冒险行径之后，预言终于实现了，这个人成了法国人的皇帝。

马克思：《路易·波拿巴的雾月十八日》，
《马克思恩格斯全集》第8卷第218页。

资产阶级制度在本世纪初曾让国家守卫新产生的小块土地，并且尽量加以赞扬，现在却变成了吸血鬼来吸吮它的心血和脑髓并把它投入资本的炼金炉中去。Code Napoléon〔拿破仑法典〕现在至多也不过是一个执行法庭判决、查封财产和强制拍卖的法典。

> 马克思：《路易·波拿巴的雾月十八日》，
> 《马克思恩格斯全集》第 8 卷第 221 页。

政治协定也不能摆脱私人契约可能遇到的那种偶然事件的影响，按照 Code Napoléon〔拿破仑法典〕的规定，一旦受到 force majeure 的阻挠，这种契约应予废除。

> 马克思：《对和平的激进看法》，
> 《马克思恩格斯全集》第 13 卷第 592 页。

如果根据拿破仑法典，"未经教会认可的婚姻"在莱茵河流域被看作"婚姻"，而根据普鲁士邦法，在施普雷河流域则被认为是"非法同居"，那么，根据海尔梅斯的意见，"违警的"处罚就给"哲学家们"提供了一种论据，即在这里是合法的东西在别处却被看作违法的，这一论据证明，科学的、道德的和合理的婚姻概念不是表现在拿破仑法典里，而是表现在普鲁士邦法里。

> 《〈科隆日报〉第 179 号的社论》
> 《马克思恩格斯全集》第 1 卷上册第 216 页。

"现在，在"那种从地产析分过程中产生的现代大地产在事实上"宣布了"长子继承权"之后"，"已经可以说：这只是"从地产析分中"做出了最后结论"，"而且"地产析分"除了实现"长子继承权、真正的长子继承权"之外，在实际上历来没有给自己提出其他的任务"。"由此就产生了谬误，似乎"地产析分"给了"家庭中各个成员的平等权利"无限的价值，像在"拿破仑法典的继承权中"所表现出来的那样。不，它只给了"长子"这样的价值"；"只有"长子，未来的继承权获得者，成为大地产占有者，"并且只因为"我是长子，"所以我也是"大地产占有者。

> 马克思恩格斯：《德意志意识形态》，
> 《马克思恩格斯全集》第 3 卷第 153 页。

弗里德里希-威廉四世认为他有力量按照神圣的标准来制定法律，因此他总是与整个世界发生纠纷，他所能引以自慰的是：他至少是在我们的桑乔身上找到了这样一位充满对国家信仰的人。让圣桑乔比较一下只存在于制定者头脑中的普鲁士婚姻法和实际生效的 Codecivil〔民法典〕条款吧！这样他就会看到神圣的婚姻法和世俗的婚姻法的区别了。

> 马克思恩格斯：《德意志意识形态》，
> 《马克思恩格斯全集》第 3 卷第 391～392 页。

一夫一妻制家庭和对偶婚不同的地方，就在于婚姻关系要坚固得多，这种关系现在已不能由双方任意解除了。这时通例只有丈夫可以解除婚姻关系，离弃他的妻子。破坏夫妻忠诚这时仍然是丈夫的权利，这一点至少有习俗作保证（Code Napoléon〔拿破仑法典〕明确地规定丈夫享有这种权利，只要他不把姘妇带到家里来）；而且随着社会的进一步发展，这种权利也行使得愈来愈广泛。

恩格斯：《家庭、私有制和国家的起源》，

《马克思恩格斯全集》第 21 卷第 74 页。

对于土耳其帝国及其当权者来说，可兰经同是信仰和法律的源泉。但是在可兰经面前，能不能使正统教徒和异教徒、穆斯林和莱雅享有平等权利呢？这实际上必然意味着用新的民法典来代替可兰经，换句话说，就是破坏土耳其社会的结构，在它的废墟上建立新的秩序。

马克思：《希腊人暴动》，

《马克思恩格斯全集》第 10 卷第 141 页。

在土耳其实施新的民法典，即同宗教完全没有关系的并以国家和教会完全分离为基础的民法典，不仅意味着废除伊斯兰教，而且意味着消灭在土耳其帝国存在的那种形式的正教教会。难道会有人幼稚到真的相信，似乎参加英国现政府的胆怯而软弱的反动派会想到要在土耳其这样的国家里担负起实现彻底的社会改革这样巨大的任务吗？这是十分荒谬的。他们只可能有一个目的，这就是自吹自擂地欺骗英国人民和欧洲人民。

马克思：《希腊人暴动》，

《马克思恩格斯全集》第 10 卷第 142 页。

由于英国正式承认新国家和苏克莱将军占领上秘鲁各省（苏克莱把这些省合并成独立的玻利维亚共和国），玻利瓦尔的地位得到了巩固。玻利瓦尔在苏克莱武力控制的这个地区充分发展了他对专制统治的喜爱，例如他模仿 Code Napoléon 而制定了"玻利维亚法典"。他打算推广这个法典，使它从玻利维亚传到秘鲁，再从秘鲁传到哥伦比亚。

马克思：《玻利瓦尔·伊·庞特》，

《马克思恩格斯全集》第 14 卷上册第 238 页。

马克思恩格斯在《神圣家族》里提到的"摩西五经"，是指旧约全书前五篇，即创世纪、出埃及记、利未记、民数记、申命记。马克思恩格斯之所以把鲍威尔的论述，说成拿破仑法典，是"摩西五经"，是因为鲍威尔歪曲了"犹太人问题"，以致它自己竟用不着去研究作为这一问题内容的政治解放，反而满足于批判犹太宗教和描写基督教德意志国家。

绝对的批判即鲍威尔在对"犹太人问题"这本小册子受到的攻击所做的第一号答辩中，仍旧把取消宗教、把无神论看作市民的平等的必要条件。所以，绝对的批判在考察犹太人问题的最初阶段上，还没有进一步领悟到国家的本质和他的"著作"中的"失策"。

马克思在《对民主主义者莱茵区域委员会的审判》里提到的"Code civil 拿破仑民法典"，曾在法国人占领的德国西部和西南部地区实行；在莱茵省归并普鲁士后，这个法典在该省境内继续有效。

马克思在《对和平的激进看法》里说，"一旦受到 force majeure 的阻挠，这种契约应予废除"。是从拿破仑法典第 1148 条中摘引出来的说法，这一条宣称："如果由于无法预见的情况或偶然事件妨碍了债务人，使他不能履行他应尽的义务，或者做了禁止他做的事情，不得向其追索任何赔偿"。

Force majeure，指无法抗拒的力量，无法预见的情况。

马克思在《〈科隆日报〉第 179 号的社论》里说，"科学的、道德的和合理的婚姻概念不是表现在拿破仑法典里，而是表现在普鲁士邦法里"。这段论述，应当理解为：拿破仑法典不仅指在拿破仑统治时期于 1804 年通过的并以《拿破仑法典》著称的法国民法典，广义而言，也指整个资产阶级法体系，即 1804～1810 年拿破仑第一统治时期通过的五部法典（民法典、民事诉讼法典、商业法典、刑法典和刑事诉讼法典）。这些法典在拿破仑法国所占领的德国西部和西南部曾实行，在莱茵省 1815 年归属普鲁士以后，仍继续在该省生效。

马克思在《希腊人暴动》里的"莱雅"，是土耳其用语，从 19 世纪初起通常指受压迫的非伊斯兰教居民。

马克思在《玻利瓦尔·伊·庞特》里说，"模仿 Code Napoléon 而制定了'玻利维亚法典'"。是指玻利维亚制宪会议于 1826 年秋天通过的玻利维亚共和国的宪法后，模仿 Code Napoléon（拿破仑法典）制定的玻利维亚民法典。拿破仑法典对已经走上资本主义发展道路的欧洲许多国家和拉丁美洲一些国家的立法影响很大。

2. 苏俄民法典

苏俄民法典（这里的"苏"是苏维埃的"苏"），是第一部社会主义民法典。这是人类历史上完全新型的民法典。1922 年 10 月 31 日，第九届全俄中央执行委员会第四次会议通过了《苏俄民法典》，并于 1923 年 1 月 1 日施行。民法典分总则、物权、债和继承四篇，共 436 条。法典没有包括婚姻家庭方面的内容，因为将另外制定婚姻家庭与监护法典。

法典总则规定，全体公民不问性别、种族、民族、信仰、社会出身，均赋予民事权利能力；凡禁止参加民事流转的财产，在没有法律许可的情形下，不能作为事权利的客体；凡违反法律目的或规避法律的行为，以及显然对国家有损害的行为一律无效。法典在所有权方面，把所有权分为国家的、合作社的和个人的 3 种；一切经济命脉均为国家绝对所有；对私有财产的利用实行国家监督和法律限制。法典在债的关系方面，不实行资产阶级民法典的契约自由原则；特别规定因贫困所迫在苛刻条件下签订的合同均为无效。法典在继承方面，规定了配偶和直系近亲属对于遗产继承的价值上限；对价值高于 1 万卢布的遗产则实行累进税。

列宁十分重视民法典的制定。他特别注意草案的起草工作，指示"不要被那些昏庸的资产阶级旧法学家所愚弄，他们总是因袭"，经常关注都是哪些人参加起草，是不是反动法学家。他特别指出，不要迎合"欧洲"，而要在加强国家对"私法关系"和民事案件的干预方面有所突破，要求"凡是西欧各国文献和经验中所有保护劳动人民利益的东西，都一定要吸收"，应进一步加强国家对"私法关系"和民事案件的干预。

由于时间仓促，《苏俄民法典》存在许多缺陷和不足，但在制定民法典的指导思想上，在具体条文所体现的社会主义原则上，都表现了马克思主义法学原理和社会主义立法的本质特征。

1964 年 10 月，苏联颁布了新的《苏俄民法典》，以替代 1922 年的民法典。新的民法典变化较大，主要体现了当时苏联领导集团的某种"全民国家"、"全民法"意图。

研究如何能够对一切私营企业无例外地都进行监督（事后监督），并废除一切与法律条文和工农劳动群众利益相抵触的合同和私人契约，从这一方面来充分保障无产阶级国家的利益。不要盲目抄袭资产阶级民法，而要按我们的法律的精神对它作一系列的限制，但不得妨碍经济或商业工作。

> 列宁：《就俄罗斯联邦民法典问题给政治局的信》，
> 《列宁全集》第 42 卷第 430～431 页。

目前正在制定新的民法。司法人民委员部在"随波逐流"，这种情况我看得出来。可是它是应当同潮流作斗争的。不要因袭（确切点说，不要被那些昏庸的资产阶级旧法学家所愚弄，他们总是因袭）陈旧的、资产阶级的民法概念，而要创造新的。不要受"因职责关系"沿用"适合欧洲"的行动方式的外交人民委员部的影响，而要同这种行动方式作斗争，制定新的民法，确定对"私人"契约的新的态度，等等。我们不承认任何"私人"性质的东西，在我们看来，经济领域中的一切都属于公法范畴，而不是什么私人性质的东西。我们容许的资本主义只是国家资本主义，而国家，如上所述，就是我们。

> 列宁：《关于司法人民委员部在新经济政策条件下的任务》，
> 《列宁全集》第 42 卷第 426～427 页。

请注意，据哥尔布诺夫同志告诉我，昨天在人民委员会里把民法典弄得糟透了。我在给库尔斯基的信中提出的那些警告，实际上没有引起重视。责成全俄中央执行委员会主席团按照我给库尔斯基的信中提出的意见的精神对此事加以研究。

> 列宁：《就俄罗斯联邦民法典问题给政治局的信》，
> 《列宁全集》第 42 卷第 430 页。

关于民法典，我不能去推敲各条的措辞。健康状况不许可。仅提出以下几点意见：
（1）司法人民委员应当紧紧盯住并亲自检查：民法典的每个重要部分都由谁负责。
（2）西欧各国文献中和经验中所有保护劳动人民利益的东西一定要吸收进来。

（3）但不能仅限于此（这是最重要的）。不要盲目地跟着外交人民委员部走。不要迎合"欧洲"，而要在加强国家对"私法关系"和民事案件的干预方面有所突破。

……现在我们面临的危险是在这方面做得不够，而不是做"过了头"，这在我也是非常明确的。正是在热那亚会议召开以前，不能乱了步调，不能畏缩不前，不能放过扩大国家对"民事"关系的干预的任何一点可能。

> 列宁：《给德·伊·库尔斯基的信并附对民法典草案的意见》，
> 《列宁全集》第 42 卷第 444 页。

如果司法人民委员部不立即振作起来，不立即全力以赴地承担起战斗任务，走上新的轨道，就会在热那亚会议面前（也在全世界面前）声誉扫地。

建议您：…召集 100~200 名从事民法、刑法和国家法实际工作的人，都要共产党员，向他们宣读我的信。

> 列宁：《关于司法人民委员部在新经济政策条件下的任务》，
> 《列宁全集》第 42 卷第 427 页。

关于民法典问题，我在看了主要条文以后，认为比较慎重和正确的做法是：目前只限于郑重地宣布一下，而对法典本身还得更加细致地加工。请您设法让全俄中央执行委员会主席团和政治局通过此建议。

> 列宁：《就民法典问题给亚·德·瞿鲁巴的信》，
> 《列宁全集》第 42 卷第 456 页。

你们还审议了像民法典、一般法院组织这样的问题。你们知道，在我们坚决推行的、我们对之不会动摇的现行政策下，这是一个对广大居民极其重要的问题。你们也知道，我们在这方面一直力求划清界限：什么是从法律上满足任何公民与目前经济流转有关的要求，什么是滥用新经济政策。这类现象在所有国家都是合法的，而我们却不想让它合法化。

> 列宁：《在第九届全俄中央执行委员会第四次常会上的讲话》，
> 《列宁全集》第 43 卷第 245~246 页。

列宁在《就俄罗斯联邦民法典问题给政治局的信》里提出，"不要盲目抄袭资产阶级民法，而要按我们的法律的精神对它作一系列的限制"，是立法工作的重要原则。在起草苏俄民法典过程中，首先存在的一个大问题，就是抄袭资本主义民法问题。一是与民法教材的结构、顺序、标题大致相同；二是在体例和结构上与德、法版本相似或相近；三是在内容上即法律条文上基本是照抄。

列宁为什么反对抄袭、反对"奴隶般的抄袭"呢？

列宁在《致某人》中认为，决不能把政治方面和民法方面分开。实行无产阶级政治，立法却是资本主义法，这是政治方面和民法方面分开的集中表现。我们知道，离开无产阶级政治的民法，绝不是社会主义法。而且，社会主义民法与资本主义民法在性质上是对立的。列宁在《论苏维埃共和国女工运动的任务》里，提出一个非常重要的思想，就是在民法中，不能看到资本主义民法的痕迹。他说，民法中，在规定妇女的家庭地位和离婚权利的法律中，妇女到处都处于不平等的地位，处于受卑视的地位。我们说，这才是破坏民主，而且正是破坏被压迫者应享有的民主。苏维埃政权比所有最先进的国家更彻底地实现了民主，在它的法律中丝毫也看不到妇女受到不平等待遇的痕迹。再说一遍，任何一个国家、任何一项民主立法，为妇女做到的都不及苏维埃政权在它建立后的最初几个月所做到的一半。列宁在《俄国社会民主党的土地纲领》里，主张对于资本主义法律，必须进行民主的、革命的修改，以补充对俄国国家法律和民法的民主修改。

（三）其他法典

1. 门类性法典

在近代，民法典和民事诉讼法典、刑法典和刑事诉讼法典、商业法典，是国家的基本法典。此外，其他法的门类，也有法典的立法情况。

商业法典，与商法典不同，它是反映市场经济实际的、具有时代特征的社会经济方面的法典。马克思在他主张的上述五个法律门类中，商业法典居于重要地位。马克思是最早发现商业法与商法具有不同内容和特征的法学家。社会经济进一步发展的实践证明，马克思关于商业法是法的新门类的主张，是完全符合实际的，充满了科学预见性。商业法是经济法的先兆。从某种意义上说，经济法是从商业法发展起来的。

下面基于《外国法》上的材料，进行阐释和分析。先分析商法典。

在实行民商合一的国家，没有商法典，有关商事活动的规定，设置在民法典中。比较著名的商法典，有法国商法典和后来1897年的德国商法典、1899年的日本商法典等。

法国是第一个制定商法典的国家。法国商法典1807年9月15日制定，1808 1月1日起实行。在资产阶级革命前的路易十四时期，有陆上商法典（1673年3月）和海事敕令（海商法典，1681年8月）。这两个商法典，以交易惯例和特权商人的存在为前提，没有近代法的内容。1807年的商法典，是依托这些商业法典起草的。

1807年的商法典的内容，经过多次重要修改，已被修改得面目全非。修改是从自由资本主义确立的19世纪60年代开始的。在修改的同时，根据1867年7月24日法律，制定了股份公司法。1966年该法废止，被新的股份公司法取代。后商法典又经过多次修改。1966年后，在全面修改的基础上，进行了内容革新。

该法典第一编为一般商业，包括对商人、商业账簿、公司（不包括股份公司）、商业交易所、抵押、商业委任等的规定，之后增设了票据法，后又增加了商业时效。第二编为海商法。根据1967年1月3日法律，在14章中只留4章，其余的被列入特别法。第三编为破产法，这编的变动很大。根据1955年5月20日的法令，其大部分从商法典中抽出而列入特别法，根据1958年12月23日的法令，又将其重新纳入商法典。根据1967年7月13日的法律，第三编列入特别法。现在第三编只剩标题，没有条文规定。第四编是有关商业法庭的组织和管辖的规定（关于商事审判程序，同民事诉讼法的规定重复）。

1897 年的德国商法典共五编，计 905 条。现行商法典的构成依为：第一编商事，以商人、商人的企业以及商人的辅助人为对象。第二编商事公司与隐名合伙。第三编商业账簿。第四编商行为。第五编海商。

法国商法典采取商行为主义，即以商行为为立法中心，德国商法典采取商人主义，即以商人主体为立法中心。日本商法典采取折中的方法，以商人和商行为共同作为立法中心。

在英美法系国家，商法典是统一调整商业交易的法律，这实际上是商业法。美国是英美法系中惟一有商法典的国家。美国 1957 年公布了《统一商法典》。法典是美国法学会和统一法委员会制定的，后被美国各州的立法机关所接受。美国统一商法典并没有采用大陆法系商法典的模式。该法典共 10 编，包括总则、买卖、商业票据、银行存款及收款、信用证、大宗转让、仓单、提单及其他所有权凭证、投资证券、担保交易和附则等。

我国没有民法典和商法典传统。清政府 1904 年制定公司律、商人通例，1906 年制定破产律，不久即清亡法废。国民党政府没有制定商法典，但学界有关于商法范围的基本共识。这些共识范围的立法，大都是在台湾地区制定的。如 1976 年的动产担保交易法、2006 年的公司法、2004 年的企业并购法、1997 年的票据法、2000 年的海商法、2005 年的保险法等等。以上日期为现行法的最后修改的日期。

法国的民事诉讼法典，1906 年 4 月制定。是依据 1667 年"有关审判改王令"制定的。在程序上，存在路易十四时期旧制度的影响，但仍然是资产阶级革命的法律成果。法典维护当事人的平等和诉讼自由，抑制法院审判权力的介入，确立了当事人主义的民事诉讼原则。法典不包括有关最高法院审判程序的规定。其主要原因，是作为最高法院前身的最高法庭是统一解释法律的机关，不具有司法权。

在 19 世纪中叶出现的编纂法典的潮流中，1898 年提出了法典草案，但长期没有进行修改。虽然在实际审判程序上，代诉人、书记官、执行官等辅助审判官有所遵循，但其范围有限。当事人主义产生了拖延诉讼的弊端。承认法院在诉讼方面审判权介入，势在必行。1935 年至 1944 年，对法典进行较大修改。1944 年 11 月，设立了民诉法典修改委员会，1955 年公布了修改草案，但仍没有规定最高法院的程序。根据 1967 年 7 月 3 日的法律，才作了修改。

法典分两大部分，计 1042 条（其中废止 228 条，追加 25 条）。第一部分"法院程序"。第一编"初审法庭"，第二编"大审法庭"，第三编"上诉法院"，第四编"指责判决的特别方法"，第五编"判决的执行"。第二部分"各种程序"。第一编"各种程序"，第二编"有关继承开始的程序"，第三编"仲裁"。

法国刑事诉讼法典，1957 年 12 月制定。此前，1808 年制定《治罪法典》（Code instruction criminelle），该法典作为刑事诉讼的基本法典，具有法律效力。

《治罪法典》是以路易十四时代 1670 年的刑事诉讼法典为蓝本的，但仍是资产阶级革命刑事审判制度的彻底改革的产物。《治罪法典》共分两编，第一编为搜查程序，第二编为有关审判程序。在 1957 年，完成了全面修改，产生这部现行新法典。

法国刑事诉讼法典在程序上，规定预审制度、刑事附带民事请求制度和重罪特别程序。关于公诉权，除检察官（及一定的司法警察官）外，也可由附带私人诉讼的民事当事人提出。在提出公诉权动议后与刑事起诉开始前的时间里，有预审程序，以判断起诉是否适当。预审对重罪是必经程序，轻罪则可以自行决定。法典规定，犯罪嫌疑人出庭，讯问本人和民事当事人（犯罪的被害人）对质并讯问，律师参加对质等；如果预审结果是决定起诉，则移交有关法院；判决程序按公开、口头审理、对审进行；重罪审判，应有陪审员。这些规定，扩大了审判长在诉讼及证据调查上的权限。

刑事诉讼法典的结构，包括前言和五编。前言为"公诉权及民事诉讼权"，第一编"公诉权的行使及审理"，第二编"管辖法院"，第三编"特别申诉方法"，第四编"各种特别程序"，第五编"执行程序"。

法国的法典化立法的一个特点是，按照社会关系或经济关系的类型进行立法。其劳动法典、农业法典，就是证明。这种立法，反映了垄断资本主义条件下的社会经济状况、要求和发展趋势，动摇了公法私法的划分，具有重大社会意义和法律意义。

劳动法典（Code du-travail）的立法情况是：

1901 年，劳动社会立法法典化委员会开始酝酿劳动法典的起草工作。当时，以《劳动及社会预防法典》（Code du-travail et de la prevoyance sociale）为题，预定由以下七编构成：第一编"劳动契约"（师徒契约、劳动契约、工资、家属津贴、职业介绍），第二编"劳动规章"（劳动时间、女工和童工劳动、夜间劳动、周日及休假日、产假、每年带薪休假和劳动卫生、安全、劳动监督），第三编"职业团体"（职业工会、劳动者生产和金融协会）第四编"法院"（法院调解及仲裁、职业代表），第五编"社会保险"，第六编"预防"（Prevoyance），第七编"扶助"（assistance）。到目前为止，法典只有 1910 年制定出的第一编，仍以"劳动法典"冠名，但其修改和个别立法，一直进行着。如 1967 年 7 月的四个法令，是促进劳动流动化的雇佣再雇佣立法。

劳动法典（Code du travail）的制定，冲破了劳资关系的狭小界限，把民法上的雇佣合同关系，置于整个社会关系中考察，必然得出劳动关系不仅仅是雇佣关系，而是社会经济关系的结论，必然得出单独制定劳动法典的结论。在社会化大生产条件下，劳动关系不再是厂主和雇佣工人之间私人的事情，它直接关系到一国的就业率、失业率，关系到国民经济运行。因此，只依靠民法上的雇佣合同调整劳动就业问题，已经远远不够了，而且背离时代要求。

苏俄劳动法典，是社会主义条件下保障劳动人民主人翁地位的法典，是充分反映社会化大生产条件要求的完全新型的法典。

法国农业法典（Code rural）、森林法典（Codeforestier），也是这样。

依据 1955 年 4 月法令和同年 9 月法令，将有关农业法规统一为一部农业法典。法典共八编，1336 条。第一编"土地制度"，第二编"家畜与植物保护"，第三编"狩猎及捕鱼"，第四编"农业职业制度与团体"，第五编"农业金融"，第六编"农事租赁契约"，第七编"特别规定"，第八编"职业教育与研究"。

依据 1952 年 10 月法令，制定了森林法典。共 227 条。

在马克思主义经典作家论述中，除了 5 个方面的基本法典之外，还论述了劳动法典、惩治法典、军事法典、国际法法典和奴隶制的法典、古贝尔格诉讼法典等。

与 code civil〔民法典〕并行的是 code pénal〔刑法典〕。与 code pénal 并行的是 code decommerce〔商法典〕。你是什么人？——你是商人！

> 马克思恩格斯：《德意志意识形态》，
> 《马克思恩格斯全集》第 3 卷第 388 页。

苏维埃政权经过立法手续实行了并在《劳动法典》中明文规定了：所有劳动者的工作日最长为 8 小时，对未满 18 岁者，对在特别有害健康的生产部门工作的人，以及在地下工作的矿工，工作日不得超过 6 小时；所有劳动者每周都应有 42 小时的连续休息；作为通例，禁止加班加点；禁止使用童工及未满 16 岁的少年；禁止一切女工和未满 18 岁的男工做夜工、或在特别有害健康的部门中做工以及加班加点；妇女产前产后各给假 8 周，工资照付，医疗服药均予免费；并让哺乳的女工每隔三小时有一次至少半小时的喂奶时间，发给哺乳的母亲额外补助金；由工会委员会选出劳动检查和卫生检查组织。

> 列宁：《俄国共产党（布尔什维克）纲领》，
> 《列宁全集》第 36 卷第 422 页。

俄国无产阶级最觉悟的先锋队，已经给自己提出了加强劳动纪律的任务。例如五金工会中央委员会和工会中央理事会，已经开始制定相应的办法和法令草案。这项工作应该加以支持和全力推进。目前应当提上日程的是实际采用和试行计件工资，采用泰罗制中许多科学的先进的方法，以及使工资同产品的总额或铁路水路运输的经营总额等等相适应。

> 列宁：《苏维埃政权的当前任务》，
> 《列宁全集》第 34 卷第 170 页。

惩治法典由英爱议会拟就并经英国议会批准。通过调整"财产"使爱尔兰天主教徒改信新教这种极可耻的手段。惩治法典的目的：使"财产"从天主教徒手中转入新教徒手中，或者使"英国国教"变为财产权的法律基础。

> 马克思：《关于爱尔兰问题的未作的发言的提纲》，
> 《马克思恩格斯全集》第 16 卷第 510～511 页。

这是真正历史的观点，它是同臆想的观点相对立的，而臆想的观点却先扼杀历史理性，然后又把它的遗骨当作历史的圣物来敬奉。"任务〈编纂新闻出版法典〉当然不是很容易解决的；将要进行的第一次尝试也许很不完善！但是，所有的邦都应感激首创这件事情的立法者，而在像陛下这样的国王领导下，普鲁士政府也许已经光荣地沿着唯一可能通向目的的道路走在其他各邦的前面了。"我们的全部叙述已经证明，这种英勇果敢的观点在省议会上是多么孤立。

马克思：《第六届莱茵省议会的辩论（第一篇论文）》，
《马克思恩格斯全集》第 1 卷上册第 199 页。

　　过去，人们用普鲁士公法中的那些极其有教益的条款来装饰 Code Napoléon〔拿破仑法典〕。现在，在革命以后，一切都改变了。现在，人们用 Code〔法典〕和九月法令中的那些珍贵的珠宝来装饰普鲁士公法。

马克思：《普鲁士出版法案》，
《马克思恩格斯全集》第 5 卷第 270 页。

　　En passant〔顺便〕指出，维也纳条约，这部唯一在欧洲得到承认的国际法法典，是人类有史以来最突出的 fictiones juris publici〔国际法假象〕之一。这个条约的第一条说的是什么呢？说的是永远推翻波拿巴王朝的法兰西王位；然而现在高踞法兰西王位的是第二帝国的奠基人路易－拿破仑，欧洲所有君主都承认了他，同他称兄道弟，他受到了欧洲君主的厚待和膜拜。另一条规定，比利时永久被赏赐给荷兰；可是十八年来，比利时与荷兰分立不仅是 faitaccompli〔即成的事实〕，而且是法定的事实。其次，维也纳条约规定，让 1846 年并入奥地利的克拉科夫永远成为独立共和国；条约最后的、然而同样重要的一个条款，是被尼古拉并入俄罗斯帝国的波兰应该成为只是通过罗曼诺夫王朝同俄国保持君合国关系的独立的立宪王国。这样，这部欧洲 jus publicum〔国际法〕的圣书便一页一页地被撕掉了，只有在一方的利益和另一方的软弱决定有必要时，它才被引为根据。

马克思：《伊奥尼亚群岛问题》，
《马克思恩格斯全集》第 12 卷第 706～707 页。

　　在这种形势之下，对野蛮行为的普遍爱好成了正常的事情，不道德行为成了常规，非法行为有了它自己的立法者，暴力统治有了它自己的法典，那就毫不足怪了。因此，现在所以还有人常常回过头来请教《idées napoléoniennes》〔"拿破仑观念"〕，其原因就在于阿姆要塞昔日的囚徒的这些荒谬的狂想已经成了一种现代诈骗宗教的摩西五经，成了皇帝进行军事冒险和搞证券投机勾当的政策的启示录了。

马克思：《入侵！》，
《马克思恩格斯全集》第 13 卷第 496～497 页。

　　被国会两院所通过的这个法案废除了密苏里妥协案，置奴隶制与自由于同一地位，规定联邦政府对两者一视同仁，由人民即垦殖者的多数来决定某一领地是否实行奴隶制度。这样，在美国历史上，就第一次取消了使奴隶制度不得在领地内扩张的一切地理限制和法律限制。由于这个新法案，在此以前一直都是自由领地的新墨西哥（其面积大于纽约州 4 倍）便变成了一个蓄奴的领地，因而蓄奴地区便从墨西哥共和国边境扩展到北纬 38 度。1859 年，新墨西哥接受了一个奴隶制的法典，这个法典的野蛮性可以与得克萨斯和亚拉巴马的法典相比。然而 1860 年的人口普查表明，在新墨西哥的约 10 万居民中，奴隶还不到 50 人。

马克思：《北美内战》，

《马克思恩格斯全集》第 15 卷第 350 页。

由于许多带有发生音变的 sz，z，ch 和 f 的高地德意志单词侵入于方言之中，这就显得更容易了。十四世纪的古贝尔格诉讼法典（拉康布累"档案"第一卷第 79 页及以下各页 346）提供了一种显明例证。在这里，我们看到了 zo，uiss（aus［自］），zween［两个］，bezahlen［支付］；与此相并，同一文句中还有 setten［使坐下］，datnutteste（nutzeste［最有用的］）；与 reicket（reicht［他达到］）相并，还有 Dache［屋顶］，redelich［诚实］；与 verkouffen［出售］相并，还有 upladen［装上］，upheven［举起］，hulper（Helfer［助手］）。在第 85 页上的另一段里，甚至交错地出现了 zo 与 tho（zu［到］）。简单地说，山岳地带的方言跟平原的方言经常地交错在一起，甚至一点也没有引起书写人的困惑。像往常一样，波及法兰克领土的高地德意志语辅音音变最后的波浪，是最弱最小的。

恩格斯：《法兰克时代》，

《马克思恩格斯全集》第 19 卷第 582～583 页。

在战时状态下，民事审判权就得失效。如果法院侦查员要继续执行他的职务，他就得登上军法官的宝座，军事条令就会成为他的法典。

马克思：《德利加尔斯基——立法者、公民和共产主义者》，

《马克思恩格斯全集》第 6 卷第 69 页。

如果以为西班牙自由派多少同意英国自由派科布顿先生的放弃殖民地的看法，那就错了。1812 年宪法的主要目的之一就是通过把选派代表的单一制列入新法典来保持对殖民地的统治。

马克思：《东方问题。——西班牙的革命。——马德里报刊》，

《马克思恩格斯全集》第 10 卷第 432 页。

著名的 Corps Législatif［立法团］刚刚颁布的土壤改良法，就直接违反拿破仑过去的一切法律和法典，准许剥夺以不动产作抵押的债务人以利于波拿巴政府，后者就是想通过这种狡猾手段来霸占土地，正像它通过 Crédit Mobilier 来霸占工业，通过法兰西银行来霸占法国商业一样。

马克思：《法国的 CRE′DITMOBILIER》，

《马克思恩格斯全集》第 12 卷第 32 页。

在最近十年间，即当这个宪章要人家把它看作具有内在价值的东西，看作最终的结果，看作最后的决定的时候，大多数普鲁士人对它的态度非常冷淡，对它并不比对摩挲法

典更感兴趣。

马克思：《普鲁士状况》，

《马克思恩格斯全集》第 12 卷第 652 页。

　　列宁在《俄国共产党（布尔什维克）纲领》里提到的"劳动法典"，是第九届全俄中央执行委员会第四次常会审议并批准的《劳动法典》。

　　这次常会于 1922 年 10 月 23～31 日举行。常会听取了财政人民委员部的报告、中央统计局关于 1922～1923 年俄罗斯联邦粮食和原料资源的报告、关于全俄农业展览会的报告、关于沃尔霍夫水电站工程的报告、审议并批准了《劳动法典》《土地法典》《俄罗斯联邦民法典》《省苏维埃代表大会和省执行委员会条例》等法案。

　　列宁在《苏维埃政权的当前任务》里提出的"采用和试行计件工资"的情况是：十月革命后，在苏俄，计件工资几乎完全被计时工资所代替，这对提高劳动生产率和巩固劳动纪律起了消极作用。为了改变这种状况，苏维埃政权首先在第一批国有化企业里推行计件工资制。在和平喘息时期，计件工资制得到广泛推广。到 1918 年 7 月，彼得格勒各企业已对四分之一的工人实行计件工资。1918 年 12 月颁布的苏维埃劳动法典最后肯定了计件工资原则。

　　马克思在《关于爱尔兰问题的未作的发言的提纲》里提到的"惩治法典"（Penal Code 或 Penal Laws），是 17 世纪末起特别是在 18 世纪上半叶时，英国殖民者以反对天主教阴谋和英国国教的敌人作借口，为爱尔兰颁布的一系列法律。这些法律实际上剥夺了本地爱尔兰人的一切公民权利和政治权利，因为他们大多数人是天主教徒。这些法律限制爱尔兰天主教徒享有继承、接受和转让财产之权，并且广泛采取因极小的一点过失就没收他们的财产的做法，因而成为剥夺还保有土地的爱尔兰所有者的工具。惩治法典为信奉天主教的农民规定了苛刻的租佃条件，更便于英国的大地主和土地中间人奴役他们。这一法典也企图消灭爱尔兰的民族传统：封闭爱尔兰本民族的学校，对教师、爱尔兰天主教教士规定严厉的惩罚措施，等等。直至 18 世纪末叶，由于爱尔兰民族解放运动的高涨，惩治法典的很大一部分才被废除。

　　马克思在《北美内战》里说，"由于这个新法案，在此以前一直都是自由领地的新墨西哥（其面积大于纽约州 4 倍）便变成了一个蓄奴的领地，因而蓄奴地区便从墨西哥共和国边境扩展到北纬 38 度"。具体情况是，1787 年的末届大陆会议和 1789—1790 年根据宪法召开的第一届国会，曾经通过法律，禁止在俄亥俄河西北的全部共和国领地上实行奴隶制度。（大家知道，领地一词是美国版图内居民尚未达到根据宪法成立自治州的必要人数的垦殖区的名称。）所谓密苏里妥协案（1820 年）——密苏里作为蓄奴州加入美国就是这个妥协案所产生的结果，——曾禁止在纬度 36 度 30 分以北和密苏里州以西的每一个领地上实行奴隶制度。就可以把奴隶制度以及奴隶主的统治强加于这个领地了。

　　马克思在《东方问题。——西班牙的革命》里提到的"1812 年宪法的主要目的之一就是通过把选派代表的单一制列入新法典来保持对殖民地的统治"中的"新法典"，是指 1812 年西班牙宪法。该宪法第四章规定，西班牙殖民地居民除黑人外，均可取得西班牙国籍并享有和西班牙本国居民同等的政治权利，包括选举本地的代表参加议会的权利。制定宪法的西班牙自由派，企图用殖民地和宗主国的表面上的平等来阻挠当时在美洲的西班牙殖民地日益扩大的独立战争。

2. 国别性法典

经典作家不仅论述了属于法的类别范畴的法典，还论述了不同国家的法典。

这里摘录了他们论述的普鲁士邦法典、俄罗斯真理法典、阿勒曼尼法典、达尔马戚亚法典、摩挐法典、耶路撒冷法典、罗斯法典。

除了目前甚至在英国每个法学家都相当熟悉的罗马法以外，他的法律知识就唯一地只限于普鲁士邦法这部启蒙的、宗法制的专制主义的法典，这部法典中所用的德语，似乎杜林先生就是从中开始识字的，这种带有道德方面的注释、法律上的不确定性和不稳固性、以鞭鞑作为刑讯和处罚手段的法典，还完全是属于革命以前的时代的。

> 恩格斯：《反杜林论》，
> 《马克思恩格斯全集》第 20 卷第 124 页。

只是在大约十年以前，才证明了在俄国也还继续存在着这种大家庭公社；现在大家都承认，这种家庭公社，像农村公社一样在俄国的民间习俗中深深地扎下了根子。在俄罗斯最古的法典——即雅罗斯拉夫的"真理"中，曾经提到它们，其名称（vervj）和达尔马戚亚法典中所用的相同。

> 恩格斯：《家庭、私有制和国家的起源》，
> 《马克思恩格斯全集》第 21 卷第 71 页。

从"阿勒曼尼法典"中可以得到证实，在多瑙河以南的被征服的土地上人们是按血族（genealogiae）分开居住的。这里使用的 genealogia 一词，与后来的马尔克公社或农村公社的意义完全相同。

> 恩格斯：《家庭、私有制和国家的起源》，
> 《马克思恩格斯全集》第 21 卷第 154 页。

"当农民要饿死的时候，他的牲畜却正上膘。雨下得很多，牧草长得很茂盛。印度农民在肥牛旁边快要饿死了。迷信的戒律对个人来说好像是残酷无情的，但有保存社会的作用；役畜的保存，保证了农业的继续，这样也就保证了未来生计和财富的源泉。在印度，人的补充比牛的补充容易，这听起来似乎是残酷而悲惨的，但情况确是如此。"（《答复，东印度。马德拉斯和奥里萨的饥荒》第 4 号第 44 页）把这种情况和《摩挐法典》第十章第六十二节的一句话比较一下。"为保存一个僧侣或一头母牛而无代价地牺牲生命……可以保证这些出身卑贱的种族得救。"

> 马克思：《资本论第二卷》，
> 《马克思恩格斯全集》第 24 卷第 264 页。

关于上面提到的村社，我还要指出，它们在摩拏法典中就已经出现，而在这部法典中它们的整个组织是这样的：一个高级税吏管辖十个村社，以后是一百个，再后是一千个。

《马克思致恩格斯》，

《马克思恩格斯全集》第 28 卷上册第 272～273 页。

那末，封建主义是否曾经和它的概念相适应呢？它在西法兰克王国奠定了基础，在诺曼底为挪威侵略者进一步发展，在英格兰和南意大利为法国的诺曼人所完善，而它最接近于它的概念是在短命的耶路撒冷王国，这个王国在耶路撒冷法典中遗留下了封建制度的最典型的表现。

《恩格斯致康·施米特》，

《马克思恩格斯全集》第 39 卷上册第 410 页。

俄国的农业资本主义第一次连根摧毁了工役制和农民的人身依附关系。从《罗斯法典》的时代起，直到现在用农民的工具耕种地主的土地为止，工役经济制度一直绝对地统治着我国的农业。

列宁：《俄国资本主义的发展》，

《列宁全集》第 3 卷第 283 页。

20 世纪"自由的"俄国农民仍然不得不接受邻近地主的奴役，完全和 11 世纪"庄稼人"（《罗斯法典》这样称呼农民）受地主奴役、被"登记"为地主财产一样！

列宁：《在第二届国家杜马中关于土地问题的发言稿》，

《列宁全集》第 15 卷第 126 页。

请司法人民委员部部务委员（最好是全体）到我这里来（日期和时间另行商定），座谈在下列几方面做了哪些工作：

（1）出版《法令汇编》，

（2）编纂法典，

……

列宁：《致司法人民委员部》，

《列宁全集》第 48 卷第 112 页。

如果我们的法律是"互相抵触的"（这种情况无疑是有的），那司法人民委员部和法案司是干什么用的？法典编纂方面干了些什么？——为消除互相抵触又干了些什么？具体说，正是现在需要赶紧拟订明确的法律，把工农检查院的检查权和质询权扩大到各种各样的（不论是私营的、合作社的还是租让的等等）机构和企业。

列宁：《致格·雅·索柯里尼柯夫》，

《列宁全集》第 52 卷第 277～278 页。

克雷连柯同志：你们为出版苏维埃政权的法律汇编在做些什么？法典编纂局是在睡大觉呢，还是准备出点什么迎接五周年？

列宁：《致尼·瓦·克雷连柯》，
《列宁全集》第 52 卷第 493 页。

恩格斯在《家庭、私有制和国家的起源》里提到的"雅罗斯拉夫的'真理'"，是对古俄罗斯的法典"俄罗斯真理"古本第一部分的名称，"俄罗斯真理"是十一世纪至十二世纪在当时的习惯法的基础上产生的，它反映了当时社会的经济和社会关系。

"达尔马戚亚法典"，是十五世纪至十七世纪在波利察（达尔马戚亚的一部分）通行的法律汇编；以波利察法规著称。

恩格斯《家庭、私有制和国家的起源》里的"阿勒曼尼法典"，是从五世纪起占有现在的亚尔萨斯、瑞士东部和德国西南部这一地区的阿勒曼尼（阿拉曼尼）德意志部落联盟的习惯法汇编。这一法典产生于六世纪末至七世纪初和八世纪。恩格斯在这里引用的是"阿勒曼尼法典"第八十一（八十四）条。

马克思在《资本论第二卷》和《马克思致恩格斯》里提到的"摩拏法典"，是古印度的一部戒律集成，是按照印度奴隶占有制国家的需要和婆罗门教的教义编纂习惯法法典的早期尝试之一。据传这部法典是出自神话中的人类始祖摩拏（梵文中的"人"）之手。这部法典的材料是在许多世纪中逐渐积累起来的，在将近新纪元开始时初具规模。"摩拏法典"反映了保存有原始公社制许多残余的印度奴隶占有制社会发展的特点。

《恩格斯致康·施米特》里的"西法兰克王国"，是在查理大帝帝国瓦解后建立的，该帝国是一个暂时的不巩固的军事行政联盟。公元 843 年，帝国在查理的三个孙子之间发生了最后的分裂。其中一人秃头查理得到了瓦解的帝国的西部领土，包括现在法国的大部分领土，并建立了西法兰克王国。莱茵河以东的土地（后来德国的核心）交给了德意志的路易，从北海到中意大利之间的地带则归查理大帝的长孙洛塔尔掌管。

"耶路撒冷法典"，是 1099 年第一次十字军东征后在巴勒斯坦和叙利亚所建立的耶路撒冷王国的法律文献汇编。该法典于十二世纪下半叶完成。

列宁在《俄国资本主义的发展》和《在第二届国家杜马中关于土地问题的发言稿》里的《罗斯法典》，是 11—12 世纪古罗斯第一部成文法律和大公法令汇编，发现于 1738 年。该法典是研究古罗斯社会经济关系和阶级关系的极有价值的资料。法典中有许多维护封建所有制和保护封建主生命的条款，这表明在古罗斯农奴化的农民同剥削者之间存在着剧烈的阶级斗争。

五、法律汇编法制度

法律汇编，是有权机关或学术团体等，按一定标准编辑的现行法汇集。对于法律汇编的主体，不同国家、一国不同历史时期有不同的规定。有的只容许国家有权机关编辑，有的除此之外，也容许学术团体或个人编辑。

我国实行官方汇编制度。1990 年 7 月发布的《法规汇编编辑出版管理规定》，将法律汇编分为 5 类，即法律汇编、行政法规汇编、军事法规汇编、部门规章汇编、地方性法规和地方政府规章汇编，并明确规定上述 5 类汇编由规定的机构编辑出版。规定有关机关、团体等社会组织编辑并供内部使用的汇编，不得自行出版，个人不得编辑法律汇编。

法律汇编一般有两种形式。一种是综合性法律汇编，一种是同类性法律汇编。前者是既包括法律、法规、法令等不同法的形式和不同类的法的汇编，也包括地方性法律的汇编。后者是同一法的门类或同一类别的法的汇编。

经典作家在论述中指出或摘引的法的汇编，属于汇编的哪种形式，囿于资料限制，一时难于判断。这里是按照所汇编的法的内容，做了大致归类。

（一）综合性法律汇编

1. 《普鲁士王国法令汇编》

在经典作家的下述论述和《马克思恩格斯全集》第 1 卷中摘引的法令，均出自《普鲁士王国法令汇编》（Gesetz – Sammlung für die Koniglichen Preuβischen Staaten. ）。

1819 年 10 月 18 日书报检查法令即《关于应如何根据德意志联邦今年 9 月 20 日决议实行印刷品的书报检查的决定。自 1819 年 10 月 18 日起为期五年》，见《普鲁士王国法令汇编》1819 年柏林版第 20 号第 224—232 页。1819 年书报检查法令第十六条第二款规定："如果某一作品的内容本身是违法的，那么除此以外还要由法庭作出合乎法律的惩罚。在此，我们申明，如果在国内对邦的法律和命令进行放肆而无礼的指责和嘲讽，那就不仅仅是引起不快和不满的问题，而且由于发表这种违法的言论本身应判处六个月至两年监狱监禁或要塞监禁。"（《普鲁士王国法令汇编》1819 年柏林版第 20 号第 232 页）。

《王室内阁指令。1837 年 8 月 6 日。附对 1819 年 10 月 18 日和 1824 年 12 月 28 日关于印刷品的书报检查的决定的解释和补充》，载于《普鲁士王国法令汇编》1837 年柏林版第 18 号。

1823 年 6 月 5 日在普鲁士颁布的《省等级会议一般组织法》。该法第十一条规定，地产是享有等级代表资格的条件（见《普鲁士王国法令汇编》1823 年柏林版第 13 号第 129

页）。根据该法 1824 年 3 月 27 日颁布了《莱茵省等级会议（省议会）组织法》。

《莱茵省等级会议（省议会）组织法。1824 年 3 月 27 日》第五、八、十一和十二条（见《普鲁士王国法令汇编》1842 年柏林版第 9 号）。1823 年 7 月 1 日和 1824 年 3 月 27 日颁布的普鲁士其他各省的省等级会议（省议会）组织法中也有类似的条款。

《德意志联邦条例。1815 年 6 月 8 日》，载于《普鲁士王国法令汇编》1818 年柏林版第 23 号附录（Deutsche Bundesakte vom 8 ten Juni 1815. In：Gesetz-Sammlungfurdie Koniglichen Preußischen Staaten1818. Anh. Berlin. 1818. Nr. 23. ）。

《关于波森省成立等级委员会的决定。1842 年 6 月 21 日》，载于《普鲁士王国法令汇编》1842 年柏林版第 20 号（Verordnunguberdie Bildungeines Auss-chussesder Standeder Provinz Posen. Vom21. Juni1842，In：Gesetz-Sammlungfurdie Koniglichen Preußischen Staaten. Berlin. 1842. Nr. 20. ）。

《关于波美拉尼亚省成立等级委员会的决定。1842 年 6 月 21 日》，载于《普鲁士王国法令汇编》182 年柏林版第 20 号（Verordnunguberdie Bildungeines Ausschussesder Standeder Provinz Pommern. Vom21. Juni1842. In：Gesetz-Sammlungfurdie Koniglichen Preußischen Staaten. Berlin. 1842. Nr. 20. ）。

《关于勃兰登堡库尔马尔克、新马尔克和选帝侯国以及下劳西茨伯国成立等级委员会的决定。1842 年 6 月 21 日》，载于《普鲁士王国法令汇编》1842 年柏林版第 20 号（Verordnunguberdie Bildungeines Ausscbussesder Standeder Kur – undNeumark Brandenburgunddes Markgrafthums Niederlausitz. Vom21. Juni1842. In：Gesetz-Sammlungfurdie Koniglichen Preußischen Staaten. Berlin. 1842. Nr. 20. ）。

《关于成立莱茵省等级委员会的决定。1842 年 6 月 21 日》，载于《普鲁士王国法令汇编》1842 年柏林版第 20 号（Verordnunguberdie Bildungeines Auss-chussesder Standeder Rheinprovinz. Vom21. Juni1842. In：Gesetz-Sammlungfurdie Koniglichen Preußischen Staaten. Berlin. 1842. Nr. 20. ）。

《关于成立普鲁士王国等级委员会的决定。1842 年 6 月 21 日》，载于《普鲁士王国法令汇编》1842 年柏林版第 20 号（Verordnunguberdie Bildungeines Ausschussesder Standedes Konigreichs Preußen. Vom21. Juni1842. In：Gesetz-Sammlungfurdie Koniglichen Preußischen Staaten. Berlin. 1842. Nr. 20. ）。

《关于成立萨克森省等级委员会的决定。1842 年 6 月 21 日》，载于《普鲁士王国法令汇编》1842 年柏林版第 20 号（Verordnunguberdie Bilungeines Auss – chussesder Standeder Provinz Sachsen. Vom21. Juni1842. In：Gesetz – Sammlungfurdie Koniglichen Preußischen Staaten. Berlin. 1842. Nr. 20. ）。

《关于成立威斯特伐利亚省等级委员会的决定。1842 年 6 月 21 日》，载于《普鲁士王国法令汇编》1842 年柏林版第 20 号（Verordnunguberdie Bildungeines Ausschussesder Standeder Provinz Westphalen. Vom21. Juni1842. In：Gesetz-Sammlungfurdie Koniglichen Preußischen Staaten. Berlin. 1842. Nr. 20. ）。

《关于成立西里西亚公国、格拉茨伯爵领地和普鲁士上劳西茨伯国等级委员会的决定。

1842 年 6 月 21 日》，载于《普鲁士王国法令汇编》1842 年柏林版第 20 号（Verordnungub-erdie Bildungeines Ausschussesder Standedes Herzogth-ums Schlesien，der Grafschaft Glatz，un-ddes Preuβischen Markgrafthums Ober1ausitz. Vom21. Juni1842. In：Gesetz-Sammlungfurdie Koniglichen Preuβischen Staaten. Berlin. 1842. Nr. 20. ）。

《关于萨克森省、威斯特伐利亚省、克莱沃、格和下莱茵各区乡和公共机构所属森林的管理的决定。1816 年 12 月 24 日》，载于《普鲁士王国法令汇编》1817 年柏林版第 6 号（Verordnung，die Verwaltungderden Gemeindenundoffentlichen Anstaltengehorigen Forsteninden Provinzen Sachsen，West-phalen，Kleve，Bergund Nieder-Rheinbetreffend. Vom24sten Dezem-her1816，In：Gesetz-Sammlungfurdie Koniglichen Preuβischen Staaten. Berlin. 1817. Nr. 6. ）。

《莱茵省等级会议组织法。1824 年 3 月 27 日》，载于《普鲁士王国法令汇编》1824 年柏林版第 9 号（Gesetzwegen Anordnungder Provinzial-Standefurdie Rheinprovinzen. Vom27sten Marz1824. In：Gesetz-Sammlungfurdie Koniglichen Preuβischen Staaten. Berlin. 1824. Nr. 9. ）。

《省等级会议一般组织法。1823 年 6 月 5 日》，载于《普鲁士王国法令汇编》1823 年柏林版第 13 号（Allgemeines Gesetz Wegen Anordnungder Provinzialstande. Vom5ten Ju-ni1823. In：Gesetz-Sammlungfurdie Koniglichen Preuβischen Staaten. Berlin. 1823. Nr. 13. ）。

《关于应如何根据德意志联邦今年 9 月 20 日决议实行印刷品的书报检查的决定。自 1819 年 10 月 18 日起为期五年》，载于《普鲁士王国法令汇编》1819 年柏林版第 20 号（Verordnung，wiedie Zensurder Druckschriftennachdem Beschluβdesdeutschen Bundesvom20sten Septemberd. J. auffunf Jahreeinzurichtenist. Vom18ten Oktober1819. In：Gesetz-Sammlungfurdie Koniglichen Preuβischen Staaten. Berlin. 1819，Nr. 20. ）。

　　部颁指令一开始就从历史上叙述了《莱茵报》的来历（但是，在细节方面有多种多样的失实之处），它承认，以莱茵报社作为名称的两合股份公司继了由腊韦和舒尔特两位博士所提供的一家科隆报纸的许可证。这一许可证的名义上的买主（部颁指令忽略了这一点）、书商约·恩·雷纳德于 1841 年 11 月 19 日向王国总督提出要求合法地批准这一转让手续。总督（1833 年 3 月 5 日指令的规定授权他以被授权人的身分批准这一变化）通过 1841 年 22 月 13 日指令对这一转让手续给予了合法的确认，同时保留随时收回的权利。

马克思：《关于〈莱茵报〉遭到查封的备忘录》，
《马克思恩格斯全集》第 1 卷上册第 951～952 页。

　　今年 1 月 20 日负责书报检查的有关各部的指令规定《莱茵报》从 4 月 1 日起停止出版。该指令所依据的前提是，《莱茵报》持有的只是临时的许可证，因此，它迄今为止虽然事实上存在，但是它的存在并不是合法的。指令中说：

　　"因为这家报纸从 1841 年 1 月 1 日起就要出版，当时这个日期已经临近，总督表示暂时予以同意，免得股东们陷于困境，但是他提出了一个明确的条件，即必须经负责书报检查的有关各部批准，根据 1819 年 10 月 18 日书报检查法令第 17 条和 1837 年 8 月 6 日陛下内阁指令第 3 条规定，批准手续是必不可少的。这种批准手续没有办下来；因此，这家报纸依据的只是仅仅被看作是事实的准许，而没有法律上所必需的部级的同意作为补充，它缺乏合法的基础。所以，——部颁指令最后说，——为了查封《莱茵报》，只要结束迄今为止的临时状态就行了。"

可见，针对《莱茵报》而采取的这种办法被认定不是撤销许可证，而是负责书报检查的有关各部拒绝对许可证给予在上述法律条文中所预先规定的批准；但是，对事实的简单陈述说明，在 1 月 20 日部颁指令中所引用的条款，即 1819 年 10 月 18 日书报检查法令第17 条和 1837 年 8 月 6 日陛下内阁指令第 3 条，并没有应用于《莱茵报》，相反，《莱茵报》持有由负责书报检查的有关各部批准的许可证，而且是经省主管当局批准被转让和出售给该报的许可证，因此，为了查封《莱茵报》，像 1 月 20 日部颁指令所作的那样，拒绝批准许可证是不够的，相反，必须正式撤销许可证才行。

马克思：《莱茵报社股东的备忘录》，

《马克思恩格斯全集》第 1 卷上册第 971～972 页。

"保留随时收回的权利"这一附加条件本身也不可能赋予《莱茵报》的许可证以特殊的性质，因为收回报纸许可证依据的是 1819 年书报检查法令第 17 条，所以，这是一个合法的、对任何许可证都普遍适用的附加条件。实践证实了这种观点。

马克思：《莱茵报社股东的备忘录》，

《马克思恩格斯全集》第 1 卷上册第 973～974 页。

从 1819 年 10 月 18 日的书报检查法令第 2 条以及 1833 年 12 月 18 日部颁指令可以看出，从前的新闻出版立法的观点是，为了对付报刊的公开表现出来的各种各样的违法行为，书报检查是一种合适的、足够的手段，为了对付不可理解的和隐蔽的不良倾向，它劝人们在发放许可证时要谨慎行事，1841 年 12 月 24 日的书报检查令显然是同后一种观点相联系的。从 1841 年 12 月 24 日的书报检查令，尤其是从 1842 年 10 月 14 日的陛下内阁指令可以看出（随着这一指令的颁布，普鲁士报刊开始了一个辉煌发展的新时代），像 1 月20 日指令所说的经常地、始终一贯地奉行敌对方针的那部分报刊，几百年来在英国一直存在着并且被这个国家最明智的政治家看作同政府本身一样是最有成效的国家生活的必要组成部分的那种报刊，总之，就是反对派报刊，在普鲁士终于获得了被法律所承认的存在，对这些报刊强行加以压制是不符合现代新闻出版立法的精神和国王陛下的意愿的。

马克思：《莱茵报社股东的备忘录》，

《马克思恩格斯全集》第 1 卷上册第 981 页。

马克思这里论述中的"指令"，指 1837 年 8 月 6 日《王室内阁指令》，该指令附以1824 年 12 月 28 日《关于印刷品的书报检查的决定的解释和补充》。

"书报检查的决定"，指《关于应如何根据德意志联邦今年 9 月 20 日决议实行印刷品的书报检查的决定》。

"备忘录"，括号及括号里的字是《备忘录》的作者加的。

"给王国科布伦茨总督府的指令"，指《王国有关各部就获准出版的报刊向他人转让编辑权一事给王国科布伦茨总督府的指令》。

2. 《米兰临时政府法令等汇编》

"米兰临时政府对德国人民的宣言"，指米兰临时政府在 1848 年 4 月 6 日向德国人民发表的宣言。载于"临时政府出版的法令、通知、宣言和通报等汇编"，米兰版第 1 卷第 172—175 页（《Raccolta dei decreti，avvisi，proclami，bullettini ec. ec. emanati dal govrno provvisorio》T.，Milano，p. 172—175）。

当国内民主备受压制的时候，怎么能对外实行民主政策呢？但是，阿尔卑斯山的这面和那面都应当竭尽全力，采取一切措施来准备实现民主制度。意大利人一再表示对德国友好。请大家回忆一下米兰临时政府对德国人民的宣言和意大利报刊上用同样精神写成的许多文章。

恩格斯：《德国的对外政策》，

《马克思恩格斯全集》第 5 卷第 179 页。

恩格斯在谈到德国对外政策时指出：自古以来，一切统治者及其外交家玩弄手腕和进行活动的目的可以归结为一点，就是为了延长专制政权的寿命，唆使各民族互相残杀，利用一个民族压迫另一个民族。在德国这一点表现得特别明显。这就是德国所谓对外民主政策的实质。

恩格斯进一步指出，为了使德国人不再违反德国本身的利益，为压迫其他民族而流血牺牲和浪费金钱，我们就应当争取建立真正的人民政府，彻底摧毁旧的建筑。只有到那时，重新恢复起来的旧制度的血腥而又怯懦的政策才会被国际主义的民主政策所代替。

3. 爱尔兰《法律汇编》—《古制全书》

恩格斯所说的"法律汇编"，是《古制全书》。

整理、出版爱尔兰的古代成文法规汇编，是爱尔兰古文献学家的愿望。英国政府于 1852 年，指定一个委员会来出版古代爱尔兰的法律和规章。

委员会的成员中有 3 个勋爵（每逢事关国家开支，就必须有勋爵参加），3 个最高级法官，3 个新教的牧师，以及皮特里博士和一个军官、爱尔兰地形测绘的领导人。委员会受命采取步骤，来临摹、翻译并出版古代爱尔兰的法律方面的手稿，终于出版了两卷本的"古制全书"。

古希腊和古罗马的著作家以及教会的神甫们，关于爱尔兰都讲述得很少。

但是还存在着相当丰富的地方文献，虽然在十六世纪和十七世纪时有许多爱尔兰的手稿已经毁于战火。这些文献包括短诗、文法、辞典、年表和其他历史著作以及法律汇编不过，除去极少数的例外，所有这些至少包括了八世纪至十七世纪这一时期的文献，都只是手写本。

恩格斯：《爱尔兰史——古代的爱尔兰》，

《马克思恩格斯全集》第 16 卷第 550 页。

如果出版了所有爱尔兰的古代成文法规，这些年表就会获得完全不同的意义；有了法律汇编中的一些解释，许多枯燥的记录就会不同了。但是几乎所有这许多法律汇编也都被搁置一边而迟迟不能问世。经过几个爱尔兰古文献学家的坚持，英国政府才同意于 1852 年指定一个委员会来出版古代爱尔兰的法律和规章。

恩格斯：《爱尔兰史——古代的爱尔兰》，

《马克思恩格斯全集》第 16 卷第 552~553 页。

"古制全书"直到现在还是我们研究古代爱尔兰的主要资料。这是一部古代法规的汇编。据以后写成的序言说，这个汇编是适应正在爱尔兰迅速传播的基督教的需要，根据圣帕特里克的建议并在他的参加之下编成的。参加编辑这个汇编的"委员会"的据说有爱尔兰最高国王莱盖雷（据"四教长年表"，428—458 年在位），两位属国国王：科克（曼斯特国王）、戴雷（大概是奥尔斯脱的执政者之一），三位主教：圣帕特里克、圣贝尼格努斯、圣凯尔涅赫，最后，还有三位法学家：杜布塔赫、菲格斯、罗萨。这个委员会的著作工作所花费的确实比目前的委员会要少，虽然后者只是负责把这个汇编出版。"四教长年表"指出这个汇编的编纂年代是公元 438 年。

恩格斯：《爱尔兰史——古代的爱尔兰》，

《马克思恩格斯全集》第 16 卷第 554 页。

"古制全书"的内容是：（1）典质法［Pfändungsrecht］，即大致上包括全部诉讼程序；（2）有关各个不同地区的居民内讧时关于人质的法律；（3）有关 Saerrath 和 Daerrath（见下面）的法律；（4）家法。从这一汇编中我们获得许多有关当时社会生活的珍贵资料，但是在大量名词没有得到解释，其他手稿尚未公布之前，许多东西还是很不清楚的。

恩格斯：《爱尔兰史——古代的爱尔兰》，

《马克思恩格斯全集》第 16 卷第 555 页。

恩格斯在《爱尔兰史》里的"年表"，是历史纪年表。马克思提及的皮特里的研究证明，现有的最古的、从六世纪和七世纪开始的文字记载，积年表的内容完全符合，而奥顿诺凡的意见是，年表记载真正的历史事实从公元二世纪和三世纪就开始了。

恩格斯在《爱尔兰史》里说，"有关 Saerrath 和 Daerrath 的法律"，是指古代爱尔兰的两种经营制度。经营者通常是普通的公社社员，他们主要使用氏族或部落首领以及其他氏族贵族的牲畜，后来也使用土地。这些经营制度使经营者丧失部分人身自由（在 Daerrath 的形式下较为严重，在 Saerrath 的形式下较轻一些）并为所有者服繁重的徭役。这种从属形式是在古爱尔兰社会中氏族关系瓦解并开始形成封建社会时期的特征；那时土地总的来说还保持公有，牲畜和农具则已成为私有财产，而且出现了土地私有的萌芽。在爱尔兰，这种关系由布雷亨（古习惯法的保管者和解释者）法规加以调整，并在古爱尔兰法律汇编"古制全书"中有所反映。

"（见下面）"的内容，恩格斯后来没有写成。

4. 《帝国法》

《帝国法》，是中央政权颁布的中世纪日耳曼帝国的全帝国法律。是最完备法律汇编之一。H. E. 恩德曼博士根据1372年手稿（同其他手稿校订过）并附有注释的帝国法，1846年加塞耳版。（《Das Keyserrechtnachder Handschriftvon1372in Vergleichungmitandern Handschriftenundmiterlauternden Anmerkungenherausgegebenvon Dr. H. E. Endemann》. Cassel，1846，S. 244）。恩格斯引用的材料，载于"关于森林法"部分。

一直到法兰克王国征服莱茵河东岸的德意志的时候，马尔克公社的重心似乎在区里，而区的范围就是马尔克公社本身。因为只有这样才能够说明，在法兰克王国划分行政区域时，为什么会有那么多的古老的大马尔克作为司法区重新出现。不过，此后不久，古老的大马尔克就开始分裂。但是，在十三世纪和十四世纪的"帝国法"里还规定，一个马尔克通常包括6个到12个村。

恩格斯：《马尔克》，

《马克思恩格斯全集》第19卷第354页。

恩格斯在《马尔克》里谈到行政区域划分、帝国法与马尔克的关系时，指出了两个基本事实，即民族按亲属关系划分和实行土地公有制。这支配着一切或者几乎一切民族的古代历史。

日耳曼人的情况也是如此。他们从亚洲带来了这种按部落、亲族和氏族的划分，他们在罗马时代编制战斗队时就使有近亲关系的人总是并肩作战。所以，当他们占领莱茵河以东和多瑙河以北这一带新领土的时候，也受到了这种划分的支配。各个部落在这个新地区里定居下来，但这不是任意的或偶然的，而是像凯撒所明白指出的那样，以部落成员的亲属关系为依据的。亲属关系较近的较大集团，分配到一定的地区，在这个地区里面，一些包括若干家庭的氏族，又按村的形式定居下来。几个有亲属关系的村，构成一个百户（古代高地德意志语为 huntari，古代斯堪的那维亚语为 heradh），几个百户构成一个区［Gau］。区的总和便是民族自身了。村没有留用的土地，都归百户支配。没有分配给百户的土地，都归区管辖。如果还有可以使用的土地（大多面积极大），则归全民族直接掌管。在德国，在史料所能追溯的范围内，到处可以看到，有或多或少的村联合成一个马尔克公社。但在这种团体之上，至少在初期，还有百户或区这种较大的马尔克团体。最后，为了管理归民族直接占有的土地和监督在它领土以内的下级马尔克，整个民族在最初阶段构成一个统一的大马尔克公社。

5. 《俄罗斯真理》

雅罗斯拉夫的"真理",是古俄罗斯的法典"俄罗斯真理"古本第一部分的名称。"俄罗斯真理"是 11 世纪至 12 世纪在当时的习惯法的基础上产生的,反映了当时社会的经济和社会关系。

只是在大约十年以前,才证明了在俄国也还继续存在着这种大家庭公社;现在大家都承认,这种家庭公社,像农村公社一样在俄国的民间习俗中深深地扎下了根子。在俄罗斯最古的法典——即雅罗斯拉夫的"真理"中,曾经提到它们,其名称(vervj)和达尔马戚亚法典中所用的相同;在波兰和捷克的史料中,也可以找到它们。

恩格斯:《家庭、私有制和国家的起源》,
《马克思恩格斯全集》第 21 卷第 71 页。

"达尔马戚亚法典",是 15 世纪至 17 世纪在波利察(达尔马戚亚的一部分)通行的法律汇编,以波利察法规著称。

6. 《耶路撒冷法典》

《耶路撒冷法典》,是 1099 年第一次十字军东征后在巴勒斯坦和叙利亚所建立的耶路撒冷王国的法律文献汇编。该法典于 12 世纪下半叶完成。

封建主义是否曾经和它的概念相适应呢?它在西法兰克王国奠定了基础,在诺曼底为挪威侵略者进一步发展,在英格兰和南意大利为法国的诺曼人所完善,而它最接近于它的概念是在短命的耶路撒冷王国,这个王国在耶路撒冷法典中遗留下了封建制度的最典型的表现。

恩格斯:《致康·施米特》,
《马克思恩格斯全集》第 39 卷上册第 410 页。

恩格斯在《致康·施米特》里的"西法兰克王国",是在查理大帝帝国瓦解后建立的,该帝国是一个暂时的不巩固的军事行政联盟。843 年,帝国在查理的三个孙子之间发生了最后的分裂。其中一人秃头查理得到了瓦解的帝国的西部领土,包括现在法国的大部分领土,并建立了西法兰克王国。莱茵河以东的土地(后来德国的核心)交给了德意志的路易,从北海到中意大利之间的地带则归查理大帝的长孙洛塔尔掌管。

7. 《西印度诸王国法律汇编》

《西印度诸王国法律汇编》,1841 年版。该汇编第 6 卷所包括的仅仅是与印第安人有关的法律。自此以下,柯瓦列夫斯基在提到西班牙人给殖民地颁布的法令和法律时,所援引的都是自此以下从西班牙文献中摘录的引文,在马克思手稿中和在柯瓦列夫斯基著作中用的都是西班牙文。

圣雅各教士团的僧侣反对把印第安人变为奴隶。结果，在 1531 年，教皇保罗三世的谕旨宣布印第安人是"人"，因而是"摆脱奴隶身分的自由人"。1524 年设立的半数由高级僧侣代表人物组成的皇家西印度事务委员会主张印第安人自由。查理五世颁布了 1542 年 5 月 21 日法律，该法律宣称："无论战时或平时，任何人都无权将印第安人当作奴隶而加以召集、训练、捕捉、出卖和交换，也无权将他们养为奴隶"；同样，1546 年 10 月 26 日法律也禁止出卖印第安人为奴，等等（第 53 页）。西班牙殖民者对于这些法律的反抗（同上页）。

> 马克思：《马·柯瓦列夫斯基〈公社土地占有制〉一书摘要》，
> 《马克思恩格斯全集》第 45 卷第 218 页。

印第安人被宣布为"自由人"后，承认他们的土地财产是不可侵犯的，允许他们在自己内部事务中有颇大的自治权。1551 年 3 月 21 日、1560 年 2 月 19 日、1565 年 9 月 13 日、1568 年 11 月 10 日的法律，以及 1573 年的法律，即居住法（《Ordenanza de poblaciones》）。根据这项法律，散居的印第安人应该按村落定居下来。村落周围的土地交给他们无限制地使用。按照 1560 年 2 月 19 日法律，"印第安人保留自古以来属于他们的土地和财产等等"。该法律说："希望印第安人自愿地迅速地回到那些过去他们曾经占有土地和播种地而后又被夺走的村落里去。兹命令：耕种并使用这些地方。"

8.《俄罗斯帝国法律汇编》

《俄罗斯帝国法律汇编》，于 1832 年首次出版时为 15 卷，1892 年起增订为 16 卷。十月革命后被废除。

> 可以设想：任何一个最热心拥护政府的人也不敢断言，有什么统计能比法律的统计更客观、更公正，——因为这只是统计一下政府自己作出的决定，根本不涉及它言行是否一致，决定和执行是否脱节等等。
> 好吧，言归正传。
> 大家知道，执政参议院出版一种《政府法令汇编》，定期公告政府的每项措施。我们就用这些材料来看一看政府在哪些方面制定了法律，发出了指令。就看在哪些方面。我们不去批评当局的那些命令，——我们只来统计一下关于这方面或那方面的"命令"的数目。

> 列宁：《时评》，
> 《列宁全集》第 4 卷第 374～375 页。

如果能耐心读完西皮亚金先生的通令的话。对此的确需要有很大能耐心，因为通令的四分之三……——不！十分之九是常见的空洞的官样文章。咀嚼早已众所周知的、甚至在

《法律汇编》中已重复过数百次的东西，转来转去兜圈子，大书特书中国式官场往来的繁文缛节，整篇都是出色的公文文体，并有长达 36 行的复合句。

> 列宁：《同饥民作斗争》，
> 《列宁全集》第 5 卷第 251 页。

1901 年 6 月 8 日法令的要点。……（β）同农民的土地交错在一起（第 4 条）。（v）此后不得给予或售予异族人（第 7 条）。亦不得给予或售予非俄罗斯臣民。第 9 卷第 762 条，可见，也包括犹太人。

> 列宁：《〈农奴主在活动〉一文材料》，
> 《列宁全集》第 5 卷第 358~359 页。

列宁在《〈农奴主在活动〉一文材料》里提到的"第 9 卷第 762 条"，是指《俄罗斯帝国法律汇编》第 9 卷第 762 条："属于居住在俄罗斯帝国的异族人有：①西伯利亚异族人；②阿尔汉格尔斯克省的萨莫耶德人；③斯塔夫罗波尔省的游牧异族人；④游牧于阿斯特拉罕省和斯塔夫罗波尔省的卡尔梅克人；⑤内奥尔达的吉尔吉斯人；⑥阿克莫林斯克州、塞米巴拉金斯克州、谢米列奇耶州、乌拉尔州和图尔盖州的异族人；⑦外里海州的异族居民；⑧犹太人。"

9. 《罗斯法典》

《罗斯法典》，是 11—12 世纪古罗斯第一部成文法律和大公法令汇编，发现于 1738 年。《法典》是研究古罗斯社会经济关系和阶级关系的极有价值的资料。《法典》中有许多维护封建所有制和保护封建地主生命的条款，这表明在古罗斯农奴化的农民同剥削者之间存在着剧烈的斗争。

20 世纪"自由的"俄国农民仍然不得不接受邻近地主的奴役，完全和 11 世纪"庄稼人"（《罗斯法典》这样称呼农民）受地主奴役、被"登记"为地主财产一样！说法改变了，法律制定了又消失了，几百年过去了，可是问题的实质依然如故。

> 列宁：《在第二届国家杜马中关于土地问题的发言稿》，
> 《列宁全集》第 15 卷第 126 页。

列宁讲的"'自由的'俄国农民仍然不得不接受邻近地主的奴役"，指的是"工役制"，这就是要农民处于受奴役的依附地位，使农民不得不用自己的农具去耕种邻近地主的土地。工役经济，这就是改头换面但实质未变的农奴制经济。

工役制的实质，是地主的土地不是用地主的农具来耕种，不是雇工人来耕种，而是由受地主奴役的邻近的农民用自己的农具来耕种。庄稼汉不得不受奴役，是因为地主把好地都割归自己，把庄稼汉安置在"一小块沙地"上，驱使他们去种少得可怜的份地。地主霸占了很多土地，以致农民不仅没有可耕之地。

1861 年对农民的"解放"，使得农民一下子就落入了地主的圈套。农民由于土地被地主夺去而走投无路，只能接受奴役。

俄国 1861 年废除农奴制的改革，是由于沙皇政府在军事上遭到失败、财政困难、反对农奴制的农民起义不断高涨而被迫实行的。沙皇亚历山大二世于 1861 年 2 月 19 日（3 月 3 日）签署了废除农奴制的宣言，颁布了改革的法令。这次改革共"解放了"2250 万地主农民，但是地主土地占有制仍然保存下来。

在改革中，农民的土地被宣布为地主的财产，农民只能得到法定数额的份地，并要支付赎金。赎金主要部分由政府以债券形式付给地主，再由农民在 49 年内偿还政府。根据粗略统计，在改革后，贵族拥有土地 7150 万俄亩，农民则只有 3370 万俄亩。改革中地主把农民土地割去了 1/5，甚至 2/5。

在改革中，旧的徭役制经济只是受到破坏，并没有消灭。农民份地中最好的土地以及森林、池塘、牧场等都留在地主手里，使农民难以独立经营。在签订赎买契约以前，农民还对地主负有暂时义务。农民为了赎买土地交纳的赎金，大大超过了地价。

关于俄国 1861 年的农民改革，可参看恩格斯的《德国的社会主义》和列宁的《农奴制崩溃五十周年》、《关于纪念日》、《"农民改革"和无产阶级农民革命》等。

10. 《苏维埃政权法令汇编》

《苏维埃政权法令汇编》俄文版，是 1959 年出版的。

改组保险理事会，使劳动者阶级的代表增加到占全体理事总数的 2/3 左右。

确定保险事务总委员部与人民委员会的关系如下：总委员参加人民委员会，有发言权。

列宁：《对关于各种保险事业实行国家监督的法令草案的意见》，
《列宁全集》第 34 卷第 119 页。

我们要想更加强大，要想更稳固地站住脚，就必须转而采用这后一种方法，就必须用常规的、照章征收的财产税和所得税来代替向资产阶级征收特别税的办法。这能给无产阶级国家更多的好处，但也要求我们有更高的组织程度，有更完善的计算和监督。

列宁：《苏维埃政权的当前任务》
《列宁全集》第 34 卷第 165 页。

在这个基础上围绕最近颁布的关于铁路管理的法令，即赋予领导者个人以独裁的权力（或"无限的"权力）的法令展开的斗争，是很说明问题的。小资产阶级自由散漫的自觉的（而大部分大概是不自觉的）代表，想把赋予个人以"无限的"（即独裁的）权力看作是背离集体管理制原则，背离民主制和背离苏维埃政权的原则。某些左派社会革命党人在一些地方利用一些人的劣根性和小私有者"捞一把"的欲望进行了简直是流氓式的煽动，反对关于独裁权的法令。

> 列宁:《苏维埃政权的当前任务》,
> 《列宁全集》第 34 卷第 178 页。

水路运输极为严重的状况要求丝毫不得拖延和必须绝对严格认真地执行里伏玛水系管理局的一切指示。只有做到了这一点,人民委员会才能向全国证明拨付巨款用于商船国有化是正确的。

> 列宁:《人民委员会关于水路运输问题的决定草案》,
> 《列宁全集》第 34 卷第 190 页。

实行银行国有化,并且逐步向社会主义过渡。

> 列宁:《经济政策特别是银行政策的要点》,
> 《列宁全集》第 34 卷第 201 页。

最近颁布的法令提出了一个最根本的生活问题,这就是粮食问题。这些法令贯穿着三个主导思想,首先是集中的思想,或者说把大家联合起来,在中央的领导下进行共同的工作;严肃认真,克服任何灰心丧气的情绪,不要任何粮贩的效劳,团结无产阶级的一切力量,因为在同饥荒作斗争的问题上,我们所依靠的正是那些被压迫的阶级,而且认为只有在他们顽强地反对剥削者,只有把他们的全部活动联合起来,才有出路。

> 列宁:《全俄中央执行委员会、莫斯科苏维埃和工会联席会议文献》,
> 《列宁全集》第 34 卷第 379 页。

在最近期间就下列事项向人民委员会提出切实可行的建议:同工团主义和自由散漫作斗争,采取措施揭发和追究苏维埃政策的破坏者,采取措施建立明确的责任制,使每个公职人员切实有效地履行自己的职责,采取措施吸收有管理工作才能的同志参加管理工作。鉴于法令尚未公布,暂缓任命交通人民委员部部务委员会。

> 列宁:《人民委员会关于整顿铁路运输的决定草案》,
> 《列宁全集》第 34 卷第 397 页。

全俄苏维埃第二次代表大会已经废除地主土地所有制。现在的工农临时政府已经颁布了土地法令。根据这个法令,地主的全部土地完全交给农民代表苏维埃支配。

> 列宁:《答复农民的问题》,
> 《列宁全集》第 33 卷第 64 页。

(1) 派 2—3 名工程师参加国防特别会议,以便监督和制订总的工业复员 58 计划(委托科兹明组织这个小组);(2) 由 3—5 名人民委员会委员(和非委员)组成委员会,以便讨论政府经济政策的基本问题(委托皮达可夫和布哈林组织这个委员会);(3) 组织粮食工作者会议，以便讨论打击投机倒把和改善赤贫阶层状况的实际措施（委托施略普尼柯夫＋曼努伊尔斯基组织这个会议）。

> 列宁：《人民委员会关于贯彻社会主义经济政策问题的决定草案》，
> 《列宁全集》第 33 卷第 119 页。

如果土地不是用于耕种（如用于建筑、文化教育、特殊行业等等），拨地面积由地方苏维埃斟酌申请人或申请机构的需要，根据申请土地的目的的社会必要性决定。

> 列宁：《对〈土地社会化基本法〉草案的补充》，
> 《列宁全集》第 33 卷第 119 页。

四天内按以下几点修改草案：

（1）最通俗的引言

（α）额外收入和平均使用土地（土地社会化法令第 17 条、第 12 条等条款）

（β）彻底剥夺资产阶级

（γ）不剥夺富裕农民

（δ）中农——征轻税

（e）贫苦农民——免税。

（2）把贫苦农民（免税）、中农（征税很轻）和富裕农民的划分写入本法令。

（3）使贫苦农民的百分比不小于 40%，中农不小于 20%。

（4）对中农征收的税额要极大地降低。

（5）由区域苏维埃组织提出关于修订向富裕农民征税的数额问题。

（6）贫苦农民有权获得部分征收的实物（用作口粮和种子）。

> 列宁：《对向农户征收实物税法令的意见》，
> 《列宁全集》第 35 卷第 95 页。

人民委员会听取了对侦查委员会进行调查的委员会的报告，特决定：给委员会补充两名委员，即阿尔加索夫同志和由斯维尔德洛夫指定的一名布尔什维克。授予委员会进行搜查、查抄和逮捕的权力，无须事先与任何机关联系。向委员会提供技术设备，并用司法人民委员部的经费给予贷款。要求委员会加紧工作，以便把那些显系受到诬告而已经确认无罪的人早日解脱出来。

> 列宁：《人民委员会关于彼得格勒苏维埃侦查委员会活动问题的决定草案》，
> 《列宁全集》第 33 卷第 325 页。

保卫机构的职责首先是同投机倒把和非法运输粮食作无情的斗争。

> 列宁：《对关于建立全俄部际保卫铁路特设委员会的法令草案的补充》，
> 《列宁全集》第 33 卷第 340 页。

人民委员会建议俄芬协商委员会对草案第13条作如下修改：或者在第13条中不讲公民，而只讲工人和不剥削他人劳动的农民；或者在原第13条里加上一笔：凡迁往芬兰而不能证明自己是属于上述两类劳动者的俄国公民在芬兰不得享有政治权利。

列宁：《人民委员会决定草案》，
《列宁全集》第33卷第413页。

建立全俄疏散委员会以便最迅速地、最有计划地将军用物资和其他物资疏散到新的指定地点（而疏散的总目的是复员工业和满足正在改造的国民经济的需要，决不只是军事上的需要）。

列宁：《关于建立全俄疏散委员会的法令草案》，
《列宁全集》第33卷第216页。

关于国内建设问题，我想谈谈我们在农业方面所做的事情。为了对土地的使用进行整顿，农业人民委员于1919年7月颁布了关于防止经常重新分配份地的措施的通告。这个通告公布在7月1日《全俄中央执行委员会消息报》上，并收入《工农政府法令汇编》。这个通告很重要，因为它答复了农民屡次提出的意见。

列宁：《在第七届全俄中央执行委员会第一次会议上的报告》，
《列宁全集》第38卷第112页。

必须雷厉风行地立即提出一项法令草案，规定对行贿受贿者（受贿、行贿、为行贿受贿拉线搭桥或有诸如此类行为者）应判处不少于10年的徒刑，外加强迫劳动10年。

列宁：《致德·伊·库尔斯基》，
《列宁全集》第48卷第138页。

送上股票法草案。务必赶快

（1）讨论，

（2）提出你们的修改意见，

（3）立即召集你们所熟悉的专家参加讨论（请他们提意见——最好是书面的）；可以约请教授们提意见，

（4）上述几点务必于明天以前完成，因为明天（4月17日）我们要在人民委员会批准这项法令。

列宁：《致德·彼·博哥列波夫等》，
《列宁全集》第48卷第114页。

这件事十分重要（这是不要纸张不要电线的报纸，因为利用扩音器和收音机，整个俄罗斯都可以听到莫斯科所看到的报纸，这种收音机经过邦·布鲁耶维奇的改进，将很容易地成百成百生产)。

列宁：《致尼·彼·哥尔布诺夫》，

《列宁全集》第 50 卷第 90 页。

列宁的《对关于各种保险事业实行国家监督的法令草案的意见》中的"法令草案"，指《关于对除社会保险（即国家义务保险）之外的各种保险事业实行国家监督的法令》。

1918 年 3 月 9 日人民委员会就各种保险事业实行国家垄断的问题成立了一个委员会，来制定俄国保险事业托拉斯化的法令和程序，委员会由财政、内务、国家监察等人民委员部和各工会及其他部门委派代表组成，马·季·叶利扎罗夫为主持人。这个委员会制定的关于各种保险事业实行国家监督的法令草案，经人民委员会 1918 年 3 月 23 日会议讨论并作了补充修改后通过。列宁的建议成为该法令的第 5 条的基础。此外，列宁将法令的名称改为：《关于对除社会保险（即国家义务保险）之外的各种保险事业实行国家监督的法令》。法令公布于 1918 年 4 月 2 日《全俄中央执行委员会消息报》，载于《苏维埃政权法令汇编》，1959 年俄文版第 2 卷第 5—11 页。

列宁在《苏维埃政权的当前任务》里讲的"用常规的、照章征收的财产税和所得税来代替向资产阶级征收特别税的办法"，"要求我们有更高的组织程度，有更完善的计算和监督"，是把苏维埃政权成立初期，强征和特别税以补充预算，变为向正规课税过渡的措施。

1918 年 5 月 17—21 日召开的全俄苏维埃财政部门第一次代表大会，通过了列宁提出的必须实行所得税和财产税的建议，并选出专门的委员会，根据列宁的提纲制定了相应的条例。1918 年 6 月 17 日，人民委员会批准了《对 1917 年 11 月 24 日的直接税法令进行修改和补充的法令》。这一法令规定了征收所得税和财产税的严格制度。该法令编入《苏维埃政权法令汇编》1959 年俄文版第 2 卷第 441—443 页。

列宁在《苏维埃政权的当前任务》里提到的"关于铁路管理的法令"，指人民委员会《关于铁路的集中管理、保护和提高运输能力的法令》。这项法令规定，交通人民委员对人民委员会和全俄中央执行委员会负责，在运输方面拥有无限的权力，交通人民委员部部务委员会不得直接干预他的命令。所有联邦一级、区域一级及其他各级地方苏维埃组织都无权干预运输事宜。

列宁批驳了这种攻击，指出必须采取最强硬的措施来消除铁路上的怠工和松垮现象，并对法令又作了两处修改。3 月 23 日，法令被政府最终批准，由列宁签署公布于 3 月 26 日《全俄中央执行委员会消息报》第 57 号。载于《苏维埃政权法令汇编》1959 年俄文版第 2 卷第 18—20 页。

列宁在《人民委员会关于水路运输问题的决定草案》里的"商船国有化"，是 1918 年 2 月 5 日，人民委员会通过了《关于商船国有化法令》的要求。这一法令宣布："凡属于股份公司、合股公司、商号和大企业主个人并拥有用于货运和客运的各式海船和内河轮船的航运企业以及这些企业的全部动产和不动产、资产和负债，均为苏维埃共和国不可分割的全民财产。"该法令公布于 1918 年 2 月 8 日《工农政府报》第 18 号。载于《苏维埃政权法令汇编》1957 年俄文版第 1 卷第 391—397 页。

列宁在《经济政策特别是银行政策的要点》里的"实行银行国有化",是银行国有化法令的要求。该法令于 1917 年 12 月 14 日(27 日)由全俄中央执行委员会批准,并在 1917 年 12 月 15 日(28 日)《全俄中央执行委员会消息报》第 252 号上公布。载于《苏维埃政权法令汇编》1957 年俄文版第 1 卷第 225—230 页。

列宁在《全俄中央执行委员会、莫斯科苏维埃和工会联席会议文献》里说,"最近颁布的法令提出了一个最根本的生活问题,这就是粮食问题"的"法令",指全俄中央执行委员会 1918 年 5 月 13 日《关于粮食人民委员的特别权力的法令》(《关于粮食专卖法令》)和 5 月 27 日《关于改组粮食人民委员部和地方粮食机关的法令》。这两个法令,规定粮食部门在采购和分配粮食方面一律实行绝对集中制,并提出了组织工人征购粮食、支援贫苦农民同富农作斗争等方面的措施。这两个法令,载于《苏维埃政权法令汇编》,1959 年俄文版第 2 卷第 261—264 页和第 307—312 页。

列宁在《人民委员会关于整顿铁路运输的决定草案》里的"法令",指全俄中央执行委员会 1918 年 6 月 8 日批准的《俄罗斯社会主义联邦苏维埃共和国铁路交通管理基本条例》。这个文件发表于 6 月 16 日《全俄中央执行委员会消息报》第 122 号。载于《苏维埃政权法令汇编》1959 年俄文版第 2 卷第 365—367 页。

列宁的《答复农民的问题》,是针对农民请愿代表给人民委员会送来的大量请愿书而写的。《答复》用打字机打出,由列宁亲笔签名,分发给请愿代表。

《答复》刊登在《农村贫民报》《中央执行委员会消息报》和其他报纸上,并用《给农民的指示》这个标题印成传单。1917 年 12 月 4 日(17 日),《答复》发表于《工农政府法令汇编》,标题为《关于把土地交给土地委员会处置》。

列宁在《人民委员会关于贯彻社会主义经济政策问题的决定草案》里提到的"国防特别会议",是 1915 年 8 月 17 日(30 日)成立的,其任务是"讨论和统一国家防务措施并保证对陆、海军作战物资及其他物资的供应"1917 年 12 月 11 日(24 日)人民委员会通过决定,责成国防特别会议"结束国防订货或将其降至和平时期的正常水平,并与之相应,使工厂复员,转向和平时期的生产"。载于《苏维埃政权法令汇编》1957 年俄文版第 1 卷第 214 页。

列宁《对〈土地社会化基本法〉草案的补充》里所作的补充,稍加修改后写进了《土地社会化基本法》,作为该法令的第 26 条。这一条构成法令的第 5 章《为建筑、副业生产、文化教育等等之用拨给土地时土地使用标准的确定》。载于《苏维埃政权法令汇编》1957 年俄文版第 1 卷第 414 页。

列宁在《对向农户征收实物税法令的意见》里提到的"土地社会化法令第 17 条、第 12 条等条款",其《土地社会化基本法》第 12 条规定:"在劳动者之间分配土地,应按平均使用土地原则和劳动原则进行,使消费土地份额和劳动土地份额适应当地历史上形成的土地使用制度,既不超出每个农户现有人口的劳动能力,又使每个农家都能得到温饱。"该法令第 17 条规定:"因较好地块的自然肥力以及因这些地块离销售市场较近而获得的额外收入，应由苏维埃政权机关支配，用以满足社会需要。"载于《苏维埃政权法令汇编》1957 年俄文版第 1 卷第 408—409 页。

列宁在《人民委员会关于彼得格勒苏维埃侦查委员会活动问题的决定草案》里，提到"人民委员会听取了对侦查委员会进行调查的委员会的报告"，是人民委员会在 1918 年 1 月 17 日（30 日）、1 月 21 日（2 月 3 日）和 2 月 26 日的会议上讨论了检查委员会的报告。1 月 21 日（2 月 3 日），人民委员会根据列宁所拟的草案，通过了一个决定。2 月 26 日，人民委员会认定"对侦查委员会负责人犯有贪污受贿和其他罪行或丑行的指控是毫无根据的"，决定结束对侦查委员会活动的审查，恢复该委员会领导人克拉西科夫、科兹洛夫斯基、林杰曼、米茨根德列尔和罗津的工作。载于《苏维埃政权法令汇编》1957 年俄文版第 1 卷第 499 页和本卷第 415 页。

列宁在《对关于建立全俄部际保卫铁路特设委员会的法令草案的补充》里提出，"同投机倒把和非法运输粮食作无情的斗争"，是列宁对关于建立部际保卫铁路特设委员会法令草案的补充。这个草案由为制订改善彼得格勒粮食状况的措施而在 1 月 25 日（2 月 7 日）成立的一个委员会起草。1918 年 1 月 30 日（2 月 12 日），人民委员会讨论并通过了这个法令草案。列宁的补充构成人民委员会批准后的法令的第 5 条。载于《苏维埃政权法令汇编》1957 年俄文版第 1 卷第 454 页。

列宁在《人民委员会决定草案》里提出，"人民委员会建议俄芬协商委员会对草案第 13 条作如下修改"，这个决定草案在人民委员会 1918 年 2 月 27 日会议上通过。

俄罗斯和芬兰两个社会主义共和国之间的条约第 13 条规定："俄罗斯联邦苏维埃共和国给予属于工人阶级或不雇用他人劳动的农民的在俄芬兰公民以俄国公民的全部政治权利，如果他们居住在俄国境内是为了从事劳动的话。芬兰社会主义工人共和国方面则保证给在芬俄罗斯联邦苏维埃共和国公民以获得政治权利的最方便条件，并特别照顾非定居的劳动人民的利益。"载于《苏维埃政权法令汇编》1957 年俄文版第 1 卷第 508 页。

列宁的《关于建立全俄疏散委员会的法令草案》，经稍加修改后，作为《关于建立全俄疏散委员会的法令》，于 1918 年 4 月 19 日由人民委员会通过。

法令在 1918 年 4 月 23 日和 24 日《劳动旗帜报》和《全俄中央执行委员会消息报》上公布。载于《苏维埃政权法令汇编》1959 年俄文版第 2 卷第 140—142 页。

列宁的《致德·伊·库尔斯基》，是一张便条。是因为莫斯科革命法庭 1918 年 5 月 2 日审理莫斯科侦查委员会 4 名工作人员被控受贿和敲诈一案时轻判了这些人（只判了半年监禁）。5 月 4 日列宁向俄共（布）中央提议把作出这一轻判的法官开除出党。由于列宁的坚决要求，全俄中央执行委员会重新审理了莫斯科侦查委员会 4 名工作人员的案件，其中 3 名被告各被判处 10 年徒刑。

当天人民委员会会议在议程外听取了尼·瓦·克雷连柯关于革命法庭判处侦查委员会人员受贿案的报告。根据列宁这张便条中的指示，人民委员会作出决定，责成司法人民委员部"在最近期间"制定出"关于从严惩治受贿和一切涉及受贿的行为的最低量刑标准"的法令草案。司法人民委员部所提出的《关于惩办受贿的法令》草案，经列宁作了修改后，由人民委员会 5 月 8 日会议审议批准。载于《苏维埃政权法令汇编》1959 年俄文版

第 2 卷第 236~237 页和第 240~242 页。

列宁在《致德·彼·博哥列波夫等》里提到的"股票法草案",指《关于登记股票、债券和其他有价证券的法令》草案。最初两个草案是最高国民经济委员会拟的。列宁审阅后,勾掉了第一个草案;第二个草案经列宁修改后,转给了财政人民委员部德·彼·博哥列波夫和伊·埃·古科夫斯基。经财政人民委员部加工后的草案,列宁重新作了修改,加上了标题,于 1918 年 4 月 17 日提交人民委员会讨论。会上就这个草案通过如下决定:"转交外交人民委员部和司法人民委员部,责成他们邀请专家一起讨论,在 4 月 18 日下一次人民委员会会议召开前提出意见。"

这项法令 4 月 18 日得到人民委员会批准,4 月 20 日发表于《全俄中央执行委员会消息报》第 78 号。载于《苏维埃政权法令汇编》1959 年俄文版第 2 卷第 130—138 页。

列宁:《致尼·彼·哥尔布诺夫》里说,"这件事十分重要",是指建设无线电话网这件事。这封信写在无线电实验室莫斯科办事处主任彼·阿·奥斯特里亚科夫 1921 年 1 月 26 日给列宁的报告上。奥斯特里亚科夫在报告中请求列宁帮助解决下诺夫哥罗德无线电实验室工作中的困难,并批准他所草拟的决定草案。

1921 年 1 月 27 日,小人民委员会讨论了建设共和国无线电话网的决定草案,一致决定予以通过。载于《苏维埃政权法令汇编》1986 年俄文版第 12 卷第 354—361 页。

(二) 同类性法律汇编

1. 国内关系之同类法律汇编

这里摘引的是宗教法、民法、财政法和工业法。其中的法律汇编,是否属于同类法律汇编,尚待考证。这里只是从经典作家论述的类别列入的。

从詹姆斯当政开始时起,就一再试图实施天主教徒惩治法(伊丽莎白时期 1560 年通过,根据伊丽莎白在位第二年的法令第一条,《爱尔兰法律汇编》第 1 卷第 275 页),而且规模一年比一年大;因此,举行 {天主教宗教仪式} 就成了危险的事情。

恩格斯:《有关爱尔兰没收土地历史的材料》,

《马克思恩格斯全集》第 45 卷第 144 页。

此后不久,我只从事一些正面的研究。我研究了萨维尼论占有权的著作、费尔巴哈和格罗尔曼的刑法、克拉麦尔的《论词义》、韦宁-英根海姆关于罗马法全书体系的著作和米伦布鲁赫的《关于罗马法全书的学说》,后者我现在还在研究;最后我还研究了劳特巴赫文集中的某些篇章、民事诉讼法、特别是教会法,后者的第一部分,即格拉齐安的《矛盾宗规的协调》,几乎全部在《[法典]大全》中读完了,并且作了摘要;我也研究了附录——朗切洛蒂的《纲要》。

马克思:《给父亲的信》,

《马克思恩格斯全集》第 40 卷第 16 页。

在一切早期的立法中，两只同时发现一块骨头的狗的行为就已被承认是法了；罗马法全书讲道：vim vi repel-lere licere〔可以以牙还牙〕；而 idque jus natura comparatur〔这个法是大自然所定的〕，这意思是说，这是 jus quod natua omnia animala dcuit〔大自然教给一切动物的法〕（包括人和狗）；但是后来有组织的以牙还牙"恰恰"成为法。

　　　　　　马克思恩格斯：《德意志意识形态》，
　　　　　　《马克思恩格斯全集》第 3 卷第 421 页。

法学家早在经济学家以前，就提出货币是单纯符号、贵金属价值纯属想象的观念；这些法学家这样做是为了向王权献媚，他们在整个中世纪时期，一直以罗马帝国的传统和罗马法全书中的货币概念，作为国王伪造铸币的权利的依据。这些法学家的好学生，华洛瓦王朝的菲力浦在 1346 年的一项法令中说："无论何人不得亦不应怀疑，唯朕有权……处理铸币事宜，决定铸币之制造、形状与储存，颁布有关铸币之命令，并遵照符合朕意之办法及价格将铸币付诸流通。"货币价值由皇帝下令规定，是罗马法的定则。

　　　　　　马克思：《资本论第 1 卷》，
　　　　　　《马克思恩格斯全集》第 23 卷第 109 页。

威斯特伐里亚的巴亚尔曾经在德国大学里研究过法律，他对于罗马的 Corpus juris 研究较少，因为他认为，红色土地的祖先没有白白把瓦鲁斯打败。于是他更加勤奋地研究条顿法，特别是研究大学生章程，他从各个方面研究它的基础，然后把它取名法律基础，使它到处闻名。

　　　　　　马克思：《福格特先生》，
　　　　　　《马克思恩格斯全集》第 14 卷上册第 666 页。

从这里我们只能得出这样的结论：杜林先生的最深刻的专门研究是在于他用了三年时间在理论方面埋头于民法大全，以后又用了三年时间从实际方面埋头于高贵的普鲁士邦法。这肯定也已经是颇有功劳了，并且对一个极可尊敬的旧普鲁士地方法官或律师来说也足够用了。但是，如果要给一切世界和一切时代编写法哲学，那末总应当也稍微详细地知道些像法国人、英国人和美国人这样一些民族的法律关系，这些民族在历史上所起的作用完全不同于盛行普鲁士邦法的德国的一个角落。

　　　　　　恩格斯：《反杜林论》，
　　　　　　《马克思恩格斯全集》第 20 卷第 122 页。

1844 年法令汇编（第 96 页）中公布了一个由冯·博德尔施文克先生签署的预算。这个预算的收入部分和支出部分都是 57677194 塔勒。这个数目理应表示前几年收支的平均数。但是事实上，前几年的收入和支出都多得多。后来政府把 1840—1843 年财政部门的统计材料告诉了第一届联合议会的议员。

......

收入的实际平均数是 73228935 塔勒，支出的平均数是 76185887 塔勒。可见，冯·博德尔施文克先生所说的收支数字缩小了很多，即每年隐瞒了 15551741 塔勒的收入和 18508693 塔勒的支出。

恩格斯：《博德尔施文克及其伙伴治理下的普鲁士财政》，
《马克思恩格斯全集》第 6 卷第 344 页。

法律规定，课处罚款的理由，也就是使厂主有权课处工人罚款的过失有下列几种：(1) 工作草率；(2) 旷工；(3) 违反制度。法律中说："不得借其他理由课处任何罚金。"我们这里说到的法律是《工业法》，编在俄国《法典汇编》第 11 卷第 2 部分里。法律是分条叙述的，每条都有编号。讲到罚款的有第 143、144、145、146、147、148、149、150、151、152 条。

列宁：《对工厂工人罚款法的解释》，
《列宁全集》第 2 卷第 34 页。

《法典汇编》第 7 卷中人所共知的第 394 条（采矿章程），就反映了乌拉尔采矿工业的垄断原则，——这一条在有关乌拉尔的文献中经常提到。这条 1806 年颁布的法律规定：第一，在矿业城市中开设任何工厂，均须得到矿业当局的批准；第二，禁止在工厂区开设"任何主要依靠煤和木柴的火力来进行其全部生产的手工工场和工厂"。乌拉尔的矿厂主在 1861 年特别坚持要把这条法律列为农民解放的条件，而采矿工人规章第 11 条又重申了这样的禁令。

列宁：《彼尔姆省手工业调查》，
《列宁全集》第 2 卷第 325 页。

恩格斯在《有关爱尔兰没收土地历史的材料》里说，"根据伊丽莎白在位第二年的法令第一条，《爱尔兰法律汇编》第 1 卷第 275 页）"，该法令规定对不到英国国教教堂去的人罚款，要求宣誓承认女王为教会首脑——这是英国国教的基本原则——作为担任公职、从事律师业务和领取地产权证件等等的条件。这一法令，编辑在爱尔兰《法律汇编》里。

恩格斯这里是概括墨菲在他的书中第 259～260 页上，对伊丽莎白政府的反天主教法令所做的描述。恩格斯把 1560 年的这个法令和随后颁布的类似法令称为惩治法，这显然是借用了十七世纪末至十八世纪前半叶为爱尔兰制定的那一套反天主教法律的广泛流传的代称。

马克思在《给父亲的信》里提到，"我也研究了附录——朗切洛蒂的《纲要》"中的"《纲要》"，是指卓·帕·朗切洛蒂的《宗规法纲要》。1598 年维也纳版（G，P. Lancelotti.《Institutiones juris canonici》. Venetiis, 1598）。这部《纲要》曾作为附录编入《宗规法大全》。

12 世纪，博洛尼亚僧侣弗兰契斯科·格拉齐安编写的宗规法汇编《矛盾宗规的协调》（《Concordia discordantium canonum》），是 16 世纪《宗规法大全》（《Corpus juris canonici》）的基本部分。该大全在中世纪是同罗马民法大全（《Corpus juris civilis》）相对立的。

马克思在《资本论第 1 卷》里提到的 "罗马法全书"，拉丁文 Digesta，即汇编。它是罗马民法法典的最重要的一部分，其中收集了罗马法学家著作的残篇。它是代表奴隶主利益的。罗马法全书是在 533 年查士丁尼帝执政时发表的。

马克思《福格特先生》里的 "罗马的 Corpus juris Corpus juris civilis"，是指《民法大全》。恩格斯在《反杜林论》里，也提到 "民法大全"。它是六世纪查士丁尼皇帝在位时编纂的，调整罗马奴隶制社会的财产关系的一部民法汇编。

2. 国际关系之同类法律汇编

这里摘引的是条约汇编。包括《法国宫廷和奥斯曼政府之间的新旧特惠条例和条约》汇编、罗素政府从尼姆韦根和约以来所签订的各个条约的历史的汇编、英国 1845 年出版的官方编纂的条约汇编。

> 的确，罗素勋爵在外交部始终是个真正的外国人；如果把出版枯燥的汇编（大概是关于从尼姆韦根和约以来所签订的各个条约的历史的汇编）这一工作除外，那他就没有任何特殊表现了。
>
> 马克思：《政局展望。——商业繁荣。——饿死事件》，
> 《马克思恩格斯全集》第 8 卷第 559 页。

> 在 1535 年苏里曼大帝和弗朗斯瓦一世时代，160 年阿罕默德一世和亨利四世时代以及 1673 年穆罕默德四世和路易十四时代，法国和奥斯曼政府之间签订的特惠条例于 1740 年在一本条约汇编中得到了修订、确认、重申和增补，这本汇编的标题就是："法国宫廷和奥斯曼政府之间的新旧特惠条例和条约。——公元 1740 年（回历 1153 年）修订和增补。由御前翻译秘书、奥斯曼宫廷首席翻译官德瓦尔先生译于君士坦丁堡"〈这是经土耳其政府批准的第一个正式译本〉
>
> 马克思：《宣战。——关于东方问题产生的历史》，
> 《马克思恩格斯全集》第 10 卷第 182～183 页。

> 在形式上，这个条约是由英印总督及其参事会同奥德国王签订的。它作为这样一个条约，由双方遵照一切正式手续予以批准，并按应有的方式交换了批准书。可是，当它被提交东印度公司董事会核准时，后者认为它破坏公司和奥德国王之间的友好关系，是总督对这位君主的权利的侵犯，而把它宣告作废了（1838 年 4 月 10 日）。……
>
> 这个条约不仅被收进 1845 年出版的官方编纂的条约汇编，而且在 1839 年 7 月 8 日奥克兰勋爵给奥德国王的通知里、1847 年 11 月 23 日哈丁勋爵（当时的总督）向同一位国王所上的条陈以及 1851 年 12 月 10 日斯利曼上校（在勒克瑙的驻割官）致达尔豪西勋爵

本人的信件里，都把它当作现行条约而正式引用。

马克思：《奥德的兼并》，

《马克思恩格斯全集》第 12 卷第 506～507 页。

马克思在《宣战。——关于东方问题产生的历史》里的"土耳其政府批准的第一个正式译本"，是《Capitulations，ou Traitésanciensetnouveauxentrelacourde Franceetla Porteottomane，renouvelésetaugmentésl'ndeJ. C. 1740，etdel'hégire1153；traduitsa Constantinopleparlesieur Deval，secrétaireinterprèteduroietsonpremierdrogmanalacourottomane1761》。

马克思在《奥德的兼并》里说，"这个条约是由英印总督及其参事会同奥德国王签订的"。具体情况是：1773 年以前，东印度公司在其印度的领地内有三个省督，分别驻在加尔各答（孟加拉）、马德拉斯和孟买；每一省督下面设一由公司职位较高的职员组成的参事会。按照 1773 年"改进东印度公司行政管理法令"，加尔各答省督（已称为孟加拉总督）下面设立由四人组成的参事会。

总督和参事会的参事已经不是由公司任命，而通常是由英国政府指名委任，任期五年；任期届满以前只能按公司参事会提名由国王免职。参事会内实行少数服从多数；如果其参事的票数各半，则总督的一票具有决定意义。总督应该对孟加拉、比哈尔和奥里萨实行民政和军事管理，同时对现在归他管的马德拉斯省和孟买省，在有关进行战争和签订和约问题上享有最高监督权。只是在特殊情况下，后几省才能独立行事。按照 1784 年法案，孟加拉参事会的参事减至三人，其中包括总司令。

根据 1786 年的补充法案，总督获得在特殊情况下行动不受参事会限制的权利以及担任总司令职务的权利。按照 1833 年的法案，孟加拉总督成为印度总督，同时仍然是孟加拉省督；其下所设参事会的成员重新增至四人，同时可把总司令加进去作为参事会的第五个成员。总督及其参事会获得对整个不列颠治下的印度颁布法律的权利。孟买和马德拉斯政府则失去这一权利；其省督下面的参事会应由两人组成。

按 1853 年法案，除了组成具有执行机关职能的所谓小参事会的四个参事之外，规定设立具有立法职能的扩大参事会，其中应包括总督、总司令、孟加拉主审法官和最高法院中的一名法官。印度总督下设参事会的这一情况，一直保持到 1858 年。

3. 习惯法法律汇编

习惯法法律汇编，是综合性法律汇编。但从习惯法是制定法的不同类别考虑，这里把习惯法法律汇编，放到"同类性法律汇编"里。

从"阿勒曼尼法典"中可以得到证实，在多瑙河以南的被征服的土地上人们是按血族（genealogiae）分开居住的。这里使用的 genealogia 一词，与后来的马尔克公社或农村公社的意义完全相同。

恩格斯：《家庭、私有制和国家的起源》，
《马克思恩格斯全集》第 21 卷第 154 页。

　　毛勒经常引用非洲、墨西哥等作为例子，但对克尔特人却一无所知，因而硬把法兰西的公社所有制的发展完全归于日耳曼人的征服。"好像"，布鲁诺先生会说，"好像"我们还没有一部十一世纪完全共产主义的克尔特人（威尔士）法令汇编"好像"法国人恰恰在最近几年没有在某些地方发掘出克尔特形式的原始公社遗迹！"好像"！但是道理很简单。老毛勒除了德国和古罗马的关系之外，只研究过东方（希腊—土耳其）的关系。

《马克思致恩格斯》，
《马克思恩格斯全集》第 32 卷第 45 页。

　　我在此地古代法律出版委员会的官方刊物上发现了《威尔士的古代法律》，并浏览了一下。里面有些绝妙的东西。

《恩格斯致马克思》，
《马克思恩格斯全集》第 32 卷第 511 页。

　　higid, hid, hiwisc 等词的来源如何（在英文中，hida 是可供一个犁耕的一块地）？还有一个德文词，wiffa（是保护地界的一种标志（即表示地已被圈，也就是用标志来代替实际的篱笆），这种标志我们称为 wiffa）。

《马克思致恩格斯》，
《马克思恩格斯全集》第 32 卷第 47 页。

　　可怜的梅因在《自由射手》上认为这种"玩弄断头台的笔墨游戏"既野蛮又幼稚。我感到最有意思的是《士瓦本宝鉴》和希腊的"七贤"——差一点说成《七个士瓦本人》了。

《马克思致斐·拉萨尔》，
《马克思恩格斯全集》第 30 卷下册第 622 页。

　　我在这里的公共图书馆和切特姆图书馆（你知道）还找到了大批极其珍贵的资料（使用第二手材料的书籍除外），但可惜，既没有扬格的书，也没有普兰德加斯特的书，也没有英国政府出版的英文版布雷亨法规。威克菲尔德的书倒是找到了。老配第的各种东西也找到了。

《恩格斯致马克思》，
《马克思恩格斯全集》第 32 卷第 389 页。

　　我在这里的一个图书馆终于发现一本普兰德加斯特的书，但愿我能得到它。我走运也罢，倒霉也罢，爱尔兰古代法现在要出版了，因此，我也得攻克它们。我研究得越深，我就越清楚：英国的入侵，使爱尔兰的发展丧失了一切可能性并使它倒退了几个世纪，而且恰恰是从十二世纪开始的。

《恩格斯致马克思》，

《马克思恩格斯全集》第 32 卷第 411 页。

《古代法律。古制全书》（第一卷和第二卷，都柏林版，受女王陛下出版局之托刊印，第二卷三四个星期以前出版了）据说是"再版书"，这就把我难住了。问题是：在伦敦能否弄到旧版的？

《恩格斯致马克思》，

《马克思恩格斯全集》第 32 卷第 419 页。

古代爱尔兰的法律中最好的是家法。那时想必是一个放荡的时代。多妻制是存在的，至少是容许的，并且妾分成六七等，其中有一等叫《imris》，"他〈一个男人〉经她的丈夫同意可以占有她"。关于财产支配的规定也是极其朴素的。如双方财产相等，则丈夫和妻子（第一个妻子或主妻）共同支配。如财产全属丈夫，妻子一无所有，则财产由丈夫支配。如财产全属妻子，丈夫一无所有，则"妻子居于丈夫地位，而丈夫居于妻子地位"。这总比现代的英国法律要文明一些。对受赡养的男子的法律地位也有规定。

《恩格斯致马克思》，

《马克思恩格斯全集》第 32 卷第 487 页。

氏族公社在法国借以长期保存下来的 paronnerie〔土地共同继承〕形式，本身已经是以塞尔维亚和保加利亚的扎德鲁加的形式存在到今天的古代大家庭公社的一个分支。这种形式看来在俄国和德国等国家都先于农民公社；斯拉夫的扎德鲁加、德国的家庭公社（阿勒曼尼法中的亲属制度）解体以后就过渡到了由单个的家庭组成的公社（或者是最早很常见而现在在俄国还有的 paronneries），田地分散耕种，但必须定期重新分配，——换句话说，从所有这一切产生了俄国的村社和国的马尔克公社。在法国保存下来的范围更狭小的由几个家庭组成的公社，在我看来只是马尔克公社的组成部分，至少在北部（法兰克地区）是这样；在南部（过去的阿克维塔尼亚）它可能是一种联合体，这种联合体占有土地（土地的最高个人所有者是领主），不受农村公社的管辖。正是这种纯法兰西的形式可以在解体的时候立即过渡到土地个体所有制。

恩格斯：《致保·拉法格》，

《马克思恩格斯全集》第 39 卷上册第 434～435 页。

第 354 页，Terrasalica。盖拉尔认为这个词来源于 sala（房子），这就大错特错了。那就是说，撒利法兰克人是住在房子里的法兰克人？他们叫做 saliens，saliques〔撒利〕是因为荷兰境内的一个小地区叫做撒兰德，在这里组成了征服比利时以及阿登和卢瓦尔之间的法兰西的集团。这个名称今天也还存在着。在颁布的时候（约 400 年），sala 是（您自己也指出了这一点）日耳曼人的动产。

恩格斯：《致保·拉法格》，
《马克思恩格斯全集》第 39 卷上册第 435～436 页。

印度晚期的法典编纂者，即印度法律文献中以《法经》著称的大批汇编的编者，就是从这些习惯中汲取解释《摩奴法典》的资料。习惯法提供了主要资料来补充远古法典中那些纯法律的、特别是纯伦理的贫乏的规定，这些规定起初都是由各村、城市和省的内政当局调整的（第 89 页）。

马克思：《马·柯瓦列夫斯基〈公社土地占有制〉一书摘要》，
《马克思恩格斯全集》第 45 卷第 244 页。

从这时候起，自古以来维系他们的那种连带或联合保证（{连环保}），就成了共同对国家负责的关系了；在规定氏族团体对于其管区内破坏治安的案件必须负责的各个法典中，载有一系列这样的法令。[在晚期的一系列法律汇编中也可以看到这样的法令，这就使我们有可能探溯直到目前为止印度私法或公法方面的某个法制的沿革] 这样一来，先前由公社或氏族团体 [犯罪者近亲] 向罪行或罪过的受害人亲属所承担的赔偿（Bllpa {赎罪金}），现在就成为向国家（向政府当局）所缴纳的罚金，作为公社未能缉捕到罪犯的失职罚金。

马克思：《马·柯瓦列夫斯基〈公社土地占有制〉一书摘要》，
《马克思恩格斯全集》第 45 卷第 248 页。

载于公元五和六世纪法律汇编中的这些有关公社 {die Kom-mune} 司法权和警察权的条款，是这一时期存在着公社的唯一的文字根据。这也是可以理解的，因为各个公社对其财产关系的管理，按规定必须象以前一样，要依据当地的习俗和规章，这些习俗的约束力，在《耶遮尼雅瓦勒基雅》和《那罗陀》两部法典中往往是明白承认了的（同上页）。

马克思：《马·柯瓦列夫斯基〈公社土地占有制〉一书摘要》，
《马克思恩格斯全集》第 45 卷第 251 页。

如果我有好几个兄弟和姊妹，他们以及他们的子孙就构成相应地好几个独立的系统，但是他们的总和便构成我的第一旁系中的男系和女系两个分支，如此等等。

所有这些都被罗马民法家们简单地概括出来了 [《法学汇编》第 38 卷第 10 章《关于亲属和姻亲等级及其关系》；查士丁尼《法学通诠》第 3 卷第 6 章：《关于亲属关系的等级》]；这种概括方法已为欧洲各主要民族所采用。

马克思：《路易斯·亨·摩尔根〈古代社会〉一书摘要》，
《马克思恩格斯全集》第 45 卷第 343 页。

恩格斯在《家庭、私有制和国家的起源》里提到的"阿勒曼尼法典",是从五世纪起占有现在的亚尔萨斯、瑞士东部和德国西南部这一地区的阿勒曼尼（阿拉曼尼）德意志部落联盟的习惯法汇编。这一法典产生于 6 世纪末至 7 世纪初和 8 世纪。

《恩格斯致马克思》里的"《威尔士的古代法律》",是《威尔士的古代法律和规章》1841 年版第 1—2 卷（《Ancient Laws and Institutes of Wales》Volumes1 – 2，1841）。

《马克思致恩格斯》里的"higid, hid, hiwisc",是马克思引用《巴伐利亚法》第十条法第 18 篇中的词。《巴伐利亚法》是 8 世纪日耳曼巴伐利亚族的习惯法汇编。

《马克思致斐·拉萨尔》里的"《士瓦本宝鉴》",是 13 世纪在士瓦本编制的一部封建习惯法汇编的名称,反映了封建割据时期德国的社会制度和政治制度。施米特在其著作中把这本汇编错误地看作士瓦本诗歌作品。所谓古希腊的"七贤",都生活在公元前 7 至 6 世纪,施米特毫无根据地把德谟克利特、毕达哥拉斯、赫拉克利特以及更晚一些时期以统一的始源来解释一切自然现象的其他古希腊哲学家,都算了进去。"七个士瓦本人"是德国民间滑稽故事。

《恩格斯致马克思》里"布雷亨法规",是克尔特习惯法汇编的总称,因布雷亨（爱尔兰法官的叫法）而得名。布雷亨法规在 1605 年被英国政府取消以前,在爱尔兰一直有效。

"古代爱尔兰的法律",是英国政府于 1852 年成立一个专门委员会,开始出版布雷亨法规。前三卷《古代爱尔兰的法律》于 1865、1869 和 1873 年问世,同时还编纂了《古制全书》汇编。出版法规的工作继续到 1901 年。

恩格斯《致保·拉法格》里的"撒利法典",是 6 世纪初日耳曼撒利法兰克人部落的习惯法汇编。它的产生说明了氏族制度已经瓦解,土地私有制和阶级已经出现。

马克思在《马·柯瓦列夫斯基〈公社土地占有制〉一书摘要》里提到的"《法经》",是印度古代文献的名称,被印度教信徒视为吠陀圣书的一部分。

《法经》与最早的四种《吠陀经》（《梨俱吠陀》《沙摩吠陀》《耶柔吠陀》和《阿闼婆吠陀》）不同,这四种《吠陀经》被推崇为古代圣哲从诸神处"所闻"（"天启"）,而《法经》（意为"所记"）则仅仅被认为依据天启的吠陀而写下的。属于《法经》文献范围的有许多经书或规章总集,在这些经书中,除了有关宗教仪式的规章之外,还包括一些习惯法的准则。

第三部分

法制度的个别分类——部分国家的法制度类别

社会关系是错综复杂的，但总有一定的线索可循。这个线索，就是社会关系的类型化。法调整一定类型的社会关系，经过整理而成法的类型，就是法的分类。法制度的类型，是一定类型化的法规范的总和。

社会关系的类型化是法制度类型化的决定性基础。社会关系的类型不同，法制度的类型也不相同。国内外法学界一般将法制度的基本分类，划分为成文法和不成文法、国内法和国际法、一般法和特别法、实体法和程序法等。这是法制度的一般分类。

除了一般分类，还有个别分类。法制度的个别分类，是在具有共识性的一般分类之外，一些个别国家的分类。这种分类，以适用于一定国家、一定历史时期为标准。

这里，将大陆法和英美法、普通法和衡平法、联邦法和联邦成员法、公法和私法，归之于个别分类。

大陆法系和英美法系，是西方国家的一种分类。

大陆法系，是以罗马法为基础而形成的法系，其代表法是1804年的《法国民法典》，又称《拿破仑法典》，以自由放任资本主义（Laissez-faire capitalism）为核心理念，体现个人主义、自由主义法律思想。除法国、德国外，意大利、西班牙、荷兰、葡萄牙等国家亦属于大陆法系国家。英美法系，是以英国普通法为基础而形成的法系。普通法是从13世纪开始形成的全英国普遍适用的习惯法。

在《马克思恩格斯全集》中，没有"英美法系"或"普通法系""大陆法系"的提法。在《列宁全集》中，也没有"英美法系"或"普通法系""大陆法系"的提法。

普通法和衡平法的划分，是英国对英国法的一种分类。

普通法是英国的一般法，而衡平法是为了纠正普通法的缺点，并作为普通法的补充法而发展起来的，因而衡平法没有形成完整的体系。衡平法是作为救济方法（equitable remedies）的特定履行（specific performance）和禁止命令（injunction）出现的。

马克思、恩格斯和列宁在论述中，没有提及"衡平法"术语。

联邦法与联邦成员法的划分，是联邦制国家的一种基本的法律分类。这种分类，关系到立法权的设置和司法系统的特点。

联邦同其成员之间的权限划分，一般由联邦宪法规定。同这种权限划分相应的，联邦最高权力机关有权制定、修改、执行宪法授权范围内的法律，对联邦成员的公民有直接法律效力；属于联邦成员权限范围的事项，成员有权制定法律；属于共有权限范围的事项，联邦与联邦成员以各自名义分别制定法律。

关于公法和私法的分类，现在争议很大。首先应当明确：第一，在英美法系，不存在公法、私法的划分，因而在法规汇编以及法学教材中也不存在按公法、私法分类编纂具体法规的情况。第二，把法分为公法和私法两个法域，限于大陆法系。而且，目前关于法的社会化、关于取消公法、私法划分的主张，在大陆法系国家日益具有普遍性。第三，对法律体系作公法、私法划分，仅仅存在于自由资本主义时期。第四，社会主义国家没有公法、私法的分类。以上情况说明，世界上绝大多数国家摈弃公法、私法的提法和分类。

划分公法、私法的观念，是以私人所有为基本环节，在下述两条发展线路上展开的：私人所有——社会分工——阶级——国家权力——公法；私人所有——商品生产——商品交易——民事权利——私法。私人所有的二重结构，形成了以"物"为中心客体的生产者与生产资料相分离，进而所有者与生产者形成支配与被支配关系，从而法律关系也二重化了。

区分公法和私法，以国家与市民社会的二元性为前提，即一方面，认为公法是国家固有的法，调整国家与私人之间的关系，在权力与服从的基础上产生公法体系；另一方面，认为私法是市民社会的法，调整私人与私人间的关系，在权利义务与协商基础上产生了私法体系。

自由资本主义被垄断资本主义代替后，集中出现了法的结构变动过程，就是私法的公法化过程和公法的私法化过程，法制度正是在这种结构性变动中发生了根本性变异。在公法和私法的规范相互混合、相互交错的情况下，很难把法再划分为公法和私法。

马克思主义经典作家并没有对法作公法、私法的分类，只是在一般场合使用过通用的公法、私法术语。因为"私法"是私有制的法律形式，因而列宁在谈到苏维埃新的民法时指出，经济领域中的一切都属于公法范畴，我们容许的资本主义只是国家资本主义，因此必须对"私法"关系更广泛地运用国家干预，扩大国家废除"私人"契约的权力，把革命的法律意识运用到"民事法律关系"上去。

一、大陆法和英美法

在《马克思恩格斯全集》中，没有"英美法系"或"普通法系""大陆法系"的提法。在《列宁全集》中，也没有"英美法系"或"普通法系""大陆法系"的提法。

那么，如何理解这一情况呢？

1884 年，日本学者穗积陈重提出"法族"概念，并将各国立法综合划分为七大法系。此后，英国学者划分为五大法系，美国学者划分为十六大法系，还有其他学者的不同划分。无论怎样划分，他们都将中华法系划分为世界基本法系之一。1904 年，梁启超采用"法系"一词，由此，"中华法族"定名为"中华法系"。在马克思恩格斯那个时代（马克思 1883 年逝世，恩格斯 1895 年逝世），法学界还没有使用"法族"或"法系"术语。1893～1904 年，列宁的法律思想正处于形成时期，而从俄国民主革命到十月革命时期，列宁不能不关注民主革命中的法律问题和摧毁旧法制问题。在批判沙皇和资产阶级的斗争中，在法律方面，列宁把目标集中在揭露和批判沙皇法制和资产阶级法制的实质上。十月革命胜利后，列宁全力投入无产阶级政权和新法制的创建之中。因此，列宁没有涉及刚刚开始的所谓"法系"的分类研究，是可以理解的。

法系，是在世界范围内相互区别的具有独自特点的法律系统。法系的划分，是"国际化"条件下产生的法学概念。一方面，是国际联系条件。在自然经济和简单商品经济条件下，各国立法是彼此孤立的，因而不可能对各国立法在总体上按照它们的特点、形成和历史源流进行总结和比较。另一方面，是"超国家"条件。法系不仅仅是一个国家自身的法律系统，还要得到其他国家在立法上的承认或接受。就是说，属于同一个法系的国家的立法，在基本制度和立法形式等方面，都具有相同或相近的特征。通俗地说，法系是在世界范围内所形成和存在的不同"法群"。世界公认的法系，主要有中华法系、苏东社会主义法系、伊斯兰法系、印度法系、英美法系和大陆法系等。

（一）大陆法系、英美法系的特点

现在世界上影响比较大的法系，是西方国家的英美法系和大陆法系。这完全是欧洲中心主义的法学表现。

大陆法系，是以罗马法为基础而形成的法系，其代表法是 1804 年的《法国民法典》，又称《拿破仑法典》，以自由放任资本主义为核心理念，体现个人主义、自由主义法律思想。1900 年的《德国民法典》，以垄断资本主义为基础，体现团体主义和社会连带思想，在雇佣关系、土地所有权、财产所有权的限制，提高妇女地位等方面，体现时代精神和法的社会化趋势，从而推动了大陆法系的发展。除法国、德国外，意大利、西班牙、荷兰、葡萄牙等国家亦属于大陆法系国家。

这里需要说明的是，国民党政府和现在的台湾地区，自称属于大陆法系；日本原为中华法系，明治维新后，为适应"脱亚入欧"国策，转而投身大陆法系。日本的现行立法，多以德国法为蓝本。

英美法系，是以英国普通法为基础而形成的法系。普通法是从13世纪开始形成的全英国普遍适用的习惯法。以1066年诺曼公爵对英国的征服为开端，伴随英国对外扩张和殖民统治而发展起来。除英国外，美国、加拿大、澳大利亚、新西兰和亚非一些原殖民地国家也属于英美法系。英美法系的主要特点是，以判例法为主要表现形式，体系庞杂，没有法部门的分类，不存在公法私法划分，也没有民法部门，法律概念也是独特的，有些概念在其他法系中很难找到对应的确切解释。

西方中心主义推行英美法系和大陆法系，实行西方法律全球化，试图把世界法律板块纳入这两个法系的范围。

在当代条件下，进行法律西化的扩张，是西方霸权主义者的国家政策。法律西化的主要表现是：①依靠法律输出或法律倾销，占领法律市场，使他国成为西方国家的"法律加工厂"；②考查、培养法律代理人，建立起法律代理人队伍；③实施西方法学理论的教育和培训，使西方法学成为他国法学教育和立法的理论基础，取得强势地位和权势地位；④直接或间接参与他国立法，形成立法主导权。如果西化法律在他国形成法律霸权，将直接服务于经济控制权和政治话语权。

法律对于国家命运、民族未来至关重要。有了法律的安全，才会有经济的安全、政治的安全，才会有价值观的安全、意识形态的安全。民族法律文化的断裂、社会主义法律的消亡，必然是民族的衰败、社会主义社会的颠覆和质变。因此，我们必须十分重视法律西化和法学西化问题，把我国的法律安全放在第一位。

推行法律西化和法学西化，必然造成对大陆法系、英美法系及其法学理论照抄照搬的后果。

立法和法学照抄照搬的主要表现：一是以抄搬大陆法系为主，英美法系为辅，重点是德、日和台湾地区的。二是抄搬的全面性特征，包括西方国家的立法理念、基础理论、体系和结构、名词术语。三是西方当代立法即垄断和国家垄断时期的立法不抄或很少抄，专门去抄自由资本主义时期"物权绝对""企业自治""契约自由"之类的内容。四是对外国国有资源和国营企业、公共财产和公众财产的保护立法不抄或很少抄。

应当指出，新中国从未宣布过我国属于任何西方法系。法是统治阶级的意志，不同的统治阶级有不同的意志，法是不可以抄的。况且，即使是同一法系的各国立法，又一定为一国的政治、经济的性质、状况和发展阶段所规定，为地理的、民族的和历史传统等因素所制约，不可能抄来抄去。埃塞俄比亚制定民法，由法国法学家抄法国民法典，结果埃国议会通过了也执行不下去，成为废案，即是一例。立法是一种主观过程。去粗取精，去伪存真，由表及里，由外而内地改造制作，应当是立法的准则。我国领导人曾提出"绝对不能照抄照搬西方国家立法"，特别加上"绝对"两个字，可见中央的指导思想是十分明确的。现在的问题，是真正落实问题。

中华法制源远流长，博大精深，是大陆法系和英美法系不可相比的，其民主性精华、法文化积淀和人类法制文明优秀成果的发扬光大，不仅具有重大现实意义，而且也是尚待完成的历史任务。

（二）大陆法系、英美法系与中华法系的比较

中华法制文明起源于公元前 21 世纪。关于我国法的起源，虽然目前难以确切考证黄帝时代、唐虞时代之传说和考古资料，但总可以看出中国原始时代法萌芽的概貌。耶林说，如果要寻找罗马法的起源，那就必须研究巴比伦法。《汉穆拉比法典》是古巴比伦王国第六代国王汉穆拉比（公元前 1894～1595 年）颁布的法律，而这一时期，欧洲人刚刚学会从埃及传来的青铜冶炼技术。怎样去寻找罗马法的起源呢？

罗马法是罗马奴隶制法律制度，包括从传说公元前 753 年罗马建城到公元 476 年西罗马帝国灭亡时期的全部法律制度。公元前 753 年，"一片沼泽地，周围有七个山丘"，这就是罗马城，而我国当年正是周平王十八年，已进入春秋时期，早已经立法遍地了。

有些人任意拔高罗马法，主要着眼于所谓市场经济。公元 529 年，罗马公布《查士丁尼法典》，公元 533 年公布《学说汇纂》，而我国早在公元前四世纪的《秦律》，在行政、经济、民事、刑事、诉讼等方面的规定已经相当完备。在《睡虎地秦墓竹简》中，有关经济的法规占相当大的比重，如《田律》《厩苑律》《仓律》《牛羊律》《工律》《工人程》《均工》《效律》《金布律》《关市》《司空律》等。这充分表明，秦利用法律对市场的经济的调整已达到相当高的水平，是举世无双的。西方不是市场经济的发源地，也不是调整市场经济的法的发源地。

早在 20 世纪二三十年代，我国学者就曾实事求是地指出，中华法系"在世界法系中，本其卓尔不群之精神，独树一帜"，明确提出"建立中国本位新法系"的主张。我们应当在前人研究的基础上，致力于中华法系的深入研究，使之与中华民族的伟大复兴同步前进。

我们先考察法理念的文明。

法治主义是西方近现代法理念的总纲，而这在我国古代便存在了。

"以法治国"，是战国时期《管子》提出的，"威不两错，政不二门，以法治国，则举措而已"。（《管子·明法》）西方法治主义的重心在于标榜反对"人治"，但先秦思想家就有防止君主随心擅治的主张，如商鞅"法之不行，自上犯之"（《史记·商君列传》），要求君主"慎法制""令顺民心"（《管子·牧民》）。明黄宗羲提出"吾以谓有法治而后有治人"（《明夷待访录·原法》）。这种思想，由先秦而至明清从未中断。以法治国，使君主服从法律的思想之早、之全面、之历史连贯性，西方学者都是承认的。

法治主义的重要表现，是罪刑法定主义。罪刑法定主义排斥有罪推定、私刑、擅断人狱等，是进步的法理念。早在公元前 536 年，郑子产铸刑书，公元前 513 年，晋铸刑鼎。我国第一次公布成文法，改变了"临事议制，不预设法"的状况，定罪、量刑"皆有法

式"，从而使我国法制文明进入一个新的阶段。这项法制原则，比西方提出的"罪刑法定主义"整整早2000多年。

德法结合，德主刑辅，是中华法系的独有特征。这也是文明进步的法理念。

我们再来考察法制度文明。

中华法系的法理念文明，必然带来法制度文明。门类齐全，规范全面，体系完善，结构严谨，充满了立法成熟性、先进性，为世界所仅见。中华法系的法制度文明，带来了人类法文明的新曙光。

在经济立法上，包括农业管理法、农田水利法、土地租赁法、手工业管理法、漕运法、市场贸易法（市场管理法、专卖法、外贸法）、金融法（钱法、纸币法、禁止高利贷法）、财政法、赋税法，等等。先有生产而后有交易，自古无以"交易立国"之理。中华法系对生产从来都是高度重视的。我国对手工业生产、经营和管理的法律是相当完备、发达的。当我第一次看到出版的云梦泽出土的秦简秦律的时候，一下子惊呆了。其中的《工律》、《均工律》规定：

其关于计划生产规定："非步红（功）及由（无）命书，敢为它器，工师及丞赀各二甲"。年度生产的种类、数量一经规定，生产者需按计划进行，如不按计划生产，又无朝廷特别命令而"敢为它器"，师傅及管理人员要受到严惩。当代西方国家严密的"企业计划制度"是从哪里来的？是不是从《秦律》来的？

其关于手工业者规定："隶臣有巧可以为工者，勿以为人仆、养"。有一技之长的隶臣可解放为手工业工人，由国家"养"起来，在官营作坊里做工。对"学徒工养成制度"的规定，"工师善教之；故工一岁而成，新工二岁而成。能先期成学者谒上，上且有以赏之。盈期不成学者，籍书而上内史"。当代西方国家特别是日本的"学徒工养成制度"是从哪里来的？是不是从《秦律》来的？

其关于器物制造规定："为器同物者，其大小、短长、广袤亦必等"。"为计，不同程者毋同其出"。前款是规定器物必须统一规格，后款规定官公器物，均由官府刻记或添书标记，以凭借出（"段"）及收回。如为衡权斗桶，工人负责校正；使用单位没有能够校正的正人，则至少每年一次送县"工室"请为校正。当代西方国家的"标准化法""计量法"乃至"商标法"是从哪里来的？是不是从《秦律》来的？

其关于"评比""竞赛"的规定："具工所献，殿"及"城旦为工，殿"。被评为"殿"者之后，不仅直接管理手工业作坊的啬夫应赀一甲，而且其上级"县啬夫、丞、吏、曹长"也受到一定的处理。对于缴纳不出罚款的城旦及（役）徒，则笞一百或五十。此外，"末园"（种植）"采山"（采矿）行业，也有评比活动。

当代西方国家的"竞争法""法律责任"是从哪里来的？是不是从《秦律》来的？

在民事立法上，包括主体资格、权利能力和行为能力、物权（佃权、质权、典权、抵押权）和所有权（占有权、使用权、收益权、处分权）、债权（侵权行为之债、不当得利之债、合同之债）。我国是第一二个最早出现合同的国家。货币出现以后，以物物交换演变为币物交换，因而买卖从交换中分化出来。在买卖关系的进一步发展中，注入了信用要素，合同便产生了。合同经历了允诺——口头合同——书面合同的演化历程。我国西周时期就有了书面合同，合同形式有书、契、券、据等。券由竹木制成，一劈为二，双方当事人各执一半，债务人执右券，债权人执左券。唐《永徽律》把契约作为法律制度固定下来。书面合同形式，只是在公元472年希腊国王利奥的谕令中得到认可。西方国家被称为"合同王国"，什么事情都订合同，这是社会物化过程的必然结果，可书面合同却不是西方国家发明的。西方国家后来立法上有的，从中华法系中都能找到流源。

在行政立法上，包括中央行政管理体制、中央监察机关、官职制度（任免制度、考绩制度、俸禄制度、科举选官制度、退休制度、休假退休制度、职官考课制度）等。我国文官制度历代相习相改，缜密、发达、完善，为各国所不及。孙中山说英国的文官制度是从中国传去的，有案可查。可是，我们却把英国的这种文官制度说的好得不得了，把公务员制度搬过来，让英国人前来传经送宝。

在刑事立法上，治乱世用重典、重法地（是对盗贼罪从重判刑的地区。《宋史·刑法志》载开封府几地、京西滑州、京东应天府、淮南宿州、河北澶州等。公元1078年后，河北、京东、淮南、福建皆用重法地）、法律时效、犯罪的主观要件和客观要件、类推、数罪并罚、犯罪后果和情节、故意和过失、偶犯和惯犯、公罪和私罪、共犯之首犯和从犯、刑罚减免（特定犯罪减免、老幼病残犯罪减免、自首减免）、疑罪惟轻、正当防卫、援法适用，等等。上列所述，如不指明系千古中华法系，还以为是现代刑法呢。

最后是法体制文明。

法体制，是法制度的表现形式和实现方式。法制度表现形式的多样性、法制度实现方式的特定性，能够体现法系文明的程度和发展水平。西方国家后世的立法，于我国已存在既久的事实，充分说明了中华法系的影响力。

中华法系法体制的创新，可以先列举如下：

判例法。比，是一种判例。通过比附、类推方式裁判，是比照同类案例判决。汉"凡律无条，取比类以决之"（《汉书·刑法志》）。唐继承汉比形式，有所发展。宋起始也是一案一例，从庆历起改为编例，至南宋各朝，共编七例。

判例是律法的重要补充，具有法律效力，是中华法系的创造。因为地域广大，判例复杂，判例法容易破坏法律的统一，因而我国没能形成像英美法系那样以判例法主导的立法局面，但判例是一直存在的。

法规汇编。起初，是将各种法律形式汇编，以便于学法和法律适用。这种汇编形式，"其书散漫，用法之际，官不暇遍阅，吏因得以容奸"（《宋史·刑法志》）。以"法规"汇编而进化到以"事"汇编，始于南宋编"条法事类"。这是把相关的敕、令、格、式等，按事分门别类，汇编成书。这是法典编纂体例的新成就。

法典化。法典是体系化的法律文件，它要求该体系内的规范系统而详尽。秦简秦律、汉律、唐律、宋编敕、大明律、大清律，都是当朝的法典形式。法律、法规的法典化，必须具备法律规范大体系条件、立法技术条件。一部部诸法合体的综合性法典，确是先人的立法壮举。

"条条大路通罗马"是欧洲中心论的典型表现。有七个小山丘挡路，通什么罗马？西方立法和西方法学必须退回去。只有退回去，我们才能进行平等的法律对话，正常的法学交流。中国是"中央之国",中国应当坚持中国法本位,坚持法的本土化,而借鉴各国有益的法文明成果,则是十分自然的事情。

新中国成立后,人们看到了社会主义立法的宏伟画卷。宪法的制定,行政法、经济法、民法、刑法的颁行,基本形成了社会主义法律体系,有效地调整着我国整个社会关系的相应方面。

现在,我国的立法决不是搞什么西方法的"克隆",或是什么"混合法",而应当是创建中国风格和中国气派的社会主义法律体系。

任何法律都是历史的、时代的、国家的,超历史、超时代、超国家的法律是不存在的。自由放任资本主义时代出了法国民法典,垄断资本主义时代出了德国魏玛宪法。我们正处在一个伟大的新时代。坚持社会主义立法而创新中华法系,是这个时代的基本要求。

立法和法学研究的关键在于指导思想。第一,立法必须符合中国国情,从实际出发,正确反映客观现实。第二,对于西方立法绝对不能照抄照搬。第三,立法必须在名词术语、基本内容乃至结构、体例和语言文字等方面表现时代精神和时代特征。

总而言之,中华法制文明的创新,应当是中华法系的创新、社会主义法制文明的创新、人民大众法制文明的创新。只要坚持正确的指导思想,深刻认识社会发展规律和法律发展规律的要求,认真研究当代社会关系的本质和法的表现形式;摆脱对洋教条、洋八股、洋经验和旧体系、旧内容、旧语言、旧体例的倚赖和束缚;迈开双脚到实践中去,倾听人民群众的呼声,具有中国风格和中国气派的法律体系,就一定能够建立起来。中华民族是伟大的民族,是有志气的民族。只有民族的,才是世界的。创新的中国社会主义立法,应当也一定能够为人类做出新的贡献。

二、普通法和衡平法

普通法和衡平法的划分，是英国对英国法的一种分类。

普通法是英国的一般法，而衡平法是为了纠正普通法的缺点，并作为普通法的补充法而发展起来的，因而衡平法没有形成完整的体系。衡平法是作为救济方法（equitable remedies）的特定履行（specific performance）和禁止命令（injunction）出现的。按照契约的目的，强制作为、不作为和禁止不法行为，是对以损害赔偿为原则的普通法补充。普通法上的救济方法以损害赔偿为原则，衡平法上的救济是为解决普通法的"救济不充分"而被赋予的。

在对普通法进行补充的过程中，衡平法形成了一些法律原则。如财产法中的信托（trust）原则。

马克思恩格斯和列宁在论述中，没有提及"衡平法"术语。

（一）普通法

1. 普通法的由来

为弄清楚经典作家讲的英国普通法来源于习惯法，和作为封建法的普通法，以及普通法适应资本主义社会的情况，有必要说明普通法的来龙去脉。

英国普通法的基础是盎格鲁·撒克逊法。

在公元 5~6 世纪日耳曼大迁移时，居住在北部德意志易北河口附近的盎格鲁人（Anles）、撒克逊人（Saxons），和莱茵河口附近的朱特人（Jutes）先后侵入英国，驱逐当地土著居民普林敦人，建立了几个部族国家，这就是现在的英国人的祖先。这些盎格鲁·撒克逊人的法是原始部族的习惯法。盎格鲁·撒克逊法没有受到罗马法的决定性影响，仍保持着纯粹的日耳曼法的传统。由于盎格鲁·撒克逊人也信仰基督教，所以教会法也进入英国。

对英国法有全面影响的，是 1066 年从法国的诺曼底入侵英国的诺曼人。随着诺曼王朝的建立，英国第一次实现了国家的统一和法的统一。历代诺曼王朝实行的中央集权制，按照日耳曼传统，是行政性和司法性的。起初，国王的审判权，同封建领主和州的行政司法长官的审判权并不统一。但国王改变了法院的组织程序，从而扩大了审判权，最后掌握了全部审判权，依靠王室法院产生了统一的普通法。

诺曼人继承原有的盎格鲁·撒克逊习惯法，地方法院要根据国王的令状进行审判。这样，地方的司法便被纳入到国王的审判机构中。到 12 世纪时，确立了国王令状的绝对司法前提地位。

王室法院以盎格鲁·撒克逊习惯法进行审判。依据这种一般习惯法的全部判决即为普通法（common law）。随之，王室法院称为普通法法院（common law courts）。由于王室法院逐渐形成完备的具有专门成员的独立司法机关，乃至与国王和王室会议（curia regis = King's court）相分离，使普通法获得了迅速的发展。

恩格斯在《反杜林论》里提出英国的普通法，是"从远古以来至少是从十四世纪以来就通行的不成文的习惯法"，是非常科学的、准确的。恩格斯锁定"十四世纪"，指的正是王室法院与国王和王室会议最后分离的时间断限。恩格斯的"十四世纪"四个字的背后，概括了 12 世纪到 14 世纪这种分离的漫长历史过程。要知道什么是科学研究、科学论断吗？这就是。在思想巨匠们的科学论著面前，我们那般哗众取宠、无知无畏的法学家有什么资格哼一声呢？

按照英国的普通法，即从远古以来至少是从十四世纪以来就通行的不成文的习惯法，陪审员的一致，不仅在刑事判罪上，而且在民事诉讼的判决上都是绝对必要的。

恩格斯：《反杜林论》，
《马克思恩格斯全集》第 20 卷第 121 页。

人们可以把旧的封建法权形式的很大一部分保存下来，并且赋予这种形式以资产阶级的内容，甚至直接给封建的名称加上资产阶级的含意，就像在英国与民族的全部发展相一致而发生的那样；但是人们也可以像在西欧大陆上那样，把商品生产者社会的第一个世界性法律即罗马法以及它对简单商品所有者的一切本质的法律关系（如买主和卖主、债权人和债务人、契约、债务等等）所作的无比明确的规定作为基础。这样做时，为了仍然是小资产阶级的和半封建的社会的利益，人们可以或专是简单地通过审判的实践贬低这个法律，使它适合于这个社会的状况（普通法），或者是依靠所谓开明的满口道德说教的法学家的帮助把它改造为一种适应于这种社会状况的特殊法典；这个法典，在这种情况下即使从法学观点看来也是不好的（普鲁士国家法）；但是这样做时，人们也可以在资产阶级大革命以后，以同一个罗马法为基础，创造像法兰西 Code civile〔民法典〕这样典型的资产阶级社会的法典。

恩格斯：《路德维希·费尔巴哈和德国古典哲学的终结》，
《马克思恩格斯全集》第 21 卷第 346～347 页。

农奴的依附关系及其一切后果，永远被废除，对过去的主人不付任何赔偿；因为如奏折中所说，农奴的依附关系是沙皇波利斯·戈东诺夫任意推行的，后来由于滥用职权才成为普通法的重要组成部分；因此，它既然是由君主的意志产生的，也就可以由君主的意志废除。至于为废除它而偿付赎金的问题，用奏折中的话来说，这种用缴钱换取权利的办法，会构成俄国历史上真正可耻的一页，因为这些权利是农民天赋的，根本不应该予以剥夺的。

马克思：《关于俄国的农民解放》，
《马克思恩格斯全集》第 12 卷第 716～717 页。

在补充条文中规定，经过参议院的追认，"皇帝有权用普通法令来增发债券"。

马克思：《工人议会开幕。——英国的军事预算》，
《马克思恩格斯全集》第 10 卷第 126 页。

马克思在《关于俄国的农民解放》里，对于"奏折中所说，农奴的依附关系是沙皇波利斯·戈东诺夫任意推行的"，马克思在注解中写到：

这种说法决不正确。波利斯·戈东诺夫（1601 年 11 月 2 日敕谕）剥夺了农民在帝国土地上自由迁徙的权利，把他们固定在他们由于出生或居住所隶属的领地上。在他几位继承者的统治下，贵族对农民的权力迅速扩大，不久所有的农民便真正成为农奴。但是这仍然只是贵族方面非法的越权行为，到 1723 年彼得大帝才使它合法化。农民没有摆脱把他们束缚在领地上的羁绊，现在又被变成贵族地主的个人财产；地主获得权利把他们单个地或成批地，随着土地或不随着土地出售，由于这个缘故，他本人便开始向政府对农民及其赋税负责。后来，叶卡特林娜二世大笔一挥又把新得到的西部和南部各省中的四五百万比较自由的农民变成了农奴。但是，在俄国的官方文件中是不便提到有关彼得一世和叶卡特林娜二世的这种事实的，于是要倒霉的波利斯·戈东诺夫来为他的所有继承者的罪孽负责。

2. 普通法就是作为一般法的英国法

在西方法学那里，普通法被赋予诸多涵义。有的指中世纪以来的教会法；有的称是与衡平法、教会法、制定法对应的法律；在欧洲大陆的法、德等国家，多指适用于全国的法律，不是地方性习惯。其实，普通法就是指诺曼王朝的王室法院作为审判根据的全国通用的习惯法，后来指法院的全部判例。"普通法"术语，是在英国的一般法意义上使用的。

西方学者关于普通法的概括和结论，主要基于两点考虑：一是判例作为严格的法律，包括后来发展起来的大法官法院的全部判例（衡平法），因而普通法包括衡平法在内。二是判例法是不成文法，它同议会制定的成文法（制定法）并行存在，普通法包括了成文法和不成文法。因此，在实际意义上说，普通法即是指英国法，更确切地说，是指英国的全部固有的一般法。而把接受了英国法的英美法系称为普通法系，说明了英国法正是普通法的事实。当然，这并不影响人们继续使用市民法（civil law）、教会法（canon law）、制定法等概念。

又是在通行普鲁士邦法的地域内，那里，在这种邦法的旁边、上面或者下面，还有省法、地方法令，有些地方还有普通法以及其他乱七八糟的东西，它们都具有各种各样的不同程度的效力，并且在一切实践的法学家中引起杜林先生在这里满怀同情地一再重复的呼救求援。

恩格斯：《反杜林论》，
《马克思恩格斯全集》第 20 卷第 122 页。

现在帝国政府又企图在普通法的范围内来反对我们，因此我们也试图利用我们通过坚决运用不合法手段而重新争得的合法手段。

恩格斯：《给"社会民主党人报"读者的告别信》，
《马克思恩格斯全集》第22卷第91页。

如果有人企图借助新的非常法，或者借助非法判决和帝国法院的非法行为，借助警察的专横或者行政当局的任何其他的非法侵犯而重新把我们的党实际上置于普通法之外，那末这就不得不使德国社会民主党重新走上它还剩下的唯一的一条道路，不合法的道路。

恩格斯：《给"社会民主党人报"读者的告别信》，
《马克思恩格斯全集》第22卷第91页。

党有一个更好得多的、经受住了考验的手段。一旦有人对普通法适用于我们这一点提出异议，"社会民主党人报"就会重新出现。为这种情况而保存下来的旧的机构将重新进行活动，这将是一个更加完善、更加有力和重新整顿了的机构。

恩格斯：《给"社会民主党人报"读者的告别信》，
《马克思恩格斯全集》第22卷第92页。

资产阶级曾经多少次要求我们无论如何要放弃使用革命手段而呆在法律的框子里，特别是现在，当非常法已经破产而普通法对于包括社会党人在内的一切人来说都已经恢复的时候！

恩格斯：《德国的社会主义》，
《马克思恩格斯全集》第22卷第292页。

同一天颁布的一项议会法令，即关于惩治暴行、胁迫和侵害行为的刑法修正法令，实际上是以新的形式恢复了旧的状态。这种议会把戏，使工人在罢工或同盟歇业（结成同盟的工厂主同时把工厂关闭）时可能利用的手段都不按普通法来处理，而按特别刑法来处理，而这个刑法的解释权又操在担任治安官的工厂主本人手中。

马克思：《资本论第一卷》，
《马克思恩格斯全集》第23卷第809页。

恩格斯在《德国的社会主义》里说，"非常法已经破产而普通法对于包括社会党人在内的一切人来说都已经恢复"，指的是迫害社会民主党人的非常法已经破产，开始按普通法的合法性来对待社会民主党人和革命者。在这种新形势下，恩格斯引用了法兰西第二共和国时期的保守派政治活动家奥巴罗的话——"合法性害死我们"，这句话反映出1848年底至1849年初法国反动势力的代表人物，打算挑起人民起义，然后把它镇压下去，恢复君主制的阴谋。恩格斯审时度势，告诫全党："我们不能给资产者老爷们帮这个忙，虽然的确，现在并不是我们处在'合法性害死我们'的地位。相反，合法性在如此出色地为我们效劳，如果在这样的情况下，我们来破坏合法性，那我们就是傻瓜。"

（二）普通法法院

1. 普通法法院的设置

英国法院系统的历史沿革，在本书的有关部分分别作过阐释，不再赘述。下面仅说明一下普通法法院与衡平法法院的关系。

开始，允许对普通法法院的判决不服者向国王提出救济的请愿。请愿由大法官负责处理。但从 14 世纪末，产生了由大法官直接接受请愿的惯例，在处理这些请愿的过程中，到 15 世纪的后半期，大法官庭分化为大法官法院和衡平法法院（Court of Chancery court of equity）。

到 16 世纪，由于衡平法法院禁止根据普通法提起诉讼、通缉和判决的执行等，这造成了对普通法法院司法事务的干涉。两法院的对立，引起了司法界和政界的巨大争议。由于詹姆士一世接受法务长官巴根（Sir Francis Bacon）的建议，从而确立了衡平法法院的管辖权和衡平法效力优先的地位。根据 1873 年的高等法院审判法（Supreme Court of Judicature Act），两个法院实行合并。合并后，两种诉讼由同一法院审理，只是衡平法案件仍然不适用陪审制。

在"公民和共产主义者"德利加尔斯基的军刀专政下，被任意逮捕的受害者至少应当按一般法律由普通法院审理。可是现在，法律和法院都暂时被取消了，并且成立了刽子手的特别军事法庭。

马克思恩格斯：《杜塞尔多夫的血腥法律》，
《马克思恩格斯全集》第 6 卷第 581 页。

根据第七条和第十三条，"暂时的"戒严使司令官或将军有权暂时地停止普通法院的活动，暂时地成立军事法庭，而军事法庭也是暂时地宣判死刑（第八条），并且暂时地在二十四小时内执行死刑判决（第七节第十三条）。但是"法制基础"还是由于有最后一级——"负责任的"大臣们——而得救了，——法制基础万岁！

马克思恩格斯：《新的军法宪章》，
《马克思恩格斯全集》第 6 卷第 591 页。

"人民立法"，这种制度存在于瑞士，如果它还能带来点什么东西的话，那末带来的害处要比好处更多。要是改成"由人民来管理"，这还有点意义。同样没有提出一切自由的首要条件：一切公务人员在自己的一切职务活动方面都应当在普通法庭上按照一般法律向每一个公民负责。

《恩格斯致奥·倍倍尔》，
《马克思恩格斯全集》第 34 卷第 123 页。

因为《资本论》是在戒严状态下出版的，在戒严解除后，它只能由普通法庭查禁，而他们害怕这样的丑事。因此，他们竭力通过暗中耍阴谋来取缔这本书。

> 《马克思致彼得·拉甫罗维奇·拉甫罗天》，
> 《马克思恩格斯全集》第34卷第192页。

宣布战时状态，关闭普通法庭。双方没有一方手软。宣布犯有叛国罪者不受法律保护的法案 {Bills of attainder} 和各种各样的司法迫害。

> 马克思：《从美国革命到1801年合并的爱尔兰》，
> 《马克思恩格斯全集》第45卷第74页。

在士兵干了自己的活又干了刽子手和抢劫者的活之后，该轮到总检察长的绳索出来干活了。军事法庭把那些在战斗中被俘的人绞死，普通法庭则把囚犯残酷地杀害。

> 马克思：《从美国革命到1801年合并的爱尔兰》，
> 《马克思恩格斯全集》第45卷第75页。

在俄国，政府害怕声张工厂的制度和工厂里发生的事件甚于洪水猛兽：它禁止在报上刊登罢工的消息，禁止工厂视察员发表自己的报告，甚至不再在对公众开放的普通法庭上审理罢工案件，——一句话，它采取一切办法使工厂和工人中间发生的一切事情都严守秘密。

> 列宁：《告沙皇政府》，
> 《列宁全集》第2卷第94页。

西欧大多数国家都有这种法庭，俄国还没有，因此，我们想探讨一下，工业法庭对工人有什么好处，为什么除了普通法庭以外，最好还要设立工业法庭（普通法庭由政府任命的或由有产阶级选出的一名法官审理案件，没有业主和工人选出的代表参加）。

> 列宁：《论工业法庭》，
> 《列宁全集》第4卷第239页。

向普通法庭上诉，先得写诉状（为此往往非请律师不可），缴纳手续费，等待很久，出庭时还得丢下工作，证人也得丢下工作，如果当事人不服上诉，案件就要转上一级法院重审，那就还得等待。

> 列宁：《论工业法庭》，
> 《列宁全集》第4卷第239页。

由业主和工人双方选出人数相等的代表组成的工业法庭，对工人具有重大的意义，对工人有许多好处：这种法庭比普通法庭对工人更方便；工业法庭的拖拉作风和文牍主义要少些；工业法庭的审判员了解工厂生活条件，作出的判决比较公正；工业法庭可以让工人熟悉法律，使他们习惯于选举自己的代表和参与国家事务；工业法庭可以使工厂生活和工人运动公之于世；工业法庭可以使厂主习惯于有礼貌地对待工人并以平等的身份同工人进行正常的谈判。

列宁：《论工业法庭》，

《列宁全集》第 4 卷第 246 页。

列宁在《告沙皇政府》和《论工业法庭》里提到的"普通法庭"，不是英国普通法意义上的普通法庭，而是指一般法意义上的法庭。当时，工业法庭是欧洲国家新设置的一种法庭，它不同于既存的其他法庭。

2. 普通法法院的案件管辖和收案范围

英国法院系统的设置和案件管辖，与其他国家有所不同，但收案范围大致是相同的。

马克思恩格斯的下列论述，涉及到法院的案件管辖和收案范围。因为他们提及的案件，不仅有英国的，也有德国和沙俄的。其"普通法法院"和《资本论》中谈到的英国"普通法院"，系指英国的"普通法法院"，而其"普通法庭""普通法院"等，指一般意义上的法庭和法院。

如果粗略地说读一读 1850 年一月宪法的第二篇，即论述普鲁士人的权利、论述这些普鲁士人的 droits del'homme（人权）的那部分，那么乍看起来它那里的条文是相当动听的：

"……每一个普鲁士人都有权利以口述、书写和印刷的方式自由表达自己的意见。与行使此项权利有关的犯罪案件由普通法庭审理……"。

马克思：《普鲁士状况》，

《马克思恩格斯全集》第 12 卷第 654～655 页。

一切公务人员在自己的一切职务活动方面都应当在普通法庭上按照一般法律向每一个公民负责。

恩格斯：《给奥·倍倍尔的信》，

《马克思恩格斯全集》第 19 卷第 7 页。

英国士兵在犯了一切不是纯粹纪律的过失时，都由普通法院、治安法院、petty sessions〔小型审判庭〕、quarter sessions〔季度审判庭〕或陪审法庭进行审讯，他们和其他公民发生任何纠纷时，都被当作普通公民看待，——这一点是不言而喻的。

马克思恩格斯：《英国士兵的誓言》，

《马克思恩格斯全集》第 6 卷第 391 页。

据伯尔尼消息，联邦委员会撤销了弗里布尔州军事法庭对不久前暴动参加者的判决，并且建议：如果州委员会不予赦免，就将该案移交普通法庭。

> 马克思：《俄国的欺骗。——格莱斯顿的失败。——查理·伍德的东印度改革》，
> 《马克思恩格斯全集》第 9 卷第 132 页。

如遇战地法庭的判决尚未执行，"普通法院"也只能用按照法律的惩处来代替战地法庭的惩处，而"罪行"本身"则必须认为业已证明"，对于控诉正确与否不得加以讨论。

> 马克思恩格斯：《新的军法宪章》，
> 《马克思恩格斯全集》第 6 卷第 595 页。

根据密多塞克斯的资格审查律师沙德维尔先生的判决，许多属于上述自由农土地协会的选民被剥夺了选举权；他宣布，凡是土地的价值不足五十英镑的土地占有者不得享有选举权。因为这里所涉及的是事实问题，而不是权利问题，所以对于这个判决不能向普通法法院提出上诉。

> 马克思：《商业繁荣的政治后果》，
> 《马克思恩格斯全集》第 8 卷第 427 页。

在 1856 年依靠伪君子威尔逊 - 派顿——一个用宗教装璜门面而随时准备为讨好钱袋骑士去干肮脏勾当的虔诚者——通过了一项在当时情况下使他们感到满意的议会法令。这个法令事实上剥夺了工人的一切特殊保护，它让工人在受到机器的伤害时向普通法院提出赔偿损失的诉讼（在英国诉讼费用很高，这纯粹是一种嘲弄），而另一方面又对专家鉴定作了一种非常巧妙的规定，使工厂主几乎不可能败诉。

> 马克思：《资本论第三卷》，
> 《马克思恩格斯全集》第 25 卷上册第 107 页。

马克思恩格斯在《英国士兵的誓言》里的"小型审判庭"（Petty sessions），即"即决法庭"，是英国治安法院的期庭，这种法庭按简化的诉讼程序审理小案件。

"季度审判庭"（Quarter sessions），即"季度法庭"，是治安法官的例庭，每年开庭 4 次。

马克思在《商业繁荣的政治后果》里的"普通法法院"，指的是民事法院，是英国的高等法院之一（1873 年改革后成为高等法院的分院），在这里，诉讼程序根据英国普通法进行。民事法院的职权范围是，除了其他问题外，还可以审理对资格审查律师就选举人名单所作的决定提出的上诉。根据英国的普通法，上诉法院只审理法律问题，即有关破坏法律的和诉讼程序的准则问题；至于事实问题，即有关案件的实际情况问题，根据普通法，则归陪审员审理。

三、联邦法和联邦成员法

联邦法与联邦成员法的划分，是联邦制国家的一种基本的法律分类。这种分类，关系到立法权的设置和司法系统的特点。

联邦是复合制的国家结构形式。是由两个或两个以上主权国家成员（州、邦、共和国、省等）组成的联合的国家形式。联邦既是国家主体，也是国际关系主体。

联邦与联邦成员之间权限划分，一般有三种方式。凡涉及联邦整体的重大事项的处理和决定权，即联邦中央专属权限如领土变更、国籍、外交、军事、货币、度量衡、历法等权限，由联邦中央行使；凡规定联邦中央行使权力之外的其余权限（"剩余权力"），由联邦成员行使；不宜分开的交叉事项的权限，即共有权限，由联邦与联邦成员共同行使。

联邦同其成员之间的权限划分，一般由联邦宪法规定。同这种权限划分相应的，联邦最高权力机关有权制定、修改、执行宪法授权范围内的法律，对联邦成员的公民有直接法律效力；属于联邦成员权限范围的事项，成员有权制定法律；属于共有权限范围的事项，联邦与联邦成员以各自名义分别制定法律。

（一）普鲁士邦法

1. 普鲁士邦法的性质

普鲁士邦法即《普鲁士国家通用邦法》（《普鲁士邦法全书》），包括私法、国家法、教会法和刑法，自 1794 年 6 月 1 日起开始生效。由于法国资产阶级革命及其对德国的影响，邦法明显地反映出资产阶级改良的萌芽，然而就其实质来说，它仍然是一部封建性的法律。

在法的性质上，普鲁士邦法是邦法，不是联邦法。确定这一点，首先应当弄清楚普鲁士与德意志的关系。从 1815 年开始到 1918 年，德意志帝国的各邦，包括王国、大公国、公国、亲王国、自由市等。在 17－19 世纪，普鲁士王国是德意志最大的"邦国"。在德意志帝国各邦中，普鲁士一直是"王国"。当然，当时的"邦国"，还不具备后来我们所认识的完整的"邦国"与"联邦国"涵义和关系。

马克思恩格斯关于普鲁士法的论述，是从这部法律本身的角度认识的。

无知忘记了自己是在充当告发沃尔弗的约阿希姆·朗格的角色；朗格认为，沃尔弗的前定学说似乎会使士兵临阵脱逃，因而削弱军纪，以致瓦解整个国家。最后，无知还忘记了普鲁士邦法正是来源于"这个沃尔弗"的哲学学派，忘记法国拿破仑法典并不来源于旧约全书，而是来源于伏尔泰、卢梭、孔多塞、米拉波、孟德斯鸠这一思想学派，来源于法国革命。

马克思：《〈科隆日报〉第179号的社论》，

《马克思恩格斯全集》第1卷上册第227页。

邦法是建立在理智的抽象上的，这种理智的抽象本身是无内容的，它把自然的、法的和合乎伦理的内容当作外在的、没有内在规律的质料加以吸收，它试图按照外部的目的来改造、安排、调节这种没有精神、没有规律的质料。邦法不是按照对象世界所固有的规律来对待对象世界，而是按照任意的主观臆想和与事物本身无关的意图来对待对象世界。旧普鲁士法学家表现出他们对邦法的这种本性了解很差。他们所批判的不是邦法的本质，而是它个别的外部表现。

马克思：《〈莱茵报〉编辑部为〈论新婚姻法草案〉一文所加的按语》，

《马克思恩格斯全集》第1卷上册第316～317页。

埋头于普鲁士邦法的检察机关，完全和杜林先生一样，忽略了规定得很明确的法兰西法律和含糊的普鲁士邦法的不确定性之间的本质差别，对拉萨尔提出了带有倾向性的诉讼并引人注目地失败了。因为只有对法兰西现代法领域完全无知的人，才敢断言法国的刑事诉讼有普鲁士邦法那样的"由法院宣判无罪"，这种半宣判无罪；法兰西现代法在刑事诉讼中只有判罪或宣判无罪，而没有介于两者之间的判决。

恩格斯：《反杜林论》，

《马克思恩格斯全集》第20卷第120页。

杜林先生的最深刻的专门研究是在于他用了三年时间在理论方面埋头于民法大全，以后又用了三年时间从实际方面埋头于高贵的普鲁士邦法。这肯定也已经是颇有功劳了，并且对一个极可尊敬的旧普鲁士地方法官或律师来说也足够用了。但是，如果要给一切世界和一切时代编写法哲学，那末总应当也稍微详细地知道些像法国人、英国人和美国人这样一些民族的法律关系，这些民族在历史上所起的作用完全不同于盛行普鲁士邦法的德国的一个角落。

恩格斯：《反杜林论》，

《马克思恩格斯全集》第20卷第122页。

又是在通行普鲁士邦法的地域内，那里，在这种邦法的旁边、上面或者下面，还有省法、地方法令，有些地方还有普通法以及其他乱七八糟的东西，它们都具有各种各样的不同程度的效力，并且在一切实践的法学家中引起杜林先生在这里满怀同情地一再重复的呼救求援。

恩格斯：《反杜林论》，

《马克思恩格斯全集》第20卷第122页。

杜林先生前后一贯地向我们陈述其结论的法学和政治学领域，是和实施普鲁士邦法的地域相"吻合"的。除了目前甚至在英国每个法学家都相当熟悉的罗马法以外，他的法律知识就唯一地只限于普鲁士邦法这部启蒙的、宗法制的专制主义的法典。

恩格斯：《反杜林论》，

《马克思恩格斯全集》第 20 卷第 123～124 页。

"不承认任何仅仅是假象的地平线"的哲学，在法律上却满足于和普鲁士邦法的实施范围相吻合的真实的地平线。

恩格斯：《反杜林论》，

《马克思恩格斯全集》第 20 卷第 158 页。

杜林先生就从这个对他不幸的国家逃到他所热爱的、行使普鲁士邦法的区域。在这个区域中，地主的自己经营以完备的宗法形式盛行，"地主把地租理解为自己那块土地上的收入"，而容克老爷们关于地租的见解还妄想成为科学上的权威见解。

恩格斯：《反杜林论》，

《马克思恩格斯全集》第 20 卷第 246 页。

上面那些贫乏的、吞吞吐吐的、又是在施行普鲁士邦法的酿酒区和制糖区内流传的老生常谈，就是杜林先生关于现在和将来的城市和乡村的对立所能告诉我们的一切。

恩格斯：《反杜林论》，

《马克思恩格斯全集》第 20 卷第 315 页。

诚然，要看到那些将要消灭旧的分工以及城市和乡村的分离并且将使全部生产发生变革的革命因素已经在现代大工业的生产条件中处于萌芽状态，要看到这些因素在自己的发展中受到现今的资本主义生产方式的阻碍，必须具有比施行普鲁士邦法的地区稍为广阔一些的眼界，在那里，烧酒和甜菜糖是主要的工业产品，而商业危机可以根据书籍市场上的状况来研究。

恩格斯：《反杜林论》，

《马克思恩格斯全集》第 20 卷第 322 页。

由于他的缘故，我便有机会了解新的帝国司法法规。这是一些极端乌七八糟的东西。普鲁士邦法的所有的全部肮脏东西同拿破仑法典的一切卑鄙货色拼凑在一起，但却没有拿破仑法典的优点。法官拥有在一切方面自由决定之权，除了纪律条例之外，他们不受任何约束，所以在政治事务中他们的决定当然将取决于而且现在就是取决于他们的"自由裁断"。

恩格斯：《致爱·伯恩施坦》，

《马克思恩格斯全集》第 35 卷第 257～258 页。

六个星期前出了一本好书：雅·费奈送《普鲁士和普鲁士制度》1839 年曼海姆版。书中详细地分析了普鲁士法律、国家管理机关、赋税的分配，等等；结果十分明显：靠牺牲贫民的利益来优待金钱贵族、追求一成不变的专制制度；实施的办法是：压制政治教育，使大多数人处于愚昧状态，利用宗教，华丽的外表，漫无边际的吹嘘；制造骗人的假象，仿佛当局在鼓励教育。德意志联邦立即下令禁书，没收尚未售出的存书。

最后一个措施是不切实际的，因为书商们仅仅被询问，他们那里有没有存书。任何一个正人君子都会回答说：没有。——如果你能在那里搞到这本书，务必读一读：这不是罗多芒特说大话，而是从普鲁士邦法中取得的证据。

恩格斯：《致威廉·格雷培》，

《马克思恩格斯全集》 第 41 卷第 534 页。

这种在政府、权利、要求和德国联邦法律方面的史无前例的混乱，却有一个很大的好处。德国的共和党人直至今天分为联邦主义者和联合主义者两派；前者的主要力量在南方。每一次力图把德国改造成联邦国家所引起的混乱都明显地证明了，任何这样的计划都是注定要失败的，都是不切实际的和愚蠢的，因为德国的文明已经很发达，除了统一的、不可分割的、民主的和社会的德意志共和国这种形式，它不能接受任何其他形式的统治。

恩格斯：《法国来信》，

《马克思恩格斯全集》 第 44 卷第 30 页。

马克思在《〈科隆日报〉第 179 号的社论》里说，"普鲁士邦法正是来源于'这个沃尔弗'的哲学学派"。克·沃尔弗是哈雷大学的哲学和数学教授，理性主义启蒙运动的代表，莱布尼茨哲学的继承者。因此，他的著作和讲演遭到虔诚派神学家们的猛烈抨击。由于哈雷的神学教授约·朗格的告密，威廉一世下令驱逐沃尔弗。1723 年 11 月，沃尔弗离开普鲁士。

2. 普鲁士邦法的内容

普鲁士邦法是普鲁士王国的法律全书，包括当时基本的法律领域，有国家法、教会法、刑法、民商法等。

马克思恩格斯的论述，涵盖了普鲁士邦法的基本规定。

同样，普鲁士邦法的第 2 部分第 13 章也说："国家元首最主要的职责是维持外部和内部的稳定和安全，保护每个人的一切不受暴力侵犯。"

马克思：《〈科隆日报〉第 179 号的社论》，

《马克思恩格斯全集》 第 1 卷上册第 216 页。

如果根据拿破仑法典，"未经教会认可的婚姻"在莱茵河流域被看作"婚姻"，而根据普鲁士邦法，在施普雷河流域则被认为是"非法同居"，那么，根据海尔梅斯的意见，"违警的"处罚就给"哲学家们"提供了一种论据，即在这里是合法的东西在别处却被看作违法的。

马克思：《〈科隆日报〉第 179 号的社论》，

《马克思恩格斯全集》第 1 卷上册第 216 页。

《莱茵报》对新草案提出了下列几点主要的反对意见：（1）草案只是以简单的修订代替了改革，因而普鲁士邦法就被当作根本法保留了下来，这样便表现出非常显著的不彻底和无把握。

马克思：《论离婚法草案》，

《马克思恩格斯全集》第 1 卷上册第 346 页。

据"汉诺威日报"报道，奥地利和普鲁士签订的攻守同盟条约 123 包括以下主要条款……

3. 邀请德意志联邦全体成员参加这个攻守同盟并遵照联邦法所规定的义务给这个同盟以支援。

马克思：《希腊人暴动》

《马克思恩格斯全集》第 10 卷第 223 页。

虽然民兵的总的体制是联邦法所确定的，民兵受联邦司令部领导，但民兵的组织几乎完全掌握在各州政府的手中，这种做法不可能不造成制度的紊乱和不统一。

恩格斯：《欧洲军队》，

《马克思恩格斯全集》第 11 卷第 529 页。

这里所说的拉萨尔案件是 1848 年夏天在科伦陪审法庭审理的，那里和几乎整个莱茵省一样，通用法兰西刑法。仅仅对政治上的不法和犯罪才例外地实施普鲁士邦法，但是早在 1848 年 4 月，这种例外规定又被康普豪森取消了。法兰西法根本没有像普鲁士邦法中所说的"策动"犯罪这种肤浅的范畴，更不用说什么策动犯罪企图了。法兰西法只有教唆犯罪，而这只有"通过送礼、许愿、威胁、滥用威信或权力、狡猾的挑拨或犯罪的勾当"（刑法典 68 第六十条）来进行时才可以判罪。

恩格斯：《反杜林论》，

《马克思恩格斯全集》第 20 卷第 120 页。

"社会民主党人报"就是这种不合法性的体现。对它来说既不存在必须遵守的帝国宪法，也不存在帝国刑法典和普鲁士邦法。"社会民主党人报"无视帝国的和各邦的法律，每周都违法地潜入神圣德意志帝国国境；暗探、特务、奸细、海关官员、增加了一两倍的边防岗哨——一切都无济于事。

恩格斯：《给"社会民主党人报"读者的告别信》，

《马克思恩格斯全集》第 22 卷第 89 页。

至于沙克，她不过是行使普鲁士邦法第2章第1节第740条赋予她的贵族特权："如果公认她（离了婚的妻子）不是有过错的一方，则可重新恢复婚前所属较高等级的地位。"

恩格斯：《致卡·考茨基》，

《马克思恩格斯全集》第38卷第374页。

由于至今尚无专门的出版制裁法，所以与此有关的法律就只能散见于普鲁士邦法的各个章节。我们可以把惩治侮辱罪和道德败坏罪等等法律暂且撇开不谈，因为我们现在谈论的主要只是政治上的罪行。在这里，我们可以从叛国罪、蛮横、无礼地指责或嘲弄国家法律和侮辱陛下罪等条目中找到有关的规定。但是很快就能看出，这些法律写得极其含糊，特别是在出版方面，很容易遭到如此广义的、随心所欲的解释，以致要对它们下判断只有司法实践才具有实质意义。

恩格斯：《普鲁士出版法批判》，

《马克思恩格斯全集》第41卷第323页。

这种现象也可以很简单地用普鲁士邦法汇集成典的那个时期来解释，可以用那一时期具有自由思想的教育同普鲁士的旧制度之间的冲突来解释。对政府、对国家机关的不满，这在当时差不多被看作是叛国罪，至少也被看成是一种理应受到极认真的法庭侦讯和严厉的判决的罪行。

恩格斯：《普鲁士出版法批判》，

《马克思恩格斯全集》第41卷第330页。

马克思在《论离婚法草案》和《〈莱茵报〉编辑部为〈论新婚姻法草案〉一文所加的按语》中，反对直接把新教的教义作为普鲁士立法基础的企图，揭露了普鲁士立法制度的落后性质。他指出，普鲁士邦法不是按照对象世界所固有的规律来对待世界，而是按照任意的主观臆想和与事物本身无关的意图来对待对象世界。

恩格斯在《反杜林论》里提到的科伦陪审法庭审理的拉萨尔案件，情况是：拉萨尔于1848年2月因被控教唆盗窃一只盛有哈茨费尔特伯爵夫人离婚案（1846—1854年拉萨尔是该案的律师）需用文件的首饰匣而被捕。拉萨尔案件是1848年8月5—11日审理的。拉萨尔被陪审法庭宣判无罪。

"刑法典"（Code pénal）是法国的法典，1810年通过。从1811年起，在法国以及法国人占领的德国西部和西南部地区实行。1815年莱茵省归并普鲁士以后，它仍和民法典并行于莱茵省。普鲁士政府曾经力图采用一系列措施在莱茵省推行普鲁士的法律。这些措施遭到莱茵省的坚决反对。三月革命后，根据1848年4月15日的命令，取消了这些措施。

（二）俄罗斯联邦法

1. 俄罗斯联邦法律

1917 年，俄罗斯苏维埃社会主义共和国成立。1922 年苏维埃社会主义共和国成立后，俄罗斯共和国加入。1991 年苏联解体，俄定名为"俄罗斯联邦"。

在社会主义苏联，实行社会主义法律制度，国家法律具有高度统一性。苏联各联邦成员的立法，属于地方性立法，不得与中央立法相抵触。

苏联解体后，社会主义法已不复存在。俄联邦与联邦主体分别立法。从实际情况看，在俄联邦法律体系范围内，不存在联邦主体独立的法律体系。联邦主体立法必须与联邦立法相符合，联邦主体的立法也受到限制。

列宁讲的"俄罗斯联邦法律"，是指苏维埃社会主义时期的法律。

> 法制应当加强（或得到最严格的遵守），因为俄罗斯联邦法律的基本原则已经确定。
>
> 列宁：《关于切实遵守法律的决定提纲草稿》，
> 《列宁全集》第 35 卷第 130 页。

列宁在《关于切实遵守法律的决定提纲草稿》里，建议就所提一些内容颁布法令。1918 年 11 月 8 日，全俄苏维埃第六次（非常）代表大会就司法人民委员德·伊·库尔斯基的报告通过了关于革命法制的决定。这项决定是根据经党中央委员会批准的列宁的提纲起草的。

此外，《关于经俄罗斯联邦承认的、受俄罗斯联邦法律保障和受俄罗斯联邦法院保护的基本私人财产权利的法令》由司法人民委员部起草，1922 年 5 月 22 经第九届全俄中央执行委员会第三次常会批准。

列宁关于俄罗斯联邦立法的直接论述较少，他的法律思想，主要是通过大量的立法体现的。这些立法，都是经过列宁的建议、审改通过的。

2. 俄罗斯联邦法院

苏维埃社会主义时期的俄罗斯联邦法院系统，是苏联法院系统的组成部分。苏联的法院，有联盟法院，即苏联最高法院、军事法院等和共和国法院（共和国最高法院、州法院、基层法院）。苏联共产党通过法院党组织进行领导，否定"司法独立"，法院依法独立审判，是人民司法的基本特点。

苏联解体后，1996 年 10 月，俄联邦通过《俄罗斯联邦法院体系法》，确定了俄联邦的法院组织系统。按照西方模式，成立宪法法院。宪法法院是制约总统、议会，平衡行政、立法、司法的机构，享有对行政首脑的行政措施和议会制定的法律的审查权。

俄联邦的法院系统，由联邦法院和联邦主体法院组成。设置联邦最高法院、各联邦主体法院、区（市）法院、治安法院和军事法院。上级法院有权对下级法院进行监督。联邦法院适用联邦宪法、宪法性法律、联邦法律，法院判决在俄联邦全境有强制执行力。

一旦解除合同，苏维埃政权不承担任何财务上的义务（或者只承担俄罗斯联邦法院或俄罗斯联邦中央执行委员会认为合理的义务）。

列宁：《米哈伊洛夫同志的便条并附俄共（布）中央的决定草案》，
《列宁全集》第 42 卷第 204 页。

列宁在《米哈伊洛夫同志的便条并附俄共（布）中央的决定草案》里，谈到苏维埃政权不承担任何财务上的义务时，提到"俄罗斯联邦法院"，表明列宁在研究旧债务的对策问题上，对法院看法的重视。

俄共（布）中央政治局于 1921 年 10 月 20 日通过了列宁起草的决定草案。文件末尾的几条建议写入了同鲁特格尔斯小组签订的协议。

四、公法和私法

在前资本主义社会，不存在公法、私法的划分。在古罗马时期，查士丁尼的《学说汇纂》中引用了罗马法学家乌尔比安关于"有关罗马国家的法为公法，有关私人的法为私法"的提法。当时提出的所谓"私法"术语，涉及的只是范畴的、逻辑思辨的，而不是理论的、过程的和实际运作的，并未形成公法、私法划分理论。

由于法处于未分化状态，因而也不存在私法与公法的法律分类。

进入资本主义社会后，由于经济过程中发生了商品交换量的扩大和质的变化（为卖而买），在法的领域确立了"人"的种种私有权，因而作为私有权法体系的私法产生了。当然还有公法体系，公法的任务，是维护私法秩序，在私法领域，公法起消极作用，不存在对私法的渗透和干预。在资本主义进入垄断和国家垄断后，法的情况不再是这样了。

划分公法、私法的观念，是以私人所有为基本环节，在下述两条发展路线上展开的：私人所有——社会分工——阶级——国家权力——公法；私人所有——商品生产——商品交易——民事权利——私法。私人所有的二重结构，形成了以"物"为中心客体的生产者与生产资料相分离，进而所有者与生产者形成支配与被支配关系，从而法律关系也二重化了。

随着资本主义高度发展，也就是进入垄断和国家垄断阶段，为解决日益尖锐的社会对立和矛盾，国家从经济政策、社会政策出发，对社会生活进行越来越多的干预。这样，在公法与私法的交叉发展中，出现了私法的公法化过程。

私法公法化的表现是：

其一，法律主体资格的交错过程。公法的主体是国家和国家机关，私法的主体是私人（个人和社会团体）。国家参加社会过程，与一般社会活动主体发生经济关系时，国家是"立于准私人地位的国家"，国家机关参加社会活动时，是"立于准国家地位的私人"。

其二，法的意志实现方式的交错过程。公法意志是通过权力者命令、强制"人"遵守权力实现的；私法意志是通过主体对"物"的支配，对"人"的请求实现的。但是，随着社会关系的进一步发展，公法意志还表现为国家的义务，私法意志还表现为请求国家行使权力。此外，作为公法主体的国家机关间的关系，是一种私法性质的关系，而私法上的企业关系、企业内部关系，是一种非私法的关系（企业行政权力）。

其三，立法目的的交错过程。公法以社会公共利益和国家利益为立法目的，私法以私益为立法目的。但国家垄断关系，要求公法不但保护公益，也要保护私益，如公法中关于保护公民财产权的规定。私法也要保护公益，如合同法中关于违反公共利益的合同为无效合同的规定。

其四，调整方式的交错过程。公法的调整，是权力的强制性调整，一般采用行使权力的方法；私法的调整采取非权力的协商性调整。调整方法的交错，就是公法、私法都采用公法手段和私法手段。

这种交错过程，反映了法的结构变动过程，是私法的公法化过程和公法的私法化过程，法正是在这种结构性变动中发生了根本性变异。

公法、私法分类的直接结果，是法部门的划分。实际上，法域的变动与法部门的变动是同一过程。

划分法部门的标准，西方学者有四种学说：对象说，以法的调整对象即具体的社会关系为标准；方法说，以法的调整方法、方式为标准；结构说，以对象和方法相统一的结构型为标准；职能说，以国家基本职能、政策的目的为标准。上述法部门划分标准，适用于简单商品经济、一般市场经济的情况，适用于同这种一般情况相适应的简单的、具有同类性法规范的法规。

应当指出，后自由资本主义法的发展，经历着部门法的跨部门化过程。对于这一过程发生、发展的原因，不能从法的形式本身去寻找，也不能从法部门划分理论的先验模式去寻找，而应当从社会关系的新发展、新变化中去寻找。

在垄断、国家垄断条件下，社会关系具有特定历史阶段的内容和性质。市场经济的进一步发展，必然产生所有权的"私人性质"与"社会性质"的矛盾。这种矛盾的普遍性及由此引发的社会危机，必然产生"私人的所有权"与"社会的所有权"的分离、物权与债权的分离。社会的所有权，集中表现为作为社会领导中心的国家所有权。在这种情况下，"商品交易关系的法"在社会经济关系中将不再居于调整的主体地位，失去了主导作用，它必然为"全社会规模的法"所规定、所制约。这样，传统法部门之间的界限便自然而然地消失了。在所有权的私人性质及其绝对自由被强制限制过程中，形成了"所有权的法"与"人身的法"的分离，以此为基础，又形成了"财产关系的法"与"国民经济运行的法"的统一。

在法的发展中，适应于新经济条件的要求，发生着法规质的变化和量的增多。面对这一趋势，传统部门法划分理论采取了从事先已被设定的法部门出发，进行原法部门的法规扩张的思维方法。然而，部门法的跨部门化的客观历史进程，冲破了法部门划分理论的局限性，继续演进法体系内部的结构性变动，这种结构性变动，集中表现为改变人为的该原法部门的法规扩张。

这种"改变"，包括部门法的分化、转化、变革以及相对独立领域的出现，也包括新法的形成。

传统民法的指导原理，是"私人自治"。私人自治原理在财产方面，表现为对于自己所有的财产，享有使用、收益、处分的完全支配权，并限于自己的自由意思决定为基础，自身所有财产不得被他人非法剥夺。随着资本主义的高度发展，针对私人自治原则所产生的弊害，产生并发展了对所有权绝对性加以限制的理论。国家立法也对个人财产关系加以积极的干预，从而使作为私人相互间的权利义务关系形成基础的个人意思被国家和立法所约束。其结果是私人自治原理被修正了。

　　反映在立法上，一方面是民法内部的修正，另一方面是民法外部的修正。私权与公共福利的一致性原则，要求私权的行使必须符合社会公共利益。这包含着社会的权利、权利滥用的禁止这些崭新内容。这是民法自身由私人自治原则到私权的公共性原则的重大转变。民法外部的修正，是形成从民法自身转化而来又调整社会活动主体间财产关系的法律，即经济法。

　　法规——法部门——法域——法体系，这是传统法部门理论对法体系的分类方法。其分类的基本思想是：由调整同类社会关系的法规组成法部门，对不同的法部门按照国家同私人的关系和私人相互间的关系，划分为公法和私法两个法的领域，这两个法域共同构成一国的法律体系。

　　这里的问题是：

　　首先，法部门理论的出发点是私人所有权，由此出发，按"人""物""行为"要素来构建其理论结构。在自由放任经济条件下，商品交换关系的对价性属性，民事主体间权利义务的平等性属性，为法部门理论提供了客观可能性。垄断、国家垄断关系，使法的关系发生了重大变化，这时，法的划分理论的出发点，不再是私人所有权，而是国家和社会的总体运行；在法的调整领域，"人""物""行为"不再是惟一要素，而社会的结构、比例、状态等成为重大要素。

　　其次，随着法和法的关系的发展，由于出现了法部门的相对性、原法部门中的他类法规范及法制度逐步形成、各个法部门中固有的规定要素与非规定要素发生变异，因而法部门的独立性动摇了，而法部门划分理论仍建立在法部门的独立性上。

　　再次，在当代法规已是综合各个不同类的法规范的立法趋势下，仍沿袭法规即法规范的传统。这不仅忽略了法规体系与法规范体系的区别，而且也使法部门理论脱离立法实际，丧失了其存在的立法基础。

　　最后，法体系以法部门为中心的理论，没能正确总结现实法体系的矛盾。对于垄断、国家垄断条件下的立法，在法体系内部，存在法思想的矛盾，即自由放任主义法思想、国家垄断法思想、封建主义法思想、社会民主主义法思想的矛盾。由于这些法思想的混杂，反映在实体法和程序法上，存在公法与私法的矛盾、市民法与社会法和国家法的矛盾。这种矛盾性，集中于法部门内部以及各法部门之间。解决法体系的矛盾，必须从法部门入手，首先解决法部门的矛盾。

　　固守传统法部门划分理论的认识论根源，在于在法的分类上的先验论和绝对化思想方法。当代社会关系已发生了重大的实质性变化。在这种情况下，仍沿用基于18世纪的社会关系所形成法的理念硬套在当代社会关系上，这本身就使这种理论建立在主观先验论的认识论基础上；而且，建立在任何事物都是绝对的思想方法上。

　　为解决公法、私法划分理论和法部门划分理论的弊病，我提出了法体制理论。

　　法体制，是指同类法规范的表现形式和实现方式的体系。其法体制理论的实质，是对法规范配置方式的理论选择。基于法的社会化，法规范的表现形式不是法部门、法域（公法、私法），其实现方式不可能是法规范与法规的同一。当代立法实际表明，法规范存在并表现于法制度、法体制之中，法制度、法体制是通过对不同法规中的同类法规范系统化重组实现的。在法体系里，基于法制度统一体的法体制与基于法规集合体的法部门，具有不同的基础和结构。

依据法体制理论对法规范进行合理配置，能够克服传统法部门划分理论的缺陷，能够在法的划分领域解决理论与实践脱节问题。

马克思主义经典作家并没有对法作公法、私法的分类，只是在通常场合使用过通用的公法、私法术语。

（一）公 法

1. "公法"术语是在法律的一般意义上使用的

在经典作家那里，"公法"术语不是在公法、私法划分意义上使用的，而是在法律的一般意义上使用的。恩格斯在《"卡尔·马克思在科伦陪审法庭面前"一书序言》里说的"公法之外，即法律之外"，说明了"公法即法律"的思想见解。

国外法学界关于公法、私法划分的依据，被归纳为三个学说。

"主体说"是以主体为划分标准的。认为主体双方均为私人或私人团体的为私法；主体的一方或双方为国家和公共团体的为公法。我们知道，没有任何法是只规定一种主体的，都是既规定国家又规定公民个人或社会组织的。实际上，这是把"法律主体"与"法律关系主体"相混淆了。就"法律关系主体"而言，被法律所规范的主体之间的关系是法律关系，这种关系，是任何法律都可以规定的。如权利，民法可以规定，宪法可以规定，刑法也可以规定。如果把规定权利的法说成私法，那么宪法、刑法也都是私法了。

"意思说"是以命令意思和对等意思为划分标准的。认为凡规定命令和服从意思的是公法；规定对等协商意思的是私法。同一部法律，不仅有强制性规定，也有命令者义务的规定，也有被命令者请求命令者为一定行为的规定。因此，说一部法律只有一种性质的"意思"，是不符合实际的。

"法益说"是以法律上的利益为划分标准的。认为公法以公益为目的，私法以私益为目的。国家既保护公益也保护私益，法律既保护公益也保护私益。无论立法目的上，还是在立法技术上，法律不可能只保护一种利益。如宪法、刑法关于保护公民合法财产权的规定、民法关于保护国家利益和社会公共利益的规定。

由此看来，这个"说"，那个"说"，都是不能构成学说的。它们不能自圆其说，因为只有只言片语，没有体系化的论证；论据只有个别条件，没有充足条件，而个别条件也是矛盾的。

经典作家脱离公法、私法划分和部门法划分的窠臼，对法做具体分析并得出结论的思想方法，是具有优越性的思想方法。这种法学方法的成因，源于他们对公法、私法划分和部门法划分理论根源的深刻认识。

如果要求放弃从历史关系中必然产生的革命本质，而被这样要求的政党又是先被置于公法之外，即法律之外，然后又要求它承认正是对它说来是废止了的法制基础，那简直就可笑极了。

　　　　　　　　　　恩格斯：《"卡尔·马克思在科伦陪审法庭面前"一书序言》，
　　　　　　　　　　《马克思恩格斯全集》第 21 卷第 236 页。

　　从"十字报"到"法兰克福报"都指责社会民主工党，说它是革命党，说它不想承认 1866 年和 1871 年制定的法制基础，从而就置身于公法之外——所有的人，直到民族自由党为止，至少都是这样说。我且不谈这种怪论：仿佛某一个人维护某种意见就会置身于公法之外。

　　　　　　　　　　恩格斯：《"卡尔·马克思在科伦陪审法庭面前"一书序言》，
　　　　　　　　　　《马克思恩格斯全集》第 21 卷第 235 页。

　　"在已经揭发了基本谬误之后，就必须指出，批判所发现的法国议院辩论中的矛盾，即自由的理论和特权的实际势力之间的矛盾，特权的立法效力和公法状况（在这种状况下纯个人的利己主义力图攫取特权的闭塞）之间的矛盾，——这个矛盾也就是这个范围内的普遍矛盾。"

　　批判在法国议院辩论中所发现的矛盾，不外是立宪主义的矛盾。如果批判把它了解为普遍的矛盾，那它就算是了解了立宪主义的一般矛盾。如果批判比它认为"应该"看到的还看得远一些，也就是说，如果它想到了必须消除这个普遍的矛盾，那末，它就会放弃立宪君主制而主张民主的代议制国家，主张完备的现代国家了。……

　　批判把"特权的实际势力"和"自由的理论"对立起来，把"公法状况"和"特权的立法效力"对立起来。

　　　　　　　　　　马克思恩格斯：《神圣家族》，
　　　　　　　　　　《马克思恩格斯全集》第 2 卷第 146～147 页。

　　虽然炮击要塞还被认为是战争公法允许的，但这种手段毕竟会给居民带来许多灾难，所以在我们的时代，谁施行炮击而没有足够的把握用这种方法迫使要塞投降，谁就会受到历史的谴责。

　　　　　　　　　　恩格斯：《战争短评》，
　　　　　　　　　　《马克思恩格斯全集》第 17 卷第 142～143 页。

　　在德军阵地周围都有一片德军或法军都未能占领的地带，而正是在这里民众的抵抗显得最为坚强。为了镇压这种民众的抵抗，德军采用了既陈腐而又野蛮的战争公法。

　　　　　　　　　　恩格斯：《法国境内的战斗》，
　　　　　　　　　　《马克思恩格斯全集》第 17 卷第 177 页。

不管战争公法怎样，我们现在的良知不能容忍像对待斯特拉斯堡一样来对待巴黎。

恩格斯：《筑垒的首都》，

《马克思恩格斯全集》第 17 卷第 188 页。

这种甚至在旧世界的律师看来也是空前违反国际公法的行为，并未迫使欧洲各国"文明"政府把纯系圣彼得堡内阁御用工具的罪恶的普鲁士政府宣布为违法罪犯，却只是激起它们去讨论这样一个问题：是不是要把侥幸逃出巴黎双重包围圈的少数受害者引渡给凡尔赛刽子手！

马克思：《法兰西内战》，

《马克思恩格斯全集》第 17 卷第 382 页。

凡尔赛的报刊几乎没有一天不宣告达尔布瓦已被处死；要是从"秩序人物"的层出不穷的暴行、违反所有战争公法来说，如果不是公社，任何别的政府早就会批准把达尔布瓦处死了。

马克思：《初稿。——国防政府》，

《马克思恩格斯全集》第 17 卷第 547 页。

自从资产阶级在反对封建制度的斗争中并在发展资本主义生产的过程中不得不废除一切等级的即个人的特权，而且起初在私法方面、后来逐渐在公法方面实施了个人在法律上的平等权利以来，平等权利在口头上是被承认了。

恩格斯：《路德维希·费尔巴哈和德国古典哲学的终结》，

《马克思恩格斯全集》第 21 卷第 332 页

他也就像骑在一匹真正的瞎马上，由这匹瞎马驮着他无望地兜圈子。他的视野没有越出普鲁士公法的作用范围，而普鲁士的官僚统治在他看来就是"国家"。

《恩格斯致马克思》，

《马克思恩格斯全集》第 34 卷第 28 页。

扫除在自由合作社道路上还存在的一切立法的障碍和困难，因此，首先要通过废除那个破坏一切工会和合作社的反社会党人法，重新把工人阶级置于公法保护之下，不管公法是多么的可怜。

恩格斯：《致奥·倍倍尔》，

《马克思恩格斯全集》第 36 卷第 261 页。

根据章程规定，除了其他业务以外，该公司还可以买卖国家机关和公法机关的有价证券或工业股票，以它们作抵押品来贷款和借款，包销国家公债，简单地说，就是发行本公司的长期债券，数量同用这种办法得到的有价证券相等。

马克思：《法国的 CRéDIT MOBILIER》，

《马克思恩格斯全集》第 12 卷第 34 页。

恩格斯在《"卡尔·马克思在科伦陪审法庭面前"一书序言》里说的"法制基础"，指俾斯麦政府在帝国国会多数的支持下于 1878 年 10 月 21 日通过的《反社会党人非常法》。这是反对社会主义运动和工人运动的法律。这个法律，使德国社会民主党处于非法地位；党的一切组织、群众性的工人组织、社会主义的和工人的刊物都被禁止，社会主义文献被没收，社会民主党人遭到镇压。但是，社会民主党在马克思和恩格斯的积极帮助下，战胜了自己队伍中的机会主义的和"极左的"分子，它能够在非常法生效期间，正确地把地下工作同利用合法机会结合起来，大大巩固和扩大了自己在群众中的影响。在群众性的工人运动的压力下，非常法于 1890 年 10 月 1 日被废除。

恩格斯在《"卡尔·马克思在科伦陪审法庭面前"一书序言》里提到的"民族自由党"，是德国资产阶级，而其中主要是普鲁士资产阶级的政党，于 1866 年秋由于资产阶级的进步党的分裂而成立。民族自由党为了满足资产阶级的经济利益而放弃了这个阶级争取政治统治的要求，其主要目标是把德意志各邦统一于普鲁士的领导之下；它的政策反映了德国自由资产阶级对俾斯麦的投降。在德国统一以后，民族自由党彻底形成为大资产阶级和工业巨头的政党。民族自由党的对内政策愈来愈具有效忠君主的性质，因此民族自由党实际上放弃了它从前提出的自由主义的要求。

2. 公法是市民社会的法

马克思恩格斯采用公法术语，限于市民社会的法。他们关于公法的论述，约 23 处。从这些论述的内容看，都是围绕自由资本主义社会的情况阐释的。

这里概括的公法是排除了前资本主义和垄断资本主义时期的法的情况，同马克思恩格斯的论述相吻合。

这些立法必然是片面的，因为贫民的任何习惯法都基于某些财产的不确定性。由于这种不确定性，即不能明确肯定这些财产是私有财产，也不能明确肯定它们是公共财产，它们是我们在中世纪一切法规中所看到的那种私法和公法的混合物。

马克思：《关于林木盗窃法的辩论》，

《马克思恩格斯全集》第 1 卷上册第 251 页。

我们通过公法时代到达了加倍的、多倍的世袭权利时代。世袭所有者利用屏弃他们要求的时代进步，以便窃取野蛮人世界观所固有的私人惩罚和现代人世界观所固有的公众惩罚。

马克思：《第六届莱茵省议会的辩论（第三篇论文）》，

《马克思恩格斯全集》第 1 卷上册第 276 页。

现代的"公法状况"的基础、现代发达的国家的基础，并不像批判所想的那样是由特权来统治的社会，而是废除了特权和消灭了特权的社会，是使在政治上仍被特权束缚的生活要素获得自由活动场所的发达的市民社会。在这里，任何"特权的闭塞"既不和别的闭塞对立，也不和公法状况对立。

马克思恩格斯：《神圣家族》，

《马克思恩格斯全集》第2卷第148页。

民主的代议制国家和市民社会的对立是公法团体和奴隶制的典型对立的完成。在现代世界中每一个人都是奴隶制度的成员，同时也是公法团体的成员。

马克思恩格斯：《神圣家族》，

《马克思恩格斯全集》第2卷第149页。

无政府状态是摆脱了使社会解体的那种特权的市民社会的规律，而市民社会的无政府状态则是现代公法状况的基础，正像公法状况本身也是这种无政府状态的保障一样。它们怎样互相对立，也就怎样互相制约。

马克思恩格斯：《神圣家族》，

《马克思恩格斯全集》第2卷第150页。

施图普先生不想允许当局未经议会同意而控诉或逮捕议员。也就是说他允许自己干涉刑法。民事诉讼方面的控诉，却是另一回事！只是不得干涉民法！民法万岁！……

没有私法对公法的干涉，可是常常有公法对私法的"危险的"干涉。一般说来，既然我们有了 Code civil〔民法典〕、民事法庭和律师，还需要宪法干什么呢？

马克思恩格斯：《施图普的修正案》，

《马克思恩格斯全集》第5卷第108页。

施图普先生宣布了民事诉讼和民法的主权。不要这样的人司掌民法，而把他抛到立法权的从属范围中去，这是多么残酷无情呵！有主权的人民干出了这种"危险的"干涉"私法"的事情。因此，施图普先生对人民主权和公法提出民事诉讼。

马克思恩格斯：《施图普的修正案》，

《马克思恩格斯全集》第5卷第109页。

依照莱茵省法律，侮辱第三流的"国家元首"视同侮辱私人（罚款五法郎），其治罪只是根据受侮者的申诉，而不是因为这种罪行具有公法性质。

马克思：《霍亨索伦王朝的出版法案》，

《马克思恩格斯全集》第6卷第439。

我在前面叙述了若干形而上学的原理作为导言，并且把这部倒霉的作品写到了公法部分，约有三百印张。

马克思：《给父亲的信》，

《马克思恩格斯全集》第40卷第10页。

整个法分成契约法和非契约法。为了醒目起见，我冒昧提出了一份包括公法——其形式部分也经过整理——的分类的纲目。

马克思：《给父亲的信》，

《马克思恩格斯全集》第40卷第11页。

马扎尔通讯（《布勒斯劳报》）报道说："在欧芬，匈牙利施珀尔少校在违反一切国际公法的情况下被枪决，为了对此事进行报复，帝国军队的弗利盖利上校在德布勒森同样地被枪决了。——同时我们从一名奥地利军官的口中获悉，文迪施格雷茨收到匈牙利政府的一封信说，此后，如果再这样枪杀匈牙利俘虏，将立即得到报复。"

恩格斯：《战地新闻》，

《马克思恩格斯全集》第43卷第173页。

苏维埃社会主义共和国的一切国际关系，其外部的法律形式和外壳，一方面是布列斯特－里托夫斯克条约，另一方面是规定一个中立国在其他交战国中间所处的地位的公法和惯例，而这一情况形成了我们最近的困难。

列宁：《在全俄中央执行委员会和莫斯科苏维埃联席会议上关于对外政策的报告》，

《列宁全集》第34卷第313~314页。

公开承认曾决定并策划这次暗杀的主谋者，至今仍逍遥法外，而据已获得的消息判断，甚至已被赦免。德国政府抗议这种违反条约和公法的行为。德国政府理应要求俄国政府作出保证，今后不再进行违反和约的鼓动和宣传。

列宁：《在全俄苏维埃第六次（非常）代表大会上的两次讲话》，

《列宁全集》第35卷第146页。

马克思恩格斯在《施图普的修正案》里的"Code civil"，是拿破仑民法典。这个法典曾在法国人占领的德国西部和西南部地区实行；在莱茵省归并普鲁士后，这个法典在该省境内继续有效。

（二）私　法

1. "私法"是私有制之法

私法是私有制的产物。没有私有制，就没有私法。割断法律与所有制的联系，脱离法与经济基础的关系，是唯心主义法学的重要特征。把私法变成纯粹法律形式，使私法成为既游离于社会又游离于时代的法律形式，使之变成永恒的东西，是西方法学家的惯用手法。

马克思恩格斯在《德意志意识形态》中明确指出：私法和私有制是从自然形成的共同体形式的解体过程中同时发展起来的，当工业和商业进一步发展了私有制（起初在意大利随后在其他国家）的时候，详细拟定的罗马私法便立即得到恢复并重新取得威信。

国家一旦成了对社会的独立力量，马上就产生了新的意识形态。这就是说，在职业政治家那里，在公法理论家和私法法学家那里，同经济事实的联系就完全消失了。因为经济事实要取得法律上的承认，必须在每一个别场合下采取法律动机的形式，而且，因为在这里，不言而喻地要考虑到现行的整个法律体系，所以现在法律形式就是一切，而经济内容则什么也不是。公法和私法被看作两个独立的领域，两者各有自己的独立的历史发展，本身都可以系统地加以描述，并要求彻底根除一切内部矛盾，以便作出这种描述。

恩格斯：《路德维希·费尔巴哈和德国古典哲学的终结》，

《马克思恩格斯全集》第21卷第347~348页。

如果说国家和公法是由经济关系决定的，那末不言而喻，私法也是这样，因为私法本质上只是确认单个人之间的现存的、在一定情况下是正常的经济关系。但是，这种确认所采取的形式可以是很不相同的。人们可以把旧的封建法权形式的很大一部分保存下来，并且赋予这种形式以资产阶级的内容，甚至直接给封建的名称加上资产阶级的含意，就像在英国与民族的全部发展相一致而发生的那样；但是人们也可以像在西欧大陆上那样，把商品生产者社会的第一个世界性法律即罗马法以及它对简单商品所有者的一切本质的法律关系（如买主和卖主、债权人和债务人、契约、债务等等）所作的无比明确的规定作为基础。这样做时，为了仍然是小资产阶级的和半封建的社会的利益，人们可以或专是简单地人们可以或通过审判的实践贬低这个法律，使它适合于这个社会的状况（普通法），或者是依靠所谓开明的满口道德说教的法学家的帮助把它改造为一种适应于这种社会状况的特殊法典；这个法典，在这种情况下即使从法学观点看来也是不好的（普鲁士国家法）。

恩格斯：《路德维希·费尔巴哈和德国古典哲学的终结》，

《马克思恩格斯全集》第21卷第346页。

私法篇

第107节教导我们说：

"私法的必要性完全是一种臆想的必要性。"

国家法篇

"服从掌握权力的官府是神圣的道义上的责任。""至于政府权力的分配，那么实际上并没有一种国家制度是绝对合乎法理的，可是，不管权力如何分配，每一种制度又都是暂时合乎法理的。"

人们也能抛弃自由的最后束缚，即抛弃那强使人们成为合乎理性的存在物的束缚，这一点胡果不是已经证明了吗？

我们认为，从历史学派的哲学宣言中引来的这几段摘要，足以给这一学派作出历史的评价，以取代那些非历史的臆想、模糊的空想和故意的虚构。这几段摘要足以用来判明胡果的继承者能不能承担当代的立法者的使命。

马克思：《历史法学派的哲学宣言》，

《马克思恩格斯全集》第 1 卷上册第 237～238 页。

在现代各国人民那里，工业和贸易瓦解了封建的共同体形式，因此对他们说来，随着私有制和私法的产生，便开始了一个能够进一步发展的新阶段。在中世纪进行了广泛的海上贸易的第一个城市阿马尔非也制定了航海法。当工业和商业进一步发展了私有制（起初在意大利随后在其他国家）的时候，详细拟定的罗马私法便立即得到恢复并重新取得威信。后来资产阶级强大起来，国王开始保护它的利益，以便依靠它的帮助来摧毁封建贵族，这时候法便在一切国家里（法国是在 16 世纪）开始真正地发展起来了，除了英国以外，这种发展到处都是以罗马法典为基础的。但是即使在英国，为了私法（特别其中关于动产的那一部分）的进一步发展，也不得不参照罗马法的诸原则。（不应忘记法也和宗教一样是没有自己的历史的。）在私法中，现存的所有制关系表现为普遍意志的结果。仅仅 jus utendi et abutendi 〔使用和滥用的权利〕就一方面表明私有制已经完全不依赖于共同体，另一方面表明了一个幻想，仿佛私有制本身仅仅是以个人意志，即以对物的任意支配为基础的。实际上 abuti 〔滥用〕这个概念对于所有者具有极为明确的经济界限，如果他不希望他的财产即他的 jus abutendi 〔滥用的权利〕转入他人之手的话；因为仅仅从对他的意志的关系来考察的物根本不是物；物只有在交往的过程中并且不以权利（一种关系，哲学家们称之为观念）为转移时，才成为物，即成为真正的财产。这种把权利归结为纯粹意志的法律幻想，在所有制关系进一步发展的情况下，必然会造成这样的现象：某人在法律上可以享有对某物的占有权，但实际上并没有占有某物。例如，假定由于竞争的缘故，某一块土地不再提供地租，可是这块土地的所有者在法律上仍然享有占有权利以及 jus utendi et abutendi 〔使用和滥用的权利〕。但是这种权利对他毫无用处：他作为这块土地的所有者，如果除此之外没有足够的资本来经营他的土地，就一无所有。法学家们的这种幻想说明：在法学家们以及任何法典看来，各个个人之间的关系，例如缔结契约这类事情，一般是纯粹偶然的现象；这些关系被他们看作是可以随意建立或不建立的关系，它们的内容完全取决于缔约双方的个人意愿。每当工业和商业的发展创造出新的交往形式，例如保险公司等等的时候，法便不得不承认它们是获得财产的新方式。

马克思恩格斯：《德意志意识形态》，

《马克思恩格斯全集》第 3 卷第 71～72 页。

各种最自由的立法在私法方面，只限于把已有的法表述出来并把它们提升为普遍的东西。而在没有这些法的地方，它们也不去加以制定。

马克思：《第六届莱茵省议会的辩论》，

《马克思恩格斯全集》第 1 卷上册第 250 页。

理智取消了财产的二重的、不确定的形式，而采用了在罗马法中有现成模式的抽象私法的现有范畴。立法的理智认为，对于较贫苦的阶级来说，它取消这种不确定的财产所负的责任是有道理的，尤其是因为它已取消了国家对财产的特权。然而它忘记了，即使纯粹从私法观点来看，这里也存在两种私法：占有者的私法和非占有者的私法，更何况任何立法都没有取消过国家对财产的特权，而只是去掉了这些特权的偶然性质，并赋予它们以民事的性质。

马克思：《第六届莱茵省议会的辩论》，

《马克思恩格斯全集》第 1 卷上册第 251~252 页。

私法和私有制是从自然形成的共同体形式的解体过程中同时发展起来的。在罗马人那里，私有制和私法的发展没有在工业和贸易方面引起进一步的后果，因为他们的生产方式没有改变。在现代各国人民那里，工业和贸易瓦解了封建的共同体形式，因此对他们说来，随着私有制和私法的产生，便开始了一个能够进一步发展的新阶段。

马克思恩格斯：《德意志意识形态》，

《马克思恩格斯全集》第 3 卷第 71 页。

当工业和商业进一步发展了私有制（起初在意大利随后在其他国家）的时候，详细拟定的罗马私法便立即得到恢复并重新取得威信。

马克思恩格斯：《德意志意识形态》，

《马克思恩格斯全集》第 3 卷第 71 页。

即使在英国，为了私法（特别其中关于动产的那一部分）的进一步发展，也不得不参照罗马法的诸原则。

马克思恩格斯：《德意志意识形态》，

《马克思恩格斯全集》第 3 卷第 71 页。

在私法中，现存的所有制关系表现为普遍意志的结果。仅仅 jus utendi et abutendi〔使用和滥用的权利〕就一方面表明私有制已经完全不依赖于共同体，另一方面表明了一个幻想，仿佛私有制本身仅仅是以个人意志，即以对物的任意支配为基础的。

马克思恩格斯：《德意志意识形态》，

《马克思恩格斯全集》第 3 卷第 71 页。

利己主义的利益在"十表法"中比在帝国时代的"发达的私法"中表现得还要露骨。

在这个黑格尔词句的不幸的回忆里，私法因而是被看作利己主义的征象，而不是圣物的征象。在这里圣桑乔最好也思考一下，私法和私有财产究竟有什么联系，私法在什么程度上决定着其他许多法律关系（参看"私有制、国家和法"）。

马克思恩格斯：《德意志意识形态》，

《马克思恩格斯全集》第 3 卷第 364 页。

在 18 世纪的法国、19 世纪的英国，整个法都归结为私法（关于这一点，圣麦克斯也没有提到），而私法则归结为一种十分确定的力量，即归结为私有者的权力。

马克思恩格斯：《德意志意识形态》，

《马克思恩格斯全集》第 3 卷第 368 页。

在晚期的一系列法律汇编中也可以看到这样的法令，这就使我们有可能探溯直到目前为止印度私法或公法方面的某个法制的沿革。

马克思：《马·柯瓦列夫斯基〈公社土地占有制〉一书摘要》

《马克思恩格斯全集》第 45 卷第 248 页。

这里要说明的真正困难之点是：生产关系作为法的关系怎样进入了不平衡的发展。例如罗马私法（在刑法和公法中这种情形较少）同现代生产的关系。

马克思：《经济学手稿》，

《马克思恩格斯全集》第 46 卷上册第 48 页。

马克思在《历史法学派的哲学宣言》里说，"这几段摘要足以用来判明胡果的继承者能不能承担当代的立法者的使命"，这个继承者，是指弗·卡·冯·萨维尼。他的著作《论当代在立法和法学方面的使命》，于 1814 年在海德堡出版，1840 年出了第 3 版。

马克思恩格斯在《德意志意识形态》里提到的"十表法"，是"十二铜表法"（Lex duodecim tabularum）的最初的方案。"十二铜表法"是罗马奴隶占有制国家的古代立法的纪念碑。它的通过是公元前 5 世纪中叶在共和国时期平民和贵族斗争的结果，它是罗马私法进一步发展的渊源。

2. 社会主义不承认任何"私法关系"

社会主义承认商品生产和商品交换，承认公民权利，承认平等的交易关系，但不承认任何"私人"性质的东西，不承认任何"私法关系"，在经典作家看来，经济领域中的一切都属于公法即法律范畴，而不是什么私人性质的东西。

我国宪法规定实行社会主义公有制，这就排除了私法、私法关系存在的可能性。至于目前存在的多种经济成分，并不是实行私有制。限于以公有制为主体，堵塞了通向全盘私有化的道路。有些人按照私有制——私法——私有制的思路，鼓吹私法，而且把只适用于自由资本主义的公法、私法分类，硬套在中国法学理论上，是完全违背马克思主义法学原理的，是违背我们党的宗旨的，也是行不通的。如果不承认私有制而承认私法，则是不可理喻的事情。

我们的历史观首先是进行研究工作的指南，并不是按照黑格尔学派的方式构造体系的方法。必须重新研究全部历史，必须详细研究各种社会形态存在的条件，然后设法从这些条件中找出相应的政治、私法、美学、哲学、宗教等等的观点。

恩格斯：《致致康拉德·施米特》，

《马克思恩格斯全集》第 37 卷第 432 页。

自从资产阶级在反对封建制度的斗争中并在发展资本主义生产的过程中不得不废除一切等级的即个人的特权，而且起初在私法方面、后来逐渐在公法方面实施了个人在法律上的平等权利以来，平等权利在口头上是被承认了。

恩格斯：《路德维希·费尔巴哈和德国古典哲学的终结》，

《马克思恩格斯全集》第 21 卷第 332 页。

如有可能，请设法看一看科伦—明登董事会关于卑鄙的交易的声明。据说，就董事会参加这个交易来说，这只具有私法的性质；但是既然国王批准，那他就必须考虑问题的国法方面。

《恩格斯致马克思》，

《马克思恩格斯全集》第 31 卷第 190 页。

那些决不依个人"意志"为转移的个人的物质生活，即他们的相互制约的生产方式和交往形式，是国家的现实基础，而且在一切还必需有分工和私有制的阶段上，都是完全不依个人的意志为转移的。这些现实的关系决不是国家政权创造出来的，相反地，它们本身就是创造国家政权的力量。在这种关系中占统治地位的个人除了必须以国家的形式组织自己的力量外，他们还必须给予他们自己的由这些特定关系所决定的意志以国家意志即法律的一般表现形式。这种表现形式的内容总是决定于这个阶级的关系，这是由例如私法和刑法非常清楚地证明了的的。

马克思恩格斯：《德意志意识形态》，

《马克思恩格斯全集》第 3 卷第 377 页。

施图普议员就一手拿着"民事诉讼"，一手拿着"法庭的决定"出来欢迎尼古拉。因为，——他郑重其事地宣布，——战争，什么叫做战争？是对私法的危险的干涉！

马克思恩格斯：《施图普的修正案》，

《马克思恩格斯全集》第 5 卷第 109 页。

两种国家权力之间的斗争，既不属于私法范围，也不属于刑法范围。

马克思：《对民主主义者莱茵区域委员会的审判》，
《马克思恩格斯全集》第 6 卷第 288 页。

柏西阿斯这样非常个别的哲学家，至少还挥动讽刺的鞭子，鞭笞他们那些蜕化的同时代人。至于另一类的思想家，即法学家，则对新秩序赞赏不已，因为一切等级差别的取消，使他们得以全面制定他们心爱的私法，因而他们就为皇帝制定了空前卑鄙的国家法。

恩格斯：《布鲁诺·鲍威尔和早期基督教》，
《马克思恩格斯全集》第 19 卷第 333 页。

我们不能不感到惊奇的是，带着这样的自信心出场的对私法关系的批判，只限于向我们陈述：

"在科学性上，法学……前进得不远"；成文的民法是不正义，因为它确认以暴力为基础的所有制；刑法的"自然基础"是复仇。

在这种论断中，顶多只有"自然基础"这件神秘的外衣是新东西。

恩格斯：《反杜林论》，
《马克思恩格斯全集》第 20 卷第 119 页。

根据霍伊斯勒（"德意志私法制度"）的意见，德意志人的经济单位起初也不是现代意义上的个体家庭，而是由几代人或者说几个个体家庭所构成的、并且往往还包括许多非自由人的"家庭公社"。

恩格斯：《家庭、私有制和国家的起源》，
《马克思恩格斯全集》第 21 卷第 71 页。

国家在其公法上也不承认家庭，到今日为止，家庭不过存在于私法上而已。然而我们的全部历史科学直至现在都是从一个荒诞的假定出发的，这种假定尤其是在十八世纪已成为不可侵犯的了，即以为那未必早于文明时代的一夫一妻制个体家庭，曾是社会和国家在其周围逐渐凝结起来的核心。

恩格斯：《家庭、私有制和国家的起源》，
《马克思恩格斯全集》第 21 卷第 116 页。

我们不承认任何"私人"性质的东西，在我们看来，经济领域中的一切都属于公法范畴，而不是什么私人性质的东西。我们容许的资本主义只是国家资本主义，而国家，如上所述，就是我们。因此必须：对"私法"关系更广泛地运用国家干预；扩大国家废除"私人"契约的权力；不是把罗马法典，而是把我们的革命的法律意识运用到"民事法律关系"上去；通过一批示范性审判来经常地、坚持不懈地表明应当怎样动脑筋、花力气做这件事；通过党来抨击和撤换那些不学习这个本事和不愿理解这一点的革命法庭成员和人民审判员。

列宁：《关于司法人民委员部在新经济政策条件下的任务》，
《列宁全集》第 42 卷第 427 页。

　　恩格斯在《反杜林论》里提到杜林，说他带着这样的自信心出场的对私法关系的批判，只限于向我们陈述了成文的民法是不正义，因为它确认以暴力为基础的所有制。在恩格斯看来，这种对私法关系的批判，毫无意义。

　　但杜林非常自信，他说自己"我最初的专门研究正好是法学，我在这上面不仅用了大学理论准备通常所需的三年时间，而且还在往后的三年审判实践中，继续进行了研究，特别是在加深它的科学内容方面进行了研究……如果对私法关系和相应的法律缺陷的批判不是自觉地像了解这门学科的优点那样了解它的一切缺点，那末，这种批判肯定也不能以同样的自信心发表出来"。

第四部分

法制度的历史类型——不同社会形态的法制度

马克思主义经典作家从历史演变过程的角度，把人类社会划分为不同的历史类型。生产方式的类型，有原始公社制、奴隶制、封建制、资本主义和共产主义五大类型。共产主义的初级阶段是社会主义，只是在这一历史阶段才存在政权和法律问题。法是阶级社会的产物，阶级社会的国家和法，按其经济基础和阶级性质，分为奴隶制、封建制、资本主义和社会主义四大类型。法的前三种类型，属于剥削阶级法的类型。社会主义完全改变了法的剥削阶级性质，是人类历史上崭新的法的类型。

社会形态划分的基础是生产方式。生产方式包括生产力和生产关系两个方面。生产力是一种既得的力量，它所表现的是人们对于那些用来生产物质资料的自然对象和力量的关系；生产关系是人们在生产中以一定方式结合起来共同活动和互相交换其活动的社会联系和社会关系。由于生产力和生产关系相互作用，生产关系一定要适合生产力性质的规律的作用，人类社会才存在社会形态的交替过程。作为社会形态，表现为经济基础和上层建筑的统一，而上层建筑的核心，是政权和法律。

法律是政权制定的。政权的性质是怎样的，法的性质就是怎样的。经典作家的社会形态原理，不仅揭示了社会形态更替的规律，还提供了人们认识法和政权相互关系的方法论指南。

第一，不同社会形态的更替，一定是政权和法律的阶级性质的改变。就是说，没有改变政权和法律的阶级性质，是谈不上社会形态改变的。历史和现实一再证明，社会形态的更替必然经过社会革命。一个阶级消灭了，一个阶级胜利了，政权的阶级性质就改变了，法律的阶级性质也改变了。

第二，在同一社会形态下，政权的更迭不涉及政权和法律的阶级性质的改变问题。马克思恩格斯着墨颇多的英国的辉格党和托利党之争、普鲁士的汉宁曼内阁和康普豪森内阁之争，都发生在政权的阶级性质未变的情况下。政党或党派更换，"轮流坐庄"，就是为了夺得自己对于国家行政和立法的独占权，以此带来权位的荣耀和无可比拟的利益。

基于上述，从社会形态更替规律来认识法的性质和特点，能够从总体上把握法的原理和真谛。

一、奴隶制法制度

　　奴隶制社会，是在原始社会解体之后出现的人类历史上第一个剥削阶级社会。奴隶制社会的出观，是一个自然历史过程。在当时的历史条件下，对保存劳动力，推动社会生产是有进步意义的。恩格斯曾经说过：奴隶制的出现，"甚至对奴隶来说，这也是一种进步，因为成为奴隶来源的战俘以前都被杀掉，而在更早的时候甚至被吃掉，现在至少能保全生命了。"奴隶制社会是第一个人剥削人、人压迫人的社会。

　　在奴隶占有制度下，生产关系的基础是奴隶主占有生产资料和占有生产工作者，这些生产工作者就是奴隶主可以把他们当作牲畜来买卖、转让、杀戮的奴隶。这样的生产关系基本上适合当时的生产力状况。

　　当时的生产和生活工具不再是石器，而是金属工具。在原始的狩猎经济被畜业、农业、手工业以及这些生产部门之间的分工所代替，存在个人之间和公社之间的产品交换。在我国，夏启开始的夏商周三代是奴隶制社会。当时的农业已发展到相当水平。使用青铜农具生产，农业技术进步较快。进行水利灌溉。耕作采用休耕制，防治病虫害，施肥，选种，农作物的种类有了较大发展。修建粮储的粮窖和仓廪，利用谷物酿酒。历法的出现，使之按农时安排农事。畜牧业发展起来，饲养家畜。与此同时，手工业发展较快，手工作坊规模大，工艺技术水平不断提高。金属冶金技术进步，青铜器大量生产。制陶技术成熟，原始青瓷出现。纺织业规模和技术不断完善，生产丝织物和麻织物。

　　上述物质生活条件，决定了奴隶制法的性质和面貌。由于农业生产和手工业生产大批使用奴隶，提高了劳动生产率。在生产力发展和物质财富增加的同时，生产资料和财富逐渐积累在少数人手中，从而把大多数人变为奴隶。这是奴隶制法必须满足的社会要求。

　　这里，整个社会分化为奴隶主、平民和奴隶三个阶级。奴隶主是人类历史上第一个压迫和剥削阶级，奴隶是人类历史上第一个被压迫和被剥削阶级。奴隶制的法，是调整奴隶制社会关系的法，是奴隶主阶级专政的法。

　　在马克思主义经典作家关于奴隶制的论述中，本书还摘引了他们关于在资本主义时期北美废除奴隶制的论述，作为奴隶制社会形态部分的补充。

　　这些论述，充分表现了经典作家对当前发生的重大事件的认识能力和科学论证，同时，紧紧把握着社会主义的现状和未来。马克思恩格斯和列宁，不愧是人类的思想巨匠，不愧是在任何时候、任何情况下坚持无产阶级和广大劳动人民争取社会主义斗争的伟大导师。

　　马克思恩格斯在"美国问题在英国""北美内战"和"美国内战"等论文中，指明了美国内战是工业的北部和奴隶制的南部这两种对抗力量长期斗争的合乎规律的后果；揭示出北部和南部战争的真正原因，认为这次战争是两种社会制度，即在北部各州已经确立的资本主义雇佣劳动制度和在美国南部占统治地位并阻碍全国资本主义发展的奴隶制度之间的斗争。

马克思恩格斯对 19 世纪上半叶美国社会政治关系作了深刻的分析，从而阐明了美国种植场奴隶制这种复杂的社会现象，说明了它与世界资本主义市场在保留着资本主义以前的剥削形式和方法的情况下的紧密联系。他们强调奴隶制问题就是美国内战的实质，整个过程过去和现在都是以奴隶制问题为基础的。

马克思恩格斯认为，正如 18 世纪末美国独立战争揭开了资产阶级统治的纪元一样，美国反对黑奴制的战争将开创工人阶级统治的纪元，因此，美国革命战争可以促进欧洲革命运动的高涨，并成为未来的无产阶级革命的先声。他们深刻认识到，在美国南部保存黑奴制，成了加强剥削北部"自由"工人的理由，而奴隶主如果在战争中获胜，如果他们对整个联邦建立了统治，就会把整个工人阶级贬低到无权奴隶的地位。马克思恩格斯在阐述奴隶主寡头集团极端仇视美国工人运动时指出，就在这一时期，奴隶制的思想家"所力图证明的，与其说是黑奴制度合理，不如说是肤色实际上无关紧要，劳动者阶级不论在哪里生来都是做奴隶的"。马克思和恩格斯认定，团结一切希望彻底消灭奴隶制的进步力量，是美国工人阶级的基本任务。

关于人民群众在争取消灭奴隶制的斗争中起决定性作用的思想，像一根红线贯穿在马克思和恩格斯的论述中。无产阶级革命家之所以重视北部和西北部各州及其工人和农民——奴隶制的最坚决的敌人，也是从这一点出发的。

马克思主义奠基人极为重视被奴役的黑人群众的斗争，认定他们是北部在与南部奴隶主斗争中的天然同盟者。早在 1860 年，马克思在给恩格斯的信中就已指出，美国的奴隶运动是世界上最大的事件之一。马克思特别尖锐地批评美国政府不让黑人有权加入北军与奴隶主作战。马克思在"弗里芒特的免职""评美国局势"等文章中尖锐地批评北方政府，因为它害怕使战争成为彻底的、真正革命的反奴隶制的斗争。

马克思和恩格斯评价了废除奴隶制立法。客观地指出了这些立法的作用，并分析了它们的局限性及其原因。

（一）奴隶制法的社会动因

1. 奴隶制社会对法的要求

在奴隶制社会里，基本社会关系是奴隶主和奴隶两大阶级的关系。其平民关系，也是社会关系的重要方面。

奴隶主，是占有生产资料和奴隶的人，他们剥削奴隶、剥夺奴隶人身自由。全国土地归奴隶主国家所有。国王代表国家占有全国的土地和奴隶，然后把土地和奴隶分封或分配给其他奴隶主，世袭享有。在中国，"王室"是最大的奴隶主，公侯伯子男等为"公室"，其次是有采邑的"卿大夫"。

奴隶主不直接参与商品交易。因此奴隶所有者和对方之间，在发生法律效果的场合下，法律承认买卖等法律行为。作为交易者的奴隶为奴隶主参加交易，权利主体是奴隶主。中国的礼法禁止奴隶主贵族进入市场。《周礼·地官·司市》载："国君过市，则刑人赦；夫人过市，罚一幕；世子过市，罚一帟；命夫过市，罚一盖；命妇过市，罚一帷"。这也反映了各国奴隶主不参加市场交易的共同情况。

在罗马法上，奴隶的瑕疵行为（actio）义务，是不可想象的。奴隶制中期，出现"自然债务"观念（拉 naturals obligation）以来，对于合同关系中的瑕疵行为（以奴隶为主体的债务等），承认有一定的法律上的效果。

奴隶，是奴隶制社会里为奴隶主所占有并从事无偿劳动的人。甲骨文中的"工""奴""奚""臣""妾"等皆指奴隶。社会生产实行奴隶生产制度。奴隶是奴隶主买卖、转让、赏赐的对象。在罗马法中，奴隶是"物"，是财产关系的客体。当时，按照评价家畜的方法来评价奴隶。法律不承认奴隶的婚姻行为，只看作是"接种"的工具。奴隶所生的孩子和牛马一样，归属于母亲。

在奴隶社会里，除奴隶主和奴隶两大阶级外，还有平民。在马克思恩格斯的论述中，交替使用过"平民""自由民"术语，有时是泛指，有时是专指。但从具体语言环境看，其所指都是有具体针对性的，有特定含义的。

"平民"，是广大的个体农民和手工业者等。他们起初是由原始公社的一般成员转变来的。平民同大土地占有者、大商人和高利贷者都属于自由民。在名义上，自由民享有权利，实际上自由民内部存在着阶级分野，他们享有的权利也不相同。大土地占有者、大商人和高利贷者是奴隶主阶级，享有完全的权利，也剥削平民。平民有人身自由，享有一定的权利，占有少量的生产资料，少数人还占有个别奴隶。但他们受奴隶主、贵族的剥削压迫，向奴隶主、贵族缴纳赋税，负担各种徭役。随着奴隶制的发展，他们处于不断分化之中。有的沦为奴隶，有的成为无业游民。奴隶主、贵族同平民之间也是一种剥削与被剥削，压迫与被压迫的关系。因此，奴隶制社会存在平民与贵族的斗争、手工业者与商人的斗争、债务人与债权人的斗争等。

这样的社会结构，奴隶主阶级必然制定保护自己的财产和维护自己统治的法律。

(1) 社会结构

世界各国所有人类社会数千年来的发展，都向我们表明了它如下的一般规律、常规和次序：起初是无阶级的社会——父权制原始社会，即没有贵族的原始社会；然后是以奴隶制为基础的社会，即奴隶占有制社会。整个现代的文明的欧洲都经过了这个阶段，奴隶制在两千年前占有完全统治的地位。世界上其余各洲的绝大多数民族也都经过这个阶段。

> 列宁：《论国家》，
>
> 《列宁全集》第 37 卷第 64 页。

在罗马帝国时期，所有这些区别，除自由民和奴隶的区别外，都逐渐消失了；这样，至少对自由民来说产生了私人的平等，在这种平等的基础上罗马法发展起来了，它是我们所知道的以私有制为基础的法律的最完备形式。

> 恩格斯:《反杜林论》,
> 《马克思恩格斯全集》第 20 卷第 113 页。

奴隶主和奴隶——是第一次大规模的阶级区分。前一集团不仅占有一切生产资料,即占有土地和当时还很原始的工具等等,并且还占有人。这个集团就叫做奴隶主。从事劳动并把劳动果实交给别人的人则叫做奴隶。

> 列宁:《论国家》,
> 《列宁全集》(第 1 版)第 29 卷第 433 页。

奴隶制仍然是整个生产的基础。介于自由民与奴隶之间的平民,从来没有超出流氓无产阶级的水平。

> 马克思恩格斯:《德意志意识形态》,
> 《马克思恩格斯全集》第 3 卷第 26 页。

帝政时期罗马农业的发展,一方面使牧场的面积大大扩展,使乡村人口减少,另一方面则把地产划分成许多小块租地,租给隶农耕种,也就是建立起了依附的小农——后来的农奴的先驱——的细小农户,确立了一种孕育着中世纪生产方式的萌芽的生产方式。

> 恩格斯:《法学家的社会主义》,
> 《马克思恩格斯全集》第 21 卷第 551～552 页。

随着不动产私有制的发展而逐渐趋向衰落。分工已经比较发达。城乡之间的对立已经产生,国家之间的对立也相继出现。这些国家当中有一些代表城市利益,另一些则代表乡村利益。在城市内部存在着工业和海外贸易之间的对立。公民和奴隶之间的阶级关系已经充分发展。

> 马克思恩格斯:《德意志意识形态》,
> 《马克思恩格斯全集》第 3 卷第 26 页。

在波斯战争时期,科林斯地方的奴隶数目达到四十六万,在埃伊纳地方达到四十七万,平均每个自由民有十个奴隶。

> 恩格斯:《反杜林论》,
> 《马克思恩格斯全集》第 20 卷第 175～176 页。

到了雅典全盛时代,自由公民的总数,连妇女和儿童在内,约为 9 万人,而男女奴隶为 365000 人,被保护民——外地人和被释放的奴隶为 45000 人。这样,每个成年的男性公民至少有 18 个奴隶和两个以上的被保护民。

> 恩格斯:《家庭、私有制和国家的起源》,
> 《马克思恩格斯全集》第 21 卷第 135 页。

在资本主义生产方式以前，商品流通或货币流通多少有些发展，耕作农为购买其他商品和纳税，至少要出售自己的一部分产品，农业成了商人资本的猎物，更成了高利贷资本的猎物。这样农村生产就比城市生产有较大的依赖性。由此债务奴隶制就在农业民族中，在与较大的地产相对立的小农中迅速发展起来，古罗马和查理大帝时代的德意志就是这种情况。

马克思：《资本论第二卷第一稿》，

《马克思恩格斯全集》第49卷第329页。

（2）社会关系表现形式

因为奴隶制是一个经济范畴，所以它总是列入各民族的社会制度中。现代各民族只是在本国内把奴隶制掩饰一下，而在新大陆却赤裸裸地公开推行奴隶制。

蒲鲁东先生将用什么办法挽救奴隶制呢？他提出的任务是：保存这个经济范畴的好的方面，消除其坏的方面。

黑格尔没有需要提出任务。他只有辩证法。蒲鲁东先生从黑格尔的辩证法那里只学得了术语。而蒲鲁东先生自己的辩证运动只不过是机械地划分出好、坏两面而已。

马克思：《哲学的贫困》，

《马克思恩格斯全集》第4卷145～146页。

不是活的和活动的人同他们与自然界进行物质变换的自然无机条件之间的统一，以及他们因此对自然界的占有；而是人类存在的这些无机条件同这种活动的存在之间的分离，这种分离只是在雇佣劳动与资本的关系中才得到完全的发展。

在奴隶制关系和农奴制依附关系中，没有这种分离；而是社会的一部分被社会的另一部分简单地当作自身再生产的无机自然条件来对待。奴隶同自身劳动的客观条件没有任何关系；而劳动本身，无论采取的是奴隶的形态，还是农奴的形态，都是作为生产的无机条件与其他自然物同属一类的，是与牲畜并列的，或者是土地的附属物。

马克思：《政治经济学批判》，

《马克思恩格斯全集》第46卷上册第488页。

在奴隶制、农奴制等等之下，劳动者本身表现为服务于某一第三者个人或共同体的自然生产条件之一（这不适用于例如东方的普遍奴隶制；这仅仅是从欧洲的观点来看的）；这样一来，财产就已经不是什么亲身劳动的个人对客观的劳动条件的关系了。奴隶制、农奴制等等总是派生的形式，而决不是原始的形式，尽管它们是以共同体为基础的和以共同体下的劳动为基础的那种所有制的必然的和当然的结果。

马克思：《政治经济学批判》，

《马克思恩格斯全集》第46卷上册第496页。

农业是整个古代世界的决定性的生产部门，现在它更是这样了。在意大利，从共和制衰亡的时候起就几乎遍布全境面积巨大的大庄园（Latifundien），是用两种方法加以利用的：或者当作牧场，那里居民就被牛羊所代替，因为看管牛羊只用少数奴隶就行了；或者当作田庄，那里则使用大批奴隶经营大规模的园艺业，一部分为了满足领主的奢侈生活，一部分为了在城市市场上出售。

> 恩格斯：《家庭、私有制和国家的起源》，
> 《马克思恩格斯全集》第 21 卷第 169～170 页。

隐蔽地存在于家庭中的奴隶制，只是随着人口和需求的增长，随着同外界往来（表现为战争或交易）的扩大而逐渐发展起来的。

> 马克思恩格斯：《德意志意识形态》，
> 《马克思恩格斯全集》第 3 卷第 25 页。

一个征服者民族在征服者之间分配土地，因而造成了地产的一定的分配和形式，由此决定了生产。或者，它使被征服的民族成为奴隶，于是使奴隶劳动成为生产的基础。或者，一个民族经过革命把大地产粉碎成小块，从而通过这种新的分配使生产有了一种新的性质。或者，立法使地产永久属于一定的家庭，或者，把劳动［当做］世袭的特权来分配，因而把它像等级一样地固定下来。在所有这些历史上有过的情况下，似乎不是生产安排和决定分配，而相反地是分配安排和决定生产。

> 马克思：《导言》，
> 《马克思恩格斯全集》第 12 卷 746 页。

奴隶直接被剥夺了生产工具。但是奴隶受到剥夺的国家的生产必须安排得容许奴隶劳动，或者必须建立一种适于使用奴隶的生产方式（如在南美等）。

> 马克思：《导言》，
> 《马克思恩格斯全集》第 12 卷 748 页。

土地私有制已经通过房屋及农作园地的私有渗入公社内部，这就可能变为从那里准备对公有土地进攻的堡垒。这是已经发生的事情。但是，最重要的还是私人占有的泉源——小土地劳动。它是牲畜、货币、有时甚至奴隶或农奴等动产积累的基础。这种不受公社控制的动产，个体交换的对象（在交换中，投机取巧起极大的作用）将日益强烈地对整个农村经济施加压力。这就是破坏原始的经济平等和社会平等的因素。它把别的因素带进来，引起公社内部各种利益和私欲的冲突，这种冲突，首先会破坏耕地的公有制，然后会破坏森林、牧场、荒地等等的公有制；一旦这些东西变成了私有制的公社附属物，也就会逐渐变成私有了。

> 马克思：《给维·伊·查苏利奇的复信草稿》
> 《马克思恩格斯全集》第 19 卷第 450 页。

农业公社既然是原生的社会形态的最后阶段，所以它同时也是向次生的形态过渡的阶段，即以公有制为基础的社会向以私有制为基础的社会的过渡。不言而喻，次生的形态包括建立在奴隶制上和农奴制上的一系列社会。

> 马克思：《给维·伊·查苏利奇的复信草稿——三稿》
> 《马克思恩格斯全集》第 19 卷第 450 页。

日耳曼人早就在出卖奴隶了（"日耳曼尼亚志"第 24 章），他们彼此之间经常发生战争，他们也像弗里西安人那样，在金钱不足时就拿自己的妻子和儿女作为奴隶向罗马人交纳贡赋，他们在三世纪的时候，甚至更早就已经在波罗的海上航行，并且他们在北海上所进行的远征，从三世纪萨克森人的航行开始到十世纪诺曼人的航行为止，除开进行其他的海盗活动以外，其最直接的目的主要是猎取奴隶，而且猎取奴隶差不多专门是为了贩卖。

> 恩格斯：《论日耳曼人的古代历史》，
> 《马克思恩格斯全集》第 19 卷第 514 页。

基督教只承认一切人的一种平等，即原罪的平等，这同它曾经作为奴隶和被压迫者的宗教的性质是完全适合的。此外，基督教至多还承认上帝的选民的平等，但是这种平等只是在开始时才被强调过。

> 恩格斯：《反杜林论》，
> 《马克思恩格斯全集》第 20 卷第 114 页。

一夫多妻制，显然是奴隶制度的产物，只有占居特殊地位的人物才能办到。在闪米特人的家长制家庭中，只有家长本人，至多还有他的几个儿子，过着多妻制的生活，其余的人都以一人一妻为满足。

> 恩格斯：《家庭、私有制和国家的起源》，
> 《马克思恩格斯全集》第 21 卷第 73 页。

正是奴隶制与一夫一妻制的并存，正是完全受男子支配的年轻美貌的女奴隶的存在，使一夫一妻制从一开始就具有了它的特殊的性质，使它成了只是对妇女而不是对男子的一夫一妻制。

> 恩格斯：《家庭、私有制和国家的起源》，
> 《马克思恩格斯全集》第 21 卷第 75 页。

（3）第一次社会大分裂

第一次社会大分工，在使劳动生产率提高，从而使财富增加并且使生产场所扩大的同时，在既定的总的历史条件下，必然地带来了奴隶制。从第一次社会大分工中，也就产生

了第一次社会大分裂，即分裂为两个阶级：主人和奴隶、剥削者和被剥削者。

恩格斯：《家庭、私有制和国家的起源》，

《马克思恩格斯全集》第 21 卷第 184～185 页。

随着在文明时代获得最充分发展的奴隶制的出现，就发生了社会分成剥削阶级和被剥削阶级的第一次大分裂。这种分裂继续存在于整个文明期。奴隶制是古代世界所固有的第一个剥削形式；继之而来的是中世纪的农奴制和近代的雇佣劳动制。这就是文明时代的三大时期所特有的三大奴役形式；公开的而近来是隐蔽的奴隶制始终伴随着文明时代。

恩格斯：《家庭、私有制和国家的起源》，

《马克思恩格斯全集》第 21 卷第 200 页。

并不是每个人都能使用奴隶服役。为了能使用奴隶，必须掌握两种东西：第一，奴隶劳动所需的工具和对象；第二，维持奴隶困苦生活所需的资料。因此，先要在生产上达到一定的阶段，并在分配的不平等上达到一定的程度，奴隶制才会成为可能。

恩格斯：《反杜林论》，

《马克思恩格斯全集》第 20 卷第 175 页。

要强迫人们去从事任何形式的奴隶的劳役，那就必须设想这一强迫者掌握了劳动资料，他只有借助这些劳动资料才能使用被奴役者；而在实行奴隶制的情况下，除此以外，还要掌握用来维持奴隶生活所必需的生活资料。这样，在任何情况下，都要拥有一定的超过中等水平的财产。

恩格斯：《反杜林论》，

《马克思恩格斯全集》第 20 卷第 176 页。

按照古人的恰当的说法，劳动者在这里只是会说话的工具，牲畜是会发声的工具，无生命的劳动工具是无声的工具，它们之间的区别只在于此。但劳动者本人却要让牲畜和劳动工具感觉到，他和它们不一样，他是人。他虐待它们，任性地毁坏它们，以表示自己与它们有所不同。因此，这种生产方式的经济原则，就是只使用最粗糙、最笨重、因而很难损坏的劳动工具。

马克思：《资本论第一卷》，

《马克思恩格斯全集》第 23 卷第 222 页。

在亚细亚古代和古典古代，阶级压迫的主要形式是奴隶制，即与其说是群众被剥夺了土地，不如说他们的人身被占有。在罗马共和国衰落时期，当自由的意大利农民被剥夺了田地的时候，他们形成了一个同 1861 年以前南部各蓄奴州里的"白种贫民"相似的阶级；在奴隶和"白种贫民"这两个同样无力解放自己的阶级存在的情况下，古代世界崩溃了。

恩格斯:《美国工人运动》,

《马克思恩格斯全集》第 21 卷第 387 页。

　　这种个人的差别在奴隶制度下也可以看到,但是在那里劳动力本身是赤裸裸地、不加任何掩饰地出卖的,这种差别没有引起任何幻觉。区别只是在于:劳动力因超过平均水平而获得的利益或因低于平均水平而遭到的损失,在奴隶制度下落到奴隶主身上,而在雇佣劳动制度下则落到工人自己身上,因为在后一种场合,劳动力是由工人自己出卖的,

马克思:《资本论第一卷》,

《马克思恩格斯全集》第 23 卷第 593 页。

　　土地所有者可以是代表公社的个人,如在亚洲、埃及等地那样;这种土地所有权也可以只是某些人对直接生产者人格的所有权的附属品,如在奴隶制度或农奴制度下那样;它又可以是非生产者对自然的单纯私有权,是单纯的土地所有权;最后,它还可以是这样一种对土地的关系,这种关系,就象在殖民地移民和小农土地所有者的场合那样,在劳动孤立进行和劳动的社会性不发展的情况下,直接表现为直接生产者对一定土地的产品的占有和生产。

马克思:《资本论第 3 卷》,

《马克思恩格斯全集》第 25 卷下册第 715 页。

　　现代家庭在萌芽时,不仅包含着 servitus(奴隶制),而且也包含着农奴制,因为它从一开始就是同田野耕作的劳役有关的。它以缩影的形式包含了一切后来在社会及其国家中广泛发展起来的对抗。

马克思:《路易斯·亨·摩尔根〈古代社会〉一书摘要》,

《马克思恩格斯全集》第 45 卷第 366 页。

　　当奴隶制成为一种制度时,这些家庭经济就逐渐消失了。

马克思:《路易斯·亨·摩尔根〈古代社会〉一书摘要》,

《马克思恩格斯全集》第 45 卷第 367 页。

　　财产产生了人类的奴隶制作为生产财产的工具……随着财产所有者的子女继承财产这一制度的建立,严格的专偶制家庭才第一次有可能出现。

马克思:《路易斯·亨·摩尔根〈古代社会〉一书摘要》,

《马克思恩格斯全集》第 45 卷第 377 页。

　　在野蛮时代晚期,由于人的个性的发展以及当时个别人拥有的大量财富的增长,便产生了贵族;使一部分居民永远处于卑贱地位的奴隶制,促使形成以前各文化时期所不知道的对立状态;这种情况,再加上财富和官职,产生了贵族精神,这种贵族精神是和氏族制

度所培植起来的民主原则相对抗的。

马克思：《路易斯·亨·摩尔根〈古代社会〉一书摘要》，
《马克思恩格斯全集》第 45 卷第 397 页。

所以公牛几乎是现今称作资本的东西的唯一代表。改变牛的地位并使它变成部分地附属于土地的 {adscriptus glebae} 动物的同一原因，无疑也造成了奴隶制的很大扩张……奴隶大量输入罗马共和国的中央地区，西欧的自由耕种的公社大批蜕变为农奴集团（第 150、151 页）。

马克思：《亨利·萨姆纳·梅恩〈古代法制史讲演录〉一书摘要》，
《马克思恩格斯全集》第 45 卷第 590 页。

黑奴制——纯粹的产业奴隶制——必然随着资产阶级社会的发展而消失，它是和资产阶级社会的发展不相容的。

马克思：《政治经济学批判》，
《马克思恩格斯全集》第 46 卷上册第 174 页。

因为一个人只有当他同时满足了另一个人的迫切需要，并且为后者创造了超过这种需要的余额时，才能满足他本人的迫切需要。在奴隶制度下，这是以粗暴的方式实现的。只有在雇佣劳动的条件下，这才导致了产业，导致了产业劳动。

马克思：《政治经济学批判》，
《马克思恩格斯全集》第 46 卷上册第 381 页。

在奴隶制关系下，劳动者只不过是活的工作机，因而它对别人来说具有价值，或者更确切地说，它是价值。对于自由工人来说，他的总体上的劳动能力本身表现为他的财产，表现为他的要素之一，他作为主体掌握着这个要素，通过让渡它而保存它。

马克思：《政治经济学批判》，
《马克思恩格斯全集》第 46 卷上册第 463 页。

在罗马人那里，奴隶制的发展、土地占有的集中、交换、货币关系、征服等等，正是起着这样的作用，虽然所有这些因素在达到某一定点以前似乎和基础还相符合，部分地似乎只是无害地扩大着这个基础，部分地似乎只是从这个基础中发展出来的恶习。

马克思：《政治经济学批判》，
《马克思恩格斯全集》第 46 卷上册第 485 页。

奴隶制、农奴制等等总是派生的形式，而决不是原始的形式，尽管它们是以共同体为基础的和以共同体下的劳动为基础的那种所有制的必然的和当然的结果

马克思：《政治经济学批判》，
《马克思恩格斯全集》第 46 卷上册第 496 页。

先前在奴隶制度（现代殖民地就是以这种制度为基础，或者古代商业民族或古代人如罗马人都曾实行过这种制度）下，只有当商品生产通过地产集中而控制了农业，大规模生产，从而为出卖而进行的生产才出现。

> 马克思：《经济学手稿》，
>
> 《马克思恩格斯全集》第 48 卷第 120 页。

奴隶和奴隶主之间的关系的连续性，是通过直接强制来掌握奴隶的一种关系。

> 马克思：《资本论第 1 卷手稿》，
>
> 《马克思恩格斯全集》第 49 卷第 91 页。

这些古老的社会机体在生产方面比资产阶级社会简单明了得多；但它们或者个人——可以说历史尚未割断把他同原始部落的天然共同体联系在一起的脐带——尚未成熟为基础，或者以专制制度和奴隶制度的条件为基础。劳动生产力处于低级发展阶段，是这些古老的社会机体的特征，因而也给整个物质生活领域打上了自己的印记，决定了人们之间的关系以及人们同自然之间的关系的狭隘性。

> 马克思：《著者亲自修订的〈资本论〉第一卷法文版片断》，
>
> 《马克思恩格斯全集》第 49 卷第 195 页。

恩格斯在《反杜林论》里提到的"奴隶数目"材料，大概引自威·瓦克斯穆特的著作《从国家观点研究希腊古代》1829 年哈雷版第 2 部第 1 篇。关于希腊波斯战争时期科林斯和埃伊纳奴隶的数量的材料，最早见于古希腊作家阿泰纳奥斯的著作《学者们之宴会》第 6 册。

马克思在《资本论》第 1 卷里讲的"劳动者在这里只是会说话的工具"的"这里"，指以奴隶制为基础的生产。马克思这段论述是《资本论》第一卷中加的脚注。

2. 奴隶主统制奴隶、平民的法律

谁统制谁，最能说明国家和法的实质。奴隶、平民是奴隶主政权的基本统制对象。《汉谟拉比法典》的大部分条文，是对平民行为的规定。平民同奴隶一样，是被压迫被剥削阶级。

那么，在这种统制中，是否是君主制体现专制统制，而共和制不体现专制统制呢？不是的。君主制、共和制属于政体范畴，是不同的国家治理方式。至于奴隶制国家有的采取君主制，有的采取共和制，则是由政治的、民族的、历史的、传统的，乃至地理的等因素决定的奴隶制国家形式有君主制、贵族共和制、民主共和制。我国只有君主制形式，没有贵族共和制、民主共和制等形式，是中国国情决定的。大规模农业和农田水利，要求国家权力的集中和统一；夏商周三代时的国土面积已超过欧洲，"王权至上"的政治和社会理念，以长子继承制为中心的宗法观念，使中国没有形成欧洲那样的城邦体制的基础。三四千年间，从奴隶制时代的君主制发展到封建时代的中央集权制，中国一直保持"大一统"

格局，欧洲"民主"、"共和"的政治思想未能在中国深入人心。

当人的劳动的生产率还非常低，除了必需的生活资料只能提供微少的剩余的时候，生产力的提高、交换的扩大、国家和法律的发展、艺术和科学的创立，都只有通过更大的分工才有可能，这种分工的基础是，从事单纯体力劳动的群众同管理劳动、经营商业和掌管国事以及后来从事艺术和科学的少数特权分子之间的大分工。这种分工的最简单的完全自发的形式，正是奴隶制。

恩格斯：《反杜林论》，

《马克思恩格斯全集》第 20 卷第 197 页。

管理机关和法律建立起来，主要就是为了创造、保护和享有财产。财产产生了人类的奴隶制作为生产财产的工具。

马克思：《路易斯·亨·摩尔根〈古代社会〉一书摘要》，

《马克思恩格斯全集》第 45 卷第 377 页。

"社会"本身——人生活在社会中，而不是作为独立自主的个人——是所有权、建立在所有权基础上的法律以及由所有权必然产生的奴隶制的根源。

马克思：《资本论第四卷》，

《马克思恩格斯全集》第 26 卷第 1 册第 368 页。

杜林主义

平等——正义。——平等是正义的表现，是完善的政治制度或社会制度的原则，这一观念完全是历史地产生的。在自发的公社中，平等是不存在的，或者只是非常有限地、对个别公社中掌握全权的成员来说才是存在的，而且是与奴隶制交织在一起的。在古希腊罗马的民主政体中也是如此。一切人——希腊人、罗马人和野蛮人，自由民和奴隶，本国人和外国人，公民和被保护民等等——的平等，在古希腊罗马人看来，不仅是发疯的，而且是犯罪的，它的萌芽在基督教中始终一贯地受到迫害……

如果想把平等＝正义当成是最高的原则和最终的真理，那是荒唐的。平等仅仅存在于同不平等的对立中，正义仅仅存在于同非正义的对立中，因此，它们还摆脱不了同以往旧历史的对立，就是说摆脱不了旧社会本身。

恩格斯：《〈反杜林论〉材料》，

《马克思恩格斯全集》第 20 卷第 668～670 页。

随着这种按照财富把自由人分成各个阶级的划分，奴隶的人数特别是在希腊便大大增加起来，奴隶的强制性劳动成了整个社会的上层建筑所赖以建立的基础。

恩格斯：《家庭、私有制和国家的起源》，

《马克思恩格斯全集》第 21 卷第 191 页。

自从猎取奴隶和剥削奴隶成为彼此分开的行业的最初时期起，奴隶劳动的剥削者就不得不购买奴隶，就是说，只有通过对物的支配，对购买价格的支配，对奴隶的生活资料和劳动资料的支配，才能获得对人的支配。

恩格斯：《反杜林论》，

《马克思恩格斯全集》第 20 卷第 202 页。

在亚细亚古代和古典古代，阶级压迫的主要形式是奴隶制，即与其说是群众被剥夺了土地，不如说他们的人身被占有。

恩格斯：《美国工人运动》，

《马克思恩格斯全集》第 21 卷第 387 页。

奴隶为要工作，自然必须生活，他的工作日的一部分就得用来抵偿他自己维持生活的价值；但是，由于奴隶和奴隶主之间没有订立任何交易合同，由于双方又没有什么买卖行为，所以奴隶的全部劳动似乎都是无报酬的。

马克思：《工资，价格和利润》，

《马克思恩格斯全集》第 16 卷第 149～150 页。

除了象雅典等工商业特别发达的商业城市以外，在罗马像在整个古代世界一样，对大土地所有者来说，高利贷不仅是剥夺小私有者即平民的手段，而且是占有他人身的手段。

马克思：《资本论第四卷》，

《马克思恩格斯全集》第 26 卷第 3 册第 598 页。

在雅典，每一自由民出身的男子都必须服兵役。只有那些担任公职的人，而在较早的时期，则还有第四等级即最贫穷的自由民，才能免服兵役。这是以奴隶制为基础的民兵制度。凡是年满 18 岁的青年都必须服兵役两年，特别是要担任边防勤务。在这个时期内，他们完成军事训练，以后一直到 60 岁都有服兵役的义务。

恩格斯：《军队》，

《马克思恩格斯全集》第 14 卷上册第 9 页。

当社会上还没有阶级的时候，当人们还在奴隶制时代以前，在较为平等的原始条件下，在劳动生产率还非常低的条件下从事劳动的时候，当原始人很费力地获得必需的生活资料来维持最简陋的原始生活的时候，没有产生而且不可能产生专门分化出来实行管理并统治社会上其余一切人的特殊集团。

列宁：《论国家》，

《列宁全集》第 37 卷第 66 页。

不管是谁讲古代史课，你们都会听到君主制国家和共和制国家斗争的情况，但基本的事实是奴隶不算是人；奴隶不仅不算是公民，而且不算是人。罗马的法律把奴隶看成一种物品。关于杀人的法律不适用于奴隶，更不用说其他保护人身的法律了。法律只保护奴隶主，只把他们看作是有充分权利的公民。

列宁：《论国家》，

《列宁全集》第 37 卷第 67 ～ 68 页。

不论当时所建立的是君主国还是共和国，都不过是奴隶占有制君主国或奴隶占有制共和国。在这些国家中，奴隶主享有一切权利，而奴隶按法律规定却是一种物品，对他们不仅可以随便使用暴力，就是杀死奴隶也不算犯罪。奴隶占有制共和国按其内部结构来说分为两种：贵族共和国和民主共和国。在贵族共和国中参加选举的是少数享有特权的人，在民主共和国中参加选举的是全体，但仍然是奴隶主的全体，奴隶是除外的。

列宁：《论国家》，

《列宁全集》第 37 卷第 68 页。

马克思在《资本论》第 4 卷里谈到"所有权、建立在所有权基础上的法律以及由所有权必然产生的奴隶制的根源"，是针对兰盖在《民法论》（1767 年伦敦版）的观点。兰盖说："独占这些财宝的富人，只有取得这种代价，才同意把财宝的极小部分还给大家使用。为了得到分享他的财宝的许可，必须努力劳动来增加财宝"，"这样，就必须放弃自由的幻想。"法律的存在是为了"批准〈对私有财产〉最初的夺取"，并"防止以后的夺取"。"法律可以说是一种反对人类最大多数〈即无产者〉的阴谋"。"是社会创造了法律，而不是法律创造了社会"，"所有权先于法律。"

兰盖并不是社会主义者。他反对他同时代的启蒙运动者的资产阶级自由主义理想，反对资产阶级刚刚开始的统治，他的抨击半是认真半是嘲弄地采取反动的外观。他捍卫奴隶制，反对雇佣劳动。

恩格斯在《军队》里说，"只有那些担任公职的人，而在较早的时期，则还有第四等级即最贫穷的自由民，才能免服兵役。"其具体情况是：

从梭伦改革时期（公元前 594 年）起，雅典奴隶制共和国的自由民，根据每年农田收入的多寡划分为四个财产等级。这种等级划分也是雅典军事组织的基础。头两级的人享有很大的政治特权，但必须服兵役，并且开支很大（第一等级的人要建造战船，第二等级的人要当骑兵）。第三等级的公民在政治权利方面受到限制，但他们组成军队中的骨干——重装步兵。第四等级（贫民）是只有少量财产的公民，长期被剥夺担任任何职务的权利，最初不服兵役；但是后来由他们组成轻步兵。

（二）奴隶制法的特点

维护统治者的权威性，保障国家机器的正常运转，惩罚破坏社会秩序的行为等，是法的一般意义。如果仅从法的一般意义上去描述具体社会形态的法，则不易把握不同社会形态法的区别。奴隶制法是人类历史上首先出现的法，具有不同于以后社会形态的法的特点。

奴隶制法的主要特点是：

第一，原始社会的习惯及其后期法的萌芽，发展为习惯法，被确认为法律。中国的夏（公元前21世纪）法和古埃及法、古巴比伦法、古印度法、古希腊法、古罗马法等，均从习惯发展成习惯法。

第二，习惯法取得文字形式，形成成文法。亚洲西南部两河流域的楔形文字法是世界上最早的成文法。

第三，残酷剥削和压迫奴隶的法律，规定平民不平等的法律地位。奴隶主占有奴隶，奴隶被强迫劳动、无偿劳动；罗马法规定"奴隶是物件"，奴隶主可以任意买卖和杀戮奴隶。奴隶主杀死奴隶，与法律无涉，杀死他人的奴隶，只承担赔偿责任。《十二表法》规定，平民不得担任国家公职和使用固有土地，不得与贵族联姻。

第四，野蛮性是奴隶制法的突出表现。奴隶制法的惩罚措施，是极其野蛮残暴的。各国法律均规定生命刑和身体刑。我国商周的五刑，有墨刑、劓刑、膑刑、宫刑、大辟。其中大辟是生命刑，其他四类是身体刑。国外最早规定生命刑的是《汉谟拉比法典》。生命刑是剥夺人的生命的刑罚，有车裂、凌迟、油煎、四马分尸等。身体刑是残害人身肉体的刑罚。拜占庭帝国刑法规定砍手、割舌、割鼻、挖眼、去势、鞭打等身体刑。

1. 成就了历史上最早的成文法

习惯——习惯法——成文法，是法形式发展的合乎规律的结果。奴隶制社会形成的成文法，是奴隶制法对于人类法制文明的开创性贡献。

世界上最早的成文法，是两河流域苏美尔人的乌尔第三王朝（公元前2113年～公元前2006年）的《乌尔纳姆法典》。现仅存几条残片。古巴比伦第六代国王汉穆拉比在位时（公元前1792年～公元前1750年）制定的《汉穆拉比法典》，是迄今最完整最早的成文法典，镌刻于高2.25米的黑色玄武岩的石柱上。罗马的《十二铜表法》，刻在十二个铜表上。小亚细亚的赫梯王国的《赫梯法典》大约编纂于公元前15世纪，是在泥板上用楔形文字记载的。

起初差不多完全被排除于法典以外的习惯法（地方法），逐渐越来越多地被吸收到婆罗门的成文法中。在《摩奴法典》中，就承认国王有权"赋予属于再生族的学者善人的行为所肯定者以法律效力，凡由此（这种行为）引伸出的准则，若符合各省、各区、各种姓和各家族的法律习惯，均有法律效力"。印度晚期的法典编纂者，即印度法律文献中以

《法经》著称的大批汇编的编者，就是从这些习惯中汲取解释《摩奴法典》的资料。习惯法提供了主要资料来补充远古法典中那些纯法律的、特别是纯伦理的贫乏的规定，这些规定起初都是由各村、城市和省的内政当局调整的。

马克思：《马·柯瓦列夫斯基〈公社土地占有制〉一书摘要》，

《马克思恩格斯全选》第 45 卷第 243～244 页。

马克思在《马·柯瓦列夫斯基〈公社土地占有制〉一书摘要》里提到的"摩奴法典"，是一部宗教教规汇编，传说出自人类始祖摩奴之手，每个虔诚的印度教徒都必须遵守这些教规。在摩奴法典中，也反映了古印度的习惯法的规则。流传下来的摩奴法典文本，其成书年代是公元 2 世纪。"再生族"是三个高级瓦尔那或最古老种姓即婆罗门（祭司）、刹帝利（军事贵族）和吠舍（其他自由民）的成员。按照古代宗教法规，他们到一定年龄都要举行特定的仪式，这种仪式被解释为人的再生。《法经》是古代文献的名称，它被印度教信徒视为吠陀圣书的一部分。《法经》与最早的四种《吠陀经》（《梨俱吠陀》《沙摩吠陀》《耶柔吠陀》和《阿闼婆吠陀》）不同，这四种《吠陀经》被推崇为古代圣哲从诸神处"所闻"（"天启"），而《法经》（意为"所记"）则仅仅被认为依据天启的吠陀而写下的。属于《法经》文献范围的有许多经书或规章总集，在这些经书中，除了有关宗教仪式的规章之外，还包括一些习惯法。

2. 固化私有制统治的社会的生活条件

对敌对阶级的镇压立法，是任何社会形态阶级统治的首要条件。奴隶制法的特点在于，开辟了保护私有财产和私有制的先例，固化了私有制统治的社会的生活条件。

奴隶制法确认并保护奴隶主的私有财产和私有财产所有权，使私有制成为社会生活的基础。奴隶主的所有权表现在对生产资料和奴隶的所有权和在买卖、租赁、借贷、损害赔偿等各个方面的所有权。

在古巴比伦计有 282 条的《汉谟拉比法典》中，保护私有财产的条文就占 120 余条，因侵犯私有财产处以死刑的有 30 余条。雅典的《德拉古立法》规定，凡是破坏私有财产者，一律处以严刑，甚至盗窃蔬菜和果实也要被处死刑。罗马的《十二铜表法》规定，对夜间行窃或践踏他人庄稼者处以死刑。奴隶制法对于债权的保护，规定如债务人无力偿还债务时，应将本人或妻子、子女沦为奴隶，或者以抵押品及抵押品所产生的收益进行补偿。

在不同社会形态里，私有财产的种类和范围、私有制的表现和形成途径并不相同，但它们相同的性质和形成机理的基础，却是由奴隶制法奠定的。这是奴隶制法对所有剥削阶级法制的开创性贡献。

奴隶贩子的美妙论据是，鞭打可以唤起黑奴的人性；立法者的高明准则是，为了使真理更加英勇地追求自己的目的，必须颁布压制真理的法律。

马克思：《第六届莱茵省议会的辩论》，

《马克思恩格斯全集》第 1 卷上册第 174 页。

私法和私有制是从自然形成的共同体形式的解体过程中同时发展起来的。在罗马人那里，私有制和私法的发展没有在工业和贸易方面引起进一步的后果，因为他们的生产方式没有改变。

马克思恩格斯：《德意志意识形态》，
《马克思恩格斯全集》第 3 卷第 71 页。

随着私有制的发展，这里第一次确立了那些我们在现代私有制中重新遇见的关系，不过是规模更为巨大而已。一方面是私有财产的集中，这种集中在罗马很早就开始了（李奇尼乌斯土地法就是证明），从内战发生以来，尤其是在王政时期，发展得非常迅速；另一方面是由此而来的平民小农向无产阶级的转化，然而，后者由于处于有产者公民和奴隶之间的中间地位，并未获得独立的发展。

马克思恩格斯：《德意志意识形态》，
《马克思恩格斯全集》第 3 卷第 27 页。

罗马法是纯粹私有制占统治的社会的生活条件和冲突的十分经典性的法律表现，以致一切后来的法律都不能对它做任何实质性的修改。

恩格斯：《论封建制度的瓦解和民族国家的产生》，
《马克思恩格斯全集》第 21 卷第 454 页。

因此，罗马法规定奴隶是不能通过交换为自己谋利益的人，这是有道理的（见《学说汇纂》）。由此也可以明白，罗马法虽然是与交换还很不发达的社会状态相适应的，但是，从交换在一定的范围内已有所发展来说，它仍能阐明法人，进行交换的个人的各种规定，因而能成为工业社会的法的先声（就基本规定来说），而首先为了和中世纪相对抗，它必然被当作新兴资产阶级社会的法来看。不过，罗马法的发展本身和罗马共同体的解体也是完全一致的。

马克思：《经济学手稿》，
《马克思恩格斯全选》第 46 卷上册第 198 页。

"奴隶制不仅从肉体方面来看是可行的，而且从理性面来看也是可行的；任何证明与此相反的观点的探讨，肯定包含着某种误解……奴隶制同奴隶制的反对者所承认的任何一种法一样，可能是一种暂时的法，这一点可以在和私法以及和公法的比较中看出来……虐待奴隶和使奴隶致残的权利并不重要，即使发生这种情况，那也不见得比穷人所忍受的痛严重多少；至于从身体方面来说，这种情况也并不像战争那样严重，因为奴隶本身到处都必定是用不着参加战争的，甚至在切尔克斯的女奴隶中间美女也比在女乞丐中间更加容易找到……至于说到理性的本性，那么当奴隶也要比忍受贫困优越，因为奴隶的所有者即使从精打细算的角度出发，也宁愿为教育有某种才能的奴隶解囊，而不愿意在行乞的孩子身上花钱。在国家制度的范围内，正是奴隶才免除了种类奇多的压迫。"（请听这个老头说些什么！）

马克思：《历史法学派的哲学宣言》，

《马克思恩格斯全集》第 1 卷上册第 234 页。

在谈到法时，群众的蒲鲁东还说出下面这样一种想法："罗马的野心通过万民法（droitdes gens）而合法化了。"证明奴役法的这种方式完全符合罗马人的法律观点。在群众的罗马法全书上载明：《jure gentium servitus invasit》（Fr. 4. D. I. I.）〔"奴隶制通过万民法而巩固下来了"（"学说汇纂"第一卷第一题第四节）〕。

马克思恩格斯：《神圣家族》，

《马克思恩格斯全集》第 2 卷第 36 页。

在批判的蒲鲁东看来，"偶像崇拜、奴隶制和软弱无能构成了罗马各种制度的基础"——任何制度都不例外。而真正的蒲鲁东却说："罗马在宗教方面的各种制度的基础是偶像崇拜，在国家生活方面，是奴隶制，在私人生活方面，是享乐主义"。

马克思恩格斯：《神圣家族》，

《马克思恩格斯全集》第 2 卷第 36 页。

马克思恩格斯在《德意志意识形态》里提到的"李奇尼乌斯土地法"，是罗马的人民护民官李奇尼乌斯和塞克斯蒂乌斯的土地法，是在公元前 367 年由于平民反抗贵族的斗争而通过的。它禁止罗马市民占有 500 罗马亩（约 125 公顷）以上的国有地（ager publicus）。

马克思在《经济学手稿》里提到的《学说汇纂》，是《查士丁尼法典》的组成部分，颁布于 533 年。包括罗马法、最高裁判官的裁判和法学家著作的摘录，以上三方面内容的摘录，具有法律效力。

马克思在《历史法学派的哲学宣言》里，摘录的"奴隶制不仅从肉体方面来看是可行的，而且从理性面来看也是可行的"一大段话，出自胡果《作为实在法、特别是私法的哲学的自然法教科书》（1819 年柏林修订第 4 版）中的"自由篇"。马克思夹注在括号里"请听这个老头说些什么！"的话，清楚地说明了马克思对于胡果胡说八道的否定态度。

（三）奴隶制的最后废除

1. 美国《联邦宪法》下的奴隶制度

美国宪法是 1787 年费城制宪会议制定的，由简短的序言和 7 条 27 款构成。200 多年以来，有 27 条修正案。

宪法有 3 条与奴隶制度有关。第 1 条第 2 款规定，各州奴隶以 3/5 的比例计算，作为对中央纳税和联邦众议院代表选举的标准；第 1 条第 3 款规定，联邦国会在 1808 年前不得干涉奴隶的进口；第 4 条第 2 款规定，凡依一州之法律应在该州服务或劳役之人，如逃往他州，不得因该逃往州之任何法律或规章之规定解除其服务或劳役，并须依照原服务或服劳役州之请求，以之交出；第6条第2款规定，逃亡奴隶须予放回。

在仅有的7个条文中，就有3条4款对奴隶直接作出规定，足见作为根本法的美国宪法对于奴隶制度的确认和肯定立场。

此外，宪法还有间接涉及奴隶问题的规定。

第一，宪法规定，国会享有"对合众国领土及其他财产以处理及立法的权力"。这就存在宪法赋予国会全权处理各领地的奴隶问题。国会是否有合法的权力在各领地内禁止奴隶？

第二，宪法规定，"国会得容许新州进入联邦"。在新州进入联邦之前，国会是否有权提出条件？其能否对新州提出废除或限制奴隶制度作为加入联邦的先决条件？在密苏里加入联邦前，这是宪法问题争论的一个焦点。密苏里地处奴隶区和自由区的分界线，不管是属于奴隶区还是自由区，在领地时期，国会认可拥有奴隶。密苏里于1819年申请加入联邦，因奴隶问题的争论而未决，次年再度申请。

第三，关于逃亡奴隶的规定，含义含糊。逃亡奴隶的交出，究竟由联邦机构还是由各州来执行？宪法规定涉及州际关系事项，一律由各州自行处理。逃亡奴隶的交出，也应当由各州自行处理。但国会于1783年通过逃亡奴隶法。该法规定逃亡奴隶得由其主人或代理人捕交当地联邦法院或州法院，并证明其身份后，由各州法院命令发还原主。这样，由南北各州自行执行，变成了由各州警察及法院执行和联邦法院共同执行。

第四，国会有权对邮政作出规定，但是否有权禁止邮递反奴宣传品？在禁奴请愿案大量涌现的情况下，国会是否有权通过立法来拒绝受理禁奴请愿案？这些规定带来了不停地争论。

第五，美国宪法承认奴隶制度，但北方拒绝承认奴隶过境权。由于南北贸易和往来的扩大，出现大量的奴隶暂时过境问题。暂时过境的奴隶是什么身份，是奴隶还是自由人？南北认定不一。1836年马萨诸塞州最高法院在艾姆斯案判决中称：任何奴隶一旦达到该州，便成为自由身。

高唱自由、平等、博爱的美国宪法，竟长存这样血腥、肮脏的奴隶制度史。那么，在美国宪法那里，在美国社会那里，自由、平等、博爱究竟是些什么呢？读一读经典作家充满理性的论述，便一目了然了。

或许有人说，在社会主义的中国还存在西藏的奴隶制度哩。这又是用谣言替代事实。当时西藏的真实情况是：

1950年，西南地区解放后，准备进军西藏。考虑到西藏的具体情况，多次通知西藏派代表到北京商谈和平解放事宜，但遭到西藏上层反动分子和外国侵略势力的阻挠，在昌都部署藏军主力，对抗解放军。昌都战役打响后，藏军投诚，解放了昌都。1951年2月，开始谈判。5月，签订了《关于和平解放西藏办法的协议》。协议规定西藏"实行民族区域自治"，"对于西藏现行政治制度，中央不予变更"，"西藏地方政府应自动进行改革"。1959年3月，西藏上层反动集团发动叛乱。平叛后，实行民主改革，百万农奴翻身解放，走上了社会主义道路。解放前，农奴是"会说话的工具"，是"物"一样的客体。他们是奴隶主贵族上马的垫脚石，见到奴隶主贵族必须"低头吐舌"。农奴制度是必须被埋葬的。

同美国宪法相比，我国宪法根本没有规定奴隶制度，而暂时存在的西藏农奴制度是一定会在民族区域自治制度下彻底改革的。社会主义的中国宪法和资本主义的美国宪法的本质区别，除了别有用心的人，是谁都能够看得出来的。

宪法承认奴隶为财产，并且规定联邦政府必须保护这种财产。因此，根据宪法，奴隶主就可以强迫他们的奴隶在各领地内劳动，每个奴隶主也就可以违反垦殖者多数的意志，把奴隶制度带到一直是自由的领地中去。

马克思：《北美内战》，

《马克思恩格斯全集》第 15 卷第 350 页。

共和党人所宣布的把奴隶制度限制在宪法规定地区的原则，曾经成为 1859 年 12 月 19 日在众议院中第一次以脱离联邦相威胁的人所持的显著理由。

马克思：《美国问题在英国》，

《马克思恩格斯全集》第 15 卷第 327 页。

由于通过堪萨斯—内布拉斯加法案，正如道格拉斯自己所承认的，在美国历史上第一次消除了在美国境内扩展奴隶制度的一切法律障碍；此后，一个北部的候选人担保联邦将在古巴为奴隶主征服或购买新领土，以此买得了总统之职；再后，联邦当局通过德雷德·司各脱一案的判决，宣布扩展奴隶制度是美国宪法的一项法律；最后，实际上恢复了非洲的奴隶买卖，其规模比以前它合法存在的时期还大。

马克思：《美国问题在英国》，

《马克思恩格斯全集》第 15 卷第 324 页。

撇开经济规律（它使扩展奴隶制度成美国问题在英国为在宪法规定地区内保存奴隶制度的必要条件）不谈，南部的领袖们也一向清楚地懂得需要奴隶制度来维持他们在美国的政治统治。

马克思：《美国问题在英国》，

《马克思恩格斯全集》第 15 卷第 327～328 页。

南部同盟的副总统斯蒂文斯在脱离派的国会上宣称，在蒙哥马利新近制造出来的宪法与华盛顿、杰弗逊的宪法的主要区别在于：现在奴隶制度第一次被承认为本身就是一个福音的制度和整个国家建筑的基础；而革命的前辈，那些被十八世纪的偏见所愚弄的人们，却把奴隶制度看作是一种从英国输入并将逐渐消灭的罪恶。

马克思：《北美内战》，

《马克思恩格斯全集》第 15 卷第 348 页。

所谓密苏里妥协案（1820 年）——密苏里作为蓄奴州加入美国就是这个妥协案所产生的结果，——曾禁止在纬度 36 度 30 分以北和密苏里州以西的每一个领地上实行奴隶制度。根据这个妥协案，实行奴隶制度的区域推进了几个经度，而另一方面，限制奴隶制度将来再扩展的地理界限看来已经十分明确地规定下来了。

马克思：《北美内战》，

《马克思恩格斯全集》第 15 卷第 349 页。

被国会两院所通过的这个法案废除了密苏里妥协案，置奴隶制与自由于同一地位，规定联邦政府对两者一视同仁，由人民即垦殖者的多数来决定某一领地是否实行奴隶制度。这样，在美国历史上，就第一次取消了使奴隶制度不得在领地内扩张的一切地理限制和法律限制。

马克思：《北美内战》，

《马克思恩格斯全集》第 15 卷第 350 页。

1860 年的人口普查表明，在新墨西哥的约 10 万居民中，奴隶还不到 50 人。因此，南部只要派遣若干冒险家携带少数奴隶越过边界，然后借华盛顿中央政府以及它在新墨西哥的官吏和承办人之助，击鼓召开一个冒牌的人民代表会议，就可以把奴隶制度以及奴隶主的统治强加于这个领地了。

马克思：《北美内战》，

《马克思恩格斯全集》第 15 卷第 350 页。

如果说，1820 年的密苏里妥协案扩展了奴隶制度在各领地的地理界限，1854 年的堪萨斯—内布拉斯加法案又取消了任何地理界限，换上一个政治的障壁，即垦殖者多数的意志，那末，美国最高法院则是通过 1857 年的判决，把这个政治障壁也拆掉了，从而把共和国现在和将来的一切领地从培植自由州的地方变成了培植奴隶制度的地方。

马克思：《北美内战》，

《马克思恩格斯全集》第 15 卷第 351 页。

在布坎南政府时期，在北部各州还严厉无情地实行了 1850 年颁布的更厉害的逃亡奴隶引渡法。为南部奴隶主捕捉奴隶看来已经成了北部的合乎宪法的任务。另一方面，为了尽量阻止自由垦殖者移殖到领地去，蓄奴党破坏了一切所谓 free-soil 措施，即将一定数量的未开垦的国有土地免费给予垦殖者的措施。

马克思：《北美内战》，

《马克思恩格斯全集》第 15 卷第 351 页。

在美国的对外政策上，也同在对内政策上一样，奴隶主的利益成为指路的星辰。布坎南事实上是靠了发布奥斯坦德宣言才弄到总统一职的，这个宣言宣布，用购买办法或用武力夺取古巴，是国家政策的伟大任务。在他执政时期，墨西哥北部已经被美国土地投机分子所瓜分，这些人都迫不及待地一等发出信号便袭击契瓦沃、科阿韦拉和索诺拉。海上走私者对中美各国不断进行的海盗式的远征，同样是由华盛顿白宫指挥的。联邦政府暗中支持重新开放奴隶买卖，就同这种公开以征服新领地来扩展奴隶制度和奴隶主的统治为宗旨的外交政策有着非常密切的联系。

马克思：《北美内战》，

《马克思恩格斯全集》第 15 卷第 351 页。

　　向国外武装扩展奴隶制度已经成为国家政策的直言不讳的目的；联邦事实上已成了统治南部的 30 万奴隶主的奴隶。一系列的妥协导致了这种结果，而这些妥协是南部依靠它与北部民主党人的联盟而达到的。

马克思：《北美内战》，

《马克思恩格斯全集》第 15 卷第 352 页。

　　取消了奴隶制度的地理界限并将新领地是否实行奴隶制度的问题交由垦殖者多数决定的堪萨斯—内布拉斯加法案一经通过，奴隶主的武装特使，密苏里和阿肯色的边境暴徒，就一手执长猎刀，一手执连发手枪，进袭堪萨斯，并且以前所未闻的暴行企图把垦殖者从他们定居的领地上赶走。

马克思：《北美内战》，

《马克思恩格斯全集》第 15 卷第 352 页。

　　在借武力使堪萨斯变为蓄奴领地的企图失败以后，布坎南政府尽一切力量企图强迫堪萨斯接受一个奴隶制的宪法，作为一个蓄奴州加入美国诸州的行列。于是开始了新的斗争。这一次主要是在华盛顿国会内进行的。

马克思：《北美内战》，

《马克思恩格斯全集》第 15 卷第 352 页。

　　共和党在 1856 年发表了它的第一个总统竞选纲领……这个纲领的主要内容如下：不再让给奴隶制度一寸新的领地，在国外的掠夺政策必须终止；谴责奴隶买卖的重新开放；最后，必须颁布关于自由土地的法律以鼓励自由垦殖。

　　这个纲领的最重要之点是不再让给奴隶制度一寸新的领地；反过来说，就是奴隶制度要永远限制在它已经合法存在的各州的范围内。这样一来，奴隶制度就被限制住了。然而，不断扩张领土，不断扩展奴隶制度到旧有界限之外，却是联邦各蓄奴州的生存规律。

马克思：《北美内战》，

《马克思恩格斯全集》第 15 卷第 353 页。

　　主要不靠土地的肥沃性而靠投资、工作者的知识和积极性而种植的集约化作物，是与奴隶制度的本性相矛盾的。因此，原先使用奴隶劳动来生产输出品的州，如马里兰州和弗吉尼亚州，就迅速变成了繁殖奴隶向更远的南部地区输出的州。

马克思：《北美内战》，

《马克思恩格斯全集》第 15 卷第 353 页。

把奴隶制度严格地限制在其旧有地区之内，由于经济规律，势必使奴隶制度逐渐消亡，使蓄奴州通过参议院所行使的政治领导权归于消灭，最后，势必使奴隶主寡头集团在他们本州内部处于"白种贫民"的威胁之下。所以，共和党人提出应当用法律完全禁止奴隶制度的进一步扩展的原则，就等于要从根割断奴隶主的统治。

马克思：《北美内战》，

《马克思恩格斯全集》第 15 卷第 355 页。

以道格拉斯为候选人的北部民主党人主张，各领地是否实行奴隶制度应取决于垦殖者多数的意志。以布雷金里季为候选人的蓄奴党坚决认为，美国宪法已经使奴隶制度合法化了，最高法院对此已经作了解释；奴隶制度自身在一切领地内都是合法的，不需要什么特殊的移植。……奴隶主以堪萨斯为例所做出的事情，即在中央政府协助下违反垦殖者自己的意志把奴隶制度强加于一个领地，现在被他们宣布为适用于联邦一切领地的法律。

马克思：《北美内战》，

《马克思恩格斯全集》第 15 卷第 355 页。

至于马里兰州，那里也发生了上面所说的高原与平原之间的斗争。这个州总人口 687034 人，奴隶是 87188 人。

马克思：《美国内战》，

《马克思恩格斯全集》第 15 卷第 359 页。

仅在 1850 年至 1860 年间，奴隶的人数就减少了一半，以致现在德拉韦州总人口 112218 人当中仅有 1798 个奴隶。

马克思：《美国内战》，

《马克思恩格斯全集》第 15 卷第 359 页。

在弗吉尼亚州的西北高原，奴隶有 15000 人，而大于此数 20 倍的自由人大部分是自由农。相反的，弗吉尼亚州的东部平原约有 50 万奴隶。繁殖并向南部各州贩卖奴隶是这里的主要收入来源。

马克思：《美国内战》，

《马克思恩格斯全集》第 15 卷第 359 页。

田纳西州有居民 1109847 人，其中 275784 人是奴隶，这个州现在在南部同盟手里，南部同盟将全州置于戒严状态，实行了罗马三执政时期那样的排除异己的制度。

马克思：《美国内战》，

《马克思恩格斯全集》第 15 卷第 360 页。

边界州密苏里，那里有居民 11173317 人，奴隶 114965 人——后者大都集中在该州西北地区。1861 年 8 月，该州的人民代表大会表示拥护联邦；该州州长、蓄奴党的工具杰克逊反对密苏里州立法议会，当即被宣布不受法律保护，此后他便率领了一支武装匪徒从得克萨斯、阿肯色和田纳西进攻密苏里，企图使该州向南部同盟屈膝，用刀剑割断它同联邦的联系。目前，密苏里同弗吉尼亚一起，是内战的主要战场。

马克思：《美国内战》，

《马克思恩格斯全集》第 15 卷第 360 页。

新墨西哥不是一个州，而只是一个领地。在布坎南任总统期间，有 25 个奴隶被运入该地，以便随后再从华盛顿送去一套奴隶制的宪法。新墨西哥并没有要求归并于南部，这一点南部也是承认的。但南部却要求占有新墨西哥，所以便派遣一支武装的冒险分子从得克萨斯越过了边界。新墨西哥请求联邦政府保护，以抵抗这些"解放者"。

马克思：《美国内战》，

《马克思恩格斯全集》第 15 卷第 360 ~ 361 页。

南卡罗来纳州。这个州有奴隶 402541 人，自由人 301271 人。其次便是密西西比，南部同盟的独裁者杰弗逊·戴维斯就出在这个州，那里有奴隶 436696 人，自由人 354699 人。居第三位的是亚拉巴马，那里有奴隶 435132 人，自由人 529164 人。

马克思：《美国内战》，

《马克思恩格斯全集》第 15 卷第 361 页。

肯塔基。这个州近来的遭遇特别足以表明南部同盟的政策的特色。那里有居民 1135713 人，其中奴隶 225490 人。

马克思：《美国内战》，

《马克思恩格斯全集》第 15 卷第 361 页。

甚至那些真正的蓄奴州，虽然目前外部的战争、内部的军事独裁和奴隶制度使它们到处具有一种和谐的外貌，但仍然不是没有对抗的成分。显著的例子是得克萨斯。该州有居民 601039 人，其中奴隶 180388 人。根据 1845 年的法律——得克萨斯作为蓄奴州加入合众国即系根据此项法律——得克萨所有权在其领域内成立整整 5 个州，而不是一个州。

马克思：《美国内战》，

《马克思恩格斯全集》第 15 卷第 362 页。

但是在 1845～1860 年间，对于这个德国人口起着重大作用的得克萨斯，即使是把它分成两个州，而不使拥护自由劳动的党在第二个州内比拥护奴隶制度的党占优势，奴隶主们也都无法办到。这一点最清楚地证明了，在得克萨斯州内部，对抗奴隶主寡头统治的力量也是非常强大的。

马克思：《美国内战》，
《马克思恩格斯全集》第 15 卷第 362 页。

乔治亚州是蓄奴州中最大和人口最多的一州。在 1057327 人的居民总数中，奴隶有462230 人，几乎占总人口的一半。虽然如此，蓄奴党迄今为止仍然没有能够在乔治亚用全民投票的办法通过蒙哥马利国会强加于南部的宪法。

马克思：《美国内战》，
《马克思恩格斯全集》第 15 卷第 363 页。

实际上，30 万奴隶主的寡头统治不仅是利用蒙哥马利的国会来宣告南部与北部分离。他们还利用它来改变各蓄奴州内部的法制，来完全控制在联邦的民主宪法保护之下还保有一些独立性的白种居民。早在 1856 年至 1860 年间，蓄奴党的政治首领、法学家、道德家和神学家们所力图证明的，与其说是黑奴制度合理，不如说是肤色实际上无关紧要，劳动者阶级不论在哪里生来都是做奴隶的。所以，人们可以看到，南部同盟所进行的战争确实完全是一个侵略战争，一个扩展和永保奴隶制度的战争……另一方面，北部如果和平地把争执地区拱手让给南部同盟，那就是把美国全部领土的四分之三以上交给一个奴隶制共和国。

这样一来，实际上将不是联邦的解体，而是联邦的改组，是在奴隶主寡头的被承认的控制之下，以奴隶制度为基础的改组。这样一种改组的计划，已由南部的主要发言人在蒙哥马利的国会上公开宣布了，并且体现为新宪法的这样一项条款，即原联邦的任何一州都有权自由加入新的同盟。这样，奴隶制度就将蔓延于全联邦。

马克思：《美国内战》，
《马克思恩格斯全集》第 15 卷第 363～364 页。

马克思在《美国问题在英国》里提到的"堪萨斯——内布拉斯加法案"，是 1854 年 5 月美国国会通过的法案。该法案废除了密苏里妥协案所规定的自由州和蓄奴州之间的界线。从此以后，每一个州，可以不需国会的决定，也不管自己的地理位置，在本州建立奴隶制度。

"以此买得了总统之职"，指布坎南。他作为美国驻伦敦公使，会同美国驻法国和西班牙的外交使节，于 1854 年发表了奥斯坦德宣言。宣言建议美国政府购买或侵占属于西班牙的古巴岛，1856 年布坎南由民主党提名，被选为美国总统。

"德雷德·司各脱一案"，是黑奴德·司各脱的审判案。司各脱曾经跟他的主人住在伊利诺斯州，后来住在威斯康星州，根据密苏里妥协案，这两州禁止奴隶制，所以在1848年他提出诉讼，要求解放本人。案子拖到1857年，美国最高法院拒绝了这个黑人的诉讼。这个判决使奴隶制在全国合法化。在1861—1865年内战前夕，此案被美国废奴派用作鼓动材料。

马克思在《美国问题在英国》里说，"扩展奴隶制度成美国问题在英国为在宪法规定地区内保存奴隶制度的必要条件"，指1862年7月12日林肯总统致美国国会边界州代表的呼吁书。呼吁书建议，为了最快地停止战争，这些州应在给奴隶主补偿的基础上开始逐步解放黑奴。

马克思在《北美内战》里提到的"逃亡奴隶引渡法"，是指逃亡奴隶法（Fugitive Slave Act）。该法1850年9月由美国国会通过，作为对1793年的逃亡奴隶引渡法的补充。根据这个新法律，在所有各州任命了追捕奴隶的特派官员。捕到一个黑人，并判他重做奴隶，可得奖金10美元。如果把一个被抓的黑人开释，只能得到5美元。北部各州当局和居民必须给予特派官员以一切协助。违反法律则判处罚金1000美元和6个月徒刑。该法律加深了人民群众的不满，使废奴运动加强，因而在美国内战爆发之前事实上就已行不通，最后于1864年被废除。

"将一定数量的未开垦的国有土地免费给予垦殖者的措施"，是无偿分配国家所有的西部自由土地。这是1848年在美国成立的一个群众性的民主主义的农民政党——自由土地党人的基本要求之一。自由土地党人还要求在墨西哥的新领地上禁止奴隶制，禁止把这些土地卖给大土地所有者和投机家。自由土地党人的要求，在美国国会和政府中遭到各蓄奴州代表的一贯反对。例如，1854年第一次在国会中付诸表决并被众议院通过的宅地法案，就被参议院否决了。当1860年国会两院终于通过一项关于移民缴纳较小的一笔土地开垦费的法案时，布坎南总统否决了这一法案。

马克思在《北美内战》里提到的"契瓦沃、科阿韦拉和索诺拉"，是与美国接壤的墨西哥北方州，是美国种植场奴隶主和大资产阶级侵略野心的对象。

"联邦政府暗中支持重新开放奴隶买卖"，是指1787年的美国宪法使黑奴制度在它已经存在的各州合法化，允许在宪法通过时起20年的期限内向这些州自由输入奴隶。到1807年3月2日，国会才通过了禁止从非洲或其他国家向美国输入奴隶的法律。1808年1月1日生效的这个法律，规定了一系列制止奴隶买卖的措施，其中包括没收运送奴隶的船只及其所有货物。但是，法律实际上常被破坏，因而私贩奴隶有了广泛的发展。结果，在美国内战前的一些年代里，黑人的输入反而有增无减。

2. 自由劳动制度与奴隶制度不能和平相处

美国的奴隶制是在资本主义条件下存在的奴隶制。资本主义的生产制度是"自由劳动制度"即雇佣劳动制度，而奴隶制的生产制度是强迫劳动、无偿劳动制度，两者不能相容。奴隶制实行"皮鞭纪律"，雇佣劳动制实行"饥饿纪律"。

马克思在《美国内战》里明确指出："当前南部与北部之间的斗争不是别的，而是两种社会制度即奴隶制度与自由劳动制度之间的斗争。这个斗争之所以爆发，是因为这两种制度再也不能在北美大陆上一起和平相处。它只能以其中一个制度的胜利而结束。"两种制度不能在一个国家和平相处，一定是一个吃掉一个，这是符合社会发展规律的科学结论。

美国棉花生产是以奴隶制为基础的。只要工业一发展到无法再忍受合众国对棉花的垄断的地步，其他国家的棉花生产就会蓬勃发展起来，而且现在棉花生产几乎到处都只能靠自由工人的劳动来进行。一旦其他国家的自由劳动能够为工业提供足够的棉花，而且自由劳动的价格比美国的奴隶劳动便宜，那时美国的奴隶制就会跟美国的棉花垄断一起完蛋，并且奴隶也会获得解放，因为他们当奴隶已经没有什么用了。

马克思恩格斯：《国际述评》，

《马克思恩格斯全集》第 7 卷 504～505 页。

奴隶制度是劳动组织的支配形态，奴隶被迫做的劳动，比以生活资料的形式所还给他们的劳动，要多得多。

恩格斯：《卡·马克思"资本论"第一卷书评》，

《马克思恩格斯全集》第 16 卷第 267 页。

以前社会时代的剩余劳动。在交换价值的重要性还没有超过使用价值以前，剩余劳动是较少的，如在古代；那时只有在直接生产交换价值，即生产金银的地方，剩余劳动才是惊人的。（第 203 页）美国奴隶制各州，在尚未大量生产出口的棉花以前，情况就是如此。

恩格斯：《"资本论"第一卷提纲》，

《马克思恩格斯全集》第 16 卷第 300 页。

在商业民族例如迦太基人那里，奴隶制和农奴制就采取了最令人可恶的形式；而在那些与其他资本主义生产的民族保持着联系而同时又保存着奴隶制和农奴制生产基础的民族那里，奴隶制和农奴制的形式就更为可恶，例如，在美国的南部诸州就是这样。

马克思：《经济学手稿》，

《马克思恩格斯全集》第 47 卷第 258 页。

当前南部与北部之间的斗争不是别的，而是两种社会制度即奴隶制度与自由劳动制度之间的斗争。这个斗争之所以爆发，是因为这两种制度再也不能在北美大陆上一起和平相处。它只能以其中一个制度的胜利而结束。

马克思：《美国内战》，

《马克思恩格斯全集》第 15 卷第 365 页。

对这些暧昧的同盟者的利益、偏见和虚情抱着无微不至的关切态度，这就使联邦政府从战争一开始便受着一个致命的弱点的打击，迫使它采取不彻底的措施，迫使它隐瞒战争的原则，而放过敌人最怕受攻击的地方、罪恶的根源——奴隶制度本身。

马克思：《美国内战》，
《马克思恩格斯全集》第 15 卷第 365 页。

在美国，整个内战的基本问题即奴隶制问题明显地出现了一个转折。弗里芒特将军是由于宣布属于叛乱分子的奴隶是自由人而被免职的。

马克思：《奴隶制问题的危机》，
《马克思恩格斯全集》第 15 卷第 442 页。

这个发言人接着就阐述了对美国进行战争的危险，提醒人们注意美国对哈弗洛克将军之死所表示的同情和在失利的白河战役中美国海军给予英舰的援助，等等。最后他宣称，美国内战必将以废除奴隶制度而结束，因此英国应当无条件地支持北部。

马克思：《一个同情美国的大会》，
《马克思恩格斯全集》第 15 卷第 462 页。

这些边界州的"忠诚的"奴隶主使得在南部操纵下制定的 fugitive slave laws（逃亡奴隶法）保持着效力，而使黑人对北部的同情受到暴力的镇压；使得哪一个将军都不敢把一个由黑人兵士组成的连派到战场上去；最后，使得奴隶制度由南部的致命弱点变成了它的坚不可破的甲胄。

马克思：《评美国局势》，
《马克思恩格斯全集》第 15 卷第 557 页。

林肯是史册上《sui generis》〔"有其独特之处的"〕人物。他从不首倡什么，从不表现激情，从不装出姿态，从不使用历史帷幔。最重大的行动，他也总是使之具有最平凡的形式。别的人在为几平方英尺土地行动时可以宣布"为理想而奋斗"，而林肯即使在为理想而行动时，他所谈的也只是"几平方英尺土地"。他犹像不决地、违背本意地、勉勉强强地演唱着他这个角色的雄壮歌词，好像是在请人原谅他是为情势所迫，不得不"充当英雄人物"似的。他向敌人迎面投掷过去的、永远也不会失去其历史意义的最严厉的法令，都像——他本人也力求使它们像——一个律师送交对方律师的普通传票，像在法律上玩弄狡计，像小气地附有种种保留条件的 actiones juris〔诉状〕。他不久以前发表的宣言，这份在联邦成立以来的美国史上最重要的文件，这份撕毁了旧的美国宪法的文件——林肯关于废除奴隶制度的宣言，也具有这种性质。

要想从林肯的所作所为中找出美学上的不雅、逻辑上的缺陷、形式上的滑稽和政治上的矛盾，像英国的那些奴隶制度的品得——"泰晤士报""星期六评论"tutti quanti〔之流〕所做的那样，是再容易不过了。尽管如此，在美国历史和人类历史上，林肯必将与华盛顿齐名！在今天，当大西洋这一边所发生的一切无足轻重的事情都故意带上了不起的神气的时候，那在新大陆上以如此平凡的形式所进行的一切重大事件，难道没有任何意义吗？

　　林肯不是人民革命的产儿。是那种没有意识到本身应当解决何等伟大任务的普选制的寻常把戏把他——一个从石匠上升到伊利诺斯州参议员的平民，一个缺乏智慧的光辉、缺乏特殊的性格力量、地位并不十分重要的人，一个善良的常人——送上最高位置的。新大陆还从来没有取得过比这一次更大的胜利，这证明，由于新大陆的政治和社会组织，善良的常人也能担负旧大陆需要英雄豪杰才能担负的任务！

马克思：《北美事件》，

《马克思恩格斯全集》第15卷第586~587页。

　　奴隶主当中最活跃的一部分人——一方面是青年，另一方面是政治和军事首领——都和他们本阶级的主体分开了，这些人有的是在本州组成游击队并作为游击队而被消灭，有的是离开家乡投入军队或行政机构。结果就是：一方面，各边界州奴隶数目大量减少，而在这些州中，奴隶制度原是要经常和与之竞争的自由劳动的《encroachments》（侵犯）作斗争的。另一方面，奴隶主当中最活跃的那一部分人及其白人随从都离去了。这样，只剩下了"温和的"奴隶主，他们很快就会贪婪地去抓取华盛顿为赎出他们的《black chattel》而付给他们的过高的补偿费，因为这些《black chattel》在南部市场一旦向他们关门的时候终究是值不了钱的。这样，战争本身就有助于问题的解决，因为它实际上把各边界州的社会关系改造了。

马克思：《北美形势》，

《马克思恩格斯全集》第15卷第593~594页。

　　那时共和党没有联合废奴派，它在1860年竞选运动中除了反对把奴隶制度向各领地扩展之外没有提出任何其他目标，同时还声明它不干涉已经依法实行了奴隶制度的州实行这一制度。如果当时林肯把解放奴隶作为战斗口号提出，他毫无疑问会一败涂地。这样的主张是被坚决排斥了的。

马克思：《北部各州的选举结果》，

《马克思恩格斯全集》第15卷第601页。

　　如果说您在第一次当选时的适中的口号是反抗奴隶主的权势，那末您在第二次当选时的胜利的战斗号召则是：消灭奴隶制！

马克思：《致美国总统阿伯拉罕·林肯》，

《马克思恩格斯全集》第16卷第20页。

　　单是人道就要求把资本家从殉道和诱惑中解救出来，其办法同不久前乔治亚州的奴隶主所采取的一样，后者通过废除奴隶制而摆脱了这样一种左右为难的境地：是把鞭打黑奴所得的全部剩余产品消耗在香槟酒上，还是把其中一部分再转化为更多的黑人和土地。

马克思：《资本论第一卷》，

《马克思恩格斯全集》第23卷第655~656页。

在北美合众国，只要奴隶制使共和国的一部分还处于残废状态，任何独立的工人运动都是瘫痪的。在黑人的劳动打上屈辱烙印的地方，白人的劳动也不能得到解放。但是，从奴隶制的死亡中，立刻萌发出一个重新变得年青的生命。

马克思：《资本论第一卷》，

《马克思恩格斯全集》第 23 卷第 333 页。

在各边界蓄奴州，特别是在密苏里州，再其次是在肯塔基州以及其他各州，奴隶制问题已经在实际解决中。在这些地方，奴隶正大批外流。例如，从密苏里州就走了约 5 万奴隶，其中一部分是逃跑，另一部分是被奴隶主运往更远的南部各州。

马克思：《奴隶制问题的危机》，

《马克思恩格斯全集》第 15 卷第 443 页。

人们忧虑地看到，郎卡郡和约克郡的工业依靠着奴隶主在乔治亚和亚拉巴马的皮鞭统治，同时英国人民却为了在本国殖民地内废除奴隶制度而承担这样巨大的牺牲。

马克思：《英国的危机》，

《马克思恩格斯全集》第 15 卷第 368 页。

在北美合众国，只要共和国的一部分仍被奴隶制度玷污，任何独立的工人运动都难展开……但是随着奴隶制度的死亡，立刻就诞生了新生命。

马克思：《剽窃者》，

《马克思恩格斯全集》第 16 卷第 253 页。

我们确信，美国的国内战争对于工人阶级的发展，同美国独立战争对于资产阶级的发展，具有同样巨大的意义。的确，反对奴隶占有制的战争的胜利结束已在工人阶级的历史上开创了一个新时代。

马克思：《致合众国全国劳工同盟的公开信》，

《马克思恩格斯全集》第 16 卷第 402 页。

马克思在《北美形势》里的"《black chattel》"，是黑色牛马。本文中出现过这个词。马克思叙述说，各个真正的蓄奴州之所以十分重视各边界州，显然是因为在这些边界州里有奴隶制成分，正是这个成分，才迫使联邦政府在反对奴隶制度的斗争中不断作外交的和宪法的妥协。但是，这个成分在内战的主要战场上，即在各边界州，实际上正被内战本身消灭。很多奴隶主带着他们的《black chattel》不断地迁往南部，借以保全自己的财产。随着同盟军的各次失败，这种迁移的规模便愈来愈大了。

3. 废除奴隶制的法律措施

美国独立是通过战争解决的，废除奴隶制度也是通过战争解决的。

根据联邦宪法的规定，联邦没有废除奴隶的宪法权力。其立法仅是阻止奴隶制度向属地发展。

1860年12月20日，南卡罗莱纳州的特别会议，正式撤销该州对于联邦宪法的批准案及以后的各种修正案，通过脱离全国政府的一个特别条例。1861年2月，宣布脱离联邦的各州，组成邦联——美洲邦联（Confederate States of America），通过临时宪法。

在这种情况下，1861年内战爆发。维护奴隶制，是南方脱离联邦的真正原因。为此，1862年4月，国会废除哥伦比亚区的奴隶制。6月，国会又废除全部属地的奴隶制。9月22日，林肯以总司令的名义发表《释奴宣言》，宣告于1863年1月1日仍处于叛乱状态中的各地方，其奴隶制度应予立即完全废除。为求全国一致废除奴隶制，1864年4月8日参议院通过宪法修正案，次年1月31日众议院予以通过，送请各州批准，后来成为宪法修正案第13条。其第1款规定，美国境内或受美国管辖之任何区域内，除用以惩罚经依法判罪之犯人外，不准有奴隶制度或强迫劳役制之存在。第2款规定，国会有权制定适当法律，以执行本条文。宪法修正案第13条，从立法上废除了美国的奴隶制。

通过上述可以认为，南方的奴隶制是通过战争解决问题的。废除奴隶制的立法是在战争过程中的立法。实际上，任何国家或国家性的社会制度，都是通过革命或战争改变的。没有惨烈的革命或战争，仅仅乞灵于法律，不可能实现社会制度的根本变革。法律只是胜利者的重器，失败者的法律，不过是一叠叠废纸。

除了财政方面的法律之外，国会通过了北部人民大众久盼而未得的宅地法；这项法律规定，把一部分国有土地免费给予垦殖者耕种，不论是美国出生的或迁入的。国会废除了哥伦比亚地区和联邦首都的奴隶制度，对以前的奴隶主付给金钱补偿。宣布奴隶制度在美国全部领地内是"永远不可能的"。

马克思：《评美国局势》，

《马克思恩格斯全集》第15卷第558页。

在接受西弗吉尼亚作为新州加入联邦的法案中，规定了逐步废除奴隶制度，并宣布所有1863年7月4日以后出生的黑人儿童是自由人。这种逐步解放奴隶的条例，大体上是以70年前宾夕法尼亚州为着同样的目的所颁布的法律为蓝本的。

马克思：《评美国局势》，

《马克思恩格斯全集》第15卷第558页。

第四个法案宣布，叛军方面的所有奴隶一到共和党的军队手里就是自由人。

马克思：《评美国局势》，

《马克思恩格斯全集》第15卷第558页。

另一个还是现在才第一次实施的法案规定，可以把这些获得解放的黑人组成军队，开赴战场对南军作战。利比里亚、海地等黑人共和国的独立获得了承认，最后，和英国签订了禁止奴隶买卖的条约。

> 马克思：《评美国局势》，
> 《马克思恩格斯全集》第 15 卷第 558～559 页。

美国报纸现在 in extenso〔全文〕发表了美国和英国今年 4 月 7 日在华盛顿签订的制止奴隶买卖的条约。

> 马克思：《制止奴隶买卖的条约》，
> 《马克思恩格斯全集》第 15 卷第 531 页。

这个英美条约是美国内战的结果，它是对买卖黑人的致命打击。参议员萨姆纳最近提出的法案将更增强这个条约的效力，该法案要求取消 1808 年法律中有关在美国沿海地区买卖黑人的条款，在美国各港口之间运送奴隶也将以犯罪论处。这个法案通过以后，各个繁殖黑人的州（border slave states）〔边界蓄奴州〕同消费黑人的州（真正的 slave states〔蓄奴州〕）之间的买卖大部分就将陷于瘫痪了。

> 马克思：《制止奴隶买卖的条约》，
> 《马克思恩格斯全集》第 15 卷第 532 页。

根据 1826 年和英国签订的条约，墨西哥承担了不容许在当时属于它的任何领土上建立奴隶制度的义务。根据同一条约的另一款，它把得克萨斯的 4500 万英亩公有土地抵押给英国，作为从英国资本家取得的债款的担保。而帕麦斯顿在 10 年或 12 年之后以仲裁人的资格进行干预，站在得克萨斯一边反对墨西哥。

> 马克思：《对墨西哥的干涉》，
> 《马克思恩格斯全集》第 15 卷第 390 页。

废除奴隶制已是大家公认的、并且一部分是已经实现了的目的，如果注意到这一点，那末就应当承认，像这样迅速地完成这样的大转变还从未有过。它将会对全世界发生极其良好的影响。

> 《马克思致莱·菲力浦斯》，
> 《马克思恩格斯全集》第 31 卷下册第 439 页。

黑人摆脱奴隶制度最晚，你们身上至今还带有奴隶制度留下的极深的痕迹，即使在先进国家也是如此，因为资本主义除了法律上的解放以外，不可能"容纳"其他方面的解放，就是法律上的解放也打了种种折扣。

> 列宁：《俄罗斯人和黑人》，
> 《列宁全集》第 22 卷第 372 页。

美国南方过去实行奴隶占有制的各州，黑人的孩子至今仍在单独办的学校念书，而北方的白人和黑人则合校上课。不久以前，在俄国搞了个"犹太学校民族化"方案，就是说，给犹太儿童单独办学校，把他们和其他民族的儿童分开。用不着多说，这个方案是出自最反动的普利什凯维奇分子之手。

列宁：《论"民族文化"自治》，

《列宁全集》第 24 卷第 181 页。

马克思在《评美国局势》里的"宅地法"，是 1862 年 5 月 20 日通过的宅地法（Homestead Act）。该法是林肯政府以民主主义精神解决土地问题的最重要措施。根据这一法律，凡美国公民或声明愿成为美国公民的人，在缴纳 10 美元赋税之后，可以从国有土地中无偿地领取 160 英亩（65 公顷）土地。在耕种 5 年之后，或在 5 年内每英亩缴纳 125 美元的条件下，这块土地便转归农民完全所有。在人民群众压力下颁布的宅地法，是使战争进程发生有利于北部的转折的革命措施之一。

"对以前的奴隶主付给金钱补偿"的地区，是联邦直辖区哥伦比亚，该区包括作为独立行政单位的美国首都华盛顿及其郊区。在美国首都废除奴隶制的要求，是 1775—1783 年独立战争以来反奴隶制力量的基本要求之一。1862 年 4 月 16 日的法律，在补偿法规定的条件下解放了 3000 黑人。根据补偿法，政府必须向占有者交付偿金，解放一名奴隶偿给 300 美元。

马克思在《评美国局势》里提到"利比里亚、海地等黑人共和国的独立获得了承认"，其利比里亚是西非洲的共和国，成立于 1847 年，它是美国殖民促进社为了从美国迁出自由黑人而建立的移民地点。

海地是海地岛西部形式上独立的国家，从 1859 年起成为共和国。1862 年 6 月美国与两个黑人共和国利比里亚和海地建立外交关系（在此之前，它们已得到其他大国的承认），是废奴派的一个胜利。同时，在外交上承认利比里亚和海地也有自己的目的，那就是鼓励黑人从美国向这些国家迁移。在美国疆界之外建立被解放的黑人的移民区，是林肯纲领中的一条，这一条曾遭到废奴派中革命一翼的激烈反对。

马克思在《制止奴隶买卖的条约》里提到了"美国和英国今年 4 月 7 日在华盛顿签订的制止奴隶买卖的条约"。这个条约是 1862 年签订的。要点大致如下：

双方互有检验权，但双方的检验权只能由缔约国之一所特别赋予此项权利的战舰行使。缔约国双方时时互相提供关于被指定来监视买卖黑人的那一部分海军的详细统计资料。搜查权只能对商船行使，行使地区为距非洲海岸 200 英里以内，北纬 32 度以南，以及距古巴海岸 30 海里以内。无论是美国巡洋舰检查英国船只，或者是英国巡洋舰检查美国船只，都不得在英国或美国的领海内（即距海岸 3 海里之内）进行；也不得在其他国家的港口或属地附近进行。

被拘留的船只由混合法庭审判，混合法庭设在塞拉勒窝内、卡普施塔德和纽约，由英国人和美国人各半组成。在船只被判有罪时，如不需过多的费用，应将船上人员交予该船旗帜所表明的国家的司法当局。此时，不仅船上人员（船长、大副等），而且船只的所有者，都要受到依该国法律所判的惩罚。被混合法庭宣告无罪的商船，由前往搜捕的战舰所属的国家于一年内给予赔偿。

不仅被掳黑人的存在构成拘捕船只的法律根据，而且船上如有贩卖黑人的特殊装置、手铐、锁链、其他防范黑人的器械以及显然超过船上人员所需要的食物，也都构成拘捕的法律根据。被发现有此等可疑物件的船只，应提出证据证明自己无罪，而且，即使该船被宣告无罪，亦不得要求任何赔偿。

逾越条约所授权限的巡洋舰指挥官应由本国政府处罚。如果缔约国一方的巡洋舰指挥官怀疑缔约国另一方一艘或多艘战舰护送下的某艘商船载有黑人，或参与贩卖非洲奴隶，或有贩卖奴隶的设备，则应将其怀疑通知护航舰的指挥官，同他一起对所怀疑的船只进行搜查；如果根据本条约该商船属于有嫌疑的船只之列，则应将该船带到一个混合法庭的所在地。被判有罪的船上发现的黑人，应交由进行搜捕的国家的政府处理。这些黑人应立即予以释放，他们人在哪国领土上就由哪国政府保障他们的自由居留权。

这个条约满十年始可停止生效。自缔约国一方声明停止生效之日起的一年内，这个条约仍继续有效。

二、封建制法制度

封建社会的物质生活条件较之奴隶制社会有巨大改变。主要表现是，农业生产体系形成，农业生产工具重大改进，普遍使用铁制工具，特别是铁犁铧，耕犁的构件完备，牛耕普及，耕作技术有了长足进步。农田水利技术向纵深发展。畜牧业、林业、园林种植业不断出现新的技术和经营管理形式。特别是手工业，成为重要的产业门类，发展到鼎盛时期，冶铁、炼钢、铸铜等规模大，技术先进，造纸业迅速发展，漆器制造业遍布各地。这是封建制法产生的根本动因。

从世界范围说，较之奴隶制社会，封建制社会形成了欧亚大陆的联系和相互交融。这是封建制社会形态的重要特征。由于欧洲几个帝国疆土的扩大，使欧亚大陆直接联系成为可能。贸易、科学技术、宗教相互传播，相互融合。公元105年，中国发明了造纸术，公元751年传给阿拉伯人，后又传给两河流域和埃及。1150年传入西班牙再传到欧洲。欧洲用羊皮纸制作《圣经》，要300多张羊皮。东西方的交往是相互的，但中国商品、科学技术的输出占主导地位。这就出现了欧亚大陆立法互相影响、互相渗透的情况，尽管它们有各自独立的发展道路。

综合中外封建制法，其基本特点可概括为：

第一，宗教和神学在政治领域发展为神法和神权。所谓"王权依靠神的恩宠统治国家"，就是统治者依照神法进行统治。如果破坏神法，就会失去神的庇佑和恩宠，这时被统治者用武力反抗统治者，就能重新发现神法。这是中世纪的反抗权（Widerstandsrecht）合法性的由来。与神法和神权相适应，教会法是法的重要组成部分，不仅管辖宗教事务，而且成为解决民事和刑事案件的依据。

第二，世袭领地占有权（Gewere）同统治权结合在一起。

在欧洲中世纪，庄园制（Grundherrschaft）是对土地依存的主要形式。土地为庄园领主占有和经营，有些土地在庄园领主保护下由隶农经营。隶农把农产品作为贡租交付，并负有赋役义务。领主具有审判权。贵族不仅仅是土地所有者，而且对居民拥有政治的、经济的和管理的种种特权。

第三，封建等级制度。按照土地占有的多寡和权力大小划分封建等级，形成皇帝—臣子—诸侯—家臣的"等级阶梯"。法律确认不同等级的人的不同法律地位。

第四，成文法为主体，习惯法与成文法并存。在封建社会特别是中后期，成文法是主要法的形式，但习惯法依然占有重要地位（到资本主义时期仍然存在习惯法）。在刑事方面依据成文法，在民事方面，如婚姻家庭、财产、民间纠纷等仍以习惯法为主。

经典作家对于封建制具体立法的论述，在本卷其他部分已有摘录，故这里不再引录。

（一）封建制法的社会动因

1. 封建制社会替代奴隶制社会

奴隶制社会的灭亡和封建制社会的形成，是人类社会发展合乎规律的结果。奴隶的有无，并不是这两种社会形态划分的标准，因为任何新的社会形态都遗留下旧社会形态的痕迹。马克思主义经典作家明确指出了封建制社会替代奴隶制社会的根本原因，是社会生产力和生产关系的矛盾。

欧洲的封建社会时期，一般称中世纪，指自公元 5 世纪西罗马帝国灭亡到 17 世纪英国资产阶级革命前的历史时期。欧洲的封建社会发展缓慢，在 11 世纪中期之后，始有封建制度的基本成型。我国封建社会，通常认为从公元前 221 年秦统一中国到清朝灭亡的历史时期。秦朝始建，便具封建制度的初型。

在封建制度下，生产关系的基础是封建主占有生产资料和不完全地占有生产工作者——农奴，封建主已经不能屠杀农奴，我国西汉定农奴为"私属"，废除农奴买卖。除了封建所有制以外，还存在农民和手工业者以本身劳动为基础的个体所有制，他们占有生产工具和自己的私有经济。

不同社会形态要求不同的法律。立法的演进，随着奴隶制社会向封建制社会的过渡和封建制社会的形成、发展，形成了新的法律系统。但因为两种社会形态都是剥削阶级统治的社会形态，因而其基本立法的总目的、范围和规定方面，大体是相同的。

奴隶制，在它是生产的主要形式的地方，使劳动成为奴隶的活动，即成为使自由民丧失体面的事情。这样就封锁了这种生产方式的出路，而另一方面，更加发展的生产受到了奴隶制的限制，迫切要求消灭奴隶制。一切以奴隶制为基础的生产和以这种生产为基础的公社，都是由于这种矛盾而毁灭的。

恩格斯：《〈反杜林论〉材料》，

《马克思恩格斯全集》第 20 卷第 676 页。

不管奴隶制是通过强制还是自愿地废除的，以前的生产方式还是死亡了；例如在美洲，移民者的小土地经济代替了大规模的种植园。就这个意义上来说，希腊也是毁于奴隶制的，关于这方面亚里士多德早就谈到：同奴隶的交往使得市民道德败坏——更不用说奴隶使市民失去劳动能力了。

恩格斯：《〈反杜林论〉材料》，

《马克思恩格斯全集》第 20 卷第 676 页。

使雅典灭亡的并不是民主制，像欧洲那些讨好君主的学究们所断言的那样，而是排斥自由公民劳动的奴隶制。

恩格斯：《家庭、私有制和国家的起源》，

《马克思恩格斯全集》第21卷第136页。

中世纪以农奴制和封建制度代替了奴隶制。现在的时代宣称它已消灭这些桎梏，实际上它只是改变了这些桎梏的形式。它不仅保存了旧的赋役，而且还加上一种新的剥削形式，所有剥削形式中最残酷、最无情的剥削形式——资本主义的剥削。

恩格斯：《给西西里岛社会党人的贺信》，

《马克思恩格斯全集》第22卷第557页。

在奴隶制占统治地位或者剩余产品为封建主及其家臣所吞食的情况下，奴隶主或者封建主即使陷入高利贷之中，生产方式仍旧不变；只是它对劳动者的压迫会更加残酷。负债的奴隶主或封建主会榨取得更厉害，因为他自己被榨取得更厉害了。

马克思：《资本论第三卷》，

《马克思恩格斯全集》第25卷下册第675页。

在自然经济下，社会是由许许多多同类的经济单位（父权制的农民家庭、原始村社、封建领地）组成的，每个这样的单位从事各种经济工作，从采掘各种原料开始，直到最后把这些原料制作得可供消费。在商品经济下，各种不同类的经济单位在建立起来，单独的经济部门的数量日益增多，执行同一经济职能的经济单位的数量日益减少。

列宁：《俄国资本主义的发展》，

《列宁全集》第3卷第17~18页。

在中世纪，封建剥削的根源不是由于人民被剥夺而离开了土地，相反地，是由于他们占有土地而离不开它。农民虽然保有自己的土地，但他们是作为农奴或依附农被束缚在土地上，而且必须以劳动或产品的形式给地主进贡。

恩格斯：《美国工人运动》，

《马克思恩格斯全集》第21卷第387页。

封建时代的所有制的主要形式，一方面是地产和束缚于地产上的农奴劳动，另一方面是拥有少量资本并支配着帮工劳动的自身劳动。这两种所有制的结构都是由狭隘的生产关系——粗陋原始的土地耕作和手工业式的工业所决定的。在封建制度繁荣时代，分工不大发达。

马克思恩格斯：《德意志意识形态》，

《马克思恩格斯全集》第3卷28页。

以前所以有历史，是由于有过封建制度，由于在这些封建制度中有一种和经济学家称为自然的、因而是永恒的资产阶级社会生产关系完全不同的生产关系。封建主义也有过自己的无产阶级，即包含着资产阶级的一切萌芽的农奴等级。封建的生产也有两个对抗的因素，人们称为封建主义的好的方面和坏的方面，可是，却没想到结果总是坏的方面占优势。正是坏的方面引起斗争，产生形成历史的运动。

> 马克思：《哲学的贫困》，
> 《马克思恩格斯全集》第 4 卷 154 页。

封建主义决不是现成地从德国搬去的；它起源于蛮人在进行侵略时的军事组织中，而且这种组织只是在征服之后，由于被征服国家内遇到的生产力的影响才发展为现在的封建主义的。

> 马克思恩格斯：《德意志意识形态》，
> 《马克思恩格斯全集》第 3 卷 83 页。

在日耳曼人的军事制度的影响下，现存关系以及受其制约的实现征服的方式发展了封建所有制。这种所有制与部落所有制和公社所有制一样，也是以某种共同体为基础的。但是作为直接进行生产的阶级而与这种共同体对立的，已经不是古代世界的奴隶，而是小农奴。

> 马克思恩格斯：《德意志意识形态》，
> 《马克思恩格斯全集》第 3 卷第 27 页。

在工场手工业的历史上还没有获得足够重视的另一个情况，就是封建主遣散了无数的侍从，这些被遣散的下属在未进入作坊之前都变成了流浪汉。在手工作坊建立以前，15、16 世纪中流浪现象是极为普遍的。此外，作坊还找到了大量的农民这个强有力的支柱，数百年来，由于耕地变成了牧场以及农业进步减少了耕作所需要的人手，大批农民不断被赶出乡村而流入城市。

> 马克思：《哲学的贫困》，
> 《马克思恩格斯全集》第 4 卷 166～167 页。

阿富汗人是勇敢、刚毅和爱好自由的人民。他们只从事畜牧业或农业，想方设法避开手工业和商业，他们抱着鄙视的态度让印度人和其他城市居民去从事这些行业。战争对他们说来是一种消遣和摆脱单调的营生的休息。阿富汗人分为若干克兰，大大小小的首领对他们实行类似封建的统治。只是他们对国家政权深恶痛绝，爱好各自独立，才妨碍他们成为一个强大的民族。而正是这种自发性和反复无常的行为使他们成了危险的邻居，他们受一时的情绪支配并且容易为那些能巧妙地引起他们激情的政治阴谋家迷惑。

> 恩格斯：《阿富汗》，
> 《马克思恩格斯全集》第 14 卷上册第 78 页。

中世纪的封建统治依靠的是自给自足的小规模的农民公社的经济，这种公社差不多所有消费品都是自己生产而几乎没有交换关系，并由好战的贵族保护它们不受外敌侵害，使它们具有民族的或者至少是政治的联系。

恩格斯：《卡尔·马克思》，

《马克思恩格斯全集》第 19 卷 122 页。

各种不同的社会形式和政治形式不应该用始终一样的暴力来说明，而必须用被施加暴力的东西，被掠夺的东西来说明，——用那个时代的产品和生产力以及从它们自身中产生的它们的分配来说明。这样就会发现，东方的专制制度是基于公有制，古代共和国基于也从事农业的城市，罗马帝国基于大庄园，封建制度基于乡村对城市的统治（这种统治是有它自己的物质基础的），如此等等。

恩格斯：《反杜林论》，

《马克思恩格斯全集》第 20 卷 681 页。

中世纪社会：个体的小生产。生产资料是供个人使用的，因而是原始的、笨拙的、小的、效能很低的。生产或者是为了生产者本身的直接消费，或者是为了他的封建领主的直接消费。只有在生产的东西除了满足这些消费以外还有剩余的时候，这种剩余才拿去出卖和进行交换：所以商品生产刚刚处于形成过程中；但是这时它本身已经包含着社会生产的无政府状态的萌芽。

恩格斯：《反杜林论》，

《马克思恩格斯全集》第 20 卷 709 页。

古代的巴力斯、中世纪的城市或行会、封建的土地贵族联盟——这一切都有意识形态的附带目的，这些附带目的，它们是奉为神圣的，而在城市望族的血族团体和行会中，则来源于氏族社会的回忆、传统和象征，同古代的巴力斯的情况差不多。

恩格斯：《论未来的联合体》，

《马克思恩格斯全集》第 21 卷 447 页。

货币在中世纪早期的典型封建经济中几乎是没有地位的。封建主或者是用劳役形式，或者是用实物形式，从他的农奴那里取得他所需要的一切。妇女纺织亚麻和羊毛，缝制衣服；男人耕田；儿童放牧主人的牲口，给主人采集林果、鸟窝和垫圈草；此外，全家还要缴纳谷物、蔬菜、蛋类、奶油、干酪家禽、幼畜以及其他许多东西。每一座封建庄园都自给自足，甚至军费也是征收实物。没有商业来往和交换，用不着货币。

恩格斯：《论封建制度的瓦解和民族国家的产生》，

《马克思恩格斯全集》第 21 卷 449 页。

随着工场手工业的产生，同时也就开始了一个流浪时期，这个时期的形成的原因是：取消了封建侍从，解散了由形形色色的地痞流氓组成的并效忠帝王以镇压其诸侯的军队，改进了农业以及把大量耕地变为牧场。从这里已经可以清楚地看出，这种流浪是和封建制度的瓦解密切联系着的。

马克思恩格斯：《德意志意识形态》，

《马克思恩格斯全集》第 3 卷第 63 页。

看到封建主义的这一切好的方面而深受感动，抱定目的要消除这幅图画上的一切阴暗面（农奴状况、特权、无政府状态），那末结果会怎样呢？引起斗争的一切因素就会灭绝，资产阶级的发展在萌芽时就会被切断。经济学家就会给自己提出把历史一笔勾销的荒唐任务。

马克思：《哲学的贫困》，

《马克思恩格斯全集》第 4 卷第 154 页。

形成工场手工业的最必要的条件之一，就是由于美洲的发现和美洲贵金属的输入而促成的资本积累。交换手段扩大的结果一方面是工资和地租跌价，另一方面是工业利润增多，这一点已毫无疑义。换句话说，土地所有者阶级和劳动者阶级，即封建主和人民衰落了，资本家阶级，资产阶级则相应地上升了。同时，绕道好望角到达东印度的航道开辟后流通中商品量的增加，殖民体系，以及海上贸易的发展等也促进了工场手工业的发展。

马克思：《哲学的贫困》，

《马克思恩格斯全集》第 4 卷第 166 页。

竞争是由封建垄断产生的。可见，原来竞争是垄断的对立面，并非垄断是竞争的对立面。因此，现代垄断并不是一个单纯的反题，相反地，它是一个真正的合题。

马克思：《哲学的贫困》，

《马克思恩格斯全集》第 4 卷第 178 页。

君主专制产生于封建等级垮台以后，它积极参加过破坏封建等级的活动，而现在却力图保留哪怕是封建割据的外表。

马克思：《道德化的批评和批评化的道德》，

《马克思恩格斯全集》第 4 卷第 341 页。

在这些生产和交换资料发展到一定阶段上，封建社会的生产和交换在其中进行的关系，封建的农业和制造业组织，一句话，封建的所有制关系，就不能再同已经发展的生产力相适应了。这种关系已经不是促进生产而是阻碍生产了。它们已经变成了束缚生产的桎梏。它们必须被打破，而且果然被打破了。起而代之的是自由竞争和与自由竞争相适应的社会政治制度，即资产阶级在经济上和政治上的统治。

马克思恩格斯：《共产党宣言》，

《马克思恩格斯全集》第4卷471页。

最初市民等级本身是一个封建等级，当十五世纪末，海上航路的伟大发现，为它开辟了一个新的更加广大的活动场所时，它使封建社会内部的主要靠手工进行的工业和产品交换发展到比较高的水平。欧洲以外的、以前只在意大利和列万特之间进行的贸易，这时已经扩大到了美洲和印度，就重要性来说，迅速地超过了欧洲各国相互之间的和每个国家内部的交换。美洲的黄金和白银在欧洲泛滥起来，它好似一种促进瓦解的因素渗入封建社会的一切罅隙，裂缝和细孔。手工业再不能满足日益增长的需要；在最先进的国家的主要工业部门里，手工业就为工场手工业所代替了。

恩格斯：《反杜林论》，

《马克思恩格斯全集》第20卷114页。

恩格斯在《家庭、私有制和国家的起源》里指出，"使雅典灭亡的并不是民主制，像欧洲那些讨好君主的学究们所断言的那样，而是排斥自由公民劳动的奴隶制。"这是非常科学的表述。

恩格斯认为，已经大体上形成的雅典国家，是适合雅典人的新的社会状况。这可以从财富、商业和工业的迅速繁荣中得到证明。现在社会制度和政治制度建立于其上的阶级对立，是奴隶和自由民之间的对立，被保护民和公民之间的对立。

到了雅典全盛时代，自由公民的总数，连妇女和儿童在内，约为9万人，而男女奴隶为365000人，被保护民——外地人和被释放的奴隶为45000人。这样，每个成年的男性公民至少有18个奴隶和两个以上的被保护民。大量奴隶的存在，是由于许多奴隶在监工的监督下在房屋很大的手工工场内一起工作。但是，随着商业和工业的发展，发生了财富积累和集中于少数人手中以及大批自由公民贫困化的现象，摆在自由公民面前的只有两条道路：或者从事手工业去跟奴隶劳动竞争，而这被认为是可耻的、卑贱的职业，并且不会有什么成功；或者变成穷光蛋。他们在当时条件下必不可免地走上了后一条道路，由于他们数量很大，于是就把整个雅典国家引向了灭亡。

恩格斯在《阿富汗》里说，"阿富汗人分为若干克兰，大大小小的首领对他们实行类似封建的统治"，是恩格斯用流行于西欧的"克兰"这个术语，表示组成阿富汗各部落的大的氏族联合组织（贺利）。

恩格斯在《论未来的联合体》里的"古代的巴力斯"，即城邦，是公元前8至6世纪在古希腊形成的最典型的奴隶占有制社会的社会经济和政治组织的形式之一。每个巴力斯都是由城市本身和它附近不大的地区构成的公社。只有拥有地产和占有奴隶的巴力斯本地居民，才是享有充分权利的巴力斯公民。

2. 封建制社会结构

封建社会的统治阶级是封建地主阶级，被统治阶级是农奴、农民、手工业者和小所有者。

农奴是封建制社会的基本构成。封建领主占有大部分生产资料和不完全占有农奴人身。领主以小块份地将农奴束缚在土地上。作为代价，农奴须无偿耕种领主土地，服各种徭役，并上缴大部分劳动产品。

封建制社会有两种基本社会关系，一是领主与国王的关系，二是领主与农奴的关系。前一种关系是统治阶级内部关系，表现为君臣关系，实际上是地方和中央的关系，因为主要是通过分封诸侯建立起来的；后一种关系是统治阶级与被统治阶级关系，表现为农奴的人身依附关系，实际上是超经济强制关系。

依附制度，是封建制社会的重要特征。从八至九世纪起在欧洲盛行的农民受封建主"保护"，或者小封建主受大封建主"保护"的形式之一，接受保护要履行一定的条件，即为"保护人"服兵役和其他徭役，并把自己的土地交给"保护人"，然后以有条件地占有的形式领回这些土地。这对于那些迫于暴力而不得不如此做的农民来说，意味着人身自由的丧失，而对于小封建主来说，则意味着处于大封建主的藩属的地位，因而依附制度一方面促使农民沦入受奴役的境地，另一方面巩固了封建等级制度。

我国西藏从 9 世纪开始进入封建制社会。实行森严的等级制度。十三法典、十六法典规定，上等上级之人其命为与其尸体等重的黄金，下等下级之人如女人、屠夫、猎户、匠人等，其命为一根草绳。为了维护封建统治，实行残酷的刑罚，为当世各国所仅见。因此，推翻这种农奴制度，是天经地义的。

在俄国，除了农奴之外，还有农民。农民作为封建社会的一个阶级分为三大类：私有主农民即地主农民；国家农民即官地农民；皇族农民。每一大类又分为若干在出身、占有土地和使用土地形式、法律地位和土地状况等等方面互不相同的等级和特殊类别。

封建制社会，是封建地主阶级专政的社会。

在过去的各个历史时代，我们几乎到处都可以看到社会完全划分为各个不同的等级，可以看到由各种不同的社会地位构成的整个阶梯。在古代的罗马，有贵族、骑士、平民和奴隶；在中世纪，有封建领主、陪臣、行会师傅、帮工和农奴，并且几乎在每一个阶级内部，又有各种特殊的等第。

马克思恩格斯：《共产党宣言》，

《马克思恩格斯全集》第 4 卷 466 页。

大自然把西西里岛创造成为人间天堂。而这就足以使分为对立阶级的人类社会把它变成了地狱。古希腊罗马时代为了经营大地产和大矿场而赏给了西西里岛一个奴隶制。中世纪以农奴制和封建制度代替了奴隶制。

恩格斯：《给西西里岛社会党人的贺信》，

《马克思恩格斯全集》第 22 卷第 557 页。

在封建制度繁荣时代，分工不大发达。每一个国家都存在着城乡之间的对立；虽然等级结构表现得非常鲜明，但是除了在乡村里有王公、贵族、僧侣和农民的划分，在城市里有师傅、帮工、学徒以及后来的平民短工的划分之外，就再没有什么大的分工了。

马克思恩格斯：《德意志意识形态》，

《马克思恩格斯全集》第3卷第28页。

旧的封建领地上的宗法式的经营方式使雇农或无地农民［Häusler］祖祖辈辈依附于他们的"仁慈的老爷"，这种依附关系大大阻碍了农业无产者参加城市工人的运动。神甫、农村一贯的愚昧无知、恶劣的学校教育、人们同整个世界的隔绝，则在这方面起了补充作用。

恩格斯：《普鲁士军事问题和德国工作政党》，

《马克思恩格斯全集》第16卷82~83页。

在中世纪，封建剥削的根源不是由于人民被剥夺而离开了土地，相反地，是由于他们占有土地而离不开它。农民虽然保有自己的土地，但他们是作为农奴或依附农被束缚在土地上，而且必须以劳动或产品的形式给地主进贡。

恩格斯：《美国工人运动》，

《马克思恩格斯全集》第21卷387页。

中世纪农民为封建主生产交代役租的粮食，为神父生产纳什一税的粮食。但不管是交代役租的粮食，还是纳什一税的粮食，都并不因为是为别人生产的，就成为商品。要成为商品，产品必须通过交换，转到把它当作使用价值使用的人的手里。

马克思：《资本论》，

《马克思恩格斯全集》第23卷第54页。

在城市中和这种封建的土地占有结构相适应的是行会所有制，即手工业的封建组织。这里的财产主要是各个人的劳动。联合起来反对勾结在一起的掠夺成性的贵族的必要性，在实业家同时又是商人的时期对共同市场的需要，流入当时繁华城市的逃亡农奴的竞争的加剧，全国的封建结构，——所有这一切产生了行会；个别手工业者逐渐积蓄起来的少量资本及其与不断增长的人口比较起来是固定的人数，使得帮工和学徒制度发展起来了，而这种制度在城市里产生了一种和农村等级制相似的等级制。

马克思恩格斯：《德意志意识形态》，

《马克思恩格斯全集》第3卷第28页。

每一行业中的帮工和学徒都组织得最适合于师傅的利益。他们和师傅之间的宗法关系使师傅具有两重力量：第一，师傅对帮工的全部生活有直接的影响，第二，同一师傅手下的那些帮工的工作成了真正的纽带，它使这些帮工联合起来反对其他师傅手下的帮工，并使他们与后者相隔绝；最后，帮工由于自己也想成为师傅而与现存制度结合在一起了。因此，平民有时也举行暴动来反对整个城市制度（但是由于这些平民的软弱无力，这种暴动没有任何结果），而帮工们只限于在个别行会内搞一些小冲突，而这些冲突是同行会制度的存在息息相关的。

马克思恩格斯：《德意志意识形态》，
《马克思恩格斯全集》第 3 卷第 58～59 页。

当市民等级、同业公会等等起来反对土地贵族的时候，它们的生存条件，即在其与封建体系割断联系以前就潜在地存在着的动产和手艺，看起来是一种与封建土地所有制相对立的积极的东西，因此不久以后也具有了一种封建形式。

马克思恩格斯：《德意志意识形态》，
《马克思恩格斯全集》第 3 卷 86 页。

基督教的社会原则曾为古代奴隶制进行过辩护，也曾把中世纪的农奴制吹得天花乱坠，必要的时候，虽然装出几分怜悯的表情，也还可以为无产阶级遭受压迫进行辩解。

马克思：《"莱茵观察家"的共产主义》，
《马克思恩格斯全集》第 4 卷 218 页。

对于广大群众来说，只有封建制度是存在的，教阶制只有当它本身或者是封建的或者是在封建制度范围内反封建的时候才是存在的。封建制度本身以纯粹经验的关系作为自己的基础。教阶制以及它和封建制度的斗争（某一阶级的思想家反对本阶级的斗争）只是封建制度以及在封建制度内部展开的斗争（也包括在封建主义国家之间的斗争）在思想上的表现。教阶制是封建制度的观念形式；封建制度是中世纪的生产和交往关系的政治形式

马克思恩格斯：《德意志意识形态》，
《马克思恩格斯全集》第 3 卷 191 页。

由于基督教的这种影响非常强烈，所以解放农奴的斗争伴随着反对教会封建主的最残酷的流血斗争，并且这种斗争曾不顾由神甫们体现出来的基督教的埋怨和愤怒而进行到底（参看伊登"穷人的历史"第 1 卷，基佐"法兰西文明史"，蒙泰"法兰西各等级的历史"等等）。另一方面，特别是在中世纪初，小神甫们却又挑唆农奴"埋怨"和"愤怒"世俗封建主（参看一下查理大帝的著名法令就行了）。

马克思恩格斯：《德意志意识形态》，
《马克思恩格斯全集》第 3 卷 241 页。

在僧侣中间有两个极其不同的阶级。僧侣中的封建特权阶层形成贵族阶级，包括主教和大主教，修道院长，副院长以及其他高级僧侣。这些教会显贵或者本身就是帝国诸侯，

或者是在其他诸侯的麾下以封建主身分控制着大片土地，拥有许多农奴和依附农。

恩格斯：《德国农民战争》，

《马克思恩格斯全集》第7卷391页。

僧侣中的平民集团是由农村传教士和城市传教士组成的。他们不属于教会封建特权阶层，不能分享特权阶层的财富……

他们的俸给多半都很微薄。他们都是市民或平民出身，生活情况和群众甚为接近，因此他们尽管身居僧侣职位，还是得到市民和平民的同情。

恩格斯：《德国农民战争》，

《马克思恩格斯全集》第7卷392页。

僧侣是中世纪封建主义思想意识的代表，他们所感受到的历史转变的影响也不算小。印刷术的发明以及商业发展的迫切需要，不仅改变了只有僧侣才能读书写字的状况，而且也改变了只有僧侣才能受较高级的教育的状况。在知识领域中也出现劳动分工了。新出现的法学家把僧侣们从一系列很有势力的职位中排挤出去了。僧侣从此也就多半变成了多余的人；他们日益无所事事和愚昧无知的状况使他们自己也认识到了这一点。但是他们越是变成多余的人，他们的人数倒越来越多，这是由于他们拥有巨大的财富，而他们还在用一切手段不断增殖财富。

恩格斯：《德国农民战争》，

《马克思恩格斯全集》第7卷391页。

旧的封建贵族绝大部分在农民战争中被消灭了，剩下的或者是直属帝国的小诸侯，或者是些小地主，或者是些乡居的容克地主；这些小诸侯逐渐取得相当的独立地位并在极小的偏僻的地区内仿效君主专制；这些小地主在小庄园内耗尽了自己的微产，后来就靠在小邦军队和政府办公室中找个小职位以糊口。

马克思恩格斯：《德意志意识形态》，

《马克思恩格斯全集》第3卷212页。

在中世纪，随着封建制度的发展，基督教形成为一种同它相适应的、具有相应的封建教阶制的宗教。当市民阶级兴起的时候，新教异端首先在法国南部的阿尔比派中间、在那里的城市最繁荣的时代同封建的天主教相对抗而发展起来。中世纪把意识形态的其他一切形式——哲学、政治、法学，都合并到神学中，使它们成为神学中的科目。

恩格斯：《路德维希·费尔巴哈和德国古典哲学的终结》，

《马克思恩格斯全集》第21卷350页。

在改革后的俄国，中世纪的农民份地上的资本主义演进过程表现在进步的经济成分逐渐摆脱份地的决定性的影响。一方面是无产者得到解放，他们出租自己的份地，或者抛弃份地，让土地荒芜起来。另一方面是业主得到解放，他们买地租地，用中世纪旧土地占有制下的各种土地建立起新的农场。目前俄国殷实一点的农民，即在对革命有利的结局下确实能够成为自由的农场主的农民，他们所经营的土地一部分是自己的份地，一部分是从邻近的村社农民那里租来的份地，一部分也许是长期租用的官地，按年租赁的地主土地，向银行买来的土地，等等。

> 列宁：《社会民主党在俄国第一次革命中的土地纲领》，
> 《列宁全集》，第 16 卷第 245 页。

恩格斯在《路德维希·费尔巴哈和德国古典哲学的终结》里提到，"新教异端首先在法国南部的阿尔比派中间、在那里的城市最繁荣的时代同封建的天主教相对抗而发展起来。"其"阿尔比派"，是一个教派，12 至 13 世纪广泛流行于法国南部和意大利北部的城市中。它的主要发源地是法国南部阿尔比城。阿尔比派反对天主教的豪华仪式和教阶制度，它以宗教的形式反映了城市商业和手工业居民对封建制度的抗议。法国南部的部分贵族也加入了阿尔比派，他们企图剥夺教会的土地。1209 年，教皇英诺森三世曾组织十字军征伐阿尔比派。经过二十年的战争和残酷的镇压，阿尔比派运动终于失败。

列宁在《社会民主党在俄国第一次革命中的土地纲领》里提到"中世纪的农民"，在俄国，农民作为封建社会的一个阶级分为三大类：私有主农民即地主农民；国家农民即官地农民；皇族农民。每一大类又分为若干在出身、占有土地和使用土地形式、法律地位和土地状况等等方面互不相同的等级和特殊类别。1861 年的农地改革，保留了五花八门的农民类别，这种状况一直继续到 1917 年。这里提到的主要农民类别如下：

有赐地的农民，指俄国 1861 年农民改革时获得赏赐份地的一部分前地主农民。沙皇亚历山大二世签署的 2 月 19 日法令规定，地主可以按照同农民达成的协议，以最高标准 1/4 的份地赐给农民，不取赎金，而其余 3/4 归地主所有。这种有赐地的农民主要是在土地昂贵的黑土地带。到 20 世纪初，由于人口的增加和由此而来的土地重分，有赐地的农民差不多完全失掉了自己的份地。

暂时义务农，指俄国农奴制度废除后，为使用份地而对地主暂时负有一定义务（交纳代役租或服徭役）的前地主农民。农民同地主订立了赎买份地的契约后，即不再是暂时义务农，而归入私有农民一类。1881 年 12 月沙皇政府法令规定，从 1883 年 1 月 1 日起，暂时义务农必须赎得份地。

私有农民，指根据 1861 年改革法令赎回自己的份地，从而终止了暂时义务农身份的前地主农民。

完全私有农民，指提前赎回了自己的份地，因而取得土地私有权的前地主农民。完全私有农民人数较少，是农村中最富裕的上层。国家农民是按彼得一世的法令由未农奴化的农村居民组成的一类农民。

国家农民，指居住在官有土地上，拥有份地，受国家机关的管辖，并被认为在人身上是自由的农民。他们除交人头税外，还向国家或者官有土地承租人交纳代役租，并履行许多义务。国家农民的成分是各种各样的，他们占有土地和使用土地的形式也是各种各样的。

有村社地产的国家农民，指按照村社土地占有制使用耕地及其他用地而没有土地私有权的国家农民。

有切特维尔梯地产的国家农民，指切特维尔梯农民。是莫斯科国军人的后裔。这些军人（哥萨克骑兵、射击兵、普通士兵）因守卫边疆而分得若干切特维尔梯（一切特维尔梯等于半俄亩）的小块土地，供其暂时或永久使用，切特维尔梯农民即由此得名。从 18 世纪起，切特维尔梯农民开始称为独户农。独户农在一段时间内处于介乎贵族和农民之间的地位，享有各种特权，可以占有农奴。独户农可以把土地作为私有财产来支配，这是他们和土地由村社占有、自己无权买卖土地的其他国家农民不同的地方。1866 年的法令承认独户农的土地（即切特维尔梯土地）为私有财产。

原属地主的国家农民，指官家从私有主手里购买的或私有主捐献给官家的农民。他们虽然列入国家农民一类，但不完全享有国家农民的权利。在 1861 年改革的前夜，即 1859 年，这类农民取得了平等权利，但他们和其他国家农民之间仍然存在着某些差别。

皇族农民，指 18 世纪末至 19 世纪中沙皇俄国的一类农民。这类农民耕种皇族土地，除人头税外，还交纳代役租，并履行各种义务，承担供养沙皇家族成员的实物捐税。根据 1797 年的条例，皇族农民的地位介于国家农民和地主农民之间。在皇族农民中，废除农奴制的改革是按照 1858 年、1859 年和 1863 年的法令实行的。皇族农民得到的土地多于地主农民，少于国家农民。

自由耕作农，指根据沙皇俄国 1803 年 2 月 20 日的法令而解除了农奴制依附关系的农民。这一法令允许地主以收取赎金等为条件释放农奴，但必须分给被释放农奴一份土地。

注册农民，是沙皇俄国国家农民的一种。17 世纪末至 18 世纪，沙皇政府为了扶持大工业和保证这种工业有廉价的、固定的劳动力，把大量国家农民编入俄国各地的手工工场。这种农民被称为注册农民。注册农民要为国有或私有手工工场做辅助工作（劈柴、备煤、碎矿、搬运等），以顶替代役租和人头税。他们名义上属于国家，实际上变成了工厂的农奴。从 19 世纪初开始，注册农民逐渐被解除工厂的劳动，直到 1861 年农民改革后才完全解脱出来。

3. 封建主统制农奴、农民、手工业者和个体所有者的法律

物质文明的新发展和新高度，要求统一的封建专制的中央集权的国家政权形式，要求与这种国家政权形式相适应的全国统一的法律。封建制国家形式普遍采取君主制。有封建割据君主制、等级代议君主制和封建君主专制等形式。

在封建社会里，法是统治阶级的意志的本质属性没有变，但统治阶级变了，新的统治阶级是封建地主阶级。

西欧封建社会的法，从法源说，是罗马法和日耳曼法相结合的产物，是在这两个法中的人身依附关系基础上发展起来的。法的原则包括土地占有制、领主制、等级制等封建原则。

农奴不仅受封建法的压迫，还受地方政权各种封建规章的压迫。"奴仆规约"，是 18

世纪普鲁士各省的一种封建规章，它允许容克地主专横地对待农奴。德国废除农奴制后，奴仆规约作为农奴制的残余仍然保存下来。容克农场和大农农场中的雇佣工人的劳动条件以及农场主对雇佣工人的权利仍由这种规约来规定，因而使雇佣工人实际上处于被奴役的状态。

在我国的封建社会，《秦律》一开始即具有法典性质，广泛调整社会关系的基本方面，乃至出现类似现代标准化法的技术法等法律条文。法律条文是比较完备的，有刑、民、经、行政和诉讼等法律。秦律失传，我们现在看到的秦律，是《秦简秦律》，就是云梦泽出土的秦简上的秦律，里面有法律规定，也有对秦律条文的解释，如《法律答问》。

八世纪末和九世纪初以后，不自由人的赋役，甚至包括定住的奴隶们的赋役在内，都渐渐地规定出一定的、不许超过的限度。查理大帝在他的敕令里，对此曾作明文的规定。这显然是不自由的大众的这种带威胁性的行动的结果。

恩格斯：《法兰克时代》，

《马克思恩格斯全集》第 19 卷第 563 页。

所谓特权者的习惯是和法相抵触的习惯。这些习惯产生的时期，人类史还是自然史的一部分，根据埃及的传说，当时所有的神灵都以动物的形象出现。人类分成为若干特定的动物种属，决定他们之间的联系的不是平等，而是不平等，法律所确定的不平等。不自由的世界要求不自由的法，因为这种动物的法是不自由的体现，而人类的法是自由的体现。封建制度就其最广泛的意义来说，是精神的动物王国，是被分裂的人类世界，它和有区别的人类世界相反，因为后者的不平等现象不过是平等的色彩折射而已。在实行单纯的封建制度的国家即实行等级制度的国家里，人类简直是按抽屉来分类的。

马克思：《第六届莱茵省议会的辩论》，

《马克思恩格斯全集》第 1 卷上册第 248 页。

在封建制度下也是这样，一种人靠另一种人为生，而最终是靠那种像水螅一样附在地上的人为生，后一种人只有许多只手，专为上等人攀摘大地的果实，而自身却靠尘土为生；因为在自然的动物王国，是工蜂杀死不劳而食的雄蜂，而在精神的动物王国恰恰相反，是不劳而食的雄蜂杀死工蜂——用劳动把它们折磨死。当特权者不满足于制定法而诉诸自己的习惯法时，他们所要求的并不是法的人类内容，而是法的动物形式，这种形式现在已丧失其现实性，变成了纯粹的动物假面具。

马克思：《第六届莱茵省议会的辩论》，

《马克思恩格斯全集》第 1 卷上册第 249 页。

农奴没有权利弄到一份财产，他所有的一切，地主都可以拿走，……农奴和地主的关系由大家都遵守的符合习俗的法律来调整，同时也由习俗本身来调整；……地主不能使农奴离开土地，不能只出卖农奴而不出卖土地，而因为所有的土地几乎都不能转让，加之当时又没有资本，所以地主是根本不能出卖农奴的，……农奴是他出生的那一块土地的奴隶，……农奴的生存有封建的社会制度来保障，在那种社会制度下每个人都有他一定的位置，……农奴在战争时期为自己的主人卖命，……农奴的主人是野蛮人，他把农奴看做牲口。

恩格斯:《英国工人阶级状况》，

《马克思恩格斯全集》第2卷第471页。

首先需要把农民变为农奴。其实，即使把农奴从他们的家园中驱逐出去，从违法和使用暴力方面说来是一种不亚于驱逐自由佃农的行为，但是，用已经通行的罗马法为驱逐农奴作辩护还是要容易得多。一句话，在把农民变成了农奴之后，便按照所需要的数量把他们从土地上驱逐出去，或者使他们作为无地农，即仅有茅屋和小菜园的短工，再定居在领主的土地上。氏族从前的筑垒城堡已经让位给新的、多少开放了些的农村府第，而正是由于这个原因，过去的自由农民的数量多许多倍的田庄就应该让位给农奴的简陋茅屋了。

恩格斯:《关于普鲁士农民的历史》，

《马克思恩格斯全集》第21卷第280页。

领主的地产——在西里西亚叫做农庄——安排妥当之后，剩下的问题只是用农民的劳力来耕种。于是农奴制的另一个有利方面又在这里表现出来了。以前契约上有一定规定的农民的各种徭役已经完全不合乎这个目的。在大多数情况下，这种徭役义务都只限于从事公益劳动，例如建筑道路、桥梁等，以及领主城堡中的建筑劳动、妇女和少女在城堡中从事各种工艺劳动和杂役。但是一旦农民变成了农奴，而以罗马法为依据的法学家又把这种农奴和罗马的奴隶等同起来，领主们也就唱起完全不同的调子来了。现在，他们在法院里有法学家的支持，可以随时随地随心所欲地要求农民从事各种毫无限制的工役。

恩格斯:《关于普鲁士农民的历史》，

《马克思恩格斯全集》第21卷第280~281页。

靠自力耕种为生的小农既非牢靠地占有自己的小块土地，也不自由。他自己以及他的房屋、他的院子、他的少量田地，都属于高利贷者，他的生存比无产者的生存更无保障，无产者至少有时还能获得一天安逸日子，而受尽折磨的债务奴隶却永远没有这样的事。即使把民法典第二一〇二条删掉，即使依法保证农民有一定数量的农具、牲畜等等不得抵作押金，你们也仍旧无法将他从走投无路的处境中解脱出来，因为他为了暂时延缓毁灭的日期，必须"自愿地"将自己的牲畜，将他本人连肉体带灵魂一并出卖给高利贷者。你们企图在小农的所有权方面保护小农，这不是保护他的自由，而仅仅是保护他被奴役的特殊形式而已；社会主义的任务，勿宁说仅仅在于把生产资料转交给生产者公共占有。我们只要忽视这一点，上述论点立刻就会使我们产生出一种错误想法，仿佛社会主义的使命是把小农对自己田地的现在这种虚构的所有权变成真正的所有权，也就是说，把小佃农变成私有者，把满身债务的私有者变成没有债务的私有者。自然，社会主义是要设法使农民所有权的这种假象消失的，但不是用这种方法。

恩格斯：《法德农民问题》，

《马克思恩格斯全集》第 22 卷第 573 页。

　　德国贵族徒然地追求了整个中世纪而现在在封建经济解体时期终于达到了的这种封建土地所有制的理想状态，也开始渐渐扩展到易北河以东的土地上来了。不仅农民根据契约规定使用领主森林的权利——在这种权利还没有受到限制的场合——变成了封建领主可以随时取消的恩准，不仅违法地增加了徭役和代役租，而且还增加了各种新的赋役，例如被认为是农奴依附状态的特征的接租费（农户户主死亡时向封建主缴的费用）；或者使通常的传统的赋役具有只是农奴而不是自由人担负的那种赋役的性质。这样一来，不到一百年的时间，易北河以东的自由农民，起初是在事实上，很快又在法律上变成了农奴。

恩格斯：《关于普鲁士农民的历史》，

《马克思恩格斯全集》第 21 卷第 279 页。

　　在中世纪，封建剥削的根源不是由于人民被剥夺而离开了土地，相反地，是由于他们占有土地而离不开它。农民虽然保有自己的土地，但他们是作为农奴或依附农被束缚在土地上，而且必须以劳动或产品的形式给地主进贡。

恩格斯：《美国工人运动》，

《马克思恩格斯全集》第 21 卷第 387 页。

　　在整个中世纪，大土地占有制是封建贵族借以获得代役租农民和徭役租农民的先决条件。

恩格斯：《反杜林论》，

《马克思恩格斯全集》第 20 卷第 202～203 页。

　　西法兰克王国是在查理大帝帝国瓦解后建立的，该帝国是一个暂时的不巩固的军事行政联盟。到了十四世纪和十五世纪，城市迅速勃兴和富裕起来。尤其是在德国南部和莱茵河畔，于是，就对农民开始了新的压迫，增加代役租和徭役，越来越热衷于再度将自由农民变成依附农民，将依附农民变成农奴，把公有的马尔克土地变成地主的土地。

恩格斯：《马尔克》，

《马克思恩格斯全集》第 19 卷第 364 页。

　　法国的恐怖统治所能起的作用，只是通过自己的猛烈锤击，像施法术一样把全部封建遗迹从法国地面上一扫而光。这样的事情是懦怯的资产阶级在几十年中也办不到的。因此，人民的流血牺牲只是给资产阶级扫清了道路。

马克思：《哲学的贫困》，

《马克思恩格斯全集》第 4 卷第 332 页。

现代历史编纂学表明，君主专制发生在一个过渡时期，那时旧封建等级趋于衰亡，中世纪市民等级正在形成现代资产阶级，斗争的任何一方尚未压倒另一方。

马克思：《道德化的批评和批评化的道德》，
《马克思恩格斯全集》第 4 卷第 340 页。

大家都同意：印度同亚洲大多数国家一样，土地的最高所有权是属于国家的。但是争论的一方认为，应该把国家看做土地的所有者，它把土地按分成制租给农人；另一方则认为，实质上土地在印度就同在任何其他国家一样，是私人所有，而所谓国家所有不外是指土地由君主封赠——这种封赠在所有以封建权利为法律基础的国度中都得到理论上的承认，并且还毫无例外地在所有一切国度中被实际实行着，因为政府有权按自己的需要征收土地税，除政治上的考虑以外，丝毫不照顾占有者的方便。

马克思：《坎宁的公告和印度的土地占有问题》，
《马克思恩格斯全集》第 12 卷第 516 页。

整个中世纪在战术发展方面，也像在其他科学方面一样，是一个毫无收获的时代。封建制度虽然按其起源来说也是一种军事组织，但本质上却是和一切纪律不相容的。大诸侯及其军队的暴动和叛离是寻常的现象。给各首领下达命令常常成了喧嚷不休的军事会议，因而要进行任何大规模的军事行动是不可能的。

恩格斯：《军队》，
《马克思恩格斯全集》第 14 卷第 26 页。

由封建的仆役和部分农民补充的中世纪的步兵，主要是些长矛手，他们大都无济于事。单枪匹马冲入这个没有保护的人群之中乱劈乱杀，这是从头到脚裹以铁甲的骑士的拿手好戏。当欧洲大陆上的一部分步兵装备以弩的时候，英国农民的民族武器则是大弓。

恩格斯：《军队》，
《马克思恩格斯全集》第 14 卷第 26 页。

约在十五世纪中叶，各城市反对封建贵族的斗争，到处都得到了当时较大的、统一的君主国国王的响应。结果，各君主国建立了雇佣军队，一方面是为了镇压这些贵族，同时也是为了实行独立自主的对外政策。

恩格斯：《步兵》，
《马克思恩格斯全集》第 14 卷第 366 页。

古代的国家首先是奴隶主用来镇压奴隶的国家，封建国家是贵族用来镇压农奴和依附农的机关，现代的代议制的国家是资本剥削雇佣劳动的工具。

恩格斯：《家庭、私有制和国家的起源》，
《马克思恩格斯全集》第 21 卷第 196 页。

　　在封建主义表层下形成着的一切革命因素都倾向王权，正像王权倾向它们一样。王权和市民阶级的联盟发端于十世纪；这一联盟往往因冲突而破裂（要知道在整个中世纪期间，事情并不是一直朝一个方向发展的），破裂后又重新恢复，并且越发坚固、越发强大，直到这一联盟帮助王权取得最后胜利，而王权则以奴役和掠夺报答了它的盟友为止。

恩格斯：《论封建制度的瓦解和民族国家的产生》，
《马克思恩格斯全集》第 21 卷 453 页。

　　从十四世纪初起，国王们就力图摆脱这种封建军队，建立自己的军队。从这时起我们就看到，在国王军队中，由召募的或雇佣的军队组成的部分不断增长。最初，大部分是由城市游民和逃亡农奴——伦巴第人、热那亚人、德意志人、比利时人以及其他人组成的步兵，他们被用来驻防城市或围攻，在野战中开头几乎是不使用他们的。但是到中世纪末，我们就已经看到还有骑士同他们的不知用什么方法召集的扈从队去受雇于外国君主，这种迹象表明了封建的军事制度的彻底崩溃。

恩格斯：《论封建制度的瓦解和民族国家的产生》，
《马克思恩格斯全集》第 21 卷 455 页。

　　在城市和在自由农民中间（在还保留着自由农民或重新出现自由农民的地方），形成了建立能作战的步兵的基本条件。在这以前，骑士和他们的骑兵扈从与其说是军队的核心，不如说就是军队本身；随军征伐的大群农奴后备步兵是不算数的，看来他们到战场上只是为了逃跑和抢劫。在封建制度继续繁荣时期，即十三世纪末以前，进行和决定一切战争的是骑兵。

恩格斯：《论封建制度的瓦解和民族国家的产生》，
《马克思恩格斯全集》第 21 卷 455 页。

　　古代世界的阶级斗争主要是以债权人和债务人之间的斗争的形式进行的；在罗马，这种斗争以负债平民的破产，沦为奴隶而告终。在中世纪，这种斗争以负债封建主的破产，他们的政治权力随着它的经济基础一起丧失而告终。

马克思：《资本论第一卷》，
《马克思恩格斯全集》第 23 卷第 156 页。

　　封建的土地占有已经包含土地作为某种异己力量对人们的统治。农奴是土地的附属物。同样，长子继承权享有者即长子，也属于土地。土地继承了他。私有财产的统治一般是从土地占有开始的；土地占有是私有财产的基础。

马克思：《1844 年经济学哲学手稿》，
《马克思恩格斯全集》第 42 卷第 83 页封建地产也给它的领主以称号。他的家族史，他的家世史等等——对他来说这一切都使他的地产个性化，使地产名正言顺地变成他的家世，使地产人格化。同样，那些耕种他的土地的人并不处于短工的地位，而是一部分象农奴一样本身就是他的财产，另一部分对他保持着尊敬、忠顺和纳贡的关系。

马克思：《1844年经济学哲学手稿》，
《马克思恩格斯全集》第42卷第84页

这种生产关系就是：土地为大土地占有者即地主所瓜分，地主把这种土地分一块给农民，以便剥削他们，于是土地好像是实物工资，它为农民提供必需品，使农民能够地主生产剩余产品；它是一块使农民为地主服劳役的土地。

列宁：《什么是"人民之友"以及他们如何攻击社会民主主义者?》，
《列宁全集》（第1版）第1卷第168页。

马克思在《第六届莱茵省议会的辩论》里说，"在实行单纯的封建制度的国家即实行等级制度的国家里，人类简直是按抽屉来分类的"。"抽屉"的德文为"Kasten"，既有"等级""阶层"的意思，又有"抽屉"的意思。

恩格斯在《马尔克》里的"马尔克"，是古代的一种公社土地公有制度。恩格斯在《社会主义从空想到科学的发展》英文版导言中谈到，写《马尔克》这篇论文，在德国社会党中传播了某些有关德国土地所有制的历史和发展情况的基本知识。这篇论文的必要性，在于当时这个党的影响几乎已经扩大到了全体城市工人，因而需要去争取农业工人和农民。关于马尔克土地制度的详细情况，在第2卷的土地法律制度部分将专门阐释。

《马尔克》里的"西法兰克王国是在查理大帝帝国瓦解后建立的，该帝国是一个暂时的不巩固的军事行政联盟"，是讲843年帝国在查理的三个孙子之间发生了最后的分裂。其中一人秃头查理得到了瓦解的帝国的西部领土，包括现代法国的大部分领土，并建立了西法兰克王国。莱茵河以东的土地（未来德国的核心）交给了德意志的路易，从北海到中意大利之间的地带则归查理大帝的长孙洛塔尔掌管。

（二）封建制法的突出特点

1. 维护封建等级制和农奴人身依附制

封建等级制和农奴人身依附制，是封建社会的重要标志，因而维护这两种制度，是封建法的基本任务。封建法的这个特点，是很鲜明的。

等级关系和人身依附关系，是封建社会中同时存在的两个主要的封建压迫形式和剥削形式。随着封建社会的发展和社会结构的变化，还产生了其他压迫形式和剥削形式。依附农制，已无人身依附关系，只有物的依附关系。依附农是通过世袭租佃方式附着于封建主土地，但通过物的依附关系所承担的义务还是非常之重，比农奴差不甚多。骑士们的佃农和诸侯们的农庄雇农都不是主要的形式，而且都可能同时就是依附农。

在封建社会中，阶级的差别是用居民的等级划分固定下来的，同时还为每个阶级确定了在国家中的特殊法律地位。所以，封建社会（以及农奴制社会）的阶级同时也是特别的等级。社会划分为阶级，这是奴隶社会、封建社会共同的现象，但存在的是具有等级的阶级。

在这每一个中世纪国家里，国王是整个封建等级制的最上级，是附庸不能撇开不要的最高首脑，而同时他们又不断反叛这个最高首脑。整个封建经济的基本关系（分封土地以取得一定的人身服役和贡赋），在处于最初和最简单的形式时，就已经为斗争提供了充分的材料；特别是当有这样多的人要找借口的时候更是如此。

恩格斯：《论封建制度的瓦解和民族国家的产生》，

《马克思恩格斯全集》第 21 卷第 452～453 页。

"几千年来地球上一切民族的情况都是这样"！！！在埃及有过劳动和分工，因此有等级；在希腊和罗马有过劳动和分工，因此有自由民和奴隶；在中世纪有过劳动和分工，因此有封建主和农奴、行会、等级等等。

马克思：《孟德斯鸠第五十六》，

《马克思恩格斯全集》第 6 卷第 221 页。

主人象处理财产一样任意处理农民的人身，任意处理农民的妻女。主人有初夜权。主人一时高兴，就可把农民投入监牢；在监牢中，正如今天一定有预审推事等着一样，当日一定有刑具等着农民。主人可任意把农民打死，或者把农民斩首。加洛林纳法典中的各章论到"割耳"，"割鼻"，"挖眼"，"断指断手"，"斩首"，"车裂"，"火焚"，"夹火钳"，"四马分尸"等等，其中没有一项没有被这些尊贵的老爷和保护人随一时高兴就用在农民身上。谁来保护农民呢？法庭上坐着的都是贵族，僧侣，城市贵族，律师，他们深知拿了钱就该办什么事。

恩格斯：《德国农民战争》，

《马克思恩格斯全集》第 7 卷第 397～398 页。

在普鲁士弗里德里希－威廉四世终于不得不颁布宪法。桑苏西宫中绝后的唐·吉诃德经过长期搏斗和痛苦以后生产了宪法，按他的意思，这一宪法应该保证封建的、宗法的、专制的、官僚的、僧侣的反动势力永远胜利。但是他的如意算盘打错了。资产阶级已经十分坚强，能够把这个宪法也变成反对他和社会上一切反动阶级的武器。

恩格斯：《1847 年的运动》，

《马克思恩格斯全集》第 4 卷第 506～507 页。

教会教条同时就是政治信条，圣经词句在各法庭中都有法律的效力。甚至在法学家已经形成一种阶层的时候，法学还久久处于神学控制之下。神学在知识活动的整个领域中的这种无上权威，是教会在当时封建制度里万流归宗的地位之必然结果。

恩格斯：《德国农民战争》，
《马克思恩格斯全集》第 7 卷 400 页。

教会在每个国家大约占有三分之一的土地，它在封建组织内部拥有巨大的权势。拥有封建领地的教会是各国之间的真正的联系；封建的教会组织利用宗教把世俗的封建国家制度神圣化；而且，僧侣又是唯一的受过教育的阶级。因此，教会信条自然成了任何思想的出发点和基础。法学、自然科学、哲学，这一切都由其内容是否符合教会的教义来决定。

恩格斯：《法学家的社会主义》，
《马克思恩格斯全集》第 21 卷第 545 页。

古代的国家首先是奴隶主用来镇压奴隶的国家，封建国家是贵族用来镇压农奴和依附农的机关，现代的代议制的国家是资本剥削雇佣劳动的工具。

恩格斯：《家庭、私有制和国家的起源》，
《马克思恩格斯全集》第 21 卷。

国家是整个社会的正式代表，是社会在一个有形的组织中的集中表现，但是，说国家是这样的，这仅仅是说，它是当时独自代表整个社会的那个阶级的国家：在古代是占有奴隶的公民的国家，在中世纪是封建贵族的国家，在我们的时代是资产阶级的国家。

列宁：《国家与革命》，
《列宁全集》第 31 卷第 14～15 页。

恩格斯在《德国农民战争》里提到的"加洛林纳法典"，指查理五世刑律（Constituti-ocriminalis Carolina），1532 年由累根斯堡议会通过；这部刑律以处刑极其残酷著称。

2. 社会管理立法基本成型

随着社会经济的发展，社会分工进一步细化，社会构成成分逐渐增多，社会关系日益复杂。在这种情况下，社会管理立法逐步完备，以调整社会关系的相应方面。

我国的封建立法，先秦不论，仅汉朝的社会管理立法就基本成型。

在行政立法方面，建立了一整套管理规定体系。制《附益律》，以惩治阿附王侯；《尚方律》，以限制私自扩大和提高官员数量与品级；《上计律》，以考核官吏政绩；《功令》，以选拔与考核文武官员；《汉宫旧仪》，以确定官制与职能分工。

建立了丞相、三公、九卿的中央行政管理体制。建立了中央监察机关，制定的监督地方刺史的《刺察六条》，防止地方官员与经济势力相互勾结，形成地方割据，以加强中央集权。《刺察六条》开创了监督地方官员的先河。此外，实现了官员管理制度法律化，实行任免制度、政绩制度、俸禄制度、取仕制度等。

在如此严密的行政管理立法方面，国外没有先例。

经济立法方面，有手工业管理法、土地法、耕牛保护法、商业管理法、财政管理法、金融货币法、所有权法等等。当时，除官营手工业外，还存在众多的民间私人手工业，如养蚕、纺织、建筑、竹木器等，这些都是法律调整的对象。仅土地所有权法，就有"田律""田令"和"田租税律"。特别是"田租税律"确定田租律与征收标准，使规定细化。

民事立法方面，立法已相当完善。如婚姻法规定了婚姻关系的成立、婚姻目的、婚姻的解除、离婚后的财产问题等。

在宗法制度、种姓制度、封建制度和行会制度下，整个社会的分工都是按照一定的规则进行的。这些规则是由哪个立法者确定的吗？不是。它们最初来自物质生产条件，过了很久以后才上升为法律。分工的这些不同形式正是这样才成为不同的社会组织形式的基础。

马克思：《哲学的贫困》，

《马克思恩格斯全集》第 4 卷第 165 页。

中世纪的市民阶级所有制还同封建的限制密切交织在一起，例如，这种所有制主要由特权构成。因此，从这个意义上来说，罗马法比当时的市民阶级的关系要先进得多。但是，市民阶级所有制进一步的历史发展，只能是而且事实上也正是变成纯粹的私有制。

恩格斯：《论封建制度的瓦解和民族国家的产生》，

《马克思恩格斯全集》第 21 卷第 454 页。

在中世纪末期，产生了一种手工工场那样的新的生产方式，这种新的生产方式已经超越了当时封建和行会所有制的范围，于是这种已经超越旧的所有制关系的手工工场便为自己创造了新的所有制形式——私有制。对于手工工场和大工业发展的最初阶段来说，除了私有制，不可能有其他任何所有制形式，除了以私有制为基础的社会制度，不可能有其他任何社会制度。

恩格斯：《共产主义原理》，

《马克思恩格斯全集》第 4 卷 365 页。

古代的奴隶制，已经过时了。无论在乡村的大规模农业方面，还是在城市的工场手工业方面，它都已经不能提供足以补偿所耗劳动的收益，因为销售它的产品的市场已经消失了。

恩格斯：《家庭、私有制和国家的起源》，

《马克思恩格斯全集》第 21 卷第 170 页。

奴隶（不是农奴）可以作为商品购买。但是对他的剥削不是以剥削者与被剥削者之间的商品交换形式进行的。奴隶制、农奴制是由不以生产本身为转移——就生产的目的是交换价值而言——的关系创造的。奴隶主或封建主占有单纯使用价值形式上的剩余劳动。

马克思：《经济学手稿》，

《马克思恩格斯全集》第 48 卷第 362 页。

桑乔解释继承法不是根据积累的必然性和存在于法之前的家庭的必然性，而是根据权力一直延长到死后权力仍然保存的法学虚构。封建社会越是向资产阶级社会过渡，一切立法也就越来越多地抛弃这个法学虚构（例如，请参阅拿破仑法典）。

马克思恩格斯：《德意志意识形态》，

《马克思恩格斯全集》第 3 卷第 420 页。

随着罗马法被重新发现，教士即封建时代的法律顾问和非宗教界的法学家之间确立了分工。不言而喻，这批新的法学家实质上属于市民等级；而且，他们本身所学的，所教的和所应用的法律，按其性质来说实质上也是反封建的，在某些方面还是市民阶级的。罗马法是纯粹私有制占统治的社会的生活条件和冲突的十分经典性的法律表现，以致一切后来的法律都不能对它做任何实质性的修改。

恩格斯：《论封建制度的瓦解和民族国家的产生》，

《马克思恩格斯全集》第 21 卷第 454 页。

日耳曼的继承权是无须遗嘱的家属占有权。财产似乎是由家庭成员共同占有，支配者是家长。当这个支配者死了以后，财产便转归所有的子女。日耳曼人不知道有其他的继承权。罗马教会推行了罗马的权利，而封建制度使日耳曼的权利变了样，因为负有兵役重荷的封建财产不能分割。

马克思：《关于继承权的发言记录》，

《马克思恩格斯全集》第 16 卷第 651 页。

马克思恩格斯在《德意志意识形态》里说，"桑乔解释继承法不是根据积累的必然性和存在于法之前的家庭的必然性，而是根据权力一直延长到死后权力仍然保存的法学虚构。"这是针对桑乔（施蒂纳）这段话说的："这个永恒化了的权力〈关于继承法的议论〉甚至在我死时也不消灭，而是被转移或被继承下去。实际上，物并不属于我，而属于法。另一方面，这只不过是欺人之谈，因为个别的人的权力之所以成为固定的，成为法，只是因为其他的人把他们的权力与他的权力结合起来了。幻想在于他们认为不能把自己的权力收回。"

为什么说是"法学虚构"呢？马克思恩格斯认为，绝对父权和长子继承权——包括自然形成的封建长子继承权，也包括它的后来形式——是以非常确定的物质关系为基础的。在因私人生活的发展而引起共同体瓦解的时代，古代各族人民中也有同样的现象（这一点的最好证明就是罗马继承法的历史）。桑乔不能选出比继承法更不恰当的例子，继承法最清楚地说明了法对于生产关系的依存性。例如，可以参阅罗马的和日耳曼的继承法。

马克思恩格斯的结论是："分工的结果使政治家和法学家注定要崇拜概念并认为一切实际的财产关系的真实基础不是生产关系，而是这些概念。圣桑乔不假思索地接受了这种幻想并且根据这一点宣称合法的财产是私有财产的基础，而法的概念又是合法的财产的基础，于是他就可以把他的全部批判局限于宣称法的概念是概念，是怪影。这样一来，圣桑乔就认为一切都清楚了。"

（三）封建农奴制的灭亡

1. 封建农奴制灭亡的必然性

封建农奴制的灭亡，是生产力和生产关系矛盾、经济基础和上层建筑矛盾发展的必然结果。

由于工业生产者不是农奴，生产者的生产积极性显著提高，而且，东方先进的生产技术不断传入欧洲，明显推动了生产力的发展。东方工具及其制造技术的传入，为欧洲社会生产力的进步提供重要条件。动力技术的进步，引起了冶金业和金属加工业的变革，从而带动了采矿业的发展。工业生产，冲击了封建主、贵族的地位。中国的火药，使军火业兴起，从而引起了骑士制度的没落。农业技术的进步，铁犁的广泛应用，使大量荒地被开垦为大田，自耕农队伍不断扩大。

在生产力发展中，生产过程专门化，形成了许多工业中心；社会分工不断扩展，区域性分工使农村变成商品化地区成为可能。在手工工场向工厂的演变中，资本主义生产关系形成并发展起来。

从上述可以看出，是封建社会内部产生并不断发展起来的资本主义生产关系和生产力，埋葬了封建农奴制度。经典作家关于封建农奴制度必然灭亡的论述，是完全符合社会发展规律的科学表述。

资产阶级文明沿着海岸、顺着江河传播开来。内地，特别是贫瘠而交通阻塞的山区就成了野蛮和封建的避难所。这种野蛮特别集中于远离海洋的南部德意志和南部斯拉夫区域。……多瑙河非但没有为它们开辟通向文明的道路，反而将它们和更加粗野的地区连接了起来。

恩格斯：《奥地利末日的开端》，

《马克思恩格斯全集》第 4 卷第 517 页。

机器发明了，而机器又引起了手工劳动的衰落。工业品价格的暴跌，首先引起了工场手工业的崩溃，然后又使最古老的封建的家庭工业也渐渐瓦解。

恩格斯：《奥地利末日的开端》，

《马克思恩格斯全集》第 4 卷第 519 页。

徭役农民，由于旧工业的瓦解就丧失了原有的副业，由于新工业的发展却出现了新的需求。封建的农业经营方法已经无法同现代工业并存。徭役已必须取消。农民和地主间的封建关系已不可能继续存在。

恩格斯：《奥地利末日的开端》，

《马克思恩格斯全集》第 4 卷第 520 页。

货币主义和重商主义把世界贸易以及国民劳动中同世界贸易直接有关的特殊部门当作财富或货币的唯一真正源泉划分出来，这是由于在那个时代国民生产大部分还处在封建形式中，还是当作直接的生存源泉为生产者本身服务。

马克思：《政治经济学批判》，

《马克思恩格斯全集》第 13 卷第 148 页。

在十五世纪末，货币已经把封建制度破坏和从内部侵蚀到何等程度，从西欧在这一时期被黄金热所迷这一点看得很清楚。葡萄牙人在非洲海岸、印度和整个远东寻找的是黄金；黄金一词是驱使西班牙人横渡大西洋到美洲去的咒语；黄金是白人刚踏上一个新发现的海岸时所要的第一件东西。

恩格斯：《论封建制度的瓦解和民族国家的产生》，

《马克思恩格斯全集》第 21 卷第 450 页。

封建制度的总崩溃和城市的兴起促使军队的成分发生了变化。大诸侯或者像在法国那样臣服于中央政权，或者像在德国和意大利那样变成了类似独立君主的君主。下层贵族的力量为联合城市共同行动的中央政权所粉碎。封建的军队不再存在了，新的军队开始由大批的雇佣兵编成，因为封建制度的瓦解使得雇佣兵获得了谁出钱就为谁服务的自由。

恩格斯：《军队》，

《马克思恩格斯全集》第 14 卷第 29 页。

它们通过货币，已经在一定程度上使封建主在社会方面甚至有的地方在政治方面从属于自己；即使在农村中，在农业由于特别有利的条件而得到发展的地方，旧的封建桎梏在货币的影响下也开始松弛了；只有在新征服的地方，例如在易北河以东的德意志，或者在其他远离通商道路的落后地区里，才继续盛行旧的贵族统治。

恩格斯：《论封建制度的瓦解和民族国家的产生》，

《马克思恩格斯全集》第 21 卷第 451 页。

印刷术的推广，古代文化研究的复兴，从 1450 年起日益强大和日益普遍的整个文化运动，所有这一切都给市民阶级和王权反对封建制度的斗争带来了好处。

恩格斯：《论封建制度的瓦解和民族国家的产生》，

《马克思恩格斯全集》第 21 卷第 457 页。

封建制度的瓦解，以及城市的发展，这两个过程引起了地方分权制；因此就产生了实行君主专制的直接必要性，通过君主专制把民族结合起来。君主专制必然是专制的，正是由于一切因素的离心性。

恩格斯：《关于"农民战争"》，

《马克思恩格斯全集》第 21 卷第 459 页。

由于七月革命，从前帝王城市的贵族统治已经被推翻了。凡是后来实际上恢复贵族统治的地方，如伯尔尼和日内瓦，1846 年都爆发了革命。凡是贵族统治原封不动地保存着的地方，如城市巴塞尔，在那一年这种统治也剧烈地动摇了。

在瑞士封建贵族是不多的，而在他们还存在的地方，他们的主要力量是依靠同阿尔卑斯高山地区牧民的同盟来维持的。这是资产者最后的、最顽强的、最凶狠的死敌。他们是自由主义各州的反动分子的支柱，在耶稣会教徒和虔诚派教徒的帮助下，他们用反动的阴谋密网缠住了整个瑞士（例如在瓦得州）。他们破坏了资产阶级在瑞士议会中的一切计划。他们妨碍了彻底摧毁从前帝国城市中的市侩贵族统治。

恩格斯：《1847 年的运动》，

《马克思恩格斯全集》第 4 卷第 509～510 页。

普鲁士资产阶级取得政权将使欧洲各国的政治局势发生变化。北方国家同盟将瓦解。掠夺波兰的主要国家奥地利和俄国将同欧洲其他国家完全隔离开来，因为普鲁士会把所有那些建立了立宪制的较小的德意志各邦吸引到自己方面去。由此可见，这个不足道的宪法使 3/4 的德意志从死气沉沉的东欧阵营转到进步的西欧阵营，使欧洲各国的力量对比关系发生根本变化。1846 年 2 月，波兰最近一次起义爆发了。

恩格斯：《普鲁士宪法》，

《马克思恩格斯全集》第 4 卷第 41 页。

法国在中世纪是封建制度的中心，从文艺复兴时代起是统一等级君主制的典型国家，它在大革命时期粉碎了封建制度，建立了纯粹的资产阶级统治，这种统治所具有的典型性是欧洲任何其他国家所没有的。

列宁：《国家与革命》，

《列宁全集》第 31 卷第 29 页。

法国先于其他国家推翻了封建制度，经过几年胜利的革命消灭了封建制度，于是带领没有被任何战争弄得疲惫不堪的、争得了自由和土地的、由于铲除封建制度而增强了力量的人民去同许多经济和政治落后的国家打仗。

列宁：《论革命空谈》，

《列宁全集》第 33 卷第 356 页。

恩格斯在《普鲁士宪法》里说，"1846 年 2 月，波兰最近一次起义爆发了"，指 1846 年 2 月在波兰的土地上争取波兰民族解放的起义。起义的主要发起人是波兰的革命民主主义者。但是，由于波兰小贵族的叛变以及起义的领导者遭普鲁士警察逮捕，总起义被破坏了，仅仅发生了个别的革命暴动。只有在从 1815 年起受奥地利、俄国和普鲁士国王管制的克拉柯夫共和国，起义者在 2 月 22 日获得了胜利，成立了国民政府，颁布了废除封建义务的宣言。

2. 俄国农奴制的废除

俄国的农奴制，不是用社会改良主义废除的，也不是用沙皇立法废除的，而是用社会主义革命废除的。十月革命的成功，苏维埃人民政权的建立，是彻底废除农奴制的决定性基础。

既然还保存着目前这样的地主土地占有制，那就必然要保存着盘剥现象、农奴制，以及像《俄国思想》杂志所说的那种奴隶制。在这里任何"改革"和任何政策上的改变都是无济于事的。

> 列宁：《农村中的农奴制经济》，
> 《列宁全集》第 25 卷第 96 页。

农民是宗法制时代的阶级，是由几十年几百年的奴隶制培植起来的阶级；农民在这整个期间一直是小业主，起初从属于其他阶级，后来在形式上是自由和平等的，但都是私有者和食物的占有者。

> 列宁：《在全俄社会教育第一次代表大会上的讲话》，
> 《列宁全集》第 36 卷第 341 页。

在绝大多数国家里，奴隶制发展成了农奴制。这时社会基本上分为农奴主 - 地主和农奴制农民。人与人的关系的形式改变了。奴隶主把奴隶当作自己的财产，法律把这种观点固定下来，认为奴隶是一种完全被奴隶主占有的物品。农奴制农民仍然遭受阶级压迫，处于依附地位，但农奴主 - 地主不能把农民当作物品来占有了，而只有权占有农民的劳动，有权强迫农民尽某种义务。

> 列宁：《论国家》，
> 《列宁全集》第 37 卷第 64 页。

这些农奴主余孽不是依靠"货币权力"，而是依靠从前奴隶占有制的权力的传统，榨取宗法式农民最后的脂膏。

> 列宁：《俄国社会民主党的土地纲领》，
> 《列宁全集》第 6 卷第 319 页。

有 3000 万居民受灾最严重。农民贱价出卖份地、牲口以及一切可以出卖的东西。卖掉少女——万恶的奴隶制时代又回来了。人民所遭受的灾难一下子就暴露出我国整个所谓"文明的"社会制度的真正实质：这个制度是以另一种形式出现的，用另一种外壳包着的，处在另一种"文明程度"上的旧的奴隶制度，即千百万劳动人民由于 1 万个"上层分子"聚敛财富、穷极奢侈、过寄生生活而受奴役的制度。

列宁：《饥荒》，

《列宁全集》第 21 卷第 216 页。

在奴隶制的俄国，只为一种政治权利而斗争是不行的；在沙皇专制制度下，为立宪改革而斗争是不行的。

列宁：《陆海军中的起义》，

《列宁全集》第 22 卷第 3 页。

我们要求不是用改良办法，而是用革命办法彻底地、无条件地废除和消灭农奴制残余，我们认为，贵族政府从农民那里割去的、至今仍然使农民实际上处于奴隶地位的那些土地，应当成为农民的土地。

列宁：《俄国社会民主党的土地纲领》，

《列宁全集》第 6 卷第 319 页。

工人的目的是通过推翻资产阶级的统治来废除雇佣奴隶制。农民的目的是要实现民主要求，这些要求能够消灭农奴制及其一切社会基础和表现，但是根本不能触动资产阶级的统治。

列宁：《劳动派和工人民主派》，

《列宁全集》第 21 卷第 274 页。

列宁在《农村中的农奴制经济》里提到的"《俄国思想》杂志"，是俄国科学、文学和政治刊物（月刊），1880—1918 年在莫斯科出版。它起初是同情民粹主义的温和自由派的刊物。1905 年革命后成为立宪民主党右翼的刊物，由彼·伯·司徒卢威和亚·亚·基泽韦捷尔编辑，宣传民族主义、"路标主义"、僧侣主义，维护地主所有制。

在这个杂志上有这样一段话："在我们这个世纪，在电力和飞机的世纪，竟存在着冬季雇工制这岂不荒唐吗？然而这种奴隶制和盘剥制的形式至今依然盛行，就像吸附在农民机体上的水蛭。冬季雇工制是俄国的一种奇异的和特有的现象。它把'义务'农民这个农奴制时代的名词在完整的意义上保留下来了。"

列宁在《谈谈农业部的预算问题》里，也引用了这个说法。这篇文章，揭露沙皇政府和地主政党的报刊，把新土地政策说成是改造俄国落后的农业、消灭农奴制残余方面的重大进步的欺人之谈，用具体事实说明大多数农民依旧处于农奴制的奴隶地位。列宁写道，只要大量土地掌握在地主手中，任何法律也不能终止这种农奴制。

三、资本主义法制度

资产阶级革命废除了封建权力统治基础的封建土地所有制，实行土地的所有自由和经营自由。企业和手工业也以自由主义为原则。随着法律制度的变革，废除了封建政治制度和社会经济制度，确立了资产阶级的统治和新的法律秩序。这种统治和法律秩序的统制面，不再是封建阶级，而是工人阶级、农民阶级和小资产阶级。资产阶级的整个法律，都是建立在新的阶级矛盾和对立之上的。

资本主义法的基本特点，是以自由主义为核心的法治主义。

首先，法律确定资产阶级实行政治、经济统治的正当性和合法性。把专制主义作为封建权力批判，一方面，实行契约自由原则，主张契约社会、契约国家，认为国家和公民的关系，也是契约关系，所谓用公民权利制约国家权力；另一方面，实行物权绝对原则，规定自由的所有权，实行企业自治和企业自由。这是以自然法的"自由天性"为基础的法治主义。

其次，法律确定了三权分立制度。依据国民主权原理，把议会确定为国民主权国家的最高机关。议会享有立法权和最高权力机关的地位。实行普选制，以体现"主权在民"思想。

第三，进行司法改革，施行司法独立。除商业法院外，封建制度下的法院一律撤销，法国大革命后成立革命法院作为特别法院。各国设置司法独立的新法院，法官选举产生。建立司法独立、审判独立的司法制度，以保证司法优位。

第四，最能反映资产阶级立法突出特点的是民法。德意志民法典确立了自由主义为主导的私法原则，其财产法（家族关系）、亲属法适合于市民社会生活的典型法律。法兰西民法典是近代民法典的典型。"所有权就是用最绝对的方法对物的使用、收益以及处分的权利""民事权利的行使独立于政治权利"的规定，表明了私法的优越地位。在总体上，英美法奉行判例法主义，与大陆法的制定法主义是不同的。英美法没有民法典，但调整民事关系的成文法也是存在的。美国民事诉讼法典是 1848 年被采用的。

第五，制定法和判例法的二元结构。世界民族国家的法律形式多种多样，但从法的渊源上，主要分为制定法和判例法两大类。制定法（Statute）是由国家立法机关制定的法律，判例法是审判机关的案件判决所形成的法律原则或法律规则，一般指不成文法。判例法实行"先例约束性"原则（Doctrine of precedent），判例法是以英国的普通法为核心而发展起来的。从历史看，英美法源于日耳曼法，大陆法源于罗马法。在法的发展中，英美法和大陆法有相互吸收、相互舍弃的情况。大陆法奉行制定主义，英美法奉行判例主义。

大陆法系和英美法系，是资本主义法的基本分类。

应当指出，中华法系是独立于大陆法和英美法的法系，在法的渊源上同这两个法系没有关系。中华法系的形成早于大陆法系和英美法系二千多年，创造过辉煌的人类法制文明。在当代，我们应当坚持中国法的独立发展道路，不依附、不继受任何法系，对大陆法和英美法特别是大陆法应取科学态度，不能兼收并蓄、全盘照抄。

经典作家关于资本主义法的论述，使我们认识到：资产阶级革命建立了适合于资本主义生产方式的新的法律制度，但用唯物主义辩证法分析立法的现实，能够证明资本主义法的历史短暂性；资产阶级法学家把资本主义法描绘成是建立在和谐基础上的、能使所有阶级繁荣发展并且符合社会规律的法律制度的理论，是欺人之谈；资本主义法的阶级实质和资产阶级立法所固有的虚伪和欺诈，决定了人们对资本主义法的批判态度。

经典作家建立了一整套揭示资本主义法的本质和将资本主义法革命地改造为社会主义法的严谨的法学理论。社会主义立法应当以马克思主义法学理论为指导，在与资本主义法的比照中，建设具有本国特点的、顺应时代要求的、社会主义的法律体系。

（一）资本主义法的社会动因

1. 资本主义生产方式的形成和发展

从手工业生产工具过渡到机器，从手工业、工场手工业转变为机器工业，是资本主义社会的生产力状况的基本特征。

资本主义生产方式是从封建社会产生的。

由于绝大多数农民取得了人身自由，有利于发展资本主义农业。15 世纪 70 年代发展起来的圈地运动，不仅为资本主义工业提供了大量廉价劳动力和原料，而且也有助于资本主义农场的发展。

资本主义生产方式的发展，使得新兴的资产阶级上升为最富有的阶级。其中钱商、特权商人和包税人形成大资产阶级。资产阶级的主体是手工工场主、经营农场的农业资本家和中等工商业资产阶级。他们希望推翻封建专制制度。新贵族是从事工业经营的中小贵族。新贵族虽然拥有贵族的头衔和特权，但经济利益与资产阶级的一致性，决定了新贵族同资产阶级建立了反封建同盟关系。农民的主要成分没有土地所有权，又担负沉重的封建义务。因此，他们和没有耕地的其他农民一样，对土地有着迫切的要求。

周转和贸易自由，不可避免地要使商品生产者分化为资本所有者和劳动力所有者，分化为资本家和雇佣工人，这是发展商业和工业的巨大因素，这就必然导致资本主义。在中世纪末期，资产阶级所代表的新的生产力起来反抗封建土地占有者和行会师傅所代表的生产秩序，打碎了封建桎梏，资本主义生产方式愈来愈成为占绝对支配地位的生产方式。

作为反映资产阶级社会要求的法，是通过封建制的摧毁，通过资产阶级革命实现的。

资本主义社会的发展，经历了自由资本主义、垄断资本主义两个历史时期。垄断资本主义的当前阶段，是国家垄断资本主义。这个阶段的新发展，是"超国家垄断"。20 世纪中后期，随着苏东剧变，西方国家的跨国公司、跨国银行等金融机构，以及其他国际性组织，在这些国家和地区竞相设厂，设立国际机构，真正实现了资本主义的"全球化"。

　　1848年马克思恩格斯在《共产党宣言》里明确指出资本主义已经形成了"世界市场网",但十月革命后,特别是第二次世界大战后,世界形成了社会主义和资本主义两个阵营和两个市场,资本主义的"世界市场网"被打破了。然而,历史却开了个旧网重织的玩笑。"超国家垄断"使这些跨国公司和组织垄断或控制该国的国民经济,干预当局的政治,形成"国中之国"。这种"超国家""超经济"的垄断,是国家垄断资本主义的新形式。

　　这里有一个问题,就是马克思与"资本主义"这一术语的关系问题。日本学者重田澄男于2004年发表《"资本主义"概念的起源和传播》,考证了"资本主义"术语的提出,认为马克思开始没有使用这一术语。他通过几个著作的说法,认为资本主义一词出现于18世纪五六十年代,但他同时也没有肯定这些著述提法的确切含义和可靠性。

　　重田澄男认为,《资本论》没有概括出"资本主义"。对于1847年的《哲学的贫困》中的"资产阶级生产形式""资产阶级生产关系";1857—1858年的《政治经济学批判大纲》中的"建立在资本上的生产关系""受资本统治的生产关系""以资本为前提的生产方式""资产阶级生产方式"等,他认为还不等同于"资本主义"。

　　应当说明,马克思的上述提法,已经包含了"资本主义"的基本含义,而且,1861～1863年的《经济学手稿》中出现的"资本主义生产方式""资本主义""资本主义社会"和《资本论》中的"资本主义生产方式"等,则完整体现了"资本主义"的全部含义。在马克思那里,"资本主义"概念既指以雇佣劳动为基础的社会制度,也指社会形态。马克思论述的这两方面含义,至今没有改变,是科学的理论概括。

　　我国法学家早在20世纪50年代,即使用"资本主义社会形态""资本主义法"等术语,而对于资本主义法的总结,是依据马克思主义经典作家的法学思想阐释的。当时,《马克思恩格斯全集》和《列宁全集》的中译本尚未问世,囿于条件限制,未能把握经典作家关于资本主义法的全部论述。

　　资产阶级的历史分为两个阶段:第一是资产阶级在封建主义和君主专制的统治下形成为阶级;第二是形成阶级之后,推翻封建主义和君主制度,把旧社会改造成资产阶级社会。

　　　　　　　　　　　　马克思:《哲学的贫困》,

　　　　　　　《马克思恩格斯全集》第4卷第196～197页。

　　无产阶级试图在普遍激动的时代和推翻封建社会的时期直接实现自己阶级利益的一些最初尝试,都不可避免地遭到了失败,这是由于当时无产阶级本身还欠发展,同时也是由于无产阶级解放所必需的物质条件还没有具备,因为这些条件只是资产阶级时代的产物。

　　　　　　　　　　　　马克思恩格斯:《共产党宣言》,

　　　　　　　　《马克思恩格斯全集》第4卷499页。

　　在当时的社会里,由于每一种行业,以至每一种生活领域,都成为无数特权把持着的禁地;由于封建社会的崩溃,所以促成无定业无定居的人数大量增加。在所有发达的国家中，流浪者的人数都从来没有像 16 世纪上半期那么多。这些流浪者，一部分在战争期间参加了军队，另一部分到处行乞，还有第三部分在各城市靠做短工以及其他不属于行会的工作以糊口。

恩格斯：《德国农民战争》，

《马克思恩格斯全集》第 7 卷 395 页。

当古代世界走向灭亡的时候，古代的各种宗教就被基督教击败了。当 18 世纪基督教思想在启蒙思想的打击下陷于灭亡的时候，封建社会曾经同当时革命的资产阶级进行了你死我活的斗争。信仰自由和宗教自由的思想，不过表明自由竞争在知识领域里占统治地位罢了。

马克思恩格斯：《共产党宣言》，

《马克思恩格斯全集》第 4 卷 488 页。

凡是在货币关系排挤了人身关系和货币贡赋排挤了实物贡赋的地方，封建关系就让位于资产阶级关系。

恩格斯：《论封建制度的瓦解和民族国家的产生》，

《马克思恩格斯全集》第 21 卷第 450 页。

后来，在农奴制社会内，随着商业的发展和世界市场的出现，随着货币流通的发展，产生了一个新的阶级，即资本家阶级。从商品、商品交换、货币权力中间产生了资本权力。

列宁：《论国家》，

《列宁全集》（第 1 版）第 29 卷第 433 页。

最后，可以说，在目前，使用机器一方面导致联合的、有组织的劳动，另一方面则导致至今存在的一切社会关系和家庭关系的破坏。

《马克思关于在资本主义制度下使用机器的后果的发言记录》，

《马克思恩格斯全集》第 16 卷第 642 页。

资本主义生产使劳动社会化，这并不是说人们在一个场所内工作（这只是过程的一小部分），而是说随资本集中而来的是社会劳动专业化，每个工业部门的资本家人数减少，工业部门的数目增多；就是说，许多分散的生产过程融合成一个社会生产过程。例如在手工纺织时代，小生产者自己纺纱并用纺出的纱织布，于是工业部门也就为数不多（纺纱业和织布业融合在一起）。一旦资本主义使生产社会化，工业部门的数目就增加起来，纺纱和织布都单独进行：这个生产单独化和生产集中化过程使机器制造业、煤炭采掘业等等新部门相继出现。在每个现在已更加专业化的工业部门里，资本家的人数日益减少。这就是说，生产者之间的社会联系日益巩固，生产者在结成一个整体。零散的小生产者各人兼干几种操作，所以不大依赖别人：例如一个手工业者自己种麻、纺麻、织布，几乎是不依赖别人的。正是在这种分散的小商品生产者的制度下（也只是在这种制度下），"人人为自己，上帝为大家"的俗话，即市场波动的无政府状态，才是有根据的。当劳动已因资本主义而社会化，情形就完全不同了。织布厂老板依赖纺纱厂老板；后者又依赖棉田资本家，依赖机器制造厂老板，依赖煤矿老板等等。结果每个资本家离了别的资本家就不行。"人人为自己"的俗话显然完全不适用于这样一种制度：这里一人为大家工作，大家为一人工作（上帝没有存在的余地，他既不能作为天空的幻影，也不能作为人间的"金犊"）。制度的性质已完全改变。在分散的小企业存在的制度下，其中某个企业停工，只影响到社会少数成员，并不引起普遍的混乱，因而不会引起大家的注意，不会激起社会的干涉。可是，如果一个属于十分专业化工业部门而几乎是为全社会工作并又依赖全社会（为简单起见，我特以社会化已达顶点时的情形为例）的大企业停工了，那末，社会其余一切企业都一定会停工，因为它们只能从这个企业取得必需的产品，即只有当这个企业的商品具备时，才能实现自己的全部商品。这样，所有的生产就融合成一个社会生产过程，同时每种生产都由个别资本家经营，由他为所欲为，由他把社会产品攫为私有。于是生产形式就和占有形式处于不可调和的矛盾之中，这难道还不清楚吗？

列宁：《什么是"人民之友"以及他们如何攻击社会民主主义者?》，
《列宁全集》（第1版）第1卷第155~156页。

现代的资产阶级社会，连同它的资产阶级的生产关系和交换关系，资产阶级的所有制关系，这个曾经仿佛用法术创造了如此庞大的生产资料和交换手段的现代资产阶级社会，现在像一个巫师那样不能再支配自己用符咒呼唤出来的魔鬼了。几十年来的工业和商业的历史，只不过是现代生产力反抗现代生产关系、反抗作为资产阶级及其统治的存在条件的所有制关系的历史。要证明这一点，只要指出在周期性的循环中愈来愈危及整个资产阶级社会生存的商业危机就够了。在商业危机期间，总是不仅有很大一部分制成的产品被毁灭掉，而且有很大一部分已经造成的生产力被毁灭掉。在危机期间，发生一种在过去一切时代看来都好像是荒唐现象的社会瘟疫，即生产过剩的瘟疫。社会突然发现自己回到了一时的野蛮状态；仿佛是一次饥荒、一场普遍的毁灭性战争，吞噬了社会的全部生活资料；仿佛是工业和商业全被毁灭了，——这是什么缘故呢？因为社会上文明过度，生活资料太多，工业和商业太发达。社会所拥有的生产力已经不能再促进资产阶级文明和资产阶级所有制关系的发展；相反，生产力已经强大到这种关系所不能适应的地步，它已经受到这种关系的阻碍；而它一着手克服这种障碍，就使整个资产阶级社会陷入混乱，就使资产阶级所有制的存在受到威胁。资产阶级的关系已经太狭窄了，再容纳不了它本身所造成的财富了。——资产阶级用什么办法来克服这种危机呢？一方面不得不消灭大量生产力，另一方面夺取新的市场，更加彻底地利用旧的市场。这究竟是怎样的一种办法呢？这不过是资产阶级准备更全面更猛烈的危机的办法，不过是使防止危机的手段愈来愈少的办法。

马克思恩格斯：《共产党宣言》，
《马克思恩格斯全集》第4卷第471~472页。

　　把封建所有制变为资本主义所有制，把领主权变为资本，每一次这种转变总是有利于封建主，而对于不自由的农民则是一种新的不能容忍的欺骗手段。不自由的农民每一次都要赎买自己的自由，而且要用很高的代价去赎买。资本主义国家总是按照有钱活命无钱上吊的原则办事的。

恩格斯：《关于现行赎买法案的辩论》，

《马克思恩格斯全集》第 5 卷第 363 页。

　　在执政内阁时代，资产阶级社会的生活浪潮迅速高涨起来。于是出现了创办商业和工业企业的热潮、发财致富的渴望、新的资产阶级生活的喧嚣忙乱，在这里，这种生活的享受初次表现出自己的放肆、轻佻、无礼和狂乱；法兰西的土地得到了真正的开发，土地的封建结构已经被革命的巨锤打得粉碎，现在无数新的所有者以第一次出现的狂热对这块土地进行了全面的耕作，解放了的工业也第一次活跃起来；——这就是刚刚诞生的资产阶级社会的生活的某些表现。资产阶级社会的真正的代表是资产阶级。于是资产阶级开始了自己的统治。人权已经不再仅仅是一种理论了。

马克思恩格斯：《神圣家族》，

《马克思恩格斯全集》第 2 卷第 157 页。

　　德国资产阶级的创造者是拿破仑。由于他的大陆体系，由于在他的压迫下普鲁士必然实行的经营的自由，德国人才有了工业，并扩大了矿藏的开采。只过了几年，这些新出现的或是原已获得了发展的生产部门就具有了十分重要的意义，随着这些部门而诞生的资产阶级也取得了相当的势力。

恩格斯：《德国的制宪问题》，

《马克思恩格斯全集》第 4 卷第 52 页。

　　在这种普遍繁荣的情况下，即在资产阶级社会的生产力正以在资产阶级关系范围内一般可能的速度蓬勃发展的时候，还谈不到什么真正的革命。只有在现代生产力和资本主义生产方式这两个要素互相发生矛盾的时候，这种革命才有可能。

马克思：《1848 年至 1850 年的法兰西阶级斗争》，

《马克思恩格斯全集》第 7 卷第 114 页。

　　特大工厂把小工厂挤垮，使生产愈来愈集中。愈来愈多的工人向少数企业集中，而千百万联合起来的工人所创造的全部利润则落到一小撮百万富翁手里去了。

列宁：《俄国的生产集中》，

《列宁全集》第 22 卷第 44 页。

　　帝国主义是作为一般资本主义基本特性的发展和直接的继续而成长起来的。但是，资本主义只有发展到一定的很高的阶段，才变成了资本帝国主义，这时候，资本主义的某些基本特性已经变成了与自己相反的东西，而且由资本主义进入更高级的社会经济形态的那个过渡时期的特点已经在各个方面形成和暴露出来了。在这一过程中，经济方面的基本现象就是资本主义的自由竞争为资本主义的垄断所代替。自由竞争是资本主义和一般商品生产的基本特性；垄断是同自由竞争正相反的东西，但是自由竞争分明已经变成垄断，造成大生产，排挤小生产，又用最大的生产来代替大生产，使生产和资本集中达到了很高的程度，以至产生了并且还在产生着卡特尔、辛迪加和托拉斯等垄断组织，以及同这些垄断组织溶合起来的十来个支配着亿万资金的银行的银行资本。同时，从自由竞争中生长起来的垄断并不消灭竞争，而是驾凌于竞争之上，与之并存，因而产生许多特别尖盾、摩擦和冲突。垄断是从资本主义向更高级的制度的过渡。

列宁：《帝国主义是资本主义的最高阶段》，

《列宁全集》（第1版）第22卷第257~258页。

恩格斯在《德国农民战争》里说的"无定业无定居的人数大量增加"，说明了正萌芽的资产阶级社会的尚未发展起来的无产阶级成分的某些状况。

当时城市中的平民反对派是由很复杂的成分组成的。一方面是破产行东，这些人由于享有特权而和当时市民社会秩序还血肉相连；另一方面是被迫离乡背井的农民和被辞退的奴仆，这些人还不可能变成无产阶级。介乎二者之间的是帮工，这些人暂时还不能取得正式的社会地位而其生活状况则和无产阶级甚为接近，这是由当时工业情况以及行会特权限制所决定的。但同时也正是由于这种行会特权的关系，这些人差不多都是未来的可以取得市民资格的师傅。

恩格斯在《德国的制宪问题》里提到的"大陆体系"，也叫做"大陆封销"。拿破仑于1806年宣布这样一项措施，禁止欧洲大陆各国（其中也包括普鲁士）和英国进行贸易。就是欧洲大陆各国对英国进行经济封销。

2. 资本主义社会结构

在资本主义制度下，生产关系的基础是生产资料的资本家所有制。此外，还存在着农民和手工业者以本身劳动为基础的、生产资料的私有制。

由于资本主义生产方式占有绝对的支配地位，社会阶级关系简单化了。资产阶级、无产阶级和农民阶级、小资产阶级是资本主义的基本社会结构。

资本主义社会是以两个社会阶级的存在为前提的，一方面是资本家阶级，他们占有生产资料和生活资料，另一方面是无产阶级，他们是不得不出卖自己的劳动力而获取必须的生活资料。因此，资本主义社会的基本矛盾，是无产阶级同资产阶级的矛盾。无产阶级同资产阶级的斗争，是社会发展的动力。

现代资本主义生产方式是以两个社会阶级的存在为前提的，一方面是资本家阶级，他们占有生产资料和生活资料，另一方面是无产阶级，他们没有这一切而仅有一种商品即劳动力可以出卖，而他们是不得不出卖自己的劳动力以获取必需的生活资料的。

恩格斯:《卡尔·马克思》,

《马克思恩格斯全集》第 19 卷第 124 页。

资本主义是一种社会结构,在这种结构下,土地、工厂和工具这些东西都是少数土地占有者和资本家的,人民大众什么也没有或者差不多什么也没有,所以只好去当雇佣工人。

列宁:《谈谈罢工》,

《列宁全集》(第 1 版) 第 4 卷第 274 页。

这一切都是从神圣的财产以及下面的等式中引伸出来的: 资产阶级的财产 = 对圣物的尊重。

马克思恩格斯:《德意志意识形态》,

《马克思恩格斯全集》第 3 卷第 406 页。

在资本主义生产关系下重要的和大部分的生产资料和流通资料归一个人数不多的阶级所有,而绝大多数居民是无产者和半无产者,他们由于自己的经济地位不得不经常地出卖自己的劳动力,即受雇于资本家,并以自己的劳动为社会的上层阶级创造收入。

列宁:《俄共(布尔什维克)党纲草案》,

《列宁全集》(第 1 版) 第 29 卷第 95 ~ 96 页。

集中于资本家手中的生产资料和除了自己的劳动力以外一无所有的生产者彻底分裂了。社会化生产和资本主义占有之间的矛盾表现为无产阶级和资产阶级的对立。

恩格斯:《社会主义从空想到科学的发展》,

《马克思恩格斯全集》第 19 卷第 232 页。

随着从前的手工业生产的被消灭,随着小资产阶级的消失,工人也没有任何可能成为资产者了。

恩格斯:《英国工人阶级状况》,

《马克思恩格斯全集》第 2 卷第 296 页。

小工业创造了资产阶级,大工业创造了工人阶级,并把资产阶级队伍中的少数选民拥上宝座,可是,这只是为了后来在某个时候更有把握地推翻他们。目前,无可争辩的和容易解释的事实,是“美好的旧时代”的人数众多的小资产阶级已经被工业所消灭,从他们当中一方面分化出富有的资本家;另一方面又分化出贫穷的工人。

恩格斯:《英国工人阶级状况》,

《马克思恩格斯全集》第 2 卷第 300 页。

小资产阶级，这个过去曾经是最稳定的阶级，现在变成了最不稳定的阶级；他们是旧时代的少数残余和一些渴望发财的人、十足的冒险家和投机者，其中也许有一个人可以弄到些钱，但九十九个破了产，而这九十九个中一多半都只是靠破产生存的。

恩格斯：《英国工人阶级状况》，

《马克思恩格斯全集》第 2 卷第 302 页。

我们也看到，竞争怎样使相当大的一部分小资产阶级陷于破产，把他们也变为无产阶级；竞争怎样把资本集中在少数人手里，怎样把人口集中在大城市里面。在现代工业中获得充分发展并能使自己的一切后果无限加深的竞争，就是通过这些途径和方法创造了无产阶级并扩大了它的队伍……

工人彼此竞争，资产者也彼此竞争。机器织工和手工织工竞争；失业的或工资低的手工织工和其他有工作的或工资高的织工竞争，并力图把他们挤掉。工人彼此间的这种竞争对于工人来说是现代各种关系中最坏的一面；这是资产阶级对付无产阶级的最有力的武器。

恩格斯：《英国工人阶级状况》，

《马克思恩格斯全集》第 2 卷第 359～360 页。

在资产阶级看来，世界上没有一样东西不是为了金钱而存在的，连他们本身也不例外，因为他们活着就是为了赚钱，除了快快发财，他们不知道还有别的幸福，除了金钱的损失，也不知道还有别的痛苦。

恩格斯：《英国工人阶级状况》，

《马克思恩格斯全集》第 2 卷第 564 页。

真正的资产阶级社会只是随同资产阶级发展起来的；但是这一名称始终标志着直接从生产和交往中发展起来的社会组织，这种社会组织在一切时代都构成国家的基础以及任何其他的观念的上层建筑的基础。

马克思恩格斯：《德意志意识形态》，

《马克思恩格斯全集》第 3 卷第 41 页。

当法国资产阶级推翻了贵族的统治之后，在许多无产者面前由此出现了升到无产阶级之上的可能性，但是只有当他们变成资产者的时候才达到这一点。

马克思恩格斯：《德意志意识形态》，

《马克思恩格斯全集》第 3 卷第 54 页。

资产阶级本身只是逐渐地、随同自己的生存条件一起发展起来的，同时它又由于分工关系重新分裂为各种不同的集团，最后随着一切现有财产被变为工业资本或商业资本，它吞并了在它以前存在过的一切有产阶级（同时资产阶级把原先没有财产的阶级的大部分和原先有财产的阶级的一部分变为新的阶级——无产阶级）。单独的个人所以组成阶级只是因为他们必须进行共同的斗争来反对某一另外的阶级；在其他方面，他们本身就是相互敌对的竞争者。

马克思恩格斯：《德意志意识形态》，

《马克思恩格斯全集》第 3 卷第 60～61 页。

商业和工场手工业产生了大资产阶级，而集中在行会里的是小资产阶级，现在它和过去不同，在城市里已经不占统治地位了，而且还必须屈从于大商人和手工工场主的统治。

马克思恩格斯：《德意志意识形态》，

《马克思恩格斯全集》第 3 卷第 64 页。

正是这些商人，特别是船主最坚决地要求国家保护和垄断；诚然，手工工场主也要求保护并且得到了保护，但是从政治意义上来说，他们不如商人。商业城市，特别是沿海商业城市已达到了一定的文明程度，并带有大资产阶级的性质，而在工厂城市里却仍然是小资产阶级的自发势力占统治。参看艾金。18 世纪是商业的世纪。

马克思恩格斯：《德意志意识形态》，

《马克思恩格斯全集》第 3 卷第 66 页。

世界各国的资产阶级都是从小资产阶级的队伍中分离出来的，它的产生是由于世界贸易和大工业的发展以及由此而引起的自由竞争和财产集中。

恩格斯：《德国的制宪问题》，

《马克思恩格斯全集》第 4 卷第 51 页。

资产阶级历史地使家庭具有资产阶级家庭的性质；在这样的家庭中无聊和金钱是纽带，这样的家庭也发生资产阶级的家庭解体，但这种解体并不妨碍家庭本身继续存在。同家庭的肮脏的存在相适应的就是那种在冠冕堂皇的词句和普遍的虚伪掩盖下的神圣的家庭概念。

马克思恩格斯：《德意志意识形态》，

《马克思恩格斯全集》第 3 卷第 196 页。

康德的这个善良意志完全符合于德国市民的软弱、受压迫和贫乏的情况，他们的小眼小孔的利益始终不能发展成为一个阶级的共同的民族的利益，因此他们经常遭到所有其他民族的资产阶级的剥削。与这种小眼小孔的地方利益相适应的，一方面是德国市民的现实的地方的、省区的褊狭性，另一方面是他们的世界主义的自夸。总之，自宗教改革以来，德国的发展就具有了完全的小资产阶级的性质。

马克思恩格斯：《德意志意识形态》，

《马克思恩格斯全集》第 3 卷第 212 页。

所谓集体财富，公共福利究竟是什么呢？这是资产阶级的财富，而不是每一个别资产者的财富。经济学家们只不过证明了：在现存的生产关系中，资产阶级的财富已经增长并应继续增长。至于工人阶级，那就大有问题；他们的状况是不是因所谓的社会财富的增加得到改善还是疑问。

马克思：《哲学的贫困》，
《马克思恩格斯全集》第4卷第136页。

公妻制完全是资产阶级社会特有的现象，现在的卖淫就是这种公妻制的充分表现。卖淫是以私有制为基础的，它将随着私有制的消失而消失。因此，共产主义组织并不实行公妻制，正好相反，它要消灭公妻制。

恩格斯：《共产主义原理》，
《马克思恩格斯全集》第4卷第371页。

资产阶级是指现代资本家阶级，现代资本家是占有社会生产资料、使用雇佣劳动的。无产阶级是指现代雇佣工人阶级，现代雇佣工人是没有自己的生产资料、不得不靠出卖劳动力来维持生活的。（恩格斯在1888年英文版上加的注。）

马克思恩格斯：《共产党宣言》，
《马克思恩格斯全集》第4卷第465页。

愤恨资产阶级专政，要求改造社会，要把民主机构保存起来作为实现这种改造的工具，团结在作为决定性革命力量的无产阶级周围，——这就是所谓社会民主党即红色共和国党的一般特征。

马克思：《1848年至1850年的法兰西阶级斗争》，
《马克思恩格斯全集》第7卷第102页。

小资产阶级不仅在一切的革命动荡面前惶惶不安，甚至在他们自己的烟草啤酒的联邦共和国的理想面前也竟然胆战心惊。因此，他们一心向往帝国宪法，认为这部宪法至少可以满足他们眼前的利益，而只赋予皇帝以中止权，同时还使他们有希望在适当的时机以合法的手段实行共和制。

恩格斯：《德国维护帝国宪法的运动》，
《马克思恩格斯全集》第7卷第162页。

工人为了农村无产阶级的利益和自己本身的利益，一定要反对这种意图。他们必须要求把没收下来的封建地产变为国家财产，变成工人农场，由联合起来的农村无产阶级利用大规模农业的一切优点来进行耕种。这样，在资产阶级所有制关系发生动摇的情况下，公有制的原则立刻就会获得巩固的基础。

马克思恩格斯：《中央委员会告共产主义者同盟书》，
《马克思恩格斯全集》第7卷第297页。

马克思恩格斯在《德意志意识形态》里，对"而且还必须屈从于大商人和手工工场主的统治"，加了一个边注："小资产阶级，中间等级，大资产阶级"。

马克思恩格斯在《德意志意识形态》里说，"这一名称始终标志着直接从生产和交往中发展起来的社会组织"。"这一名称"，原文是"bürgerliche Gesellschaft"。这个术语既有"资产阶级社会"的意思，也有"市民社会"的意思。这里翻译为"资产阶级社会"。

马克思恩格斯的《德意志意识形态》里"参看艾金"，指的是约·艾金的一本书，即《曼彻斯特市外三十至四十英里范围内的郊区》，1795年伦敦版。

3. 资产阶级统制工人、农民、手工业者和小资产者的法律

资产阶级政权是通过暴力革命建立起来的。在"生意人共和国"里，劳动者与剥削者的关系是雇佣劳动关系，封建社会那种人身依附关系不复存在，劳动者可以自由地出卖自己的劳动力，作为新剥削者的资本家通过雇佣劳动获取剩余价值。建立在这样的阶级基础上的国家政权的本质是资产阶级专政。这种专政与封建制不同，不是采取赤裸裸的专制形式，而是采取普选制、民主制等掩盖方式的专政形式。

后来资产阶级强大起来，国王开始保护它的利益，以便依靠它的帮助来摧毁封建贵族，这时候法便在一切国家里（法国是在16世纪）开始真正地发展起来了，除了英国以外，这种发展到处都是以罗马法典为基础的。但是即使在英国，为了私法（特别其中关于动产的那一部分）的进一步发展，也不得不参照罗马法的诸原则。（不应忘记法也和宗教一样是没有自己的历史的。）

马克思恩格斯：《德意志意识形态》，

《马克思恩格斯全集》第3卷第71页。

资产阶级是这样一个阶级，在各个国家里，贵族和小资产阶级在官僚君主制度下所建立起来的妥协，都被它摧毁，并通过这种办法首先把政权抓到自己手里。

恩格斯：《德国的制宪问题》，

《马克思恩格斯全集》第4卷第59页。

人民很快就看出，摧毁巴士底狱，废除封建特权、镇压国王和贵族的结果只不过加强了资产阶级的政权。可是人民对这一点是不满的。

恩格斯：《在伦敦举行的各族人民庆祝大会》，

《马克思恩格斯全集》第2卷第670页。

现代的资产阶级财产关系靠国家权力来"维持"，资产阶级建立国家权力就是为了保卫自己的财产关系。因此，哪里的政权落到资产阶级手里，哪里的无产者就必须将它推翻。

马克思：《道德化的批评和批评化的道德》，

《马克思恩格斯全集》第4卷第331页。

资产阶级为了使自己必不可少的无产者就范，就不能不要国家，所以他们利用国家来对付无产者，同时尽量使国家离自己远些。

恩格斯：《英国工人阶级状况》，

《马克思恩格斯全集》第2卷第566页。

资产阶级清楚地表明了他们是怎样理解对无产阶级的义务的，这一点连最愚蠢的人也看得很清楚了。过去从来没有人这样露骨、这样恬不知耻地宣布过：没有财产的人活在世上只是为了供有产者剥削，并在有产者不需要他们的时候便去饿死。

恩格斯：《英国工人阶级状况》，

《马克思恩格斯全集》第2卷第581页。

在资产阶级的统治下个人似乎要比先前更自由些，因为他们的生活条件对他们说来是偶然的；然而事实上，他们当然更不自由，因为他们更加受到物的力量的统治。和等级不同的地方特别显著地表现在资产阶级与无产阶级的对立中。

马克思恩格斯：《德意志意识形态》，

《马克思恩格斯全集》第3卷第86页。

国民议会是资产阶级共和党的最后一个避难所。如果说它已被夺去了行政权力的一切杠杆，那末它手中不是还留有立宪大权吗？它的第一个念头，就是无论如何都要保持自己的主权岗位，并借着这个岗位去夺回失去的阵地。

马克思：《1848年至1850年的法兰西阶级斗争》，

《马克思恩格斯全集》第7卷第54页。

代议制是以资产阶级在法律面前平等和法律承认自由竞争为基础的。这种制度在欧洲各国采取君主立宪的形式。在君主立宪的国家里，只有拥有一定资本的人即资产者，才有选举权。这些资产者选民选出议员，而他们的议员可以运用拒绝纳税的权力，选出资产阶级的政府。

恩格斯：《共产主义原理》，

《马克思恩格斯全集》第4卷第362页。

立法国民议会的诞生完成了立宪共和国的建立，即建成了一个共和制的国家形式，在这个国家形式中确立了资产阶级的统治，亦即确立了构成法国资产阶级的两大保皇主义集团的统治，联合起来的正统主义者和奥尔良党人的共同统治，秩序党的统治。

马克思：《1848年至1850年的法兰西阶级斗争》，

《马克思恩格斯全集》第7卷第74页。

秩序党中所有这些集团各自 in petto〔心里〕都有各自的国王，都有各自的复辟王朝，同时又都为反对自己敌方的篡夺欲和谋叛而坚持着资产阶级的共同统治，坚持着它们各自的要求借以互相抵消而又互相保留的统治形式——共和国。

马克思：《1848 年至 1850 年的法兰西阶级斗争》，
《马克思恩格斯全集》第 7 卷第 88 ~ 89 页。

资产阶级从来都不是作为一个整体实行统治的；且不谈至今在自己的手中还保存着一部分政治权力的封建阶级，就是大资产阶级本身在战胜封建主义以后，也立即分裂为执政党和在野党，它们通常一方代表银行，另一方代表工厂主。其次，和执政派别相反，大资产阶级和中等资产阶级的在野的进步派别，却和小资产阶级有着共同的利益，并和它联合起来共同进行斗争。

恩格斯：《德国维护帝国宪法的运动》，
《马克思恩格斯全集》第 7 卷第 131 页。

情况的变化迫使政府想出了一种新的、德国特有的制度。贵族想执掌政权，但是太软弱无力；资产阶级既没有这个愿望，又没有足够的力量来执掌政权。但是两者凑在一起，就有足够的力量迫使政府做某些让步。于是，一种不伦不类的君主政体就成了统治的形式。某些邦里，宪法在表面上使贵族和资产阶级得到了保障；在其余各邦却存在着官僚政府，也就是存在着这样一种君主政体，这种君主政体好像是通过优良的行政机关来关心资产阶级的利益似的，但是这种行政机关是由贵族领导的，而贵族则尽量使这个机关的活动避开社会的耳目。结果就形成了一个特殊的行政官吏的阶级；他们掌握着大权，他们和其他一切阶级处于对立的地位。这就是野蛮的资产阶级统治形式。

恩格斯：《德国状况》，
《马克思恩格斯全集》第 2 卷第 649 页。

波拿巴乃是已经建成的资产阶级共和国本身，这个共和国和自己借以建立起来的那些工具相对抗，和资产阶级中革命派的名利为怀的奸计和思想上的要求相对抗，……波拿巴代表了还没有脱离他的立法国民议会，即代表了已经成立的资产阶级共和国的国民议会。

马克思：《1848 年至 1850 年的法兰西阶级斗争》，
《马克思恩格斯全集》第 7 卷第 56 页。

英国资产阶级行善就是为了他们自己的利益；他们不会白白地施舍，他们把自己的施舍看作一笔买卖。他们和穷人做买卖，对穷人说：我为慈善事业花了这么多钱，我就买得了不再受你们搅扰的权利，而你们就得待在自己的阴暗的狗窝里，不要用你们的那副穷相来刺激我的敏感的神经！你们不妨继续悲观失望，但是要做得让人觉察不到。

恩格斯：《英国工人阶级状况》，
《马克思恩格斯全集》第 2 卷第 567 页。

一个阵营里是个不大的共和主义资产阶级集团，——唯有它才能宣布共和国成立，用巷战和恐怖手段从革命无产阶级手里夺去共和国，并在宪法中定出这个共和国的各种理想式的特征；另一个阵营里则是资产阶级中的全部保皇主义大众，——唯有它才能在这个已经建成的资产阶级共和国里实行统治，剥去宪法的那套思想上的服饰，并利用自己的立法机关和行政机关来真正实现为奴役无产阶级所必需的各种条件。

马克思：《1848年至1850年的法兰西阶级斗争》，

《马克思恩格斯全集》第7卷第56~57页。

在法国恢复了的资产阶级统治，要求在罗马恢复教皇权力。最后，打击罗马革命者，就是打击法国革命者的同盟军；已建成的法兰西共和国内各反革命阶级同的联盟，是自然要以法兰西共和国与神圣同盟结成的联盟，即与那不勒斯和奥地利结成的联盟来作补充的。

马克思：《1848年至1850年的法兰西阶级斗争》，

《马克思恩格斯全集》第7卷第64~65页。

"国民报"派的资产阶级共和党人，并不是他们阶级中具有经济基础的什么大集团的代表。他们的作用与历史任务只是在于：在君主制时期，他们与各自只知道自己的特殊政治制度的两个资产阶级集团相反，而提出了资产阶级的共同政治制度，即无名称的共和制王国，将它加以理想化。

马克思：《1848年至1850年的法兰西阶级斗争》，

《马克思恩格斯全集》第7卷第68页。

秩序党在自己的选举纲领中公开地宣布了资产阶级的统治，即保全这阶级统治的生存条件：财产、家庭、宗教、秩序！当然它是把资产阶级的阶级统治以及这阶级统治的条件描绘为文明的统治，描绘为物质生产以及由此产生的社会周转关系的必要条件。

马克思：《1848年至1850年的法兰西阶级斗争》，

《马克思恩格斯全集》第7卷第68页。

德国资产阶级之所以要争取政治自由，并不是为了要使公共事业适应于他们的利益，而是因为他们在法国人和英国人的面前为自己的奴隶地位感到羞耻。

恩格斯：《德国状况》，

《马克思恩格斯全集》第2卷第652页。

德国民主派刊物的任务是什么呢？就是从以下各个方面证明民主制的必要性：目前这在某种程度上代表贵族利益的管理方式是不中用的，将使政权转到资产阶级手里的立宪制度是不完备的，人民只要不掌握政权就不可能改善自己的处境。

恩格斯：《共产主义者和卡尔·海因岑》，

《马克思恩格斯全集》第4卷第300~301页。

　　资产阶级对无产阶级的最公开的宣战是马尔萨斯的人口论和由此产生的新济贫法。关于马尔萨斯的理论我们已经谈过好几次了。现在我们再来简略地重述一下这一理论的主要结论：地球上永远有过剩人口，所以永远充满着穷困、匮乏和不道德；世界上的人数过多，这是人类的宿命，是人类的永恒的命运，因此，人们就分为不同的阶级，有些比较富裕、受过教育和有道德，而另一些则比较穷困、不幸、愚昧和不道德。

恩格斯：《英国工人阶级状况》，
《马克思恩格斯全集》第 2 卷第 572～573 页。

　　穷人反对富人的战争将是人们之间进行过的一切战争中流血最多的一次战争。即使资产阶级中有一部分人转到无产阶级方面来，即使资产阶级的习气普遍地改好了，也都无济于事。要知道，整个资产阶级的观点的改变至多也只能达到不彻底的 juste-milieu〔中庸〕的程度；那些较坚决地归附于工人的资产者会形成新的吉伦特派，这一派别将在暴力行动扩展的过程中灭亡。一个阶级的偏见是不可能像旧衣服一样扔掉的，保守、狭隘而自私的英国资产阶级尤其不会这样做。我们可以满怀信心地做出所有这些结论，因为这些结论所依据的一方面是历史发展的无可争辩的事实，另一方面是人类的本性。

恩格斯：《英国工人阶级状况》，
《马克思恩格斯全集》第 2 卷第 585～586 页。

　　现代国家由于捐税逐渐被私有者所操纵，并由于借国债而完全为他们所控制；这种国家的命运既受到交易所中国家债券行市涨落的调节，所以它完全取决于私有者即资产者提供给它的商业信贷。由于资产阶级已经不再是一个等级，而是一个阶级了，因此它必须在全国范围内而不是在一个地区内组织起来，并且必须使自己通常的利益具有一种普遍的形式。

马克思恩格斯：《德意志意识形态》，
《马克思恩格斯全集》第 3 卷第 70 页。

　　保护关税是德国资产阶级所需要的，而且只能由资产阶级自己来实现。因此，单从这一点看来，它也应该掌握国家政权。

恩格斯：《德国的制宪问题》，
《马克思恩格斯全集》第 4 卷第 61 页。

　　德国资产阶级需要保护关税是为了根除以封建贵族为代表的中世纪残余和"天生的"现代寄生虫，而且也是为了毫无阻碍地揭示自身的内在本质，所以连工人阶级也想为资产阶级取得无限的统治权出一把力。

恩格斯：《保护关税制度还是自由贸易制度》，
《马克思恩格斯全集》第 4 卷第 68 页。

利用征收来的税款使国家政权作为一种压迫的、独立的和神圣的力量来同工业、商业和农业对立起来，而不是把政权降低为资产阶级社会的简单的工具，——这就是钦定普鲁士宪法的基本原则！

马克思：《孟德斯鸠第五十六》，

《马克思恩格斯全集》第 6 卷第 229 页。

税制改革是一切激进资产者的拿手好戏，是一切资产阶级经济改革的特殊要素。从第一批中世纪的城市小资产者起至当代的英国自由贸易论者止，全部斗争都是围绕着捐税进行的。

捐税改革的目的不是废除影响工业发展的旧传统税和缩减国家机关的开支，就是更平等地分摊捐税。

马克思恩格斯：《"新莱茵报。政治经济评论"第 4 期上发表的书评》，

《马克思恩格斯全集》第 7 卷第 335 页。

捐税最多只能在一些次要方面改变直接以资产阶级生产为基础的分配关系，如工资和利润的关系、利润和利息的关系、地租和利润的关系，但是它丝毫动摇不了这些关系的基础。关于捐税的一切争论和探讨都是预先肯定这些资产阶级的关系是万世长存的。甚至取消捐税也只能加速资产阶级所有制及其内部矛盾的发展。

马克思恩格斯：《"新莱茵报。政治经济评论"第 4 期上发表的书评》，

《马克思恩格斯全集》第 7 卷第 335~336 页。

减低捐税，更公平地分配捐税等等，这是庸俗无益的资产阶级的改革。废除捐税，这是资产阶级的社会主义。这种资产阶级的社会主义主要是针对工商业中等阶级和农民提出来的。

马克思恩格斯：《"新莱茵报。政治经济评论"第 4 期上发表的书评》，

《马克思恩格斯全集》第 7 卷第 336 页。

工长的"职务"显然就是要对警察有利，要合警察的意；这一点法令中丝毫没有谈到，因为这样的条件是不明说的：都是暗中布置。既然地方警察局长、省长拥有撤换不合意的工长的不受监督的权利，那么暗中布置就再简单不过了。再说一遍：把这种工长叫作工厂看门狗不是更确切吗？警察局可以规定选举许多候选人，但只批准其中一个，例如，吩咐每 100 人或 50 人的一个等级中选出 10 个或 5 个候选人。有时候，这份选举出来的候选人的名单会不会变成一张应该受到特别监视、甚至应该予以逮捕的人的名单？以前这种名单只是由特务来制订的。

列宁：《改革的时代》，

《列宁全集》第 7 卷第 298 页。

　　马克思恩格斯在《"新莱茵报。政治经济评论"第 4 期上发表的书评》里提到的"废除捐税，这是资产阶级的社会主义"，是针对艾米尔·德·日拉丹的《社会主义和捐税》（1850 年巴黎版）一书中的一种观点，马克思恩格斯称为社会主义有两种：一种是"好的"社会主义，一种是"坏的"社会主义。坏的社会主义是"劳动反对资本"。它是平均地权、消灭家庭关系、进行有组织的掠夺等罪恶的根源。好的社会主义是"劳动和资本的融洽"。它会消灭愚昧，根除贫困，组织信贷，增加财产，改革税制，一言以蔽之，就是产生"酷似人们所想象的人间天堂那样的制度"。这样的"改革税制"，绝不是社会主义，而恰恰是"资产阶级的社会主义"。

　　日拉丹说："正如我们所理解的，捐税应当是有产者为了保证不会遭到任何妨害自己占有和运用财产的危险而缴纳的保险金……这种保险金应当是按比例缴纳的，它是完全正确的。任何一种税收，如果它不能保证免除危险，不是为商品付出的代价，不是劳力的等价物，都应当废除"。对此，马克思恩格斯认为，捐税能使一些阶级处于特权地位，使另一些阶级负担特别沉重，例如我们在金融贵族统治时期看到的情形就是这样。捐税只会使处于资产阶级和无产阶级之间的社会中间阶层遭到破产，因为他们的地位使他们不能把捐税的重担转嫁到另一个阶级的身上。每出现一种新税，无产阶级的处境就更恶化一些；取消任何一种旧税都不会提高工资，而只会增加利润。

（二）资本主义法的突出特点

1. 资本主义法的虚伪性

　　人们不会说奴隶制法和封建制法是虚伪的，但一定说资本主义法是虚伪的。资产阶级是"生意人"组成的。有史以来，从阶级属性上说，没有一个阶级像资产阶级那样虚伪。经典作家指出过"生意人"的虚伪、"生意人"共和国的虚伪和"生意人"法的虚伪。资本主义法的虚伪性，是体系化的，是一以贯之的。

　　资本主义法上的"自由""平等""人权""民主""法治"等基本原则，也就是资产阶级统治的基本原则，是在资本主义的经济关系的基础上确立的。资本主义经济关系，是以雇佣劳动和利润最大化为核心的私有制经济关系。这是法的虚伪性的决定性基础。

　　对于资本主义法的虚伪性，可以从两方面认识，一是从形式上，二是从实现上。所谓虚伪，是形式上这样规定，实际上不是这样；立法上这样规定了，事实上不能实现或根本不想实现。

　　资本主义法上的"自由""平等""人权""民主""法治"，在本书第 1 卷"法的统治意志的价值取向"部分，已经做过阐释。这里顺便概括一下。

　　资产阶级提出的"法治主义"，所谓"法律至上""以法治国""无法无罪，无法无罚"的"罪刑法定主义"等，从来没有真正实现过。恩格斯指出，在阶级对立的情况下，在关系到保存资产阶级所有制这个基本的和主要的问题时，这种"法治主义"就一定会而且必然会化为乌有。资产阶级依照法律攫取剩余价值，为了获取更大利润，他们铤而走险，不惜践踏法律；他们采取司法以外的手段，如种族主义、恐怖活动，公然侵犯公民权利；对于人民群众的群体性行动，甚至动用警察和军队进行镇压；他们破坏国际法，制造种种借口，任意颠覆他国政权，致使世界每天都充满了人道主义灾难。

"法律面前人人平等""契约自由"等，都是形式上的规定，同实际相差甚远。"人类生而自由，在权利上生而平等"，在实践中是不存在的。资产阶级占有生产资料，掌握国家政权，劳动人民怎样讲平等呢？况且，法律一方面规定了平等权利，另一方面，又规定了许多权利不平等。所谓"契约自由"，表现在两个方面，雇佣劳动的契约自由和商品交换的契约自由。在立法形式上，资本家与工人之间劳动力的买和卖，双方是"自由"的，但工人并不是自主自愿的。契约的一方是"不得不出卖劳动力"，一方是"一定要购买劳动力"。把强迫工人接受自己的意志，叫做"契约自由"。一旦契约成立，这种契约自由的实质就显现出来了。资本家按照契约规定行事，工人只要还有一块肉、一根筋、一滴血可供榨取的时候，资本家是不肯罢休的。自由资本主义时期是这样，垄断资本主义时期也是这样。

立法是虚伪的，执法和司法也是虚伪的。恩格斯在《英国状况英国宪法》里说："法律运用比法律本身还要不人道得多；……对于穷人是一条法律，对于富人是另外一条法律"。

资产阶级实行这一切改良，只是为了用金钱的特权代替已往的一切个人特权和世袭特权。这样，他们通过选举权和被选举权的财产资格的限制，使选举原则成为本阶级独有的财产。平等原则又由于被限制为仅仅在"法律上的平等"而一笔勾消了，法律上的平等就是在富人和穷人不平等的前提下的平等，即限制在目前主要的不平等的范围内的平等，简括地说，就是简直把不平等叫做平等。

> 恩格斯：《德国状况》，
> 《马克思恩格斯全集》第 2 卷第 648 页。

资产阶级平时十分喜欢分权制，特别是喜欢代议制，但资本在工厂法典中却通过私人立法独断地确立了对工人的专制。这种法典只是对劳动过程实行社会调节的资本主义讽刺画，而这种调节是大规模协作和使用共同的劳动资料，特别是使用机器所必需的。奴隶监督者的鞭子被监工的罚金簿代替了。自然，一切处罚都简化成罚款和扣工资，而且工厂的莱喀古士们立法的英明，使犯法也许比守法对他们更有利。

> 马克思：《资本论第一卷》，
> 《马克思恩格斯全集》第 23 卷第 465 页。

资产阶级用来束缚无产阶级的奴隶制的锁链，无论在哪里也不像在工厂制度上这样原形毕露。在这里，法律上和事实上的一切自由都不见了。

> 恩格斯：《英国工人阶级状况。根据亲身观察和可靠材料》，
> 《马克思恩格斯全集》第 2 卷第 464 页。

从 1815 年到 1830 年，在一切国家里，资产阶级都是革命派中间的最有力的组成部分，因而也是革命派的领袖。只要资产阶级本身还在革命，还在进步，工人阶级就不可避免地要充当资产阶级手里的工具。所以，在这种情况下，工人阶级单独的运动始终只起着次要的作用。但是，从资产阶级取得了全部政权、金钱的势力消灭了一切封建的和贵族的特权、资产阶级不再进步和不再革命并且本身已经裹足不前的那一天起，工人阶级的运动就开始领先，并且成了全民的运动。如果今天废除谷物法，明天宪章就会成为英国的中心问题，宪章运动就会表现出保证自己取得胜利的力量、毅力、热忱和坚韧不拔的精神。

恩格斯：《德国状况》，

《马克思恩格斯全集》第 2 卷第 648～649 页。

不顾社会发展的新的需要而保存旧法律，实质上不是别的，只是用冠冕堂皇的词句作掩护，维护那些与时代不相适应的私人利益，反对成熟了的共同利益。这种保存法制基础的做法，其目的在于使那些现在已经不占统治地位的私人利益成为占统治地位的利益；其目的在于强迫社会接受那些已被这一社会的生活条件、获取生活资料的方式、交换以及物质生产本身宣判无效的法律；其目的在于使那些专门维护私人利益的立法者继续掌握政权；其结果会导致滥用国家权力去强迫大多数人的利益服从少数人的利益。

马克思：《对民主主义者莱茵区域委员会的审判》，

《马克思恩格斯全集》第 6 卷第 292 页。

国民议会代表现代资产阶级社会。它由人民选举出来，以便独立地制定一部宪法，这部宪法应当适应同过去一直存在的政治制度和以往存在的法律发生了冲突的那种生活关系。

马克思：《对民主主义者莱茵区域委员会的审判》，

《马克思恩格斯全集》第 6 卷第 293 页。

这个宪法的主要矛盾是在于下面这点：它所要使其社会奴役地位永恒化的那些阶级——无产阶级、农民阶级和小资产阶级，竟由它经过普选权给予了政治权力，而它所批准其旧有社会权利的那个阶级——资产阶级，却又被它剥夺了维持这种权力的政治保证。资产阶级的政治统治被宪法强塞在民主主义的框子里，而这个框子时时刻刻都在帮助资产阶级的敌人取得胜利，并使资产阶级社会的基础本身成为问题。

马克思：《1848 年至 1850 年的法兰西阶级斗争》，

《马克思恩格斯全集》第 7 卷第 48 页。

宪法首先是要确立资产阶级统治；因此，宪法所说的结社权显然只是指容许那些能与资产阶级统治，即与资产阶级制度共处的社团存在。

马克思：《1848 年至 1850 年的法兰西阶级斗争》，

《马克思恩格斯全集》第 7 卷第 62 页。

把资产阶级统治视为普选权的结论和结果，视为人民主权意志绝对的表现，——这就是资产阶级宪法的意思。

马克思：《1848 年至 1850 年的法兰西阶级斗争》，

《马克思恩格斯全集》第 7 卷第 109 页。

在 1867 年的这次英国立法中引人注意的地方是：一方面，统治阶级的议会不得不被迫在原则上采取非常的和广泛的措施，来防止资本主义剥削的过火现象；另一方面，议会在真正实现这些措施时又很不彻底、很不自愿、很少诚意。

如果说，作为工人阶级的身体和精神的保护手段的工厂立法的普遍化已经不可避免，那末，另一方面，正如前面讲到的，这种普遍化使小规模的分散的劳动过程向大的社会规模的结合的劳动过程的过渡也普遍化和加速起来，从而使资本的积聚和工厂制度的独占统治也普遍化和加速起来。它破坏一切还部分地掩盖着资本统治的陈旧的过渡的形式，而代之以直接的无掩饰的资本统治。这样，它也就使反对这种统治的直接斗争普遍化。它迫使单个的工场实行划一性、规则性、秩序和节约，同时，它又通过对工作日的限制和规定，造成对技术的巨大刺激，从而加重整个资本主义生产的无政府状态和灾难，提高劳动强度并扩大机器与工人的竞争。

马克思：《资本论第一卷》，

《马克思恩格斯全集》第 23 卷第 549 页。

马克思在《资本论》第 1 卷里对"工厂的莱喀古士们立法的英明，使犯法也许比守法对他们更有利"，加了注解。首先引用了恩格斯在《英国工人阶级状况》里对工人状况的描写，然后举两个例子解释了"法院说的话"。一件事是 1866 年底在设菲尔德发生的。那里，一个工人同一家铁工厂订了两年合同。由于同工厂主吵了一次架，他离开了工厂，并表示决不再给这个工厂主干活了。结果他被控违反合同，判了两个月徒刑。这个事例本书已经引用过了，不再重述。下面是马克思说的第二件事。

这件事是 1863 年 11 月底在威尔特郡发生的。威斯特柏立·里这个地方的利奥韦呢绒厂，厂主哈鲁普雇用的约 30 名蒸汽织机女工举行了一次罢工，因为这个哈鲁普有一个称心的习惯，对早晨迟到者要扣工资：迟到 2 分钟扣 6 便士，迟到 3 分钟扣 1 先令，迟到 10 分钟扣 1 先令 6 便士。按每小时扣 9 先令算，一天就要扣 4 镑 10 先令，但是她们全年的平均工资每周从来没有超过 10 至 12 先令。哈鲁普还雇一个男孩吹上工哨。有时这个男孩在早晨 6 点以前就吹哨了，哨声一停，工人没有赶到，工厂就关上大门，门外的人都要罚款；因为厂里没有钟，不幸的工人都受哈鲁普指使的年轻报时员的操纵。举行"罢工"的工人，母亲们和少女们说，只要用钟来代替报时员，规定较合理的罚款，她们就愿意复工。哈鲁普以违反合同为理由把 19 个妇女和少女告到了治安法官那里。她们每人竟被判罚款 6 便士，诉讼费 2 先令 6 便士，旁听者都很愤怒。哈鲁普离开法院时，一群人跟在他后面嘘叫。——工厂主惯用的一种伎俩是，借口产品质量不好扣工资从而惩罚工人。1866 年，这种方法引起了英国陶业区的总罢工。此外，马克思还引用了童工调查委员会的报告

（1863～1866 年）列举一些事例。

2. "资本精神"是资本主义法的总精神

《资本论》是论述资本的辉煌巨著，闪耀着不灭的真理光芒。自 1867 年第 1 卷出版起 150 年来，它一直是工人阶级和广大劳动人民翻身解放的"圣经"，是前仆后继的资产阶级丧命的符咒。

马克思认为，资本是用于剥削雇佣工人而带来剩余价值的价值，它体现着资本家和雇佣工人之间剥削和被剥削关系。在前资本主义社会，存在商人资本和高利贷资本，但它们是以货币形式出现的，不是真正意义上的资本。资本是一个历史范畴，它以作为商品的劳动力的存在为条件，因而只有在资本主义条件下，才存在资本问题。

资本不是物，而是社会关系，是一种资本剥削雇佣劳动的社会关系。马克思说，"黑人就是黑人。只有在一定的关系下，他才成为奴隶。纺纱机是纺棉花的机器。只有在一定的关系下，它才成为资本。""生钱的钱"，使货币生下了金蛋，剩余价值转化为资本，货币所有者就成了资本家。资本是一定要运动的，否则，它就是一大叠不值钱的废纸。在产业资本的周转中，资本周而复始地获得了货币资本、生产资本和商品资本三种职能形态。资本的本性充分地体现在资本家的职能中，因为资本家不过是资本的人格化，资本家的灵魂就是资本的灵魂。资本家们活着就是为了赚钱，快快发财，他们除了金钱的损失，不知道还有别的痛苦。这样，资本剥削雇佣劳动，开辟了一个新的剥削方式的时代。资本剥削雇佣劳动，这就是资本精神。

法是资产阶级制定的，是资本精神的法律表现。资本的精神就是资本主义法的精神。资本主义立法的全部目的，就是为了维护和巩固资本剥削雇佣劳动。宪法是这样，刑法、民法、诉讼法是这样，婚姻家庭法、继承法、合同法也是这样。

资本关系，既不是自然史上的关系，也不是一切历史时期所共有的社会关系。资产阶级御用学者把资本说成是超历史的范畴，说货币、生产资料、生活资料就是资本，原始人手里的木棍，石块也是资本。其目的在于掩盖资本所体现的剥削关系，把资本主义制度解释成为一种永恒的社会制度。资产阶级法学是以复制资本主义关系为己任的。他们把资本主义的公法、私法说成公平正义的法，把具有资本精神的法说成是一种绝不容许更改的法律制度。

资本主义法产生了两极分化的社会后果。随着资本的运动和积累，这种法使社会财富愈来愈向资产阶级积聚和集中，而使创造财富的无产阶级反而愈来愈贫困。维护两极分化，是资本主义法发展的必然趋势。只有社会主义法，能够使货币、生产资料和商品脱离资本关系，能够彻底改变商品转化为货币、货币转化为资本即转化为剥削的手段的恶性循环。

有了商品流通和货币流通，决不是就具备了资本存在的历史条件。只有当生产资料和生活资料的所有者在市场上找到出卖自己劳动力的自由工人的时候，资本才产生；而单是这一历史条件就包含着一部世界史。因此，资本一出现，就标志着社会生产过程的一个新时代。

马克思：《资本论第一卷》，

《马克思恩格斯全集》第 23 卷第 193 页。

资产阶级通过雇佣劳动制来统治无产阶级，通过抵押来统治农民，通过竞争来统治小资产阶级；最后，资产阶级的统治得到了商业法庭、工厂法庭、资产阶级的陪审制和整个法权的承认。

恩格斯：《德国维护帝国宪法的运动》，

《马克思恩格斯全集》第 7 卷第 137 页。

改革法案使国内所有的有产阶级，直到最小的店铺老板都能参加政权。资产阶级的各派因此而获得了法律根据，借以能够提出自己的要求和表现自己的权力。

恩格斯：《英国的 10 小时工作制法案》，

《马克思恩格斯全集》第 7 卷第 281 页。

工业资产阶级既然利用改革法案取得了进行议会斗争的场所，就不能不取得接二连三的胜利。它通过限制挂名领高薪的职位，使依附于金融资本家的贵族受到损失，以 1833 年的济贫法使穷人受到损失，以降低税率和实行所得税使金融贵族和土地所有者丧失不纳税的自由。随着工业家取得胜利，他们的附庸增多了。大大小小的贸易都开始向他们缴纳贡税。

恩格斯：《英国的 10 小时工作制法案》，

《马克思恩格斯全集》第 7 卷第 281 页。

资产阶级为工人准备的唯一的东西就是法律，当工人把它逼得太紧的时候，它就用法律来对付他们；就像工人是无理性的动物一样，对他们的教育工具只有一种：皮鞭——粗暴的、不能服人而只能吓唬人的力量。

恩格斯：《英国工人阶级状况》，

《马克思恩格斯全集》第 2 卷第 399 页。

在资产阶级的粗暴野蛮、摧残人性的待遇的影响之下，工人逐渐变成了像水蛭一样缺乏自己意志的东西，而且也同样必然地受自然规律的支配——到了某一点他的一切行动就会不由自主。因此，随着无产阶级人数的增长，英国的犯罪的数字也增加了，不列颠民族已成为世界上罪犯最多的民族。

恩格斯：《英国工人阶级状况》，

《马克思恩格斯全集》第 2 卷第 416 页。

因为有了无产者，所以才必须有法律。这一点虽然只是在少数法律条文里直接表现出来，——例如取缔流浪汉和露宿者的法律便宣布无产阶级不受法律的保护，——但是敌视无产阶级却是法律的不可动摇的基础，因此法官，特别是本身就是资产者并且和无产阶级接触最多的治安法官，不用思考就会看出法律本身所包含的这种意图。

> 恩格斯：《英国工人阶级状况》，
> 《马克思恩格斯全集》第 2 卷第 570 页。

金融贵族颁布法律，指挥国家行政，支配全部有组织的社会势力，而且借助于自己的统治地位和报刊来操纵社会舆论。

> 马克思：《1848 年至 1850 年的法兰西阶级斗争》，
> 《马克思恩格斯全集》第 7 卷第 14～15 页。

在路易－菲力浦时代掌握统治权的不是法国资产阶级，而只是这个资产阶级中的一个集团：银行家、交易所大王和铁路大王、煤铁矿和森林的所有者以及与他们相勾结的那部分大土地所有者，即所谓金融贵族。他们盘踞王位，他们在议会中强订法律，他们分配各种俸禄优厚的官职，从内阁大臣起至官立烟草店止。

> 马克思：《1848 年至 1850 年的法兰西阶级斗争》，
> 《马克思恩格斯全集》第 7 卷第 12 页。

政府为了讨好资本家，故意把每一个工人认为不言自明的许多事情弄得模糊起来。在这一件事情上政府也是竭力给厂主先生留下一条小小的后路。法令中说，工人按照雇佣合同必须留在工厂内的时间算作工作时间。如果雇佣合同根本没有提到工人每天必须留在工厂中几小时，那又该怎么办呢？要使缩短工作时间的法令不适用于这种情况，也不是难以办到的。厂主只要借口说按照合同，他并没有要工人必须留在工厂里，这就行了。

> 列宁：《新工厂法》，
> 《列宁全集》第 2 卷第 339 页。

如今厂主完全可以为所欲为：他又是原告，又是证人，又是法官，又是立法者，又是执行者——什么都由他一手包办。当工人告到治安法官那里去的时候，他得到的回答是：你们接受了卡片，就是签订了契约，你们现在就得履行它。

> 恩格斯：《英国工人阶级状况》，
> 《马克思恩格斯全集》第 2 卷第 484 页。

任何厂主为他个人的日常生活所需，都有一套规程，其中规定对一切有意无意的过失都处以罚金；例如，假使工人不幸在椅上坐了一下，偶尔私语或谈笑，迟到了几分钟，损坏了机器的某一部件，或者制品的质量不合规格等等，他就得挨罚。事实上罚款往往超过工人实际所造成的损失。为了设法使工人容易挨罚，工厂的钟点拨快了，发给工人劣等的原料而要他制出好的成品。工头要是没有足够的花招来增加类似的犯规数字，便被辞退。

先生们，你们看，这种私人立法的建立是为了制造过失。

马克思：《关于自由贸易的演说》，

《马克思恩格斯全集》第 4 卷第 448 页。

仲裁条款则规定：必须挑选那些对于造成身体残废的"机器的结构非常熟悉"的人担任仲裁人。一句话，仲裁大权完全由工程师和设计师独揽。

视察员写道："我们觉得，工程师和设计师应该没有资格担任工厂仲裁人，因为他们与工厂主有业务上的联系，工厂主就是他们的主顾。"

在这样的条件下，机器造成的不幸事故，例如死亡、手臂腿足的切除、四肢骨折、头骨和颜骨的挫伤、削破碰伤等等，在截至 1856 年 10 月 31 日为止的半年当中，竟达到 1919 起的惊人数目，就丝毫不足为奇了。在半年的实业通报中，登载了 20 件因机器造成的死亡事故，这几乎比英国海军在"光荣的"广州大屠杀中所损失的人数还要多九倍。既然工厂主根本不想保护工人的生命与安全，而只是想方设法逃避赔偿工人在工作中所损失的胳臂和腿足，不愿担负他们的活机器的损耗费，那末对于官方报告中所说的"违反工厂法的延长工作时间现象日有增长"，就不必惊奇了。按照工厂法的定义，延长工作时间就是迫使未成年者每天工作的时数超过法律所允许的时数。这有各种各样的方法：或者在早晨 6 点钟以前开工，或者在下午 6 点钟还不收工，或者缩短工人法定的用餐时间。在一天之中，蒸汽机开动 3 次，即在早晨开工时，以及在早饭和午饭后复工时；它也停止 3 次，即在每顿饭开始时和下午收工时。这样，就有 6 次可以偷去 5 分钟的机会，一天总共可以偷去半个小时。每天延长 5 分钟的工作，一周一周积累起来，一年就是两天半；但是延长工作时间的骗人伎俩远远地超过了这个范围。兹摘录郎卡郡工厂视察员莱昂纳德·霍纳先生的一段话："用这种非法的延长工作时间的方法所获得的利润，似乎是工厂主不能抗拒的巨大诱惑。他们指望不被发现，可是当他们看到被发现的人所缴纳的罚款和讼费的数目并不大，他们就认为，即使被查出来，他们还是能得到很多好处。"

马克思：《工厂工人状况》，

《马克思恩格斯全集》第 12 卷第 198 页。

在 1838 年至 1850 年期间，童工数目有所增长，但是并不是与工人的总增长数按比例地增长。自 1850 年至 1856 年期间，童英国工厂制度207 工数目增长很大，共计有 10761 名，其中有 9655 名在棉纺织业部门。必须再提一下，1844 年的"人道的"法律允许工厂雇用 8 岁的儿童，而以前法律是禁止雇用 9 岁以下的儿童的。

马克思：《工厂工人状况》，

《马克思恩格斯全集》第 12 卷第 208 页。

同时，机器由于使被排挤的工人遭到失业，并由于吸收妇女和儿童，就造成了过剩的劳动人口，使他们被迫听命于资本所定下的法律。因此，它打破了工作日的一切道德界限和自然界限。由此就产生了一种反常的现象：缩短劳动时间的最有力的手段，竟成为把工人及其家庭的全部生活时间变成可以增殖资本价值的劳动时间的最可靠的手段。（第398页）我们已经看到，社会的反应怎样表现为要求确立标准的工作日；而现在，在这个基础上又发展起来了劳动的强化。（第399页）

恩格斯：《卡·马克思"资本论"第一卷提纲》，

《马克思恩格斯全集》第16卷第319页。

在1496年（亨利七世时期）的法令中又提到了。依照法令（虽然始终没有实现），所有手艺人和农业工人的工作日，从三月到九月，应该是从早晨5点到晚上7～8点，其中吃饭时间是早饭1小时，午饭1.5小时，午后小餐0.5小时，正好比现行工厂法规定的吃饭时间多一倍。

马克思：《资本论第一卷》，

《马克思恩格斯全集》第23卷第302页。

现代工业中的正常工作日，只是从1833年颁布了有关棉、毛、麻、丝等工厂的工厂法起才出现的。1833年到1864年的英国工厂立法史，比任何东西都更能说明资本精神的特征！1833年的法令规定，工厂的普通工作日应从早晨5点半开始，到晚上8点半结束。

马克思：《资本论第一卷》，

《马克思恩格斯全集》第23卷第309页。

1844年的法令规定，上午12点以前做工的8～13岁的儿童不准在下午1点以后继续做工。但是在中午12点或下午开始做工的儿童的6.5小时劳动，法令却未作任何规定！因此，可以使中午12点开始做工的8岁儿童在12点至1点之间干1小时，在下午2点至4点之间干2小时，在5点至晚上8点半之间干3.5小时，总共是法定的6.5小时！甚至还有更妙的办法。为了使儿童的劳动同干到晚上8点半的成年男工的劳动配合起来，工厂主只要在下午2点以前不给儿童活干，就可以使他们在工厂中连续不停地干到晚上8点半！

马克思：《资本论第一卷》，

《马克思恩格斯全集》第23卷第318页。

在1813年，规定工资的法律被废除了。自从资本家以其私人立法来管理工厂，并依靠济贫税把农业工人的工资补充到必要的最低限度以来，这些法律就变成了可笑的反常的东西。但是劳工法中有关雇主和雇佣工人之间的契约以及解约期限等条款，直到现在还完全有效，这些条款规定，对违约的雇主只提出民事诉讼，而对违约的工人则提出刑事诉讼。

马克思：《资本论第一卷》，

《马克思恩格斯全集》第23卷第809页。

济贫法委员会的委员们和整个英国资产阶级如果认为可以只实行原则而避免其必然的

后果，那就错了。法律条文对住在习艺所里的人的待遇所做的规定，是和它的全部精神相抵触的。既然法律在实质上是把穷人当作犯人，把习艺所当作惩治犯人的监狱，把住习艺所的人当作法律以外的人，当作人类以外的人，当作一切丑恶的化身，那末，任何与此相反的命令都无济于事。

恩格斯：《英国工人阶级状况》，

《马克思恩格斯全集》第 2 卷第 577 页。

1833 年，当资产阶级由于选举改革取得政权而农业区的贫困又达到顶点的时候，他们就立刻着手以自己的观点来修改济贫法。

恩格斯：《英国工人阶级状况》，

《马克思恩格斯全集》第 2 卷第 574 页。

如果我们总的回顾一下 1688 年"光荣"革命以来的英国历史，那末可以得出这样的结论：旨在反对人民群众的一切法律，从把议会的任期改为七年的法令起，到最近的习艺所法和最新的工厂法止，都出自辉格党人之手。但是辉格党人的反动政策总是经资产阶级同意后实施的。

马克思：《"晨邮报"反对普鲁士。——辉格党和托利党》，

《马克思恩格斯全集》第 11 卷第 246 页。

牛奶的按质定价（如按照牛奶的含脂量定价）也必定起同样的作用，技术竭力为这种办法发挥作用，发明了各种乳比重计等等，而专家们是热烈赞成这种办法的（参看《俄国的生产力》第 3 编第 9 页和第 38 页）。在这一点上，联合牛奶厂在资本主义发展中所起的作用，完全和大型谷仓在商业性谷物业中所起的作用相仿。大型使粮食不再是个体的产品，而是分种类的产品（即民法学家所说的可代替物），这就是说，第一次使粮食完全适合于交换（参看麦·捷林关于北美合众国粮食贸易的论文，《土地占有制和农业》文集第 281 页及以后各页）。这样，大型谷仓就大大推动了商品性的粮食生产，并且也用实行按质定价的办法促进了商品性粮食生产的技术发展。这种措施一下子就给小生产者两个打击。第一，它把大耕作者质量较高的粮食作为标准，使之具有法律效力，结果就减低了贫苦农民的质量较差的粮食的价格。第二，它按照资本主义大工业的形式进行粮食分类和粮食保管，这就使大耕作者降低了这方面的开支，使他们能够简便地出售粮食，结果使那些以宗法式的原始办法推着车子在市场上兜售粮食的小生产者完全落到富农和高利贷者手中。可见，大型谷仓建设在最近的迅速发展，说明在谷物业中资本取得了巨大胜利，小商品生产者受到贬斥，正像资本主义的"联合牛奶厂"的出现和发展所说明的情况一样。

列宁：《俄国资本主义的发展》，

《列宁全集》第 3 卷第 237 页。

谷物法使英国的粮价保持在高于其他国家的水平上，因而抬高了工资，使厂主难以和其他粮价较低因而工资也较低的国家的厂主竞争。如果废除了谷物法，粮价就会下跌，工资就会接近于欧洲其他文明国家的水平。这一切分明都是从上述的调整工资的原则中产生的。

恩格斯：《英国工人阶级状况》，

《马克思恩格斯全集》第 2 卷第 568 页。

在动荡不定的政治 status quo 的背后潜伏着整个资产阶级社会陷于崩溃的危险。对资产阶级来说，唯一可能解决的办法就是延期解决的办法。它只能用破坏宪法和延长总统任期的办法来挽救立宪共和国。这就是秩序党报刊在省议会会议后对所热中的"解决问题"的办法经过了长期而深入的辩论而做的结论。

马克思：《1848 年至 1850 年的法兰西阶级斗争》，

《马克思恩格斯全集》第 7 卷第 122 页。

因为工人并不尊重法律，而只是在无力改变它的时候才屈服于它，所以，他们至少也要提出修改法律的建议，他们力求以无产阶级的法律来代替资产阶级的法律，这是再自然不过的事情。无产阶级所提出的这种法律就是人民宪章（People's Charter）。

恩格斯：《英国工人阶级状况》，

《马克思恩格斯全集》第 2 卷第 516 页。

恩格斯在《英国的 10 小时工作制法案》里提到的"通过限制挂名领高薪的职位"，指 19 世纪 30 ~ 40 年代在工业资产阶级的压力之下所颁布的一系列的法令，其目的在于反对买卖官职和授予贵族家族的代表以挂名领高薪的职位。

"1833 年的济贫法"，是 1833 年在英国议会中进行过讨论，1834 年在议会中通过。这个法令只允许用一种办法来救济贫民，即把他们安置在习艺所里。这里工人们从事的工作生产率低、单调而且累人。当时人民称习艺所是"穷人的巴士底狱"。

（三）终结雇佣奴役制的前提

1. 雇佣奴役制是工人在法律上和事实上都是资产阶级的奴隶

经典作家既使用"雇佣奴隶制"术语，也使用"奴役制"术语。对于只存在于资本主义社会的剥削雇佣劳动来说，这两个术语是在同一个意义上使用的。

无产者在法律上和事实上都是资产阶级的奴隶，资产阶级掌握着他们的生死大权它给他们生活资料，但是取回"等价物"，即他们的劳动。它甚至使他们产生一种错觉，似乎他们是按照自己的意志行动的，似乎他们是作为一个自主的人自由地、不受任何强制地和资产阶级签订合同的。

恩格斯：《英国工人阶级状况》，

《马克思恩格斯全集》第2卷第360页。

工人在法律上和事实上都是有产阶级即资产阶级的奴隶。他们竟可以像商品一样地被卖掉，像商品一样地涨价跌价。如果对工人的需求增加，他们的价格也就上涨；如果需求减少，价格也就下跌；如果对工人的需求下降，有一定数目的工人找不到买主因而"成了存货"，那末他们就只好闲着不做事，而不做事是不能生活下去的，所以他们只好饿死。

恩格斯：《英国工人阶级状况》，

《马克思恩格斯全集》第2卷第363~364页。

农奴的生存有封建的社会制度来保障，在那种社会制度下每个人都有他一定的位置；自由工人却一点保障都没有，因为他只是在资产阶级需要他的时候才在社会上有一定的位置，否则就没有人理会，似乎世界上根本就没有这个人。农奴在战争时期为自己的主人卖命；工厂工人在和平时期为老板卖命。农奴的主人是野蛮人，他把农奴看做牲口；工人的老板是文明人，他把工人看做机器。总之，这两种人的情况大体上是一样的，如果说哪一种人的情况更坏一些的话，那自然就是自由的工人。两种人都是奴隶，对前一种人的奴役不是伪善的，是明显的，公开的，而对后一种人的奴役却是伪善的，狡猾地蒙蔽着被奴役者本人和所有其他的人，这是比旧的农奴制更坏的神学的奴隶制。

恩格斯：《英国工人阶级状况》，

《马克思恩格斯全集》第2卷第471~472页。

资产者及其经济学家们断言，资本家和工人的利益是一致的。千真万确呵！工人若不受雇于资本家就会灭亡。资本若不剥削劳动就会灭亡，而要剥削劳动，资本就得购买劳动。投入生产的资本即生产资本增殖愈快，也就是说，产业愈繁荣，资产阶级愈发财，生意愈兴隆，资本家需要的工人也就愈多，工人出卖自己的价格也就愈高。

马克思：《雇佣劳动与资本》，

《马克思恩格斯全集》第6卷第490页。

不幸事件的数字现在还很大，使人们不得不严肃地考虑下面这件事实，这就是，仅仅为了一个阶级的利益，竟有这么多的人成为畸形者和残废者，竟有这么多的勤劳的工人在替资产阶级服务的时候因资产阶级的过失而遭遇不幸，从而陷入穷困和饥饿的厄运。

恩格斯：《英国工人阶级状况》，

《马克思恩格斯全集》第2卷第452页。

工人受剥削现象所环绕的关键是：劳动力出卖给资本家而资本家利用这种交易来强迫工人生产出比构成劳动力的有酬价值多得多的东西。正是资本家与工人间的这种交易创造出随后以地租、商业利润，资本利息，捐税等等形式在各类资本家及其奴仆之间进行分配的全部剩余价值。

恩格斯：《论住宅问题》，

《马克思恩格斯全集》第 18 卷第 248～249 页。

地租、利息和产业利润不过是商品的剩余价值或商品中所含无偿劳动各个部分的不同名称罢了，它们都是同样从这个泉源并且只是从这一个泉源产生的。它们不是由土地本身和资本本身产生出来的，但是土地和资本使其所有者可能从企业资本家压榨工人所得来的剩余价值中各分得一份。对于工人来说，究竟企业资本家是把这剩余价值——工人剩余劳动或无偿劳动的产物——全部占为己有，或是不得不将其中某些部分以地租和利息的名义分给第三者，这是一个次要的问题。假定说，一个企业资本家只使用自己的资本，并且他本人又是其所需土地的所有者。在这种场合，剩余价值就要完全归他所有了。

直接向工人榨取这剩余价值的正是企业资本家，不论最终他能把这剩余价值的哪一部分留归自己。所以，整个雇佣劳动制度，整个现代生产制度，正是建立在企业资本家和雇佣工人间的这种关系上面。

马克思：《工资、价格和利润》，

《马克思恩格斯全集》第 16 卷第 152 页。

资本发展成为一种强制关系，迫使工人阶级超出自身生活需要的狭隘范围而从事更多的劳动。作为别人辛勤劳动的制造者，作为剩余劳动的榨取者和劳动力的剥削者，资本在精力、贪婪和效率方面，远远超过了以往一切以直接强制劳动为基础的生产制度。

马克思：《资本论第一卷》，

《马克思恩格斯全集》第 23 卷第 344 页。

资本家作为资本的人格化在直接生产过程中取得的权威，他作为生产的指挥者和统治者的社会职能，同建立在奴隶生产、农奴生产等等基础上的权威，有重大的区别。

尽管在资本主义生产的基础上，对于直接生产大众来说，他们的生产的社会性质是以实行严格管理的权威的形式，并且是以劳动过程的完全按等级安排的社会机构的形式出现的，——这种权威的执掌者，只是作为同劳动相对立的劳动条件的人格化，而不是像在以前的各种生产形式中那样，以政治的统治者或神权的统治者的资格得到这种权威的，——但是，在这种权威的执掌者中间，在不过是作为商品所有者互相对立的资本家自己中间，占统治地位的却是极端无政府状态，在这种状态中，生产的社会联系只是表现为一种不顾个人自由意志而压倒一切的自然规律。

马克思：《资本论第三卷》，

《马克思恩格斯全集》第 25 卷下册第 996～997 页。

如果我们看一看例如诺定昂的情况——那儿有大批人，特别是童工，都是在没有依法装置安全设备的机器旁工作——我们可以看到，1859 年中心医院的记事簿里记人的不幸事故有 1500 起，而防治所的记事簿里有 794 起，这样，不幸事故总数共 2294 起，然而作工人数却不超过 62583 人，可见，诺定昂市的不幸事故在每 27 人中就有 1 起——已实施保护法的纺织厂的不幸事故与此相比几乎是微不足道的。

> 马克思：《不列颠工厂工业的状况》，
> 《马克思恩格斯全集》第 15 卷第 96 页。

工业资本家这些新权贵，不仅要排挤行会的手工业师傅，而且要排挤占有财富源泉的封建主。从这方面来说，他们的兴起是战胜了封建势力及其令人愤恨的特权的结果，也是战胜了行会及其对生产的自由发展和人对人的自由剥削所加的束缚的结果。但是，工业骑士之所以能够排挤掉佩剑骑士，只是因为他们利用了与自己毫不相干的事件。他们借以兴起的手段，同罗马的被释奴隶成为自己保护人的主人所使用的手段同样卑鄙。

劳动者的奴役状态是产生雇佣工人和资本家的发展过程的起点。这一发展过程就是这种奴役状态的形式变换，就是封建剥削变成资本主义剥削。要了解这一过程的经过，不必追溯太远。虽然在十四和十五世纪，在地中海沿岸的某些城市已经稀疏地出现了资本主义生产的最初萌芽，但是资本主义时代是从十六世纪才开始的。在这个时代来到的地方，农奴制早已废除，中世纪的顶点——主权城市也早已衰落。

> 马克思：《资本论第一卷》，
> 《马克思恩格斯全集》第 23 卷第 783～784 页。

按照资本主义生产的目的（尽可能使资本自行增殖），这种管理同时也是尽量剥削社会劳动过程的职能，因此它是由剥削者和被剥削者之间必然的对抗所决定的。其次，是监督劳动资料的正当使用。最后，各个工人的职能联系，存在于他们外部，存在于资本中，所以，他们自己的统一，是作为资本家的权威，作为外人的意志而同他们相对立。因此，资本主义的管理是二重的（1. 生产产品的社会劳动过程，2. 资本增殖过程），就其形式来说是专制的。这种专制现在发展了自己的特殊形式：资本家刚刚自己摆脱了劳动，现在又把监督的职能转交给了有组织的整队军官和军士，而这些人本身也是资本的雇佣工人。经济学家曾把奴隶制下的这种监督费用看作 faux frais（非生产费用）。但在考察资本主义生产时，他们却把由剥削所决定的管理和由社会劳动过程的性质本身引起的管理职能混为一谈。

> 恩格斯：《卡·马克思"资本论"第一卷提纲》，
> 《马克思恩格斯全集》第 16 卷第 309～310 页。

我们根本不喜欢那种只希望以复数形式存在的"自由"。英国向我们提供了一个具有广阔的历史生活图景的证明，说明"复数的自由"的狭隘视野对"自由"是多么危险。伏尔泰说道："关于复数的自由即特权的说法是以服从为前提的。复数的自由是普遍奴隶制的例外。"

马克思：《第六届莱茵省议会的辩论》，
《马克思恩格斯全集》第 1 卷第 197 页。

现代国家承认人权同古代国家承认奴隶制是一个意思。就是说，正如古代国家的自然基础是奴隶制一样，现代国家的自然基础是市民社会以及市民社会中的人，即仅仅通过私人利益和无意识的自然的必要性这一纽带同别人发生关系的独立的人，即自己营业的奴隶，自己以及别人的私欲的奴隶。

马克思恩格斯：《神圣家族》，
《马克思恩格斯全集》第 2 卷第 145 页。

在购买者看来，地租不过表现为他用以购买土地以及地租索取权的那个资本的利息。对已经购买黑人的奴隶主来说也完全是这样，他对黑人的所有权，好像不是由于奴隶制度本身，而是通过商品的买卖而获得的。不过，这个权利本身并不是由出售产生，而只是由出售转移。

马克思：《资本论第三卷》，
《马克思恩格斯全集》第 25 卷下册第 874 页。

在这里我们看到的是把自己的经济建立在黑人奴隶劳动上的资本家。他们采用的生产方式不是从奴隶制产生的，而是接种在奴隶制上面的。在这种场合，资本家和土地所有者是同一个人。土地对资本和劳动来说作为自然要素而存在，并不对投资进行任何抵抗，因而也不对资本竞争进行任何抵抗。这里也并没有形成与土地所有者不同的租地农场主阶级。只要维持着这种状况，就没有任何东西妨碍费用价格调节市场价值。

马克思：《资本论第四卷》，
《马克思恩格斯全集》第 26 卷第 2 册第 340 页。

奴隶作为工作报酬取得的东西，实际上不是奴隶主的"预付"，而只是奴隶的物化劳动中以生活资料的形式流回到奴隶手中的部分。在资本家那里情况也是如此。他只是在表面上"预付"。他作为工资预付给工人的，或者更确切地说，他付给工人的报酬——因为他要到工作完成后才付给报酬——是工人已经生产出来而且已经转化为货币的产品的一部分。

马克思：《资本论第四卷》，
《马克思恩格斯全集》第 26 卷第 3 册第 97 页。

只要奴隶制占统治地位，资本主义关系就每次只能偶然地作为从属关系出现，决不能作为统治的关系出现。

马克思：《资本论第四卷》，
《马克思恩格斯全集》第 26 卷第 3 册第 461 页。

劳动者对他的生产活动的资料的私有权，是农业或工业的小生产的必然结果，而这种小生产是社会生产的技艺养成所，是培养劳动者的手艺、发明技巧和自由个性的学校。诚然，这种生产方式在奴隶制度、农奴制度以及其他隶属形式中也是存在的。但是，只有在劳动者是自己使用的劳动条件的自由所有者、农民是自己耕种的土地的自由所有者、手工业者是自己运用自如的工具的自由所有者的地方，它才得到充分发展，才显示出它的全部力量，才获得完整的典型的形式。

马克思：《著者亲自修订的〈资本论〉第一卷法文版片断》
《马克思恩格斯全集》第49卷第244页。

在雇佣奴隶制的社会中，每个商人，每个老板都在下赌注——"不是我破产，就是我发财，叫别人破产"。每年都有几百个资本家破产，有几百万农民、手工业者破产。

列宁：《孤注一掷》，
《列宁全集》第1版第22卷第128页。

为了有可能压迫某一个阶级，就必须保证这个阶级至少有能够维持它那奴隶般生存的条件。农奴制度下的农奴曾经挣扎到公社社员的地位，正如封建专制制度束缚下的小资产者曾经挣扎到资产者的地位一样。相反，现代的工人却并不是随着工业的进步而上升，而是每况愈下地降到本阶级的生存条件的水平以下。

马克思恩格斯：《共产党宣言》，
《马克思恩格斯全集》第4卷第478页。

如果某一工人对资产阶级的愤怒还没有成为压倒一切的感情，那他就必然要酗酒，要做出通常所谓堕落的事情。根据官方委员会委员霍金斯的意见，仅仅是体力衰退和工厂制度所引起的疾病，就足以使工人不可避免地要堕落。如果再加上精神萎靡不振和前面提到的使每一个工人堕落的种种情况，那末堕落就更是不可避免了

恩格斯：《英国工人阶级状况》，
《马克思恩格斯全集》第2卷第463页。

马克思在《雇佣劳动与资本》里的"劳动"，在1891年的版本中，改为"劳动力"，"雇佣劳动"改为"雇佣工人的劳动力"。

马克思在《不列颠工厂工业的状况》里披露的工厂工业不幸事故情况，是诺定昂的情况，是在没有依法装置安全设备的机器旁工作的事故情况。

此前，马克思引用的是罗伯特·贝克的报告中爱尔兰以及柴郡部分地区、郎卡郡、格罗斯特郡、约克郡、斯泰福郡、莱斯特郡、赫勒弗德郡、希罗普郡、伍斯特郡和瓦瑞克郡等地工厂的情况。罗伯特·贝克报告中的事故，是他作为工厂视察员视察的情况。这些工厂，机器都有防护，也就是为操作机器的工人的安全装置了设备，这些设备都是工厂法保护条例所规定的。

2. 终结雇佣奴役制的前提

马克思主义经典作家明确指出了终结雇佣奴役制的前提条件。

他们认为：实现民主要求消灭不了雇佣奴隶制；孤立的、局限于个别地区的、只是针对现存制度的一个方面的个人反抗，消灭不了雇佣奴隶制；乌托邦幻想用公平地重分全部土地的办法，不能消除雇佣奴隶制；工人阶级忘记了自己解放的目标，同雇佣奴隶制妥协，为了使自己的奴隶地位得到虚假的"改善"，不能消除雇佣奴隶制；任何改良主义只会使资本的统治地位保持不变，雇佣奴隶制就不可避免；在经济危机不断的情况下也不能消灭雇佣奴隶制。

根据经典作家的论述，在压迫阶级武装到牙齿的情况下，要消灭和终结雇佣奴隶制，只有经过社会主义革命，推翻资产阶级政权，并不断用强力粉碎他们的反抗，通过改变所有制和实行新宪法来掌握和保持政权，巩固政权，才能使人类从雇佣奴隶制下面解放出来；只有挖掉资产阶级统治的老根，铲除能够滋生（而且必然滋生）雇佣奴隶制、群众贫困和富人大发横财的肥沃土壤，才能在人类历史上真正终结雇佣奴役制。

只有资本的倾复，才能使农民地位提高；只有反资本主义的无产阶级政府，才能终结他们在经济上的贫困和社会上的衰落。

马克思：《1848 年至 1850 年的法兰西阶级斗争》，
《马克思恩格斯全集》第 7 卷第 98 页。

工人对资产阶级的反抗在工业发展开始后不久就已经表现出来，并经过了各种不同的阶段。……这种反抗心情的最早、最原始和最没有效果的形式就是犯罪，但是工人很快就发觉这样做是没有什么好处的。罪犯只能一个人单枪匹马地以盗窃来反对现存的社会制度；社会却能以全部权力来猛袭一个人并以占绝对优势的力量压倒他。……但是这种反抗形式也是孤立的，它局限于个别地区，并且只是针对着现存制度的一个方面。而且只要工人一获得转瞬即逝的胜利，社会权力就以自己的全部压力来袭击这些再度变得手无寸铁的犯罪者，给他们各种各样的惩罚，而机器还是使用起来了。这时，一个由旧的、改革前的、托利党人的寡头议会所颁布的法律帮了他们的忙，这个法律是在 1824 年通过的，它废除了以前禁止工人为保护自己的利益而联合起来的一切法令。工人得到了过去只是贵族和资产阶级才有的结社的权利。

恩格斯：《英国工人阶级状况》，
《马克思恩格斯全集》第 2 卷第 501～502 页。

我们所谈到的两种危机理论，对危机的解释完全不同。第一种理论用生产和工人阶级的消费之间的矛盾来解释危机，第二种理论用生产的社会性和占有的私人性之间的矛盾来解释危机。由此可见，第一种理论认为现象的根源在生产之外（因而西斯蒙第总是攻击古典学派，说他们忽略消费，只研究生产）；第二种理论则认为生产条件正是现象的根源。

简言之，第一种理论用消费不足（Unterkonsumption）来解释危机，第二种理论则用生产的混乱状态来解释危机。总之，这两种理论都用经济制度本身的矛盾来解释危机，然而在指明这一矛盾时却分道扬镳了。试问，第二种理论是不是否认生产和消费矛盾的事实、消费不足的事实呢？当然不否认。它完全承认这种事实，但是把这个事实放在应有的从属的地位，并且看做只是和资本主义总生产的一个部类有关的事实。它认为这种事实不能解释危机，因为危机是由现代经济制度中的另一个更深刻的基本矛盾，即生产的社会性和占有的私人性之间的矛盾引起的。

> 列宁：《评经济浪漫主义》，
> 《列宁全集》（第1版）第2卷第133页。

农民和工人的共同目的只是实现民主要求。达到了这个目的，俄国就获得了自由，但是还消灭不了雇佣奴隶制。

> 列宁：《劳动派和工人民主派》，
> 《列宁全集》第21卷第275页。

民粹派的乌托邦，就是民粹派知识分子和劳动派农民所抱的幻想，他们以为可以用公平地重分全部土地的办法来消除资本的权力和统治，消除雇佣奴隶制，或者以为在资本的统治下，在金钱的支配下，在商品生产的条件下，也可以维持"公平的""平均的"土地分配制度。

> 列宁：《两种乌托邦》，
> 《列宁全集》第22卷第129~130页。

在资产阶级社会中，如果工人阶级忘记了自己解放的目标，同雇佣奴隶制妥协，为了使自己的奴隶地位得到虚假的"改善"，只顾一会儿同这个资产阶级政党联合，一会儿又同另一个资产阶级政党联合，那么，工人阶级也是有可能奉行资产阶级政策的。

> 列宁：《在美国》，
> 《列宁全集》第22卷第251页。

如果工人掌握了马克思的学说，即认识到只要资本的统治地位保持不变，雇佣奴隶制就不可避免，那么他们就不会上资产阶级任何改良的当。工人们懂得了在保持资本主义的条件下改良既不可能是牢靠的，也不可能是认真的，他们就会为争取改善自己的状况而斗争，并且利用这种改善来继续为反对雇佣奴隶制进行更加顽强的斗争。

> 列宁：《马克思主义和改良主义》，
> 《列宁全集》第24卷第1页。

改良主义者各国都有，因为资产阶级到处都在想方设法腐蚀工人，使他们甘心当奴隶，不想消灭奴隶制。

列宁：《马克思主义和改良主义》，

《列宁全集》第 24 卷第 2 页。

要在危机不断的情况下消灭雇佣奴隶制，这只是一句空话，是不切实际的空想。

列宁：《政论家札记》，

《列宁全集》第 24 卷第 14 页。

"劳动"这个词非但没有任何政治经济意义，而且间接地会使人产生误解。这个词所以说毫无意义，是因为在任何社会经济结构下，无论在奴隶制度下，或是在农奴制度下，或是在资本主义制度下，小农总是要"劳动"的。"劳动"是空话，是毫无内容的空谈，它掩盖了仅仅对资产阶级有利的东西，即混淆了各种不同的社会经济结构。"劳动"这个词会使人产生误解，对公众是个欺骗，因为它暗示不存在雇佣劳动。

列宁：《关于农业中资本主义发展规律的新材料》，

《列宁全集》第 27 卷第 163 页。

美国的例子清楚地告诉我们，把大地产同大资本主义农业混为一谈是多么轻率，因为大地产往往是前资本主义关系的残余，即奴隶制、封建制或宗法制关系的残余。无论在南部或西部，大地产都处在分化、瓦解的过程中。

列宁：《关于农业中资本主义发展规律的新材料》，

《列宁全集》第 27 卷第 183 页。

在任何一个阶级社会里，不管它建立在奴隶制、农奴制或现在的雇佣奴隶制之上，压迫阶级总是武装起来的。不仅现在的常备军，而且现在的民兵，连瑞士的民兵也不例外，都是资产阶级反对无产阶级的武装。

列宁：《无产阶级革命的军事纲领》，

《列宁全集》第 28 卷第 90 页。

到目前为止还在阶级对立中运动着的社会，都需要有国家，即需要一个剥削阶级的组织，以便维持它的外部的生产条件，特别是用暴力把被剥削阶级控制在当时的生产方式所决定的那些压迫条件下（奴隶制、农奴制或依附农制、雇佣劳动制）

列宁：《国家与革命》，

《列宁全集》第 31 卷第 14 页。

为了使人类从雇佣奴隶制下面解放出来，我们必须镇压这些人，必须用强力粉碎他们的反抗，——显然，凡是实行镇压和使用暴力的地方，也就没有自由，没有民主。

列宁：《国家与革命》，

《列宁全集》第 31 卷第 85 页。

剥削者少数要能有系统地镇压被剥削者多数，就必须实行极凶狠极残酷的镇压，就必须造成大量的流血，而人类在奴隶制、农奴制和雇佣劳动制下就是这样走过来的。

列宁：《国家与革命》，

《列宁全集》第 31 卷第 86 页。

在资本主义下，由于雇佣奴隶制和群众贫困的整个环境，民主制度受到束缚、限制、阉割和弄得残缺不全。因为这个缘故，而且仅仅因为这个缘故，我们政治组织和工会组织内的公职人员是受到了资本主义环境的腐蚀（确切些说，有被腐蚀的趋势），是有变为官僚的趋势，也就是说，是有变为脱离群众、站在群众之上、享有特权的人物的趋势。

列宁：《国家与革命》，

《列宁全集》第 31 卷第 111 页。

反动的资本主义国家害怕损坏资本主义的基石，雇佣奴隶制的基石，富人经济统治的基石，害怕发挥工人以及所有劳动者的主动性，害怕"煽起"他们的要求；这样的国家除了面包配给证，其他什么也不需要。

列宁：《大难临头，出路何在?》，

《列宁全集》第 32 卷第 206 页。

每个工人都要有一本劳动手册。那时，这个证件对他并不是一种侮辱，虽然现在它无疑是资本主义雇佣奴隶制的证件，是劳动者隶属于某个寄生虫的证明。

列宁：《布尔什维克能保持国家政权吗?》，

《列宁全集》第 32 卷第 303 页。

帝国主义战争在奴隶制基础上也发生过（罗马同迦太基的战争，从双方来看都是帝国主义战争），在中世纪和商业资本主义时代也发生过。凡是交战双方在战争中压迫别的国家或民族，为了分赃、为了"谁该多压榨一些，或多掠夺一些"而厮杀的战争，都不能不叫作帝国主义战争。

列宁：《论修改党纲》，

《列宁全集》第 32 卷第 355 页。

只有严酷的、顽强的、你死我活的斗争才能把这种本领教给无产阶级。剥削者的反抗愈激烈，被剥削者对他们的镇压也就愈有力，愈坚决，愈无情，愈有效。剥削者愈是千方百计地拼命维护旧事物，无产阶级也就愈快地学会把自己的阶级敌人从他最后的藏身之所赶走，挖掉他们统治的老根，铲除能够滋生（而且必然滋生）雇佣奴隶制、群众贫困和富人大发横财、厚颜无耻的肥壤沃土。

列宁：《被旧事物的破灭吓坏了的人们和为新事物而斗争的人们》，
《列宁全集》第 33 卷第 199 页。

现在要来解决推翻资本主义雇佣奴隶制、推翻资产阶级政权这个无比伟大的任务时，这些资产阶级的代表人物和辩护人以及被资产阶级吓倒的、躲避革命的社会党人改良主义者，却不能理解也不愿意理解国内战争的必然性和合理性了。

列宁：《给美国工人的信》，
《列宁全集》第 35 卷第 57 页。

我们很清楚，我们必须同全世界的资本作斗争，我们很清楚，全世界的资本担负过创造自由的任务，它推翻了封建的奴隶制，创造了资产阶级的自由，我们很清楚，这是一个有世界历史意义的进步。我们声明，我们根本反对资本主义，既反对共和制资本主义又反对民主制资本主义，也反对自由资本主义。

列宁：《在全俄社会教育第一次代表大会上的讲话》，
《列宁全集》第 36 卷第 335 页。

在资产阶级制度下（就是说只要土地和生产资料的私有制继续存在），在资产阶级民主下，"自由和平等"只是一种形式，实际上是对工人（他们在形式上是自由的和平等的）实行雇佣奴隶制，是资本具有无限权力，是资本压迫劳动。

列宁：《〈关于用自由平等口号欺骗人民〉出版序言》，
《列宁全集》第 36 卷第 362 页。

资产阶级民主制和封建制度相比，改变了经济奴役形式，为这种奴役作了特别漂亮的装饰，但并没有改变也不能改变这种奴役的实质。资本主义和资产阶级民主制就是雇佣奴隶制。

列宁：《答美国记者问》，
《列宁全集》第 37 卷第 109 页。

只有坏蛋或者傻瓜才会认为，无产阶级先应当在资产阶级压迫下，在雇佣奴隶制压迫下进行投票来取得多数，然后才去夺取政权。这是绝顶的愚蠢或绝顶的虚伪，这是用旧制度旧政权下的投票来代替阶级斗争和革命。

列宁：《向意大利、法国和德国的共产党人致敬》，
《列宁全集》第 37 卷第 210 页。

在一个经济遭到破坏的国家里，第一个任务就是拯救劳动者。全人类的首要的生产力就是工人，劳动者。如果他们能活下去，我们就能拯救一切，恢复一切。在国家遭到破坏的时候，我们主要的基本的任务就是维护工人的生命，拯救工人。

> 列宁：《在全俄社会教育第一次代表大会上的讲话》，
> 《列宁全集》第36卷第346页。

如果我们能拯救工人，熬过这几年，我们就能拯救国家、社会和社会主义。如果我们不能拯救，我们就会倒退，退回到雇佣奴隶制去。

群众性罢工和武装起义自然而然地把革命政权问题和专政问题提上了日程，因为采用这两种斗争方式必然导致（首先在地方范围内）驱逐旧政权、无产阶级和各革命阶级夺取政权、驱逐地主，有时还会夺取工厂，如此等等。

这一时期的群众性革命斗争创造了世界历史上前所未见的组织——工人代表苏维埃，以及后来的士兵代表苏维埃、农民委员会等等。

> 列宁：《关于专政问题的历史》，
> 《列宁全集》第39卷第368页。

工人阶级夺取政权之后，像任何阶级一样，要通过改变所有制和实行新宪法来掌握和保持政权，巩固政权。

> 列宁：《俄共（布）第九次代表大会》，
> 《列宁全集》第1版第30卷第433页。

列宁在《两种乌托邦》里提到的"民粹派的乌托邦"，是俄国两种乌托邦的一种形式。另一种形式是自由派的乌托邦。

列宁指出：1912年10月政治上的乌托邦，就是一种无论现在和将来都决不能实现的愿望，是一种不以社会力量为依托，也不以阶级政治力量的成长和发展为支撑的愿望。

自由派的乌托邦，是妄想用和平的、和谐的办法，不得罪任何人，不经过激烈的彻底的阶级斗争，就能够在俄国的政治自由方面，在广大劳动人民的地位方面，得到某些重大的改善。民粹派的乌托邦，是民粹派知识分子和劳动派农民所抱的幻想，他们以为可以用公平地重分全部土地的办法来消除资本的权力和统治，消除雇佣奴隶制，或者以为在资本的统治下，在金钱的支配下，在商品生产的条件下，也可以维持"公平的""平均的"土地分配制度。

这两种乌托邦的产生反映了这样一些阶级的利益，它们进行反对旧制度、反对农奴制、反对政治压迫，而在这种斗争中，它们没有取得独立的地位。乌托邦幻想，就是这种沉迷于幻想的不独立性的产物。民粹派和劳动派的乌托邦，是处在资本家和雇佣工人之间的小业主的一种试图不通过阶级斗争而消灭雇佣奴隶制的幻想。马克思主义者反对一切乌托邦，应当坚持本阶级的独立性。

第五部分

法制度的体系——同类化法规范的体系

谈到法制度的体系，首先应当将"法的体系"、"法律体系"和"法制度的体系"分别加以说明。

马克思从法是一个总括性的概念出发，认为法的体系，是法意识、法制度、法关系的总和。这一"法的三要素"，是对法科学的概括和总结，已为西方法学界的一些学者所接受。我在上世纪 90 年代初引入这个提法，并按这三部分对法的体系进行分类，正是基于马克思提出的法的构成理论。在这里，法的体系，是法意识、法制度、法关系的总和。这是以法意识为先导，以法制度为核心，以法关系为基础的法的系统。

根据马克思的创造性思想，为摆脱公法私法的法域划分和法部门划分的弊病，我提出了法体制理论。

法体制，是同类法规范的表现形式和实现方式的体系。法体制理论的实质，是对法规范配置方式的理论选择。

基于法的社会化，法规范的表现形式不是法部门、法域（公法、私法），其实现方式不可能是法规范与法规的同一。当代立法实际表明，法规范存在并表现于法体制之中，法体制是通过对不同法律法规中的同类法规范系统化重组实现的。在法的体系里，基于法律法制度统一体的法体制与基于法律法规集合体的法部门，具有不同的基础和结构。

法体制理论的基本点是：

其一，法的体系，不能仅仅归结为国家的立法体系或法规体系，它是以法制度为中心，包括法意识和法关系在内的法现象的综合体。法律、法规无法脱离法意识、法关系而孤立存在；而且，法体系是一个开放的体系，新法的制定，旧法的废改，都将引起法的结构、体系的更新。恒久不变的完备的法体系，实际上是不存在的。

其二，法体制是法制度和法的调整方法类型化的统一体。传统上认为不同类的法制度和调整方法，可以经过科学地系统化而相容，共存于同一法体制中，如民事合同法制度与经济合同法制度、行政合同法制度被认为是不同类的，因而划入不同的法部门，从合同的固有属性和机能出发，系统化为统一的合同法制度。

其三，法规范——法制度——法体制——法体系，是法体制理论的分类方法。一个规范性文件同时包含不同法部门的规范，这不仅仅为了便利该规范性文件的适用，其深刻根源，在于这些属于不同法部门的规范，存在机能上的统一性。在法体制里，作为法制度基础的法规范，来自不同的传统法部门，法体制是在法的相应领域中形成的跨部门法规范的一定总和。

其四，任何法都是历史的、社会的，公法、私法的划分及法部门的划分是不科学的，不能反映当代社会条件和时代特征，在法体系中不存在公法和私法，也不存在法部门。即不存在经济法部门、民法部门和其他法部门。对于通常所谓的法部门意义上的法，这里指的是法体制，如所称经济法，实际上是经济法律体制。

其五，法体制的结构为层次结构，而非法部门理论那里的水平结构或垂直结构。法体制可分为国家法律体制、经济法律体制、行政法律体制、民事法律体制、刑事法律体制和诉讼法律体制。这些法体制在法体系中处于不同的地位。

其六，对于具体规范性文件的归属，基于上述法体制类别，可根据该规范性文件的立法目的和调整范围确定。如《中华人民共和国公司法》调整公司组织和公司行为。公司关系或企业关系，是一种经济活动关系和经济组织关系，属于经济法律体制。

法制度是法体制构成的基础，它是法体制的基本单位；而且，法制度是同类法规范的类型化，它是法规范的基本类型。在媒介法规范与法体系联系中，法制度便成为中心环节。因此，无论是法规范的归类，还是法体制的形成，都以法制度为中心。法制度是一国法体系中法体制之间相互区别的基本类别，处于核心地位。

应当明确，法制度是在诸法律、法规中的同类性法规范经系统化而形成的。把某项法律、法规等法律文件说成是"法律制度"，或者把同类法律、法规集合而成的"法群"说成是"法律制度"，都是不符合这里所概括的法制度概念规定的。因此，我们不能在"法"、"法律法规"的一般意义上使用法律制度术语。

法律制度化的要求是：首先，在一国法体系内，把握各类社会关系法律调整的必要差别。法与法的区别，实际上是法制度的差别。在区分这种差别的基础上，把握法制度之间的有机联系。其次，在同一类型法制度内，划分出若干种法制度，种法制度除具有该类法制度的固有特征外，还具有自身某些特征。根据种法制度，进而把握法律关系的主要环节。再次，特定种类的法制度，反映社会关系的特殊性，认识不同种类法制度的特点，能够正确处理不同的社会关系和法律关系，使之符合社会运行规律的需要。最后，法律的法制度化，有助于立法的不断完善，有助于人民法院和仲裁机构正确适用法律，合理解决社会发展的司法保障问题。

在法制度的体系里，这里归纳了马克思所在时代的行政法制度、商业法制度、民法制度、刑法制度、诉讼法制度。这里提出的上述法制度，不是按部门法划分的，而是按法律的门类划分的。这里的论述，大体上是按法体制理论所界定的法制度含义摘录的。

一、行政法制度

行政法，是调整行政关系的法律。西方法学认为，行政法是在近代法治国家基础上产生和发展起来的。为了防止行政权的独断专行，在权力分立原则的前提下，根据宪法和法律行使行政权，依照"依法行政"的原理，在政府与人民的关系中进行约束行政权的活动。

以保障人民权利，防止行政权独断为目的行政法观念，创立了固有意义上的行政法。这种调整行政权与人民相互关系的法，构成了特殊的法律体系，称为公法体系。这样的行政法最初产生于法国。在法国，从特殊的历史情况出发，为了使行政权从司法权的制约中解放出来，建立了行政裁判制度，根据行政法院判决的案例，逐渐发展为特殊的行政法体系。大陆国家普遍接受这一法律原则。由于各国情况不同，在行政法的内容、原则等方面，存在很大差别。

英美法系各国在原则上并不承认这种特殊的行政法体系。但近代以来，出现的行政裁判机关和行政程序的规则，促进了新的行政法的发展。

西方法学对法的分类和对行政法的定名，是从西方社会和法的发展出发的。其实，某一法的门类的成立，不是起于分类和名称的确定，而是起于这一门类法现象的产生和发展。我国自夏始，便形成了国家构成意义上的行政、行政管理机关和行政法。《尚书·甘誓》中的"正"，正是官吏的通称。当时已设掌管政事、军事、财经、刑狱、天文、教化等职，所谓"夏后氏官百"。夏按地域划分为"九州"，证实了恩格斯关于"按地域划分居民"是国家的重要标志的科学论断。

在当代，随着行政立法的发展，行政法已从防止行政权的独断发展为全面调整行政关系的法律，并形成了法的体系，成为独立的法律门类。在行政"肥大化"和行政作用扩大化、复杂化的条件下，确定行政法的范围是必要的。

一般认为，行政的范围包括行政组织、警察、保育、军政、财政和外交等方面。在我国，行政组织法、行政行为法、行政处罚法、行政执行法、行政程序法、行政复议法、行政监督法、行政救济法、行政赔偿法等，被纳入行政法之列。

在《马克思恩格斯全集》和《列宁全集》中，并无"行政法"字样。恩格斯在《普鲁士出版法批判》里提到，"由于至今尚无专门的出版制裁法，所以与此有关的法律就只能散见于普鲁士邦法的各个章节。"在《致弗里德里希·格雷培》里，恩格斯说"如果你能在那里搞到这本书，务必读一读：这不是罗多芒特说大话，而是从普鲁士邦法中取得的证据。"这里的"普鲁士邦法"，是 1794 年制定和颁布的《普鲁士邦法全书》，包括刑法，教会法，国家法和行政法。

在《列宁全集》第 3 卷《俄国资本主义的发展》中，出现了"行政法律"字样。

（一）行政权力

1. 行政权力是国家管理的直接形式

行政权力，是国家和国家机关为了实现国家目的，依法对国家事务和公民、社会组织进行管理的权力。行政机关是代表国家行使权力的，其行为为国家行为。国家的行政行为具有决定力特征。行政权力是由国家机关单方面实施国家行为而形成的，任何社会组织和公民个人都必须服从国家决定。同时，这种决定力还表现在，社会组织和公民个人的活动是否符合法律的要求，行政机关享有认定权，且其认定结果具有约束力。

行政权力可分为五大类：其一，组织权力。这是国家通过行政机关组织、领导国家的权力。包括社会发展战略的选择、区域性质的调整、国民经济各管理体系的协调、对涉外事务的组织等权力。其二，支配权力。这是行政机关依法在职权范围内，对具体社会事务进行支配的权力。行政机关的支配权力，主要采取依法发布规章和执行行政措施的方式。其三，强制权力。这是强制社会组织和公民个人等执行行政措施的权力。基于这种权力，对于对行政规章和决定的干扰和不执行，行政机关有权采取排除措施。其四，处罚权力。对于违反法律法规的规定，违反国家机关发布的规定和决定的社会组织和公民个人等，行政机关享有处分权力，可根据处罚规则予以制裁。其五，监管权力。对国家和社会运行的各过程、各环节，以及社会主体和它们的活动进行监督管理，是行政机关的重要权力。

行政权力包括行政指导。行政指导不具有直接强制力，但行政指导是发生责任问题的前提。行政机关为实现一定的行政管理目的，通过建议、劝告、指导性计划等方式，引导行政管理对象实现管理目的和目标。

行政管理，必须做到权力的合理配置。

行政管理对象的社会组织活动和社会活动不是整齐划一的，其具体目的及利益取向并不相同。为保障社会良性运行，维护社会秩序，确定行政权力如何配置是必要的。

"国家总体利益"和"社会总体效益"，是行政权力配置的根本依据。无论是组织、领导国家方面的权力划分，还是管理社会运行方面的权力划分，都要以"总体利益"、"总体效益"为核心。离开这个核心，就会造成权力运作的混乱，从而阻碍或破坏国家和社会的健全发展。这个核心，决定了权力配置统一体系的基础、条件和形成途径。

保障行政权力配置的合理性，应当解决好三个基本问题：

一是集权与分权的协调。

法所反映的权力要求，是通过法对行政权力的分配实现的，权力的行使，表明了行政机关享有特定权力的法律上的可能性。在法律上，有集权制和分权制两种立法模式。"集权制"，是使权力趋向于上位，特别是中央的立法模式。"分权制"，是使权力趋向于下位，特别是地方的立法模式。

在集权与分权相互关系上，我国经历了放权、收权，再放权、再收权这样一种"放收循环"的现象。"一统就死，一放就乱"，不适应社会运行的规律。为保障社会良性运行、稳定发展，应当找到一种集权与分权结合的好方式，这就是实行统分结合制。在这种权力配置体制下，能够实现集权下的分权，分权基础上的集权，形成集权与分权有机结合的机制。统分结合的权力体制能够做到：以国家利益和社会公共利益为最高权益，充分保证中央对整个国家和社会的统一指挥、统一领导；地方拥有适当的行政权力，以保障地方社会的稳定和发展。

二是解决对应性权力的矛盾。

任何权力都不是单独存在的。对对应性权力的设置，必须考虑它们之间的关系和联系机制，特别是相互矛盾的权力。

如在国家管理机制与市场机制的矛盾中，协调政府管理权与市场权的矛盾。在实行市场经济条件下，市场是资源配置的基本手段，但国家管理能够提供比市场更丰富、更准确的信息，它以直接或间接手段影响社会活动。为解决政府管理权与市场权的矛盾，立法应明确政府管理的权限范围，完善管理措施的制定和实施办法。同时，对自由市场权加以限制，纠正市场权的滥用，防止市场经济的放任自流和恶性发展。

三是取消"委托执法"。

国家机关、行政性组织的行政权力，是专门的特定的权力，不能放弃、转移。行政机关是执法机关，是本身执法，而不是由其他国家机关或社会组织替代执法。"委托执法"，特别是什么"执法队"、"执法员"等的执法，是一种违法行为，是破坏社会主义法制的行为。其"委托执法"，构成了对社会秩序的严重侵害。

马克思恩格斯谴责的野蛮拆迁中的"撬棍队"，是典型的"委托执法"。

"委托执法"不同于"委托办理行政事务"。委托办理行政事务，是政府部门依照法律法规或行政规章的规定，在法定权限范围内委托符合法定条件的组织办理其具体事务。这里符合法定条件的组织，在我国目前是属于依法成立的管理公共事务的组织。委托办理事务是办理人以政府有关部门的名义经办，其责任和后果由政府有关部门承担。这不涉及其行政权力关系中的事务，不属于委托办理的范围。因为行政权力是一种法上的强制权力，不能委托给只能享有当事人之间权利关系的单位或个人行使。

执法是国家机关的专属权限和职责，不能转移、抛弃和委托。"委托执法"是一个违反我国立法原则和立法精神的术语，含义含混不清，实践上又任其为我所用，花样翻新，造成了"越委托越乱"的严重后果。《行政处罚法》第 18 条关于委托行政处罚的规定，是关于委托行政处罚权的规定。其中，限定只能将处罚权委托给"组织"，而这里组织，是第 19 条规定的"依法成立的管理公共事务的事业组织"。

保护公民的最高利益即他们的精神的主管机关，一直在进行非法的活动，这一机关的权力简直比罗马的书报检查官还要大，因为它不仅管理个别公民的行为，而且甚至管理公众精神的行为。在组织完善的、以自己的行政机关自豪的普鲁士国家里，政府高级官员的这种不负责任的行为，这种一贯的不忠诚的行为，难道可能发生吗？还是国家总是盲目地挑选最无能的人去担任最艰巨的职务呢？最后，也许是普鲁士国家的臣民已根本不可能起来抗议这种违法的行为吧？难道普鲁士的所有作者都如此愚昧无知，连与自己生存有关的法律也不知道吗？还是他们的胆子太小，竟不敢要求实施这种法律呢？

马克思：《评普鲁士最近的书报检查令》，

《马克思恩格斯全集》第1卷上册第108页。

这种把林木所有者的奴仆变为国家权威的逻辑，使国家权威变成林木所有者的奴仆。整个国家制度，各种行政机构的作用都应该脱离常规，以便使一切都沦为林木所有者的工具，使林木所有者的利益成为左右整个机构的灵魂。一切国家机关都应成为林木所有者的耳、目、手、足，为林木所有者的利益探听、窥视、估价、守护、逮捕和奔波。

马克思：《第六届莱茵省议会的辩论（第三篇论文)》，

《马克思恩格斯全集》第1卷上册第267页。

我们的全部叙述表明，省议会怎样把行政权、行政当局、被告的存在、国家观念、罪行本身和惩罚降低为私人利益的物质手段。因此，人们把法庭的判决只看作是一种手段，而把判决的法律效力看作是一种多余的累赘，这是合乎逻辑的。

马克思：《第六届莱茵省议会的辩论（第三篇论文)》，

《马克思恩格斯全集》第1卷上册第285页。

人们在研究国家状况时很容易走入歧途，即忽视各种关系的客观本性，而用当事人的意志来解释一切。但是存在着这样一些关系，这些关系既决定私人的行动，也决定个别行政当局的行动，而且就像呼吸的方式一样不以他们为转移。

马克思：《摩泽尔记者的辩护》，

《马克思恩格斯全集》第1卷上册第363页。

这种君主政体好像是通过优良的行政机关来关心资产阶级的利益似的，但是这种行政机关是由贵族领导的，而贵族则尽量使这个机关的活动避开社会的耳目。结果就形成了一个特殊的行政官吏的阶级；他们掌握着大权，他们和其他一切阶级处于对立的地位。这就是野蛮的资产阶级统治形式。

恩格斯：《德国状况》，

《马克思恩格斯全集》第2卷第650页。

自1830年起，资产阶级共和党人集团以其作家、演说家和"天才人物"为代表，以其野心家、议员、将军、银行家和律师为代表，集聚在巴黎"国民报"的周围。在外省，"国民报"设立有自己的分馆。"国民报"派是三色旗共和国的王朝。他们立刻就占据了一切国家职位——内阁各部、警察总局和邮政总局的职位，地方行政长官的职位和军队中高级军官的空缺。他们的将军卡芬雅克执掌着行政权力，而他们的总编辑马拉斯特已成为制宪国民议会常任议长了。同时他在接见宾客时，却又像一个司礼官执行着代表"正直的"共和国款待宾客的职责。

马克思:《1848 年至 1850 年的法兰西阶级斗争》,

《马克思恩格斯全集》第 7 卷第 40 页。

秩序党在其反对人民的斗争中不得不经常加强行政权的力量。行政权一加强,它的执有者波拿巴的地位也就加强了。

马克思:《1848 年至 1850 年的法兰西阶级斗争》,

《马克思恩格斯全集》第 7 卷第 122 页。

目前,人民中的一切阶级都被政治的、行政的和财政的压迫压得喘不过气来;因此,这些委屈就突出到首要地位上来了。

马克思:《西西里和西西里人》,

《马克思恩格斯全集》第 15 卷第 51 页。

当阶级统治的这一种形式被破坏后,行政权、国家政府机器就变成了革命所要打击的、最大的、唯一的对象了。

马克思:《初稿。公社》,

《马克思恩格斯全集》第 17 卷第 588 页。

对生息资本使用行政权力(国家),强行降低利率,使生息资本再也不能把条件强加于产业资本。但是,这是资本主义生产一些最不发达的阶段所特有的形式。

马克思:《资本论第四卷》,

《马克思恩格斯全集》第 26 卷第 3 册第 519 页。

英国资产者从 1688 年起就按传统硬把贵族集团置于行政权的首位,而在这种特殊的贵族集团统治之下,陆军、海军、殖民部门、筑城工程事业以及整个行政管理腐败的程度,是令人吃惊的。

《马克思致恩格斯》,

《马克思恩格斯全集》第 28 卷上册第 12 页。

资产者如果不直接地、经常不断地控制本国的中央行政机关、对外政策和立法,就无法保障自己的利益。

恩格斯:《德国的制宪问题》,

《马克思恩格斯全集》第 4 卷第 52 页。

德国现行的国家制度不过是贵族和小资产者之间的妥协,妥协的结果,管理国家的权力落到了第三个阶级——官僚的手里。在构成这个阶级的时候,妥协的双方是按照彼此的地位加入进来的：代表较重要的生产部门的贵族把较高的职位留给自己，而小资产阶级则满足于较低的职位，只是在极个别的情况下小资产阶级才推荐自己人担任较高的行政职务。凡是官僚机构受到直接监督的地方，例如德国立宪制各邦，贵族和小资产者也是按照这个样子分享这种监督权力的。

恩格斯：《德国的制宪问题》，

《马克思恩格斯全集》第 4 卷第 51 页。

《马克思致恩格斯》里说，"按传统硬把贵族集团置于行政权的首位"，是指 1688 年英国发生一次政变，政变后建立在土地贵族和金融资产阶级妥协的基础上的君主立宪制在英国得到确立。

2. 违法的行政权力

行政权力并不总是具有合法性。行政权力的实质是执行力，即执行法律法规的权力。由于法律法规的执行过程，是国家机关独立行使权力的过程，因而强调行使权力的合法性、适法性是十分必要的。其合法性、适法性的要求是：

其一，任何行政的规范性文件、决定、命令、指示都不得与宪法和法律相抵触。

目前存在的突出问题，是将行政"执法文件"与法律文件相混淆。依照法律文件采取具体执法措施，制定"执法的文件"，是国家机关行使职能的表现。但在"根据某某法律，特制定本规定"这种执法的文件中，往往毫无根据地扩大某些机关的执法权限，而这些机关只有执行法律的任务，并没有创设法律的职能。因此，必须明确划分"法律文件"与"执法文件"的界限，明确划分执法职能与立法职能的界限。而且，国家机关所采取的行政权力措施，必须遵守宪法及法律的要求，遵守法律规定的条件。如林业主管部门批准毁林种田或毁林开矿，违反了森林法关于"禁止毁林开垦和毁林采石、采矿、采土以及其他毁林行为"的规定。执法者违法，对社会良性运行危害尤烈。因此，必须强调"依法行使行政权力"。

其二，不得利用行政权力设定权利或撤销义务。

权利、义务由法律规定或合同约定，国家机关无权设定或撤销。行政机关随意设定或撤销，势必动摇社会关系的法律基础。如法律关于纳税人的纳税义务及减免税的规定，国家税务机关必须严格遵守。

其三，不得利用行政权力使社会组织和公民个人承担法外义务，或侵害其合法权利。

"法外义务"，是法律规定的义务之外的义务，"法外义务"本身即具有非法性。"乱摊派"、"乱收费"是法律明令禁止的法外义务。行政机关的法外义务禁而不绝，有深层次的原因，但关键是有关部门滥用职权所致。社会组织和公民个人的合法权益，是法律上的权益，是得到法律保障的权益。防止和纠正行政机关利用职权侵害社会组织和公民个人的合法权益，对于加强法制具有重要意义。

其四，不得超越法定界限行使自由处置权。

社会活动广泛而复杂，法律不可能事无巨细地一概加以规定。在法律没有明确具体规定的场合，行政机关在法定范围内有自由处置的权力。自由处置权的界限，在于超过法定范围，即为违法。在法定范围内从轻或从重，一般考虑是否"不当"，而不当不为违法。法律规定中的"可酌情"、"罚款……元至……元"之间、"参照执行"、"直至"、"或"、"可…也可…"等规定，是行使自由处置权的法定条件。对任意性规定作合理的适当的选择。"以教代罚"、"以罚代刑"的倾向，正是自由处置权行使不合理、不适当的表现。作为"行政国家"现象的突出表现，是行政权力的扩张。在这种情况下，必须强调国家机关行使权力的合法性、适法性。

行政权力是国家机关依照法律获得的，是通过参加法律关系实现的。它的行使服从于国家目的，与国家职能和社会活动的要求相联系。因此，行政权力是一种特定的权力，特定的责任或义务，不能随意转移或放弃。

波斯特尼柯夫本来就没有打算汇总，因为他把数字资料推到次要地位，而一心注意描述的完备和鲜明。作者在自己的描述中，对经济性质的、行政法律性质的（土地占有形式）和技术性质的问题（地界问题；经营制度；收获量）几乎予以同样注意，但他打算把第一类问题放在首要地位。

列宁：《农民生活中新的经济变动》，
《列宁全集》第 1 卷第 2～3 页。

在普鲁士，起诉权——例如对诽谤者的起诉权——是以一个官员的预先"决定"为转移的，而这个官员又会由于所谓的"违反职责"（见 1849 年 7 月 10 日暂行条例和 1851 年 5 月 7 日惩戒法）而受到政府惩罚，即予以警告、罚款、强迫调任他职或者甚至带有侮辱性地撤销其司法职务。这样的事，不用说向英国人解释清楚，就是要他们大致相信，也是很难的！

马克思：《福格特先生》，
《马克思恩格斯全集》第 14 卷第 1 册第 687～688 页。

财政困难使七月王朝一开始就依赖资产阶级上层，而它对资产阶级上层的依赖又经常使财政困难日益加剧起来。当没有恢复预算平衡，没有恢复国家收支平衡的时候，是不能使国家行政服从于国民生产利益的。然而，若不缩减国家支出，即若不损害现存统治制度支柱的利益，若不改变税收制度，即若不把很大一部分税负加到资产阶级上层分子肩上，又怎能恢复这种平衡呢？

马克思：《1848 年至 1850 年的法兰西阶级斗争》，
《马克思恩格斯全集》第 7 卷第 13 页。

国家负债倒是直接符合于资产阶级中通过议会来统治和立法的那个集团的利益。国家财政赤字，正是他们投机的对象和他们致富的主要泉源。每一年度结束都有新的财政赤字。每过 4 年或 5 年就有新的公债。而每一次新的公债都使金融贵族获得新的良好机会去盘剥经常被人为地保持在濒于破产状态的国家，因为国家不得不按最不利的条件向银行家借款。此外，每一次新的公债都使他们获得新的机会，通过交易所活动来掠夺一般投资于公债券的大众，而这种交易所活动的诀窍，是政府和议会多数派议员所通晓的。

> 马克思：《1848 年至 1850 年的法兰西阶级斗争》，
> 《马克思恩格斯全集》第 7 卷第 13 页。

原来汉泽曼先生的应该巩固国家信用的财政法案，却有破坏国家信用的危险！汉泽曼先生认为还是暂时保守国家财政状况的秘密为好！

国家处在这种情况下，汉泽曼先生不公开宣布财政状况，不用事实来消除怀疑和谣言，反而不负责任地发表这种含糊其词的声明。

> 恩格斯：《7 月 7 日的妥协辩论》，
> 《马克思恩格斯全集》第 5 卷第 244～245 页。

尽管义务认购公债的数目表面上在增加，可是在我们的经济学家看来，拥有金钱的可能性却随着财产的增加而下降。

塞万提斯在一个短篇小说中描写过一个被关在疯人院中的非常伟大的西班牙财政学家。这个财政学家发明：如果"国会通过一项法律，根据这项法律，陛下所有 14 岁至 60 岁的臣民，在一个月中间必须有一天只吃面包和水（究竟在哪一天由他们自己选择），把这一天需要买水果、蔬菜、肉、鱼、酒、鸡蛋和豆子的钱省下来分文不留地交给陛下，破坏誓言应受到惩罚"。那末西班牙的国债就会偿清。

汉泽曼简化了手续。他建议他的凡是年收入为 400 塔勒的西班牙人在一年中能够有一天放弃 20 个塔勒。他建议财产少的人应按照调节制在 40 天内几乎放弃一切需要。如果他们在八九月间找不到 20 个塔勒，在 10 月里司法执行官就要去找他们。因为俗话说：只要找就可以找到。

> 马克思恩格斯：《强制公债法案及其说明》，
> 《马克思恩格斯全集》第 5 卷第 312～313 页。

人民要求调查秘密的普鲁士国库。办事内阁这样回答这个不知分寸的要求：它有权深入地审查所有帐簿和编制关于全体公民财产状况的清单。普鲁士的宪政时期不是由人民检查国家的财产状况开始，相反地，而是由国家检查公民的财产状况开始。这样，就给官僚制度无耻干涉公民交往和私人关系大开方便之门。在比利时，国家也发行强制公债，但它仅仅满足于税收册和抵押登记簿，满足于现有的官方文件。而办事内阁却把普鲁士军队的斯巴达精神运用到普鲁士的政治经济学中去。

> 马克思恩格斯：《强制公债法案及其说明》，
> 《马克思恩格斯全集》第 5 卷第 314 页。

　　教育法，秩序党用以宣布说法国愚昧状态和强制愚化是它在普选制下生存的必要条件，——所有这一切法律和措施究竟是什么呢？就是拼命企图重新使各省和各省农民受制于秩序党……

　　教育法给我们指明了年轻的天主教徒和年老的伏尔泰主义者间的同盟。联合的资产阶级的统治，不是亲耶稣会的复辟王朝与卖弄自由思想的七月王朝的联合专制统治，又是什么呢？

马克思：《1848 年至 1850 年的法兰西阶级斗争》，

《马克思恩格斯全集》第 7 卷第 100 页。

　　"第 9 条教学自由权。教学自由须依照法律规定的条件和在政府的监督之下享受之。"这里是在重演老把戏。"教学自由"，但是"须依照法律规定的条件"，而这些条件恰恰是一些完全消灭这种自由的条件。

马克思：《1848 年 11 月 4 日通过的法兰西共和国宪法》，

《马克思恩格斯全集》第 7 卷第 581 页。

　　1850 年 3 月 15 日的法律将整个教学系统置于教会的控制之下。

　　这个部门的主管机关是 4 名法国大主教所领导的最高人民教育委员会。这项法律规定，所有地方学校的教员，即使他们是市镇委员会或老教区委员会推荐的，都必须服从recteurs，即督学的意志。教员必须接受与军队中的服从和纪律相类似的条件，服从督学、市长和牧师；可见，根据上述法律，教学自由归结起来，就是没有民政当局和教会当局的允许，谁也无权教学。

马克思：《1848 年 11 月 4 日通过的法兰西共和国宪法》，

《马克思恩格斯全集》第 7 卷第 582 页。

　　法国宪法第Ⅱ章"教育是自由的。教育的自由应在法律规定的范围内并在国家的最高监督下享用之。"（同上，第 9 条）……所以，宪法要经常援引未来的构成法；这些构成法应当详细地解释这些附带条件并且调整这些无限制的自由权利的享用，使它们既不致互相抵触，也不致同公共安全相抵触。后来，这种构成法由秩序之友制定出来，所有这些自由都加以调整，结果，资产阶级可以不受其他阶级的同等权利的任何妨碍而享受这些自由。

马克思：《路易·波拿巴的雾月十八日》，

《马克思恩格斯全集》第 8 卷第 135 页。

　　各大学——国家教会的宠儿，任何改革的主要反对者，约翰勋爵希望，"各大学自行改革"。把兴办学校的慈善基金用来营私舞弊，这是尽人皆知的。……

　　不需要有特别敏锐的目光就可以猜想到，靠滥用这些基金为生的寡头们在处理这些基金时为什么极为小心谨慎了。罗素建议：

　　"关于每年进款不超过 30 英镑的慈善基金的案件由郡的法庭审理，如果超过了这个数目，则由大法官法庭的档案保管官审理。但是，如果没有为此目的而成立的枢密院委员会的许可，无论在哪一个法庭上，都不得提起诉讼。"

为了在皇家法庭上提出诉讼，要求赔偿被贪污的本来规定用于国民教育事业的慈善基金，就需要得到委员会的许可。许可！但是，罗素甚至在提出了这个附带条件之后，还没有完全放心。他补充说：

"如果发现某一学校的行政上有营私舞弊之罪，除了枢密院委员会而外任何人都不得干预。"

新事物一个不立，旧事物一个不破。这种改革的目的是要保存旧的制度，办法是使它具有新的、人们比较能够接受的形式，即所谓教它学会采取新的姿态。

马克思：《内阁的成就》，

《马克思恩格斯全集》第 9 卷第 58 页。

材料上写道：

"巴塞尔的学校里的空气比任何地方都污浊，如果说在露天空气中只有万分之四的碳酸气，在室内碳酸气一般也不超过万分之十，那末在巴塞尔的普通学校里，碳酸气的数量在上午是万分之二十到八十一，在下午是万分之五十三到九十四。"

关于这一点，巴塞尔大会议的议员图尔奈森先生无动于衷地说：

"没有什么可怕的！长辈们也在像现在这样坏的校舍里读过书，可是他们也没有怎么样。"

现在就会理解到，为什么巴塞尔工人的经济斗争的爆发标志着瑞士社会历史的一个时代。

马克思：《总委员会向国际工人协会第四次年度代表大会的报告》，

《马克思恩格斯全集》第 16 卷第 418 页。

公民马克思说，这个问题有一种特殊的困难之外。一方面，为了建立正确的教育制度，需要改变社会条件，另一方面，为了改变社会条件，又需要相应的教育制度，因此我们应该从现实情况出发。……

教育可以是国家的，而不是政府的。政府可以委派视察员，视察员对教学过程本身虽然无权干预，但应当监督法律的遵守，正如同工厂视察员应当监督工厂法的遵守一样。

《卡·马克思关于现代社会中的普及教育的发言记录》，

《马克思恩格斯全集》第 16 卷第 654～655 页。

平等的国民教育？他们怎样理解这句话呢？是不是以为在现代社会里（而所谈到的只能是现代社会）教育对一切阶级都可能是平等的呢？或者是要求上层阶级也被迫降到很低的教育水平——国民小学，即降到不仅唯一适合于雇佣工人的经济状况、而且唯一适合于农民的经济状况的教育水平呢？

"实施普遍的义务教育。实施免费教育"。前者甚至存在于德国，后者就国民小学来说存在于瑞士和美国。如果说，在美国的几个州里，高等学校也是"免费的"，那末，事实上这不过是从总税收中替上层阶级支付了教育费用而已。

马克思：《哥达纲领批判》，

《马克思恩格斯全集》第 19 卷第 33 页。

英国议会最后不得不宣布，在一切受工厂法约束的工业中，受初等教育是"在生产上"使用 14 岁以下儿童的法定条件。工厂法关于所谓教育的条款措辞草率；由于缺少行政机构，这种义务教育大部分仍然徒有其名；工厂主反对这个教育法令，使用种种阴谋诡计回避这个法令；——这一切明显地暴露出资本主义生产的本性。

"只有立法机关应受谴责，因为它颁布了一个骗人的法令，这个法令表面上关心儿童的教育，但没有一条规定能够保证达到这个口头上的目的。它只是规定儿童每天必须有若干小时〈3 小时〉被关在叫做学校的地方的四壁之内，规定儿童的雇主每周必须从一个以男教师或女教师身分签字的人那里得到证明书。"

马克思：《资本论第一卷》，

《马克思恩格斯全集》第 23 卷第 439 页。

"工厂主对工厂法中的教育条款是十分憎恶的。"（《工厂视察员报告。截至 1856 年 10 月 31 日为止的半年》第 66 页，约翰·金凯德爵士的报告）

（应该读一读这些报告，看是怎样"荒诞"地执行工厂法教育条款关于每天在学校中学习几小时的规定的。）

"在棉纺织厂、毛纺织厂、精梳毛纺织厂和亚麻厂劳动的儿童，从 8 岁到 13 岁必须上学。在丝纺织厂劳动的和从事捻丝的儿童，从 11 岁起就不上学了，并且从这个年龄开始做全日工。即使这种极不彻底的半日工作制度，也只是在 1844 年的工厂法中规定的，在此之前，工厂主在使用童工方面实际上完全不受任何限制。"（同上，第 77 页，亚历山大·雷德格雷夫先生的报告）

马克思：《经济学手稿》，

《马克思恩格斯全集》第 47 卷第 505 页。

"在 1844 年的法令颁布以前，上学证明书往往由男教师或女教师在上面划一个十字来代替签字，因为他们自己也不会写字。我访问一所颁发这种证明书的所谓学校，教师的无知使我非常惊奇，所以我问他：'先生，请问您识字吗？'他的回答是：'唉，认识一点点。'为了申辩颁发证明书的权利，他又补充一句：'不管怎样，我总比我的学生高明。'在拟定 1844 年的法令的时候，工厂视察员并没有忘记描绘这种叫作学校的地方的丑事，但他们不得不承认这种学校颁发的证明书是执行工厂法的证明。他们努力的全部成果就是，从 1844 年的法令生效后，教师必须在上学证明书上亲笔填写数字，并且必须签上自己的全名和姓。"（《工厂视察员报告。截至 1855 年 10 月 31 日为止的半年》第 18～19 页，莱昂纳德·霍纳的报告）……

"只有立法机关应受谴责，因为它颁布了一个骗人的法令，这个法令表面上关心工厂在业儿童的教育，但没有一条规定能够保证达到这个目的。它只是规定儿童一周中有几天，一天必须有若干小时〈3小时〉被关在叫做学校的地方的四壁之内，规定儿童的雇主每周必须从一个以男教师或女教师身分签字的人那里得到证明书。"（《工厂视察员报告。截至1857年10月31日为止的半年》第17页，莱昂纳德·霍纳的报告）

马克思：《经济学手稿》，

《马克思恩格斯全集》第47卷第505~506页。

马克思恩格斯在《强制公债法案及其说明》里提到"塞万提斯在一个短篇小说"，是塞万提斯的"示范小说"，里面讲的是关于狗的谈话的故事。

马克思在《1848年11月4日通过的法兰西共和国宪法》里的"第9条教学自由权"，是指这部宪法的第9条。

宪法在总纲中宣示：法兰西为共和国；法兰西共和国是民主、统一和不可分割的国家；它的原则是自由、平等、博爱，它的基础是家庭、劳动、财产和社会秩序；它尊重其他民族的独立，也要其他民族尊重它的独立；决不发动任何侵略战争，永不使用武力去反对任何民族的自由。

马克思在《路易·波拿巴的雾月十八日》里的"同上，第9条"，指法国宪法第Ⅱ章第9条。

马克思在《资本论第1卷》里的引用材料，见莱昂纳德·霍纳《工厂视察员报告。1857年4月30日》。

（二）行政法下的行政

1. 行政的作用

依法行政的作用，日本学者称为行政反作用。其实，这是经典作家所创立的经济基础和上层建筑的作用和反作用原理的应用。

行政的作用，是以行政权为基础的，以社会为对象的国家的社会职能。这是政府在管理国家事务和社会事务时，运用行政管理方式所发挥的作用。行政职能就是通常所说的政府功能。在西方不同宪政体制的国家，行政职能的性质、内容、规范和作用方式等方面存在差异，在同一国家不同的历史时期，也有不同的特点。

尽管如此，行政职能有其共同的内涵。主要是：①维护国家安全和社会稳定；②履行行政事务；③行政执法；④提供社会服务。

商业确实具有这样的特性：如果社会机体表示反抗，它就会把我们的枷锁上得更紧。只要一个行政措施妨碍商业施展阴谋诡计，商业就会紧缩信贷，使流通瘫痪，而国家本来想消除一种痛疾，结果却染上了新症。这种效果在一览表中称为反应（第十一种特征）。

恩格斯：《傅立叶论商业的片断》，

《马克思恩格斯全集》第42卷第329~330页。

正如汉泽曼正确地指出的，也许没有任何一个经济问题不同对内对外政策相联系。因此，要能够坦率而公开地讨论摩泽尔河沿岸地区的状况，就先要能够坦率而公开地讨论一切"对内对外政策"。个别行政当局是无力创造这种可能性的，只有国王自己直接而果断地表明的意志才能在这里起决定性的、持久的作用。

> 马克思：《摩泽尔记者的辩护》，
> 《马克思恩格斯全集》第1卷上册第381页。

为了使自己不受犯罪行为即公开的暴力行为的侵害，社会就需要有庞大而复杂的、耗费无数人力的行政机关和司法机关。在共产主义社会里，这些机关也将无限地加以简化，而这正是因为（不管看起来是多么奇怪）在这种社会里，管理机构必须管理的不仅是社会生活的个别方面，而且是整个社会生活的一切表现、一切方面。

> 恩格斯：《在爱北斐特的演说》，
> 《马克思恩格斯全集》第2卷第608页。

帕麦斯顿勋爵在介绍自己的新内阁以前，简略地叙述了内阁危机的经过情形。然后他就开始吹嘘自己的货色：他组织的内阁"具有足够的行政管理能力，足够的政治洞察力，高度的自由主义原则，充分的爱国主义精神和履行自己职责的决心"。

> 马克思：《议会》，
> 《马克思恩格斯全集》第11卷第80页。

这个王朝为了缓和和防止贫苦农民提出带有威胁性的要求，现在已经不得不诉诸可怜的权宜之计，这可以由各省省长在"鼓励"举办慈善事业的公文中所用的措辞看出来。例如，萨尔特省省长给他手下的专区区长们这样写道：

"务祈以全副身心致力于作为行政工作的最崇高职责之一的任务，即为那些需要资助和就业的公民找到提供资助和工作的手段，你们这样做将有助于维持社会安宁。请勿担心慈善事业的财源可能已经枯竭或者私人钱囊已为近几年的捐献——不论这些捐献的数目多大——掏空。土地所有者和农场主最近获得了大量利润，他们特别关心保持乡村的安宁，因此会了解，捐献不仅是他们的义务，而且也是他们的利益所在。"

> 马克思：《法国的经济危机》，
> 《马克思恩格斯全集》第12卷第85页。

普鲁士资产阶级很清楚地知道，在它自己的工业活动范围内是怎样依赖于政府的。经营权和行政监督像梦魇一样困恼着它。

> 恩格斯：《普鲁士军事问题和德国工人政党》，
> 《马克思恩格斯全集》第16卷第72页。

现在已经公认，法军中不仅是军需部门，而且整个军事行政机构都十分无能，它们甚至无法保证边境上的军队的供应。

恩格斯：《战争短评》，

《马克思恩格斯全集》第 17 卷第 50 页。

货币需要者向货币贮藏者借债。借得的货币被公社用来支付生活资料，从而又成为目前社会中那样的货币，即人的劳动的社会体现、劳动的真实尺度、一般的流通手段。世界上的一切"法律和行政规范"对它都无能为力，就像对乘法表或水的化学组成无能为力一样。

恩格斯：《反杜林论》，

《马克思恩格斯全集》第 20 卷第 329 页。

我们就拿官僚这个专干行政事务并在人民面前处于特权地位的特殊阶层的机关来说，从专制的、半亚洲式的俄国起，到有文化的、自由的、文明的英国止，我们到处都可以看到这种资产阶级社会不可或缺的官僚机关。

列宁：《俄国社会民主党人的任务》，

《列宁全集》第 2 卷第 437 页。

你们是知道大暴行的真相的，从杜马代表的发言中就可以看出来。立宪民主党人纳波柯夫说："我们知道，行政当局在好多方面绝对推脱不了嫌疑，即各处的大暴行所以会同时发生，或者是因为黑帮组织在采取行动之前同地方当局打了招呼，或者在最好的情况下是因为地方当局一贯地袖手旁观。

列宁：《反动派开始了武装斗争》，

《列宁全集》第 13 卷第 201 页。

罗马的行政和罗马法到处都摧毁了古代的血族团体，这样也就摧毁了地方的和民族的自主性的最后残余。新赐予的罗马公民权并未提供任何补偿；它并不表现任何民族性，它只是民族性缺乏的表现。

恩格斯：《家庭、私有制和国家的起源》，

《马克思恩格斯全集》第 21 卷第 168 页。

工厂法关于所谓教育的条款措辞草率；由于缺少行政机构，这种义务教育大部分仍然徒有其名；工厂主反对这个教育法令，使用种种阴谋诡计回避这个法令；——这一切明显地暴露出资本主义生产的本性。

马克思：《资本论第一卷》，

《马克思恩格斯全集》第 23 卷第 439 页。

剩下的唯一可能是，在行政、警察和审判方面采取更严厉的做法，这种做法在对彼乌斯案件的骇人听闻的判决中已经表现了出来。

恩格斯：《致奥·倍倍尔》，

《马克思恩格斯全集》第 38 卷第 283 页。

在斯特拉斯堡，可明显地看出旧城和新区的划分，新区由大学和行政机关的建筑群组成，是外加的，而不是自然发展的。

恩格斯：《致劳·拉法格》，

《马克思恩格斯全集》第 39 卷上册第 112 页。

恩格斯在《普鲁士军事问题和德国工人政党》里的"经营权"，指 19 世纪 60 年代在普鲁士实行的一种官僚主义的工业规章制度。曾经为许多工业部门规定了特别许可（经营权）制度，不得到这种许可，就不能从事工业活动。这种半中世纪式的营业法束缚了资本主义的发展。

恩格斯在《致奥·倍倍尔》里的"彼乌斯案件"，是社会民主党人威·彼乌斯于 1892 年 2 月 15 日因"侮辱陛下"而被处罪的案件。彼乌斯被判处 2 年零 2 个月徒刑，剥夺公民权 5 年。受审的起因，是彼乌斯 1891 年 10 月 26 日在马格德堡发表的演说。他在这篇演说中说，君主制无益，消灭君主制无罪。

2. 行政腐败，超出人们所能设想的程度

经典作家生动地揭示了资本主义国家存在的行政腐败。这种长期的、普遍的、大规模的腐败，如经典作家所说，超出人们所能设想的程度。行政乃至整个社会的腐败，是无法根治的社会顽疾。

产生腐败的根本原因有两个，一个是私有制，一个是官僚体制，而官僚体制又是私有制的必然产物。

官僚体制的形式状况是：

其一，行政组织规模庞大，形成了级别不一、门类繁多的官僚机构体系。

在这样的体系下，政府机构不断增加，人员超额超编。如英国在 1901 年有常任文官 11 万 6 千人，到 1955 年增至 63 万 5 千余人，而到 20 世纪 90 年代，英国的总人口不过 5 千多万。这一方面由于设职分官失当，权责不清，使政府各部门相互依赖、相互推诿，另一方面也造成了同一政务分割为不同的行政机构共同处理的弊端，如一头猪要 10 多个部委来管。

其二，行政"决策链"过长，决策过程迟缓，使政府行政管理的有效性和效率受到严重影响。特别是处理突发事件能力低，拖延时间长。

其三，行政"程式化"使单一的、刻板的行政行为固化，形成了上下级无条件服从、照章办事、因循守旧的积习。"一声不响，二目无光，三餐不食，四体不勤，五谷不分，六亲不认，七窍不通，八面玲珑，九（久）坐不动，十分无用"，是官僚主义者的真实写照。

其四，官僚主义造成了民众对政府的失望，疏远了政府与国民的距离，使行政脱离人民群众。

其五，随着科技进步和社会关系的复杂化，行政机关大量招揽和使用专业人员，使行政专业化了。这在客观上是一种社会发展需要的反映，但同时也造成了政府与公众之间的隔阂。他们的专业语言，群众听不懂，他们的生活方式，群众看不惯，他们没有社会底层感情，群众不买账，如此等等。而且，政府部门之间的不同决策，变成了专业之争、技术之争，很难达成一致。此外，专业人员同政府之间，不同专业的行政之间，在相互沟通、相互理解方面存在障碍。

官僚体制的形式是多方面的。问题的关键不在于形式而在于内容。官僚体制的实质，是人压迫人、人剥削人的统治体系的组织系统。

他们对政府的全部要求就是，自己活也让别人活，奥地利政府早已懂得这一点。因此，制造仅仅停留在纸面上的法律和命令的做法之所以达到登峰造极的程度并被奉为原则，虽然也还有其他原因，但主要是上述情况造成的；此外，这种情况造成的行政上惊人的腐败，确实超出我所能设想的程度。

> 恩格斯：《致维·阿德勒》，
> 《马克思恩格斯全集》第39卷上册第133页。

政府从来不知道自己所想望的是什么，得过且过，法律大多是一纸空文，行政管理普遍混乱，这一点我是通过亲自观察才得到一个真实的概念。

> 恩格斯：《致奥·倍倍尔》，
> 《马克思恩格斯全集》第39卷上册第139页。

中国在1840年战争失败后被迫付给英国的赔款，大量的非生产性的鸦片消费，鸦片贸易所引起的金银外流，外国竞争对本国生产的破坏，国家行政机关的腐化，这一切就造成了两个后果：旧税捐更重更难负担，此外又加上了新税捐。

> 马克思：《中国革命和欧洲革命》，
> 《马克思恩格斯全集》第9卷第111页。

奥军的军需机构也和奥地利一切行政机构一样，是行贿受贿和营私舞弊的巢穴，它未必比俄国的好些。

> 恩格斯：《德国战争短评》，
> 《马克思恩格斯全集》第16卷第193页。

行政机构早已腐败透顶，官吏们主要是靠贪污、受贿和敲诈来维持生活，而不是靠薪俸。

> 恩格斯：《流亡者文献》，
> 《马克思恩格斯全集》第18卷第622页。

　　既然布勒斯劳当局为炮制上述文件花费了三个月时间，那么能否至少"期望"这个否定性答复的理由有事实的根据呢？不过看来，布勒斯劳当局"认为"行政机关同法学一样享有"法律虚构"的特权。

马克思：《论大赦问题》，

《马克思恩格斯全集》第 44 卷第 482～483 页。

　　浸透俄罗斯帝国政府一切机关的讨厌的文牍主义和拖拉作风是荒谬的、野蛮的。凡是可能有一点好处的法律，总要受到这种文牍主义的拖累，使法律的实行无限期地拖延下去。

列宁：《新工厂法》，

《列宁全集》第 2 卷第 351 页。

　　《前进报》说得对，这封信一清二楚地说明了俄国的贪污受贿和外国资本是怎样从这种贪污受贿中捞到好处的。这封信确凿地证明，在文明的资本主义国家之间，通常的"事务"关系实际上是怎么回事。欧洲到处都在干着这种勾当，但是任何地方也不像俄国干得这样无耻，任何地方都不像在专制制度的俄国这样给贪污受贿以"政治保险"（保险不被揭发）。德国社会民主党人最后说道，显然，这就是为什么欧洲工业热中于保护俄国专制制度及其暗中搞鬼的不负责任的官员们的原因！显然，这就是为什么俄国官员们拼命抵制要把行政当局置于公众监督之下的宪法的原因！

列宁：《法国和俄国的"贿赂"之风！》，

《列宁全集》第 10 卷第 29～30 页。

　　马克思在《论大赦问题》里说，"布勒斯劳当局'认为'行政机关同法学一样享有'法律虚构'的特权"，是说沃尔弗被大赦的事。原《新莱茵报》编辑，现在曼彻斯特任教师的威廉·沃尔弗，于 1862 年 1 月 4 日向布勒斯劳当局递交呈文。他根据不久前颁发的大赦令，要求恢复他的普鲁士公民权。9 个月后，他接到了答复。王国政府内务厅答复说："如果您认为 1 月 12 日陛下的赦令能够使您免去惩罚，那是对上述赦令的误解。根据赦令，您〈!〉应当回到〈!〉本国继续接受审讯，然后等候结果"。沃尔弗是 1846 年（而不是 1845 年），在对他就出版问题开始的诉讼，经过了全部侦查阶段以后，在他本人经过了一切审讯以后，在判决前不久逃亡的。沃尔弗逃亡是逃避了判决，而不是逃避了"对他继续进行的审讯"。

　　1848 年人民用暴力争得了大赦，因此沃尔弗最初回到了布勒斯劳。1848 年 4 月又把他传到布勒斯劳的刑事法庭，要他发表书面声明，说他自己接受赦免。因此，看来布勒斯劳当局"认为"，1848 年的大赦以及由于这次大赦而获得的权利，被 1861 年的大赦废除了。在这种情况下，类似这样"具有追溯效力"的立法，确是在法学史上开辟一个"法律虚构"的新的时期。

3. 行政改革只是一种改良

有行政以来就有改革，改革是行政法的永恒主题。问题在于，如何认识行政改革立法中所必然存在的为什么改革、怎样改革、改革成果由谁享有、改革的社会后果等内涵。

经典作家对资本主义条件下各种各样的行政改革，做了深入剖析，指明了每一次改革的动因、目的和实质。这就为人们认识和分析改革问题，提供了科学的指导思想和方法论指引。

这种社会主义所说的物质生活条件的改变，绝对不是只有通过革命才能实现的资产阶级生产关系的消灭，而是一种行政上的改良，这种改良是在这种生产关系的基础上实行的，因而丝毫不会使资本和雇佣劳动间的关系有所改变，至多也只能替资产阶级缩减它的统治费用和简化它的国家事务。

马克思恩格斯：《共产党宣言》，

《马克思恩格斯全集》第4卷第499页。

一方面，每个政府都具有真正的国家意识，即认为国家有不顾一切私人利益而必须实施的法律，另一方面，每个政府作为个别的行政当局又不能制定，而只能执行制度和法律。因此，政府不可能设法对管理工作本身进行改革，而只能设法对管理的对象进行改革。

马克思：《摩泽尔记者的辩护》，

《马克思恩格斯全集》第1卷上册第374页。

正像过去在国内各地举行的大多数群众大会一样，在这次群众大会上也通过了一项决议，其中说，不预先进行议会改革，要求行政改革就是一种虚伪和欺骗。

马克思：《议会改革。——维也纳会议的中断和恢复。——所谓歼灭性战争》，

《马克思恩格斯全集》第11卷第278页。

俄国在克里木的战败——虽然塞瓦斯托波尔保卫战或许可能为它挽回荣誉，在巴黎的外交胜利也可能使外国人感到眩惑——在国内揭示了它的社会制度和行政制度的腐朽；于是它的政府在战后解放了农奴，改革了全部行政制度和司法制度。

马克思：《初稿。——国防政府》，

《马克思恩格斯全集》第17卷第559页。

维特嘟嘟哝哝地说了些关于"第三条道路"的毫无价值的话：不是官僚的统治，也不是自治，而是"正确组织""各种社会成分参加政府机关"的行政改革。这样胡说一通并不难，但是，经过"权威人士"的各种试验之后，现在这种无稽之谈已不能欺骗任何人了，因为非常明显，如果没有宪法，则"各种社会成分参加"只能成为空中楼阁，只能使

社会（或从社会"招来"的某些人）从属于官僚。

列宁：《地方自治机关的迫害者和自由主义的汉尼拔》，

《列宁全集》第 5 卷第 44 页。

马尔丁诺夫拖出了他的一门最大的重炮来反对《火星报》，他说："我们党能够而且应当向政府提出具体要求，要它实行种种立法和行政措施来反对经济剥削，消除失业，消除饥荒等等。"（《工人事业》第 10 期第 42—43 页）具体要求实行种种措施，这难道不正是要求实行社会改良吗？

列宁：《怎么办？》，

《列宁全集》第 6 卷第 59 页。

什么自由和旧政权可以结合，什么在沙皇君主制下可以实行政治改革，这类自由主义的谎话我们已经听够了。

列宁：《俄国社会民主工党的选举纲领》，

《列宁全集》第 21 卷第 186 页。

马克思在《初稿。——国防政府》里说，俄国在克里木的战败后，"改革了全部行政制度和司法制度"，是指 1861 年的农奴制改革，地方管理方面的改革（1864 年地方自治局改革和 1870 年市政改革），1864 年采用新诉讼法，以及财政制度的改革。实行这些改革是俄国向资产阶级民主制过渡的重要步骤。

（三）苏维埃社会主义行政法

1. 社会主义行政是完全新型的行政

社会主义并不能简单地利用旧的国家机器达到自己的目的。打碎旧的国家机器，是建立社会主义行政的前提。恩格斯告诫我们，胜利了的无产阶级在能够利用旧的官僚的、行政集中的国家机构来达到自己的目的之前，必须把它加以改造。

对于什么是社会主义行政，列宁根据马克思主义原理，进行了艰苦地探索，天才地开创了人类历史上完全新型行政的道路。

作为第一步，废除议会制，改变立法和行政分立的组织架构，实行议行合一的国家制度。这样，就把国家的立法工作和行政工作结合起来了，把管理和立法合在一起了。

确立人民群众的主人翁地位和人民群众参加管理，是建设人民行政的首要前提。只有这样，劳动群众同管理机构才能接近起来。

社会主义打破了几千年的官僚体制，取消了等级特权，建立了人民当家作主的新型干群关系，实现了马克思关于各级领导人员是人民公仆的教诲。

胜利了的无产阶级在能够利用旧的官僚的、行政集中的国家机构来达到自己的目的之前，必须把它加以改造。

恩格斯：《致爱·伯恩施坦》，
《马克思恩格斯全集》第 36 卷第 81 页。

废除议会制（立法和行政的分立）；把国家的立法工作和行政工作结合起来。把管理和立法合在一起。

列宁：《俄共（布）第七次紧急代表大会文献》，
《列宁全集》第 34 卷第 67 页。

在考茨基看来，既然选举产生的公职人员还会存在，那也就是说，官吏在社会主义下也还会存在，官僚还会存在！这一点恰恰是不对的。马克思正是以公社为例指出，在社会主义下，公职人员将不再是"官僚"或"官吏"，其所以能如此，那是因为除了选举产生，还可以随时撤换，并且还把薪金减到工人平均工资的水平，并且还以"工作的即兼管行政和立法的"机构去代替议会式的机构。

列宁：《国家与革命》，
《列宁全集》第 31 卷第 111 页。

成立工农临时政府，在立宪会议召开以前管理国家，临时政府定名为人民委员会。设立各种委员会，主持国家生活各部门的事务，其成员应与工人、水兵、士兵、农民和职员等群众组织紧密团结，保证实行代表大会所宣布的纲领。行政权属于由这些委员会主席组成的会议，即人民委员会。监督和撤换各人民委员的权利，属于全俄工农兵代表苏维埃代表大会及其中央执行委员会。

列宁：《全俄工兵代表苏维埃第二次代表大会文献》，
《列宁全集》第 33 卷第 22 页。

苏维埃政权即无产阶级专政则组织得能使劳动群众同管理机构接近起来。也正是为了这个目的，才在苏维埃国家组织中把立法权和行政权合而为一，并用生产单位（如工厂）来代替地域性的选区。

列宁：《共产国际第一次代表大会文献》，
《列宁全集》第 35 卷第 493 页。

要消灭工农之间的差别，使所有的人都成为工作者。这不是一下子能够办到的。这是一个无比困难的任务，而且必然是一个长期的任务。这个任务不能用推翻哪个阶级的办法来解决。要解决这个任务，只有把整个社会经济在组织上加以改造，只有从个体的、单独的小商品经济过渡到公共的大经济。这样的过渡必然是非常长久的。采用急躁轻率的行政手段和立法手段，只会延缓这种过渡，给这种过渡造成困难。

> 列宁：《无产阶级专政时代的经济和政治》，
> 《列宁全集》第 37 卷第 273 页。

也许公社是为了强调自己真正民主的、无产阶级的政府的性质，决定行政机关和政府全体官员的薪金不得高于正常的工人工资，一年的薪金无论如何不得超过 6000 法郎（每月不到 200 卢布）。

> 列宁：《纪念公社》，
> 《列宁全集》第 20 卷第 223 页。

要善于正确地安排工作，使工作不落后，能及时解决所发生的摩擦，不要使行政管理脱离政治——这就是我们的任务。

> 列宁：《俄共（布）第十一次代表大会文献》，
> 《列宁全集》第 43 卷第 104 页。

我们就是要尽一切力量紧紧抓住这样一些人来恢复农民群众对我们的信任。这是基本的政治任务，而且是刻不容缓的任务。务请不要太热中于从"行政机关"的角度看问题，不要由于这个观点而过分焦躁。要更多地注意对农民的政治态度。

> 列宁：《致尼·巴·布留哈诺夫》，
> 《列宁全集》第 50 卷第 148 页。

说什么阶级的学校大纲势必分成富人的大纲和穷人的大纲，阶级大纲在西欧没有取得成就，阶级学校以阶级限制为前提，等等。所有这些都极其清楚地说明，尽管题目很大，尽管词句漂亮，尤沙柯夫先生却根本不了解阶级学校的实质是什么。最可敬的民粹主义者先生，这个实质就是：教育的组织和受教育的机会，对一切有产者来说，都是相同的。阶级学校不同于等级学校的实质就在于有产者这三个字上面。因此上面引证的尤沙柯夫先生的一段话，说在考虑到学校的阶级利益的情况下，似乎"根本谈不上统一类型的国立中学"，就完全是胡说。恰恰相反，阶级学校如果办得彻底，就是说，如果它没有任何等级制度的残余，那它必然以统一类型的学校为前提。

阶级社会的实质（因而也是阶级教育的实质），就是法律上完全平等，所有的公民享有完全平等的权利，有产者享有完全平等的受教育的权利和机会。等级学校要求学生必须属于一定的等级。阶级学校没有等级，只有公民。它对所有的学生只有一个要求：缴纳学费。阶级学校根本用不着把大纲分成富人的大纲和穷人的大纲，因为缴不起学费、教材费和整个学习时期膳宿费的人，阶级学校根本不让他们受中等教育。阶级学校决不以阶级限制为前提，因为阶级和等级相反，阶级总是使个人保持从一个阶级转入另一个阶级的完全自由。阶级学校不排斥任何有钱读书的人。说"这些对各居民阶层进行半教育并从德育和智育上造成阶级隔阂的危险大纲"，在西欧"没有取得成就"（第 9 页），这完全是歪曲事实，因为谁都知道，不论在西欧或在俄国，中等学校实质上都是阶级学校，它只为很少一部分人的利益服务。

由于尤沙柯夫先生暴露了他的概念异常混乱，我们认为对他作下面的补充说明并不是多余的：在现代社会中，即使是不收任何学费的中等学校，也仍然是阶级学校，因为学生在7—8年内的膳宿费要比学费多得多，而能够缴得起这笔费用的只有极少数人。

列宁：《民粹主义空想计划的典型》，

《列宁全集》第2卷第453~454页。

人民委员会委托国民教育人民委员部立即拟订若干决定和步骤，以便在志愿上高等学校的人数超过往常的招生名额时，采取紧急措施，保证每个人都有升学的机会，决不容许有产阶级享受任何法律上和事实上的特权。当然，首先必须招收无产阶级和贫苦农民出身的人，并普遍发给他们助学金。

列宁：《人民委员会关于俄罗斯联邦高等学校招生问题的决定草案》，20

《列宁全集》第35卷第30页。

现在必须向人民提出一些迫切的办法，使每一个识字的人都觉得自己有义务教会几个不识字的人。我们的法令已对这点作了明文规定。

列宁：《在全俄社会教育第一次代表大会上的讲话》，

《列宁全集》第36卷第320页。

社会民主党要求取消农奴主专制国家的农奴主 – 地主和官吏所规定的俄国原有的行政区划，而代之以根据现代经济生活要求和尽可能同居民民族成分相适应的区划。

列宁：《民族问题提纲》，

《列宁全集》第23卷第331~332页。

在说明现代资本主义的条件和要求时，不用"现代的"，不用"资本主义的"行政区划，而用俄国中世纪的、农奴制的、官方官僚制的行政区划，而且用的是最粗线条的行政区划形式（用省而不是用县），这是很可笑的。非常明显，不废除这些区划，不代之以真正"现代的"区划、真正符合资本主义的而不是官家的、不是官僚制度的、不是守旧势力的、不是地主的、不是神父的要求的区划，那么就谈不上在俄国进行什么比较认真的地方改革。

列宁：《关于民族问题的批评意见》，

《列宁全集》第24卷第151页。

俄国行政区划的变动，不论是农村或城市（村、乡、县、省、城市的区和段，以及郊区等），都必须以当前经济条件和当地居民民族成分的调查为依据。

列宁：《关于民族平等和保护少数民族权利的法律草案》，

《列宁全集》第25卷第143页。

列宁在《民粹主义空想计划的典型》里，批评尤沙柯夫"根本不了解阶级学校的实质是什么"，明确指出：阶级学校根本用不着把大纲分成富人的大纲和穷人的大纲，因为缴不起学费、教材费和整个学习时期膳宿费的人，阶级学校根本不让他们受中等教育。阶级学校决不以阶级限制为前提。

列宁高度重视教育事业。列宁指出，要大力发展国民教育事业、提高人民受教育程度以改变俄国文化落后、文盲众多的状况。列宁在他所拟的《人民委员会关于俄罗斯联邦高等学校招生问题的决定草案》中，建议采取紧急措施保证志愿上高等学校的人都有升学的机会，要求学校首先必须招收无产阶级和贫苦农民出身的人，并普遍发给他们助学金。列宁《在全俄教育工作第一次代表大会上的讲话》（1918 年 8 月 28 日）指出：劳动者渴求知识，知识是他们争取解放、获取胜利所必需的武器，他们遭到挫折就是因为没有受教育，现在要使人人都能受到教育。这一讲话以及《在全俄国际主义者教师第二次代表大会上的讲话》（1919 年 1 月 18 日），都批判了所谓"学校可以脱离政治"的错误观点，指出这是资产阶级虚伪立场的表现之一。列宁在后一讲话中说：实际上资产阶级自己就把贯彻资产阶级政治作为办学的重点、竭力通过办学替资产阶级培养人才，而社会主义学校应该同一切被剥削的劳动者建立密切联系、拥护苏维埃政权；当然，改造学校是一件困难的事情，不能简单生硬地把政治灌输给尚未准备好接受政治的正在成长的年青一代。

列宁在《在全俄社会教育第一次代表大会上的讲话》里说，"法令已对这点作了明文规定"，是指 1918 年 12 月 10 日人民委员会通过的《关于动员识字者和组织宣传苏维埃制度的法令》。法令规定对所有识字的人进行一次登记，从中选拔优秀的宣讲员，编成小组。这些小组，第一要把政府所采取的一切措施向不识字的居民传达，第二要通过宣读法令、文章和共产党的报纸来帮助全体居民提高政治觉悟。

2. 人民群众参加行政管理

人民群众参加管理、干部参加劳动，是打破官僚体制的重要方面。

全心全意为人民服务是干部队伍的宗旨。为了正确决策和有效管理，领导干部必须到基层去，到第一线去，调查研究，取得第一手材料。这是必要的，但还不够。封建的资本主义的官僚中，有的也能做到这一点。问题的关键是，是否参加劳动。这一点，社会主义的领导干部就同官僚体制下的官僚，区别开来了。有深厚的工农感情，晴天一身汗，雨天一身泥，与群众同吃、同住、同劳动，就永远同人民群众站在一起了。干部参加劳动，不但要有行政规章，还要有行政立法。

不仅干部参加生产劳动，知识分子、教师和学生也要参加生产劳动。劳动创造了人，创造了人类世界。正是在"劳动"这一点上，人民才称为"劳动人民"。没有不劳动的人民，因而人民属于劳动者。在教育法上，应当载明教师和学生要参加生产劳动。

社会主义国家的一切权力属于人民，人民通过各种方式和途径，依法管理国家事务和社会事务、管理经济和文化事业。这是上层建筑的社会主义性质的鲜明表现。

"一切权力属于人民"，是资产阶级发明的，各国都写在宪法上。资产阶级这是利用法律讲假话、放大炮，不准备实行之。在官僚体制下，国家政权被精英瓜分。精英立法、精英行政、精英司法，何谈劳动人民特别是工人和农民参加国家管理。

社会主义国家宪法上规定一切权力属于人民的标志，就是"人民通过各种方式和途径，依法管理国家事务和社会事务、管理经济和文化事业"。这正是落实"一切权力属于人民"的真正基础和保障。列宁认为，"有必要使全俄中央执行委员会的委员，至少60%是不在苏维埃机关担任任何职务的工人和农民。"这是工人和农民参加国家管理的生动例证。

现在是工农国家做了"主人"，它就应当广泛地、有计划有步骤地并且公开地挑选最优秀的经济建设人员，挑选专业的和一般的、地方的和全国的行政管理人员和组织人员。

列宁：《劳动国防委员会给各地方苏维埃机关的指令》，
《列宁全集》第 41 卷第 272 页。

我觉察到，我们某些能够对国家事务的方针起决定性影响的同志夸大了行政这一方面。当然，在一定的地点和一定的时间，行政这一方面是必需的，但是不应该把它同科学修养方面、同掌握广泛的实际情况、同吸收人才的能力等等混为一谈。

列宁：《关于赋予国家计划委员会以立法职能》，
《列宁全集》第 43 卷第 346 页。

今后出现在全俄代表大会讲台上的，将不仅有政治家和行政管理人员，而且有工程师和农艺师。这是最幸福的时代的开始。

列宁：《全俄苏维埃第八次代表大会文献》，
《列宁全集》第 40 卷第 154 页。

公布我们在吸收工程师参加专家委员会工作和担任行政职务方面的政策的基本原则、所宣布的条件、工人组织的评论等等。

列宁：《对人民委员会关于国家建筑工程委员会组成人员的决定草案的意见》，
《列宁全集》第 34 卷第 396 页。

列宁在《劳动国防委员会给各地方苏维埃机关的指令》里指出，"现在是工农国家做了'主人'"，他要求"要经常而广泛地从工农群众中提拔能干的行政管理人员、组织工作者和发明创造者"。这是列宁的伟大创举，是马克思主义行政观的鲜明表现。

列宁在《就全俄中央执行委员会的组成问题给约·维·斯大林并转俄共（布）中央政治局的信》里提出，"我建议政治局作出如下决定：认为有必要使全俄中央执行委员会的委员至少60%是不在苏维埃机关担任任何职务的工人和农民"，反映了列宁相信人民、依靠人民的一贯思想。

3. 不断加强对行政的监督

在社会主义条件下，官僚体制被废除了，但资产阶级法权还存在，行政系统固有的积习还存在，等级特权思想和要求的温床，将每时每地的使官僚体制恢复起来。

通过列宁的论述我们看到，列宁及时地提出了不断加强对行政的监督，并亲自进行监督。在我国，这种监督，包括人民代表大会及其常务委员会的监督、人民政协的民主监督、新闻舆论的监督、群众通过法定渠道的监督、司法机关的监督、政府系统内部（监察、审计等部门）的监督、党委监督等多种监督形式。

苏维埃行政机构这架机器要工作得正常、精确而迅速。它工作松垮，不仅会使某些个人的利益受到损失，而且会使整个管理工作名不副实，形同虚设。

> 列宁：《致各中央苏维埃机关领导人》，
> 《列宁全集》第 52 卷第 170 页。

我们在设立监察委员会时，就这样说过：中央整天忙于行政管理工作，让我们选出一些在工人中享有威信的并且不是整天忙于行政管理工作的人来替中央处理各种申诉吧。这样就提供了开展批评、纠正错误的方法。

> 列宁：《俄共（布）第十次代表大会文献》，
> 《列宁全集》第 41 卷第 43 页。

既然我们，党中央和全党，还要进行行政管理，就是说，还要管理国家，我们就决不会放弃而且也不能放弃"整刷"，即放弃撤职、调职、委派、开除等等办法。

> 列宁：《再论工会、目前局势及托洛茨基同志和布哈林同志的错误》，
> 《列宁全集》第 40 卷第 297 页。

副主席应比以往更经常地行使自己的个人权力，对犯有官僚主义、拖拉作风、玩忽职守、粗心大意等过错的人给以行政处分（催促瞿鲁巴同志加速制订有关这一问题的法案）。情节严重者必须撤职，送交法庭，由司法人民委员部组织威慑性的公开审讯。

> 列宁：《关于副主席（人民委员会和劳动国防委员会副主席）工作的决定》，
> 《列宁全集》第 43 卷第 153 页。

国防委员会委托各省肃反委员会，在全俄肃反委员会最严格的监督下，对［不执行者］未按上述定额采伐木材、违犯个人劳动法令的林业部门所有［官员］工作人员［进行］［实行］进行处罚，至少应处以几个星期日的拘留。

> 列宁：《对国防委员会关于吸收林务员参加木材采伐工作的决定草案的修改》，
> 《列宁全集》第 38 卷第 223 页。

致库尔斯基：（拖拉作风的危害）

（1）应当写得通俗一些。（2）要转述法律的全文。（3）举出三四个具体例子（为什么？用什么方法？这有助于同拖拉作风作斗争）（4）要求每一个省执行委员会翻印，（5）说明我们要惩罚既不知道也不实施这项法律的人。

> 列宁：《致德·伊·库尔斯基》，
> 《列宁全集》第 49 卷第 180 页。

要作出决定（或者不作"决定"而在莫斯科省进行试点，以便树立典型）；立即在每个乡严惩 10 个延误（那怕稍有延误）交粮食税或对交粮食税态度消极的最富裕的农民，以儆效尤。同样——每县惩罚 1 个对交粮食税态消极的乡，或每省惩罚 2 - 3 个乡，以儆效尤？

> 列宁：《致莫·伊·弗鲁姆金》，
> 《列宁全集》第 51 卷第 162 页。

惩罚是否有所减轻？应当提交大人民委员会审查。惩罚只能加重。

> 列宁：《致阿·谢·基谢廖夫》，
> 《列宁全集》第 51 卷第 208 页。

应该记住，检察机关和任何行政机关不同，它丝毫没有行政权，对任何行政问题都没有表决权。

> 列宁：《论"双重"领导和法制》，
> 《列宁全集》第 43 卷第 195 页。

列宁：《论"双重"领导和法制》里指出，检察机关"没有行政权，对任何行政问题都没有表决权"，这是正确的。我们应当注意，列宁的中心意思是，在目前情况下否决"双重"领导，规定地方检察机关只受中央机关领导，保留检察机关从地方政权机关的一切决定或决议是否合乎法制的观点对它们提出异议的权利和义务，但无权停止决议的执行，而只有权把案件提交法院裁决。

列宁认为，说检察长不应拥有对省执行委员会和其他地方政权机关的决定提出异议的权利，这些决定应由工农检查院从法制的观点加以审查，这种说法是根本不对的。工农检查院不仅要从法制的观点，而且要从适当与否的观点来加以审查。检察长的责任是使任何地方政权机关的任何一项决定都不同法律抵触，所以检察长有义务仅仅从这一观点出发，对一切不合法律的决定提出异议，但是检察长无权停止决定的执行，而只是必须采取措施，使整个共和国对法制的理解绝对一致。

二、商业法制度

商业法，不是在商法的意义上被概括的。商业法英文为 Business Law，商法英文为 Commercial law，或 Merchantile Law。在一些法学译作中，往往将两者相混淆，或者都翻译成商法。

在大陆法系国家，商法是特别私法。因一般民法的规定不能处理企业关系的特别需要，故作为民法的补充，变更形式的特别法形成了商法。其私法的性质，是根据商法调整有关企业关系为目的确定的。商法典是体系化地编纂商法的基本法规。在当代，大陆法系上"商"的概念和内涵发生了变化，不仅仅只意味着企业关系了。

从商人法主义向商行为法主义的演变，我们可以看到商业法产生的足迹。

所谓"商人法主义"，是首先确定商人的概念，然后再从商人的概念导出商行为概念的立法主义。为了确定商法的范围，它是以有关商人营业的特别法为商法的立场，基于营业种类、形态或方式，规定一定范围的营业者为商人，为了区分"作为营业而为的行为"和"为了营业而为的行为"，所以否定了绝对的商行为。

商人法主义认为，商人，是以自己的名义从事商行为（绝对性的商行为和营业性的商行为）并以之为业者。这里，"以自己的名义"，意味着成为法律上的权利义务主体。"以之为业者"，意味着以营利为目的，持续地、集体地从事同种行为。这样定义商人，原始产业即使能够按照商人和组织进行营业，其主体也不能成为商人；公司的经理、董事不是商人；自由职业者因缺乏营利目的也不是商人。他们不是营业的主体，在从事商业活动时，可视为拟制商人。企业、公司是先天的商人。

商人法主义落后于时代。1807年的法国商法，抛弃了以往各国所采取的商人法主义而确立了商行为法主义，但1897年的现行德国商法，实现了新意义的商人法主义。日本商法，从根本上说，是持商行为主义立场。

所谓"商人行为法主义"，是首先确立商行为的概念，然后从商行为概念导出商人概念的立法主义。它是与商人法主义相对的。商人行为法主义基于行为本身的性质规定以一定的营利为目的的商行为，以此为营业的人为商人。这样，即使非商人所做的行为也应适用商法的规定，这是绝对的商行为。1807年法国商法，从市民法的平等思想采取了商人行为法主义。商人行为法主义认为，"商事"，是根据商法典的规定而成为商法典对象的行为事实。"商事"是与"民事"相对而提出的术语。在民商合一的情况下，把商事包括在民事内。"商"是经济学概念，指媒介财产流转的行为。作为商法对象的商，除经济学上的含义之外，还包括媒介财产流转的辅助行为，如代理、物品运输、银行交易、损害保险等，商的第三种形式，即业务内容或业态与之相似的行为，如运送旅客、生命保险、加工制造，以及拟制商人的行为。

如此广泛复杂的"商"的内容，已经改变了商人、商法的内涵。在这种时代背景下，大陆法系法学界更多地把商法说成是"带有商业色彩的交易法"，而不固守商法是"企业交易关系的法"。其实，商法已经演变成商业法了。

在崇奉商法的大陆法系的德国，马克思冲破民法学科划分的狭隘藩篱，天才地预见商业法的未来。他的思想，完全依赖于他的法与物质生活条件的关系的唯物主义和唯物史观。

在《马克思恩格斯全集》第 21 卷恩格斯提到的"拿破仑法典"，不仅指 1804 年通过并以"拿破仑法典"著称的民法典，而是广义地指整个资产阶级法律体系，即在拿破仑统治下于 1804—1810 年通过的五种法典（民法典、民事诉讼法典、商业法典、刑法典和刑事诉讼法典）。这些法典曾沿用于拿破仑时期法国所占领的德国西部和西南部，在莱茵省于 1815 年合并于普鲁士以后仍继续在该省生效。

在《马克思恩格斯全集》第 37 卷提到的"拿破仑法典"，仍然指资产阶级法律体系，即 1804 – 1810 年通过的民法典、民事诉讼法典、商业法典、刑法典和刑事诉讼法典五种法典。

在当代，英美法系的商业法理论，是内容丰富的反映时代特征和要求的法学理论。美国的商业法教科书，把刑法和合同法放在一起，这对于那些固守田园、故步自封的人，无论如何都是理解不了的。

商业法的范围，凡是与国民经济及其有关的法，都被概括其中，包括"经济行政法"、"经济刑法"、"经济民法"。商业法是经济法的前兆。经济法是其中由商业法发展而来的。

（一）商业法是独立的法律门类

1. 商业立法

德国有大量的工商业立法，还专门制定了商业法典。在英国，到十八世纪时，商业法被普通法所吸收，而到十九世纪即成为法律的重要组成部分了，成为英国法近代化的大部分内容。美国继承了英国的商业法，但不是普通法的一部分。美国也有相同的经历，商业法是被编入美国法律体系的一部分。当对商业关系法律的解释遇到问题时，商业习惯法也可以引用。

德国各中等邦为反对把帝国权限也扩展到实质性的民法方面去所进行的反抗，已被克服了；但民法典仍然处在草拟的过程中，而刑法典、刑事诉讼程序和民事诉讼程序、商业法、破产条例以及审判制度已经统一地制订出来。

恩格斯：《暴力在历史中的作用》，

《马克思恩格斯全集》第 21 卷第 523 页。

　　德国的小邦割据状况及其形形色色的工商业立法，必然很快就变成了束缚这种猛烈增长的工业以及与此相联系的商业的一种不堪忍受的桎梏。每走几里路，便出现不同的票据法，不同的工业活动条件，到处都会碰到各种不同的挑剔、官僚的和国库的刁难，甚至还常常碰到行会限制，使官方的特许证也无济于事！此外，还有许许多多不同的户籍立法和居留限制，使资本家无法把他们所支配的劳动力以足够的数量投到那些有矿石、有煤、有水力以及有其他有利的自然条件因而给工业企业提供了基础的地方去！无阻碍地大量利用本国劳动力的这种可能性，是工业发展的首要条件；可是，爱国的厂主从各处召集工人每到一个地方，有警察当局和济贫所反对新移民定居。统一的全德国的公民权，全体帝国公民迁徙完全自由，统一的工商业立法——这些现在已不再是狂热的大学生们的爱国幻想，而是工业生存的必要条件了。

恩格斯：《暴力在历史中的作用》，
《马克思恩格斯全集》第 21 卷第 465 页。

　　一个世纪以来，一门被称为经济学的新科学把买卖人、证券投机商、囤积居奇者、高利贷者和破产者、垄断者和商业的寄生虫捧到了荣誉的顶峰。负债日益加重，总是想方设法借钱的政府不得不掩饰自己的蔑视，宽容这个掌管文明时代的钱箱并在为工农业生产服务的幌子下榨取它们全部财富的商人吸血鬼阶级。商业要搞运输、供给和分配，这是无可否认的，但是它做起来却像一个仆人那样：他每年提供的实际工作值一千法郎，而他从他的主人那里偷走一万法郎，相当于他提供的价值的十倍。

恩格斯：《傅立叶论商业的片断》，
《马克思恩格斯全集》第 42 卷第 325 页。

　　因为我们的商业无非是在法律的伪装下有组织的合法的强盗经济，投机商人和中间商人可以因此联合起来，造成各种生活资料的人为涨价，既掠夺生产者，也掠夺消费者，从而迅速积累起五千万可耻的财产，而这些财产的占有者还抱怨说，人们不保护商业，商人无法生存，人们无所事事，假如商人不能再赚到五千万以上，国家就要衰落了！

恩格斯：《傅立叶论商业的片断》，
《马克思恩格斯全集》第 42 卷第 324 页。

　　商业确实具有这样的特性：如果社会机体表示反抗，它就会把我们的枷锁上得更紧。只要一个行政措施妨碍商业施展阴谋诡计，商业就会紧缩信贷，使流通瘫痪，而国家本来想消除一种痛疾，结果却染上了新症。

恩格斯：《傅立叶论商业的片断》，
《马克思恩格斯全集》第 42 卷第 329～330 页。

　　为什么社会机体中最善于欺骗的阶级最能得到"真理的使徒们"的庇护？为什么宣扬

蔑视肮脏财富的学者如今一心吹捧不择手段地追逐财富的阶级，即证券投机商和囤积居奇者阶级？过去哲学家异口同声地谴责过某些昧着良心硬说拿不是偷这论种点的团体。同样是这些哲学家，为什么现在却成了一个更不道德的阶级的辩护人？这个阶级宣称，做买卖不等于欺骗，蒙骗顾客同偷盗他是两码事，证券投机和囤积居奇绝不意味着掠夺生产阶级，总而言之，人只应该为了钱，而绝不应该为了荣誉去工作；——因为商人齐唱的迭句就是："我们不为荣誉做生意。"如果现代科学支持那些公开信奉这种原则的人所干的事，因而走入歧途，那又有什么值得惊奇的呢？……

商业在不同的社会阶段具有不同的形式；既然商业是一切社会生活的枢纽，只要存在着社会状态，就有商业。一个民族从它开始进行交换时起就是社会的，就组成了一个社会。因此，商业在蒙昧时代就已经存在了，那时它具有直接交换的形式。它在宗法时代变成了间接交换。在野蛮时代商业方法的基础是垄断、规定的最高价格和政府的强行征集，而在文明时代或者是欺骗性的和混乱的斗争。

恩格斯：《傅立叶论商业的片断》，

《马克思恩格斯全集》第 42 卷第 322～323 页。

昨天在下院二读通过的包法利法案，对英国的商业法具有重要的意义。在英国，到目前为止，凡是获得贸易公司一份利润的人，都算作股东，因此，他以他的全部财产对公司的商业债务负责。按照包法利代表内阁提出的法案，这种法律规定就应当废除。更为重要的是包法利关于股份公司的法案。

马克思：《消息数则》，

《马克思恩格斯全集》第 11 卷第 383 页。

需要这类法律这件事本身就已经说明，到目前为止财政寡头已经把立法权操纵到了什么程度，财政寡头又怎样成功地在世界上头等商业国家里使贸易协定受到最荒诞和最放肆的法律限制。新法案希望实现"使劳动和小资本跟大资本处于同等地位（在商业法中）"的原则。用什么方法来实现呢？用这种方法：少于 2 万英镑的股本不再享受法律规定的优惠，而继续受到过去的限制。大资本不愿满足于它用来打败小资本家竞争的经济手段中的优势，在英国大资本也采取了各种法律上的特权和各种特别法，这些事实，从英国的有关股份公司和一般贸易公司的法律上得到了最雄辩的证明。

马克思：《消息数则》，

《马克思恩格斯全集》第 11 卷第 383 页。

几天来，大会议又在开会，尽管蒂利埃先生有叛国嫌疑，但象过去一样，会议仍由他主持。会议逐条讨论了工商业法。我们认为，其中除了政治流亡者无需进一步证实其业务能力即可就业这一条之外，没有什么值得一提的。

恩格斯：《模范共和国》，

《马克思恩格斯全集》第 43 卷第 231 页。

恩格斯在《暴力在历史中的作用》里前瞻性地指出："统一的工商业立法——这些现在已不再是狂热的大学生们的爱国幻想，而是工业生存的必要条件了"，是基于国内经济和世界经济不可分割地连接在一起的新事实。恩格斯指出：

由于加利福尼亚和澳大利亚的黄金雨以及其他种种情况，世界市场的联系空前扩大了，商业空前繁荣起来；在这里，就是要抓紧时机，要保证自己得到应得的一份东西。从1830年、特别从1840年以来，在莱茵河地区、萨克森、西里西亚、柏林以及南部个别城市出现的大工业萌芽，现在已迅速地发展和扩充起来，农业地区的家庭工业散布得日益广泛，铁路建筑的速度加快了，而这时已达到巨大规模的移民，则造成了不需要任何津贴的德国横渡大西洋的轮船航运业。德国商人规模空前地在一切海外商埠站住了脚，他们在世界商业中所起的作用愈来愈大，并且慢慢地不仅推销英国的工业品，而且开始推销起德国的工业品来。

2. 商业法庭

有商业立法，就有与之相适应的商业法庭。

法国的司法法院，分为民事法院和刑事法院。在民事法院中，作为特别法院（tribunaux d'exception）有：商业法庭、劳动法庭、农事租赁契约同数法庭。民事法院全部为常设定点法院。商业法庭审判除较小案件外，均实行二审制，其上诉全部由上诉法院管辖。

德国的商业审判在原则上属于州的管辖事项，州通过区法院、地方法院和高等法院行使商业审判权。商业审判同劳工审判，社会审判一样，由州法院行使。

小资产阶级则要求调查2月24日以前的公民债务。大群的小资产者纠集在交易所的大厅里，用威胁口吻申述了自己的要求：每一个商人在他已证明自己只是由于革命引起的不景气才遭到破产，而他的生意情况在2月24日以前曾是良好的时候，就应该由商业法庭准许延长偿付债务的期限，而债权人则必须在偿付少量利息的条件下取消自己的诉讼。

马克思：《1848年至1850年的法兰西阶级斗争》，
《马克思恩格斯全集》第7卷第43页。

资产阶级通过雇佣劳动制来统治无产阶级，通过抵押来统治农民，通过竞争来统治小资产阶级；最后，资产阶级的统治得到了商业法庭、工厂法庭、资产阶级的陪审制和整个法权的承认

恩格斯：《德国维护帝国宪法的运动》，
《马克思恩格斯全集》第7卷第136页。

当波拿巴巡游各地时，外省城市的资产阶级显贵、市政官员、商业法庭的法官等等，到处都几乎毫无例外地以极卑屈的态度迎接他，甚至当他在第戎无情地攻击国民议会，特别是攻击秩序党的时候，也是这样欢迎他。

马克思：《路易·波拿巴的雾月十八日》，
《马克思恩格斯全集》第8卷第200页。

格罗莫博伊先生在《莫斯科呼声报》上向"政府"提出了必要的警告（2 月 17 日第 38 号《必要的警告》一文）。他写道："'坚固的'政权的任何表现，任何意志冲动，只要不同旷日持久的改革携手前进，就不会使祖国得到安宁。"（格罗莫博伊先生写得不大通顺，但他的话意思还是十分清楚的。）"而旷日持久的危机所带来的混乱状态，不能说成是不支付期票的'不可抗拒的理由'。"十月党大商人的政论家先生，这种比拟是不妥当的：第一，这种期票没有签字；第二，即使已经签字，你能起诉的那个商业法庭在哪里？充当法警和其他能够执行追偿的人是谁？格罗莫博伊先生，只要你仔细考虑一下，你就会看到，不仅十月党，就连立宪民主党，在政治上也都是开空头支票的党。

列宁：《评论》，

《列宁全集》第 20 卷第 151 页。

马克思在《1848 年至 1850 年的法兰西阶级斗争》里说，小资产者要求"由商业法庭准许延长偿付债务的期限，而债权人则必须在偿付少量利息的条件下取消自己的诉讼"，是因为在六月事变中，为拯救财产和恢复信用而斗争得最热狂的，莫过于巴黎的小资产阶级——咖啡店和餐馆的主人、酒商、小商人、小店主、小手工作坊主等等。小资产者的名义上的财产，只有在人家需要驱使他们去为拥护财产进行斗争的时候，才不受到人家的侵犯。现在，既已和无产阶级算清大帐，也就可以跟小店主来算小帐了。在巴黎，过期的期票总值在 2100 万法郎以上，外省则在 1100 万法郎以上。巴黎有 7000 多家商店老板，自 2 月以来就没有缴过房租。

（二）商业组织法制度

1. 工厂法

同手工工场企业——工厂企业——公司企业的历史发展相适应，商业组织法的历史发展，也经历了手工工场法——工厂法——公司法的历史进程。

社会物质生产方式的进步，是商业组织法产生和发展的基础。普遍的主要的社会商业组织是企业。这一经济组织形式的产生和发展，以及国家通过法律对商业关系进行调整，是商业组织法形成的直接因素。生产以及产品交换是商业制度、商业法产生的基础。产品分配以及相伴随的商业组织内部成员不同的地位，是由生产什么、怎样生产以及怎样交换产品决定的。因此，商业的变迁和法律制度变革的终极原因，应当到生产方式的变革中去寻找。

手工工场法产生于手工作坊向手工工场的过渡和手工工场产生时期。其经济动因是：①生产的物质要素和生产的社会形式的形成；②分工协作；③集中生产。国家以法律的形式对分工协作和集中生产进行规定，设立官员专职管理生产活动，形成了手工工场制度。在世界文明发展比较早的一些国家和地区，还出现了对生产过程、生产标准进行规制的法律规定。

我国从商代和西周开始，就以国家法令的形式规定并实行了"工商食官"制度。我国的手工工场，无论在生产规模还是专业分工上，都达到了相当发达的程度。与之相适应，立法也具有相当规模。主要包括：对官营手工业的法制管理、维护生产秩序立法、推行合伙制和股份制。

公元前3世纪，在两河流域的纺织工场里，推行"挂签"制度。每星期进场加工的棉纱，均附以各种不同颜色的挂签，以为识别，根据挂签，掌握每一批棉纱的加工时间。关于调整生产流程的制度，当时已相当可观。与经济的发展相适应，罗马人也制定出了比较完善的法律。这一时期，法人制度的萌芽，对后世企业法的发展具有重要的影响。由于出现了各种各样的手工工场，《民法大全》在立法上，开始尝试以抽象的"人格"概念，以及权利能力制度对这些团体进行规定。

欧洲各国封建时期手工工场的管理，主要有特许制、劳动工资制度、商业公会、学徒制度等。从抑商政策向重商主义的转变，是欧洲的封建政权统治后期的一个规律性现象。英、法等国特别推行"重商主义"，涉及工商业发展的法律措施有：鼓励造船业和航海业立法、设立特权贸易公司立法、奖励工商业的立法。

工厂法的经济和社会制度背景是：从自然经济和简单商品经济过渡到商品经济，其社会制度，是自由资本主义制度。这一历史阶段以大机器生产为标志的企业制度，是工厂企业制度。自由资本主义条件下的工厂制度，经历了家庭生产制度、代产包销制度和工厂制度三个阶段。其时间断限大致是，16世纪到17世纪中叶，与工场手工业相应的家庭生产制度；17世纪中叶至18世纪上叶，与商业贸易相适应的代产包销制度；18世纪中叶到19世纪中叶，与工业革命发展相适应的工厂生产制度。

工业革命所带来的机器生产，最终使工厂制度建立起来。17世纪末，工厂企业首先在纺织业、在英国兴起。到18世纪80年代末，以机器生产为主体的工厂制度遍及英国的基本工业部门。英国和法国于19世纪初叶，德国在30年代后也都先后进入工业革命阶段。工厂立法是随着工人阶级工作和生活状况的恶化及反抗斗争展开的。1784年，英国医生首次公布了兰开夏郡地方教区的棉纺厂的徒工的健康状况，兰开夏郡的长官决定不准教区将儿童安置在开夜工的工厂里。1796年，曼彻斯特卫生局发布一份关于该城市工厂工人健康状况的报告，呼吁国家以立法来改善工厂的工作环境、限制工人的工作时间。1802年，议会通过了《徒工健康和道德法》，由政府对工厂实行监督。1833年，英国制定《工厂法》，试图缩短工人的工作时间，缓和工人和雇主之间的矛盾。

马克思批评了当时英国的工厂立法，这种立法使工厂主可以任意破坏它。他揭穿了资产阶级的思想方面的奴仆——资产阶级经济学家、资本主义制度的辩护士的真面目，他们诚心用自己的理论去替统治阶级的任何犯罪行为辩护。

马克思引用的许多材料，特别是英国工厂视察员的那些揭露出英国工厂主营私舞弊，描绘出英国工人受残酷剥削的情景的报告书，他后来都用在"资本论"第1卷等著作中。

(1) 工厂立法

工厂法的制定，是社会对其生产过程自发形式的第一次有意识、有计划的反作用。正如我们讲过的，它像棉纱、走锭精纺机和电报一样，是大工业的必然产物。

马克思：《资本论第一卷》，

《马克思恩格斯全集》第 23 卷第 527 页。

工厂法从一个只在机器生产的最初产物即纺纱业和织布业中实行的法律，发展成为一切社会生产中普遍实行的法律，这种必然性，正如我们已经看到的，是从大工业的历史发展进程中产生的。在大工业的背景下，工场手工业、手工业和家庭劳动的传统形式经历着彻底的变革：工场手工业不断地转化为工厂；手工业不断地转化为工场手工业；最后，手工业和家庭劳动领域在相对说来短得惊人的时间内变成了苦难窟，骇人听闻的最疯狂的资本主义剥削在那里为所欲为。在这里最后起了决定作用的，有两方面的情况：第一，经验不断反复证明，如果资本只是在社会范围的个别点上受到国家的监督，它就会在其他点上更加无限度地把损失捞回来；第二，资本家自己叫喊着要求平等的竞争条件，即要求对劳动的剥削实行平等的限制。

马克思：《资本论第一卷》，

《马克思恩格斯全集》第 23 卷第 537 页

1867 年 8 月 15 日和 21 日，工厂法扩充条例和工场管理条例先后获得国王批准。前者约束大企业，后者约束小企业。工厂法扩充条例约束炼铁厂、铜铁工厂、铸造厂、机器制造广、金属加工厂、古塔波树胶厂、造纸厂、玻璃厂、烟草厂，还有印刷业和装订业，以及所有在一年中至少有 100 天同时雇有 50 名以上工人的同类工业的工场。

马克思：《资本论第一卷》，

《马克思恩格斯全集》第 23 卷第 540 页。

该法律规定的几个定义："手工业是指〈在这项法律中〉任何一种作为职业或者为了谋利而从事或者附带从事的手工劳动，它用于制造、改装、装饰、修理或最后加工某种待售的物品或这种物品的一部分。"

"工场是指有任何一个儿童、少年工人或妇女在其中从事某种'手工业'，并且雇用这个儿童、少年或妇女的人有权进入并实行监督的一切有顶的或露天的房间或场所。"

"受雇是指在一个师傅或在符合下述详细规定的尊亲之一的手下从事一种'手工业'，不管领工资或不领工资。"

"尊亲是指父、母、监护人、或其他负责监护或监督基一……儿童或少年工人的人。"第 7 条规定，凡违反该法律的规定而雇用儿童、少年工人和妇女者，得处以罚款，这一条不仅适用于工场主（不管是不是尊亲之一），而且也适用于"尊亲以及其他对儿童、少年工人或妇女有监护权或从他们的劳动中得到直接好处的人"。

适用于大企业的工厂法扩充条例作了大量可耻的例外规定和对资本家的卑怯妥协，因此同工厂法比较起来，是后退了。工场管理条例的各项细节十分贫乏，它在被授权执行该法律的市政及地方当局手中仍然是一纸空文。1871 年议会从这些当局手里收回该法的执行权，把它交给了工厂视察员，

马克思：《资本论第一卷》，
《马克思恩格斯全集》第 23 卷第 541 页。

资产阶级平时十分喜欢分权制，特别是喜欢代议制，但资本在工厂法典中却通过私人立法独断地确立了对工人的专制。这种法典只是对劳动过程实行社会调节的资本主义讽刺画，而这种调节是大规模协作和使用共同的劳动资料，特别是使用机器所必需的。奴隶监督者的鞭子被监工的罚金簿代替了。

马克思：《资本论第一卷》，
《马克思恩格斯全集》第 23 卷第 465 页。

从前，资本在它认为必要的时候，就通过强制的法律来实现对自由工人的所有权。例如在 1815 年以前，英国曾以严厉的刑罚来禁止机器工人向国外迁移。

马克思：《资本论第一卷》，
《马克思恩格斯全集》第 23 卷第 630 页。

在 1856 年会议期间，以不正当手段在议会中通过了一项工厂法，"激进的"工厂主利用它首先修改了现行法律中关于在机械传动和机器上装置防护设备的规定，其次是在雇主和工人的纠纷中采取了仲裁原则。一项法律的目的似乎是要更好地保护工厂工人的生命和安全；另一项法律的目的却是使这种保护从属于廉价的正义法院。其实，后一项法律是要把工厂工人置于法律之外，而前一项法律是要使工人丧失安全。

兹摘引视察员报告中的下述一段话："按照新的工厂法，由于日常工作接近机械传动因而对工作中容易发生的危险非常熟悉并知道必须谨慎从事的人，能受到法律的保护；但是，那些为了执行特殊委托而被迫中断日常工作并使自己遭受他们无法觉察的或者由于无知而无法预防的危险的人，也就是说，正是那些看来需要法律予以特殊保护的人，却不能受到法律的保护。"

马克思：《工厂工人状况》，
《马克思恩格斯全集》第 12 卷第 197 页。

仲裁条款则规定：必须挑选那些对于造成身体残废的"机器的结构非常熟悉"的人担任仲裁人。一句话，仲裁大权完全由工程师和设计师独揽。

视察员写道："我们觉得，工程师和设计师应该没有资格担任工厂仲裁人，因为他们与工厂主有业务上的联系，工厂主就是他们的主顾。"

在这样的条件下，机器造成的不幸事故，例如死亡、手臂腿足的切除、四肢骨折、头

骨和颜骨的挫伤、削破碰伤等等，在截至 1856 年 10 月 31 日为止的半年当中，竟达到 1919 起的惊人数目，就丝毫不足为奇了。在半年的实业通报中，登载了 20 件因机器造成的死亡事故，这几乎比英国海军在"光荣的"广州大屠杀中所损失的人数还要多九倍。既然工厂主根本不想保护工人的生命与安全，而只是想方设法逃避赔偿工人在工作中所损失的胳臂和腿足，不愿担负他们的活机器的损耗费，那末对于官方报告中所说的"违反工厂法的延长工作时间现象日有增长"，就不必惊奇了。

马克思：《工厂工人状况》，

《马克思恩格斯全集》第 12 卷第 198 页。

现在让我们来看看工厂制度的另一面，这一面的后果是比这种制度所引起的疾病更难用法律条文来消灭的。

恩格斯：《英国工人阶级状况》，

《马克思恩格斯全集》第 2 卷第 463 页。

下列数字表明在最近三个报告的编制年份内的工厂数目：

	1838 年	1850 年	1856 年
棉纺织厂	1819	1932	2210
毛纺织厂	1322	1497	1505
精梳毛纺织厂	416	501	525
亚麻纺织厂	392	393	417
丝织厂	268	277	460
共　计	4217	4600	5117

可见，工厂数目的平均增长额，在 1838 年至 1850 年间是每年 32 个，而在 1850 年至 1856 年间几乎扩大了三倍，达到每年 86 个。

马克思：《英国工厂制度》，

《马克思恩格斯全集》第 12 卷第 201～202 页。

下表是对每个时期中工厂数目总增长额的分析：

1838—1850 年的总增长额		1850—1856 年的总增长额	
百分比		百分比	
棉纺织厂	6	棉纺织厂	14.2
毛纺织厂	13	毛纺织厂	0.5
精梳毛纺织厂	20	精梳毛纺织厂	4.7
		亚麻纺织厂	6.1
		丝织厂	66.0

从这个表中可以看出，在前一个时期中，这种增长只限于棉纺织厂、毛纺织厂和精梳毛纺织厂，而在后一个时期中，它也包括了亚麻纺织厂和丝织厂。在这两个时期中，各部

门在总增长额中所占的比重也是不同的。在 1838—1850 年间，主要是精梳毛纺织业和毛纺织业有所增长，而在 1850—1856 年间，毛纺织业几乎毫无变化，精梳毛纺织业的增长速度则减少了四分之三。另一方面，在后一个时期中，棉纺织厂和丝织厂发展最快，丝织厂在增长总额的百分比方面占第一位，棉纺织厂在绝对增长数方面占第一位。

工业发生这种增长的地区随时都有变化，好像在把工业从一个地区向另一个地区转移。在工业一般增长的同时，在个别地区发生衰落现象，在许多州郡和城镇里原有的工厂甚至完全消失。决定这些变化（包括衰落和增长）的一般规律，就是那个遍及现代工业所有一切部门的规律，即集中的规律。

马克思：《英国工厂制度》，
《马克思恩格斯全集》第 12 卷第 202 页。

正如在织布工厂一样，这办法，但是在确定哪些人应该属于哪一类，因而在确定哪些人应该受到限制劳动的保护方面，与工厂法大有悬殊。工厂法把工人划分为三类：（1）18 岁以上的男工，其劳动不受限制；（2）13 岁到 18 岁的男工以及 13 岁以上的女工，其劳动应有限制；（3）8 岁到 13 岁的童工，其劳动应有限制，而且他们必须每天上学。

马克思：《几份重要的英国文件》，
《马克思恩格斯全集》第 12 卷第 493 页。

至于说反动派可能向工人作的那些社会性让步——缩短工厂的工作日、更好地遵守工厂法、承认联合权等等——那末所有国家的经验都证明反动派这样做并不需要工人给它任何东西作为交换条件。反动派需要工人，而决不是工人需要反动派。

恩格斯：《普鲁士军事问题和德国工作政党》，
《马克思恩格斯全集》第 16 卷第 84 页。

英国工人阶级经过三十年惊人顽强的斗争，利用土地贵族和金融贵族间的暂时的分裂，终于争得了十小时工作日法案的通过。这一法案对于工厂工人在体力、道德和智力方面引起的非常良好的后果，在工厂视察员每半年一次的报告书中都曾指出过，现在已经成为大家公认的事实了。欧洲大陆上的大多数政府都不得要解放劳动群众，不在作了或多或少的修改之后采用了英国的工厂法，而英国议会本身也不得不每年扩大这一法律的应用范围。

马克思：《国际工人协会成立宣言》，
《马克思恩格斯全集》第 16 卷第 11 页。

工人所出卖的不直接是他的劳动，而是他暂时转让给资本家支配的他的劳动力。情况确实是这样，连法律也规定了——我不知道英国的法律究竟怎样，但至少大陆上的一些国家的法律规定了——允许出卖自己劳动力的最大期限。如果允许无限期地出卖劳动力，那就会使奴隶制立刻恢复起来。如果这种出卖包括一个工人的一生，那就会立刻把他变成他的雇主的终身奴隶。英国最老的经济学家和最独特的哲学家之一托马斯·霍布斯，在他的著作"利维坦"中，已本能地发觉了他所有的那些继承者都没有觉察到的这件事实。他说：

"一个人的价值或所值，像其他一切东西的价值或所值一样，就是他的价格，即他的能力被人使用时应获得的报酬"。

如果我们从这一原理出发，那我们就能像确定其他一切商品的价值一样来确定劳动的价值。

马克思：《工资、价格和利润》，

《马克思恩格斯全集》第 16 卷第 144～145 页。

四十年代的工厂立法大大地改善了它所涉及的工人的状况。但是在 1863 年，它只涉及毛纺织、亚麻纺织、丝纺织工业中的工人，按整数计，他们共有 27 万人，棉纺织业的工人则在挨饿。在漂白和染色业中，对劳动的法律上的保护仅仅是一纸空文。

恩格斯：《马克思"哥达纲领批判"序言》，

《马克思恩格斯全集》第 22 卷第 153 页。

霍纳先生说出了这样一个思想，就是在目前的社会状况下，在经济学家和他从理论上代表的那些阶级看来，随便什么原则，不仅是违反人类良心一切准则的原则，而且像毒瘤一样吮吸整代人的生命液那样的原则都可以认为是"合理的"原则。至于那些工厂法的反对者借口说什么这些工厂法阻碍着工业的发展，霍纳先生举出事实来反驳他们的空谈。

马克思：《不列颠工厂工业的状况》，

《马克思恩格斯全集》第 13 卷第 222 页。

1897 年 6 月 2 日颁布了缩短工厂工作日和规定节日休假的新工厂法。彼得堡的工人对这一法律已经盼望多时了，被 1896 年春季工人大罢工吓坏了的政府早在 1896 年就答应要颁布这样一个法律。紧接着那次棉纺织厂的工人大罢工，又爆发了许多次罢工，各地工人都纷纷要求缩短工作日。政府用野蛮的迫害手段对付罢工，逮捕大批工人，并且不经审讯就流放他们；政府被吓坏了，想用蠢得有趣的话来感化工人，说什么工厂主对工人怀有基督的博爱（1895—1896 年大臣维特给工厂视察员的通令）。但是工人对这些蠢话只是置之一笑，而且无论什么样的迫害都不能阻止这种已经把几万和几十万工人卷进去的罢工运动。政府这才明白，必须让步，至少也要答应工人的部分要求。于是政府除了对罢工者进行残酷的迫害和说些伪善的谎话以外，还向彼得堡的工人许下诺言，答应颁布缩短工作日的法律。这个诺言是在一张特别的布告中空前隆重地向工人宣布的，布告张贴在工厂中，由财政大臣签署。工人焦急地等着履行诺言，等着颁布法律，一直等到 1897 年 4 月 19 日，这时他们已经认为，政府的这个诺言又和它的许多声明一样，也是个弥天大谎。但是这一次政府却履行了诺言，颁布了法律。可是我们将在下面看到，这是一个怎样的法律。现在我们应该来研究一下迫使政府履行诺言的那些情况。

我们的政府研究缩短工作日的问题，不是从 1896 年才开始的，那要早得多。问题在

15 年前就提出来了：早在 1883 年，彼得堡的厂主就曾经申请颁布这样的法律。其他的厂主（即波兰的厂主）也申请过几次。但是所有这些申请也和大批改善工人处境的其他法律草案一样，都被束之高阁。俄国政府并不忙于研究这些草案，这些草案一搁就是几十年。

> 列宁：《新工厂法》，
> 《列宁全集》第 2 卷第 333～334 页。

和 11 年前即 1886 年 6 月 3 日颁布的关于厂规、罚款、工资标准等等的法令完全一样，新工厂法是工人迫使政府颁布的，是工人从他们最凶恶的敌人那里夺取来的。那时的工人斗争在莫斯科和弗拉基米尔两省表现得最激烈。这种斗争也表现为多次罢工，当时工人也向政府提出直截了当的明确要求。

> 列宁：《新工厂法》，
> 《列宁全集》第 2 卷第 337 页。

从最主要的几条看来，新法令根本没有订出必需共同遵守的、确切的和不可改变的条文，政府当然愿意给行政机关（即大臣们）更多的权利，让它们能够作出各种各样的决定，给厂主以各种各样的特权，阻挠新法令的实行等等。新法令给予大臣们的权力是极其广泛、极其重大的。大臣们（即财政大臣或者交通大臣等和内务大臣取得协议后）"受权"颁发新法令执行细则。涉及新法令中有关各个领域的一切条款的一大批问题，都留待大臣们全权处理。大臣们的权力非常之大，他们实质上是新法令的全权执行者；他们想怎么干就怎么干，可以颁布一些条例使法令真正实行起来，也可以使法令几乎根本不能实行。

> 列宁：《新工厂法》，
> 《列宁全集》第 2 卷第 349 页。

我们问这样一个问题，初看起来甚至会使人感到奇怪。法令缩短了工作时间并且规定星期日和节日必须休息，怎么会没有改善工人的处境呢？但是前面我们已经详细指出，新法令的条文是多么含糊不清，它一方面制定了改善工人处境的条例，同时又听凭厂主胡作非为，或者把必须放假的节日规定得比习惯放假的节日少得多，这样就往往使这个条例起不了什么作用。

> 列宁：《新工厂法》，
> 《列宁全集》第 2 卷第 360～361 页。

新工厂法的意义就在于：一方面，它是政府迫不得已的让步，它是联合起来的觉悟工人从警察政府那里夺取来的。这一法令的颁布表明了俄国工人运动的成就，表明了工人群众的自觉的和强硬的要求具有多么巨大的力量。任何迫害，不论是大批地逮捕和流放，不论是大规模的政治审判，不论是对工人的陷害，都无济于事。另一方面，新法令的意义在于：它必不可免地要进一步推动俄国的工人运动。我们已经看到，法令如何竭力给厂主到处留下后路，如何竭力把最重要的问题弄得模糊不清。厂主和工人将因这一法令的实行而在各地发生斗争；这一斗争将席卷广大得多的地区，因为法令将推行于全俄国。

列宁：《新工厂法》，

《列宁全集》第2卷第364~365页。

实际要求的第二部分，我们可以借鉴"劳动解放社"纲领提出的一项总的要求，就是"用法律调整工人（城乡工人）同企业主的关系，并且成立有工人代表参加的相应的视察机关"。我们觉得，工人政党应当更详尽更缜密地说明这方面的要求，应当提出：（1）实行八小时工作制；（2）禁止开夜工，禁止雇用14岁以下的童工；（3）每个工人每周至少要有36小时不间断的休息时间；（4）把工厂法和工厂视察制推行到一切工业部门和农业部门中去，推行到官办工厂、手工业作坊和家庭手工业者中去。由工人选举与视察员权力相等的助理视察员；（5）在一切工业部门和农业部门建立工业法庭和农业法庭，由厂主和工人双方选出数量相等的代表担任审判员；（6）任何地方都绝对禁止用商品支付工资；（7）用法律规定厂主应当对工业工人和农村工人的一切工伤事故负责；（8）用法律规定，凡要雇用工人，无论在何种情况下每周至少支付工资一次；（9）废除一切违反雇主同雇工权利平等的法律（例如，工厂工人和农村工人旷工要受刑事处分的法律，雇主比雇工有更多的自由取消雇佣合同的法律，等等）。

列宁：《我们党的纲领草案》，

《列宁全集》第4卷第195~196页。

就拿俄国工厂工业1910年的资料同1901年的来比较一下。

按工人人数

的工厂分类	工厂数		工人数（单位千）	
	1901年	1910年	1901年	1910年
50人以下的	12740	9909	244	220
51—100人	2428	2201	171	159
101—500人	2288	2213	492	508
501—1000人	403	433	269	303
1000人以上的	243	324	526	713
共计	18102	15080	1702	1903

所有资本主义国家的一般情况都是这样。小工厂的数量在逐渐减少：小资产阶级、小业主在破产，在垮台，变为职员，有的成为无产者。

特大企业的数量在迅速增加，而且这类企业在整个生产中的比重增长得更大。

列宁：《俄国的生产集中》，

《列宁全集》第22卷第43~44页。

沙皇政府最近的那些一部分已经实施、一部分才刚刚提出的措施，无疑都属于这一类改革，例如：关于工人互助会的法令草案（这个草案政府还没有公布，只有自由派资产阶级的《解放》报道过），关于给残废工人发放抚恤金的法令，关于工长的法令。现在我们打算比较详细地谈谈这最后一个法令。

这个新法令的主要内容是：工人在一定的条件下，可以有权派代表同企业主打交道，有权建立某种初级组织。实现这种权利，要经过警察方面无数次的批准，要受到他们难以置信的限制和约束。真是如此。首先应该注意到，按照新法令的规定，实现工人代表权必须征得工厂管理处同意并由它们提出申请，还须经过厂矿事务会议的批准。厂主可以给工人代表权，但是法令却丝毫没有规定他们承担这样的义务，而且厂矿事务会议甚至在厂主提出申请时，随便根据什么理由、即使毫无理由也可以不批准代表权的实现。因此，工人代表权能否实现，从一开始就完全地、无条件地、绝对地要由厂主和警察局决定。如果厂主和警察局觉得相宜、觉得合乎需要，他们就可以设立（在极其狭隘的基础上设立）工人代表机构。这就是改革的主要内容。附带说说，对于国营工厂中的代表机构问题，法令中只字未提：私营工厂的工人代表可以成为警察局手中的新爪牙、工厂中的新看门狗，而在国营工厂中，爪牙和看门狗总是绰绰有余的！警察局不要求在这方面进行改革，也就是说，改革在这儿是不需要的。

其次，工人代表机构本身的形象也被歪曲得不成样子。工人被分裂了，被分成各个等级；关于究竟如何把工人划分为各个等级的条例，同关于按照新法令组织代表机构的所有一切条例一样，要由省长批准。厂主和警察局可以、而且当然会这样来划分等级，以便千方百计地阻碍工人的团结和联合，以便不仅在不同行业、不同行会之间，而且在不同民族、不同性别、不同年龄、不同技术等级、不同工资水平等等的工人之间，制造和煽起纷争。

列宁：《改革的时代》，

《列宁全集》第 7 卷第 297～298 页。

因未向警察局报告不幸事故以及由于各种不遵守新法令条例的行为，企业主仅被罚款25—100 卢布。这笔罚款对于大工厂（它们雇用着大量工厂工人）来说，当然微不足道，一点也不可怕。这种情况使人特别明显地看到，实现我们纲领草案的第 14 条是多么必要，这项条文要求"规定雇主破坏劳动保护法应负刑事责任"。用百把卢布的罚款来吓唬那些不执行与保障终生残废的工人生活有关的法令的百万富翁，就是对工人的嘲弄。

列宁：《一项给遭受不幸事故的工人发放抚恤金的法令》，

《列宁全集》第 7 卷第 313 页。

法案中凡出现按法律可作例外处理时，我们均要求每一处例外都必须征得工会的同意。这是必要的，这样做可以清楚地向工人们表明：没有工人组织的主动关心，真正缩短工作日是办不到的。

列宁：《关于八小时工作制法令主要根据的草案说明书》，

《列宁全集》第 19 卷第 162 页。

德国的法律责成当地或全国的制革工厂主组成一个联合组织，由国家派代表参加这个联合组织的董事会，进行监督。这种法律丝毫没有直接（指法律本身）触动财产关系，没有剥夺任何一个产权人的一个戈比，也没有预先决定，这种监督是用反动官僚的方式、方针和精神来实施，还是用革命民主的方式、方针和精神来实施。

这种法律可以而且应当在我国立即颁布，哪怕一个星期的宝贵时间也不要失掉，让社会环境本身去规定实施法律的更具体的方式、速度以及监督法律实施的办法等等。

列宁：《大祸临头，出路何在?》，
《列宁全集》第 32 卷第 203 页。

马克思在《资本论》第 1 卷里提到"工厂法"，受工厂法约束的工业部门如下：花边工场手工业、织袜业、草辫业、各种服饰工场手工业、制花业、制鞋业、制帽业、手套业、裁缝业、一切金属工厂（从炼铁厂到制针厂）、造纸厂、玻璃工场手工业、烟草工场手工业、橡胶厂、制箔（纺织用）业、手织地毯业、雨伞阳伞工场手工业、纱锭及筒管业、印刷业、装订业、文具用品业（这里还包括纸盒、卡片、颜色纸等的生产）、制绳业玛瑙装饰品工场手工业、砖厂、手工丝织业、丝带业、盐厂、制烛厂、水泥厂、砂糖精制业、饼干业、各种木器业及其他种种杂品制造业。

马克思在《资本论》第 1 卷里提到的"工厂法扩充条例"，是 1867 年 8 月 12 日通过。它所约束的，是所有金属铸造业、金属锻冶业及金属加工工场手工业（包括机器制造厂），其次是玻璃工场手工业、造纸工场手工业、古塔波树胶工场手工业和橡胶工场手工业、烟草工场手工业、印刷业、装订业，以及一切雇有 50 人以上的工场。——1867 年 8 月 17 日通过的规定劳动时间的法律，约束较小的工场以及所谓家庭劳动。

马克思在《工厂工人状况》里说，"这几乎比英国海军在'光荣的'广州大屠杀中所损失的人数还要多九倍"，是指 1856 年 10 月英国人炮轰广州，英国海军一共只损失 3 人。英国人是在 1856 年 10 月挑起了同广州的中国当局的冲突。英国领事巴夏礼制造冲突的借口是：中国地方当局逮捕了中国走私船"亚罗号"的船员，而这艘船悬挂的是英国国旗。这次冲突发生后，英国驻华全权公使约翰·包令野蛮地下令炮轰广州，而事先并未警告。这就揭开了 1856—1858 年第二次对华鸦片战争的序幕。

马克思在《国际工人协会成立宣言》里说，"终于争得了十小时工作日法案的通过"，是指 1847 年 6 月 8 日议会通过了只适用于童工和女工的十小时工作日法案。在英国，工人阶级争取用立法手段限制工作日为 10 小时的斗争是从 18 世纪末开始的，从 19 世纪 30 年代初起，广大的无产阶级群众投入了这一斗争。

马克思在《不列颠工厂工业的状况》里说"霍纳先生说出了这样一个思想"，是指霍纳视察报告里的思想。

莱昂纳德·霍纳先生是工厂视察员，他的视察区包括英格兰的工业中心，即整个郎卡郡、柴郡和得比郡的一部分、约克郡西区和北区以及英格兰北部的四个郡。马克思引证了他的视察报告的一些内容。因为工厂法受到工厂主方面的毫不调和的反对，而且几乎每年都要进行争取废除这些法律的议会运动，所以，霍纳先生一开始就维护一项使童工和女工摆脱无情的自由贸易法的无限控制的立法。而官方的经济学家们则宣称，工厂立法是与一切合理的"原则"相矛盾的，其后果对工业无疑将是十分有害的。

列宁的《新工厂法》，是在西伯利亚流放地写的，正文写于 1897 年夏，附录写于同年秋。根据帕·波·阿克雪里罗得为列宁的《俄国社会民主党人的任务》初版所写的序言判断，《新工厂法》的手稿直到 1898 年秋才传到国外。1899 年由劳动解放社在日内瓦俄国社会民主党人联合会印刷所予以刊印。

（2）工厂主任意破坏工厂法

在 1867 年的这次英国立法中引人注意的地方是：一方面，统治阶级的议会不得不被迫在原则上采取非常的和广泛的措施，来防止资本主义剥削的过火现象；另一方面，议会在真正实现这些措施时又很不彻底、很不自愿、很少诚意。……

如果说，作为工人阶级的身体和精神的保护手段的工厂立法的普遍化已经不可避免，那末，另一方面，正如前面讲到的，这种普遍化使小规模的分散的劳动过程向大的社会规模的结合的劳动过程的过渡也普遍化和加速起来，从而使资本的积聚和工厂制度的独占统治也普遍化和加速起来。它破坏一切还部分地掩盖着资本统治的陈旧的过渡的形式，而代之以直接的无掩饰的资本统治。这样，它也就使反对这种统治的直接斗争普遍化。它迫使单个的工场实行划一性、规则性、秩序和节约，同时，它又通过对工作日的限制和规定，造成对技术的巨大刺激，从而加重整个资本主义生产的无政府状态和灾难，提高劳动强度并扩大机器与工人的竞争。

马克思：《资本论第一卷》

《马克思恩格斯全集》第 23 卷第 542～549 页。

公用事业、铁路、矿山等等的所有权证书，正如我们上面所说的，固然是现实资本的证书，但有了这种证书，并不能去支配这个资本。这个资本是不能提取的。有了这种证书，只是在法律上有权索取这个资本应该获得的一部分剩余价值。但是，这种证书也就成为现实资本的纸制复本，正如提货单在货物之外，和货物同时具有价值一样。它们成为并不存在的资本的名义代表。这是因为现实资本存在于这种复本之外，并且不会由于这种复本的转手而改变所有者。这种复本所以会成为生息资本的形式，不仅因为它们保证取得一定的收益，而且因为可以通过它们的出售而得到它们的资本价值的偿付。

马克思：《资本论第三卷》

《马克思恩格斯全集》第 25 卷下册第 540 页。

生产工具的私有制是一种虚伪的幌子，因为私有者不可能亲自使用生产工具；但是私有制却给予私有者支配生产资料的权力，他们就借此强迫别人为他们做工。一切生产资料都应该公有化，以便保证每个人都既有权利，又有可能来使用自己的劳动力。

《卡·马克思关于继承权的发言记录》，

《马克思恩格斯全集》第 16 卷第 652 页。

资产阶级用来束缚无产阶级的奴隶制的锁链，无论在哪里也不像在工厂制度上这样原形毕露。在这里，法律上和事实上的一切自由都不见了。工人必须在清晨五点半钟到工厂。如果迟到几分钟，那就得受罚；如果他迟到十分钟，在吃完早饭以前干脆就不放他进去，这样，他就要丧失一天工资的四分之一（虽然他在十二小时内只有两小时半没有工作）。无论吃饭、喝水、睡觉，他都得听命令。连大小便的时间也少得不能再少了。工人从他的家里到工厂要走上半小时或一小时，厂主是根本不管的。

恩格斯：《英国工人阶级状况》，

《马克思恩格斯全集》第2卷第464页。

工厂里的情形又怎样呢？在这里，厂主是绝对的立法者。他随心所欲地颁布工厂规则；他爱怎样就怎样修改和补充自己的法规；即使他在这个法规中加上最荒谬的东西，法官还是对工人说：

"你们是可以自己做主的，如果你们不高兴，就不必订这样的契约；但是现在你们既然自愿地订了这个契约，那你们就得履行它。"

这样，工人还得忍受这个本身就属于资产阶级的治安法官的嘲笑，忍受同一个资产阶级所制定的法律的嘲笑。这样的法庭判决是很常见的。

恩格斯：《英国工人阶级状况》，

《马克思恩格斯全集》第2卷第464~465页。

如今厂主完全可以为所欲为：他又是原告，又是证人，又是法官，又是立法者，又是执行者——什么都由他一手包办。当工人告到治安法官那里去的时候，他得到的回答是：你们接受了卡片，就是签订了契约，你们现在就得履行它。

恩格斯：《英国工人阶级状况》，

《马克思恩格斯全集》第2卷第484页。

他把自己的劳动力卖给资本家时所缔结的契约，可以说像白纸黑字一样表明了他可以自由支配自己。在成交以后却发现：他不是"自由的当事人"，他自由出卖自己劳动力的时间，是他被迫出卖劳动力的时间；实际上，他"只要还有一块肉、一根筋、一滴血可供榨取"，吸血鬼就决不罢休。为了"抵御折磨他们的毒蛇，工人必须把他们的头聚在一起，作为一个阶级来强行争得一项国家法律，一个强有力的社会屏障，使自己不致再通过自愿与资本缔结的契约而把自己和后代卖出去送死和受奴役。"

马克思：《资本论第一卷》，

《马克思恩格斯全集》第23卷第334~335页。

现有的十小时半工作日的法律，同所有其他工厂法一样，只不过是统治阶级对工人虚假的让步而已，工人们不满足这种表面上的让步，敢于要求把这种让步变成现实。……

如果一个人到工厂当工人，同厂主签订合同，每昼夜出卖自己 16 或 18 小时，没有办法像普通人在较好的条件下那样睡觉，那末，"泰晤士报"断言，这是由于：

"人们有一种自然的冲动，这种冲动使供与求两方面不断协调，并且使他们去选择对他们最愉快最适当的职业。"

马克思：《累亚德的质询。——围绕着十小时工作日法案的斗争》，

《马克思恩格斯全集》第 9 卷第 216 页。

使用机器的另一后果，是把妇女和儿童驱入工厂。这样妇女就成了我们的社会生产的积极参加者。……

使用机器的又一后果，是完全改变了国内的资本主义关系。从前，存在着富裕的雇主和使用自己的劳动工具的贫穷的工人。他们在一定程度上是自由的人，他们还有可能对自己的雇主实行反抗。对于现代的工厂工人来说，对于妇女和儿童来说，这种自由已经不存在了，他们成了资本的奴隶。……

有组织的劳动是使用机器的最重要的后果之一，而这迟早又会产生自己的各种后果。对于那些机器同自己的劳动相竞争的工人来说，机器的影响简直是毁灭性的。

《卡·马克思关于在资本主义制度下使用机器的后果的发言记录》，

《马克思恩格斯全集》第 16 卷第 641 页。

如果工厂劳动时间延长太久，甚至延长到黑夜，如果还要工人在工余时间擦洗机器，如果工厂主粗野地或残暴地对待自己的工人，订出苛刻的劳动条例，用商品而不用货币付工资，——对这种昧心的"实物工资制"，我们特别要加以追究，而不管它在什么地方和用什么形式实行，——如果工人在有碍健康的地方劳动，并且被迫住宿在归工厂主所有的破旧房屋里，总而言之，资本家不管在什么地方对待工人有任何不公正的行为，我们都要请每一个能够向我们报道这类消息的人，尽快地寄来确实的报道。我们打算把一切违反为保护穷人不受富人欺压而制定的法律的行为，以及每一个这样的违法行为的卑鄙无耻的情节都公诸于众。只有这样才能使这些目前还只是一纸空文的法律真正有效。

恩格斯：《致〈社会明镜〉杂志的读者和撰稿人》

《马克思恩格斯全集》第 42 卷第 415 页。

在真正的工业中，这种擦洗劳动，是工人利用休息时间无偿地完成的，正因为这样，也往往是在生产过程中进行的，这就成了大多数事故的根源。这种劳动不计算在产品的价格中。从这个意义上说，消费者是无代价地得到了它。另一方面，资本家也由此节省了机器的维持费用。这种费用是由工人用自己的身体来支付的，这是资本自我维持的秘密之一。事实上，这些秘密构成工人对于机器的法律要求权，甚至从资产阶级的法律观点看，也使工人成为机器的共有者。但是，在有些生产部门，机器必须离开生产过程才能擦洗，因此，擦洗不能是附带进行的工作，例如机车就是这样。在这些生产部门，这种维持劳动

列入经常费用，成为流动资本的要素。

马克思：《资本论第2卷》，

《马克思恩格斯全集》第24卷第194页。

一个人，即使他在某一煤矿工作了三十年，并向协会储金会按期缴纳了会费，只要资本家任意把他解雇，那他就失去了用如此昂贵的代价所换得的领取抚恤金的一切权利！这一条文将雇佣工人变成了农奴，把他束缚在一个地方，使他备受虐待。如果他不喜欢受人家拳打脚踢，如果他反对把他的工资降低到饥饿的水平，如果他拒绝缴纳任意决定的罚款，如果他敢于要求公家检验尺码和磅秤，那他都会照例得到同样的回答：滚你的蛋吧，不过你向储金会缴纳的会费和所享有的权利可不会跟你走！

恩格斯：《关于萨克森煤矿工人行业协会的报告》，

《马克思恩格斯全集》第16卷第389～390页。

只要有些工人还没有加入工会，有些人为了厂主所许给的眼前利益准备退出工会，这种合法手段就很少发生什么效力。特别是在局部罢工时，厂主很容易从这些"害群之马"（所谓 knobsticks〔工贼〕）中招雇工人，从而使联合起来的工人的努力毫无结果。工会会员通常企图用威胁、辱骂、殴打和暴力来对付这些工贼，总之，用一切方法来恐吓他们。于是这些工贼就向法庭控告，而由于法律的守护者资产阶级还掌握着政权，所以只要一发生违法的行为，只要有人向法庭控告一个工会会员，工会的力量几乎总要受到损害。

恩格斯：《英国工人阶级状况》，

《马克思恩格斯全集》第2卷第504～505页。

我们坚持这些要求决不是闹事，我们只要求把其他工厂的全体工人依法已经享有的东西交给我们，我们只要求把厂主指望我们不善于捍卫自己的权利而从我们这里夺去的东西交给我们。

列宁：《告托伦顿工厂男女工人》，

《列宁全集》第2卷第17页。

大臣先生们要公众相信，这只是"居心不良的人"企图给罢工加上一种"罪恶的政治的性质"，或者像他们在一个地方所讲的，"社会的性质"（大臣先生们想说社会主义的性质，但由于他们不学无术，或者由于官场的怯懦心理，而说成了社会的性质。于是就出现了一种荒谬的说法：社会主义的性质就是支持工人资本进行斗争，而社会的性质不过意味着公共的性质。怎么能给罢工加上公共的性质呢？要知道这就等于给大臣们再加上一个大臣的官衔！）。这真滑稽！社会主义者给罢工加上政治的性质！要知道政府本身却先于任何社会主义者采取了一切措施给罢工加上政治的性质。

列宁：《告沙皇政府》，

《列宁全集》第2卷第97页。

可见大臣们在这方面是有充分的自由的。他们在下列三种情况下都能够直接改变法律的要求，就是说，可以提高也可以降低法律的要求（法律蓄意留下的伏笔，正是给大臣以降低新法律对厂主的要求的权利）：第一，"由于生产特点（不能中断等等）而认为有必要时"。法令附加的这个"等等"，就给了大臣们可以用随便什么"生产特点"为借口的权利。第二，"由于工作特点（照料锅炉和传动装置，日常修理和紧急修理以及其他等等）"。又是一个"以及其他等等"！第三，"以及其他非常重要的、特殊的情况"。其次，大臣们能够规定哪些生产部门对工人的健康特别有害（他们也可以不规定，因为法令并没有责成他们必须规定，而只是给了他们这种权利……虽然这种权利他们早就有了，只不过是不愿意使用罢了！），并且为这些生产部门颁布特殊的条例。

列宁：《新工厂法》，

《列宁全集》第 2 卷第 350 页。

这种利益要求我们丝毫不得削弱我们是一切国有化企业和仓库的产权人这条原则。只有正式向我们购买，这些企业和仓库才能转归过去的产权人。我们有时也可作出让步，低价转让这些企业和仓库，但是，我们在任何时候都不能放弃自己的产权。

列宁：《致莉·亚·福季耶娃》，

《列宁全集》第 51 卷第 198 页。

法案中凡出现按法律可作例外处理时，我们均要求每一处例外都必须征得工会的同意。这是必要的，这样做可以清楚地向工人们表明：没有工人组织的主动关心，真正缩短工作日是办不到的。

列宁：《关于八小时工作制法令主要根据的草案说明书》，

《列宁全集》第 19 卷第 162 页。

马克思在《资本论》第 1 卷里的"他不是'自由的当事人'"，是根据《工厂视察员报告》引证的。报告说，"这种诡计（例如资本在 1848—1850 年采取的手法）提供了一个无可辩驳的证据，证明一种经常有人提出的看法是多么错误，这种看法是：工人不需要任何保护，而应被看作是他们的唯一财产即他们双手的劳动和额头上的汗水的自由支配者。""自由劳动（如果还可以这样称呼的话），即使在自由的国家也需要法律的强有力的臂膀来保护。"

"只要还有一块肉、一根筋、一滴血可供榨取"，是引文，大致是恩格斯《英国的十小时工作日法案》里引用的。

"通过自愿与资本缔结的契约而把自己和后代卖出去送死和受奴役"，是根据报告里说，在受 10 小时工作日法令约束的工业部门，该法令"使工人免于完全退化下去，并使他们的健康状况有了保障"，"资本（在工厂中）超过限定时间仍使机器转动，就必定损害它所雇用的工人的健康和道德；而工人是不能自己保护自己的。"

马克思在《累亚德的质询。——围绕着十小时工作日法案的斗争》里提到的"现有的十小时半工作日的法律",是1850年8月5日议会通过一项法律,规定女工和童工的工作日为十小时半,并确定了工作日的起止时间。这项法律所以能够通过,是因为工人们抗议高等控诉院所作的关于工厂主违反1847年的十小时工作日法律一案的决定,这项决定事实上是准许了这种犯法行为。1850年的法令禁止工厂主采用轮班工作制规避1847年法律,但同时却使延长工作日半小时成为合法的东西。

1877年英国内务大臣理·艾·克罗斯提出一项规定调整劳动时间(其中包括家庭工业和手工工场)的法案。法案限定少年的劳动日为十个半小时并对1874年关于限制雇用童工的法律做了补充。克罗斯法案于1878年被通过作为法律。

(3) 政府和工厂的关系

这些市政当局即使本身不是工商业主,像郎卡郡和约克郡两地通常的情况那样,它们至少也都同实业界有密切联系,并且奉命唯谨。它们让工厂主规避执行十小时工作日的法律,规避禁止以实物作劳动报酬的法律,让工厂主不受惩罚地违反其他一切为制止工厂主的"露骨的"贪欲而专门颁布的法律;而对结社法它们总是作最偏颇和最不利于工人的解释。

马克思:《英国的繁荣。—罢工。—土耳其问题。—印度》,

《马克思恩格斯全集》第9卷第152页。

1865年在大不列颠有3217个煤矿和12个视察员。约克郡的一个矿主(1867年1月26日《泰晤士报》报道)自己曾计算过,撇开视察员的纯事务性的工作(而这就占了他们的全部时间)不说,每个矿山每10年才能被视察一次。无怪近几年来(特别是1866年和1867年)惨祸发生的次数和规模越来越大(有时一次竟牺牲200—300名工人)。

马克思:《资本论第一卷》,

《马克思恩格斯全集》第23卷第549页。

汉堡的梅尔克公司全靠政府一千五百万的贷款才维持下来,而这里的梅尔克公司已经有一天拒绝至少是向纺纱厂厂主支付到期的款子。汉堡梅尔克公司的头子是帝国的一个前任大臣恩斯特·梅尔克博士,他是法学家,也是公司的股东。

《恩格斯致马克思》,

《马克思恩格斯全集》第29卷第223页。

政府为了讨好资本家,故意把每一个工人认为不言自明的许多事情弄得模糊起来。在这一件事情上政府也是竭力给厂主先生留下一条小小的后路。法令中说,工人按照雇佣合同必须留在工厂内的时间算作工作时间。如果雇佣合同根本没有提到工人每天必须留在工厂中几小时,那又该怎么办呢?……

工人的确是在工厂里做工，怎么能算工作时间呢？但是资本家先生和为他们撑腰的政府的"常识"极为特殊。根据我们所引证的条文字句，要使缩短工作时间的法令不适用于这种情况，也不是难以办到的。厂主只要借口说按照合同，他并没有要工人必须留在工厂里，这就行了。

列宁：《新工厂法》，

《列宁全集》第 2 卷第 339 页。

工厂视察员完全听命于财政部，财政部把他们变为厂主的奴仆，要他们向警察局告发罢工和风潮的情况，要他们追究离厂工人，甚至在厂主都不加追究的时候，总之，财政部把工厂视察员变为警察局的小职员，变为工厂里的警官。厂主有许多办法左右工厂视察员，迫使他们按厂主的意愿办事。

列宁：《新工厂法》，

《列宁全集》第 2 卷第 359 页。

工长的"职务"显然就是要对警察有利，要合警察的意；这一点法令中丝毫没有谈到，因为这样的条件是不明说的：都是暗中布置。既然地方警察局长、省长拥有撤换不合意的工长的不受监督的权利，那么暗中布置就再简单不过了。再说一遍：把这种工长叫作工厂看门狗不是更确切吗？警察局可以规定选举许多候选人，但只批准其中一个，例如，吩咐每 100 人或 50 人的一个等级中选出 10 个或 5 个候选人。有时候，这份选举出来的候选人的名单会不会变成一张应该受到特别监视、甚至应该予以逮捕的人的名单？以前这种名单只是由特务来制订的。

列宁：《改革的时代》，

《列宁全集》第 7 卷第 298 页。

马克思在《资本论》第 1 卷里说"1865 年在大不列颠有 3217 个煤矿和 12 个视察员"，是说视察员的人数太少了。工人们说，视察员也许要 7 年才能进行一次形式上的视察。我们的视察员是一个不能做任何事情的 70 多岁的老头，他要管 130 多个煤矿。我们除了需要有更多的视察员外，还需要有副视察员。而且，如果有谁向视察员控诉情况，那他就会被解雇，并且成为一个"被记名的"人，到别的地方也找不到工作。可见，视察员制度完全是用于摆样子的制度。

工人们说，1860 年的矿山视察法纯粹是一张废纸。

2. 公司法

公司是工厂进一步发展的商业组织形式。与工厂显著不同的是，"资本"是公司构成要素的核心要素。

早在中世纪，同业公会的成员就开始集资从事较大的经营活动。起初，商人们开始签订合同，将出资的人和负责具体经营的人集合起来一起完成经营活动。随着这种活动的频繁开展，一次一签的合同逐渐演变为有一定期限的合伙合同，这就是无限公司和两合公司的前身。15 世纪，在德意志从事采矿和商业活动的富格尔企业，通过合同组成长期性公司。13 世纪至 15 世纪的意大利，出现了世界上第一家银行——热那亚银行，盈利按各出资人出资额的比例分配，亏损亦以出资额为责任界限。同期波罗的海的新兴城市及北海诸商人组成了相当规模的汉撒同盟。这些团体具有法律资格，拥有动产与不动产、地租、集会场所，有时甚至还有商店和手工业企业。这些企业在法律地位、自治管理、责任承担诸方面孕育了后来的公司基本制度的雏形。17 世纪初，对外贸易的发展，促使了以资本为联系纽带的外贸公司的产生。这种公司以调节公司的形式存在，作为公会向股份公司过渡的调节公司具有公会和股份公司的混合特征。

无限公司，在投资人承担无限责任方面相承古典公司形态，是在公司发展历史上最早出现的一种公司形式。随着后来法人制度的进一步发展完善，财产独立性得到法律的确认，到了 20 世纪，无限公司概念逐渐代替合名公司概念。

中世纪地中海沿岸盛行的康孟达组织孕育了两合公司。康孟达组织的出资者的有限责任与航海者无限责任的结合，已经具备了两合公司的特征：有限责任的出资者和无限责任的经营者之间的有机结合。

英国 1555 年成立的莫斯科公司是共同投资的合股公司，是近代股份公司的雏形。1581 年成立了近东公司，1600 年成立了东印度公司，1618 年设立了非洲公司。初期的股份公司和同业公会之间的区别，在于它们用共同资本进行经营，是依据王权的特许状从事经营，公司章程要求成员遵守一定法规。股份公司作为新的企业形式开始在欧洲出现，19 世纪在欧洲、美洲、日本等国家广泛发展，成为主导企业形式。股份公司制度的演进也经历了一系列的变化。18 世纪初，英国和法国经历了股票的风潮，许多小股票持有者为一些被大股东所实际把持的泡沫公司所骗，大规模破产。这就导致了 1720 年英国议会通过《泡沫法案》。19 世纪中叶以后，特别进入 20 世纪以来，股份有限公司进入了发展时期，无论在规模、数量上都在各类型企业中居于主导地位。

1673 年，法国国王路易十四颁布《商事条例》，首次以成文法的方式确认了无限公司的地位，称其为"普通公司"。1807 年《法国商法典》将其改称为"合名公司"，这一概念后来被欧洲大陆的许多国家及日本所采用。1807 年《法国商法典》继续承认两合公司，与隐名合伙并列。1804 年的《法国民法典》规定了股份公司设立的许可制，股份公司的设立完全由出资者私人自治。为了避免股份有限公司的弊病，又保持有限责任制度的优势，1892 年德国在世界上第一个颁布了《有限责任公司法》，有限责任公司兼具人合性和资合性的特点，保留了股东承担有限责任，同时还吸收了人合性企业的长处，设立方式与组织机构都比较灵活、简单，适合规模有限的中小企业经营。

公司时期的商业组织法律制度，主要是以股份公司法律制度为主，包括两合公司、无限公司、有限责任公司法律制度。这一时期，立法在形式上也发生了重大变化，除了在原有的以民法典、商法典形式对企业进行调整外，各国也相继针对不同类型的企业颁布专门的企业法律、法规，形成了以股份公司法律制度为主体的企业法系。

股份公司在五十年代还只是处于自己发展的最初阶段，并且"还远没有为自己创造出适当的结构"，但是它们在当时就已经是发展资本主义社会生产力的"强大杠杆"。马克思在《英国的贸易和金融》里写道，它们对资本主义各国国民经济的"迅速增长的影响恐怕估计再高也不为过的"。马克思把股份资本形式的发展同资本主义经济往后的进化联系起来。他写道："当然，不能否认，在工业上运用股份公司的形式，标志着现代各国经济生活中的新时代。"一方面，以股份公司的形式把个体资本联合起来具有巨大的生产能力，因而能够创办单个资本家力所不及的那种规模的工业企业。另一方面，股份公司在迫使小资产阶级破产的同时，加速生产的积聚和资本的集中，造成工业资本家寡头集团日益加强的统治。同时，雇佣工人的人数也在增长，对于剥削他们的资本来说，他们将"随着代表这种资本的人数的减少"而成为愈益可怕的革命力量。在这些论断中，马克思实际上已经天才地预见到了资本主义垄断阶段的若干特征。

马克思通过分析 Crédit Mobilier 的活动，找出这个股份公司不同于其他股份公司的特点，同时在"法国的 Crédit Mobilier"中第一次提出了在理论上很重要的关于股份公司的形式在资本主义时期的意义和作用的原理。股份公司在五十年代还只是处于自己发展的最初阶段，并且"还远没有为自己创造出适当的结构"，但是它们在当时就已经是发展资本主义社会生产力的"强大杠杆"

股份公司在迫使小资产阶级破产的同时，加速生产的积聚和资本的集中，造成工业资本家寡头集团日益加强的统治。

马克思揭露了东印度公司的作用，指出它是征服印度的工具，它进行掠夺性的战争，利用当地王公之间的封建内讧，煽动部落和种姓的纠纷，以实现其对印度领土的侵占。马克思着重指出，殖民主义者在印度的掠夺和侵略是英国本国土地贵族和金融巨头的寡头政治财富增加和势力加强的源泉。马克思有力地揭露了：西蒂的商人、大地主和东印度公司的官员这一伙强盗怎样靠剥削印度的人民群众而大发横财，人民群众怎样被殖民主义者弄得贫困不堪。印度三管区，是根据英属印度的行政区划，由东印度公司任命的省督管辖的孟加拉、孟买和马德拉斯三个地区的名称。根据 1773 年的印度管理法令，孟加拉省督升为印度境内所有英国领地的总督。

马克思严厉抨击了英国统治阶级根本不要印度人民代表参加而在印度管理方面进行的所谓改革。马克思揭露了这些改革的阶级目的，指出进行这些改革的原因是英国工商业资产阶级的各阶层想限制东印度公司的垄断，直接进入印度市场，从印度的赋税中取得收入，以便在对印度人民的殖民主义剥削中增加自己的份额。

只要东印度公司垂涎于任何一个独立君主的领地、任何一个在政治上和商业上具有重要意义或者盛产黄金宝石的地域，被猎取的对象就会被指控破坏了某某臆想的或既有的条约、违背了想象中的诺言或约束、犯下了莫须有的罪行，接着便宣布开战，于是又一件证实邪恶永存、证实狼和小羊这个寓言的永恒寓意的血腥事件被载入了英国的史册。

根据 1853 年关于东印度公司特许状的法律，公司在印度的垄断权受到某些削减。在印度公司的统治权越来越多地被划归英国国王。公司董事们被剥夺了任命官员的权利，董事人数由 24 人减到 18 人，其中 6 人由国王任命；督察委员会主席的地位与印度事务大臣的地位相当。然而公司的股东却可以靠印度的捐税取得固定的红利。

（1）法律承认公司是获取财产的新方式

每当工业和商业的发展创造出新的交往形式，例如保险公司等等的时候，法便不得不承认它们是获得财产的新方式。

马克思恩格斯：《德意志意识形态》，

《马克思恩格斯全集》第 3 卷 72 页。

说明同一些范畴在不同的社会阶段有不同的地位，这就是资产阶级社会的最新形式之一 joint-stock companies〔股份公司〕。但是，它还在资产阶级社会初期就曾以特权的、有垄断权的大商业公司的形式出现。

马克思：《导言》，

《马克思恩格斯全集》第 12 卷第 758~759 页。

股份公司是随着海外贸易和手工工场的出现而产生的，并席卷了它力所能及的一切工商业部门。

马克思恩格斯：《德意志意识形态》，

《马克思恩格斯全集》第 3 卷 431 页。

在工业上运用股份公司的形式，标志着现代各国经济生活中的新时代。一方面，它显示出过去料想不到的联合的生产能力，并且使工业企业具有单个资本家力所不能及的规模；另一方面，不应当忘记，在股份公司中联合起来的不是单个人，而是资本。由于这一套做法，私有者变成了股东，即变成了投机家。资本的积聚加速了，其必然结果就是，小资产阶级的破产也加速了。

马克思：《法国的 CRéDIT MOBILIER》，

《马克思恩格斯全集》第 12 卷第 37 页。

成立公司即变大的私人企业为有限公司，是近十多年来的流行现象。从西蒂区的曼彻斯特大货栈起，到威尔士和北英格兰的铁工厂和煤矿以及郎卡郡的工厂，全都已经或正在变成公司。

恩格斯：《必要的和多余的社会阶级》，

《马克思恩格斯全集》第 19 卷第 317 页。

人们滥设股份公司或两合公司、银行、土地信用和动产信用机构、铁路建筑公司、各种工厂、造船厂、以土地和建筑物进行投机的公司以及其他表面上叫做工业企业而实际上进行最可耻的投机活动的事业。

恩格斯：《俾斯麦先生的社会主义》，

《马克思恩格斯全集》第 19 卷第 193 页。

较大的公司，往往是在政治的或慈善事业的借口下成立起来，但它们的主要目的归根到底是通过地产投机，使小资产阶级的储蓄能有较好的投放处所，使其有抵押作保证，又能获得优厚的利息，并且可望分得红利。

　　　　　　　　　　　　　　恩格斯：《论住宅问题》，

　　　　　　　　　　　　《马克思恩格斯全集》第 18 卷第 283 页。

所有这些股份公司，不言而喻，只有一个目的——把股票行市高抬一时，以便企业主们能够有利地推销他们的股票，至于股东们将来怎么样，那他们是不放在心上的："我们死后哪怕洪水滔天！"过三四年，所有这些招摇撞骗的公司就会有六分之五连同上了当的股东们的钱一起消失得无影无踪。

　　　　　　　　　　　　恩格斯：《论英国滥设企业骗财的现象》，

　　　　　　　　　　　　《马克思恩格斯全集》第 17 卷第 496 页。

为了能够进行投机，就必须制造生产资料和交通工具、建造工厂和铁路等等，以它们的股票作为投机的对象。到了崩溃的时候才发现，作为进行这些活动的借口的社会需要，已经大大超过了限度。

　　　　　　　　　　　　　　恩格斯：《俾斯麦先生的社会主义》，

　　　　　　　　　　　　《马克思恩格斯全集》第 19 卷第 193 页。

无论信用无限膨胀的工业高涨时期，还是由大资本主义企业的破产造成的崩溃本身，都把大量生产资料推向如象我们在各种股份公司中所遇见的那种社会化形式。

　　　　　　　　　　　恩格斯：《社会主义从空想到科学的发展》，

　　　　　　　　　　　　《马克思恩格斯全集》第 19 卷第 238 页。

股票。如果没有欺诈，它们就是对一个股份公司拥有的实际资本的所有权证书和索取每年由此生出的剩余价值的凭证。

　　　　　　　　　　　　　　　　马克思：《资本论第二卷》，

　　　　　　　　　　　　《马克思恩格斯全集》第 24 卷第 387 页。

在资本主义生产的基础上，历时较长范围较广的事业，要求在较长时间内预付较大量的货币资本。所以，这一类领域里的生产取决于单个资本家拥有的货币资本的界限。这个限制被信用制度和与此相联的联合经营（例如股份公司）打破了。因此，货币市场的混乱会使这类企业陷于停顿，而这类企业反过来也会引起货币市场的混乱。

　　　　　　　　　　　　　　　　马克思：《资本论第二卷》，

　　　　　　　　　　　　《马克思恩格斯全集》第 24 卷第 396 页。

铁路、采矿、轮船等公司的股票是代表现实资本，也就是代表在这些企业中投入的并执行职能的资本，或者说，代表股东预付的、以便在这些企业中作为资本来用的货币额。

马克思：《资本论第三卷》，

《马克思恩格斯全集》第 25 卷下册第 529 页。

纯粹的虚拟资本（公债券、股票等）的跌价，只要它不导致国家和股份公司的破产，不因此而动摇持有这类证券的产业资本家的信用，从而不阻碍再生产，那末这种跌价就只是财富从一些人的手里转到另一些人的手里，总的来说对再生产起着有利的影响。

马克思：《资本论第四卷》，

《马克思恩格斯全集》第 26 卷下册第 566 页。

通过开发由银行业者或从事"期票业务"的公司承兑的汇票来弄钱，而且根据情况在到期之前承兑这些汇票或者完全不承兑，这种办法在大陆各国和大陆国家在英国开设的公司里已成为一种常规。这里所有的信托公司都是这样做的。这种办法在汉堡极其普遍，在那里流通的银行期票有一亿多马克。

《恩格斯致马克思》，

《马克思恩格斯全集》第 29 卷第 221 页。

每个公司的活动都超出了自己的能力，即营业活动过度扩大。可是，虽然营业活动过度扩大不是生产过剩的同义语，但它们实质上是一回事。

《恩格斯致马克思》，

《马克思恩格斯全集》第 29 卷第 222 页。

资本从商业和工业中腾出，同时使交易所更加活跃。这种情况，在布斯特拉巴时代，比在路易－菲力浦时代更有发展，因为布斯特拉巴用 1852 年法令强迫法兰西银行以铁路有价证券、国家有价证券和土地信用公司的证券作抵押发放贷款，将全国贴现局已经贴现过的投机期票再行贴现，这就等于以这个贴现局自己发放贷款时作抵押的那些有价证券作为抵押，向它发放贷款。

《马克思致恩格斯》，

《马克思恩格斯全集》第 29 卷第 230～231 页。

各个铁路公司的董事中当权的巨头们不仅举借数额越来越大的新债，来扩大他们的铁路网，即扩大他们像君主专制一样进行统治的"领土"，而且扩大他们的铁路网，以便获得新的借口举借新债，从而有可能向债券、优先股票等等的持有者支付利息，以及间或以稍稍提高红利的形式给那些受骗的普通股票持有者一点小恩小惠。

《马克思致尼·弗·丹尼尔逊》，

《马克思恩格斯全集》第 35 卷第 150 页。

　　铁路国有化只是对股东们有利，他们可以把股票高价卖出去，而对我们却没有丝毫利益，因为如果我们首先把国家掌握在手中的话，我们可以同样迅速地象收拾国家一样，收拾几个大公司；股份公司业已提供证明，资产者本身是何等的多余无用，因为全部管理工作都是由雇佣人员去做的，而国有化对此并没有增添任何新的论据。

《恩格斯致奥古·倍倍尔》，

《马克思恩格斯全集》第 35 卷第 317 页。

　　英国这里我们也看到过各个铁路公司为了划分地盘而进行的长达数十年之久的斗争，这种斗争耗费了巨额的钱财，它并不是为了生产和运输的利益，而完全是由于竞争造成的，这种竞争的主要目的仅仅是为了让握有股票的金融家便于经营交易所业务。

《恩格斯致康·施米特》，

《马克思恩格斯全集》第 37 卷第 486 页。

　　我从未听说有哪一个公司如实上报自己的收入，大都要少报百分之三十、四十、五十，甚至更多。这一切都可以不受任何惩罚，因为只要当局对某个公司少报收入的行为进行追究，并让它交出账本（当局是有权这样做的），整个商界都会大喊大叫，称之为残暴不仁的行动，整个报界也会拼命地喧嚷。政府实际上只能对所报收入酌情确定较高的估算数字。

《弗里德里希致海·恩格斯》，

《马克思恩格斯全集》第 38 卷第 272 页。

　　辛格尔缝纫机公司可以作为第一个这样的例子。例如，公司经理把活计按作坊包给监工，监工则把活计分给各承包人，而承包人又分给低一级的承包人，直到最低一级的承包人根据自己的条件同要完成这项实际工作的工人达成协议为止。这种"血汗制度"不可能再进一步发展了，我们在这里看到的是一种最高的形式。在这里不仅资本家，而且整个食客等级都同从工人劳动中榨取利润有直接的利害关系，因而工人常常得不到维持生存和劳动的食物，也就不足为奇了。

恩格斯：《〈国际先驱报〉上关于国际工人运动的简讯》，

《马克思恩格斯全集》第 44 卷第 619～620 页。

　　在资本主义制度下，每一个企业都完全受市场支配。在市场支配下，企业愈大，愈能低价出售自己的产品。大资本家购进原料价格较低，消耗原料较省，又使用精良的机器，等等。小业主则在破产，在垮台。生产愈来愈集中到少数百万富翁手里。这些百万富翁往往通过股份公司吸收中等业主和"小鱼们"的资本，加强自己的势力。

列宁：《俄国的生产集中》，

《列宁全集》第 22 卷第 43 页。

现在，百万富翁通过股份公司支配的不仅有自己的百万财产，而且还有追加资本，比如说80万卢布，这些钱可能就是从8000个小业主那里汇集来的。

列宁：《资本主义财富的增长》，

《列宁全集》第23卷第190页。

经验证明，只要占有40％的股票就能操纵一个股份公司的业务，因为总有一部分分散的小股东实际上根本没有可能参加股东大会等等。虽然资产阶级的诡辩家和机会主义的"也是社会民主党人"都期望（或者要别人相信他们期望）股票占有的"民主化"会造成"资本的民主化"，会加强小生产的作用和意义等等，可是实际上它不过是加强金融寡头实力的一种手段而已。

列宁：《帝国主义是资本主义的高最阶级》，

《列宁全集》第27卷第363～364页。

既然规定股份公司必须公布报表，那就是说，法律也已经肯定了这一点，不过这种监督（这在一切先进国家以及俄国都可以实行）正是反动官僚式的监督，这种监督不是擦亮人民的眼睛，而是不让人民知道股份公司业务的全部真相。

列宁：《大难临头，出路何在?》，

《列宁全集》第32卷第199～200页。

什么是贸易上的优惠权呢？这就是我们把签订合同的优惠权给予某个公司，而不给予其他公司。而如果哪个公司获得承租权的话，我们也可以从它那里把租让企业赎回来，也许我们要多付给它一点钱。

列宁：《在俄共（布）莫斯科组织积极分子大会上关于租让的报告》，

《列宁全集》第40卷第82页。

在资本主义制度下，各个企业的"主人"都想方设法——瞒着别人并且阻挠别人——物色精明的职员、经理和厂长；他们为此奔忙了几十年，可是只有少数几个办得最好的"公司"才获得了良好的结果。

列宁：《劳动国防委员会给各地方苏维埃机关的指令》，

《列宁全集》第41卷第272页。

伯恩施坦根本没有而且也不可能提出任何证据来证实股份公司增加了有产者的人数，因为股份公司实际上是为大资本家和投机者服务的，让他们能够剥夺轻信别人而财产不多的公众。股票数量的增加，只能说明财产有转换成股票的趋势，却丝毫不能说明财产的分配。

列宁：《书评》，

《列宁全集》第4卷第181页。

这几万工人都是为整个社会工作的，而支配他们劳动的是一小撮百万富翁，这一小撮富翁把群众的这种有组织的劳动所创造的全部利润据为己有。（诺贝尔公司 1899 年所获纯利润为 400 万卢布，1900 年为 600 万卢布，其中股东每 5000 卢布股金可得 1300 卢布，而 5 个董事得到的奖金共 528000 卢布！）

> 列宁：《危机的教训》，
> 《列宁全集》第 5 卷第 74 页。

《马克思致恩格斯》里的"土地信用公司"（Crödit foncier），是法国的一家股份银行。它是 1852 年在前巴黎土地银行的基础上建立的。土地信用公司发放以不动产作抵押并支付一定利息的短期和长期贷款（期限为 50 年）；它得到政府的大量津贴。"全国贴现局"，即巴黎全国贴现局（Comptoir National d'escompte de Paris）。成立于 1848 年；起初它贴现有两个背书的期票并发放以存放在公共仓库中的商品作抵押的贷款。在拿破仑第三时代成了股份公司（从 1853 年起）并取得发放以法国无期证券、工业股份公司或信用股份公司的股票或债券作抵押的贷款的特权。

列宁的《资本主义财富的增长》一文，批驳了资本主义的教授和辩护士们关于股份公司的发展使私有者的人数增加的论断，指明大资本合并了小股东们的零星资本而变得实力更加雄厚，百万富翁通过股份公司加强了对小股东的控制，增加了自己的收入。

(2) 公司法上的公司治理和危机

按照惯例，要成为任何一个股份公司的董事，必须拥有该公司的一定数量的股票。布朗先生把常规翻转来，先当了董事，然后才当股东；并且他在取得股票时，并未劳神给股票付款。

> 马克思：《英国的金融舞弊》，
> 《马克思恩格斯全集》第 12 卷第 214 页。

在英国，到目前为止，凡是获得贸易公司一份利润的人都算作股东，因此，他以他的全部财产对公司的商业债务负责。按照包法利代表内阁提出的法案，这种法律规定就应当废除。更为重要的是包法利关于股份公司的法案。到现时为止，这种公司的每个成员不仅对他的股票总值负责，而且也以他的全部财产对公司的全部债务负责。

> 马克思：《消息数则》，
> 《马克思恩格斯全集》第 11 卷第 383 页。

由于资本的增加在法国产生许多投机企业，名义上这些企业是为了大规模开采加利福尼亚金矿。大批的公司相继成立，它们以小额股票和高唱社会主义的广告直接面向小资产者和工人的腰包，但是这完全是一种法国人和中国人所独有的纯粹的欺骗。

> 马克思：《1848 年至 1850 年的法兰西阶级斗争》，
> 《马克思恩格斯全集》第 7 卷第 111 页。

大资本不愿满足于它用来打败小资本家竞争的经济手段中的优势，在英国大资本也采取了各种法律上的特权和各种特别法，这些事实，从英国的有关股份公司和一般贸易公司的法律上得到了最雄辩的证明。

马克思：《消息数则》，

《马克思恩格斯全集》第11卷第383页。

属于各股份公司的各种工业企业是由各种有价证券——股票、债票、本票、债券等代表着的。当然，这些各种各样的证券都根据投在它们身上的资本，根据它们带来的利润，根据它们的不同的供求关系以及其他的经济条件，在金融市场上有不同的价格。

马克思：《法国的 CRéDIT MOBILIER》，

《马克思恩格斯全集》第12卷第27页。

公司所有的业务，正像章程中规定的，可以分成三类：第一类是为支持工业所必需的业务；第二类是发行公司的有价证券来代替或者转换各种工业企业的有价证券；第三类是办理国家证券、商业期票等的一般银行业务。

马克思：《法国的 CRéDIT MOBILIER》，

《马克思恩格斯全集》第12卷第27页。

一小撮董事不需要特别巧妙的办法，只要用巨额的红利安慰公司的股东，用骗人的报告书引诱存户和新股东，就能把公司的资本侵吞。

马克思：《欧洲的经济危机》，

《马克思恩格斯全集》第12卷第55页。

应当作为主要之点提出来的是前面已经简略谈到的"参与制"。德国经济学家海曼大概是第一个注意到了这一点，请看他是怎样描述问题的实质的：

"领导人控制着总公司〈直译是"母亲公司"〉，总公司统治着依赖于它的公司〈"女儿公司"〉，后者又统治着'孙女公司'，如此等等。这样，拥有不太多的资本，就可以统治巨大的生产部门。事实上，拥有50%的资本，往往就能控制整个股份公司，所以，一个领导人只要拥有100万资本，就能控制各孙女公司的800万资本。如果这样'交织'下去，那么拥有100万资本就能控制1600万、3200万以至更多的资本。"

其实经验证明，只要占有40%的股票就能操纵一个股份公司的业务，因为总有一部分分散的小股东实际上根本没有可能参加股东大会等等。虽然资产阶级的诡辩家和机会主义的"也是社会民主党人"都期望（或者要别人相信他们期望）股票占有的"民主化"会造成"资本的民主化"，会加强小生产的作用和意义等等，可是实际上它不过是加强金融寡头实力的一种手段而已。因此，在比较先进的或比较老、比较"有经验的"资本主义国家里，法律准许发行票额较小的股票。德国法律不准许发行1000马克以下的股票，所以德国金融巨头看见英国法律准许发行一英镑（等于 20 马克，约合 10 卢布）的股票，就很羡慕。1900 年 6 月 7 日，德国最大的工业家和"金融大王"之一西门子，在帝国国会中声称："一英镑的股票是不列颠帝国主义的基础。"这个商人对于什么是帝国主义这一问题的理解，同那位被认为是俄国马克思主义创始人的不光彩的作家比起来，显然要深刻得多，"马克思主义"得多，那位作家竟把帝国主义看成是某个民族的劣根性……

但是，"参与制"不仅使垄断者的权力大大增加，而且还使他们可以不受惩罚地、为所欲为地干一些见不得人的龌龊勾当，可以盘剥公众，因为母亲公司的领导人在形式上，在法律上对女儿公司是不担负责任的，女儿公司算是"独立的"，但是一切事情都可以通过女儿公司去"实施"。下面是我们从 1914 年德国《银行》杂志 5 月号抄下来的一个例子：

"卡塞尔的弹簧钢股份公司在几年以前算是德国最赚钱的企业之一。后来因为管理得很糟糕，股息从 15% 跌到 0%。原来，董事会没有通知股东就出借了 600 万马克给自己的一个女儿公司哈西亚，而哈西亚的名义资本只有几十万马克。这笔几乎比母亲公司的股份资本大两倍的借款，根本没有记入母亲公司的资产负债表；在法律上，这样的隐瞒是完全合法的，而且可以隐瞒整整两年，因为这样做并不违反任何一条商业法。以负责人的资格在这种虚假的资产负债表上签字的监事长，至今仍旧是卡塞尔商会的会长。这笔借款被发现是个错误〈错误这两个字，作者应当加上引号〉，知道底细的人开始把'弹簧钢'的股票脱手而使股票价格几乎下跌了 100%，在这以后很久，股东们才知道有借款给哈西亚公司这回事……"

这个在股份公司里极常见的、在资产负债表上玩弄平衡把戏的典型例子，向我们说明为什么股份公司董事会干起冒险勾当来，心里要比私人企业家轻松得多。

> 列宁：《帝国主义是资本主义的最高阶级》，
> 《列宁全集》第 27 卷第 363～364 页。

在巴黎，工业危机还引起了一个后果：大批工厂主和大商人在当时的条件下已不能再在国外市场做生意，只得纷纷向国内市场方面发展。他们开设起大公司，使大批小杂货商和小店主被他们的竞争弄得倾家荡产。

> 马克思：《1848 年至 1850 年的法兰西阶级斗争》，
> 《马克思恩格斯全集》第 7 卷第 17 页。

目前在 bona fide〔真正的〕商业界和工业界，已经营业的投机性股份公司和新计划建立的投机性股份公司之间，的确进行着一场真正的激战；它们都在争相夺取这个国家的游资。这种斗争的必然结果是：即使不存在法兰西银行、没有任何金银外流现象，也一定会使利息提高、工业各部门的利润下降以及各种有价证券贬值。

> 马克思：《法国的经济危机》，
> 《马克思恩格斯全集》第 12 卷第 81～82 页。

"贝凯普和瓦德耳新商业公司"……，大部分股东都是在工厂作工的产业工人，但他们作为工人领取工资，在管理工厂方面，只是每年参加管理委员会的选举。今天上午我访问了法尔－霍耳姆工厂，我可以告诉大家，在遵守工厂法方面，它同我区的任何工厂一样，做得很好。虽然我没有询问这方面的情况，但我猜想，合作社已得到利率为5%的借款。

马克思：《不列颠工厂工业的状况》，
《马克思恩格斯全集》第15卷第93页。

法兰西银行想从路特希尔德和其他大公司得到通融票据来制止贵金属流入英国，这种手段，不出所料，只不过暂时减少了法国的困难。

马克思：《不列颠的贸易》，
《马克思恩格斯全集》第15卷第375页。

他们所付的工资不仅比这个工业部门的其他任何公司都低得多，而且还经常试图以女工代替男工、以童工代替成年工的办法，进一步压低工资。近来，他们毫无例外地解雇了所有被怀疑属于纺织工人联合工会的工人。

《恩格斯致格奥尔格·埃卡留斯》，
《马克思恩格斯全集》第33卷第211页。

纽约煤气公司工人于4月5日罢工，要求恢复八小时工作日……。

纽约市的共和国警察立即站到公司一边，给它的各企业派出强大的警察分队，而救济流亡者的慈善委员会立即送去二百名刚刚在沃兹岛登陆的意大利人，以顶替罢工者。这些被警察护送到企业来的意大利人被人以最粗暴的方式强迫完成他们完全不习惯和不适合的各种工作。

恩格斯：《〈国际先驱报〉上关于国际工人运动的简讯》，
《马克思恩格斯全集》第44卷第626页。

申堡公爵和股份公司的经理们，可以修改矿工协会的章程，增加工人的会费，减少病人津贴和抚恤金的数额，设立各种新的障碍和手续来阻挠向储金会申请补助——简单地说，他们可以随心所欲地处置工人的金钱。

恩格斯：《关于萨克森煤矿工人行业协会的报告》，
《马克思恩格斯全集》第16卷第388页。

有一家制砖厂（保林—亨弗莱）加大了砖模的尺寸，但是没有提高工资，虽然尺寸较大的砖必然会卖得贵些。工人提高工资的要求被拒绝了，于是他们就停了工，同时工会也向公司宣布抵制。可是公司费了很大的力气在附近地区从工贼中招到了工人。最初工会企图恫吓他们。公司为了保护工厂，雇了十二个当过兵或警察的人并给他们配备了枪枝。

恩格斯：《英国工人阶级状况》，
《马克思恩格斯全集》第2卷514页。

欧洲现在就好像一个濒于破产的人，不得不照旧进行已经使他倾家荡产的一切事务，同时又采取各种冒险手段，希望借以防止或摆脱最后的可怕打击。人们纷纷要求支付公司股息，而这些公司大多数只有虚名。大宗现金投入了投机企业，从那里就再也抽不出来，同时高利率——目前英格兰银行为 7%——好像是在无情地宣布审判即将到来。

马克思：《欧洲的危机》，
《马克思恩格斯全集》第 12 卷第 87 页。

这个公司的利润的特殊性质是由于它的资本同它的业务相差悬殊而产生的。这种悬殊——绝不是暂时性的——实质上是该公司生存的有机规律。……

要是该公司的资本同该公司的业务之间的悬殊状况消失了，因而该公司的"特殊"利润也消失了，那末 Crédit Mobilier 就不是单单下降为一家普通银行，它会极可怜地破产。

马克思：《CRéDIT MOBILIER》，
《马克思恩格斯全集》第 12 卷第 219 页。

当法国的商业开始萧条的时候，几家铁路公司立即被迫停止营业，而同样的遭遇也威胁着几乎其余所有的铁路公司。为了扭转它们的这种情况，皇帝强迫法兰西银行同铁路公司签订合同，由于合同的关系，法兰西银行实际上变成真正的铁路承包人。

马克思：《法国的危机》，
《马克思恩格斯全集》第 12 卷第 379 页。

由于降低英国商品税——不管真降低或假降低——要延搁到将来，所以英国政府实质上起一个保险公司的作用，保证在这个时期内维持住路易-拿破仑的权力。这个商约的真正秘密正是在于，"这完全不是商约"，而纯粹是一个骗局，是要迷惑约翰牛的商业头脑和掩盖不可告人的政治计划。

马克思：《法英之间的新条约》，
《马克思恩格斯全集》第 15 卷第 18 页。

美国的危机妙极了，而且远没有过去。应该预料到还会有大批进口公司破产；到目前为止，破产的看来还只是个别的。

《马克思致恩格斯》，
《马克思恩格斯全集》第 29 卷第 196 页。

本诺克—特温蒂曼—里格公司（布兰克公司的竞争者）的破产，使考文垂的五个丝带厂厂主也破了产，他们总共负债十万英镑，其中最大的厂负债四万英镑。最小的是六千英镑。

《恩格斯致马克思》，
《马克思恩格斯全集》第 29 卷第 200 页。

这里的一家生意很好的棉纱经售公司，在三星期前还有四万五千英镑的合同，而现在总共只有三千英镑了，——尽管缩短了开工时间，纺纱厂厂主却能这么快地交货。

《恩格斯致马克思》，

《马克思恩格斯全集》第 29 卷第 201 页。

美国的危机使巴门和爱北斐特的服饰用品厂厂主，爱北斐特、克雷弗尔德和里昂的丝纺织业厂主，德国、法国和比利时的呢绒厂厂主都深深陷进这场混乱中去。巴门的服饰用品厂厂主还因受本诺克—特温蒂曼公司的影响而遭到特别大的损失。德莱柏一皮埃特罗尼公司把意大利、特别是米兰、诸公国、博洛尼亚等也拖进了危机。

《恩格斯致马克思》，

《马克思恩格斯全集》第 29 卷第 202 页。

大约四星期前维也纳发生了股票危机，据说，在这个期间，那里有一百零五家公司破产，负债一千四百万弗罗伦，即一百四十万英镑。

《马克思致恩格斯》，

《马克思恩格斯全集》第 29 卷第 207 页。

假定 1857 年的棉花收获量是三百万包（收获量将达三百二十五万包），那末这全部的棉花在目前要比 9 月份少卖一千五百万英镑。这里的一家公司正在用船装运三万五千袋咖啡，每袋损失一英镑。东印度棉花也遭到很大损失——百分之三十三。随着以这些商品作抵押的期票的先后到期，破产一定也会逐渐发生。

《恩格斯致马克思》，

《马克思恩格斯全集》第 29 卷第 213 页。

一家美国大公司，不久前经过两天的谈判，从英格兰银行获得了一百万的贷款，因而得了救，这就是为七月四日纪念日举办盛大宴会的那位皮鲍迪先生的公司。据说不久前连不可动摇的祖泽—济贝特公司也不得不求救于英格兰银行，而在 1847 年以后，除了弗吕林—古申公司，祖泽—济贝特公司的期票在东印度是唯一可以贴现而不要拿提货单作保证的。

《恩格斯致马克思》，

《马克思恩格斯全集》第 29 卷第 213 页。

上星期日的《观察家报》报道说，由于关于动产信用公司的令人不快的流言到处传播，大家都奔向交易所，竭力要把自己的股票脱手。

《马克思致恩格斯》，

《马克思恩格斯全集》第 29 卷第 218 页。

据说，除了白银，什么东西都不值钱了！在上星期，顺克—苏歇公司和另两家同样殷实的公司所签发的为期两个月的期票，贴现率已经不能低于百分之十二点五。

《恩格斯致马克思》，

《马克思恩格斯全集》第 29 卷第 220 页。

（3）海外公司立法的使命

Seehandlung〔海外贸易公司〕是君主专制政体的遗物，曾被君主专制政体用来达到种种目的。20 年来该公司把 1820 年的国债法变成了一纸空文，而且非常可恶地干预着工商业。

恩格斯：《柏林的妥协辩论》，

《马克思恩格斯全集》第 5 卷第 51 页。

与黄金输出的同时，外汇牌价显著下跌，这种现象部分是由于大多数进口货价格的大大提高，部分是由于对进口货的广泛投机所致。与此有关的还有对农场主不利的秋冬两季的影响，由此而产生的对今年收成的疑惑以及随之而来的对外谷物和面粉的巨额交易。最后，英国资本家广泛入股在法国、意大利、西班牙、瑞典、挪威、丹麦、德国和比利时建立铁路和其他公司，并且在不小程度上参与了现在以巴黎交易所为活动中心的普遍欺诈。

马克思：《政局展望。—商业繁荣。—饿死事件》，

《马克思恩格斯全集》第 8 卷第 566 页。

为了说明不列颠东印度公司的活动，只要把英国的爪哇总督斯坦弗德·莱佛尔斯爵士谈到旧时的荷兰东印度公司的时候说过的一段话一字不改地引过来就够了："荷兰东印度公司一心只想赚钱，它对待自己的臣民还不如过去的西印度种植场主人对待他们的奴隶，因为这些种植场主买人的时候还付过钱，而荷兰东印度公司一文钱都没有花过，它只运用全部现有的专制机构压榨居民，使他们把最后一点东西都交纳出来，把最后一点劳力都贡献出来。这样，它就加重了任意妄为的半野蛮政府所造成的祸害，因为它是把政治家的全部实际技巧同商人的全部垄断利己心肠结合在一起进行统治的。"

马克思：《不列颠在印度的统治》，

《马克思恩格斯全集》第 9 卷第 145 页。

在 1702 年以前，原有的东印度公司的生存曾经一再陷于危殆。在克伦威尔摄政时期，它的活动曾中断多年；在威廉三世统治时期，它又因议会干涉而几乎全部解散。但是，正是在这位荷兰亲王的统治时期，——那时，辉格党人成了不列颠帝国的包税者，英格兰银行创办了，保护关税制度在英国确立了，欧洲的均势最后稳定了，——仅仅是在这个时候，东印度公司的存在才由议会承认。

马克思：《东印度公司，它的历史与结果》，

《马克思恩格斯全集》第 9 卷第 167 页。

君主立宪制度与享有垄断权的金融巨头结成了联盟，东印度公司与 1688 年的"光荣"革命结成了联盟，造成这种联盟的力量，……早在 1693 年，根据议会的调查，东印度公司在给权贵"送礼"项下的支出每年就达到了 9 万英镑，而在革命前每年还很少超过1200 英镑。……。东印度公司为了排挤同它竞争的公司，还给政府大批利率极低的贷款，或者收买这些公司的董事。

马克思：《东印度公司，它的历史与结果》，
《马克思恩格斯全集》第 9 卷第 168 页。

东印度公司和英格兰银行一样，是靠着向政府行贿而获得权势的，它也不能不像英格兰银行那样继续用行贿来保持这种权势。每当它的垄断权期满时，它只有向政府贡献新的贷款，奉送新的礼物，才能更换特许状。

马克思：《东印度公司，它的历史与结果》，
《马克思恩格斯全集》第 9 卷第 168 页。

公司的领土是在不列颠海军和不列颠陆军的协助下占领的，无论哪一个不列颠臣民都不能离开王室而拥有对某些领土的最高权力。在那时的大臣和国家看来，东印度公司获得"惊人的宝藏"是新近的侵略的结果，所以就要分享一份。

马克思：《东印度公司，它的历史与结果》，
《马克思恩格斯全集》第 9 卷第 169 页。

东印度公司遭到了财政困难，它不但无法履行这个协议，向英吉利国家纳贡，反而要求议会给予金钱上的援助。结果公司的特许状作了重大修改。公司在新的条件下仍然没有起色；与此同时，英吉利国家又失掉了北美殖民地，于是越来越多的人感到英国必须在别处重新取得一个广大殖民帝国。因此，大名鼎鼎的福克斯才认为 1783 年是适当的时机，提出了他那轰动一时的印度法案，建议取消董事会和股东会，把管辖印度的全权交给议会任命的 7 位特派专员。

马克思：《东印度公司，它的历史与结果》，
《马克思恩格斯全集》第 9 卷第 169 页。

东印度公司起初只是想为代理人建立海外商馆，为货物建立储运站。为了保护自己的海外商馆和堆栈，公司建造了若干堡垒。尽管从 1689 年起东印度公司就想在印度占据领地，使领地上的收入成为公司的一种财源，但是一直到 1744 年，它只在孟买、马德拉斯和加尔各答一带弄到几块不大的地区。随后就爆发了卡尔纳梯克的战争，经过一系列战斗，公司实际上就成了印度的这一地区的主宰。

马克思：《东印度公司，它的历史与结果》，
《马克思恩格斯全集》第 9 卷第 170 页。

在十八世纪末和本世纪初，公司同提普·萨希布进行战争，结果是大大加强了侵略者的势力，并且广泛推行了军费补助金制度［B9］。

马克思：《东印度公司，它的历史与结果》，
《马克思恩格斯全集》第9卷第171页。

逐渐地，东印度公司的拥护者就愈来愈大胆了。在英国首先鼓吹自由贸易原则的人居然是垄断印度贸易的人，这可以说是奇怪的印度史上一段有趣的插曲。

马克思：《东印度公司，它的历史与结果》，
《马克思恩格斯全集》第9卷第172页。

印度的财政连年亏空；它的军费负担过重，而公共工程方面的支出却等于零；在那里实行着可恶的苛捐杂税制度，司法和法律也同样可恶。以上这五点可以说就是东印度公司特许状上的五个主要章节。

马克思：《土耳其战争问题。——"纽约论坛报"在下院。——印度的管理》，
《马克思恩格斯全集》第9卷第202页。

1784年的皮特法令规定同东印度公司妥协，使它受督察委员会监督，同时又使督察委员会成为英国政府的附属物，这个法案从手续上和事实上批准、确认并且整顿了这个自发产生的双重管理制度。

马克思：《土耳其战争问题。——"纽约论坛报"在下院。——印度的管理》，
《马克思恩格斯全集》第9卷第203页。

除了田赋以外，还应当看到盐税。大家知道，东印度公司掌握了盐业垄断权，它的盐的售价高于市场价格两倍。

马克思：《战争问题。——议会动态。——印度》
《马克思恩格斯全集》第9卷第244页。

1854年4月30日，东印度公司特许状有效期满。因此，应当重新调整英国和印度之间的关系。联合内阁力图把东印度公司的特许状再延长20年，结果没有成功。印度没有再被"租给"东印度公司几十年。特许状只是在停止特许状生效的"通知"发出前还有效，而议会随时都可以向公司发出停止特许状生效的通知。

马克思：《被推翻的内阁》，
《马克思恩格斯全集》第11卷第48页。

只要东印度公司垂涎于任何一个独立君主的领地、任何一个在政治上和商业上具有重要意义或者盛产黄金宝石的地域，被猎取的对象就会被指控破坏了某某臆想的或既有的条

约、违背了想象中的诺言或约束、犯下了莫须有的罪行，接着便宣布开战，于是又一件证实邪恶永存、证实狼和小羊这个寓言的永恒寓意的血腥事件被载入了英国的史册。

马克思：《英国—波斯战争》，

《马克思恩格斯全集》第12卷第77页。

布朗先生在与英国皇家银行建立业务联系以前和以后，曾经领导过澳大利亚食糖进口和提炼特许公司，防水砖瓦和普通砖瓦专利公司，华德自来水公司，地产公司，船坞公司，——总之，一系列五花八门的公司。当债权人的律师林克雷特先生问他，所有这些公司后来的结局怎么样的时候，布朗相当确切地回答道："也许应该认为它们已经呜呼哀哉了。"

马克思：《英国的金融舞弊》，

《马克思恩格斯全集》第12卷第214~215页。

东印度公司的地位就有了很大的改变。它已不再借助印度一部分地区去进攻另一部分地区，而是自己高高在上，整个印度都伏在它的脚下。它已成为唯一的征服者，而不必再从事征战。它手下的军队不需要再去扩展它的领地，而只要保持这些领地就行了。

马克思：《印度军队的起义》，

《马克思恩格斯全集》第12卷第251页。

东印度公司原来的600万英镑的股份资本变成了1200万英镑由印度居民税收中支付5%利润的资本。于是，东印度公司的债务借助议会的魔法变成了印度人民的债务。

马克思：《即将发行的印度公债》，

《马克思恩格斯全集》第12卷第408页。

东印度公司在伦敦金融市场上接二连三的举债，会提高货币价值，防止资本的日益贬值，也就是说，防止贴现率的继续下跌；但是这种下跌正是为活跃英国工商业所必需的。对贴现率下跌作任何人为的阻止，就等于生产费用和信用价值的提高，而这种提高是目前还孱弱的英国工商业所不堪忍受的。

马克思：《即将发行的印度公债》，

《马克思恩格斯全集》第12卷第410页。

东印度公司在伦敦金融市场上接二连三的举债，会提高货币价值，防止资本的日益贬值，也就是说，防止贴现率的继续下跌；但是这种下跌正是为活跃英国工商业所必需的。对贴现率下跌作任何人为的阻止，就等于生产费用和信用价值的提高，而这种提高是目前还孱弱的英国工商业所不堪忍受的。……

Caisse des actionnaires〔股份银行〕的董事、小帝国的暴发的百万富翁之一米洛先生对自己的股东们说："最近半年来的营业没有取得分毫利润，因而他不仅无法宣布股息，甚至无法支付这半年通常的利息，但是这种利息他一定会掏自己私人的腰包来支付的。"

马克思：《法国财政状况》，

《马克思恩格斯全集》第 12 卷第 467 页。

东印度公司的命运可以说已经决定。应该承认，公司决不是像英雄那样死去；但是它已将自己的权力，以它取得时的那种方式，即一点一滴地，通过巧妙的交易变卖出去。实际上，它的全部历史就是一篇买进卖出的故事。它以买进主权开始，而以卖出主权告终。它不是在决战中倒了下去，而是在拍卖人的木槌声中落到了出价最高的人手里。

马克思：《关于印度的法案 373》，

《马克思恩格斯全集》第 12 卷第 558 页。

由于有东印度公司的汇票，英国对印度的出口已大于进口。查理·伍德爵士曾就这点对他进行反复盘问。英国对印度的出口之所以超过进口，实际上是由于英国没有对从印度来的进口支付等价物所引起的：东印度公司（现在是东印度政府）的汇票，成了从印度征收的贡赋。

马克思：《资本论第 3 卷》，

《马克思恩格斯全集》第 25 卷下册第 658 页。

恩格斯在《柏林的妥协辩论》里提到的"海外贸易公司"（seehandlung），是 1772 年在普鲁士成立的贸易信托公司。该公司享有许多重要的国家特权，它给予政府巨额贷款，实际上起了政府的银行老板和财政部门的经纪人的作用。1904 年正式改为普鲁士的国家银行。

马克思在《东印度公司，它的历史与结果》里提到的"公司同提普·萨希布进行战争"，是在 1790—1792 和 1799 年，东印度公司同南印度的一个独立的封建王国迈索尔进行战争。这个王国的首脑是提普·萨希布。第一次战争的结果，迈索尔的一半领土被公司和与公司结盟的封建王公侵占。第二次战争迈索尔彻底失败，提普死，迈索尔沦为藩属王国。

"军费补助金制度"，或称军费补助合同制度，是东印度公司把印度各王国的统治者变成它的藩臣的形式之一。有的合同规定王公必须供养（补助）驻扎在他们领土上的公司的军队；还有些合同硬把一些附有盘剥条件的贷款强贷给王公，不履行这些条件就没收领地。上述这些合同是最常见的合同。

马克思列举的这几次侵略战争，都是英国东印度公司为了侵占印度领土和实行殖民奴役而在印度进行的战争，这几次战争同时也是为了打倒主要的殖民地竞争者——法国东印度公司。

卡尔纳梯克（印度东南部的一个王国）战争从 1746 年起，停停打打，直到 1763 年英国人取得了胜利，他们早在 1761 年 1 月就占领了法国在印度南部的主要据点庞迪契里。

1756 年，孟加拉的纳瓦布为了防止英国人入侵他的领地，对英国人开战，夺取了英国人在印度东北部的根据地加尔各答。但是，英国东印度公司的军队，很快又重新占领了加尔各答，摧毁了支持纳瓦布的法国人在孟加拉的工事设施，并于1757年6月23日在普拉西打败了纳瓦布的军队。

1803年征服了孟加拉以南的奥里萨，这片领土上的几个封建王国都落到了公司手中。

（4）政权在公司和国家债权银行家控制之下

在法国，工业家不可能和国家债权人、银行家以及船主进行什么重大的斗争，因为在资产阶级的各个集团中，国家债权人和银行家（他们同时还是铁路、矿业以及其他公司的主要股东）无疑是最强有力的，而且自1830年以来，政权就在他们的控制之下，其中只有很短的几次间隔。工业家在国外市场上被外国的竞争压倒，在国内市场上又毫无把握，他们没有可能强大到能够顺利地对银行家、国家债权人进行斗争。

恩格斯：《基佐的穷途末日。法国资产阶级的现状》，

《马克思恩格斯全集》第4卷205页。

政府为了防止资产者成立强大的股份公司，只好向他们借款来建筑铁路，因而也就成了路特希尔德、阿恩施坦、埃斯克勒斯、辛纳等的债务人。

恩格斯：《奥地利末日的开端》，

《马克思恩格斯全集》第4卷520页。

真正的波拿巴分子，培尔西尼和Crédit Mobilier〔动产信用公司〕正在酝酿一个方案，即把法兰西银行置于政府的直接和完全监督之下，使之变成国库的纯粹附属品，并利用这样得到的权力无限制地发行不能兑换黄金的国家纸币。

马克思：《不列颠的贸易》，

《马克思恩格斯全集》第15卷第376页。

控制铁路公司的计划失败了。于是就改变方针，想把股票卖给国家。把全部铁路集中在帝国政府手中这一方案的出发点，不是为了国家的公共福利，而是为了拯救两家没有支付能力的银行。

恩格斯：《俾斯麦先生的社会主义》，

《马克思恩格斯全集》第19卷第197页。

这种自行消耗的基金，可以重说一次，是只有疯子才会想出来的。但他们并不是疯子：发明这种基金的是贴现公司的那些投机者，——而且并不是没有根据的。难怪要花几乎一年的时间才说服政府接受这一主张。

恩格斯：《俾斯麦先生的社会主义》，

《马克思恩格斯全集》第19卷第198页。

因为只有在生产资料或交通手段真正发展到不适于由股份公司来管理，因而国有化在经济上已成为不可避免的情况下，国有化——即使是由现代国家实行的——才意味着经济上的进步，才意味着在由社会本身占有一切生产力方面达到了一个新的准备阶段。

> 恩格斯：《社会主义从空想到科学的发展》，
> 《马克思恩格斯全集》第 19 卷第 239 页。

如果说，危机暴露出资产阶级无能继续驾御现代生产力，那末，大的生产机构和交通机构向股份公司、托拉斯和国家财产的转变就表明资产阶级在这方面不是不可缺少的。资本家的全部社会职能现在由雇佣的职员来执行了。资本家拿红利、剪息票、在各种资本家相互争夺彼此的资本的交易所中进行投机，除此以外，再没有任何其他的社会活动了。

> 恩格斯：《社会主义从空想到科学的发展》，
> 《马克思恩格斯全集》第 19 卷第 240 页。

无论转化为股份公司，还是转化为国家财产，都没有消除生产力的资本属性。在股份公司那里，这一点是十分明显的。而现代国家却只是资产阶级社会为了维护资本主义生产方式的共同的外部条件使之不受工人和个别资本家的侵犯而建立的组织。现代国家，不管它的形式如何，本质上都是资本主义的机器，资本家的国家，理想的总资本家。

> 恩格斯：《反杜林论》，
> 《马克思恩格斯全集》第 20 卷第 303 页。

在货币短缺时，银行家总是习惯于用这种汇票付给他的顾客。如果受款人想要银行券，他就只好把这种汇票再拿去贴现。对银行来说，这等于取得了造币的特权。琼斯·劳埃德公司"长期以来"，每当货币短缺，利息率达到 5% 以上的时候，就用这个方法来支付。

> 马克思：《资本论第三卷》，
> 《马克思恩格斯全集》第 25 卷上册第 455 页。

信用制度是资本主义的私人企业逐渐转化为资本主义的股份公司的主要基础，同样，它又是按或大或小的国家规模逐渐扩大合作企业的手段。

> 马克思：《资本论第三卷》，
> 《马克思恩格斯全集》第 25 卷上册第 498 页。

贝列拉在竭力催逼波拿巴。如果后者不贸然批准的话，大概就会拟定出一条中间路线，也就是通过新的法案从上面来使法兰西银行成为动产信用公司的助手。其次，从报告书中可以看出，动产信用公司的业务同它的资本极不相称，并且它向公众借来的资本完全用于鼓励交易所的投机活动。一方面，动产信用公司作为波拿巴的名义上的国家机关，宣称有责任维持国家有价证券、股票、债券——总之，一切国家交易所证券——的行情，为此，它把向公众借来的货币贷与股份公司和某些证券投机商去经营交易所业务。

《马克思致恩格斯》，
《马克思恩格斯全集》第 29 卷第 133~134 页。

完全陷于困境的动产信用公司准备与土地信用公司和全国贴现局合并。为什么？因为法律规定后两者有权以他们的有价证券作抵押从法兰西银行获得贷款，并且将它们已经贴现的期票再行贴现。这样，显然，按照布斯特拉巴的计划，法兰西银行不依靠自己的资本，而只依靠存放在它那里的资本——只要邻国一出现什么苗头，这些资本就会流掉——，将成为他一切投机活动的总管。这确实是把法兰西银行也毁掉的一个很好的办法。

《马克思致恩格斯》，
《马克思恩格斯全集》第 29 卷第 232 页。

英国的巴拿马叫做建筑公司，头目不止一个，——普通老百姓的积蓄在这些公司里整个地被侵吞了，但是没有引起大惊小怪。在这里面有一个叫斯宾塞·巴尔福的议员，他将交出自己全部的职权，去过退休生活；还有许多议员靠出卖自己的名字担任形形色色骗人公司的经理而发财致富，只要不做得太过分，就被认为是完全正派的。

《恩格斯致奥·倍倍尔》，
《马克思恩格斯全集》第 38 卷第 548 页。

《恩格斯致奥·倍倍尔》里说，"英国的巴拿马叫做建筑公司，头目不止一个，——普通老百姓的积蓄在这些公司里整个地被侵吞了"，揭露了巴拿马是巴拿马运河股份公司通过收买法国国家活动家、官员和报刊而制造的一个骗局。巴拿马运河股份公司是根据工程师和实业家斐·累塞普斯的创议、为了开凿经过巴拿马地峡的运河而于 1879 年在法国成立的。1888 年底，这家公司垮台，引起了大批小股东的破产和无数企业的倒闭。后来，到 1892 年才发现，该公司为了掩盖它的真实财政状况和滥用所筹集的资金，曾广泛采用收买和贿赂手段，法国前内阁总理弗雷西讷、鲁维埃、弗洛凯和其他身居要职的官员都接受过这种贿赂。

（5）反托拉斯法

在目前，使用机器一方面导致联合的、有组织的劳动，另一方面则导致至今存在的一切社会关系和家庭关系的破坏。

《卡·马克思关于在资本主义制度下使用机器的后果的发言记录》，
《马克思恩格斯全集》第 16 卷第 642 页。

工人要学会把机器和机器的资本主义应用区别开来，从而学会把自己的攻击从物质生产资料本身转向物质生产资料的社会使用形式，是需要时间和经验的。

　　　　　　　　　　　　　　　　　　马克思：《资本论第 1 卷》，

　　　　　　　　　　　　　《马克思恩格斯全集》第 23 卷第 469 页

1844 年的议会会议上政府曾决定要那些垄断一切交通工具的铁路公司适当地降低车费（降到 1 辨士 1 英里，约合 5 银格罗申 1 德里），使工人也能乘火车旅行，并为此建议各铁路线上每天加开一班三等廉价列车。

　　　　　　　　　　　　　　　　恩格斯：《英国工人阶级状况》，

　　　　　　　　　　　　　《马克思恩格斯全集》第 2 卷 571 页。

某些生产资料和交通手段，例如铁路，一开始规模就很大，它们排斥任何其他的资本主义经营形式。在一定的发展阶段上，这种形式也嫌不够了；国内同一工业部门的大生产者联合为一个"托拉斯"，即一个以调节生产为目的的联盟；他们规定应该生产的总产量，在他们中间加以分配，并且强制实行预先规定的出售价格。

　　　　　　　　　　　　恩格斯：《社会主义从空想到科学的发展》，

　　　　　　　　　　　　　《马克思恩格斯全集》第 19 卷第 238 页。

这种托拉斯一遇到不景气的时候大部分就陷于瓦解，正因为如此，它们就趋向于更加集中的社会化：整个工业部门变为一个唯一的庞大的股份公司，国内的竞争让位于这个公司在国内的垄断；例如还在 1890 年，英国的制碱业就发生了这种情形，现在，这一行业在所有 48 个大工厂合并以后就转到了一个唯一的、统一领导的、拥有 12000 万马克资本的公司手中了。

在托拉斯中，自由竞争转为垄断，而资本主义社会的无计划生产向行将到来的社会主义社会的计划生产投降。当然，这首先还是对资本家有利的。

　　　　　　　　　　　　恩格斯：《社会主义从空想到科学的发展》，

　　　　　　　　　　　　《马克思恩格斯全集》第 19 卷第 238 ~ 239 页。

这种托拉斯一遇到不景气的时候大部分就陷于瓦解，正因为如此，它们就趋向于更加集中的社会化：整个工业部门变为一个唯一的庞大的股份公司，国内的竞争让位于这一个公司在国内的垄断。

　　　　　　　　　　　　　　　　　　恩格斯：《反杜林论》，

　　　　　　　　　　　　　《马克思恩格斯全集》第 20 卷第 707 页。

德国的制铁业集中在为数不多的几家大公司，大部分是股份公司的手中，它们合在一起能够生产的铁，比全国所能吸收的一般消费量大约多三倍。为了避免不必要的互相竞争，这些公司成立了托拉斯，负责在这些公司之间分配同外国人签订的合同，在每一个具体场合都确定应该由哪一家公司来具体供应。

马克思：《保护关税制度和自由贸易》，

《马克思恩格斯全集》第 21 卷第 425 页。

在股份公司内，职能已同资本所有权相分离，因而劳动也已经完全同生产资料的所有权和剩余劳动的所有权相分离。资本主义生产极度发展的这个结果，是资本再转化为生产者的财产所必需的过渡点。

马克思：《资本论第三卷》，

《马克思恩格斯全集》第 25 卷上册第 494 页。

在个别场合，甚至有时会成立国际卡特尔，例如英国和德国在铁的生产方面成立的卡特尔。但是生产社会化的这个形式还嫌不足。各个公司的利益的对立，过于频繁地破坏了它，并恢复了竞争。因此，在有些部门，只要生产发展的程度允许的话，就把该工业部门的全部生产，集中成为一个大股份公司，实行统一领导。

马克思：《资本论第三卷》，

《马克思恩格斯全集》第 25 卷上册第 495 页。

它在一定部门中造成了垄断，因而要求国家的干涉。它再生产出了一种新的金融贵族，一种新的寄生虫，——发起人、创业人和徒有其名的董事；并在创立公司、发行股票和进行股票交易方面再生产出了一整套投机和欺诈活动。这是一种没有私有财产控制的私人生产。

马克思：《资本论第三卷》，

《马克思恩格斯全集》第 25 卷上册第 496 页。

财富在个人手里的积累现在已经显著加快，以致单个商人很快就能够在一个企业中投下象以前整个公司所投的那样多的资金。商业公司在它们继续存在的地方多半都变成了武装的团体，它们在祖国的保护和庇护下，对新发现的整块土地实行征服，并进行垄断的剥削。

恩格斯：《资本论第三卷增补》，

《马克思恩格斯全集》第 25 卷下册第 1023 页。

德国现在这样的社会正动摇于两种倾向之间。一方面，所有官方的和有产的社会阶层结成联盟反对无产阶级，这个倾向最终将导致"反动的一帮"的形成，在平静发展的情况下，它终将占上风。另一方面，还有这样一种倾向，这就是把由于怯懦而尚未解决的旧冲突一再提上日程，这种冲突是还保持着专制残余的君主制、土地贵族、自以为超越一切政党之上的官僚同与所有这一切相对立的、其物质利益每日每时都受到这些没落因素损害的工业资产阶级之间的冲突。这两种倾向中的哪一种在某个时候占上风，取决于个人的、地方的以及诸如此类的偶然情况。目前在德国，似乎是后一倾向正在取胜，不过象施杜姆这样的工业巨头和工业公司的股东当然多半都站在腐朽的反动势力一边。

《恩格斯致奥·倍倍尔》，

《马克思恩格斯全集》第 38 卷第 282 页。

牛奶的按质定价（如按照牛奶的含脂量定价）也必定起同样的作用，技术竭力为这种办法发挥作用，发明了各种乳比重计等等，而专家们是热烈赞成这种办法的（参看《俄国的生产力》第 3 编第 9 页和第 38 页）。在这一点上，联合牛奶厂在资本主义发展中所起的作用，完全和大型谷仓在商业性谷物业中所起的作用相仿。大型使粮食不再是个体的产品，而是分种类的产品（即民法学家所说的可代替物），这就是说，第一次使粮食完全适合于交换（参看麦·捷林关于北美合众国粮食贸易的论文，《土地占有制和农业》文集第 281 页及以后各页）。这样，大型谷仓就大大推动了商品性的粮食生产，并且也用实行按质定价的办法促进了商品性粮食生产的技术发展。这种措施一下子就给小生产者两个打击。第一，它把大耕作者质量较高的粮食作为标准，使之具有法律效力，结果就减低了贫苦农民的质量较差的粮食的价格。第二，它按照资本主义大工业的形式进行粮食分类和粮食保管，这就使大耕作者降低了这方面的开支，使他们能够简便地出售粮食，结果使那些以宗法式的原始办法推着车子在市场上兜售粮食的小生产者完全落到富农和高利贷者手中。可见，大型谷仓建设在最近的迅速发展，说明在谷物业中资本取得了巨大胜利，小商品生产者受到贬斥，正像资本主义的"联合牛奶厂"的出现和发展所说明的情况一样。

列宁：《俄国资本主义的发展》，

《列宁全集》第 3 卷第 237 页。

特大工厂把小工厂挤垮，使生产愈来愈集中。愈来愈多的工人向少数企业集中，而千百万联合起来的工人所创造的全部利润则落到一小撮百万富翁手里去了。

列宁：《俄国的生产集中》，

《列宁全集》第 22 卷第 44 页。

贴现公司资本增加的经过，是柏林两家最大的银行——德意志银行和贴现公司争夺霸权斗争中的一幕。

列宁：《帝国主义是资本主义的最高阶级》，

《列宁全集》第 27 卷第 350 页。

在 1903 年，两家德国大公司和这个美英托拉斯签订了一项为瓜分利润而瓜分世界的合同。德国的公司在英美之间的航线上退出了竞争。合同明确地规定了哪些港口"归"谁"使用"，并且设立了一个共同的监察委员会等等。

列宁：《帝国主义是资本主义的最高阶级》，

《列宁全集》第 27 卷第 386 页。

反驳一开始就举了一个例子，说颁布反托拉斯法的事实并不能证明禁止托拉斯是不能实现的。

列宁：《论面目全非的马克思主义和"帝国主义经济主义"》，
《列宁全集》第 28 卷第 140 页。

银行国有化将会大大有助于保险事业的一并国有化，也就是把一切保险公司合并成一个，把它们的活动集中起来，受国家的监督。只要革命民主国家颁布一项有关法令，责令各保险公司的董事长和大股东各自认真负责地毫不迟延地实行这种合并，那么，通过保险公司职员代表大会就可以毫不费力地立刻实现这种合并。

列宁：《大祸临头，出路何在?》，
《列宁全集》第 32 卷第 194 页。

"国际间组织起来的资本家同盟"也是在帝国主义之前就有了，因为凡是有不同国家的资本家参加的股份公司都是"国际间组织起来的资本家同盟"。

列宁：《论修改党纲》，
《列宁全集》第 32 卷第 361 页。

为了实行国家垄断，规定固定价格，苏维埃政权正采取在目前情况下能够采取的一切措施，并且是通过工人，同工人一起采取的，使工人在每一个管理委员会里，每一个中央机构——无论是最高国民经济委员会、五金工人联合会，还是最近几星期内收归国有的制糖厂联合公司——中都占多数。

列宁：《莫斯科工会和工厂委员会第四次代表会议文献》，
《列宁全集》第 34 卷第 436 页。

我们要特别注意，不要以为在国营托拉斯和合营公司中到处都有负责的优秀共产党员，就可以高枕无忧了——这毫无用处，因为他们不会经营，在这种意义上他们还不如那些经过大工厂大商号训练的普通资本主义店员。

列宁：《俄共（布）中央委员会政治报告》，
《列宁全集》第 43 卷第 81 页。

至于商业，我还想着重指出，我们在设法建立合营公司。我们已经在建立这种公司，这种公司的资本，一部分属于私人资本家，而且是外国资本家，另一部分属于我们。第一，我们通过这种方式可以学习做生意，这对我们是必要的。第二，如果我们认为必要，我们随时都可以取消这种公司，所以可以说，我们一点也不担风险。

列宁：《共产国际第四次代表大会文献》，
《列宁全集》第 43 卷第 284 页。

　　问题完全不在于一个国营百货公司。我们所有经济机构的一切工作中最大的毛病就是官僚主义。共产党员成了官僚主义者。如果说有什么东西会把我们毁掉的话，那就是这个。对国家银行来说，最危险的莫过于变成官僚机关。

列宁：《致格·雅·索柯里尼柯夫》，

《列宁全集》第 52 卷第 300 页。

　　马克思在《资本论》第 1 卷里指出，"工人要学会把机器和机器的资本主义应用区别开来，从而学会把自己的攻击从物质生产资料本身转向物质生产资料的社会使用形式，是需要时间和经验的。"他在注释里写道："在旧式的工场手工业中，甚至今天，工人有时还对机器采取粗暴的反抗形式。例如，1865 年在设菲尔德锉刀工人中间就发生过这种事情。"

　　这里，马克思提出了"机器的资本主义应用"提法。这一提法深刻地说明了"机器"是物质条件，而"机器的资本主义应用"则赋予了"机器应用"的社会属性。"资本主义的应用"，是把物质性的"机器"纳入资本主义生产关系之中。如指着一台机器问："这台机器姓社还是姓资？"这句话的意思很明确，机器既不姓社也不姓资。提问人当时并没有谈"机器应用"。根据马克思的理解，"机器应用"当然存在姓社姓资问题。提问人问的是"这台机器"，可一些人脱离"这台机器"，说成什么都不存在姓社姓资问题了，说意识形态也不存在姓社姓资问题了，而这被说成是提问人说的。

　　列宁在《论面目全非的马克思主义和"帝国主义经济主义"》说，"反驳一开始就举了一个例子，说颁布反托拉斯法的事实并不能证明禁止托拉斯是不能实现的"，接着说，"完全正确，只是例子举得不恰当，因为它是驳斥彼·基辅斯基的"。文中的彼·基辅斯基，是格·列·皮达可夫。列宁认为，皮达可夫同俄国社会民主党内的布哈林、博什等人和其他许多国家的左派社会党人一样，是"面目全非的马克思主义"和"帝国主义经济主义"者。

　　在帝国主义时代，俄国社会民主党的纲领或爱尔福特纲领，都承认经济集中和大生产战胜小生产的规律。但彼·基辅斯基隐瞒了一个事实，即不承认政治集中或国家集中的规律。列宁对彼·基辅斯基 1916 年 8 月写的《无产阶级和金融资本时代的"民族自决权"》一文中，极力否定帝国主义时代民主斗争的必要性，要求放弃民族自决权的口号，放弃最低纲领，并在对国家的态度问题上提出了半无政府主义观点，进行了有针对性的批驳。列宁把这种正在产生的机会主义思潮称为"帝国主义经济主义"，即和 1894—1902 年的俄国经济主义同样是面目全非的马克思主义。列宁的《论正在产生的"帝国主义经济主义"倾向》、《对彼·基辅斯基（尤·皮达可夫）〈无产阶级和金融资本时代的"民族自决权"〉一文的回答》、《论面目全非的马克思主义和"帝国主义经济主义"》以及《关于自决问题的争论总结》等文章中，列宁指出了帝国主义经济主义传播的危险性，批判了它的主要错误。

（三）一般商业活动法制度

1. 商业秘密法

在资本主义条件下，商业秘密法是保护商业组织的企业秘密的法律。

商业组织一般利用合同保护商业秘密。企业生产和发展计划、技术诀窍和程序、账目和财物状况、客户名单、对外谈判原则和内容等等，都被认为是商业秘密。为防止商业秘密外传和未加保护而泄露，需要在雇佣劳动合同里规定保密条款，或订立单独的保密合同。商业秘密所有人可将秘密告知他人，但通过合同规定，使他人负有不使用商业秘密或泄露商业秘密的义务。

商业秘密所有人享有商业秘密的专有权，但不得对抗独立发现人。

在书面合同中，明确规定：①商业秘密为企业所有，不为制定或拥有商业秘密的受雇人所有；②载明当事人之间的机密关系，承办人、居间人，或其他非受雇人，承担不得泄露的义务；③对商业秘密是否知情；④受雇人不得使用或泄露前受雇人所使用的商业秘密。

法院关于商业秘密的审判，主要依据雇用人与受雇人之间合同。法院审理主要着眼于：工商秘密是否确实存在，是否符合公共政策，雇用人请求保护与对受雇人设定限制是否合理。商业秘密所有人申请禁止处分和其他救济时，法院亦依法判决禁止处分和其他救济。

商业秘密法的立法目的在于，为保障企业获取最大限度的利润，防止因为泄露商业秘密而使企业在竞争中处于不利地位。

经典作家是否定资本主义商业秘密法的。认为商业秘密是掩盖大资本的诈骗行为和惊人利润的手段。保护商业秘密的法律在这里并不是为生产或交换的需要服务的，而是为投机买卖和用极不正当的手段牟取暴利以及真正的诈骗行为服务的。列宁主张，取消商业秘密，国家有权审查任何一个企业的一切文据。

在社会主义条件下，因为全民所有制企业和集体所有制企业是人民的企业，他们之间的关系是社会主义竞赛关系，是合作的、友好协商的关系，企业之间不存在丛林法则下的竞争，企业目的是不断满足人民群众日益增长的物质和文化生活的需要，因此，没有资本主义那种商业秘密可言，也没有必要制定商业秘密法。至于在苏联新经济政策时期和我国改革开放时期，私营企业的"商业秘密"是否需要特殊保护，如何保护，本书在另外场合讨论。

伦敦某些行业的奇怪性质和这些行业的等级组织一样，都使我们感到惊讶。

这种奇怪的行业之一就是密探。密探首先分为两大部门——民事密探和政治密探。这里我们把后者完全抛开不谈。至于民事密探，它本身又分成两大类——官方密探和私人密探。

官方密探有的是由 detectives（侦探）担任，由国家或市政当局付酬，有的是由自寻方便进行刺探活动的 common informers（普通密告者）担任，由警察局付给 jobwork（计件）报酬。

私人密探则五花八门，但总的说来可以归纳为两大类。一类的对象是非商业性质的私人关系，另一类则是商业性质的私人关系。在第一类中，最多的是跟踪侦察姘居关系；在这一类中享有全欧盛名的是菲尔德先生的研究所。关于商业密探的职能，可以从下述事件中得到一个比较近似的概念。

马克思：《一件诽谤案》，

《马克思恩格斯全集》第 15 卷第 447 页。

现代大资本主义到处都在向垄断资本主义转变，正是它消除了商业秘密的任何合理性使商业秘密成为虚伪的东西，成为只是掩盖大资本的金融诈骗行为和惊人利润的手段。大资本主义经济，就其技术本性来说，是社会化的经济，就是说，它为千百万人工作，它通过自己的各种业务把成百、成千、成万个家庭直接或间接地连在一起。……

保护商业秘密的法律在这里并不是为生产或交换的需要服务的，而是为投机买卖和用极不正当的手段牟取暴利，以及真正的诈骗行为服务的。大家知道，在股份企业中这种诈骗行为特别流行，而且用伪造得足以欺骗公众的报表和资产负债表非常巧妙地掩盖起来。

如果说在那些生产本身还没有社会化、还是分散零星的小商品经济中，即在小农和小手工业者中，保持商业秘密是必不可免的，那么在大资本主义经济中保护这种秘密，便是保护真正一小撮人的特权和利润而损害全体人民。既然规定股份公司必须公布报表，那就是说，法律也已经肯定了这一点，不过这种监督（这在一切先进国家以及俄国都可以实行）正是反动官僚式的监督，这种监督不是擦亮人民的眼睛，而是不让人民知道股份公司业务的全部真相。

列宁：《大难临头，出路何在?》，

《列宁全集》第 32 卷第 199～200 页。

问题的实质在于，如果不取消商业秘密和银行秘密，不立即颁布一项法律，规定向工会公开商业账目，那么一切关于监督的谈论，一切关于监督的方案就都是空谈。

列宁：《资本家先生们是怎样把利润隐藏起来的》，

《列宁全集》第 30 卷第 367 页。

按革命民主方式行事，就应该立刻颁布另一种法律：取消商业秘密，要求大企业和富人有最完备的报表，让任何一个公民团体（在民主的意义上说已达到相当人数的团体，譬如 1000 或 10000 选民）有权审查任何一个大企业的一切文据。这样的办法只要有一项法令就完全可以很容易地实现；只有这个办法才能通过职员联合会，通过工人联合会，通过各政党来调动人民对监督的主动性；只有这个办法才能使监督成为认真的和民主的监督。

列宁：《大难临头，出路何在?》，

《列宁全集》第 32 卷第 200 页。

关于这种从军事订货中获得的可耻的利润，关于银行隐匿的各种"保证书"，关于靠物价飞涨发财的是些什么人，这是"大家"都知道的，"社会上"也用嘲笑态度谈论着这些事，甚至那些通常避而不谈"不愉快的"事实、绕开"棘手"问题的资产阶级报刊，对这点也明确无误地多次提到。大家都知道，可是大家都不说，都忍气吞声，都听任政府冠冕堂皇地谈论"监督"和"调节"！！

革命民主主义者，如果他们真是革命者和民主主义者，那他们就应该立刻颁布法律：取消商业秘密，责成军火商和商人公布报表，未经当局允许不得擅自丢弃他们所经营的业务，用没收财产和枪毙来惩治那些隐瞒实情和欺骗人民的人，组织来自下面的、民主的检查和监督，即由人民自己，由职员联合会、工人联合会以及消费者团体等等实行检查和监督。

列宁：《大难临头，出路何在？》，
《列宁全集》第 32 卷第 201 页。

马克思的《一件诽谤案》讲述的案件，涉及"商业秘密"问题。案情大致是这样：被告是当地的一家周刊"劳埃德氏新闻周刊"，原告是斯塔布斯公司。事情是这样的：斯塔布斯公司出版一个名叫"斯塔布斯氏报"的周报，是斯塔布斯主持的"商业保护协会"的机关报。这个报纸是秘密分别送到订户手里的，订户每年缴 3 个基尼；它不在 stationers〔书商〕的书摊上、街头和铁路上等等地方零售，这是与其他报纸不同的地方。实际上它是一份宣告哪些债务人业已破产（不管他们属于哪个阶层）的罪犯名单。斯塔布斯所主持的"商业保护协会"侦察出已无支付能力的人，然后"斯塔布斯氏报"就白纸黑字把他们的姓名登记下来。报纸的订户已达两万户。

2. 贸易法

在自由资本主义条件下，贸易在法律上是合同关系，一般称为物的买卖合同或货物买卖合同。由于这种买卖是"一对一"的关系，就是买卖双方当事人之间的关系，而合同被认为是法律，法院审判也是依据合同进行，因此，所谓法律责任，只是合同约定的责任，赔偿金、违约金都是针对对方当事人而设置的。

在自由经济向垄断经济演变的趋势中，马克思恩格斯已经认识到这样的法律实践和法学理论的局限性，在他们的论述中，把贸易纳入了商业法领域进行研究，并得出新结论。

同样是货物买卖合同，现在已经不同了。作为垄断组织的托拉斯，利用这种合同，能够破坏公平交易，损害消费者的权益，危害社会经济秩序。

采用不正当的交易方法，进行不正当竞争，"在一定交易领域里对竞争进行实质性限制"。这种实质性限制，使市场结构中出现了非有效竞争状态。市民法上的竞争，以所谓平等、公平、诚实信用等为原则，强调平等主体及其相互间的利害关系，以竞争手段追求自身利益，强调自然主义的优胜劣汰，因而把自由竞争制度归结为公平竞争制度。不正当竞争行为和垄断竞争行为所侵害的客体，是社会经济秩序。保护社会经济秩序不受侵犯，市民法是无能为力的。市民法的保护法益是私益。其保护法益的对象是特定的自然人、法人，法以保护这些特定人的具体利益为目的，而对其保护措施是直接保护。属于商业法的竞争法超越了市民法保护法益的界限，通过立法可以看出，它所保护法益的对象不是特定主体的具体利益，而是众多主体的一般利益、普遍利益。这样，传统的货物买卖合同，就引出了经营者和消费者保护制度、侵权行为救济制度等等。这是完全新型的法律制度。

为在更广阔、更复杂的国内外贸易关系上，认识货物买卖合同的变化，以及所引起的法律的变化，这里更多地摘引了经典作家关于鸦片贸易及其立法的论述。

在这里因废除谷物法而获益的只是资产阶级，而不是人民。其次，资产阶级还要求把这一措施作为改革法案的补充法。改革法案规定采用选举资格，废除对某些个人和团体旧有的选举特权，这在原则上应该使资产者富豪阶级掌握政权。

……废除谷物法会给下院大土地占有者的政治势力以致命打击，换句话说，实际上会给全部英国法律以致命打击，使租佃者不再依附土地占有者而独立。废除谷物法意味着宣布资本为英国的最高权力；而英国宪法就会根本动摇；立法集团的主要组成部分，即土地贵族的一切财富和一切权力就会被剥夺，因此，废除谷物法对英国前途的影响远远大于任何其他政治措施。但是我们仍然认为，废除谷物法在这一方面也并不会给人民带来任何利益。

恩格斯：《英国谷物法史》，
《马克思恩格斯全集》第4卷第568页。

雷费德先生就Seehandlung〔海外贸易公司〕恢复收购羊毛并在票据贴现上优待英国买主而薄待德国买主一事向汉泽曼先生提出了质问。由于总危机而每况愈下的羊毛工业，原以为按照今年极低的价格收购羊毛至少能获取一点利润。不料来了一个Seehandlung，它的大量收购使得价格暴涨。同时，该公司对伦敦的可靠票据的贴现大大地方便了英国买主的收购；这一措施也因招徕新的买主而引起价格上涨，使外国买主比本国买主获得更多的好处。

恩格斯：《柏林的妥协辩论》，
《马克思恩格斯全集》第5卷第51页。

天朝的立法者对违禁的臣民所施行的严厉惩罚以及中国海关所颁布的严格禁令，都不能发生效力。中国人在道义上抵制的直接后果是英国人腐蚀中国当局、海关职员和一般的官员。浸透了天朝的整个官僚体系和破坏了宗法制度支柱的营私舞弊行为，同鸦片烟箱一起从停泊在黄埔的英国趸船上偷偷运进了天朝。

东印度公司一手扶植的、虽经北京中央政府禁止而无效的鸦片贸易的规模日益增大，在1816年，鸦片贸易总额已将近250万美元。1816年在印度允许自由贸易（唯一例外的是直到现在仍然被东印度公司垄断的茶叶贸易），这又大大推动了英国走私商人的活动。1820年，偷运入中国的鸦片增加到5147箱，1821年达7000箱，而1824年达12639箱。

在这个时候，中国政府向外国商人提出严重抗议，同时也惩办了一些与外国商人同谋共犯的行商，大力查办了本国的鸦片吸食者，并且在本国海关内采取了更严厉的措施。所有这一切努力的最终结果，正像1794年一样，只是使鸦片堆栈由不可靠的地点移到更适合于经营鸦片贸易的地点。鸦片堆栈从澳门和黄埔转到了珠江口附近的伶仃岛，在那里，具有全副武装设备的、配备有很多水手的船只，成了固定的鸦片栈。同样地，当中国政府得以暂时禁止广州原有的窑口营业时，鸦片贸易只是转了一道手，转到比较小的商人手里，他们不惜冒着一切危险和采用任何手段来进行这种贸易。在这些更有利于鸦片贸易的新条件下，鸦片贸易在1824年到1834年的十年当中，就由12639箱增加到21785箱。

马克思：《鸦片贸易史》，

《马克思恩格斯全集》第12卷第588～589页。

由于东印度公司从商务机关改组为纯粹的行政机关，对华贸易就完全转到了英国私人企业手里，它们干得非常起劲，以致不顾天朝的拚命抵制，在1837年就已将价值2500万美元的39000箱鸦片顺利地偷运进了中国。这里有两件事实要注意：第一，从1816年起，在对华出口贸易的每一个发展阶段上，走私的鸦片贸易总是占着大得极不相称的比例。第二，就在英印政府对鸦片贸易的纯商业性利害关系逐渐消失的同时，英印政府对这种非法贸易在财政上的利害关系却日益增加了。1837年，中国政府终于到了非立即采取坚决措施不可的地步。因鸦片的输入而引起的白银不断外流，开始破坏天朝的国库收支和货币流通。中国最有名的政治家之一许乃济，曾提议使鸦片贸易合法化并从中取利；但是经过帝国全体高级官吏一年多的全面讨论，中国政府决定："这种万恶贸易毒害人民，不得开禁。"早在1830年，如果征收25%的关税，就会使国库得到385万美元的收入，而在1837年，公使收入增加一倍。

马克思：《鸦片贸易史》，

《马克思恩格斯全集》第12卷第589页。

英国人蒙哥马利·马丁都这样写道：

"可不是吗，同鸦片贸易比较起来，奴隶贸易是仁慈的；我们没有摧残非洲人的肉体，因为我们的直接利益要求保持他们的生命；我们没有败坏他们的品格，没有腐蚀他们的思想，没有扼杀他们的灵魂。可是鸦片贩子在腐蚀、败坏和毁灭了不幸的罪人的精神世界以后，还折磨他们的肉体；贪得无厌的摩洛赫时时刻刻都要求给自己贡献更多的牺牲品，而充当凶手的英国人和吸毒自杀的中国人彼此竞争着向摩洛赫的祭台上贡献牺牲品。"

中国人不能同时既购买商品又购买毒品；在目前条件下，扩大对华贸易，就是扩大鸦片贸易；而增加鸦片贸易是和发展合法贸易不相容的，——这些论点早在两年以前已经得到相当普遍的承认了。

马克思：《鸦片贸易史》，

《马克思恩格斯全集》第12卷第584页。

1847 年为调查中英贸易关系的状况而委派的一个下院委员会，曾提出报告说："扩大我们的交往的结果并没有证实我们的合理的期望，自然，这种期望是以自由进入这个蔚为壮观的市场为依据的。我们认为，妨碍这种贸易发展的，根本不是由于中国不需要英国商品，也不是其他国家日益增长的竞争；花钱买鸦片——这消耗了所有的白银而使中国人一般的贸易遭受巨大的损失；他们不得不用茶叶和丝来支付其他商品。"

马克思：《鸦片贸易史》，

《马克思恩格斯全集》第 12 卷第 585 页。

在 1767 年以前，由印度输出的鸦片数量不超过 200 箱，每箱约重 133 磅。中国法律许可输入鸦片供医疗使用，每箱鸦片纳税 3 美元左右；当时从土耳其贩运鸦片的葡萄牙人几乎是唯一向中国输入鸦片的出口商。1773 年，堪与埃芒蒂埃之流、帕麦尔之流以及其他世界闻名的毒品贩子并驾齐驱的上校沃森和副董事长威勒尔，建议东印度公司开始同中国进行鸦片贸易。于是在澳门西南海湾里下碇的轮船上，建立起囤积鸦片的堆栈。但是这笔投机买卖没有成功。1781 年，孟加拉省政府派了一艘满载鸦片的武装商船驶往中国，而在 1794 年，东印度公司就派了一艘运载鸦片的大船停在黄埔——广州港的停泊处。看来，黄埔比澳门更适合于做堆栈，因为黄埔被选定做堆栈以后两年，中国政府才认为有必要颁布法令，用鞭笞和枷号示众的刑罚来威吓中国的鸦片走私商。大约在 1798 年，东印度公司不再是鸦片的直接出口商，可是它却成了鸦片的生产者。在印度，建立了鸦片生产的垄断组织，同时东印度公司自己的轮船被伪善地禁止经营这种毒品的买卖，而该公司发给同中国做买卖的私人船只的执照中却附有条件，规定这些轮船不得载运非东印度公司生产的鸦片，否则要处以罚金。

马克思：《鸦片贸易史》，

《马克思恩格斯全集》第 12 卷第 586 页。

1800 年，输入中国的鸦片已经达到 2000 箱。如果在十八世纪时期，东印度公司与天朝之间的斗争，同外国商人与中国海关之间的一般争执具有相同的性质，那末从十九世纪初叶起，这个斗争就具有了完全不同的特征。中国皇帝为了制止自己臣民的自杀行为，既禁止外国人输入这种毒品，又禁止中国人吸食这种毒品，而东印度公司却迅速地把在印度种植鸦片以及向中国私卖鸦片变成自己财政系统的不可分割的部分。半野蛮人维护道德原则，而文明人却以发财的原则来对抗。一个人口几乎占人类三分之一的幅员广大的帝国，不顾时势，仍然安于现状，由于被强力排斥于世界联系的体系之外而孤立无依，因此竭力以天朝尽善尽美的幻想来欺骗自己，这样一个帝国终于要在这样一场殊死的决斗中死去，在这场决斗中，陈腐世界的代表是激于道义原则，而最现代的社会的代表却是为了获得贱买贵卖的特权——这的确是一种悲剧，甚至诗人的幻想也永远不敢创造出这种离奇的悲剧题材。

马克思：《鸦片贸易史》，

《马克思恩格斯全集》第 12 卷第 587 页。

天朝的野人当时拒绝征收一项必定会随着人民堕落的程度而增大的税收。1853 年，当今的咸丰皇帝虽然处境更加困难，并且明知为制止日益增多的鸦片输入而做的一切努力不会有任何结果，但仍然信守自己祖先的坚定政策。En passant〔顺便〕要指出的是：这位皇帝把吸食鸦片当作邪教一样来取缔，从而使鸦片贸易得到了宗教宣传的一切好处。中国政府在 1837 年、1838 年和 1839 年采取了非常措施，这些措施的顶点是钦差大臣林则徐到达广州和按照他的命令没收、焚毁走私的鸦片；这成了第一次英中战争的起因，这次战争又使中国发生起义，使帝国国库完全空虚，使俄国能够顺利地由北方入侵，使鸦片贸易在南方得到极大的发展。英国以签订条约结束了旨在维护鸦片贸易而发动和进行的对华战争，虽然鸦片贸易为条约所禁止，可是从 1843 年起，鸦片贸易实际上还是完全不受法律制裁。1856 年输入中国的鸦片，总值约 3500 万美元，同年英印政府从鸦片垄断贸易上得到了 2500 万美元的收入，即等于国家总收入的六分之一。造成第二次鸦片战争的借口的那些事件，是不久以前才发生的，无需再作任何解释。

马克思：《鸦片贸易史》，
《马克思恩格斯全集》第 12 卷第 590 页。

作为帝国政府，它假装同鸦片走私贸易毫无关系，甚至还订立禁止这种贸易的条约。可是作为印度政府，它却强迫孟加拉省种植鸦片，使该省的生产力受到极大的损害；它强迫一部分印度的莱特种植罂粟，用贷款的办法引诱另一部分莱特也去种植罂粟。它严密地垄断了这种毒药的全部生产，借助大批官方侦探来监视一切：栽种罂粟，把罂粟交付指定地点，使罂粟的蒸晒和鸦片的调制适合于中国鸦片吸食者的口味，把鸦片装入为便于偷运而特制的箱子，以及把鸦片运往加尔各答，在那里，鸦片由政府标价拍卖，国家官吏把鸦片移交给投机商人，然后又转给走私商人，由他们运往中国。英国政府在每箱鸦片上所花的费用将近 250 卢比，而在加尔各答市场上的卖价是每箱 1210 到 1600 卢比。可是，这个政府并不满足于这种实际上的共谋行为，它直到现在还直接跟那些从事于毒害整个帝国的冒险营业的商人和船主们合伙，分享利润和分担亏损。

英国政府在印度的财政，实际上不只是依赖对中国的鸦片贸易，而且正是依赖这种贸易的走私性质。如果中国政府使鸦片贸易合法化，同时允许在中国栽种罂粟，这意味着英印国库会遭到严重的损失。英国政府公开宣传自由买卖毒品，暗中却保持自己对于毒品生产的垄断权。只要我们注意考察英国的自由贸易的性质，我们几乎可以处处看到，它的"自由"的基础就是垄断。

马克思：《鸦片贸易史》，
《马克思恩格斯全集》第 12 卷第 590～591 页。

恩格斯在《英国谷物法史》里提到的"废除谷物法"的法案，是在 1846 年通过的。在 1849 年以前，即彻底取消谷物法以前，该法案规定对从国外输入的谷物暂时仍课以低税。限制或禁止从国外输入谷物的所谓谷物法，是英国为了大土地占有者即大地主的利益而实行的。1846 年废除谷物法法案的通过，表明在自由贸易的口号下进行反谷物法斗争的工业资产阶级取得了胜利。

反谷物法同盟是曼彻斯特的厂主科布顿和布莱特于 1838 年创立的。旨在限制甚至禁止从国外输入谷物的所谓谷物法，是为英国大地主的利益实行的。同盟要求贸易完全自由，废除谷物法，其目的是为了降低工人工资，削弱土地贵族的经济和政治地位。同盟在反对地主的斗争中曾经企图利用工人群众，可是就在这个时候，英国的先进工人展开了独立的、有着自己政治见解的工人运动（宪章运动）。工业资产阶级和土地贵族在谷物法问题上的斗争，由于 1846 年关于废除谷物法的法案的通过而告结束。

恩格斯在《柏林的妥协辩论》里所说"恢复收购羊毛并在票据贴现上优待英国买主而薄待德国买主一事"，是针对是羊毛生产者或多或少地得到几千塔勒的利润呢，还是羊毛加工者得到几千塔勒的利润而言的。

恩格斯明确指出，羊毛生产者几乎全是大地主，勃兰登堡、普鲁士、西里西亚和波兹南的封建主。羊毛加工者大部分是大资本家，大资产阶级的代表。所以，羊毛价格问题不是一般利益的问题，而是阶级利益的问题，是谁剪谁的问题，是土地贵族剪大资产阶级呢，还是大资产阶级剪土地贵族。

3. 安全生产法

在经典作家的笔下，随着机器的采用和机器体系的形成，企业生产事故频发的悲惨景象在资本制度下比比皆是。这是生产关系不再适合于生产力发展的必然结果。

在企业自治立法原则下，生产安全是企业自己的事情。企业在企业章程、规章制度或劳资合同中规定安全生产事项，而且又只作为劳动者的义务提出。

生产社会化已经把生产安全问题推向社会了。

资本主义进入大机器工业阶段后，形成了社会化大生产。其表现是：

其一，产品生产乃至一种产品的各个部分的生产和工艺操作，都变成了专业化生产，实现了产品专业化、零部件专业化和工艺专业化。大规模生产的形成和发展，使生产过程越来越具有社会性。

其二，生产自动化，造成了不间断生产同种产品即批量生产，加速了原材料供应和最终产品的销售，推动了垂直联合，增大了资本有机构成，促进了剩余劳动力的转移、流动。

其三，社会化大生产，使同类产品的生产在全国分散，这就扩大了生产力布局；在产业结构上打破了工业地区与农业地区的划分，农轻重的比例发生变化，这就使经济结构趋于平衡；促进了企业的兴建和企业生产的分散化，使企业分布于不同的城市和地区。

在大规模生产的基础上，形成了生产社会化。生产社会化，是生产资料使用社会化、生产过程社会化和产品社会化。生产社会化使社会经济发生了根本性变革，从而单个资本转变为集中的社会共同资本，实现了资本社会化；单个人的劳动转变为社会的共同劳动，实现了劳动社会化。

在这种情况下，一个企业的生产故障，将影响诸多企业乃至一个行业、几个行业的生产。如橡胶炼制产业发生故障，则影响轮胎产业的生产，受影响的轮胎产业的生产，则影响走行产业（汽车业、农机业、飞机制造业等）的生产。由于整个国民经济形成了产业链，因而任何环节出问题，产业链就不能有效运行。

19 世纪下半叶开始，安全生产不可能是企业私人自己的事情，而是社会的事情、国家的事情，乃至世界的事情了。

社会化的安全生产，对立法有下列要求：

第一，建立对企业安全生产的国家管理和检查监督制度。

国家设立行政部门，对全国安全生产进行管理和监督。既设立综合监管部门，也设立专门监管部门。

第二，企业（雇主）承担生产安全的无过错责任。

19 世纪末期，西方工业国家对损害赔偿，由过错责任原则改为无过错责任原则，实行了企业（雇主）责任原则。企业（雇主）须遵守有关安全生产的法律，建立安全生产的规章制度、管理制度和责任制度，不断改善安全生产条件。

第三，制定各级各类的法律法规，确定法律制度。

有关安全生产的法律，包括专门性立法，也包括其他法律中关于安全生产的规定。1884 年颁布的《工伤事故保险法》，是最早实行强制性工伤保险的立法。该法规定，工伤费全部由雇主承担。1838 年普鲁士制定《雇主责任法》，1880 年英国制定《雇主责任法》。法律规定强制缴纳工伤保险。

在国际上，国际劳工组织大会 1925 年 6 月通过《事故赔偿同等待遇公约（第 19 号公约）》。《公约》规定，凡批准本公约的国际劳工组织会员国，保证对于已批准本公约的任何其他会员国的国民在其国境内因工业意外事故而受伤害者，或对于需其赡养的家属，在工人赔偿方面，应给予与本国国民同等的待遇。

国际劳工组织大会 1932 年通过《（码头）工人防止事故公约（1932 年修正）（第 32 号公约）》。《公约》对上下船的安全设备、对甲板与货舱进出口的安全设备、对保障工人从事移去或重置舱口盖板及盖板用的横梁的安全等等作出了规定。

国际劳工组织大会 1981 年通过《职业安全和卫生及工作环境公约（第 155 号公约）》。《公约》适用于经济活动的各个部门和一切工人。《公约》要求各会员国应根据本国情况和惯例，经与最有代表性的雇主组织和工人组织协商后，制定、实施和定期审查有关职业安全、职业卫生及工作环境的一项连贯的国家政策；规定实施有关职业安全和卫生及工作环境的法律和条例，应由监察制度予以保证，实施制度应规定对违反法律和条例的行为予以适当惩处；规定雇主在合理可行的范围内保证其控制下的工作场所、机器、设备和工作程序安全并对健康没有危险。

如果我们看一看例如诺定昂的情况——那儿有大批人，特别是童工，都是在没有依法装置安全设备的机器旁工作——我们可以看到，1859 年中心医院的记事簿里记人的不幸事故有 1500 起，而防治所的记事簿里有 794 起，这样，不幸事故总数共 2294 起，然而做工人数却不超过 62583 人。

马克思：《不列颠工厂工业的状况》，

《马克思恩格斯全集》第 15 卷第 96 页。

　　包括到 4 月 30 日为止这半年来的情况的"工厂视察员的工作报告"已呈交议会两院。这份报告为说明曼彻斯特的和平拥护者和争取从贵族那里夺得治理国家垄断权的那个阶级的特点作出了无可估价的贡献。"由于机器而发生的不幸事故"在报告中分成下列各项：

　　(1)"死亡事故"，(2)"失掉右手或右手腕；失掉一部分右手；失掉左手或左手腕；失掉一部分左手；折断手和脚；头部和脸部受伤"以及(3)"组织破裂、内伤和上面没有举出的其他损伤"。

　　在报告中我们读到一个年轻的女人"失掉了右手"，一个儿童的"鼻梁骨被机器压扁并由于双目受伤而失掉了视觉"，一个男人"左腿被折断，右手被折断三四处，而头部则被毁坏得很可怕"，一个青年人"被折断了一只手臂，还有其他损伤"，以及另一个青年人"两只手臂都被折断，躯体下部被压裂，以致内脏露出体外，头和两条大腿也被压碎"等等。工厂视察员的这份工业通报比关于克里木战役的任何一份通报都更可怕、更吓人。妇女和儿童不断地为伤亡者名单提供大量名额。死亡和受伤如同种植场主的鞭子在黑人身上留下的伤疤一样被看得平淡无奇。几乎所有的不幸事故都是忽视法律所规定的防护机器的结果。我们可以回想一下，曼彻斯特这个主和派的首府的厂主们曾经不惜任何代价派出代表团与政府纠缠，反对规定在使用机器时必须采取一定的防护措施的法令。既然厂主们目前不能达到废除法律的目的，他们就企图阴谋撤销工厂视察员莱·霍纳的职务，把他撵走，并以一个更好说话的法律维护者来代替他，但是目前没有得到成功。厂主们断言，装置安全设备会吞没他们的利润。然而霍纳证实说，在他的区里，如果花上 10 英镑还不能保障安全的工厂只是少数。在报告涉及的 6 个月中，由于机器而发生的不幸事故的总数为 1788 起，其中死亡事故为 18 起。对厂主所处的罚金、由他们缴付的赔偿费等等的总数在这段期间内达到 298 英镑。为了凑成这个总数，其中列入了因"在法律禁止的时间内工作"、因"使用未满八岁的儿童的劳动"等等所处的罚金；因此，因 18 起死亡事故和 1770 起重伤事故所处的罚金还远远没有达到 298 英镑。298 英镑！这比一匹参加赛马的三等马的价值还少呢！

马克思：《帕麦斯顿。——大不列颠统治阶级的生理现象》，

《马克思恩格斯全集》第 11 卷第 426～427 页。

　　只在基尔迪南(在科克附近)的一家打麻工厂里，从 1852 年至 1856 年就一共发生 6 起造成死亡和 60 起造成严重残废的事故，而所有这些事故本来只要花几先令，安上一些最简单的装置就可以防止。达翁帕特里克各工厂的合格医生冯·怀特，在 1865 年 12 月 16 日的官方报告中说道：

　　"打麻工厂里的事故可怕到了极点。大多都是身体被铡掉四分之一。受伤者的通常结局，不是死亡就是变成残废，痛苦终身。国内工厂数量的增多当然会扩大这种可怕的结果。我相信，通过国家对打麻工厂的适当监督，可以避免身体和生命的大量牺牲。"

　　为了迫使资本主义生产方式建立最起码的卫生保健设施，也必须由国家颁布强制性的法律。还有什么比这一点更能清楚地说明资本主义生产方式的特点呢？

马克思：《资本论第一卷》，

《马克思恩格斯全集》第 23 卷第 528 页。

法律关于工场中的每个工人应占有必要空间的强制规定，就会一下子直接剥夺成千上万的小资本家！就会动摇资本主义生产方式的根基，也就是说，会破坏大小资本通过劳动力的"自由"购买和消费而实现自行增殖。因此，工厂法在 500 立方呎的空间面前碰壁了。

马克思：《资本论第一卷》，

《马克思恩格斯全集》第 23 卷第 529 页。

卫生机关、工业调查委员会、工厂视察员，都一再强调 500 立方呎的必要性，又一再述说不可能强迫资本接受这一点。这样，他们实际上就是宣布，工人的肺结核和其他肺部疾病是资本生存的条件。

尽管工厂法的教育条款整个说来是不足道的，但还是把初等教育宣布为劳动的强制性条件。这一条款的成就第一次证明了智育和体育同体力劳动相结合的可能性，从而也证明了体力劳动同智育和体育相结合的可能性。

马克思：《资本论第一卷》，

《马克思恩格斯全集》第 23 卷第 529 页。

1860 年前后，在英国煤矿中平均每周有 15 人死亡。根据《煤矿事故》的报告（1862年 2 月 6 日），在 1852—1861 年的十年内共死亡 8466 人。但是，正如报告本身所指出的，这个数字大大缩小了，因为在刚开始设立视察员的最初几年，他们的管区太大，大量不幸的和死亡的事故根本没有呈报。尽管死亡事故还是很多，视察员的人数不够，他们的权力又太小，但是，自从视察制度建立以来，事故的次数已经大大减少。正是这种情况，表明了资本主义剥削的自然趋势。——这种草菅人命的情况，绝大部分是由于煤矿主的无耻贪婪造成的。

马克思：《资本论第三卷》，

《马克思恩格斯全集》第 25 卷上册第 104 页。

如果我们单独考察资本主义生产，把流通过程和过度竞争撇开不说，资本主义生产对已经实现的、物化在商品中的劳动，是异常节约的。相反地，它对人，对活劳动的浪费，却大大超过任何别的生产方式，它不仅浪费血和肉，而且也浪费神经和大脑。在这个直接处于人类社会实行自觉改造以前的历史时期，实际上只是用最大限度地浪费个人发展的办法，来保证和实现人类本身的发展。因为这里所说的全部节约都是从劳动的社会性质产生的，所以，工人的生命和健康的浪费，实际上也正是由劳动的这种直接社会性质造成的。

马克思：《资本论第三卷》，

《马克思恩格斯全集》第 25 卷上册第 105 页。

这里我们可以看到，即使是真正的工厂也缺乏保障工人安全、舒适和健康的一切措施。很大一部分关于产业大军伤亡人数的战报（见工厂年度报告）就是从这里来的。同样，厂房拥挤，通风很差，等等。

早在 1855 年 10 月，莱昂纳德·霍纳就抱怨说，尽管横轴的危险已经不断为事故，而且往往是为死亡事故所证明，而安全设备既不用花许多钱，又丝毫不妨碍生产，但许多工厂主仍反对关于横轴应有安全设备的法律规定。（《工厂视察员报告。1855 年 10 月》第 6 页）工厂主在反对这种法律规定和其他法律规定时，得到了那些不拿报酬的治安法官的竭力支持。这些治安法官本人大多数都是工厂主或是工厂主的朋友，而这类案件要由他们来判决。

马克思：《资本论第三卷》，

《马克思恩格斯全集》第 25 卷上册第 105 页。

当时工厂主为了反对工厂法，在曼彻斯特组织了一个行业团体，名叫"争取修改工厂法全国协会"。1855 年 3 月，这个协会按每马力交会费 2 先令的办法，筹集了一笔超过 5 万镑的基金，以便在工厂视察员提出控告时为协会会员支付诉讼费用，并为协会出面进行的诉讼支付费用。目的是要证明，如果为利润而杀人，那末，杀人并不就是杀人犯。苏格兰工厂视察员约翰·金凯德爵士谈到，格拉斯哥一家公司利用自己工厂的废铁，为它的全部机器装上安全设备，总共花 9 镑 1 先令。这个公司使用 110 马力，如果它加入上述协会，就要交纳会费 11 镑，比全部安全设备的费用还多。但是，这个全国协会 1854 年显然是为反对那条规定必须安装这类安全设备的法律而成立的。在 1844—1845 年这整个时期，工厂主对这条法律丝毫未予注意。根据帕麦斯顿的指令，工厂视察员现在通知工厂主说，这条法律今后必须切实执行。工厂主立即成立了这个协会。该协会的许多非常著名的会员本身就是治安法官，并以这种身分来执行法律。

马克思：《资本论第三卷》，

《马克思恩格斯全集》第 25 卷上册第 106 页。

按照皇家法院的解释，1844 年的法律并未规定离地七呎以上的横轴要有安全设备。他们终于在 1856 年依靠伪君子威尔逊·派顿——一个用宗教装璜门面而随时准备为讨好钱袋骑士去干肮脏勾当的虔诚者——通过了一项在当时情况下使他们感到满意的议会法令。这个法令事实上剥夺了工人的一切特殊保护，它让工人在受到机器的伤害时向普通法院提出赔偿损失的诉讼（在英国诉讼费用很高，这纯粹是一种嘲弄），而另一方面又对专家鉴定作了一种非常巧妙的规定，使工厂主几乎不可能败诉。结果是事故急剧增加。

马克思：《资本论第三卷》，

《马克思恩格斯全集》第 25 卷上册第 107 页。

工人在同一个工场里大规模地集中，一方面是资本家利润增长的源泉，另一方面，如果没有劳动时间的缩短和特别的预防措施作为补偿，也是造成生命和健康浪费的原因。

1860 年和 1861 年卫生局调查了在室内经营的产业部门,这些部门的死亡统计表明:就同等数量的 15 岁到 55 岁的男子来说,如果在英国农业地区因肺结核和其他肺病引起的死亡数为 100,在以下几个地方的死亡数是:考文垂死于肺结核的为 163,布莱克本和斯基普顿 167,康格尔顿和布莱得弗德 168,莱斯特 171,利克 182,麦克尔士菲尔德 184,波尔顿 190,诺定昂 192,罗契得尔 193,得比 198,索尔福和埃士顿 - 安得 - 莱因 203,里子 218,普雷斯顿 220,曼彻斯特 263。(第 24 页)下表提供了一个更明显的例子。这个表按性别分别列出每 10 万个 15 岁到 25 岁的人中死于肺病的人数。表上所列举的地区,只有妇女在室内经营的产业中工作,而男子却在各种劳动部门工作。

马克思:《资本论第三卷》,

《马克思恩格斯全集》第 25 卷上册第 108 页。

马克思在《帕麦斯顿。——大不列颠统治阶级的生理现象》说的"工厂视察员的工作报告",是"工厂视察员向女王陛下内务大臣所作的截至 1855 年 4 月 30 日为止的半年工作报告",1855 年伦敦版。马克思在许多论述场合,都引证了诸多报告的内容。

马克思在《资本论》第 1 卷里说"工人的肺结核和其他肺部疾病是资本生存的条件",是依据当时的科学实验指出的。

一个中等健康的人每次呼吸通常大约要消耗 25 立方时空气,而每分钟大约要呼吸 20 次。所以,一个人在 24 小时内所消耗的空气约为 72 万立方时或 416 立方呎。呼吸过的空气在自然大工场内经过净化以前,是不能再用于呼吸过程的。根据瓦伦亭和布朗纳的试验,一个健康的人看来每小时呼出的碳酸气约为 1300 立方时;这就等于说,在 24 小时内从肺中排出的,约合 8 盎斯固体碳素。"每人至少应该有 800 立方呎。"

4. 食品安全法

经典作家客观地叙述了资本主义条件下的食品不安全的状况和危害,深刻分析了产生食品不安全问题的实质,为立法指明了方向。实践证明,关于食品安全的管理和立法,资产阶级是不得不按照经典作家的思想行事的。

十分不幸的是,食品安全问题也在我国出现。其状况和危害,不亚于一二百年前的欧美国家。在社会主义条件下,出现如此普遍的、严重的食品不安全问题,给无数人造成生命、健康的危害和为此付出的财产代价,是不能容忍的。

为此,国家专门制定了《食品卫生法》,同时,颁布行政法规加以管理。为了严厉打击这种严重危害公共安全又严重破坏社会主义市场经济秩序的犯罪,刑法作了以下四类犯罪的规定。

"生产、销售不符合卫生标准的食品罪",是指生产、销售不符合卫生标准的食品,足以造成严重食物中毒事故或者其他严重食源性疾患以及对人体健康造成严重危害的行为。该犯罪侵犯了国家对食品市场的管理监督制度,也危及不特定多数人的人身健康。

"生产、销售有毒、有害食品罪",是指在生产、销售的食品中掺入有毒、有害的非食品原料,或者销售明知掺有有毒、有害的非食品原料的食品的行为。所谓"有毒"、"有害"食品，主要是指食品中含有损害人体健康的不能食用的原料。

"单位生产、销售不符合卫生标准的食品罪"和"单位生产、销售有毒、有害食品罪"，是社会组织犯罪。"单位"，指企业、公司、事业单位、机关、团体等社会组织。

由生产、销售有毒、有害食品罪是行为犯和结果犯，只要实施生产、销售有毒、有害食品的行为，有危害结果出现是既遂，无危害结果出现也是既遂。生产、销售不符合卫生标准的食品罪是结果犯。

上列四种罪由故意构成，即明知是不符合卫生标准的食品、有毒有害的食品，还进行生产或者销售，希望或放任危害他人健康结果的出现。而且，一般具有营利的目的，即行为人为了追求非法利润。

由斯科菲尔德领导的第三个委员会，研究食品、饮料和一切与饮食有关的商品的掺假问题。掺假是常规，质量好倒是例外。为了使不好的食品也具有色香味而掺进的物质，大部分都有毒，对健康起着破坏作用。商业就好像是一个庞大的欺骗实验室，价目表是掺假的物品的吓人的一览表，自由竞争则是进行毒害和遭受毒害的自由。

> 马克思：《帕麦斯顿。——大不列颠统治阶级的生理现象》，
> 《马克思恩格斯全集》第 11 卷第 426 页。

加里波第、美国内战、希腊革命、棉纺织业的危机和威亚尔的破产——所有这一切如今在伦敦都退到次要地位，而让位于一个地地道道的面包问题了。……约翰牛想不到，在最直接的物理意义上，他天天都在吞食一种不可思议的由面粉、明矾、蜘蛛网、蟑螂和人的汗水做成的 mixtum compositum〔混合物〕。

> 马克思：《面包的制作》，
> 《马克思恩格斯全集》第 15 卷第 588 页。

内务大臣委派特里门希尔先生做关于这些申诉书问题的报告人，在某种程度上也是调查员。特里门希尔先生的报告也就成了风暴的信号。这个报告主要分为两章。第一章叙述面包房工人的极端困苦，第二章揭发烤制面包过程中各种令人恶心的秘密。

> 马克思：《面包的制作》，
> 《马克思恩格斯全集》第 15 卷第 589 页。

烤制面包工作本身，它通常是在窄小的、通风不良或者干脆不通风的地下室里进行的。除不通风以外，破脏水管子还不断冒出臭气，而"面包在发酵时就吸收着它周围的各种有害的气体"。蜘蛛网、蟑螂、大老鼠和小老鼠全都"混在和好的面里"。"不管我多么恶心"，——特里门希尔先生说，——"我不得不得出结论：面团里差不多总是含有汗水，而且常常含有和面工人的更有害的排泄物。"

即使最好的面包房也都免不了这种令人恶心的丑事。但是这种丑事达到不可思议程度的地方，则是那些给贫民做面包，同时特别风行在面粉里掺入明矾和骨粉的偏僻角落。

特里门希尔先生建议颁布惩办面包掺假的更严厉的法律。

马克思：《面包的制作》，

《马克思恩格斯全集》第15卷第590页。

面包掺假的情况，令人难以置信，尤其在伦敦更为厉害。这种现象，最先是由下院"食物掺假"调查委员会（1855—1856年）和哈塞耳医生《揭穿了的掺假行为》一书揭发出来的。揭发的结果是1860年8月6日颁布了"防止饮食品掺假"法，这是一项无效的法律，因为它对每个企图靠买卖假货"赚正当钱"的自由贸易者当然是极端宽容的。委员会本身也相当坦率地承认，自由贸易实质上是假货贸易，或者用英国人的俏皮说法，是"诡辩品"贸易。事实上，这种"诡辩"比普罗塔哥拉更会颠倒黑白，比埃利亚派更能当面证明一切真实都只不过是假象。

马克思：《资本论第一卷》，

《马克思恩格斯全集》第23卷第277～278页。

马克思在《资本论》第1卷里说"'防止饮食品掺假法'，这是一项无效的法律，因为它对每个企图靠买卖假货'赚正当钱'的自由贸易者当然是极端宽容的"，还指出了下列情况：

大家知道，煤烟是碳的一种高效形态，可作肥料，资本主义的烟囱扫除业者都是把煤烟卖给英格兰租地农民。1862年，一个英国陪审员审理了这样一件案子：卖者瞒着买者在煤烟中掺了90%的灰尘和沙，这样的煤烟究竟算是"商业上"的"真正的"煤烟呢，还是"法律上"的"掺假的"煤烟。"商业之友"判决说，这是商业上的"真正的"煤烟。于是原告租地农民的官司打输了，并且还要负担诉讼费用。"比埃利亚派更能当面证明一切真实都只不过是假象"。法国化学家舍伐利埃在一篇论商品"掺假"的文章中说，他所检查过的600多种商品中，很多商品都有10、20甚至30种掺假的方法。他又说，很多掺假方法他还不知道，而且他知道的也并没有全部列举出来。他指出，糖有6种掺假方法，橄榄油有9种，奶油有10种，盐有12种，牛奶有19种，面包有20种，烧酒有23种，面粉有24种，巧克力有28种，葡萄酒有30种，咖啡有32种，等等。甚至仁慈的上帝也不能逃脱这种命运。

（四）土地法制度

1. 法与土地公有向土地私有的演变

在本书第1卷"私有制"一节里，已经摘引过经典作家关于土地公有向土地私有的演变的大量论述，故这里只选取恩格斯关于马尔克的部分论述。

马尔克公社是中世纪西欧各国的农村公社。在马尔克公社里，耕地是加入公社的农民家庭的财产，牧场、森林及其他用地是公共财产。马尔克首先执行经济的职能，同时也是广义的公共权力机关。马尔克公社起初是自由农民的联户组织，后来在封建化的过程中逐渐沦落到依附大封建主的地位。

"马尔克"一文是恩格斯于1882年9月中到12月上半月写的，它是德文版《社会主义从空想到科学的发展》（1882）的附录。本文利用了恩格斯研究日耳曼人的古代历史时收集的部分材料。1892年，"马尔克"也作为"社会主义的发展"的附录由爱·艾威林译成英文出版，恩格斯专门写了一篇序言。马克思在阅读这篇文章的手稿时曾对该文作了很高的评价。恩格斯在《社会主义从空想到科学的发展》英文版导言中谈到这篇论文时写道："'马尔克'这篇附录，是为了在德国社会党中传播某些有关德国土地所有制的历史和发展情况的基本知识而写成的。当这个党的影响几乎已经扩大到了全体城市工人，因而需要去争取农业工人和农民的时候，这一点就显得尤其必要了。"

我打算对最古老的日耳曼土地制度，作一个简短的历史叙述。这种土地制度，今天虽然只剩下了很少的残迹，但在整个中世纪里，它是一切社会制度的基础和典范。它浸透了全部的公共生活，不仅在德意志，而且在法兰西北部，在英格兰和斯堪的那维亚。可是，它完全被人遗忘了，直到最近，格·路·毛勒才重新发现了它的真正意义。

有两个自发产生的事实，支配着一切或者几乎一切民族的古代历史：民族按亲属关系的划分和土地公有制。日耳曼人的情况也是如此。他们从亚洲带来了这种按部落、亲族和氏族的划分……亲属关系较近的较大集团，分配到一定的地区，在这个地区里面，一些包括若干家庭的氏族，又按村的形式定居下来。几个有亲属关系的村，构成一个百户（古代高地德意志语为huntari，古代斯堪的那维亚语为heradh），几个百户构成一个区〔Gau〕。区的总和便是民族自身了。村没有留用的土地，都归百户支配。没有分配给百户的土地，都归区管辖。如果还有可以使用的土地（大多面积极大），则归全民族直接掌管。例如，我们在瑞典，就可以看到上述各种层次的公社占有制同时并存着。每一个村都有村公有地（bys almänningar）。此外，还有百户公有地（härads）、区公有地或州（lands）公有地；最后，还有归全民族的代表者国王支配的民族公有地，在这里叫做 konungs almänningar〔王有地〕。不过，所有这些，连王有地在内，都可以统称为 almänningar 或 Allmenden，即公有地。

恩格斯：《马尔克》，
《马克思恩格斯全集》第19卷第353～354页。

由于人口的激增，在划归每一个村的极其广阔的土地上，也就是在马尔克里面，产生了一批女儿村，它们作为权利平等或者权利较小的村，跟母村一起，构成一个统一的马尔克公社。因此，我们在德国，在史料所能追溯的范围内，到处可以看到，有或多或少的村联合成一个马尔克公社。但在这种团体之上，至少在初期，还有百户或区这种较大的马尔克团体。最后，为了管理归民族直接占有的土地和监督在它领土以内的下级马尔克，整个民族在最初阶段构成一个统一的大马尔克公社。

一直到法兰克王国征服莱茵河东岸的德意志的时候，马尔克公社的重心似乎在区里，而区的范围就是马尔克公社本身。因为只有这样才能够说明，在法兰克王国划分行政区域时，为什么会有那么多的古老的大马尔克作为司法区重新出现。不过，此后不久，古老的大马尔克就开始分裂。但是，在十三世纪和十四世纪的"帝国法"里还规定，一个马尔克通常包括 6 个到 12 个村。

恩格斯:《马尔克》，

《马克思恩格斯全集》第 19 卷第 354 页。

我们今天还可以在摩塞尔河畔和霍赫瓦尔特山脉的所谓农户公社［Gehöferschaften］中看得出来。在那里，虽然不再一年分配一次，但是每隔 3 年、6 年、9 年或 12 年，总要把全部开垦的土地（耕地和草地）合在一起，按照位置和土质，分成若干"大块"［《Gewanne》］。每一大块，再划分成若干大小相等的狭长带状地块，块数多少，根据公社中有权分地者的人数而定；这些地块，采用抽签的办法，分配给有权分地的人。所以，每一个社员，在每一个大块中，也就是说，在每一块位置与土质各不相同的土地上，当初都分到了同样大的一块土地。现在，这块土地，由于分遗产、出卖种种原因，已经大小不等了，但旧有的整块土地，仍旧是一个单位，根据这个单位，才能决定这块土地的二分之一、四分之一、八分之一等等的大小。没有开垦的土地、森林和牧场，仍然共同占有，共同利用。

这种最古老的制度，直到本世纪初，还保存在巴伐利亚的莱茵普法尔茨的所谓抽签分地制中。此后，它的耕地变成了各个社员的私有财产。农户公社也越来越感觉到，停止周期分配，变交替的占有为私有，对它们是有利的。因此，在过去 40 年内，大多数的甚至是全部的农户公社都消失了，变成了小农的普通村落，不过森林和牧场还是共同利用。

恩格斯:《马尔克》，

《马克思恩格斯全集》第 19 卷第 355～356 页。

变成个人私有财产的第一块土地是住宅地。住所的不可侵犯性——一切个人自由的基础，开始于游牧民族的篷车，经过定居农民的木屋，然后逐渐变为一种对于家宅和园地的完全所有权。……这在后世的马尔克章程里，部分在五到八世纪制定的"民族法"里，就已有了记载。因为，住所的神圣不可侵犯，不是它转变为私有财产的结果，而是它的原因。

在塔西佗以后四五百年，我们也在"民族法"中看到，耕地是世袭的，它虽然还不是个别农民绝对的自由地产，但农民有权加以处理，出卖或者用其他方式加以转让。

恩格斯:《马尔克》，

《马克思恩格斯全集》第 19 卷第 356 页。

关于这种转变的原因，我们找到了两条线索。

第一，从最早的时候起，在日耳曼尼亚本土除了上述耕地完全共有的闭塞的村以外，还有另一种村，在这种村里，不单是宅地，就是耕地，也从公有财产中，从马尔克中划分了出来，作为世袭财产分配给各个农民。……

第二，征服的战争将日耳曼人带进了罗马的领土，在那里，几百年以来，土地早已成为私有财产（而且还是罗马式的、无限制的私有财产），在那里，少数的征服者，不可能把这样一种根深蒂固的占有形式完全废除。至少在旧日的罗马领土上，还有这样一种情况说明耕地和草地的世袭私人占有制同罗马法之间的关系，那就是，一直保留到我们这个时代的耕地公社所有制残余，恰恰存在于莱茵河左岸，即存在于被征服的但是彻底日耳曼化了的地区。……私有制也很快就不可抵挡地渗进来了，因为我们看到，六世纪"里普利安法"在谈论耕地的时候，只提到这种私有制。在日耳曼尼亚内地，我已经说过，耕地不久也变成了私产。

恩格斯：《马尔克》，
《马克思恩格斯全集》第 19 卷第 356～357 页。

如果日耳曼的征服者实行了耕地和草地的私有制，也就是说在第一次分配土地的时候，或者其后不久，就放弃了重新分配的办法（如此而已），那末在另一方面，他们却到处推行他们日耳曼人的马尔克制度，连同森林和牧场的公共占有制，以及马尔克对已分土地的最高统治权。这样做的，不仅有法兰西北部的法兰克人和英格兰的盎格鲁撒克逊人，而且还有法兰西东部的勃艮第人、法兰西南部和西班牙的西哥特人和意大利的东哥特人及伦巴德人。不过，在最后提到的这几个国家里，据悉差不多只有在高山地区，马尔克制度的痕迹才保存到今天。

恩格斯：《马尔克》，
《马克思恩格斯全集》第 19 卷第 357 页。

马尔克制度放弃重新分配耕地的办法以后所采取的形态，我们不仅在五到八世纪的古代"民族法"里，而且在英国和斯堪的那维亚中世纪的法律书籍里，在十三到十七世纪的许多日耳曼的马尔克章程（即所谓判例）里和法兰西北部的习惯法（coûtumes）里都可以碰到。

马尔克公社虽然放弃了在各个社员中间定期重新分配耕地和草地的权利，但对于它在这些土地上的其他权利，却一条也没有放弃。这些权利都是很重要的。公社把它的田地转交给个人，只是为了把它用作耕地和草地，而并无其他目的。除此以外，单个的占有者是没有任何权利的。所以，地下发现的财宝，如果埋藏的地方深到犁头所不及，那就不属于他，而首先属于公社。关于采矿等权利，情形也是一样。所有这些权利，以后都被地主和君主为了自己的利益而抢夺去了。

但是耕地和草地的利用，还是要受到公社的监督和调整，其形式如下。凡是实行三圃制的地方（差不多到处都实行这种制度），村的全部耕地被分成相等的三大块，其中每一块轮换地第一年用于秋播，第二年用于春播，第三年休耕。所以，一个村每年都有它的秋播地、春播地和休耕地。

恩格斯：《马尔克》，
《马克思恩格斯全集》第 19 卷第 358 页。

每一块休耕地，在休耕期间又成为公共财产，供整个公社当牧场使用。而其他两块土地，在收获以后直到下次播种以前，同样又成为公共财产，被当作公共牧场使用。草地在秋天割草以后，也是如此。在所有用作放牧的田地上，占有者必须把篱笆拆去。这种所谓强制放牧办法，当然要求播种和收获的时间不由个人决定，而要求它成为大家共同的时间并由公社或习惯作出规定。

其他一切土地，即除去家宅和园地或已经分配的村有地以外的一切土地，和古代一样，仍然是公共所有、共同利用。这里有森林、牧场、荒地、沼泽、河流、池塘、湖泊、道路、猎场和渔场。每一个社员从被分配的马尔克耕地中分到的一份，当初都是大小相等的，与此相类似，他们利用"公共马尔克"的权利也是相等的。这种利用方法，由全体社员决定。

恩格斯：《马尔克》，

《马克思恩格斯全集》第 19 卷第 358～359 页。

村制度，无非是一个独立的村马尔克的马尔克制度；只要村一旦变作城市，也就是说，只要它用濠沟和墙壁防守起来，村制度也就变成了城市制度。后来的一切城市制度，都是从这种最初的城市马尔克制度中发展起来的。最后，中世纪无数并不以地产共有制为基础的自由社团的规章，尤其是自由行会的规章，都是模仿马尔克制度的。人们把赋予行会经营某一行业的特权，和一个公共的马尔克完全同等看待。在行会里，也跟在马尔克里一样，总是用同样的热心，甚至往往用完全相同的方法，力求每一社员完全同等地或者尽可能同等地享用公共的收益。

恩格斯：《马尔克》，

《马克思恩格斯全集》第 19 卷第 361 页。

马尔克制度是在日耳曼人定居日耳曼尼亚时候产生的，那时畜牧还是主要的生活来源，从亚洲带来的、几乎被遗忘了的农艺刚开始复苏。马尔克制度在整个中世纪时代，都是在和土地贵族的不断的艰苦斗争中生存下来的。但是马尔克制度当时还是非常需要的，在贵族把农民土地攫为己有的地方，受奴役的村的制度依然是马尔克制度（虽然由于地主的侵犯已大为削弱）。关于这一点，我们到下面还要举一个例子。只要公共马尔克仍然存在，马尔克制度就能适应千变万化的耕地占有关系；在马尔克不再是自由的马尔克以后，马尔克制度同样能适应公共马尔克中各种极不同的所有权。

恩格斯：《马尔克》，

《马克思恩格斯全集》第 19 卷第 361 页。

马尔克制度的崩溃，在民族大迁徙以后不久就开始了。法兰克的国王们，作为民族的代表，把属于全体人民的辽阔土地，尤其是森林，占为己有，并把它们当作礼物，慷慨地赠送给他们的廷臣、将军、主教和修道院院长。这就构成了后世贵族和教会的大地产的基础。远在查理大帝以前，教会早就占有法兰西全部土地的整整三分之一。可以肯定，在中世纪，几乎整个天主教西欧都保持着这样的比例。

恩格斯：《马尔克》，

《马克思恩格斯全集》第 19 卷第 362 页。

一方面，诺曼人的侵扰、国王们的永无穷期的战争和豪族巨室之间的私斗，逼迫自由农民一个跟着一个地去寻找保护主。另一方面，这些豪族和教堂的贪得无厌，也加速了这种过程。他们用欺诈、诺言、威胁、暴力，把愈来愈多的农民和农民土地，置于自己权力控制之下。不论在前一种场合或后一种场合，农民的土地总是变成了地主的土地，在最好的情形下，也要叫农民缴纳代役租、提供徭役，才归还给农民使用。可是，农民却从自由的土地占有者变成缴纳代役租、提供徭役的依附农民，甚至农奴。在西法兰克王国，一般说，在莱茵河西岸，这是通常现象。

恩格斯：《马尔克》，

《马克思恩格斯全集》第 19 卷第 362 页。

恩格斯在《马尔克》里说"直到最近，格·路·毛勒才重新发现了它的真正意义"，是指毛勒用一个总题目联起来的一些著作，是研究中世纪把德国的土地制度、城市制度和国家制度的。这些著作是：《马尔克制度、农户制度、乡村制度、城市制度和公共政权的历史概论》，1854 年慕尼黑版；《德国马尔克制度史》，1856 年厄兰根版；《德国地主家庭、农民家庭和农户制度史》，1862—1863 年厄兰根版；《德国乡村制度史》，1865—1866 年厄兰根版；《德国城市制度史》，1869—1871 年厄兰根版。

恩格斯在《马尔克》里提到的"帝国法"，是中央政权颁布的中世纪日耳曼帝国的全帝国法律。这些法律的最完备的汇编之一，是 H. E. 恩德曼博士根据 1372 年手稿并附有注释的《帝国法》，1846 年加塞耳版。

恩格斯在《马尔克》里提到的"民族法"，即所谓野蛮人法，拉丁文为 Leges barbarorum，德文为 Germanische Volksrechte，是日耳曼各部落的习惯法的记录。这些部落于 5 至 7 世纪在过去西罗马帝国及其邻近地区的领土上建立了王国和公国。这部民族法是 5 至 9 世纪之间制定的。

恩格斯在《马尔克》里提到的，"里普利安法"，是一个古代日耳曼部落——里普利安的法兰克人的习惯法。是研究里普利安的法兰克人社会制度的主要材料。这些法兰克人于 4 至 5 世纪居住在莱茵河和麦士河之间。

2. 土地所有权

资本主义国家土地法的指导思想或西方法学的基本理论是：

国家领域内的土地，属于全体人民所有；地方所有的土地，所有权属于国家，因为地方政府系国家机构，自身不是权利主体，只对公有土地行使管理、使用、收益权限；对于国家土地依法取得所有权的，为私有土地；依法限制私有土地面积，对于超额土地实行强制出卖或征收；以自耕为目的约定使用他人土地的，需缴纳地租，不得将耕地全部或一部转租；外国人取得或设定土地权利，依条约或其本国法律；某种使用地之土地不得供其他用途使用。

这样的土地法，是土地私有法。经典作家十分重视土地法，用大量篇幅分析了不同社会形态下的土地所有权。马克思一针见血地指出：十八世纪的进步表现为：法律本身现在成了掠夺人民土地的工具，虽然大租地农场主同时也使用自己独立的私人小办法。这种掠夺的议会立法形式就是"公有地圈围法"，换句话说，是地主借以把人民的土地当作私有财产赠送给自己的法令，是剥夺人民的法令。

经典作家特别研究了地租，揭露了代役租、徭役、债务的实质和表现。

（1）不同社会形态下的土地所有权

立法者在两部法典中都特别重视事实上的占有即耕种情况。一方面［《耶遮尼雅瓦勒基雅》和《那罗陀》］，立法者不承认非法占有的事实亦即不与耕种相结合的占有——纵然连续三代——为所有权的根据；另一方面，对于被先前的所有者［即占有者］抛弃了的地段，立法者承认×谁在这一地段上花了劳力谁就是占有者（第102页）例如（见同页脚注4）在《那罗陀法典》中提到："如果某一地段的占有者因贫穷而无力耕种，或者占有者身故或失踪，该地段的收益就属于直接从事耕种的人"。"一连五年没有耕种的土地，就被认为是无主的土地［亦即ödes, пустопорожная ｛荒地｝］"。另一方面，在《摩奴法典》中就已有土地私有制的痕迹；例如在《那罗陀法典》第2编第11章中，都载有关于私人占有地地界的争执；有许多细节谈到划定私人地界和恢复被侵占的占有地地界的规定。

> 马克思：《马·柯瓦列夫斯基〈公社土地占有制〉一书摘要》
> 《马克思恩格斯全选》第45卷第252～253页。

掠夺教会地产，欺骗性地出让国有土地，盗窃公有地，用剥夺方法、用残暴的恐怖手段把封建财产和克兰财产变为现代私有财产——这就是原始积累的各种田园诗式的方法。这些方法为资本主义农业夺得了地盘，使土地与资本合并，为城市工业造成了不受法律保护的无产阶级的必要供给。

> 马克思：《资本论第一卷》，
> 《马克思恩格斯全集》第23卷第801页。

随着私有制的发展，这里第一次确立了那些我们在现代私有制中重新遇见的关系，不过是规模更为巨大而已。一方面是私有财产的集中，这种集中在罗马很早就开始了（李奇尼乌斯土地法就是证明），从内战发生以来，尤其是在王政时期，发展得非常迅速；另一方面是由此而来的平民小农向无产阶级的转化，然而，后者由于处于有产者公民和奴隶之间的中间地位，并未获得独立的发展。

> 马克思恩格斯：《德意志意识形态》，
> 《马克思恩格斯全集》第3卷第27页。

首先需要把农民变为农奴。其实，即使把农奴从他们的家园中驱逐出去，从违法和使用暴力方面说来是一种不亚于驱逐自由佃农的行为，但是，用已经通行的罗马法为驱逐农奴作辩护还是要容易得多。一句话，在把农民变成了农奴之后，便按照所需要的数量把他们从土地上驱逐出去，或者使他们作为无地农，即仅有茅屋和小菜园的短工，再定居在领主的土地上。贵族从前的筑垒城堡已经让位给新的、多少开放了些的农村府第，而正是由于这个原因，过去的自由农民的数量多许多倍的田庄就应该让位给农奴的简陋茅屋了。

恩格斯：《关于普鲁士农民的历史》，
《马克思恩格斯全集》第 21 卷第 280 页。

十八世纪的进步表现为：法律本身现在成了掠夺人民土地的工具，虽然大租地农场主同时也使用自己独立的私人小办法。这种掠夺的议会形式就是“公有地圈围法”，换句话说，是地主借以把人民的土地当作私有财产赠送给自己的法令，是剥夺人民的法令。弗·摩·伊登爵士企图把公有地说成是代替封建主的大土地所有者的私有地，但是他自己把这种狡黠的辩护词否定了，因为他要求“为公有地的圈围制定一般性的议会法令”，即承认要把公有地变成私有地必须由议会采取非常措施，另一方面，他又要求立法对被剥夺的贫苦者给予“赔偿”。

当任意租户，即按一年期限租佃土地的小租地农民，一群奴隶般地完全听大地主摆布的人，代替独立的自耕农时，对国有土地的掠夺，特别是对公有地的不断的盗窃，促使在十八世纪叫做资本租地农场或商人租地农场的大租地农场增长，并且促使农村居民变成无产阶级，把他们“游离”出来投向工业。

但是，十八世纪的人还不像十九世纪的人那样清楚地了解到，国民财富和人民贫困是一回事。

马克思：《资本论第一卷》，
《马克思恩格斯全集》第 23 卷第 792～793 页。

只要研究一下英国公有地的历史，看看这种公有地怎样通过圈地法陆续转化为私有财产而被开垦，那就再没有比下面这种怪诞的设想更为荒唐可笑的了：似乎有个现代农业化学家，例如李比希，指导着这个序列的选择，似乎他标明了某种土地由于它的化学性质而适于耕种，而其他的土地则被排斥在外。其实在这里起决定作用的，倒是进行偷盗的机会，即为大地主们的占有提供的似是而非的法律借口。

马克思：《资本论第三卷》，
《马克思恩格斯全集》第 25 卷下册第 868 页。

最后，对农民土地的最后一次大规模剥夺过程，是所谓的 Clearing of Estates（清扫领地，实际上是把人从领地上清扫出去）。“清扫”是前面谈过的英国的一切剥夺方法的顶点。我们在上面谈到现代状况时知道，在已经没有独立农民可以清扫的地方，现在是要把小屋"清扫"掉，结果农业工人在他们耕种的土地上甚至再也找不到必要的栖身之所了。至于"清扫领地"的真正含意，我们只有看看苏格兰高地这个现代小说中的天国，才可以领会。在那里，这个过程的特点是：它有系统性，有一举完成的巨大规模（在爱尔兰，地主同时把好几个村庄清扫掉；在苏格兰高地，一下子被清扫的土地面积相当于德意志几个公国），最后，还有被侵吞的土地所有权的特殊形式。

马克思：《资本论第一卷》，
《马克思恩格斯全集》第 23 卷第 797 页。

最后，一部分牧羊场又变成了狩猎场。大家知道，英格兰没有真正的森林。贵族们的鹿苑中的鹿长得像家畜，肥得象伦敦的市议员一样。所以，苏格兰是这种"高贵情欲"的最后的寄托所。1848 年萨默斯写道："在苏格兰高地，森林面积大大扩大了。在盖克的一边，可以看见格伦菲希新森林，在另一边，是阿德佛里基新森林。在同一条线上，布拉克山这一大片荒地不久前植树造林了。从东到西，从阿贝丁附近到欧班峭壁，现在都是一条连绵不断的林带，而在高地的其他地方，又有洛赫－阿尔恰格、格连加里、格伦莫里斯顿等新森林出现……盖尔人由于他们的土地变为牧羊场……而被赶到更贫瘠的地方。现在鹿开始代替羊，使盖尔人更加贫困……"

马克思：《资本论第一卷》，
《马克思恩格斯全集》第 23 卷第 800 页。

最后让我从赫伯特·斯宾塞先生的著作"社会静力学"一书（1851 年伦敦版）中引用几段话，这本书也是妄想完全驳倒共产主义的，并且被公认为对现代英国的自由贸易学说的最详尽的阐述。

"谁也不能因自己享用土地而阻挠其他人同样享用土地。因此，正义不允许占有土地，否则其他人就只有得到占有者的同意才能生活在大地上。没有土地的人甚至被人家以权利为理由从土地上赶走……妄谈现有的这种财产权利合法，从来都是没有根据的。……现在需要进行的变革无非是变革土地的占有者……土地不应当是个别人的财产，而应当属于大团体——社会。务农的人不应当向个人占有者租佃地块，而应当向国家租用。"

由此可见，甚至从现代英国政治经济学的代表人物的观点来看，对本国的土地享有权利的也只有爱尔兰的租佃者和农业工人，决不是英国的地主——篡夺者；而"泰晤士报"反对爱尔兰人民的要求，也就同不列颠资产阶级的科学直接抵触起来了。

马克思：《印度问题。——爱尔兰的租佃权》，
《马克思恩格斯全集》第 9 卷第 182~183 页。

在殖民地中有某种近似的情况，即使在法律上存在土地所有权，——这是由政府无偿地分给土地造成的，如当初英国向海外殖民时的情况，——并且，即使政府在实际上培植土地所有权，以非常便宜的价格出卖土地，如美国的情况（1 美元或大致这么多的东西可买一英亩土地）。

这里应当把两种类型的殖民地区别开来。

第一，说的是本来意义的殖民地，例如美国、澳大利亚等地的殖民地。这里从事农业的大部分殖民者，虽然也从宗主国带来或多或少的资本，但并不是资本家阶级，他们的生产也不是资本主义生产。这是在或大或小的程度上自己从事劳动的农民，他们主要是为了保证自身的生活，为自己生产生存资料。因此他们的主要产品并不是商品，目的也不是为了做买卖。……另一小部分殖民者，住在沿海，住在通航河流附近等地，形成商业城市。这里也还谈不上资本主义生产。但是，即使资本主义生产逐渐开始发展，以致对于自己从事劳动和自己占有土地的农场主来说，开始起决定作用的是出卖自己的产品和由出卖而得的盈利。……

这里有两个重大情况共同起着作用：第一，资本主义生产还没有在农业中占统治地位；第二，土地所有权虽然在法律上存在着，实际上还只是偶然的现象，还只是本来意义上的土地占有。换句话说，虽然土地所有权在法律上存在着，但由于土地对劳动和资本来说作为自然要素而存在的关系，它还不能对资本进行抵抗，还不能把农业变成与非农业生产部门有别的、对投资进行特殊抵抗的活动场所。

马克思：《资本论第四卷》，

《马克思恩格斯全集》第 26 卷第 2 册第 338～339 页。

自主地使土地占有的原始平等不但可能而且必然转化为它的对立物。日耳曼人的自主地，在旧日罗马领土上一出现，就变成了跟它同时并存的罗马人的地产所早已变成的那种东西，即变成了商品。财产分配日益不均，贫富矛盾日益扩大，财产日益集中于少数人手中，这是一切以商品生产和商品交换为基础的社会的确定不移的规律；虽然这一规律在近代资本主义生产中得到了它的充分的发展，但并非一定要在资本主义生产中，才能起作用。所以，从自主地这一可以自由出让的地产，这一作为商品的地产产生的时候起，大地产的产生便仅仅是一个时间问题了。

恩格斯：《法兰克时代》，

《马克思恩格斯全集》第 19 卷第 541 页。

"泰晤士报"宣称："地主和租佃者之间的关系，是两个商人之间的关系。"这句话正是贯穿在"泰晤士报"整个社论中的 petitio principii 〔本身尚待证明的论据〕。贫穷的爱尔兰租佃者全靠土地生活，而土地都属于英国的贵族。从上述的论据出发，大可以宣布两个商人之间的关系是掏出手枪的强盗和掏出自己钱包的过路人之间的关系。

"泰晤士报"说道："但是，实际上爱尔兰的地主和租佃者之间的关系不久就将被一种比立法更有力的因素所改造。土地所有权正在迅速易手。如果人口外流照现在这样的规模继续下去，那末，爱尔兰土地的耕种权也将转到其他人手里。"

在这里，"泰晤士报"最后说出了实话。

马克思：《印度问题。——爱尔兰的租佃权》，

《马克思恩格斯全集》第 9 卷第 180～181 页。

不列颠的议会在旧的过时的制度行将使双方——富有的地主和贫穷的租佃者——都彻底破产的时候拒绝进行干涉。富有的地主是受到管理抵押地产的委员会的铁锤的打击,贫穷的租佃者是由于被迫外流而被赶走。这使我们想起了摩洛哥苏丹的老故事。这位摩洛哥苏丹不管发生什么争论,他都用双方杀头来解决争端,此外他就不知道其他更"有力的因素"了。

"泰晤士报"在结束自己的关于租佃权的文章时这样写道:"再没有比类似共产主义的财产分配更能造成混乱了。唯一对土地享有某种权利的人就是地主。"

> 马克思:《印度问题。——爱尔兰的租佃权》,
> 《马克思恩格斯全集》第 9 卷第 181 页。

李嘉图这位大不列颠现代政治经济学的创始人并没有批驳地主的"权利",因为他深信地主的无理要求所根据的是事实而不是权利,而政治经济学是根本不研究法权问题的。李嘉图攻击土地垄断的办法更简单、更科学,因而也更危险。他证明,土地的私有制不同于农业工人及农场租佃者的相应的要求,它是一种完全多余的、同现代生产的整个制度不相容的关系;地租——这些关系的经济表现——如能由国家握有,则有很大利益;最后,他证明,地主的利益是同现代社会的其他一切阶级的利益相抵触的。如果要把李嘉图学派从反对土地垄断的这些前提中所得出的所有结论一一列举出来恐怕令人不耐烦。

> 马克思:《印度问题。——爱尔兰的租佃权》,
> 《马克思恩格斯全集》第 9 卷第 181 ~ 182 页。

"村社原则阻碍资本夺取农业生产"(第 72 页),尼·—逊先生这样表述了另一个传播很广的民粹派理论,这个理论和上述理论一样,是抽象地制造出来的。在第 2 章里我们举出了一系列事实,说明这种流行的前提是不正确的。现在我们来作如下补充。认为农业资本主义一产生就要有一种特殊的土地占有形式,这是完全错误的。"资本主义生产方式产生时遇到的土地所有权形式,是同它不相适应的。同它相适应的形式,是它自己使农业从属于资本之后才创造出来的;因此,封建的土地所有权,克兰的所有权,或马尔克公社的小农所有权,不管它们的法律形式如何不同,都转化为同这种生产方式相适应的经济形式。"(《资本论》第 3 卷第 2 部分第 156 页)因此,就问题的本质看来,土地占有的任何特点都不能构成资本主义的不可克服的障碍,因为资本主义是根据农业、法律和日常生活的不同条件而采取不同形式的。

> 列宁:《俄国资本主义的发展》,
> 《列宁全集》第 3 卷第 289 页。

只要大量土地掌握在具有无限权力的地主手里,任何法律也不能终止这种农奴制,在这方面,无论怎样用"私人土地占有制"来代替受压迫农民的"村社",都是无济于事的。

> 列宁:《谈谈农业部的预算问题》,
> 《列宁全集》第 25 卷第 183 页。

农民已有可能把土地作为名副其实的财产来占有了。至于这是农民赎买来的土地，还是靠支付代役租得来的小块土地，国家是不管的——国家保护一切私有财产，不问其来历怎样，因为国家是以私有制为基础的。农民在所有现代文明国家内都变成了私有者。在地主把一部分土地出让给农民的时候，国家也保护私有财产，用赎买即出钱购买的办法，使地主得到补偿。国家似乎在宣称它保护真正的私有权，并对私有权给予各种各样的支持和庇护。国家承认每个商人、工业家和工厂主都有这种私有权。而这个以私有制为基础的社会，以资本权力为基础的社会，以完全控制一切无产工人和劳动农民群众为基础的社会，却宣布自己是以自由为基础来实行统治的。它反对农奴制时，宣布私有财产自由，深以国家似乎不再是阶级的国家而自豪。其实，国家仍然是帮助资本家控制贫苦农民和工人阶级的机器，但它在表面上是自由的。

> 列宁：《论国家》，
>
> 《列宁全集》第 37 卷第 71 页。

马克思恩格斯在《德意志意识形态》里提到的"李奇尼乌斯土地法"，是指罗马的人民护民官李奇尼乌斯和塞克斯蒂乌斯的土地法，是在公元前 367 年由于平民反抗贵族的斗争而通过的。它禁止罗马市民占有 500 罗马亩（约 125 公顷）以上的国有地。

后来，在 45 卷里的文章，马克思考察了印度、阿尔及利亚等地在欧洲殖民主义者统治之前的土地关系，肯定农村公社是土地的主人，并否定国君是土地的唯一所有者。马克思揭露了殖民当局对当地的土地所有制的性质的歪曲，批判了他们以资产阶级经济学说为依据、打着"经济进步"的幌子强制瓦解公社土地所有制并人为地扶植大土地私有制的做法。

在 18 世纪末 19 世纪初英国殖民者实行新的土地税收法以前，在英国殖民者没有破坏印度村社以前，是享有充分权利的村社农民。在从 1793 年起实行所谓柴明达尔制的地区（最初在孟加拉国、比哈尔、奥里萨实行，后来以稍有改变的形式在联合省和中央省以及马德拉斯省部分地区实行），莱特即印度农民，成了柴明达尔（地主）的佃农。在十九世纪初孟买和马德拉斯两管区实行"莱特瓦尔"土地税收制后，莱特成为国有土地的持有者，而按印度的英国政府随意规定的数额缴纳地租税。根据"莱特瓦尔"制，莱特同时被宣布为他们所租佃的土地的所有者。由于实行这一在法律上自相矛盾的土地税收制，为农民规定了高得无力缴纳的地税；由于欠税日增，农民的土地逐渐转到包买商和高利贷者手里。

列宁在《俄国资本主义的发展》里提到"克兰的所有权"。克兰是克尔特民族中对氏族的叫法（有时也用以称部落），在氏族关系瓦解时期则是冠以假想始祖名字的有血缘关系的亲属集团。克兰保留着土地公有制和其他氏族制习俗（血亲复仇、连环保等）。在苏格兰和威尔士的个别地区，克兰保存到 19 世纪。

"马尔克公社的小农所有权"。马尔克公社是中世纪西欧各国的农村公社在马尔克公社里，耕地是加入公社的农民家庭的财产，牧场、森林及其他用地是公共财产。马尔克首先执行经济的职能，同时也是广义的公共权力机关。马尔克公社起初是自由农民的联户组织，后来在封建化的过程中逐渐沦落到依附大封建主的地位。

（2）地租

在土地所有权——实际上或法律上——不存在的地方，不会有绝对地租存在。土地所有权的恰当表现，是绝对地租，而不是级差地租。如果说，在有土地所有权存在和没有土地所有权存在的地方，都是同一些原理支配着地租，那就等于说，土地所有权的经济形式不取决于是否存在土地所有权。

马克思：《资本论第四卷》，

《马克思恩格斯全集》第26卷第2册第375页。

Land Bill〔土地法案〕是以帮助农民之名，行巩固大地主统治之实。然而，格莱斯顿为了迷惑人心和安慰一下自己的良心，不得不在必须履行某些法律手续的条件下才批准重新延长农业中现存的专制秩序。只须指出下面一点就足以说明一切了：只要大地主能将无法偿付的荒诞的地租强加于随时都可以使之退佃的佃农（tenants at will）身上，或者在根据契约出租土地时强使农民签订自愿被奴役的条约，那末在将来，大地主的专横仍会像过去一样具有法律的效力！

《燕妮·马克思关于爱尔兰问题的文章》，

《马克思恩格斯全集》第16卷第692页。

邻近的地主在圈地的借口下，不仅侵占了荒地，而且往往也侵占了个人以一定的租金向公社租来耕种的土地或共同耕种的土地。

马克思：《资本论第一卷》，

《马克思恩格斯全集》第23卷第794页。

对土地改良根本没有做一点事情的土地所有者，还把租地农民大部分通过自己的劳动投入土地的小额资本剥夺去，这和高利贷者在类似情况下的做法完全一样。不过，高利贷者在这样做的时候，至少要用他自己的资本来冒一点风险。这种不断的掠夺，成了爱尔兰土地立法上争论的对象，这种立法主要是要强迫土地所有者在对租佃者解除租约的时候，补偿租佃者在土地上进行的改良或投入土地的资本。对于这个问题，帕麦斯顿通常总是恬不知耻地回答说：

"下院就是土地所有者的议院。"

马克思：《资本论第三卷》，

《马克思恩格斯全集》第25卷下册第705~706页。

在研究地租时，有三个妨碍我们进行分析的主要错误应当避免。

1. 把适应于社会生产过程不同发展阶段的不同地租形式混同起来。

不论地租有什么独特的形式，它的一切类型有一个共同点：地租的占有是土地所有权借以实现的经济形式，而地租又是以土地所有权，以某些个人对某些地块的所有权为前提。……

不同地租形式的这种共同性——地租是土地所有权在经济上的实现，即不同的人借以独占一定部分土地的法律虚构在经济上的实现，——使人们忽略了其中的区别。

2. 一切地租都是剩余价值，是剩余劳动的产物。地租在它的不发达的形式即实物地租的形式上，还直接是剩余产品。……

社会在一定生产条件下，只能把它的总劳动时间中这样多的劳动时间用在这样一种产品上。但是，剩余劳动和剩余价值本身的主观条件和客观条件，和一定的形式（利润形式或地租形式）无关。这些条件适用于剩余价值本身，而不管它采取什么特殊的形式。

3. 正是在土地所有权在经济上的实现中，在地租的发展中，有一点表现得特别突出，这就是：地租的量完全不是由地租的获得者决定的，而是由他没有参与、和他无关的社会劳动的发展决定的。因此，很容易把一切生产部门及其一切产品在商品生产基础上，确切地说，在资本主义生产（这种生产在它的整个范围内都是商品生产）基础上共有的现象，当作地租的（和一般农产品的）特征来理解。……

地租的特征是：随着农产品发展为价值（商品）的条件和它们的价值借以实现的条件的发展，土地所有权的权力也就发展起来，使它可以从这个不费它一点气力就创造出来的价值中占有一个日益增大的部分，剩余价值中一个日益增大的部分也就转化为地租。

马克思：《资本论第三卷》，

《马克思恩格斯全集》第 25 卷下册第 714~720 页。

单纯法律上的土地所有权，不会为土地所有者创造任何地租。但这种所有权使他有权不让别人去经营他的土地，直到经济关系能使土地的利用给他提供一个余额，而不论土地是用于真正的农业还是用于其他生产目的（例如建筑等等）。

马克思：《资本论第三卷》，

《马克思恩格斯全集》第 25 卷下册第 853 页。

产品地租的前提是直接生产者已有较高的文明状态，从而他的劳动以及整个社会已处于较高的发展阶段。产品地租和前一形式的区别在于，剩余劳动已不再在它的自然形态上，从而也不再在地主或地主代表的直接监督和强制下进行。驱使直接生产者的，已经是各种关系的力量，而不是直接的强制，是法律的规定，而不是鞭子。

马克思：《资本论第三卷》，

《马克思恩格斯全集》第 25 卷下册第 895 页。

在实行货币地租时，占有并耕种一部分土地的隶属农民和土地所有者之间的传统的合乎习惯法的关系，必然会转化为一种由契约规定的，即按成文法的固定规则确定的纯粹的货币关系。因此，从事耕作的土地占有者实际上变成了单纯的租佃者。这种转化，一方面会在其他方面适合的一般生产关系下，被利用来逐渐剥夺占有土地的旧式农民，而代之以资本主义租地农场主；另一方面这种转化又使从前的占有者得以赎免交租的义务，转化为一个对他所耕种的土地取得完全所有权的独立农民。因此，从事耕作的土地占有者实际上变成了单纯的租佃者。这种转化，一方面会在其他方面适合的一般生产关系下，被利用来逐渐剥夺占有土地的旧式农民，而代之以资本主义租地农场主；另一方面，这种转化又使从前的占有者得以赎免交租的义务，转化为一个对他所耕种的土地取得完全所有权的独立农民。……

因此，他们积累一定的财产并且本人转化为未来资本家的可能性也就逐渐发展起来。从这些旧式的、亲自劳动的土地占有者中间，也就产生了培植资本主义租地农场主的温床，他们的发展，取决于农村以外的资本主义生产的一般发展，

马克思：《资本论第三卷》，

《马克思恩格斯全集》第 25 卷下册第 899 ~ 900 页。

下面这一段话足以说明，最温和的格莱斯顿的整个冗长的土地法案纯粹是一派胡言乱语："上述租约〈就象现在爱尔兰的大地主在某些地方强加于租佃者的租约〉同没有租佃期限保障的租约一样，是靠不住的。它们丝毫无助于消除怀疑情绪。要使租佃在这方面有一点意义，它必须是——进一步划分和转租的细节除外——自由的、不受限制的，它首先不得阻碍租佃者出售自己的份额。但是现代的租约恰好与此相反，其中连篇累牍地规定了耕作方法和产品分配的各种条款和附带条件，用禁止和准许的字句来限制租佃者的活动，并完全取消不可或缺的土地自由转让权。可以毫不夸张地说，这些文件的每一行字都是对经验不足的人设置的法律圈套，的确差不多谁也不能逃脱凡违反租约中任何一项附带条件者一律取消租佃这一最后条文的约束。这些租约不提供任何保证。它们较之没有租佃期限保障的租约，同样是靠不住的，甚至是更危险的。"

《恩格斯致马克思》，

《马克思恩格斯全集》第 32 卷第 446 页。

早在自然经济占统治地位的情况下，依附农民的独立性刚开始扩大，他们分化的萌芽就出现了。但是这种萌芽，只有在下一种地租形式即货币地租下才能得到发展，而货币地租是实物地租形式的简单变化。直接生产者向地主缴纳的不是产品，而是这些产品的价格。这种形式的地租的基础还和原来一样：直接生产者仍旧是传统的土地占有者，可是"这种基础已日趋解体"。货币地租"要以商业、城市工业、一般商品生产、从而货币流通有了比较显着的发展为前提"。依附农民和地主之间的传统的合乎习惯法的关系，在这里转化为以契约为基础的纯粹的货币关系了。这一方面使旧农民遭受剥夺，另一方面使农民赎回了自己的土地和自己的自由。"此外，不仅在由实物地租转化为货币地租的同时，必然形成一个无产的、为货币而受人雇用的短工阶级，而且甚至在这种转化之前就形成这个阶级。在这个新阶级刚刚产生，还只是偶然出现的时期，在那些境况较佳的有交租义务（rentepflichtigen）的农民中间，必然有那种自己剥削农业雇佣工人的习惯发展起来……因

此，他们积累一定的财产并且本人转化为未来资本家的可能性也就逐渐发展起来。从这些旧式的、亲自劳动的土地占有者中间，也就产生了培植资本主义租地农场主的温床，他们的发展，取决于农村以外的资本主义生产的一般发展。"

列宁：《俄国资本主义的发展》，

《列宁全集》第 3 卷第 148～149 页。

马克思在《资本论》第 3 卷里说明"这种立法主要是要强迫土地所有者在对租佃者解除租约的时候，补偿租佃者在土地上进行的改良或投入土地的资本"时，指的是 1853 年下院通过的"租佃权法案"，结束了土地所有者和租佃者之间的斗争。该法案有一条规定：租佃者在租佃期满时应当得到补偿金，以偿付他在土地上所进行的改良。

《恩格斯致马克思》里提到的"格莱斯顿的整个冗长的土地法案"，指格莱斯顿 1870 年 2 月 15 日借口帮助爱尔兰租佃者而提交英国议会讨论的土地法案（Land Bill）。该法案附有各种保留和限制，实质上是保全英国大地主在爱尔兰的大地产的基础不受侵犯。法案为他们保留了提高地租和把租佃者逐出土地的可能性，而只是规定对租佃者进行的土壤改良工作给予某种补偿并为此规定了一定的法律程序。土地法案于 1870 年 8 月通过。大地主们尽力抵制这一法案的实施，并用各种借口进行破坏。法案在很大程度上促使爱尔兰大农场经济的积聚和爱尔兰小租佃者的破产。

(3) 代役租、徭役、债务

西法兰克王国是在查理大帝帝国瓦解后建立的，该帝国是一个暂时的不巩固的军事行政联盟。到了十四世纪和十五世纪，城市迅速勃兴和富裕起来。尤其是在德国南部和莱茵河畔。于是，就对农民开始了新的压迫，增加代役租和徭役，越来越热衷于再度将自由农民变成依附农民，将依附农民变成农奴，把公有的马尔克土地变成地主的土地。

恩格斯：《马尔克》，

《马克思恩格斯全集》第 19 卷第 364 页。

德国贵族徒然地追求了整个中世纪而现在在封建经济解体时期终于达到了的这种封建土地所有制的理想状态，也开始渐渐扩展到易北河以东的土地上来了。不仅农民根据契约规定使用领主森林的权利——在这种权利还没有受到限制的场合——变成了封建领主可以随时取消的恩准，不仅违法地增加了徭役和代役租，而且还增加了各种新的赋役，例如被认为是农奴依附状态的特征的接租费（农户户主死亡时向封建主缴的费用）；或者使通常的传统的赋役具有只是农奴而不是自由人担负的那种赋役的性质。这样一来，不到一百年的时间，易北河以东的自由农民，起初是在事实上，很快又在法律上变成了农奴。

恩格斯：《关于普鲁士农民的历史》，

《马克思恩格斯全集》第 21 卷第 279 页。

领主的地产——在西里西亚叫做农庄——安排妥当之后，乘下的问题只是用农民的劳力来耕种。于是农奴制的另一个有利方面又在这里表现出来了。以前契约上有一定规定的农民的各种徭役已经完全不合乎这个目的。在大多数情况下，这种徭役义务都只限于从事公益劳动，例如建筑道路、桥梁等，以及领主城堡中的建筑劳动、妇女和少女在城堡中从事各种工艺劳动和杂役。但是一旦农民变成了农奴，而以罗马法为依据的法学家又把这种农奴和罗马的奴隶等同起来，领主们也就唱起完全不同的调子来了。现在，他们在法院里有法学家的支持，可以随时随地随心所欲地要求农民从事各种毫无限制的工役。

恩格斯：《关于普鲁士农民的历史》，

《马克思恩格斯全集》第21卷第280～281页。

靠自力耕种为生的小农既非牢靠地占有自己的小块土地，也不自由。他自己以及他的房屋、他的院子、他的少量田地，都属于高利贷者，他的生存比无产者的生存更无保障，无产者至少有时还能获得一天安逸日子，而受尽折磨的债务奴隶却永远没有这样的事。即使把民法典第二〇二条删掉，即使依法保证农民有一定数量的农具、牲畜等等不得抵作押金，你们也仍旧无法将他从走投无路的处境中解脱出来，因为他为了暂时延缓毁灭的日期，必须"自愿地"将自己的牲畜，将他本人连肉体带灵魂一并出卖给高利贷者。你们企图在小农的所有权方面保护小农，这不是保护他的自由，而仅仅是保护他被奴役的特殊形式而已；社会主义的任务，勿宁说仅仅在于把生产资料转交给生产者公共占有。我们只要忽视这一点，上述论点立刻就会使我们产生出一种错误想法，仿佛社会主义的使命是把小农对自己田地的现在这种虚构的所有权变成真正的所有权，也就是说，把小佃农变成私有者，把满身债务的私有者变成没有债务的私有者。自然，社会主义是要设法使农民所有权的这种假象消失的，但不是用这种方法。

恩格斯：《法德农民问题》，

《马克思恩格斯全集》第22卷第573页。

在英国，王室是全部土地的名义上的所有者，而土地的真正占有者大贵族，则由于法律上的虚构而仅仅是领取王室俸禄的封地所有者。北爱尔兰在十七世纪初沦为由英国直接统治时，也发生同样的情况。英国法学家约翰·戴维斯爵士在那里见到了土地公有的农村公社，公社的土地在向自己的克兰首领缴纳一定贡税的克兰成员中间定期进行重分。他立即把这种贡税叫作"地租"。这样，苏格兰的勒尔德（克兰的首领）在1745年的暴动之后，就利用了这种法学上的混乱（把克兰成员交给他们的贡税和他们掌握的土地的"地租"混淆起来），以便把克兰的全部土地，即克兰的公有财产，变成自己的财产，即勒尔德的私有财产。因为，法学家们宣称，如果他们不是大地主，他们怎么能收这些土地的地租呢？这样一来，贡税和地租的混淆，在苏格兰山地就成了少数克兰首领没收全部土地的根据。

恩格斯：《致尼·弗·丹尼尔逊》，

《马克思恩格斯全集》第37卷第414～415页。

法国革命爆发以后，在德国和德国农民头上也出现了美好时代的曙光。革命军一占领莱茵河左岸，那里的徭役劳动、代役租、对老爷的各种贡赋等一大堆陈腐废物，连同老爷本身，就像被魔杖点了一下似地立即消失了。莱茵河左岸的农民从此成了自己土地的主人，而且他们还得到了一部在革命时期起草的、被拿破仑篡改了的 Code civil。这部法典很适合他们的新情况，他们不但看得懂，而且还可以很方便地带在口袋里。

> 恩格斯：《马尔克》，
> 《马克思恩格斯全集》第 19 卷第 367 页。

工役制的形式是非常多的。有时农民受货币雇用以自己的农具和牲畜耕种地主的土地。这就是所谓"计件雇佣制""按亩制""全包制"（即种一俄亩春播作物和一俄亩秋播作物）等等。有时农民借了粮或钱，就必须用工役来抵偿全部债务或债务的利息。在这种形式下，整个工役制所固有的特征，即这种雇佣劳动的高利贷盘剥性质就表现得特别突出。有时农民做工是因为"践踏了庄稼"（即必须以工役来抵偿法定的践踏庄稼的罚金），或者仅仅是"为了表示敬意"（参看上引恩格尔哈特的书第 56 页），即不取任何报酬，只吃一顿饭，以免失去地主方面的其他"外水"。此外，以工役换取土地的情形也很普遍，这或者采取对分制形式，或者直接采取用做工来抵偿租给农民的土地和农业用地等等的形式。

> 列宁：《俄国资本主义的发展》，
> 《列宁全集》第 3 卷第 168～171 页。

第 4 条的全部内容用"归还割地"这几个字来表明就行了。任何表现或肯定这些残余的统一的法律设施都是不存在的，——我说的当然完全是我们现在所探讨的土地关系方面的农奴制残余，而不是有关等级、财政等立法方面的农奴制残余。被俄国所有的经济研究无数次证明了的直接的徭役经济残余，并不靠某种专门保护它们的法律来维持，而靠实际存在的土地关系的力量来维持。

> 列宁：《俄国社会民主党的土地纲领》，
> 《列宁全集》第 6 卷第 300～301 页。

恩格斯在《马尔克》里说，"西法兰克王国是在查理大帝帝国瓦解后建立的，该帝国是一个暂时的不巩固的军事行政联盟"。公元 843 年帝国在查理的三个孙子之间发生了最后的分裂。其中一人秃头查理得到了瓦解的帝国的西部领土，包括现代法国的大部分领土，并建立了西法兰克王国。莱茵河以东的土地（未来德国的核心）交给了德意志的路易，从北海到中意大利之间的地带则归查理大帝的长孙洛塔尔掌管。

恩格斯在《马尔克》里说"被拿破仑篡改了的 Code civil"，是拿破仑第一的民法典，这个法典也常在法国人占领的德国西部和西南部地区实行。在莱茵省归并普鲁士以后，这个法典在该省继续有效。

列宁在《俄国资本主义的发展》里的"工役制"，指农民租种地主土地时用给地主干活来代替交纳地租的制度。它是农奴制的直接残余，而其最主要的基础就是割地。

"全包制"，是俄国 1861 年改革后的一种工役制形式。实行"全包制"的农民须用自己的农具和耕畜替地主包种土地，即种一俄亩春播作物，一俄亩秋播作物，有时还要割一俄亩的草，以换取货币，或冬季的贷款，或租地。

3. 私有制土地改革立法

经典作家客观分析了封建制和资本主义条件下的土地改革及其立法，指出了各种土地改革的局限性和消极社会后果。同时，也为社会主义土地问题指明了方向。

土地问题，是无产阶级革命一个具有根本性质的问题，也是人民政权面临的首要问题。因此，土地革命自然被提到首位。列宁关于土地革命的纲领、道路和步骤、措施，创造性地回答了土地革命的理论和实际问题。

列宁认为，修改俄国社会民主党的土地纲领，必须依据俄国土地占有情况的新材料。他说明土地问题在沙皇俄国之所以十分尖锐，是因为大部分土地掌握在一小撮贵族和地主手里，千百万农民因缺少土地而陷入困境。在俄国欧洲地区，3 万个贵族和地主拥有 7000 万俄亩土地，每户平均有 500 俄亩以上，其中农奴制大地产占有者每户平均有 2333 俄亩，而 1050 万农户共拥有 7500 万俄亩土地，每户平均仅有 7 俄亩。这种情况造成耕作技术落后，农民群众愚昧无知，农奴徭役制剥削形式繁多。这是农民展开土地斗争的根本原因。土地变革的实质就是消灭地主土地占有制和俄国农业制度中的一切农奴制残余。

列宁指出，俄国的土地变革可以通过两条道路来实现：一条是改良的道路即普鲁士式的道路，另一条是革命的道路即美国式的道路。第一条道路就是农奴制地主经济逐渐转变为资产阶级经济，大批农民变成贫农和雇工，同时分化出少数富农。这条道路仍然保存地主经济和大地产，使生产力发展速度和资本主义的发展极度缓慢，使广大农民群众在很长时期内遭受农奴制的剥削和奴役。第二条道路就是用暴力摧毁地主土地占有制，消灭农奴制大地产，使土地完全转归农民，宗法式的农民转变为资本主义农场主。这条道路使俄国资本主义更自由更迅速地发展，能尽快地发展生产力，能在最大程度上符合农民群众的利益。

列宁在分析各政党和各阶级的土地纲领以及两届杜马中围绕土地问题的斗争之后指出，所有地主和资产阶级的政党（从黑帮地主到立宪民主党人）都主张改良的地主式的发展道路，而无产阶级代表和农民代表则主张革命的农民式的发展道路。农民代表和民粹派提出土地国有化和平均分配土地的要求。列宁揭示了他们的小资产阶级社会主义的错误，同时肯定他们的小资产阶级民主主义的平等思想在反对专制制度和农奴制大土地占有制的斗争中是最革命的思想。

列宁写道，在俄国不仅地主土地所有制是中世纪的所有制，而且农民份地所有制也是中世纪的所有制。布尔什维克的土地纲领主张在极大限度地保持农民利益的条件下消灭村社和中世纪的份地所有制，即废除土地所有制，将全部土地收归国有，完全摆脱农村中的农奴制度。

（1）换汤不换药的土地改革

在爱德华六世时期，为了穷人的利益曾提出一项关于恢复被毁的租地农民房屋、鼓励耕种土地和禁止大规模圈地的法律草案。1638 年，查理一世任命了一个专门委员会，监督伊丽莎白执政第 30 年所颁布的一项法律的强制实施，根据该项法律，在任何乡村地区，均不得修建未附有至少 4 英亩土地的小屋，以便确保穷人的生活资料，防止穷人人数增长；为了使人们居住得更加分散，以保证全部土地都得到耕种，小屋中居住的人数又受到限制。（［普莱斯，前引著作］第 157、158 页）根据克伦威尔时代的法律，伦敦周围 10 英里的地区内禁止修建未附有 4 英亩耕地的房屋。

> 马克思：《经济学手稿》，
> 《马克思恩格斯全选》第 48 卷第 110 页。

要解放劳动群众，合作劳动必须在全国范围内发展，因而也必须依靠全国的财力。但是土地巨头和资本巨头总是要利用他们的政治特权来维护和永久保持他们的经济垄断的。他们不仅不会赞助劳动解放的事业，而且恰恰相反，会继续在它的道路上设置种种障碍。

> 马克思：《国际工人协会成立宣言》，
> 《马克思恩格斯全集》第 16 卷第 13 页。

积债地产法令（1853 年）：

"地主宣告破产，因为他无法收得地租，但同时却必须为维持穷邻居的生活而付出大量税款。他的土地由于贷款而担负了很重的抵押和支付义务（这些贷款他是在食物价格高涨的时候得到的），而他已无力偿付贷款的利息；于是颁布了一项法律，它规定财产可以立即拍卖，拍卖所得分给债权人。"

由于这种情况，在外地主（英国的资本家、保险公司等）以及过去那种土地中间人等等的数目都增加了，后者希望在经济方面按现代化的方式来经营管理。

排挤租佃者部分是采取双方就废除租约达成友好的协议的方式。但在更多的情况下却是采取大规模驱逐的方式（由《crowbar brigade》——"橇棍队"强制执行，他们的做法是先把屋顶掀掉），强制性驱逐的方式。（这也是一种政治惩罚手段。）这从 1847 年起一直继续到现在（阿伯康，爱尔兰总督）。非洲式的袭击（非洲小酋长那种袭击）。（人民被逐出土地。城市中挨饿的人口急剧增加。）

"租佃者成批地同时被从茅舍中赶走……这一行动是由地产代理人来指挥的。大批的警察和士兵被调来完成这一行动。在警察和军队的保护之下，'橇棍队'开进要毁灭的村庄，占领住房……早上，太阳升起时还是好好的一座村庄，傍晚，太阳落山时已是一片荒凉了。"（"高尔威报"）1852 年（阿伯康）

> 马克思：《关于爱尔兰问题的未作的发言的提纲》，
> 《马克思恩格斯全集》第 16 卷第 517 页。

1811 年在普鲁士，农民赋役的赎免以及农民和庄园主之间的各种纠纷，由法律作了这样的调节，即实物贡赋变成了货币贡赋，而货币贡赋又资本化了，赎免的办法或者是用现金分期支付，或者是把农民的部分土地割让给庄园主，或者是一部分支付现金，一部分割让土地。1816~1819 年的高昂的粮价使农民不能尽快地赎免，因此这项法律一直是一纸空文。

> 恩格斯：《德意志帝国国会中的普鲁士烧酒》，
> 《马克思恩格斯全集》第 19 卷第 45 页。

政府拟订了一个关于农民土地占有制法律的新草案。这是为了要急速"限制"独立农庄和独立田庄的土地"分散"。地主想"保护小土地所有制"，防止土地过于分散、零碎和变成小块。

这个法律的实质就是禁止农民的中等规模的地块，即独立农庄和独立田庄的土地分散。这样的地块无论是出卖或继承都必须归一人单独所有。其他继承人则按照地主土地规划委员会的估价领取现金"偿付"。

偿付的钱是用土地作为抵押，以特别优惠的条件，由农民银行支付的。中等规模的地块（不可分割的地块）的面积则按照 1861 年关于法定份地的农奴制法令来确定。

这个法律草案的用意是很明显的。地主想为农民资产阶级建立一种享有特权的、不受资本主义侵犯的土地所有制。地主感到自己的特权和自己的农奴主土地占有制已在动摇，因此竭力想把农民资产阶级中为数极少但最富裕的阶层争取过去。地主对富农和财主说：我把我的特权分给你们一小部分，我帮助你们靠破产的农民群众发财致富，而你们要保护我不受这群人的侵犯，你们要成为社会秩序的支柱。这就是新法律草案的阶级含义。

> 列宁：《土地"改革"的新措施》，
> 《列宁全集》第 23 卷第 429 页。

（2）社会主义的土地改革的主张

当我们掌握了国家权力的时候，我们根本不能设想用强制的办法去剥夺小农（不论有无报偿，都是一样），像我们将不得不如此对待大土地占有者那样。我们对于小农的任务，首先是把他们的私人生产和私人占有变为合作社的生产和占有，但不是用强制的办法，而是通过示范和为此提供社会帮助。

> 恩格斯：《法德农民问题》，
> 《马克思恩格斯全集》第 22 卷第 580 页。

我们从农民改革开始谈起，因为直到现在每个愿意叙述自己关于经济学问题和政论问题的一般观点的人，都必定要把这个问题作为起点。在斯卡尔金的书中，农民改革问题占有很大篇幅。斯卡尔金大概是第一个这样的作家，他根据广泛的事实和对整个农村生活的详细考察，系统地表明农民在实行改革后的穷困状况，他们生活恶化的情形，以及他们在经济、法律和生活方面的新的依赖形式，一句话，表明一切从那时以来为许多研究与记述所十分周密而又详尽地指出和证明过的东西。现在这一切真实情况已不是什么新东西了。但在当时它们不仅是新的，而且还引起自由派一帮人的猜疑，因为他们担心：指出这些所谓"改革的缺点"，是否意味着对改革以及对被掩盖着的农奴制的谴责。

列宁：《我们拒绝什么遗产?》，

《列宁全集》第 2 卷第 388 页。

　　各类农户在播种面积上的差别，要比它们在实际占有土地和使用土地面积上的差别还大些，比它们在份地面积上的差别就更不用说了。这就再三向我们表明：按占有的份地分类是完全不合适的，份地有的"平均化"现在已成了一种法律上的虚构。

列宁：《俄国资本主义的发展》，

《列宁全集》第 3 卷第 99～100 页。

　　俄国社会民主工党根据这一原则，提出下列要求：……（3）废除连环保和限制农民支配自己土地的一切法律。

列宁：《我们党的纲领草案》，

《列宁全集》第 4 卷第 200 页。

　　俄国农民的地租往往掩盖着徭役关系的残余。最后这一项的思想我们是借鉴考茨基的；考茨基曾经指出，在爱尔兰，格莱斯顿自由党内阁在 1881 年通过了一项法院有权降低过高地租的法律，考茨基把"设立专门的司法机关来降低过高的地租"（Reduzierung über-miger Pachtzinsen durch dazu eingesetzte Gerichtshofe）这一条列入他所希望实现的要求。在俄国，这样做特别有利于消除徭役关系（当然，要以民主方式来设立这样的法庭）。我们认为，在这一项内还可以包括关于高利贷的法律适用于盘剥性契约这一要求，因为在俄国农村中这种盘剥非常严重，沉重地压迫着作为劳动者的农民，大大地阻碍着社会的进步，所以反对这种盘剥是非常必要的。法庭要确定契约是不是盘剥性契约，是不是高利贷契约，并不比确定地租是不是过高更困难。

列宁：《我们党的纲领草案》，

《列宁全集》第 4 卷第 205 页。

　　伊克斯引证了萨拉托夫省的材料，我引用的也是同一个萨拉托夫省的材料，原来：那里割地的面积是 60 万俄亩，即农民在农奴制度下所占有的全部土地的 2/5，而租地是 90 万俄亩；可见，全部租地中有 2/3 是割地。这就是说，我们要恢复 2/3 的土地使用权。这就是说，我们并不是同幽灵作斗争，而是同实在的弊端作斗争。我们会同爱尔兰的情况一样，需要实行一次把佃农变为小私有者的现代农民改革。爱尔兰同俄国的相似之处，在民粹派的经济文献中早就指出过。哥林同志说：我所提出的措施并不是最好的，最好是把他们变成自由的租地者，他认为把半自由的租地者转变为自由的租地者会更好一些，但是这个想法是错误的。我们并不是凭空臆想出一种转变，而是提出一种能使法律上的土地使用权成为与实际情况相符的土地使用权的转变，从而消灭现存的盘剥关系。

列宁：《俄国社会民主工党第二次代表大会文献》，
《列宁全集》第 7 卷第 263～264 页。

我们认为，觉悟的社会主义者应该无条件地支持一切农民甚至富裕农民反对官僚和地主的革命斗争，但是觉悟的社会主义者应该直率和明确地指出：农民所希望的"土地平分"还远远不是社会主义。社会主义要求消灭货币的权力、资本的权力，消灭一切生产资料私有制，消灭商品经济。社会主义要求把土地和工厂交给按照总计划组织大生产（而不是分散的小生产）的全体劳动者。

农民争取土地和自由的斗争是向社会主义迈进了一大步，但是还远远不是社会主义。

列宁：《对维·加里宁〈农民代表大会〉一文作的两处增补》，
《列宁全集》第 12 卷第 75 页。

如果不提出口号，号召农民自己立即就地即通过各地革命农民委员会夺取土地，并由农民自己处置所夺取的土地直到全民立宪会议的召开，那么任何土地改革都只能是自由派官吏的改良，立宪民主党人的改良，而不是农民革命。如果不提出这样的口号，那么我们的纲领将是立宪民主党人的或半立宪民主党人的土地改革纲领，而不是农民革命的纲领。

列宁：《关于俄国社会民主工党统一代表大会的报告》，
《列宁全集》第 13 卷第 10 页。

工役制是靠法律（根据法律，农民有饿死的"自由"！）而是靠农民在经济上的依附地位来维持的。任何法律、任何禁令、任何"监督"、任何"监护"，对工役制和奴役制都完全无能为力。要从俄国人民的躯体上剜掉这个脓疮只有一个办法，就是消灭地主土地所有制，因为到目前为止这种所有制在绝大多数情况下都是农奴制所有制，都是农奴制剥削的根源和支柱。

列宁：《在第二届国家杜马中关于土地问题的发言稿》，
《列宁全集》第 15 卷第 129 页。

拿右派地主和十月党人所赞同的斯托雷平纲领来说吧。这是公开的地主纲领。但是能不能说，它在经济上是反动的，是排斥或力图排斥资本主义发展的呢？能不能说它是不允许资产阶级的农业演进的呢？绝对不能这样说。相反，斯托雷平按根本法第 87 条颁布的有名的土地法贯穿着纯资产阶级的精神。毫无疑问，这项法律所遵循的是资本主义演进的路线，它促进和推动这一演进，加速对农民的剥夺，加速村社的瓦解，使农民资产阶级更快地形成。从科学的经济学来讲，这项法律无疑是进步的。

这是不是说，社会民主党人应该"支持"这项法律呢？不是。只有庸俗的马克思主义才会作出这样的推论。

列宁:《社会民主党在俄国第一次革命中的土地纲领》,
《列宁全集》第 16 卷第 209 页。

什么是复辟?复辟就是国家政权落到旧制度的政治代表手里。防止这种复辟的保证可能有吗?不,这种保证是不可能有的。因此我们就想出这样一种保证,即实行地方公有化,地方公有化"不会把土地交给"……请问,地方公有化给"交出土地"设置的障碍究竟是什么呢?无非是革命的议会颁布一道法律宣布某些土地(过去地主的土地和其他土地)归地方议会所有罢了。而法律又是什么呢?法律就是取得胜利并掌握国家政权的阶级的意志的表现。

这样的法律就是在国家政权转归"旧制度的代表"时也"不会把土地交给""旧制度的代表"。

列宁:《社会民主党在俄国第一次革命中的土地纲领》,
《列宁全集》第 16 卷第 291~292 页。

我们现在来谈谈地主经济组织。大家知道,这种组织的基本特征就是资本主义制度("自由雇佣")同工役制度结合在一起。什么是工役制度呢?

要回答这个问题,必须看一看农奴制度下的地主经济组织。大家知道,从法律上、行政上和生活上来看农奴制是怎么一回事。但是很少有人提出这样的问题:在农奴制度下,地主同农民的经济关系的实质是什么。当时地主把土地分给农民,有时还贷给农民其他生产资料,如林地、牲畜等等。这种把地主土地分给农奴的做法,究竟有什么意义呢?如果拿适用于现代关系的话来说,当时的份地就是一种工资形式。在资本主义生产中,是用货币付给工人工资的。资本家的利润是以货币形式实现的。

在工厂里,必要劳动和剩余劳动(即维持工人生活的劳动和无偿地给资本家创造剩余价值的劳动)结合为一个劳动过程,结合为一个工作日,等等。徭役经济则是另外一种情况。它同奴隶经济一样,也有必要劳动和剩余劳动。但是这两种劳动在时间和空间上是分开的。农奴三天替地主干活,三天为自己干活。替地主干活,他是在地主的土地上干活,或者说为地主生产粮食。为自己干活,他是在份地上干活,给自己和自己的家庭取得为地主维持劳动力所必需的粮食。

因此,农奴制经济或徭役制经济同资本主义经济有一个相同的方面,这就是在两种经济制度下,劳动者都只得到必要劳动的产品,而把剩余劳动的产品无偿地交给生产资料所有者。然而农奴制经济同资本主义经济又有以下三个不同的方面。第一,农奴制经济是自然经济,资本主义经济则是货币经济。第二,农奴制经济的剥削手段是把劳动者束缚在土地上,分给他们土地;资本主义经济的剥削手段则是把劳动者从土地上解放出来。农奴主—地主要得到收入(即剩余产品),就必须在自己的土地上有拥有份地、农具和牲畜的农民。无地、无马、无家产的农民,是不宜于农奴制剥削的。资本家要得到收入(即利润),就必须有恰恰是无地、无家产而不得不在劳动的自由市场上出卖劳动力的劳动者。第三,拥有份地的农民必须对地主有人身依附关系,因为农民既然占有土地,如不实行强制,他是不会去为东家干活的。于是这种经济形式就产生了"超经济的强制"、农奴制、法律上的依附关系、没有充分的权利等等。相反,"理想的"资本主义就是在自由市场上最充分的契约(私有者和无产者之间的契约)自由。……

工役制的实质就是农民用自己的农具和牲畜耕种地主的土地,从而得到一部分货币报酬和一部分实物报酬(如土地、割地、牧场、冬季贷款等)。

列宁:《19 世纪末俄国的土地问题》,

《列宁全集》第 17 卷第 59~60 页。

资本主义农庄把工人从俄国的各个角落集中起来,然后根据自己的需要加以分类,造成一种同工厂工人等级制类似的工人等级制。譬如把工人分为整劳力、半劳力——其中又分出"力气大的劳力"(16~20 岁)和"帮小忙的"半劳力(8~14 岁的儿童)。地主同"自己的"农民之间过去那种所谓"宗法"关系,在这里连一点痕迹都没有了。劳动力像任何其他东西一样,变成了商品。"真正俄罗斯"型的盘剥正在消失,代替它的是按周计算的货币工资制,是疯狂的竞争,是工人和业主之间的争执。由于大批工人集中在雇佣市场,由于极端恶劣的不卫生的劳动条件,人们试图对大农庄实行社会监督。这种尝试是农业中的"大工业"所特有的,但是,在没有政治自由和公开的工人组织的情况下,这种尝试是根本不能持久的。外来工人的劳动条件坏到什么程度,这从工作日长达 12 个半小时至 15 个小时这一点就可以看出来。操作机器的工人受伤已是司空见惯。患职业病的工人(如操作脱粒机的工人)增加了,如此等等。在 19 世纪末的俄国,不仅可以看到最发达的、美国式的纯粹资本主义剥削的一切"美妙的东西",而且还可以看到纯粹中世纪的、在先进国家中早已消失了的工役制和徭役制的经营方式。

列宁:《19 世纪末俄国的土地问题》,

《列宁全集》第 17 卷第 99 页。

立宪民主党土地法案里所有那些繁琐罗列的、四平八稳的条款,完全是空洞无物的官样文章。重要的问题只有一个:谁来决定哪些土地应当转让,在什么条件下转让?即使一个最理想的法案,如果回避了这个问题,也只能是一种骗局。

列宁:《立宪民主党和土地问题》,

《列宁全集》第 22 卷第 55 页。

既然存在着土地私有制,那么,买卖和抵押土地的自由就是资本主义发展的必要条件。限制这种自由的种种尝试,结果只能是产生一千零一种逃避法律的方法,滋长一千零一种拖拉作风和官吏们死板的形式主义,使农民的境况更加恶化。试图用限制土地自由转移的法律或规章来阻挡世界资本主义,就和试图用枝条编成的篱笆来阻挡火车一样,是件十足的蠢事。维护这种做法也就是维护农奴主的盘剥,维护农村的停滞和腐朽。

学过一点政治经济学的人都知道，俄国正在进行资本主义和农奴制的交替。

列宁：《论左派民粹派》，

《列宁全集》第 25 卷第 162 页。

昨天我们报纸的社论提到的盛加略夫部长的那份电报，今天在《日报》［125］上登载出来了，原文如下："读了拉年堡委员会关于播种谷物的决定后，我认为有责任声明，不遵照国家法律擅自解决土地问题是不能容许的。越轨行动会造成国家的不幸，会引起纠纷，使自由事业遭到危险。按照法律解决土地问题，是立宪会议的事情。目前，各地在乡粮食委员会下面设立土地问题调解室，以便土地耕作者和土地占有者达成自愿协议。关于租用荒地的问题也正在加紧研究。为了维持公共秩序，我要求按临时政府的各项决定行事，不要擅自作出其他类似法律的决定。"如果显然占人口绝大多数的农民没有权利作出自己的决定并加以执行，而必须等待地主和农民达成"自愿协议"，这算是"民主"和"人民自由"吗？

一个地主有 2000 俄亩土地，而 300 个农户也只有 2000 俄亩土地。俄国的情况大体上就是这样 300 个农民必须等待一个地主的"自愿"同意！！

列宁：《是地主和农民的"自愿协议"吗？》

《列宁全集》第 29 卷第 232 页。

列宁在《我们拒绝什么遗产？》里提到的"农民改革"，指俄国 1861 年废除农奴制的改革。这次改革是由于沙皇政府在军事上遭到失败、财政困难和反对农奴制的农民起义不断高涨而被迫实行的。沙皇亚历山大二世于 1861 年 2 月 19 日（3 月 3 日）签署了废除农奴制的宣言，颁布了改革的法令。这次改革共"解放了"2250 万地主农民，但是地主土地占有制仍然保存下来。在改革中，农民的土地被宣布为地主的财产，农民只能得到法定数额的份地，并要支付赎金。赎金主要部分由政府以债券形式付给地主，再由农民在 49 年内偿还政府。根据粗略统计，在改革后，贵族拥有土地 7150 万俄亩，农民则只有 3370 万俄亩。改革中地主把农民土地割去了 1/5，甚至 2/5。

列宁在《俄国资本主义的发展》里说，"各类农户在播种面积上的差别，要比它们在实际占有土地和使用土地面积上的差别还大些，比它们在份地面积上的差别就更不用说了"，对此，列宁有一个注解："如果我们把无马者（每户）的份地数量算作 100，那么往上数各类农户的份地数量依次为：159、206、259、321。每类农户实际占有土地的相应数字将为：100、214、314、477、786；而各类农户的播种面积则为：100、231、378、568、873。"

重分土地的"平均制"是乌托邦，但是重分土地必须与一切旧的，即地主的、份地的、"官家的"土地占有制完全决裂，这是最需要的、经济上进步的、对于俄国这样的国家最迫切的资产阶级民主主义的办法。

列宁在《俄国社会民主工党第二次代表大会文献》里的"割地"，是指俄国 1861 年农民改革中农民失去的土地。按照改革的法令，如地主农民占有的份地超过当地规定的最高标准，或者在保留现有农民份地的情况下地主占有的土地少于该田庄全部可耕地的 1/3（草原地区为 1/2），就从 1861 年 2 月 19 日以前地主农民享有的份地中割去多出的部分。份地也可通过农民与地主间的特别协议而缩减。割地通常是最肥沃和收益最大的地块，或农民最不可缺少的地段（割草场、牧场等），这就迫使农民在受盘剥的条件下向地主租用割地。改革时，对皇族农民和国家农民也实行了割地，但割去的部分要小得多。要求归还割地是农民斗争的口号之一，1903 年俄国社会民主工党第二次代表大会曾把它列入党纲。1905 年俄国社会民主工党第三次代表大会提出了没收全部地主土地，以代替这一要求。

列宁在《对维·加里宁〈农民代表大会〉一文作的两处增补》里提到的"土地平分"这一口号，反映了农民要求普遍重分土地、消灭地主土地占有制的愿望。

列宁在《俄国社会民主党的土地纲领》中指出，在"土地平分"这个要求中，除了要使小农生产永恒化这种反动的空想之外，也有革命的一面，即"希望用农民起义来铲除农奴制的一切残余"。后来，列宁在俄国社会民主工党第二次代表大会上说："有人对我们说，农民不会满足于我们的纲领，他们要往前走，但是我们并不害怕这一点，我们有我们的社会主义纲领，所以我们也不怕重分土地"。

列宁着重批驳了孟什维克维护土地地方公有的论点，指出了主张把地主的土地分配给农民的"分配派"的错误论证了布尔什维克提出的无偿地没收一切地主的土地、立即把它们交给农民革命委员会、在一定政治条件下实行全部土地国有化的土地纲领。

列宁在《关于俄国社会民主工党统一代表大会的报告》里"由农民自己处置所夺取的土地"，在列宁的草案中用的是"所没收的"。波里索夫指出了这是一种错误的说法。应该说是"所夺取的"。没收是法律认可的、法律批准的夺取。我们应该提出没收的口号。为了实现这个口号，我们应该号召农民夺取。农民的这种夺取应该由全民立宪会议加以认可，使之合法化，全民立宪会议作为人民专制的最高机关，将根据自己颁布的法律把夺取变成没收。

4. 土地国有化法

土地国有化像整个农民土地问题一样，只有在推翻沙皇专制制度、建立无产阶级和农民的革命民主专政的条件下才能实现。土地国有化不仅能够消灭农奴制残余，而且还会促使贫农团结在无产阶级周围，加速把资产阶级民主革命转变为社会主义革命。

我认为，社会运动将作出决定：土地只能是国家的财产。把土地交给联合起来的农业劳动者，就等于使社会仅仅听从一个生产者阶级的支配。

土地国有化将使劳动和资本之间的关系彻底改变，归根到底将完全消灭工业和农业中的资本主义生产方式。那时，阶级差别和特权将与它们赖以存在的经济基础一同消失。

马克思：《论土地国有化》，

《马克思恩格斯全集》第 18 卷第 67 页。

但是怎么办呢？采用恢复马尔克的方法，但不用陈旧的过时的形式，而用新的形式；

采用这样一种更新公社土地占有制的方法，以便使这种占有制不但能保证小农社员得到大规模经营和采用农业机器的全部好处，而且能向他们提供资金去经营（除农业以外）利用蒸汽和水力的大工业，不用资本家，而依靠公社本身的力量去经营大工业。

> 恩格斯：《马尔克》，
> 《马克思恩格斯全集》第 19 卷第 369 页。

土地国有化就是全部土地收归国家所有。所谓归国家所有，就是说国家政权机关有权获得地租、有权规定全国共同的土地占有和土地使用的规则。在国有化的情况下，这种共同的规则肯定包括禁止一切中介行为，即禁止转租土地，禁止将土地让给并不亲自经营的人等等。再者，如果这里讲的国家是真正民主的（并不是象诺沃谢茨基所说的那种孟什维克意义上的民主），那么国家土地所有制丝毫不排斥在全国性法律允许的范围内把土地转交地方和区域自治机关支配，反而要求这样做。

规定因地制宜的细则、实际拨给土地或者在各个户主或各个协作社之间分配土地等等事宜，必然要交给地方国家政权机关，即地方自治机关办理。

如果关于这一切还可能产生什么误会，那要么是由于不了解所有权、占有权、支配权、使用权等概念的区别，要么是由于蛊惑人心地玩弄省区自治和联邦制。地方公有化和国有化的基本区别并不在于中央和地方之间权限的划分，更不在于中央的"官僚主义"（只有十分无知的人们才会有这样的想法和说法），而在于实行地方公有化后还会保存某一类土地的私有制，实行国有化后则完全废除了这种私有制。

> 列宁：《社会民主党在俄国第一次革命中的土地纲领》，
> 《列宁全集》第 16 卷第 302～303 页。

在地方公有化的情况下，份地和地主土地在经济方面的差别依然存在，这就是说，实行地方公有化将便于在法律上复辟或恢复这种差别。地方公有化在政治方面是一个改变地主土地占有权的法律。法律是什么呢？法律是统治阶级的意志的表现。一旦发生复辟，原来那些阶级将重新成为统治阶级。普列汉诺夫同志，难道法律能把它们束缚住吗？如果你把这一点想一想，你就会懂得，任何法律都不能限制统治阶级意志的表现。而国有化却能在经济方面给复辟造成困难，因为它消灭了一切界限和整个中世纪土地所有制，并使它适应新的、统一的资本主义生产条件。

> 列宁：《社会民主党在俄国革命中的土地纲领》，
> 《列宁全集》第 17 卷第 145～146 页。

我们应当要求全部土地国有化，就是说，把全国一切土地收归国家中央政权所有。这个政权应该规定移民用地的数量等等，定出保护森林、改良土壤等等的法律，严禁土地所有者（国家）和租地者（农户）之间有任何中介行为（严禁土地转租）。

> 列宁：《无产阶级在我国革命中的任务》，
> 《列宁全集》第 29 卷第 164 页。

支配土地的权力以及规定地方上占用土地的条件，都应完全由各区域和各地方的农民代表苏维埃掌握，而绝不应操在官僚、官吏的手里。

为了提高粮食生产的技术和增加产量，为了发展合理化的大农场和对它们实行社会监督，我们应当在农民委员会内部争取把没收来的地主田庄都改建成大规模的示范农场，由雇农代表苏维埃负责监督。

列宁：《无产阶级在我国革命中的任务》，
《列宁全集》第 29 卷第 164~165 页。

现在立即把土地交给农民，这是战时的需要所威严提出的要求。盛加略夫之流建议农民等待立宪会议（而现在却必须播种），实际上是在扩大危机，很可能把粮荒变为真正的饥荒。他们正在把官僚－资产阶级解决土地问题的办法强加给农民。然而不能等待由法律规定土地所有制，因为危机将飞快到来。农民已经有了革命创举，奔萨省农民正在夺取地主的耕畜和农具，以供公共使用。当然，我们党只主张有组织地夺取土地和农具，因为这对增加生产是必要的，任何损坏农具的行为首先有害于农民和工人自己。

列宁：《俄国社会民主工党（布）第七次全国代表会议文献》，
《列宁全集》第 29 卷第 415 页。

（1）立刻废除地主土地所有制，不付任何赎金。

（2）地主的田庄以及一切皇族、寺院和教会的土地，连同所有耕畜、农具、农用建筑和一切附属物，一律交给乡土地委员会和县农民代表苏维埃支配，直到召开立宪会议时为止。

（3）任何毁坏被没收的即今后属于全民的财产的行为，都是严重的罪行，革命法庭应予惩处。

（4）下附农民委托书是由《全俄农民代表苏维埃消息报》编辑部根据 242 份地方农民委托书拟订的，公布于该报第 88 号（彼得格勒，1917 年 8 月 19 日第 88 号），在立宪会议对伟大的土地改革作出最后决定以前，各地应该以这份委托书作为实行这一改革的指南。农民的土地问题委托书"土地问题只有全民立宪会议才能加以通盘解决"。

列宁：《全俄工兵代表苏维埃第二次代表大会文献》，
《列宁全集》第 33 卷第 18 页。

解决土地问题的最公正的办法应该是：

（1）永远废除土地私有权；禁止买卖、出租、典押或以任何其他方式转让土地。

一切土地：国家的、皇族的、皇室的、寺院的、教会的、工厂占有的、长子继承的、私有的、公共的和农民等等的土地，一律无偿转让，成为全民财产并交给一切耕种土地的劳动者使用。

因财产变革而受到损失的人，只有在适应新生活条件所必需的时间内，才有权取得社会帮助。

（2）所有地下资源，如矿石、石油、煤炭、盐等等，以及具有全国意义的森林和水流，归国家专用。一切小的河流、湖泊和森林等等交给村社利用，但必须由地方自治机关管理。

（3）经营水平高的农场所占的土地，如果园、种植园、苗圃、养殖场、温室等等，不得分割，而应改为示范农场，并视其规模和作用，归国家或村社专用。

城乡的宅地连同家用果园和菜园，仍归原主使用，其面积和税额，由法律规定之。

（4）养马场，官办和民营的种畜场和种禽场等等，一律没收，变为全民财产，并视其规模和作用，归国家或村社专用。

赎金问题应由立宪会议审议。

（5）被没收的土地上的全部耕畜和农具，视其大小和用途，无偿转归国家或村社专用。

土地少的农民的耕畜和农具不在没收之列。

（6）凡愿意用自己的劳动，依靠家属的帮助或组织协作社从事耕种的一切俄国公民（不分性别），均享有土地使用权，但仅以有力耕种的期间为限。禁止使用雇佣劳动。

村团成员一时丧失劳动力在两年以内者，村团在该成员劳动力尚未恢复的这段时间，有责任通过共耕制的办法予以帮助。

农民因年老或残废而不再能自己耕种土地时，便丧失其土地使用权，但可向国家领取赡养费。

（7）土地应当平均使用，即根据当地条件，按劳动土地份额或消费土地份额把土地分配给劳动者。

使用土地的方式应完全自由，究竟采用按户、按独立农庄、按村社、还是按劳动组合的方式，由各乡村自行决定。

（8）一切土地转让后都归入全民地产。在劳动者中分配土地的事宜，由地方的和中心的自治机关（从按民主原则组成的无等级的城乡村社起到各区域中心的机关止）负责主持。

根据人口增加、农业生产率和经营水平的提高等情况，土地应定期重新分配。改变份地地界时，原份地的基本地段应予保留。

因故离村者应交还其土地，但其近亲及其所指定的人，有取得该段土地的优先权。

施肥和改良土壤（根本改良）投入的价值，由于在交还份地时尚未用尽，应予补偿。

如果个别地方现有土地不能满足当地全体居民需要，过剩人口应迁往他处。

组织移民和移民费用以及农具供应等等概由国家负责。

移民应按下列次序办理：首先是自愿迁移的无地农民，其次是品行不良的村社社员、逃兵等等，最后，才采取抽签或协商的办法。

列宁：《全俄工兵代表苏维埃第二次代表大会文献》，

《列宁全集》第 33 卷第 18～20 页。

你们刚刚听取了土地社会化法令。难道这个法令不是一种保证吗？它保证工农现在团结得亲密无间，保证我们能依靠这种团结克服通往社会主义的道路上的一切障碍。……

当然，劳动人民没有管理的经验，但是这一点吓不倒我们。现在展现在胜利了的无产阶级面前的，是已经变成全民财产的土地，无产阶级一定能够根据社会主义原则组织新的生产和消费。过去，人类的全部智慧、人类的全部天才所进行的创造，只是为了让一部分人独享技术和文化的一切成果，而使另一部分人连最必需的东西——教育和发展也被剥夺了。然而现在一切技术奇迹、一切文化成果都将成为全民的财产，从今以后，人类的智慧和天才永远不会变成暴力手段，变成剥削手段。

列宁：《全俄工兵农代表苏维埃第三次代表大会文献》，
《列宁全集》第 33 卷第 288～289 页。

现在我们的任务是过渡到共耕制，过渡到公共的大经济。但是，任何强迫手段都是苏维埃政权所不能采取的，任何法律都不能强迫这样做。农业公社是根据自愿原则建立的，过渡到共耕制只能是自愿的，在这方面，任何强迫手段都是工农政府所不能采取的，而且是法律所不容许的。如果你们中间有人看到这种强迫现象，那你们应当知道，这是滥用职权，这是违法行为，这是我们正在竭力纠正而且以后也要纠正的现象。

列宁：《在彼得格勒省农业工人第一次代表大会上关于组织农业工会的讲话》，
《列宁全集》第 36 卷第 25 页。

我来谈谈你们所通过的土地法典的问题。在这一方面你们都知道，与任何法律不同，我们的法律在著名的 1917 年 10 月 25 日的第二天立即提出了土地条例，这个条例在技术上，也许还在法律上，是很不完善的，但是它把农民所绝对必需的、能够保证农民同工人的联盟的一切主要东西，都规定下来了。

列宁：《在第九届全俄中央执行委员会第四次常会上的讲话》，
《列宁全集》第 43 卷第 245 页。

列宁在《全俄工兵农代表苏维埃第三次代表大会文献》里提到的"土地社会化法令"，是《土地社会化基本法》。该法规定平均分配土地（按劳动土地份额或消费土地份额），这是苏维埃政府为巩固工农联盟而对中农作出的让步。法令还提出了发展农业中的集体经济的任务，规定农业公社，农业劳动组合和农业协作社有使用土地的优先权。

（五）住宅法制度

1. 住宅法是房地产商只为市场从事住宅建筑的法

在西方国家，房地产制度就是房地产买卖制度。

大陆法系理论认为，在房地产业，有两种权利形式，一是公有非公用土地地上权，二是公有非公用土地住宅使用权。公有土地可以通过出售、出租方式为他人所有或使用。通过出售而获得所有权的土地，成为私有土地，因而不存在地上权问题。通过出租而获得使用权，则形成债权关系，不是所有权关系。

地上权，是在他人土地上以建设建筑物或其他工作物为目的而使用他人土地的权利。地上权是大陆法系各国用益物权的称谓。因为地上权是使用他人土地的权利，其建筑物或其他工作物存在与否，与地上权的存续无关。

由于我国用于出让的是土地使用权而非所有权，因而不适用传统的民事原则。

"开发"是指利用过去没有被利用的自然资源。利用土地资源进行土地使用权的买卖，这是过去不曾发生过的事情，因而称为"房地产开发"。房地产开发商从政府买到的土地使用权，正是所谓地上权。房地产开发商与政府的关系，是债权关系，不是所有权关系。房地产开发，是在依法取得国有土地使用权的土地上进行基础设施、房屋建设的活动。而其购房人所得到的房屋权利，是使用权，相当于"公有非公用土地住宅使用权"。

土地使用权出让，是国家将国有土地使用权在一定年限内出让给土地使用者，由土地使用者向国家支付土地使用权出让金的行为。城市规划区内的集体所有的土地，经依法征用转为国有土地后，该国有土地的使用权方可有偿出让。土地使用权出让应按照法律规定的条件和程序进行审批，出让可以采取拍卖、招标或者双方协议的方式。土地使用权出让，应当签订书面出让合同。土地使用者必须按照出让合同约定，支付土地使用权出让金；未按照出让合同约定支付土地使用权出让金的，土地管理部门有权解除合同，并可以请求违约赔偿。土地使用权因土地灭失而终止。土地使用权划拨，是县级以上人民政府依法批准，在土地使用者缴纳补偿、安置等费用后将该幅土地交付其使用，或者将土地使用权无偿交付给土地使用者使用的行为。依法以划拨方式取得土地使用权的，除法律法规另有规定外，没有使用期限的限制。

我国房地产市场炒房的乱象，盖缘于开发商把作为使用权的地上权进行出售，而使用权住宅却取得了所有权。这样，私人的使用权直接对抗国家所有权，所有权理论就乱套了，房地产市场就乱套了。而且，"出让可以采取拍卖、招标或者双方协议的方式"，使开发商选择"双方协议方式"，这就为"权力寻租"打开了方便之门，由此成为房地产业腐败的焦点。

"住房是用来住的，不是用来炒的"。这一论断，必将恢复科学的所有权理论，恢复建房和住房合乎规律的正常的社会关系，从而使关系到重大民生的住宅问题得到公正解决。

马克思在《资本论》第2卷里揭示了资本主义房地产业的发展过程。他说，开始，房屋大都是定造的，建筑费用在建筑完工时分期付给建筑业主。40年后，建筑业主不再是为顾客，而是为市场从事建筑。和任何其他产业家完全一样，他必须在市场上有完成的商品。他必须购买（也就是大陆上所说的，通常以99年为期租用）大块地皮，资金用抵押的办法从银行借来建房，然后出售给购房者。

马克思指的是"建筑商"身份在40年前后的变化。在我国，他们不是建筑商，而是"开发商"。"开发商"本身是根本不从事具体建筑业的。开发商利用扭曲的所有权理论，通过"空手套白狼"的方法，经营房地产开发公司，积累巨大财富。这就是房地产开发的全部秘密，也是广大人民群众居无所居或成为终身"房奴"的真相。

修改有关建筑的立法并保证建筑业自由，使建筑费用便宜些。但是，在英国，有关建筑的立法范围压缩到了最低限度，建筑业像空中飞鸟一样自由，而住宅缺荒现象却依然存在。况且，现在英国的建筑已经便宜到极点，只要附近有一辆马车驶过，房屋就会摇晃起来，所以每天都有一些房屋倒塌。就在昨天，1872 年 10 月 25 日，曼彻斯特城内一下子倒塌了六所房屋，并且有六个工人受了重伤。可见，这也无济于事。

恩格斯：《论住宅问题》，

《马克思恩格斯全集》第 18 卷第 285 页。

资本主义生产怎样使伦敦的房屋建筑业发生变革，可以用 1857 年一个建筑业主在银行法委员会所提出的证词来说明。他说，在他青年时代，房屋大都是定造的，建筑费用在建筑的某些阶段完工时分期付给建筑业主。为投机而建筑的现象很少发生；建筑业主这样做，主要只是为了使他们的工人经常有活干，而不致于散伙。近四十年来，这一切都改变了。现在，定造房屋的现象是极少有的。需要新房屋的人，可以在为投机而建成或正在建筑的房屋中，挑选一栋。建筑业主不再是为顾客，而是为市场从事建筑；和任何其他产业家完全一样，他必须在市场上有完成的商品。以前，一个建筑业主为了投机，也许同时建筑三四栋房屋；现在，他却必须购买（也就是大陆上所说的，通常以九十九年为期租用）大块地皮，在上面建筑一二百栋房屋，因此他经营的企业，竟超出他本人的财产二十倍到五十倍。这笔基金用抵押的办法借来；钱会按照每栋房屋建筑的进度，付给建筑业主。一旦发生危机，分期垫款就会停止支付，整个企业通常就会停顿；最好的情况，是房屋停建，等情况好转再建；最坏的情况，就是半价拍卖了事。现在，任何一个建筑业主不从事投机建筑，而且不大规模地从事这种建筑，就得不到发展。建筑本身的利润是极小的；建筑业主的主要利润，是通过提高地租，巧妙地选择和利用建筑地点而取得的。几乎整个贝尔格雷维埃和泰伯尼厄以及伦敦郊区成千上万的别墅，都是用估计有人需要房屋这种投机办法建筑起来的。（《银行法特别委员会的报告》第 1 部分摘要，1857 年证词第 5413—5418、5435—5436 号）

马克思：《资本论第二卷》，

《马克思恩格斯全集》第 24 卷第 260～261 页。

不仅人口的增加，以及随之而来的住宅需要的增大，而且固定资本的发展（这种固定资本或者合并在土地中，或者扎根在土地中，建立在土地上，如所有工业建筑物、铁路、货栈、工厂建筑物、船坞等等），都必然会提高建筑地段的地租。在这里，即使有凯里那样的善良愿望，也不可能把作为投在房屋上的资本的利息和折旧的房租，同单纯土地的地租混为一谈，特别在土地所有者和建筑投机家是完全不同的人的时候（例如在英国）。在这里，我们要考察两个要素：一方面，土地为了再生产或采掘的目的而被利用；另一方面，空间是一切生产和一切人类活动所需要的要素。从这两个方面，土地所有权都要求得到它的贡赋。对建筑地段的需求，会提高土地作为空间和地基的价值，而对土地的各种可用作建筑材料的要素的需求，同时也会因此增加。

马克思：《资本论第 3 卷》，

《马克思恩格斯全集》第 25 卷下册第 872 页。

在迅速发展的城市内，特别是在像伦敦那样按工厂方式从事建筑的地方，建筑投机的真正主要对象是地租，而不是房屋。关于这一点，我们已在第二卷第十二章第 215、216 页，用 1857 年伦敦一个大建筑投机家爱德华·卡普斯向银行法委员会所提出的证词，作为例子加以说明了。他在那里说（第 5435 号）："我相信，一个人要想发迹，单靠公平交易是不行的……除此以外，他还必须从事建筑投机，而且必须大规模地进行；因为，建筑业主从建筑本身取得的利润是很小的，他通过提高地租，取得他的主要利润。例如，他租用一块地皮，每年付租 300 镑；当他按照精密的建筑计划，在这块地皮上面建筑起适当等级的房屋时，他每年就能由此得到 400 镑或 450 镑，而他的利润与其说来源于在许多情况下他几乎完全不加考虑的建筑物利润，不如说来源于每年增加 100 镑或 150 镑的地租。"

在这里不要忘记，在通常以九十九年为期的租约期满以后，土地以及土地上的一切建筑物，以及在租佃期内通常增加一两倍以上的地租，都会从建筑投机家或他的合法继承人那里，再回到原来那个土地所有者的最后继承人手里。

马克思：《资本论第三卷》，

《马克思恩格斯全集》第 25 卷下册第 872 ~ 873 页。

土地所有权竟被利用来造成社会的极大不公平。地主以矿山所有主的身分把一个工业移民团召到自己的领地上来从事劳动，然后又以地面所有主的身分使他所招来的工人无法找到生活上必不可少的合适住宅。矿山承租人〈资本主义的矿山开采者〉没有任何金钱上的利益要来反对交易上的这种划分，因为他知道得很清楚，即使地主的条件很苛刻，后果也不由他承担。

马克思：《资本论第一卷》，

《马克思恩格斯全集》第 23 卷第 732 页。

现代的国家不能够也不愿意消除住宅灾难。国家无非是有产阶级即土地所有者和资本家用来反对被剥削阶级即农民和工人的有组织的总合权力。个别资本家（这里所指的也只是资本家，因为参加这种事业的土地所有者首先也是以资本家资格出现的）不愿意做的事情，他们的国家也不愿意做。因此，如果说个别的资本家即使对住宅缺乏的现象感到遗憾，也不大愿意哪怕稍微在表面上掩饰一下由此产生的极坏的后果，那末，总合的资本家，即国家，也并不会做出更多的事情。国家顶多也只是会设法在各地以同等程度进行已经成为常例的表面掩饰工作。我们看到的情形正是如此。

恩格斯：《论住宅问题》，

《马克思恩格斯全集》第 18 卷第 288 页。

建筑业最初也同样归入农民家庭劳动范围以内（直到现在仍是这样，因为半自然的农民经济还存在）。进一步的发展使建筑工人变为按照消费者订货而工作的专业手艺人。我们在上面已经指出，断定这种演进是困难的，因为在我国书刊中，往往把建筑工人叫作"手艺人"，同时完全错误地把雇佣工人也归入这个类别。在乡村及小城市中，建筑业的这种组织在现在也是相当发达的；手艺人通常保持着同土地的联系，为范围极其狭小的小消费者工作。随着资本主义的发展，保存这种工业结构就不可能了。商业、工厂、城市、铁路的发展，提出了对完全另外一种建筑的需求，这种建筑无论在建筑样式或规模上都与宗法制时代的旧式建筑是不一样的。新式建筑需要各种各样的贵重材料，需要大批各种各样专业工人的协作，需要很长的施工时间，这些新建筑的分布与传统的居民的分布完全不一致：它们建设在大城市里或城市近郊，建设在没有人烟的地方以及正在修筑的铁路沿线等等。当地的手艺人变为企业主－承包人所雇用的外出零工，而这些企业主－承包人逐渐挤进消费者与生产者之间，并且变成真正的资本家。资本主义经济的跳跃式的发展，长久萧条的年代被"建筑热"（正如现在 1898 年所经历的）的时期所代替，大大地推动了建筑业中资本主义关系的扩大与加深。

列宁：《俄国资本主义的发展》，

《列宁全集》第 3 卷第 486~487 页。

马克思在《资本论第 3 卷》里说，"对建筑地段的需求，会提高土地作为空间和地基的价值，而对土地的各种可用作建筑材料的要素的需求，同时也会因此增加"，可参看"伦敦街道铺砌石头路面，使苏格兰海滨一些不毛岩石的所有者，可以从一向没有用的石头地得到地租。"（亚·斯密，第 1 篇第 11 章第 2 节）。

列宁在《俄国资本主义的发展》里提到"往往把建筑工人叫作'手艺人'"，他在注解里指出："我们在上面已经指出，断定这种演进是困难的，因为在我国书刊中，往往把建筑工人叫作"手艺人"，同时完全错误地把雇佣工人也归入这个类别。

2. 住宅法与穷人的居住状况

资本主义社会的住房问题，从资产阶级革命之始就存在了，其劳动人民无房的痛苦和住房的惨状，经典作家作了客观披露和深刻分析。

历史已经证明：依靠私营房地产公司制解决住房问题，是永远不可能的，依靠作为民法的住宅法解决住房问题，是永远不可能的。

在伦敦，随着城市的不断"改良"，旧街道和房屋的拆除，随着这个京城中工厂的不断增多和人口的不断流入，随着房租同城市地租一道不断地上涨，就连工人阶级中处境较好的那部分人以及小店主和其他下层中产阶级分子，也越来越陷入这种可诅咒的恶劣的居住环境中了。

马克思：《资本论第一卷》，

《马克思恩格斯全集》第 23 卷第 723 页。

在伦敦，几乎没有一所房产不寄生着无数的"中间人"。伦敦的地价总是大大高于土地的年收入，因为每个买地的人都抱着投机的目的，指望迟早会按审定价格（即征用时由陪审员确定的价格）再把地抛售出去，或者会由于靠近某个大企业而能诈取异常高的价钱。结果是，买卖快到期的租约成了一项经常的交易。

房租是按周支付的，所以这些先生们不会冒任何风险。由于市内修建铁路的关系，"不久前，我们看到伦敦东头有许多家庭从自己的旧住所里被赶出来，在一个星期六的晚上背着少得可怜的家当到处徘徊，可是除了投奔贫民习艺所，找不到任何栖身之处"。

马克思：《资本论第一卷》，

《马克思恩格斯全集》第 23 卷第 724 页。

让我们来赞美资本主义的公正吧！土地所有者、房主、实业家，在他们的财产由于进行"改良"，如修铁路、修新街道等等而被征用时，不仅可以得到充分的赔偿，而且按照上帝的意旨和人间的法律，他们还要得到一大笔利润，作为对他们迫不得已实行"禁欲"的安慰。而工人及其妻子儿女连同全部家当却被抛到大街上来，如果他们过于大量地拥到那些市政当局要维持市容的市区，他们还要遭到卫生警察的起诉！十九世纪初，在英国除伦敦外再没有一个 10 万人口的城市。只有 5 个城市超过 5 万人。而现在，超过 5 万人的城市已有 28 个。

马克思：《资本论第一卷》，

《马克思恩格斯全集》第 23 卷第 725 页。

一个工业城市或商业城市的资本积累得越快，可供剥削的人身材料的流入也就越快，为工人安排的临时住所也就越坏。因此，产量不断增加的煤铁矿区的中心太恩河畔新堡，是一座仅次于伦敦而居第二位的住宅地狱。那里住小单间房屋的不下 34000 人。在新堡和格茨黑德，不久前大量的房屋由于绝对有害公益，根据警察的命令拆毁了。可是新房子盖得很慢，而营业却发展得很快。因此，1865 年，城市比过去任何时候都更加拥挤不堪。……

由于资本和劳动的大量流动，一个工业城市的居住状况今天还勉强过得去，明天就可能变得恶劣不堪。或者，有时市政官员终于能振作起来去消除最恶劣的弊端，然而明天，衣衫褴褛的爱尔兰人或者破落的英格兰农业工人就会像蝗虫一样成群地拥来。人们把他们塞到地下室和仓库里，或者把过去还像样的工人住房变成一种寓所，在这里住客变动得非常迅速。

马克思：《资本论第一卷》，

《马克思恩格斯全集》第 23 卷第 725 ~ 726 页。

汉特医生从一家保险公司代办所得到一张表格，表上记载的这些令人厌恶的地下室和小房间，住的大多还都是收入较好的工人。

马克思：《资本论第一卷》，

《马克思恩格斯全集》第 23 卷第 727 ~ 728 页。

正当温和的自由主义者福斯特议员为自由贸易的恩赐，为布莱得弗德的经营精梳毛纺业的巨头们的利润流着激动的眼泪的时候，工人们一家大小却在颠沛流离，疾病缠身。布莱得弗德的贫民诊所医生贝尔在他 1865 年 9 月 5 日的报告中说，在他的管区内，热病患者的惊人的死亡率是由他们的居住条件造成的。

马克思：《资本论第一卷》，

《马克思恩格斯全集》第 23 卷第 728 页。

现在我们谈谈一个来自农村而大部分在工业中就业的居民阶层。他们是资本的轻步兵，资本按自己的需要把他们时而调到这里，时而调到那里。当不行军的时候，他们就"露营"。这种流动的劳动被用在各种建筑工程和排水工程、制砖、烧石灰、修铁路等方面。这是一支流动的传染病纵队，他们把天花、伤寒、霍乱、猩红热等疾病带到他们扎营的附近地区。在像铁路建设等需要大量投资的企业中，通常由企业主本人为自己的军队提供一些木棚之类的住所，这种临时性的村落，没有任何卫生设备，不受地方当局监督，对承包人先生非常有利可图，他把工人既当作产业士兵又当作房客进行着双重剥削。

马克思：《资本论第一卷》，

《马克思恩格斯全集》第 23 卷第 728～729 页。

煤矿以及其他矿山的工人是属于不列颠无产阶级中报酬最优厚的一类工人。他们花了怎样的代价才挣得自己的工资，这一点在前面已经说过了。在这里我再略微谈谈他们的居住情况。矿山开采者，不管他是矿山的所有主还是承租人，通常要为自己的工人建造一定数量的小屋。工人"无代价地"得到小屋和燃料用煤，也就是说，这些小屋和煤构成工资中用实物支付的部分。靠这种办法安置不了的人，每年可以领到 4 镑作为补偿。矿区很快就吸引来大批的居民，其中有矿业人口本身以及聚集在他们周围的手工业者和小店主等等。这里也象其他一切人口稠密的地方一样，地租很高。

马克思：《资本论第一卷》，

《马克思恩格斯全集》第 23 卷第 730 页。

在《资本论第 1 卷》里提到"汉特医生从一家保险公司代办所得到一张表格"。马克思把这张表格，作为注解。

布莱得弗德某工人保险公司的代办所的一张表格：

火神街 122 号	1 间房	16 人
拉姆利街 13 号	1 间房	11 人
鲍威尔街 41 号	1 间房	11 人
波特兰街 112 号	1 间房	10 人
哈尔迪街 17 号	1 间房	10 人
北街 18 号	1 间房	16 人

北街 17 号 ·· 1 间房　13 人

魏曼街 19 号 ·· 1 间房　8 个成年人

乔威特街 56 号 ·· 1 间房　12 人

乔治街 150 号 ··· 1 间房　3 家

莱福场马丽门 11 号 ·· 1 间房　11 人

马歇尔街 28 号 ·· 1 间房　10 人

马歇尔街 49 号 ·· 3 间房　3 家

乔治街 128 号 ··· 1 间房　18 人

乔治街 130 号 ··· 1 间房　16 人

爱德华街 4 号 ··· 1 间房　17 人

［乔治街 49 号 ·· 1 间房　2 家］

约克街 34 号 ·· 1 间房　2 家

地下室

瑞琴特广场 ··· 1 个地下室　8 人

爱克街 ··· 1 个地下室　7 人

罗伯茨街 33 号 ·· 1 个地下室　7 人

普腊特后街（炼铜场）······································ 1 个地下室　7 人

埃本尼泽街 27 号 ·· 1 个地下室　6 人

（《公共卫生。第 8 号报告》1866 年伦敦版第 111 页）

3. 解决住宅问题的法律措施

住宅问题形成普遍的、大规模的、长期持续的社会问题，是传统民法理论和制度的必然结果。

在社会的强大压力下，政府在保障房地产业私有制的基础上，乞灵于"公共住房"政策。英国 1868 年通过《劳工住房法》。《克劳斯和托伦斯法》（Cross and Torrens Act）授权地方政府进行贫民窟的清理，这是对住房进行国家干预的前兆。1915 年通过《住房与城镇规划法》《出租住和抵押限制法》，对租金和抵押费率作了限制。1919 年颁布了新的《住房与城镇规划法》，为市政住房（council house）建设进行补贴。这被认为是"现代公房"的起点。

经过近 1 个半世纪后，1924 年英国进行了最早的公共住房立法。

1924 年通过的《魏德礼法》，使公房建设成为长期政策。1924 年，议会通过《住房法》。计划 1925 年建设 19 万套新的廉租公产住房（council houses），10 年后达到 45 万套。该法规定对公共住房建设实行补贴。到 20 世纪 30 年代末，计划每年建成 30 多万套住房。1933 年的《住房（财务规定）法》，将公房的范围从普通需要限制到贫困者的再安置，使公房成为福利性住房。

实践证明，无论是建设廉租公产住房立法，还是公房成为福利性住房立法，都不能从根本上改变房地产业的私有制实质，不能从根本上改变劳动人民居住的悲惨状况。经典作家明确指出，住宅法必须改变资本主义生产方式，由工人阶级自己占有全部生活资料和劳动资料。这是真正解决住房问题的根本道路。

实际上资产阶级只有一个以他们的方式解决住宅问题的办法，即每解决一次就重新把这个问题提出来一次。这就叫做"欧斯曼"的办法。我这里所说的"欧斯曼"，不但是指巴黎的欧斯曼所采取的那种特殊的波拿巴主义办法，即穿过密集的工人街区开辟一些又长、又直、又宽的街道，在街道两旁修建豪华的大厦；除了使街垒战难于进行这个战略目的以外，用意还在于造成依靠政府的特殊的波拿巴主义的建筑业无产阶级，并把巴黎变为一个多半是奢华的都市。我所说的"欧斯曼"，是指把工人街区，特别是把我国大城市中心的工人街区切开的那种已经普遍实行起来的办法，而不论这起因是为了公共卫生或美化，还是由于市中心需要大商场，或是由于敷设铁路、修建街道等等交通的需要。不论起因如何不同，结果到处总是一个：最不成样子的小街小巷没有了，资产阶级就因为有这种巨大成功而大肆自我吹嘘，但是……这种小街小巷立刻又在别处，并且往往是就在紧邻的地方出现。

恩格斯：《论住宅问题》，
《马克思恩格斯全集》第18卷第291～292页。

当资本主义生产方式还存在的时候，企图单独解决住宅问题或其他任何同工人命运有关的社会问题都是愚蠢的。真正的解决办法在于消灭资本主义生产方式，由工人阶级自己占有全部生活资料和劳动资料。

恩格斯：《论住宅问题》，
《马克思恩格斯全集》第18卷第294页。

对于房租的任何经济研究，都不会使我们把废除租赁住宅变为"在革命思想内部产生的最有成效和最高尚的意向之一"。为了达到这点，我们必须把这个简单的事实从冷静的政治经济学领域中转移到意识形态方面高级得多的法学领域中去。"房屋是房租的永恒的法权理由"；——"结果就是"，房屋的价值能以房租的形式得到二倍、三倍、五倍和十倍的补偿。要明白怎么"结果就是"这样的，"法权理由"对我们没有丝毫帮助；正因为这样，所以我说米尔柏格只有在研究了房屋如何成为法权理由之后，才能知道怎么"结果就是"这样。只有当我们像我那样研究了房租的经济本质，而不是对统治阶级用来批准房租的法律术语表示愤慨的时候，我们才能知道这点。

恩格斯：《论住宅问题》，
《马克思恩格斯全集》第18卷第303～304页。

这样一来，完全不是永恒的房屋就变成了房租的永恒的法权理由了。不管它"结果就是"怎样，我们总是发现：由于这种法权理由，房屋便以房租形式带来高于它的价值好几倍的收入。由于翻译成法律术语，我们便顺利地远远离开了经济学领域，所以我们只看到这样一个现象，即房租的总额逐渐能偿付一所房屋价值的好几乎的标准来衡量，并且发现这种现象是不公平的，是与"革命的法权观念"——不论这个东西是什么意思——不相符合的，因而法权理由也就是完全要不得的。其次，我们又发现，这点同样适用于生息资本和出租的耕地，因而我们就有理由把这几种所有权从其他各种所有权里划分出来，并且加以特别的考察。

这种特别的考察就要求：（1）剥夺所有者废除合同的权利，即剥夺他索回自己财产的权利，（2）把租借给承租人、债务人或租佃人但并不属于他的财物的使用权无偿地让渡给他，（3）用长期分批付款的方法向所有者偿清财产而不付利息。这样一来，我们就说尽了蒲鲁东在这方面的"原则"。这就是蒲鲁东的"社会清算"。

恩格斯：《论住宅问题》，

《马克思恩格斯全集》第 18 卷第 304 页。

枢密院的医官西蒙医生在他的正式报告中说："人们替恶劣的房屋设备辩解，说矿山通常是以租赁方式开采的；租赁合同期限太短（煤矿大多是 21 年），所以矿山承租人认为不值得为企业所招来的工人、手工业者等等提供良好的房屋设备；即使承租人自己想在这方面慷慨一点，地主也会打消他的这种念头。地主有一种倾向，就是当地面上一旦造起像样而舒适的村庄供给那些开采地下财产的矿工们居住时，地主就会马上利用这种特权来索取异常高的追加地租。

马克思：《资本论第一卷》，

《马克思恩格斯全集》第 23 卷第 732 页。

在房屋及其他对所有者说来是固定资本并作为固定资本出租的物品的租约中，法律都承认正常损耗和临时性修理的区别。前者是由时间、自然影响和正常使用本身引起的，通常由所有者负担；后者是在房屋正常寿命和正常使用期间为了保持房屋完好而不时需要的，通常由承租人负担。修理还分小修和大修。大修是固定资本在实物形式上的局部更新，所以在租约没有明确的相反规定时，也由所有主负担。例如按照英国法律：

"按年租赁房屋的承租人，在不用大修就能做到的限度内，只承担使建筑物不透风雨的义务，一般说来，只负责可以称之为小修的修理。甚至在这方面，也还要考虑到，开始租赁时建筑物有关部分的已使用的年限和一般的状态，因为承租人没有义务用新的材料去替换旧的已经损耗的材料，也没有义务赔偿那种由时间和正常使用引起的不可避免的贬值。"（霍德兹沃思《关于地主和租户的法律》第 90～91 页）

马克思：《资本论第二卷》，

《马克思恩格斯全集》第 24 卷第 197～198 页。

恩格斯的《论住宅问题》，是关于住宅问题的经典文献。全书共分三篇，每一篇都是在恩格斯反对资产阶级的和小资产阶级的解决住宅问题的方案的尖锐论战过程中产生的。

第一篇是对"人民国家报"上转载的几篇标题为"住宅问题"的匿名文章的直接答复，这几篇文章原来发表在奥地利工人报纸"人民意志报"上。以后才知道这些文章的作者是医学博士、蒲鲁东主义者阿·米尔柏格。1872年5月7日，恩格斯写信给李卜克内西说："只要一有时间，我就立即写一篇关于住宅缺乏现象的文章，来反驳'人民国家报'上一系列文章中关于这个问题所陈述的蒲鲁东主义者的荒谬的臆想。"这一著作的题目为"蒲鲁东怎样解决住宅问题"。第一篇到1872年5月22日就写成了，并且连续发表在1872年6月和7月的"人民国家报"上。

1872年10月，恩格斯写完了第二篇，题目是"资产阶级怎样解决住宅问题"。其中批判了解决住宅问题的资产阶级慈善家的方法，这些方法在艾·扎克斯的"劳动阶级的居住条件及其改良"中得到了最彻底的表述。这一篇连载在1872年12月和1873年1月的"人民国家报"上。

第三篇的出现，是作为对米尔柏格的再次答复，因为"人民国家报"编辑部使他有机会在该报上发表了反驳恩格斯的文章。恩格斯在1873年1月从事这一部分的写作，这一篇以"再论蒲鲁东和住宅问题"为题，连续发表在1873年2月的"人民国家报"上。

恩格斯的这三篇著作全部在"人民国家报"上发表以后，由"人民国家报"出版社在莱比锡出版了单行本。1887年著作再版，书名是"论住宅问题"，1887年霍廷根—苏黎世校订第2版。再版时，恩格斯作了一些修改和补充，并写了一篇序言。

（六）金融法制度

1. 银行法

金融法，是规范资金融通活动的法律制度。从商业活动的角度概括金融活动，应当是信贷、现金收支和使用、金银贵金属购售，以及与资金通融业务直接关联的证券、期货等活动。货币法属于经济调节法范畴，信贷法属于经济活动法范畴，金融机构法属于经济组织法范畴。在法学上，"金融法"是上述三部分法的总称。

研究法律调整问题，应当按其法律制度的不同性质和特征进行分类，并确定其归属。银行法属于经济组织法，它确定银行的法律地位和业务范畴，不具有宏观调控功能。银行从来都具有货币发行、信贷及机构设置和管理等诸多功能。现代国家，银行由中央银行、国策银行和商业银行等功能各异的银行组成。

资金融通法律制度实行自愿基础上的国家限制，以求金融稳定。包括：①资金借贷制度，即商业银行存款、贷款、结算等各项经营制度。②现金使用、收支制度。③金银购售制度。是规范金银收购、配售、进出国境管理等方面的法律制度。

经典作家关于金融法或银行法的论述，主要是针对资本主义国家的。

银行资本家的目的是为了获得利润。银行利润的来源是贷款利息高于存款利息之间的差额。银行资本家所获得的利润，相当于社会上的平均利润。银行资本家以银行利润的形式瓜分到的一部分剩余价值，是通过银行雇员的劳动来现的。银行雇员的劳动不创造剩余价值，但能够使银行资本家获得剩余价值，他们的劳动有一部分是无酬劳动。因此，银行雇员属于被剥削的阶级。

资本主义发展到帝国主义阶段后，生产的集中和垄断必然导致银行业的集中和垄断。在这种情况下，银行的作用发生了重大的变化，从债权（放贷）债务（吸收存款）的中介人，变为万能的垄断者。银行资本和工业资本日益融合或混合生长，形成一种新形态的资本即金融资本，而银行则成为金融资本的控制人。所谓"万能垄断者"，是指在控制国民经济中具有无所不能的性质。银行除了经营存放款业务外，还对工业、矿业、商业等经济部门进行投资，向国外输出资本，并进行买卖黄金、外汇等投机活动。银行资本，一方面，促进了资本主义生产的发展，另一方面，又加深了对劳动人民的剥削，从而使资本主义生产方式的基本矛盾趋于尖锐，导致周期性生产过剩危机的发生。20 世纪初，列宁科学地预见了未来是"金融资本的统治"。实践证明，列宁的论断是完全正确的。现在，国内金融资本已经结成联盟，垄断和控制了国民经济，而且，国际金融市场已经成为一体。由此，法律制度与经济的交互作用和影响日益加深。

由于一般人对 1844 年的银行法令理解得不正确，同时这个法令的影响在危机日益逼近的情况下不仅对英国，而且对整个商业世界都将十分严重，所以我想简单地说明一下这个法令的实质。

1844年皮尔银行法令的出发点是这样几种假定：金属的货币流通是唯一正常的货币流通；流通中的货币量能调节价格；在纯粹金属货币流通的条件下，如果外汇行市有利，金块内流，货币量就要扩大，如果外汇行市不利，金块外流，货币量就要减少；银行券的流通应当与金属货币的流通完全一样；因此，英格兰银行地下室里的黄金数量的变动和在居民中流通的它的银行券数量的变动一定要相符合；在外汇行市有利时，银行券的发行量应该增加，外汇行市不利时则减少；最后，英格兰银行对流通中的它的银行券数量实行监督。

> 马克思：《维也纳照会。——苏姆拉来信。——皮尔的银行法令》，
> 《马克思恩格斯全集》第9卷第334～335页。

在任何银行机构中，最沉重的负担并不牵涉到一定数量的流通中的银行券，而是牵涉到一定数量的作为存款的银行券和金属货币。例如荷兰的银行，据安德森先生在下院委员会上说，在1845年以前有存款3000万英镑，而在流通中的只有300万英镑。……

现在，由于皮尔法令规定要把黄金储备储存起来作为保证银行券兑成黄金的后备，银行经理们便有充分的可能随心所欲地处置存款了。而且，从上面所说的可以看出，正是这个法令所立下的制度，才会使银行部停止发给存款和股息，同时某种数量的黄金却存放在发行部的地下室里。……

所以，实行皮尔法令的一个后果，就是英格兰银行在1847年危机期间改变了13次贴现率，而在1825年危机时期却只改变了两次；其次，就是这个法令在危机最深的时候引起了一系列的财政混乱（在1847年4月和10月）；最后就是：如果不是使法令本身停止生效，银行部就得被迫停业。因此，皮尔法令将加深日益逼近的危机的恶变性和尖锐性，是没有什么疑问的。

> 马克思：《维也纳照会。——苏姆拉来信。——皮尔的银行法令》，
> 《马克思恩格斯全集》第9卷第339～340页。

"泰晤士报"上的这篇文章的作者向银行的经理们祝贺，说他们在自己的政策中遵循了皮尔法令。

"经理们根据黄金外流而使流通中的货币量减少的情况，要求提高剩余黄金的卖价，这样一来就保证了自由实行罗·皮尔爵士的关于英格兰银行特许状的法令，只有通过自由实行，才能证明这项法令的正确性，而在1847年，由于受到经理们不明智的行为的阻挠，这一点就没有能够做到。"

在以前的一篇文章中我曾经说明，经理们在1847年的不明智行为恰巧正是他们过分奉行了皮尔法令，以致政府为了挽救银行部不致停止支付，不得不停止了这项法令的"自由实行"。

> 马克思：《西方列强和土耳其。——日益迫近的经济危机》，
> 《马克思恩格斯全集》第9卷第356页。

新的法兰西银行法，暴露了波拿巴的国库绝望的处境，同时也动摇了法兰西银行行政

本身的社会信任。Crédit Mobilier 的最近一份报告书非常明显地表现了这个机关的空虚性，暴露了与它有利害关系的广阔范围，同时告诉了公众在公司董事们和皇帝之间发生了斗争，以及在准备某种财政 coup d'état。

> 马克思：《欧洲状况。——法国财政状况》，
> 《马克思恩格斯全集》第 12 卷第 257 页。

至于罗伯特·皮尔爵士的银行法的作用，奥维尔斯顿勋爵曾于 1857 年 9 月 14 日在这个委员会面前大唱起这样的赞美歌：

"……法律的明智所寄予的信任与日俱增；如果委员会想进一步实际考察这项法律所依据的原则是否正确，或了解它所保证的良好结果，那末，对委员会的适当而充分的答复就是：请看看周围吧，看看我国目前的贸易状况吧，看看人民的丰足生活吧，看看我国所有各阶级的富裕和繁荣吧。在这样做过之后，就让委员会去决定，它是否应该取消这项已经收到这种结果的法律。"

六个月之后，这同一个委员会不得不因为政府停止了这一项法律的效力而向它表示祝贺！这个委员会的委员中，至少有五位财政大臣和前任财政大臣，另外还有威尔逊先生和卡德威尔先生这两个一向替英国财政部出主意的人。除了这些人以外，参加委员会的还有英国官僚政治的一切大头目。事实上委员会里有二十多个委员，集中了财政经济方面的全部智慧。……

1844 年的法律禁止英格兰银行在没有黄金保证的条件下使银行券发行量超出 1450 万英镑，这项法律的议会教父罗伯尔·皮尔爵士和接受忏悔的牧师奥维尔斯顿勋爵，曾洋洋得意地自以为已经防止了那种在 1815 年至 1844 年期间周期地发生的金融紧张和恐慌。但是在十年中，他们的希望曾两度落空，尽管这项法律由于发现新的大金矿而获得了非常显著的、出乎意料的支持。

> 马克思：《一八四四年的英格兰银行法》，
> 《马克思恩格斯全集》第 12 卷第 574～575 页。

委员会似乎应该从以下这两个极其简单的结论中选择一个：或者政府周期地破坏法律是正确的，那末法律本身当然就是错误的；或者法律是正确的，那末就应该禁止政府任意破坏它。但是读者能否相信，委员会居然会同时既认为法律必须存在下去，又认为它可以受到周期的破坏？法律的用处通常是限制政府的绝对权力。而在这里却恰好相反，把法律保存下来似乎只是为了保存行政方面绕过这一法律的绝对权力。

> 马克思：《一八四四年的英格兰银行法》，
> 《马克思恩格斯全集》第 12 卷第 576 页。

新的法兰西银行法的经过始末：是一个非常能说明目前帝国时代的黑暗勾当。在 1856 年底欧洲爆发了金融危机的时候，关于修改现行的法兰西银行法的问题是在这样一个好听的借口下第一次提出来进行讨论的，即这家银行的庞大业务建立在资本过于微小的基础

上。在六个多月的时间中，在拿破仑第三的出席下，以法兰西银行代表的这一方，同巴黎的大金融家、大臣们和国务会议的另一方，举行了多次秘密的谈刊。虽然这样，上面所说的这个法案却直到 Corps Législatif〔立法团〕最后解散的前夕才提交这个机构。在 bureaux〔194〕里初步讨论时，法案遭到猛烈地抨击；但是波拿巴很了解自己的傀儡。他要人使他们明白，政府的决定是坚决的，因此他们应当选择：或者是批准法案，或者在即将举行的选举中丢掉自己薪高而清闲的职位。为了帮助他们把最后一点点良心抹掉，讨论法案的时间恰恰安排在会议最后一天。不言而喻，这一来，法案只作了几处无关紧要的修改就通过了。这个甚至在 Corps Législatif 这种机关里也要施尽诡计才得以通过的法令该具有何种性质呢？

马克思：《新的法兰西银行法》，
《马克思恩格斯全集》第 12 卷第 243 页。

英格兰皮尔的银行法的唯一优点就是：它使全国人民完全依赖于贵族政府——依赖于某一个亡命之徒（例如帕麦斯顿）的喜好。这也就说明了为什么阁员们那样偏爱 1844 年的法律，——它使他们得到了他们从未享有过的对私人资本的权威。

马克思：《一八四四年的英格兰银行法和英国的金融危机》，
《马克思恩格斯全集》第 12 卷第 342～343 页。

平时，在银行法明明是一纸空文的时候，董事们希望在的确行使着这项法律的假象中找到支持，而在紧迫时期，即在这项法律唯一能起作用的时期，他们却希望借助政府的命令来摆脱它。

马克思：《一八四四年的英格兰银行法》，
《马克思恩格斯全集》第 12 卷第 578 页。

现在借口为了实现事实上是完全虚假的银行券的兑现保证而必须持有金。事实是，1844 年的银行法才第一次在 1857 年使苏格兰各银行发生了一次挤兑金的风潮。新的银行立法也没有把金向国外的流出和在国内的流出加以区别，虽然二者的作用显然是完全不同的。因此，市场利息率不断发生激烈的变动。

马克思：《资本论第三卷》，
《马克思恩格斯全集》第 25 卷下册第 633 页。

马克思在《欧洲状况。——法国财政状况》里提到的"新的法兰西银行法"，指法国立法团 1857 年 5 月 28 日通过的法令。通过这一法律几经周折。法国银行行长阿尔古自 1834 年被路易 - 菲力浦提升以来，在这一职位上达 23 年。1848 年革命，不仅是反对路易 - 菲力浦的，而且是更猛烈地反对以法兰西银行为中心的 haute finance〔金融贵族〕的。阿尔古突然中断了发放巴黎商界一向所依靠的信贷，却发生了向法兰西银行大量提前支取存款的事件。为应对金融混乱，政府决定制定一个法令。在拿破仑第三的出席下，法兰西银行和大金融家、大臣和国务会议举行了长达六个多月的秘密的谈判。最后，法案由立法团匆忙通过。

"coup d'état"，直译是政变，这里是指改革。

2. 货币法和外汇法

经典作家特别是马克思专门研究了商品与货币问题，并对货币立法的利弊得失进行了深入分析。其卓越的思想见解，为他们那个时代和当代所仅见。

货币法，是以法的形式规定该国货币流通的结构和组织形式的法律。主要内容包括：①法定货币单位。②各种货币的铸造，发行和流通程序，即金属货币及辅币、信用货币，纸币的发行和流通，以及主币和辅币的种类。③金准备制度。是国家集中于中央银行或国库的金准备方面的制度。资本主义国家曾经实行过金银复本位制、金单本位制、金汇兑本位制等几种主要货币制度。第二次世界大战后，资本主义各国普遍实行以美元为主要储备货币的金汇兑本位制。无论实行何种制度，资本主义的政治和经济危机决定了货币制度必然是不能稳定的。

外汇法是金融法的重要方面。由于这里对经典作家关于外汇法的论述摘引不多，故未详述。

货币法面临的突出问题，是货币发行的合法性问题。

货币发行，是国家银行投放的货币和从流通回笼到发行库的货币的活动。为了保持纸币的稳定，投放的货币数量，必须与流通中所需要的金属货币相适应。如果过多地发行纸币，则每个单位纸币满足所代表的货币价值量必然减少，从而出现纸币贬值。根据国民经济发展的需要而增加的货币发行，是经济发行，它是通过信贷程序进行的。经济发行，使流通中的货币量与商品流转相适应，符合货币流通规律的要求，有利于组织和调节货币流通，是货币发行的正常方式。而财政发行，是为弥补财政赤字而增加的纸币发行。在资本主义国家，财政发行是经常的、大量的、普遍的现象。财政发行必然导致通货膨胀，物价上涨，这实质上是对劳动人民的额外盘剥。如果财政在银行有大量透支，财政部门直接占用银行贷款，如通过购买固定资产、增收税款等，形成银行贷款过多，信贷收支不平衡，银行信贷弥补财政支出，以增加货币流通量，实际上也属于财政发行。资本主义国家增加货币发行，需经议会批准，以法令形式作出，属于合法范畴，是不合理的合法。如果行政机关自行决定，则为违法。

信用货币本身只有在它的名义价值额上绝对代表现实货币时，才是货币。在金流出时，它兑换成货币的可能性，即它和现实的金的同一性，就成问题了。为了保证这种兑换的条件，就采取了各种强制性的措施，例如提高利息率等等。这种做法，可以由于错误的立法或多或少地被导致极端，这种立法是以错误的货币学说为依据，并且为了货币经营者奥维尔斯顿之流的利益而强加于国家的。

马克思：《资本论第三卷》，

《马克思恩格斯全集》第 25 卷下册第 585 页。

事实证明，硬币论者在推论时所依据的前提，只是他们的幻想的产物。在没有信贷业务因而没有纸币流通的国家里，黄金和白银的储备到处都聚集在私人手里；不久以前在法国大致就是这样，在所有亚洲国家到目前为止几乎在很大程度上还是这样。当汇兑行市不利，造成贵金属外流的时候，这些储备由于提高贴现率而被吸引出来。汇兑行市一变而有利时，多余的贵金属又转为储备。无论在哪种情况下，在流通中都不会产生货币空缺或者货币多余的现象。贵金属的流出和流入，影响私人储备的状况，而不影响货币流通的状况，因此丝毫不影响一般价格水平。那末，委员会替 1844 年的英格兰银行法的辩护，硬说这项法律在金融市场紧张时期能帮助造成价格的突然波动（委员会错误地以为这种波动是在纯金属货币流通的基础上发生的），还有什么意义呢？但是，委员会却说，罗伯特·皮尔爵士的法律至少保证了银行券的兑换，而这是英格兰银行的起码职责。

> 马克思：《一八四四年的英格兰银行法》，
> 《马克思恩格斯全集》第 12 卷第 577 页。

充当货币材料的一定金属是社会已经提供了的。在不同的国家，法定价格标准自然不同。在英国，例如，作为金属重量的盎斯分为 pennyweights〔本尼威特〕、grains〔克冷〕、carats troy〔克拉〕，但是，作为货币单位的 1 盎斯金分为 37/8 索维林，1 索维林分为 20 先令，1 先令又分为 12 辨士，这样，100 磅 22 开金（1200 盎斯）等于 4672 索维林 10 先令。可是在消失了国界的世界市场上，货币尺度的这种民族性又消失了，它让位给金属的一般的衡制。

因此，商品价格或商品在观念上转化成的金量，现在用金标准的货币名称来表现了。英国人不说 1 夸特小麦等于 1 盎斯金，而说等于 3 镑 17 先令 10 1/2 辨士。这样，一切价格就用同样的名称表现出来。商品赋予自己交换价值的那个特殊形式，转化为货币名称，它们用这种名称彼此说明自己值多少。而货币这方面也就成为计算货币。

> 马克思：《政治经济学批判》，
> 《马克思恩格斯全集》第 13 卷第 62~63 页。

用若干盎斯金来估计 1000 包棉花的价值，再用 1 盎斯金的计算名称如镑、先令、辨士来表现这些盎斯，不需要真金的一个原子。例如，在 1845 年罗伯特·皮尔爵士银行条例之前，在苏格兰连 1 盎斯金都没有流通，虽然 1 盎斯金，作为英国计算标准表现为 3 镑 17 先令 10 1/2 辨士，是法定的价格尺度。又如，西伯利亚和中国之间的商品交换，事实上虽然纯粹是物物交换，但是以银为价格尺度。因此，对于作为计算货币的货币说来，它的单位或单位以下的等分是否真正铸造出来，是毫无关系的。……

货币作为计算货币可以完全只在观念上存在，而实际存在的货币却按照完全不同的标准铸造。例如，在北美洲的许多英国殖民地中，流通的货币直到十八世纪末叶还是由西班牙币和葡萄牙币组成的，但是计算货币却到处和英国一样。

> 马克思：《政治经济学批判》，
> 《马克思恩格斯全集》第 13 卷第 64 页。

法定的金银价值比例同金银价值的实际变动不断发生冲突。有时金的估价高了，有时银的估价高了。估价过低的金属退出流通，被熔化和输出。于是两种金属的价值比例再由法律加以调整，但新的名义价值很快又像旧的那样同实际的价值比例发生冲突。现代，由于印度和中国需要银，同银相比，金的价值暂时略微低落。

马克思：《政治经济学批判》，

《马克思恩格斯全集》第 13 卷第 65 页。

如果纸币的名称是从金或银得来的，那末，银行券可兑现、即可以兑换为金或银，总是一条经济规律，不论法律如何规定。例如，普鲁士的纸塔勒，法律上虽然规定不兑现，但是，当它在日常流通中低于银塔勒，因而实际上不能兑现时，就立刻贬值。因此，英国那些坚决维护不兑现纸币的人，就把观念的货币尺度作为藏身之所。

马克思：《政治经济学批判》，

《马克思恩格斯全集》第 13 卷第 73 页。

立法想在它的实体减轻到一定程度时把它收回，不准它再当铸币通用。例如，按照英国的法律，1 个索维林失去的重量超过 0.747 克冷，它就不再是合法的索维林。英格兰银行从 1844 年到 1848 年间称过 4800 万个金索维林，用的是柯顿氏金秤这种机器，它不仅辨别得出两个维林之间 1/100 克冷的差别，而且像一个有理智的生物那样，把分量不足的索维林立刻推上一块滑板，使它滑进另一架机器，这架机器就以东方式的残酷无情把它锯碎。……

它们自己的含银量或含铜量不是由银对金或铜对金之间的价值比例决定的，而是由法律任意确定的。它们的发行量只应该限于它们所代表的金铸币的细小部分为兑换较大金铸币或实现相应的小额商品价格所需的经常流通的量。

马克思：《政治经济学批判》，

《马克思恩格斯全集》第 13 卷第 101～102 页。

金铸币由于按法律规定损失金属含量到一定程度就失去铸币资格，不能永远执行铸币的职能，同样，银记号和铜记号则由于按法律实现的价格限额是一定的，不能从自己的流通领域走进金铸币的流通领域而固定为货币。

马克思：《政治经济学批判》，

《马克思恩格斯全集》第 13 卷第 102～103 页。

价值符号起的作用，只是在过程内部对另一个商品代表一个商品的价格，或对每个商品所有者代表金。某种相对有价值的东西，如一块皮、一片纸等等，最初按照习惯变成货币材料的符号，可是，只有在它作为象征的存在得到商品所有者公认的时候，就是说，只有在它取得法定存在而具有强制通用的效力的时候，它才肯定为货币材料的符号。强制通用的国家纸币是价值符号的完成形式，是直接从金属流通或简单商品流通本身中产生出来的纸币的唯一形式。

> 马克思：《政治经济学批判》，
> 《马克思恩格斯全集》第13卷第106页。

就卖者方面说，商品当作使用价值实际上被转移了，却没有当作价格实际上被实现；就买者方面说，货币实际上在商品的使用价值上实现了，却没有当作交换价值实际上被转移。从前，是价值符号象征地代表货币，而这里，是买者本身象征地代表货币。但是，正如从前价值符号的一般象征要求国家的保证和规定其强制流通一样，现在买者的人身象征则在商品所有者之间引起一种法律上有强制性的私人契约。

> 马克思：《政治经济学批判》，
> 《马克思恩格斯全集》第13卷第129~130页。

这种贬值不是纸币对于金的贬值，而是纸币和金共同的贬值，或一国流通手段总量的贬值，这是李嘉图的主要发现之一；奥维尔斯顿男爵之流利用了这一发现，把它用作1844年和1845年罗伯特·皮尔爵士银行立法的基本原理。

> 马克思：《政治经济学批判》，
> 《马克思恩格斯全集》第13卷第164页。

对于交换过程使之转化为货币的那个商品，交换过程给予它的，不是它的价值，而是它的特殊的价值形式。有人由于把这两种规定混淆起来，曾误认为金银的价值是想象的。但另一方面，在这种误解里面包含了一种预感：物的货币形式是物本身以外的东西，它只是隐藏在物后面的人的关系的表现形式。从这个意义上说，每个商品都是一个符号，因为它作为价值只是耗费在它上面的人类劳动的物质外壳。

> 马克思：《资本论第一卷》，
> 《马克思恩格斯全集》第23卷第108~109页。

法定的金银价值比例同金银价值的实际变动不断发生冲突。有时金的估价高了，有时银的估价高了。估价过低的金属退出流通，被熔化和输出。于是两种金属的价值比例再由法律加以调整，但新的名义价值很快又像旧的那样同实际的价值比例发生冲突。——现代，由于印度和中国需要银，同银相比，金的价值暂时略微低落，结果在法国大规模地发生了上述现象：银被输出，被金逐出于流通之外。1855年、1856年和1857年，输入法国的金比从法国输出的金多了4158万镑，而从法国输出的银比输入法国的银多了34704000镑。在一些国家里，两种金属都是法定的价值尺度，因而两者在支付中都必须接受，每个人都可以随意用银或金来支付，在这里价值增大的金属实际上有贴水，它同其他任何商品一样用估价过高的金属来计量自己的价格，而其实也只有估价过高的那种金属才起着价值尺度的作用。这方面的全部历史经验总结起来不过是这样：凡有两种商品依法充当价值尺度的地方，事实上总是只有一种商品保持着这种地位。

马克思：《资本论第一卷》，

《马克思恩格斯全集》第 23 卷第 115 页。

这些历史过程使金属重量的货币名称同它的通常重量名称的分离成为民族的习惯。货币标准一方面纯粹是约定俗成的，另一方面必须是普遍通用的。因此，最后就由法律来规定了。一定重量的贵金属，如一盎斯金，由官方分成若干等分，取得法定的教名，如镑、塔勒等等。这种等分成为真正的货币计量单位后，又分为新的等分，并具有法定的教名，如先令、便士等等。一定的金属重量仍旧是金属货币的标准。改变的只是分法和名称。

马克思：《资本论第一卷》，

《马克思恩格斯全集》第 23 卷第 118 页。

由于货币名称既表示商品价值，同时又表示某一金属重量即货币标准的等分，对这些神秘记号的秘密含意的了解就更加混乱了。另一方面，价值和商品世界的形形色色的物体不同，必然发展为这种没有概念的物的而又纯粹是社会的形式。

价格是物化在商品内的劳动的货币名称。因此，商品同称为它的价格的那个货币量等价，不过是同义反复，因为一个商品的相对价值表现总是两个商品等价的表现。

马克思：《资本论第一卷》，

《马克思恩格斯全集》第 23 卷第 119 页。

流通过程的自然倾向是要把铸币的金存在变为金假象，或把铸币变为它的法定金属含量的象征。这种倾向甚至为现代的法律所承认，这些法律规定，金币磨损到一定程度，便不能通用，失去通货资格。

马克思：《资本论第一卷》，

《马克思恩格斯全集》第 23 卷第 145 页。

银记号或铜记号的金属含量是由法律任意规定的。它们在流通中比金币磨得还要快。因此，它们的铸币职能实际上与它们的重量完全无关，就是说，与任何价值完全无关。金的铸币存在同它的价值实体完全分离了。因此，相对地说没有价值的东西，例如纸票，就能代替金来执行铸币的职能。在金属货币记号上，这种纯粹的象征性质还在一定程度上隐藏着。但在纸币上，这种性质就暴露无遗了。

马克思：《资本论第一卷》，

《马克思恩格斯全集》第 23 卷第 146 页。

1844 年皮尔银行法令的出发点是这样几种假定：金属的货币流通是唯一正常的货币流通；流通中的货币量能调节价格；在纯粹金属货币流通的条件下，如果外汇行市有利，金块内流，货币量就要扩大，如果外汇行市不利，金块外流，货币量就要减少；银行券的流通应当与金属货币的流通完全一样；因此，英格兰银行地下室里的黄金数量的变动和在居民中流通的它的银行券数量的变动一定要相符合；在外汇行市有利时，银行券的发行量应该增加，外汇行市不利时则减少；最后，英格兰银行对流通中的它的银行券数量实行监督。

所有这些前提，没有一个不是完全错误和违背事实的。

马克思：《维也纳照会。——苏姆拉来信。——皮尔的银行法令》，
《马克思恩格斯全集》第 9 卷第 334～335 页。

即使假定存在着纯粹金属货币流通，流通中的货币量也不能决定价格，正像它不能决定纯粹商业交易和工业交易的数量一样；相反地，价格将决定流通中的货币量。外汇行市不利和黄金流失也不会造成甚至纯粹金属货币流通量的减少，因为在这种情况下受到影响的不是流通中的货币量，而是储备的，即作为银行存款或者以私人储藏的形式存在的货币量。另一方面，外汇行市有利以及随之而来的黄金内流所增加的也不是流通中的货币量，而是银行里储存的和私人储藏的货币量。因此，以纯粹金属货币流通的错误观念为出发点的皮尔法令，很自然地就导致在纸币流通中也不正确地套用这种法令。要发行银行对它所发行的银行券数量实行监督的想法本身就是荒谬绝伦的。银行发行可兑成黄金的银行券，或者，一般凭商业担保预付的银行券，但是它无法使自然流通额增加或减少哪怕是一张银行券。当然，银行可以发行任何数量的银行券，只要它的顾主接受，但是，如果流通不需要，这些银行券也只能或者以存入银行的方式，或者以偿付债务及兑成金属货币等方式回到银行里来。另一方面，如果银行要强制减少发行数量，那末就将有为了填补流通中形成的真空所必需的数量的存款被提回去。所以，不论银行有怎样的可能去滥用别人的资本，它对流通中的货币量都没有任何支配权力。例如在苏格兰，虽然银行事业的发展在 1845 年以前实际上并没有受到限制，而且从 1825 年起银行增设了很多，但那里的货币流通量却减少了，按人口平均计算每人只有 1 英镑（纸币），而英格兰按人口平均计算每人是 2 英镑，同时英格兰 5 英镑以下的货币单位基本上还是用金属货币流通，而苏格兰则用纸币。

认为流通中的货币量应该与黄金储备相符合，这种想法是十分虚妄的。如果银行地下室里的黄金储备增加，不言而喻，这个银行就将竭尽全力扩大它的银行券的流通，但是，经验教导我们，这是没有用处的。英格兰银行在 1841 年至 1843 年这一时期内的黄金储备从 3965000 英镑增加到 11054000 英镑，可是它的流通券总额却从 3566 万英镑减少到 34094000 英镑。法兰西银行截至 1845 年 3 月 25 日发行的银行券在流通中的共有 25600 万法郎，黄金储备是 23400 万法郎，而到了 1846 年 3 月 25 日，它的银行券在流通中的共有 249404000 法郎，但黄金储备只相当于 9535000 法郎。

认为在黄金外流时国内货币流通量就要减少的假定也同样是错误的。例如现在黄金继续外流，但造币厂又到了 300 万美元，加入国家的货币流通。

但是，最主要的错误是这样一种假定，即认为如果需要贷款即需要借贷资本，那就意味着需要增加货币的流通资金，而不知道用期票、支票、信用证券、清算和其他一些同货

币流通完全无关的信用形式可以做成多得多的商业交易。衡量银行偿付能力的最好尺度是市场贴现率，而确定实际由银行进行的业务量的最准确的指标是贴现期票的周转额。现在我们就来看看这个双重衡量方法。在 1845 年 3 月至 9 月的时期中，虚拟资本随着投机热曾经增长到最高峰，各种各样的大宗成交的业务简直淹没了全国，那时，贴现率约为2.5%，而银行券的流通量几乎没有任何变动；但是稍后在 1847 年时期中，当贴现率达到了 4.5%，股票价格极度下跌，到处都拒绝贷款的时候，银行券的流通量却达到了最大的数字。

马克思：《维也纳照会。——苏姆拉来信。——皮尔的银行法令》，

《马克思恩格斯全集》第 9 卷第 335～337 页。

马克思在《政治经济学批判》里说"货币这方面也就成为计算货币"，在注解里说明是来源于阿泰纳奥斯的《学者们的宴会》（十五卷集）："有人问阿那卡雪斯，希腊人为什么要用货币，他回答说，为了计算。"

马克思在《政治经济学批判》里说，"在北美洲的许多英国殖民地中，流通的货币直到十八世纪末叶还是由西班牙币和葡萄牙币组成的，但是计算货币却到处和英国一样"，其立法情况是：1723 年马里兰条例规定烟草是法定的货币，但是烟草的价值要折合为英国金币，即每磅烟草折合 1 辨士。这件事使人想起 Leges barbarorum，这种法律相反地规定一定货币额等于若干头公牛、母牛等等。在这种情况下，计算货币的真正材料既不是金也不是银，而是公牛和母牛。"Leges barbarorum"，是《野蛮人的法典》，它是 5 世纪至 9 世纪期间所编纂的日耳曼各部落的习惯法的纪录。

马克思在《资本论》第 1 卷里说，"由于货币在某些职能上可以用它本身的单纯的符号来代替，又产生了另一种误解，以为货币是一种单纯符号。"对此，马克思在注解中写道：法学家早在经济学家以前，就提出货币是单纯符号、贵金属价值纯属想象的观念；这些法学家这样做是为了向王权献媚，他们在整个中世纪时期，一直以罗马帝国的传统和罗马法全书中的货币概念，作为国王伪造铸币的权利的依据。这些法学家的好学生，华洛瓦王朝的菲力浦在 1346 年的一项法令中说："无论何人不得亦不应怀疑，唯朕有权……处理铸币事宜，决定铸币之制造、形状与储存，颁布有关铸币之命令，并遵照符合朕意之办法及价格将铸币付诸流通。"货币价值由皇帝下令规定，是罗马法的定则。当时明文禁止把货币当作商品。"任何人均不得购买货币，货币为公共使用而设，不应成为商品。"

马克思在《资本论》第 1 卷里，对"对这些神秘记号的秘密含意的了解就更加混乱了"注解写道："作为价格标准的金和商品价格表现为同样的计算名称，例如，1 盎斯金和 1 吨铁的价值同样都可表现为 3 镑 17 先令 10 1/2 便士，因此，金的这种计算名称被叫做金的造币局价格。于是产生了一种奇怪的想法，以为金（或银）用它自身的材料来估价，而且和一切其他商品不同，它从国家取得固定的价格。确定一定重量的金的计算名称被误认为确定这个重量的价值。"

对"价值和商品世界的形形色色的物体不同，必然发展为这种没有概念的物的而又纯粹是社会的形式"，注解写道："关于提高或降低'造币局价格'的各种幻想，无非是要

国家使法定的货币名称不代表法定的金量或银量，而代表较多或较少的金量或银量，由此，如 14 盎斯的金将来不是铸成 20 先令，而是铸成 40 先令。如果这种种幻想所抱的目的，不是为了采取一些拙劣的财政措施来对付公私债权人，而是为了寻求经济上的'奇迹疗法'，那末配第在《货币略论。致哈里法克斯侯爵》（1682 年）中，就已经对这些幻想作了极为详尽的论述，而他的直接继承人达德利·诺思爵士和约翰·洛克只能把他的思想庸俗化，更不用说以后的人了。配第说：'如果一道法令就能使国家的财富增加十倍，这就很奇怪，为什么我们的政府不早颁布这样的法令呢！'"

3. 高利贷

在金融领域，普遍的、经常性的、可持续的一个社会问题，是高利贷问题。对高利贷的产生、恶性发展，以及严重危害的分析，倾注了经典作家的大量心血。

高利贷源于利息。利息，是货币所有者（债权人）因贷出货币或货币资本而从借款人（债务人）手中获得的报酬。在资本主义制度下，利息是职能资本家因取得贷款而付给借贷资本家的一部分利润。它的源泉是雇佣工人所创造的剩余价值。因此，利息同利润一样，也是剩余价值的一种特殊的转化形式。由于资本的所有权和使用权的分离，平均利润首先就被分割成两部分，一部分是利息，归借贷资本家，另一部分是企业主收入，归职能资本家。利润的这种分割，使得利息单纯地表现为资本所有权的结果，表现为资本本身的产物。剩余价值转化为产业利润和商业利润，已经使剩余价值的来源变得模糊，但它们终究表现为生产过程和流通过程中人与人之间的一种社会关系。利息来源于产品的生产过程和实现过程，来源于雇佣劳动。借贷资本家虽然不直接同雇佣工人发生关系，但却通过职能资本家间接地同雇佣工人发生关系，因此，是借贷资本家和职能资本家共同参加对工人所创造的剩余价值的瓜分。剩余价值是利息的真正来源。

一定时期内利息额对贷出资本额的比率，是利息率，简称"利率"。一定数量的借贷资本在一定时期内获得利息的多少，取决于利息率的高低。进入垄断资本主义阶段后，垄断金融机构为了获得高额垄断利润，凭借垄断力量来提高贷款利率。政府为了干预经济，有时用降低利息率的办法来刺激经济，实行所谓"膨胀立法"，有时用提高利息率的办法来抑制经济的恶性发展，实行所谓"紧缩立法"。这种立法下的利率，是法定利率。法定利率的变动，助长了利率的波动。

超过常态的高额利息的贷款，是高利贷。高利贷通过榨取手段，积累了大量的货币财产，同时，高利贷资本把劳动条件占为己有，使旧劳动条件的所有者破产。这样，它就为资本主义生产方式的产生提供了大量的货币资本和大量的自由劳动者。这样，高利贷资本便是形成产业资本前提的一个有力杠杆。资本主义社会并没有完全消灭高利贷资本。利息资本仍然保持着高利贷资本的形式。资本主义的银行资本具有高利贷的性质，利息率往往高于平均利润率。

高利贷资本在资本主义生产方式以前的时期存在的具有特征的形式有两种。我说的是具有特征的形式。同一些形式会在资本主义生产的基础上再现，但只是作为从属的形式。

在这里，它们不再是决定生息资本特征的形式了。这两种形式如下：第一是对那些大肆挥霍的显贵，主要是对地主放的高利贷；第二是对那些自己拥有劳动条件的小生产者放的高利贷。这种小生产者包括手工业者，但主要是农民，因为总的说来，在资本主义以前的状态中，只要这种状态允许独立的单个小生产者存在，农民阶级必然是这种小生产者的大多数。

> 马克思：《资本论第三卷》，
>
> 《马克思恩格斯全集》第 25 卷下册第 672 页。

超过生产者最必要的生活资料（即后来的工资额）的全部余额，在这里能够以利息形式被高利贷者所侵吞（这部分后来表现为利润和地租）。因此，拿这个利息的水平和现代利息率的水平加以对比，是非常荒谬的，因为除了归国家所有的部分外，高利贷者的利息会占有全部剩余价值，而现代的利息，至少是正常的利息，只是这个剩余价值的一部分。这种对比忘记了这样一点：雇佣工人为雇用他的资本家生产和提供利润、利息和地租，即全部剩余价值。

> 马克思：《资本论第三卷》，
>
> 《马克思恩格斯全集》第 25 卷下册第 673 页。

高利贷在生产资料分散的地方，把货币财产集中起来。高利贷不改变生产方式，而是像寄生虫那样紧紧地吸在它身上，使它虚弱不堪。高利贷吮吸着它的脂膏，使它精疲力竭，并迫使再生产在每况愈下的条件下进行。由此产生了民众对高利贷的憎恶，这种憎恶在古代世界达到了极点，因为在那里，生产者对生产条件的所有权，同时是政治关系即市民的独立地位的基础。

> 马克思：《资本论第三卷》，
>
> 《马克思恩格斯全集》第 25 卷下册第 674 ~ 675 页。

在中世纪，任何一个国家都没有一般的利息率。教会本来就禁止任何放债取息的行为。法律和法庭对于借贷很少给予保障。因此，在个别场合，利息率就更高。由于货币的流通量少，而在大多数支付上必须使用现金，所以就不得不去借钱，而且票据业务越是不发达，情况就越是这样。那时利息率相差很悬殊，关于高利贷的概念差别也很大。在查理大帝时代，收取 100% 的利息，被认为是高利贷。1344 年，在博登湖畔的琳道本地市民收取 $[216 + (2/3)]$% 的利息。在苏黎世，评议会规定 $[43 + (1/3)]$% 为法定利息。在意大利，有时必须支付 40% 的利息，虽然从十二世纪到十四世纪，普通的利息率不超过 20%。维罗那规定 $[12 + (1/2)]$% 为法定利息。弗里德里希二世皇帝规定 10% 的利息率，但只是给犹太人规定的。他是不屑替基督徒说话的。早在十三世纪，10% 已经是德国莱茵区的普通利息率了。（休耳曼《中世纪城市》第 2 集第 55 ~ 57 页）

> 马克思：《资本论第三卷》，
>
> 《马克思恩格斯全集》第 25 卷下册第 675 ~ 676 页。

在古代世界比较兴盛的时期，高利贷是被禁止的（即不允许收取利息）。后来它合法化了，并且盛行起来。在理论上则始终（如在亚里士多德的著作里）认为高利贷本身是坏的。

马克思：《资本论第四卷》，

《马克思恩格斯全集》第 26 卷第 3 册第 593 页。

在基督教的中世纪，高利贷被看成是一种"罪恶"，并为"教规"所禁止。

近代。路德。对高利贷还存在着天主教 - 异教的观点。高利贷广泛盛行（部分是由于政府需要货币，部分是由于商业和工场手工业的发展，部分是由于产品转化为货币的必要性）。但是它的公民权已被确认。

荷兰。对高利贷的最早的辩护。高利贷也是最早在那里现代化，从属于生产资本或商业资本。

英国。十七世纪。争论已不再是针对高利贷本身，而是针对利息的大小。高利贷对信贷的支配关系。要求创立信贷形式。强制的立法措施。

十八世纪。边沁。自由的高利贷被认为是资本主义生产的要素。

马克思：《资本论第四卷》，

《马克思恩格斯全集》第 26 卷第 3 册第 593 页。

中世纪的巨额利息（只要不是从封建贵族等那里收取来的），在城市大部分是以商人和城市手工业者从农村诈骗来的巨额"让渡利润"为基础的。

除了像雅典等工商业特别发达的商业城市以外，在罗马，像在整个古代世界一样，对大土地所有者来说，高利贷不仅是剥夺小私有者即平民的手段，而且是占有他们人身的手段。

"高利贷在罗马最初是自由的。十二铜表法（罗马城建立后 303 年）"规定货币的年利息为 1%（尼布尔说是 10%。）……这些法令很快就被破坏了……杜伊利乌斯（罗马城建立后 398 年）重新把年利率限制为 1%（增长额为一盎斯）。在 408 年，这一利率降到 1/2%。在 413 年，护民官格努齐乌斯主持的全民投票绝对禁止了有息贷款……在一个禁止市民从事产业、批发商业和零售商业的共和国，也禁止从事货币贸易，那是不奇怪的。这种情况延续了三百年，直到迦太基陷落。[后来允许收取不超过] 12% 的年利率。普通年利率是 6%……查士丁尼规定的利率为 4%。在图拉真时期，五盎斯的利息就是 5% 的法定利息……公元前 146 年，埃及法定的商业利息是 12%"。（杜罗·德·拉·马尔《罗马人的政治经济学》1840 年巴黎版第 2 卷第 259～263 页）

马克思：《资本论第四卷》，

《马克思恩格斯全集》第 26 卷第 3 册第 598～599 页。

尼·列维茨基先生列出的"问题"共有5个（5项），同时，作者不仅对每个"问题"作了"答复"，而且十分明确地提出了相应的"办法"。每一个问题是实行"低利的、可行的"信贷，消除高利贷者、"富农和各式各样的土豪、掠夺者的任意剥削。办法是"建立比较简单的乡村农民信用互助会"，按作者的设想，国家银行储蓄部的存折不发给个人，而是发给专门成立的互助会，由互助会通过一个会计办理交款和接受贷款手续。……

信贷是一种发达的商品流通制度。试问，既然等级法律和等级禁令的无数残余使我国农民的处境排斥正常的、自由的、广泛的和发达的商品流通，那么在他们中间建立这样的制度是不是可能呢？在谈论人民迫切的、刻不容缓的需要时，竟把信贷问题归结为制定新型的"章程"，而闭口不谈必须废除成堆的"章程"，即废除那些阻碍农民的正常商品流通、阻碍动产和不动产的自由转移、阻碍农民自由地从一个地方迁到另一个地方、从一个行业转到另一个行业、阻碍其他阶级和等级出身的人自由加入农民村团的"章程"，这难道不可笑吗？通过改进信用互助会"章程"的办法来跟"富农、高利贷者、土豪、掠夺者"进行斗争，有什么能比这种做法更滑稽呢？我国农村所以能够极其牢固地保存最恶劣的高利贷行为，正是由于农村存在着等级制的闭塞状态，正是由于有成千种羁绊束缚着商品流通的发展。但是我们这位讲求实际的作者却只字不提这些羁绊，反而把制定新的章程说成是农村信贷中的迫切问题。

列宁：《论报纸上的一篇短文》，

《列宁全集》第2卷第377～378页。

马克思在《资本论》第3卷里引用休耳曼《中世纪城市》的一些材料，说明中世纪的高利贷情况。马克思认为，"高利贷在资本主义以前的一切生产方式中所以有革命的作用，只是因为它会破坏和瓦解这些所有制形式，而政治制度正是建立在这些所有制形式的牢固基础和它们的同一形式的不断再生产上的。在亚洲的各种形式下，高利贷能够长期延续，这除了造成经济的衰落和政治的腐败以外，没有造成别的结果。

那么，为什么资本主义高利贷是"形成新生产方式的一种手段"呢？马克思认为，只有在资本主义生产方式的其他条件已经具备的地方和时候，高利贷才表现为形成新生产方式的一种手段；这一方面是由于封建主和小生产遭到毁灭，另一方面是由于劳动条件集中为资本。

马克思在《资本论》第4卷里说，在亚里士多德的著作里，"认为高利贷本身是坏的"。是亚里士多德的《政治学》第一篇里讲过关于利息是一种违反自然的东西的观点。马克思在《资本论》第一卷第四章考察了这个观点。

4. 立法和金融危机

法与金融危机的关系，经典作家做过明确的论述。经济决定法，但往往是违反经济规律的立法，成为金融危机的导火索。马克思对1844年的英格兰银行法、1845年罗伯特·皮尔爵士银行条例的分析，就是例证。

首先是金融危机，而后殃及整个实体经济，从而爆发经济危机，几乎是国家垄断和超国家垄断阶段的规律性现象。美国"占领华尔街运动"的矛头直接指向金融寡头，深刻说明了当代金融在整个国民经济中的独断地位。

如果银行部一旦对自己的债权人宣布破产，它就不能再以借贷或者期票贴现的方式向债务人支付贷款了。简单地说，罗伯特·皮尔爵士的备受推崇的银行法在平时根本不起作用；在困难时期则使金融恐慌加剧（这种金融恐慌是由商业危机以及这个法律本身造成的金融恐慌所引起的）；而正当这项法律按照它所依据的原则应该发生良好影响的时候，不得不通过政府的干预使它暂时停止生效。

马克思：《一八四四年的英格兰银行法和英国的金融危机》，
《马克思恩格斯全集》第12卷第341～342页。

读者也许还记得，在1857年，由于首相和财政大臣于11月12日即金融恐慌最紧张的时刻自己承担责任，命令银行法停止生效，英国议会曾匆忙地召开了会议。在通过不追究政府破坏银行法的责任的议案之后，议会便马上宣布休会，但是责成特别委员会"调查1844年和1845年的英格兰银行法的作用以及最近一次贸易危机的原因"。其实，这个委员会从1957年年初起就已开始进行工作，并且已经发表两大册关于1844年和1845年英格兰银行法的作用和后果的报告——一册是证词，另一册是附录。这个委员会的报告，在已经开始的贸易危机重新使它恢复活动并且给它提供了"额外的调查材料"的时候，几乎已被人遗忘。这个委员会恰好在发生巨大贸易危机之前两个月，曾经在我们上面提到的那两大册报告中宣布：英国的贸易是"健康的"，它"没有任何危险"。至于罗伯特·皮尔爵士的银行法的作用，奥维尔斯顿勋爵曾于1857年7月14日在这个委员会面前大唱起这样的赞美歌：

"由于严格而迅速地实现1844年法律的原则，一切都进行得有条理，很顺利；货币制度变得巩固而不可动摇；国家的繁荣无庸置疑；公众对1844年法律的明智所寄予的信任与日俱增；如果委员会想进一步实际考察这项法律所依据的原则是否正确，或了解它所保证的良好结果，那末，对委员会的适当而充分的答复就是：请看看周围吧，看看我国目前的贸易状况吧，看看人民的丰足生活吧，看看我国所有各阶级的富裕和繁荣吧。在这样做过之后，就让委员会去决定，它是否应该取消这项已经收到这种结果的法律。"

六个月之后，这同一个委员会不得不因为政府停止了这一项法律的效力而向它表示祝贺！

马克思：《一八四四年的英格兰银行法》，
《马克思恩格斯全集》第12卷第574～575页。

在危机期间，支付手段感到不足，这是不言而喻的。汇票能否兑现，取代了商品本身的形态变化，并且，单靠信用来进行交易的厂商越多，这个时期的情形就越是这样。像1844～1845年那样不明智的和错误的银行立法，只会加深这种货币危机。但是，任何银行立法也不能消除危机。

马克思：《资本论第三卷》，
《马克思恩格斯全集》第25卷下册第554页。

1844 年的银行法就直接促使整个商业界在危机爆发时立即大量贮藏银行券，从而加速并加剧了危机；这个银行法由于在决定性时刻人为地增加了对贷款的需求，即增加了对支付手段的需求，同时又限制它的供给，就促使利息率在危机时期上升到空前的高度；所以，这个银行法并没有消除危机，却反而使危机加剧了，以致达到了不是整个产业界必然破产，就是银行法必然破产的程度。危机曾两次（一次在 1847 年 10 月 25 日，一次在 1857 年 11 月 12 日）达到这个高度；当时政府暂停执行 1844 年的法令，解除了银行在发行银行券上所受的限制，而这个办法已经足以把两次危机都克服了。

马克思：《资本论第三卷》，

《马克思恩格斯全集》第 25 卷下册第 629 页。

银行法的倡议人，银行家赛米尔·琼斯·劳埃德，也就是奥维尔斯顿勋爵，对于这一切又说了些什么呢？

他早在 1848 年就向上院商业危机调查委员会一再说到，

"因缺少充足的资本而引起的货币紧迫和高利息率，不能用增发银行券的办法来缓和"（第 1514 号），

可是，1847 年 10 月 25 日政府准许增发银行券的一个指令，就已经足以减轻了危机的尖锐程度。

他认为：

"高利息率和工厂工业不振，是用于工商业目的的物质资本已经减少的必然结果。"（第 1604 号）

但数月来工厂工业不振，正好是表现为物质商品资本过剩而堆在货栈内卖不出去，而且正是因为这样，所以物质生产资本全部或半数已闲置不用，为的是不致有更多的卖不出去的商品资本生产出来。

他还向 1857 年银行委员会说：

"只要严格地一丝不苟地遵循 1844 年法令的原则，一切事情就都会有条不紊，非常顺利，货币制度就很可靠，不可动摇，国家的繁荣就不成问题，公众对 1844 年法令的信心就日益增强。如果委员会还要为这个法令所根据的原理的可靠性，以及它所保证的有益结果的可靠性，找到进一步的实际的证据，那末，这就是切实而充分的回答：看看周围吧；看看我国现在的营业状况吧，看看人民的满足心情吧；看看社会各阶级的富裕和繁荣吧；这样做了之后，委员会就能作出决断：它是否要阻止继续执行这个取得了这样多成果的法令。"（银行委员会，1857 年第 4189 号）

对于奥维尔斯顿 7 月 14 日在委员会面前唱出的这首颂歌，回答的是同年 11 月 12 日一封给银行董事会的信中所唱的反调。政府为了挽救当时尚可挽救的事情，在这封信里决定暂停执行这个能创造奇迹的 1844 年法令。——弗·恩·

马克思：《资本论第三卷》，

《马克思恩格斯全集》第 25 卷下册第 638～639 页。

伦敦的金融恐慌近日来缓和了一些，但不久就会重新开始；富尔德也将促进这一点，他同法兰西银行的一个经理来到这里安排从英国运黄金到法国的事。自然，银行法的暂停生效本身所能起的作用，只是减轻了这个法律所引起的恐慌的人为的加剧。

《马克思致恩格斯》，

《马克思恩格斯全集》第 29 卷第 208 页。

《马克思致恩格斯》里谈到的"伦敦的金融恐慌"，是银行没有了支付能力。

银行部在第二天宣布没有支付能力，因为准备金总共只有 40 至 50 万英镑，然而公私存款却超过 1700 万。马克思认为，"这种危险只是法律本身造成的，因为发行部的贵金属储备量比发行的银行券的三分之一还稍少些。法律加速了金融恐慌的爆发"。同时，英格兰银行的以 10% 的利息为最高限度的贷款（用第一流的有价证券作抵押）使得有可能做成一大批交易，而这些交易最终还是会引向再度破产。

三、民法制度

在法的体系中，民法制度是不可或缺的法的门类。世界上大多数国家并没有作为法的基本门类的民法典，但有属于民法范围的单项法规。大陆法系国家崇尚民法典，因而民法典成为汇集民法制度的综合性基本法。

我国不是大陆法系国家，对其民法并无继受性。我国与大陆法系国家民法制度的区别，问题不在于要不要有民法制度，而在于民法制度的性质和需要一个什么样的民法制度。经典作家关于民法的论述，正是集中在这两个问题上。

经典作家认为，民法不过是所有制发展的一定阶段，即生产发展的一定阶段的表现，民法准则只是以法律形式表现了社会的经济生活条件；认为在研究民法的法律家那里，民法跟经济事实间的联系最终消失了，他们觉得法律形式是一切，而经济内容则是毫无意义的，国家法和民法被看作是两个独立的领域，两者各有其独立的历史发展；认为民法的发展进程大部分在于首先设法消除那些由于将经济关系直接翻译为法律原则而产生的矛盾，建立和谐的法体系，然后经济进一步发展的影响和强制力又经常摧毁这个体系，并使它陷入新的矛盾；认为民法当然比警察专横更严格、更严厉，因为警察专横正因为是专横，有时还可能表现出一些仁慈来；认为决不能把政治方面和民法方面分开；认为法兰西 Code-civile（民法典）是以罗马法为基础的典型的资产阶级社会的法典。

这就清楚地告诉人们，脱离一定经济基础的、超阶级和超社会的民法制度，是不存在的。

把民法说成私法，是传统民法理论的第一命题。究竟怎样认识民法属于私法，或者说为什么民法不存在属于私法问题，我们看看经典作家关于私法论述的结论，就可以得到明确的回答。

当代法的发展，经历着部门法的跨部门化过程。对于这一过程发生、发展的原因，不能从法的形式本身去寻找，也不能从法部门划分理论的先验模式去寻找，而应当从社会关系的新发展、新变化中去寻找。

首先，在垄断、国家垄断条件下，社会关系具有特定历史阶段的内容和性质。市场经济的进一步发展，必然产生所有权的"私有性"与"公共性"的矛盾。这种矛盾的普遍性及由此引发的社会危机，必然产生"私人的所有权"与"社会的所有权"的分离、物权与债权的分离。社会的所有权，集中表现为作为社会领导中心的国家所有权。在这种情况下，"商品交易关系的法"在社会关系中将不再居于主体地位，失去了主导作用，它必然为"全社会规模的法"所规定、所制约。这样，传统法部门之间的界限便自然而然地消失了。

其次，在法的领域，在所有权的私人性质及其绝对自由被强制限制过程中，形成了"所有权的法"与"人身的法"的分离。这种分离，改变了"人—物—行为"的传统法学模式，即法律确定主体（人）对客体（物）享有权利的绝对性和获取利益的绝对性。例如，这头牛是我的，我有权饲养、出卖它，他人、政府和法律无权干涉，这是罗马法、18世纪法的事实。现在不同了，你的牛得了疯牛病，你不能继续饲养，也不能出卖，你必须服从政府的决定，你的牛必须被宰杀处理。由"所有权的法"与"人身的法"的合一到分离，是立法的巨大进步。这里，"人身的法"仍在传统民法中保留着，而"所有权的法"则不断实现着跨部门的转变。

最后，在法律调整社会关系的过程中，在"所有权的法"与"人身的法"分离的基础上，逐步实现了"财产关系的法"与"国民经济运行关系的法"的统一。按照传统民法的解释，"财产关系的法"是关于"人"的物权、债权关系的法。生产社会化以及在它的进一步发展中，"财产关系的法"冲破了"人""物权"和"债权"的狭隘范围，也改变了"财产关系"的内涵和社会机能。在形成国民经济总体运行条件下，所有的经济关系都被纳入了国民经济运行的轨道，不可能单独存在，其主体也不仅仅是公民个人。在这个意义上，"财产关系的法"不再属于原来的法部门。

在法的发展中，适应于新社会条件的要求，法发生着质的变化和量的增多。面对这一趋势，传统部门法划分理论采取了从事先已被设定的法部门出发，进行原法部门的法规扩张的思维方法。然而，部门法的跨部门化的客观历史进程，冲破了法部门划分理论的局限性，继续演进法体系内部的结构性变动。这种结构性变动，集中表现为改变人为的该原法部门的法规扩张。这种"改变"，包括部门法的分化、转化、变革以及相对独立领域的出现，也包括新法的形成。

传统民法的指导原则，是"私人自治"。私人自治原则在财产方面，表现为对于自己所有的财产，享有占有、使用、收益、处分的完全支配权，并限于以自己的自由意思决定为基础，自身所有的财产不得被政府和他人非法剥夺。随着市场经济的高度发展，针对私人自治原则所产生的弊害，西方国家产生并发展了对所有权绝对性加以限制的理论。国家立法也对个人财产关系加以积极的干涉，从而使作为私人相互间的权利义务关系形成为基础的个人意思被国家和立法所约束。其结果是私人自治原则被修正了。

这反映在立法上，一方面是民法内部的修正，另一方面是民法外部的修正。私权与公共福利的一致性原则，要求私权的行使必须符合社会公共利益。这包含着社会的权利、权利滥用的禁止等崭新内容。这是民法自身由私人自治原则到私权的公共性原则的重大转变。民法外部的修正，是形成从民法自身转化而又调整经济活动主体间财产关系的经济法。

其一，民法总体的异化。

从民法的法源看，主要是民法典，也包括习惯民法、判例民法和民法条理。近代民法的重要法源是《法国民法典》，其特点是，以个人主义、自由主义思想贯穿立法整体，以意思自治、所有权的绝对性、契约自由为三大支柱。《法国民法典》颁行约一百年后的《德国民法典》，产生于垄断资本主义时期，注入了新的法学思想。该法典修正了个人本位、权利本位法观念，规定了保护劳动力、滥用权利的禁止，扩大了法官的自由裁量余地。民法典和民事立法的发展表明，一方面，民事法律规范的固有本性被保持；另一方面，作为民事法规中自身异化的新规范，则成为经济法的法源。

从民法的权利看，按照西方法学家的传统权利分类，民法上的权利为私权，包括人格权、身份权、财产权、社员权。其中的财产权包括物权、债权和无体财产权。以个人经济生活的利益为目的的权利，仍为民法所规定。在国家垄断资本主义条件下，一种新的财产权形式从个人财产权中分化出来。这种财产权无论直接与国家经济生活相联系，还是间接与国家经济生活相联系，都不是作为关于这种权利体系的法。

从民法的主体看，传统民法主体包括自然人和法人。由于社会经济条件的变化，当法人同国家、国家经济机关、国有企业等发生经济往来时，便涉及组织国民经济的措施等的执行和落实问题，其经济活动被纳入了国民经济总体运行的范围，与国家经济目的相联系。在这种情况下，法人发展的新形式成为经济法主体。在法人制度的发展中，存在以执行国家的公共经济事务为目的，按照公法原则进行经济活动的法人，它们与一般法人在设立、管理等方面与国家权力的关系程度上有显著的区别。这个民法法人制度扬弃的新类型，发展成为经济法的重要主体。

其二，商法与民法的分离。

作为民法特别法的商法，其调整对象为经营关系。民法是关于民事权利的体系的法，民事权利因权利主体对权利的享有而存在。因此，权利主体是谁便成为民法的第一命题。"人"是传统民法中居于首要位置的概念。所谓"人"，是抽象的、普遍化的概念，它抽掉了其地位、身份、性别等各个人的具体条件。

商法从民法中独立出来，专门以交易关系中的经营为对象。在商法中，其权利主体是"商人"。"商人"与"人"的普遍化概念相联系，是关于特定的人的概念。这种特定的人，一般被规定为"以自己的名义进行商行为的营业者"。"商行为"是一种法律行为，在法律要件中含有意思表示要素。"以自己的名义"，可以理解为自身是法律后果的归属主体。"营业者"，是以营利为目的，继续、反复进行同种行为者。

商人的企业活动与家计活动的分离，是商法产生的重要前提。商法调整商人的企业活动，包括营业的让渡、商业登记、商业账簿及商业使用人等。实质意义上的商法，一般被定义为，以企业经营活动关系为对象的法。在"企业活动"、"企业运营"、"企业核算"、"企业资本变动、合并、破产"、"有价证券"等方面，我们都可以看到不再是传统民法调整的事实。

其三，劳动法与民法的分离。

在传统民法那里，劳动关系是由财产关系派生出来的，劳动雇佣关系一般由民法中关于财产关系的原则加以调整，而劳动关系的基本规范属于民事合同规范范畴。劳动法从民法分离出来，始于二十世纪初叶。这时，劳动关系不仅仅等同于劳资关系，而且与国民经济运行紧紧连在一起。

新法是法的结构变动的产物。反不正当竞争法、禁止垄断法、经济调控法、经济监督法以及环境法、消费者保护法等，都是逐渐积累起来，形成的新的法律制度。

私法的公法化过程和部门法的跨部门化过程，改变了法的固有结构。法发展的这一客观现实，提出了对法的分类重新认识的任务。世界上任何学科、部门从来都不是一成不变的。譬如统一的化学学科，划分出无机化学、有机化学，进一步地，又划分出高分子化学、生物化学，而后又划分出分析化学、结构化学、量子化学，目前化学学科还在进一步分化中。医科划分为内科和外科，进一步地，又划分出儿科、妇科，近些年又出现了男科。这是学科的分化。在分化的基础上，又有新的综合。部门也是这样。譬如航空母舰部门，其海军陆战队、航空兵机组编队，是陆军部门、空军部门和海军部门等的综合体，当代的"航空母舰"与传统的舰船是有本质区别的。学科和部门的分化、改组和新综合，是普遍的社会现象。因此，在当代，指望反映社会关系变化的法律和法学理论依旧抱残守缺、刻舟求剑，无论如何是办不到的。

（一）民法制度的定位

1. 民法的属性

这里的民法制度的属性，是法律上的民法属性。关于民法的属性，应当认为以下认识是不正确的：

第一，"纯民法"观念。世界上没有"纯民法"。大家所推崇的罗马法，是残酷镇压奴隶的法，是奴隶制法。德国民法主张保护劳动力、限制所有权，也不是"纯民法"。坚持民法是"纯民法"观念，无非是排斥国家干预，排斥其他法律的介入，排斥其他学科正确思想的渗透。

第二，"民法是私法"观念。在当代，在法的社会化情况下，公法和私法的界限越来越模糊，私法的公法化和法部门的跨部门化的过程、趋势不可阻挡。立法目的的交错、法律主体资格的交错、法的意志实现方式的交错、调整方式的交错，早已是西方立法的常态。如果我们的民法典仍然固守"民法是私法"观念，就太落后了。

第三，"民法优位"观念。当代的立法十分复杂，在宪法统领下，行政法、经济法、刑法、民法、社会法、环境和诉讼等法，各司其职，不存在哪个法的优位问题。硬使"民法优位"，说民法是"准宪法"，把民法放到不适当的位置，不仅不利于社会主义法制建设，而且会使法治走向歧途。

第四，"古今中外民法一个样"观念。从来没有恒久不变的法，也没有国与国相同的法。不到一百年，1900年的德国民法就同1804年的法国民法有了很大的区别。法国民法以个人主义、自由主义为中心，主张意思自治、物权绝对、契约自由，德国民法则以团体主义、社会连带主义为中心，向对民法的上述"三大支柱"的法律限制演变。

看来，对于民法属性的认识，涉及到对时代精神和特征、国家传统和国情、统治阶级的立法目的等前提性内容的认识和正确把握问题。

一切国家权力的道义原则，即"整个社会的福利就是最高法律，它应当成为所有民法的目的和意向"这一原则已经完全被忽视了。那些决定国家命运的人，有的轻率地忽视了自己首要的义务，而为富人的特殊利益服务，以便使富者更富；有的则由于他们的社会地位、他们的教养和他们的阶级偏见而不能履行自己对整个社会的义务，不能施行应有的措施；不论是在哪种情况下，他们都是背叛了自己的委托者。

　　　　　　马克思：《土地和劳动同盟告大不列颠和爱尔兰男女工人书》，
　　　　　　《马克思恩格斯全集》第 16 卷第 660 页。

　　这个法典，在这种情况下即使从法学观点看来也是不好的（普鲁士国家法）；但是这样做时，人们也可以在资产阶级大革命以后，以同一个罗马法为基础，创造像法兰西 Code civile〔民法典〕这样典型的资产阶级社会的法典。因此，如果说民法准则只是以法律形式表现了社会的经济生活条件，那末这种准则就可以依情况的不同而把这些条件有时表现得好，有时表现得坏。

　　　　　　恩格斯：《路德维希·费尔巴哈和德国古典哲学的终结》，
　　　　　　《马克思恩格斯全集》第 21 卷第 347 页。

　　在职业政治家那里，在国家法理论家和研究民法的法律家那里，跟经济事实间的联系最终消失了。为了要取得法律的确认，经济事实在每一个别场合都得采取法律动机的形式。并且不用说要顾到全部现存法制体系。所以人们便觉得法律形式是一切，而经济内容则毫无意义了。国家法和民法被看做是两个独立的领域，两者各有其独立的历史发展，两者都可受到有系统的说明，并要求通过彻底根除一切内部矛盾而达到这种系统化。

　　　　　　恩格斯：《法学家的社会主义》，
　　　　　　《马克思恩格斯全集》第 21 卷第 548 页。

　　这家伙很迷信——还相信"法的观念"，即绝对的法。他反驳黑格尔法哲学的意见很大部分是很正确的，这本书我未必再往下看很多，除非我认为可以把它当作罗马法教程使用，这样的话，我就会把它读完。此外，硬把一个如此简单而实质上又不很重要的观念贯穿整部民法大全，把它应用于每一个条款，好象这样一来就可以使它变得更重要一些，

　　　　　　《恩格斯致马克思》，
　　　　　　《马克思恩格斯全集》第 30 卷上册第 206 页。

　　一切都要自由；信仰自由，思想自由，交往自由；因为人不和他人交往就不可能成为有道德的人，而为了更好地压制人，腐败的制度就力图孤立人。他们知道，一捆柴是折不断的。同样，一切都要平等，民法面前平等，政治上平等，教育上平等，以便除了在道德上或者情操上谁也超不过谁！

　　　　　　恩格斯：《改革派的利尔宴会。——赖德律洛兰先生的演说》，
　　　　　　《马克思恩格斯全集》第 42 卷第 390 页。

　　"法发展"的进程大部分只在于首先设法消除那些由于将经济关系直接翻译为法律原

则而产生的矛盾，建立和谐的法体系，然后是经济进一步发展的影响和强制力又经常摧毁这个体系，并使它陷入新的矛盾（这里我暂时只谈民法）。

经济关系反映为法原则，也同样必然使这种关系倒置过来。这种反映的发生过程，是活动者所意识不到的；法学家以为他是凭着先验的原理来活动，然而这只不过是经济的反映而已。这样一来，一切都倒置过来了。而这种颠倒——它在被认清以前是构成我们称之为思想观点的东西的——又对经济基础发生反作用，并且能在某种限度内改变它，我以为这是不言而喻的。

恩格斯：《致康·施米特》，

《马克思恩格斯全集》第 37 卷第 488 页。

门格尔过去是、现在仍旧是头蠢驴。他对民法所做的全部评论无非是维护"警察国家"反对"法治国家"而已。法，尤其是民法，当然比警察专横更严格、更严厉，因为警察专横正因为是专横，有时还可能表现出一些仁慈来。

恩格斯：《致卡·考茨基》，

《马克思恩格斯全集》第 38 卷第 288 页。

对于土耳其帝国及其当权者来说，可兰经同是信仰和法律的源泉。但是在可兰经面前，能不能使正统教徒和异教徒、穆斯林和莱雅享有平等权利呢？这实际上必然意味着用新的民法典来代替可兰经，换句话说，就是破坏土耳其社会的结构，在它的废墟上建立新的秩序。

马克思：《希腊人暴动》，

《马克思恩格斯全集》第 10 卷第 141 页。

在土耳其实施新的民法典，即同宗教完全没有关系的并以国家和教会完全分离为基础的民法典，不仅意味着废除伊斯兰教，而且意味着消灭在土耳其帝国存在的那种形式的正教教会。

马克思：《希腊人暴动》，

《马克思恩格斯全集》第 10 卷第 142 页。

谁想用 Code civil〔民法典〕来代替可兰经，谁就必须按照西欧的式样来改造拜占庭社会的全部结构。

马克思：《宣战。——关于东方问题产生的历史》，

《马克思恩格斯全集》第 10 卷第 181 页。

有革命的民法原则的法兰西共和国，不可能像半封建的君主制英国那样，通过赎买与教会分离。这里只有拉萨尔在他的《既得权利体系》第一卷中所表述的那个体系才适用，就像仅仅为大革命所采用过的那样。

恩格斯：《致劳·拉法格》，

《马克思恩格斯全集》第 38 卷第 249 页。

1846 年 7 月 21 日的敕令则宣布，在阿尔及尔区，在布利达、瓦赫兰、莫斯塔加内姆和波尼各公社里，土地私有制是不可侵犯的；但法国政府保留征用的权利，不仅在民法典〔Code Civil〕规定的情况下可以征用，而且每当需要建立新移民区或扩大旧移民区的时候，每当防卫需要的时候，或者每当国家财政利益因某块地段被其所有者弃置不种而蒙受损失的时候，都可以征用（第 212、213 页）。

> 马克思：《马·柯瓦列夫斯基〈公社土地占有制〉一书摘要》，
> 《马克思恩格斯全集》第 45 卷第 317 页。

这种权利与格劳宾登州某些地区内现存的公社成员权利完全相同，也要把它限制在法国民法典所承认的享有优先赎回权的那些亲属等级内。最后，为了增加国有领地，1873 年法案宣布，一直由阿拉伯氏族共同使用、没有在各氏族分区之间加以分配的荒地，都是国家财产。

> 马克思：《马·柯瓦列夫斯基〈公社土地占有制〉一书摘要》，
> 《马克思恩格斯全集》第 45 卷第 326 页。

这家伙现在简直是在为俾斯麦效劳，有朝一日，俾斯麦先生厌烦了他，他会被关进监狱，领教一下普鲁士的民法，看来，他一直把普鲁士民法同法典混在一起。

> 《恩格斯致马克思》，
> 《马克思恩格斯全集》第 30 卷上册第 351 页。

不能容许永远保存各个贫穷乡镇与富足乡镇在这种所有制基础上发生的争执，以及那与全国民法并存的乡镇民法及其各种反对工人的诡谲办法。

> 马克思恩格斯：《中央委员会告共产主义者同盟书》，
> 《马克思恩格斯全集》第 7 卷 298 页。

德国各中等邦为反对把帝国权限也扩展到实质性的民法方面去所进行的反抗，已被克服了；但民法典仍然处在草拟的过程中，而刑法典、刑事诉讼程序和民事诉讼程序、商业法、破产条例以及审判制度已经统一地制订出来。

> 恩格斯：《暴力在历史中的作用》，
> 《马克思恩格斯全集》第 21 卷第 523 页。

决不能把政治方面和民法方面分开。

> 列宁：《致某人》，
> 《列宁全集》第 46 卷第 71 页。

马克思在《希腊人暴动》里提到的"莱雅"，是土耳其用语，从 19 世纪初起通常指受压迫的非伊斯兰教居民。

《恩格斯致马克思》里的"民法大全"（Corpus juris civilis），是调整罗马奴隶制社会的财产关系的一部民法汇编。它是六世纪查士丁尼皇帝在位时编纂的。

2. 民法的调整原则

民法调整公民人身关系和平等性财产关系。平等性财产关系，是民法调整的基本原则。这里，不能将当事人之间的"平等关系"同"平等主体之间的关系"，混为一谈。这是因为：

第一，主体的平等性，不在于法律对主体本身的平等性限定，而在于决定主体之间是否平等的相互关系状态。

我们知道，在"平等主体之间的关系"中，有国家调节关系，也有商品货币关系；有平等关系，也有不平等关系。民法所调整的，是这些关系中的平等关系，即形式上的平等关系。

在生产社会化条件下，正是在这种所谓"平等主体"所建立的关系中，有宏观调控关系、不正当竞争关系、经济垄断关系等等，这些关系是不平等关系，从而决定了其主体不可能是平等主体。

主体的平等性与不平等性，只存在于具体的关系状态之中。主体的地位和它们之间相互关系的性质，决定于主体间的相互关系状态。在法律上，关系平等，表现为相互权利义务对等，并不归结为所谓"法律地位平等"这种抽象的概括。相互权利、义务对等，是指主体享有权利，同时也承担义务，承担义务就要享有权利；而且，彼此的权利、义务是相应的。这要求主体取得财产、劳务或工作成果与履行义务大体相当，在价值量上相等；要求主体不得无偿占有其他主体的财产，侵犯其权益；要求任何国家机关或其他社会组织不得平调或无偿划拨、征收主体的财产。

第二，"平等主体"之间的关系，在当代是不平等关系。

其主要表现是：①垄断组织与非垄断组织之间的不平等关系；②垄断组织、国家垄断组织与其他经济组织之间的不平等关系；③垄断组织与中小经济组织之间的不平等关系；④各国经济组织与国际垄断组织之间的不平等关系。

这种不平等关系的成因，一是由于垄断在经济生活中占主导地位，是市场经济的主要基础，因而其他经济组织必须受制于并服务于垄断组织；二是在垄断组织同非垄断组织的竞争中，由于采取控制和剥夺非垄断组织的原材料、劳动力、运输工具、信贷来源以及共谋、统一提价、倾销、操纵市场等手段，使非垄断组织处于自己的支配之下，或者成为从属的配套企业；三是广大中小企业资金少、设备差、缺乏熟练劳动力，在现实经济关系中无论是被兼并、陷于破产或成为垄断组织的"系列化"附属企业，都无法改变被支配、控制和被排挤的地位；四是国际垄断组织是垄断资本在国际范围内分割世界的经济形式，即跨国公司、跨国银行和国际垄断同盟通过输出资本、跨国经营、垄断技术、操纵国际贸易、规定垄断价格等手段，使各国经济组织与其形成经济不平等关系，从而控制该国的国民经济。从经济关系的性质看，在垄断和国家垄断条件下，传统民法的所谓"平等关系"

已不复存在，而经济不平等关系成为全部社会经济生活的基础。

第三，在法律上，设定"法人""市场主体"都是独立的，具有平等的法律地位，然而在经济上，这些法律上"独立的市场主体"必定参加相互依存的不平等的经济关系，"为卖而买"，互为因果、互为条件，"谁也离不开谁"。这样，法律上的"独立"与经济上的"平等"就不是一回事了。

在自由放任经济和垄断经济条件下，西方没有虚构出"平等主体"术语，那么在当代条件下，"平等主体"术语，只能是一个先验的虚构。

况且，当代的财产关系，不可能只由民法调整。

第一，财产关系中的所有权关系，在当代，不可能只由民法调整。调整下列关系的法律，已经不是民法。西方立法规定：①对于设存关系（企业设立、开业、停业、倒闭、破产），在成立的条件上，实行成立要件制，规定提交企业章程或董事会章程等申请材料，经核准，登记注册；在企业类别的选择上，实行事业许可制，限定国营、私营的事业范围，对不急需、不重要的产业进行一定限制，对银行实行批准制，对汽油销售企业实行登记制，等等。②对于企业资本关系，对企业资本增长，以资本市场自愿进行为基础，但当国家认为资本构成不健全时，则进行调节，如通过企业资产评估、资产折旧等方式使企业资本增长，采用公积金列入企业资本、减少固定资产税等办法，增加企业资本；对于企业利润分配，以自由分配为基础，但对无利润而分配（俗称"章鱼分红"，就是极度饥饿时章鱼吃自己的肠子）和有利润而不许分配，都要进行调节，如为了对付通货膨胀，有利润也不准分配。对取得设备资金贷款的企业，在未偿还贷款的年限内，在折旧及其他费用作必要整顿之前，不得进行利润分配。对于国营企业，红利分配及分配率都有限制性调节。③对于企业设备关系，企业的过剩设备（不是我国立法上的所谓"闲置设备"），实行设备登记制，未经登记的设备禁止使用，登记的设备禁止用于制造生产品目录以外的产品；对新增设备，实行登记制和申报制；对过剩设备的使用（作业时间）和处理，要进行限制；对于设备的设置、转让、租赁，有的要服从政令，次要部门设备的新设要加以限制。

第二，财产关系中的交易关系，是传统民法固有的调整领域，但由于这种民法的交易自由产生的弊害，危及国民经济总体运行，国家将采取一系列措施加以纠正，这些逐渐形成的新的调整交易关系的法律，在西方国家已经不是民法：①对于价格关系，对价格的暴涨或暴跌，必须加以限制，以求物价稳定。如采取"停止价格"（又称冻结价格，是市场价格上涨到危害国民经济健全发展时，以政令规定价格上涨的界限）、最高限价、最低保护价、政府定价、政府指导价等价格形式；对"协定价格"（卡特尔协定价格）的禁止；一定商品反复买卖，几经转手，出现了该商品价格的异常上涨，从而形成"不当高价"，对"不当高价"的限制，包括每次转手交易中如无暴利，也要加以限制；对暴利行为，包括关于暴利的合同价格条款，或通过高价格收取暴利，均予禁止；对地租、房租、佃租实行最高限额；对公益事业收费进行限制；对国有铁路运输收费，由政令规定。地方铁路、电车及汽车运费，船运、空运的运费和其他费用，电气、煤气、自来水等收费，实行政府认可制。②对于物资流通关系，对自由物资流通造成的社会物资不平衡，有必要加以调节。对于一定的产品、进口品、库存品，必须向国家、政府有关部门或单位让渡，如日本规定大米向国家出卖义务；对于一定的物资实行销售及配给的分配制，其出货数量、销售数量、销路等执行政令；对于物资的储备，对一定物资负有保有义务，如石油制品的保有义务；对于肥料买卖价格，实行申报制，如日本对饲料实行专营制度，由政府买入、保管和出卖。③对于金融关系，对民间资金流转和金融活动加以限制，由中央银行控制全国金融市场，如对资金流转、借贷的限制，资金保有限制、利率限制等；国家进行财政资金拨款，对民间资金进行补充、完善；进行公共事业投资、政府出资、政府贷款、政府债务担保、对企业债券的本金支付担保、各种财政补贴（主要集中在农业、矿业、中小企业和船运业）等。④对于劳动关系，对劳动力的价格进行限制。我国理论上不存在劳动力价格，但国有企业和事业单位的工资，由国家确定，其奖金、津贴等劳务报酬由单位决定。对劳务报酬原则、工资总额（包括工资、津贴、补贴和奖金）、平均工资计划、职工内部工资关系等加以规定。目前，对私营企业和外资企业的劳动力价格，只规定最低工资标准，是不够的。

很明显，由于生产社会化、国民经济体系化和经济国际化，冲破了传统民法的界限。在财产关系领域，那种只问"何人何事、何时何地"和调整的是当事人"一对一"关系的民法，已经不存在了。

这里说明一下，民事合同法制度属于民法范畴。为将合同关系作统一把握，其经典作家关于合同法的论述，置于本书第3卷"权利关系"部分。

在每一个人的身体上和精神上的需求都得到满足的地方，在没有什么社会隔阂和社会差别的地方，侵犯财产的犯罪行为自然而然地就不会再发生了。刑法会自行消失，民法（它几乎只是专门处理财产关系或者至多是专门处理那些以社会的战争状态为前提的关系）也会不再存在。现在的各种争端是人们互相敌对的自然而然的结果，到那时就只是罕有的例外，并且很容易通过仲裁法庭来调解。

恩格斯：《在爱北斐特的演说》，

《马克思恩格斯全集》第2卷第608页。

民法典关于时效问题规定：第二二六二条——一切诉讼的时效为三十年；第二二六五条——凡善意占有不动产者，诉讼时效分别为十年或二十年；第二二七一条——科学和艺术的老师和教员对其每月的授课提出诉讼，时效为六个月。

《恩格斯致马克思》，

《马克思恩格斯全集》第32卷第436页。

普鲁士人的一切令人讨厌的行为就是明目张胆地、毫不掩饰地企图吓唬人，因此你索性对这些坏蛋嗤之以鼻。令人难堪的情况也许只是：债务是以誓言作保证的。在法律上这不会改变什么，但会是一件败坏名誉的事。

《马克思致彼·伊曼特》，

《马克思恩格斯全集》第32卷第641页。

　　杰维尔的书已经发行并且在法国通行无阻。如果在法国不曾有人打算指控这一著作侵犯所有权，那末在目前情况下就更不可能试图干类似的事情了。这样看来，这种抗议是滑稽可笑的，除非你们在意大利有一个出类拔萃的法律。但是，由于拿破仑法典几乎在整个西欧还是民法的基础，我不认为我从这个角度观察问题是错误的。最可笑的是这些先生们的厚颜无耻："我们从继承人手里买得了所有权等等"。

恩格斯:《致菲·屠拉梯》，

《马克思恩格斯全集》第 39 卷上册第 105 页。

　　对公证人的需要难道不是以一定的民法（民法不过是所有制发展的一定阶段，即生产发展的一定阶段的表现）的存在为前提吗？

马克思:《哲学的贫困》，

《马克思恩格斯全集》第 4 卷第 87 页。

　　施图普先生不想允许当局未经议会同意而控诉或逮捕议员。也就是说他允许自己干涉刑法。民事诉讼方面的控诉，却是另一回事！只是不得干涉民法！民法万岁！原来私人倒应该得到国家所不应该得到的东西！民事诉讼高于一切！民事诉讼就是施图普先生的固定观念。民法就是摩西和预言者的圣诫！对着民法，特别是对着民事诉讼发誓吧！人民，尊崇最神圣的东西吧！

　　没有私法对公法的干涉，可是常常有公法对私法的"危险的"干涉。一般说来，既然我们有了 Code civil〔民法典〕、民事法庭和律师，还需要宪法干什么呢？

马克思:《施图普的修正案》，

《马克思恩格斯全集》第 5 卷第 108 页。

　　必须责令前任大臣先生们赔偿给国家造成的损失，赔偿非法支出的 136000000 塔勒，这一点在民法中就有规定。

马克思:《博德尔施文克及其伙伴治理下的普鲁士财政》，

《马克思恩格斯全集》第 6 卷第 353 页。

　　"新普鲁士报"却忘记告诉自己的读者，英国士兵对于民法是处在怎样的地位。

　　英国士兵在犯了一切不是纯粹纪律的过失时，都由普通法院、治安法院、petty sessions〔小型审判庭〕、quarter sessions〔季度审判庭〕或陪审法庭进行审讯，他们和其他公民发生任何纠纷时，都被当做普通公民看待，——这一点是不言而喻的。

恩格斯:《英国士兵的誓言》，

《马克思恩格斯全集》第 6 卷 391 页。

　　我已经在我现有的该报的第二篇文章中找出起诉的各点，这几点将使它在法律上遭到致命打击。这个案件将使我们能在法庭上对一切民法性质的指控给予反击。以后我们就能够着手来对付猪猡福格特了。

> 《马克思致恩格斯》，
>
> 《马克思恩格斯全集》第 30 卷上册第 23 页。

德朗克的脑袋里装了足够的法律知识，所以在存在引渡条约的现时代，他会提防直接的刑事诉讼。此外，你知道，在商业中就是最直接的刑事案件，也可以在通常的民法形式的掩盖下处理的。

> 《恩格斯致马克思》，
>
> 《马克思恩格斯全集》第 31 卷上册第 367 页。

今年 7 月 21 日法兰克福德国国民议会通过了德国人民的基本权利第一条第二款，明确规定，严禁从德意志各城市或邦驱逐德国人。其条文如下："凡德国人都有权在帝国境内任何地方逗留和居住，获得不动产等等，等等……从事任何职业……

关于逗留和居住的条件，将由帝国权力机关发布一项居住法……对全德国作出规定。在帝国的此类法律公布之前，任何一个德国人在任何一个德意志邦，只要符合为该邦公民规定的同等条件，均可享受上述权利。

任何一个德意志邦在执行民法、刑法或诉讼法时，对本邦公民和任何其他德意志邦的公民都不得有所区别，从而把后者当作外国人加以歧视。"

> 恩格斯：《驱逐沙佩尔的企图》，
>
> 《马克思恩格斯全集》第 43 卷第 21 页。

政治部（富勒尔的）提交瑞士联邦委员会的关于雇佣兵条约问题的报告，被大部分报纸，特别是《新苏黎世报》称颂为登峰造极的政治上的英明之举。这份报告使我们深刻地看到联邦委员会靠几个巴茨和民法原则来调整外交政策的杂货交易。

> 恩格斯：《模范共和国》，
>
> 《马克思恩格斯全集》第 43 卷第 230 页。

在被征服国家的全部土地中，卡西姆只夺取了被推翻的罗阇的领地另加荒地；以这两种土地为基础，把土地赐予僧侣和慈善机关首先是寺院作为不可侵犯的私有财产。曾在信德实行的一切民法都完在全保留。"涉及财产、契约、债务等等的一切诉讼，仍像以前一样，由村长会议（或所谓"班查亚特"）根据成文法，更多地是根据习惯法，通过仲裁审理（道森教授）"。

> 马克思：《马·柯瓦列夫斯基〈公社土地占有制〉一书摘要》，
>
> 《马克思恩格斯全集》第 45 卷第 271 页。

土地在印度的任何地方都不是贵族性的，就是说，土地并非不得出让给平民！不过柯瓦列夫斯基自己也看到一个基本差别：在大莫卧儿帝国特别是在民法方面没有世袭司法权。

> 马克思：《马·柯瓦列夫斯基〈公社土地占有制〉一书摘要》，
> 《马克思恩格斯全集》第 45 卷第 284 页。

梅恩先生没有给在斯特兰奇那里已经见过的东西增加什么。他即使在概括时也只是说："印度的法律，无论宗教的还是民法的，若干世纪以来经历了变化和发展，在某些方面还遭到前后相继的婆罗门注释家的歪曲"（第 326 页）。

> 马克思：《亨利·萨姆纳·梅恩〈古代法制史讲演录〉一书摘要》，
> 《马克思恩格斯全集》第 45 卷第 639~640 页。

受到纯粹从职业上就不喜欢她占有财产的影响。规定她是终生占有者的古代的民法规定（就是说，这也是面貌已非的远古规定的遗迹）虽不能废除，但是它受到现代制度的挑战，这种制度规定作出这种可怕的献身是她的义务"（第 335、336 页）。

> 马克思：《亨利·萨姆纳·梅恩〈古代法制史讲演录〉一书摘要》，
> 《马克思恩格斯全集》第 45 卷第 642 页。

申请依当今维多利亚女王陛下在位第三十三年起草并通过之议会法令——第十四章，题为《法令：改进有关外国人和不列颠公民法律地位之法律》——发给本人以入籍证书；文件所陈属实。

> 《卡·马克思加入英国国籍的声明》，
> 《马克思恩格斯全集》第 45 卷第 705 页

作为合作制的先例和村社精神的体现的真正劳动组合，原来就是没有分家的继承人的共有财产！！这样说来，罗马的民法和关于共同占有制即关于继承人和非继承人之间的共有财产制的我国法典第 10 卷，显然都成了"村社精神"和"合作制"的真正捍卫者了！

> 列宁：《彼尔姆省手工业调查》，
> 《列宁全集》第 2 卷第 317 页。

彼尔姆省手工业调查彼尔姆省手工业调查"修改我国全部民法和刑法，取消等级划分和有损人的尊严的刑罚"。

> 列宁：《我们党的纲领草案》，
> 《列宁全集》第 4 卷第 195 页。

土地可以自由出卖，而同一村社的社员有优先购买所出售土地的权利同这种自由并不矛盾。废除连环保会把农民村社的全体社员变为某块土地的自由的共同占有者。至于他们将怎样支配这块土地，这是他们自己的事情，这将取决于一般的民法和他们之间的专门契约。

> 列宁：《俄国社会民主党的土地纲领》，
> 《列宁全集》第 6 卷第 317 页。

我们只是在它同"旧制度"的残余作斗争的时候，只是在下述条件下才维护小私有制，这就是废除那些有碍于凝固在停滞、闭塞和荒芜状态的宗法式奥勃洛摩夫卡得到改造的制度，建立迁徙的完全自由和土地流通的自由，彻底消灭等级划分。我们要对臭名昭彰的"农民改革"进行民主的、革命的修改，以补充对俄国国家法律和民法的民主修改。

> 列宁：《俄国社会民主党的土地纲领》，
> 《列宁全集》第 6 卷第 319 页。

您写道，"要是问题从民法仲裁协议的角度来考察……"我认为，问题不可能从别的角度，而只能从这一角度来考察。

> 列宁：《致某人》，
> 《列宁全集》第 46 卷第 69 页。

所有文明国家的民法法典都适应了现代社会的法的规范，——对这个问题的解决都十分明确：——或者协议双方提名的仲裁人作出正确的裁决；那么根据国家法律，这项裁决将强制（以强迫的方式？）执行；——或者仲裁人不能履行自己的职责；——那么他们应当立即把由他们保管的钱退还给向他们交出这笔钱的人。

> 列宁：《致乔·迪科·德拉埃》，
> 《列宁全集》第 46 卷第 97~98 页。

任何一个严肃的法学家都不会否认下述原则："在双方签订仲裁协议，并且一方将有争议的钱转交三个指定的仲裁人保管后，只要仲裁人有一人辞职，仲裁协议便告失效，'保管人'即应该将款归还原交款人。"

里扬诺夫先生尽到了自己的责任，将钱交给了仲裁人，然而仲裁人，特别是前仲裁人蔡特金，没有尽到自己的责任，因此他们应当将钱归还。

> 列宁：《致乔·迪科·德拉埃》，
> 《列宁全集》第 46 卷第 104 页。

关于仲裁协议等的内容问题，法庭完全无权涉及。民法只从纯形式方面保护仲裁法庭的程序，并保障形式上合乎规定的仲裁法庭裁决必须得到履行。如果说形式上合乎规定的仲裁法庭裁决对民事法庭来说是神圣不可侵犯的，那么形式上不合乎规定的仲裁法庭裁决则是无效的。

> 列宁：《致 A. 卡恩》，
> 《列宁全集》第 46 卷第 281 页

《恩格斯致马克思》里"民法典关于时效问题规定"，引用的是 1804 年通过并在法国人占领的德国西部和德国西南部地区施行的拿破仑第一部民法典（Code civil）的条文。法典在莱茵省和该省并入普鲁士后继续生效。

恩格斯引用的第二二六五条全文如下："凡善意而合理地占有不动产者，如真正所有者在不动产所在的上诉法院管辖区居住，则所有权时效为十年，如不在该管辖区居住，则时效为二十年"。

恩格斯在《英国士兵的誓言》里的"季度审判庭"，又称即决法庭（Petty sessions），是英国治安法院的期庭。这种法庭按简化的诉讼程序审理小案件。季度法庭（Quarter sessions 是治安法官的例庭，每年举行 4 次。

恩格斯在《模范共和国》里的"巴茨"（Batzen），是从 15 世纪开始在伯尔尼铸造的价值 30 到 32 芬尼的硬币。

列宁在《俄国社会民主党的土地纲领》里提到的"宗法式奥勃洛摩夫卡"，是俄国作家伊·亚·冈察洛夫的长篇小说《奥勃洛摩夫》中的主人公奥勃洛摩夫的庄园。

（二）民法制度的代表性类型

1. 罗马法

罗马法，是古罗马法律制度的总称，属于奴隶制类型的法。在法制史上，包括从传说公元前 753 年罗马建城到公元 476 年西罗马帝国灭亡时期的全部法律制度，也包括东罗马帝国的部分法律。罗马法通常指罗马民法。

"诸法合体"的情况下，罗马法的民法方面表现得比较明显。这是罗马的特殊社会条件、地理条件等造成的。凭借优越的地中海地理环境，农业和工商业的交互作用，使航海、贸易得到史无前例的发展。随着罗马市民和行省臣民之间、罗马人和外邦人之间交易身份差别的消失，以及不断提高的商品交换规模和水平，形成了相对独立的民事关系，从而要求法律加以表现和保障，因而，民商法逐渐发展起来。

平民的交易活动，受到贵族、奴隶主的束缚。在平民的反抗斗争中，交易平等和摆脱贵族、奴隶主的"政府管制"的思想发展起来。公法和私法的划分，正是这种思想的产物。法开始走上公法和私法的二元发展道路。公法和私法平行发展，公法不能干预私法，私法独立发展。这样，简单商品生产者和交易者的所有权、债权、婚姻家庭与继承等关系充分发展，独立的民商事关系便初步形成了。

民商事关系的基础是私有制。为了维护财产的私人所有制度，罗马人与后来的德国人，崇尚概念和概念的演绎，以装饰其压迫和剥削的实质。恩格斯指出，罗马人的"主要兴趣是发现和规定那些作为私有财产的抽象关系的关系"，因而抽象出"权利"概念，罗马法规定并保障"私有财产的权利、抽象的权利、私人权利、抽象人格的权利"。在法的注释过程中，重视理论构成，"独立自主的私有财产的唯理论者"，这是罗马人开始的、以德国为代表的大陆法系的显著特征。把私有制抽象为权利，抽掉它们的固有规定性，即抽掉概念的主体性和具体性，这是罗马法得以传播和被继承的重要原因。

抽象的范畴像水一样，适合于任何容器。罗马法是典型的奴隶制类型的法，但它逐渐建立起来的范畴和范畴体系，成为自 19 世纪初叶始欧洲大陆资产阶级国家统一法制的初始依据。《法国民法典》《德国民法典》是资本主义类型的法，其法律制度是典型的资本主义法律制度。他们抽掉了罗马法之奴隶制法的内核，换上资本主义法的内核，拿来罗马法现成的法律制度形式，便万事大吉了。这就是"生意人"的借壳上市。所谓"罗马法的复兴"，奥妙正在这里。"罗马法的复兴"始于 12 世纪，延续到 16、17 世纪。

公元 529 年，罗马公布《查士丁尼法典》，公元 533 年公布《学说汇纂》，而我国早在公元前四世纪的《秦律》，在行政、经济、民事、刑事、诉讼等方面的规定已经相当完备。在秦简秦律（《睡虎地秦墓竹简》）中，有关经济、民事的法规占相当大的比重，如《田律》《厩苑律》《仓律》《牛羊律》《工律》《工人程》《均工》《效律》《金布律》《关市》《司空律》等。与调整交易关系的罗马法不同，秦律不仅仅调整交易关系，还调整对交易关系的管理关系，有专门市场管理法和市场管理机构法，而且立法深入到生产内部，有"产品质量法""标准化法""工艺程序法"，等等。这充分表明，秦利用法律对经济和民事关系的调整已达到相当高的水平，是举世无双的。

事情很清楚，在当代欲立法复古，是选择秦律呢，还是选择罗马法呢？当然选择罗马法。只要是资本主义生意人的民商立法，就一定以罗马法为圭臬，一定鼓吹"罗马法的复兴"。其原因是：

第一，私人财产权的私有制本质，具有共同性、互通性。不同历史类型的法具有不同的社会属性和阶级属性，但在剥削和压迫这一点上，是完全相同的。问题不在于奴隶制剥削和压迫的主体、对象和手段，而在于本质。

第二，商品生产和商品交换，是经济形式。这种经济形式是人类有史以来普遍存在的，一直延续着。罗马法时代的市民、后来的资本主义生意人或曰"经济人"，都以商品生产和商品交换为志业。经济形式不决定经济内容。经济形式是商品经济，但其内容却可以是资本主义的，也可以是社会主义的。

第三，市场和政府的关系问题，在任何历史时期都始终存在，不过有时立法强调经济自由主义，有时立法强调政府干预主义罢了。罗马法排斥交易管理和市场管理，排斥政府干预，迎合了当代经济自由主义口味。

第四，罗马法的范畴和相对完善的立法结构和体系，能够为后世资本主义立法者提供现成的借鉴样本。

下面摘引的论述，全面表达了经典作家对于罗马法的评价。一些人只引用其中的一句话，作为传播西方法学和引进西方立法的陪衬。这一句是："罗马法是简单商品生产即资本主义前的商品生产的完善的法"。在《致卡·考茨基》中，恩格斯的原话是，"罗马法是简单商品生产即资本主义前的商品生产的完善的法，但是它也包含着资本主义时期的大多数法权关系。因此，这正是我们的市民在他们兴起时期所需要，而在当地的习惯法中找不到的"。在一些人那里，为了隐瞒恩格斯的真实思想，"但是"不见了，"包含着资本主义时期的大多数法权关系"不见了，"这正是我们的市民在他们兴起时期所需要"不见了。剩下的，罗马法只是商品经济的法。就这样，把搞资本主义经济的法，说成是"商品经济的法"。他们的西方法学和西方立法主张，似乎有了恩格斯的"指示"做幌子，就一路畅通了。

经典作家关于罗马法的经典论述有：

"罗马法是纯粹私有制占统治的社会的生活条件和冲突的十分经典性的法律表现，以致一切后来的法律都不能对它做任何实质性的修改；

它是我们所知道的以私有制为基础的法律的最完备形式；

多少经过修改的罗马法为当代社会所接受，是因为建立在自由竞争基础上的社会里的人关于自己的法的观念是同罗马法中的人的观念相一致的。"

理智取消了财产的二重的、不确定的形式，而采用了在罗马法中有现成模式的抽象私法的现有范畴。立法的理智认为，对于较贫苦的阶级来说，它取消这种不确定的财产所负的责任是有道理的，尤其是因为它已取消了国家对财产的特权。然而它忘记了，即使纯粹从私法观点来看，这里也存在两种私法：占有者的私法和非占有者的私法，更何况任何立法都没有取消过国家对财产的特权，而只是去掉了这些特权的偶然性质，并赋予它们以民事的性质。

马克思：《第六届莱茵省议会的辩论（第三篇论文）》，
《马克思恩格斯全集》第 1 卷上册第 251～252 页。

罗马法却无所不包，其中有反应学说，也有化学，——因为正如帕奇乌斯所证明的那样，它是一个脱离了宏观世界的微观世界。

马克思：《幽默小说〈斯考尔皮昂和费利克斯〉片断》，
《马克思恩格斯全集》第 1 卷下册第 822 页。

照真正的蒲鲁东的看法，罗马"法经过千年来的法律实践或司法活动而神圣化了（ces droits consacrés par une justice dix fois séculaire）"；照批判的蒲鲁东的看法，在罗马存在着"被千年来的公平所神圣化了的法"。

马克思恩格斯：《神圣家族》，
《马克思恩格斯全集》第 2 卷第 35 页。

在谈到法时，群众的蒲鲁东还说出下面这样一种想法："罗马的野心通过万民法（droitdes gens）而合法化了。"证明奴役法的这种方式完全符合罗马人的法律观点。在群众的罗马法全书上载明：《jure gentium servitus invasit》（Fr. 4. D. I. I.）〔"奴隶制通过万民法而巩固下来了"（"学说汇纂"第一卷第一题第四节）〕。

马克思恩格斯：《神圣家族》，
《马克思恩格斯全集》第 2 卷第 36 页。

　　真正的蒲鲁东就这样证明，罗马法的否定导致了法的概念在基督教的法的观念中的扩大，征服者的法的否定导致了自治团体法的确立，法国革命对全部封建制法的否定导致了更广泛的现代法律秩序的建立。

马克思恩格斯：《神圣家族》，

《马克思恩格斯全集》第 2 卷第 38 页。

　　私法和私有制是从自然形成的共同体形式的解体过程中同时发展起来的。在罗马人那里，私有制和私法的发展没有在工业和贸易方面引起进一步的后果，因为他们的生产方式没有改变。在现代各国人民那里，工业和贸易瓦解了封建的共同体形式，因此对他们说来，随着私有制和私法的产生，便开始了一个能够进一步发展的新阶段。在中世纪进行了广泛的海上贸易的第一个城市阿马尔非也制定了航海法。当工业和商业进一步发展了私有制（起初在意大利随后在其他国家）的时候，详细拟定的罗马私法便立即得到恢复并重新取得威信。后来资产阶级强大起来，国王开始保护它的利益，以便依靠它的帮助来摧毁封建贵族，这时候法便在一切国家里（法国是在 16 世纪）开始真正地发展起来了，除了英国以外，这种发展到处都是以罗马法典为基础的。

马克思恩格斯：《德意志意识形态》，

《马克思恩格斯全集》第 3 卷第 71 页。

　　即使在英国，为了私法（特别其中关于动产的那一部分）的进一步发展，也不得不参照罗马法的诸原则。（不应忘记法也和宗教一样是没有自己的历史的。）

马克思恩格斯：《德意志意识形态》，

《马克思恩格斯全集》第 3 卷第 71 页。

　　在一切早期的立法中，两只同时发现一块骨头的狗的行为就已被承认是法了；罗马法全书讲道：vim vi repel-lere licere〔可以以牙还牙〕，而 idque jus natura comparatur〔这个法是大自然所定的〕，这意思是说，这是 jus quod natura omnia animalia docuit〔大自然教给一切动物的法〕（包括人和狗）；但是后来有组织的以牙还牙"恰恰"成为法。

马克思恩格斯：《德意志意识形态》，

《马克思恩格斯全集》第 3 卷第 421 页。

　　罗马的占领，在所有被征服的国家，首先直接破坏了过去的政治秩序，其次也间接破坏了旧有的社会生活条件。其办法是：第一，以罗马公民与非公民（或国家臣民）之间的简单区别，代替了从前的等级划分（奴隶制度除外）；第二（这是主要的），以罗马国家的名义进行压榨。如果说在帝国内部，为了国家的利益，对行省总督的贪财欲望还尽量加以限制，那末在这些国家代之而来的，是为了充实国库而课收的日益加重和日益烦苛的赋税，这样一种压榨行为起了可怕的破坏作用；最后，第三，到处都由罗马法官根据罗马法进行判决，从而使地方上的社会秩序都被宣布无效，因为它们和罗马法制不相符合。

恩格斯：《布鲁诺·鲍威尔和早期基督教》，
《马克思恩格斯全集》第 19 卷第 331 页。

征服的战争将日耳曼人带进了罗马的领土，在那里，几百年以来，土地早已成为私有财产（而且还是罗马式的、无限制的私有财产），在那里，少数的征服者，不可能把这样一种根深蒂固的占有形式完全废除。至少在旧日的罗马领土上，还有这样一种情况说明耕地和草地的世袭私人占有制同罗马法之间的关系，那就是，一直保留到我们这个时代的耕地公社所有制残余，恰恰存在于莱茵河左岸，即存在于被征服的但是彻底日耳曼化了的地区。

恩格斯：《马尔克》，
《马克思恩格斯全集》第 19 卷第 357 页。

于是，就对农民开始了新的压迫，增加代役租和徭役，越来越热衷于再度将自由农民变成依附农民，将依附农民变成农奴，把公有的马尔克土地变成地主的土地。在这些事情上面，君主和贵族得到了罗马法学家的助力。这些法学家把罗马法的条文，应用到大半他们不了解的日耳曼关系中去，制造了极度的混乱，但是他们善于这样制造混乱，就是使地主永远从中得到便宜，农民总是吃亏。

恩格斯：《马尔克》，
《马克思恩格斯全集》第 19 卷第 364 ~ 365 页。

瓦鲁斯和他这个文明传播者的使命，走在历史前面差不多有一千五百年左右，因为大约经过了这么多的岁月之后，德意志方才成熟到能够"接受罗马法"的地步。事实上，罗马法及其对私有财产关系的经典分析，在日耳曼人看来简直是荒谬的，因为在他们中间开始发展起来的少量私有财产，只在他们土地公社所有制的基础上才能拥有。同样，日耳曼人习惯于根据祖传的风习，在公开的民众法庭上面，在几小时以内就可以自己作出判决，所以罗马审判程序上的隆重仪式、抗辩和无休止的延期，在他们看来，不外是一种拒绝审判的花招，而围绕着总督的一群辩护士和百般习难的家伙，不过是一帮十足的强盗——实际上他们也正是一帮强盗。这样，日耳曼人就必须放弃他们同伴审判同伴的自由法庭，服从于这样一个人的武断判决，这个人用外国话来审理案件，用至少是他们所不熟悉的甚至可说是完全不适用的法律作为根据，而且他本人就是当事人。

恩格斯：《论日耳曼人的古代历史》，
《马克思恩格斯全集》第 19 卷第 500 页。

在罗马帝国时期，所有这些区别，除自由民和奴隶的区别外，都逐渐消失了；这样，至少对自由民来说产生了私人的平等在这种平等的基础上罗马法发展起来了，它是我们所知道的以私有制为基础的法律的最完备形式。但是只要自由民和奴隶之间的对立还存在，就谈不上从一般人的平等得出的法律结论。

恩格斯:《反杜林论》,

《马克思恩格斯全集》第20卷第113~114页。

杜林先生不但对唯一的现代法即法兰西法完全无知,而且他对直到现在仍然独立于法律权威罗马法之外而向前发展的、传播于世界各大洲的唯一的日耳曼法,即英吉利法,也同样无知。为什么不知道呢?杜林先生说,因为英国式的法律思维方式"面对着按罗马古典法学家的纯粹概念在德国基地上实施的那种训练,总是站不住脚的"。

恩格斯:《反杜林论》,

《马克思恩格斯全集》第20卷第121页。

杜林先生以前曾设想,不必改造生产本身,就能以社会的生产方式去代替资本主义的生产方式,同样地,他在这里想象,不必改变家庭的全部形式,就能把现代的资产阶级家庭同它的整个经济基础分隔开来。这个家庭形式,在他看来是这样的不可改变,使他甚至把"古代罗马法"(即使已略具"高贵的"外形)当做家庭永远奉行的标准,并且设想家庭是"继承遗产"的单位,即拥有财产的单位。在这个问题上,空想主义者比杜林先生高明得多。

恩格斯:《反杜林论》,

《马克思恩格斯全集》第20卷第344页。

到五世纪末,罗马帝国已是那么衰弱,毫无生气和束手无策,因而为德意志人的入侵敞开了大门。

上面我们是站在古希腊罗马文明的摇篮旁边。这里我们却站在这一文明的坟墓旁边了。罗马的世界霸权的刨子,刨削地中海盆地的所有地区已经有数百年之久。凡在希腊语未予抵抗的地方,一切民族语言都不得不让位于讹误百出的拉丁语;一切民族差别都消失了,高卢人、伊比利亚人、利古里亚人、诺里克人都不再存在,他们都变成罗马人了。罗马的行政和罗马法到处都摧毁了古代的血族团体,这样也就摧毁了地方的和民族的自主性的最后残余。新赐予的罗马公民权并未提供任何补偿;它并不表现任何民族性,它只是民族性缺乏的表现。

恩格斯:《家庭、私有制和国家的起源》,

《马克思恩格斯全集》第21卷第167~168页。

拉萨尔作为一个虔诚的老年黑格尔派,不是从罗马人的社会关系中,而是从意志的"思辨概念"中引伸出罗马的法权规范,从而便得出了上述的完全违反历史的论断。这在该书中是不足为奇的,因为该书根据同一个思辨概念得出了一个结论,认为在罗马的继承制中财产的转移纯粹是次要的事情。拉萨尔不仅相信罗马法学家,特别是较早时期的罗马法学家的幻想，而且还比他们走得更远。

恩格斯：《家庭、私有制和国家的起源》，
《马克思恩格斯全集》第 21 卷第 201 页。

用已经通行的罗马法为驱逐农奴作辩护还是要容易得多。一句话，在把农民变成了农奴之后，便按照所需要的数量把他们从土地上驱逐出去，或者使他们作为无地农，即仅有茅屋和小菜园的短工，再定居在领主的土地上。

恩格斯：《关于普鲁士农民的历史》，
《马克思恩格斯全集》第 21 卷第 280 页。

一旦农民变成了农奴，而以罗马法为依据的法学家又把这种农奴和罗马的奴隶等同起来，领主们也就唱起完全不同的调子来了。现在，他们在法院里有法学家的支持，可以随时随地随心所欲地要求农民从事各种毫无限制的工役。只要领主一有吩咐，农民就是荒废自己的田地，让自己应收获的庄稼泡在雨水中烂掉，也得去为领主服徭役、搬运、耕耘、播种、收割。而农民用谷物或货币交纳的代役租也同样被提高到了最高限度。

恩格斯：《关于普鲁士农民的历史》，
《马克思恩格斯全集》第 21 卷第 280 ~ 281 页。

人们可以把旧的封建法权形式的很大一部分保存下来，并且赋予这种形式以资产阶级的内容，甚至直接给封建的名称加上资产阶级的含意，就像在英国与民族的全部发展相一致而发生的那样；但是人们也可以像在西欧大陆上那样，把商品生产者社会的第一个世界性法律即罗马法以及它对简单商品所有者的一切本质的法律关系（如买主和卖主、债权人和债务人、契约、债务等等）所作的无比明确的规定作为基础。这样做时，为了仍然是小资产阶级的和半封建的社会的利益，人们可以或专是简单地通过审判的实践贬低这个法律，使它适合于这个社会的状况（普通法），或者是依靠所谓开明的满口道德说教的法学家的帮助把它改造为一种适应于这种社会状况的特殊法典。

恩格斯：《路德维希·费尔巴哈和德国古典哲学的终结》，
《马克思恩格斯全集》第 21 卷第 346 ~ 347 页。

无论国王或市民，都从成长着的法学家等级中找到了强大的支持。随着罗马法被重新发现，教士即封建时代的法律顾问和非宗教界的法学家之间确立了分工。不言而喻，这批新的法学家实质上属于市民等级；而且，他们本身所学的，所教的和所应用的法律，按其性质来说实质上也是反封建的，在某些方面还是市民阶级的。

恩格斯：《论封建制度的瓦解和民族国家的产生》，
《马克思恩格斯全选》第 21 卷第 454 页。

罗马法是纯粹私有制占统治的社会的生活条件和冲突的十分经典性的法律表现，以致一切后来的法律都不能对它做任何实质性的修改。但是，中世纪的市民阶级所有制还同封建的限制密切交织在一起，例如，这种所有制主要由特权构成。因此，从这个意义上来说，罗马法比当时的市民阶级的关系要先进得多。但是，市民阶级所有制进一步的历史发展，只能是而且事实上也正是变成纯粹的私有制。这种发展理应在罗马法中找到强大的助力；因为在罗马法中，凡是中世纪后期的市民阶级还在不自觉地追求的东西，都已经有了现成的了。

诚然，在很多情况下，罗马法为贵族进一步压迫农民提供了借口，例如，当农民不能提出书面证明使自己免除普通的义务的时候，就是这样。但这并没有使问题的实质有所改变。即使没有罗马法，贵族也能找到各种这样的借口，并且每天都在找到这样的借口。不管怎样，实施这种绝对不承认封建关系和充分预料到现代私有制的法律，是一个重大的进步。

恩格斯：《论封建制度的瓦解和民族国家的产生》，

《马克思恩格斯全集》第21卷第454页。

门格尔先生认为，在罗马帝国衰落时期现代社会主义的经济前提就已经存在了，缺少的只是对它的法学表述。因此封建主义便代替了社会主义，而唯物史观则被归结为 ad absurdum！〔荒谬绝伦！〕衰落的罗马帝国的法学家们如此巧妙地搞出的一套东西，不是封建法，而是罗马法，即商品生产者的社会的法律。由于依照门格尔先生的假定，法学观念是历史的动力，因此他在这里向罗马的法学家们提出了一个不可思议的要求：他们不应提供当时的罗马社会的法权体系，而应提供恰恰相反的东西，即"鲜明的，不带任何夸张的"关于幻想的社会状况的"图画"。这就是应用于罗马法的门格尔法哲学！

恩格斯：《法学家的社会主义》，

《马克思恩格斯全集》第21卷第550~551页。

当时的罗马无论在工业中或农业中都谈不上有什么大机器生产。当然我们可以看到地产的集中，然而要把这种现象和大企业中的社会化的劳动的发展等同起来，那就只有法学家才能做到。我们可以向门格尔先生举出以下三个关于地产的例子：一，有一个爱尔兰大地主，他占有五万英亩土地，租给五千个租佃者耕种，每户平均耕种十英亩；二，有一个苏格兰大地主，他把五万英亩土地变成了狩猎场；第三，一个面积为一万英亩的美国大农场，那里的小麦是用大工业的方式来培育的，门格尔先生看过这三个例子后一定会说，前两例生产资料的集中高于后一例五倍。帝政时期罗马农业的农展，一方面使牧场的面积大大扩展，使乡村人口减少，另一方面则把地产划分成许多小块租地，租给隶农耕种，也就是建立起了依附的小农——后来的农奴的先驱——的细小农户，确立了一种孕育着中世纪生产方式的萌芽的生产方式。最尊敬的门格尔先生，除了别的种种原因而外，单是由于这一点，"中世纪的法律程序"便代替了罗马世界。诚然，有时在个别行省也出现了大农业企业，但这不是靠自由劳动者进行的机器生产，而是使用奴隶，使用属于各个不同民族的、往往是彼此言语不通的野蛮人来耕种的种植园。

恩格斯：《法学家的社会主义》，

《马克思恩格斯全集》第21卷第551~552页。

在英国，革命以前和革命以后的制度之间的继承关系、地主和资本家之间的妥协，表现在诉讼程序被继续应用和封建法律形式被虔诚地保存下来这方面。在法国，革命同过去的传统完全决裂；它扫清了封建制度的最后遗迹，并且在 Code civil 中把古代罗马法——它差不多完满地表现了马克思称为商品生产的那个经济发展阶段的法律关系——巧妙地运用于现代的资本主义条件；它运用得如此巧妙，以致这部法国的革命的法典，直到现在还是包括英国在内的所有其他国家在财产法方面实行改革时所依据的范本。可是我们不要忘记，虽然英国的法律仍然用野蛮的封建的语言来表达资本主义社会的经济关系，——这种语言之符合于它所表达的事物，正像英文的拼法符合于英文的读音一样（一个法国人说过：vous écrivez Londres et vous prononcez Constantionopole〔你们写下伦敦，而读出来却是君士坦丁堡〕——但是也只有这个英国法律把大陆上那些在君主专制时期已经丧失而到现在还没有在任何地方完全恢复起来的个人自由、地方自治以及除法庭干涉以外不受任何干涉的独立性，即古代日耳曼自由中的精华部分，保存了几个世纪，并且把它们移植到美洲和各殖民地。

恩格斯：《"社会主义从空想到科学的发展"英文版导言》，
《马克思恩格斯全集》第 22 卷第 353 页。

"当我们考察价值的概念时，物本身只是被看作一种符号，物不是被当作物本身，而是被当作它所值的东西。"（黑格尔《法哲学》第 100 页）法学家早在经济学家以前，就提出货币是单纯符号、贵金属价值纯属想象的观念；这些法学家这样做是为了向王权献媚，他们在整个中世纪时期，一直以罗马帝国的传统和罗马法全书中的货币概念，作为国王伪造铸币的权利的依据。

马克思：《资本论第一卷》，
《马克思恩格斯全集》第 23 卷第 109 页。

我给为了你做，我做为了你做，我做为了你给，我给为了你给，在这里是同一关系的、意义完全相同的几种形式。

马克思：《资本论第四卷》，
《马克思恩格斯全集》第 26 卷上册第 435 页。

多少经过修改的罗马法为当代社会所接受，是因为建立在自由竞争基础上的社会里的人关于自己的法的观念是同罗马法中的人的观念相一致的（这里，我完全不涉及极其重要的一点，即虽然一定所有制关系所特有的法的观念是从这种关系中产生出来的，但另一方面同这种关系又不完全符合，而且也不可能完全符合）。

《马克思致斐·拉萨尔》，
《马克思恩格斯全集》第 30 卷下册第 608 页。

你证明罗马遗嘱的袭用最初是（至于照法学家的科学理解，那末现在也还是）建立在曲解上的。但是决不能由此得出结论说，现代形式的遗嘱——不管现代法学家据以构想遗嘱的罗马法被曲解成什么样子——是被曲解了的罗马遗嘱。否则，就可以说，每个前一时期的任何成就，被后一时期所接受，都是被曲解了的旧东西。

《马克思致斐·拉萨尔》，

《马克思恩格斯全集》第 30 卷下册第 608 页。

在罗马法里，家庭＝奴隶，法典作为罗马法的残余，它把那些通常属于违警法庭审理的轻微犯罪行为转交给陪审法庭审讯。

《马克思致恩格斯》，

《马克思恩格斯全集》第 35 卷第 11 页。

罗马法是简单商品生产即资本主义前的商品生产的完善的法，但是它也包含着资本主义时期的大多数法权关系。因此，这正是我们的市民在他们兴起时期所需要，而在当地的习惯法中找不到的。

恩格斯：《致卡·考茨基》，

《马克思恩格斯全集》第 36 卷第 169 页。

雅典拥有许多博学的学者，他们能记住鞭毛虫的所有种类和罗马法的全部条款，却因而忘记了灵魂的极乐这一永恒的拯救！

恩格斯：《谢林——基督哲学家》，

《马克思恩格斯全集》第 41 卷第 287 页。

在第二次布匿战争期间，公元前 207 年在卡普亚，由罗马元老院出资开始制造最早的罗马金币。与此同时，法院根据比较古老但尚未废除的法律判处的罚金却只能用家畜来支付。

（由于同一原因，根据古罗马法律判处的罚金要用牲畜支付。普林尼《博物志》卷三十三。）

马克思：《单本位制或复本位制》，

《马克思恩格斯全集》第 45 卷第 199 页。

阿尔及利亚存在着个体的和集体的土地所有制；前者可能是在罗马法的影响下产生的；它（个体土地所有制）迄今仍在土著的柏柏尔人中，以及在构成城市居民主体的摩尔人和希伯来人中占主要地位；在柏柏尔人中，某些人——被称为卡比尔人，居住在北部地中海沿岸等地——保存着氏族所有制和公社所有制的许多痕迹，直到现在仍然过着不分居家庭的生活，严格遵守家庭财产不可出让的原则。

马克思：《马·柯瓦列夫斯基〈公社土地占有制〉一书摘要》，

《马克思恩格斯全集》第 45 卷第 307 页。

有一种本质上不同于克尔特式的说明式的方法嫁接在这种新制度上，但是并没有改变它的基本特点；这是由罗马法学家引进的，并且由受罗马影响的雅利安各族所采用。

　　　　　　　马克思：《路易斯·亨·摩尔根〈古代社会〉一书摘要》，
　　　　　　　《马克思恩格斯全集》第 45 卷第 372 页。

在法国南部，均分的习惯由于实行同一个罗马法的规定而更加牢固，在那里长子的特权只因采用罗马法特别条例（它在立遗嘱或调整遗产时给 milites（服役军人）以优待）和规定每个骑士和每个地位较高的贵族都是罗马法中的 miles 才得到了保证。

　　　　　　　马克思：《亨利·萨姆纳·梅恩〈古代法制史讲演录〉一书摘要》，
　　　　　　　《马克思恩格斯全集》第 45 卷第 583 页。

每当需要对王党与条顿族国王的关系作出法律的说明时，总是选用罗马法中宣布依附者或被释奴隶对其保护人具有半奴隶关系的部分。从布雷亨法的一些条文中可以看到，一位高级首领总是在他的周围聚集着一些不自由的依附者。

　　　　　　　马克思：《亨利·萨姆纳·梅恩〈古代法制史讲演录〉一书摘要》，
　　　　　　　《马克思恩格斯全集》第 45 卷第 589 页。

最早的罗马法把公牛列为最高级的财产，与土地和奴隶一起作为 Res mancipi ｛财产法｝的对象。最古的梵文文献证明，作为食物食用的母牛在某个不详的时期却成了圣物，其肉被禁止食用；两种主要的"在罗马成为买卖对象的东西"——公牛和地产，就相当于湿婆的圣牛和印度的圣土。

　　　　　　　马克思：《亨利·萨姆纳·梅恩〈古代法制史讲演录〉一书摘要》，
　　　　　　　《马克思恩格斯全集》第 45 卷第 590 页。

从斯特兰奇所引材料中更可以看出，早在《密陀娑罗》中，作者就已经不知道斯特里德罕的起源，更不用说后来的印度的法学注疏了；它的作者还企图对这一起源作出虚假的唯理主义的解释，就象西塞罗时代的罗马法学家对他们所不懂的古罗马的（对他们来说是"远古的"）法律习惯和公式所做的那样。这种唯理主义的解释的例子就是《密陀娑罗》中所说的。

　　　　　　　马克思：《亨利·萨姆纳·梅恩〈古代法制史讲演录〉一书摘要》，
　　　　　　　《马克思恩格斯全集》第 45 卷第 637 页。

罗马法规定奴隶是不能通过交换为自己谋利益的人，这是有道理的（见《学说汇纂》）。由此也可以明白，罗马法虽然是与交换还很不发达的社会状态相适应的，但是，从交换在一定的范围内已有所发展来说，它仍能阐明法人，进行交换的个人的各种规定，因而能成为工业社会的法的先声（就基本规定来说），而首先为了和中世纪相对抗，它必然被当作新兴资产阶级社会的法来看。不过，罗马法的发展本身和罗马共同体的解体也是完全一致的。

马克思：《政治经济学批判》，
《马克思恩格斯全选》第 46 卷上册第 198 页。

在古代世界中，简单流通的因素在自由民范围内至少已发展起来，所以下面这一点也是可以理解的：在罗马，特别是在罗马帝国（它的历史正是古代共同体解体的历史），法人即交换过程的主体的规定已得到阐述，资产阶级社会的法就其基本规定来说已经制定出来，而首先为了和中世纪相对抗，它必然被当作新兴工业社会的法来看。

马克思：《经济学手稿》，
《马克思恩格斯全选》第 46 卷下册第 478 页。

这种颠倒是价值表现的特征，它使可感觉的具体的东西只充当抽象的一般的东西的表现形式，而不是相反地使抽象的一般的东西充当具体的东西的属性。这种颠倒同时使价值表现难于理解。如果我说罗马法和德意志法都是法，这是不言而喻的。相反，如果我说法这种抽象物实现在罗马法和德意志法这种具体的法中，那么，这种联系就神秘起来了。

马克思：《价值形式》，
《马克思恩格斯全选》第 49 卷第 158 页。

古代（罗马）的第一个诉讼法是 Legis Actio Sacramenti ｛誓金诉讼法｝，它是罗马一切诉讼的无可争议的母体，因而也是现今世界上使用的大多数民法方面的维护权利手段的母体。［法律上的 sacra mentum ｛誓金｝是指诉讼的双方为讼案先存给 tresviri capitales ｛裁判官｝一笔钱，以此作保，之所以有这样的叫法，是因为败诉一方所存的钱用到了宗教目的上，尤其是用作了 sacra publica ｛公祀｝；或者甚至可以说是因为这笔钱存到了神圣的地方。

马克思：《亨利·萨姆纳·梅恩〈古代法制史讲演录〉一书摘要》，
《马克思恩格斯全集》第 45 卷第 621～622 页。

马尔丁诺夫显然是误解了。我们力求同样采用所有资产阶级国家现在通用的法律，就是以既承认公有制又承认私有制的罗马法原理为根据的法律。我们想把村社土地占有制看作是公有制。

列宁：《俄国社会民主工党第二次代表大会文献》
《列宁全集》第 7 卷第 265～266 页。

司徒卢威先生在这部著作中……谈到了罗马法关于保护买主等等的规定，一直说到罗马由警察调整价格的希腊化时期的典型案例，以及加洛林王朝立法中的罗马警察法的基督教化。

列宁：《又一次消灭社会主义》
《列宁全集》第 25 卷第 54 页。

我们掌握着政权，我们不是根据残酷的古罗马法来分离一切劳动人民，而是根据他们的切身利益和阶级意识紧密地把他们联合起来。

列宁：《全俄工兵农代表苏维埃第三次代表大会文献》，
《列宁全集》第 33 卷第 287 页。

对"私法"关系更广泛地运用国家干预；扩大国家废除"私人"契约的权力；不是把罗马法典，而是把我们的革命的法律意识运用到"民事法律关系"上去。

列宁：《关于司法人民委员部在新经济政策条件下的任务》，
《列宁全集》第 42 卷第 427 页。

马克思恩格斯在《神圣家族》里的"学说汇纂"，是《罗马法全书》的第二部分。罗马法全书共分三部分。罗马法全书是罗马民法大全（Corpus juris civilis）的重要部分，是在 528～534 年东罗马优士丁尼一世时编纂的。《罗马法全书》是从罗马著名法学家关于民法和诉讼法著作中摘录汇编成的。

民法大全（Corpus juris civilis）是调整罗马奴隶制社会的财产关系的一部民法汇编。其中收集了罗马法学家著作的残篇。它是 533 年查士丁尼皇帝在位时编纂的。

恩格斯在《"社会主义从空想到科学的发展"英文版导言》里的"Code civil"（民法典），是 1804—1810 年法国在拿破仑第一时代制订的（因此民法典又通称为拿破仑法典）。它是系统地阐明资产阶级法权的五部法典之一。恩格斯把 1804 年通过的民法典，称为典型的资产阶级社会的法典。

马克思在《经济学手稿》里说，"在罗马，特别是在罗马帝国（它的历史正是古代共同体解体的历史），法人即交换过程的主体的规定已得到阐述，资产阶级社会的法就其基本规定来说已经制定出来，而首先为了和中世纪相对抗，它必然被当作新兴工业社会的法来看"。

马克思接着写到：因此就产生了那些社会主义者的错误（特别是法国的社会主义者），他们想要证明，社会主义就是实现不是由法国革命所发现的，而是由它在历史上加以传播的资产阶级的理想，并且要竭力证明，交换价值最初（在时间上）或者按其概念（在其最适当的形式上）是普遍自由和平等的制度，但是被货币、资本等等歪曲了。或者他们断言，历史迄今为止企图以适合自由和平等的真实性质的方式来实现自由和平等的一切尝试都失败了，而现在他们，例如蒲鲁东，却发现了用这些关系的真正历史来代替它们的虚假历史的灵丹妙药。

交换价值制度，或者更确切地说，货币制度，事实上是自由和平等的制度。但是，在更深入的发展中所出现的矛盾，是这种所有权、自由和平等本身的内在矛盾。它们有时转变为自己的对立面。例如，认为交换价值不会从商品和货币形式发展为资本形式，或者说生产交换价值的劳动不会发展为雇佣劳动，这是一种虔诚而愚蠢的愿望。这些社会主义者不同于资产阶级辩护士的地方就是：一方面他们觉察到这种制度的矛盾，另一方面抱有空想主义，不理解资产阶级社会的现实的形态和观念的形态之间必然存在的区别，因而愿意做那种徒劳无益的事情，希望重新实现观念的表现本身，即神圣化的和由现实本身从自身投射出来的反射映像。

马克思的进一步说明，十分明确地告诉人们：在社会主义者和资本主义者那里，对罗马法的精神和实质具有完全不同的解读。

马克思在《资本论》第4卷里的"我给为了你做，我做为了你做，我做为了你给，我给为了你给"，是罗马法上的契约关系的四种公式。原文是：Do ut facias，facio ut facias，facio ut des，do ut des。

《马克思致恩格斯》里的"法典"，指法国的刑法典（Code pénal）。

2. 拿破仑法典

拿破仑法典，即法国民法典，是典型的资本主义类型的法。这是一部资本主义早期民法典，以个人主义、自由主义为宗旨，充分体现了意思自治、物权绝对、契约自由三大立法原则。法国民法典规定，所有权"是对于物有绝对无限制地使用、收益及处分的权利"（第544条），使私人财产所有权成为不受限制的权利；"契约为一种合意，依此合意，一人或数人对其他一人或数人负担给付作为或不作为的债务"（第1101条），使合同具有法律的效力。

法兰西民法典是在拿破仑的主导下编纂的，于1804年公布实施。资产阶级革命前的法国，南部施行罗马法，北部施行习惯法，全国没有统一的法典。当时，根据革命精神制定了单行法，如平等分割继承、婚姻法的世俗化和土地解放等法规。1791年，决定编纂统一民法典。其后，先按民法每一章作为单行法制定，而后合并成一部法典。法典包括人、物权、财产取得共3编，共2281条。这部法典是自由主义立法的先驱，成为许多国家民法立法效仿的典范。一百多年来，尽管进行了一些修改和补充，但立法框架和基本内容没有变化。

1904年，在纪念法典颁布100周年之际，成立了一个特别委员会，负责起草修正案，准备对法典作全面修改，但未得进展。1945年，组成了一个12人的委员会，并完成了法典部分章节的修改。然而，后来暂停了用新法典代替旧法典的计划。

对于这样一部二百多年前的、早已过时的民法典，对于这样一部本国准备进行全面修改的民法典，我国一些人却主张照抄照搬。法学界和有的立法者吹捧拿破仑法典，说得神乎其神，他们引来拿破仑说用拿破仑法典征服了全世界那句话。其实，他们抄来抄去的话很不确切。拿破仑的原话，可见《北京大学法学百科全书》由嵘先生引用威格莫尔主编的《世界法系概论》，英文版第3卷第1031页："我的光荣不是在于打过40次胜仗，因为滑铁卢的一败便可使这一切完全被人忘记。但不会被人忘记，而且永垂不朽的，却是我的民法典"。沧海桑田，物换星移，乃人间正道。法国民法典如同拿破仑一样，是不可能永垂不朽的。

以法国大革命的社会成果为依据并把这些成果转为法律的唯一的现代民法典，即法兰西现代法。

恩格斯：《反杜林论》，

《马克思恩格斯全集》第20卷第120页。

现在我手里拿着的这本 Code Napoléon〔拿破仑法典〕并没有创立现代的资产阶级社会。相反地，产生于十八世纪并在十九世纪继续发展的资产阶级社会，只是在这本法典中找到了它的法律的表现。这一法典一旦不再适应社会关系，它就会变成一叠不值钱的废纸。你们不能使旧法律成为新社会发展的基础，正像这些旧法律不能创立旧社会关系一样。

马克思：《对民主主义者莱茵区域委员会的审判》，

《马克思恩格斯全集》第 6 卷第 292 页。

人们也可以在资产阶级大革命以后，以同一个罗马法为基础，创造像法兰西 Code civil〔民法典〕这样典型的资产阶级社会的法典。因此，如果说民法准则只是以法律形式表现了社会的经济生活条件，那末这种准则就可以依情况的不同而把这些条件有时表现得好，有时表现得坏。

恩格斯：《路德维希·费尔巴哈和德国古典哲学的终结》，

《马克思恩格斯全集》第 21 卷第 347 页。

拿破仑摧毁了神圣罗马帝国，并以并小邦为大邦的办法减少了德国的小邦的数目。他把他的法典带到被他征服的国家里，这个法典比历来的法典都优越得多；它在原则上承认平等。拿破仑强迫一向只为私人利益而生活的德国人去努力实现伟大的理想，为更崇高的公共利益服务。但是，正是这一点弄得德国人都起来反对他。

恩格斯：《德国状况》，

《马克思恩格斯全集》第 2 卷第 636 页。

资产阶级制度在本世纪初曾让国家守卫新产生的小块土地，并且尽量加以赞扬，现在却变成了吸血鬼来吸吮它的心血和脑髓并把它投入资本的炼金炉中去。Code Napoléon〔拿破仑法典〕现在至多也不过是一个执行法庭判决、查封财产和强制拍卖的法典。

马克思：《路易·波拿巴的雾月十八日》，

《马克思恩格斯全集》第 8 卷第 221 页。

如果根据拿破仑法典，"未经教会认可的婚姻"在莱茵河流域被看作"婚姻"，而根据普鲁士邦法，在施普雷河流域则被认为是"非法同居"，那么，根据海尔梅斯的意见，"违警的"处罚就给"哲学家们"提供了一种论据，即在这里是合法的东西在别处却被看作违法的，这一论据证明，科学的、道德的和合理的婚姻概念不是表现在拿破仑法典里，而是表现在普鲁士邦法里。

《〈科隆日报〉第 179 号的社论》

《马克思恩格斯全集》第 1 卷上册第 216 页。

政治协定也不能摆脱私人契约可能遇到的那种偶然事件的影响，按照 Code Napoléon

〔拿破仑法典〕的规定，一旦受到 force majeure 的阻挠，这种契约应予废除。

马克思：《对和平的激进看法》，

《马克思恩格斯全集》第 13 卷第 592 页。

对于土耳其帝国及其当权者来说，可兰经同是信仰和法律的源泉。但是在可兰经面前，能不能使正统教徒和异教徒、穆斯林和莱雅享有平等权利呢？这实际上必然意味着用新的民法典来代替可兰经，换句话说，就是破坏土耳其社会的结构，在它的废墟上建立新的秩序。

马克思：《希腊人暴动》，

《马克思恩格斯全集》第 10 卷第 141 页。

当拿破仑推翻了执政内阁的资产阶级统治，恢复了秩序，巩固了农民土地占有的新条件并在自己的 Code civil〔民法典〕中加以肯定，把外国军队越来越远地驱逐出法国国境的时候，农民就欣喜若狂地归附于他，成了他的主要支柱。

恩格斯：《从巴黎到伯尔尼》，

《马克思恩格斯全集》第 5 卷第 561 页。

农民则按照仅仅保证他们占有土地的那些法权原则受到榨取，遭到破产。他们自己的 Code civil〔民法典〕，他们现代的圣经，对他们来说已经成了鞭子。高利贷的压迫不是使他们卷入运动，而是把他们完全弄糊涂了。他们认为只有减少捐税才能减轻他们的负担。

恩格斯：《从巴黎到伯尔尼》，

《马克思恩格斯全集》第 5 卷第 562 页。

他的生存比无产者的生存更无保障，无产者至少有时还能获得一天安逸日子，而受尽折磨的债务奴隶却永远没有这样的事。即使把民法典第二一〇二条删掉，即使依法保证农民有一定数量的农具、牲畜等等不得抵作押金，你们也仍旧无法将他从走投无路的处境中解脱出来。

恩格斯：《法德农民问题》，

《马克思恩格斯全集》第 22 卷第 573 页。

谁也没有想过这个宏伟的人民事业同 1813 年人民的崛起有相近之处。拿破仑带来的一切，即犹太人的解放、陪审法庭、健全的民法代替罗马法典的烦琐条文——所有这一切都仅仅由于倡导者个人而遭到谴责。

恩格斯：《恩斯特·莫里茨·阿伦特》，

《马克思恩格斯全集》第 41 卷第 149 页。

马克思在《对和平的激进看法》里提到的"force majeure"，是"无法抗拒的力量，无法预见的情况"，法上称为"不可抗力"。这是从拿破仑法典第 1148 条中摘引出来的说法，这一条宣称规定，"如果由于无法预见的情况或偶然事件妨碍了债务人，使他不能履行他应尽的义务，或者做了禁止他做的事情，不得向其追索任何赔偿。"

恩格斯在《从巴黎到伯尔尼》里说的"他们自己的 Code civil〔民法典〕"，是指拿破仑民法典曾在法国人占领的德国西部和西南部地区实行，在莱茵省归并普鲁士后，这个法典在该省境内继续有效。

3. 俄罗斯联邦民法

俄罗斯联邦民法，是历史上人民政权制定的第一部社会主义民法。究竟怎样认识社会主义民法？社会主义民法与资本主义民法有何区别？体现民法的社会主义性质的关键问题是什么？对于这些劈头存在的重大问题，在没有任何经验可循的情况下，列宁以马克思主义法学原理为指针，作出了坚决的、明确的回答。

列宁指出，经济领域中的一切都属于公法范畴，我们容许的资本主义只是国家资本主义，因此必须对"私法"关系更广泛地运用国家干预，扩大国家废除"私人"契约的权力；要在加强国家对"私法关系"和民事案件的干预方面有所突破；"不能放过扩大国家对'民事'关系的干预的任何一点可能"。

列宁建议在俄罗斯联邦民法典中，规定"研究如何能够对一切私营企业无例外地都进行监督（事后监督），并废除一切与法律条文和工农劳动群众利益相抵触的合同和私人契约，从这一方面来充分保障无产阶级国家的利益"。

列宁要求，"不是把罗马法典，而是把我们的革命的法律意识运用到'民事法律关系'上去"。

列宁告诫立法者，"不要盲目抄袭资产阶级民法，而要按我们的法律的精神对它作一系列的限制"，不要"迎合欧洲"，"不要因袭陈旧的、资产阶级的民法概念，而要创造新的"。

列宁强调，"制定新的民法应当同潮流作斗争"，不要"随波逐流"，"不要被那些昏庸的资产阶级旧法学家所愚弄，他们总是因袭"。

关于民法草案，列宁特别要求"对法典本身还得更加细致地加工"，并十分注意"民法典的每个重要部分都由谁负责"。

在十月革命的炮火和硝烟中诞生的完全新型的人民政权，制定一部完全新型的人民的民法，是天经地义的事情。在列宁的坚持下，俄罗斯联邦民法不失为一部社会主义类型的新民法。然而，由于在民法起草和制定前后，列宁处于严重病患之中，无法对草案作深入研究，由于草案起草人的资产阶级法律观和根深蒂固的"欧化法学"的影响，这部民法仍然存在不少"欧化"情况。历史常常喜欢捉弄人。在社会主义的苏联，当初列宁担忧和反对的立法和法学理论"欧化"问题，最终还是发生了。

目前正在制定新的民法。司法人民委员部在"随波逐流"，这种情况我看得出来。可是它是应当同潮流作斗争的。不要因袭（确切点说，不要被那些昏庸的资产阶级旧法学家所愚弄，他们总是因袭）陈旧的、资产阶级的民法概念，而要创造新的。不要受"因职责关系"沿用"适合欧洲"的行动方式的外交人民委员部的影响，而要同这种行动方式作斗争，制定新的民法，确定对"私人"契约的新的态度，等等。我们不承认任何"私人"性质的东西，在我们看来，经济领域中的一切都属于公法范畴，而不是什么私人性质的东西。我们容许的资本主义只是国家资本主义，而国家，如上所述，就是我们。

因此必须：对"私法"关系更广泛地运用国家干预；扩大国家废除"私人"契约的权力；不是把罗马法典，而是把我们的革命的法律意识运用到"民事法律关系"上去；通过一批示范性审判来经常地、坚持不懈地表明应当怎样动脑筋、花力气做这件事；通过党来抨击和撤换那些不学习这个本事和不愿理解这一点的革命法庭成员和人民审判员。

> 列宁：《关于司法人民委员部在新经济政策条件下的任务》，
> 《列宁全集》第 42 卷第 426～427 页。

如果司法人民委员部不立即振作起来，不立即全力以赴地承担起战斗任务，走上新的轨道，就会在热那亚会议面前（也在全世界面前）声誉扫地。建议您：

……召集 100～200 名从事民法、刑法和国家法实际工作的人，都要共产党员，向他们宣读我的信。

> 列宁：《关于司法人民委员部在新经济政策条件下的任务》，
> 《列宁全集》第 42 卷第 427 页。

请注意，据哥尔布诺夫同志告诉我，昨天在人民委员会里把民法典弄得糟透了。我在给库尔斯基的信中提出的那些警告，实际上没有引起重视。责成全俄中央执行委员会主席团按照我给库尔斯基的信中提出的意见的精神对此事加以研究。

> 列宁：《就俄罗斯联邦民法典问题给政治局的信》，
> 《列宁全集》第 42 卷第 430 页。

立即成立一个由三名确能正确理解这项工作并提出必要的修改和补充的法学家组成的委员会。委托该委员会在短期内向政治局提出修改和补充草案。该委员会的主要任务定为：研究如何能够对一切私营企业无例外地都进行监督（事后监督），并废除一切与法律条文和工农劳动群众利益相抵触的合同和私人契约，从这一方面来充分保障无产阶级国家的利益。不要盲目抄袭资产阶级民法，而要按我们的法律的精神对它作一系列的限制，但不得妨碍经济或商业工作。

> 列宁：《就俄罗斯联邦民法典问题给政治局的信》，
> 《列宁全集》第 42 卷第 430 页。

关于民法典问题，我在看了主要条文以后，认为比较慎重和正确的做法是：目前只限于郑重地宣布一下，而对法典本身还得更加细致地加工。请您设法让全俄中央执行委员会主席团和政治局通过此建议。

> 列宁：《就民法典问题给亚·德·瞿鲁巴的信》，
> 《列宁全集》第 42 卷第 456 页。

特别紧急和重要的是：关于民法典，我不能去推敲各条的措辞。健康状况不许可。仅提出以下几点意见：

（1）司法人民委员应当紧紧盯住并亲自检查：民法典的每个重要部分都由谁负责。

（2）西欧各国文献中和经验中所有保护劳动人民利益的东西一定要吸收进来。

（3）但不能仅限于此（这是最重要的）。不要盲目地跟着外交人民委员部走。不要"迎合欧洲"，而要在加强国家对"私法关系"和民事案件的干预方面有所突破。究竟应当怎样做到这一点，我说不上来，因为我既不能研究问题，也不能钻研法典，即使个别法典也罢。但是应该做到这一点，这在我是很明确的。现在我们面临的危险是在这方面做不够，而不是做"过了头"，这在我也是非常明确的。正是在热那亚会议召开以前，不能乱了步调，不能畏缩不前，不能放过扩大国家对"民事"关系的干预的任何一点可能。

　　　　　　　　　　　　　《给德·伊·库尔斯基的信并附对民法典草案的意见》，
　　　　　　　　　　　　　《列宁全集》第 42 卷第 444 页。

关于民法典问题，我在看了主要条文以后，认为比较慎重和正确的做法是：目前只限于郑重地宣布一下，而对法典本身还得更加细致地加工。

请您设法让全俄中央执行委员会主席团和政治局通过此建议。

　　　　　　　　　　　　　《就民法典问题给亚·德·瞿鲁巴的信》，
　　　　　　　　　　　　　《列宁全集》第 42 卷第 456 页。

你们还审议了像民法典、一般法院组织这样的问题。你们知道，在我们坚决推行的、我们对之不会动摇的现行政策下，这是一个对广大居民极其重要的问题。你们也知道，我们在这方面一直力求划清界限：什么是从法律上满足任何公民与目前经济流转有关的要求，什么是滥用新经济政策。这类现象在所有国家都是合法的，而我们却不想让它合法化。

　　　　　　　　　　　列宁：《在第九届全俄中央执行委员会第四次常会上的讲话》，
　　　　　　　　　　　《列宁全集》第 43 卷第 245～246 页。

列宁《就俄罗斯联邦民法典问题给政治局的信》，写于 1922 年 2 月 22 日。3 月 2 日，俄共（布）中央政治局会议通过列宁关于苏维埃俄国民法典草案还需认真细致加工的建议。

《就民法典问题给亚·德·瞿鲁巴的信》写于 1922 年 3 月 1 日。这是就民法典问题，致函劳动国防委员会副主席亚·德·瞿鲁巴。列宁的这个建议由俄共（布）中央政治局于 1922 年 3 月 2 日通过。俄罗斯联邦民法典于 1922 年 10 月，由第九届全俄中央执行委员会第四次会议通过，自 1923 年 1 月 1 日起生效。

3 月 3 日，收到尼·彼·哥尔布诺夫的通知，通知中说，司法人民委员德·伊·库尔斯基不执行中央政治局 3 月 22 日的决定，拒绝草拟民法宣言。列宁写便条给亚·德·瞿鲁巴，对库尔斯基的行为表示气愤，说他简直是怠工。随后致函库尔斯基，向他提出警告，指出他的拖拉行为是不能容许的，要求他在两天内把民法宣言草案交给瞿鲁巴。

《给德·伊·库尔斯基的信并附对民法典草案的意见》写于 1922 年 2 月 28 日。德·伊·库尔斯基是司法人民委员。信中强调，在民法典中要把西欧各国经验中一切保护劳动人民利益的东西吸收进来，要规定扩大国家对民事案件的干预。

列宁在《在第九届全俄中央执行委员会第四次常会上的讲话》里提到的"审议了像民法典"，是俄罗斯联邦民法典于 1922 年 10 月由第九届全俄中央执行委员会第四次会议通过，自 1923 年 1 月 1 日起生效。

（三）婚姻家庭法制度

1. 男女双方平等原则

男女双方平等，是婚姻家庭法制度的重要原则。

婚姻自主必然要求男女平等。这里的平等，是男女在社会地位、人格尊严、道德权利和道德义务以及政治法律等方面的平等。只有婚姻自主和真正以爱情为基础的婚姻，才有实现平等的可能性。

社会主义制度的建立，使妇女在劳动就业、文化教育、政治参与等方面获得了同男子相平等的社会地位。要巩固和维系这种社会地位，当然需要法律、国家政策的保障，以及各种措施保障。同时，也需要广大妇女树立起自尊、自信、自强、自立的心理意识和品质，积极投身各项社会活动中去，为实现男女双方平等创造自身条件。

我们的法学家认为，立法的进步使妇女愈来愈失去申诉不平的任何根据。现代各文明国家的立法愈来愈承认，第一，为了使婚姻有效，它必须是一种双方自愿缔结的契约；第二，在结婚同居期间，双方在相互关系上必须具有平等的权利和义务。如果这两种要求都能彻底实现，那末妇女就有了她们所能希望的一切了。

恩格斯：《家庭、私有制和国家的起源》，
《马克思恩格斯全集》第 21 卷第 85 页。

现代的性爱，同单纯的性欲，同古代的爱，是根本不同的。第一，它是以所爱者的互爱为前提的；在这方面，妇女处于同男子平等的地位，而在古代爱的时代，决不是一向都征求妇女同意的。第二，性爱常常达到这样强烈和持久的程度，如果不能结合和彼此分离，对双方来说即使不是一个最大的不幸，也是一个大不幸。

恩格斯：《家庭、私有制和国家的起源》，
《马克思恩格斯全集》第 21 卷第 90 页。

不幸的女性遭受到最不堪忍受的奴役，而且只是由 M 先生来执行这种奴役，他依仗的是民法典和财产权，依仗的是这样一种社会制度，它使爱情不受相爱男女的自由情感的支配，它允许忌妒的丈夫用锁把自己的妻子禁闭在家里，就象吝啬鬼对待自己的钱柜一样；因为她只是他的财产的一部分。

马克思：《珀歇论自杀》，

《马克思恩格斯全集》第 42 卷第 309 页。

在我们看来，真正有意义的民主，是那种为处于不平等地位的被剥削者服务的民主。不劳动者被剥夺选举权，那才是人与人之间真正的平等。不劳动者不得食。

我们回答这些指责说，应当提出某个国家中民主实现得如何的问题。我们看到，各民主共和国都宣布了平等，但是在民法中，在规定妇女的家庭地位和离婚权利的法律中，妇女到处都处于不平等的地位，处于受卑视的地位。

列宁：《论苏维埃共和国女工运动的任务》，

《列宁全集》第 37 卷第 191 页。

我们真正彻底废除了那些剥夺妇女平等权利、限制离婚、规定可恶的离婚手续、不承认私生子、追究私生子的父亲等等卑鄙的法律，这种法律的残余在各文明国家内还大量存在，而这正是资产阶级和资本主义的耻辱。我们有充分的权利以我们在这方面所做的一切而自豪。可是，我们把旧时资产阶级法律和制度的废物清除得愈干净，我们就愈清楚地看到，这只是为建筑物清理地基，还不是建筑物本身。

列宁：《伟大的创举》，

《列宁全集》第 37 卷第 20~21 页。

苏维埃政权这个劳动者的政权在诞生后的最初几个月里，就在有关妇女的立法方面实行了最彻底的变革。苏维埃共和国彻底废除了使妇女处于从属地位的法律。我指的就是专门利用妇女较弱的地位把她们置于不平等的甚至往往是受屈辱的地位的法律，即关于离婚、关于非婚生子女、关于女方要求子女的生父负担子女抚养费的权利的法律。

列宁：《论苏维埃共和国女工运动的任务》，

《列宁全集》第 37 卷第 190 页。

我们看到，各民主共和国都宣布了平等，但是在民法中，在规定妇女的家庭地位和离婚权利的法律中，妇女到处都处于不平等的地位，处于受卑视的地位。我们说，这才是破坏民主，而且正是破坏被压迫者应享有的民主。苏维埃政权比所有最先进的国家更彻底地实现了民主，在它的法律中丝毫也看不到妇女受到不平等待遇的痕迹。

当然，光有法律是不够的，我们也决不满足于只颁布法令。但是在立法方面，我们已做了使男女地位平等所应做的一切，因此我们有理由以此自豪。

列宁：《论苏维埃共和国女工运动的任务》，

《列宁全集》第 37 卷第 191 页。

只要妇女没有摆脱男子依法享有的特权的自由，工人没有摆脱资本枷锁的自由，劳动农民没有摆脱资本家、地主、商人压迫的自由，就不可能有真正的"自由"，现在没有，将来也不会有。

让撒谎者和伪君子、蠢人和瞎子、资产者及其拥护者去欺骗人民，侈谈一般自由、一般平等、一般民主好了。

列宁：《苏维埃政权和妇女的地位》，
《列宁全集》第 37 卷第 281 页。

在我们苏维埃俄国，法律上男女的不平等已经完全取消了。苏维埃政权彻底消灭了婚姻法和家庭法上的特别可耻、卑鄙、伪善的不平等，消除了在对子女关系上的不平等。

这只是妇女解放的第一步。但是任何一个资产阶级共和国，哪怕是最民主的资产阶级共和国，都不敢走这第一步，因为它害怕触犯"神圣的私有制"。第二步，也是主要的一步，就是废除土地和工厂的私有制。

列宁：《国际劳动妇女节》，
《列宁全集》第 40 卷第 381 页。

婚和非婚生子女的法律以及这方面的实际情况，就会知道现代资产阶级民主制，即使是在所有最民主的资产阶级共和国中，都是以农奴主的态度对待妇女和非婚生子女的。

列宁：《论战斗唯物主义的意义》，
《列宁全集》第 43 卷第 31 页。

马克思在《珀歇论自杀》里，摘引了雅克·珀歇《摘自巴黎警察局档案的回忆录》一书中关于"自杀"的事例。在珀歇那里，对现存的财产关系、家庭关系和其他的私人关系进行了批判。他对"私生活"的批判，实际上是对法国社会制度的批判。

雅克·珀歇生于1760 年，从研究文学改为研究医学，从研究医学改为研究法学，又从研究法学改为从事行政工作和警察事务。珀歇的回忆录，部分取材于巴黎警察局档案，部分取材于他在警察局和行政机关工作的长期实践经验。他当时已经年迈了，他只准回忆录在他死后出版。

2. 婚姻自由

婚姻的本质是什么？历史上曾经有过自然主义和超理性主义。自然主义把人类婚姻置于动物性层面，把婚姻的内容看作是性欲的相互满足。这种观点抹煞了婚姻中的精神因素，回避了人类婚姻中为动物界所不具有的伦理道德、情感、美感等成分。超理性主义则完全割断了人和动物之间的联系，把性欲完全排斥在婚姻之外，认为婚姻是一种毫无动物性的精神活动。这两种观点，都未能揭示出婚姻的科学本质。

其实，婚姻的本质，是在一定自然基础之上的男女双方之间特有的社会关系。婚姻是人的自然属性和社会属性的统一。人的本质属性是社会性，婚姻关系是以一种不断发展变化的社会方式进行的。这样，婚姻关系一定为社会生产方式和社会生活方式所决定。资本主义社会有资本主义婚姻关系，社会主义社会有社会主义婚姻关系。

经典作家分析了资本主义条件下的结婚自由和离婚自由。婚姻的充分自由，只有在消灭了资本主义生产和它所造成的财产关系，从而把今日对选择配偶还有巨大影响的一切派生的经济考虑消除以后，才能普遍实现。

在我国，在离婚率飙升的态势下，是通过立法制止这种态势，还是客观上助长这种态势，这决定了我国婚姻家庭关系的走向。

在婚姻法上，准予或不准离婚以夫妻感情是否破裂作为区别的界限。认定"感情破裂"，只能依据具体认定标准。修订的《婚姻法》第32条规定了"感情确已破裂"的5种具体情况：①实施家庭暴力或虐待、遗弃家庭成员；②重婚或有配偶者与他人同居的；③有赌博、吸毒等恶习不改的；④因感情不和分居满2年的；⑤一方被宣告失踪，另一方提出离婚诉讼的。此外，还有"其他导致夫妻感情破裂的情形"作为认定参考。由于修订的《婚姻法》的颁布，1989年最高人民法院《关于人民法院审理离婚案件如何认定夫妻感情破裂的若干具体意见》废止。应当说，比照1989年的14条司法解释，修订的《婚姻法》的5条规定显然失之于窄。目前，资产者、社会精英和"垮了的一代"的"闪婚""试婚""一夜情""包二奶"等比比皆是。如果"感情破裂"的范围规定过窄，即离婚太过容易，则不能有效保护妇女合法权益，不能稳定婚姻家庭关系。

这里登载的这篇关于离婚法草案的评论是从莱茵法学的观点来论述的，而前些时候登载的那篇评论（见《莱茵报》第310号附刊）是从旧普鲁士法学的观点及其实践出发的。现在有待于作出第三种评论，主要是从一般法哲学观点出发的评论。只研究同意和反对离婚的个别理由已经不够了，还必须阐述婚姻的概念和由此概念产生的后果。

马克思：《〈莱茵报〉编辑部为〈论新婚姻法草案〉一文所加的按语》，《马克思恩格斯全集》第1卷第315页。

在这里登载的这篇评论中作了机智阐述的莱茵法学观点，是完全不够的。把婚姻分成宗教的和世俗的两种本质，使其中一种本质只同教会和个人的信仰相联系，而另一种本质则同国家和公民的法的意识相联系，这是不够的。把两个不同的领域强加给婚姻并不能消除矛盾；相反，这样做会在这两个至关重要的领域本身之间制造矛盾和无法解决的冲突。谁能责令立法者持二元论，持双重的世界观呢？难道一个持宗教观点的有良心的立法者，不应当把在教会世界和宗教形式中他认为是真理本身的东西，他作为唯一力量来崇拜的东西，看作现实世界和世俗形式中的唯一力量吗？在这一点上，表现了莱茵法学的根本缺陷——它的二重性的世界观。这种世界观由于用肤浅的方式把信仰同法的意识分开，不是解决最麻烦的冲突，而是把它劈成两半；它把法的世界同精神的世界，从而把法同精神割裂开来，这样也就把法学同哲学割裂开来了。而在反对这里所讨论的法律时，旧普鲁士法学的完全站不住脚则以最明白无误的方式更加突出地表现出来了。如果说任何立法都不能颁布法令让人们去做合乎伦理的事情是正确的，那么说任何立法都不能承认不合伦理的事情是合法的就更是正确的了。

马克思：《〈莱茵报〉编辑部为〈论新婚姻法草案〉一文所加的按语》，

《马克思恩格斯全集》第 1 卷第 316 页。

邦法是建立在理智的抽象上的，这种理智的抽象本身是无内容的，它把自然的、法的和合乎伦理的内容当作外在的、没有内在规律的质料加以吸收，它试图按照外部的目的来改造、安排、调节这种没有精神、没有规律的质料。邦法不是按照对象世界所固有的规律来对待对象世界，而是按照任意的主观臆想和与事物本身无关的意图来对待对象世界。旧普鲁士法学家表现出他们对邦法的这种本性了解很差。他们所批判的不是邦法的本质，而是它个别的外部表现。因此，他们反对的也就不是新离婚法草案的性质和方式，而是反对它的而是反对它的宗教改革的倾向。他们大概以为可以在坏习俗中找到坏法律存在的理由。

马克思：《〈莱茵报〉编辑部为〈论新婚姻法草案〉一文所加的按语》，

《马克思恩格斯全集》第 1 卷第 316～317 页。

《莱茵报》对新草案提出了下列几点主要的反对意见：（1）草案只是以简单的修订代替了改革，因而普鲁士邦法就被当作根本法保留了下来，这样便表现出非常显著的不彻底和无把握；（2）立法不是把婚姻看作一种伦理的制度，而是看作一种宗教的和教会的制度，因此，婚姻的世俗本质被忽略了；（3）草案所提出的诉讼程序缺点很多，而且是互相矛盾的各种因素的表面缀合；（4）应该承认，草案一方面具有同婚姻概念相抵触的警政一样的严厉性，而另一方面，对所谓合理的理由却又过分迁就；（5）草案的整个行文在逻辑的一贯性、准确性、鲜明性和观点的彻底性方面也有许多不如人意的地方。

马克思：《论离婚法草案》，

《马克思恩格斯全集》第 1 卷第 346 页。

我们再一次重申我们已经发表过的意见："如果任何立法都不能颁布法令让人们去做合乎伦理的事情，那么任何立法更不能承认不合伦理的事情是合法的。"当我们询问这些反对者（他们不是教会见解的反对者，也不是上述其他缺点的反对者）他们的论断的根据是什么的时候，他们总是向我们叙述那些违反本人意愿而结合的夫妻的不幸。他们抱着幸福主义的观点，他们仅仅想到两个个人，而忘记了家庭。他们忘记了，几乎任何的离婚都是家庭的离散，就是纯粹从法律观点看来，子女及其财产也不能按照随心所欲的意愿和臆想来处理。如果婚姻不是家庭的基础，那么它也就会像友谊一样，不是立法的对象了。可见，他们注意到的仅仅是夫妻的个人意志，或者更正确些说，仅仅是夫妻的任性，却没有注意到婚姻的意志即这种关系的伦理实体。可是，立法者应该把自己看作一个自然科学家。他不是在创造法律，不是在发明法律，而仅仅是在表述法律，他用有意识的实在法把精神关系的内在规律表现出来。如果一个立法者用自己的臆想来代替事情的本质，那么人们就应该责备他极端任性。同样，当私人想违反事物的本质恣意妄为时，立法者也有权利把这种情况看作是极端任性。谁也不是被迫结婚的，但是任何人只要结了婚，那他就得服从婚姻法。结婚的人既不是在创造，也不是在发明婚姻，正如游泳者不是在发明水和重力的本性和规律一样。所以，婚姻不能听从结婚者的任性，相反，结婚者的任性应该服从婚姻。谁任意地使婚姻破裂，那他就是声称，任性、非法行为就是婚姻法，因为任何一个有理性的人都不会有一种非分的要求，认为自己的行为是他一个人才可以做的享有特权的行为；相反，每个有理性的人都会认为自己的行为是合法的、一切人都可以做的行为。可是你们反对什么呢？反对任性的立法。但是，你们在责备立法者任性的同时，可不要把任性变为法律。

黑格尔说：婚姻本身，按其概念来说，是不可离异的，但仅仅就其本身，即仅仅按其概念来说是如此。这句话完全没有表明婚姻所具有的那种特殊的东西。一切伦理的关系，按其概念来说，都是不可解除的，如果以这些关系的真实性作为前提，那就容易使人相信了。真正的国家、真正的婚姻、真正的友谊都是不可分离的，但是任何国家、任何婚姻、任何友谊都不完全符合自己的概念。正像甚至家庭中现实的友谊和世界史上现实的国家都是可以分离的一样，国家中现实的婚姻也是可以分离的。任何伦理关系的存在都不符合，或者至少可以说，不一定符合自己的本质。

　　马克思：《论离婚法草案》，
　　《马克思恩格斯全集》第 1 卷第 347～348 页。

离婚无非是宣布某一婚姻是已经死亡的婚姻，它的存在仅仅是一种假象和骗局。不言而喻，既不是立法者的任性，也不是私人的任性，而是只有事物的本质才能决定，某一婚姻是否已经死亡；因为大家知道，宣告死亡取决于事实，而不取决于当事人的愿望。

　　马克思：《论离婚法草案》，
　　《马克思恩格斯全集》第 1 卷第 348 页。

当然，只有当法律是人民意志的自觉表现，因而是同人民的意志一起产生并由人民的意志所创立的时候，才会有确实的把握，正确而毫无成见地确定某种伦理关系的存在已不再符合其本质的那些条件，做到既符合科学所达到的水平，又符合社会上已形成的观点。

　　马克思：《论离婚法草案》，
　　《马克思恩格斯全集》第 1 卷第 349 页。

对于婚姻，立法者只能规定，在什么样的条件下婚姻是允许离异的，也就是说，在什么样的条件下婚姻按其实质来说是已经离异了。法院判决的离婚只能是婚姻内部瓦解的记录。立法者的观点是必然性的观点。因此，如果立法者认为婚姻是牢固的，足以承受种种冲突而不致受到损害，那他就是尊重婚姻，承认它的深刻的合乎伦理的本质。

　　马克思：《论离婚法草案》，
　　《马克思恩格斯全集》第 1 卷第 349 页。

正是资本主义生产注定要把这种结婚方式打开一个决定性的缺口。它把一切变成了商品，从而消灭了过去留传下来的一切古老的关系，它用买卖、"自由"契约代替了世代相因的习俗，历史的法。

恩格斯：《家庭、私有制和国家的起源》，

《马克思恩格斯全集》第21卷第93页。

按照资产阶级的理解，婚姻是一种契约，是一种法律行为，而且是一种最重要的法律行为，因为它决定了两个人终身的肉体和精神的命运。不错，这种契约那时在形式上确是自愿缔结的；没有当事人双方的同意就不能解决问题。不过人人都非常明白，这一同意是如何取得的，实际上是谁在订立婚约。既然在缔结别的契约时要求真正自由的决定，那末在订立婚约时为什么不要求这种自由呢？

恩格斯：《家庭、私有制和国家的起源》，

《马克思恩格斯全集》第21卷第93~94页。

统治阶级仍然为众所周知的经济影响所支配，因此在他们中间，真正自由缔结的婚姻只是例外，而在被压迫阶级中间，像我们所已看到的，这种婚姻却是通例。因此，结婚的充分自由，只有在消灭了资本主义生产和它所造成的财产关系，从而把今日对选择配偶还有巨大影响的一切派生的经济考虑消除以后，才能普遍实现。

恩格斯：《家庭、私有制和国家的起源》，

《马克思恩格斯全集》第21卷第95页。

按照费尔巴哈的看法，宗教是人与人之间的感情的关系、心灵的关系，过去这种关系是在现实的虚幻反映中（借助于一个神或许多神这些人类特性的虚幻反映）寻找自己的真理，现在却直接地而不是间接地在我和你之间的爱中寻找自己的真理了。归根到底，在费尔巴哈那里，性爱即使不是他的新宗教借以实现的最高形式，也是最高形式之一。

人与人之间的、特别是两性之间的感情关系，是自从有人类以来就存在的。性爱特别是在最近教只限于使国家对性爱的管理即婚姻立法高度神圣化；这种宗教也许明天就八百年间获得了这样的意义和地位，竟成了这个时期中一切诗歌必须环绕着旋转的轴心了。现在的实在的宗教会完全消失，但是爱情和友谊的实践并不会发生丝毫变化。

恩格斯：《路德维希·费尔巴哈和德国古典哲学的终结》，

《马克思恩格斯全集》第21卷第326页。

在这里，费尔巴哈的唯心主义就在于：他不是直截了当地按照本来面貌看待人们彼此间以相互倾慕为基础的关系，即性爱、友谊、同情、舍己精神等等，而是把这些关系和某种特殊的、在他看来也属于过去的宗教联系起来，断定这些关系只有在人们用宗教一词使之高度神圣化以后才会获得自己的完整的意义。在他看来，主要的并不是存在着这种纯粹人的关系，而是要把这些关系看做新的、真正的宗教。这些关系只是在盖上了宗教的印记以后才被认为是完满的。

恩格斯：《路德维希·费尔巴哈和德国古典哲学的终结》，

《马克思恩格斯全集》第 21 卷第 327 页。

这几天我终于开始读拉萨尔的书。关于回溯效力说得很近乎情理，但论据不够充分，例如论述离婚法律的那部分就是证明，关于它，可以像某些柏林庸人那样说："要是我知道离婚会这么难，我就不结婚了。"

《恩格斯致马克思》，

《马克思恩格斯全集》第 30 卷上册第 206 页。

把婚姻分成宗教的和世俗的两种本质，以致其中一种本质只同教会和个人的良心有关，而另一种本质则同国家和公民的法律意识有关，这是不充分的。把婚姻分成两个不同的领域并不能消除矛盾；相反，这样做倒会在这两个至关重要的领域本身之间制造矛盾和无法解决的冲突。谁能迫使立法者必须持二元论——两重世界观呢？难道任何一个持宗教观点的有良心的立法者，不应当把在精神世界和宗教形式中他认为是真理本身的东西，他作为唯一力量来崇拜的东西，看作现实世界及其世俗形式中的唯一力量吗？在这一点上，暴露了莱茵法学的根本缺点——它的两面的世界观。这种世界观由于用肤浅的方式把良心同法律意识分开，不是解决而是劈开最麻烦的冲突；它把法的世界同精神的世界，从而把法同精神割裂开来，这样也就把法学同哲学割裂开来了。但是，在反对所讨论的法律中，旧普鲁士法学的完全站不住脚便更加突出地暴露出来了。如果任何立法都不能规范道德这种说法是真实的话，那么任何立法都不能宣布道德为法就更真实的了。

马克思：《〈论新离婚法草案〉一文的编辑部按语》，

《马克思恩格斯全集》第 40 卷第 310 页。

我们的法律在历史上第一次取消了一切使妇女处于无权地位的东西。但是，问题不在于法律。这项关于婚姻完全自由的法律在我们城市和工厂区实行得很好，而在农村则往往成为一纸空文。在那里，到教堂结婚至今还很盛行。这是受了神父的影响，同这种坏现象作斗争比同旧法律作斗争更困难。

列宁：《在全俄女工第一次代表大会上的讲话》，

《列宁全集》第 35 卷第 180 ~ 181 页。

根据现行民法，结婚根本不需要请求准许（领导者的准许）。不过请注意，他们是男女中学生，虽然他们已到 25 岁，但是毕竟还是中学生。如果不准许大学生结婚，难道会准许中学生结婚吗？

列宁：《农庄中学与感化中学》，

《列宁全集》第 2 卷第 24 页。

在离婚问题上也是如此。我们请读者回忆一下，在关于民族问题的争论中第一次接触到这个问题的是罗莎·卢森堡。她提出了一个完全合理的见解：我们社会民主党人集中派要维护国内（州或边疆区等等）的自治，就必须坚持由全国政权即全国国会决定重大国务问题。关于离婚的立法就属于这样的问题。离婚的例子清楚地表明，谁现在不要求充分的离婚自由，谁就不配作一个民主主义者和社会主义者，因为没有这种自由，被压迫的女性就会惨遭蹂躏，——虽然不难理解，承认有离开丈夫的自由，并不等于号召所有的妻子都离开丈夫！

列宁：《论面目全非的马克思主义和"帝国主义经济主义"》，
《列宁全集》第 28 卷第 166 页。

在资本主义制度下，离婚权多半是不能实现的，因为被压迫的女性在经济上受压迫，因为在资本主义制度下，不管有什么样的民主，妇女始终是"家庭女奴"，是被关在卧室、育儿室和厨房里的女奴。在资本主义制度下，选举"自己的"人民法官、官吏、教师、陪审员等等的权利，同样多半是不能实现的，其原因就是工人和农民在经济上受压迫。

列宁：《论面目全非的马克思主义和"帝国主义经济主义"》，
《列宁全集》第 28 卷第 166 页。

离婚自由愈充分，妇女就愈明白，使他们作"家庭奴隶"的根源是资本主义，而不是无权。国家制度愈民主，工人就愈明白，罪恶的根源是资本主义，而不是无权。民族平等愈充分（没有分离的自由，这种平等就不是充分的），被压迫民族的工人就愈明白，问题在于资本主义，而不在于无权。如此等等。

列宁：《论面目全非的马克思主义和"帝国主义经济主义"》，
《列宁全集》第 28 卷第 167 页。

谢姆柯夫斯基和彼·基辅斯基都"谈论了"离婚，都暴露了对问题的无知，回避了问题的实质，因为离婚权也象所有一切民主权利一样，在资本主义制度下是难以实现的，有条件的，有限制的，极其表面的，但是尽管如此，任何一个正派的社会民主党人不但不能把否认这一权利的人叫作社会主义者，甚至不能把他们叫作民主主义者。问题的全部实质就在这里。一切"民主制"就在于宣布和实现在资本主义制度下只能实现得很少和附带条件很多的"权利"；不宣布这些权利，不立即为实现这些权利而斗争，不用这种斗争精神教育群众，社会主义是不可能实现的。

列宁：《论面目全非的马克思主义和"帝国主义经济主义"》，
《列宁全集》第 28 卷第 167 页。

实行离婚完全自由的法律，已经快一年了。我们颁布了一项取消婚生子与非婚生子的地位差别、取消种种政治限制的法令；任何地方都没有这样充分地实现劳动妇女的平等和自由。

我们知道，工人阶级的妇女承受着旧法规的全部重压。

我们的法律在历史上第一次取消了一切使妇女处于无权地位的东西。但是，问题不在于法律。这项关于婚姻完全自由的法律在我们城市和工厂区实行得很好，而在农村则往往成为一纸空文。

列宁：《在全俄女工第一次代表大会上的讲话》，

《列宁全集》第 35 卷第 180 页。

有一个意见现在就应该提出来：建议把第 3 节"（妇女）要求恋爱自由"全部删掉。这的确不是无产阶级的要求，而是资产阶级的要求。实际上，您是怎样理解这个要求的呢？这个要求可以理解成什么呢？

1. 在爱情上摆脱物质上的（钱财上的）考虑？

2. 同时摆脱物质上的操心？

3. 摆脱宗教偏见？

4. 摆脱父母等等的限制？

5. 摆脱"社会"的偏见？

6. 摆脱（农民或者小市民或者资产阶级知识分子的）小天地？

7. 摆脱法律、法院和警察的束缚？

8. 摆脱爱情上的严肃态度？

9. 摆脱生育子女的义务？

10. 通奸的自由？等等。

我列举了许多（当然不是全部）不同的理解。您所理解的当然不是第 8—10 点，而是第 1—7 点，或者类似第 1—7 点的东西。但是，如果是指第 1—7 点，那就应当选择另一种说法，因为恋爱自由这种说法不能确切地表达这个意思。小册子的广大读者必然会把"恋爱自由"理解为类似第 8—10 点的东西，以至违背您的本意。

正因为在现代社会里那些最能说会道、爱吵爱闹、"高高在上"的阶级所理解的"恋爱自由"是第 8—10 点，所以这不是无产阶级的要求，而是资产阶级的要求。

对于无产阶级说来，最重要的是第 1 点和第 2 点，其次是第 1—7 点；其实这并不是"恋爱自由"。问题不在于您主观上"想"把这种要求"理解"成什么。

问题在于爱情上的阶级关系的客观逻辑。

列宁：《致伊·费·阿尔曼德》，

《列宁全集》第 47 卷第 69~70 页。

在《论离婚法草案》和《〈莱茵报〉编辑部为〈论新婚姻法草案〉一文所加的按语》中，马克思反对直接把新教的教义作为普鲁士立法基础的企图，揭露了普鲁士立法制度的落后性质。他指出，普鲁士邦法不是按照对象世界所固有的规律来对待世界，而是按照任意的主观臆想和与事物本身无关的意图来对待对象世界。他要求法律成为人民意志的自觉表现，同人民的意志一起产生并由人民的意志所创立，决不能要求人们盲目地服从超伦理的和超自然的权威。

马克思在《〈莱茵报〉编辑部为〈论新婚姻法草案〉一文所加的按语》里说的"这里登载的这篇关于离婚法草案的评论是从莱茵法学的观点来论述的"，其具体情况是：

1842 年 2 月，历史法学派的主要代表弗·卡·冯·萨维尼被普鲁士国王弗里德里希威廉四世任命为法律修订大臣。在他的主持下，首先着手起草新离婚法草案。草案的准备和讨论是在非常秘密的情况下进行的。1842 年 7 月草案虽已付印，但不允许公开发表。尽管如此，从 7 月底起还是有人针对草案发表了最初的批评性评论。1842 年 10 月 20 日《莱茵报》第 293 号发表了这一草案，后来在《莱茵报》、《莱比锡总汇报》以及其他报刊上对草案展开了广泛的公开讨论。普鲁士政府对这件事采取威胁和压制的手段，它首先要求《莱茵报》编辑部提供草案投寄人的姓名，遭到拒绝。这成了《莱茵报》后来被查封的原因之一。

1842 年 11 月 13 日、15 日，《莱茵报》第 317、319 号附刊登载的《论新婚姻法草案》一文认为，新草案的主要缺点在于，它并没有废除，只是修订了历史上已经过时的普鲁士邦法的各种规定。文章还谴责了草案在法律上把国家从属于教会明文规定下来的做法。因此，文章否定那些给结婚或离婚造成困难的各项规定，也反对因离婚而引起的法律性的惩罚。

"前些时候登载的那篇评论（见《莱茵报》第 310 号附刊）是从旧普鲁士法学的观点及其实践出发的"，是说 1842 年 11 月 6 日《莱茵报》第 310 号附刊登载的《评法律修订部 1842 年 7 月提出的离婚法草案》一文，批评草案持新教观点并具有违反常人健全理智的各种规定。文章否定给离婚造成困难的多数条款，维护普鲁士邦法的有关规定。

在《恩格斯致马克思》里，"这几天我终于开始读拉萨尔的书"之"拉萨尔的书"，指斐·拉萨尔《既得权利体系》。

马克思的《〈论新离婚法草案〉一文的编辑部按语》，载于《北极星报》的"普鲁士"栏。离婚法草案是 1842 年由法的历史学派创始人之一萨维尼（1842 ～ 1848 年任普鲁士修订法律大臣）拟定的。本文考察了这个草案的拟定过程。

3. 纯朴家庭关系的基础

两性的结合以婚姻家庭的形式表现出来。婚姻是以男女两性结合为内容并为一定社会所认可的社会关系。家庭是以婚姻关系为基础、以血缘关系为纽带的社会生活的组织形式。婚姻是产生家庭的前提，家庭是缔结婚姻的结果。一般说来，家庭关系包含着婚姻关系，因而把婚姻关系和家庭关系概括为婚姻家庭关系。

婚姻家庭关系是自然规律和社会规律相互作用的产物，它们具有自然的和社会的两种属性。因此，决定婚姻家庭的性质、特点、作用及其发展变化的，是物质生活关系和伦理道德关系。家庭作为一个社会组织和生活单位，首先体现一定社会的经济关系，同时，又直接体现着统治阶级在政治、法律和道德诸方面的思想关系。在金钱决定一切的社会里，资产阶级的婚姻家庭关系本质上是金钱关系和不平等关系。在资产阶级家庭中，"妻子和普通娼妓的不同之处，只是在于它不是像雇佣女工计件出卖自己的肉体，而是一次永远出卖为奴隶"。在这种家庭中，"丈夫是资产者，妻子则相当于无产阶级"。

　　他们抱着幸福主义的观点，他们仅仅想到两个个人，而忘记了家庭。他们忘记了，几乎任何的离婚都是家庭的离散，就是纯粹从法律观点看来，子女及其财产也不能按照随心所欲的意愿和臆想来处理。如果婚姻不是家庭的基础，那么它也就会像友谊一样，不是立法的对象了。可见，他们注意到的仅仅是夫妻的个人意志，或者更正确些说，仅仅是夫妻的任性，却没有注意到婚姻的意志即这种关系的伦理实体。

马克思：《论离婚法草案》，

《马克思恩格斯全集》第 1 卷上册第 347 页。

　　德国人也并不比拉杰普特人更为实际，尽管前者把女儿当作家庭宝贝来教养，而后者为了免去哺育之累，索性把女儿杀死。总而言之，皮肤上的疹子就像皮肤本身一样实际。

马克思：《历史法学派的哲学宣言》，

《马克思恩格斯全集》第 1 卷第 232 页。

　　当然，"Myrthen"（桃金娘）一词不得不失去字母"h"，因为结婚之后，"Eh"占了首位，而"he"就被省略，其结果是"Myrthen"变成了"Myrten"。

　　字母"y"是希腊字母"u"，而不是德语字母。又鉴于以上所述，默滕一家纯系日耳曼血统的根子，同时又是笃信基督教的裁缝世家，所以外来语的、异教的"y"必然变成德语的"i"；再鉴于婚姻在这个家庭里是一个占优势的因素，"i"是个刺耳的、尖声的元音，而默滕家人的婚姻都是非常文雅、温和的，所以这个"i"开头变成了"eh"，随后，为了使这个大胆的改变不致引人注目，就变成了"e"，这是一个短音，用来表明结婚联姻的果断，所以"Myrthen"（桃金娘）一词在德语的多义词"Merten"（默滕）一词中，获得了臻于完善的最高形式。

马克思：《幽默小说〈斯考尔皮昂和费利克斯〉片断》，

《马克思恩格斯全集》第 1 卷下册第 812～813 页。

　　宗法的家庭关系一直保持到孩子们结婚。年轻人是在幽静纯朴的环境中、在和婚前的游伴互相信赖的气氛中长大的，虽然婚前发生性的关系几乎是普通现象，可是这仅仅是在双方都已经把结婚看做道义上的责任时发生的，只要一举行婚礼，就一切都正常了。一句话，当时英国产业工人的生活和思想与现在德国某些地方的工人是一样的，闭关自守，与世隔绝，没有精神活动，在自己的生活环境中没有激烈的波动。

恩格斯：《英国工人阶级状况》，

《马克思恩格斯全集》第 2 卷第 283 页。

　　现在，使用珍妮纺纱机像使用织机一样，都需要有气力，于是男人也开始做纺纱的工作了，而且这个工作变成了全家生活的唯一来源；可是另外一些家庭却刚刚相反，把过时的、落后的手摇纺车扔在一边，不得不单靠当家人的织机过活（如果他们买不起珍妮纺纱机的话）。后来工业中无止境地发展的分工就是这样从织布和纺纱开始的。

> 恩格斯：《英国工人阶级状况》，
>
> 《马克思恩格斯全集》第 2 卷第 284~285 页。

在韦斯明斯特的圣约翰教区和圣玛格丽特教区，根据统计学会会刊的材料，在 1840 年，5366 个工人家庭住了 5294 所住宅（如果这还可以叫做"住宅"的话）；男人、女人和小孩，总共 26830 人，不分男女老幼地挤在一起，在这些家庭中有四分之三只有一个房间。在汉诺威方场的贵族教区圣乔治，根据同一材料，有 1465 个工人家庭总共将近 6000 人在同样的条件下居住着；其中有三分之二以上的家庭每一家不超过一个房间。这些不幸的穷人（连小偷也不希望在他们那里找到一点什么）是怎样受着有产阶级的在法律掩护下的剥削呵！

> 恩格斯：《英国工人阶级状况》，
>
> 《马克思恩格斯全集》第 2 卷第 308~309 页。

很多只住着一间屋子的家庭为了收取一定的费用还接纳一些搭伙食的和寄宿的人，这些寄宿者甚至往往不分男女和屋主全家同睡在一张铺上。例如"工人阶级卫生状况报告"就认定丈夫同妻子和成年的小姨子睡在一张床上的事，在曼彻斯特就至少有六起。

> 恩格斯：《英国工人阶级状况》，
>
> 《马克思恩格斯全集》第 2 卷第 347 页。

在许多家庭里，妻子和丈夫一样地出外工作，结果孩子就完全没有人照顾，他们或者被锁在家里，或者被交给雇来照看他们的人。在这种情况下有成百的孩子死于各种各样的不幸事件。

> 恩格斯：《英国工人阶级状况》，
>
> 《马克思恩格斯全集》第 2 卷第 393 页。

工人每年花在喝酒上面的钱将近 2500 万英镑。因此，酗酒如何使工人的物质生活状况恶化，如何破坏精神上和肉体上的健康，如何引起家庭纠纷，那是容易想像的。

> 恩格斯：《英国工人阶级状况》，
>
> 《马克思恩格斯全集》第 2 卷第 414 页。

女人出外工作完全破坏了家庭。如果妻子一天在工厂里工作十二三个小时，而丈夫又在同一个地方或别的地方工作同样长的时间，那末他们的孩子的命运会怎样呢？他们像野草一样完全没有照管地生长起来；或者每星期花 1 个或 1 + 1/2 先令把他们托付给旁人照管，而那些人会怎样对待他们，那是不难想像的。所以在工厂区，小孩子因缺乏照顾而酿成的不幸事件就惊人地增加起来。根据曼彻斯特的验尸官的记录（根据工厂劳动调查委员会的材料，霍金斯博士报告第 3 页），在九个月内有 69 个孩子烧死、烫死，56 个淹死，23个摔死，77 个因其他不幸事件致死，就是说，一共发生了 225 起不幸事件。

恩格斯：《英国工人阶级状况》，

《马克思恩格斯全集》第 2 卷第 429 页。

在许多情形下，女人在工厂里工作并不完全破坏家庭，但是使它头脚颠倒了。妻子挣钱养活全家，丈夫却坐在家里看孩子，打扫屋子，做饭。这种情形是很多很多的；仅仅在曼彻斯特一地就可以数出几百个这种不得不专搞家务的男人。这种实际上的阉割在工人中激起什么样的正义的愤怒，它在其他一切社会关系原封不动的时候会使整个家庭关系发生什么样的根本变化，那是不难想象的。

恩格斯：《英国工人阶级状况》，

《马克思恩格斯全集》第 2 卷第 431 页。

现代社会里的家庭正日益解体这一事实，只不过证明了维系家庭的纽带并不是家庭的爱，而是隐藏在财产共有这一外衣下的私人利益。

恩格斯：《英国工人阶级状况》，

《马克思恩格斯全集》第 2 卷第 433 页。

第一种所有制形式是部落所有制。它是与生产的不发达的阶段相适应的，当时人们是靠狩猎、捕鱼、牧畜，或者最多是靠务农生活的。在后一种情况下，它是以有大量未开垦的土地为前提的。在这个阶段上，分工还很不发达，仅限于家庭中现有的自然产生的分工的进一步扩大。因此，社会结构只局限于家庭的扩大：父权制的酋长、他们所管辖的部落成员以及奴隶。隐蔽地存在于家庭中的奴隶制，只是随着人口和需求的增长，随着同外界往来（表现为战争或交易）的扩大而逐渐发展起来的。

马克思恩格斯：《德意志意识形态》，

《马克思恩格斯全集》第 3 卷第 25 页。

一开始就纳入历史发展过程的第三种关系就是：每日都在重新生产自己生活的人们开始生产另外一些人，即增殖。这就是夫妻之间的关系，父母和子女之间的关系，也就是家庭。这个家庭起初是唯一的社会关系，后来，当需要的增长产生了新的社会关系，而人口的增多又产生了新的需要的时候，家庭便成为（德国除外）从属的关系了。

马克思恩格斯：《德意志意识形态》，

《马克思恩格斯全集》第 3 卷第 32～33 页。

分工包含着所有这些矛盾，而且又是以家庭中自然产生的分工和社会分裂为单独的、互相对立的家庭这一点为基础的。与这种分工同时出现的还有分配，而且是劳动及其产品的不平等的分配（无论在数量上或质量上）；因而也产生了所有制，它的萌芽和原始形态在家庭中已经出现，在那里妻子和孩子是丈夫的奴隶。家庭中的奴隶制（诚然，它还是非常原始和隐蔽的）是最早的所有制，但就是这种形式的所有制也完全适合于现代经济学家所下的定义，即所有制是对他人劳动力的支配。

马克思恩格斯：《德意志意识形态》，
《马克思恩格斯全集》第3卷第36~37页。

不能一般地谈家庭本身。资产阶级历史地使家庭具有资产阶级家庭的性质；在这样的家庭中无聊和金钱是纽带，这样的家庭也发生资产阶级的家庭解体，但这种解体并不妨碍家庭本身继续存在。同家庭的肮脏的存在相适应的就是那种在冠冕堂皇的词句和普遍的虚伪掩盖下的神圣的家庭概念。

马克思恩格斯：《德意志意识形态》，
《马克思恩格斯全集》第3卷第196页。

在18世纪，家庭的概念被哲学家取消了，因为现实的家庭在文明的极盛时代已经开始解体。家庭的内在联系瓦解了，包括在家庭概念中的各个因素如服从、尊敬、夫妇间的忠诚等等瓦解了；但家庭的现实的躯体、财产关系、对其他家庭的排他关系、勉强的共同生活，——由于有子女、由于现代城市的建筑、由于资本的形成等所产生的关系，——所有这一切虽遭到无数次的破坏，但都保存下来了，因为家庭的存在必然会受它和不以资产阶级社会的意志为转移的生产方式的联系所制约的。

马克思恩格斯：《德意志意识形态》，
《马克思恩格斯全集》第3卷第196页。

第二十一个问题：共产主义制度对家庭将产生什么影响？答：两性间的关系将成为仅仅和当事人有关而社会勿需干涉的私事。这一点之所以能实现，是由于废除私有制和社会负责教育儿童的结果，因此，由私有制所产生的现代婚姻的两种基础，即妻子依赖丈夫、孩子依赖父母，也会消灭。这也是对道貌岸然的市侩关于共产主义公妻制的悲鸣的回答。公妻制完全是资产阶级社会特有的现象，现在的卖淫就是这种公妻制的充分表现。卖淫是以私有制为基础的，它将随着私有制的消失而消失。因此，共产主义组织并不实行公妻制，正好相反，它要消灭公妻制。

恩格斯：《共产主义原理》，
《马克思恩格斯全集》第4卷第371页。

资产阶级撕破了笼罩在家庭关系上面的温情脉脉的纱幕，把这种关系变成了单纯的金钱关系。

马克思恩格斯：《共产党宣言》，
《恩格斯全集》第4卷第469页。

无产阶级中间的一切家庭联系，愈是因为大工业的发展而陷于破坏，他们的子女愈是被变成简单的买卖对象和劳动工具，那末资产阶级的关于家庭和教育、关于父母和子女之间的亲密关系的那一套大话，就愈是令人听来作呕。

马克思恩格斯：《共产党宣言》，
《恩格斯全集》第 4 卷第 486 页。

秩序党在自己的选举纲领中公开地宣布了资产阶级的统治，即保全这阶级统治的生存条件：财产、家庭、宗教、秩序！当然它是把资产阶级的阶级统治以及这阶级统治的条件描绘为文明的统治，描绘为物质生产以及由此产生的社会周转关系的必要条件。

马克思：《1848 年至 1850 年的法兰西阶级斗争》，
《马克思恩格斯全集》第 7 卷第 68 页。

宪法前面有一个冠冕堂皇的总纲；其中值得注意的有如下几点：
……它的原则是自由、平等、博爱，它的基础是家庭、劳动、财产和社会秩序。

马克思：《1848 年 11 月 4 日通过的法兰西共和国宪法》，
《马克思恩格斯全集》第 7 卷第 578 页。

随着个体婚制，出现了两种经常性的、以前所不知道的特有的社会人物：妻子的经常的情人和戴绿帽子的丈夫。男子获得了对妇女的胜利，但是桂冠是由失败者宽宏大量地给胜利者加上的。虽然加以禁止、严惩但终不能根除的通奸，已成为与个体婚制和杂婚制并行的不可避免的社会制度了。子女是否确凿无疑地出生自一定的父亲，像从前一样，至多只能依据道德的信念；所以，为了解决这个无法解决的矛盾，Code Napoléon〔拿破仑法典〕在第三一二条规定：《L'enfant conçu pendant le mariage a pourpère le mari》——"凡在结婚以后怀胎的婴儿，以该夫为父"。个体婚制三千年来存在的最后结果，便是如此。

恩格斯：《家庭、私有制和国家的起源》，
《马克思恩格斯全集》第 21 卷第 80 页。

在婚姻关系上，即使是最进步的法律，只要当事人在形式上证明是自愿，也就十分满足了。至于法律幕后的现实生活是怎样的，这种自愿是怎样造成的，关于这些，法律和法学家都可以置之不问。但是，把各国的法制做一个最简单的比较，也会向法学家们表明，这种自愿究竟是怎么一回事。在法律保证子女继承父母财产的应得部分，因而不能剥夺他们继承权的各国，——在德国，在采用法国法制的各国以及其他一些国家中——子女的婚事必须得到父母的同意。在采用英国法制的各国，法律并不要求结婚要得到父母的同意，在这些国家，父母在传授自己的遗产时有着完全的自由，他们可以任意剥夺子女的继承权。

男女在婚姻方面的法律上的平等权利，情况也不见得更好些。我们从过去的社会关系中继承下来的两性的法律上的不平等，并不是妇女在经济上受压迫的原因，而是它的结果。

恩格斯:《家庭、私有制和国家的起源》,

《马克思恩格斯全集》第 21 卷第 86 页。

这样,我们便有了三种主要的婚姻形式,这三种婚姻形式大体上与人类发展的三个主要阶段相适应。群婚制是与蒙昧时代相适应的,对偶婚制是与野蛮时代相适应的,以通奸和卖淫为补充的一夫一妻制是与文明时代相适应的。

在这种顺序中所表现的进步,其特征就在于妇女愈来愈被剥夺了群婚的性的自由,而男性却没有被剥夺。的确,群婚对于男子到今天事实上仍然存在着。凡在妇女方面被认为是犯罪并且要引起严重的法律后果和社会后果的一切,对于男子却被认为是一种光荣,至多也不过被当作可以欣然接受的道德上的小污点。但是,自古就有的杂婚制现在在资本主义商品生产的影响下愈是变化,愈是适应于资本主义商品生产,愈是变为露骨的卖淫,它在道德上的腐蚀作用也就愈大。而且它在道德上对男子的腐蚀比对妇女的腐蚀要厉害得多。卖淫只是使妇女中间不幸成为受害者的人堕落,而且即令她们也远没有堕落到普通所想像的那种程度。

恩格斯:《家庭、私有制和国家的起源》,

《马克思恩格斯全集》第 21 卷第 88 页。

遗产制度本身在一定程度内是受经济竞争的事实制约的。可是第一,作为遗产传下来的,还有非物质财富,这表现在关心用父辈精神教育子女上。总之,子女教育列入了遗产制度!俄国民法中有这样一条:"双亲应努力进行家庭教育,培养他们〈子女〉的情操,并促进政府意图之实现。"

列宁:《什么是"人民之友"以及他们如何攻击社会民主党人?》,

《列宁全集》第 1 卷第 122 页。

近来织工平均半个月大约才挣 3 卢布 50 戈比,而他们想尽办法维持一个 7 口之家半个月的生活也得 5 个卢布,养活夫妇俩和一个孩子的家庭也得 2 个卢布。他们卖掉了最后一件破衣服,花光了做牛马挣来的最后几文钱,而托伦顿恩人们在这时却又增添了万贯家财。

列宁:《告托伦顿工厂男女工人》,

《列宁全集》第 2 卷第 14 页。

为了结束对农民分化问题的叙述,我们再从另一方面,即从有关农民家庭收支的最具体的资料来考察这一问题。这样,我们就可以清楚地看出我们所谈的各类农民之间的区别是多么大。

列宁:《俄国资本主义的发展》,

《列宁全集》第 3 卷第 123 页。

我们在上等户中所看到的也正是这种农户（科罗托亚克县第 1 号家庭收支表。全家 18 口人，有 4 个本户劳力，5 个雇农，20 匹马；农业收入为 1294 卢布，几乎全部是实物收入，工业企业收入为 2675 卢布。为了求得总"平均数"，也把这种"自然经济的农户"同无马的农户和有 1 匹马的农户算在一起了）。从这一实例中我们又一次看到，按农业的规模和种类分类同按"副业"的规模和种类分类结合起来是多么重要。

列宁：《俄国资本主义的发展》，
《列宁全集》第 3 卷第 136 页。

我们已经看到，大工业业主、包买主、小工房主、工匠同时也是富裕的农民。例如，我们在莫斯科省饰绦织造业的记述（《莫斯科省统计资料汇编》第 6 卷第 2 编第 147 页）中看到："工匠也和他的织工一样都是农民，只是他比织工多一间农舍、一匹马、一头奶牛，也许还有可能全家每天喝两次茶。"

列宁：《俄国资本主义的发展》，
《列宁全集》第 3 卷第 405 页。

农民农户的家庭协作是建立资本主义协作的基础，也就是说，本户劳力特别多的殷实的农民农户，由于使用雇佣劳动愈来愈多，渐渐变成资本主义农户。现在我们看到，涉及整个德国农业的德国统计资料证实了这个结论。

我们来看看德国的农民农户。总的来说，它们是以家庭协作为基础的农场（每户有 2.5—3.4 个本户劳力），不同于无产者农户，不同于单人农场。无产者农户应当叫作单人农户，因为每户的工人平均数还不到两个。农民农户也在进行着一种竞争，就是看谁的雇佣工人多：农民农户的规模愈大，本户劳力人数就愈多，雇佣工人人数增长得就愈快。大农民农户的本户劳力数比小农民农户（占地 2—5 顷）多 1/2 弱，但是前者的雇佣工人却比后者的多 3 倍。

列宁：《现代农业的资本主义制度》，
《列宁全集》第 19 卷第 329 页。

现代资本主义社会包藏着大量不能一下子就看到的贫穷和人压迫人的现象。小市民、手工业者、工人、职员、小官吏这样一些人的分散的家庭，生活极端贫苦，在最好的时候也只能勉强糊口。这种家庭中的千百万妇女过着（或者更确切些说，痛苦地过着）"家庭女奴"的生活，为了用极少的钱使一家人吃上饭穿上衣，她们每天拼命地干活，处处"精打细算"，只是不吝惜自己的劳动。

列宁：《资本主义和妇女劳动》，
《列宁全集》第 23 卷第 119 页。

如果不吸引妇女参加公务、参加民兵、参加政治生活，如果不使妇女走出使她们愚钝的家庭圈子和厨房圈子，那就不能保证真正的自由，甚至不能建立民主，更不用说建立社会主义了。

列宁：《远方来信》，

《列宁全集》第29卷第42页。

我们不是空想家。我们知道，不是随便哪一个粗工和厨娘都能马上参加国家管理的。在这一点上，我们同立宪民主党人，同布列什柯夫斯卡娅，同策列铁里是意见一致的。我们同这些公民不一致的地方是我们要求立刻破除这样一种偏见，似乎只有富人或者富人家庭出身的官吏才能管理国家，才能担任日常管理工作。我们要求由觉悟的工人和士兵来领导学习管理国家的工作，并且要求立刻开始这样做，即立刻开始吸引一切劳动者、一切贫民来学习这一工作。

列宁：《布尔什维克能保持国家政权吗？》，

《列宁全集》第32卷第306~307页。

宽绰住房的房主应立即提出关于将两套宽绰住房腾出一套供首都贫苦居民使用的报告（即占有两套宽绰住房的两家富户今冬必须合住一套住房，鉴于战争造成的严重困难，另一套住房应提供给贫苦居民居住），也是一式两份，分送给上述两机关；否则，也将没收其全部财产。住宅委员会要立即将应予征用的宽绰住房登记造册，由区工人代表苏维埃批准，并定出贫苦家庭迁入这些住房的条件和手续。

列宁：《对为前线士兵征收防寒物品法令草案的几点补充》，

《列宁全集》第33卷第72~73页。

在一切文明国家，甚至最先进的国家，妇女就其地位说被称为家庭奴隶不是没有道理的。在任何一个资本主义国家里，甚至在最自由的共和国里，妇女都没有完全的平等权利。苏维埃共和国的任务首先是取消对妇女权利的各种限制。苏维埃政权已经彻底铲除了资产阶级的丑恶现象即妇女受压制和受凌辱的根源——离婚诉讼。苏维埃政权是劳动人民的政权，只有它能够在一切生活领域中破天荒第一次彻底地实现这种平等，直到完全消灭妇女在婚姻和一般家庭权利上的不平等现象的最后痕迹。

列宁：《俄国共产党（布尔什维克）纲领》，

《列宁全集》第36卷第407页。

恩格斯在《英国工人阶级状况》里说，"妻子挣钱养活全家，丈夫却坐在家里看孩子，打扫屋子，做饭"。对此，恩格斯做了一个注释：有多少已婚妇女在工厂中工作，从厂主自己的材料中可以看出：在郎卡郡412个工厂里做工的有10721个已婚妇女；她们的丈夫只有5314人也在工厂里做工，3927人做别的工作，821人没有工作，其他659人不详。可见每个工厂都有两三个靠妻子劳动过活的男人。

（四）继承法制度

1. 继承法是从现存社会经济组织中得出的法律结论

继承法，是调整由于人的死亡而产生的财产继承上的权利义务关系的法律。继承法的核心概念是继承（英 Inherit, succession、德 Erben）。私有财产制度是继承制度产生和发展的基础和重要内容。一般地说，继承有身份继承、祭祀继承、祖名继承等等，但其中心是财产继承。继承有法定继承和自由继承两种形式。法定继承是有法定继承人的继承，自由继承是使被继承人选择确定继承人的继承。在法定继承中，有单独继承和共同继承。现代民法一般只承认财产继承。继承只以死亡为始。

继承人必须具有继承资格。继承不适格，是指不具备继承人的资格。下列情况属于继承不适格：杀害或拟杀害被继承人或继承之优先顺序人或同一顺序人；伪造、篡改、毁弃、隐匿被继承人的遗书；以诈欺、威吓等手段使被继承人为之遗嘱或妨碍遗嘱。有上述情形者，法律规定继承人丧失继承权，为"继承人废除"。

马克思关于继承法是从现存社会经济组织中得出的法律结论，完全是根据私有财产制度做出的。财产是抽象的概念，它一定是具有主体性的、具体的财产。就是说，要解决是谁的财产，是什么样的财产问题。财产分为生产资料和生活资料。这两者的区别，是认识财产继承的性质的前提。"经济组织是以生产资料即土地、原料、机器等的私有制为基础的。"继承作为生产资料的私有财产制度，是产生继承制度的原因，继承法并不是一种原因，而是一种结果，即私有财产制度的结果。

同所有一般的民法一样，继承法并不是一种原因，而是一种结果，是从现存社会经济组织中得出的法律结论，这种这正如继承奴隶的权利并不是奴隶制度的原因，恰恰相反，奴隶制度才是继承奴隶的原因。

我们应当同原因而不是同结果作斗争，同经济基础而不是同它的法律的上层建筑作斗争。假定生产资料从私有财产转变为公有财产，那时继承权（既然它具有某种社会意义）就会自行消亡，因为一个人死后留下的只能是他生前所有的东西。因此我们的伟大目标应当是消灭那些使某些人生前具有攫取许多人的劳动果实的经济权力的制度。在社会处于相当的发展水平而工人阶级又拥有足够力量来废除这种制度的地方，工人阶级就应当用直接的手段来达到这一点。例如，废除国债，自然就能同时避免国家有价证券的继承。另一方面，如果工人阶级没有足够的权力来废除国债，那末，要想废除对国家有价证券的继承权，就是愚蠢。

继承权的消亡将是废除生产资料私有制的社会改造的自然结果；但是废除继承权决不可能成为这种社会改造的起点。

马克思：《总委员会关于继承权的报告》，

《马克思恩格斯全集》第 16 卷第 414~415 页。

桑乔解释继承法不是根据积累的必然性和存在于法之前的家庭的必然性，而是根据权力一直延长到死后权力仍然保存的法学虚构。封建社会越是向资产阶级社会过渡，一切立法也就越来越多地抛弃这个法学虚构（例如，请参阅拿破仑法典）。这里用不着细说，绝对父权和长子继承权——包括自然形成的封建长子继承权，也包括它的后来形式——是以非常确定的物质关系为基础的。

马克思恩格斯：《德意志意识形态》，

《马克思恩格斯全集》第3卷第420页。

罗马继承法不象黑格尔所说的是从"意志"中发展而来的，而是从罗马的 gens 即氏族家庭公社的历史中发展而来的，关于氏族家庭公社，大部分法学家也都知道得不多。其实，我只是想说，我得破除那种说拉萨尔是有创见的思想家的神话，而这是完全必要的。

《恩格斯致爱·伯恩施坦》，

《马克思恩格斯全集》第35卷第383页。

一篇匿名作者写的抨击作品，标题为"关于丹麦王位继承问题的争论，或欧洲列强应当做些什么"。这两本小册子的目的都是要证明，如果实行内阁的主张，执行伦敦议定书的规定，废除先前的王位继承法，国家就会灭亡，先变成霍尔施坦公国的一个省份，然后，沦为俄国的藩属。

马克思：《荷兰情况。——丹麦。——不列颠国债条款变更。——印度。——土耳其和俄国》，

《马克思恩格斯全集》第9卷第117页。

丹麦凭借把人民视作动产的宝贵继承权，吞并了德国的两个邦——什列斯维希和霍尔施坦。这两个公国各有自己的宪法，内容彼此相同，还有它们的君主们所赐给的早已规定的权利，"两国应该永远统一而不可分割"。此外，丹麦的王位继承法和这两个公国的不一样。

恩格斯：《德国来信。什列斯维希—霍尔施坦的战争》，

《马克思恩格斯全集》第44卷第65～66页。

马克思在《总委员会关于继承权的报告》里关于"继承法并不是一种原因，而是一种结果"的论述，是有针对性的。大约40年前圣西门的信徒们所犯的重大错误之一，就在于他们不把继承权看作法律后果，而把它看作现今社会组织的经济原因。这丝毫没有妨碍他们在自己的社会制度中把土地和其他生产资料的私有制永世保存下来。他们认为，可以有挑选出来的终身所有者，就好像曾经有过挑选出来的国王一样。

承认废除继承权是社会革命的起点，只能意味着引诱工人阶级离开那实行攻击现代社会真正应持的阵地。这同既要废除买主和卖主之间的契约法，同时又要保存目前的商品交换制度一样是荒谬的。这在理论上是错误的，在实践上是反动的。我们在考察继承法时，必然要假定生产资料的私有制继续存在。如果私有财产在人们生前已经不存在，那末它就不会被人转让，同时也不会在人死后从死者那里传给别人。因此，有关继承权的一切措

施，只能适用于社会的过渡状态，那时，一方面，社会目前的经济基础尚未得到改造，另一方面，工人群众已经积蓄了足够的力量来强迫采取旨在最终实现社会的彻底改造的过渡性措施。从这方面来考虑继承法的修改，只是所有导致同一目的的其他许多过渡性措施中的一种。

恩格斯在《德国来信。什列斯维希—霍尔施坦的战争》里说，"丹麦的王位继承法和这两个公国的不一样"，指的是从 1460 年起，丹麦、什列斯维希和霍尔施坦之间实现了君合国。丹麦国王在他在什列斯维希公国和霍尔施坦公国当选时应该宣誓，这两个公国应该"永远"留在一个统一体内。在这两个公国内，王位只能由男系继承，而在丹麦，从 1665 年起也允许女系继承王位。

2. 继承权是一种私人伦理权利

民法上的继承权两种情况。一种是继承开始前的继承权，这是继承开始前法定为继承人所具有的权利。这是一种继承人的不确定的权利。另一种是继承开始后的继承权。这是继承的结果，是继承人所取得的确定的权利。

继承财产，是由各个继承人继承财产。继承财产既包括被继承人所具有的所有权、债权等积极财产，也包括被继承人所负担的债务，以及由于遗赠所发生的债务等消极财产。在清算继承财产的场合，债务要从继承人的继承财产中分离出来。在财产继承中，在存在被继承人债务的场合，由于继承原因而使继承人成为债务人。遗产债权人，有权要求清算继承的限定承认和继承财产的分割。

继承债务，是继承人承担被继承人的债务。只要不存在继承放弃或限定承认情况，继承人负有清偿责任。

继承人，是继承财产的人。日本民法规定：关于继承顺序，第一顺序是被继承人子女，第二顺序是直系尊亲属，第三顺序是兄弟姐妹。配偶与以上顺序人等共同成为继承人。同一顺序如有数人时，则为共同继承，按照继承份额继承被继承人的权利义务。胎儿也可以成为继承人。另外，继承人之中，允许子女与兄弟姊妹代位继承。

我国《继承法》规定的继承顺序为：第一顺序是配偶、子女、父母，第二顺序是兄弟姐妹、祖父母、外祖父母。继承开始后，由第一顺序继承人继承。没有第一顺序继承人继承的，由第二顺序继承人继承。

继承权之所以具有社会意义，只是由于它给继承人以死者生前所有的权利，即借助自己的财产以提取他人劳动成果的权利。例如，土地使所有者在生前有权以地租形式毫无抵偿地攫取他人劳动的果实。资本使所有者有权以利润和利息的形式获得同样的果实。国家有价证券所有权使所有者能够不劳而获地专靠他人的劳动果实过活等等。继承并不产生这种把一个人的劳动果实转移到别人口袋里的权利——它只涉及到具有这种权利的人的更换问题。

马克思：《总委员会关于继承权的报告》，
《马克思恩格斯全集》第 16 卷第 414 页。

家长的"身份"又取决于他距第一个真正的或虚构的卡尔普里始祖的远近程度，——因而是受继承法调节的（第41、42页）。所以各个血亲家庭公社拥有不均等的、由继承法［确切些说，由世系权］确定的份地（第42页）。

马克思：《马·柯瓦列夫斯基〈公社土地占有制〉一书摘要》，
《马克思恩格斯全集》第45卷第213～214页。

没有一个国家像印度那样具有如此多种形式的土地关系。除了氏族公社之外还有地区公社或农村公社；定期的平均的重新分配耕地和草地——包括交换住房——的制度与终身的不平等的份地制度并存，这些份地的大小或者是由继承法规定的，或者是由最近一次重新分配时期的实际占有情况决定的。

马克思：《马·柯瓦列夫斯基〈公社土地占有制〉一书摘要》，
《马克思恩格斯全集》第45卷第231页。

"在没有男性后嗣时，遗孀即作为继承人继承丈夫"（斯特兰奇著作，第1卷，第239页）。此外，"她的权利应当受到他的（已逝丈夫的）代表的维护"（前引书，第246页）。除她根据自己的权利而占有的"斯特里德罕"之外，她所继承的丈夫的东西（在他没有男性后嗣的情况下）都要转交给"丈夫的各继承人，不单是最近的继承人，而且包括所有当时在世的继承人"（第247页）。

这里问题便很明显了：撒提干脆就是宗教谋杀，为的是把一部分遗产交给婆罗门（僧侣）供举行（超渡死者）的宗教仪式之用，一部分通过婆罗门的立法给予有利于继承寡妇遗产的氏族，与丈夫较近的家庭。

由此产生了把寡妇烧死这种多半由"亲戚们"搞的卑鄙暴行（第239、240页，斯特兰奇著作第一卷）。

梅恩先生没有给在斯特兰奇那里已经见过的东西增加什么。他即使在概括时也只是说："印度的法律，无论宗教的还是民法的，若干世纪以来经历了变化和发展，在某些方面还遭到前后相继的婆罗门注释家的歪曲"（第326页）。

马克思：《亨利·萨姆纳·梅恩〈古代法制史讲演录〉一书摘要》，
《马克思恩格斯全集》第45卷第639～640页。

第一种主要的继承法是随着氏族的建立而产生的；根据这种继承法，死者的财产被分给其氏族成员。实际上，财产是被近亲所占有，但从一般原则上来说，财产应留在死者的氏族中并分配给它的成员。［这一原则被希腊、罗马的氏族一直保持到文明时代。］子女继承他们的母亲，但不能从他们名义上的父亲那里得到任何东西。

马克思：《路易斯·亨·摩尔根〈古代社会〉一书摘要》，
《马克思恩格斯全集》第45卷第380页。

　　在易洛魁人中，如果男人死后遗有妻子和子女，那末他的财产就在他的同氏族人中间这样来分配：他的姊妹及其子女和他的舅父获得其中的大部分，他的兄弟可以获得一小部分。如果女人死后遗有丈夫和子女，那么她的财产就由她的子女、姊妹、母亲和母亲的姊妹继承；她的子女获得大部分；不论是哪一种情况，财产都是留在氏族内的。在奥季布瓦人中，如果子女达到了会使用财产的年龄，那末母亲的财产就分给子女；在相反的情况下，或者如果没有子女，财产便归她的姊妹、她的母亲和母亲的姊妹所有，她的兄弟则被排除在外；虽然奥季布瓦人已改为按男系计算世系，但继承法仍然遵循按女系计算世系时所流行的办法。

马克思：《路易斯·亨·摩尔根〈古代社会〉一书摘要》，
《马克思恩格斯全集》第 45 卷第 383 页。

　　在《摩奴法典》中，只有在长子明确表示了分家愿望的情况下，才允许分父母的遗产，而在《那罗陀法典》中，则规定只要家庭成员约定（协议）就可以分遗产（同上页）。[按照《那罗陀法典》："幼子如果有必需的才具，也可以（代替父亲）执行家庭中的这种职务"]。在《那罗陀法典》中：如果家庭同意，至少是家庭中利害攸关的成员同意，那么甚至在父亲或母亲在世时，只要父母事实上的同居生活（大概是指 coitus）停止，女儿出嫁，妻子天癸停止和丈夫 facultatis coeundi 以后，也可以析产。只要父亲愿意，当他在世的任何时候都可以析产。

　　在分父亲的遗产时，每个儿子和未出嫁的女儿（如果他们已去世，就由其后人），最后，母亲如在世，则还有母亲，都各分得一份，而其份额的大小一方面由年龄决定["长兄分得的份额比其余弟兄都大，幼子则分得较少"。《那罗陀》]，另一方面则由种姓决定。["其余弟兄——除长子和幼子外——如果属于×同一种姓，则所分得的份额相同"。《那罗陀》]（第 108～109 页）。在分母亲的遗产时，则只由女儿继承，如果她的女儿已去世，则由女儿的后人继承（第 109 页）。如果家人的同意已属心照不宣，也可以允许分遗产。

马克思：《马·柯瓦列夫斯基〈公社土地占有制〉一书摘要》，
《马克思恩格斯全集》第 45 卷第 255 页。

　　血缘关系的削弱，也表现在关于个人凭自己劳动、不花费家庭任何公共财物而获得的财产的立法规定中。根据瓦西什泰对《摩奴法典》所作的解释，可以假定在这部法典编纂的时代，凭个人劳动获得一定财产（动产或不动产）的家庭成员，还不能成为这种财产的唯一所有者，而只是在分这种财产时——在家长去世以后——得到其中的双份（同上页）。

马克思：《马·柯瓦列夫斯基〈公社土地占有制〉一书摘要》，
《马克思恩格斯全选》第 45 卷第 256 页。

　　在梭伦时，出现了遗嘱法（是他制定（？）的）；普卢塔克说：立遗嘱的事以前是不允许的。"他也因立了关于遗嘱的法律而受到相当的尊崇。在他以前的时候，不可能有立遗嘱的事情，死者的全部遗产都必须留在氏族以内。这样，由于他许无子女的人把财产遗留给他所愿意的人，他就把友谊置于亲属关系之上，把喜爱置于义务之上，并使财物成为占有者自己的财产"（普卢塔克《梭伦传》第 21 章）。

这种法律承认一个人生前对于他的财产拥有绝对所有权，现在又加上一种在没有子女的情况下立遗嘱处理财产的权利；但是，只要在氏族内有可以代表他的子女，氏族对于财产的权利仍是有效的。无论如何，这种习惯（即立遗嘱处理财产的习惯）应当说以前就已存在，因为梭伦只是把习惯法变为了实在法而已。

马克思：《路易斯·亨·摩尔根〈古代社会〉一书摘要》，
《马克思恩格斯全选》第 45 卷第 396 页。

罗马十二铜表法最初公布于公元前 449 年；十二铜表法是这样确认无遗嘱遗产继承权的："未立遗嘱者的遗产根据十二铜表法首先给予其继承人"（盖尤斯《法典》，Ⅲ，1）。（死者的妻子同死者的子女一样也是继承人。）"如无继承人，遗产根据同一个十二铜表法给予父方宗亲"（盖尤斯，Ⅲ，9）。"如无父方宗亲，十二铜表法规定把遗产给予同氏族人"（盖尤斯，Ⅲ，17）。看来，下面这种推论是合理的，即在罗马人那里，最初继承法的顺序恰恰和十二铜表法所规定的相反：同氏族人的继承先于父方宗亲的继承，父方宗亲的继承又先于子女的独占继承权。

马克思：《路易斯·亨·摩尔根〈古代社会〉一书摘要》，
《马克思恩格斯全选》第 45 卷第 397 页。

这种长子继承的原则，后来逐渐从领主领地推广到了所有有领主头衔的庄园，而不管它们是怎样获得的，并且最后决定了整个封建化欧洲的特权阶级的继承法（第 204、205页）。法国的"parage"——按照这种制度，长子的近亲对家庭财产仍然享有权利，不过他们是以与他平等的身份从他那里得到这种财产的（第 205 页）。

马克思：《亨利·萨姆纳·梅恩〈古代法制史讲演录〉一书摘要》，
《马克思恩格斯全集》第 45 卷第 383 页。

（指摩尔根）他把这种只从母亲方面确认世系的情况和随着时间的进展而由此发展起来的继承关系叫做母权制；为了简便起见，我仍然保留了这一名称；不过它是不大恰当的，因为在社会发展的这一阶段上，还谈不到法律意义上的权利。

恩格斯：《家庭、私有制和国家的起源》，
《马克思恩格斯全集》第 21 卷第 53 页。

"现在，在"那种从地产析分过程中产生的现代大地产在事实上"宣布了"长子继承权"之后"，"已经可以说：这只是"从地产析分中"做出了最后结论"，"而且"地产析分"除了实现"长子继承权、真正的长子继承权"之外，在实际上历来没有给自己提出其他的任务"。"由此就产生了谬误，似乎"地产析分"给了"家庭中各个成员的平等权利"无限的价值，像在"拿破仑法典的继承权中"所表现出来的那样。不，它只给了"长子"这样的价值"；"只有"长子，未来的继承权获得者，成为大地产占有者，"并且只因为我"是长子，"所以我也是"大地产占有者。

马克思恩格斯：《德意志意识形态》，

《马克思恩格斯全集》第 3 卷第 153 页。

有两种继承形式。遗嘱权，或者是按遗嘱继承，起源于罗马，而且是罗马的特征。罗马的家长对于他的家庭经济范围内的一切享有绝对的权力。不能把罗马的家长同现代的家长相比。罗马家庭的家庭经济包括奴隶和被保护人在内，家长必须公开保护和维护这些人的大小事务和利益。有过这样一种迷信：家长死了，他的灵魂还留在家里，像家神一样进行监督，使一切安排得当如果事情办错了，他就要折磨活人。在罗马历史的早期，对这种家神要供奉牺牲，为了纪念他和安抚他的灵魂，甚至还要排设血祭。逐渐地形成了一种风俗：通过遗嘱继承人与死者的灵魂商议。这就是罗马人关于灵魂不死的观念。遗嘱所表达的死者的意志，通过继承人而永世长存。不过这种遗嘱并不一定给继承的人带来什么财产，而只是责成他履行死者的意志，这一点被看作一种宗教义务。随着时间的推移，这些遗嘱继承人也开始对财产权提出要求，然而即使到了帝国时代，他们依法得到的也从未超过四分之一。

马克思：《关于继承权的发言记录》，

《马克思恩格斯全集》第 16 卷第 650 页。

这种多神教的迷信后来传到了基督教国家，并且成了现在英国和美国都还存在的遗嘱权的基础。

日耳曼的继承权是无须遗嘱的家属占有权。财产似乎是由家庭成员共同占有，支配者是家长。当这个支配者死了以后，财产便转归所有的子女。日耳曼人不知道有其他的继承权。

罗马教会推行了罗马的权利，而封建制度使日耳曼的权利变了样，因为负有兵役重荷的封建财产不能分割。法国革命又恢复了日耳曼的继承权。在英国，我们可以看到许多荒唐的事情，一个人拥有把自己的财产任意遗赠给谁的无限权利，他甚至可以不让自己的后裔继承，从而在死后的长时期内还支配着自己的财产。让资产阶级去研究遗嘱权的问题吧，因为这可以被用来反对贵族。在普鲁士，只能把自己财产的一小部分遗赠给外人。对于没有东西可以继承的工人阶级来说，这个问题没有什么意思。社会主义民主同盟打算从废除继承权开始社会革命。

马克思：《关于继承权的发言记录》，

《马克思恩格斯全集》第 16 卷第 650~651 页。

在英国废除土地继承权会触动同土地、同上院等等有关的世袭职权。

马克思：《关于继承权的发言记录》，

《马克思恩格斯全集》第 16 卷第 651 页。

有人们公认，罗马氏族的制度和希腊氏族的制度是相同的；氏族成员的相互继承权；财产仍保留在氏族以内。在罗马氏族里，也像在希腊氏族里一样，由于父权制已经盛行，所以女系后裔已经没有继承权。根据我们所知道的最古的罗马成文法即十二铜表法，首先是子女作为直接继承人继承财产；要是没有子女，则由阿格纳蒂（男系亲属）继承；倘若连阿格纳蒂也没有，则由同氏族人继承。无论在哪种情况下，财产都是留在氏族以内的。在这里我们看到，由财富的增加和一夫一妻制所产生的新的法律规范已逐渐渗入氏族的习俗：同氏族人的原先是平等的继承权，起初——如前面所说的在很早的时期——在实践上限于阿格纳蒂，最后只限于亲生子女及其男系后裔；不言而喻，这和十二铜表法上的顺序是相反的。

恩格斯：《家庭、私有制和国家的起源》，

《马克思恩格斯全集》第 21 卷第 138 页。

一氏族收养他氏族的人。通例是财产不得拿出死者的氏族以外。在这一方面，吉里亚克人一丝不苟地执行着十二铜表法的一项有名的条文：《si suos heredes non habet，gentiles familiam habento》〈"如无继承人，应由同氏族人继承"〉。

恩格斯：《新发现的一个群婚实例》，

《马克思恩格斯全集》第 22 卷第 411 页。

我理解的"遗嘱自由"不是立遗嘱本身的自由而是立遗嘱时对家属丝毫加考虑的自由。这样的遗嘱在英国从很古的时候就有了而且毫无疑问，这是盎格鲁撒克逊人从罗马法学中借用来的。英国人在很久以前就不是把根据血统关系的继承当作准则，而是把根据遗嘱的继承当作准则，这可以从下面这种情况看出来，即早在中世纪初期，如果家长去世时没有留下遗嘱，那末的妻子和孩子只能得到法律所规定的那份遗产，而根据情况把三分之一或二分之一交与教会。教士们把事情描绘成这样，即要是他立遗嘱，那末他为了拯救自己的灵魂，会把一定数量的遗产留给教会。

总之，就这方面来说，在中世纪遗嘱无疑具有宗教的意义，立遗嘱不是为了还活着的人，而是为了死人。但是我要提请注意这样一种情况，即在 1688 年革命以后曾取消了在那以前在家属继承权（这里，我当然不是说封建所有制）方面法律加在遗嘱人身上的限制。

毫无疑义，这是适合于自由竞争及在此基础上建立的社会的本质的；同样毫无疑义，多少经过修改的罗马法为当代社会所接受，是因为建立在自由竞争基础上的社会里的人关于自己的法的观念是同罗马法中的人的观念相一致的（这里，我完全不涉及极其重要的一点，即虽然一定所有制关系所特有的法的观念是从这种关系中产生出来的，但另一方面同这种关系又不完全符合，而且也不可能完全符合）。

你证明罗马遗嘱的袭用最初是（至于照法学家的科学理解，那末现在也还是）建立在曲解上的。但是决不能由此得出结论说，现代形式的遗嘱——不管现代法学家据以构想遗嘱的罗马法被曲解成什么样子——是被曲解了的罗马遗嘱。否则，就可以说，每个前一时期的任何成就，被后一时期所接受，都是被曲解了的旧东西。

……

这样的问题，譬如说，英国人在没有罗马的情况下会不会有他们的遗嘱（即使它是直接起源于罗马的遗嘱和适应于罗马的形式，但终究不是罗马遗嘱），在我看来是没有任何意义的问题。要是我以另一种方式提出问题又会怎样呢？譬如说：遗赠（而现代所谓的遗嘱无非是使主要的继承人实质上成为全面的遗赠受领人）在资产阶级社会里就不能自动产生出来，而同罗马无关吗？或者说，不是产生出遗赠，而是产生出一种仅仅由死者对财产作出的书面的处置就不可能吗？

《马克思致斐·拉萨尔》，

《马克思恩格斯全集》第 30 卷下册第 607~609 页。

长子继承权是国家的法律。国家需要长子继承权的法律。因此，当黑格尔把国家观念的因素变成主语，而把国家存在的旧形式变成谓语时——可是，在历史真实中，情况恰恰相反：国家观念总是国家存在的［旧］形式的谓语——他实际上只是道出了时代的共同精神，道出了时代的政治神学。这里，情况也同他的哲学宗教泛神论完全一样。这样一来，一切非理性的形式也就变成了理性的形式。但是，原则上这里被当成决定性因素的在宗教方面是理性，在国家方面则是国家观念。这种形而上学是反动势力的形而上学的反映，对于反动势力来说，旧世界就是新世界观的真理。

马克思：《关于黑格尔对国家的观点》，

《马克思恩格斯全集》第 40 卷第 368~369 页。

一切土地：国家的、皇族的、皇室的、寺院的、教会的、工厂占有的、长子继承的、私有的、公共的和农民等等的土地，一律无偿转让，成为全民财产并交给一切耕种土地的劳动者使用。因财产变革而受到损失的人，只有在适应新生活条件所必需的时间内才有权取得社会帮助。

列宁：《全俄工兵代表苏维埃第二次代表大会文献》，

《列宁全集》第 33 卷第 18~19 页。

绝对保证"耕种自己土地的小私有者"（les petits propriétairesexploitant eux-mêmes）有永久（和继承）使用他们土地的权利。

列宁：《论法国共产党的土地问题提纲》，

《列宁全集》第 42 卷第 306 页。

　　政府拟订了一个关于农民土地占有制法律的新草案。这是为了要急速"限制"独立农庄和独立田庄的土地"分散"。地主想"保护小土地所有制",防止土地过于分散、零碎和变成小块。这个法律的实质就是禁止农民的中等规模的地块,即独立农庄和独立田庄的土地分散。这样的地块无论是出卖或继承都必须归一人单独所有。其他继承人则按照地主土地规划委员会的估价领取现金"偿付"。

列宁:《土地"改革"的新措施》,
《列宁全集》第 23 卷第 429 页。

　　为什么不实行这种办法呢?只是因为资本家老爷们的私有权和继承权(广告收入的私有权和继承权)是神圣的。自称为 20 世纪的、第二次俄国革命中的革命民主派的人,难道可以承认这种权利是"神圣的"吗?!

列宁:《怎样保证立宪会议的成功》,
《列宁全集》第 32 卷第 230 页。

　　马克思在《马·柯瓦列夫斯基〈公社土地占有制〉一书摘要》里提到的"coitus",拉丁文,意为房事。"facultatis coeundi",拉丁文,指丧失性能力。

　　马克思恩格斯在《德意志意识形态》里提到的"长子继承权",是一直保留到十九世纪的封建继承法的规定。按照继承法,爵位和地产只能传给长子而不得让渡。资产阶级革命后,一些资本主义国家中保留这种封建时代的继承制度,根据这种制度,大地产由一个家族或一个家庭排行最长者继承而不得分割。

　　限嗣继承权的法律(Laws of primogeniture and entail)规定了一种大地产继承制。在这种制度下,地产由被继承人的长子使用,但他无权全部或部分的抵押、分割和转让(出卖)。

　　《马克思致斐·拉萨尔》里罗马法中的所谓"遗赠",是指被继承人在遗嘱中做出的把遗产中的某种权利或利益给予某人的决定。"遗赠受领人"指承受遗赠的人。遗嘱的继承人与遗赠受领人的区别在于继承人是全面的遗赠受领人,因为他不仅继承死者的财产和权利,而且继承其义务。

　　列宁在《怎样保证立宪会议的成功》里提到"广告收入的私有权和继承权",是说在欧洲,有些报纸达到很大的发行量,这些报纸虽然免费送到每一家,但是它们的出版者还能得到一笔很可观的收入。这些报纸都是靠登私人广告的收入维持的,而报纸免费送到每一家则保证了这些广告得到最广泛的传播。对此,列宁认为,革命的民主派也能实行这项措施,宣布报纸的私人广告业务由国家垄断。

　　3. 遗产税用于社会公共目的

　　继承税法,是调整继承关系中税收关系的法律。继承税法对继承税、赠与税之征税客体、征税标准,以及税率、征收和缴纳程序等作出规定。

　　继承税是依据继承或遗赠所取得的财产所征收的税种。继承税具有财产税的性质,依照继承税法征收。继承税的征税方式有两种:遗产征税方式和遗产取得征税方式。不同国家有不同的继承税征税制度。本税的纳税义务人是通过继承或遗赠取得财产的个人，但无权利能力的社团、财团，有时也例外地成为纳税义务主体。

对于用于墓地、祭具或公益为目的事业的继承财产，不予征税。征税额的计算，扣除被继承人的债务，以及用于葬礼等的费用。继承人为一人时，适用超额累进税率，其税额为征税额减去基础扣除额之后的余额；继承人为复数时，以法定继承的继承税的总额，继承人及受遗赠人全体按继承额比例来分配继承税总额。

本税是高税率的财产税。有的国家规定高达70%的累进税率。

税收是国家财政收入的主要来源，继承税用于社会公共目的。

在生产资料私有制条件下，是否开征继承税，是否实行高税率，历史上议会一直争论不休。阻力主要来自资产者。但资本主义生产方式固有的社会两极分化问题，及其所引起的社会动荡，要求国家从维护统治阶级的根本利益和长远利益出发，实行继承税制度，限制私人资本的世系扩张。在当代，西方国家一律实行继承税制度。"有私有制必有继承税"，是资本主义的一条治国定律。

（1）更广泛地征收在许多国家中业已存在的遗产税，把这样得来的资金用于社会解放的目的；

（2）限制遗嘱继承权，这种继承权不同于没有遗嘱的继承权或家属继承权，它甚至是私有制原则本身的恣意的和迷信的夸张。

马克思：《总委员会关于继承权的报告》，

《马克思恩格斯全集》第16卷第416页。

假如无产阶级不能立即利用民主来实行直接侵犯私有制和保证无产阶级生存的各种措施，那末，这种民主对于无产阶级就会毫无用处。这些由现有条件中必然产生出来的最主要的措施如下：1. 用累进税、高额遗产税、取消旁系亲属（兄弟、侄甥等）继承权、强制公债等来限制私有制。

恩格斯：《共产主义原理》，

《马克思恩格斯全集》第4卷第367页。

如果您问一下山岳党人的报纸"改革报""革命报"，它们会告诉您，它们自己也搞不清楚；据它们说，社会主义者所提出的不断革命、累进税、遗产税和劳动组织的纲领，同山岳党所提出的毫无二致；它们会说，没有任何原则分歧，这场不适当的争吵完全是由某些嫉妒成性和野心勃勃的人挑起来的，他们滥用人民的"真诚信任"，为了自私自利的目的而激起对人民政党活动家的猜疑。

恩格斯：《法国工人阶级和总统选举》，

《马克思恩格斯全集》第6卷第661页。

农奴们被榨至最后一滴血，依附农们在各种各样的借口和名称之下被加上新的杂捐和贡赋。徭役，地租，杂捐，接租费，死亡税，保护金等等，都不顾旧契约而任意增加。

> 恩格斯：《德国农民战争》，
>
> 《马克思恩格斯全集》第 7 卷第 390 页。

对于联合内阁来说，那些在克耳斯和曼彻斯特对上届政府所作的热烈的赞扬可以说是一个不吉之兆。……

布莱特先生的赞扬更进一步：

"……在他报告预算案的前言中，在使他遭到最终失败的那天夜里同所有联合起来反对他的力量进行了三个小时的舌战的演说中，他谈到了遗产税（而所谓遗产税，按我们的理解，包括动产继承税和遗产印花税），他认为这些税是需要加以整顿的。（热烈的掌声）"

> 马克思：《国防。——财政。——贵族的死绝。——政局》，
>
> 《马克思恩格斯全集》第 8 卷第 591～592 页。

在内阁活动的头三个月中，激进派提出了三个决议案。柯立尔先生建议取消教会法庭，威廉斯先生建议使遗产税和遗嘱验认税也适用于不动产，而休谟先生则建议废除一切"纯粹保护性"关税。不言而喻，内阁对这些"激进的"改革表示了反对。

> 马克思：《内阁的成就》，
>
> 《马克思恩格斯全集》第 9 卷第 57 页。

格莱斯顿先生觉得，这样一来，由于他拒绝承认区别固定收入和非固定收入的原则，他就给了土地贵族和有价证券持有者好处；另一方面，他还考虑到给曼彻斯特学派一个同样的诱饵，即调整遗产税，使之适用于一切种类的财产，同时却拒绝考虑遗嘱验认税的问题。

他宣称："我毫不怀疑，调整遗产税（如果议会通过这个建议的话），将使我们的固定资金在 1853—1854 年度增加 50 万英镑，在 1854—1855 年度增加 70 万英镑，在 1855—1856 年度增加 40 万英镑，在 1856—1857 年度增加 40 万英镑，总共将使国家的固定收入增加 200 万英镑。"

> 马克思：《菲格斯·奥康瑙尔。——内阁的失败。——预算》，
>
> 《马克思恩格斯全集》第 9 卷第 70 页。

预算中某些最重要的项目，如关于取消报纸广告税的项目，关于增设地产遗产税的项目，都是这个大财政家在他的反提案被议会不止一次地否决以后不得已而接受的。

> 马克思恩格斯：《上一届英国政府》，
>
> 《马克思恩格斯全集》第 11 卷第 28 页。

资产阶级痛恨遗嘱继承权；这种继承权使国家有可能在任何时刻干预私人事务。现在已经有遗产税，只要把它提高并使它成为像所得税一样的累进税就行了，不过小额遗产不

在此例，比方说 50 英镑就不予课税。只是在这个意义上，这个问题才与工人阶级有关。

《卡·马克思关于继承权的发言记录》，

《马克思恩格斯全集》第 16 卷第 652 页。

1815 年到 1825 年，在应纳遗产税的动产中还没有一份超过 100 万镑的，但是从 1825 年到 1855 年，就有了 8 份，从 1855 年到 1859 年 6 月，也就是 4 年半的时间里，又有了 4 份。

马克思：《资本论第一卷》，

《马克思恩格斯全集》第 23 卷第 713 页。

最糟糕的是：政府一方面不得不向工人许下种种诺言，而另一方面却一个也不能兑现，因为它没有勇气采取对付资产者的各种革命措施——实行高额累进税、遗产税，没收一切流亡分子的财产，禁止现金输出，建立国家银行等等，使自己获得为此所必需的资金。

《恩格斯致艾·布兰克》，

《马克思恩格斯全集》第 27 卷第 241 页。

某些最重要的决议，都是格莱斯顿在议会中提出反对而不止一次地遭到否决以后，迫使他接受的。取消广告税、遗产税，就是这样的情况。关于专利制度的新规章，是在举行常会时经过几次修改后而放弃的。力图编制得象百科全书那样条目完备的预算，结果只是由一堆琐碎项目构成的混合物。

《马克思致恩格斯》，

《马克思恩格斯全集》第 28 卷上册第 426 页。

社会民主党人要求取消间接税，征收累进所得税和累进遗产税。……

但是，一切私有主、整个资产阶级当然不愿意这样做，当然要反对的。只有贫苦农民和城市工人结成坚固联盟，才能从资产阶级手里争得这种改善。

列宁：《告贫苦农民》，

《列宁全集》第 7 卷第 149～150 页。

俄国社会民主工党要求取消一切间接税，征收累进所得税和累进遗产税，认为这是使我国国家财政民主化的基本条件。

列宁：《俄国社会民主工党纲领》，

《列宁全集》第 7 卷第 428 页。

我遗嘱给德意志帝国柏林的奥古斯特·倍倍尔（德意志帝国国会议员）和柏林的保尔·辛格尔（也是帝国国会议员）共一千英镑，这笔钱奥古斯特·倍倍尔和保尔·辛格尔或他们的继承人应作为在他们或他们的继承人确切肯定合适的时间和地点选举他们或他认为合适的人选进入德意志帝国国会时的经费。

《弗·恩格斯的遗嘱及其补充》，

《马克思恩格斯全集》第39卷下册第483页。

我亲爱的孩子们：我应该向你们说一说我的遗嘱。

我不止一次地同赛米尔·穆尔商讨在我的遗嘱里不管用什么方式能给我们亲爱的燕妮的孩子们以照顾。遗憾的是，这为英国的法律所不许。只有在几乎是不可能的条件下才可能做到这一点，即花大量的费用，而这样一来也就把用于此目的的钱都耗费光了。所以，我不得不放弃这个办法。既然不能这样做，所以我把我的财产（扣除继承事宜所需的费用等等）留给你们每人八分之三。其中八分之二是给你们自己的，其余八分之一你们每人要给燕妮的孩子们保留，你们和孩子们的监护人保尔·拉法格认为如何使用最好就怎么使用。这样你们就不对英国的法律负任何责任，可以按照你们对孩子应有的道义感和爱去做。我应以摩尔著作的部分收入的形式付给孩子们的那笔钱，已记入我的总账本，并将由我的遗嘱执行人付给按照英国法律将是孩子们的法定代表人。

现在，告别了，我最亲爱的孩子们。愿你们身心健康、长寿，并充分享受这种快乐！

恩格斯：《致劳拉·拉法格和爱琳娜·马克思－艾威林》，

《马克思恩格斯全集》第39卷上册第303～304页。

恩格斯在《德国农民战争》里提到的"死亡税"（Sterbefall，Todfall），是领主根据封建权利对于已死农民的份地和财产所征收的遗产税（在法国称为"死手权"）。在德国封建主一般是向继承人征收好家畜。

列宁在《告贫苦农民》和《俄国社会民主工党纲领》里提到了"社会民主党人要求"。在1891年社会民主党纲领中指出，为了支付一切应靠税收支付的国家开支，征收级差累进的所得税、资本税和遗产税。取消一切间接税、关税，以及使社会整体利益服从于享有特权的少数人的利益的其他经济措施和政治措施。

在《弗·恩格斯的遗嘱及其补充》里说的"一千英镑"，是恩格斯曾经立遗嘱把一千英镑扣除遗产税赠给你们"用于选举的需要"。恩格斯说，我只有用这种方式遗赠，在这里才有法律效力，我不能以任何其他方式把这笔钱直接遗赠给党。这就是要做这种限制的唯一原因。

四、刑法制度

在整个法律制度体系中，刑法制度是不可或缺的法律制度，具有重要地位。

刑法所调整的社会关系是特定的社会关系。其他法的门类如行政法、商业法、民法等，调整的社会关系是门类性社会关系。就是说，它们所调整的社会关系，是某一类型的社会关系。刑法则不是。所谓特定的社会关系，是在所有社会关系中属于犯罪的社会关系，即为犯罪行为侵害所形成的社会关系。犯罪关系存在于所有社会关系类型之中。

在经典作家的论述中，刑法和刑法典两个术语往往通用，是在同一意义上使用的。

（一）刑法的统治工具性

1. 罪犯生产刑法

刑法是法律上层建筑的重要组成部分，是统治阶级维护统治秩序的工具。刑法是关于犯罪与刑罚的法律规范的总和。刑法的目的，是通过对犯罪分子追究刑事责任来为阶级统治服务。

马克思在谈到犯罪和刑法的关系时，戏谑地说罪犯生产罪行，生产刑法，生产刑法教授，生产教授的讲授提纲。这种对犯罪的"赞美"，辛辣地讽刺了资本主义及其犯罪和刑法的实质。经典作家认为，犯罪和刑法的根源，是私有制。正是私有制，使资产阶级追求剩余价值，造成社会两极分化，从而要求发挥刑法的作用，以维护自己的统治。刑法是应对社会矛盾和阶级矛盾的国家工具。

从根本上说，刑法源于物质生活条件、经济基础、生产关系。刑法是"认可现存的关系"。经典作家是从这个根本意义上认识刑法和犯罪问题的。列宁说，对防止犯罪来说，改变社会制度和政治制度比采取某种刑罚，意义要大得多。

当然，犯罪涉及空间因素、区域状况，涉及犯罪的社会因素、自然环境因素。因为犯罪具有自然的基础，因而刑法具有自然科学意义。刑法学在 19 世纪初，因受统计学发展的影响，最初是作为统计学中所谓道德统计部分而发展起来的。

刑法保障公民权利和公民自由，保障犯罪人不接受法外刑罚。按照罪刑法定的要求，犯罪人都只能依法受到刑罚的惩罚，任何法外刑罚都是非法的。刑法通过制裁犯罪行为，达到保护现存社会关系和社会秩序的目的。

罪犯不仅生产罪行，而且还生产刑法，因而还生产讲授刑法的教授，以及这个教授用来把自己的讲课作为"商品"投到一般商品市场上去的必不可少的讲授提纲。据说这就会使国民财富增加，更不用说像权威证人罗雪尔教授先生所说的，这种讲授提纲的手稿给作者本人带来的个人快乐了。

马克思：《资本论第四卷》，

《马克思恩格斯全集》第26卷第1册第415页。

那些决不依个人"意志"为转移的个人的物质生活，即他们的相互制约的生产方式和交往形式，是国家的现实基础，而且在一切还必需有分工和私有制的阶段上，都是完全不依个人的意志为转移的。这些现实的关系决不是国家政权创造出来的，相反地，它们本身就是创造国家政权的力量。在这种关系中占统治地位的个人除了必须以国家的形式组织自己的力量外，他们还必须给予他们自己的由这些特定关系所决定的意志以国家意志即法律的一般表现形式。这种表现形式的内容总是决定于这个阶级的关系，这是由例如私法和刑法非常清楚地证明了的。这些个人通过法律形式来实现自己的意志，同时使其不受他们之中任何一个单个人的任性所左右，这一点之不取决于他们的意志，如同他们的体重不取决于他们的唯心主义的意志或任性一样。

马克思恩格斯：《德意志意识形态》，

《马克思恩格斯全集》第3卷第277～278页。

这里要说明的真正困难之点是：生产关系作为法的关系怎样进入了不平衡的发展。例如罗马私法（在刑法和公法中这种情形较少）同现代生产的关系。

马克思：《导言》，

《马克思恩格斯全集》第12卷第760页。

教会农奴般地依赖于国家，而俄国公民又农奴般地依赖于国家教会；中世纪的宗教裁判所的法律（这种法律至今还列在我国的刑法和刑事法规中）仍然存在，并且仍然有效，这种法律追究人是否有信仰，摧残人的良心，把官位和俸禄同布施某种国家教会劣质酒联系起来。教会与国家完全分离，这就是社会主义无产阶级向现代国家和现代教会提出的要求。

列宁：《社会主义和宗教》，

《列宁全集》第12卷第132页。

法国刑法典这个用碑铭体写成的政治奴隶制法典。

马克思：《法庭对"新莱茵报"的审讯》，

《马克思恩格斯全集》第5卷第233页。

我们城市的卡托们，这些对柏林奴颜婢膝的伟人们，在他们的这个刑法典中为疯狂的资产者的胡作非为打开了多么方便的大门啊！从这个模范法律的例子可以看出，我们的资产阶级如果当了政，会赐给人民什么样的宪章。

马克思：《资产阶级的文件》，

《马克思恩格斯全集》第6卷第180页。

　　宪法、国民议会、保皇党派、蓝色的和红色的共和党人、非洲的英雄、讲坛的雷鸣声、报刊的闪电、整个著作界、政治声望和学者的名誉、民法和刑法、liberté，égalité，fraternité〔自由、平等、博爱〕以及 1852 年 5 月的第二个星期日，所有这一切，都好像一片幻影在一个人的咒文面前消失不见了，而这个人连他的敌人也不认为他是一个魔法师。

马克思：《路易·波拿巴的雾月十八日》，
《马克思恩格斯全集》第 8 卷第 126 页。

　　西帕依的可怕的体刑，使人想起基督教拜占庭帝国的风俗，或者皇帝查理五世的刑法法规，或者布莱克斯顿法官还描述过的英国对叛国罪犯的惩罚。宗教已使印度人成为自我折磨的能手，因此，在印度人看来，折磨他们民族的和宗教的敌人是十分自然的。

马克思：《印度起义》，
《马克思恩格斯全集》第 12 卷第 311 页。

　　市井小民所关心的不仅是某种行为应该被认为是欺压、是斗殴、还是拷打，应该受到哪一种哪一类的惩罚，而且更关心彻底揭示、公开说明罪行的一切社会政治原因及其意义，从审判当中得到社会道德和实际政策的教育。市井小民希望法庭不是"衙门"，在这里官老爷们根据刑法典的某条某款来处理案件，他们希望法庭是公开的机关，在这里可以揭露现行制度的脓疮，提供批判这个制度因而也是改造这个制度的材料。市井小民由于社会生活实践和政治觉悟提高的推动，亲身体验到一个真理，而我国官方教授们所研究的法学要达到这个真理，则要经历重重困难、怀着战战兢兢的心情穿过烦琐哲学的各种障碍。这个真理就是：对防止犯罪来说，改变社会制度和政治制度比采取某种刑罚，意义要大得多。

列宁：《时评》，
《列宁全集》第 4 卷第 360 页。

　　要是在共产主义的、和平的社会里，情况还不知要好上多少倍呵！在每一个人的身体上和精神上的需求都得到满足的地方，在没有什么社会隔阂和社会差别的地方，侵犯财产的犯罪行为自然而然地就不会再发生了。刑法会自行消失，民法（它几乎只是专门处理财产关系或者至多是专门处理那些以社会的战争状态为前提的关系）也会不再存在。现在的各种争端是人们互相敌对的自然而然的结果，到那时就只是罕有的例外，并且很容易通过仲裁法庭来调解。

恩格斯：《在爱北斐特的演说》，
《马克思恩格斯全集》第 2 卷第 608 页。

　　马克思在《资产阶级的文件》里提到的"卡托"（M. Porcius Cato），是古罗马的执政官、监察官，他拥护旧习，捍卫贵族特权，以严酷著称。

马克思在《印度起义》里说的"对叛国罪犯的惩罚",指的是德意志帝国国会于 1532年在累根斯堡通过的查理五世刑律(Constitutio criminalis Carolina)。该刑律的特点是惩罚极端残酷。威·布莱克斯顿"英国法律释义"第 1—4 卷(W. Blackstone.《Commentaries on the Laws of England》. Vol. I—IV)。初版于 1765—1769 年在伦敦出版。

2. "伟大的刑法学家"制造的是拙劣的刑法理论

刑法更多地直接关系到统治阶级的利益,因而关于刑法的理论形形色色。资产阶级刑法学家的御用性质,决定了他们的刑法理论只有辩护性,没有真理性。

这里摘引的马克思恩格斯在《德意志意识形态》里摘引的圣桑乔的话,足够拙劣了,但却涂抹些理论色彩。圣桑乔认为,国家、法、法律都是"圣物",对"圣物"的否定态度,也称为犯罪。他说:"只是反对圣物才是罪犯","刑法典只是由于圣物才存在的","从固定观念中产生犯罪","是'人'创造罪行、罪孽以及法的概念。在一个人那里,我若认不出是人,那这个人就是罪人"。这些话,连小学生都会认为是胡说八道,可却被奉为圣旨。

如果我们想把这一原则运用到人身上来,想根据效用原则来评价人的一切行为、运动和关系等等,就首先要研究人的一般本性,然后要研究在每个时代历史地发生了变化的人的本性。但是边沁不管这些。他幼稚而乏味地把现代的市侩,特别是英国的市侩说成是标准的人。凡是对这种标准的人和他的世界有用的东西,本身就是有用的。他还用这种尺度来评价过去、现在和将来。例如基督教是"有用的",因为它对刑法从法律方面所宣判的罪行,从宗教方面严加禁止。

> 马克思:《资本论第 1 卷》,
> 《马克思恩格斯全集》第 23 卷第 669 页。

鲁道夫捉住了这个罪犯。他想批判地改造他,想用他给法律界创造一个范例。他同法律界的争端不是"刑罚"本身,而是刑罚的种类和方式。用黑人医生大卫的特殊的话来说,鲁道夫发明了这种刑罚理论,他就有资格成为一个"最伟大的德国刑法学家",并且从此以后这种理论甚至有幸获得一个具有德国式的严肃和德国式的彻底的德国刑法学家的拥护。鲁道夫甚至没有想到他可以超出刑法学家之上;他的野心是想成为一个 primus intor pates〔庸中佼佼〕的"最伟大的刑法学家"。他命令黑人医生大卫弄瞎了"校长"的眼睛。

> 马克思恩格斯:《神圣家族》,
> 《马克思恩格斯全集》第 2 卷第 226 页。

在普通的刑法学中使纯批判的伟人鲁道夫感到惶惑不安的,只是从法庭转到断头台的过程太快了。与此相反,他是想把对罪犯的复仇同罪犯的赎罪及其对自身罪恶的认识结合起来,把肉体的惩罚同精神的惩罚、感官的痛苦同忏悔的非感官的痛苦结合起来。世俗的惩罚同时必须是基督教道德教育的手段。

这种把法学和神学结合在一起的刑罚理论，这种"秘密本身的被揭露了的秘密"，不过是天主教教会的刑罚理论而已，这一点边沁在他的著作"惩罚和奖赏的理论"中已经详尽地表明了。

马克思恩格斯：《神圣家族》，

《马克思恩格斯全集》第 2 卷第 227 页。

欧仁·苏消除"国家中的无法纪"的方法是：修改法国刑法典中关于"滥用信任"的那一节，其次，特别是任命一批领取固定薪俸的律师为穷人办事。可见，欧仁·苏先生认为，在已经设有为穷人办事的律师的皮蒙特、荷兰及其他国家中是消除了无法纪状态的。按照他的意见，法国的立法只有一个缺点，即没有给那些为穷人服务的律师规定固定的薪俸，没有责成他们专为穷人服务，并且过于缩小了法定的贫穷范围。似乎无法纪并不是正好在审判程序中开始的，似乎在法国并不是大家都早就知道：法纪本身不提供任何东西，而只是认可现存的关系。

马克思恩格斯：《神圣家族》，

《马克思恩格斯全集》第 2 卷第 243 页。

"只是反对圣物才是罪犯。"（第 268 页）"刑法典只是由于圣物才存在的。"（第 318 页）"从固定观念中产生犯罪。"（第 269 页）"我们在这里看到，又是'人'创造罪行、罪孽以及法的概念〈前面所讲的恰好相反〉。在一个人那里，我若认不出是人，那这个人就是罪人。"（第 268 页）

马克思恩格斯：《德意志意识形态》，

《马克思恩格斯全集》第 3 卷第 389 页。

圣桑乔谈到犯罪，正如我们已经看到过的，它只是自我一致的利己主义者这个普遍范畴的名称，是圣物的否定、罪孽的名称。在所引的对偶式和等式中所看到的圣物的实例（国家、法、法律），很可以把我对这些圣物的否定态度——或系词——也称为犯罪。

在这里一切至今所犯的罪行都记在自我一致的利己主义者的"贷方"帐上，尽管后来其中某些罪行还必须转入"借方"。桑乔认为：人们至今的犯罪都只是为了嘲弄"圣物"，不是为了反对事物，而是反对体现在物中的圣物。

"刑法典只是由于圣物才存在，刑罚一取消，它就会自行消灭。"（第 318 页）其实圣桑乔想要说的是这样：刑法典一取消，刑罚就会自行消灭，也就是说，刑罚只是由于刑法典才存在。"但是"，只是由于刑罚才存在的刑法典"不是胡说吗"？只是由于刑法典才存在的刑罚"不同样也是胡说吗？"（桑乔［反对］赫斯，"维干德"第 186 页）桑乔在这里把刑法典错认为神学道德的教科书了。

马克思恩格斯：《德意志意识形态》，

《马克思恩格斯全集》第 3 卷第 391 页。

蒲鲁东先生想把法国刑法典的条文说成是资产阶级生产关系的必然的和普遍的结果。在英国，组织同盟是议会的法令所认可的，而且正是经济体系迫使议会批准了这种法律。1825年，在哈斯基森大臣任内，议会必须修改法律才能更加适应自由竞争所造成的环境，在这个时候，议会不得不废除一切禁止工人组织同盟的法律。现代工业和竞争愈发展，产生同盟和促进其活动的因素也就愈多，而同盟一经成为经济事实并日益稳定，它们也必然很快地成为合法的事实。因此，法国刑法典的有关条文至多只能证明，在制宪会议和帝制时期，现代工业和竞争还没有得到充分发展。

马克思：《哲学的贫困》，

《马克思恩格斯全集》第4卷第194页。

"在科学性上，法学前进得不远"；成文的民法是不正义，因为它确认以暴力为基础的所有制；刑法的"自然基础"是复仇，——在这种论断中，顶多只有"自然基础"这件神秘的外衣是新东西。政治学的成果只限于审理已知的三个男人的问题，其中一人至今还对其他两人施行暴力，而且杜林先生还在非常认真地研究首先采用暴力和实行奴役的是第二个人还是第三个人。

恩格斯：《反杜林论》，

《马克思恩格斯全集》第20卷第119页。

马克思恩格斯在《德意志意识形态》里摘引的话，是圣桑乔的原话。马克思恩格斯说，他谈到犯罪时，它只是自我一致的利己主义者这个普遍范畴的名称，是圣物的否定、罪孽的名称。在所引的对偶式和等式中所看到的圣物的实例（国家、法、法律），很可以把我对这些圣物的否定态度——或系词——也称为犯罪，他反而详尽地向我们叙述：这些罪行是反对圣物的罪、反对固定观念的罪、反对怪影的罪、反对"人"的罪。

马克思在《哲学的贫困》里说，"法国刑法典的有关条文至多只能证明，在制宪会议和帝制时期，现代工业和竞争还没有得到充分发展"，是说当时在法国实行的法律，如1791年资产阶级革命时期中，制宪会议通过的所谓列沙白里哀法案和拿破仑帝制时期制订的刑法典，禁止工人建立工人联合会和组织罢工，违者受到严厉的惩处。在法国，对职工会的禁令到1884年才撤销。

（二）刑法的制定、修改和实施

1. 刑法的制定和修改

法国刑法是大陆法系国家刑法的发源地。

1789年人权宣言称，"法律只就必不可少的刑罚作严格而明确的规定，除非依据在该人犯法前业已制定和公布的、且对其适用的法律，否则对任何人不得加以处罚"，由此提出了罪刑法定主义原则。根据这一原则，1791年9月25日制定的刑法典，统一刑罚，规定了严格的刑罚体系，不允许适用时扩大或缩小量刑范围。1795 年 10 月 25 日制定的《犯罪与刑罚法典》，以刑诉程序为重点。

拿破仑执政时期，组织刑法典起草委员会，以 1791 年刑法典为基础，于 1810 年 2 月 12 日通过了《法国刑法典》。该法典对重罪规定了非常重的刑罚，规定了酷刑和处刑方法，如绞刑、切断右手、缢首、烙铁烙等。此后，刑法典作了多次修改。其酷刑及执行方法，除斩刑外几乎全部废止，有关重罪的刑罚也有改革的倾向，作为政治性刑罚的流刑、驱逐出境等已不再适用。在修改基础上，由单行法律组成的法国新刑法典诞生，于 1994 年 3 月 1 日生效。

德国统一后，帝国政府对北德意志联邦刑法典进行了修改，作为帝国刑法典于 1871 年 5 月 15 日颁布施行。二战结束后，德国分别建立了德意志联邦共和国和德意志民主共和国。德意志联邦共和国在对原帝国刑法典进行修改的基础上，于 1953 年 8 月 25 日公布了刑法典，其后，经过全面修改，把总则和分则合并为《德意志联邦共和国刑法典》，1975 年 1 月 1 日起生效。1990 年两德统一后的刑法，为原西德刑法。在刑法改革中，产生了 1998 年 11 月 13 日的刑法典。

1880 年 7 月 17 日公布、1882 年 1 月 1 日起实施的《日本刑法》，是日本第一部近代化的刑法典，现称旧刑法。随着日本宪法的制定，参考 1871 年《德国刑法典》，起草了刑法修正草案，于 1907 年 4 月 2 日国会通过，即现行《日本刑法典》。1956 年 10 月，由法务省设置的刑法修改委员会进行刑法的全面修改。1974 年 5 月 29 日，《日本刑法修正草案》提交法务大臣。但该草案至今仍未提交国会。

英美法系刑法为判例法和习惯法，制定法不多。

资产阶级革命胜利以后，英国议会陆续制定了一些单行刑事法令。从 19 世纪 60 年代开始，议会加强了刑事立法。第二次世界大战以后，英国对许多刑事法令进行修改，推动了刑法向法典化方面发展。英国现在仍然没有一部刑法典。

美国刑法脱胎于英国刑法，并且是以普通法为核心形成的。1776 年美国独立以后，在继承英国刑法普通法的基础上，吸收了法国的成文法制度，倾向于制定综合性的刑法典。美国最早的一部刑法典是 1881 年《纽约州刑法典》。1931 年，美国法学会提出《模范刑法典》，成为各州刑法法典化的蓝本。目前，多数州都制定了综合性刑法典。

在评论我国刑法出台时间较晚的场合，有人归结为"人治"，作为不重视法治的例证。其实，资产阶级革命后，很长时期没能制定刑法。除了条件不成熟外，统治阶级内部分歧和社会分歧，也是重要因素。日本《刑法修正草案》于 1974 年 5 月 29 日提交法务大臣，至今已过四五十年，仍未提交国会，就是因为涉及人权和人性论的争执。我国立法是社会主义的完全新型的法，制定这样的法，总是需要时间的。依靠对西方立法抄来抄去，虽很痛快，也很快捷，但那就不叫中国立法了。

资产阶级在标榜人权、民主、自由的背后，是血淋淋的专政。在无产阶级专政下，不但立法没有这些血腥、残暴的东西，实践上也没有。可他们却攻击说"独裁""残暴"。社会主义刑法是民主的、保障公民权利的刑法，它的优越性是西方刑法无可比拟的。

新中国在废除国民党政府《六法全书》的基础上，先后制定了一系列单行刑法，如禁止鸦片烟毒、禁止珍贵文物图书出口、禁止国家货币出入国境、妨害国家货币治罪、保守国家机密、惩治贪污、惩治反革命分子等。这些条例、办法和通令等单行规定，有效地维护了社会主义秩序。

与此同时，新中国开始了刑法典的起草准备工作，1950 年到 1954 年 9 月，《中华人民共和国刑法大纲草案》、《中华人民共和国刑法指导原则草案（初稿）》完成。1954 年 10 月开始起草刑法，到 1957 年 6 月，写出第 22 稿。1962 年 3 月，毛泽东指出，"不仅刑法要，民法也需要，现在是无法无天。没有法律不行，刑法、民法一定要搞。"1963 年 10 月，完成第 33 稿。1978 年 10 月开始，对第 33 稿进行修订，于 1979 年 7 月 1 日获得通过。经过三十多年的打磨，新中国的刑法典终于诞生。这部刑法是很成熟的，充分反映了中国特点。

此后，刑法的完善，是通过修改和补充进行的，而且，在其他法律中，也相应增设了刑法条款。对于刑法的修改和补充，一是扩大了对象范围和领域，二是设置了新罪名，三是提高了法定刑期和死刑范围。如惩治军人违反职责罪、逃跑或者重新犯罪的劳改犯和劳教人员的加重处罚、严惩严重破坏经济的罪犯、严惩严重危害社会治安的犯罪、惩治走私罪、惩治贪污罪贿赂罪、惩治泄露国家秘密犯罪、惩治捕杀国家重点保护的珍贵濒危野生动物犯罪、侮辱中华人民共和国国旗国徽罪、惩治走私制作贩卖传播淫秽物品犯罪、严禁卖淫嫖娼、严惩拐卖绑架妇女儿童犯罪、惩治偷税抗税犯罪、惩治劫持航空器犯罪、惩治假冒注册商标罪等等；另外，设置了挪用公款罪、巨额财产来源不明罪、隐瞒境外存款罪、传授犯罪方法罪等新罪名；提高了走私罪、投机倒把罪等 7 种经济犯罪和故意伤害罪、流氓罪等 7 种犯罪的法定刑期，情节特别严重的，可以判处死刑。

在商标法、文物保护法、食品卫生法（试行）、统计法、专利法、水污染防治法、兵役法、药品管理法、森林法、会计法、计量法、居民身份证条例、外国人入境出境管理法、公民出境入境管理法、渔业法、矿产资源法、义务教育法、土地管理法、治安管理处罚条例、企业破产法（试行）、国境卫生检疫法、邮政法、海关法、野生动物保护法、传染病防治法、集会游行示威法、铁路法、军事设施保护法、进出口商品检验法、档案法等等法律中，增设了刑法的相应条款。

对刑法的大规模修订，是 1997 年完成的。这次修订，条文由 192 条，增加为 452 条，共增加了 260 个条款。原总则 89 条，增加为 101 条，增加了 12 个条款；原分则 103 条，增加为 351 条，增加了 248 个条款。这次修订，取消了类推制度，完善了正当防卫、减刑、假释、自首、立功等制度。在分则中，将反革命罪改为危害国家安全罪，增加了危害国防利益罪和军人违反职责罪，并补充了黑社会性质的犯罪、组织进行恐怖活动的犯罪、煽动民族仇恨民族歧视的犯罪、洗钱犯罪、计算机犯罪、证券犯罪、破坏土地资源犯罪等等。

普鲁士的立法者以其特有的嗅觉发现：每一项新的宪法规定都为新的刑法、新的章程、新的惩罚措施、新的监视、新的挑剔和新的官僚制度提供绝妙的借口。

马克思：《市民自卫团法案》，

《马克思恩格斯全集》第 5 卷第 277 页。

　　早在 1814 年，大不列颠和西班牙之间就缔结了一个一般条约，在这个条约中，西班牙明确地谴责了奴隶贸易。在 1817 年缔结了一个特别条约，按照这个条约，西班牙承担了义务，从 1820 年起禁止它自己的臣民从事奴隶贸易，并且得到了一笔 40 万英镑的赔偿费，以弥补它的臣民由于实现这项条约而可能受到的损失。钱是装进了口袋，可是义务却没有履行。在 1835 年又缔结了一项新的条约，按照这项条约，西班牙在形式上承担了义务——颁布一项相当严厉的刑法，以使它的臣民不可能继续从事这种贸易。

马克思：《英国政府和奴隶贸易》，

《马克思恩格斯全集》第 12 卷第 544 页。

　　普鲁士法一移入 Code pénal〔刑法典〕，就给莱茵省居民钦定了这样一些新的罪名，如处以两年徒刑的侮辱陛下之罪和处以一年徒刑的"表示不敬"之罪。在 1843 和 1847 年的法案中，被侮辱的陛下的身价抬高到了五年，而所表示的不敬则不得不根据莱茵省等级会议的建议，保持一年的刑期。在继三月起义之后所取得的戒严的成就之下，"表示不敬"（即令是非蓄意的）却提高为五年徒刑，而莱茵省法律则又补充了一些新的罪名，这些新罪名使莱茵省法律接近了旧普鲁士法的美德。

马克思：《霍亨索伦王朝的出版法案》，

《马克思恩格斯全集》第 6 卷第 436 页。

　　可是让他们去通过他们的反对变革的法案吧，让他们把这些法案弄得更残忍些吧，让他们把全部刑法都变成橡胶式的东西吧，——他们所能达到的，只是再次证明自己无能为力罢了。

恩格斯：《"法兰西阶级斗争"导言》，

《马克思恩格斯全集》第 22 卷第 610 页。

　　同一天颁布的一项议会法令，即关于惩治暴行、胁迫和侵害行为的刑法修正法令，实际上是以新的形式恢复了旧的状态。这种议会把戏，使工人在罢工或同盟歇业（结成同盟的工厂主同时把工厂关闭）时可能利用的手段都不按普通法来处理，而按特别刑法来处理，而这个刑法的解释权又操在担任治安法官的工厂主本人手中。

马克思：《资本论第一卷》，

《马克思恩格斯全集》第 23 卷第 809 页。

　　在瑞士没有德国的出版法、结社法和刑法。在家里由于德国一般法律的限制、早在反社会党人法以前就不能讲的话，在瑞士可以讲，而且也有义务讲。因为在那里我们不仅面对德国，而且面对欧洲，我们有义务在瑞士法律允许的范围内向欧洲公开阐述德国党的道路和目标。

《马克思和恩格斯致奥·倍倍尔等人》，

《马克思恩格斯全集》第 34 卷第 375～376 页。

要是人们手头有刑法典，可以在这里找到许多使人坐牢的东西。但是，如果有人偶尔向这方面偏了，这不是了不得的事，因为另一方面偏得也不少。如果说我把这一点看得太轻了，那末我以为你则看得太重了。

《恩格斯致奥·倍倍尔等人》，

《马克思恩格斯全集》第 35 卷第 375~379 页。

帝国国会委员会竭力使一切刑法典条文意思暧昧，如何使用要看被告属于什么政党。称赞任何被认为是犯罪的行为在下列场合应受惩罚：如果进行这种称赞的具体场合可使人得出被告想唆使或挑动犯罪行为的重复等等的结论！换句话说，同样的话出自你们社会主义者之口要受惩罚，出自任何一个保守派、自由派或教权派之口却不受惩罚。

《恩格斯致保·拉法格》，

《马克思恩格斯全集》第 39 卷上册第 389~390 页。

"修改我国全部民法和刑法，取消等级划分和有损人的尊严的刑罚"。

列宁：《我们党的纲领草案》，

《列宁全集》第 4 卷第 195 页。

法官不受正式规定的过分约束，而有一定的伸缩余地，——这当然是一种很合理的原则，所以我国刑法学教授们才不止一次地称颂俄国的法律制度，强调它的自由主义。

列宁：《时评》，

《列宁全集》第 4 卷第 358 页。

那些直接为了帮助政府同无产阶级进行政治斗争（同时又是为了用"国家"为"社会秩序"着想等借口来掩盖斗争的政治性质）而颁布的刑法，由于直接的政治斗争，由于公开的巷战，也就根本无法起到重要的作用了。"司法机关"撕下了公正和崇高的假面具，逃之夭夭，听任警察、宪兵和哥萨克恣意横行，结果这些人受到了石块的款待。

列宁：《新的激战》，

《列宁全集》第 5 卷第 13~14 页。

奥博连斯基公爵的英勇业绩已经成为指导原则，已经成为今后调整一切行政官员对待一切同粮食问题有牵连的人的法律（"有牵连的人"这个词是我国刑法典的专用术语，但我们已经看到而且下面还将看到，现在，未经准许的救济饥民活动，完全被当作刑事犯罪行为）。

列宁：《内政评论》，

《列宁全集》第 5 卷第 270 页。

斯托雷平的法令草案规定，芬兰的一切事务，凡是"非纯属这个边疆区的内部事务"，一律交给国家杜马、国务会议和尼古拉二世处理。芬兰议会只能就这些事务发表"最后意见"，而且这些最后意见对谁都没有约束力，因为芬兰议会对帝国而言已落到了布里根杜马的地位。那么，所谓"非纯属"芬兰"内部事务的法令和决定"指什么呢？我们不全部列举斯托雷平草案中所提出的 17 条，我们仅指出，芬兰同帝国其他地区之间的关税关系、芬兰刑法例外条款、铁路事业、芬兰的货币制度、群众集会条例、芬兰的出版法，等等，均属此列。

列宁：《对芬兰的进攻》，

《列宁全集》第 19 卷第 216 页。

司法人民委员部全体部务委员按上述任务分工的情况，请尽快通知我，使我能十分准确地知道（除人民委员负责全盘工作外）究竟是谁负责民法（其次是刑法等等）的某某部分，谁负责进行示范性审判（每一个部务委员都应当通过安排和进行若干示范性审判来显显身手），谁负责切实监督某个省或莫斯科某个区的革命法庭和人民法院以及法院侦查人员等等的工作。

列宁：《关于司法人民委员部在新经济政策条件下的任务》，

《列宁全集》第 42 卷 428 页。

如果发现你们现在通过的法律在某些方面还需要修改，那么我们将毫无阻难地通过进一步的修改和进一步的改善，正像你们现在通过对我国刑法典的修改和改善一样。

列宁：《在第九届全俄中央执行委员会第四次常会上的讲话》，

《列宁全集》第 43 卷 245 页。

马克思在《英国政府和奴隶贸易》里提到的大不列颠和西班牙在 1814 年，缔结了一般条约，1817 年缔结了特别条约，1835 年又缔结了一项新的条约，指的是禁止奴隶贸易的条约。对于这些条约，西班牙采取拖延办法，按照"明天再说"（A la mañana）行事。刑法中遗漏了英国所极力争取的主要条文，即把奴隶贸易当作海盗行为看待。

牛津主教说："西班牙不能以这种贸易是它的政府没有足够力量来禁止的体系作为辩解的理由，因为瓦尔德斯将军已经证明，这种借口是丝毫不足为凭的。他到岛上以后，召集了最闻名的奴隶贩子，限他们在六个月之内结束奴隶贸易方面的一切交易，并且告诉他们，他决心在这个期限结束时禁绝奴隶贸易。结果怎样呢？在 1840 年，即瓦尔德斯将军上任的前一年，有 56 艘船从非洲载运奴隶到古巴来；而在 1842 年，当瓦尔德斯将军任镇守司令的时候，这样的船只只有 3 艘。在 1840 年，运到岛上来的奴隶至少有 14470 个，而在 1842 年只有 3100 个。"

2. 刑法的实施

资产阶级革命后，资本主义早期刑事立法的残暴性和反人道性，持续了几十年，经典作家所揭示的刑法实施的状况，发生在 19 世纪中叶，此时，资本主义已经经过一百来年。应当说，刑法的实施有所改变，但立法和司法的阶级偏私一直没有改变。

刑法实施的关键，是事实是否清楚；适用法律是否得当；量刑是否合理。在司法独立制度下，刑法的阶级性、法官的优位和自由心证，决定了司法审判不可能是公正的。事实不清、适用法律不当、量刑不合理，是司法常态，而其事实清楚、适用法律得当、量刑合理，只是作为非常态的例外存在。

根据一般人的理智，说一个人遭到诬蔑，就是指他受到别人莫须有的指责；但是根据刑法典的特殊的理智，说一个人遭到诬蔑，是指别人指出了他确实犯过的而且能够加以证明的错误，不过在证明时用的不是唯一被承认的方法，即法庭的判决或正式的文件。法庭的判决和正式的文件真有奇异的力量！只有法庭确定的事实，只有正式用文件证明了的事实才算真正实在的事实。过去曾经有过如此粗暴地诬蔑一般人的理智的法典吗？

马克思：《法庭对"新莱茵报"的审讯》，
《马克思恩格斯全集》第 5 卷第 231 页。

不言而喻，监禁能用罚款的办法来代替，以便使市民自卫团中有支付能力的人同无支付能力的人之间的差别，即由"办事内阁"发现的市民自卫团中资产阶级同无产阶级之间的差别得到刑法的校准。

马克思：《市民自卫团法案》，
《马克思恩格斯全集》第 5 卷第 285 页。

歌颂 1847 年普鲁士王国的刑法草案的仁慈、优越和伟大吧！莱茵省在 18 年内也许会整整少杀一个人！多么优越啊！但是这里有无数的被告不能出席陪审法庭受审而受国王的审判官的判决和被关在监狱里；在莱茵省这里可能用旧普鲁士的棍子来实行可耻的体罚（在莱茵省我们早在 40 年前就已免除了棍子）；这里有丑恶的对违反道德的罪行的诉讼，这种罪行在 Code〔法典〕上并没有规定，而是由普鲁士法的骑士的那种病态的和脱离现实的幻想所重新引起的；这里存在着不可避免的司法概念的混乱；最后，这里有无数的由于这个鄙劣的文件中的那些专横而恶毒的规定所引起的政治诉讼案，总而言之，整个莱茵省都普鲁士化了，——难道在柏林的那些莱茵的叛徒们认为，如果少杀了一个人我们就能够忘掉这一切吗？

马克思：《汉泽曼内阁和旧普鲁士刑法草案》，
《马克思恩格斯全集》第 5 卷第 351 页。

柏林 8 月 1 日。最近一期司法部公报在"非官方栏"中援引了关于死刑的统计材料，同时还援引了从 1826 年到 1843 年期间判处和批准的死刑（不包括所谓对煽动分子的审讯的判决在内）的人数的通报。这个工作是根据司法部的案卷进行的，并且由于所涉的问题的重要性而特别值得注意。

……

请看最近一期"普鲁士国家通报"中的一篇文章：

根据通报来看，在上述期间内：

(1) 在莱茵省被判处死刑的人有 189 名，批准 6 名；

(2) 在其他各省被判处死刑的人有 237 名，批准 94 名。总共被判处死刑的人有 426 名，批准 100 名，但在这 100 名罪犯中间有 4 名因逃跑或死亡而没有执行死刑。

如果 1847 年新的刑法典草案在这期间生效，那末情况就会是这样：

(1) 在莱茵省被判处死刑的人仅有 53 名，批准 5 名；

(2) 在其他各省被判处死刑的人仅有 134 名，批准 76 名。

总共被判处死刑的人会是 187 名，批准 81 名，假定在批准的时候遵循的是过去的那些原则。这样一来，根据现行法律被判处死刑的 237 个罪犯就不会被处死刑了，而被判处死刑的 19 名罪犯也就不会被杀头了。

根据这个通报，每年的平均数如下：

(1) 在莱茵省被判处死刑的人有 1098 名，批准 618 名；

(2) 在其他省被判处死刑的人有 13 名，批准 5418 名。

如果这个法律草案在当时有效的话，那末每年的平均数就会是这样：

(1) 在莱茵省被判处死刑的人仅有 21718 名，批准 518 名，

(2) 在其他省被判处死刑的人仅有 7718 名，批准 4418 名。

……

汉泽曼先生想通过他在审判机关的代理人，即梅尔克尔先生来实行博德尔施文克没有实行成功的东西；他想使令人深恶痛绝的普鲁士刑法草案现在能真正生效。

马克思：《汉泽曼内阁和旧普鲁士刑法草案》，

《马克思恩格斯全集》第 5 卷第 350～351 页。

根据普鲁士法，或者，在该法律不适用时根据 Code pénal〔刑法典〕对报刊案件进行的无数审讯，根据同样"充分的理由"（这是奥尔斯瓦特的公式）所实行的无数逮捕，在柏林实行警察制度 113 而且每两幢住宅就有一个警察监管，警察对结社自由的侵犯，唆使兵痞殴打不顺从的公民，唆使市民自卫团殴打不顺从的无产者，实行戒严以示恫吓，——汉泽曼时代的所有这些丰功伟绩至今记忆犹新。

马克思：《资产阶级和反革命》，

《马克思恩格斯全集》第 6 卷第 138～139 页。

对韦耶尔斯的审判案同样也是以侮辱国王陛下为借口而进行的密谋性的审判案。韦耶尔斯曾说："国王该死"，"一刻钟也不能再让皇冠留在国王头上"；就是这样几句从 Code pénal〔刑法典〕观点看来完全无辜的话居然也是"直接煽动进行武装活动"！

恩格斯：《拉萨尔》，

《马克思恩格斯全集》第 6 卷第 557 页。

国民议会的一位议员米里哀尔先生公布过一系列在时间上前后分属二十来年的证据确凿的法律文件，证明茹尔·法夫尔在与一个住在阿尔及尔的酒徒的妻子姘居时，凭着一大堆无比复杂的大胆捏造的文据，以他的一些私生子女的名义谋得了一大笔遗产，因而变成了一个财主；后来在合法继承人提出诉讼时，只是由于波拿巴的法庭偏袒他，他的伪证才没有被揭穿。所以，茹尔·法夫尔这个口甜似蜜的家庭、宗教、财产、秩序的辩护士，原来老早就该受 Code pénal〔刑法〕究办了。遇到任何一个公正的政府，他都免不了被判处终身苦役的命运。

马克思：《初稿》，

《马克思恩格斯全集》第 17 卷第 537 页。

不久，葡萄酒里开始掺了酒精，最后甚至根本不用葡萄酒，而只用酒精、水和植物汁（植物汁又常常用化学制剂来代替）制成波尔特温酒和西班牙葡萄酒在许多国家里，这类做法或者是根本禁止，或者是违犯刑法的，因而人们不敢问津，这就更加促进了这一事业的发展。汉堡却是无限自由的贸易巢穴，"为造福汉堡"而伪造酒类的做法极其风行。

恩格斯：《德意志帝国国会中的普鲁士烧酒》，

《马克思恩格斯全集》第 19 卷第 50 页。

这里所说的拉萨尔案件是 1848 年夏天在科伦陪审法庭审理的，那里和几乎整个莱茵省一样，通用法兰西刑法。仅仅对政治上的不法和犯罪才例外地实施普鲁士邦法，但是早在 1848 年 4 月，这种例外规定又被康普豪森取消了。法兰西法根本没有像普鲁士邦法中所说的"策动"犯罪这种肤浅的范畴，更不用说什么策动犯罪企图了。法兰西法只有教唆犯罪，而这只有"通过送礼、许愿、威胁、滥用威信或权力、狡猾的挑拨或犯罪的勾当"（刑法典68 第六十条）来进行时才可以判罪。埋头于普鲁士邦法的检察机关，完全和杜林先生一样，忽略了规定得很明确的法兰西法律和含糊的普鲁士邦法的不确定性之间的本质差别。

恩格斯：《反杜林论》，

《马克思恩格斯全集》第 20 卷第 120 页。

"犯有蛮横、无礼地指责和嘲弄国家法律和政府命令的罪行而给予上述惩处时，不但要看这些行为是否激起不满和愤怒，而且要看这类应受惩处的言论本身。"但是一眼就能看出，这些立法规定是多么含糊和多么不能令人满意。什么叫蛮横和无礼呢？在刑法中有关这一条的第一部分或第二部分显然是多余的。蛮横地指责或嘲弄国家法律似乎被当作是挑起不满情绪的同义语，而 1819 年 10 月 18 日的法令干脆认为这两个概念是一致的。所以法律的条款似乎应当这样理解：凡蛮横、无礼地指责或嘲弄国家法律和政府命令者，就是企图以这样的指责和嘲弄来激起不满和愤怒，因此应当受到应有的惩处。

只有现在我们才能看清法律的实质。把蛮横和无礼两个概念并列是立法者的错误，会引起十分严重的误解。无礼不一定是蛮横。无礼行为是一种过失，是不够细心，是匆忙的结果，最好的人也可能有这样的过失。蛮横是蓄意触怒人〔animus injuriandi〕，是恶意。现在又加上嘲弄！从"无礼"到"嘲弄"相距何其远啊！可是二者受到同样的惩处。

> 恩格斯：《普鲁士出版法批判》，
>
> 《马克思恩格斯全集》第 41 卷第 325 页。

国家检察官黑克尔先生是科伦市里最不得安宁的人。几天来他一直不辞辛苦，亲自讯问证人，企图找出在沃林根民众大会上有过何种冒犯刑法圣灵的罪孽。到目前为止，据说讯问所获甚微，因为：1. 没有发生任何违法行为，2. 证人们已很难记清，每个人都说了些什么，特别是前言后语又怎样。

> 恩格斯：《国家检察官黑克尔和他的助手们》，
>
> 《马克思恩格斯全集》第 43 卷第 33 页。

它只允许警察禁止一切，不惩罚任何违反法律的行为，而是惩罚"违反"警察命令的行为。这真是使刑法成为多余之物的非常有效的办法。

> 马克思：《帝国国会关于反社会党人法的辩论》，
>
> 《马克思恩格斯全集》第 45 卷第 197 页。

恩格斯在《反杜林论》里说的"拉萨尔案件"，是拉萨尔于 1848 年 2 月，因被控教唆盗窃一只盛有哈茨费尔特伯爵夫人离婚案需用文件的首饰匣而被捕。1846—1854 年拉萨尔是该案的律师。拉萨尔案件是 1848 年 8 月 5—11 日审理的。拉萨尔被陪审法庭宣判无罪。

（三）定罪制度

1. 犯罪的根源

马克思主义犯罪学认为，犯罪是社会矛盾、阶级矛盾的产物，其产生犯罪的根本原因，是以私有制为基础的剥削和压迫制度。因此说，犯罪是阶级矛盾和阶级斗争的反映，只不过是一种扭曲的表现形式罢了。有人说，一部分犯罪行为具有阶级斗争的性质，另外相当大部分犯罪行为则具有非阶级斗争性质。这并不符合实际。

正如经典作家指出的，在资本主义条件下，犯罪与阶级斗争的关系，是"反对统治关系的斗争"；"社会把工人置于这样一种境地：他们既不能保持健康，也不能活得长久"，是"社会谋杀的罪行"；"反抗心情的最早、最原始和最没有效果的形式就是犯罪"；"现代社会促使个人敌视其他一切人，这样就引起了一个一切人反对一切人的社会战争，这个战争在某些人那里，尤其是在文化水平低的人那里不可避免地会采取粗暴的、野蛮的暴力形式，即犯罪的形式。"

在社会主义条件下，是否仍然存在犯罪与阶级斗争的关系呢？苏共中央说，社会主义社会的"阶级结构已经得到根本改造"，剥削阶级是"友好的和本性已经完全改变的阶级",因此,"工人阶级在社会中的领导作用失掉了阶级统治的性质",说"罪犯在任何一个社会里并不构成一定的阶级"。他们还引经据典,把这种扭曲的政治和法律结论,说成是"创造性的马克思主义"哩。时间不过二十多年,言犹在耳,然而这个不可一世的理论大厦却彻底坍塌了。正是在"全民国家"和"全民法"里,已经孕育成熟的地主阶级、资产阶级、买办阶级、官僚资产阶级和形形色色的阶级敌人、犯罪分子,撕掉了"友好的和本性已经完全改变的阶级"的面纱,一起跑出来疯狂地复辟,苏联的社会主义被埋葬了。这就是犯罪与阶级斗争的关系。

马克思主义犯罪根源理论的根本点,是私有制和阶级斗争。这是迄今表达最科学、最符合实际的理论。

犯罪人类学的代表是龙布罗梭,他提出的"生来犯罪人"概念,虽然已被否定,但犯罪生物学研究没有中断。犯罪人类学学派认为犯罪是一种生物遗传。犯罪生物学研究犯罪的生物学问题,认为"人格生成及其本性"是研究犯罪生物学的中心问题。伦茨(Adolf Lenz)把体质生物学与遗传生物学综合为统一的犯罪生物学体系。他认为这样做,恢复了正确的犯罪人类学,也把犯罪心理学、犯罪人类学和犯罪精神病学包括在内。流传最广的是"犯罪性恶论"。柏拉图认为犯罪产生于人的恶性,而性恶是人类的本性。这些论说,脱离私有制、脱离阶级和阶级斗争来谈论犯罪根源,从上帝、人性和遗传那里寻找根据,是不可能找到科学答案的。

> 犯罪——孤立的个人反对统治关系的斗争,和法一样,也不是随心所欲地产生的。相反地,犯罪和现行的统治都产生于相同的条件。同样也就是那些把法和法律看作是某种独立自在的一般意志的统治的幻想家才会把犯罪看成单纯是对法和法律的破坏。
>
> 马克思恩格斯:《德意志意识形态》,
> 《马克思恩格斯全集》第3卷第379页。

> 如果社会剥夺了成千人的必需的生活条件,把他们置于不能生存的境地,如果社会利用法律的铁腕强制他们处在这种条件之下,直到不可避免的结局——死亡来临为止,如果社会知道,而且知道得很清楚,这成千的人一定会成为这些条件的牺牲品,而它仍然不消除这些条件,那末,这也是一种谋杀,和个人所进行的谋杀是一样的,只不过是一种隐蔽的阴险的谋杀,没有人能够防御它,它看起来不像是谋杀,因为谁也看不到谋杀者,因为谋杀者是所有的人,同时又谁也不是,因为看起来被杀的人似乎是自然地死去的,因为这与其说是犯罪,不如说是渎职。
>
> 恩格斯:《英国工人阶级状况》,
> 《马克思恩格斯全集》第2卷第380页。

> 英国社会每日每时都在犯这种英国工人报刊有充分理由称之为社会谋杀的罪行;英国社会把工人置于这样一种境地:他们既不能保持健康,也不能活得长久;它就这样不停地一点一点地毁坏着工人的身体,过早地把他们送进坟墓。我还要证明:社会知道这种状况

对工人的健康和生命是怎样有害，可是一点也不设法来改善。

> 恩格斯：《英国工人阶级状况》，
> 《马克思恩格斯全集》第 2 卷第 380 页。

大城市是自行成长起来的，人们迁居到那里也完全是出于自愿；同时现在也还不能立刻就得出结论说：创造大城市的只是工业和靠工业发财的资产阶级；于是统治阶级就很便于把一切灾难都归咎于这个从外表上看起来似乎不可排除的原因。实际上，大城市不过是创造了一些条件，促使那些早已存在、至少已处于萌芽状态的罪恶迅速而全面地发展起来而已。

> 恩格斯：《英国工人阶级状况》，
> 《马克思恩格斯全集》第 2 卷第 405～406 页。

蔑视社会秩序的最明显最极端的表现就是犯罪。只要那些使工人道德堕落的原因起了比平常更强烈更集中的影响，工人就必然会成为罪犯，正像水在列氏 80° 时由液态变为气态一样。在资产阶级的粗暴野蛮、摧残人性的待遇的影响之下，工人逐渐变成了像水一样缺乏自己意志的东西，而且也同样必然地受自然规律的支配——到了某一点他的一切行动就会不由自主。

> 恩格斯：《英国工人阶级状况》，
> 《马克思恩格斯全集》第 2 卷第 416 页。

工人们多半都能领到现钱，但是，厂主们还是有足够的办法强迫工人到工厂商店里而不到旁的地方去买东西。这样就很难揭穿这类厂主；现在，只要他们的确把钱交到工人手里，他们就可以在法律的保护下干自己的罪恶勾当了。

> 恩格斯：《英国工人阶级状况》，
> 《马克思恩格斯全集》第 2 卷第 468 页。

英国工人不仅在物品的质的方面受骗，而且在量的方面也受骗。小商人的尺和秤大部分是不合规定的。在警察局的报告里，因犯了这类罪而被处以罚款的事情，每天都多得难以置信。

> 恩格斯：《英国工人阶级状况》，
> 《马克思恩格斯全集》第 2 卷第 354 页。

据一个委员说，学校里经常吵吵闹闹，乱成一团。因此，儿童的道德水平是非常不能令人满意的；所有的罪犯有一半是十五岁以下的；仅仅在一年内就有 90 个十岁的罪犯被判了刑，其中有 44 人是刑事犯。

> 恩格斯：《英国工人阶级状况》，
> 《马克思恩格斯全集》第 2 卷第 488 页。

反抗心情的最早、最原始和最没有效果的形式就是犯罪。工人过着贫穷困苦的生活，同时看到别人的生活比他好。他想不通，为什么偏偏是他这个比有钱的懒虫们为社会付出更多劳动的人该受这些苦难。而且穷困战胜了他生来对私有财产的尊重，于是他偷窃了。我们已经看到，随着工业的发展，犯罪事件也在增加，每年被捕的人数和加工的棉花的包数经常成正比。

恩格斯：《英国工人阶级状况》，

《马克思恩格斯全集》第2卷第501～502页。

现代社会促使个人敌视其他一切人，这样就引起了一个一切人反对一切人的社会战争，这个战争在某些人那里，尤其是在文化水平低的人那里不可避免地会采取粗暴的野蛮的暴力形式，即犯罪的形式。为了使自己不受犯罪行为即公开的暴力行为的侵害，社会就需要有庞大而复杂的、耗费无数人力的行政机关和司法机关。

恩格斯：《在爱北斐特的演说》，

《马克思恩格斯全集》第2卷第608页。

在每一个人的身体上和精神上的需求都得到满足的地方，在没有什么社会隔阂和社会差别的地方，侵犯财产的犯罪行为自然而然地就不会再发生了。刑法会自行消失，民法（它几乎只是专门处理财产关系或者至多是专门处理那些以社会的战争状态为前提的关系）也会不再存在。

恩格斯：《在爱北斐特的演说》，

《马克思恩格斯全集》第2卷第608页。

穷困到半死不活地步的农民，由于饥饿，在拿走粮食而发生冲突时并非有意地杀了人，却被残忍地送交给刽子手。相反地，奥尔西尼勇敢地承认自己参与谋杀，并承担了全部责任。他被依法判了罪，虽然巴黎的居民群众很同情他，但他的遭遇本身并没有什么特别使第二帝国威信扫地的东西。

马克思：《时代的表征》，

《马克思恩格斯全集》第12卷第437页。

1854年以后犯罪率的这种表面上的减少，其实应该完全看作是由于不列颠诉讼程序的某些技术性的改变所造成的，首先是少年犯处治法，其次是1855年的刑事裁判法，这个法律规定治安法官在被捕人同意接受他的审判时，有权判处短期拘禁。违法行为通常是由不以立法者意志为转移的经济因素造成的；但是，正如实施少年犯处治法所证明的，判定某些违犯由官方制定的法律的行为是犯罪还是过失，在一定程度上则取决于官方。这种名词上的区别远不是无关紧要的，因为它决定着成千上万人的命运，也决定着社会的道德面貌。法律本身不仅能够惩治罪行，而且也能捏造罪行，尤其是在职业律师的手中，法律更加具有这方面的作用。

马克思：《政治评论》，

《马克思恩格斯全集》第 13 卷第 552 页。

俄国政府在自己的国家里，除正教而外，不容忍其他任何宗教，它把叛教当作罪行严加惩罚，它征服别的民族，吞并左右邻邦的领土，同时不断加强对俄罗斯农奴的束缚，——就是这个俄国政府，却很快对波兰大肆攻击起来，它借口信教自由，说什么因为波兰压迫正教徒；借口要维护民族原则，因为东部地区的居民是小俄罗斯人，需要把他们合并到大俄罗斯里去；并且借口革命权利，武装农奴去反对他们的主人。俄国是完全不择手段的。

恩格斯：《工人阶级同波兰有什么关系？》，

《马克思恩格斯全集》第 16 卷第 181 页。

在爱尔兰，享有特权的人数也增加了，他们的收入增多了，而同时却有 1/6 的爱尔兰劳动儿女死于饥饿和由饥饿引起的疾病，1/3 幸存的人则被依法从租种的土地上赶走和抛向街头，他们为了逃避罪恶的篡夺者的迫害而不得不流亡他乡。

马克思：《土地和劳动同盟告大不列颠和爱尔兰男女工人书》，

《马克思恩格斯全集》第 16 卷第 659 页。

成千上万比较精明而不太正直的人则由于小小的偷窃行为而坐牢，他们宁尝铁窗风味，也不愿受习艺所的待遇；与此同时，大骗子手们却依然逍遥法外，罪恶的大地主们操纵着法庭，他们在治安法官会议开庭期间主宰着一切。成千上万年轻力壮的人流亡海外，像逃避鼠疫那样逃离自己的故乡；年老体弱的人因饥寒交迫而倒毙道旁。大大小小的医院挤满了寒热病患者和饿得奄奄一息的人，饿死已成为天天发生的常见现象。

马克思：《土地和劳动同盟告大不列颠和爱尔兰男女工人书》，

《马克思恩格斯全集》第 16 卷第 659～660 页。

这个建立在劳动奴役制上的罪恶的文明社会，每次取得血腥的胜利时，都要发出受到世界各处响应的毁谤的狂吠，来淹没它的受害者即为争取美好的新社会而英勇牺牲的战士们的喊声。工人们的平静的巴黎，公社的巴黎，突然被这批维护"秩序"的嗜血恶狗们变成了一个魔窟。

马克思：《法兰西内战》，

《马克思恩格斯全集》第 17 卷第 378 页。

资产阶级不仅为易北河以东的容克地主恢复了世袭领地的警察制度和其他的一切封建废物，甚至还自己惩罚了自己的罪孽深重的自由主义，亲手废除了在 1808 年确定的工业自由并且在十九世纪中叶恢复了行会制度。

恩格斯：《普鲁士"危机"》，

《马克思恩格斯全集》第18卷第325页。

由于社会组织在任何时候和任何地方都是人们所犯的罪行的唯一原因，所以惩罚罪犯是社会方面的伪善行为或者显然的荒谬论调，因为任何惩罚都是以罪行为前提的，而罪犯们永远都是无罪的。犯罪和惩罚的理论是神学的产物，即荒谬论调和宗教伪善行为相结合的产物。

马克思恩格斯：《社会主义民主同盟和国际工人协会》，

《马克思恩格斯全集》第18卷第508页。

可以承认社会在其目前过渡状态中所具有的唯一权利，就是为了自卫而杀死它自己制造出来的罪犯的自然权利，而不是审判和惩治这些罪犯的权利。这种权利甚至也不是按这个词的确切含义来说的；不如说这是令人悲痛的但是必不可免的自然事实，是现社会的无力和愚钝的标志和结果；社会愈少地使用这种权利，它就愈接近于它本身的真正解放。一切革命者，一切被压迫者，一切受苦受难者，都是现代社会组织的自然满怀憎恨和复仇情绪的牺牲品。他们应当记住，各种各样的国王、压迫者和剥削者同人民群众中出现的罪犯一样，也是有罪的。他们都是恶棍，但不是罪人，因为他们和普通的罪犯一样，都是现代社会组织的不以意志为转移的产物。

马克思恩格斯：《社会主义民主同盟和国际工人协会》，

《马克思恩格斯全集》第18卷第508页。

自治州起义几乎毫无抵抗就被极其可耻地镇压下去了，可是，它在复灭的时候也连带葬送了国际在西班牙的威信和组织。不管发生了什么胡作非为的事情、罪行或暴行，共和党人现在都把它推在国际会员身上；我们甚至还有关于下述情况的可靠材料：在塞维尔，当战斗进行的时候，不妥协派向自己的同盟者、国际〈巴枯宁派的〉会员开枪射击。

恩格斯：《行动中的巴枯宁主义者》，

《马克思恩格斯全集》第18卷第538页。

新的生产力已经超过了这种生产力的资产阶级利用形式；生产力和生产方式之间的这种冲突，并不是像人的原罪和神的正义的冲突那样产生于人的头脑中，而是实际地、客观地、在我们之外、甚至不依赖于引起这种冲突的那些人的意志或行动而存在着。现代社会主义不过是这种实际冲突在思想上的反映，是它在头脑中、首先是在那个直接吃到它的苦头的阶级即工人阶级的头脑中的观念的反映。

恩格斯：《社会主义从空想到科学的发展》，

《马克思恩格斯全集》第19卷第229页。

工业在资本主义基础上的迅速发展，使劳动群众的贫穷和困苦成了社会的生存条件。犯罪的次数一年比一年增加。如果说，以前在光天化日之下肆无忌惮地干出来的封建罪恶虽然没有消灭，但终究已经暂时被迫收敛了，那末，以前只是暗中偷着干的资产阶级罪恶却更加猖獗了。商业日益变成欺诈。

恩格斯：《反杜林论》，

《马克思恩格斯全集》第 20 卷第 281~282 页。

印刷机使用两种工人：一种是成年工人，他们看管机器；另一种是少年，大多从 11 岁到 17 岁，他们的工作只是把纸铺开送到机器上，或者从机器上把印好的纸取下来。……。他们当中大部分人不识字，他们通常都是非常粗野的、反常的人……。当他们长大到不适于从事儿童劳动时，也就是最迟到 17 岁时，就被印刷厂解雇。他们成为罪犯的补充队。企图在别的地方为他们找到职业的某些尝试，也都由于他们的无知、粗野、体力衰退和精神堕落而遭到了失败。

马克思：《资本论第一卷》，

《马克思恩格斯全集》第 23 卷第 532 页。

神学中关于原罪的传说告诉我们，人怎样被注定必须汗流满面才得糊口；而经济学中关于原罪的历史则向我们揭示，怎么会有人根本不需要这样做。但是，这无关紧要。于是出现了这样的局面：第一种人积累财富，而第二种人最后除了自己的皮以外没有可出卖的东西。大多数人的贫穷和少数人的富有就是从这种原罪开始的；前者无论怎样劳动，除了自己本身以外仍然没有可出卖的东西，而后者虽然早就不再劳动，但他们的财富却不断增加。

马克思：《资本论第一卷》，

《马克思恩格斯全集》第 23 卷第 781~782 页。

资本主义制度却正是要求人民群众处于奴隶地位，使他们本身转化为雇工，使他们的劳动资料转化为资本。……。1627 年，在查理一世的时候，丰特米尔的罗吉尔·克罗克在丰特米尔的领地上修建一座小屋时，还因没有拨出 4 英亩土地作为小屋的永久附属物而被判罪……。

马克思：《资本论第一卷》，

《马克思恩格斯全集》第 23 卷第 788 页。

十五世纪末和整个十六世纪，整个西欧都颁布了惩治流浪者的血腥法律。现在的工人阶级的祖先，当初曾因被迫变成了流浪者和贫民而受到惩罚。法律把他们看作"自愿的"罪犯，其依据是：只要他们愿意，是可以继续在已经不存在的旧的条件下劳动的。

马克思：《资本论第一卷》，

《马克思恩格斯全集》第 23 卷第 803 页。

一个国家的人民负债越多就越富这一现代理论是完全合乎逻辑的。公共信用成了资本的信条。随着国债的产生，不可饶恕的罪恶，已不再是亵渎圣灵，而是破坏国债的信用了。

马克思：《资本论第一卷》，

《马克思恩格斯全集》第 23 卷第 823 页。

罪过就在于他们建立了这样一个制度。但他们这样做是符合文明国家所全力维护的一切法律的。"我有充分的权利，我购买股票。世界上一切法庭、一切警察、一切常备军、一切舰队都在保护我的这种对股票的神圣权利。"拥有几亿卢布的银行建立起来了，这些银行在全世界建立了银行掠夺网，它们在殊死的搏斗中冲突起来，这是谁的罪过呢？去找罪人吧！罪过在于半个世纪以来资本主义的全部发展，要摆脱这种情况，除了推翻资本家的统治和进行工人革命，没有别的出路。

列宁：《战争与革命》，

《列宁全集》第 30 卷第 88 页。

现在有人说，俄国处于灭亡的边缘。既然如此，那么保护"神圣的"私有财产就是犯罪。因此我要问：关于监督的词句有什么意义呢？难道你们忘了，尼古拉·罗曼诺夫关于监督也写过很多东西。你们可以从他那里找到很多关于监督的词句：国家监督、社会监督、参议员的职责等等。革命后的两个月内，工业家们掠夺了整个俄国。资本赚了百分之几百的利润，每份报表都谈到了这点。可是当工人们在革命的两个月内"放肆地"说他们要过人的生活时，全国资本家的报刊都咆哮起来了。

列宁：《战争与革命》，

《列宁全集》第 30 卷第 94 页。

兼并无非是大银行统治的政治表现和政治形式，而大银行统治从资本主义中产生是必然的，这不是由于谁的罪过，因为股票是银行的基础，而股票的聚集则是帝国主义的基础。

列宁：《在全俄工兵代表苏维埃第一次代表大会上的讲话》，

《列宁全集》第 30 卷第 252 页。

马克思在《政治评论》里提到的"少年犯处治法"，指 1854 年英国建立的所谓"感化学校"，12～16 岁的少年犯不处短期徒刑，就送入这些学校。

恩格斯在《普鲁士"危机"》里说，"废除了在 1808 年确定的工业自由并且在十九世纪中叶恢复了行会制度"，指的是 1808 年 10 月 24 日普鲁士国王颁布的关于废除行会限制和垄断的敕令，以及 1808 年 12 月 26 日的命令，命令以宣言的形式宣布可以自由经营工商业。1849 年 2 月 9 日普鲁士政府颁布了两项关于修改旧工商业条例的命令，规定成立工商业谘询委员会（Gewerberäte）和工商业仲裁法庭（Gewerbegerichte），从而恢复了半中世纪性质的工商业立法。

2. 犯罪构成

犯罪构成是定罪量刑的依据。只有构成犯罪，才存在定罪量刑问题。认定，是犯罪构成的前提条件。就是说，把事实上的犯罪行为确定为法律上的犯罪，必须经过司法机关的认定，如船上一个人掉在河里了，是失足落水还是被他人推下去的，需要有权机关认定。有权机关说是失足落水，那么纵使是被他人推下去的，也不构成犯罪。这是客观事实与法律事实的关系。审判机关只依据法律事实办案。

犯罪（英 Crime、德 Verbrechen、法 Crime），有两种涵义：一是一般意义上的犯罪。这种涵义的犯罪，指犯罪是侵害社会生活秩序的反社会、反规范的行为，是应当处以刑罚的行为。二是具体意义上的犯罪。这是犯罪的刑法概念。这种涵义上的犯罪，是发生刑罚的必要前提条件，即按刑法处以刑罚的行为，就是符合刑法规定的犯罪构成要件的行为。刑法上的犯罪，一定是①违反刑法的行为；②符合犯罪构成要件的行为；③应负刑事责任的行为。

犯罪构成，是刑法规定的其行为构成犯罪所具备的必要条件。英美法系的犯罪构成，包括犯罪行为和犯罪意图两个要件，并且具有实体法和诉讼法上的意义。17 世纪克莱茵（E. F. XIen）使用"犯罪构成"概念，但限于诉讼程序，没有进入实体法领域。大陆法系的犯罪构成，普遍按违反刑法、事实确当、应负刑事责任三个要件认定。

我国的犯罪构成理论，是四个一般要件，就是犯罪主体、犯罪主观方面、犯罪客体、犯罪客观方面。犯罪主体，是实施了犯罪行为，应当承担刑事责任的个人和法人等社会组织。犯罪主观方面，是犯罪主体的犯罪行为的动机，包括犯罪故意、犯罪过失两种情况。犯罪客体，是犯罪行为所指向的对象，包括一般客体、同类客体和直接客体三种类型。犯罪客观方面，是构成犯罪必备的客观事实。对于特殊形态犯罪的构成要件，刑法则有具体规定，他们除了具备犯罪一般要件外，还要具备特定的构成特殊形态犯罪所要求的构成要件。共同犯罪、数罪、不完整形态的犯罪，是特殊形态犯罪，其构成要件并不相同。

犯罪构成事实，指犯罪构成要件的事实。犯罪构成要件，是从无数犯罪事实中抽象出来的观念形态，而犯罪构成事实是符合构成要件的具体事实。在一般情况下，构成要件也就是犯罪构成事实，两者在同一意义上使用。

经典作家精于犯罪构成要件研究，他们对于罪与非罪的认识，正是建立在这个基础上的。经典作家揭穿了资产阶级的思想奴仆——资产阶级法学家、经济学家和资本主义制度辩护士的真面目，指出他们死心塌地地用自己的理论去替统治阶级的任何犯罪行为辩护。

市法院和上诉法院对犯罪构成本身的看法不仅是不同的，甚至是直接对立的。——一个发现有侮辱我的话，另一个却说没有。法官在对犯罪构成的看法上的这种矛盾，确凿证明了在这里 prima facie 起诉对象是有的。

马克思:《福格特先生》,

《马克思恩格斯全集》第 14 卷上册第 713 页。

在进行了一年半的审前侦查之后,陪审员们需要能够证明犯罪的客观材料,以期在舆论面前洗刷自己。在演了五个星期的警察喜剧之后,陪审员们又需要"纯粹的倾向"以期洗清实际材料的污秽。因此,泽特并不满足于迫使检察院作出"缺乏客观的犯罪构成"这样一个判决的材料。他还更进了一步。他还企图证明,反对密谋的法律根本不要求什么犯罪构成,而纯粹是倾向性的法律,可见,密谋的概念只不过是用合法手续烧死政治异教徒的一种借口而已。

马克思:《福格特先生》,

《马克思恩格斯全集》第 14 卷上册第 450 页。

根据沙皇的命令,所有参加修建博马尔松德堡垒的工程师都被逮捕了。他们将交付法庭审判。他们被控的罪名之一是,工事本应全部用花岗石修建,然而,在堡垒塌陷以后发现,围墙中间填的完全是沙子和碎石。

马克思:《联军舰队的活动。——多瑙河各公国的局势》,

《马克思恩格斯全集》第 10 卷第 526 页。

对这种神职人员的侮辱,即使不是在他执行职务的时候,不是当着他的面,而是当他已经回到私生活中的时候,这仍然是对宗教的玷污,是一种亵渎行为。官职越高,对宗教的玷污罪行就越重。因此,侮辱国王,侮辱陛下是对国家神职人员的最大侮辱,根据 code pénal,从刑法观点看来,这是决不许可的事情。

马克思:《〈新莱茵报〉审判案》,

《马克思恩格斯全集》第 6 卷第 269 页。

依照莱茵省法律,侮辱第三流的"国家元首"视同侮辱私人(罚款五法郎),其治罪只是根据受侮者的申诉,而不是因为这种罪行具有公法性质。

马克思:《霍亨索伦王朝的出版法案》,

《马克思恩格斯全集》第 6 卷第 439 页。

尽管曼托伊费尔—海特用刺刀驱散了协商议会和两院等"政治团体",可是他们却为了"维护这些议会"而把一些新罪名塞进莱茵省居民的"有缺陷"的 code pénal〔刑法典〕出于上帝和国王的恩典,曼托伊费尔—海特内阁钦定给全国一部国产宪法,以便给莱茵省法律钦定一种前所未闻的新罪名——"侮辱议院"。

马克思:《霍亨索伦王朝的出版法案》,

《马克思恩格斯全集》第 6 卷第 439 页。

对拉萨尔的控告实质上应按第八十七条（死刑）判刑。但他们不敢这样控告他。他们把第八十七条和第一〇二条（流刑）结合起来控告他；但是，如果这种办法无效，如果陪审团宣告拉萨尔无罪，那就把他送交违警法庭，控以触犯第二〇九条和第二一七条之罪（六天至一年的徒刑）。所有这一切都是因为同一件事实，即在拒绝纳税运动时期进行宣传鼓动！

然而，一般地煽动武装起来既不是什么过失，更不是什么罪行，尤其是从革命以来，从1848年4月6日法令通过以来，更是如此。

恩格斯：《拉萨尔》，
《马克思恩格斯全集》第6卷第555~556页。

拉萨尔的处境将会是这样陪审法庭无疑将宣判他无罪，但是那时他又要受到违警法庭的审讯。那时将再设法制造要他继续坐牢的口实，而违警法庭是不会落到陪审法庭那种困难处境的！

恩格斯：《拉萨尔》，
《马克思恩格斯全集》第6卷第548页。

根据迄今存在的违警法庭的诉讼程序，向来都规定，把含有侮辱内容的文件送给被侮辱者本人或把它公开传播才能构成罪行。现在，尼科洛维乌斯先生做出一件发明，如果有人向第三者写信时用侮辱性的言词写到官吏的话，那也是对官吏的侮罪！

恩格斯：《拉萨尔》，
《马克思恩格斯全集》第6卷第532页。

作为整个商业基础的欺骗、敲诈、投机和交易所的勾当按 code pénal〔刑法典〕治罪的轻重，一般完全取决于资本的多少。

马克思恩格斯：《"新莱茵报。政治经济评论"第4期上发表的书评》，
《马克思恩格斯全集》第7卷第325页。

他做了这样一番说教以后，就释放了被告，像通常所做的那样：如果罪犯是资产阶级就释放，而贫穷的无产者如果偷了5英镑以上的钱而被拿获，那就非判处苦役不可。

马克思：《政治动态。——欧洲缺粮》，
《马克思恩格斯全集》第9卷第344页。

这位高尚的情报员终于不得不在实际上停止审理这个案件，因为所能加于黑耳先生的唯一罪名就是他的炸药工厂离伦敦市郊太近，违反了法律规定。这个好像是以炸毁整个欧洲为目的的大阴谋原来不过是违背了警察条例，处以罚金就行了！

马克思恩格斯：《上一届英国政府》，
《马克思恩格斯全集》第11卷第27页。

英国公众感兴趣的是这样一个问题：能以重金收买两个贪财医师的无耻阔人有没有权利在疯人待遇法的掩盖下发出 lettres de cachet〔拘捕令〕? 还有一个问题：能不能听任一个内阁大臣用简单的家庭和解来了结一件昭然若揭的罪行？

马克思：《布尔韦尔－利顿夫人的囚禁》，

《马克思恩格斯全集》第 12 卷第 567 页。

威廉·赫德逊·格恩赛先生，别名华盛顿·格恩赛，由于从英国殖民部图书馆中盗窃了伊奥尼亚群岛首席专员约翰·杨格爵士致前届帕麦斯顿勋爵政府的两个密件（一个写于1857 年 6 月 10 日，另一个写于 1858 年 7 月 18 日）而被追究刑事责任；这个案子刚刚由中央刑事法庭在马丁男爵的主持下进行了审理并以宣布被告无罪而结束。

马克思：《伊奥尼亚群岛问题》，

《马克思恩格斯全集》第 12 卷第 705 页。

这一诉讼案在法律上令人感兴趣的地方在于这样一点：格恩赛的辩护律师承认了盗窃十份密件副本的事实，但是以格恩赛并没有把它们用于个人目的的意图，证明当事人无罪。如果偷窃罪只能根据非法侵占他人财产的意图来定罪，那末刑事法在这方面就会走入绝路。

马克思：《伊奥尼亚群岛问题》，

《马克思恩格斯全集》第 12 卷第 705 页。

"随着普鲁士警察当局亲自伪造并暗中偷运的记录本的真相大白，案件已进入了一个新的阶段。现在陪审员们已无法承认被告是有罪还是无罪了；现在他们必须承认的是：被告有罪，还是政府有罪。宣判被告无罪就等于判决政府有罪。"（同上，第 70 页）

马克思：《福格特先生》，

《马克思恩格斯全集》第 14 卷上册第 450 页。

不幸的是，勒维把一个完全无辜的人的名字拉扯进去，当做烹制焖肉的胡椒。由此引来了一桩控告他进行诽谤的诉讼，结果是英国法庭判他有罪并公开谴责他的报纸。

马克思：《福格特先生》，

《马克思恩格斯全集》第 14 卷上册第 657 页。

巴雷特被叛处死刑，定罪是根据一个已经妄指过三个人为本案罪犯的伪证人的证词，而特地从格拉斯哥赶来作证的八位公民的证词却没有受到注意，他们曾经证明，当爆炸发生时巴雷特是在格拉斯哥。

《燕妮·马克思关于爱尔兰问题的文章》，

《马克思恩格斯全集》第 16 卷第 691 页。

　　菲兹吉拉德法官取消了纽金特的当选资格，宣称纽金特的代理人即神甫们有罪，因为他们对选民行贿，使这个国家不是充满神圣的精神，而是充满犯罪的精神。据报道，仅仅在 12 月 1 日至 1 月 1 日这一个月中，可敬的神甫们花在烧酒上的钱就有 3500 英镑之多。

《燕妮·马克思关于爱尔兰问题的文章》，
《马克思恩格斯全集》第 16 卷第 698 页。

　　（皮克事件）就是这个伪证制造犯，刚一握权，就立即出于同情释放了两位同行兄弟皮克和泰费尔。这两个人甚至在第二帝国时代就已经因为犯盗窃和伪造文件罪而被判处苦役，其中的一个泰费尔竟敢在公社成立以后回到巴黎，不过立刻就被送回到适合于他的地点。

马克思：《"法兰西内战"二稿》，
《马克思恩格斯全集》第 17 卷第 624 页。

　　继战时戒严状态之后，便是以叛国、侮辱帝王和官员等罪名提出的审判案，便是和平时期日益加紧的警察的无端迫害。经常总是至少有三四个"人民国家报"编辑同时关在监狱里；其他报纸境况也是一样。

恩格斯：《"德国农民战争"一八七〇年版序言的补充》，
《马克思恩格斯全集》第 18 卷第 565 页。

　　法典具有空前的伸缩性，因此，甚至在胆怯地表达工人阶级的要求和利益的情况下，政府也可以设法给人定罪。

恩格斯：《一八七七年的欧洲工人》，
《马克思恩格斯全集》第 19 卷第 148 页。

　　法兰西法根本没有像普鲁士邦法中所说的"策动"犯罪这种肤浅的范畴，更不用说什么策动犯罪企图了。法兰西法只有教唆犯罪，而这只有"通过送礼、许愿、威胁、滥用威信或权力、狡猾的挑拨或犯罪的勾当"（刑法典第六十条）来进行时才可以判罪。埋头于普鲁士邦法的检察机关，完全和杜林先生一样，忽略了规定得很明确的法兰西法律和含糊的普鲁士邦法的不确定性之间的本质差别，只有对法兰西现代法领域完全无知的人，才敢断言法国的刑事诉讼有普鲁士邦法那样的"由法院宣判无罪"，这种半宣判无罪；法兰西现代法在刑事诉讼中只有判罪或宣判无罪，而没有介于两者之间的判决。

恩格斯：《反杜林论》，
《马克思恩格斯全集》第 20 卷第 120 页。

　　警察偷窃，伪造，揭开写字台，发假誓，作伪证，除此之外，还妄图享有对待那些与世隔绝的共产党人的特权！所有这一切，以及警察当局以最无耻的手法取代检察机关的全部职能，把泽特推到无足轻重的地位，把没有任何人作证的文件、未经证实的传闻、告密、小道新闻当成真正的法律证据，当成罪证，——这太过分了！

《马克思致恩格斯》，

《马克思恩格斯全集》第 28 卷上册第 166 页。

如果律师们干得坚决和巧妙，那末，案件的结局可能不至于给科伦人判罪，而是施梯伯先生因伪誓和犯有违反无神论的法兰西刑法典的其他普鲁士罪行而被逮捕。

《恩格斯致马克思》，

《马克思恩格斯全集》第 28 卷上册第 178 页。

一个警务官员若是在伦敦闯进一所房子进行"偷窃"，那从法律观点来说丝毫没有犯罪，"至多"是行为不道德。这看来象是普鲁士国家对英国人的一种恩赐：习惯法暂停生效。

《马克思致卡·济贝耳》，

《马克思恩格斯全集》第 30 卷下册第 535 页。

在罗马法里，家庭＝奴隶，法典作为罗马法的残余，它把那些通常属于违警法庭审理的轻微犯罪行为转交给陪审法庭审讯。

《马克思致恩格斯》，

《马克思恩格斯全集》第 35 卷第 11 页。

宣布战时状态，关闭普通法庭。双方没有一方手软。宣布犯有叛国罪者不受法律保护的法案 {Bills of attainder} 和各种各样的司法迫害。陪审法庭（成员全是政府的拥护者）只不过登录法官向他们口授的决定而已。

马克思：《从美国革命到 1801 年合并的爱尔兰》，

《马克思恩格斯全集》第 45 卷第 74 页。

谈到这些缺勤的正当理由的法律条例时必须指出，这些条例严酷得好象是对待军营中的士兵，而不是对待自由的人。这些条例是从关于不出庭的合法理由的条例上抄来的：如果一个人被控告犯了某种罪行，侦查人员就要传讯他，被告就必须出庭。准许他们不出庭的那些情况也正是准许工人缺勤的那些情况。这就是说，法律对待工人像对待一切骗子、小偷等一样严厉。谁都懂得，为什么传讯条例要这样严厉，因为侦查犯罪行为关系到整个社会。

列宁：《厂主可以根据什么理由课处罚款?》，

《列宁全集》第 2 卷第 37 页。

在我国法庭是由官僚、钻营者和资产阶级迂腐文人组成的这一人所共知的情况下——甚至可能使法令完全无法实施。"严重的疏忽"是什么意思呢？这一点十分含糊，而且无法确定。哪些条件和在什么范围以内能证明严重的疏忽无罪，而哪些条件则不能证明无罪——这个问题完全交由官吏们去裁决。

列宁：《一项给遭受不幸事故的工人发放抚恤金的法令》，
《列宁全集》第 7 卷第 311 页。

对于当场捕获的和罪证确凿的投机倒把分子，检查队可以就地枪决。凡查明有营私舞弊行为的检查队员，也将受到同样的制裁。

列宁：《彼得格勒苏维埃主席团和粮食机关代表联席会议文献》，
《列宁全集》第 33 卷第 312 页。

在任何工厂、任何经济单位、任何事情上，凡是破坏劳动纪律的人，就是造成饥荒和失业痛苦的罪人；应该善于查出这种罪人，交付审判，严厉惩办。

列宁：《苏维埃政权的当前任务》，
《列宁全集》第 34 卷第 178 页。

对不遵守劳动纪律的惩罚应该从严，直到监禁。开除出厂的办法也可以采用，但其性质已经完全不同。在资本主义制度下，开除是违反民事契约的。而现在要是违反劳动纪律，特别是在实行劳动义务制的情况下，那就是犯刑事罪，应当受到一定的惩罚。

列宁：《在最高国民经济委员会主席团会议上的讲话》，
《列宁全集》第 34 卷第 196 页。

当彼得格勒、莫斯科和数十个非农业县的人民不仅缺乏粮食，而且在遭受饥荒折磨的时候，囤积余粮和多余的其他食品是极大的犯罪，应毫不留情地给予惩处。

列宁：《关于同饥荒作斗争的措施》，
《列宁全集》第 34 卷第 364 页。

受我的委托，原莫斯科肃反委员会曾对科学技术局和发明事务委员会两单位的玩忽职守、拖拉作风、不负责任等犯罪性行为进行了调查。调查结果交给了莫斯科革命法庭，莫斯科革命法庭不但没有对此案进行实质性审理，把犯罪人员揭露出来并予以惩办（……）反而竭力包庇被告，竟在原告缺席的情况下进行审判，最后认定控告证据不足，宣布所有犯罪人员无罪。……。必须在革命法庭上提起政治诉讼（为了进行报道，可吸收索斯诺夫斯基同志参加），把这个"科学"泥潭好好整治一下。

列宁：《致亚·德·瞿鲁巴》，
《列宁全集》第 52 卷第 371～372 页。

马克思在《福格特先生》里的这段话，是马克思引证自己的话。这是一起关于科伦共产党人的案件。检察机关本身在自己的起诉书中硬说，记录本里包含有"许多真实的东西"。他们绝口不谈记录本是不可靠的，而只是对不能证明它是真的这一点表示遗憾。由施梯伯发誓证实的记录本已失去了真实性，在这同时，由施梯伯发誓证实的舍尔瓦尔在巴黎的那个证词（泽特在自己的答复中曾经不止一次地引证过这个证词）也失去了真实性。普鲁士当局就是依据这个记录本，决定逮捕并定罪的。

由于拼凑起来的事实随之失去效力，尽管有舍尔瓦尔的密谋，检察院在 1851 年 10 月还是没有获得所缺乏的犯罪构成，因此，它就根据内阁的命令，下指示开始新的侦查。这次侦查由警察厅长舒耳茨领办，目的是找到犯罪构成。舒耳茨只找到了原本记录。他所弄到的全部新材料只不过是记录本上的几页，为此被告们坐了一年半的监牢。原本记录并不是一个孤立的情节；它是政府活动的种种线索，即来自大使馆和警察当局、内阁和各地方当局、检察机关和邮政局、伦敦、柏林和科伦等等方面的种种线索的集结点。原本记录完全是用于制造案件的。派信使、发快信、扣留信件、逮捕、违背誓言，都是为了使原本记录保持有效，falsa〔伪造〕，是为了制造原本记录；收买，是为了证明原本记录是真的。原本记录的秘密被揭穿，就等于巨大案件的秘密被揭穿。

科伦案件以及其他案件都清楚地说明，"陪审法庭是特权阶级的等级法庭，建立这种法庭的目的是为了用资产阶级良心的宽广来填补法律的空白"。马克思无情地揭露了司法当局的偏颇不公，以及资产阶级的"公正裁判"的阶级性。作为被告，站在资产阶级法庭上的革命无产阶级手无寸铁，因此被告是事先就被定了罪的。

《马克思恩格斯全集》第 28 卷《恩格斯致马克思》里说，"施梯伯先生因伪誓和犯有违反无神论的法兰西刑法典的其他普鲁士罪行而被逮捕"，是指按刑法典（Code pénal）的规定，对伪证、诽谤以及诸如此类的罪行规定的刑事处分。因为施奈德尔在 11 月 4 日的辩护词中，揭露了施梯伯捏造的与警察当局没收马克思给科特斯的信有关的事实。

《马克思致恩格斯》里提到"在罗马法里，家庭 = 奴隶，法典作为罗马法的残余"中的"法典"，是指法国的刑法典（Code pénal）。

列宁在《厂主可以根据什么理由课处罚款?》里说，"准许他们不出庭的那些情况也正是准许工人缺勤的那些情况"，是指"火灾"这一种情况除外。这一点在传讯被告的法律中没有提到。

3. 罪与非罪的界限

定罪，是司法机关认定被审理的行为是否构成犯罪以及构成何种犯罪的活动。司法机关认定犯罪，必须解决罪与非罪的界限，而正确把握犯罪构成和该罪同相邻罪的区别，则是问题的关键。出人人罪或"葫芦僧乱判糊涂案"，大凡是出在这两个问题上。

经典作家下面论述的案例是把没有犯罪即不符合犯罪构成而硬搞成犯罪，或犯此罪而判为彼罪。"捡拾枯枝案""莱茵报案""国际工人协会案"，是典型的混淆罪与非罪界限的案件。用"窃钩者诛，窃国者侯"这个成语，来说明经典作家笔下资本主义司法制度的黑暗和腐败，是再恰当不过的。

我们的司法是人民司法，是与资本主义司法制度有本质区别的。我国定罪量刑，实行"以事实为根据，以法律为准绳"的方针。为贯彻这一方针，在具体司法实践中，应当做到：

第一，认定的具体犯罪行为必须与刑法规定相一致。如果不一致，不能认定构成犯罪。

第二，把握非法与合法、犯罪与违法、违法与不道德行为和违纪行为的界限。不允许把合法行为、不道德和违纪行为、一般违法行为认定为犯罪行为。

第三，准确确定罪名。不同罪名有不同行为内容和特征，其具体法律责任和刑罚也不相同。须采用法定罪名，罪名不得简化或生造罪名，不得使用外国罪名。

第四，要正确认定犯罪的程度，根据犯罪的严重程度，区分重罪与轻罪。

第五，以该罪的构成要件为准则，确定犯罪形态。一般犯罪形态构成与特殊形态犯罪构成，以刑法规定的犯罪构成要件为标准。

第六，遵从疑罪从无原则。疑罪，是有犯罪嫌疑，但主要事实不清，证据不足的行为。在疑罪情况下，存在有罪或无罪两种可能性。我国刑法体现了疑罪从无原则，即有罪与无罪存疑时，按无罪认定。

在"此罪非彼罪"的定罪中，存在该罪同相邻罪的区别问题。这里，应当明确：该罪必须以法律规定的犯罪构成为根据；该罪必须以具体犯罪构成事实为根据。

如"为境外窃取、刺探、收买、非法提供国家秘密、情报罪"，是为境外的机构、组织、人员窃取、刺探、收买、非法提供国家秘密或者情报的行为。该罪与"间谍罪"的区别，在于两罪在犯罪客观方面的区别。"间谍罪"是指参加间谍组织或者接受间谍组织及其代理人的任务，或者为敌人指示轰击目标，而该罪的行为人不必具有接受间谍组织及其代理人任务的行为。该罪与"泄露国家秘密罪"的区别，在于两罪的主体不同，该罪为一般主体，"泄露国家秘密罪"的主体是特殊主体，即国家工作人员。

如"爆炸罪"，是故意用爆炸方法杀伤群众、破坏公私财物，危害公共安全的行为。该罪与"危险物品肇事罪"的区别，在于后者指违反特定物品管理的规定，在生产、储存、运输、使用中发生重大事故、造成严重后果的行为。

如"参加恐怖组织罪"，是以故意制造恐怖活动为目的，参加恐怖组织，危害公共安全的行为。该罪与"组织、领导和积极参加恐怖组织罪"的区别，在于行为人在恐怖组织中所处地位是不同的，而处罚也有不同，该罪处3年以下有期徒刑、拘役或者管制，后罪处3年以上10年以下有期徒刑。

如"生产、销售有毒、有害食品罪"，是在生产、销售的食品中掺入有毒、有害的非食品原料，或者销售明知掺有有毒、有害的非食品原料的食品的行为。该罪与"生产、销售不符合卫生标准的食品罪"的区别，在于犯罪的对象不同。该罪的对象是有毒、有害食品，而后罪的对象是不符合卫生标准的食品。

如"诽谤罪"，是故意捏造并散布虚构的事实，足以损害他人人格，破坏他人名誉，情节严重的行为。该罪与"诬告陷害罪"的区别，在于该罪捏造的是损害他人人格、名誉的事实，后罪是捏造事实，作虚假告发，意图陷害他人，使他人受刑事追究的行为。该罪是当众或向第三者散发，后罪是向党政机关和有关部门告发，而且，该罪侵犯的客体是他人的人格权和名誉权，后罪同时侵犯他人的人身权利和司法机关的正常活动。

国家不能轻率地取消自己某一成员的所有职能，因为每当国家把一个公民变成罪犯时，它都是截断自身的活的肢体。有道德的立法者首先应当认定，把过去不算犯罪的行为列入犯罪行为的领域，是最严重、最有害而又最危险的事情。

马克思：《第六届莱茵省议会的辩论》，

《马克思恩格斯全集》第1卷第255页。

政府派来接任这一职务的并不是大家所期望并向政府指明的那种人，而是一个曾因类似的滥用职权行为受到自己原先的被管理者指控的乡镇长，此人在两年前被撤职，最后只是由于证据不足才宣告无罪。

马克思：《摩泽尔记者的辩护》，

《马克思恩格斯全集》第1卷第395页。

英国的士兵在法律上绝没有被看成是机械地照命令办事的没有意志的机器。相反地，法律认为他是《free agent》〔"自由行动者"〕，是有自由意志的人，他随时都应当知道自己在做什么，并对自己的一举一动负责。

马克思恩格斯：《英国士兵的誓言》，

《马克思恩格斯全集》第6卷第392页。

亨利八世二十七年，又重申了以前的法令，但由于加上了新的条款而更严厉了。如果在流浪时第二次被捕，就要再受鞭打并被割去半只耳朵；如果第三次被捕，就要被当作重罪犯和社会的敌人处死。

马克思：《资本论第一卷》，

《马克思恩格斯全集》第23卷第803页。

从十四世纪起到1825年废除禁止结社法止，工人结社一直被认为是严重的犯罪行为。1349年的劳工法和以后的一切类似法令的精神清楚地表现在这一事实上：国家虽然规定了工资的最高限度，但从来没有规定工资的最低限度。

马克思：《资本论第一卷》，

《马克思恩格斯全集》第23卷第807页。

大约十年前，特里尔的一位县长由于被指控"怀有谋取私利的意图，唆使下级官员进行非法的、使各乡镇财产遭到损失的活动，最后竟策划一个真正的阴谋，以图撤销那些抵制这种意图的官员的职务"，经一审判决，被判处六个月的监禁。可是，经上诉法院裁定，他却被宣告无罪，因为上述指控被认为已超过法定时效期。

马克思：《摩泽尔记者的辩护》，

《马克思恩格斯全集》第1卷第391页。

贫困居民情绪低落、精神沮丧，这本来就挫伤了他们公开而坦率地发表意见所必需的精神力量；而形形色色的告密行为又必然促使法院以"在官吏执行公务时或因其执行公务而侮辱官吏"的罪名对许多人判刑，这种情况就更加使他们情绪低落、精神沮丧。

马克思：《摩泽尔记者的辩护》，

《马克思恩格斯全集》第 1 卷第 386 页。

警察在深夜闯进了我们巴黎委员会委员的住宅，搜查他们的私人信件，并在英国报刊上大肆叫嚣，说什么芬尼亚社密谋的中心终于被破获了，其主要机关之一似乎就是国际工人协会。许多叫嚣都是无中生有！在法院尽一切努力进行调查的时候，连一点 corpus delicti〔犯罪构成〕的影子也没有找到。在把国际工人协会诬陷为密谋家的秘密团体的企图遭到了这样可耻的失败之后，又施展了另一种诡计。巴黎委员会被当做一个超过 20 人的非法团体而遭到迫害。受过帝国训练的法国法官当然不用长时间考虑就宣布解散协会，并对委员会委员处以罚金和监禁。

马克思：《国际工人协会总委员会第四年度报告》，

《马克思恩格斯全集》第 16 卷第 361～362 页。

难道法定的农奴身分不正是否定关于人体并非使用和占有的对象这一合乎理性的怪想的实际证明吗？难道自发进行的刑讯拷打不是驳倒了关于依靠屠杀不能弄清真相，刑讯台上抻拉脊骨不能使人丧失刚强，抽搐并不是认罪等等空洞的理论吗？

马克思：《第六届莱茵省议会的辩论》，

《马克思恩格斯全集》第 1 卷第 147 页。

书报检查法却把自由看成一种滥用而加以惩罚。它把自由当作罪犯；对任何一个领域来说，难道处于警察监视之下不是一种有损名誉的惩罚吗？书报检查法只具有法律的形式。新闻出版法才是真正的法律。

马克思：《第六届莱茵省议会的辩论》，

《马克思恩格斯全集》第 1 卷第 175 页。

新闻出版法根本不可能成为压制新闻出版自由的措施，不可能成为以惩罚相恫吓的一种预防罪行重犯的简单手段。恰恰相反，应当认为没有关于新闻出版的立法就是从法律自由领域中取消新闻出版自由，因为法律上所承认的自由在一个国家中是以法律形式存在的。

马克思：《第六届莱茵省议会的辩论》，

《马克思恩格斯全集》第 1 卷第 176 页。

这种为了幼树的权利而牺牲人的权利的做法真是最巧妙而又最简单不过了。如果法律的这一条款被通过，那么就必然会把一大批不是存心犯罪的人从活生生的道德之树上砍下来，把他们当作枯树抛入犯罪、耻辱和贫困的地狱。

马克思：《第六届莱茵省议会的辩论》，

《马克思恩格斯全集》 第 1 卷第 243 页。

人民看到的是惩罚，但是看不到罪行，正因为他们在没有罪行的地方看到了惩罚，所以在有惩罚的地方也就看不到罪行了。你们在不应该用盗窃这一范畴的场合用了这一范畴，因而在应该用这一范畴的场合就掩饰了盗窃。

马克思：《第六届莱茵省议会的辩论》，

《马克思恩格斯全集》 第 1 卷 245 页。

为镇压各国人民成立了神圣同盟，召开了代表大会，作出了卡尔斯巴德决议，实行书报检查制度，警察逞凶，贵族称霸，官僚横行，王室对诉讼程序横加干涉，迫害宣传鼓动家，大批的人被判罪，在财政上挥霍无度，而宪法连个影子也没有。

马克思：《霍亨索伦王朝的丰功伟绩》，

《马克思恩格斯全集》 第 6 卷第 573 页。

普鲁士维护制度的英雄们同这些道德的维护者一样，用最简单的方法保障正常的军法安宁。为了进行挑衅，他们派出几个喝得醉熏熏的法制栋梁去进行挑衅，要他们闯进人群用军刀砍伤几个人，这样在某个边远城市或乡村就引起了激愤情绪，这样就可以借口保护全省免受继续扩展的罪恶骚动的波及而宣布戒严，并以欺骗手段剥夺该省最后一点点宪法成果。

马克思恩格斯：《新的军法宪章》，

《马克思恩格斯全集》 第 6 卷第 592 页。

随着各方面威胁秩序党的统治和它那个阶级生存条件的危险愈益增长，它就不免要愈益加强自己的镇压措施，加强自己由国家出面的官方干涉，加强自己通过国家机关去到处出头露面。当侵犯人身和财产的罪行日益频繁的时候，宪兵人数是不可减少的。

马克思：《1848 年至 1850 年的法兰西阶级斗争》，

《马克思恩格斯全集》 第 7 卷第 91 页。

他们不仅像贵族和诸侯一样肆无忌惮地榨取自己属下的人民，而且在办法上还更加无耻得多。除了使用残酷的暴力而外，一切宗教上的诡计也都施用了，除了刑具的威吓外，一切驱逐出教和拒绝赦罪的威吓也实行了，此外还滥用忏悔牧师进行一切诡计图谋，总之是要从所属人民身上敲出最后一文钱，以增添教会的产业。

恩格斯：《德国农民战争》，

《马克思恩格斯全集》 第 7 卷第 391 页。

在亚历山大统治的头几年，旧的皇帝专制制度稍微缓和了一些；出版得到了较多的自由，建立了陪审法庭，而由贵族、城市资产者和农民按照规定选出的代议机关，准许在某种程度上参加地方和省的管理。甚至对波兰人也开始在政治上轻佻地献媚。但是，舆论对政府的善良意愿估计错了。报刊变得太直率。陪审员也开始真正替那些政府甚至想不用任何罪证就加以判罪的政治犯辩护。

> 恩格斯：《一八七七年的欧洲工人》，
> 《马克思恩格斯全集》第 19 卷第 158 页。

如果说，以前在光天化日之下肆无忌惮地干出来的封建罪恶虽然没有消灭，但终究已经暂时被迫收敛了，那末，以前只是暗中偷着干的资产阶级罪恶却更加猖獗了。商业日益变成欺诈。革命的箴言"博爱"在竞争的诡计和嫉妒中获得了实现。贿赂代替了暴力压迫，金钱代替了刀剑，成为社会权力的第一杠杆。

> 恩格斯：《社会主义从空想到科学的发展》，
> 《马克思恩格斯全集》第 19 卷第 209 页。

法国资产阶级比起别国资产阶级来，是最自私、最贪图享乐的，它利令智昏，甚至看不到自己未来的利益；它只顾眼前，不管将来；它由于疯狂地追逐暴利，正干着极端可耻的贿买勾当，把实行所得税制宣布为社会主义者的叛国罪，每一次罢工它都一定是用步枪齐射来对付，其结果是，在这个实行普选权的共和国里，工人要取得胜利，除了暴力革命外，几乎没有别的办法。

> 恩格斯：《资产阶级让位了》，
> 《马克思恩格斯全集》第 20 卷第 439 页。

从报纸报道中不仅可以看出，曼托伊费尔先生打算利用科伦案件大肆进行活动，其背后必定隐藏着某种阴谋，而且另一方面也可以看出，根本拿不出任何罪证，只好用大量的警察当局的诽谤和暗探的捏造来掩饰控告的软弱无力。

> 《恩格斯致马克思》，
> 《马克思恩格斯全集》第 28 卷上册第 86 页。

但是我想，一些人的罪责越少，法官和陪审员就会越厉害地对付另一些受诬告的人；受到侮辱的资产阶级和受到侮辱的国家需要赎罪的供品。

> 《恩格斯致马克思》，
> 《马克思恩格斯全集》第 28 卷上册第 86 页。

科伦的被监禁者正处于极困难的境地。因为根本拿不出他们的任何罪证，所以检察院决定既不释放他们，也不交付陪审法庭，而把案件又交给原来的侦查员去重新侦查！换句话说，他们将继续受审前羁押，不能看书，不能通信，无权彼此来往和同外界来往，直到新的高级法庭开审。

《恩格斯致约·魏德迈》，
《马克思恩格斯全集》第 28 卷下册第 487 页。

拖延的主要原因是，政府确信它在陪审法庭上会遭到可耻的失败。它希望在这期间成立审讯叛国案的高级法庭，或者至少使陪审法庭无权审理一切政治罪行，——关于这个问题已经向普鲁士第一议院提出一个提案。

《马克思致约·魏德迈》，
《马克思恩格斯全集》第 28 卷下册第 487 页。

1858 年，在审讯贝尔纳博士时，贝尔纳据此辩护说："法院无权审理此案"。奴颜婢膝的法院保留了解决这个问题的权利，把它挂起来，并且决定首先应当审理为无罪辩护的请求。对贝尔纳宣告无罪使得有关这个法律问题的任何一种判决都无法成立。

《马克思致恩格斯》，
《马克思恩格斯全集》第 32 卷第 482 页。

根据福格尔·冯·法尔肯施坦将军（一个卑鄙的普鲁士人，1866 年在法兰克福因野蛮行为而臭名远扬）的命令，不仅没收了这篇宣言，而且逮捕了中央委员会的全体委员，甚至逮捕了印刷宣言的不幸的印刷厂主人，并且象对待刑事罪犯那样，给他们戴上镣铐，解往东普鲁士的一个城市勒特岑。您知道，在法国人可能登陆的借口下，德国北部沿岸一带都宣布了戒严，因此这些军人老爷可以随心所欲地进行逮捕、审讯和枪决。

《马克思致塞扎尔·德·巴普》，
《马克思恩格斯全集》第 33 卷第 159 页。

最近比较合适的事由是对不伦瑞克社会民主党前委员会委员进行的无耻审讯；起诉的主要罪状是加入国际。

《马克思致斐·约策维茨》，
《马克思恩格斯全集》第 33 卷第 316 页。

为了挑动愤怒和不满，搞出了人身保护法中止生效法案、搜查武器法令、驱逐日落日出之间不在家者法案；接着，许多人被枪杀，因为当士兵呼喊他们的时候，他们由于害怕企图逃跑；抓到的人被送往普鲁士。恩索尔在柏林遇到其中的一些人；法律为那些干出这种骇人听闻的行为的人开脱罪责。

马克思：《从美国革命到 1801 年合并的爱尔兰》，
《马克思恩格斯全集》第 45 卷第 78 页。

反暴乱法令等等被通过；允许总督宣布一个郡处于非常状态的法律；当局有权闯入民宅和把他们怀疑的一切人送海军服役。为有违法行为的官员免除罪责，授予总督以无保释逮捕权，允许引进外国军队（德国兵），建立义勇骑兵部队。

马克思：《从美国革命到 1801 年合并的爱尔兰》，
《马克思恩格斯全集》第 45 卷第 112 页。

他们提到政治只是为了加重罪情，却不许别人说明整个事件的政治情况。被告被当作刑事犯，根据刑法典第 263 条进行审判，即罪行是举行"反对政府所确立的各级政权的公然暴动"，而且暴动是由携带武器（？）的人策划的。这个罪名是捏造出来的，因为警察局命令法官只片面审理此案。

列宁：《苦役条例和苦役判决》，
《列宁全集》第 5 卷第 266 页。

如果认定罢工是犯罪行为，就会引起警察局过分热心的干涉，这种干涉害多利少，与其说给厂主帮了忙，倒不如说是给厂主添了困难和麻烦。报告书建议完全废除对个别工人的擅自旷工和和平罢工（即不使用暴力、不破坏社会秩序等等）的一切处分。应该仿效外国法律，只规定："凡雇主或工人违反他人自由合法之意志，以强迫他人或妨碍他人"在某种条件下进行工作"为目的，而对其人身或财产施以暴力、威吓或污辱〈！〉者"，应予以处分。换句话说，就是建议取消对罢工者的刑事处分，而对妨碍他人"自愿工作"者予以刑事处分。

列宁：《新罢工法草案》，
《列宁全集》第 6 卷第 393～394 页。

西欧资产阶级起初毕竟是真正进行过战斗的，甚至曾经一度是共和派，它的领袖们曾被"判过刑"——曾因为国事罪被判过刑，也就是说，不仅仅是因为革命联系，而是因为真正的革命行动。

列宁：《戴白手套的"革命家"》，
《列宁全集》第 10 卷第 285 页。

政府正在利用它 6 月 3 日所犯下的反人民的无耻罪行的后果：一部不仅完全歪曲了人民的意志、甚至也歪曲了那些享有选举权的少数人的意志的，迎合一小撮地主和资本家的畸形的选举法，给沙皇政府带来了梦寐以求的果实。

列宁：《第三届杜马》，
《列宁全集》第 16 卷第 129 页。

控告我们进行"阴谋活动"和在"精神上""煽动"叛乱，其性质已十分明确。无论是临时政府或者苏维埃都根本没有对我们的所谓罪行在法律上明确地定出罪名，它们明明知道，说 7 月 3—5 日的运动有什么"阴谋"简直是无稽之谈。孟什维克和社会革命党人的领袖不过是想引起对他们也在施加压力的反革命的怜悯，按照反革命的指示把我党的一些党员交给反革命。

> 列宁：《给〈无产阶级事业报〉编辑部的信》，
> 《列宁全集》第 30 卷第 416 页。

不是给人们自由，而是开始恢复从前的专横。对前线士兵实行死刑，把擅自夺取地主土地的农民送交法庭审判。捣毁工人报纸的印刷所。非法查封工人报纸。常常甚至没有提出任何罪名，或提出显然是诬告的罪名，就逮捕布尔什维克。也许有人会反驳说，惩办布尔什维克并不是破坏自由，因为这只是根据一定的罪名惩办一定的人。这种反驳显然是故意胡说，即使个别人犯了罪，即使这种罪名已经由法庭证明和认定，那也不能因此而捣毁印刷所和查封报纸。

> 列宁：《革命的教训》，
> 《列宁全集》第 32 卷第 51 页。

马克思在《资本论》第 1 卷里提到"从十四世纪起到 1825 年废除禁止结社法止，工人结社一直被认为是严重的犯罪行为"的"禁止结社法"，是英国议会于 1799 年和 1800 年通过的法令。法令禁止任何工人组织的建立和活动。1824 年议会撤销了这些法令，在下一年再次确认撤销这些法令。但是，在此之后，当局仍然大大限制工人联合会的活动。特别是，凡鼓动工人参加联合会和参加罢工的活动，都被视为"强制"和"暴力"而要受刑事处分。

马克思在《国际工人协会总委员会第四年度报告》里提到"把国际工人协会诬陷为密谋家的秘密团体"一事，是 1867 年 12 月，国际巴黎支部理事会理事的住宅遭到搜查，随后开始了侦讯，接着就是 1868 年 3 月进行的对国际的法国组织的第一次审判。在法国警察搜查时所没收的信件当中，有一封信是法国通讯书记欧·杜邦于 1867 年 11 月 23 日写给 A·缪拉的，信中告知协会的法国会员营救被囚禁的芬尼亚社社员的运动的情况。法国当局企图利用这封信，给国际安上组织芬尼亚社社员进行密谋的罪名。

列宁在《新罢工法草案》里谈到，"取消对罢工者的刑事处分，而对妨碍他人'自愿工作'者予以刑事处分"，明确指出了在罢工问题上的罪与非罪的界限。在资本主义国家，罢工是合法的。

列宁说，从罗斯托夫的罢工以及因参加游行示威而被判罪的下诺夫哥罗德的工人在法庭上的演说中可以看到，反对专制政府的全民武装起义正在成熟，它已经不仅是革命者头脑和纲领中的思想，而且是运动本身必然的、实际上很自然的下一个步骤，是群众从俄国实际生活中吸取了宝贵教训和接受了出色教育，以至愤懑日益加深、经验日益丰富和勇气日益增大的结果。列宁认为，只有这种能向大家表明工人阶级政治觉悟和革命积极性明显提高的群众运动，才称得上是真正革命的行动，才能够真正激励为俄国革命进行斗争的人，因此，应该使展开了真正斗争的群众更有组织性、更有准备，要善于扩大和加强对他们的经常不断的、坚持原则的、全面的社会民主主义的教育。

4. 消灭犯罪的根本手段

封建社会之后，产生犯罪的根本原因是资本主义社会制度，因此消灭犯罪的根本手段，只能是推翻资本主义。这是经典作家反复论证过的。那么，如何理解社会主义条件下仍然存在犯罪，而且有时出现犯罪率上升的趋势呢？

这是因为，在社会主义历史时期，并没有消灭阶级和阶级差别。经典作家认为，第一，必须推翻剥削阶级——地主和资本家的统治，消灭人剥削人的经济基础的生产资料私有制。第二，把个体的小商品经济改造为大规模的集体经济，建成统一的社会主义经济制度。第三，克服工人和农民之间的阶级差别、城乡之间的本质差别，为体力劳动和脑力劳动的有机结合创造条件。做到这一切，不是一夜之间的事情，而是直到建成完全的共产主义社会时才能完成。所以马克思科学地指出，社会主义时期，是从资本主义到共产主义的过渡时期。社会主义时期的法，是反映工人阶级、农民阶级和广大劳动人民的意志的法。

然而，苏共中央却说，全民国家和全民法乃是国家和法走向消亡道路上的最重要的里程碑，他们宣称：在社会主义时期，一个阶级对另一个阶级进行镇压的必要性已经丧失，法律只是为了有组织地制止过火行为、维护社会秩序。

苏共中央的结论完全是掩耳盗铃。社会主义国家的真实情况是："所有社会主义国家毫无例外地都存在着阶级和阶级斗争"，"那里还存在着企图复辟的旧的剥削阶级残余分子"，"那里经常产生新的资产阶级分子"。社会主义的国家和法必须而且长期存在着。在这种情况下，说法代表全民的利益和意志，说在没有敌对的、对抗的阶级，没有剥削者，没有无产阶级的镇压的武器，他们质问法应该对着什么呢？说社会政治上和思想上的一致，形成了全民的意志，走向了全民法的道路，是完全不符合实际的，是反马克思主义的。

"全民的、超阶级的"国家和法的理论，首先是当年马克思的敌人提出的，目的是在资本主义社会里建立没有对抗性矛盾的社会。谁都知道，在这样的阶级对抗的社会里，不仅不能消灭犯罪，而且犯罪的领域越来越多，犯罪率越来越高。这是合乎资本主义社会规律的结果。

如果说大量的犯罪行为从其数量和种类就会揭示出像自然现象那样的规律性，或者如果说，照凯特勒的说法，"在两个领域〈物理世界或社会生活〉的哪一领域中动因非常合乎规律地导致一定结果，这是很难断定的"，那末，应不应该认真考虑一下改变产生这些罪行的制度，而不是去颂扬那些处死相当数目的罪犯来为新的罪犯腾出位置的刽子手呢？

马克思：《死刑。——科布顿先生的小册子。——英格兰银行的措施》，《马克思恩格斯全集》第 8 卷第 580 页。

公众惩罚是用国家理性去消除罪行，因此，它是国家的权利，但是，它既然是国家的权利，国家就不能把它转让给私人，正如一个人不能把自己的良心让给别人一样。国家对罪犯的任何权利，同时也就是罪犯的国家权利。罪犯同国家的关系不可能由于中间环节的介入而变成同私人的关系。

马克思：《第六届莱茵省议会的辩论》，

《马克思恩格斯全集》第 1 卷第 277 页。

国家可以而且必须说：我保证法不受任何偶然事件的影响。在我这里只有法才是永恒不灭的，因此，我用消灭罪行来向你们证明罪行是会灭亡的。但是，国家不能而且不应该说：国家保证私人利益、一定的财产存在、一个林场、一棵树、一根树枝（和国家相比，一棵最大的树也抵不上一根树枝）不受任何偶然事件的影响，它们是永恒不灭的。国家不能够违反事物的本性，不能够保证有限的东西绝对不受其条件的影响，不受偶然情况的影响。国家不可能担保你们的财产在罪行发生以前不受任何偶然事件的影响，同样，罪行也不可能把你们的财产的这种不稳定性质变得稳定。既然你们的私人利益能够受到合理的法律和合理的预防措施的保护，那么，国家无论如何是保护你们的私人利益的，但是，对于你们向罪犯提出的私人诉讼，国家除了承认私人诉讼权即保护民事诉讼的权利以外，不能承认其他任何权利。

马克思：《第六届莱茵省议会的辩论》，

《马克思恩格斯全集》第 1 卷第 282 页。

如果国家想要把罪犯变成你们的暂时的农奴，那它就会为了你们的有限的私人利益而牺牲永恒不灭的法。这样它也就向罪犯证明了法的灭亡，而它本来是必须用惩罚来证明法是永恒不灭的。

马克思：《第六届莱茵省议会的辩论》，

《马克思恩格斯全集》第 1 卷第 283 页。

既然人不是由于有逃避某种事物的消极力量，而是由于有表现本身的真正个性的积极力量才得到自由，那就不应当惩罚个别人的犯罪行为，而应当消灭犯罪行为的反社会的根源，并使每个人都有必要的社会活动场所来显露他的重要的生命力。

马克思恩格斯：《神圣家族》，

《马克思恩格斯全集》第 2 卷第 167 页。

即将到来的社会革命不会不触动匮乏和穷困、愚昧和罪恶的真正根源，因而它一定会实现真正的社会改革。而这就只有靠宣布共产主义的原则才能实现。

恩格斯：《在爱北斐特的演说》，

《马克思恩格斯全集》第 2 卷第 625 页。

一旦铁路劳动者把政权掌握到自己手中，他们就会在武装组织的帮助下，粉碎怠工和投机行为，惩办一切进行贿赂和破坏铁路正常运行的人。必须把这些反对人民政权的人按罪大恶极者论处。因此，只有依靠这样的组织即苏维埃组织，依靠它的团结和毅力才能同资本家、怠工者、骗子和里亚布申斯基之流作斗争。

列宁：《在全俄铁路员工非常代表大会上关于人民委员会工作的报告》，

《列宁全集》第 33 卷第 308 页。

宪法受到了审判，并且被认为是有罪的。这个不列颠宪法无非就是过了时的妥协，由于这种妥协，国家政权完全转入资产阶级的某些阶层手里，然而其条件是：一切实际管理、全部行政权、甚至行使立法权的职能，即在议会两院实际立法的权利，都依旧掌握在土地贵族手里。而贵族虽然屈从资产阶级所提出的一般原则，但是却无限制地统治着内阁、议会、国家管理机关、陆军和海军。……

马克思：《英国的危机》，

《马克思恩格斯全集》第 11 卷第 114～115 页。

对于无产阶级的工人的政党说来，德国科伦被判罪者的遭遇就是如此。他们所以被判罪并不是因为犯了强加于他们头上的罪名——令人可笑地制造革命，而是因为他们致力于组织工人的政党。审判他们的是属于金融贵族和封建贵族的法官，仅仅由于这一点，就足以肯定这些人的判决是不会公平的。

《关于救济科伦被判罪的无产阶级代表及其家属的呼吁书》，

《马克思恩格斯全集》第 8 卷第 644 页。

国王实行了革命，他推翻了现存的法律制度，他不能诉诸被他自己可耻地蹂躏了的法律。当顺利进行革命的时候，可以绞死自己的敌人，但不能对他们作出法庭判决。可以把他们作为战败了的敌人清除掉，但不能把他们当作罪犯来审判。在实行了革命或反革命以后，不能用已被推翻了的法律去反对这种法律本身的维护者。

马克思：《对民主主义者莱茵区域委员会的审判》，

《马克思恩格斯全集》第 6 卷第 288 页。

正如对皇帝要纳"公捐"，即帝国税，对教皇也要纳一般教会税，而教皇就是从教会税中去开支罗马宫廷的豪华生活费用的。在任何其他国家都没有像在德国——忏悔僧侣人多势大——征收教会税征收得这样热心和严格。特别是在主教出缺以后新任要向教皇纳上任年贡时，征收教会税更是热心和严格。随着耗费的增加，敛钱的新花样，如贩卖圣徒遗物和赦罪符，收取庆祝费等等都发明出来了。

恩格斯：《德国农民战争》，

《马克思恩格斯全集》第 7 卷第 392～393 页。

"凡是法国人均为享有政治权力的选民"，但是"选举法"必须规定，哪些法国人不应享有政治权利！

1849年3月15日的选举法把政治犯除外的一切罪犯都划入这个范围。而1850年3月31日的选举法不仅把政治犯,不仅把所有被认为藐视早已确定的社会舆论和出版法的罪犯一律划入这个范围,而且实际上规定了居住资格,从而使2/3的法国人不能参加投票。

马克思:《1848年11月4日通过的法兰西共和国宪法》,

《马克思恩格斯全集》第7卷第583页。

流放苦役移民区法案也在全院委员会通过。除为数不多的已被判服苦役的罪犯仍将流放西澳大利亚之外,流放到苦役移民区的刑罚被这一法案取消。罪犯先服一定时期的监禁,然后可获得假释(但可能取消)和在大不列颠的居住权;他们将被用于公共工程并得到政府规定的工资。

马克思:《战争问题。——英国的人口和商业报告书。——议会动态》,

《马克思恩格斯全集》第9卷第287页。

单是一个掩盖秘密的念头就使他们每一个人都成为罪人。对议会隐瞒阴谋使每一个人都成了阴谋的参加者。法律认为窝主与盗匪同罪。因此无论进行什么审判,不仅联合内阁,而且还有它的对手,不仅现任的大臣们,而且还有他们所代表的议会党派,不仅这些党派,而且还有英国的统治阶级都会陷于毁灭。

马克思:《议会的战争辩论》,

《马克思恩格斯全集》第10卷第192～193页。

在温和派和进步派之间爆发了一场大争吵:前者的罪状是委任了所有的将军,后者的罪状是委任了所有的政治领袖。为了平息"平民"的激愤,斗牛士普切塔从屠宰场总管提升为警察局长。就连十分温和的"人民呼声报"也不掩盖自己的失望情绪。

马克思:《东方问题。——西班牙的革命》,

《马克思恩格斯全集》第10卷第433页。

凯特勒在他的名著"论人的能力"中证明,在文明的国家里,每年发生的不幸事件和犯罪行为等等的数字可以几乎像数学般准确地预先计算出来,这使人大为惊奇。

马克思:《政党和集团》,

《马克思恩格斯全集》第11卷第50页。

政治犯们被从一个监狱牵到另一个监狱,好像他们是一群野兽似的。他们被迫和一批最恶劣的流氓住在一起,洗涤这些坏蛋用过的器皿,穿着这些罪犯的衣裤(这些罪犯中许多人都患有最令人厌恶的疾病),并用这些人用过的水洗濯。

马克思:《英国政府和被囚禁的芬尼亚社社员》,

《马克思恩格斯全集》第16卷第457页。

惩治法典由英爱议会拟就并经英国议会批准。通过调整"财产"使爱尔兰天主教徒改信新教这种极可耻的手段。惩治法典的目的：使"财产"从天主教徒手中转入新教徒手中，或者使"英国国教"变为财产权的法律基础。（教育；个人权利的丧失，天主教徒都不得当兵。）宣传天主教成为应处以苦役的刑事罪行，从新教改信天主教成为叛国行为。

马克思：《关于爱尔兰问题的未作的发言的提纲》，
《马克思恩格斯全集》第 16 卷第 510~511 页。

爱尔兰议会是压迫的工具。凡是天主教徒，都不能任公职，不许置地产，不能立遗嘱，不许接受遗产；担任天主教主教的职务被认为和叛国同罪。这一切都是掠夺爱尔兰人土地的手段。

马克思：《关于爱尔兰问题的报告的记录》，
《马克思恩格斯全集》第 16 卷第 638 页。

凡他们认为不是正规军的兵士而被捉到时手持武器者，必须就地枪决；凡有根据认为某城市有相当一部分居民犯有类似罪行时，这个城市所有身体健康的男子必须立即杀光。这些办法已残酷地实行了将近 6 个星期，并且现在仍在全力推行。……。一切都是有系统地按照命令进行的：把遭难的村庄包围起来，把居民驱逐出去，把粮食夺走，把房屋烧毁，把真的犯罪分子或嫌疑分子送交军事法庭，而在那里等待着他们的准是残酷的审判和半打枪弹。

恩格斯：《战争短评》，
《马克思恩格斯全集》第 17 卷第 177~178 页。

在路易·波拿巴及其宝贝继承者国防政府的统治下，很多人并没有任何罪状，纯粹出于政治嫌疑而被禁锢在牢狱之中。因此，公社责成它的一位委员——普罗托进行调查他开释了 150 名已被囚禁六个月而始终没有受过一次审讯的人；其中很多人还是在波拿巴统治时被捕的，他们已被囚禁一年，但没有任何罪名，也没有经过审讯（4 月 9 日）。

马克思：《初稿。——公社》，
《马克思恩格斯全集》第 17 卷第 576 页。

只要东印度公司垂涎于任何一个独立君主的领地、任何一个在政治上和商业上具有重要意义或者盛产黄金宝石的地域，被猎取的对象就会被指控破坏了某某臆想的或既有的条约、违背了想象中的诺言或约束、犯下了莫须有的罪行，接着便宣布开战，于是又一件证实邪恶永存、证实狼和小羊这个寓言的永恒寓意的血腥事件被载入了英国的史册。

马克思：《英国—波斯战争》，
《马克思恩格斯全集》第 12 卷第 77 页。

英方为推卸广州屠杀的罪责而硬加在中国政府身上的罪名是什么呢？那就是：违背了

1843年的善后补充条约第九款。该款规定，凡逃抵香港殖民地或潜藏于英国军舰或商船上的中国罪犯，中国当局不得自行逮捕，而应通过英国领事提取，由英国领事将罪犯引渡给地方当局。

马克思：《议会关于对华军事行动的辩论》，

《马克思恩格斯全集》第12卷第149页。

帕麦斯顿虽然夸耀他对禁止奴隶贸易的热心，然而却在他执掌外交事务的十一年中（直到1841年）撕毁了所有涉及奴隶贸易的现行条约，颁布了一些被英国司法当局认为是罪恶的法令，它们实际上曾使他的命令的执行者之一受到法律制裁，而将一个奴隶贩子置于英国法律的保护之下，使他免受英国本国政府的追究。

马克思：《英国政府和奴隶贸易》，

《马克思恩格斯全集》第12卷第543页。

无论是谁，只要稍微了解这些丑行并且愿意履行公民的责任，他就应该迫使米留可夫之流到法庭去控告他犯了诬蔑罪，然后他应该在法庭上揭露立宪民主党的领袖，揭露他们在人民同旧制度进行激烈的选举战的时候，却背着人民同旧制度的领袖进行幕后交易！

列宁：《政治上的利德瓦尔事件》，

《列宁全集》第14卷第365页。

专制政府又犯下了一条无耻的反人民的罪行，它伪造人民代表机关，把杜马交给了地主和资本家这些沙皇专制制度的支柱、世世代代压迫人民的人去控制。事先就可以预料到，他们将在杜马中占统治地位。

列宁：《第三届国家杜马和社会民主党》，

《列宁全集》第16卷第169页。

如果你们决定要报道，那你们要说明究竟是怎么一回事，是怎样犯罪的，犯的什么罪，为了什么犯罪。被你们审判的人在什么问题上拒绝服从命令，是个别问题，还是一般问题。含糊不清是有害的。

列宁：《反革命势力转入进攻》，

《列宁全集》第30卷第187页。

欧洲人可以不带武器和警卫人员而非常安全地到处游逛。其实这是因为每一个村庄的居民要对本村发生的任何罪行或暴乱共同负责；英国人组织了宪兵队；更重要的是到处实行了使东方人产生特别强烈印象的军事法庭的紧急诉讼程序。

恩格斯：《印度起义》，

《马克思恩格斯全集》第12卷第613页。

助理视察员只有采用正派人所厌恶的警探手法，才能抓到罪证。

马克思：《不列颠工厂工业的状况》，

《马克思恩格斯全集》第 13 卷第 224 页。

在欧洲几个大君主国一般地说已经成了"历史的必要性"的时代，德国人和马扎尔人把所有这些弱小民族联合成为一个大的国家，从而使这些民族能够参预历史的发展（否则他们光靠自己始终是无法过问历史的发展的），能否认为这是"罪行"和"万恶的政策"呢！当然，在这种情况下难免践踏几朵娇嫩的民族鲜花，但是，没有暴力，没有坚定不移的无情手段，历史上任何事情都是不会成功的。……，一句话，德国人和马扎尔人对上述斯拉夫人所犯下的"罪行"，原来是最好的、值得感激的行为，原来是我国人民和匈牙利人民在自己历史上可以夸耀的行为。

恩格斯：《民主的泛斯拉夫主义》，

《马克思恩格斯全集》第 6 卷第 333 页。

帕尔钦斯基"当权"的全部历史（他"当权了"好几个月，而且正是在策列铁里、斯柯别列夫、切尔诺夫当"部长"的时候），完全是一部讨好资本家、为了资本家的卑鄙私利而践踏民意、破坏民主派决定的见不得人的丑史。自然，报纸上能够发表的只是帕尔钦斯基"功绩"的极小一部分，要把他阻挠克服饥荒的罪行彻底查清，只有无产阶级的真正民主的政府才能做到，无产阶级一旦取得政权，就会把帕尔钦斯基及其同类人物的案件毫不隐匿地提交人民审判。

列宁：《大难临头，出路何在？》，

《列宁全集》第 32 卷第 210 页。

马克思在《死刑。——科布顿先生的小册子。——英格兰银行的措施》里指出，必须"改变产生这些罪行的制度"。这就明确证明说，消灭犯罪行为的根本手段，就是消灭必然产生犯罪行为的资产阶级制度本身。

马克思在《关于爱尔兰问题的未作的发言的提纲》里提到的"惩治法典"（Penal Code 或 Penal Laws），是 17 世纪末起特别是在 18 世纪上半叶时，英国殖民者以反对天主教阴谋和英国国教的敌人作借口，为爱尔兰颁布的一系列法律。这些法律实际上剥夺了本地爱尔兰人的一切公民权利和政治权利，因为他们大多数人是天主教徒。这些法律限制爱尔兰天主教徒享有继承、接受和转让财产之权，并且广泛采取因极小的一点过失就没收他们的财产的做法，因而成为剥夺还保有土地的爱尔兰所有者的工具。

马克思在《议会关于对华军事行动的辩论》里提到的"广州屠杀"，是马克思把英国人于 1856 年 10 月对广州的轰击，称为广州屠杀。英国人在 1856 年 10 月挑起了同广州的中国当局的冲突。英国领事巴夏礼制造冲突的借口是：中国地方当局逮捕了中国走私船"亚罗号"的船员，而这艘船悬挂的是英国国旗。这次冲突发生后，英国驻华全权公使约翰·包令野蛮地下令炮轰广州，而事先并未警告。这就揭开了 1856～1858 年第二次对华鸦片战争的序幕。

（四）刑罚制度

1. 对刑罚论说的评论

自有刑法以来，对于刑罚的目的、实质和作用等，存在不同的说法。下面摘录的经典作家的论述，主要是针对诸多说法中的三个基本方面，即报应论、恫吓论、教育论。

报应论，是流传最广的说法。认为刑罚是对犯罪行为法律上的反应，认为刑罚是报应犯罪行为的恶行，给犯罪人以惩罚。原始社会的同态复仇、以牙还牙、以眼还眼，是典型的原始的报应论。黑格尔认为，刑罚是罪犯自己给自己宣布的判决。康德把这种刑罚观点发展为法律上唯一的刑罚理论。

康德是道义报应论者。他认为，犯罪人侵害了他人的权利，违背了道义，应当受到惩罚。经典作家指出，"从抽象权利的观点看，只有一种刑罚理论是抽象地承认人的尊严的，这就是康德的理论"。"如果你诽谤了别人，你就是诽谤了你自己；如果你偷了别人的东西，你就是偷了自己的东西；如果你打别人，你就是打了你自己；如果你杀了别人，你就是杀了你自己。"康德的这个说法，恰恰是报应论的象征。"你"和"别人"，是不同的主体，具有各不相同的利害关系，不存在"你诽谤了别人，你就是诽谤了你自己"之类事情。在法庭上，"你"是诽谤罪的被告，这似乎是法律报应"你"对"别人"的诽谤，但马克思深刻指出，刑罚的"唯心主义只是通过神秘的形式赞同了现存社会的法律"。

恫吓论，是似是而非的说法。认为刑罚是利用惩罚来感化或恫吓世界，以预防犯罪。"挂起一只死乌鸦，吓跑其他乌鸦"，不过是一厢情愿而已。死乌鸦挂起来了，明天活乌鸦还会来。犯罪是社会矛盾和阶级斗争的反映，只要作为犯罪的经济基础和温床存在，犯罪现象就一定存在。犯罪是不可避免的。这种"利用惩罚来感化或恫吓世界"的做法，经典作家断言"从来没有成功过"。

教育论，就是主张以"教育"为目的来惩罚违法行为。第六届莱茵省议会作为辩论人的议员说"教育的艺术不在于惩罚违法行为，而在于增进好影响，消除坏影响"，对此，马克思说是"胡说"，予以否定。教育是改造罪犯的一种形式。通过教育，根据犯罪人的具体情况，进行教育改造，使其重新做人，回归社会。但是，教育不是刑罚本身，刑罚是国家为了维护法律秩序而行使的国家权力。把教育作为刑罚的目的，或者把教育混同于刑罚，就是掩盖了作为国家权力的刑罚的目的和实质。列宁指出，"刑罚的防范作用，决不在于刑罚的残酷，而在于有罪必究。重要的不是对犯罪行为处以重刑，而是要把每一桩罪行都揭发出来"。

这里，有趣味的是，马克思恩格斯在《德意志意识形态》中引用了圣桑乔的话——"由于刑法典才存在刑罚"。这是说，没有刑法典，就没有刑罚。圣桑乔完全把事情弄颠倒了。无论刑法典还是刑罚，都是犯罪客观事实的产物。没有犯罪现象，不可能有刑法和刑罚。犯罪的产生，根本问题在于经济事实。一定的经济事实并日益稳定，它们必然成为合法的事实。在剥削阶级统治条件下，私有制是稳定的经济事实和合法的事实。私有制是产生犯罪的根源，也是产生刑法和刑罚的根源。

在法学史上，这种主观过程同客观过程颠倒的情况，从来没有中断。譬如，有人说没有投机倒把法，就没有投机倒把罪。他们认为，有投机倒把法，才有按投机倒把法去抓投机倒把的人，从而才有对投机倒把人的处罚。这是说，只要取消投机倒把法，就不会出现投机倒把了。表面上看，事情确实是这样。取消了投机倒把法，当然就没有投机倒把了。那么，原来被认为属于投机倒把的行为，是否仍然存在呢？仍然存在。但这些行为不再是"投机倒把"行为了（不管这种行为是否被分解规定）。问题在于，投机倒把是客观过程，对于构成投机倒把的立法认定，属于主观过程。主观过程是被客观过程决定的。主观上认为该行为不叫投机倒把，并不等于客观上没有投机倒把行为。

同马克思恩格斯一样，列宁指出了犯罪增长现象的社会原因，揭露了资产阶级惩罚制度的野蛮，并批判了为这种制度辩护的资产阶级的法学理论。说到康德和黑格尔的惩罚理论时，经典作家指出了这类理论的唯心主义特征。

　　鲁道夫捉住了这个罪犯。他想批判地改造他，想用他给法律界创造一个范例。他同法律界的争端不是"刑罚"本身，而是刑罚的种类和方式。用黑人医生大卫的特殊的话来说，鲁道夫发明了这种刑罚理论，他就有资格成为一个"最伟大的德国刑法学家"，并且从此以后这种理论甚至有幸获得一个具有德国式的严肃和德国式的彻底的德国刑法学家的拥护。

马克思恩格斯：《神圣家族》，

《马克思恩格斯全集》第 2 卷第 226 页。

　　其实圣桑乔想要说的是这样：刑法典一取消，刑罚就会自行消灭，也就是说，刑罚只是由于刑法典才存在的。"但是"，只是由于刑罚才存在的刑法典"不是胡说吗"？只是由于刑法典才存在的刑罚"不同样也是胡说吗？"（桑乔［反对］赫斯，"维干德"第 186 页）桑乔在这里把刑法典错认为神学道德的教科书了。

马克思恩格斯：《德意志意识形态》，

《马克思恩格斯全集》第 3 卷第 391 页。

　　蒲鲁东先生想把法国刑法典的条文说成是资产阶级生产关系的必然的和普遍的结果。在英国，组织同盟是议会的法令所认可的，而且正是经济体系迫使议会批准了这种法律。1825 年，在哈斯基森大臣任内，议会必须修改法律才能更加适应自由竞争所造成的环境，在这个时候，议会不得不废除一切禁止工人组织同盟的法律。现代工业和竞争愈发展，产生同盟和促进其活动的因素也就愈多，而同盟一经成为经济事实并日益稳定，它们也必然很快地成为合法的事实。因此，法国刑法典的有关条文至多只能证明，在制宪会议和帝制时期，现代工业和竞争还没有得到充分发展。

马克思：《哲学的贫困》，

《马克思恩格斯全集》第 4 卷第 194 页。

　　黑格尔认为刑罚是罪犯自己给自己宣布的判决。黑格尔的这种理论是对古代 jus talionis〔报复刑〕的思辨的掩饰，康德曾把这种刑罚发展为法律上唯一的刑罚理论。黑格尔所谓的罪犯自我定罪只不过是一种"理念"，只不过是对通行的经验刑罚的一种思辨解释。

马克思恩格斯:《神圣家族》，

《马克思恩格斯全集》第 2 卷第 228 页。

　　黑格尔所谓的罪犯自我定罪只不过是一种"理念"，只不过是对通行的经验刑罚的一种思辨解释。因此，他还是听凭国家在每一个发展阶段上选择刑罚的形式，也就是说，他听凭刑罚保持它的现状。……抽象的法律会被纯主观的武断所代替，因为在每一个案件中如何使刑罚符合罪犯的个性，都得由那批"道貌岸然的"官方人士来决定。

马克思恩格斯:《神圣家族》，

《马克思恩格斯全集》第 2 卷第 228 ~ 229 页。

　　一般说来，刑罚应该是一种感化或恫吓的手段。可是，有什么权利用惩罚一个人来感化或恫吓其他的人呢? 况且历史和统计科学非常清楚地证明，从该隐以来，利用刑罚来感化或恫吓世界就从来没有成功过。

　　从抽象权利的观点看，只有一种刑罚理论是抽象地承认人的尊严的，这就是康德的理论，特别是当黑格尔用了一个更严谨的定义来表述它的时候。

马克思:《死刑。——科布顿先生的小册子。——英格兰银行的措施》，

《马克思恩格斯全集》第 8 卷第 578 页。

　　每当真正的群众的立法严肃地提出了感化罪犯的任务的时候，它所采取的行动比这个德国的赫仑·挨·力斯怯得的行为要合理和人道得多。

马克思恩格斯:《神圣家族》，

《马克思恩格斯全集》第 2 卷第 229 页。

　　"刑罚是罪犯的权利。它是罪犯本身意志的行为。罪犯把违法说成是自己的权利。他的犯罪是对法的否定。刑罚是这种否定之否定，因而又是对法的肯定; 这种法是罪犯自己要求的，并且是他强加于自身的。"

　　毫无疑问，这种说法有些地方好像是正确的，因为黑格尔不是把罪犯看成是单纯的客体，即司法的奴隶，而是把罪犯提高到一个自由的、自我决定的人的地位。但是，只要我们稍微深入些观察问题的本质，就会发现，德国唯心主义只是通过神秘的形式赞同了现存社会的法律。

马克思:《死刑。——科布顿先生的小册子。——英格兰银行的措施》，

《马克思恩格斯全集》第 8 卷第 578 ~ 579 页。

这种把刑罚看成是罪犯个人意志的结果的理论只不过是古代《jus talionis》〔"报复刑"〕——以眼还眼、以牙还牙、以血还血——的思辨表现罢了。直截了当地说：刑罚不外是社会对付违犯它的生存条件（不管这是些什么样的条件）的行为的一种自卫手段。

马克思：《死刑。——科布顿先生的小册子。——英格兰银行的措施》，
《马克思恩格斯全集》第 8 卷第 579 页。

除了目前甚至在英国每个法学家都相当熟悉的罗马法以外，他的法律知识就唯一地只限于普鲁士邦法这部启蒙的、宗法制的专制主义的法典，这部法典中所用的德语，似乎杜林先生就是从中开始识字的，这种带有道德方面的注释、法律上的不确定性和不稳固性、以鞭鞑作为刑讯和处罚手段的法典，还完全是属于革命以前的时代的。

恩格斯：《反杜林论》，
《马克思恩格斯全集》第 20 卷第 124 页。

"教育的艺术不在于惩罚违法行为，而在于增进好影响，消除坏影响。但是，有一点与这种人的不完善性是分不开的，即那万恶的海妖之歌对群众起着强大的作用，而且对于真理的纯朴而冷静的声音说来，它即使不是绝对不可克服的障碍，至少也是很难克服的障碍。"……

既然一切都不完善，为什么自由的报刊偏偏应当是完善的呢？为什么不完善的等级会议却要求完善的报刊呢？

不完善的东西需要教育。但是，难道教育就不是人类的事情，因而不也是不完善的事情吗？难道教育本身就不需要教育吗？

马克思：《第六届莱茵省议会的辩论（第一篇论文)》，
《马克思恩格斯全集》第 1 卷第 164～165 页。

在进行惩罚的公正性中所显露出来的正是内在的联系，无声的必然性，于是伊壁鸠鲁既把它的范畴从逻辑学中排除出去，也把它表面上的现实性从哲人的生活中排除出去。

马克思：《关于伊壁鸠鲁哲学的笔记》，
《马克思恩格斯全集》第 40 卷第 76 页。

刑罚的防范作用，决不在于刑罚的残酷，而在于有罪必究。重要的不是对犯罪行为处以重刑，而是要把每一桩罪行都揭发出来。从这方面来说，这个案件也是值得注意的。可以毫不夸大地说，在俄罗斯帝国，警察局里野蛮地违法打人的事情每时每刻都在发生。

列宁：《时评》，
《列宁全集》第 4 卷第 364 页。

马克思在《第六届莱茵省议会的辩论（第一篇论文)》里的引文，引自《第六届莱茵省议会会议记录》。引文中的"海妖",音译为茜林丝,是古希腊神话中一群人首鸟身的女妖,她们用歌声迷惑航海者,使他们由于航船触礁沉没而丧命。

列宁在《时评》里提到"警察局里野蛮地违法打人的事情每时每刻都在发生"时,加了一个注释。注释说:写到这里,报纸上又登出一件事实,证明这种说法是对的。在俄国的另一端——与地方首府同级的敖德萨,治安法官宣告一个叫M·克林科夫的人无罪。根据派出所巡官萨杜科夫的指控,这个人在区警察局扣押期间骚扰生事。

被告和他的4个证人在法庭上提供的情况如下:萨杜科夫把喝醉酒的M·克林科夫押解到区警察局。克林科夫酒醒后请求放他出去。为此,一个巡警竟抓住他的领子打他;接着又来了3个巡警,4个人一起动手,打他的脸、头、胸和肋部。克林科夫在拳打脚踢之下,鲜血淋漓,倒在地上,但是他们打得反而更凶了。

克林科夫和他的证人们供称,巡警们是在萨杜科夫的指使下大打出手的。克林科夫被打得不省人事,苏醒后被赶出区警察局。克林科夫马上去找大夫验伤。治安法官建议克林科夫向检察长控告萨杜科夫和巡警们,克林科夫回答说他已经向检察长提出控告了,同时为他的遭毒打作证的有20个人。

不是预言家也能预见到,M. 克林科夫要让法庭审判毒打他的巡警是不会成功的。打了,没有打死,——即使法庭出乎意料地要追究责任,那也不过是大事化小而已。

2. 刑罚以罪行为前提

刑罚以罪行为前提,是马克思主义刑法理论的重要原理。这一原理,反映了客观——主观的思维路线。

关于罪行与刑罚的关系,马克思指出,"人民看到的是惩罚,但是看不到罪行,正因为他们在没有罪行的地方看到了惩罚,所以在有惩罚的地方也就看不到罪行了。"这里,显然是主观上的刑罚决定客观上的罪行。这是主观——客观的思维路线。

西方法学认为,某种行为是犯罪以及对于犯罪应科以某种刑罚,只能依据行为前的法律断处。这被概括为"罪刑法定主义"。罪刑法定主义的立法基础,主要来于要求保障人权的英国大宪章、美国的独立宣言、法国的人权宣言。在理论上,主要来源于孟德斯鸠的三权分立思想和费尔巴哈的心理强制说。

罪刑法定主义,体现于以下内容:①刑罚必须依法律规定,不得以习惯法、行政命令规定刑罚。②刑罚的效力,不溯及既往("禁止事后法")。③排除类推解释。④不实行广泛范围的不定期刑等。

罪行法定主义,在20世纪初风靡一时。后来,由于社会主义国家的成立和社会主义法学理论的形成,失去了绝对性。

日本旧刑法第2条规定,"法律无明规定者,任何行为均不得处罚"。不过,现行刑法改变了这条规定。日本旧宪法第23条规定,"日本臣民非依据法律不得进行逮捕、监禁、审问和处罚",而现行宪法第31条规定为:"无论何人,不按法律规定的程序,不得剥夺人的生命和自由或者科以其他刑罚。"现行宪法的这一规定,仅限于程序方面了。只是在对于这一规定的解释上,说不仅仅限于程序方面,而且在程序上所适用的实体法也需要有法律根据。日本刑法和宪法规定的变化，反映了罪刑法定主义原则的相对性。

罪刑法定主义常常表述为，"法无明文规定不为罪，法无明文规定不受处罚"。这是"罪行以法律、刑罚为前提"。定罪量刑当然以法律规定为依据，但是从罪行出发还是从法律、刑罚出发，反映了两条不同的思维路线。

从罪行出发，就是从客观存在出发，能够解决"在有惩罚的地方，看到了罪行""在没有罪行的地方看不到惩罚"问题。坚持实事求是的思想路线，搜集确凿证据，认真研究案情，判案做到行罪相符，惩罚得当，不冤枉一个好人，不放过一个坏人，使社会冲突得到缓和。

恰恰相反，从法律、刑罚出发，就是从主观出发，把罪行硬套在法律和刑罚规定上。这会导致"在有惩罚的地方看不到罪行""在没有罪行的地方看到了惩罚"。"找法硬判"，是"想当然"办案、出入人罪的主观主义思想路线的集中表现。一些人公然主张"找法"运动，说法院办案就是"找法"。为了"找法"，往往借助于"逼供信"，从被告人嘴里找证据。应当明确，刑罚不是罪行的前提，只有罪行才是刑罚的前提。以刑罚为罪行的前提，只能激化社会矛盾，乃至引发激烈的社会冲突。

区分两种思维路线，认识到罪刑法定主义的局限性，坚持马克思主义法学原理，任何时候都具有现实意义。

苏维埃政权建立后，坚持和发展马克思主义法学理论，开创了列宁主义法学理论的新局面。首先建立了统一的人民法院，以代替以前那些数不尽的各种体制的多级法院，简化了法院的组织，从而使它成为居民绝对易于接近的机关，并消除了办案中的任何拖拉现象。苏维埃政权废除了已被推翻的政府的法律以后，委托苏维埃选任的法官实现无产阶级的意志，运用无产阶级的法令，在没有法令或法令不完备时，则遵循社会主义的法律意识。在惩罚方面，这样组织起来的法院已根本改变了惩罚的性质：广泛地实行缓刑，以社会的谴责作为处罚的办法，以保持自由的强制劳动代替剥夺自由，以教养机关代替监狱，并为采用同志审判会的办法提供可能性。

1919 年 1 月 18 日，列宁命令人民委员会办公厅主任，立即报告人民委员会办公厅收到的一切控告，并认真督促贯彻列宁就这些控告所作的批示。列宁指出，必须严厉惩罚那些迫害控告者的工作人员。他强调依法办事。早在 1918 年 4 月 15 日就在信中向司法人民委员部提出，要编纂法典、出版苏维埃政权的法令汇编，在人民群众中大力宣传法制。他对违法乱纪现象毫不宽容，他指示同营私舞弊、盗窃公款等现象作坚决斗争，建议对贪污分子定出严厉的惩罚办法，要求所有政权机关工作人员不得徇私枉法。

　　人民看到的是惩罚，但是看不到罪行，正因为他们在没有罪行的地方看到了惩罚，所以在有惩罚的地方也就看不到罪行了。

马克思：《第六届莱茵省议会的辩论（第三篇论文）》，
《马克思恩格斯全集》第 1 卷第 245 页。

在法律上，必须确认，凡是存在法治的地方，只有法律规定应受惩罚的行为才能施以法律惩处。

马克思：《福格特先生》，

《马克思恩格斯全集》第14卷上册第725页。

由于社会组织在任何时候和任何地方都是人们所犯的罪行的唯一原因，所以惩罚罪犯是社会方面的伪善行为或者显然的荒谬论调，因为任何惩罚都是以罪行为前提的，而罪犯们永远都是无罪的。犯罪和惩罚的理论是神学的产物，即荒谬论调和宗教伪善行为相结合的产物。

马克思恩格斯：《社会主义民主同盟和国际工人协会。》，

《马克思恩格斯全集》第18卷第508页。

书报检查制度要预防恶，而新闻出版法则要通过惩罚来防止恶的再现。但是，书报检查制度和新闻出版法，同人间的一切制度一样，都是不完善的，问题只是哪一个不完善的程度最轻。由于所谈的是纯粹精神方面的问题，所以，我们在这里碰到的课题（对两方面都是最重要的课题）是永远不可能获得解决的。

马克思：《第六届莱茵省议会的辩论（第一篇论文）》，

《马克思恩格斯全集》第1卷第173页。

在新闻出版法中，自由是惩罚者。在书报检查法中，自由却是被惩罚者。书报检查法是对自由表示怀疑的法律。新闻出版法却是自由对自己投的信任票。新闻出版法惩罚的是滥用自由。书报检查法却把自由看成一种滥用而加以惩罚。它把自由当作罪犯；对任何一个领域来说，难道处于警察监视之下不是一种有损名誉的惩罚吗？书报检查法只具有法律的形式。新闻出版法才是真正的法律。

马克思：《第六届莱茵省议会的辩论（第一篇论文）》，

《马克思恩格斯全集》第1卷第175页。

新闻出版法根本不可能成为压制新闻出版自由的措施，不可能成为以惩罚相恫吓的一种预防罪行重犯的简单手段。恰恰相反，应当认为没有关于新闻出版的立法就是从法律自由领域中取消新闻出版自由，因为法律上所承认的自由在一个国家中是以法律形式存在的。

马克思：《第六届莱茵省议会的辩论（第一篇论文）》，

《马克思恩格斯全集》第1卷第176页。

书报检查法是不能成立的，因为它要惩罚的不是违法行为，而是意见；因为它无非是一个以条文形式出现的书报检查官而已；因为任何国家都不敢把它利用书报检查官这一工具实际上所能干出的事情在一般的法律规定中表述出来。

马克思：《第六届莱茵省议会的辩论（第一篇论文）》，

《马克思恩格斯全集》第1卷第181页。

　　他们穷，生活对于他们没有任何乐趣，他们几乎一点享受都得不到，法律的惩罚对他们也再没有什么可怕的。他们为什么一定要克制自己的欲望，为什么一定要让富人去享受他们的财富，而自己不从里面拿一份呢？无产者凭什么理由不去偷呢？当人们谈论"私有财产神圣不可侵犯"的时候，一切都讲得很冠冕堂皇，资产阶级听起来也很入耳。但是对没有任何财产的人来说，私有财产的神圣性也就自然不存在了。金钱是人间的上帝。资产者从无产者那里把钱抢走，从而真的把他们变成了无神论者。

恩格斯《英国工人阶级状况》，

《马克思恩格斯全集》第 2 卷第 400 页。

　　如果把怕被霰弹击中的恐惧和参加街头暴动的危险——要受严厉的、也许是侮辱性的惩罚——对比一下，这种恐惧又算得了什么呢！参加这种斗争所要的勇气实在太伟大了，以致连毫无掩蔽地站在炮口前的人的勇气在它面前也会完全黯然失色！

马克思：《柏林关于革命的辩论》，

《马克思恩格斯全集》第 5 卷第 83 页。

　　第 370 条"如果控告所根据的事实按照法定手续查明是确实的，那末原告就不应受任何惩罚。只有根据法庭的判决或其他合法的文件提出来的东西，才算是合法的证据。"……

　　根据一般人的理智，说一个人遭到诬蔑，就是指他受到别人莫须有的指责；但是根据刑法典的特殊的理智，说一个人遭到诬蔑，是指别人指出了他确实犯过的而且能够加以证明的错误，不过在证明时用的不是唯一被承认的方法，即法庭的判决或正式的文件。

马克思：《法庭对"新莱茵报"的审讯》，

《马克思恩格斯全集》第 5 卷第 231 页。

　　这些先生可以随心所欲地干那些"引起公民对他们轻视和憎恨"的事情，但是你要想不被剥夺公民权、不被监禁和罚款，就决不能谈论、记述和发表这些事情。结果：在"法庭审讯""诬蔑"那位有不法行为的可敬的官员的案件时，这次揭露便得到应有的"胜利"，——竟有这样的奇迹：今天才发生的不法行为，昨天法庭已作了判决。

马克思：《法庭对"新莱茵报"的审讯》，

《马克思恩格斯全集》第 5 卷第 232 页。

　　你们不是曾要求出版自由吗？那末你们就要受到出版自由的惩罚，就要受到不经书报检查官检查的检查，即受到检察机关的检查，受到法律（这种法律认为：出版物"按其使命的意义"来说应当关心所有一切东西，可是就不应当关心上级，完美无缺的上级）的检查，受到监狱的和罚款的检查。

马克思恩格斯：《市民自卫团法案》，

《马克思恩格斯全集》第 5 卷第 276 页。

汉泽曼先生认为富人认购的公债的利率比穷人的高 123% 是"公平的"，因为从后者手中只能用强力才能夺取最必要的东西。此外，穷人还应当负担诉讼费用，作为对他那种不太令人满意的财产状况的惩罚。

马克思恩格斯：《强制公债法案及其说明》，

《马克思恩格斯全集》第 5 卷第 311 页。

在我们这里，旧普鲁士人先生们的骄气往往很快就受到了挫折；在他们的管辖之下，已经既没有"涅茨同胞"，也没有秘密审判，既没有普鲁士法律，也没有体罚；由于没有体罚，有人甚至悲痛欲绝。但是，正是在波兰，在这个可以肆无忌惮地采取体罚和进行秘密审判的地方，他们究竟是如何进行统治的，我们不说也可以想象得到了。

恩格斯：《法兰克福关于波兰问题的辩论》，

《马克思恩格斯全集》第 5 卷第 378 页。

按照人身保护法的规定，任何人都不能交由依法成立的法庭以外的法庭去审理。军事法庭和非常委员会都是非法的。以惩罚相威胁或使用法律规定的惩罚以外的惩罚都是不容许的。根据这条法律，这项规定不论在任何时间、任何地方或在任何情况下，甚至在战争或暴动的情况下，都不能停止生效。

马克思：《德利加尔斯基——立法者、公民和共产主义者》，

《马克思恩格斯全集》第 6 卷 68 页。

你们就是批准官员们的恣意专横，给官方的一切卑劣行为大开方便之门，专门惩罚对这种卑劣行为的揭露。既然如此，何必还要虚伪地承认出版自由呢？

马克思：《"新莱茵报"审判案》，

《马克思恩格斯全集》第 6 卷第 274 页。

少数派只是企图举行议会里的起义，多数派则把自己的议会专制提升为法律。这个多数派发布了新的议会规章，借以消灭讲坛上的言论自由，并授权国民议会议长用各种惩戒手段，如提出谴责、科以罚金、停发薪金、暂时逐出会场、逮捕等手段，来惩罚议员违反规则的行为。

马克思：《1848 年至 1850 年的法兰西阶级斗争》，

《马克思恩格斯全集》第 7 卷第 81 页。

许多农民和工人对政治漠不关心；他们最怕的就是政府一翻脸便使他们遥遥无期地离开家园。当他们想到反抗的后果时，心情就变得沉重起来：species facti〔构成犯罪〕、触犯战时条例、罚苦役，甚至可能枪决！

恩格斯：《德国维护帝国宪法的运动》，

《马克思恩格斯全集》第 7 卷第 140～141 页。

农民和工人只是被当作征税的对象；他们所得到的唯一的关心，就是要尽可能使他们保持他们当时和以前他们父辈所赖以维生的那些条件。为了达到这个目的，一切旧的、既存的、世袭的权力，都像国家的权力一样受到保护；地主对小封建佃农的权力，厂主对工厂工人的权力，手工业师傅对帮工和学徒的权力，父亲对儿子的权力，到处都受到政府的严密的保护，凡有不服从的，都像触犯法律一样，要受到奥地利司法的万能工具——笞杖的惩罚。

恩格斯：《德国的革命和反革命》，

《马克思恩格斯全集》第 8 卷第 32 页。

每当统治者集团范围缩小时，每当比较狭小的利益压倒比较广大的利益时，社会就得救了。任何最单纯的资产阶级财政改革的要求、任何最平凡的自由主义的要求、任何最表面的共和主义的要求、任何最浅薄的民主主义的要求，都同时被当作"谋害社会的行为"加以惩罚，当作"社会主义"加以指责。

马克思：《路易·波拿巴的雾月十八日》，

《马克思恩格斯全集》第 8 卷第 130 页。

俄国政府在自己的国家里，除正教而外，不容忍其他任何宗教，它把叛教当作罪行严加惩罚，它征服别的民族，吞并左右邻邦的领土，同时不断加强对俄罗斯农奴的束缚，——就是这个俄国政府，却很快对波兰大肆攻击起来，它借口信教自由，说什么因为波兰压迫正教徒；借口要维护民族原则，因为东部地区的居民是小俄罗斯人，需要把他们合并到大俄罗斯里去；并且借口革命权利，武装农奴去反对他们的主人。

恩格斯：《工人阶级同波兰有什么关系?》，

《马克思恩格斯全集》第 16 卷第 181～182 页。

俄国农奴的解放，只能说它使最高政权摆脱了贵族可能对其中央集权活动所起的反作用。它为招募自己的队伍创造了广泛的条件，它破坏了俄国农民的村社所有制，分离了农民，巩固了他们对沙皇爷爷的信仰。它没有清除掉他们的亚细亚的野蛮性，因为文明是要用好些世纪来建立的。任何提高他们道德水平的尝试都被当作罪行受到惩罚。

马克思：《1867 年 1 月 22 日在伦敦纪念波兰起义大会上的演说》，

《马克思恩格斯全集》第 16 卷第 181～182 页。

巴黎委员会被当作一个超过 20 人的非法团体而遭到迫害。受过帝国训练的法国法官当然不用长时间考虑就宣布解散协会，并对委员会委员处以罚金和监禁。

马克思:《国际工人协会总委员会第四年度报告》，

《马克思恩格斯全集》第 16 卷第 362 页。

国家只是大地主的工具。逐出土地也被作为一种政治上的惩罚手段。

马克思:《关于爱尔兰问题的未作的发言的提纲》，

《马克思恩格斯全集》第 16 卷第 503 页。

排挤租佃者部分是采取双方就废除租约达成友好的协议的方式。但在更多的情况下却是采取大规模驱逐的方式（由《crowbar brigade》——"橇棍队"强制执行，他们的做法是先把屋顶掀掉），强制性驱逐的方式。（这也是一种政治惩罚手段。）

马克思:《关于爱尔兰问题的未作的发言的提纲》，

《马克思恩格斯全集》第 16 卷第 517 页。

德国工人党的迅速进步，是它的最积极的参加者付出重大牺牲才赢得的。政府的迫害、罚款、更经常的是监禁，纷纷落到他们身上，而他们也早就不得不作好在狱中度过大半生的精神准备。虽然判刑多半是短期的，从两星期到三个月不等，但是，长期的监禁也决不是罕见的事。

恩格斯:《一八七七年的欧洲工人》，

《马克思恩格斯全集》第 19 卷第 138 页。

现在的工人阶级的祖先，当初曾因被迫变成了流浪者和贫民而受到惩罚。法律把他们看作"自愿的"罪犯，其依据是：只要他们愿意，是可以继续在已经不存在的旧的条件下劳动的。

马克思:《资本论第一卷》，

《马克思恩格斯全集》第 23 卷第 803 页。

在法国和西班牙，对国际的迫害（由于这种迫害不涉及到公社社员），至今还只是停留在书面上。在意大利，监禁很少超过三个月；在其他情况下，一般都是罚款，不过往往允许以坐牢代替罚款，每天以三法郎计算。

《恩格斯致威廉·李卜克内西》，

《马克思恩格斯全集》第 33 卷第 482 页。

本月 11 日黑森大公国当局在达姆斯塔德，即在出版社的所在地没收了皮特曼编辑的共产主义杂志《莱茵年鉴》第一期。不过只查获了 55 本，本期其余的份数已经售完。出版人列斯凯先生同时接到通知说，该杂志已置于警方监督之下，每一期出版前必须呈报警方，获得发行的特许证，如有违犯，将课以罚金500佛罗伦（45镑），或酌情处以徒刑。

> 恩格斯：《对共产主义者的迫害和驱逐》，
>
> 《马克思恩格斯全集》第42卷第298页。

当你看到统治着欧洲的制度怎样轻率地对待人民的鲜血和生命，当你看到文明的司法机关为了使它们没有把握的判决得到承认而怎样滥用监狱、惩罚和死刑刑具等设施，当你看到那些全面陷于贫困之中的阶级，其人数之多达到前所未闻的地步，看到人们也许是嫌麻烦，不愿把社会贱民从卑贱地位拯救出来，而以极端轻蔑和防范的态度对待他们，当你看到所有这一切的时候，你就会无法理解：根据哪一项条款竟能命令一个人去珍视被我们的习惯、偏见、法律和一般风俗横加践踏的生命。

> 马克思：《珀歇论自杀》，
>
> 《马克思恩格斯全集》第42卷第305页。

一个流浪汉或一个犹太人的开业足以使一个大城市的整个商业界解体，使最诚实的人去犯罪；因为任何破产或多或少总是一种犯罪行为，虽然往往还用些冠冕堂皇的借口如我所描述的上述六种破产的借口来加以辩解，而所有这些借口几乎没有一句是真话。事情的真相是每一个人都贪婪地抓住不受惩罚的盗窃机会。

> 恩格斯：《傅立叶论商业的片断》，
>
> 《马克思恩格斯全集》第42卷第346页。

事实上决不能否认这两者之间的联系：一方面，立宪民主党人在策划对滥用自由进行惩罚，另一方面，他们在策划通过组成内阁取得一小部分政权来实行这种惩罚——通过同旧政权搞交易从旧政权那里取得一小部分政权，以巩固旧政权，并以这部分政权作为抵挡人民对旧政权的攻击的挡箭牌。

> 列宁：《团结起来!》，
>
> 《列宁全集》第13卷第213页。

无论怎样迫害农民，无论怎样加重惩罚农民，都消除不了千百万饥饿农民的这种怨恨和反抗，因为他们目前已被"土地规划者"以空前的速度，以粗暴和残酷的手段弄到破产。

> 列宁：《论现政府的（一般的）土地政策问题》，
>
> 《列宁全集》第23卷第284页。

请务必查出拖延移交的罪犯（从12月3日到12月20日没有答复!! 而法令是11月21日通过的!!!）并送交法庭审判。这样岂有此理的事情总不能不加惩罚。

> 列宁：《致费·埃·捷尔任斯基》，
>
> 《列宁全集》第48卷第430页。

我们始终不渝地执行的全部政策，目标应该是在不远的将来肃清斗争派。为此，对斗争派的任何罪行，都要给予迅速而严厉的惩罚。

> 列宁：《关于乌克兰斗争派的决议草案》，
> 《列宁全集》第 38 卷第 130 页。

莫洛托夫同志：应该仔细考虑一下（请给斯大林看），可否对"敲诈者"惩罚得厉害一点：逮捕或用别的什么办法？

> 列宁：《致维·米·莫洛托夫》，
> 《列宁全集》第 51 卷第 317 页。

马克思在《德利加尔斯基——立法者、公民和共产主义者》里提到的"人身保护法"，指 1848 年 8 月 28 日普鲁士国民议会通过的《人身保护法》。该法与 1679 年英国的法令相似，该法令称为 Habeas Corpus Act（人身保护法）。这一法令一开始就被普鲁士政府粗暴地破坏了。

马克思在《国际工人协会总委员会第四年度报告》里说的"超过 20 人的非法团体"，是指按照刑法法典第 291 条和 1834 年 4 月 10 日法令的规定，在法国，成立 20 人以上的社团，必须经有关当局批准。

3. 刑罚的滥用

有刑罚就有刑罚的滥用。在资本主义条件下，刑罚的滥用是多方面的。经典作家的论述，涉及以下几种情况：

①对非罪行为动用刑罚。②其他国家机关介入刑罚。③行政官员操纵刑罚。④事实不清判刑。⑤适用法律不当定罪量刑。⑥越权审判定刑。⑦关系案、人情案的免刑和从轻或从重。⑧徇私枉法。⑨混淆过错与罪行的界限。⑩罪名与罪行不符。⑪惩罚与折磨相结合。⑫混淆违法与犯罪的界限。⑬混淆相邻罪的界限。⑭主刑与从刑不当。⑮宪法轻重失衡。⑯刑期无度。⑰在审案件，披露案件案情，动员社会舆论以定刑。⑱绞死小偷，放走大盗。

刑罚的滥用，主要集中在非司法机关的介入和司法机关的滥权。

经济上的私有财产制度、政治上的资产阶级统治和社会上的两极分化，是刑罚滥用的总根源。只要这个根源存在，刑罚的滥用是不可能禁绝的。

在某个机关自诩为国家理性和国家道德的举世无双的独占者的社会中，在同人民根本对立因而认为自己那一套反国家的思想就是普遍而标准的思想的政府中，当政集团的龌龊的良心却臆造了一套追究倾向的法律，报复的法律，来惩罚思想，其实它不过是政府官员的思想。追究思想的法律是以无思想和不道德而追求实利的国家观为基础的。这些法律就是龌龊的良心的不自觉叫喊。

马克思:《评普鲁士最近的书报检查令》,

《马克思恩格斯全集》第 1 卷第 121~122 页。

　　捡拾枯树和盗窃林木是本质上不同的两回事。……，而你们却不顾这种本质上的差别，竟把两种行为都称为盗窃，并且都当作盗窃来惩罚。你们对捡拾枯树的惩罚甚至比对盗窃林木的惩罚还要严厉，因为你们把捡拾枯树宣布为盗窃，这已经是惩罚，而对盗窃林木的行为，你们显然是不会给予这种惩罚的。

马克思:《第六届莱茵省议会的辩论（第三篇论文）》,

《马克思恩格斯全集》第 1 卷第 244 页。

　　不考虑任何差别的严厉手段，会使惩罚毫无效果，因为它会取消作为法的结果的惩罚，这是一个历史的，同样也是合乎理性的事实。

马克思:《第六届莱茵省议会的辩论（第三篇论文）》,

《马克思恩格斯全集》第 1 卷第 245 页。

　　为了使惩罚成为实际的，惩罚就应该是有界限的，为了使惩罚成为公正的，惩罚就应该受到法的原则的限制。任务就是要使惩罚成为罪行的实际后果。惩罚在罪犯看来应该表现为他的行为的必然结果，因而表现为他自己的行为。所以，他受惩罚的界限应该是他的行为的界限。

马克思:《第六届莱茵省议会的辩论（第三篇论文）》,

《马克思恩格斯全集》第 1 卷第 247 页。

　　决不能违反法律而要求这些习惯法，相反，应该把它们当作同法律对立的东西加以废除，甚至对利用这些习惯法的行为还应根据情况给以惩罚。

马克思:《第六届莱茵省议会的辩论（第三篇论文）》,

《马克思恩格斯全集》第 1 卷第 249 页。

　　如果一个人故意犯法，那么就应惩罚他这种明知故犯；如果他犯法是由于习惯，那就应惩罚他这种不良习惯。在实施普通法律的时候，合理的习惯法不过是制定法所认可的习惯，因为法并不因为已被确认为法律而不再是习惯，但是它不再仅仅是习惯。

马克思:《第六届莱茵省议会的辩论（第三篇论文）》,

《马克思恩格斯全集》第 1 卷第 249 页。

　　明智的立法者预防罪行是为了避免惩罚罪行。但是，他预防的办法不是限制法的领域，而是给法提供实际的活动领域，从而消除每一个法的动机中的否定本质。他不是局限于替某个阶级的成员消除一切使他们不能进入更高合法领域的东西，而是给这一阶级本身以运用法的现实可能性。

马克思:《第六届莱茵省议会的辩论(第三篇论文)》,

《马克思恩格斯全集》第 1 卷第 254 页。

　　立法者的责无旁贷的义务起码是,不要把那种仅仅由环境造成的过错变成犯罪。他必须以最伟大的仁慈之心把这一切当作社会混乱来加以纠正,如果把这些过错当作危害社会的罪行来惩罚,那就是最大的不法。

马克思:《第六届莱茵省议会的辩论(第三篇论文)》,

《马克思恩格斯全集》第 1 卷第 254 页。

　　违警处罚是用来对付那种根据情节可称为外部混乱而不破坏永久法律秩序的行为的一种手段。

马克思:《第六届莱茵省议会的辩论(第三篇论文)》,

《马克思恩格斯全集》第 1 卷第 254 页。

　　惩罚本身作为法的恢复,本来应该不同于价值的赔偿和损失的补偿,不同于私有财产的恢复;但是,现在惩罚却由公众的惩罚变成对私人的赔偿了;罚款并未归入国库,而是落入林木所有者的私囊。

马克思:《第六届莱茵省议会的辩论(第三篇论文)》,

《马克思恩格斯全集》第 1 卷第 275 页。

　　公众惩罚这一概念同那种把罪行只看作对个人的侵犯的观点正相对立。但是,必须再找出甘愿授权个人去同时实行私人惩罚和国家惩罚的民族和理论来。

马克思:《第六届莱茵省议会的辩论(第三篇论文)》,

《马克思恩格斯全集》第 1 卷第 275 页。

　　抽象的法律会被纯主观的武断所代替,因为在每一个案件中如何使刑罚符合罪犯的个性,都得由那批"道貌岸然的"官方人士来决定。

马克思恩格斯:《神圣家族》,

《马克思恩格斯全集》第 2 卷第 229 页。

　　在合乎人性的关系中,刑罚将真正只是犯了过失的人自己给自己宣布的判决。谁也想不到要去说服他,使他相信别人加在他身上的外部强力就是他自己加在自己身上的强力。

马克思恩格斯:《神圣家族》,

《马克思恩格斯全集》第 2 卷第 229 页。

　　把法律的惩罚同神学的折磨结合起来——这种做法中所运用的刑罚观念,最突出地体现在单人牢房制之中。

马克思恩格斯：《神圣家族》，

《马克思恩格斯全集》第 2 卷第 237 页。

他们以法律上没有的惩罚——监禁一年——来威胁违令者；他们不经议会讨论，只是"根据宪法第 89 条"就可以颁布特别刑法！

恩格斯：《斯图加特和海得尔堡俱乐部被封》，

《马克思恩格斯全集》第 5 卷第 268 页。

一般说来结社权并没有怎样公开被否认，这里只是有人根据联邦议会的旧的早已被废除的特别法否认大学生的结社权。大学生都受到这些已失效的法律所规定的各种惩罚的威胁。

恩格斯：《斯图加特和海得尔堡俱乐部被封》

《马克思恩格斯全集》第 5 卷第 268 页。

用更方便的"在执行自己职务方面"的说法代替了"因"这个用语；第二，用 par écrit〔在书面上〕代替了 par parole〔在言语上〕这种受限制的用语；第三，惩罚加重了两倍。从这项法律生效的那一天起，普鲁士的官员们就可以高枕无忧。

马克思：《普鲁士出版法案》，

《马克思恩格斯全集》第 5 卷第 271 页。

普鲁士的立法者以其特有的嗅觉发现：每一项新的宪法规定都为新的刑法、新的章程、新的惩罚措施、新的监视、新的挑剔和新的官僚制度提供绝妙的借口。

马克思恩格斯：《市民自卫团法案》，

《马克思恩格斯全集》第 5 卷第 277 页。

关于惩罚的一节草拟得特别有趣和精密。而且市民自卫团的整个机构，按"其使命的意义"来说，只应当是对可敬的市民要求宪法和人民自卫团的意图的一种惩罚。除了根据法律应受惩罚的行为以外，根据新的惩罚条例（见第 82 条和以下各条），在军事条令，即在这个由国王的上校在少校的协助下起草并经虚构的"区代议机关"批准的市民自卫团大宪章中所规定的各种情况，也要受到惩罚。不言而喻，监禁能用罚款的办法来代替，以便使市民自卫团中有支付能力的人同无支付能力的人之间的差别，即由"办事内阁"发现的市民自卫团中资产阶级同无产阶级之间的差别得到刑法的校准。

马克思恩格斯：《市民自卫团法案》，

《马克思恩格斯全集》第 5 卷第 284～285 页。

报刊怎么能履行自己的首要职责——保护公民不受官员逞凶肆虐之害呢？只要报刊向舆论揭露这种逞凶肆虐的行为，就要受到法庭的追究，而且如果按照检察机关的愿望办事，还要被判处徒刑、罚款和剥夺公民权；只有下述情况例外，即报刊可以公布法庭判决，就是说，只有当揭露已经失去任何意义的时候，才能进行揭露。

> 马克思：《"新莱茵报"审判案》，
> 《马克思恩格斯全集》第 6 卷第 280 页。

普鲁士的家长立宪制的监视和惩罚竟推广到了私人生活，推广到了私人生活中最忌讳的领域——甚至连野蛮人也认为是不可侵犯的家庭关系的领域。

> 马克思：《三个新法案》，
> 《马克思恩格斯全集》第 6 卷第 405 页。

只要资产阶级的新闻记者稍微抨击一下波拿巴篡夺权力的欲望，只要报刊企图保护资产阶级的政治权利不受行政权力侵害，资产阶级法庭就判处数额异常巨大的罚款和不光彩的监禁，这种情况不仅使法国，而且使整个欧洲都感到惊愕。

> 马克思：《路易·波拿巴的雾月十八日》，
> 《马克思恩格斯全集》第 8 卷第 201 页。

法国各地农民在议会制共和国时期曾起来反对他们自己的产物，即军队，结果总是资产阶级用宣布戒严和死刑惩罚了他们。

> 马克思：《路易·波拿巴的雾月十八日》，
> 《马克思恩格斯全集》第 8 卷第 219 页。

我们又可以从议会文件中和印度问题最大权威的著作中援引许多资料，这些资料清楚地证明，这种似乎很轻的捐税对印度人民大众是极沉重的负担，为了征税不得不求助于像刑罚这样的可耻方法。

> 马克思：《印度的捐税》，
> 《马克思恩格斯全集》第 12 卷第 551 页。

但愿那些为取缔进步党人在出版、结社和集会方面的鼓动而采取的手段能够成为对工人的警告。当时曾经采用过的那些法律、命令和惩罚措施，不定什么时候又可能被用来反对工人并终止他们的鼓动；一旦这种鼓动有危险的时候，它们就一定会被采用。

> 恩格斯：《普鲁士军事问题和德国工作政党》，
> 《马克思恩格斯全集》第 16 卷第 84 页。

在英国 Courts of Law（法庭）曾通过一项决议：盗用工联的基金可以不受惩罚。成立了一个官方的工联调查委员会，目的是要消灭工联，或者至少是限制它们的活动。

马克思：《国际工人协会总委员会向 1867 年洛桑代表大会的报告》，
《马克思恩格斯全集》第 16 卷第 633 页。

综上所述可以得出如下结论：文明机构保证商人犯了制造赝币罪而完全不受处罚，其他阶级犯了这种罪就被判处死刑；商人不受处罚是借口他们似乎帮助了流通，其实他们是积极地利用供应源泉的人为阻塞，消极地利用引起萧条的过剩来拒绝对流通提供帮助。

恩格斯：《傅立叶论商业的片断》，
《马克思恩格斯全集》第 42 卷第 331 页。

为此，自由贸易的拥护者提出采用惩罚性的法律和法庭。真行啊！用法庭对付那些一下子就盗窃数百万金钱的人！顺便讲一下，俗语说：绞死小偷，放走大盗。这在商业中可不适用，因为甚至最小的破产都可以在商人的庇护下逃避司法追究。

恩格斯：《傅立叶论商业的片断》，
《马克思恩格斯全集》第 42 卷第 342 页。

君主采用缴纳保证金和坚决惩罚胆敢挥霍或盗用公款者的办法来保证收税官的忠诚可靠。因此我们看不到这样的事：收税官把税款攫为己有，却上书政府说什么"由于时世艰难，境况险恶，种种不幸事件，等等，一句话，我已破产，没有偿债能力，或者随便怎样说都行。"

恩格斯：《傅立叶论商业的片断》，
《马克思恩格斯全集》第 42 卷第 355 页。

收税官之所以不效法这个榜样，那是因为他们知道任何哲学学说都不能使他们免受惩罚，而破产者却能在下列原则的庇护下逃避惩罚：给商人以充分自由，不要求他们保证不搞阴谋诡计。

恩格斯：《傅立叶论商业的片断》，
《马克思恩格斯全集》第 42 卷第 355 页。

马克思在《印度的捐税》里说"这种似乎很轻的捐税对印度人民大众是极沉重的负担"，对于"似乎很轻的捐税"，在不久以前提交给不列颠统计协会的关于印度的捐税财政情况的报告中，汉德里克斯先生企图根据议会及其他官方文件证明，取自印度居民的收入总额中，目前以捐税形式征收的，即征自居民实际收入的，不超过五分之一；在孟加拉真正的捐税占总收入的 27%，在旁遮普占 23%，在马德拉斯只占 21%，在西北各占 17%，在孟买则占 16%。

4. 私刑的违法性

私刑（英 lynch），是根据法律规定具有科刑权以外的团体或个人，对他人施加的刑罚。私刑是侵犯人身自由的违法犯罪行为，当该行为符合刑法规定的犯罪构成要件时，就要受到刑事处罚。私刑具有剥夺人身自由的非法性、随意性、野蛮残暴性特征。

自阶级社会以来，私刑是普遍存在的社会现象。统治阶级及其成员、社会精英和社会黑恶势力等，动辄私设公堂、非法拘禁他人，采用种种手段，施行刑罚。在资本主义社会，随着保障人权的宣传和法制的完备，私刑不再具有事实上的合法性，但私刑仍然存在。

我国《宪法》第 37 条规定："中华人民共和国公民的人身自由不受侵犯。任何公民，非经人民检察院批准或者决定或者人民法院决定，并由公安机关执行，不受逮捕。禁止非法拘禁和以其他方法非法剥夺或者限制公民的人身自由，禁止非法搜查公民的身体。"这是废除私刑的基本依据。在刑法上，规定了非法剥夺人身自由罪、非法拘禁罪、绑架罪、非法搜查罪、非法侵入住宅罪、暴力逼取证人证言罪、殴打体罚虐待被监管人员罪等，否定了按惯例存在的私刑。

非法剥夺人身自由罪，是未经司法机关批准或决定，擅自采取关押、捆绑、审讯、私设公堂、游街示众等手段，非法剥夺他人人身自由的行为。多年来，普遍发生的"人质型"犯罪行为，主要是为索取债务而非法扣押、拘禁他人的行为。

非法拘押、禁闭他人或者以其他方式剥夺他人人身自由的行为，构成犯罪的，都属于非法剥夺人身自由罪。所谓"人身自由"，是在法律范围内按照自己的意愿决定自己身体行动的自由。所谓"非法拘押、禁闭"，是指没有法律根据，不依法定程序的非法拘留、逮捕和监禁。按照我国法律规定，人民检察院和人民法院、公安机关、国家安全机关，分别享有逮捕批准和决定权、拘留权，其他任何机关、团体或者个人拘禁他人或者变相剥夺他人人身自由权利，或者有权机关不依法定程序和手续而逮捕或者拘留他人，都可以构成非法剥夺人身自由罪。所谓"以其他方法剥夺他人人身自由"，主要是指进行"隔离审查""监护审查"等非法剥夺或者变相剥夺他人行动自由的行为。

司法实践中，对具有下列情形之一的，应作为犯罪处理：①国家机关工作人员滥用职权，非法拘禁无辜群众，造成恶劣影响的；②非法拘禁他人，并实施捆绑、殴打、侮辱等行为的；③多次非法拘禁他人，或非法拘禁多人，或非法拘禁时间较长的；④非法拘禁，致人重伤、死亡、精神失常或自杀的；⑤非法拘禁，造成其他严重后果的。

这里也要指出，不能把有权机关和人员合法拘捕而发生错误的行为同非法剥夺人身自由罪相混淆。司法机关依照法定程序拘捕了重大犯罪嫌疑分子，但后经查证该人无罪，予以释放的，只能认为是错误拘捕，不能认定为非法拘禁。此外，未及时办理、出示拘留证、逮捕证的，也不应认定为非法拘禁。

世袭所有者利用摒弃他们要求的时代进步，以便窃取野蛮人世界观所固有的私人惩罚和现代人世界观所固有的公众惩罚。

> 马克思：《第六届莱茵省议会的辩论（第三篇论文）》，
> 《马克思恩格斯全集》第 1 卷第 275 页。

公众惩罚是用国家理性去消除罪行，因此，它是国家的权利，但是，它既然是国家的权利，国家就不能把它转让给私人，正如一个人不能把自己的良心让给别人一样。

> 马克思：《第六届莱茵省议会的辩论（第三篇论文）》，
> 《马克思恩格斯全集》第 1 卷第 277 页。

林木所有者既不能从国家获得实行公众惩罚的私人权利，他本身也没有任何实行惩罚的权利。

> 马克思：《第六届莱茵省议会的辩论（第三篇论文）》，
> 《马克思恩格斯全集》第 1 卷第 277 页。

林木所有者在把罚款归自己所有的同时，却巧妙地掩盖了他把惩罚权利本身也归自己所有的事实。过去他只把罚款当作单纯的金钱来谈，而现在他谈罚款指的却是惩罚，现在他扬扬得意地承认，他利用罚款把公共权利变成了自己的私人财产。

> 马克思：《第六届莱茵省议会的辩论（第三篇论文）》，
> 《马克思恩格斯全集》第 1 卷第 280 页。

亲自惩罚过人的林木所有者做得十分彻底，现在他竟亲自进行审判了，因为当他把不具有法律效力的判决宣布为具有法律效力时，他显然是在进行审判，如果认为在立法者偏私的情况下可以有公正的法官，那简直是愚蠢而不切实际的幻想！

> 马克思：《第六届莱茵省议会的辩论（第三篇论文）》，
> 《马克思恩格斯全集》第 1 卷第 287 页。

万德尔议员提了一个提案：凡非法逮捕公民的官吏，应负责赔偿受害者的全部损失，此外还要处以监禁，时间应 4 倍于受害者被监禁的时间。

这个提案没有被认为必须立即讨论，因而被移交给专门委员会了。

司法大臣梅尔克尔先生声明，通过这个提案不仅不能加重现行立法所规定的对非法捕人的官吏的惩罚，反而会减轻它。（对啊）

司法大臣先生只是忘记提醒大家：根据现行的即旧普鲁士的法律，所谓官吏非法捕人几乎是不可能的。依据可敬的旧普鲁士法的条款，最肆意妄为的捕人行为也可宣判无罪。

> 恩格斯《妥协辩论》，
> 《马克思恩格斯全集》第 5 卷第 251 页。

士兵不知道自己有什么权利，只知道一些义务。过去也有过军律，人们称之为猪皮律，可是到 20 年代就禁止私人使用。从那时候起，任何一个士兵都不能利用它来保护自己的利益，然而高级军官却还是用它来制服士兵！自卫军的军律也是这样，它从没有下达到全军。士兵虽然完全不了解它，但却要受到依据这种军律制订出来的命令的惩罚。这种荒谬绝伦的事情对于司令部的军官和将军先生们当然是很合胃口的，因为这样他们就可以飞扬跋扈，残酷地虐待士兵了。可是下级军官、士官和士兵们却遭了殃。

> 恩格斯《妥协辩论》，
> 《马克思恩格斯全集》第 5 卷第 252~253 页。

在设有"制止工人骚动"协会的地方，加入了组织的厂主们议定，这个组织的成员如违犯了他们的联盟章程，或向"干活的人"的要求让步，就课以高额罚金。

> 马克思：《战争问题。——金融状况。——罢工》，
> 《马克思恩格斯全集》第 9 卷第 469 页。

总主教由于有权审判本教的莱雅，他可以把这个权利转托给大主教和主教在他们管辖的教区内行使，而他们的判决，必须由土耳其官吏和法官等等执行。他们有权判处罚款、徒刑、笞刑和流放。此外，他们的教会还赋予他们开除教籍的权利。除了罚款以外，他们还对民事和商业案件课收各种税款。

> 马克思：《宣战。——关于东方问题产生的历史》，
> 《马克思恩格斯全集》第 10 卷第 181 页。

基督教的手段：眼睛作恶就挖掉眼睛，手作恶就砍掉手，总之，肉体作恶就杀害肉体，因为眼睛、手、肉体对于人本来都只是多余的、罪恶的附属品。要治愈人性的疾病，就必须消灭人性。

> 马克思恩格斯：《神圣家族》，
> 《马克思恩格斯全集》第 2 卷第 227 页。

纺纱机和动力织机给了资本家这种独立，因为生产中的动力握在他们手中了。因此，资本家的权力大大加强了。厂主老爷成了在自己企业范围内拥有惩罚权的立法者，他们往往为了自己发财致富而任意罚款。

> 《卡·马克思关于在资本主义制度下使用机器的后果的发言记录》，
> 《马克思恩格斯全集》第 16 卷第 641 页。

在公、私工厂里，废除了厂主等（制造商）（大小雇主）擅自僭取的私人裁判权（这些厂主在诉讼中身兼法官、执行吏、胜利者和当事人）；废除了他们擅自制定使他们能够用罚金、扣款等处分来掠夺劳动者工资的刑法典的权利；雇主违反这条法令时将受处罚；

3 月 18 日以后勒取的罚金和扣款必须发还工人（4 月 27 日）。

《卡·马克思的遗稿》，

《马克思恩格斯全集》第 17 卷第 573 页。

家奴的地位是由 1810 年普鲁士颁布的奴仆规约规定的。这个规约对封建关系适应得如此地好，公开允许老爷对奴仆采取"不重的暴力行为"，然而却公开禁止奴仆对老爷的虐待（除了危及生命或健康的情况以外）进行任何的暴力反抗，违者处以刑罚（"奴仆总规约"第七十七条、第七十九条）。

恩格斯：《威廉·沃尔弗》，

《马克思恩格斯全集》第 19 卷第 98 页。

国王怎样，人民也怎样。不论贫富，都无节制地向教会捐献……除此以外，还有豁免权，它在接连不断的内战、抢劫、没收的年月里，保护教会财产，免遭暴力的侵犯。许多小百姓们也都认为把他们的地产让给教会是合算的，只要在缴纳相当数量的租金的情况下能够保留土地使用权。但是，这一切对虔敬的教士来说，还是不够的。利用万劫不复的地狱刑罚作威胁，他们可以合法地勒索到愈来愈多的捐献。

恩格斯：《法兰克时代》，

《马克思恩格斯全集》第 19 卷第 544～545 页。

在国家面前，现在封君［Gefolgsherr］对他的侍从取得了跟地主或受采邑者对其佃农一样的权利和义务。他们对于国王依然负有服役的义务；只不过在这里，在国王同其伯爵之间，插进了封君。他叫他的臣仆出席法庭，他征集他们，带领他们参战，在他们中间维持军律；他为他们负责，并按照规定标准武装他们。因此，封君对于他的臣属也就取得了一定的处罚权，这就形成了以后日益发展起来的领主对其臣仆的审判权的起点。

恩格斯：《法兰克时代》，

《马克思恩格斯全集》第 19 卷第 556 页。

恩格斯在《威廉·沃尔弗》里的"家奴"，指为封建主打工的奴仆。在北德意志，特别是在它的东部，贵族经济占据优势。大田庄很少用大租佃者的资金，而大部分是用占有者的资金，利用家奴和短工来经营。西里西亚的那种对农村工人和家奴的宗法式的态度，打嘴巴、棒打鞭抽，曾盛行于易北河以东。

恩格斯在《妥协辩论》里提到的"军律"，说最简短的总共只有 4 个字："服从命令。"在普鲁士这个"不许打人"的军队里，如果士兵遭到拳打、脚踢，挨了枪托或者刚从陆军学校出来的少尉揪士兵的胡子或用手指弹他们的鼻子，如果士兵对此提出意见，那么得到的回答就是："服从命令！"如果一个喝得酩酊大醉的校官要在饭后消遣一下，命令他的部队到沼地行军，强迫士兵在齐腰的水中摆方阵，如果士兵敢于抱怨，那么回答就是："服从命令！"假如禁止军官上这家或那家咖啡店，如果他们对这一点提出意见，那么得到的回答就是"服从命令！"这是一切军律中最好的军律，因为它适用于一切场合。

5. 刑罚的体系

刑罚体系，是刑法规定的各种刑事惩罚方法的体系。一个国家的刑罚体系，是由该国的国家性质、国情和犯罪特点等决定的。

不同性质、不同历史时期的国家，往往有不同的刑罚体系。其刑罚体系的差别，主要表现在刑法上的排列顺序、刑种、类别、刑罚方法的具体内容、刑罚的轻重和加减等5个方面。

我国将刑罚分为主刑和附加刑两类，主刑排列顺序为管制、拘役、有期徒刑、无期徒刑、死刑；附加刑排列顺序为罚金、剥夺政治权利、没收财产。对于犯罪的外国人，可以独立或附加适用驱逐出境。

我国的刑罚体系，既考虑了简法省刑、人道主义的历史传统和法律至上、理性主义的西方法制文明成果，又具有中国特点。实行社会主义的罪犯惩罚和改造方针，惩办与宽大相结合，罪犯进行劳动改造，实行自首、立功、减刑、缓刑、假释等制度，使罪犯弃恶从善、重新做人等等，说明我国的刑罚制度是行之有效的。

就历史传统而言，刑罚之轻重、加减为我国古代刑罚所先创。笞为轻、死为重；秦罚严、元罚宽、汉始宽终严、明始严终宽、唐宋宽严相济；罪犯之刑事为重、民事为轻。

自李悝《法经》起，刑罚皆有加减。"加"是指加重，"减"是指减轻。《晋书·刑法志》载"徒加不过六，囚加不过五，累加不过十一岁，累笞不过千二百，刑等不过一岁，金等不过四两……不以加至死，并死不复加，不可累者故有并数，不可并数，故累其加；以加论者，但得其加，与加同者，连得其本"，清楚地说明了刑罚的加减。

在具体处罚上，大体上说，凡属于普通犯罪，累犯、合并论罪的加重处罚；凡属于特别犯罪，卑幼犯尊长、家仆犯家主的加重处罚。自告（魏时将自告改为自首，而延今世）、过失、觉举、八议、老弱、从犯、公罪等，量刑减轻，各朝大致相传。其中，唐代刑罚加减，规定较为详备。明律专设《犯罪得累减速》例。清代加减承袭明代。

在世界法制史上，中国刑法思想和立法，具有原始的先创的性质。在刑罚体系研究中，努力挖掘中华法制传统的精华，探寻西方法学源于中国的来龙去脉，是很有必要的。

根据第三七二条，如果某人进行揭露，那末对他的司法上的追究和关于是否诽谤问题的判决必须延期进行，直到对所揭露的事实调查清楚为上。根据第三七三条，属于诽谤性的揭露要受到惩罚。

马克思：《"新莱茵报"审判案》，

《马克思恩格斯全集》第6卷第275页。

根据法律，拘留狱一定要同徒刑狱分开，拘留狱的囚犯所遵守的制度应当同刑事犯所遵守的制度完全不同。但是杜塞尔多夫没有专门的拘留狱，于是未决犯在被非法关进徒刑狱以后，还必须遵守为已被判决的囚犯所规定的狱规，也可以被关进禁闭室和受到体罚！

马克思：《拉萨尔》，

《马克思恩格斯全集》第 6 卷第 319 页。

罚款、监狱监禁或要塞监禁，应该按所犯罪行及造成损失之大小来规定。

马克思：《博德尔施文克及其伙伴治理下的普鲁士财政》，

《马克思恩格斯全集》第 6 卷第 346 页。

根据第一〇二条，凡在公共场合和集会上发表的演说中或者在张贴的标票中 exciter 〔煽动〕公众进行前述之罪行者，一律按本章前列各条（第八十七条也包括在内）所规定之刑罚（主要是死刑）惩处。只有在这种煽动未产生后果的情况下，死刑才可改为流刑。

恩格斯：《拉萨尔》，

《马克思恩格斯全集》第 6 卷第 553 页。

建立新的司法机构，成立最高法院以审理被控的大臣和处理一切有关枢密官、法官等的免职和停职的案件。任何案件没有预先证实已经经过调解都不得审理。废除刑讯、强迫罚款和没收财产。除军事法庭和宗教法庭以外，撤销一切特别法庭，但对军事法庭和宗教法庭的判决可以向最高法院上诉。

马克思：《革命的西班牙》，

《马克思恩格斯全集》第 10 卷第 492 页。

即使政府官员已被正式控告并已被揭露犯有这类滥用职权的罪行，也难将他们交法庭审判，而且法律为他们规定的惩罚也过分宽厚。

马克思：《印度刑罚的调查》，

《马克思恩格斯全集》第 12 卷第 292 页。

官方就承认了普遍施用刑罚是英属印度财政制度的不可分割的部分。

马克思：《印度刑罚的调查》，

《马克思恩格斯全集》第 12 卷第 293 页。

首先必须注意到，在大多数情况下法官都是工厂主或他们的亲属，其次，法律规定的罚款是很少的，最后，只是在"没有反证"的情况下，未成年工和女工才被认为是在工作。

马克思：《不列颠工厂工业的状况》，

《马克思恩格斯全集》第 13 卷第 224 页。

奥地利过去并且现在有些地方仍然采用的对付意大利政治犯的手段是任何一个文明的国家闻所未闻的。为了使意大利的政治犯失节，奥地利人特别喜欢对他们进行杖笞，以此来向他们逼供和惩罚他们。

恩格斯：《波河与莱茵河》，
《马克思恩格斯全集》第 13 卷第 278 页。

波希米亚和下奥地利的总督向民众重申了一项法律，根据这项法律，凡是进行银币和铜币投机买卖的人处以 50 弗罗伦的罚金，甚至更重的惩罚，但仍然是枉费心机。这种惩罚措施不会有任何结果。

马克思：《维也纳要闻》，
《马克思恩格斯全集》第 13 卷第 376 页。

缅甸按政体来说是一个纯粹的专制国家，国王除了有其他封号以外，还有生死主宰者的称号，下狱、罚款、拷问或处死都完全取决于国王的最高意志。

恩格斯：《缅甸》，
《马克思恩格斯全集》第 14 卷上册第 293 页。

应用被告们被捕以后颁布的新的普鲁士刑法典去对付他们，他的企图获得了巨大的成就。这个法典似乎包括有减轻惩罚的条款，奴颜婢膝的法庭就以此为借口，允许把它当作似乎具有追究既往的力量的法律来加以应用。

马克思：《福格特先生》，
《马克思恩格斯全集》第 14 卷第 1 册第 450 页。

"巴伐利亚法"对于在教堂、公爵庄园、铁匠铺和磨坊的盗窃行为课以更多的罚金，"因为这四种建筑物是公用的房子，而且是经常开门的"。按照"弗里西安法"，杀害金匠的杀人罚金要比杀害同一等级的其他人多四分之一。

恩格斯：《论日耳曼人的古代历史》，
《马克思恩格斯全集》第 19 卷第 520～521 页。

如果奴隶图谋反抗主人，也要被处死。治安法官必须根据报告搜捕逃亡的奴隶。如果发现流浪者 3 天无所事事，就要把他送回原籍，用烧红的铁器在他胸前打上 V 字样的烙印，套上锁链在街道上服役或服其他劳役。如果流浪者谎报籍贯，就要被罚充当该地、该地居民或社团的终身奴隶，并打上 S 字样的烙印。任何人都有权把流浪者的子女领去当学徒，男的当到 24 岁为止，女的当到 20 岁为止。如果他们逃亡，就要成为他们师傅的奴隶，直到这个年龄为止。师傅可以给他们戴上镣铐，鞭打他们等等。

马克思：《资本论第一卷》，
《马克思恩格斯全集》第 23 卷第 803～804 页。

法国也有同样的法律，十七世纪中叶在巴黎建立了一个流浪者王国。在路易十六初期

（1777 年 7 月 13 日的敕令）还规定，16 岁至 60 岁的身体强壮而没有生存资料或职业的人，都要罚做苦工。

马克思：《资本论第一卷》，
《马克思恩格斯全集》第 23 卷第 805 页。

　　法律规定了城市和农村、计件劳动和日劳动的工资率。农村工人受雇期限应为一年，城市工人则应在"自由市场"上受雇。支付高于法定工资的人要被监禁，但接受高工资的人要比支付高工资的人受到更严厉的处罚。

马克思：《资本论第一卷》，
《马克思恩格斯全集》第 23 卷第 807 页。

　　法国资产阶级在革命风暴一开始，就胆敢再把工人刚刚争得的结社权剥夺掉。它在 1791 年 6 月 14 日颁布法令，宣布工人的一切结社都是"对自由和人权宣言的侵犯"，要课以 500 利弗尔的罚金并剥夺公民权一年。

马克思：《资本论第一卷》，
《马克思恩格斯全集》第 23 卷第 810 页。

　　他在英国境内因决斗被判了两个月监禁，在这次决斗中打死了库尔奈。尽管在审判过程中有那些肮脏的揭发，他还是这样轻易地脱了身，因为按照英国法律，决斗的监场人与决斗者要受到同样严厉的惩罚，同时还因为没有让这个可怜虫在法庭上把自己的全部卑劣行为都说出来。这个无耻的家伙坐在监狱里，叫人转告赖德律，说他只要一出狱，就要把他像狗一样用枪打死。

《马克思致阿道夫·克路斯》，
《马克思恩格斯全集》第 28 卷下册第 579 页。

　　军队的下层受到红色分子的破坏，上层受到奥尔良派和正统派的破坏，这是肯定无疑的，同样，嫌疑犯处治法和其他类似的惩罚措施使资产阶级不得安生，这也是肯定无疑的。

《恩格斯致马克思》，
《马克思恩格斯全集》第 29 卷第 291 页。

　　普鲁士的反联合法和大陆上的所有这类法律一样，都是起源于 1791 年 6 月 14 日的制宪议会的法令，在这里法国资产者非常严厉地惩罚——例如剥夺公民权一年——所有这类组织，即各种各样工人联合会，借口是：这是恢复行会，而且同宪法规定的自由和"人权"相抵触。在以 1789 年的议会精神而言是"符合宪法"的一切东西都被看作应当送上断头台的罪行的时候，这个议会的一切反对工人的法律却依然有效。

《马克思致恩格斯》，
《马克思恩格斯全集》第 31 卷上册第 51 页。

如果说："你在某地偷了一些银匙子"，就是诽谤，这将受到的并不是按第三七五条所规定的罚款，而是重得多的剥夺自由和公民权的惩罚。理由是：在后一情况下指控的事实内容更清楚，名誉受到更大损害等等。第三七五条所认定的是对个人的侮辱，与此相同，第二二二条所认定的则是在下述情况下对官员的侮辱，即侮辱官员的过错发生在他们执行职务时。侮辱执行职务的官员，照 Code 的等级精神，在惩罚时应重于侮辱普通的人。

> 马克思：《〈新莱茵报〉审判案发言初稿》，
> 《马克思恩格斯全集》第 43 卷第 462 页。

立法者正是把他在第二二二条中规定惩罚的那种侮辱，看成是不服从执行职务的官员的最轻情节，看成是对于正在执行职务的官员的仅限于抱怨而没有变成暴力行动的一种反抗和抗拒。

> 马克思：《〈新莱茵报〉审判案发言初稿》，
> 《马克思恩格斯全集》第 43 卷第 463 页。

"当官员或负责人员在执行职务时或者由于执行职务而受到的侮辱，在这种情况下，受到损害的已经不是个人，而是社会秩序……在这种情况下就要考虑到政治等级制度了：谁敢侮辱负责人员或对他们施加暴力，那么毫无疑问，他就是犯了罪，但是他引起的乱子比起侮辱法官来要轻一些。"由此可以看出：立法者正是把他在第二二二条中规定惩罚的那种侮辱，看成是不服从执行职务的官员的最轻情节，看成是对于正在执行职务的官员的仅限于抱怨而没有变成暴力行动的一种反抗和抗拒。

> 马克思：《〈新莱茵报〉审判案发言初稿》，
> 《马克思恩格斯全集》第 43 卷第 463 页。

据说基尔肯尼法令仅仅是什么必要的自卫，其中没有"任何特别的恶意"；对爱尔兰人犯罪不受处罚，那只是什么在一国内存在着两个奉行不同法律制度的民族的自然结果。

> 恩格斯：《高德文·斯密斯〈爱尔兰历史和爱尔兰性〉一书札记》，
> 《马克思恩格斯全集》第 45 卷第 123 页。

伊丽莎白在位第二年的法令第一条规定，一次不去新教教堂做礼拜即罚款十二便士。1605 年詹姆斯又加上了监禁——仅仅凭国王公告，也就是说用的是不合法的手段。但是无济于事。就在 1605 这一年，所有的天主教神父被限令四十天之内离开爱尔兰，否则处以死刑。

> 恩格斯：《有关爱尔兰没收土地历史的材料》，
> 《马克思恩格斯全集》第 45 卷第 144 页。

堡室法院，它像在英国一样，也称为星室法院，爱尔兰总督奇切斯特说，这是"专门为了惩处那些不能做出有充分理由的对国王有利的判决的陪审员而设立的法院"。

……那里就记载着，刑罚有监禁和割耳朵；还实行罚款，锁在耻辱柱上示众、穿舌头，在前额上打烙印以及其他侮辱性的惩罚办法，——对斯特腊弗德的起诉书中也提到这些事（墨菲，第 279 页）。

……在高尔威，他不仅罚了那些不愿意做出有利于王室的判决的陪审员的款，而且"因为陪审员选得十分不得当，因为依我们看陪审员配备得不成功"而罚了郡长的款，强迫他拿出 1000 镑"献给国王陛下"（{《国事书信》}，1635 年 8 月，第 1 卷第 451 页）。

恩格斯：《有关爱尔兰没收土地历史的材料》，

《马克思恩格斯全集》第 45 卷第 148 页。

法院现在审理有关婚姻、洗礼、丧葬以及遗嘱和遗产管理的一切案件；它们根据伊丽莎白在位第二年的法令（第二条）以不上教堂之罪名对不服从国教的天主教徒 {recu-sants} 施以惩罚，它们还负责征收什一税。

恩格斯：《有关爱尔兰没收土地历史的材料》，

《马克思恩格斯全集》第 45 卷第 148～149 页。

官员在执行职务时造成伤残事故者，应"按所犯之罪"予以最重的刑罚。第 1490 条第 2 款规定：将人严刑拷打致死者，应判处 8 年到 10 年苦役，……，皇室法官和等级代表组成的法庭的极其明显的倾向：他们在审判警察局的官员时，是蓄意尽量从宽处理的；而当他们在审判那些有触犯警察的行为的人时，那大家都知道是一贯从严的。

列宁：《时评》，

《列宁全集》第 4 卷第 356 页。

善于舞文弄法的法官首先利用的一点，就是法律对于在执行职务时进行拷打的人规定了好几种惩罚，让法官可以在两个月监禁和流放西伯利亚之间酌情处理。法官不受正式规定的过分约束，而有一定的伸缩余地，——这当然是一种很合理的原则，所以我国刑法学教授们才不止一次地称颂俄国的法律制度，强调它的自由主义。

列宁：《时评》，

《列宁全集》第 4 卷第 358 页。

在第二次布匿战争期间，公元前 207 年在卡普亚，由罗马元老院出资开始制造最早的罗马金币。与此同时，法院根据比较古老但尚未废除的法律判处的罚金却只能用家畜来支付。

马克思：《单本位制或复本位制》，

《马克思恩格斯全集》第 45 卷第 199 页。

先前由公社或氏族团体［犯罪者近亲］向罪行或罪过的受害人亲属所承担的赔偿（{赎罪金}），现在就成为向国家（向政府当局）所缴纳的罚金，作为公社未能缉捕到罪犯的失职罚金。

马克思：《马·柯瓦列夫斯基〈公社土地占有制〉一书摘要》，
《马克思恩格斯全集》第45卷第248页。

审讯罪犯的法庭和规定刑罚的法律，在氏族社会中出现得很晚。在易洛魁人以及一般地在印第安人诸部落中，为被杀害的同氏族人复仇是被公认的一项义务。在此之前，行凶者的氏族和被害者的氏族要设法和平了结事件；每个氏族的成员分别举行会议，提出为行凶者的行为赎罪的建议，通常采取的方式是道歉和赠送贵重的礼物。

马克思：《路易斯·亨·摩尔根〈古代社会〉一书摘要》，
《马克思恩格斯全集》第45卷第411页。

一般说来，大概是这样：随着法庭越来越强有力，法庭就首先控制以扣押财物来报复有罪过者这种野蛮人的做法。

马克思：《亨利·萨姆纳·梅恩〈古代法制史讲演录〉一书摘要》，
《马克思恩格斯全集》第45卷第633页

一男一女的婚姻从野蛮时代的较早时期起就已存在，它采取了在双方情愿期间结成配偶的形式。随着社会的发展，随着社会由于各种发明和发现而进入各个较高的依次相继的状态，这种婚姻便日益巩固。男子开始用残酷惩罚的办法来要求妻子忠贞不二，但认为自己可以例外。荷马时代的希腊人就是这样。从荷马时代到伯里克利时代，有了进步，这种进步逐渐成为固定的制度。所以现代的家庭高于希腊和罗马的家庭；专偶制的家庭和婚姻在有史时期已有三千年之久的历史。

马克思：《路易斯·亨·摩尔根〈古代社会〉一书摘要》，
《马克思恩格斯全集》第45卷第339~340页。

野蛮时代高级阶段房屋、土地、畜群和可交易的商品的数量大增并为个人所有以后，继承问题就越来越迫切了，直到权利符合实际情况为止。家畜是比先前各种财产的总和更有价值的财产。它们可以食用，可以交换其他商品，可以用来赎回俘虏，可以用来支付罚金和作敬神的牺牲；由于家畜能无限繁殖，所以占有它们便使人类心灵第一次产生了财富的概念。

马克思：《路易斯·亨·摩尔根〈古代社会〉一书摘要》，
《马克思恩格斯全集》第45卷第392页。

审讯罪犯的法庭和规定刑罚的法律，在氏族社会中出现得很晚。在易洛魁人以及一般地在印第安人诸部落中，为被杀害的同氏族人复仇是被公认的一项义务。

马克思：《路易斯·亨·摩尔根〈古代社会〉一书摘要》，
《马克思恩格斯全集》第45卷第411页。

　　希腊胞族的职能已知者不多：举行特殊的宗教仪式；在本胞族成员被杀害时决定宽恕或报复；在一个凶手免受惩罚之后为他施行被除礼，使他能够回到社会中来（"同胞们将以怎样的被除礼接受他？"见埃斯库罗斯《复仇女神》，第 656 节）

马克思：《路易斯·亨·摩尔根〈古代社会〉一书摘要》，

《马克思恩格斯全集》第 45 卷第 419 页。

　　所以，希腊胞族（文明时代以前）承担着办理谋杀事件以及凶手逃脱惩罚后为他行被除礼的主要任务；因而，在政治社会建立以后，胞族就承担了向法庭控告凶手的义务。

马克思：《路易斯·亨·摩尔根〈古代社会〉一书摘要》，

《马克思恩格斯全集》第 45 卷第 423 页。

　　当人群在地块上定居下来并开始种植谷物，牛就显出了极大的价值（同上页）。起初它的价值在于它的肉和奶；而在很早的时期，当它作为工具或交换手段的时候，它就具有了显然特别重要的作用；在荷马的著作中它是价值的尺度；当人群在地块上定居下来并开始种植谷物，牛就显出了极大的价值（同上页）。起初它的价值在于它的肉和奶；而在很早的时期，当它作为工具或交换手段的时候，它就具有了显然特别重要的作用；在荷马的著作中它是价值的尺度；相传最早的罗马铸币印有牛的图像；pecus（牲口）和 pecunia{货币}（第 149 页）。

马克思：《亨利·萨姆纳·梅恩〈古代法制史讲演录〉一书摘要》，

《马克思恩格斯全集》第 45 卷 590 页。

　　承租人的各种等级的法律标准是根据他的"名誉的价格"，也就是根据给他造成损失时应付给他的罚金或者说赔偿费的数额，这种标准依受害者的名誉地位为转移。

马克思：《亨利·萨姆纳·梅恩〈古代法制史讲演录〉一书摘要》，

《马克思恩格斯全集》第 45 卷 595 页。

　　部落，部落分支以及家族要为自己的成员的犯罪行为负责，甚至在某种程度上要为他们履行公民义务负责。只有强迫或说服成员离开这个集体，它们才能解除这种责任；《艾锡尔书》中规定了实行驱逐时应遵守的法律程序：部落向首领和教会付一定的罚金，再宣布逃亡者不受法律保护……

马克思：《亨利·萨姆纳·梅恩〈古代法制史讲演录〉一书摘要》，

《马克思恩格斯全集》第 45 卷 598 页。

　　决定把未给国王找到"充分证据"的陪审员的案件转交星室法院，作为对他们的惩罚；他们有时"被示众，割去耳朵，穿舌头，有时在额头上打上烙印等等"（下院公报第

1卷第307页，见前引书第505页注）。

马克思：《亨利·萨姆纳·梅恩〈古代法制史讲演录〉一书摘要》，

《马克思恩格斯全集》第45卷第605页。

Maous injectio 被明确肯定最初是惩罚被法庭判为债务人的人的罗马方式，它是罗马贵族对付不履行义务的平民债务人的残酷手段，因而推动了影响罗马共和国全部历史的一系列人民运动。

马克思：《亨利·萨姆纳·梅恩〈古代法制史讲演录〉一书摘要》，

《马克思恩格斯全集》第45卷第624页。

如果被告认输或者反驳对方失败，他不仅要偿付原来的债务，而且还要交付由于不执行先前的偿付通知而追加的各种罚款。

马克思：《亨利·萨姆纳·梅恩〈古代法制史讲演录〉一书摘要》，

《马克思恩格斯全集》第45卷第624页。

佐姆认为，用法庭以外的办法扣押他人财产以满足自己的要求的权力带有很大的风险；企图扣押财产的原告，如果忽略法律极其准确地要求的各种行动和言词，他除了不能达到他的目的外，还要招来大量的罚款，就象他最初所提的偿还要求一样毫不留情地逼他交出（第273、274页）。

马克思：《亨利·萨姆纳·梅恩〈古代法制史讲演录〉一书摘要》，

《马克思恩格斯全集》第45卷第629页。

人们对习惯法不像对制定的法律那样服从。当它在小的地区和小的天然集团里运用时，它所依赖的惩罚性制裁部分是舆论，部分是迷信，而在更大程度上是象使我们身体产生某种动作的那种盲目的和不自觉的本能。

马克思：《亨利·萨姆纳·梅恩〈古代法制史讲演录〉一书摘要》，

《马克思恩格斯全集》第45卷第657页。

马克思在《资本论》第1卷里说"把工人刚刚争得的结社权剥夺掉"，是指"1791年6月14日颁布法令"的规定。该法令第1条规定，"取缔同一等级或同一职业的市民的各种联合组织，是法国宪法的根本基础之一，因此禁止以任何借口或任何形式恢复这种联合组织。"第4条规定，"同一职业、手艺或手工业的市民，如果为了一致拒绝从事手艺或劳动或为了按一定报酬才从事手艺或劳动而彼此协商或协议，那末这种协商和协议……应视为违反宪法，侵犯自由和人权……"从而，和旧劳工法中的规定完全一样，应视为国事罪。

《恩格斯致马克思》里的"嫌疑犯处治法"（loi des suspects），是规定社会治安法律。该法律于1858年2月19日由立法团通过。它授予政府和皇帝以无限权力，可以把一切有敌视第二帝国制度的嫌疑分子流放到法国和阿尔及利亚各地去，或者驱逐出法国领土。

马克思在《〈新莱茵报〉审判案发言初稿》里的"Code"，即 Code pénal，刑法典。

恩格斯在《有关爱尔兰没收土地历史的材料》里的"星室法院"，是 1487 年亨利七世在英国建立的惩治封建主的特别法院。在伊丽莎白一世时期，变成了一个审理政治案件的高等司法机关。也像高等委任法院一样，于 1641 年被长期国会撤销。

在爱尔兰，斯特腊弗德使用与此类似的专横的司法机关（其中之一称作堡室法院，用它为在总督官邸都柏林堡开庭理事）主要是为了剥夺爱尔兰的土地和推行殖民政策。

五、诉讼法制度

诉讼法（Procedurel Law），是诉讼法律制度的总称。按照诉讼的种类，有民事诉讼法制度、刑事诉讼法制度和行政诉讼法制度。西方有的理论认为，行政诉讼属于民事诉讼的一部分，致使行政诉讼法没有形成为独立的法的门类，只是基于行政案件的特殊性，依据行政案件诉讼法规定的特例进行审理。大陆法系把诉讼法作为国家审判权的行使法，属于公法。由于诉讼处理的程序规定占主要部分，也称为程序法。诉讼程序是适用实体法的形式和方法，因而与实体法相对，也称为形式法。在同实体法相区别的意义上，诉讼法通称为程序法、形式法。

只要诉讼成立，诉讼法律关系便形成了。对于这种关系，有的西方学者认为是当事人之间的关系，有的认为是法院同双方当事人之间的关系，有的认为是法院和当事人双方之间的关系。其实，诉讼法律关系是统一的、不可分割的法律关系。

德国法学家戈德施密特在 1925 年出版的《Der prozess als Rechtslage》一书中，提出"诉讼法律状态论"说。他认为，应当根据判决的既判力来确定法律关系，判决确定之前当事人的关系，处于希望胜诉和恐惧败诉的交错浮动状态，还不能构成法律关系，只能当作是法律状态来理解。他认为，诉讼是当事人在诉讼状态地位上的诉讼，共同诉讼是共同诉讼人的共同诉讼状态。很显然，戈德施密特把"诉讼状态"同法律关系割裂开来了。在诉讼法律关系中，存在各种各样的诉讼状态，有哭的、有笑的、有抓耳挠腮的、有捶胸顿足的，何止"希望胜诉和恐惧败诉的交错浮动状态"呢？诉讼状态，是诉讼主体在诉讼中的思想现象及其感官等表现形式，不是诉讼中的法律关系本身，法不调整思想现象及其形式。

马克思恩格斯和列宁本人都经历过民事、行政和刑事诉讼，深知资本主义司法制度的黑暗和腐败，对于诉讼法基础理论的洞悉、批判和理论创造，达到了那个时代理论的巅峰。

（一）诉讼法是"打官司"的法

1. 诉讼主体的适格性

诉讼主体，是在诉讼中一定的国家机关、与诉讼结果有直接利害关系的人和各种不同的当事人，即原告和被告、共同诉讼人、诉讼代表人和诉讼中的第三人。

在各类诉讼中，诉讼主体的资格和身份必须符合法律规定的条件，不符合法律规定的条件的，属于不适格。主体不适格的案件审判，是非法的、无效的。

非法的判决却发生法律效力，是资本主义的诉讼痼疾。

　　国家对于被告享有某种权利，因为国家对于这个人是以国家的身分出现的。因此，就直接产生了国家的义务，即以国家的身分并按照国家的方式来对待罪犯。

马克思：《第六届莱茵省议会的辩论》，

《马克思恩格斯全集》第 1 卷第 261 页。

　　为了在这里顺便提一下一个几乎已经声名狼藉的题目，即关于神的存在的证明，必须指出，黑格尔曾经把这一神学的证明完全弄颠倒了，也就是说，他推翻了这一证明，以便替它作辩护。假如有这样一些诉讼委托人，辩护律师除非亲自把他们杀死，否则便无法使他们免于被判刑。

马克思：《德谟克利特的自然哲学和伊壁鸠鲁的自然哲学的差别》，

《马克思恩格斯全集》第 1 卷上册第 100 页。

　　单纯价值和损失补偿只给予了林木所有者对违反林木管理条例者提出私人诉讼的权利，林木所有者可以向民事法庭提出这种诉讼。

马克思：《第六届莱茵省议会的辩论》，

《马克思恩格斯全集》第 1 卷上册第 279～280 页。

　　既然你们的私人利益能够受到合理的法律和合理的预防措施的保护，那么，国家无论如何是保护你们的私人利益的，但是，对于你们向罪犯提出的私人诉讼，国家除了承认私人诉讼权即保护民事诉讼的权利以外，不能承认其他任何权利。

马克思：《第六届莱茵省议会的辩论》，

《马克思恩格斯全集》第 1 卷上册第 282 页。

　　有人把对猎区警察和森林警察的监督和使用不仅变成了军队的权利，而且变成了军队的义务，虽然刑事诉讼条例第 9 条只提到官吏要受国家检察官的监督，因此，国家检察官可以直接追究官吏的刑事责任，而军队则不能这样做。上述规定既威胁着法庭的独立，也威胁着公民的自由和安全。

马克思：《第六届莱茵省议会的辩论》，

《马克思恩格斯全集》第 1 卷上册第 272 页。

　　从这种新的国家理论出发，伦纳德先生还向议院作了如下的声明：议院的存在决不是"为了跟国王零零碎碎地讨价还价"——即不是为了跟国王协商，——"为了跟它进行关于言辞或甚至，如果愿意的话，关于权利的争执"；政府和议院决不是"诉讼双方的律师"。

恩格斯：《柏林关于奏折问题的辩论》，

《马克思恩格斯全集》第 6 卷第 445 页。

杜塞尔多夫检察人员很了解他们的这个新地位；事实上如果他们还承认他们享有莱茵刑事诉讼程序规定的职权，那末即使根据 Habeas Corpus Act〔人身保护法〕第九节，他们也早就应该起来干涉了。

马克思：《德利加尔斯基——立法者、公民和共产主义者》，
《马克思恩格斯全集》第 6 卷第 69 页。

马克思在《德利加尔斯基——立法者、公民和共产主义者》里提到的人身保护法"第九节"，规定"对超越职权破坏上述各项决定的文武官员，不需事先征得当局的同意即可起诉"。这要看总检察官尼科洛维乌斯是否同意杜塞尔多夫检察人员的做法，因为所有法警官员，甚至法院侦查员都在他的监督之下。尼科洛维乌斯应当行使他的职权，处理杜塞尔多夫事件，可他却回答说：他手里没有能够据以进行干涉的法律条文。

马克思认为，按照人身保护法的规定，任何人都不能交由依法成立的法庭以外的法庭去审理。军事法庭和非常委员会都是非法的。以惩罚相威胁或使用法律规定的惩罚以外的惩罚都是不容许的。根据这条法律，这项规定不论在任何时间、任何地方或在任何情况下，甚至在战争或暴动的情况下，都不能停止生效。

2. 审判的"公正性"

法的剥削阶级统治性本质、当事人经济力的强弱、法官的腐败和低能，都反映在司法上，因而审判不可能是公正的。经典作家揭露并深刻分析了资本主义"公正审判"的虚伪性。

审判是否公正，是一个客观判断和评价，取决于客观事实，不取决于当事人的感知。服刑期满的人，说感谢政府，感谢法官，其实是一桩错案；经济纠纷的当事人双方都说案子判得好，其实是一桩错案，是法官"吃完原告吃被告"，采用了"有理三扁担，无理扁担三"的折中办案手法。所以说，当事人感觉是否良好，是不足靠的。

古代（罗马）的第一个诉讼法是 Legis Actio Sacramenti｛誓金诉讼法｝，它是罗马一切诉讼的无可争议的母体，因而也是现今世界上使用的大多数民法方面的维护权利手段的母体。

马克思：《亨利·萨姆纳·梅恩〈古代法制史讲演录〉一书摘要》，
《马克思恩格斯全集》第 45 卷第 621～622 页。

个别司法官员把他们的职业要求于他们的特殊义务置之不顾，他们有的放任自己去干一些显然是非法的活动，有的则没有表现出足够的勇气和大无畏精神，而这种勇气和大无畏精神是跟恐怖主义顺利进行斗争所特别不可缺少的。我认为对这种人也要定罪，必要时还应毫不松懈、毫不迟疑地提起诉讼，因为保卫司法的官员是受托维护法律的尊严的。他们自己违法，那就是犯下了双重的罪行；而对于他们的诉讼特别需要加速进行，因为执行司法的权能不应再留在这类官员手中。

马克思：《普鲁士反革命和普鲁士法官》，

《马克思恩格斯全集》第 6 卷第 168 页。

这里有无数的被告不能出席陪审法庭受审而受国王的审判官的判决和被关在监狱里；……实行可耻的体罚……。存在着不可避免的司法概念的混乱；最后，这里有无数的由于这个鄙劣的文件中的那些专横而恶毒的规定所引起的政治诉讼案，总而言之，整个莱茵省都普鲁士化了。

马克思恩格斯：《汉泽曼内阁和旧普鲁士刑法草案》，

《马克思恩格斯全集》第 5 卷第 351 页。

由于这种混乱状况和这些违法行为而发生了许多诉讼案件，各级法庭的判决互相矛盾，甚至最高法院也作出了一些极其矛盾的判决。

恩格斯：《关于现行赎买法案的辩论》，

《马克思恩格斯全集》第 5 卷第 366 页。

如果阔佬被传到，或者更正确些说，被请到法庭上来，法官便会因为打了他而向他深致歉意，并且尽力使诉讼变得对他有利；如果不得不给他判罪，那末法官又要对此表示极大的歉意，如此等等，结果是罚他一笔微不足道的罚款，资产者轻蔑地把钱往桌上一扔，就扬长而去。

恩格斯：《英国工人阶级状况》，

《马克思恩格斯全集》第 2 卷第 570 页。

小资产者和农民就不能没有一个强大的和人数众多的官僚机构。他们不得不接受监护，以免陷于极度混乱或让无数次的诉讼弄得倾家荡产。

恩格斯：《德国的制宪问题》，

《马克思恩格斯全集》第 4 卷第 62 页。

政府已对阿勒提起诉讼，因而很容易就把阿勒的供词宣布为凭空捏造，检察官的发言把杜班、尚加尔涅、伊雍和整个国民议会嘲笑了一顿。

马克思：《路易·波拿巴的雾月十八日——五》，

《马克思恩格斯全集》第 8 卷第 180 页。

内容是最荒唐不过的。没有一个名字是确实的，没有一个姓是真有的，强加在这个或那个人身上的话，没有一句是多少有点像这个人可能说出的话。尽管这些东西令人难以置信，但是普鲁士政府当局还是把这些荒谬绝伦、胡说八道的东西当作神圣的真理，可以想象，把这类证据当作提交给陪审法庭的诉讼材料，已经造成了什么样的混乱。

恩格斯：《最迫的科伦案件》，

《马克思恩格斯全集》第 8 卷第 453 页。

2 月 21 日，贝尔蒂埃在埃伦伯勒勋爵和特别指定的陪审官面前受审，他的罪名是发表诽谤波拿巴的文章和"唆使法国人民谋刺自己的元首"。埃伦伯勒勋爵在结束他对陪审官的讲话时卑贱地说："先生们，我深信你们的裁决将会增进我国利益同法国利益所维系着的关系。这种裁决将在世界各地证实并加强早就举世传诵的一种信念：英国司法是公正无私的。"

陪审官即席立即宣判了贝尔蒂埃先生有罪。然而，由于后来两国之间断绝了关系，贝尔蒂埃先生没有被传去接受判决书，诉讼就此终止了。

马克思：《伦敦的法国人审判案》，

《马克思恩格斯全集》第 12 卷第 462 页。

目前正在对这一犯罪行为的肇事人进行调查。终于发现肇事人是威廉·赫德逊·格恩赛先生；他被中央刑事法庭审讯，罪状是盗窃密件。结果得比内阁成为斗争的胜利者，此后这一诉讼案件也就失去它的政治趣味了。然而由于这一诉讼案件，大不列颠和伊奥尼亚群岛之间的关系又吸引了全世界的注意。

马克思：《伊奥尼亚群岛问题》，

《马克思恩格斯全集》第 12 卷第 707 页。

这一诉讼案在法律上令人感兴趣的地方在于这样一点：格恩赛的辩护律师承认了盗窃十份密件副本的事实，但是以格恩赛并没有把它们用于个人目的的意图，证明当事人无罪。如果偷窃罪只能根据非法侵占他人财产的意图来定罪，那末刑事法在这方面就会走入绝路。

马克思：《伊奥尼亚群岛问题》，

《马克思恩格斯全集》第 12 卷第 710 页。

诉讼只不过是一支负责把敌人押解到牢狱里去的可靠的护送队，它只是执刑的准备。如果诉讼想超出这一点，它就会被人封住嘴巴。

马克思：《第六届莱茵省议会的辩论》，

《马克思恩格斯全集》第 1 卷上册第 286 页。

马克思在《伦敦的法国人审判案》里说"陪审官即席立即宣判了贝尔蒂埃先生有罪"等一段话，其背景是：当波拿巴同英国政府秘密通信时，"通报"竟肆无忌惮地对英国人民横加侮辱，并且发表了塞巴斯提昂尼上校的官方报告，报告中对驻埃及的英军进行了极端侮辱性的责难。1803 年 2 月 5 日，法国驻泽稷岛 commissaire de relation commerciale〔商务委员〕埋怨一些印刷商从伦敦报纸上转载了一段侮辱波拿巴的章节，并且威胁说，如果不取缔这类阴谋，波拿巴一定会对泽稷岛进行报复。这种威胁产生了预期的效果。皇家法庭便传讯其中两名印刷商，并且决定以后严禁他们再印刷任何有辱法国的东西，即使这些东西是摘自伦敦报纸的。1803 年 2 月 20 日，即贝尔蒂埃受审的前一天，英国驻巴黎大使惠特沃斯勋爵被波拿巴召见。波拿巴列举了一些他从英国方面受到的挑衅。他谈到了英国报刊对他的侮辱，他认为包藏着更大得多的祸心，因为法文报纸的目的是要鼓动他的国家反对他本人和他的政府。如果不彻底制止报刊上的侮辱言论，至少也应当加以限制。他威胁说，对英国登陆，是防止遭受侮辱的唯一手段，他决定亲自领导远征军来试一试这种手段。

（二）资本主义诉讼法并不是正义的

1. 所谓"实体正义"

资本主义的所有立法，都是不正义的。在司法中，由于阶级立场、法官造法、选择性适用法律和自由心证主义等等审判条件的限制，审判也不可能是正义的。这是不证自明的真理。几百年的历史逻辑和客观事实已经证明。

在我国，在媒体披露刑讯逼供、非公开审判、罪与行相互脱离、非法限制人身自由等背景下，提出了"程序正义"问题。与其相对，提出了"实体正义"或"实质正义"问题。由于混淆了法学同语义学上"程序"或"形式"、"实体"或"实质"等术语的区别，致使人们对这些正义的理解出现了混乱。如果把审判中不正义的说成正义，把正义的说成不正义，那么什么是正义、什么是不正义的论说，便一塌糊涂了。

这里应当明确，同诉讼法对应的是实体法，而不是什么"实质法"。

在法的体系中，实体法是规定权利、义务的发生、变更、消灭要件的法，如民法、刑法等。诉讼法是规定权利、义务具体实现的程序、步骤、方法的法。诉讼法是近代法。罗马法中每个实体权利与各种固有的程序相结合，即任何种类的实体权利都大体采取相同的程序。在当代，在实体法中包含程序的规定，如举证责任的规定、强制执行方法的规定等；在诉讼法中也包含实体法的规定，如诉讼费用的规定等。尽管如此，诉讼法和实体法都各自具有自己的独立性。

西方法学界一般认为，实体法是调整社会生活本身的法，而诉讼法是规定实体权利在诉讼特定场合实现的法。"实体法"术语的存在是专门以"诉讼法"的存在为前提的，就是说，没有"诉讼法"，也就没有"实体法"术语。仅此而已。应当说，无论"实体法"还是"诉讼法"，都是统治阶级意志的法，因而不存在它们之中哪一个正义哪一个不正义问题。很显然，谈论"实体正义"和"程序正义"是毫无意义的。

此外，实体法权利的实现，包括诉讼外实现和诉讼中实现。诉讼中实现，以诉权开始。诉讼权利只是法上权利的权利形态之一。

西方法学中有"实质法"术语。实质法（德 materielles Recht），是直接规定法律事项的法，也称"事项规定"。是与"抵触规定"相对而言的用语。民法、商法等是实质法。

在法的其他场合，"实质"的含义并不是同一的。如实质证据力、实质审查主义、实质确定力、实质犯等等。

"实质证据力"，在文书作为证据的场合（书证），指该文书所具有的证明力。在书证方面，如果举证人不是文书的制作人，其文书如不是以他所主张的特定人的意识、判断、感情的表示（形式的证据力）确定以后，就不能将其文书的记载内容作为采证的基础。根据书证的这种性质，证据力可分为形式的和实质的。实质的证据力遵循的一般原则，依照自由心证主义来确定。

"实质审查主义"，是与"形式审查主义"相对应的概念，是内容方面的审查，不是形式方面的审查。

"实质确定力"（德 materielle Rechtskraft），在民事诉讼法上，指判决和裁定特别是判决形式上确定时，基于其内容产生的拘束力，也称既判力。在刑事诉讼法上，实体上的判决和形式上的免诉判决确定时，可视为其内容已经产生确定的效力。

"实质犯"，是以损害法益或产生危险结果作为构成要件的犯罪，是与形式犯相对应的用语。

下面再看看法上的"实体"术语。

"实体判决"，刑事诉讼法上指判断案件的实体有无理由的判决。分为有罪判决和无罪判决。民事诉讼法对于本案的判决，有时也称实体判决。

"实体真实主义"，是主张对于作为审判基础的事实的认定，应当客观真实。这里把认定的事实称为"实体真实"。刑事诉讼法强调"实体真实"原则。所谓"实体真实"，就是把有罪一律认定为有罪，不能把无罪认定为有罪。

尽管"实质正义"或"实体正义"含义不清，但对于诉讼场合的这种情况，我们可以把案件事实是否清楚、适用法律是否得当，归纳为"实质"或"实体"是否正义的判断标准。

如果诉讼无非是一种毫无内容的形式，那么这种形式上的琐事就没有任何独立的价值了。在这种观点看来，只要把中国法套上法国诉讼程序的形式，它就变成法国法了。但是，实体法却具有本身特有的必要的诉讼形式，本质上公开的、受自由支配而不受私人利益支配的内容，一定是属于公开的自由的诉讼的。诉讼和法二者之间的联系如此密切，就像植物外形和植物本身的联系，动物外形和动物血肉的联系一样。使诉讼和法律获得生命的应该是同一种精神，因为诉讼只不过是法律的生命形式，因而也是法律的内部生命的表现。

马克思：《第六届莱茵省议会的辩论》，

《马克思恩格斯全集》第1卷上册第287页。

这一根本缺陷贯穿在我们的一切制度之中。譬如在刑事诉讼中，法官、原告和辩护人都集中在一个人身上。这种集中是同心理学的全部规律相矛盾的。可是，官员是超乎心理学规律之上的，而公众则是处于这种规律之下的。

马克思：《评普鲁士最近的书报检查令》，

《马克思恩格斯全集》第1卷上册第133页。

另一方面，处于这种贫困境地的人们提出的申诉和请求则被理解为"对国家法律的无理的、有失恭敬的指责"——我们的这些看法已经为政府的发言和刑事诉讼所证实。

> 马克思：《摩泽尔记者的辩护》，
> 《马克思恩格斯全集》第 1 卷上册第 390 页。

"在两院制基础上的君主立宪以及由两院和国王共同行使立法权"——他把自己的有鼓舞力的前辈的神秘莫测的口号变为这样一个冷酷的公式。

"改革同新的国家宪法相抵触的最必要的关系，解除在君主国大部分地区阻碍有利地利用财产的束缚，改革诉讼程序，改革税务立法，特别是取消免税权等等"，并且首先要"加强国家权力"。

> 马克思：《资产阶级和反革命》，
> 《马克思恩格斯全集》第 6 卷第 136 页。

1850 年，国民议会通过了一项法律，根据这项法律，议员甚至在会议期间可以因债务诉讼而遭到逮捕和在一定期间内如不还清债务而被剥夺其人民代表的资格。所以，无论议员的议论自由或议员的不受侵犯性在法国都是不存在的，而所存在的只有债权人的不受侵犯性。

> 马克思：《1848 年 11 月 4 日通过的法兰西共和国宪法》，
> 《马克思恩格斯全集》第 7 卷第 584 页。

正是这个巴罗被任命为调查委员会主席，而他也就制造出了一桩控诉二月革命的十足的诉讼案，这个案件归结为如下各点：3 月 1 日——游行示威，4 月 16 日——阴谋，5 月 15 日——谋害，6 月 23 日——内战！

> 马克思：《1848 年至 1850 年的法兰西阶级斗争》，
> 《马克思恩格斯全集》第 7 卷第 41 页。

在为所有权进行的诉讼中，在资产阶级大发横财时期的英国，法学家对于有关财产的每一条法律和每一份文件就作有利于资产阶级的解释；在贵族阶级发财致富的苏格兰，则作有利于贵族阶级的解释，而在两种场合下，都充满着敌视人民的精神。

> 马克思：《选举。——财政困难。——萨特伦德公爵夫人和奴隶制》，
> 《马克思恩格斯全集》第 8 卷第 575 页。

新闻被封锁，集会被禁止，人民大众被剥夺了反抗的武器，人身自由和正常的诉讼程序被抛在一边，全国简直可以说处于戒严状态，——总而言之，这个时期是英国历史上最丑恶、最反动的时期……

> 马克思：《帕麦斯顿勋爵》，
> 《马克思恩格斯全集》第 9 卷第 393 页。

这时，被征服的各州渐渐趋于平定，据传，约·劳伦斯爵士已使德里四郊完全平静下来，欧洲人可以不带武器和警卫人员而非常安全地到处游逛。其实这是因为每一个村庄的居民要对本村发生的任何罪行或暴乱共同负责；英国人组织了宪兵队；更重要的是到处实行了使东方人产生特别强烈印象的军事法庭的紧急诉讼程序。

恩格斯：《印度起义》，

《马克思恩格斯全集》第 12 卷第 613 页。

有许多所谓按照自己农奴的信托而持有地产的贵族，由于那同一道敕谕，得到权利并且受到鼓励去破坏这种信托关系，收回对地产的全部所有权；同时还无条件禁止了农奴在法庭上进行任何诉讼。从那时起，农奴除小学以外都不得进其他任何学校，对解放的一切希望似乎都破灭了，但是上一次战争又迫使尼古拉采取普遍武装农奴的措施，并且像往常一样，以使他们摆脱农奴依附身分的诺言来推行这项措施，——政府委托自己的下级官吏在农民中广泛散布了这些诺言。

马克思：《关于俄国的农民解放》，

《马克思恩格斯全集》第 12 卷第 724 页。

"正义的"霍亨索伦是怎样履行自己的诺言的。为镇压各国人民成立了神圣同盟，召开了代表大会，作出了卡尔斯巴德决议，实行书报检查制度，警察逞凶，贵族称霸，官僚横行，王室对诉讼程序横加干涉，迫害宣传鼓动家，大批的人被判罪，在财政上挥霍无度，而宪法连个影子也没有。

马克思：《霍亨索伦王朝的丰功伟绩》，

《马克思恩格斯全集》第 6 卷第 573 页。

在最普通的诉讼案中竟突然发生不是由该诉讼案件的实质、而是由诉讼程序方面的规定和条文所引起的法律问题。善于运用这些法律条文使人成为律师，就同善于主持宗教仪式使人成为婆罗门教的祭司一样。无论在宗教的发展过程中，或是在法律的发展过程中，形式都在变成内容。但是，法庭上诉讼程序所起的作用，在立法机关中却是属于日程和会议规则的。土地立法的历史表明，罗马的老寡头政治家——诉讼程序中的讼棍手段的创造者首先在立法程序中采用了讼棍手段。

马克思：《议会新闻：布尔韦尔提案，爱尔兰问题》，

《马克思恩格斯全集》第 11 卷第 401 页。

马克思在《霍亨索伦王朝的丰功伟绩》里提到的"卡尔斯巴德决议"，是 1819 年 8 月在卡尔斯巴德（卡罗维发利）召开的德意志联邦各邦代表会议所制定的一系列反动决议。这些决议规定在德意志各邦都实行书报预检制度，对大学实行最严格的监督，禁止大学生结社，成立迫害有反政府嫌疑的人（所谓"蛊惑家"）的中央侦查委员会。这些警察措施

的倡导者是奥地利首相梅特涅。

2. 所谓"程序正义"

程序法（德 Verfahrensrcht）是为实现权利的实质内容而采取的诉讼行为的程序的法。在诉讼过程中，实体法规定的权利、义务只有通过一定程序的规定，才能实现。实体法与程序法相辅相成，缺一不可。程序法具有手段的和技术的性质。在这种场合下，程序法也称形式法。

在诉讼中，任何诉讼手段、方法、步骤，都基于诉讼法的规定，离开这种规定的诉讼行为、内容和环节，都是非法的、无效的。所谓"程序正义"之说，只能是判断和评价诉讼法规定的程序是否正义。假如诉讼法规定"陪审制"，那么"程序正义"只能是指规定"陪审制"是正义的还是不正义的。在审判环节中，应当按照规定设置陪审员而没有设置，是违反程序法关于程序规定的问题，而不涉及诉讼法规定的程序是否正义问题。

我们说资本主义的诉讼法和审判是不正义的，那么为什么说陪审制也是不正义的呢？人民参与审理案件，是正义的，但法院指定的陪审员是"等级代表"、贵族、富人、骑士和爵士，他们不会替穷人说话，案件不可能公正审判。事情的关键在于结果。审判结果不公正，审判过程正义不过是虚伪的装饰。

资产阶级的法学家和法官先生们大兴讨伐，反对人民参与审理案件。

现代国家通常有两种参与审案的主要形式：（1）陪审法庭，——陪审员只能裁断是否有罪；专职法官才有权判刑并主持诉讼程序；（2）舍芬庭，——舍芬庭陪审员类似我们的"等级代表"，与专职法官有同等权利参与决定一切问题。

各立宪国家的"开明"法官就这样声色俱厉地发表演说，反对人民代表参与审理案件的一切做法。

> 列宁：《国际法官代表大会》，
> 《列宁全集》第 22 卷第 76 页。

"强大的"王权不敢除莱茵省的诉讼程序，但它在这种诉讼程序上移接了普鲁士法的大有希望的嫩枝，并宣称要进行："公开的、真正公开的审判——同时旁边还有普鲁士法的绞架！"

> 马克思：《霍亨索伦王朝的出版法案》，
> 《马克思恩格斯全集》第 6 卷第 433 页。

在有关财产的诉讼方面，资产者所需要的是至少必须保证公开审理，而在刑事诉讼方面，除公开审理而外还要求实行陪审制，把司法置于资产者代表人物的经常控制之下。

> 恩格斯：《德国的制宪问题》，
> 《马克思恩格斯全集》第 4 卷第 63 页。

施图普先生不想允许当局未经议会同意而控诉或逮捕议员。也就是说他允许自己干涉刑法。民事诉讼方面的控诉，却是另一回事！民事诉讼高于一切！民事诉讼就是施图普先生的固定观念。民法就是摩西和预言者的圣诫！对着民法，特别是对着民事诉讼发誓吧！

马克思恩格斯：《施图普的修正案》，

《马克思恩格斯全集》第 5 卷第 108 页。

营的各个连里的指挥官，从排长到少校，在军纪上的一切过错，应交给由两个大尉、两个排长和 3 个班长组成的营的法庭处理（第 88 条）。对于少校又规定了另外一种特殊的诉讼程序，关于这种诉讼程序第 88 条叙述如下："如果少校应交给营的法庭审判，那末营的法庭除了原有的成员外还需要增添两个少校。"最后，如前所说，上校先生是不受任何法庭审判的。

马克思恩格斯：《市民自卫团法案》，

《马克思恩格斯全集》第 5 卷第 285 页。

现行的普鲁士婚姻法是不合伦理的，目前离婚理由的繁多和轻率是不能容忍的，现行的诉讼程序是不符合这一命题的尊严的；而旧普鲁士的整个审判程序也是这样的。

《莱茵报》对新草案提出了下列几点主要的反对意见：……（3）草案所提出的诉讼程序缺点很多，而且是互相矛盾的各种因素的表面缀合。

马克思：《论离婚法草案》，

《马克思恩格斯全集》第 1 卷上册第 346 页。

根据迄今存在的违警法庭的诉讼程序，向来都规定，把含有侮辱内容的文件送给被侮辱者本人或把它公开传播才能构成罪行。

恩格斯：《拉萨尔》，

《马克思恩格斯全集》第 6 卷第 532 页。

诸位先生，难道在军刀制度下发布逮捕令，进行审讯，你们一点也不感到羞耻吗？也许，逮捕拉萨尔先生（可惜他过于坚信自己的合法权利和司法机关的保护，不愿意躲避戒严）只不过是德利加尔斯基先生的私人报复行为？也许已经根据第一一四、一二三、一二四各条悄悄地对这个人和他的同谋者提起诉讼并进行侦查了？

马克思：《德利加尔斯基——立法者、公民和共产主义者》，

《马克思恩格斯全集》第 6 卷第 66 页。

明天我们将就起诉意见书本身进行分析，并且根据这份起诉意见书举出新的证据来说明这个案子的全部诉讼程序是多么荒唐可笑。

恩格斯：《拉萨尔》，

《马克思恩格斯全集》第 6 卷第 548 页。

他们命令战地法庭由三个"高级军官"和两个由军事长官任命的民事法官组成，这样既可以在没有头脑的资产者心目中保持"诉讼"程序的外观，又可以凭着军人刽子手在数量上的优势，事先对判决稳有把握。

马克思恩格斯：《新的军法宪章》，
《马克思恩格斯全集》第 6 卷第 594 页。

诉讼程序荒谬的问题，查理爵士在这里所引证的是英国诉讼本身的同样荒谬的程序。他肯定英籍法官在印度是廉洁奉公的，但是他仍然甘愿牺牲他们，改变了任命办法。

马克思：《俄国的欺骗。——格莱斯顿的失败。——查理·伍德的东印度改革》，
《马克思恩格斯全集》第 9 卷第 140 页。

不仅把他们关进了单人牢房，不仅禁止他们彼此之间以及他们同朋友之间的任何来往（甚至是书信来往），不许他们读书和写作（在普鲁士，这一切甚至对重犯在判决之前也是不禁止的），而且改变了整个诉讼程序的方向。

马克思恩格斯：《给士报编辑的信》，
《马克思恩格斯全集》第 8 卷第 242 页。

前罗素内阁的一位庸碌无能的财政大臣查理·伍德爵士，现在在督察委员会即印度事务委员会里却显示了自己的才能。所有提出的改革不过是在诉讼程序方面作了一些无关紧要的、效果不大的改变，以及自由地代理需要有专业知识的民事职务和军事职务。但是这些改革无非是一种借口。

马克思恩格斯：《上一届英国政府》，
《马克思恩格斯全集》第 11 卷第 27 页。

托利党内阁曾颁布谷物法，允许外国雇佣兵驻在英国土地上，经常给人民"放血"（西德默思勋爵的说法），堵塞报刊喉舌，禁止集会，解除人民群众的武装，一度废除正常的诉讼程序，同时还剥夺个人自由——总之，使大不列颠和爱尔兰处于戒严状态！

马克思：《帕麦斯顿勋爵》，
《马克思恩格斯全集》第 11 卷第 70 页。

像布莱特先生那样，不仅想"使英国机关美国化"，而且要把爱尔兰并入模范共和国。于是，克黎郡和科克郡的密探就忙碌起来了，开始夜间捕人，进行秘密调查；对阴谋分子的搜捕从西南扩展到东北；在莫纳根郡演了不少滑稽剧，拜尔法斯特的惊慌不安的居民亲眼看到几十个教员、职员和店员被押着从大街走过，被关进了监狱。由于诉讼程序蒙上了神秘的色彩，事情被弄得更糟了。

马克思：《爱尔兰的惶恐》，
《马克思恩格斯全集》第 12 卷第 713 页。

沙佩尔先生随即给警察署长写了下面这封信：

阁下，您本月11日曾通知我，根据警察局长盖格尔先生的决定，我必须在一周之内离开科伦市。我当时已经对这一决定提出抗议。现在您又让一位警官通知我该驱逐令仍然有效，而我可以对此提出申诉。……

任何一个德意志邦在执行民法、刑法或诉讼法时，对本邦公民和任何其他德意志邦的公民都不得有所区别，从而把后者当作外国人加以歧视。

马克思恩格斯：《驱逐沙佩尔的企图》，

《马克思恩格斯全集》第43卷第20~21页。

列宁在《国际法官代表大会》里提到的"舍芬庭"，是西欧某些国家的陪审法庭。舍芬（德语 Schoffe）即陪审员。

后　记
一篇读罢头飞雪　半是硝烟半是霞

　　马克思主义法学是马克思主义的重要组成部分。体系化地学习和领会把马克思主义法学原理的全貌和细节，是我国几代法学学人的夙愿。

　　笔者不揣浅陋，整理自己的读书笔记，主要基于三点考虑：在我国法学教材和著述中，关于马克思主义经典著作的法学引文，寥寥无几，而在《马克思恩格斯全集》《列宁全集》中对于法的直接论述就一百多万字。这几处抄来抄去的引文，文字和出处等也大都有错。"标签式"的、"穿靴戴帽式"的思维范式，影响我们对经典作家法学思想的理解和掌握。可以说，没有马克思主义原理的"马克思主义法学"，动摇了法学理论的科学文献基础。因此，读原著，通读原著，是我们以马克思主义指导法学研究的必要前提。这是第一点。第二点，学习经典著作的目的，在于探讨马克思主义法学思想体系并加以应用。这一任务，首先是通过解读完成的。解读既是"我注六经"过程，也是"六经注我"过程，而"六经注我"是艰苦的创新过程。当然，"六经注我"绝不是离经叛道。如果把自己的叙述加上"六经"词句，"六经"便面目全非了。第三点，理论联系实际，充分认识马克思主义法学的当代地位和意义，寻找经典作家法学论述与现实世界的本质关联性。我们应当从实际出发，针对法学领域存在的问题，特别是普遍的、持续性的问题，给予马克思主义的回答，从而跟着时代前进，跟着马克思主义法学原理前进。

　　马克思主义经典作家关于法的论述，是在哲学、政治经济学和科学社会主义三大部分的论述中表达出来的，而其三大部分的论述，也同样是在百科全书式的其他论述中表达出来的。本书整理的结构框架，是为了逻辑地表述其中的法学原理，努力反映法的全部理论和体系，无意建立什么原理模式。

　　如果这个读书笔记能够呈现马克思主义法学原理，揭示它的原创性、真理性、文献性、时代性，本书的目的便达到了。我想，忠实于马克思主义原理，创造性地发展马克思主义法学理论，不走胶柱鼓瑟、寻章择句的老路，也不走歪曲阉割、攻击诋毁的邪路，应当是法学理论研究的康庄大道。

　　我学习马克思主义法学理论有一个过程。1962年进入大学学习后，买了《马克思恩格斯文选》（两卷集1962年6月版），随着一年级开设的《国家和法的理论》课程的结束，大致读完了。虽然有些内容一时还读不懂，但文中广博的知识、无懈可击的逻辑思维、激扬雄辩的语言，带给我强大的心灵震撼。像被关了一夜的羊突然闯进菜园，疯狂地咀嚼着。我被征服了，开始大段大段地背诵。其实，死记硬背并不是学术成长的应然之路。此后，斯大林的《列宁主义问题》《马克思恩格斯选集》《列宁选集》《斯大林选集》

陆续问世，我坚持读完。大学毕业有工资了，买了一套校图书馆下架的《列宁全集》，通读一遍。后来，又开始通读《马克思恩格斯全集》。这些著作，是在长期全民"学毛选"过程中同毛主席著作一起读完的。就这样，一路走来，对经典著作从感佩、崇拜到信仰。几十年来，采用卡片摘录、读书汇总、原著随记等方法，积累了大量心得。可以说，自1981 年起，已出版的书稿，都是在马克思主义法学理论指导下写作的。

读书笔记是我独立完成的。对经典作家论述的抄写、录入、核对，笔记的构思、修改，乃至字词的使用等等，凝聚了夫人刘闻旭先生无量心血。夫人是高级工程师，获得过发明专利，却以耄耋之躯完成这些繁琐的法学工作。应当说，没有夫人的努力，便没有这三部读书笔记本身。"要不要命了"，夫人每每推门大声呵斥，催我休息一会儿，因我多次晕倒在地。生命是宝贵的，可人世间还有更宝贵的东西。血战强梁，在八路军冀中战场和东北抗日联军隐蔽战线艰苦斗争的父亲，崇高信仰和出生入死的革命精神鼓舞着我奋力前行；历经苦难，带着年幼的我们兄姐四人在死亡线上挣扎的母亲，绝不向命运屈服的气节和风骨鼓舞着我奋力前行。

书稿终于完成了。掩卷沉思，深感力不从心。囿于学识和年龄，尽管昼夜兼程，不敢懈怠，仍恐多有误谬之处，选录和分类也未必得当。每念及此，惝慄之心，实难平复。殊请读者批评指正。

本书的出版，得益于中国政法大学副校长时建中教授的精心组织安排和出版社领导以及编辑们的忘我工作，令人感奋。

一篇读罢头飞雪，半是硝烟半是霞。马克思主义经典作家实现了对旧法学的根本性改造和整体性超越，创建了科学的闪烁着真理光芒的新法学。这是人们取之不尽、用之不竭的思想源泉，而马克思主义法学的中国化、时代化、大众化使其获得了新的生命力，永葆美妙之青春。

刘瑞复

识于 2016 年 7 月 1 日北大蓝旗营寓所